grèce

130 d. 4.82

W0385158

DICTIONNAIRE = PAGE 147
ARCHITECTURE
et LEXIQUE MYTHOLOGIQUE PAGE 95 a 104

Ce guide, établi
par **Robert Boulanger**

et révisé par les professeurs
Jean Bousquet, Directeur de l'École Normale Supérieure, et
Jean-Pierre Michaud, ancien Secrétaire Général
de l'École Française d'Athènes,

a été augmenté et mis à jour
par **Jean-Jacques Maffre**
Maître-assistant à l'Université de Paris IV,
avec le concours de **Philippe Lannois,**
professeur à l'Université américaine d'Athènes,
et de **Patrice Milleron**

Direction
Gérald Gassiot-Talabot

Rédaction en chef
François Monmarché

Secrétariat de rédaction
Yvonne Vassart

Lecture-correction
Josette Péronnet

Cartographie
René Pineau et Alain Mirande

Contrôle technique
Philipppe Lepage

Couverture de Roman Cieslewicz

grèce

les guides bleus - hachette

79 boulevard saint-germain 75006 paris

© Hachette 1981
Tous droits de traduction, de reproduction et d'adaptation réservés pour tous pays.

Comment vous servir de ce guide ?

Ce guide comporte trois parties :

Une introduction à la Grèce avec des aperçus culturels et pratiques.

Un ensemble de **cartes-itinéraires** donnant la description abrégée des quinze plus importantes routes touristiques de Grèce.

Un guide alphabétique groupant les descriptions des villes, sites et monuments avec les renseignements pratiques, touristiques et hôteliers s'y rapportant. Il est suivi d'un **index des noms de lieux.**

Si vous êtes pressé

I — Pour trouver un nom de lieu (localité ou site), consultez directement l'index. Celui-ci vous renverra :

— s'il s'agit d'une ville importante, au **guide alphabétique,** où vous trouverez une nomenclature des principaux points d'intérêt, immédiatement à la suite des renseignements pratiques la concernant ;

— si le site cherché ne fait pas l'objet d'une description à sa place normale dans l'ordre alphabétique, à la page où il se trouve.

II — Pour choisir un itinéraire, consultez le tableau d'assemblage en tête du volume : vous y relèverez le numéro de l'itinéraire retenu ; reportez-vous alors à la section cartes-itinéraires, p. 187, pour trouver :

— sur la page de gauche, une carte de l'itinéraire avec, dans la colonne voisine, des indications sur son profil culturel, des précisions techniques sur la route et des informations sur les agréments du parcours et les points d'étapes ;

— sur la page de droite, en regard de la carte, des renseignements se rapportant aux localités, sites et monuments rencontrés sur l'itinéraire ou à l'occasion d'incursions dans les régions traversées par lui : chaque fois que ces incursions vous conduiront **hors du champ de la carte,** le texte correspondant est **imprimé en couleur.**

Si vous disposez de votre temps

Vous pouvez, au préalable, consulter :

— le plan du guide, p. **13**, qui vous indique la structure générale de l'ouvrage et ses différentes rubriques (introduction, renseignements généraux, liste détaillée des quinze cartes-itinéraires) ;

— plus particulièrement, dans le chapitre « Votre voyage », la rubrique « La Grèce touristique », p. **168**, qui vous signale les villes, sites et monuments les plus dignes d'intérêt ainsi que quelques circuits recommandés.

Les plans de ville sont assortis de coordonnées qui, reproduites dans le texte, permettent de localiser facilement monuments, services administratifs, rues et hôtels.

Classification des points d'intérêt :

Sites, monuments, musées, œuvres, documents.

Ils sont classés selon deux critères :

— Leur place dans une « hiérarchie des valeurs », établie le plus objectivement possible :

★remarquable
★★très intéressant
★★★exceptionnel
☆singulier, insolite, spécial

— Le repérage, au moyen de signes conventionnels, des plus importants d'entre eux dans le cours des itinéraires et dans la description des villes.

1 — Signes conventionnels marginaux

Vous trouverez ci-après les signes placés en marge des textes descriptifs et utilisés dans l'ensemble des **Guides Bleus**. Ils ne figurent donc pas tous nécessairement dans cet ouvrage.

D'une grande **simplicité de dessin**, ils se réfèrent à une symbolique courante et doivent permettre au lecteur de repérer **du premier coup d'œil** les points d'intérêt de l'itinéraire qu'il suit ou de la localité où il se trouve ; ils peuvent ainsi l'aider à prévoir des haltes ou des incursions jusqu'aux sites ou monuments les plus remarquables.

Aussi bien dans les cartes-itinéraires que dans les circuits proposés dans le guide alphabétique, **le fléchage fait ressortir le type d'itinéraire** qui se présente au voyageur.

C'est ainsi que, par exemple, un report rapide d'index noir ☛ en index noir ☛ indiquera le déroulement continu de l'itinéraire principal et, facilitant la lecture du guide pour le texte correspondant, permettra au lecteur pressé de ne retenir que les informations qui l'intéressent pour le trajet qu'il va effectuer.

Fléchage des itinéraires

itinéraire principal

variante d'itinéraire
ou itinéraire secondaire

incursion en dehors d'un itinéraire principal ou secondaire pour la visite d'un lieu ou d'un monument recommandé

Symboles divers

panorama, point de vue

localité ou monument dans un site exceptionnel

curiosité

haut lieu historique

château, fortification, rempart

ruine, site archéologique

monument civil intéressant

musée

œuvre ou document d'un intérêt exceptionnel justifiant la visite d'un musée ou d'un monument.

information ou anecdote concernant l'histoire littéraire

information ou anecdote concernant l'histoire musicale

église, abbaye

calvaire

mosquée ou monument d'art islamique

monuments et sanctuaires hindouistes

monuments et sanctuaires bouddhistes

monuments et sanctuaires shintoïstes

rassemblement périodique de foule : marché, manifestation religieuse ou folklorique, etc.

artisanat

source thermale

station balnéaire, plage

forêt, parc, espace boisé

excursion à pied

excursion recommandée en montagne

station de sports d'hiver

parc zoologique, réserve naturelle

lieu de pêche

lieu de chasse

palmeraie, oasis

2 — Cinq signes font exception à ces règles générales et sont placés, non en marge, mais **dans le cours du texte.**
Trois d'entre eux figurent uniquement dans les cartes-itinéraires ;

signifie que la localité considérée offre des ressources hôtelières et peut servir d'étape. indique que l'on y trouve au moins un terrain de camping aménagé. Si la localité présente un intérêt particulier, ces signes sont alors accompagnés de ♦.

précédant le nom d'une localité à l'écart de l'itinéraire principal, ces signes en précisent la situation par rapport à celui-ci.

Le cinquième signe ♦ est particulièrement important. Il peut être utilisé à la fois dans les cartes-itinéraires et dans le guide aplhabétique, et indique que les villes ou les régions dont il suit le nom font l'objet d'une description dans le guide alphabétique.

3 — Les **signes conventionnels** suivants sont spécialement utilisés pour les renseignements **touristiques et hôteliers :**

Syndicat d'initiative, informations touristiques.

Aéroports, compagnies aériennes.

Ports, compagnies maritimes.

Gares, réservation et renseignements.

Tramways, trolleybus.

Autobus, autocars.

Renseignements concernant l'automobile : garages-concessionnaires, taxis.

Poste et télécommunications.

Camping, caravaning.

Classification des hôtels et des restaurants :

¶¶¶¶¶ grand luxe.
¶¶¶¶ luxe.
¶¶¶ premier ordre.
¶¶ confortable.
¶ modeste.

Téléphone de l'établissement.

Restaurant.

Chauffage central.

Air conditionné.

Ascenseur.

Salle de bains ou douche.

Téléphone dans les chambres.

Télévision dans les chambres.

Service d'autocar privé.

Jardin.

Parc.

Piscine.

Plage privée ou publique.

Tennis.

Golf 9 trous.

Golf 18 trous.

Equitation.

Garage de l'hôtel.

Parking.

Abréviations

alt. altitude
apr. après
av. avant
ch. chambre
cl. classe
déc. décembre
dim. dimanche
dr. droite
E. est
E.L.P.A. Automobile et Touring Club de Grèce
env. environ
F. franc
g. gauche
h heure
hab. habitants
j. jour
J.-C. Jésus-Christ
janv. janvier
juil. juillet
km kilomètre
km² kilomètre carré
kg kilogramme
m mètre
mercr. mercredi
mn minute
N. nord
nov. novembre
O. ouest
oct. octobre
O.N.H.T. Office National Hellénique du Tourisme
ouv. ouvert
p. page
pers. personnes
Pl. plan
pl. place
s. siècle
sem. semaine
sept. septembre
S. sud
St saint
Ste sainte
t.l.j. tous les jours
V. voir
vendr. vendredi
vis. visite
voit. voitures
vol. volume
† mort

Préface

Le 1er janvier 1981, la Grèce faisait officiellement son entrée dans le Marché Commun. Plus qu'une étape dans l'histoire contemporaine du pays, plus qu'un acte politique, on peut voir dans cette adhésion si ardemment souhaitée par les Grecs un nouveau symbole des liens spirituels, culturels et affectifs unissant l'Europe et la terre où naquit sa civilisation. Une terre qui propose toujours beaucoup à qui veut la découvrir, dans un voyage prenant souvent les traits d'un pèlerinage aux sources.

Longtemps fleuron de la culture classique et couronnement des « humanités », le voyage en Grèce répond également aujourd'hui à d'autres aspirations. L'art et l'histoire helléniques passionnent toujours, et davantage encore au fur et à mesure que progressent la mise au jour et la connaissance des vestiges du passé. Mais pour un nombre croissant de visiteurs, le soleil et la mer, offerts ici à profusion, le contact avec une nature retrouvée et un peuple malicieux et fraternel, ajoutent leurs attraits. Entre ces séductions, en fait bien souvent mêlées, il ne faut pas voir d'opposition ; elles sont complémentaires. Peut-on imaginer ailleurs, sous un autre ciel et dans un autre cadre, l'épanouissement de la civilisation grecque ? Cette alliance de la nature, des dieux et des œuvres humaines, tellement sensible à Delphes ou à Olympie, c'est la définition même que Lawrence Durell, amoureux de la Grèce s'il en est, donne de la « grécité » : « cette qualité qui fait pousser les temples, surgis du terroir comme une fleur, un arbre ».

Atouts essentiels pour le tourisme, donc, mais qui, à leur manière, sont en effet un retour aux sources : chacun de nous se sent, peu ou prou, héritier de la Grèce. Quoi d'étonnant alors qu'une sympathie, une amitié profonde unisse au peuple grec l'Occident tout entier ?
Aujourd'hui, outre l'appartenance du pays à la Communauté européenne, un témoignage de ces liens privilégiés avec la Grèce est donné par l'effort international qui, sous l'égide de l'UNESCO, s'applique à préserver l'Acropole des atteintes de notre temps.

Après les très importants remaniements et ajouts des précédentes éditions, le Guide Bleu Grèce vient à nouveau d'être mis à jour tant pour les informations archéologiques que pour les renseignements pratiques et hôteliers, dans le souci constant d'améliorer le service rendu à ses lecteurs et de suivre au plus près la réalité grecque sans cesse en évolution.

On retrouvera bien sûr dans la présente édition les aperçus introductifs qui, sur plus d'une centaine de pages, constituent une indispensable présentation et une remarquable synthèse de la civilisation, de l'histoire et de l'art de la Grèce. Il convient d'en remercier ici les auteurs : MM. Robert Flacelière, Pierre Lévêque, René Ginouvès, Alain Ducellier, André Mirambel, Claude Rivière et Jacques Lacarrière, qui sait si bien tourner son regard vers « l'autre Grèce », celle des paysages et celle des hommes d'aujourd'hui, celle des traditions toujours vivantes.

A ces remerciements doivent s'ajouter ceux qui sont dus à M. Jean-Jacques Maffre, Maître-Assistant à l'université de Paris IV, qui a pris en charge la mise à jour archéologique de l'ouvrage à la suite des professeurs Bousquet et Michaud.

Ainsi, avec de nombreuses actualisations — et notamment la première publication en France des récentes découvertes crétoises d'Anémospilia — cette édition s'efforce-t-elle de s'inscrire toujours mieux dans la haute tradition culturelle des Guides Bleus, indispensable à la découverte d'un pays dont nous avons encore tant à recevoir. En nous faisant part de leur observations éventuelles, les lecteurs de l'ouvrage participeront également à cet effort ; qu'ils en soient remerciés par avance.

Nous remercions tout particulièrement :
M. C. Chryssostalis, directeur de l'Office national hellénique du Tourisme à Paris,
Mme Katerina Lehec, de l'O. N. H. T. à Paris,
Mlle A. Assimakopoulou, du Service des Relations publiques de l'O. N. H. T. à Athènes,
Mme D. Vassilikos, archéologue,
M. H. Van Effenterre, professeur d'histoire ancienne à l'Université de Paris I, ancien membre de l'École française d'Athènes,
MM. les professeurs M. Andronikos, D. Lazaridis et D. Pandermalis, respectivement directeurs des fouilles de Verghina, d'Amphipolis et de Dhion,
Mmes P. Bottini et S. Chryssoulaki, Mlle S. Drougou, archéologues,
Mlle A. Jacquemin, MM. P. Aupert, Ph. Bruneau, P. Ducrey, D. Knœpfler, R. Laffineur, Chr. Llinas, M. Sève, G. Touchais, membres et anciens membres de l'École française d'Athènes,
MM. P. Petsas et C. Bakirtzis, éphores des Antiquités,
M. Mitropoulos, de l'agence Air France à Athènes,
M. Mangiavacca, chef du service de conception publicitaire d'Air France.

Plan du guide

Cartes-itinéraires

Guide alphabétique

Cartes et plans

Cartes

Plans

Illustrations

Introduction
à la Grèce

Aspects de l'hellénisme antique

par **Robert Flacelière**
Membre de l'Institut

L'homme, quelle splendeur
s'il est vraiment un homme!
Ménandre

On parle toujours de la civilisation grecque comme si elle existait je veux dire : comme si elle était une et immuable, pareille à une Idée, étoile fixe dans le ciel métaphysique de Platon. En fait, l'observateur sans préjugé est d'abord frappé par l'extrême diversité de la Grèce, de son histoire et de son génie, par ses aspects multiples et souvent contradictoires, par une sorte de « macédoine » ou, si l'on veut, de mosaïque chatoyante et bigarrée où l'unité, si elle existe, ne saurait être saisie qu'au terme d'une longue recherche, au-delà des apparences qui semblent la nier.

Diversité et harmonie ? — Diversité d'abord dans l'espace. En dépit des dimensions exiguës de l'Hellade, les Etats indépendants y sont légion, et chacun d'eux a sa marque propre et originale. Que de différences séparent, à l'époque classique, la démocratique Athènes et l'aristocratique Sparte ! Ce n'est ni le même idéal, ni le même style de vie. Corinthe, Argos, Thèbes et cinquante autres cités ont chacune leur caractère individuel. Même les sanctuaires panhelléniques, où pourtant se forme une certaine « âme commune » de la Grèce, ne sont pas interchangeables : les traditions de Delphes et celles d'Olympie ne coïncident pas.
Diversité, ensuite dans le temps. La civilisation classique diffère autant de la civilisation minoenne et mycénienne qu'une élégante de Tanagra, noblement drapée dans son manteau, diffère d'une prêtresse de Cnossos à la poitrine nue au-dessus d'une taille comprimée d'où tombe en cloche une longue robe à volants. La civilisation de la Grèce archaïque est séparée de l'âge mycénien par une profonde coupure : c'est comme un moyen-âge entre l'antiquité pré-homérique et la renaissance du VIe siècle.
Quant à la civilisation hellénistique, sans doute prolonge-t-elle la période classique, mais avec de nombreuses et radicales mutations. La cité, ce cadre essentiel de la vie grecque depuis des siècles, s'est écroulée. Aristote venait de définir l'homme, « un être qui vit dans une cité », et déjà son élève Alexandre rend cette définition caduque en élargissant le monde et en achevant de briser les formes politiques du passé.
Observons dans l'histoire sociale, dans la littérature et dans l'art certaines de ces disparités, certains de ces contrastes qui composent l'infinie richesse et variété de la Grèce antique, puis essayons

de trouver le fil d'Ariane qui relie obscurément ces divers aspects, le thème central, la mélodie subtile et cachée qui se poursuit de Mycènes à Alexandrie d'Egypte et d'Homère à Plotin.

L'âge d'airain. — Premier contraste : la liberté civile et politique est assurément une invention des Grecs, et pourtant les historiens marxistes n'ont pas tort de rappeler que la société de l'Hellade antique était « esclavagiste ».

Invention laborieuse et longue, la démocratie grecque fut une conquête progressive qui demanda plusieurs siècles.

Au temps d'Homère et encore d'Hésiode, aux IXe et VIIIe siècles avant J.-C., seuls comptent les rois et les chefs, à la fois grands propriétaires et juges du peuple; seuls ces seigneurs sont vraiment libres, pour le bien comme pour le mal. Hésiode se plaint amèrement de leurs sentences « torses », injustes. Tout leur est asservi, à la guerre comme en temps de paix. Dans l'armée achéenne qui assiège Troie, Thersite, simple soldat, peut grogner un instant contre Agamemnon, il est vite puni par Ulysse, et tout rentre dans l'ordre après l'éclat de rire « homérique » que suscite le châtiment du pauvre hère. Quant au paysan de l'âge du fer, tel Hésiode, il gémit sous le poids du labeur et de la pauvreté qui lui font la vie si dure. Le poète d'Ascra soupire :

> « *Ah! certes, quel malheur pour moi d'appartenir*
> *A la cinquième race : à cet âge de fer!*
> *Comme j'aurais dû naître ou plus tôt ou plus tard!* »

La petite flamme de la démocratie. — Mais en Grèce, les pauvres, les opprimés étaient, plus qu'ailleurs, intelligents et courageux. Ils comprirent vite qu'ils devaient se grouper, surtout dans les villes et leurs faubourgs, et, après maints échecs, ils parvinrent à tenir tête aux nobles et aux puissants. A Athènes, au début du VIe siècle, Solon interdit la prise de corps des débiteurs insolvables et il libéra également la terre; ce législateur fut aussi un poète et il proclama fièrement dans ses vers :

« *J'ai arraché les bornes de la terre noire; serve autrefois, maintenant elle est libre. J'ai libéré aussi nombre d'Athéniens... Tout cela, je l'ai fait par la force de la loi, égale pour tous.* »

L'épanouissement de la démocratie athénienne. — L'évolution ainsi commencée se poursuivra, après la tyrannie, assez douce, de Pisistrate et de ses fils, par l'œuvre révolutionnaire de Clisthène, véritable fondateur de la démocratie athénienne à la fin du VIe siècle. Elle s'achèvera enfin avec Périclès, qui instituera l'indemnité payée aux magistrats : désormais, les Athéniens les plus pauvres pourront accéder aux grandes charges de l'Etat.

Athènes est une démocratie directe, non parlementaire. L'assemblée du peuple, où tous les citoyens peuvent siéger, est la source unique des pouvoirs législatif, exécutif et judiciaire. Jamais démocratie n'a été aussi complète, aussi *absolue,* au sens où l'on parle d'une monarchie absolue. Thucydide fait prononcer à Périclès ces paroles :

« *Notre constitution sert de modèle aux cités voisines. Son nom est : démocratie, parce qu'elle se propose l'intérêt de tout le peuple. Tous, soumis uniquement aux lois, nous jouissons de l'égalité; la considération n'est accordée qu'au mérite; les honneurs que décerne l'Etat s'obtiennent par la vertu, non par un privilège quelconque. Les plus obscurs et les plus pauvres sont appelés à participer aux affaires publiques. Tous, nous disons librement notre avis au sujet du gouvernement de la cité.* »

L'esclavage ou le revers de la médaille. — A Athènes, comme dans tout le reste de la Grèce, et, plus généralement, du monde antique, il y avait cette multitude des esclaves, beaucoup plus nombreux que les hommes libres. Leur condition pouvait être supportable quand ils avaient la chance de tomber sur des maîtres humains, « philanthropes », ce qui n'était pas rare à Athènes. Mais ils ne possédaient aucun droit, aucune protection d'aucune sorte contre l'arbitraire et la violence; ils devaient à leur « propriétaire » une obéissance de tous les instants jusqu'à leur mort ou jusqu'à leur affranchissement. Les travaux manuels les plus durs étaient leur lot. En justice, leur témoignage était obtenu par la torture. Ils étaient considérés ordinairement moins comme des hommes que comme des bestiaux à voix humaine, des instruments en forme d'hommes, des choses qui se vendent et s'achètent.
Au stade de la civilisation antique, alors que les techniques étaient encore embryonnaires, comment, sans l'esclavage, une minorité d'hommes libres aurait-elle pu s'assurer le loisir nécessaire pour vaquer à ses nobles occupations, politiques ou intellectuelles? C'est pourquoi Platon et Aristote, qui ont remis en question l'univers entier et d'abord l'organisation de la cité, n'ont que rarement et faiblement protesté contre cette institution cruelle, mais nécessaire. Pourtant Euripide déjà, élève des sophistes, avait constaté : « Bien des esclaves ont des âmes plus libres que celles des hommes libres. » Aristote, dans sa *Politique,* parle de gens qui affirment que « la loi établit seule la différence entre l'homme libre et l'esclave, et que la nature n'y est pour rien; ils ajoutent que cette différence est injuste, puisque c'est la violence (surtout celle de la guerre) qui l'a produite ». Aristote lui-même se défend de partager cette opinion, mais le fait même qu'il la mentionne prouve que, de son temps, les plus généreux d'entre les Grecs commençaient à s'interroger sur ce sujet et à avoir mauvaise conscience.
A partir de l'époque hellénistique, les affranchissements d'esclaves deviennent de plus en plus nombreux, et les philosophes multiplient les protestations contre une telle injustice sociale. Le philosophe stoïcien Epictète, sous l'empire romain, sera lui-même un esclave affranchi. C'est le christianisme seul qui fera lentement disparaître l'esclavage, cette plaie du monde antique.

Es-tu femme ou déesse? — Deuxième contraste, qui n'est pas sans lien avec le premier : les Grecs anciens ont été les premiers à reconnaître, au moins chez les hommes libres, l'éminente dignité de la personne humaine, et pourtant ils ont longtemps maintenu leurs filles et leurs femmes dans une condition inférieure et humiliée.

Il n'en avait pas toujours été ainsi en Grèce : aux époques minoenne et mycénienne, les femmes jouissaient, semble-t-il, d'une réelle considération, et elles étaient assez libres de leurs mouvements. Dans les poèmes homériques, qui reflètent la civilisation de la Crète et celle de Mycènes, Hélène, Andromaque, Hécube, Pénélope, Arétè, épouse du roi des Phéaciens, et Nausicaa, leur fille, ne font pas figure de simples servantes de l'homme.

Phainomérides ou recluses. — Mais les envahisseurs doriens, qui se répandirent en Grèce autour du XIe siècle, après la guerre de Troie, paraissent avoir apporté avec eux cet idéal militaire de « virilité totale » qui avait pour corollaire la misogynie. Pourtant, les choses ne sont peut-être pas si simples, car à Sparte, cité dorienne, le « deuxième sexe » était plus libre et moins brimé que dans l'ionienne Athènes : les jeunes filles spartiates ne montraient-elles pas leurs cuisses (phainomérides) au cours de leurs exercices physiques? En Eolide, à Lesbos, le cas singulier de la grande poétesse Sapho, qui y dirigea vers l'époque de Solon un pensionnat de jeunes filles nobles, montre que les femmes avaient une condition bien supérieure à celle des Athéniennes de la même époque.

En dépit des amusants paradoxes de deux hellénistes anglais (Gomme et Kitto), on peut tenir pour certain que, du VIIe siècle à la moitié du Ve environ, les jeunes filles et les femmes d'Athènes ont vécu la plus grande partie de leur vie recluses dans le gynécée. Elles n'étaient pas retenues à l'intérieur par des grilles et des verrous, mais par la force contraignante des mœurs et de l'opinion publique. En même temps fleurit à Athènes, moins ouvertement sans doute qu'en d'autres cités grecques, mais très largement tout de même, l'« amour grec ».

Héroïsée parce qu'elle ne pouvait plus bavarder? — Au VIe siècle, l'acte des Tyrannoctones Harmodios et Aristogiton rehausse encore la considération dont jouit (dans l'opinion, mais non pas certes dans les lois) l'amour des garçons, qui paraît se confondre alors avec la passion de la liberté et la haine des tyrans. Il ne faut pas oublier, cependant, qu'une femme au moins, une courtisane, partagea leur gloire, si l'on en croit Plutarque (*Sur le bavardage*, 8) :

« Léaïana (nom qui signifie « la lionne ») obtint par sa maîtrise d'elle-même une belle marque d'honneur. Courtisane liée au groupe d'Harmodios et d'Aristogiton, elle fut instruite du complot contre les tyrans et partagea les espoirs des conjurés autant que pouvait le faire une femme : elle s'était remplie d'enthousiasme en buvant au fameux et beau cratère d'Eros, et, par l'intermédiaire de ce dieu, elle avait été initiée aux secrets. Ses amis échouèrent et furent exécutés. Interrogée à son tour et sommée de livrer les noms de ceux des conjurés qui n'avaient pas encore été découverts, elle refusa de parler et tint bon; elle montrait ainsi que ces hommes, en aimant une telle femme, étaient restés dignes d'eux-mêmes. Les Athéniens firent couler en bronze la statue d'une lionne sans langue : le fier courage de cet animal symbolisait l'invincible fermeté de Léaïana, et l'absence de langue, son mutisme et sa discrétion. »

Eschyle, qui appartient à la dure génération des Marathonomaques, « n'avait rien en lui d'Aphrodite », comme le remarquera Aristophane, mais il ne dédaignait pas de célébrer à la scène l'Eros masculin; sa tragédie perdue des *Myrmidons* faisait de l'amitié, très pure chez Homère, d'Achille et de Patrocle une liaison charnelle au goût de l'époque.

L'art ici reflète les mœurs aussi nettement que la littérature. Les sculpteurs grecs, et aussi les peintres de vases, ne s'intéressent vraiment au corps féminin qu'à partir du IVe siècle. Jusque-là, les statues de déesses ou de femmes sont presque toujours vêtues, tandis que la nudité virile, rendue familière aux Grecs par les jeux de la palestre et du stade, s'étale partout. Le grand Couros ou Apollon de bronze, découvert au Pirée en 1959, et qui semble dater des environs de 490, année de la bataille de Marathon, en est une preuve nouvelle, parmi tant d'autres.

Vers l'égalité des sexes. — Cependant, l'époque des sophistes, qui fut celle de l'*Aufklärung* hellénique, marque un tournant ici, comme pour l'attitude à l'égard de l'esclavage. Sophocle déjà s'attendrit sur la triste condition de ses héroïnes, mais c'est Euripide (lui que la tradition, par un singulier paradoxe, présente comme misogyne) qui fait entendre, dans sa *Médée,* les protestations les plus véhémentes contre l'injuste humiliation des femmes. Une étrangère, Aspasie de Milet, qui fut la compagne de Périclès, joua certainement un rôle important dans ce mouvement féministe que l'on observe à partir de la guerre du Péloponnèse, et Socrate, qui admirait Aspasie, soutint l'opinion, alors paradoxale, de l'égalité naturelle des deux sexes. Si Platon et Aristote ne le suivirent que timidement dans cette voie, d'autres disciples moins célèbres : Eschine le Socratique et Antisthène s'associèrent à ces revendications, notamment dans leurs dialogues intitulés *Aspasie*.

L'art du IVe siècle et des siècles suivants, d'abord avec Praxitèle, qui eut pour modèle et maîtresse la fameuse Phryné, célèbre à l'envi les grâces du corps féminin dévoilé. La comédie nouvelle, celle de Ménandre, la poésie alexandrine, celle de Callimaque et de Théocrite, puis plus tard les romans grecs font la plus grande place à l'amour, partagé ou contrarié, de l'homme et de la femme. Même sous l'empire romain, le platonicien Plutarque ira jusqu'à affirmer que l'union conjugale peut avoir ces vertus proprement philosophiques que Platon attribuait seulement à l'admiration des beaux garçons.

Néanmoins, cette évolution ne pouvait changer totalement les mœurs ancestrales. Ménandre met en scène de nombreux personnages féminins qui attirent et retiennent l'amour de leurs fiancés, de leurs époux, de leurs amants, mais, dans une pièce de jeunesse, le *Misanthrope,* qu'un papyrus nous a récemment restituée, l'Athénien Sostratos obtient une jeune fille en mariage sans que celle-ci ait été consultée par son père ni par son frère; du moins Sostratos s'en est-il épris en la voyant, mais il donne en mariage sa sœur à son beau-frère Gorgias, qui l'accepte, sans que les deux jeunes gens se soient même aperçus!

La plupart des Grecs, même après le IVᵉ siècle, continuent à penser que le mariage, comme dira Montaigne, est d'abord un « sage marché », et si, pour éprouver le sentiment auquel préside Eros, ils s'adressent moins souvent qu'autrefois aux garçons, ils fréquentent volontiers les *hétaïres.*

Le peuple qui voyait la splendide lumière d'Hélios. — Troisième contraste : les Grecs ont aimé la vie et l'ont chantée avec ferveur, et pourtant leurs plus grands écrivains ont un fond de pessimisme, déplorent la tristesse de la condition humaine et préféreraient, comme l'Ecclésiaste, n'être pas nés.

Certes, les nombreux auteurs modernes qui ont opposé la « joie de vivre » des Hellènes aux teintes sombres dont certaines religions et aussi certaines philosophies colorent la terre, cette « vallée de larmes », n'ont pas tout à fait tort. Les Grecs ont aimé surtout la lumière du soleil, la clarté diaphane de leur ciel presque toujours serein, qu'il est si dur d'abandonner pour l'ombre de l'Hadès. Pour eux, « vivre » et « voir la splendide lumière d'Hélios » sont deux expressions synonymes. Et ce peuple, le plus artiste qui fût jamais, s'est enchanté surtout de la beauté du corps humain, masculin d'abord, puis surtout féminin, mais aussi des fleuves, des forêts, des montagnes et des plaines qu'animent toutes les divinités champêtres, Pan, Satyres et Naïades.

En cherchant bien, on peut même trouver dans la littérature grecque des déclarations résolument optimistes. Euripide, dans les *Suppliantes,* fait parler ainsi le roi d'Athènes, Thésée :

« *Contre d'autres déjà j'ai défendu la thèse que voici. Quelqu'un venait de dire que l'existence humaine est plus riche en malheur qu'en bonheur. Or, je suis d'un avis opposé. La somme de nos biens dépasse, à mon idée, le total de nos maux. S'il n'en était ainsi, l'humanité ne vivrait point sur cette terre. Et je rends grâce au dieu qui régla l'existence des mortels, autrefois confuse et bestiale; qui nous donna d'abord la raison, puis la langue, messagère de la parole, et rendit nette notre voix; qui donna pour aliment aux hommes le blé, avec le blé la céleste rosée pour féconder leur sol, rafraîchir leurs entrailles... Enfin, ce qui demeure obscur, et se dérobe au savoir des humains, les devins nous l'annoncent en consultant le feu, les replis des viscères et des oiseaux du ciel. Lorsqu'un dieu aménage ainsi notre existence, ah! n'est-ce point folie d'enfants capricieux que vouloir davantage? Mais l'humaine raison prétend être plus forte que la raison divine, et, l'arrogance au cœur, certains se croient vraiment plus sensés que les dieux!* »

Les hommes aimés des dieux meurent jeunes. — Pourtant, la thèse que prétend ici réfuter Thésée, à savoir que « l'existence

humaine est plus riche en malheur qu'en bonheur », est celle qu'expriment le plus souvent les écrivains grecs, et Euripide lui-même, qui n'en est pas à une contradiction près.
Chez Homère, au chant XXIV de l'**Iliade**, Achille dit à Priam :

« *A quoi bon tes sanglots, puisque tel est le sort que les dieux ont filé pour les pauvres mortels : vivre dans la douleur, alors qu'eux seuls, ils sont exempts de tout souci. Car deux jarres, chez Zeus, reposent dans le sol : l'une contient les maux, l'autre enferme les biens qu'il destine aux mortels. L'homme à qui Zeus Tonnant fait des dons mélangés est tantôt dans la peine et tantôt dans la joie. Celui qui ne reçoit de lui que la misère est l'objet de mépris.* »

La troisième hypothèse, selon laquelle Zeus ne donnerait à un homme que des biens, n'est même pas envisagée, tellement elle paraît irréelle au poète.
Théognis proclame : « Le plus enviable de tous les biens sur terre est de n'être point né, de n'avoir jamais vu les rayons du soleil; ou bien, une fois né, de franchir au plus tôt les portes de l'Hadès et de dormir sous un épais manteau de terre. »
Ménandre pense que « les hommes aimés des dieux meurent jeunes », et, comme le dit Crésus résumant le « message » de Solon, que « nul être vivant n'est heureux ».
Les chœurs tragiques conseillent plusieurs fois : « Gardez-vous de dire un homme heureux avant qu'il soit mort, car savez-vous ce que les dieux lui réservent? » Euripide lui-même, quand il n'est pas en veine d'optimisme comme dans les *Suppliantes*, fait écho à Théognis et déclare « qu'il conviendrait de pleurer sur celui qui vient au monde et qui est ainsi promis à tant de malheurs, et d'accompagner avec des chants de joie celui qui est mort et a ainsi fini de souffrir ».
Il paraît donc bien que les Grecs, s'ils ont goûté les charmes de l'existence, se gardaient de toute illusion béate et jugeaient avec lucidité la condition humaine.

Une morale bourgeoise. — Cette vie courte et le plus souvent malheureuse, à quoi faut-il l'employer? Certes, des philosophes proposent un idéal élevé, mais difficilement accessible, et combien de vrais disciples eurent ces maîtres de haute sagesse, tels Pythagore, Socrate, Platon et les Stoïciens?
Le « Grec moyen » admire l'héroïsme d'Achille, qui pouvait choisir comme dit Racine,

« *ou beaucoup d'ans sans gloire*
Ou peu de jours suivis d'une longue mémoire »,

et qui préféra la renommée à la vie. L'Hellène aime la gloire; il est avide de réputation et d'honneur *(philotimia)*, mais il n'est pas toujours difficile sur le choix des moyens pour atteindre ce but. L'autre héros d'Homère, l'astucieux Ulysse, lui a appris dès l'école les pouvoirs de l'intelligence, mais aussi de la ruse et du mensonge.
Les maximes delphiques, qui résument la morale courante, ne conduisent pas à l'héroïsme des hommes de Plutarque. Elles sont plutôt à terre. « Connais-toi toi-même » veut dire : connais ta condition humaine et ne cherche pas à t'élever plus haut, ce qui

attirerait sur toi la vengeance divine, la *Némésis*. « Rien de trop » et « Si tu t'engages, voici le malheur », ces préceptes conseillent d'observer la mesure en toute chose et de craindre surtout les mouvements d'un zèle excessif en faveur d'autrui, de ce que nous appelons la charité. Leçons de sagesse sans doute, mais de sagesse prudente et bourgeoise!

Et un idéal de vertu. — La plus noble vertu qui soit prêchée aux Grecs par Aristote et les Stoïciens, c'est la magnanimité, la grandeur et la fermeté d'âme en face du sort contraire. Cette vertu se fonde sur le désenchantement et le pessimisme; elle invite à supporter patiemment, comme Ulysse, les pires épreuves et à dominer lucidement le destin. « L'homme plus fort que son destin, a écrit le R. P. Festugière, c'est peut-être le dernier mot de la sagesse grecque. »

Logos et magie. — Quatrième contraste : les Grecs sont les fondateurs du rationalisme, et pourtant ils ont cru aux oracles, aux mystères, à la magie et, dans leur masse, ils se sont montrés aussi superstitieux que n'importe quel autre peuple de l'Antiquité.
Si l'homme est « la mesure de toutes choses », comme le disait Protagoras, c'est d'abord par l'exercice de son intelligence, de sa raison *(logos)* avec laquelle il scrute et sonde l'univers. Même les traditions religieuses les plus antiques et les plus vénérées du peuple n'échappent pas à la critique aiguë du philosophe qui réfléchit sur elles et qui rejette comme fable pure tout ce qui lui paraît, dans ces traditions, manquer de convenance, de vraisemblance ou de raison. Le vieux livre de Paul Decharme intitulé *la Critique des traditions religieuses chez les Grecs* conserve, après plus d'un demi-siècle, presque tout son intérêt et toute sa valeur.
Un tel rationalisme tend naturellement à se fermer à la notion de miracle. Saint Paul disait : « Les juifs demandent des miracles; les Grecs, eux, ne veulent que la sagesse ou la science. » Quand l'apôtre affirme à Athènes, sur l'Aréopage, devant un auditoire de philosophes stoïciens et épicuriens, que Jésus est ressuscité d'entre les morts, on l'interrompt aussitôt avec dédain et moquerie : « Nous t'entendrons là-dessus une autre fois. »

Les plus religieux des hommes? — Cependant, au début de ce même discours, Paul a dit : « Je le vois bien, Athéniens, à tous égards vous êtes les plus religieux des hommes. » Est-ce seulement flatterie, *captatio benevolentiæ* à l'imitation des rhéteurs? Non, les Athéniens et tous les Grecs avec eux furent en effet, comme la totalité des peuples antiques, très religieux. Certes, à partir du Vᵉ siècle, il y eut dans l'élite bien des « esprits forts », tels Périclès et Thucydide, mais il serait faux de dire que la masse seule demeure croyante : beaucoup d'Athéniens de la classe dirigeante, des stratèges et des écrivains tels que Nicias et Xénophon, qui ont vécu pourtant après l'époque d'émancipation intellectuelle qui fut celle des sophistes, restent profondément religieux, et même superstitieux.

Les philosophes grecs, pour la plupart, ne furent nullement des athées. Les Epicuriens, qui surtout font figure d'incrédules et de rationalistes, croyaient à l'existence des dieux, — dieux lointains, il est vrai, et se désintéressant des affaires humaines. A plus forte raison, en dehors du Jardin, les autres écoles philosophiques admettaient-elles, sous une forme ou une autre, l'existence du surnaturel, sans renoncer pour autant à l'exercice normal et plein de la raison.
Le mot de « mystère » et ses dérivés un peu inquiétants comme « mystique » et « mysticisme » sont d'origine grecque. C'est sans doute parce que *muô* signifie « fermer ou garder clos les yeux ou la bouche » que le verbe *muéô* a pris le sens de « initier à un culte secret »; d'où : *mystès,* l'initié, le « myste », *mysticos,* « qui concerne l'initiation *(myésis)* », et enfin *mystérion :* cérémonie religieuse secrète, réservée aux seuls initiés, comme le sont par exemple les rites des « mystères » de Déméter et de Coré à Eleusis.

L'angoisse du divin et la raison. — De même qu'ils ont créé la démocratie, les Grecs ont inventé la philosophie. L'attitude première de toute philosophie, c'est l'interrogation, la recherche que suscite une curiosité en perpétuel éveil. Or, malgré les tentatives des philosophes ioniens et éléates pour expliquer le *cosmos* par un principe simple (le feu ou l'eau, l'amitié ou la haine, l'un, la dualité ou le multiple), trop de réalités, ici-bas, restent obscures et proprement mystérieuses.
Sans même parler des dieux et de leur culte, l'amour que suscite la beauté physique et morale (pour les Grecs, c'est tout un) d'un être humain, amour qui peut naître en un instant et envahir durablement tout le champ de la conscience, comment expliquer la mutation brusque et profonde qu'il opère?
Et le poète qui a charmé et instruit toutes les générations du peuple grec, le prestigieux Homère, où a-t-il trouvé la source d'idées, d'images et de mots d'où ont jailli toutes vives l'*Iliade* et l'*Odyssée*? Il s'adresse lui-même à sa muse : « Déesse, chante-nous la colère d'Achille ». N'avait-il pas le sentiment qu'une divinité, présente dans son cœur et jusque dans sa voix, lui inspirait ses chants?
Comment certains dieux, notamment Apollon, peuvent-ils communiquer à leurs prophètes et prophétesses la connaissance de leurs volontés, et celle des événements futurs?
Comment aussi les dieux des initiations, des « mystères » proprement dits : Déméter et Coré à Eleusis, ailleurs Dionysos et son prophète Orphée, peuvent-ils apporter aux hommes la révélation de leur destinée et les conduire, par des rites secrets, à la béatitude éternelle?
Mystères de l'amour, de la création poétique, de la divination inspirée, les religions secrètes posent à l'intelligence investigatrice et à la réflexion de difficiles problèmes. On a beau croire fermement aux pouvoirs du *logos,* de la raison et refuser en principe l'inintelligible, l'irrationnel, on ne peut tout de même garder les yeux fermés sur la réalité au point de méconnaître l'existence multiple, inquié-

tante, angoissante, autour de nous et en nous-mêmes, du mystère. Le sentiment que provoque chez l'homme l'approche de ces forces ou de ces êtres inexpliqués, mystérieux, que sont les dieux et les « démons », bons ou mauvais, c'est le *thambos,* mot d'origine préhellénique qui signifie proprement l'effroi devant le sacré.

L'enthousiasme ou la possession divine. — Platon, dans le *Phèdre,* distingue deux sortes de folies, celle des insensés, qui est une maladie de l'esprit, et celle des génies et des authentiques inspirés, qui est une grâce divine *(théia moïra).* Il discerne quatre formes de délire salutaire envoyé par les dieux aux hommes pour leur bien : délire prophétique, initiatique, poétique et amoureux. Puis il compare l'âme à un attelage ailé, qui, dans la procession céleste, peut s'élever grâce à l'amour jusqu'au lieu supra-céleste où apparaît la « vision béatifique » *(macaria opsis).* Le principal moyen de connaissance pour Platon, du moins quand il s'agit d'accéder aux éternelles Idées, du Bien suprême, c'est-à-dire à Dieu, ce n'est plus la raison — qui, toujours nécessaire, ne saurait suffire —, c'est l'amour.

Nietzsche distinguait en les opposant le côté apollinien et le côté dionysiaque de la religion grecque. Partout où le monde gréco-romain nous offre des cas de « ménadisme », c'est-à-dire de délire individuel ou collectif d'origine religieuse, nous trouvons Dionysos-Bacchos, le dieu de la nature vierge et de la vie sauvage, des bêtes de la montagne et de la forêt, de l'arbre, du lierre et de la vigne, dont le fruit donne l'ivresse.

Même à Delphes, où règne pourtant le calme et lumineux Apollon, le souterrain prophétique contient le tombeau de Dionysos, dieu qui meurt et renaît comme l'Osiris égyptien, et le délire de la Pythie est un phénomène dionysiaque plutôt qu'apollinien, même si les poètes exagèrent quelque peu la violence de cet « enthousiasme », tel Paul Valéry écrivant dans *Charmes :*

> « *La Pythie exhalant la flamme*
> *De naseaux durcis par l'encens,*
> *Haletante, ivre, hurle!... l'âme*
> *Affreuse, et les flancs mugissants!* »

Bacchanales. — A Eleusis, le cri de *lacchos,* poussé lors de la grande procession sur la Voie Sacrée, ne diffère que par l'initiale du nom de Bacchos, dont l'influence semble avoir été forte sur la religion de Déméter, mère de Brimos-Dionysos.

Dionysos est aussi le dieu des Bacchants et Bacchantes, des Ménades et des Thyades, le dieu de l'*orgie,* dont les fidèles, hommes et surtout femmes, devenus inconscients, en proie au délire mystique du maître qui les possède, déchirent tout animal qu'ils rencontrent et en dévorent la chair crue (rite de l'*omophagie*).

Et ascèse orphique. — Orphée, prophète de Dionysos, est ce chantre thrace qui, par le merveilleux pouvoir de la musique, endort Cerbère et descend vivant aux enfers pour en ramener Eury-

dice. Cette descente dans l'Hadès doit être mise en rapport avec les croyances orphiques relatives à l'outre-tombe.
Selon les Orphiques, le cycle des morts et des renaissances est sans fin pour les non-initiés, mais la révélation d'Orphée offre à ses adeptes l'unique voie de salut. L'Orphique mène une vie d'abstinence et de renoncement; il est végétarien et rejette tout ce qui pourrait renforcer en lui l'élément corporel, source d'impureté, car le corps est le tombeau *(sôma = sèma)* de l'âme, et celle-ci doit s'en libérer pour accéder à la véritable vie. Alors, l'initié peut dire à la reine des Enfers :

« *Je viens d'une communauté de purs, ô pure souveraine de l'Hadès et vous autres, dieux immortels! Car je me flatte d'appartenir à votre race bienheureuse. Mais le destin m'a abattu. Enfin j'ai bondi hors du cycle des peines et des douleurs, et je me suis élancé d'un pied prompt vers la couronne désirée. Je me suis réfugié sous ton sein, Dame des Enfers.* » *Perséphone répond :* « *O fortuné, ô bienheureux! Tu es devenu dieu d'homme que tu étais.* » *Et l'Orphique, à son tour :* « *Oui, chevreau, je suis tombé dans le lait.* »

De telles croyances, qui ont eu tant d'influence sur Platon et tout le courant de pensée qui dérive de lui, contiennent un élément révélé, supérieur à la raison. Les premiers chrétiens, sur les murs de leurs catacombes, représenteront parfois Orphée, comme si celui-ci avait été un prophète du vrai Dieu.

Les neuf échelons de la dignité humaine. — Cinquième contraste : les Grecs ont méprisé le travail manuel, bon pour les esclaves et les prolétaires, mais leurs découvertes mathématiques sont à l'origine des étonnants progrès de la science et de la technique modernes.
Euripide, dans sa tragédie perdue d'*Antiope,* faisait discuter les jumeaux Amphion et Zéthos sur les mérites comparés de la vie active, incarnée par Zéthos, athlète et chasseur, et de la vie contemplative, personnifiée par le musicien Amphion. L'avantage restait à Amphion, qui devenait roi de Thèbes et construisait les remparts de cette ville par la seule vertu des accents magiques de sa lyre.
Platon et Aristote sont, à la différence de Socrate qui s'entretenait si volontiers avec les artisans, des aristocrates. Pour eux, la *poïésis,* c'est-à-dire la fabrication d'un objet quelconque, lit ou maison, ou même d'une œuvre d'art (sculpturale, poétique ou musicale), est une activité de second ordre, indigne du sage qui ne doit s'adonner qu'à la *praxis* ou à la *théoria,* c'est-à-dire à la pratique des affaires politiques ou à l'étude et à la vie philosophique. Dans le mythe du *Phèdre,* Platon classe les genres de vie, selon leur dignité, en neuf échelons : celui du laboureur et de l'artisan est le septième, juste au-dessus du démagogue et du tyran qui sont les pires fléaux et les plus méprisables des hommes.
Cet état d'esprit a probablement retardé le développement de la science hellénique, si remarquable en ce qui concerne la spéculation abstraite des mathématiques, car l'expérimentation physique,

qui comporte une part de travail manuel, n'apparaît guère avant l'époque du grand Archimède, au IIIe siècle avant J.-C.

Les sources de la science moderne. — Les noms de Thalès, de Pythagore et d'Euclide suffisent à rappeler que les Grecs ont créé l'instrument par excellence de la domination de la nature par l'homme : les mathématiques. « Nul n'entre ici s'il n'est géomètre », lisait-on à la porte de l'Académie.

Mais la science alexandrine est allée bien au-delà. Les grands noms scientifiques des IIIe et IIe siècles avant J.-C., ce sont : Euclide, qui codifie la géométrie de l'époque classique, — Eratosthène de Cyrène, chef de la bibliothèque d'Alexandrie, fondateur de la chronologie historique et de la géographie scientifique, qui mesura la longueur de la circonférence terrestre avec une approximation étonnante, — Archimède de Syracuse, géomètre, ingénieur et véritable créateur de la physique moderne, — Aristarque de Samos dont l'intuition et la science astronomiques devancèrent Copernic en affirmant que c'est la terre qui tourne autour du soleil, et non pas l'inverse, — Hipparque de Nicée qui découvrit la précession des équinoxes et fut, au dire de Bigourdan, « le plus grand astronome de l'Antiquité, et, peut-être, de tous les temps », — Hérophile de Chalcédoine et Erasistrate d'Ioulis qui, grâce aux vivisections pratiquées sur des animaux et aussi sur des hommes condamnés à mort comme criminels, découvrirent, vingt siècles avant Harvey, la circulation du sang.

Si je rappelle ces noms, c'est parce que trop souvent l'on paraît croire que la science grecque en était restée à Pythagore et à Hippocrate, comme si l'époque hellénistique, longtemps considérée à tort comme une période de décadence, n'appartenait pas, aussi bien que l'époque classique, à l'histoire de l'Hellade.

Dès le Ve siècle d'ailleurs, Démocrite, dont la physique annonce celle d'Epicure, fait figure de génial précurseur par sa théorie des atomes. Bien sûr, l'atome qu'il jugeait insécable, a été désintégré depuis, mais la conception déterministe et mécaniste qu'il se faisait de l'univers ressemble fort aux hypothèses qui ont permis le prodigieux développement de la science moderne. Démocrite a vraiment ouvert la voie à la recherche positive, et, finalement, comme l'a écrit M. Solovine, « l'image de l'univers est pour nous aujourd'hui la même qu'elle était pour Démocrite : un nombre inconcevable de corpuscules disséminés dans l'espace sans bornes et se mouvant éternellement ».

En outre les Grecs ont pressenti dans leurs rêves les futures conquêtes de la technique : l'aviation, avec la légende d'Icare, — les machines-robots, avec les servantes métalliques d'Héphaestos au chant XVIII de l'*Iliade,* — les voyages interplanétaires dans l'*Icaroménippe* de Lucien.

L'homme principe d'unité. — Quel est donc le principe sous-jacent d'unité qui relie les unes aux autres les différentes civilisations grecques : celles de Cnossos et de Mycènes, celle de l'archaïsme, celle d'Athènes aux temps classiques et celle de l'époque alexandrine?

Ce principe tient en un mot : l'homme. L'homme a toujours été au centre de la pensée, de la littérature et de l'art hellénique de tous les temps.

On sait que, dans la plupart des littératures anciennes, les premiers poèmes sont consacrés uniquement à la divinité et à l'origine du monde. En Grèce, certes, il y a la *Théogonie* d'Hésiode, mais il y a d'abord l'*Iliade* et l'*Odyssée :* Homère n'ignore pas l'Olympe, mais il donne le devant de la scène aux hommes, et, quand ceux-ci s'appellent Achille, Hector ou Ulysse, ils sont plus exemplaires que les dieux.

Les peintres de vases athéniens, dès leurs premiers essais, si gauches, du VIIIe siècle avant J.-C., font place à la figure humaine dans le décor géométrique de leurs poteries. Ensuite tout l'art grec — archaïque, classique, puis hellénistique — exaltera la beauté du corps masculin et féminin. Sur les vases et les bas-reliefs, la représentation de l'homme envahit tout; c'est seulement à l'époque alexandrine que le décor, rustique ou citadin, fera son apparition dans les bas-reliefs du genre pittoresque. Quant aux statues, du *Couros* du Pirée à la Vénus de Milo, elles parlent assez d'elles-mêmes.

En Ionie, les premiers philosophes tournent leurs regards vers le monde, mais, au Ve siècle, la « révolution » socratique et sophistique concentre l'attention sur l'homme. D'une certaine manière, la maxime « Connais-toi toi-même », empruntée par Socrate à la sagesse delphique, et l'adage de Protagoras : « L'homme est la mesure de toutes choses », se rejoignent et convergent. Chacun à sa manière, l'Athénien et l'Abdéritain sont tous deux humanistes.

En ce Ve siècle la pensée des poètes eux-mêmes se détourne un peu des dieux et, pour ainsi dire, se laïcise ou s'humanise. Eschyle, dans le *Prométhée,* attribuait à ce Titan l'origine de la civilisation humaine et Euripide confiait à Thésée, dans les *Suppliantes,* des propos analogues. Sophocle, lui qui, pourtant, ne fut pas l'élève des sophistes, fait chanter au chœur d'*Antigone :*

« Il est bien des merveilles en ce monde; il n'en est pas de plus grande que l'homme... Parole, pensée prompte comme le vent, aspirations d'où naissent les cités, tout cela il se l'est enseigné, à lui-même. »

Toutes les contradictions — plus ou moins apparentes — que nous avons signalées n'empêchent pas que la Grèce ait toujours été attentive d'abord à l'homme.

Dans le domaine politique, les Hellènes ont fondé la liberté civique, cet idéal que Démosthène a défendu avec les accents que l'on sait. Lorsque la cité classique eut fait son temps, les Stoïciens ont proclamé l'homme *cosmopolite,* c'est-à-dire citoyen du monde. A la définition d'Aristote, que j'ai rappelée, Chrysippe substitue celle-ci : « L'homme est un être qui vit dans une société universelle *(coïnônicon).* » Les Grecs ont su dépasser le cadre étroit du particularisme politique pour atteindre à l'œcuménisme.

La plupart d'entre eux ont su aussi, nous l'avons vu, professer un rationalisme, non pas court et borné, comme celui de Lucien, mais un rationalisme ouvert sur le mystère et l'ineffable. Si l'on pense que l'homme est un être incomplet, inachevé et qu'il y a dans l'univers d'autres réalités que les choses visibles, ce point de vue, qui est celui de Platon, de Plutarque, de Plotin, n'apparaîtra nullement comme étranger à l'humanisme.

Le culte du beau. — Mais ce qui définit le mieux l'humanisme grec, ce qui lui confère son ton particulier, sa nuance propre, c'est le culte du beau. L'admiration de toute beauté, mais surtout de la beauté, indissolublement physique et morale, de l'être humain est un thème constant des lettres helléniques, depuis Homère jusqu'à Plotin, et bien au-delà. La beauté inspire naturellement l'amour, mais, tandis qu'ailleurs l'amour est réputé aveugle, il devient chez Platon la condition première de la connaissance la plus haute et de l'illumination suprême.
Homère faisait dire à Pâris, au chant III de l'Iliade :

« *Ne me reproche pas pourtant les dons charmants de l'Aphrodite d'or : les dons brillants des dieux ne sont pas méprisables, ceux qu'ils nous donnent seuls et que nul ne saurait par lui-même acquérir.* »

Plus d'un millénaire après, Plotin, le philosophe ascète et mystique, fait écho au poète :

« *La beauté du corps humain dérive de sa participation à une raison venue des dieux.* »

Même des Pères de l'Eglise grecque considéreront comme un argument apologétique, non seulement les cieux « qui racontent la gloire de Dieu », mais aussi la beauté morale et physique de l'homme, créé par le Seigneur à son image.
Ne peut-on dire que si la religion de la Grèce antique est anthropomorphique, c'est un indice que les Hellènes, pour se représenter les Immortels, n'ont rien trouvé de plus beau que la forme humaine ? Concluons donc avec André Bonnard :

« *Les plus importantes des conquêtes dont l'ensemble définit la civilisation grecque tendent toutes au même but : augmenter le pouvoir de l'homme sur la nature, augmenter sa propre humanité. C'est pourquoi l'on appelle la civilisation grecque un humanisme. C'est l'homme et la vie humaine que le peuple grec s'est efforcé de rendre meilleurs.* »

Géographie de la Grèce

A l'extrémité des Balkans, la Grèce est la plus méridionale et la plus orientale des régions de l'Europe méditerranéenne. Les éléments majeurs de ses paysages sont la mer et la montagne; les rivages découpés, l'interpénétration de la mer et de la terre sont le vrai signalement du pays dont certains traits distinctifs affirment l'originalité : l'atmosphère lumineuse, le sol maigre et sec, les pulsations torrentielles des rivières, le maquis et les olivettes, le tout juxtaposé en une multitude d'aspects et de contrastes.

Le cadre géographique

La mer grecque. — **L'activité de la Grèce fut toujours orientée vers la mer Egée.** La mer grecque, c'est la mer bleue, semée d'îles que le soleil revêt d'une patine rougeâtre; **ces îles** sont comme les piles d'**un pont jeté entre l'Europe et l'Asie Mineure;** le navigateur y trouve autant d'escales pour l'abriter que d'amers pour le guider. Le plateau sous-marin décompose la mer Egée en bassins. Au nord, les **Sporades** prolongent les chaînes de Thessalie en direction de Mytilène et de Chio. Au sud, l'**arc insulaire** formé par Cythère, la Crète, Karpathos et Rhodes raccorde l'Asie et les chaînes du Péloponnèse; entre les deux, les **Cyclades** sont l'affleurement d'un socle ancien.

Une mer perfide. — La mer, **facile à la navigation,** n'en est pas moins perfide. La mauvaise saison dure de novembre à mars avec coups de vent violents et brusques, tempêtes qui cassent la mer en petites vagues agressives. En été, pendant quatre mois, de mai à septembre, des courants atmosphériques, les **vents étésiens,** soufflent du N.-E. par périodes d'une constance remarquable et stabilisent les conditions de navigation; ils s'apaisent le soir; le ciel est clair mais l'horizon légèrement embrumé et les nuages coiffant les montagnes annoncent la persistance du vent durant plusieurs jours. En septembre, le temps peut être perturbé et l'équinoxe d'automne est marqué par des tempêtes.

Des montagnes omniprésentes. — La montagne couvre 80 % du sol grec et laisse peu de place aux plaines; seules quelques campagnes assez vastes s'étendent en Thessalie et en Macédoine; partout ailleurs **chaînes et massifs compartimentent les différentes régions.** Pays montagneux, la Grèce n'est pas un pays de hautes montagnes : seuls quelques sommets dépassent 2 000 m (Olympe, Pinde, Parnasse, Taygète). **Ces montagnes,** dressées près de la mer ou de plaines exiguës, **ont fière allure** avec leurs versants abrupts qui laissent partout apparaître le rocher ou les pierrailles ébouleuses.

Un triple système orographique. — Les montagnes forment en Grèce un complexe orographique où se dessinent trois ensembles.

A l'ouest, des chaînes plissées avec roches calcaires prédominantes assemblent deux unités : la chaîne du Pinde, découpée de crêtes aiguës et sinueuses, et les chaînes ioniennes auxquelles se rattachent les îles de Corfou, de Céphalonie (Kéfallinia) et de Zante.

A l'est se dressent des massifs trapus (Olympe, Ossa, Pélion, Othrys) séparés ou bordés par de larges dépressions (plaines de Macédoine et de Thessalie); l'île d'Eubée, le Cithéron, le Parnasse ainsi que le golfe de Corinthe appartiennent à ce système morphologique.

Au sud, le Péloponnèse est formé par un ensemble de crêtes et de blocs montagneux (Olonos, Taygète, Parnon) individualisés par des dépressions (bassins d'Arcadie, de Mégalopolis, de Messénie, de Laconie).

Une triple origine orogénique. — La complexité du relief rappelle des vicissitudes géologiques. Trois éléments structuraux peuvent être distingués.

Au nord-est, en Thessalie et en Macédoine ainsi que dans l'Eubée, l'extrémité de l'Attique et les Cyclades, les montagnes, tel l'Olympe, appartiennent à un ensemble de massifs primaires dont les Cyclades sont les débris insulaires.

Au centre, l'axe de la péninsule hellénique et la Crète constituent un ensemble composite de nappes de charriage, de horsts et de bassins d'effondrement, affectant les terrains secondaires et tertiaires.

A l'ouest, les chaînes ioniennes sont des montagnes de plissement. Ces trois éléments ont été formés ou repris par les plissements alpins; l'édifice orogénique hellénique reflète donc des mouvements récents de l'écorce terrestre et dont la mise en place n'est sans doute pas achevée, comme l'attestent le volcanisme et les tremblements de terre. Ainsi l'île de Santorin est-elle un volcan dont le cratère, ébréché par une explosion au XVIe siècle avant notre ère, a été envahi par la mer.

Le climat et la mer. — Baignée de tous côtés par la mer **(aucun point du pays n'est à plus de 90 km des côtes)** et comprenant un grand nombre d'îles, la Grèce a un climat à prédominance maritime. Mais l'**ossature montagneuse contrarie cette influence** et confère aux régions de l'intérieur une certaine rudesse. **Les pluies sont**

rares, plus abondantes à l'O. (Corfou, 122 cm) qu'à l'E. (Athènes, 41 cm); **elles se répartissent sur un petit nombre de jours** (98 à Athènes); elles tombent surtout en hiver et sous la forme d'averses. Certaines pluies ont un caractère torrentiel tellement violent qu'elles constituent un fléau redoutable au même titre que la grêle.

Le rythme des saisons. — **L'hiver** commence vers la mi-décembre; **en général, il n'est pas sévère et sa durée est limitée;** le nombre de jours où le thermomètre est à zéro est minime. Mais cela n'est vrai que dans les régions voisines de la mer ou de basse altitude, telles que l'Attique, une partie du Péloponnèse, les îles. Par contre, la Macédoine occidentale, une grande partie de l'Epire, le Péloponnèse central souffrent d'hivers plus rigoureux (— 12° et même — 20°) avec chutes de neige.
Le printemps est bref; il donne lieu à une rapide et brillante efflo-raison; violettes et narcisses étalent leur parure veloutée sous un ciel d'un bleu dur où se découpent les arbres en fleurs.
L'été arrive brusquement dès le mois de mai **et brûle tout;** pendant les mois les plus chauds (juin et juillet) certaines régions de la Grèce ont à supporter des températures de 36°, 38°, 40°. Fréquem-ment, juillet et août ne donnent pas une goutte de pluie; sur la terre surchauffée, l'air vibre et saupoudre les arbres de poussière : le pâle feuillage de l'olivier se fait plus terne.
L'automne est un prolongement de la saison estivale grâce aux vents qui se mettent à souffler du S. Alors arrivent les pluies (maxi-mum en novembre) qui préfacent l'hiver.

Un triple domaine climatique. — Sous la marche des saisons, trois domaines climatiques se partagent la Grèce :
La zone continentale, qui comprend l'intérieur de l'Epire, la Macé-doine, la Thrace et la Thessalie, présente un type de transition entre le climat méditerranéen et celui de l'Europe centrale, à saison sèche d'été, à écarts de température accentués, à gelées fré-quentes; les précipitations atmosphériques sont espacées; les pluies ne sont pas violentes comme dans la zone méditerranéenne, mais fines et de longue durée; l'olivier disparaît de ce secteur.
La région ionienne, qui comprend les côtes O. et les îles Ioniennes, a un climat typiquement méditerranéen, à hiver doux, à nébulosité faible, à étés chauds et secs. Les pluies sont abondantes et la végé-tation luxuriante, tandis que les cours d'eau sont bien alimentés.
La région orientale, avec l'Attique, les côtes et les îles de la mer Egée, réputée pour la sécheresse de l'air, la limpidité de l'atmos-phère, passe pour présenter le type classique du climat hellène.

De rares fleuves et beaucoup de rivières indigentes. — Les rivières sont le reflet du climat. Seules les rivières de l'O. (Epire, Etolie, Acarnanie) ainsi que celles de Thessalie roulent des eaux abondantes et ont pu être aménagées par équipement hydro-élec-trique. Les autres régions n'alimentent que de maigres cours d'eau. Ces rivières indigentes et torrentielles ne sont **guère au service de**

l'homme avec leurs gorges étroites, leur débit irrégulier, leurs eaux boueuses non potables. La circulation souterraine des eaux, par contre, est active; dans les calcaires s'ouvrent des grottes, des abîmes ou des fissures, les *katavothres,* qui absorbent les eaux avec, en contrepartie, des résurgences. On comprend ainsi l'**importance des sources** qui sont à l'origine des villes comme en témoignent Mycènes, Thèbes, Athènes.

Une végétation méditerranéenne, mais nuancée. — Dans la majeure partie du pays, la flore est caractérisée par les plantes à bulbes et les arbres toujours verts; les formations buissonnantes, garrigue et maquis, sont les éléments dominants des paysages botaniques, avec une prééminence des espèces à feuilles persistantes, coriaces et luisantes; quelques arbres (chênes verts ou chênes-lièges) se dressent isolés ou en bouquets; au-dessous se pressent les arbustes : myrtes, arbousiers, lauriers, lentisques, bruyères arborescentes, oliviers sauvages; çà et là font tache les clairières avec plantes à bulbes (narcisses, asphodèles, jacinthes, safran) ou des labiées odorantes (menthe, thym, serpolet). Mais les modifications climatiques dues au relief transforment aussi la végétation : ainsi les plaines de la Grèce du Nord sont d'allure steppique, tandis que les formations forestières se maintiennent sur les montagnes de l'intérieur, où disparaît l'olivier. Des feuillus le remplacent : chênes d'Epire ou de Macédoine, châtaigniers de Chalcidique et du Pélion, sapins du Taygète au Parnasse, hêtres du Pinde.

Des régions individualisées. — Dans l'unité de paysages méditerranéens, les divisions géographiques restent cependant sensibles.

Au nord, la montagne se dépeuple et les plaines de Thessalie, de Macédoine et de Thrace, sous un climat rude et contrasté mais grâce à d'importants travaux d'irrigation, produisent du coton, du maïs, du riz, des betteraves à sucre. Le tabac demeure une production traditionnelle.

A l'ouest, de l'Epire au Péloponnèse, les régions sont marquées par une forte pluviométrie, avec des cours d'eau nombreux et réguliers (aménagements hydro-électriques). Mais l'Epire, isolée, sauvage et dépeuplée, est la région la plus pauvre de Grèce. En revanche, les plaines côtières (Arta, Agrinion) se prêtent à une riche agriculture (tabac, fruits).

La Grèce centrale semble résumer dans ses paysages l'ensemble du pays, mais ses caractères propres s'effacent de plus en plus sous l'attraction de la capitale. **Le Péloponnèse,** lui, charme par ses côtes où l'on cultive la vigne et l'olivier, mais aussi des légumes et des agrumes; là encore, les reliefs isolent les plaines intérieures qui, pourtant, peuvent rester riantes (régions de Sparte, de Mégalopolis).

Les îles, malgré les caractères communs de leur insularité, conservent des personnalités propres. Corfou, luxuriante, riche et fertile comme les autres îles Ioniennes, contraste avec les Cyclades, âpres et désolées, tandis que dans les Sporades et le Dodécanèse s'offre toute la gamme de la végétation méditerranéenne (maquis, pinèdes, oliviers). **La Crète,** quant à elle, est presque un petit continent dans sa diversité : côtes désolées comme entre Héracleion et Mallia, sommets des Montagnes Blanches ou du Psiloriti (2 456 m), plaine fertile de la Messara...

Géographie humaine

Un peuple remarquablement homogène. — Si l'on considère les vicissitudes auxquelles le peuple grec fut soumis et les limites géographiques de la Grèce, la **persistance de l'unité nationale** peut surprendre : 98 % des habitants de ce pays sont des Hellènes, se considèrent comme tels, parlent le grec et professent la religion orthodoxe. Cette unité s'explique par les **liens avec le passé** et par les **qualités mêmes du peuple grec.** Ce peuple a en effet un esprit d'indépendance qui lui a permis de conserver le même espace péninsulaire et insulaire au cours des siècles, en dépit des aléas de son histoire.

La religion, ferment d'unité. — La foi du peuple est un mélange de traditions du paganisme et du christianisme, mais l'Eglise orthodoxe tisse, à travers la vie sociale et culturelle, une trame beaucoup plus profonde qu'en beaucoup d'autres pays chrétiens. Sous la domination turque, elle a été le plus ferme soutien pour la langue, les coutumes et la conscience populaire.

Quelques chiffres. — Grâce au taux de natalité, un des plus élevés d'Europe, et à l'apport des populations grecques chassées de Turquie, de Bulgarie, d'Egypte, etc., **la population a plus que doublé depuis 1913.** Elle dépasse actuellement 8 500 000 habitants, mais d'importantes communautés grecques sont encore établies hors du sol national, à Chypre, aux Etats-Unis, en Amérique du Sud, etc.
Pour une superficie de 132 560 km² (dont 48 635 km² en îles), la densité au km² est de 61 habitants. Mais sur la plus grande partie du territoire, cette moyenne est loin d'être atteinte; la population se rassemble surtout en Attique, autour d'Athènes et du Pirée, en Macédoine de Thessalonique à Kavalla et sur la zone occidentale du Péloponnèse.

Le village grec. — Le type de l'habitat rural est le bourg perché. Cet habitat groupé sur les hauteurs dans un site défensif se réfère sans doute aux longues périodes d'insécurité, mais il répond aussi à l'adaptation pour l'exploitation étagée des versants. Ces bourgs dressent leurs hautes maisons, tantôt de forme cubique avec terrasse, tantôt coiffées d'un toit aux tuiles rouges. **La vie se concentre sur la place,** près de l'église, à l'ombre des platanes; de là grimpent les ruelles empierrées, étroites, assombries par les balcons et les auvents. Dans les îles, l'habitat est souvent plus ramassé, enchevêtrement de formes blanches groupées autour du port, comme prises entre mer et ciel.

Le cadre urbain. — La population urbaine est numériquement aussi importante que la population des campagnes. Nombreuses sont les petites villes, installées dans les cadres réduits qui compartimentent le pays, villes de bassins fermés, villes-acropoles, villes des îles, toutes avec leurs chapelles, leurs échoppes grandes ouvertes sur la rue et les petits ânes innombrables qui, le matin, se pressent sur le marché. Les seules villes importantes sont des ports : Patras, Kavalla, Volo, Corinthe.

La ville grecque. — Les villes sont **animées et vivantes;** les rues aux nombreux cafés apparaissent pleines d'oisifs ou, plutôt, de ces petites gens qui amassent leur pécule dans le rôle d'intermédiaires : marchands ambulants et loquaces, vendeurs de friandises ou de pastèques; les boutiques des plus sédentaires, sortes d'alvéoles ouvertes au long des rues, donnent à ces villes une physionomie bien spéciale.

Athènes et Thessalonique. — Deux grandes villes se détachent sur l'ensemble du réseau urbain : Athènes et Thessalonique. Celle-ci occupe une position commerciale remarquable, au débouché du sillon Morava-Vardar, mais son rôle est atrophié par la frontière qui est une barrière politico-économique.
Athènes, qui était tombée à 2 000 habitants à la fin de la guerre d'Indépendance, est le ferment de toute la vie grecque. Elle forme avec Le Pirée et les localités de la périphérie **une immense agglomération de plus de 2 500 000 habitants,** soit le quart de la population du pays. La ville moderne s'est largement développée, d'abord entre les collines de l'Acropole et du Lycabette pour déborder de chaque côté jusqu'aux flancs de l'Hymette et du Parnès, se souder au Pirée et courir le long de la côte Apollon, baignée par les eaux du golfe Saronique, jusqu'à Varkiza, à 27 km du centre de la capitale.

Regards sur l'histoire

par **Pierre Lévêque**
Président de l'Université de Besançon

La Grèce antique

La civilisation grecque antique a profondément marqué de son empreinte le monde méditerranéen et, d'une manière plus générale, le monde occidental, à cause de l'extraordinaire puissance créatrice qu'elle a montrée au cours de la période classique (Vᵉ et IVᵉ siècles). Pendant longtemps seul ce classicisme a retenu l'attention et il y a à peine cent ans qu'on a commencé à s'intéresser aux premiers temps de l'histoire grecque, qui expliquent cependant l'apogée du « siècle de Périclès », et aux mutations de l'hellénisme jusqu'à la conquête romaine. Il vaut la peine pourtant de suivre l'évolution d'une histoire qui, au cours d'environ deux millénaires, manifeste d'abord une étonnante continuité.
Mais il faut noter aussi combien il est arbitraire de limiter cette histoire à la seule péninsule balkanique que nous appelons Grèce. L'un des caractères les plus marquants de l'hellénisme a en effet été son dynamisme conquérant qui a amené les Grecs à s'implanter en Asie Mineure et à coloniser largement les bords de la Méditerranée et de la mer Noire. L'image de Platon qui les montre sur ces rivages « comme grenouilles autour d'une mare » est justement célèbre. Nous n'oublierons donc pas que c'est une vue nécessairement tronquée de l'hellénisme que nous prendrons en le restreignant aux limites géographiques de la Grèce actuelle.

1 — La Grèce jusqu'à la fin du IIᵉ millénaire av. J.-C.

La Grèce avant les Grecs. — Le développement des sociétés humaines sur le sol de la Grèce est lent, si on le compare aux éclatantes et précoces réussites de la protohistoire en Egypte ou en Mésopotamie. Le **Paléolithique** y est peu représenté. Aux deux phases du **Néolithique** (Néolithique I : 4500-3000; Néolithique II : 3000-2600), les établissements se multiplient, notamment en Thessalie (Dimini), mais la civilisation est encore essentiellement agricole et pastorale.
Vers 2600, on entre dans l'**âge du bronze.** Jusqu'en 2000, c'est la période appelée conventionnellement **Helladique ancien.** Elle est inaugurée par l'arrivée d'envahisseurs venus par mer d'Anatolie, qui submergent les anciennes populations néolithiques. On cons-

tate d'incontestables progrès dans tous les domaines : introduction de nouvelles cultures et de la charrue (ou plutôt du modeste araire), apparition de la métallurgie du bronze et d'une céramique nouvelle admirablement vernissée (style de l'*Urfirniss*), développement du commerce maritime. De véritables cités apparaissent, dont la mieux connue est **Lerne,** sur le golfe de Nauplie, où l'on a retrouvé un palais (Maison des tuiles) qui témoigne certainement de la puissance de l'institution monarchique. La vie religieuse est intense et l'adoration se porte surtout, comme d'ailleurs dans toute la Méditerranée orientale, sur des Terres-Mères, maîtresses de fertilité, de fécondité et de vie éternelle, dont les représentations aux formes plantureuses sont nombreuses.

L'arrivée des Grecs et l'helladique moyen (2000-1580). — Vers 2000 de nouveaux envahisseurs pénètrent sur le sol de la Grèce, venant du nord : ce sont **les premiers Grecs.** Leur invasion fait partie d'un mouvement beaucoup plus vaste : au milieu du IIIe millénaire les Indo-Européens, jusque-là réunis en un habitat commun qu'on peut localiser dans les steppes de la Russie méridionale et dans la région carpatho-danubienne, commencent à se dissocier; leurs migrations vont lentement assurer le peuplement de l'Europe et d'une partie de l'Asie; les premiers d'entre eux à atteindre les rivages méditerranéens sont, à peu près simultanément, les Hittites et les Louwites en Asie Mineure et les Grecs en Grèce.

L'archéologie montre vers 2000 sur presque tous les sites une coupure très nette qui correspond à l'arrivée des Grecs et à leur prise de possession violente du pays. Ces premiers Grecs, qui portent peut-être le nom d'Ioniens, sont encore dans un état d'assez grande barbarie. Peu à peu cependant ils apprennent de leurs prédécesseurs la culture de la vigne, de l'olivier, du figuier, l'art de la navigation, sans doute aussi déjà beaucoup de traditions folkloriques et religieuses. Certaines de leurs installations sont bien connues, tel **Dorion-Malthi** en Messénie : le réduit où se trouve un palais encore rudimentaire est au centre d'une puissante enceinte qui enclôt des maisons, des échoppes, des magasins et des espaces vides destinés sans doute à rassembler le bétail en cas d'attaque.

La période comprise entre 2000 et 1580 est appelée **helladique moyen.** Elle correspond à l'arrivée des Grecs et à leurs premières expériences sur le sol grec. Vers 1580 commence une période nouvelle, dite **helladique récent** ou, du nom du site le plus fameux, période mycénienne. Entre les deux, point de coupure, point d'invasion violente comme en 2000. C'est plutôt une évolution interne, que l'on expliquerait volontiers par l'action de nouveaux facteurs : un net développement des forces productives; l'arrivée d'un second ban d'envahisseurs grecs, les **Achéens** (dont le nom est attesté tant par *Homère* que déjà par les textes hittites), qui renforcent d'un sang nouveau le peuplement grec de l'Hellade; surtout l'influence du monde crétois sur la Grèce.

La période mycénienne (1580-1100). — Aux habitats relativement ternes de la période précédente succèdent de riches palais puissamment fortifiés (Mycènes, Tirynthe, Athènes, île de Gla...) dont chacun est le centre d'un royaume indépendant. La société est fortement structurée autour d'un roi, le *wanax,* assisté d'un général en chef ou grand vizir *(lawagétas)* et de nombreux officiers, fonctionnaires et scribes (on a retrouvé à Pylos les archives royales, écrites dans l'écriture dite linéaire B, récemment déchiffrée, issue du linéaire A crétois). Au-dessous, des hommes libres, artisans et surtout paysans, formant le peuple *(démos),* et des esclaves, provenant généralement de fructueuses razzias. L'organisation de cette monarchie centralisée et bureaucratique, qui anime et contrôle l'activité économique, rappelle celle des despotismes, petits ou grands, du Moyen-Orient et de la Crète.

Parmi tous ces royaumes, celui de **Mycènes** jouit incontestablement d'une primauté morale, ainsi qu'en témoigne encore l'*Iliade* qui fait d'Agamemnon le chef des Achéens dans leur expédition contre Troie. C'est cette cohésion du monde achéen qui doit expliquer son **expansion** dans toute la Méditerranée orientale : les Achéens s'emparent de la Crète (XVe s.), de Rhodes (où les textes hittites mentionnent un puissant royaume d'Akhkhijawa = des Achéens), de Chypre (où l'enceinte fortifiée d'Enkomi rappelle les châteaux forts d'Argolide). Mais l'entreprise conquérante la mieux connue est évidemment le **siège de Troie,** parce qu'il a survécu dans l'épopée : vers 1180 d'après la tradition ancienne la plus courante, ou plus vraisemblablement vers 1230 d'après les modernes, tous les Achéens participent à une expédition commune contre l'opulente cité asiatique de Troie; après un siège de dix ans, ils s'en emparent, la pillent et reviennent chez eux dans des Retours *(Nostoi)* périlleux que l'*Odyssée* a magnifiés. Le prétexte donné plus tard à l'entreprise était l'enlèvement de la belle Hélène par un prince troyen, mais on peut supposer que le désir de s'emparer des énormes richesses accumulées depuis des siècles dans le palais de Priam était la raison profonde d'une expédition qui fut le chant du cygne de l'expansion achéenne.

La **vie économique** est florissante. La richesse principale est la terre. On connaît grâce aux tablettes le régime compliqué de l'appropriation du sol : mis à part les grands domaines réservés au *wanax,* au *lawagétas* et aux officiers, une partie de la terre appartient collectivement au peuple, qui la répartit entre les chefs de famille, peut-être par tirage au sort périodique, une autre est soumise à l'appropriation privée. L'artisanat est prospère, notamment la céramique et les industries de luxe. Les inscriptions prouvent qu'il y a déjà une spécialisation très poussée des artisans. Quant au commerce, il touche presque toutes les côtes méditerranéennes, depuis la Syro-Phénicie, où les objets achéens sont nombreux à Ougarit ou à Al Mina, jusqu'à la Sicile et à l'Italie et jusqu'à l'Egypte et à la Libye. Non contents d'occuper les grandes îles de la Méditerranée orientale (Crète, Rhodes, Chypre), les Achéens installent

partout des établissements commerciaux qui préfigurent les *emporia* de l'époque archaïque.
L'éclat de la **civilisation** spirituelle n'est pas seulement sensible dans les grandes créations artistiques. On voit apparaître une littérature épique, dont il ne reste malheureusement aucune trace, sinon ce qui a survécu dans la réélaboration ultérieure d'Homère. Des **formes religieuses nouvelles** se créent, par synthèse d'éléments nordiques et méditerranéens, ou, en d'autres termes, grecs et crétois. Ainsi Zeus est le dieu indo-européen de la voûte lumineuse du ciel ou des précipitations atmosphériques, père des dieux et des hommes, mais il est aussi un jeune dieu crétois, fils et amant de la Terre-Mère. Les divinités citées dans les tablettes sont dans l'ensemble celles-là mêmes qui constitueront le panthéon grec classique : Zeus, Poseidon, Hermès, Dionysos, Héphaïstos, Héra, Athéna, Artémis... Mais Apollon et Aphrodite ne sont pas attestés. Les dieux sont honorés dans des lieux consacrés (grottes, bois, sources...), dans de petits sanctuaires palatiaux, ou dans des temples. Le culte des morts est très développé, comme en témoignent les nombreuses offrandes trouvées dans les tombes. Les morts princiers sont l'objet d'honneurs particuliers, qui font d'eux des héros. On voit que tous les linéaments de la religion ultérieure de la Grèce sont posés dès la période mycénienne.

Les invasions doriennes (à partir de 1200). — Vers la fin du IIe millénaire, une nouvelle vague d'envahisseurs grecs, les **Doriens,** submerge l'Hellade. Venus du nord et descendant des deux côtés du Pinde, ils occupent une partie de la Grèce centrale, la quasi-totalité du Péloponnèse (sauf l'Arcadie), la Crète et les Cyclades et Sporades méridionales. Les Grecs avaient gardé un souvenir de ce grand mouvement dans le mythe du retour des Héraclides.
On a beaucoup discuté sur les conséquences de ces invasions. Elles ont eu essentiellement un aspect destructeur, faisant disparaître toutes les merveilles accumulées dans les palais achéens, semant partout les ruines : il n'y a pas dans toute l'histoire de la Grèce de plus épouvantable cataclysme, même la conquête romaine. Pourtant, elles ont assuré le **peuplement définitif de la Grèce :** après les Ioniens, les Achéens, les Eoliens, qui s'étaient installés au cours du second millénaire, les Doriens constituent la dernière vague d'envahisseurs grecs, c'est-à-dire indo-européens. Toutes ces ethnies se différencient d'une part par leur dialecte (et ce sont leurs arrivées successives qui expliquent les groupes dialectaux que l'on peut distinguer en Grèce jusqu'à la fin même de l'hellénisme), d'autre part par leur degré de civilisation, les derniers venus étant de loin les plus barbares. Mais elles se rapprochent par la communauté de leurs origines qui devait faire que bientôt, le tumulte des invasions apaisé, ils allaient se sentir comme appartenant à une même race.
On a renoncé à attribuer aux Doriens la paternité de deux nouveautés qui apparaissent en Grèce en même temps qu'eux, mais

sans rapport direct avec eux : **la métallurgie du fer,** qui peu à peu se substitue au bronze, la céramique géométrique. En revanche, il y a bien une société dorienne, société militaire, fondée sur le compagnonnage viril, qui subsistera partiellement à Sparte. Et il y a certaines formes ou usages religieux spécifiquement doriens : prédominance des dieux sur les déesses (d'où la substitution dans les grands sanctuaires de divinités masculines aux Terres-Mères de la période précédente, à Delphes, à Olympie, à Délos, par exemple), crémation des morts qui remplace l'inhumation...

2 — L'époque géométrique et l'époque archaïque (XIe-VIe siècles)

L'époque géométrique (1100-750). — L'époque qui suit les invasions est dite conventionnellement, d'après la terminologie céramique, époque géométrique. Elle se divise en **proto-géométrique** (1100-900) et en **géométrique** proprement dit (900-750). Elle voit les lents et timides recommencements de la civilisation. L'Attique en particulier, épargnée par les Doriens, connaît un brillant essor, dont témoigne le riche mobilier funéraire du cimetière du Céramique à Athènes.
Un art nouveau apparaît, qui n'est point totalement coupé du passé. ***Homère*** aussi fait la transition avec la période mycénienne : les deux épopées qu'on lui attribue réutilisent des fragments épiques de l'épopée antérieure, mais la société qu'elles peignent est en gros celle des Xe et IXe siècles. ***Hésiode*** chante les généalogies des dieux comme les « travaux et les jours » des paysans de Béotie. La vie religieuse se renouvelle : le rationalisme naissant organise le panthéon, ainsi qu'on le voit dans la *Théogonie* d'Hésiode; de nouveaux dieux originaires de l'Orient anatolien ou sémite, tels Apollon ou Aphrodite, sont assimilés par les Grecs. Une **écriture** alphabétique est créée vers 900, imitée de l'écriture phénicienne, non sans beaucoup de subtilité où éclate le génie grec. Enfin, on voit se développer, à partir de 800 environ, une forme d'organisation politique qui va s'imposer pendant des siècles au monde grec : la *polis* (ou **cité-Etat**) où, sous l'hégémonie des aristocrates, le peuple des petits paysans est intégré à la communauté civique. En bref, vers 750 on est bien sorti des « âges noirs » consécutifs aux invasions. Tous ces progrès n'ont été possibles que grâce à la reprise du commerce à travers la Méditerranée, générateur de fructueux échanges. Ce mouvement va s'amplifier à la période suivante, l'archaïsme, qui débute vers 750.

L'évolution des cités pendant la période archaïque (750-500). — Dès le VIIe siècle on voit apparaître un nouveau nom qui désigne l'ensemble des Grecs, celui d'Hellènes. De fait, l'unité de l'hellénisme est bien visible d'abord dans le domaine politique, puisque la courbe d'évolution est sensiblement la même dans toutes les cités. La première forme de gouvernement est partout la monarchie, mais le pouvoir des rois est fortement limité par l'**aristocratie,** détentrice de toutes les bonnes terres, dont l'orgueil insolent et la rapacité sont déjà dénoncés par Hésiode. Peu à peu les nobles s'emparent du pouvoir, le plus souvent sans violence. L'autorité est alors exercée par des magistrats qui succèdent au roi et par un conseil, émanation de l'aristocratie foncière.

Au VIIe siècle une révolution économique transforme profondément le monde hellénique : l'**introduction de la monnaie,** inventée depuis peu en Lydie. L'artisanat et le commerce sont fortement stimulés et l'on voit apparaître, pour la première fois dans le bassin méditerranéen, une économie mercantile. Les conséquences sociales ne sont pas moins importantes : c'est l'avènement d'une richesse mobilière à côté de la richesse foncière des nobles.
Le pouvoir des nobles est ainsi peu à peu ébranlé. Il l'est aussi par les mouvements violents qui agitent le peuple, dont la situation économique empire peu à peu au fur et à mesure que le morcellement successoral diminue la superficie des propriétés jusqu'en dessous du seuil où elles peuvent faire vivre une famille. Une **crise sociale** d'une extraordinaire intensité rompt alors l'équilibre du régime aristocratique. On essaie parfois de la résoudre par le recours à des **législateurs** qui fixent pour la première fois les lois par écrit. Mais bien souvent c'est la violence seule qui y met fin, et la prise du pouvoir par un tyran.
La **tyrannie** est un phénomène assez limité dans l'espace : en Grèce propre, elle affecte surtout les villes voisines de l'isthme (Corinthe, Sicyone, Mégare), mais Athènes la connaît aussi tardivement. Le tyran s'appuie sur la masse des petits paysans écrasés par les nobles et sur ceux qui vivent de l'artisanat et des échanges, contre l'aristocratie qu'il décime, exile et prive de ses terres. Il mène une politique de prestige, multiplie les travaux d'utilité publique (aqueducs, fontaines...), édifie des temples somptueux, aime à s'entourer d'une cour d'artistes et de poètes.
Dans plusieurs cités la tyrannie a tendance à devenir héréditaire : ainsi à Sicyone les Orthagorides constituent une véritable dynastie qui reste un siècle au pouvoir, à Corinthe les Cypsélides règnent avec un éclat remarquable plus de soixante-dix ans. Mais peu à peu toutes les tyrannies s'écroulent. De fait elles portaient en elles leur propre perte, dans la mesure où les réformes qu'elles réalisaient contribuaient à résoudre la crise sociale dont elles étaient nées. La plupart du temps l'aristocratie reprend l'hégémonie, parfois assagie par ses malheurs récents, par exemple à Corinthe. A Athènes au contraire c'est la démocratie qui assez vite succède à la tyrannie.

Les transformations économiques et la colonisation. — Pendant les siècles de l'archaïsme, des transformations économiques capitales interviennent. Les **cultures arbustives** (vigne, olivier, figuier), qui viennent remarquablement sur le sol généralement aride de la Grèce, prennent une extension considérable par rapport aux cultures céréalières, notamment en Attique. Il en résulte à la fois une surproduction de vin et d'huile et une disette de céréales, donc un déséquilibre qui ne trouve sa solution que dans la **colonisation.**

En effet, de 775 à 550 environ, prend place un vaste mouvement d'expansion qui aboutit à l'établissement de colonies grecques sur les rivages de la Méditerranée et du Pont-Euxin. Ceux qui s'expatrient sont très généralement poussés par la plus dure nécessité : querelles politiques dans les cités et surtout misère génératrice de désespoir. Mais les résultats de ce mouvement sont particulièrement favorables à l'hellénisme : en même temps que la Grèce, incapable de nourrir sur son sol une population trop abondante, retrouve son équilibre et développe ses possibilités d'importer des céréales et des minerais, de nouvelles cités naissent, surtout en Occident (Sicile, Grande-Grèce, Gaule méridionale, Espagne orientale), mais aussi sur les rivages de la Propontide et du Pont-Euxin. C'est tout un « Nouveau Monde » qui apparaît et les grands ensembles de Sélinonte, d'Agrigente ou de Paestum montrent bien quel est vite son éclat.

Les nouvelles cités ainsi créées sont indépendantes de leurs métropoles, avec lesquelles elles gardent cependant des liens religieux et surtout économiques. Dès lors de **vastes courants économiques** traversent la Méditerranée et la mer Noire. Les Grecs se procurent au loin les céréales, le poisson salé, les métaux précieux ou usuels, le bois. En échange ils écoulent leurs produits agricoles de demi-luxe (vin, huile) et les produits fabriqués d'un artisanat hors de pair (orfèvrerie, draperie, céramique, parfums et onguents). Tous les éléments d'un grand commerce méditerranéen sont alors réunis et la Grèce, fort incapable de vivre en autarcie sinon d'une vie misérable, s'ouvre largement de tous côtés.

Sparte et Athènes. — Deux cités méritent une mention particulière, d'autant qu'elles forment une vivante antithèse. **Sparte** offre l'exemple d'une cité dont tous les citoyens se consacrent au service exclusif de l'Etat. Elevés dès l'enfance en vue du métier des armes, ils sont uniquement des soldats. Ils vivent de la rude exploitation d'une classe de paysans dépendants, les hilotes, descendants des populations achéennes asservies lors des invasions doriennes. La grande masse d'entre eux est constituée par les Egaux, dotés de lots fonciers équivalents, ce qui n'exclut pas l'existence d'une aristocratie. La civilisation, longtemps brillante, est brusquement arrêtée dans son essor au VIe siècle par une volonté délibérée des dirigeants, soucieux de conserver les traditions ancestrales et d'éviter la contagion réputée dangereuse des autres cités.

En face de Sparte figée dans l'immobilisme, **Athènes** évolue avec une prodigieuse rapidité. Politiquement elle s'achemine vers la **démocratie** durant tout le VIe siècle, de Solon à Clisthène, et même l'épisode intermédiaire de la tyrannie des Pisistratides n'entrave pas cette marche vers le gouvernement du peuple par le peuple. Sur le plan économique, elle développe son artisanat (céramique notamment) et son commerce au point d'évincer peu à peu des marchés les villes autrefois plus brillantes qu'elle, comme Corinthe, Egine, Chalcis. Et déjà elle commence à se parer de temples, particulièrement sur l'Acropole.

La civilisation archaïque. — Après les longs recommencements de la période géométrique, la civilisation grecque connaît pendant l'archaïsme un rapide développement, favorisé par les contacts étroits établis par le commerce avec le monde oriental. La vie littéraire est surtout marquée par l'apparition et le développement du **lyrisme** (c'est-à-dire d'une poésie accompagnée de musique).
La **vie religieuse** atteint un équilibre nouveau. Les cultes orientaux précédemment introduits sont parfaitement intégrés dans le panthéon grec, tandis que de nouvelles divinités asiatiques (par exemple Hécate et Cybèle) font leur apparition. Un dieu bien attesté depuis le IIe millénaire, Dionysos, connaît un prodigieux succès en se spécialisant dans la protection de la vigne, des vignerons et des buveurs de vin. Les cultes à mystère hérités du monde égéen poursuivent leur longue carrière et sont intégrés par l'Etat : ainsi les mystères d'Eleusis à Athènes. De nouvelles fêtes sont instituées, par exemple les Panathénées et les Grandes Dionysies à Athènes.
Aux alentours de 500, l'archaïsme mûrissant se transforme radicalement. Il est malaisé d'expliquer cette mutation brusque, mais il est bien certain que la grande crise de croissance que traverse alors le monde grec, et qui trouve son couronnement dans les guerres Médiques, a dû jouer un rôle déterminant dans cette évolution.

— La Grèce classique (Ve-IVe siècles)

Les guerres Médiques. — La fin du VIe siècle est marquée en Asie par la montée des **Perses** qui construisent un immense empire des plateaux de l'Iran jusqu'en Egypte. La conquête des villes grecques d'Asie Mineure, suivie de leur révolte, amène le premier choc entre Grecs et Perses et est au moins le prétexte des deux interventions perses en Grèce, que nous appelons d'un nom conventionnel les **guerres Médiques.** En 490 les Athéniens repoussent à Marathon les soldats de Darius; mais, dix ans plus tard, Xerxès veut venger l'échec de son père et il tente de submerger la Grèce sous le poids d'une armée et d'une flotte immenses : les victoires de Salamine (480) et de Platées (479) permettent aux Grecs de repousser l'envahisseur, qu'ils poursuivent ensuite jusqu'en Asie. Le danger est définitivement écarté

de voir les Grecs soumis aux Barbares. On peut s'étonner que quelques milliers d'hommes aient résisté aux myriades perses : c'est que la passion de la liberté leur inspirait le courage et l'énergie du désespoir.
Les conséquences de cette victoire si péniblement arrachée, au prix d'incroyables sacrifices (les Athéniens par exemple doivent abandonner leur ville, que les Perses détruisent entièrement), sont immenses. Les forces des Grecs et des Perses trouvent leur équilibre; les cités grecques d'Asie Mineure sont libérées du joug perse; l'**exaltation de la victoire** donne un nouvel élan à l'hellénisme, qui en même temps triomphe d'ailleurs en Sicile des Carthaginois (bataille d'Himère, 480). Mais une cité va profiter plus que toutes les autres de ce triomphe auquel elle a participé plus que toutes les autres : c'est Athènes.

L'apogée politique de la démocratie athénienne. — Athènes profite en effet du retrait volontaire de Sparte, peu soucieuse d'aventures lointaines qui la mettraient à la merci d'une révolte de ses hilotes, et elle prend la tête du monde grec. La **confédération attico-délienne** est une ligue de cités des îles ou d'Asie qui se placent volontairement sous son hégémonie pour s'assurer contre un retour offensif du Perse. Mais assez vite cette libre association se transforme en un empire, où Athènes dirige seule les affaires et où les villes alliées deviennent des villes sujettes. Le trésor commun est symboliquement transféré de Délos sur l'Acropole en 454 et dès lors il sert non seulement à assurer la défense de la confédération, mais aussi à couvrir les dépenses propres d'Athènes. Cet empire, étroitement surveillé par des colonies militaires, donne à Athènes de grandes ressources, une force considérable et un incomparable prestige. Mais la puissance d'Athènes entamée, il se désagrégera entièrement.

A l'intérieur, les **progrès démocratiques** sont rapides dès la fin des guerres Médiques, dus en partie au rôle qu'ont joué dans la victoire les classes les moins fortunées. Ils s'accentuent, vers le milieu du siècle, avec Ephialte et surtout avec ***Périclès***, un aristocrate qui embrasse la cause du peuple et dont le génie inspire la politique athénienne pendant trente ans environ. Sa réforme politique la plus importante est la misthophorie (c'est-à-dire l'attribution d'un salaire aux principaux magistrats, qui permet à tous, même aux plus humbles, de participer effectivement aux affaires publiques et à l'administration de la justice). En même temps, il entreprend de grands travaux d'utilité publique, reconstruit les sanctuaires ruinés par les Barbares et, avec l'aide de ***Phidias***, dote l'**Acropole** de cette parure de marbre qui a vaincu les siècles : double moyen de procurer du travail à d'innombrables manœuvres, artisans, artistes, et d'assurer à Athènes la suprématie que donne la beauté. La vie littéraire n'a pas moins d'éclat. Le genre le plus en vue est le drame : **tragédie et comédie** s'adressent en effet au *démos* tout entier et contribuent à élever son niveau intellectuel.

La tragédie en particulier, représentée par trois noms illustres, ***Eschyle, Sophocle, Euripide,*** suscite la terreur et la pitié et donne de grandes leçons, grâce aux vieux mythes incessamment repris et transformés, qui permettent souvent d'exprimer des idées religieuses, morales ou politiques très nouvelles. L'histoire naît véritablement avec ***Hérodote,*** ce Grec d'Asie installé à Athènes et qui chante les guerres Médiques. Peu à peu, penseurs, artistes, hommes de lettres, sophistes affluent à Athènes de tout le monde grec. Périclès, soutenu par Aspasie, aime à s'entretenir avec eux : il est l'ami d'Hérodote, de Protagoras, d'Hippodamos et il mérite de donner son nom à tout ce siècle qui est celui de l'éphémère grandeur d'Athènes, ce siècle qui couvre d'ailleurs à peine les « cinquante ans » qui séparent les guerres Médiques de la guerre du Péloponnèse.
C'est déjà **le siècle des lumières.** Mais c'est aussi l'*apogée économique* d'Athènes. Le port du Pirée, créé par Thémistocle, devient vite le centre de toutes les communications méditerranéennes. Les marchandises du monde entier y affluent, en particulier les produits de luxe de l'Orient et le blé. Des étrangers domiciliés, les métèques, qui jouissent d'un régime beaucoup plus libéral que partout ailleurs, contribuent pour une grande part à cet extraordinaire essor.

La guerre du Péloponnèse et la chute d'Athènes (431-404). — Cette prospérité ne survit pas au conflit de trente ans qui dresse contre Athènes ses **rivales péloponnésiennes** groupées autour de Sparte. La disparition de Périclès au tout début de la guerre prive Athènes d'un irremplaçable guide. Ses successeurs, parfois très brillants, tel le bel Alcibiade, font passer leurs propres visées avant l'intérêt de l'Etat. Athènes se fourvoie dans une aventure trop lointaine en Sicile, où presque tout son corps expéditionnaire est anéanti. Finalement elle est vaincue sur mer à **Aigos Potamos** en 405, alors qu'elle n'avait pas cessé d'exercer une incontestable suprématie maritime, et l'année suivante elle est prise par les coalisés. C'est l'anéantissement d'un siècle d'efforts persévérants pour s'assurer l'hégémonie sur le monde grec.

Cette période très troublée reste cependant **féconde dans le domaine de l'art,** où l'on voit l'achèvement des grands travaux de l'Acropole, comme dans celui de la littérature : la comédie trouve enfin un auteur de premier plan avec ***Aristophane,*** contempteur des nouveautés introduites dans les mœurs par la longue guerre; ***Thucydide*** fonde véritablement l'histoire au sens moderne du terme, en analysant avec lucidité les causes et le déroulement du conflit. De nouvelles aspirations religieuses se font jour : c'est l'apparition de l'individualisme au détriment des cultes officiels et le développement du mysticisme.

La lutte pour l'hégémonie (404-361). — La disparition de l'hégémonie athénienne n'assure pas pour autant l'autonomie des cités grecques. En effet **Sparte** fait peser sur la Grèce un joug aussi lourd que naguère Athènes. Afin que son autorité ne soit pas contestée, elle n'hésite pas à s'allier avec le Grand Roi et à signer avec lui le honteux traité d'Antalcidas (386) qui paie de l'abandon des Grecs d'Asie l'appui du Perse. Mais elle est minée de l'intérieur par l'oliganthropie et par les luttes entre des riches trop riches et des pauvres trop pauvres, et sa domination s'écroule sous les coups d'une puissance montante, Thèbes, qui l'écrase à Leuctres en 371.

Et c'est le tour de **Thèbes** de tenter d'établir son hégémonie sur la Grèce. Sa rapide ascension, qui étonne si l'on se rappelle son passé assez terne, s'explique par l'action énergique de deux hommes, Epaminondas et Pélopidas, qui réorganisent autour de Thèbes la confédération béotienne. Mais elle voit se dresser la coalition des Péloponnésiens et des Athéniens; elle est encore victorieuse d'eux à Mantinée (362), mais la mort d'Epaminondas sur le champ de bataille est pour elle le début d'une irrémédiable décadence.

Athènes, de son côté, a retrouvé un peu de sa puissance. Un certain nombre de ses anciennes alliées se groupent à nouveau autour d'elle dans la seconde confédération athénienne, où de grandes précautions sont prises pour éviter les erreurs du passé et pour assurer l'autonomie réelle des cités malgré la prééminence d'Athènes. Elle va pouvoir jouer un rôle de premier plan quand se précise pour la Grèce désunie et ruinée par des décennies de guerres intérieures un nouveau péril, le péril macédonien.

Philippe II et la conquête de la Grèce. — L'avènement de Philippe II de Macédoine en 359 modifie profondément l'équilibre des forces dans le monde grec. La **Macédoine** n'avait joué jusque-là qu'un rôle effacé, mais tout va changer avec l'accession au pouvoir d'un homme énergique, tenace, rusé, qui étend et réorganise d'abord son royaume, puis profite de la force de son infanterie (la fameuse phalange) pour s'imposer aux cités grecques désunies. La seule résistance sérieuse qu'il rencontre est celle d'Athènes, dont les intérêts économiques, notamment en Chalcidique et en Thrace, sont violemment heurtés par l'avance de Philippe. Le parti nationaliste y trouve en Démosthène un ardent champion : il arrive à bander toutes les énergies d'une cité qui s'endormait dans l'aisance et que minaient les discordes. Mais en 338 le Macédonien est victorieux à **Chéronée** et c'en est fait à jamais de la liberté de la Grèce. Certes Philippe, en réunissant presque toutes les cités dans la ligue de Corinthe, garantit en principe leur autonomie, mais en fait elles sont sous la stricte autorité du roi de Macédoine. Ainsi la première unité de la Grèce se paye de l'abandon forcé de tout ce que les Grecs considéraient depuis des siècles comme leur bien le plus sacré.

L'hellénisme au IVe siècle. — Si la Grèce ne sut pas opposer au Macédonien la résistance qu'elle avait opposée au Perse, c'est que son ressort intérieur était brisé. Peu à peu le dévouement de tous à la chose publique, qui était l'âme du système de la *polis,* s'effaçait devant l'individualisme et le déchaînement des appétits particuliers. Et c'était vrai non seulement d'Athènes, mais même de Sparte!

Cependant les créations restent fort brillantes dans tous les domaines. A la suite de ***Socrate,*** qui boit la ciguë en 399, victime de sa fidélité à lui-même et des luttes entre les factions politiques à Athènes, ***Platon*** crée un prodigieux système philosophique qui n'a cessé de féconder la pensée occidentale; son disciple ***Aristote,*** esprit universel, rassemble toutes les connaissances humaines. L'éloquence règne en maîtresse à Athènes : ***Lysias*** s'illustre dans le genre judiciaire, ***Isocrate*** dans l'éloquence d'apparat et ***Démosthène*** est resté le symbole de ce que peut sur la multitude une parole enflammée par l'amour de la patrie. ***Xénophon,*** un autre disciple de Socrate, continue l'œuvre historique de Thucydide. La comédie moyenne s'attache à une observation plus poussée des mœurs. Comme au siècle précédent, Athènes est, de manière incontestable, la capitale spirituelle du monde grec.

La **religion** s'oriente délibérément dans la voie du **mysticisme** où elle s'était engagée dès la fin du Ve siècle. Les dieux orientaux, venus d'Egypte, de Syrie, d'Asie Mineure, ont chaque jour des fidèles plus nombreux qui trouvent en eux l'espoir d'un salut personnel. La ferveur est grande aussi pour Dionysos, que l'on fête dans des cérémonies orgiaques, et pour Asclépios, le dieu compatissant qui guérit les malades. En revanche les divinités traditionnelles de la cité sont négligées, en liaison avec la lente agonie des villes dont elles étaient les protectrices.

Alexandre le Grand et la conquête de l'Orient (336-323). — Le successeur de *Philippe II,* son fils ***Alexandre,*** conduit en Asie l'expédition que son père n'avait pu mener. A la tête des forces unies de la Macédoine et de la Grèce, il remporte sur ***Darius III*** et ses généraux une série impressionnante de victoires qui, en l'espace de dix ans environ, lui assurent la possession d'un immense empire qui s'étend de l'Egypte à l'Inde. C'est comme une revanche des guerres Médiques, où le Perse avait envahi la Grèce, et des piteuses négociations où au cours d'un siècle les différentes cités de la Grèce avaient quémandé l'aide du Grand Roi.

Ce prestigieux conquérant, en qui l'oracle d'Amon à Siwah reconnaît le fils même du dieu, montre une grande largeur de vues dans l'organisation d'un empire démesuré. Malgré le mépris où les Grecs tenaient les Barbares, il tente de réaliser la fusion de l'élément grec et de l'élément iranien. Il fonde, jusqu'aux confins de l'Inde, de nombreuses Alexandries destinées à **promouvoir l'hellénisme,** lié à l'urbanisation. Il ne néglige pas le commerce, que favorise l'unification de tant de territoires sous un pouvoir fort. Il était évident qu'une partie de cette œuvre titanesque était caduque et on le vit bien quand une mort brutale emporta Alexandre à trente-trois ans en 323. Bien vite son empire se disloque en plusieurs royaumes. Mais il reste un fait primordial : l'Orient soumis par Alexandre va être administré par des Grecs jusqu'à la conquête romaine. Qui eût osé rêver pour l'hellénisme d'une pareille extension? Cette date de 323 marque donc le début d'une ère nouvelle et ce n'est pas un hasard si ***Démosthène,*** le champion de l'époque révolue des cités indépendantes, se suicide à Calaurie l'année suivante.

4 — La Grèce hellénistique et romaine (323 avant J.-C.-395 après J.-C.)

Le déclin de la Grèce pendant la période hellénistique (fin IVᵉ-fin IIIᵉ siècle av. J.-C.). — La période hellénistique se caractérise par deux faits corrélatifs : **la Grèce propre s'étiole,** tandis que les royaumes grecs d'Orient, issus du démembrement de l'empire d'Alexandre (Lagides en Egypte, Séleucides en Syrie, Attalides à Pergame...), connaissent un extraordinaire développement. Alexandrie, Antioche, Séleucie, Pergame deviennent les véritables capitales de l'hellénisme, tandis que les grandes cités de la Grèce classique s'endorment sur leurs lauriers passés, quand elles ne se déchirent pas dans des luttes stériles. Délaissant les Etats grecs de l'Orient, si vivants au point de vue économique, et où s'élaborent de si fructueuses ou étranges synthèses entre l'hellénisme et les vieilles civilisations de l'Asie ou de l'Egypte, nous considérerons ici seulement la Grèce propre.

Le fait politique le plus important est la prééminence des souverains de **Macédoine,** les Antigonides, descendants de cet Antigone le Borgne qui avait été un des compagnons d'Alexandre. Même les villes qui restent en droit autonomes sont en réalité soumises à leur volonté. Ainsi **Athènes** doit subir des garnisons macédoniennes au Pirée et à Munychie. Sa prospérité est sérieusement entamée par le déplacement des routes de commerce et elle n'est plus guère que la capitale intellectuelle du monde grec. **Sparte** est de plus en plus minée par l'oliganthropie; elle est agitée de violentes convulsions sociales, auxquelles n'arrivent pas à mettre fin des rois réformateurs tels Agis IV et Cléomène III; elle en arrivera même à faire, avec Nabis, l'expérience de la tyrannie. En revanche des peuples restés longtemps les plus pauvres de la péninsule accèdent à un destin plus glorieux, en groupant autour d'eux des confédérations assez étendues : ligue étolienne, ligue achéenne. La cité, au sens classique du terme, est bien morte, encore que les institutions d'autrefois subsistent le plus souvent en façade, et les seuls éléments vivants de la Grèce sont constitués par ces **confédérations** qui jouent un grand rôle au moment de l'intervention romaine.

La vie économique se ralentit considérablement. Les petits propriétaires doivent vendre leurs terres et il se constitue d'énormes propriétés, qui sont d'ailleurs à peine exploitées à cause de la concurrence des produits agricoles des royaumes hellénisés d'Orient. Même phénomène pour l'artisanat, d'où un chômage considérable, d'où aussi des salaires de misère qui provoquent une crise sociale grave. Quant au commerce, il s'est nettement déplacé : le Pirée n'est plus l'entrepôt des produits du monde entier, mais c'est Rhodes ou Délos qui jouent ce rôle.

Il est moins évident qu'on puisse parler de déclin dans la **civilisation spirituelle.** La vie religieuse n'a jamais été aussi intense : le développement du mysticisme, commencé dès la fin du Vᵉ siècle, ne connaît plus de bornes. Les dieux compatissants ou extatiques de l'Orient ont de plus en plus de fidèles en raison des contacts constants que la conquête a établis avec les autres rives de la Méditerranée. Des confréries religieuses se créent en grand nombre (thiases, *éranoi*), où les sectateurs d'une même divinité se retrouvent avec des sentiments nouveaux de fraternité humaine. Le culte des dieux poliades est délaissé au profit de nouveaux cultes étatiques qui s'adressent à la personne des souverains. La philosophie connaît encore à Athènes une floraison avec ***Epicure*** et ***Zénon de Kition,*** fondateurs à la fin du IVᵉ siècle de l'épicurisme et du stoïcisme, deux systèmes qui aboutissent à une sagesse faite de détachement par rapport aux contingences d'une existence troublée. Mais la littérature et les arts s'étiolent sur le sol de la Grèce et c'est à Alexandrie, à Pergame ou à Antioche que sont les grands centres créateurs où se renouvellent les lettres, les sciences et les arts.

L'intervention romaine en Grèce (214-146). — Dès la fin du IIIᵉ siècle, les **Romains** sont amenés à intervenir contre les Antigonides : ce sont les **trois guerres de Macédoine.** La première n'est qu'une série d'escarmouches avec Philippe V; mais dans la seconde, Flaminius remporte une nette victoire sur Philippe à Cynocéphales (197) et il proclame aux jeux Isthmiques de 196 la liberté de la Grèce. Puis Paul-Emile triomphe, à **Pydna** (168), de Persée, fils de Philippe V. Le royaume de Macédoine est annexé et forme bientôt une nouvelle province romaine.

Forts de ce succès, les Romains traitent durement les Grecs qui s'agitent ou se révoltent, notamment la confédération achéenne. **Corinthe** est assiégée et anéantie par Mummius en 146, l'année même de la destruction de Carthage : c'est un extraordinaire exode vers l'Italie d'œuvres d'art pillées dans la plantureuse cité. La Grèce est provisoirement soumise à l'autorité du proconsul de Macédoine.

Certes la Grèce avait déjà perdu son indépendance depuis Philippe II, mais les Macédoniens qui l'avaient soumise étaient, quoi qu'on en ait dit, des Grecs. Pour la première fois c'est l'occupation étrangère. Quels sont les facteurs qui expliquent cette défaite irrémédiable? D'abord la force des Romains, leur puissance militaire, l'acharnement impérialiste de la politique sénatoriale. Mais aussi les dissensions des Grecs, mal endémique que renforce encore la confusion de l'époque. Et il ne faut pas oublier cette extraordinaire hémorragie des forces les plus vives de la Grèce qu'avaient entraînée la conquête d'Alexandre et l'organisation des royaumes d'Orient où tant de Grecs, et des plus dynamiques, avaient émigré.

La Grèce, province romaine. — Désormais la Grèce est annexée à cet ensemble en perpétuel accroissement qu'est l'Empire romain. Son histoire n'est plus que celle d'une province entre beaucoup d'autres. Elle se distingue cependant par le rôle qu'elle joue dans le développement de la civilisation : grâce aux œuvres d'art pillées, grâce aussi aux esclaves et aux marchands, Rome fait plus ample connaissance avec les raffinements de l'hellénisme. Le mot d'Horace si souvent répété : **« La Grèce vaincue a vaincu son farouche vainqueur »** exprime une vérité profonde. Et cette hellénisation de Rome est un phénomène d'une incalculable portée, car c'est par l'intermédiaire de Rome que la Grèce transmettra son message au monde occidental.
La Grèce est intimement mêlée au Ier siècle avant J.-C. aux luttes de Rome contre ***Mithridate*** (86 : prise d'Athènes par Sylla) ou aux rivalités des *imperatores* pour le pouvoir suprême (48 : bataille de Pharsale entre César et Pompée; 42 : bataille de Philippes entre Antoine et Octave d'une part, les meurtriers de César de l'autre; 31 : victoire d'Octave sur Antoine et Cléopâtre à Actium). Mais à partir d'Auguste elle connaît la **paix romaine** et l'on constate même au IIe siècle, sous les Antonins, une nette renaissance. Dans sa passion pour l'héllénisme, ***Hadrien,*** que l'on appelait *Graeculus,* le petit Grec, couvre la Grèce de somptueux édifices. Peu après, un riche sophiste athénien, ***Hérode Atticus,*** dépense une large partie de son immense fortune pour embellir les grands sanctuaires. Simultanément, les lettres et la philosophie connaissent un nouvel éclat, après une longue éclipse due à la conquête et à la lassitude désespérée qui en fut la conséquence pour les vaincus. Epictète, chassé de Rome, fonde à Nicopolis une école de philosophie stoïcienne fameuse dans le monde entier. Plutarque exalte dans ses *Vies parallèles* les vertus des grands hommes du passé. Pausanias visite la Grèce et la décrit avec un soin d'antiquaire. La religion traditionnelle est en apparence toujours vivante, et plusieurs empereurs, dont Hadrien, viennent recevoir l'initiation à Eleusis.
Mais **cette renaissance est factice.** La Grèce n'est plus qu'un conservatoire ou un musée. Athènes notamment reste fameuse par ses écoles, mais c'est une ville morte. C'est que l'activité économique n'a guère repris et qu'il n'y a pas de substrat aux efforts de ceux qui, amoureux du passé aboli, voudraient lui insuffler un sang nouveau.
Au IIIe siècle, les **Goths** franchissent la frontière danubienne et ravagent la Grèce : c'est la première incursion barbare sur son sol où, depuis des siècles, les Romains faisaient régner la paix. Au

bas Empire, la sécurité revient, mais le déclin s'accentue, d'autant que le christianisme triomphe à partir de Constantin. L'**hellénisme** — c'est le nom dont on désigne alors la pensée et la religion traditionnelles — est de plus en plus suspect aux empereurs, jusqu'à sa proscription définitive par Théodose Ier en 381. En 393 c'est la dernière célébration des jeux Olympiques. En 395, avec la nouvelle incursion des Goths qui ravagent toute la Grèce et avec le partage de l'Empire romain en deux moitiés à la mort de Théodose, c'est vraiment la **fin du monde antique.**

La Grèce médiévale et moderne

1 — La Grèce byzantine

La Grèce ouverte aux invasions. — La Grèce, qui au partage de 395 est naturellement échue à l'**Empire byzantin,** n'échappe pas plus que les autres régions aux invasions barbares : depuis l'incursion d'Attila en 447, les Huns la razzient périodiquement. Ravagée par les **Huns,** la Grèce est également menacée par les **Slaves,** qui convoitent essentiellement Thessalonique. Leur échec contre cette ville entraîne une compensation : c'est leur expédition péloponnésienne et l'installation durable de quelques-uns d'entre eux, qui a permis à Fallremayer de soutenir la théorie de la « slavisation » totale de la Grèce dès les années 600.

La Grèce et les Slaves (VIIe-IXe siècles). — Les **Slaves** arrivent par tribus entières, échouent toujours devant Thessalonique (617, 619), mais s'établissent en Grèce, formant les « sclavinies », disséminées depuis la Macédoine et l'Epire jusqu'à la Grèce centrale et méridionale, voire la Grèce insulaire, accessible aux Slaves grâce à leurs bateaux, les monoxyles. Ces installations massives ont comme conséquence de renouveler en le bouleversant le peuplement hellénique.

Du point de vue politique, les régions comme la Macédoine, devenues pratiquement slaves, restent sous une suzeraineté byzantine plus ou moins effective, tandis que les nouveaux arrivants s'hellénisent et s'intègrent peu à peu dans les régions où leur densité est moins forte.

Mais cette présence obsédante des **ennemis de Byzance** à l'intérieur même de l'Empire explique la création du thème[1] d'Hellade, dans la politique de défense de l'Empire inaugurée par Héraclius, thème qui devait contenir les insinuations continuelles des Slaves, en même temps que le thème de Thrace s'organisait contre les Bulgares.

1. Le *thème* est, à partir du VIIe siècle, la subdivision administrative de l'Empire byzantin, gouvernée par un chef militaire, le stratège.

Une **période de défense** commence donc et se poursuit sous les dynasties isaurienne et amorienne (VIIIe-première moitié du IXe siècle), jusqu'à ce que l'iconoclasme amène une nouvelle offensive des Grecs contre les Barbares, dont témoigne parfaitement en 863 le départ de Cyrille et de Méthode qui vont évangéliser la Moravie, c'est-à-dire les Slaves.

L'échec des Bulgares en Grèce et la renaissance hellénique sous les empereurs macédoniens (Xe-XIe siècles). — Le **danger bulgare** n'était point une nouveauté, mais il devient plus pressant avec le tsar des Bulgares, ***Syméon,*** dont l'éducation byzantine excite les ambitions. Après avoir vaincu les Grecs et obligé Léon VI à lui payer tribut, il est séduit lui aussi par le mirage de Thessalonique et de Constantinople, qui l'entraîne, après la conquête de la Macédoine et de la Thrace, à d'incessantes interventions sur le sol grec.

La menace bulgare se renouvelle avec le tsar ***Samuel,*** dont l'Empire atteint la Thessalie, jusqu'à la victoire de Basile II le Bulgaroctone (1014) qui rend aux Byzantins la maîtrise de la péninsule balkanique.

La **renaissance hellénique,** d'abord marquée dans l'ensemble de l'Empire par l'engouement général des artistes et des écrivains pour tout ce qui est grec, se concrétise en Grèce même dans les admirables mosaïques de Daphni qui en restent le témoignage le plus prestigieux.

Les Francs en Grèce. — 1° *La menace normande.* Dès le XIe siècle, partout dans l'Empire byzantin, et en Grèce comme ailleurs, les cités italiennes, Venise notamment, interviennent avec des exigences croissantes et s'assurent d'importants privilèges commerciaux, surtout quand l'empereur doit demander aide aux Vénitiens pour faire face à la première incursion franque, celle des **Normands** de Roger II de Sicile, à Corfou et jusqu'en Attique.

2° *Les Etats latins de Grèce.* En 1204, à l'issue de la **quatrième croisade,** la Grèce est comprise dans les partages des vainqueurs : Venise et les princes francs.

Venise la marchande choisit des places de commerce, surtout insulaires : les îles Ioniennes, la plupart des villes de l'Egée, Rhodes, la Crète, puis l'Eubée et des comptoirs bien placés dans le Péloponnèse, sur l'Hellespont et en Thrace.

La **féodalité franque** transplantée en Grèce cherche à y bâtir une nouvelle France. Ce sont les principautés franques vassales de l'Empire latin de Constantinople : le royaume de Thessalonique aux Montferrat, le duché d'Athènes à Othon de la Roche (il passera ensuite des Français aux Catalans), la principauté d'Achaïe (ou de Morée) aux Champlitte et aux Villehardouin. Seul le despotat d'Epire, avec les Ange Comnène, témoigne de la grandeur passée des Byzantins, dans ses ambitions même de reconquête de Thessalonique et de Constantinople, jusqu'à la mainmise sur l'Epire de Jean Vatatzès (milieu du XIIe) d'une part et,

d'autre part, à la victoire de Michel Paléologue (1259) sur le despote d'Epire et Guillaume de Villehardouin, sans pour cela que l'Epire et la Morée retournent immédiatement à l'Empire.
3° *La vitalité spirituelle.* La Grèce, alors si troublée, témoigne d'une remarquable **vitalité spirituelle.** A preuve la décoration, dans le « style macédonien », des plus anciennes églises de l'**Athos** et la cité-musée qu'est devenue pour nous **Mistra.** Là se réfugient, au cœur du Péloponnèse, les forces vives de l'Empire à son déclin, politiques, spirituelles et religieuses. L'éclat de la cour de Mistra après la reconquête byzantine (avec notamment le philosophe platonicien Gémiste Pléthon) éclipse celui de la capitale, en régénérant déjà l'Hellade. C'est ce monde en pleine rénovation que va anéantir la conquête turque.

2 — La Grèce sous la domination turque

Les conquêtes (XIVe-XVIIe siècles). — C'est bien avant la chute de Constantinople que les **Turcs ottomans** commencent la conquête de la Grèce : Thrace, Macédoine, Thessalie, Epire d'abord, puis Ioannina et Salonique. Enfin, dans les années 1458-1460, ils abolissent le duché d'Athènes et le despotat grec : nouvelle étape dans leur progression qui, malgré l'action du cardinal Bessarion et les guerres turco-vénitiennes, s'étend, au XVIe siècle, jusqu'à Rhodes, Chio, Chypre, Naxos et aux Cyclades.
Seul le traité de Carlowitz (1699) arrête leur expansion : ils laissent aux Vénitiens le Péloponnèse et Egine. L'Eglise et les intellectuels (cardinal Bessarion, Jean Lascaris) prennent alors, en Europe et en Grèce même, la tête du **mouvement de résistance,** soutenant les interventions européennes (la plus importante aboutit à la victoire de Lépante, 1571) et les révoltes grecques (fin XVIe, début XVIIe).

Le Vilayet de Roumélie. — C'est dans le cadre de cette unité administrative que s'organisent la Grèce et les pays balkaniques conquis. Les populations chrétiennes sont soumises alors soit au régime de relative liberté que permet le principe de la loi islamique, quand elles n'ont pas résisté (liberté fortement entamée d'ailleurs par l'islamisation des enfants et leur enrôlement obligatoire dans les janissaires), soit à l'autorité de la **féodalité militaire turque,** installée sur les bonnes terres dont les paysans grecs, anciens propriétaires, deviennent colons ou serfs.
La conquête ne laisse ainsi à la propriété grecque que les mauvais pays de montagnes et les terres des monastères orthodoxes, dont le rôle économique et spirituel devient prépondérant, surtout quand se multiplient massacres, islamisations, réductions en esclavage et émigrations.

La résistance grecque. — Elle s'organise doublement : à l'extérieur d'abord, grâce aux relations des Grecs avec l'Occident (relations dans lesquelles les émigrés grecs des villes marchandes d'Italie jouent un rôle primordial), mais aussi à l'intérieur même du pays. C'est la **résistance** aussi bien des classes aisées au service de l'administration turque (milice des Armatoles, gens d'Eglise, Phanariotes) que du peuple qui s'arme spontanément contre l'occupant, surtout dans les montagnes où les **klephtes** préparent déjà les forces de la guerre d'Indépendance. Cette même dualité se retrouve sur le plan intellectuel : il y a une tendance savante, formaliste et foncièrement orthodoxe et une tendance populaire (qui s'exprime dans les thrènes, complaintes sur la conquête), beaucoup plus ouverte aux influences occidentales.

La renaissance de la conscience nationale (XVIIIe-début du XIXe siècle). — **La conscience nationale renaît** paradoxalement quand les Turcs achèvent la conquête de la Grèce par la prise du Péloponnèse (1715) et rétablissent la paix. Un essor économique durable en résulte, dont Salonique surtout profite. Il explique à la fois le développement de la **marine grecque** (par exemple de la flotte d'Hydra) et la naissance d'une bourgeoisie, qui témoigne des liens de la Grèce avec l'Occident des « lumières ». Ainsi s'affirme la vitalité de la Grèce dans un empire turc de plus en plus atteint par l'anarchie et la décomposition intérieure (cf. l'épopée d'Ali de Tébélen, pacha de Ioannina) et par les menaces extérieures des grandes puissances (Russie, Angleterre, France). Dès lors la *question d'Orient* est posée, et, avec elle, celle de l'indépendance grecque, à preuve l'audience de la Société des Amis, fondée en 1815 à Odessa, sous la direction d'Ypsilanti, et le développement du mouvement philhellénique en Europe.

La lutte pour l'indépendance (1821-1831). — Les faibles forces d'Ypsilanti (abandonné par le tsar) et de l'insurrection grecque ébranlent les Turcs (cf. la victoire de Colocotronis) qui, faisant appel au pacha d'Egypte, Méhémet Ali, déclenchent l'intervention des puissances européennes (Russie, Angleterre, France). Après la victoire de **Navarin** (1827), le traité d'Andrinople (1829) et le second traité de Londres (3 février 1830), **la Grèce devient indépendante** sous la protection des trois puissances. Mais cette Grèce indépendante est un bien piètre Etat, qui ne comporte que 600 000 habitants, réduits essentiellement aux régions pauvres et montagneuses. Les klephtes conservent donc toute leur puissance. Et ce sont eux qui assassinent en 1831 Capodistria (diplomate russe, d'origine corfiote, qui dirige la Grèce pendant trois ans). Désormais les termes du traité de Londres sont appliqués : la Grèce devient une monarchie avec ***Othon de Bavière***. Et dès l'année suivante, la Sublime Porte reconnaît Othon Ier et l'indépendance hellénique.

3 — La Grèce indépendante après 1832

Les débuts du royaume de Grèce et l'évolution de la monarchie othonienne (1832-1862). — Le nouveau royaume, dont la capitale est d'abord Nauplie, puis Athènes, comprend seulement le Péloponnèse, les Cyclades et la Grèce continentale jusqu'à la ligne Arta-Volo. Ses bases territoriales et économiques sont donc singulièrement réduites, tandis que les fondements politiques n'apparaissent guère stables : la dynastie bavaroise enlève en effet aux Grecs la réalité du pouvoir, dans le même temps où le gouvernement remplace les troupes grecques par des éléments venus de Bavière.

La Grèce indépendante reste donc livrée aux étrangers : aux Bavarois très directement (on a alors parlé de xénocratie), mais beaucoup plus gravement aux grandes puissances européennes, qui donnent jusqu'à leur nom aux différents partis politiques grecs. C'est au sein de ces partis que naissent très tôt les revendications libérales (constitution notamment) et nationales (politique religieuse « philorthodoxe », religion de la famille royale, renvoi des Bavarois).

Les difficultés de la monarchie autoritaire d'Othon, accrues par la banqueroute chronique, s'aggravent avec la crise orientale des années 1839-1840. Mais, dès ce moment, la **« grande idée »** de la résurrection de l'hellénisme, liée à celle de l'Empire de Constantinople, alimente les rêves de reconquête vers la Thessalie, l'Epire, la Macédoine et les îles, rêves soutenus par les Russes et, beaucoup plus mollement, par les Anglais, avant tout soucieux de maintenir de bonnes relations commerciales avec les Ottomans. L'anarchie et le désordre, l'intervention constante des puissances dans la politique grecque, favorisent les conspirateurs qui mènent à bien le coup d'Etat de septembre 1843. Une Assemblée nationale, qui siège alors quelque six mois, prépare et vote la constitution (nettement conservatrice d'ailleurs) promulguée en mars 1844.

La **monarchie constitutionnelle,** issue du coup d'Etat, reste théorique au point de provoquer encore une série de révoltes pour la défense des libertés constitutionnelles, alors que les ministères successifs tentent de diriger l'attention du peuple sur l'extension territoriale, seul remède possible, selon eux, à tous les maux dont souffre le royaume. D'où l'attitude philorthodoxe et prorusse des Grecs lors de la guerre de Crimée, puis les représailles turques et l'occupation franco-anglaise de 1854 à 1857. La Grèce demeure au centre des problèmes de l'épineuse question d'Orient où s'affrontent les convoitises européennes.

Tout cela explique en partie que ce qui compte désormais économiquement dans l'hellénisme soit le plus souvent hors de Grèce, parmi les Grecs de Constantinople ou ceux de la *diaspora,* qui dirigent par leurs capitaux l'évolution économique de la Grèce, parmi ceux des îles Ioniennes aussi, dont l'intense activité se traduit en fait par le rattachement des « sept îles » au royaume en 1864.

Ainsi seules les **forces spirituelles** demeurent en Grèce propre, soutenues par l'Université d'Athènes. Mais l'opposition libérale, un moment freinée pendant la guerre, reprend plus forte et plus violente dans les années 1860 : révolte réprimée au printemps 1862, mutineries des garnisons d'Acarnanie, de Patras, de Corinthe, de celle d'Athènes enfin qui emporte la décision, c'est-à-dire la destitution d'Othon et son départ pour l'exil (octobre 1862).

La dynastie danoise et la monarchie démocratique (1862-1909). — C'est l'Angleterre qui trouve, un an plus tard, un nouveau roi : le prince Guillaume de Danemark devient ***Georges Ier*, roi des Hellènes.**
Désormais, l'**évolution intérieure** prend une orientation nouvelle, avec la constitution démocratique de 1864 et l'avènement du régime parlementaire en 1875, évolution qui témoigne de transformations sociales importantes : la montée de la bourgeoisie et sa consécration liée au développement économique. L'économie grecque profite en effet de la stabilité gouvernementale et une politique de grands travaux montre un certain essor (à preuve le creusement du canal de Corinthe, 1882-1893).
La **question nationale** garde bien entendu toute son acuité. Aussi la guerre russo-turque de 1877-1878 semble-t-elle pour les Grecs une excellente occasion d'arrondir leurs territoires. Mais les révoltes (Thessalie, Epire, Crète) et l'action du gouvernement sont trop tardives, et la Turquie, qui a signé l'armistice, peut menacer la Grèce. La guerre est évitée de justesse. Ce sont les tentatives grecques des années 1896 qui permettent enfin le rattachement de la Thessalie, mais non celui de la Crète qui, déclarée autonome en 1897, sera pratiquement unie à la Grèce en 1908, officiellement en 1913 seulement. Ces événements ont mis en évidence un jeune Crétois, ***Eleuthère Vénizélos,*** qui utilise à son profit le mécontentement croissant (politique, économique et social) contre la cour et le gouvernement. La ligue militaire qui réussit le coup d'Etat de 1909 fait appel à lui.

Difficultés intérieures et luttes extérieures : La Grèce moderne et Vénizélos. — Le « subtil Crétois », devenu président du Conseil, pratique à l'intérieur une politique révisionniste, et dans les Balkans une diplomatie habile et active qui aboutit à la formation de l'**« Entente balkanique »** de 1912 (Grèce-Serbie-Bulgarie). Un **Etat libéral** s'organise peu à peu, car la difficulté est extrême d'accorder les tendances politiques les plus opposées. Mais, finalement, la Constitution de 1911 apporte de considérables améliorations politiques et sociales. Les services publics sont réorganisés, l'économie est soutenue (aide technique), mais surtout la première réforme sociale est tentée : impôt sur le revenu global, création de coopératives agricoles avec possibilités d'emprunts à la Banque nationale (1914), enfin les bases du syndicalisme ouvrier sont posées. La neutralité grecque pendant la Première Guerre mondiale permet la continuation de ces réformes par-delà les luttes dans les Balkans.

L'« Entente balkanique » triomphe partout des Ottomans. Les Grecs occupent Salonique et Ioannina, les îles de l'Egée (Chio, Samos, Mytilène), tandis que leurs alliés sont en Macédoine et en Thrace. Victoires qui se traduisent aux **traités de Londres,** puis de **Bucarest** (1913), par le gain, pour la Grèce, de Salonique, de la Chalcidique, de Kavalla, de Ioannina, de l'Epire méridionale et des îles de l'Egée.

La même année, le roi Georges est assassiné à Salonique et son fils, Constantin, suit désormais une politique germanophile, qui l'oppose brutalement aux libéraux, c'est-à-dire à Vénizélos, favorable à la triple Entente.

Forcé par le roi de démissionner, Vénizélos fonde un gouvernement militaire et insurrectionnel à Salonique (1916) et, avec l'aide des Alliés (des Français notamment, alors installés en Grèce), il renverse Constantin, remplacé par son fils Alexandre (1917). Désormais, la politique nationale de la Grèce, confondue avec celle des Alliés, est liée au **conflit mondial.** Mais les **traités de paix** (1919-1920) lui accordent seulement des gains territoriaux mineurs (Thrace orientale, Imbros et Ténédos et l'administration de la région de Smyrne), tandis que la politique de Mustapha Kémal, qui allait prendre le nom d'Ataturk, brise ses rêves toujours vivaces de reconquête de Constantinople, devenue maintenant Istanbul (guerre gréco-turque de 1922 et échange consécutif de populations).

D'ailleurs, dès les années 1920, les Grecs, lassés des guerres continuelles, sont sensibilisés à l'opposition royaliste et pacifiste contre les abus de Vénizélos. Le roi Alexandre meurt en 1920 et la précipitation des événements (défaites et rappels successifs de Vénizélos et de Constantin, jusqu'à la mort de ce dernier en 1923, année de l'avènement de Georges II) traduit à suffisance les hésitations des esprits et le désordre chronique du pays.

Le **malaise politique** s'étend aux domaines économique et social, considérablement aggravé par l'**afflux des réfugiés de Turquie.** De nouveaux partis réformistes naissent, à tendances républicaines et nettement socialisantes (1918, création de la C. G. T. grecque; 1924, du Parti communiste de Grèce).

La situation générale est pourrie. Georges II abdique en décembre 1923, mais ce n'est que le départ de Vénizélos, trois mois plus tard, qui assure la victoire définitive des Républicains.

La Grèce républicaine (1924-1936). — Dès le début, c'est le régime des **coups d'Etat militaires,** qui laisse se poursuivre la dégradation intérieure de la Grèce et traîner en longueur les problèmes extérieurs. Seule exception dans cette instabilité, le gouvernement que dirige Vénizélos de 1928 à 1932.

La Grèce républicaine se heurte aux **difficultés traditionnelles.** A l'intérieur : nécessité de réformes. En premier lieu, des mesures économiques sont prises : grands travaux, aide aux réfugiés, assèchements (Macédoine) pour accroître la superficie cultivable, stabilisation de la monnaie, création de la Banque de Grèce (1927); mais, si importantes que soient ces réalisations, elles restent insuffisantes, le chômage croît et les grèves se multiplient. A l'extérieur, les revendications nationales se cristallisent maintenant sur le problème de Chypre, qui est à l'origine de la démission de Vénizélos.

La restauration et la Seconde Guerre mondiale. — Après un nouvel intermède militaire, le retour du roi Georges II en 1935 couvre le coup d'Etat du 4 août 1936 par lequel le général ***Métaxas,*** abolissant la Constitution, instaure un régime de dictature.
C'est l'**attaque italienne** du 28 octobre 1940 qui fait entrer la Grèce dans le second conflit mondial. Dès le début, la résistance grecque s'organise (dans les montagnes d'Epire notamment) et s'oppose victorieusement (printemps 1941) aux Italiens. Mais peu après les Allemands se ruent littéralement sur la Grèce, qui doit capituler, tandis que le roi part pour l'Angleterre et le gouvernement pour l'Egypte. Pendant trois ans, dans le pays ruiné et décimé par la famine, occupé par les puissances de l'Axe (Italie, Allemagne, Bulgarie), se multiplient des centres clandestins de résistance.
Mais l'union de la majorité des forces grecques solidaires ne survit pas à la victoire. Les rivalités politiques renaissent, plus violentes qu'auparavant, et le retour du roi (septembre 1946) après un plébiscite est suivi de sévères épurations dirigées contre la gauche. La **guerre civile** fait rage pendant trois ans, terminée par le triomphe brutal des forces de droite. Situation rendue plus dramatique encore par l'étendue des pertes humaines et des destructions subies (production agricole ruinée, communications pratiquement inexistantes, villages détruits...). Plus que jamais, après le sursaut national qui aurait pu être décisif, la vie même de la Grèce dépend totalement de l'aide étrangère (Etats-Unis depuis 1947).

La Grèce contemporaine. — La Grèce trouve sa consolation dans le rattachement du Dodécanèse, au traité de Paris (1947). Et la question de Chypre devient de plus en plus cruciale jusqu'à l'octroi de l'autonomie (1959).
Mais les questions nationales sont reléguées au second plan derrière les problèmes politiques, économiques et sociaux. Sous le règne du roi Paul Ier (1947-1964), et depuis l'avènement du roi Constantin (7 mars 1964), le suffrage populaire a surtout porté au pouvoir des **gouvernements de droite,** qui connurent une stabilité assez remarquable (Caramanlis : 1953-1963). Cette stabilité ne doit pas cacher la puissance des forces de gauche, malgré une politique gouvernementale fort peu libérale à leur endroit (interdiction du Parti communiste, nécessité d'un certificat de civisme pour accéder aux emplois publics, maintien hors de Grèce des éléments les plus actifs). La Grèce connaît un **essor économique** remarquable, dû à une politique active et fructueuse de développement du tourisme et aux efforts en vue de l'industrialisation d'un pays forcé jusque-là d'importer presque tous ses produits manufacturés (électrification, débuts d'une industrie pétrolière, nouvelles exploitations minières...). Le commerce est stimulé par le développement de la flotte, l'une des premières du monde, et par le retour en Grèce

de certains capitaux auparavant réfugiés à l'étranger. Mais ces réalisations économiques profitent essentiellement aux classes aisées et ne sont guère accompagnées de progrès sociaux.
En 1967, les élections allaient entraîner un succès massif de la gauche, lorsque intervient un coup d'Etat qui met en place une dictature militaire sous l'autorité de ***Papadopoulos*** (puis de *Ioannidis*). C'est **une des périodes les plus atroces de l'histoire grecque** que celle qui s'ouvre sous les colonels, soutenus par les Etats-Unis : pratique constante de la torture, déportations, procès politiques. Dès 1967, *le roi Constantin* part en exil, et en 1969, le Conseil de l'Europe condamne le régime. A partir de 1972, les manifestations de travailleurs et d'étudiants se multiplient, sauvagement réprimées (novembre 1973 : occupation de l'Ecole Polytechnique). Corruption et incapacité ruinent le pays. C'est l'impossibilité pour les colonels de réagir dans la crise de Chypre, si douloureuse à la conscience hellénique, qui détermine finalement **la chute des colonels** (23 juillet 1974). Rappelé de son exil, ***M. Caramanlis*** organise la transition et prépare des élections qui consacrent son succès. La République est instaurée et **les libertés démocratiques sont rétablies.**

Il serait injuste de ne pas souligner en terminant le courage d'un petit peuple dont seuls les malheurs ont attiré, pendant des siècles, l'attention de l'Europe, mais qui n'a jamais désespéré, ni jamais oublié son passé de gloire ni sa **passion de la liberté.**

Pierre Lévêque.

Nous donnons, à la suite de l'aperçu historique de M. Pierre Lévêque, la chronologie des événements survenus en Grèce depuis le retour à la démocratie :

1974 15 août. — **La Grèce quitte l'OTAN.** — Réveil de la vie politique intérieure. — ***M. Caramanlis*** crée le parti de la ***Nouvelle Démocratie.***
17 novembre. — **Le parti de *M. Caramanlis* obtient 54,37 % des suffrages** et 221 sièges sur 300 aux élections. Au référendum qui les suit, 69 % de votes en faveur de la démocratie contre 31 % pour la monarchie.
29 décembre. — Inculpation des anciens chefs de la junte.

1975 23 août. — Verdict au procès des « colonels », dont les condamnations à mort sont commuées. — Persistance des difficultés économiques.

1976 Mai. — Manifestations et grèves. — Août. — Nouvelle tension avec la Turquie.

1977 Novembre. — **Elections anticipées** qui confirment M. Caramanlis et la Nouvelle Démocratie (41,85 % des voix); **progression du parti socialiste *PASOK.***

1978 Octobre. — Aux **élections municipales, la majorité des voix se porte sur les candidats du *PASOK;*** à Athènes, le candidat socialiste obtient 52,28 % des suffrages contre 42,72 % à celui de la droite.

1979 Mai. — Signature du **traité d'adhésion de la Grèce au Marché Commun.**

1980 Mai. — ***M. Caramanlis*** devient **Président de la République** tandis que *M. Rallis* est nommé Premier Ministre. — A la fin de l'année, la Grèce réintègre l'O.T.A.N. Tensions politiques et sociales.

1981 1er janvier. — **La Grèce entre officiellement dans le Marché Commun.**

L'art dans la Grèce ancienne

par **Pierre Lévêque**
Président de l'Université de Besançon

C'est en Grèce, au cours d'un millénaire fécond, que s'élaborent des créations qui ouvrent à l'humanité une ère nouvelle : la démocratie naît; tous les genres littéraires apparaissent (épopée, poésie lyrique, tragédie, comédie, éloquence, histoire...); par deux démarches rationnelles nouvelles et inconnues de l'Orient, la philosophie et la science, l'homme cherche à expliquer l'univers. Mais, pour le visiteur qui parcourt la Grèce, aucune de ces réussites n'est plus manifeste que celle de l'art, dont nous voulons retracer ici brièvement la genèse et l'évolution.

1 — L'art en Grèce au second millénaire avant J.-C.

Les vestiges des premières époques sont nombreux en Grèce. La ville **néolithique** de Dimini (Thessalie) avec son enceinte multiple, le palais de Lerne (Argolide) dit « maison des Tuiles » **(helladique ancien)**, constituent des ensembles remarquables. D'autre part les vases et les idoles du IIIe millénaire montrent déjà un grand raffinement esthétique.
Toutefois c'est surtout avec l'arrivée des Grecs et le développement des forces productives que l'art prend un essor puissant. Ses débuts sont d'ailleurs relativement lents : à l'**helladique moyen** on voit apparaître des palais fortifiés (comme celui de Dorion-Malthi en Messénie) et une céramique nouvelle, dite conventionnellement minyenne. Elle est fabriquée à partir d'une argile micacée fine et très épurée; son aspect mat s'oppose nettement aux créations vernissées de l'époque précédente (style de l'*Urfirniss*). Les vases sont généralement gris, parfois jaunes. Mais il faut attendre l'**helladique récent** (dit encore période mycénienne) pour voir le plein épanouissement de la production artistique.

Châteaux forts et tombeaux mycéniens. — Ce qui reste de plus tangible des royaumes achéens, ce sont les **châteaux forts** où les chefs concentraient leur puissance et amassaient leurs trésors. Aucun n'est plus impressionnant que celui de **Mycènes :** un véritable nid d'aigle sur une acropole triangulaire, ceinte de murs énormes dont les Grecs devaient attribuer l'édification aux Cyclopes, ne pouvant les croire faits de main d'homme. A l'intérieur de l'enceinte, des magasins, des maisons et surtout le **palais** qui,

bâti sur le sommet de la colline, comprend une salle du trône, un sanctuaire et un *mégaron* composé de trois pièces successives, un vestibule extérieur *(aithousa)*, un vestibule intérieur *(prodomos)* et une pièce principale (*mégaron* proprement dit) avec un foyer central entouré de quatre colonnes soutenant un lanterneau. Ce palais, dont les dispositions essentielles se retrouvent à **Tirynthe** et à **Pylos,** représente un type architectural qui diffère totalement du type crétois : au labyrinthe minoen s'oppose un ensemble clairement ordonné, au toit en terrasse un toit à double pente, à la colonnade centrale entraînant une division bipartite de la façade une colonnade double avec une division tripartite, à une demeure large et ouverte à l'air et au soleil une demeure profonde avec entrée unique sur le petit côté, au braséro mobile un foyer central fixe. D'un côté un manoir spécifiquement méditerranéen, de l'autre un château fort qui évoque les pays nordiques, froids et humides, où il a sans doute pris naissance.
Les morts n'étaient point oubliés. Les **tombes** sont parmi les vestiges les plus nobles de Mycènes. Trois types peuvent être distingués : tombes à fosse (notamment celles des deux cercles royaux, celui de la plaine et celui de l'acropole); tombes à chambres taillées dans le roc; tombes à coupole *(tholos)* où un couloir d'accès *(dromos)* conduit à une chambre circulaire voûtée en encorbellement (le plus bel exemple est le « trésor d'Atrée »).

La peinture et la sculpture mycéniennes. — Dans ce double domaine l'influence crétoise apparaît dans tout son éclat. C'est en effet aux techniques et au goût crétois que les Achéens ont très tôt emprunté la décoration de leurs manoirs, comme la parure de leur vie quotidienne.
La grande peinture connaît un développement aussi important qu'en Crète. Les murs des palais sont couverts de fresques qui continuent la tradition minoenne, avec néanmoins une simplification dans le dessin et un dédain du naturalisme dans les couleurs qui ont pu faire parler de décadence. Certains sujets rappellent, à s'y méprendre, les sujets crétois : l'un des chefs-d'œuvre de l'art pictural, la fresque de la procession du palais de Tirynthe, montre deux défilés de femmes en brillant costume de cérémonie, qui vont à la rencontre l'un de l'autre sur les murs du *mégaron*. D'autres sujets, traités également selon les techniques minoennes, répondent mieux aux goûts continentaux : ainsi à Mycènes, guerriers et chevaux se pressent sur une frise.
Les Mycéniens ont peu pratiqué **la ronde-bosse.** On ne peut donc enregistrer dans ce domaine que quelques essais, dont certains fort réussis, comme une belle tête portant de curieux tatouages, trouvée à Mycènes. En revanche, le grand relief de pierre connaît un développement inconnu en Crète et qui annonce la sculpture décorative de la Grèce ultérieure. A l'entrée de l'acropole de Mycènes, au-dessus du linteau de la porte, le vide du triangle de décharge est masqué par un relief où s'affrontent deux **lionnes héraldiques,** les pattes antérieures dressées sur deux autels. C'est

la plus ancienne sculpture monumentale de la Grèce et l'une des plus expressives. Les grands fauves sont rendus avec une étonnante fidélité qui témoigne de l'imitation de modèles orientaux. Point de détails inutiles, mais une noble simplicité qui s'accorde avec le caractère sévère du bastion fortifié qui précède l'entrée.

Les arts mineurs mycéniens. — Dans la **céramique,** la quantité tend à remplacer la qualité. Techniquement les vases restent soignés, avec toute une gamme de formes variées, dont les plus goûtées sont le « vase à étrier », « la gourde de pèlerin », « la coupe à champagne ». Mais le décor, directement inspiré, à l'origine, de la céramique crétoise, se stylise exagérément et, à la fin de la période mycénienne, il se réduit à des bandes horizontales et à de misérables rosaces.

Quel contraste avec l'**orfèvrerie,** la **toreutique** et la **damasquinerie,** où le génie mycénien a donné sa pleine mesure dans d'incomparables chefs-d'œuvre qu'il est souvent difficile de discerner des œuvres crétoises qui leur ont servi de modèle : c'est toute la splendeur de « Mycènes riche en or » qui éclate encore aux regards dans la grande salle mycénienne du Musée national d'Athènes. Les curieux masques d'or des tombes du cercle supérieur, longtemps considérés comme de grossiers estampages barbares, sont tenus aujourd'hui comme des témoins d'une influence égyptienne. Mais les pièces essentielles, retrouvées à Mycènes, à Midéa, à Vaphio, sont d'inspiration créto-mycénienne. A Mycènes ce sont des rhytons d'argent qui illustrent par avance les épopées homériques, et une coupe d'or où des colombes, perchées sur les anses, trempent leur bec, préfigure le *dépas* du vieux Nestor, décrit dans l'*Iliade*. A Midéa, une coupe d'or montre un paysage sous-marin très minoen, tandis que des canards s'envolent des médaillons d'un gobelet. Mais les gobelets de Vaphio représentent peut-être l'apogée de la toreutique mycénienne, avec un sens très sûr de la composition et une clarté logique où l'on peut voir l'une des premières manifestations de l'esprit grec : l'un d'eux peint, dans un paysage de montagne, la vie du taureau sauvage; sur l'autre ce sont des taureaux apprivoisés dans une scène de plaine.

Les **armes d'apparat** qui accompagnaient dans la mort les princes achéens ne sont pas moins belles. Là encore des artistes crétois ont enseigné à forger, à ciseler, à sertir les matières précieuses. L'une des pièces les plus remarquables est un poignard de bronze de Mycènes, dont la garde, incrustée d'argent et d'or, représente des scènes d'inspiration orientale, chasse au lion et lion en chasse.

Il y a enfin beaucoup de menus chefs-d'œuvre dans les productions de la **glyptique,** elles aussi directement inspirées de l'art crétois. Les scènes tirées de la vie quotidienne sont nombreuses et montrent le goût très vif des Achéens pour la chasse et pour la guerre. Dans bien des cas, les sujets sont religieux et il n'est pas possible de les distinguer des sujets crétois correspondants; à preuve maintes représentations de la Grande Déesse matronale, soit isolée, soit accompagnée de ses divins parèdres.

On ne peut manquer d'être frappé de la **variété de cet art** qui a créé aussi bien les robustes enceintes d'Argolide ou le relief dépouillé de la porte des lionnes que les ravissants chefs-d'œuvre décoratifs que sont les vases, les épées ou les sceaux mycéniens. Cette variété s'explique en partie par le caractère hybride d'un art qui a emprunté ses techniques et l'essentiel de son inspiration à la Crète, sans répudier pour autant certaines traditions nordiques et surtout un état d'esprit qui clarifie et ordonne l'héritage minoen. Toutes ces recherches ne seront pas perdues, malgré le long désastre des invasions doriennes où s'abîmeront toutes les productions d'un des arts les plus vivants que la Grèce ait connus.

2 — L'art en Grèce au premier millénaire avant J.-C.

Les recommencements de l'art : proto-géométrique et géométrique. — Après la longue crise des invasions doriennes, c'est la **céramique** qui marque les premiers recommencements de l'art grec. Le **style proto-géométrique** qui apparaît dès le début du Xe siècle a longtemps été considéré comme un apport des envahisseurs; on est plus sensible aujourd'hui à ce qu'il garde de la tradition mycénienne et aux influences orientales qu'on y peut déceler. Le vase, couvert d'un vernis terne, est décoré d'ornements géométriques simples (cercles, demi-cercles, triangles). Les exemplaires les plus beaux proviennent d'Athènes (cimetière du Céramique). Vers 900, c'est l'apparition du **géométrique** proprement dit. L'ornementation est plus variée : aux motifs géométriques déjà utilisés s'ajoutent le méandre et la croix gammée, puis des animaux et des hommes. Les personnages, toujours représentés nus, sont très stylisés : la tête est un cercle, le buste un triangle, les jambes des barres. Sur les plus grands vases, on voit des scènes complexes : funérailles, défilés de chars, chœurs de danse, bateaux... Dans ces vastes compositions, le goût de la narration s'unit à un sens très intellectuel et schématisé de la beauté.
Entre 850 et 750 apparaissent aussi les premiers **temples** grecs, peut-être dans la suite du *mégaron* mycénien. Ces essais architecturaux restent très sommaires, mais déjà se développe le plan qui s'imposera comme canonique, celui d'un édifice rectangulaire, avec un toit à double pente, muni à l'avant d'un porche.
Non moins humbles sont les **recommencements de la sculpture.** En Crète, patrie de Dédale et des Dédalides auxquels les Grecs attribuaient les premières créations de la plastique, on a découvert dans l'antre de l'Ida une série de « boucliers » (en réalité des tympanons cultuels) en bronze (IXe-VIIe siècles). Dès le VIIIe siècle apparaissent de petits bronzes (animaux, guerriers, très peu de femmes) qui dénotent les mêmes tendances au géométrisme que la céramique contemporaine. Enfin, au VIIe siècle, débute le travail de l'ivoire (Artémisia d'Ephèse et de Sparte).

Au total fort peu de chose. L'art de l'époque géométrique en est, sauf peut-être dans le domaine de la céramique, à ses balbutiements. C'est seulement à l'époque archaïque (750-500) que l'art grec fait de rapides progrès, qui amènent, en moins de trois siècles, à l'éblouissant apogée du classicisme. Ces progrès sont dus en partie à la stabilisation de la société (apparition de la cité, puissance de l'aristocratie), en partie aux **contacts étroits** qui s'établissent **avec l'Orient.** Nous suivrons désormais les principaux arts dans leur évolution depuis le haut archaïsme jusqu'à la fin de la période hellénistique.

L'art en Grèce : archaïsme, classicisme, période hellénistique

1 — L'architecture. — L'architecture grecque frappe avant tout par la qualité des **matériaux** employés, calcaire ou même le plus souvent **marbre.** Point de ces placages jetés, à la romaine, sur de pauvres briques, mais de belles pierres bien taillées, bien appareillées, sans qu'aucun ciment soit nécessaire pour réunir des blocs que tiennent à suffisance crampons ou goujons.
Nous insisterons d'abord sur les principaux types architecturaux créés par le génie des Grecs : on verra que, au moins jusqu'à l'époque hellénistique, les constructions religieuses sont de loin les plus importantes. Nous retracerons ensuite sommairement l'évolution de l'architecture.

Les types d'édifices religieux. — L'architecture monumentale qui se développe en Grèce est essentiellement religieuse. L'édifice le plus important est le **temple,** qui est uniquement la demeure du dieu, censé résider, au sens le plus plein du terme, dans sa statue. Au début il ne comporte qu'une pièce, le *naos,* où est installée la statue. Mais il se complique vite, et, sous sa forme la plus courante, il comprend trois pièces : le *pronaos,* vestibule qui précède le *naos,* le *naos* et l'*opisthodome* (ou pièce arrière, symétrique du *pronaos,* mais sans communication avec le *naos*). Il est probable qu'un tel plan dérive en partie de celui du *mégaron* mycénien, encore que cette théorie présente maintes difficultés et soit moins communément acceptée qu'au début du siècle.
Mais les Grecs ne se sont jamais soumis de gaieté de cœur à un art stéréotypé et, dans la pratique, presque chaque temple présente quelque particularité, imposée par le terrain, par les nécessités du culte ou tout simplement par le désir de variété. Ainsi, dans les cultes secrets, il existe une quatrième pièce, l'*adyton* ou *abaton* (endroit inaccessible), sorte de saint des saints situé au fond du *naos* (temple d'Apollon à Delphes) ; au temple d'Apollon à Corinthe ou au Parthénon, on a doublé au contraire l'opisthodome en vue d'augmenter la place disponible pour les accessoires du culte et le trésor de la cité. Même une règle très généralement suivie comme celle de l'orientation de l'édifice vers l'est, sans doute empruntée à l'Orient, est susceptible d'être violée (temple d'Apollon à Phigalie). Il peut y avoir des temples sans **colonnade,** mais cela est fort rare.

Même dans le type le plus simple, le porche du *pronaos* est normalement soutenu par deux colonnes entre les antes. Plus tard la façade ou les façades au moins sont dotées de colonnes (temple prostyle ou amphiprostyle), ou mieux l'ensemble du temple est soutenu par une colonnade sur les quatre côtés (temple périptère). On distingue plusieurs types d'après le nombre de colonnes en façade : temples tétrastyle, hexastyle, octostyle.

Les particularités locales restent importantes dans un monde qui ignore l'unité politique. En gros, deux grands types de temples se constituent dès le haut archaïsme, le **type dorique et le type ionique.** Le premier naît dans le Péloponnèse et il se répand dans les régions où l'influence péloponnésienne est forte (Sicile, Grande-Grèce). Il se caractérise par une colonne sans base, assez massive. Le chapiteau comprend une échine circulaire et un abaque carré. L'architrave est lisse et la frise est constituée par l'alternance de triglyphes (blocs sculptés de deux canaux au centre et de deux demi-canaux sur les bords) et de métopes souvent sculptées. Le larmier de la corniche porte à sa face inférieure des mutules ornées de gouttes en saillie. Dans cet ordre, les éléments empruntés à la technique primitive (construction en bois) sont importants : ainsi les triglyphes sont la transposition dans une architecture en pierre des extrémités des poutres de bois, les métopes des plaques qui couvraient le vide entre les poutres.

L'ordre ionique, lui, naît dans l'Asie grecque et dans les îles. La colonne, beaucoup plus svelte, repose sur une base. Le chapiteau, plus compliqué et plus décoratif, est essentiellement caractérisé par ses volutes. L'architrave est composée de trois bandes superposées *(fasces)*. La frise, là où elle existe, ce qui n'est pas toujours le cas, est un bandeau continu qui se prête admirablement à une longue narration. Le larmier de la corniche est souvent orné en dessous de denticules. L'influence de l'Orient est forte sur plusieurs éléments de cette architecture : en particulier la frise continue est nettement inspirée des temples orientaux. D'autre part la profusion décorative du style ionique est bien en accord avec le raffinement voluptueux de la civilisation ionienne.

Ces deux ordres reflétaient à l'origine **les goûts esthétiques différents des Doriens et des Ioniens :** les Grecs les opposaient comme l'homme à la femme. Par la suite ils sont devenus de simples éléments de décoration. Ainsi ils ont pu être unis dans la construction d'un même édifice : dans ce cas le dorique est à l'extérieur et l'ionique à l'intérieur, ou bien, dans la colonnade intérieure, l'ionique est superposé au dorique. On les a aussi mêlés au corinthien, qui, à proprement parler, est non un ordre distinct mais une variété de l'ionique, caractérisée par son chapiteau de feuilles d'acanthe. Le corinthien n'apparaît qu'à la fin du Vᵉ siècle (premier exemple connu : la colonne centrale du temple d'Apollon à Phigalie), mais il se répand rapidement au IVᵉ siècle et plus encore à l'époque hellénistique en raison de sa grande richesse décorative.

Devant le temple se trouve l'**autel,** sur lequel est offert le sacrifice. On distingue deux types : l'autel rectangulaire *(bomos),* donc orienté, table d'offrande utilisée dans le culte des dieux ouraniens; l'autel rond *(bothros),* qui est une fosse où l'on offre aux divinités chthoniennes le sang des victimes.

Un sanctuaire de quelque importance comprend enfin les **trésors,** petits édifices de plan généralement simple (une salle précédée d'un porche) où l'on enferme les riches offrandes qu'il eût été imprudent de laisser à l'air libre et où les cités étalent leur piété et leur magnificence.

Les édifices de réunion. — Les **théâtres** jouent un rôle important dans le culte de Dionysos, en l'honneur de qui l'on représente les tragédies, les drames satyriques et les comédies. D'abord construits de bois et provisoires, ils ne sont guère édifiés en pierre qu'à partir du IVe siècle.

Les **édifices gymniques** sont nombreux, en raison de l'extraordinaire développement donné par les Grecs aux exercices physiques. Le stade est une piste étroite entourée de gradins sur trois côtés. Le gymnase, souvent accompagné d'une palestre, sert à l'entraînement des athlètes. L'hippodrome a, en plus grand, la même disposition que le stade. A l'époque hellénistique, ces édifices, les gymnases surtout, deviennent des lieux de réunion très fréquentés par les éphèbes ou leurs aînés et de véritables centres de vie intellectuelle ou religieuse.

Autres lieux de réunion fort importants dans une société où l'homme vit peu à la maison, les **portiques,** que l'on trouve en particulier en bordure de l'agora, place publique située au centre de la cité. Le nom même du stoïcisme, qui dérive du grec *stoa* (portique), montre qu'ils servaient non seulement au trafic des marchands et aux conversations des désœuvrés, mais encore aux leçons des philosophes.

L'assemblée du peuple se réunit en plein air et ne donne lieu donc qu'à des aménagements sommaires dans le genre de ceux de la Pnyx à Athènes. On peut toutefois signaler le remarquable essai d'un grand édifice de réunion que constitue le Thersilion de Mégalopolis. Quant aux locaux, généralement très simples, du conseil ou des prytanes (bouleutérion, prytanée), ils sont nombreux, mais sans grand intérêt architectural.

L'évolution de l'architecture. — L'**archaïsme** est la période des genèses les plus importantes. Les temples les plus fameux sont : dans l'ordre dorique, l'Héraion d'Olympie (VIIe siècle, sous sa forme définitive), dont les colonnes d'abord en bois furent remplacées par des colonnes monolithes (VIe siècle), le temple d'Apollon à Delphes reconstruit à la fin du VIe par les Alcméonides; dans l'ordre ionique, l'**Héraion de Samos** (vers 575), somptueux édifice diptère, véritable forêt de colonnes où l'influence des salles hypostyles de l'Orient se fait sentir. Les sanctuaires se peuplent de trésors: ainsi à Delphes le trésor dorique de Sicyone et les délicieux trésors ioniques de Cnide (545), de Siphnos (525) où les colonnes de la façade sont remplacées par de solides statues de jeunes filles, que nous avons pris l'habitude d'appeler du nom ultérieur de Caryatides.

Au Ve siècle, c'est l'apogée de l'architecture. A partir de 468 s'élève dans l'Altis d'**Olympie** un temple dorique pour Zeus, qui jusque-là était adoré à ciel ouvert : édifice sévère et majestueux, en parfait accord avec le dieu qui y était honoré. Les ruines accumulées par les guerres Médiques nécessitent de nombreuses constructions, notamment à **Athènes,** qui eut d'ailleurs la sagesse d'attendre une génération pour édifier de nouveaux temples. L'impulsion de Périclès, secondé par ce merveilleux ensemblier que fut Phidias et par des architectes qui continueront même après la mort du grand stratège l'œuvre qu'il avait commencée, couvre l'Acropole d'une parure de marbre : le Parthénon, temple dorique que l'on dote en outre d'une frise ionique comme pour en faire la synthèse la plus belle de toutes les créations architecturales et qui est l'éclatant symbole de ce que put réaliser Athènes; les Propylées, entrée monumentale du plateau sacré; le temple ionique amphiprostyle d'Athéna Niké; l'Erechthéion, temple double d'Athéna et de Poséidon, qui eût pu être monstrueux et qui est sans doute la merveille d'un art ionique encore sobre. A Eleusis, Périclès construit un nouveau *télestérion* pour la célébration des mystères des « deux déesses », qui représente la première grande salle de réunion construite en Grèce.

Dès la fin du Ve siècle apparaissent des innovations, déjà sensibles dans le temple d'Apollon à Phigalie, œuvre pourtant d'Ictinos, l'architecte du Parthénon. Ces recherches s'accentuent **au IVe siècle :** à Delphes, où le temple d'Apollon est entièrement reconstruit après la catastrophe de 373, le trésor de Cyrène concrétise dans son épure les problèmes géométriques que l'on se pose alors, notamment autour de Théodore, le grand mathématicien de Cyrène; à **Epidaure,** l'Argien Polyclète le Jeune édifie le plus beau des théâtres grecs et une somptueuse *tholos,* où il réutilise dans les fondations les vestiges d'un édifice archaïque en forme de taupinière; Scopas est appelé à Tégée pour le temple d'Athéna Aléa, comme à Gortys pour le temple d'Asclépios; peu à peu le corinthien conquiert ses lettres de noblesse à côté des deux ordres traditionnels.

L'époque hellénistique est beaucoup moins représentée en Grèce, car c'est dans les royaumes nouvellement conquis à l'hellénisme ou dans l'Asie Mineure qui retrouve sa vitalité avec les Attalides que se localise l'essor constructif : de magnifiques cités naissent, à Alexandrie ou à Pergame par exemple, où l'on voit pour la première fois se manifester avec autant de netteté un véritable effort d'urbanisme. Rien de tel en Grèce, où l'on peut seulement mentionner l'embellissement des villes, en particulier d'Athènes, dont l'agora est dotée par Attale II d'un vaste portique.

A l'époque romaine, la Grèce mène une vie ralentie, sauf peut-être au IIe siècle où le philhellénisme d'Hadrien et la générosité orgueilleuse du sophiste Hérode Atticus couvrent à nouveau de constructions cités et sanctuaires : ainsi à Athènes, où une nouvelle ville de belles villas s'édifie d'ailleurs à côté de la ville classique, on bâtit autant qu'au temps de Périclès. Mais que peut cette ferveur érudite toute tournée vers le passé devant l'irrésistible déclin dû au changement des conditions politiques et économiques?

2 — La sculpture. — C'est dans le domaine de la **sculpture** que la Grèce semble avoir produit ses plus purs chefs-d'œuvre. Les techniques et l'inspiration ont pu varier au cours d'une histoire plus que millénaire, mais le sujet qu'ont inlassablement traité les sculpteurs, c'est l'homme. A première vue on peut trouver cette affirmation paradoxale, puisque la sculpture comme l'architecture ont été pendant des siècles essentiellement destinées à louer les dieux. Mais les **dieux** eux-mêmes ont été dès le début **anthropomorphisés.** Au fur et à mesure que l'on descend dans le temps, on les représente même comme plus proches de la commune humanité dont ils partagent les occupations et les passions. C'est à peine si certains démons inférieurs (Centaures, Satyres, Chimères, Sphinx) gardent des caractères animaux. « Quoi de plus merveilleux que l'homme? » s'écrie Sophocle dans un chœur fameux, et Protagoras : « L'homme est la mesure de toute chose. » Il semble que telle ait été, bien avant le Ve siècle, la maxime de toute la sculpture hellénique.

La sculpture archaïque. — Là encore l'art grec plonge ses racines jusque dans le second millénaire : le relief des lionnes de Mycènes, avec ses qualités de mesure, d'équilibre et la préférence qu'il accorde à l'ensemble par rapport aux détails, est bien, quelques influences minoennes et orientales qu'on puisse déceler, la première des œuvres grecques. Mais, par-delà les âges noirs des invasions et les essais du géométrique, c'est au haut archaïsme que remontent les premières créations.

a) la statuaire. C'est alors en effet que réapparaît la **grande plastique.** Les premiers essais, qui étaient **en bois,** ont hélas totalement disparu : ce sont ces *xoana* souvent mentionnés dans les textes et partout environnés d'une extrême vénération, dont certaines œuvres de marbre très primitives gardent le souvenir, telle cette Artémis dédiée à Délos par Nikandré et qui semble une poutre à peine équarrie. Mais, dès la fin du VIIe, c'est le **triomphe de la pierre,** avec l'apparition de deux nouveaux types, l'un masculin, l'autre féminin, le *couros* et la *coré*.
Le *couros* est un jeune homme nu représenté debout, les bras au corps, la jambe gauche légèrement avancée, dans une attitude qui montre sans doute l'influence de modèles égyptiens. La *coré* est une jeune fille drapée dans une tunique et un manteau, qui tient généralement une offrande dans la main droite, tandis que de la gauche elle relève sur sa cuisse son vêtement. On a beaucoup discuté sur le sens de ces représentations qui sont nombreuses dans les sanctuaires, notamment à l'Acropole d'Athènes, au Ptoïon et à Délos, sans parler des exemplaires isolés. Il doit s'agir de représentations non des dieux, comme on le pensait autrefois (on appelait les *couroi* des « Apollons archaïques »), mais bien plutôt des dédicants, figurés dans la fleur de leur jeunesse. Les quelques

statues divines que l'on possède, telle l'admirable tête d'Héra d'Olympie, qui a bien des chances d'être celle de la statue de culte de l'Héraion (VIIᵉ siècle), ont d'ailleurs plus de gravité et moins de traits personnels.

Les différences d'école sont aussi grandes ici que dans l'architecture. En **terre dorienne,** la statue est volontiers massive, stricte, voire sévère, tels les « jumeaux » de Delphes, Kléobis et Biton, œuvre d'un sculpteur argien. — Dans les îles, où l'influence de l'Anatolie voisine est forte, se développe un **art ionien,** beaucoup plus aimable, souriant, ami de l'arabesque plus que de la ligne droite. On ne s'étonne pas qu'une grâce si délicate trouve sa meilleure expression dans les figures féminines : quoi de plus charmant que les jeunes filles de Délos avec leur fin *chiton* de lin délicatement tuyauté qui s'oppose à la masse lourde de l'*himation* de laine aux gros plis ? Le parti pris décoratif est visible, notamment dans le jeu des plis là où la main saisit l'étoffe plaquée sur la cuisse. — A **Athènes** enfin se développe un art mixte qui emprunte au dorique et à l'ionique et qui cherche à combiner gravité et douceur : certaines des statues détruites par les Perses et dont on a retrouvé les débris mutilés sont d'excellents exemples de cet art d'équilibre et de mesure, tels la Boudeuse et son « frère », l'Ephèbe blond.

b) la plastique monumentale. En même temps les Grecs apprennent à décorer les parties hautes des temples, frise et fronton. Une **plastique monumentale** se développe, généralement rehaussée de peinture, qui reste l'une des conquêtes décisives de l'hellénisme. Le **fronton** posait de délicats problèmes en raison même de sa forme triangulaire qui impose des différences de taille entre les figures. Au temple d'Artémis à Corfou (début du VIᵉ siècle) de petits personnages entourent le motif central (Gorgone flanquée de panthères); sur les frontons de tuf de l'Acropole on garnit les angles de monstres, d'anguipèdes en particulier; au trésor de Siphnos à Delphes, enfin, on imagine d'y placer des hommes accroupis ou étendus, solution généralement adoptée désormais. La **frise** offre des possibilités toutes différentes selon qu'elle est dorique ou ionique. Les métopes forment des tableaux séparés qui imposent une composition rigoureuse et incitent à représenter des phases successives d'une même action (le thème des exploits d'Héraclès s'impose vite comme un des plus courants). La frise ionique au contraire permet, dans son déroulement continu, de plus vastes ensembles et une composition plus souple : le meilleur exemple se trouve à Delphes au trésor de Siphnos, autour duquel se développent quatre épisodes : jugement de Pâris, rapt d'Hippodamie (?), combat devant Troie et Gigantomachie.

Dès la fin du VIᵉ siècle, l'archaïsme évolue considérablement : de gros efforts sont faits vers une représentation plus naturelle du corps humain; les visages deviennent plus expressifs, au lieu de ne révéler que cet éternel sourire qui était précédemment l'apanage même des blessés et des mourants. Mais là aussi il faut attendre le coup de fouet des guerres Médiques pour constater une transformation sensible et rapide de la sculpture.

La sculpture classique. — a) le Ve siècle. La première génération qui suit les guerres Médiques voit l'apparition d'un art que l'on qualifie à juste titre de **sévère.** Il présente une différence radicale par rapport aux dernières créations de l'archaïsme : la musculature est rendue avec exactitude, l'expression est grave, la statue semble vraiment inscrite dans les trois dimensions de l'espace. Les deux plus belles créations subsistantes sont deux bronzes, le Poséidon du cap Artémision qui brandit le trident avec une admirable noblesse, l'**Aurige de Delphes,** seul reste d'un quadrige dédié par les Deinoménides après une victoire pythique. La plastique monumentale est représentée par la **décoration du temple de Zeus à Olympie.** Les métopes figurent les exploits d'Héraclès, traités non plus dans le style narratif et pittoresque de l'archaïsme, mais en vue de dégager une leçon hautaine qui est aussi celle de Pindare. Les frontons développent, avec une incomparable noblesse, le thème des préparatifs de la course entre Pélops et Œnomaos et celui des combats des Centaures et des Lapithes : une scène statique et une scène dynamique.

C'est seulement à la génération suivante que le **classicisme** est parfaitement maître de ses moyens. Trois grands noms résument sa gloire : Myron et Polyclète illustrent surtout la sculpture athlétique, qu'ils portent à sa perfection. ***Myron*** excelle à rendre l'instantané, comme dans l'extraordinaire Discobole où un instant fugitif semble figé; c'est aussi un puissant animalier. ***Polyclète*** d'Argos, plus abstrait, cherche le « canon » du corps humain, c'est-à-dire un ensemble de proportions mathématiques entre les différents éléments : vieux rêve cher à l'esprit grec et que reprendra Lysippe au siècle suivant. Mais le rôle de l'Athénien ***Phidias*** est plus grand encore : ami de Périclès, il l'aide à concevoir l'ensemble acropolitain; il exécute la statue de culte du Parthénon, l'Athéna Parthénos, comme plus tard le Zeus en majesté d'Olympie; surtout il conçoit et réalise avec son atelier la **décoration sculptée du Parthénon.** Les quatre frises doriques montrent la Gigantomachie, la prise de Troie, l'Amazonomachie, la Centauromachie, quatre sujets symboliques qui exaltent le triomphe de la raison ordonnatrice du chaos. Aux deux frontons, la naissance d'Athéna et la dispute de l'Attique entre Athéna et Poséidon glorifient la divine patronne d'Athènes. Sur la frise ionique, toute la cité participe à la procession des Panathénées et, dans un élan joyeux et grave, va rendre hommage aux dieux représentés sur le côté principal. C'est Phidias encore qui fait, pour les « deux déesses » d'Eleusis cette fois, le relief de Déméter et Coré remettant au jeune Triptolème l'épi de blé, germe de toute nourriture humaine et promesse de vie dans l'au-delà. Admirable créateur de dieux, il sait leur donner cette sérénité que nous appelons olympienne et qui correspond si bien à l'équilibre d'Athènes sous le principat de Périclès, que l'on surnommait lui-même l'Olympien.

Autour de Phidias et après lui, des **tendances novatrices** se font jour. Alcamène, auteur de l'Aphrodite des jardins, cherche aussi parfois l'inspiration dans l'archaïsme, témoin son Hermès Propylaios; Crésilas, qui rivalise avec Phidias et Polyclète pour l'Amazone blessée d'Ephèse, laisse un admirable buste de Périclès, mélange unique d'idéalisation et de caractères individuels; Callimaque, créateur du chapiteau corinthien, invente la « draperie mouillée »; Paionios de Mendé sculpte pour Olympie une Victoire au vol vigoureux. Les reliefs anonymes de la balustrade du temple d'Athéna Niké montrent bien l'évolution vers le gracieux, sensible à la même époque dans la céramique.

b) le IVe siècle. Ces recherches s'accentuent au IVe siècle, moins serein, plus inquiet, plus mystique aussi que le Ve. Trois grands noms résument presque toutes les tendances contradictoires.

Praxitèle l'Athénien recherche la beauté dans les corps tendres et souvent efféminés d'adolescents hanchés. Ses dieux eux-mêmes s'alanguissent (Apollon Sauroctone, Hermès portant Dionysos enfant). Il est aussi un chantre incomparable de la beauté féminine : pour la première fois il ose, pour Cnide, représenter Aphrodite dans une nudité totale. Il aime les modelés effacés *(sfumato)*, pleins d'une exquise douceur *(morbidezza)*, où tous les traits se fondent, et montre une véritable passion pour les belles chevelures. Mais il serait faux de voir dans l'amant de Phryné un esthète préoccupé uniquement du beau, car le mysticisme de son œuvre, profondément influencée par Platon, est des plus nets.

Scopas de Paros révèle plus encore l'inquiétude humaine. Sa gloire lui vaut d'innombrables commandes, tant en Asie Mineure (où il collabore à la décoration du mausolée d'Halicarnasse) qu'en Grèce (temple d'Athéna Aléa à Tégée). Ses visages, aux yeux profondément enfoncés sous l'arcade, au regard levé vers le ciel, expriment un pathétique désespéré. A l'encontre de Praxitèle, il aime le mouvement violent, qui exprime la passion de l'âme, telle cette Ménade déchirant un chevreau que ploie la transe dionysiaque.

Lysippe de Sicyone, avant tout un bronzier, est un infatigable travailleur. Il reprend les recherches de Polyclète sur les proportions athlétiques et modifie sur plusieurs points le canon de son devancier, dans le sens notamment de l'allongement des silhouettes. L'Apoxyomène est sans doute le chef-d'œuvre où il concentre toute sa science si vivante et si souple du corps humain, tandis que dans l'Héraclès Farnèse, comme écrasé par sa propre force, il étale déjà une musculature excessive. Admirable portraitiste, il a la gloire qu'Alexandre lui réserve de fixer dans le bronze son effigie : les copies qui subsistent de ces portraits montrent bien le caractère surhumain du jeune conquérant, la tête penchée, le regard humide levé vers le ciel.

La sculpture hellénistique. — Tant de recherches nouvelles aboutissent à l'extraordinaire floraison de l'époque hellénistique. Mais,

ici encore, c'est **en dehors de Grèce** que se trouvent les écoles les plus novatrices : à Alexandrie, où l'influence de Praxitèle se fait sentir dans d'innombrables Aphrodite, tandis que se développe un goût du pittoresque (reliefs dits pittoresques, scènes de genre...) qui est peut-être dans la tradition égyptienne indigène; à Pergame, où les Attalides attirent de grands artistes et où se développe un véritable romantisme, pathétique, violent, effréné, directement issu de Scopas et qui trouve sa plus belle expression dans la décoration du grand autel de Zeus; en Syrie, où l'art se teinte volontiers d'une chaude sensualité, témoin cette lourde Aphrodite levantine, groupée avec Pan et Eros, que l'on a retrouvée à Délos dans les fouilles de l'établissement des Poséidoniastes de Bérytos (Beyrouth). La sculpture grecque se répand jusque très loin en Orient, où elle restera féconde pendant des siècles et aidera à la création d'arts mixtes, de technique hellénique et d'inspiration indigène (art gréco-bouddhique du Gandhara).
En Grèce même il semble que l'**inspiration se tarisse quelque peu,** en même temps que se ralentit dangereusement l'activité économique. Cependant les centres les plus vivants continuent à produire beaucoup : à Délos, c'est par centaines que se comptent les œuvres de l'époque hellénistique; à Rhodes surtout, on voit l'éclosion d'une grande école qui commence avec Charès de Lindos, un disciple de Lysippe, auteur du fameux Colosse, l'une des merveilles du monde, et dont les recherches trouvent leur aboutissement dans le groupe de Laocoon (Ier siècle), « cet éclair fixé », comme disait Goethe.
Mais **l'essentiel de la production reste traditionnaliste.** On sculpte des groupes amoureux ou des Aphrodite dans le style de Praxitèle, des « Alexandre mourant » dans le style de Scopas. Quelques pièces échappent à la banalité : la Victoire de Samothrace (fin IIIe ou début du IIe siècle) avec le désordre palpitant de sa draperie qui laisse transparaître la majesté des formes vivantes de la femme, la « Vénus » de Milo qui par sa perfection contraste avec la mièvrerie ou l'érotisme de tant d'œuvres contemporaines.
La tradition sculpturale ne disparaîtra pas avec la conquête romaine. On peut même dire que la sculpture hellénistique trouve une plus grande extension en conquérant Rome. Elle jette encore des feux jusqu'en plein IIe siècle de notre ère, dans l'Antinoos par exemple, que l'on peut considérer comme l'une des dernières productions du génie grec.

3 — La peinture et la céramique. — On suit très mal l'évolution de la **peinture** en Grèce, car toutes les œuvres ont disparu. On connaît quelques grands noms : ***Polygnote*** de Thasos (1re moitié du Ve) est l'auteur de vastes compositions, par exemple à Delphes où il décore la *lesché* des Cnidiens; il attache une importance particulière à l'expression des visages. ***Zeuxis*** (fin du Ve) perfectionne l'art des ombres et noie les contours. ***Apelle*** (IVe siècle) est le portraitiste attitré d'Alexandre, mais aussi un admirable peintre d'allégories.

En revanche, on peut retracer l'évolution de la **céramique**, qui d'ailleurs suit souvent d'assez près la grande peinture contemporaine, notamment au Ve siècle. Les formes des vases sont multiples, du fait même qu'ils correspondent à des besoins très divers, soit utilitaires, soit rituels (de ce point de vue notons l'emploi de la loutrophore pour les mariages, du lécythe pour les funérailles).

La céramique archaïque. — C'est l'influence de l'Orient qui favorise l'éclosion de la première production céramique de l'archaïsme : les **vases** dits, pour cette raison, **orientalisants** (VIIe siècle). Le géométrisme s'assouplit; des thèmes nouveaux apparaissent : animaux réels ou fantastiques (lions, oiseaux, sphinx, griffons...), fleurs, étoiles. Tout ce vocabulaire nouveau est emprunté à l'Orient. Plusieurs ateliers se signalent par une production remarquable : à Rhodes les préoccupations décoratives l'emportent dans de beaux vases aux motifs purement animaux ou végétaux; à **Corinthe** on fabrique surtout des vases à parfum (aryballes) où fauves et monstres se détachent dans des compositions souvent héraldiques; à Athènes se manifeste le goût de la figuration humaine (amphore d'Héraclès et Nessos, au Musée national d'Athènes). Au VIe siècle, c'est le triomphe d'une nouvelle technique : **la figure noire**. Les représentations humaines prennent définitivement le pas sur les animaux ou les décors végétaux de l'époque orientalisante. Des ateliers d'Athènes sortent de très belles pièces, notamment le vase François (musée de Florence) où sont illustrés des thèmes épiques sur plusieurs registres superposés : en tout plus de 200 figures (2e quart du VIe). Quelques noms se détachent, surtout celui d'Exékias, peintre minutieux de scènes mythologiques. Corinthe imite les potiers athéniens et se convertit à la figure humaine, mais dès 550 elle est éliminée des marchés par sa rivale. Sparte produit de belles coupes (coupe d'Arcésilas, au Cabinet des médailles).

Les vases à figures rouges. — Vers 530 une innovation qui va se révéler particulièrement féconde bouleverse la céramique : la **figure rouge** remplace la figure noire, c'est-à-dire que désormais le fond du vase est entièrement enduit de vernis, tandis que le sujet est réservé et apparaît dans la couleur rouge de l'argile. Alors que précédemment l'artiste ne pouvait guère aller plus loin qu'un art de la silhouette, désormais, grâce à de fins coups de pinceau, il rend l'anatomie, le drapé et même l'expression.

De 530 à 460, c'est le **style sévère.** *Epiktétos* réagit contre le goût des sujets mythologiques et donne surtout des scènes de genre (scènes de beuverie en particulier). Euphronios revient aux thèmes mythologiques (notamment Héraclès), mais avec un sens nouveau de la composition et de l'équilibre. Brygos, le plus grand des artistes du style sévère, sait donner à ses peintures un caractère dramatique qui le rapproche de son contemporain Eschyle. Vers 460, le **style devient beaucoup plus libre.** La céramique subit d'abord fortement l'influence de la grande peinture, notamment de celle de Polygnote : elle cherche à rendre l'expression et aime

à représenter les personnages sur plusieurs plans superposés (cratère d'Orvieto au Louvre). Puis les figures prennent une harmonie, une sérénité qui évoquent l'art de Phidias. Enfin, dès 420, c'est le **style fleuri,** représenté surtout par Meidias avec ses figures gracieuses, ses draperies légères, sa finesse un peu trop précieuse et son maniérisme.
Au IVe siècle, la production athénienne continue, mais elle s'exporte surtout en Crimée (d'où le nom de style de Kertsch donné aux vases de cette époque). Ce sont essentiellement des vases destinés à la toilette, où abondent les scènes de gynécée. L'exécution est de plus en plus rapide et incorrecte et l'emploi de couleurs multiples ne peut pallier cette irrémédiable décadence. D'ailleurs Athènes subit la concurrence de la production grecque de l'Italie méridionale. Dans les dernières décennies du IVe siècle, c'est la fin définitive de la céramique à figures rouges qui avait représenté l'une des productions les plus caractéristiques du classicisme.

La céramique hellénistique. — A l'époque hellénistique, la céramique peinte décline sans disparaître. Mais elle abandonne presque complètement la figure humaine au profit du décor végétal. On lui préfère généralement les **vases à relief,** dits souvent de manière inexacte « bols mégariens », qui reproduisent à bas prix les grandes créations de l'orfèvrerie contemporaine, ou même les vases plastiques, qui visent plus à l'effet de surprise qu'à la beauté.

4 — Les arts mineurs. — Nous ne pouvons signaler ici que rapidement les productions, souvent admirables, des arts mineurs. La **coroplastie** suit généralement l'évolution de la grande sculpture, mais avec plus de liberté et de fantaisie. Les ateliers de **Tanagra,** en Béotie, sont particulièrement fameux pour les délicieuses jeunes femmes à la promenade ou en conversation, coiffées d'adorables chapeaux ou munies d'ombrelles, qu'ils ont produites, notamment au IVe siècle.
L'**orfèvrerie** et la **toreutique** sont fécondes non seulement en Grande-Grèce (à Tarente en particulier), mais à Athènes. Leurs productions s'écoulent parfois très loin, chez les princes thraces ou scythes, dans les tombeaux desquels on a retrouvé d'admirables bijoux ou des plats ciselés d'un art consommé.
Les **monnaies** suivent le développement de la grande sculpture. Innombrables (chaque cité a ses propres émissions et les types évoluent souvent rapidement), elles sont un précieux témoignage sur la vie politique et religieuse de la Grèce depuis l'invention de la monnaie (VIIe siècle) jusqu'en pleine période impériale.

Ni la conquête romaine ni même les invasions barbares ne feront entièrement disparaître l'art grec. Il se survivra d'abord dans la Constantinople byzantine. Puis sa fécondité éclatera en Occident lors de la Renaissance : par l'intermédiaire de l'art romain, qui le plus souvent ne fait que continuer l'art hellénistique, il présidera à la **genèse du classicisme européen.**

Siris
Krenides (Philippes)
Pangée
Néapolis
Abdère
Heracleia Lyncestis
Amphipolis
Antisara
Eion
Œsymé
Thasos
Thasos
MACÉDOINE
PELLA
Edessa
Thessaloniki
Mt. Vermion
Beroia
Vergina (Aigai ?)
Olynthos
Acanthos
Canal de Xerxès
Pydna
Phylakæ
Mekyberna
Æané
Dion
Potidea
Mt. Athos
Mont
Pindos
Mt. Olympe
Aphytis
Toroné
Mende
Aigai
Oloosson
Skioni
Héphaistia
Myrina
Lemnos
ÉPIRE
Mt. Ossa
Æginion
Dodone
Larissa
Mélibœa
Trikka
Pélinnæon
Crannon
Gomphoi
Glaphyræ
THESSALIE
Pheræ
Mt. Pélion
Kiérion
Pagasæ
Iôlkos
Ephyra
Pharsale
Thèbes
Démétrias
Kassopé
Ambracie
Skiathos
Thaumakoi
Halos
Ptéléon
Péparéthos
Bérénicia ?
Argos
Amphilochicon
Action
Larissa Krémasté
Histiæa (Oréos)
Lamia
Skyros
Hypata
Echinos
Ædepsos
Héracleia
Kérinthos
Skyros

DELPHES
CHALCIS
Naupactos
Aulis
Copæ
Alalcoménæ
Calydon
Chaleion
Krissa
Antikyra
Orchoménos
Hylé
Erétrie
Pale
Samé
Makynia ?
Kirrhas
Haliartos
THÈBES
Oropos
Dystos
Cranioi
Thespies
Amphiareion
Patræ
Ægion
BÉOTIE
Rhamonte
Léontion
Platées
Mt. Cithairon
Képhallénia
ACHAÏE
Héraion
Eleusis
Marathon
Kynætha
Sicyône
ATTIQUE
Karystos
Mt. Erymanthos
Mégara
ATHÈNES
Cyllène
Elis
Stymphalos
Cléonæ
Salamine
Andros
ÉLIDE
Phlionte
CORINTHE
le Pirée
Brauron
Gaurion
Zakynthos
Némée
Prosymna
Andros
Létrinoi
Thorikos
Pheia
Pisa
Orchoménos
Mycènes
Midea
Egine
Laurion
Ténos
OLYMPIE
Epidaure
Scillonte
Coressos
Mantinée
ARGOS
Tirynthe
Sanct. d'Asclépios
Sounion
Makistos
Kéos
Ténos
ARCADIE
Lerna
Bassæ
Asiné
ARGOLIDE
I. Calaureia
Phigaleia
Lycosoura
Tégée
Trezène
Syros
Pallantion
Thyréa
Kythnos
Syros
Hermione
Mégalopolis
Aséa
DÉLOS
Anthène
Hydréa
Halieis
Messène
MER DE MYRTOS
Sellasie
LACONIE
Prasiæ
Sériphos
Paros
MESSÉNIE
SPARTE
Paros
Coroné
Phéræ
Pylos
Amyclæ
Géronthræ
Siphnos
Mt. Taygète
Méthoné
Krokéæ
Asiné
Zaraæ
Gytheion
Mélos
Epidaure Liméra
Œtylos
Las
Asopos
Minoa
Mélos
Golfe de Laconie
Pholégandros
Cap Maléa
Cap Tænaron
Kythéra
Kythéra
GRÈCE ANTIQUE

L'aventure de l'archéologie

par **René Ginouvès**
Professeur d'archéologie classique à l'Université de Paris X

C'est à chaque pas que le touriste se trouve, en Grèce, confronté avec l'archéologie. Il est vrai qu'elle y a un très long passé : dans un pays où l'histoire plonge des racines si profondes, les Anciens déjà avaient été naturellement conduits à s'y intéresser; puis, surtout à partir de la Renaissance, la curiosité des voyageurs les a tournés vers des « antiquités » qu'ils pouvaient rattacher à leur propre culture; pourtant, c'est seulement après l'indépendance de la Grèce que de véritables fouilles se sont développées dans l'ensemble du pays; depuis la Seconde Guerre mondiale, l'archéologie y connaît une extraordinaire floraison, en même temps que la transformation de ses conditions, intérieures et extérieures, l'oriente vers de nouvelles perspectives.

L'archéologie des Anciens. — Les Grecs de l'Antiquité historique ne manquaient pas d'occasions de rencontrer leur propre antiquité, par exemple à Tirynthe, à Mycènes, devant ces murailles énormes dont nous savons maintenant qu'elles datent du XIVe ou du XIIIe siècle avant notre ère, mais qu'on attribuait alors à des géants mythiques, les Cyclopes. Et c'est au mythe aussi que renvoie ***Hésiode*** quand, dans *les Travaux et les jours,* il place la Race du bronze avant la Race du fer : mais en effet, l'époque mycénienne n'avait guère utilisé que le bronze, et l'emploi du fer s'est généralisé plus tard; *Hésiode* situe plus haut encore dans le temps la Race d'or et la Race d'argent, qui devaient évoquer le souvenir des richesses fabuleuses de ce même monde mycénien, auxquelles font allusion aussi **les poèmes homériques :** or, la Grèce a fondé son éducation sur cette épopée, qui lui proposait la vision d'une civilisation très différente de la sienne, **une vision réellement archéologique.** Et comment l'intérêt pour le passé ne se serait-il pas éveillé très tôt dans cette Grèce passionnée par les problèmes de l'origine et du développement de l'homme, en contact aussi avec tant de peuples « barbares », c'est-à-dire qui ne parlaient pas sa langue et qui ne partageaient pas le même style de vie? *Hérodote* ne fut certainement pas le seul à porter sur leurs cultures **un regard comparatiste.** Il est remarquable d'ailleurs que ***Thucydide,*** étudiant les origines du peuple grec dans son introduction à *la guerre du Péloponnèse,* ce qu'on appelle, d'une manière caractéristique, son « archéologie », se fonde sur la forme des armes trouvées dans les tombes de Délos lors de la purification de 426 et sur les modes d'ensevelissement, pour affirmer qu'il s'agissait de sépultures de Cariens, et pour en déduire une occupation carienne : comme un archéologue moderne, **il tire une conclusion historique de l'observation d'un matériel et de coutumes.** Pourtant, il ne semble pas que les Grecs anciens aient jamais pratiqué des fouilles pour mieux connaître leur histoire, ni qu'ils se soient, de longtemps, préoccupés de réunir des collections archéologiques, même si, en fait, les trésors rassemblés au cours des siècles dans les sanctuaires en constituaient comme un équivalent.

Mais, **à l'époque hellénistique,** les riches maisons (celles de Délos par exemple) s'ornent d'œuvres originales, et aussi de copies et d'imitations; les rois pourchassent, pour leurs collections, les œuvres d'art les plus célèbres : c'est alors que **se constitue à Alexandrie le « Musée »** (que nous considérerions plutôt de nos jours, à vrai dire, comme un centre de recherches). Et cette passion ne cesse de se développer après la conquête romaine : la découverte de cimetières près de Corinthe, où *César* installait une colonie, donne lieu à de véritables fouilles, dont les produits (surtout les vases de bronze) sont vendus à grand prix; pour orner les édifices publics de Rome et les villas des riches amateurs, **un véritable commerce d'objets d'art s'établit.** Certes, cet engouement archéologique est lié d'abord à des besoins esthétiques, comme lorsque l'empereur *Hadrien* se fait bâtir, dans sa villa de Tivoli, des copies des constructions et des paysages qu'il a le plus aimés en Grèce, l'Académie, le Lycée, le Poecile, la vallée de Tempé. Pourtant, quelques indications annoncent **une archéologie plus historique :** ***Vitruve, Pline l'Ancien,*** au premier siècle de notre ère, situent les édifices, les œuvres d'art auxquels ils font allusion dans certaines de leurs conditions techniques et temporelles; et au siècle suivant, ***Pausanias,*** qui se rattachait à une longue tradition de voyageurs érudits, les « Périégètes », **écrit le premier Guide de Grèce qui nous ait été conservé,** très incomplet puisqu'il ne couvre que le Péloponnèse, l'Attique, la Béotie et la Phocide, et souvent insuffisant pour l'archéologue moderne que déçoivent certes ses distractions et ses silences, mais où, du moins, les bâtiments et les œuvres d'art mentionnés sont reliés à leur histoire ou, parfois aussi intéressante, à leur légende.

L'archéologie des voyageurs. — Il faut ensuite attendre des siècles pour que reprennent ces **voyages d'étude,** qui désormais vont resserrer les liens entre la Grèce et l'Occident. Ils s'inscrivent dans les manifestations de la Renaissance, dont l'humanisme exalte les valeurs et les formes de l'Antiquité classique; mais déjà au XVe siècle le marchand *Cyriaque d'Ancône* profitait de ses pérégrinations dans le Péloponnèse, dans l'Egée, à Athènes, pour rassembler des notes et des dessins qui nous ont été conservés en partie, avec plusieurs volumes de commentaires qui ont malheureusement disparu dès le XVIe siècle. Il arrive que les documents ainsi récoltés constituent pour l'archéologie moderne une source d'importance majeure : **un artiste flamand** qui accompagnait le *marquis de Nointel,* ambassadeur de Louis XIV auprès du sultan, **dessina en 1674 les sculptures du Parthénon;** or, dès 1687, le Vénitien *Morosini*, bombardant la forteresse turque de l'Acropole, faisait sauter la partie centrale du Parthénon; et, l'année suivante, en essayant d'arracher les sculptures du fronton ouest pour les emmener dans sa patrie, il ne réussit qu'à les détruire en les précipitant sur le sol... **Au XVIIIe siècle,** c'est un autre ambassadeur à Constantinople, le ***comte de Choiseul-Gouffier,*** qui **publie un *Voyage pittoresque en Grèce,*** plein de renseignements précieux, et amasse une collection d'antiquités qui devait par la suite aboutir au musée du Louvre. Au XIXe siècle encore, le consul français *Fauvel* fait parvenir au Louvre une des plus belles plaques de la frise du Parthénon; et, **en 1821,** un secrétaire d'ambassade, **le *vicomte de Marcellus,* négocie l'achat de la Vénus de Milo,** dernier coup d'éclat d'un type d'activité qu'expliquaient, sans le justifier toujours, les circonstances du moment, et qu'avait illustré aussi ***Lord Elgin*** en démontant la plus grande part des sculptures restant sur le Parthénon, exposées au British Museum dès 1816. Mais, bientôt, l'archéologie des voyageurs, c'est-à-dire essentiellement des marchands, des diplomates, des lords, va céder la place à l'archéologie des archéologues.

L'archéologie de l'Indépendance au début du XXe siècle. — Dès le début du XIXe siècle, de véritables fouilles furent menées sur le sol grec, à l'imitation de celles que l'Italie avait connues au XVIIIe; **mais leurs produits prenaient encore le chemin de l'Occident.** C'est ainsi que le dégagement du **temple d'Egine,** en 1811, amena la découverte des deux frontons sculptés, dont les statues, restaurées à Rome par *Thorwaldsen,* furent ensuite acquises par *Louis Ier de Bavière :* on peut les voir à la Glyptothèque de Munich, désormais débarrassées de leurs restaurations abusives. Les fouilles de 1812 au **temple de Bassae,** près de Phigalie, procurèrent au British Museum une longue série de frises; et même la mission archéologique adjointe au corps expéditionnaire français, qui parcourut en 1829 le Péloponnèse et qui devait publier l'*Expédition scientifique de Morée,* ramena au Louvre des métopes du **temple de Zeus à Olympie.**
La situation allait progressivement changer avec l'indépendance nationale et l'installation de missions archéologiques permanentes auxquelles certains chantiers seraient confiés. **C'est en 1846 que fut fondée l'*Ecole française d'Athènes,*** la plus ancienne des institutions qui par la suite se sont multipliées sur le sol grec — on en compte de nos jours une dizaine. **Le travail** sur les sites **devient de plus en plus méthodique.** Dès 1858-1859 une exploration extensive de **Cnide** (site de la côte d'Asie Mineure), effectuée par un employé du British Museum, permet de retrouver le plan de la cité antique dans son ensemble, première étude développée d'urbanisme. Les **fouilles de Samothrace,** en 1873 et 1875, donnent lieu à ce qu'on peut considérer comme le premier « rapport de fouilles » moderne, avec des plans et, pour la première fois, une illustration photographique. Mais ce sont peut-être les **fouilles allemandes d'Olympie,** entre 1875 et 1881, qui manifestent les

tendances les plus novatrices : sur ce site qu'avait exploré déjà en 1723 le Français *Montfaucon,* et où l'expédition de Morée, on l'a vu, avait découvert le temple de Zeus, on porte désormais un intérêt égal aux objets et aux ensembles architecturaux, on pratique une **fouille stratigraphique** (c'est-à-dire qu'on décape successivement les couches d'occupation, de destruction, etc., dont l'étude permet de restituer les phases de l'histoire du site), et, comme désormais l'exportation des trouvailles est interdite (ce qui est resté la règle, les fouilleurs ne retirant de leur travail qu'un bénéfice scientifique, le seul droit d'étude et de première publication), elles sont présentées, sur place, dans un musée qui devient le **premier musée de site.**

C'est ainsi que commencent les « grandes fouilles », dont les chantiers, très étendus, employant un grand nombre d'ouvriers, avec souvent des voies Decauville pour l'évacuation des terres, couvrent progressivement les sites les plus célèbres. **En 1872 débutent les fouilles françaises à Délos; en 1881** ce sont les **fouilles grecques à Eleusis, à Epidaure, sur l'Acropole d'Athènes; en 1882 commence la « grande fouille » à Delphes :** nos ancêtres les Galates s'étaient approchés un peu brutalement, en 270 avant J.-C., de ce site où le Lyonnais *Jacques Spon* passa dans la seconde moitié du XVIIIe siècle et que d'autres Français vinrent explorer à partir de 1838; mais, comme il était recouvert par le petit village de Kastri, il fallut qu'un crédit extraordinaire voté par le Parlement français permette d'acheter aux habitants la totalité des maisons, qui furent reconstruites environ deux kilomètres plus à l'ouest; **la fouille donna immédiatement des résultats considérables :** on raconte que, à certaines périodes, elle apportait aux épigraphistes une centaine d'inscriptions par jour; aussi un premier musée y fut-il inauguré dès 1902. **En 1895** commençaient les **fouilles américaines de Corinthe; en 1907,** les **fouilles anglaises à Sparte.** Un des derniers en date de ces énormes chantiers est celui de l'**Agora d'Athènes :** ce site, un des plus chargés d'histoire de toute la Grèce, avait attiré très tôt l'attention des humanistes (le « portique des Géants » avait été mentionné et dessiné déjà au XVe siècle), et des travaux y avaient été effectués, depuis la seconde moitié du XIXe siècle, par des archéologues grecs surtout, mais aussi allemands. Le fort accroissement de la population d'Athènes, après la Première Guerre mondiale, et l'échange de populations qui suivit avec la Turquie, rendait de plus en plus aigu, en ce cœur de la ville, le problème de l'occupation du sol; il fallut une loi de 1930, et les richesses de la *Fondation Rockefeller,* pour que les terrains puissent être achetés, et les travaux lancés sur une grande échelle, avec les extraordinaires résultats que l'on sait. **A Thasos** enfin, après des recherches entreprises en 1914, puis entre 1921 et 1923, **une grande fouille fut commencée par la France en 1939,** — pour être immédiatement arrêtée par la guerre. En dehors de ce domaine de l'archéologie proprement « classique », **les chantiers protohistoriques se développaient avec un égal succès :** l'exploration de **Mycènes** et de **Tirynthe** avait débuté dès 1874, celle de

Cnossos en 1900; en 1900 aussi commençaient les fouilles italiennes du palais de **Phaestos;** en 1921, les fouilles françaises du palais de **Mallia;** et c'est à la veille de la guerre, en 1939, qu'on découvrit l'étonnant **palais de Nestor,** à Pylos. Il en était de même pour les fouilles de **sites paléochrétiens et byzantins** : qu'il suffise de citer l'exploration du site de **Philippes,** dont les ruines avaient été décrites déjà au milieu du XVIe siècle par le Français *Pierre Belon,* et à laquelle l'*Ecole française* prit une grande part.
En même temps que se multipliaient ainsi et que s'étendaient les chantiers, et que se précisaient les techniques de la fouille (la méthode stratigraphique s'imposant progressivement) et de la collecte de l'information, on améliorait dans les musées la présentation et la préservation des objets, et un effort considérable était porté, essentiellement par les archéologues grecs mais aussi par certaines institutions étrangères, sur l'**aménagement des sites et la restauration des édifices antiques,** ce qu'on appelle **l'« anastylose »** (d'après son étymologie, le mot devrait s'appliquer seulement à l'action de relever une colonne). C'est en remontant solennellement en place un tambour, à la colonnade nord du Parthénon, que la Grèce marqua symboliquement sa prise de souveraineté sur l'Acropole, en 1834, c'est-à-dire l'année qui suivit l'abandon d'Athènes par les Turcs. Dès 1835-1837 on relevait le petit **temple d'Athéna Niké,** dont les blocs dispersés avaient été intégrés dans des fortifications tardives (cette reconstruction, un peu prématurée, fut d'ailleurs démontée à son tour, entre 1935 et 1939, et une nouvelle anastylose donna alors au bâtiment l'allure que nous lui connaissons aujourd'hui); entre temps, des travaux considérables avaient porté sur **le Parthénon** (à partir de 1898; l'anastylose de sa colonnade nord date de 1922-1930), **l'Erechthéion** (à partir de 1902), **les Propylées** (à partir de 1909); **des travaux** analogues **changeaient le paysage sur un site comme Delphes,** où **le Trésor des Athéniens** fut reconstruit en 1905-1906, tandis que plusieurs colonnes étaient relevées, entre 1939 et 1941, à **la tholos de Marmaria** et au **grand temple d'Apollon.**
Vers la fin de cette période, l'archéologie s'était constituée en Grèce comme un ensemble considérable de connaissances et de recherches, toutes directement contrôlées par un ***Service archéologique*** grec très développé et efficace, implanté dans un certain nombre de divisions administratives, les **régions archéologiques,** et **déléguant la responsabilité d'un certain nombre de chantiers à des écoles étrangères.** La règle s'est peu à peu établie que chacune de ces écoles fasse porter ses efforts, chaque année, sur trois chantiers seulement, même lorsqu'elle a la responsabilité d'un beaucoup plus grand nombre de sites, comme c'est le cas pour l'*Ecole française;* cette règle, très sage, impose ainsi une alternance à l'activité des chantiers, et laisse le temps aux fouilleurs d'étudier le matériel découvert et d'en préparer la publication. Effectivement, les quarante premières années du XXe siècle ont été marquées par la publication d'un très grand nombre de travaux, monographies consacrées à une collection, un certain type

de documents, tel ou tel problème, ou encore séries se proposant de rendre compte de l'ensemble des trouvailles d'un site — par exemple, pour les fouilles françaises, les volumes de l'*Exploration archéologique de Délos* ou ceux des *Fouilles de Delphes*.

L'archéologie après la Seconde Guerre mondiale. — Comme on peut l'imaginer, les activités archéologiques furent, sinon entièrement supprimées, du moins très fortement réduites par les convulsions qui frappèrent la Grèce à partir de 1940; si la réparation des dommages causés par les combats, la réinstallation des musées, les travaux de nettoyage et de protection reprirent vers 1945, **c'est seulement en 1949 que les fouilles purent retrouver des conditions tout à fait normales.** Mais, très vite, les archéologues rencontrèrent pour leur activité **des circonstances nouvelles,** quelquefois favorables, parfois aussi difficiles, et qui conduisent leur discipline dans **de nouvelles voies.**
Certes, à première vue, la continuité dans le travail est évidente. **Les chantiers anciens se développent, d'autres s'ouvrent,** sur un rythme plus rapide encore qu'à l'époque précédente. Ainsi les archéologues grecs dégagent, à partir de 1948, le **sanctuaire d'Artémis à Brauron,** en Attique; une fouille commence en 1952 sur le site de l'**Isthme de Corinthe,** sous les auspices de l'***Ecole américaine d'Athènes*** mais avec des crédits de la *Greek Cultural Foundation de Chicago* (alors que les fouilles françaises dépendent toutes d'un financement centralisé, celles d'autres pays, comme les Etats-Unis, peuvent être organisées et entretenues par des universités ou des fondations privées); 1952 voit aussi le début des fouilles américaines de **Lerne,** la reprise de la fouille du palais à Pylos, découvert, nous l'avons vu, juste avant la guerre, et aussi l'**ouverture par la France d'une fouille sur un des sites majeurs de la Grèce antique, Argos.** En 1957, on reprend les fouilles de **Messène,** on commence celles de **Pella,** qui fut la capitale de la Macédoine. En 1958 débute l'exploration du célèbre **Nékromanteion** d'Ephyre, où l'on allait consulter les morts; en 1961, la fouille gréco-française de **Dikili-Tasch;** en 1961 également, on commence à exhumer à **Kato Zakros,** en Crète, les vestiges d'un palais minoen. En 1962 s'ouvrent le chantier de l'*Université de Pennsylvanie* à **Porto-Chéli,** et un nouveau chantier franco-hellénique à **Médéon** (site phocidien sur la baie d'Andikyra); en 1963 ce sont les fouilles gréco-belges de **Thorikos,** la fouille américaine de **Kenchréai,** la fouille gréco-autrichienne d'**Elis;** en 1964 la fouille anglaise de **Lekfandi,** en Eubée, et, en Eubée aussi, la fouille gréco-suisse d'**Erétrie;** en 1967, la fouille de l'*Université de Sydney* à **Zagora,** dans l'**île d'Andros,** et la fouille grecque d'**Akrotiri à Théra** (Santorin), qui va faire apparaître une ville minoenne ensevelie sous les cendres volcaniques; en 1970 les fouilles grecques de **Marathon;** en 1971 une fouille gréco-suédoise à **La Canée,** en Crète; en 1973 l'*Ecole française* reprend l'étude du **sanctuaire de Poséidon et Amphitrite à Tinos,** déjà exploré au début du siècle... Cette énumération, très incomplète, des principaux chantiers récemment

ouverts donnera au moins une idée de l'ampleur prise par l'activité archéologique (que l'on appréciera mieux en feuilletant la chronique des fouilles qui paraît chaque année dans la revue de l'*Ecole française,* le ***Bulletin de Correspondance hellénique***) ; elle montre aussi que le travail tend à se porter désormais sur des sites moins importants (ce qui ne veut pas dire moins intéressants). L'activité continue d'ailleurs sur les grands chantiers traditionnels, mais elle y prend souvent des formes nouvelles : plutôt qu'à des fouilles extensives, on s'attache désormais à des explorations minutieuses en profondeur, qui permettent de préciser la chronologie. Sur tous ces types de chantiers, toujours plus nombreux, la récolte documentaire devient toujours plus riche, ce qui produit dans les réserves des musées un encombrement croissant, et, à travers les publications dont le volume ne cesse de grossir, une « explosion documentaire » dont les conséquences de tous ordres commencent à se faire sentir.

Cette lente recherche continue à être illuminée, de temps à autre, par des **trouvailles exceptionnelles :** en 1951, celle du **« second cercle de tombes » à Mycènes;** en 1959, à l'occasion de la construction d'un égout, **au Pirée,** celle de **quatre grands bronzes,** dont un **couros** de la fin du VIe siècle et une **Athéna** du milieu du IVe; en 1961, celle d'un **cratère de bronze** merveilleusement décoré, **à Dervéni** près de Thessalonique; en 1963, **à Thèbes,** celle de **deux « trésors »** comportant en particulier des sceaux gravés de thèmes mycéniens, mais aussi de scènes orientalisantes, parfois encadrées d'inscriptions cunéiformes; en 1964, **à Kenchréai,** celle de tout **un lot de mosaïques en plaquettes de verre,** encore dans les emballages d'où on se préparait à les extraire, au moment de la catastrophe qui les a ensevelies; en 1966, celle de plus de **quatre mille tessons** d'ostracisme, **au Céramique d'Athènes;** en 1972, **à Markopoulo,** en Attique, celle d'**un couros** et d'**une coré** de marbre admirablement conservés, avec leurs couleurs originelles, qui reposaient à moins de 35 cm au-dessous du sol moderne, et, la même année, **à Corinthe,** la découverte d'**un sphinx de marbre,** du second quart du VIe siècle, qui compte désormais parmi les exemplaires les plus remarquables de la sculpture archaïque; et en 1977-1978 **la fouille de tombes princières et royales,** sous le tumulus **de Palatitsa-Verghina, a apporté des trésors** de peintures et d'orfèvrerie **d'une richesse et d'une beauté bouleversantes. Mais ces découvertes sensationnelles,** parfois dues à la sagacité des fouilleurs, parfois aussi au hasard, **comptent certainement moins,** pour le progrès d'ensemble de l'archéologie, **que le travail méthodique,** patient et humble, qui, au long des mois, sur des centaines de sites, dans les réserves des musées et dans les bibliothèques, permet lentement aux archéologues de reconstituer, sous toutes ses formes, l'histoire de la Grèce antique. **En même temps se poursuivent les anastyloses :** ainsi, entre 1953 et 1956, on reconstruit sur l'Agora d'Athènes **la stoa d'Attale,** aménagée en musée où les trouvailles du site sont admirablement présentées; à partir de 1955 on travaille aux **temples du Sounion et d'Egine;**

à partir de 1959, à l'**Odéon de Patras;** et, parallèlement, on continue les restaurations sur **l'Acropole** et sur l'ensemble des grands sites.

Ces **restaurations,** en particulier celles des théâtres, sont évidemment **liées aux exigences du tourisme,** en particulier à la multiplication des festivals. Elles sont parfaitement légitimes aussi du point de vue de l'archéologue, car elles seules **permettent de saisir concrètement la beauté des volumes,** la qualité des lumières et des ombres, les effets que l'architecture était appelée à susciter; de plus, elles constituent souvent le meilleur moyen d'empêcher une totale dégradation des ruines; encore faudrait-il qu'elles ne précèdent pas une étude complète du bâtiment aboutissant à une publication, faute de quoi nombre de données sont perdues à jamais; on a pu dire que, sur le versant sud de l'Acropole d'Athènes, la restauration de l'Odéon d'Hérode Atticus a sauvé le théâtre de Dionysos, pour lequel tous les problèmes sont loin d'être éclaircis. **Le tourisme risque aussi de gêner l'archéologue** pour des raisons d'ordre anecdotique, comme sur notre chantier de Délos pour lequel il devient de plus en plus difficile de trouver des ouvriers qualifiés, la main-d'œuvre de Mykonos préférant les avantages évidents des métiers touristiques. D'autres contraintes sont plus sérieuses : il a fallu élargir les routes à l'entrée de Delphes, ouvrir une nouvelle voie d'accès à l'Acropole d'Athènes; plus généralement, **on doit désormais tenir compte,** dans la présentation des sites et dans l'organisation des musées, **de déplacements en groupes de foules considérables.** Mais l'archéologue sait bien que la fréquentation des biens culturels est un droit pour tous; il est capable aussi de reconnaître les **conséquences utiles du tourisme,** qui est dans un pays comme la Grèce **un des moteurs du développement archéologique.** Le tourisme incite parfois à la reprise de chantiers abandonnés (ainsi, l'*Ecole française* a recommencé en 1967 l'exploration de **Lato,** en Crète, en grande partie parce que le port de Haghios Nicolaos, devenu station balnéaire, avait besoin d'une attraction archéologique supplémentaire); en suscitant, comme à **Rhodes,** de nombreux sondages d'urgence, il permet d'y reconstituer le quadrillage hippodaméen de la ville antique; il pousse aussi les archéologues à présenter leurs fouilles dans des guides à la fois accessibles et rigoureux, comme ceux que l'*Ecole française* a préparés pour **Délos, Thasos, la Crète.** Pourtant, il ne fait pas de doute que l'afflux journalier de milliers de personnes en des lieux qui, pendant l'Antiquité, n'étaient visités qu'exceptionnellement, perturbe d'une manière considérable leurs conditions de conservation; des décisions doivent être prises, gênantes certes, mais que le touriste cultivé comprendra et approuvera : ainsi est désormais interdit, sur l'Acropole d'Athènes par exemple, l'accès à certains lieux, condition nécessaire de leur préservation.

Mais non pas condition suffisante. Car l'archéologue est confronté aussi avec **un autre phénomène,** corollaire d'ailleurs du développement touristique, le développement industriel. Pendant longtemps on s'est contenté de regretter, pour des raisons esthétiques et sentimentales, l'implantation d'usines au voisinage de sites antiques, par exemple à **Eleusis** et dans la plaine où fut ensemencé le premier grain de blé; on se rend compte maintenant que **c'est l'existence même de toute une série de monuments que la pollution atmosphérique commence à menacer.** Le cas le plus spectaculaire est celui de l'**Acropole d'Athènes :** les fumées, le gaz carbonique, l'acide sulfurique portés de la zone industrielle par les vents d'ouest, le mazout employé pour le chauffage urbain, les gaz d'échappement des voitures ont endommagé le marbre, par exemple au **portique des Caryatides de l'Erechthéion,** sur une épaisseur de quatre millimètres en moyenne. Même si le contrôle de la pollution, dans une zone aussi exposée, devait devenir rapidement efficace, ce serait condamner toutes ces sculptures que de les laisser plus longtemps à l'air libre : c'est pourquoi elles seront déposées, présentées dans un nouveau musée dont l'atmosphère sera contrôlée, et remplacées sur les monuments par de simples copies, seule solution permettant de sauver ce qui peut encore l'être. D'autres sites appellent une action du même genre.

C'est aussi au développement industriel et urbain que se rattachent de **nouveaux problèmes,** qui se posent à l'archéologue avec de plus en plus d'acuité. **L'extension tentaculaire des villes,** le creusement de fondations plus profondes pour des immeubles plus élevés, l'implantation d'aérodromes, l'ouverture d'autoroutes, la multiplication des carrières, **certaines transformations** même **de l'agriculture** avec les labours profonds, l'établissement de vastes terrasses où pourront manœuvrer les machines, etc., **tout cela contribue,** sur une terre riche plus que toute autre en vestiges du passé, **à bouleverser un cadre resté relativement stable depuis l'Antiquité,** en effaçant bien des traces de l'occupation humaine qui s'y intégrait. Comment l'archéologue pourrait-il s'opposer à des intérêts si considérables, bien souvent légitimes? Dans la plupart des cas, fort heureusement, des **« fouilles d'urgence »** permettent au moins de reconnaître ce qui va être détruit à jamais, et de protéger les trouvailles exceptionnelles. Mais ce travail de surveillance constante suscite de nouvelles difficultés : malgré leur activité et leur dévouement, malgré l'aide que leur apportent les écoles étrangères, les archéologues grecs sont accaparés toujours davantage par cette multitude de tâches parfois décevantes : les trouvailles issues de ces sondages, souvent peu utilisables parce que coupées des ensembles qui leur auraient donné toute leur signification, accroissent l'**encombrement des musées,** auquel nous avons déjà fait allusion, et leur étude devient aléatoire. L'archéologue se sent ainsi de plus en plus engagé dans des situations qui échappent plus ou moins complètement à son contrôle.

Perspectives pour l'archéologie en Grèce. — Mais l'archéologue peut aussi chercher dans les développements de sa propre discipline les moyens de faire face à ces difficultés. Pour les problèmes de la pollution, il y a les solutions que nous avons évoquées à propos de l'Acropole, d'autres liées à l'étude scientifique des matériaux de construction; et peut-être se rendra-t-on compte bientôt que ce qui est funeste pour le marbre ne saurait être bon pour le corps humain. Pour les problèmes du développement urbain, la réponse pourrait se trouver dans **une collaboration entre archéologues, économistes, urbanistes,** de manière à préparer des plans d'extension qui prennent en compte les exigences majeures de l'archéologie : on se rend mieux compte de nos jours, fort heureusement, que **les vestiges du passé constituent une richesse culturelle** (et pas seulement touristique), **qui doit s'intégrer dans le développement de nos sociétés;** et la détermination de ces « réserves archéologiques » (qui seraient ainsi protégées, puis fouillées, puis aménagées) peut désormais être facilitée par les techniques nouvelles de la prospection, prospection aérienne ou prospection scientifique au sol. Les cas les plus graves devraient être réglés par un **appel à la collaboration internationale.**

De toute manière, cette collaboration paraît nécessaire, et déjà pour proposer des programmes de recherche, si l'on veut éviter que le foisonnement des chantiers et des études n'aboutisse à des redoublements inutiles d'efforts, à une dispersion préjudiciable des résultats. Un certain **rééquilibrage** pourrait ainsi s'opérer entre l'archéologie « classique » et celle des époques plus récentes et plus anciennes. **L'archéologie préhistorique,** en particulier, **a connu** ces dernières années **des développements très prometteurs,** avec la certitude, enfin obtenue vers 1958, de l'existence en Grèce d'**une culture paléolithique,** avec la découverte en 1960 d'un crâne de Néanderthalien, le premier signalé non seulement en Grèce mais dans toute la partie méridionale des Balkans; la fouille gréco-française de la **grotte de Kitsos,** en Attique, commencée en 1969, prend les caractères d'un chantier modèle, et d'autres présentent les mêmes qualités. A l'intérieur de l'archéologie classique elle-même, **les monuments d'époque romaine,** jusqu'ici souvent injustement méprisés, **suscitent** et pourraient susciter **des recherches nouvelles,** comme le montre la fouille des grands thermes, à **Argos** ou à **Samos.**

Il semblerait d'autre part que, dans ces différents domaines, l'archéologie tende désormais à s'intéresser, autant qu'aux prestigieuses créations de l'art, aux **témoignages sur la vie la plus humble** (d'où les fouilles toujours plus nombreuses d'habitats urbains et ruraux), aux installations industrielles (comme celles qu'étudient les archéologues belges, dans la région de **Thorikos,** pour l'extraction et le traitement du minerai d'argent), en un mot à tout ce qui peut nous permettre de mieux comprendre l'histoire de l'économie et de la société. Ces recherches peuvent s'appuyer sur l'**interprétation de la couverture aérienne,** qui montre par exemple, près de Thessalonique, les traces superposées de plusieurs morcellements agraires, et aussi sur les **recherches sous-marines,** commencées en Grèce dès 1950, qui apportent tellement de renseignements sur les activités commerciales. Et désormais l'équipe archéologique comporte des spécialistes de paléo-ethnologie, de paléo-botanique, des géographes (dès 1957 on a pu réaliser une étude géomorphologique de la région de Delphes, une étude pédologique de la côte près de Mallia), dont les travaux permettent de **mieux comprendre le mode de vie des Anciens,** la manière dont ils s'accordaient à leur environnement.

Pour ces ordres de recherches, **le cadre ancien du « site »**, possession jalouse d'une institution, **ne paraît plus être le mieux adapté :** on retrouve ici la nécessité d'une collaboration internationale pour définir les problèmes, et organiser les opérations propres à les résoudre — collaboration qu'on a vu se réaliser en Grèce par exemple en 1967, lorsque l'exploration des terres destinées à être submergées par le lac artificiel du Pénée fut répartie entre cinq écoles archéologiques. Enfin, tous ces travaux seront de mieux en mieux servis par **une technologie en constant développement :** nous y avons fait déjà allusion à propos de la prospection; mais l'utilisation d'un appareillage physico-chimique d'analyse (pour aider la localisation et la datation), la normalisation des descriptions, l'emploi de l'informatique pour maîtriser l'explosion documentaire, la formalisation des raisonnements, tout cela **devrait contribuer au développement d'une archéologie scientifique, complémentaire** (et non rivale) **de l'archéologie traditionnelle** où le « flair », l'intuition jouent un rôle majeur. Cette conjonction, et d'autres à peine prévisibles à l'heure actuelle, pourraient aider l'archéologie en Grèce à garder, à travers le renouvellement de ses méthodes et peut-être de certains de ses objectifs, une jeunesse toujours renouvelée.

Quelques notions d'architecture

La cité, cadre privilégié de la vie antique. — Les villes se composaient d'une **acropole ou ville haute,** le plus souvent noyau de la cité primitive, convertie ensuite en citadelle, et qui renfermait comme à Athènes les sanctuaires les plus anciens, et d'une **ville basse,** entourée d'une enceinte fortifiée qui rejoignait souvent celle de l'acropole.
Le centre de la ville est l'**agora,** place publique entourée de portiques où débouchent les rues principales. Les monuments civils comprennent le **théâtre,** qui servait aussi aux assemblées du peuple *(ecclésia),* l'**odéon,** le **gymnase,** le **stade,** le **bouleutérion,** siège du Sénat *(Boulè),* des portiques, fontaines, exèdres de repos, etc.

La cité des morts. — Les nécropoles s'étendaient le plus souvent hors des remparts, au bord des routes les plus importantes. Les tombes sont de types très divers : tombeaux à coupole mycéniens, simples fosses avec ou sans sarcophages, tumuli. Toutes étaient pourvues d'un mobilier funéraire (vases, figurines, bijoux, armes). Dans les cimetières, la tombe était signalée par un grand vase funéraire en terre cuite ou en marbre, ou une stèle, colonne, cippe, ou bien un véritable monument, plus ou moins ostentatoire.

Les fortifications. — L'enceinte, élevée selon un appareil qui varie suivant les époques, est renforcée de tours de flanquement rectangulaires ou rondes (celles-ci pour la défense des saillants ou des portes) qui séparent les courtines à des intervalles irréguliers (théoriquement la moitié d'une portée d'arme de jet, soit 25 à 30 m). Les portes sont souvent disposées de façon à obliger l'assaillant à présenter le côté droit, non protégé par le bouclier. L'enceinte et les tours sont aussi percées de poternes de sortie, parfois très proches les unes des autres, pour permettre aux unités de se regrouper au pied du rempart avant d'aller attaquer.

Les appareils cyclopéen, en gros blocs bruts, avec insertion de menues pierres dans les interstices, et **pélasgique,** en blocs irréguliers, se rencontrent dans les ruines mycéniennes. Le **polygonal,** en pierres irrégulières, façonnées de manière à s'adapter parfaitement les unes aux autres, est un appareil caractéristique de l'époque archaïque mais il fut utilisé jusqu'au IVe s. av. J.-C. pour les remparts, les murs de soutènement, etc. Le **trapézoïdal,** à assises ou à décrochement, fut en usage du VIe au IVe s. av. J.-C. L'**hellénique,** en pierres équarries, disposées en assises régulières, est par excellence l'appareil de l'époque classique; il est dit *isodome* quand les joints verticaux tombent régulièrement au milieu de la pierre inférieure, comme dans les murs très soignés des temples; il comporte aussi des *bossages* ou saillies centrales entourées de *refends* ciselés autour des joints.

Le sanctuaire. — Le sanctuaire ou **hiéron** se compose du terrain sacré ou **téménos,** entouré d'un mur de clôture ou **péribole** ou encore d'une ligne de bornes. Il peut ne pas comporter de temple, mais seulement un ou plusieurs autels à ciel ouvert, un bois ou un arbre sacré, des niches creusées dans le roc, des idoles, etc. **Les grands sanctuaires** où l'on célébrait des jeux **étaient de véritables cités sacerdotales** comportant parfois plusieurs enceintes avec leurs temples et leurs autels, des portiques pour les pèlerins, un théâtre, un stade, des trésors ou chapelles votives des divers Etats et, en dehors du péribole, des habitations de prêtres, des hostelleries pour les pèlerins, des bains, des salles de réunion pour les conseils, etc. Les principales entrées du sanctuaire étaient des portes monumentales ou **propylées;** la voie suivie par les processions s'appelait la voie sacrée **(hiéra odhos),** bordée d'ex-voto, de statues, de stèles, d'exèdres, etc.

Le véritable centre du culte est l'autel à sacrifices ou à offrandes **(bomos),** toujours en dehors du temple. Les victimes étaient égorgées au pied de l'autel, découpées, puis montées à la partie supérieure où les viandes étaient cuites sur la flamme d'un bûcher, mais beaucoup d'autels ne recevaient que des offrandes de gâteaux ou des libations de lait, de vin, etc.

Le temple. — Le temple ou naos n'était que l'habitation du dieu, le tabernacle de l'image divine; il n'était accessible qu'aux prêtres et aux fidèles autorisés; il y avait même des temples complètement interdits **(abaton).** Dans le type classique du temple grec, on distingue la partie fermée ou **sécos,** demeure du dieu, et le péristyle extérieur ou **péristasis** qui sert d'abri aux suppliants. Les temples pourvus de ce portique sont dits **périptères.** Le sécos, qui constitue souvent tout le temple à lui seul, comprend, à l'entrée, en principe tournée vers l'E., le vestibule ou **pronaos,** au centre le **naos** (en latin **cella**) qui est la chambre du dieu, représenté par une statue, et enfin, à la partie postérieure, l'**opisthodome,** isolé de la cella, qui servait parfois de trésor ou de dépôt d'offrandes. Les temples primitifs (Sélinonte, Pæstum, temple d'Athéna à Athènes, reproduit par le Parthénon, Delphes) possédaient un quatrième compartiment, l'**adyton,** saint des saints accessible seulement aux prêtres. Il contenait l'idole ou bien servait de **chambre d'oracle,** comme à Delphes.

On classe les temples d'après le nombre de colonnes de façade. Ainsi, un temple à quatre colonnes est dit **tétrastyle,** à six colonnes **hexastyle,** à dix colonnes **décastyle,** à douze colonnes **dodécastyle.**
On les désigne également d'après leur ordonnance. Un temple avec deux colonnes de vestibule entre les piliers des jambages des portes est dit **in antis;** avec un portique antérieur à un rang de colonnes dégagées il est dit **prostyle;** avec le même portique sur les deux façades il devient **amphiprostyle;** avec un portique extérieur continu il est **périptère;** le temple rond ou **tholos,** avec portique extérieur circulaire, est un **monoptère.**

LES TROIS ORDRES CLASSIQUES

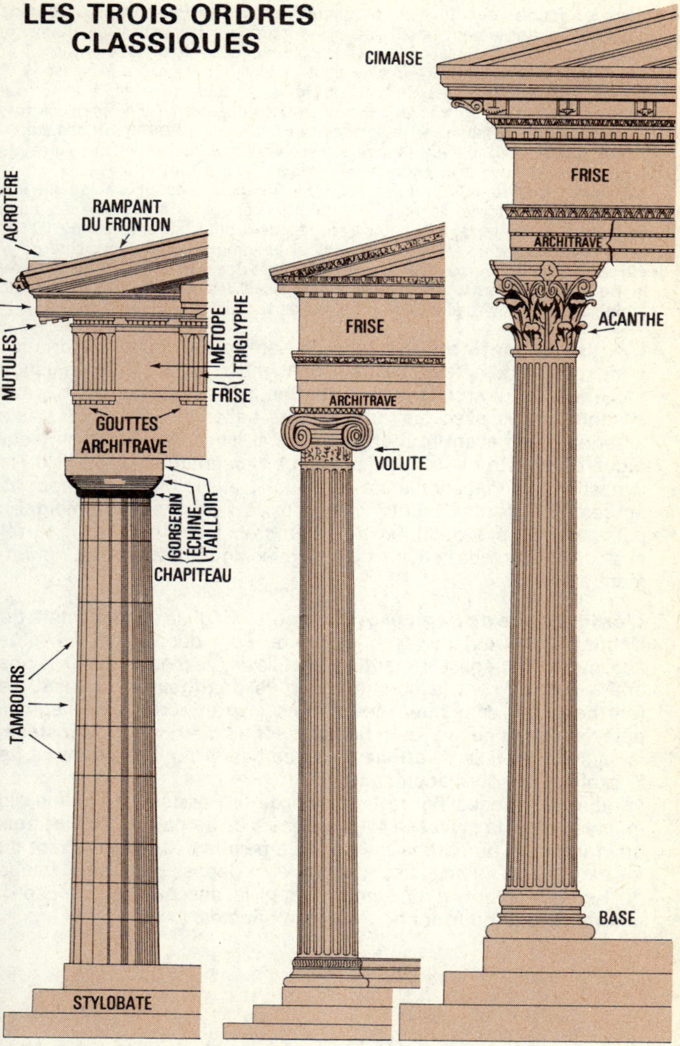

ORDRE DORIQUE ORDRE IONIQUE ORDRE CORINTHIEN

Le temple repose sur un massif en pierre commune, le **stéréobate**, qui rachète les différences de niveau du sol; la dernière assise *(euthyntéria)* sert d'assise de réglage soit pour l'horizontalité, soit pour les courbes destinées à remédier aux illusions d'optique, comme au Parthénon. Au-dessus règne le soubassement *(krépis)*, à trois degrés en marbre ou en pierre de qualité; le dernier degré, où repose la colonnade, est le **stylobate.**

Le plafond horizontal du péristyle était en dalles de marbre à caissons et posées sur des traverses de marbre *(soffites)*; celui de la cella était souvent en bois, avec solives et caissons, ou était absent *(temples hypèthres)* lorsque la largeur dépassait la portée ordinaire des solives (10 m); des colonnades intérieures, à deux étages superposés, qui recevaient les têtes de poutres, permettaient de réduire les portées.

L'intérieur des temples, souvent décoré de peintures et de tapisseries, n'était éclairé que par la porte d'entrée. La toiture se composait de tuiles en marbre ou en terre cuite, ou de feuilles de bronze, sur chevrons.

Les **acrotères** surmontaient les angles et le sommet du fronton. Une **polychromie** qui choque parfois le profane et ses idées préconçues du sens de la beauté chez les anciens Grecs rehaussait les chapiteaux, triglyphes, cimaises, métopes et autres membrures du temple.

L'église byzantine. — Le type de l'église byzantine, en briques plates, couverte de coupoles sur pendentifs, est toujours en usage en Grèce. Cette **architecture byzantine,** qui apparut au VIe s. sous Justinien, mais avec des antécédents hellénistiques et de l'Asie antérieure, est **avant tout un art oriental,** aussi bien dans sa technique de construction que dans son ornementation. A partir de la dynastie dite macédonienne (867-1057), elle s'enrichit d'apports arabes (l'église des Saints-Théodores, à Athènes, en témoigne), puis arméniens et géorgiens (plan en croix inscrite dans un carré) et se diversifia sous la dynastie des Paléologues (1258-1460), notamment à Mystra.

L'ordonnance de l'église byzantine. — L'église du monastère de Daphni, près d'Athènes, représente l'un des types les plus accomplis de l'église byzantine en Grèce (V. plan). Les divisions intérieures en sont le porche ouvert **(exonarthex)** et le vestibule **(narthex),** qui constituent les parties « extérieures » de l'église, puis le **naos,** ouvert aux fidèles, enfin, derrière l'**iconostase,** le sanctuaire, réservé au clergé, avec l'autel ou **bêma** flanqué de la **prothèse** et du **diaconicon.**

La liturgie grecque figure le drame de la Passion; la victime est immolée dans la prothèse sous les espèces du pain et du vin; puis un vrai convoi funèbre la transporte à travers l'église, au chant du « Chéroubikon » dans le sanctuaire, et la dépose sur l'autel, image du Saint-Sépulcre, d'où bientôt, après la descente du St Esprit, elle ressuscite pour donner la vie aux fidèles.

Glossaire

Abaton : lieu sacré inaccessible.

Acrotère : socle aux extrémités et au sommet d'un fronton pour supporter un ornement; l'ornement lui-même.

Adyton : dans les temples, saint des saints, réservé aux seuls prêtres.

Aède : poète épique qui récitait ou chantait les exploits des dieux et des héros en s'accompagnant de sa lyre.

Alabastre, alabastron : petit vase à parfums.

Amphictyon : député à l'amphictyonie.

Amphictyonie : assemblée de plusieurs bourgades autour d'un autel commun.

Ante : extrémité libre des murs d'une cella de temple ou de trésor, traitée comme un pilastre avec une moulure particulière au sommet (chapiteau d'ante).

Antéfixe : ornement de toiture au-dessus de la corniche.

Aphésis : ligne de départ sur la piste d'un stade.

Apobate : athlète qui, dans les jeux publics, faisait des exercices de voltige, notamment dans les courses de chars.

Architrave : partie de l'entablement au-dessus des chapiteaux des colonnes ou autres supports.

Archontat : temps pendant lequel l'archonte exerçait sa charge.

Archonte : magistrat exerçant les plus hautes fonctions publiques dans la cité grecque.

Arrhéphore : fillette athénienne, de noble naissance, participant à la confection du péplos sacré offert à Athéna lors de la fête des Panathénées.

Aulè : cour.

Aurige : conducteur de char.

Basileus (pl. *basileis*) : dans l'Antiquité, souverain particulièrement puissant; à partir d'Héraclius (630), titre des souverains byzantins.

Bêma : tribune ou chaire d'où parlaient les orateurs.

Bothros : autel creux pour sacrifices.

Bouleutérion : siège de la Boulè (Sénat).

Canéphore : jeune fille qui portait une corbeille dans certaines cérémonies.

Canthare : vase à une ou deux anses très détachées de la panse.

Catholicon : église d'un monastère, d'un couvent.

Cavea : ensemble des gradins d'un théâtre.

Cella : salle centrale d'un temple, véritable chambre de la divinité.

Chéneau : conduit qui reçoit les eaux de pluie de la toiture et les porte dans la gouttière.

Chiton : tunique.

Chlamyde : manteau retenu par une agrafe sur l'épaule droite ou devant la gorge.

Chorège : mécène qui recrutait, équipait et faisait instruire un chœur destiné à le représenter dans les concours dramatiques ou musicaux.

Chorégique [monument] : consacré par un chorège vainqueur dans un concours dramatique ou musical.

Chryséléphantin (e) : en or et en ivoire.

Chrysobulle (n. masc.) : diplôme scellé d'un sceau d'or.

Chthonien (enne) : épithète attribuée aux divinités des profondeurs.

Cimaise : couronnement d'un mur.

Clérouchie : colonie de clérouques.

Clérouque : colon qui conservait la citoyenneté de sa patrie d'origine.

Cnémide : jambière de métal.

Cosmète : maître chargé de l'éducation des éphèbes.

Cottabe : jeu d'adresse qui consistait à lancer les dernières gouttes de sa coupe sur un objectif désigné à l'avance par les convives.

Cratère : vase servant au mélange de l'eau et du vin.

Crotale : variété de castagnettes.

Cuneus (pl. *cunei*) : secteur des gradins d'un théâtre.

Dème : division administrative, bourg.

Diazôma : promenoir concentrique d'un théâtre.

Dromos : corridor d'un tombeau, avenue.

Egide : bouclier merveilleux qui fut forgé par Héphaïstos pour Zeus et finalement offert à Athéna.

Entablement : partie de l'édifice composée de l'architrave, de la frise et de la corniche et qui s'élève au-dessus des colonnes et autres supports.

Ephèbe : adolescent.

Epimélète : haut fonctionnaire investi d'une surveillance parmi des charges les plus variées.

Epistyle : pièce d'architrave placée horizontalement sur les chapiteaux des colonnes.

Eschara : autel sur lequel on offrait des sacrifices aux héros.

Exèdre : niche ou salle de conversation, avec sièges.

Exonarthex : vestibule extérieur de l'église grecque.

Gigantomachie : combat des dieux et des géants.

Gorgoneion : tête de la Gorgone.

Hermès : pilier portant une tête d'Hermès ou d'une autre divinité.

Hérôon : sanctuaire où l'on vénérait un héros.

Hexastyle : temple à six colonnes de façade.

Hiéron : sanctuaire.

Hipparque : commandant d'une division de cavalerie.

Hoplite : fantassin d'élite lourdement armé.

Hydrie : grand vase pour porter ou contenir de l'eau.

Hypèthre : à ciel ouvert.

Hypocauste : fourneau souterrain pour chauffer les bains.

Hyposcénion : dessous de la scène.

Hypostyle : épithète attribuée à une salle dont la toiture est supportée par des colonnes.

Iconostase : clôture séparant la nef du sanctuaire réservé aux prêtres dans les églises grecques et qui supporte des icônes.

Impluvium : bassin pour recueillir les eaux de pluie.

In antis : à façade encadrée de deux antes.

Koré (ou **coré**) : statue archaïque de femme (pl. *Korai*).

Kouros (ou **couros**) : statue archaïque d'homme nu (pl. *kouroi*).

Krépis : soubassement en maçonnerie.

Kylix : coupe à anses horizontales.

Lampadodromie : course aux flambeaux.

Lécythe : vase funéraire.

Leschè : local d'un cercle ou club.

Logeion : partie surélevée de la scène où se tenaient les acteurs.

Loutrophore : grand vase funéraire à deux anses.

Mégaron : salle de réception du palais mycénien.

Métope : plaque de pierre, muette ou ornée de bas-reliefs, qui, dans la frise dorique, alterne avec les triglyphes.

Mutule : modillon rectangulaire, sous la corniche, qui, dans l'entablement dorique, correspond au triglyphe.

Naïskos : chapelle, petit temple.

Naos : *V.* cella.

Narthex : vestibule de l'église grecque.

Nome : division administrative de la Grèce moderne correspondant au département.

Nymphée : fontaine monumentale, consacrée aux nymphes.

Œnochoé : vase pour verser le vin dans les coupes.

Oikos (pl. *oikoi*) : édifice à vocation religieuse servant de dépôt d'offrandes, de lieu de réunion pour une confrérie, où l'on donnait parfois des banquets rituels.

Opaion : ouverture ménagée dans un toit.

Opisthodome : vestibule postérieur d'un temple.

Orchestra : place circulaire du théâtre grec réservée aux évolutions du chœur.

Orthostate : dalle dressée de champ.

Palestre : édifice destiné aux exercices athlétiques.

Paradromis : piste de gymnase à ciel ouvert.

Parascénia (paraskénia) : ailes saillantes de la scène d'un théâtre.

Parodos : entrée latérale du théâtre.

Péan : chant célébrant la victoire d'Apollon sur Python; chant d'action de grâces.

Pédotribe : professeur de gymnastique.

Pentélique (adj.) : se dit du marbre extrait des carrières du mont Pentélique.

Péplos : manteau que les femmes portaient par-dessus la tunique.

Péribole : mur de clôture d'un téménos ou enceinte sacrée.

Périptère : temple à colonnade extérieure.

Périrrhantérion : bassin, vasque à eau lustrale.

Péristasis : péristyle extérieur du temple périptère.

Péristyle : galerie à colonnes isolées autour d'une cour, d'un édifice.

Pétase : chapeau à larges bords.

Phiale : coupe ou vase peu profond sans anses.

Phylarque : chef de tribu, magistrat.

Plectre : petite verge pour frapper les cordes d'une lyre.

Pôros : tuf, pierre tendre.

Proédria : tribune officielle des présidents d'assemblée, de jeux.

Proédrie : droit à des places réservées au théâtre et accordé à des magistrats, des prêtres, etc.

Pronaos : vestibule antérieur du temple.

Propylée, propylon : entrée monumentale.

Proscénion : front du logeion du côté des gradins.

Prostasis : portique en saillie.

Prytanée : siège des Prytanes ou magistrats et foyer de la Cité.

Pyrgos : tour, bastion.

Pyrrhique : danse guerrière.

Pyxis : petit coffret.

Redans : assises en retrait d'un mur de soutènement; échelons d'une crête de mur montant.

Refend : ciselure encadrant les joints d'une pierre à bossages.

Rhyton : vase à libations en forme de corne, de tête d'animal.

Sécos : partie du temple fermée par les murs.

Skéné : ensemble des constructions de la scène.

Soffite : poutre de pierre ou de bois portant les caissons d'un plafond.

Sphendoné : extrémité arrondie d'un stade.

Stéréobate : massif de maçonnerie formant le soubassement d'un temple.

Stoa : portique, galerie.

Stratège : général d'armée chez les Athéniens.

Stylobate : assise supérieure du soubassement portant la colonnade.

Synthronon : ensemble des bancs réservés au clergé dans l'abside principale de l'église grecque.

Syrinx : flûte.

Talent : unité de poids (variable selon les cités).

Tambour : assise de pierre cylindrique d'une colonne.

Téménos : enclos sacré.

Terma : ligne d'arrivée sur la piste d'un stade ou d'une palestre.

Thallophore : vieillard qui portait des branches d'olivier dans les processions des Panathénées.

Thesmothète : nom donné aux archontes chargés de préparer ou de présenter les modifications aux lois.

Thiase : cortège bachique.

Tholos : bâtiment circulaire.

Thymélé : autel du théâtre, au centre de l'orchestra.

Thyrse : bâton entouré de lierre et de pampre.

Trière : vaisseau de guerre à trois rangs de rames superposés.

Triglyphe : ornement de la frise dorique, en alternance avec les métopes, formé de trois cannelures ou glyphes.

Xoanon : sculpture très archaïque (dédalique) en bois, très proche du tronc d'arbre.

Xyste : piste ouverte d'un gymnase.

Petit lexique mythologique

Achille, fils de Thétis et de Pélée, roi des Myrmidons (peuple de Thessalie), l'un des plus fameux héros grecs de l'*Iliade*. On sait comment il tua Hector sous les murs de Troie et fut atteint, au talon, par une flèche empoisonnée que lui décocha Pâris.

Actéon, chasseur qui surprit Artémis (Diane) au bain. Il fut transformé en cerf par la déesse et dévoré par ses propres chiens.

Agamemnon, roi de Mycènes, chef des Grecs qui assiégèrent Troie. Il sacrifia sa fille, Iphigénie, pour apaiser la colère d'Artémis mais, à son retour, il fut assassiné dans son palais, à Mycènes, par sa femme Clytemnestre, et par Egisthe.

Aglaure, fille de Cécrops, prêtresse d'Athéna.

Ajax, fils de Télamon, valeureux guerrier grec qui, lors du siège de Troie, défendit, en compagnie d'Ulysse, le corps d'Achille. Pour prix de sa vaillance, il voulut recevoir les armes du héros mort mais, Ulysse lui ayant été préféré, il devint fou de dépit, et finit par se suicider.

Amazones (les), femmes guerrières qui auraient habité le Pont-Euxin (mer Noire). Thésée ayant enlevé l'une d'elles, Antiope, les Amazones envahirent la Grèce.

Amphiaraos, un des Sept Chefs devant Thèbes et célèbre devin, enseveli près de Thèbes par Zeus.

Amphitrite, épouse de Poséidon, reine des mers.

Amymone, fille de Danaos, roi d'Argos. Assaillie par un Satyre alors qu'elle dormait dans la campagne, elle fut secourue par Poséidon qui, pour elle, fit jaillir une source avec son trident.

Anchise, prince troyen qui fut sauvé par son fils, Enée, lors du sac de Troie. il mourut en Sicile pendant la migration d'Enée vers la terre de ses ancêtres.

Andromaque, femme d'Hector. Après la prise de Troie elle devint l'esclave du fils d'Achille, Néoptolème (Pyrrhus), qui l'épousa.

Antée, fils de Poséidon et de la Terre. Héraclès étouffa ce cruel géant qui terrorisait la Libye.

Antiope, sœur d'Hippolyte, la reine des Amazones. Elle épousa Thésée et lui donna un fils, Hippolyte (*V.* ce nom).

Antiope, fille de Nycteus, roi de Thèbes. Elle fut séduite par Zeus transformé en Satyre.

Aphrodite *(Vénus),* déesse de la beauté, mère de l'Amour. Elle est aussi la déesse de la fécondité. Son culte est originaire de Chypre.

Apollon, fils de Zeus et de Léto, naquit, selon la tradition, à Délos. Il tua le serpent Python et s'appropria l'oracle de Delphes.

Arès *(Mars),* fils de Zeus et d'Héra, dieu de la guerre; l'une des douze grandes divinités de l'Olympe.

Ariane, fille de Minos, aida Thésée à sortir du labyrinthe. Abandonnée par Thésée sur un rivage de l'île de Naxos, elle fut enlevée par Dionysos.

Artémis *(Diane),* fille de Zeus et de Léto, sœur jumelle d'Apollon. Selon la tradition homérique, elle naquit à Délos. Elle est surtout connue comme déesse de la chasse. Cette divinité qui résista à l'hymen, parfois en tuant ses soupirants, est aussi, paradoxalement, vénérée comme déesse de la fécondité. Chez les peuples égéens, elle est considérée comme la Potnia Thérôn, la dompteuse des animaux sauvages.

Asclépios *(Esculape)*, fils d'Apollon. Selon certaines traditions, il vint au monde près d'Epidaure. Il est le dieu guérisseur, le dieu médecin par excellence.

Atalante, fille d'un héros béotien ou arcadien. Elle fut vaincue à la course par Melanion et dut lui accorder sa main. Pour remporter la victoire, Mélanion eut recours au stratagème suivant : à trois reprises il laissa tomber une pomme d'or (don d'Aphrodite) que la jeune vierge s'empressait de ramasser.

Athéna *(Minerve)*, fille de Zeus, naquit tout armée du cerveau de son père. Elle était vénérée comme la déesse de la Beauté, des Arts et de la prudence guerrière. Elle était la protectrice d'Athènes.

Atlas, roi légendaire de Mauritanie qui passait pour soutenir la voûte du ciel sur ses épaules.

Autonoé, fille de Cadmos et mère du malheureux Actéon (*V.* ce nom).

Bellérophon, fils de Glaucos. Ce héros corinthien, monté sur Pégase, le cheval ailé, tua la Chimère.

Borée, dieu des vents du N.

Cassandre, fille de Priam, roi de Troie, elle fut enlevée par Agamemnon qui en fit son esclave. Clytemnestre la tua à Mycènes.

Cécrops, roi mythique d'Athènes qu'il aurait fondée sous le nom de Cécropia.

Centaures, hommes sauvages figurés comme des monstres moitié hommes, moitié chevaux. Ils habitaient entre les monts Pélion et Ossa, en Thessalie.

Céphalos, fils d'Hermès, jeune chasseur qui fut aimé d'Eos (l'Aurore) et enlevé par elle.

Cercyon, brigand éleusinien tué par Thésée près de Mégare.

Champs Elysées, ou Iles Bienheureuses, séjour des âmes vertueuses dans l'au-delà.

Charites *(Grâces)*, considérées par la plupart des mythographes antiques comme des filles de Zeus. Elles personnifiaient le charme uni à la beauté.

Charon, nocher infernal qui passait les âmes des morts sur l'Achéron moyennant une obole.

Chimère, monstre fabuleux, à tête de chèvre, corps de lion et queue de serpent, qui désolait la Lycie. Elle fut tuée par Bellérophon, monté sur Pégase.

Chiron, centaure à qui fut confiée l'éducation du jeune Achille.

Clytemnestre, épouse d'Agamemnon, roi de Mycènes. Lorsqu'il revint de la guerre de Troie, elle le tua, avec la complicité d'Egisthe.

Coré, fille de Déméter, enlevée par Hadès jusque dans son royaume des ténèbres où elle prit le nom de Perséphone. Sa réapparition sur terre, au printemps, symbolisait le renouveau de la nature.

Corybantes, serviteurs de Rhéa, la mère de Zeus. En dansant, ils frappaient leurs boucliers de leurs lances pour couvrir les pleurs de l'enfant-dieu Zeus afin de le soustraire à la fureur de son père, Cronos, qui voulait le dévorer.

Créüse, fille de Priam et d'Hécube, première épouse d'Enée; elle disparut pendant la nuit fatale qui vit la ruine de Troie.

Curètes, *V.* Corybantes.

Cybèle, déesse phrygienne identifiée par les Grecs avec Rhéa, personnification de la puissance de végétation de la nature.

Dédale, architecte et sculpteur, il construisit le labyrinthe où fut enfermé le Minotaure. Il passait pour être le créateur de la première statue animée et personnifiait ainsi l'éveil des divers arts plastiques.

Déméter *(Cérès)*, déesse de l'agriculture et de la fécondité, personnifie également la terre, tandis que sa fille, Perséphone-Coré, est la végétation qui y germe.

Diomède, fils d'Arès. Héraclès le fit dévorer par ses cavales auxquelles il donnait en pâture les étrangers naufragés sur les côtes de la Thrace.

Dionysos *(Bacchus)*, fils de Zeus et de Sémélé selon la tradition la plus populaire; dieu du vin et de l'ivresse.

Dioscures *(Castor* et *Pollux)*, fils de Zeus et de Léda ou de Tyndare et de Léda. Ce sont des dieux guerriers, souvent représentés à cheval, ou des divinités maritimes.

Eaque, l'un des trois assesseurs d'Hadès, le dieu des Enfers.

Egée, roi d'Athènes. Père de Thésée, il se jeta du haut de l'Acropole en croyant, à tort, que son fils avait été dévoré par le Minotaure.

Egisthe, aventurier de la famille des Atrides qui, après avoir séduit Clytemnestre, assassina Agamemnon, le mari de son amante. Il fut tué par Oreste, fils d'Agamemnon et de Clytemnestre.

Electre, fille d'Agamemnon et de Clytemnestre. Avec son frère, Oreste, elle vengea le meurtre de son père.

Enée, fils d'Anchise. L'un des plus valeureux guerriers troyens, il conduisit les Troyens qui avaient échappé au massacre jusque dans le Latium où ils firent souche.

Erechthée, héros athénien, fils de Pandion. Il triompha d'Eleusis et imposa l'hégémonie d'Athènes.

Erichthonios, fils d'Héphaïstos et de la Terre, protégé d'Athéna, considéré d'ordinaire comme le grand-père d'Erechthée.

Erinyes, filles de la Terre, elles pourchassaient les criminels pour les obliger à comparaître devant le tribunal d'Hadès. On les appelait ironiquement les *Euménides* (Bienveillantes) ou les *Semnai* (Vénérables).

Eros, fils d'Aphrodite selon la plupart des versions. Il était surtout vénéré comme le dieu de l'Amour.

Erymanthe (sanglier d') : Héraclès dut capturer vivant cet animal monstrueux qui semait l'épouvante en Arcadie.

Eurysthée, roi de Tirynthe qui imposa à Héraclès une suite de douze travaux.

Eurytion, centaure qui, invité aux noces de Pirithoos, se permit de tenter d'enlever l'épouse du roi des Lapithes. Cet incident fut à l'origine de la bataille des Lapithes et des Centaures.

Eurytos, célèbre archer qui enseigna à Héraclès le maniement de l'arc. Plus tard, le héros rivalisa avec succès contre son ancien maître.

Ganymède, prince troyen qui fut enlevé par Zeus transformé en aigle. Il fut transporté jusque sur l'Olympe où il devint l'échanson des dieux et acquit l'immortalité en se nourrissant de nectar et d'ambroisie.

Gé, déesse de la Terre, souvent associée à Thémis, sa fille, pour rendre des oracles. Elle enfanta Cronos, le père de Zeus.

Gorgones (les trois) : elles étaient trois sœurs *(Méduse, Euryale* et *Sthéno)* qui avaient le pouvoir de pétrifier tous ceux qui les regardaient. Méduse, la seule des trois qui fût mortelle, fut décapitée par Persée.

Hadès *(Pluton)*, fils de Cronos, à qui échut en partage le monde souterrain. Coiffé d'un casque qui le rendait invisible, il était le dieu des Enfers.

Hébé, fille de Zeus et d'Héra, personnification de l'éternelle jeunesse.

Hécate, déesse lunaire, est en particulier la gardienne des cités, des maisons et des carrefours; elle est aussi une divinité chthonienne et la gardienne de Cerbère.

Hector, le plus valeureux des chefs troyens, fils de Priam, le roi de Troie, et époux d'Andromaque. Il fut tué par Achille.

Hécube, épouse de Priam.

Hélène, épouse de Ménélas; elle fut séduite par Pâris qui l'emmena à Troie. Pour venger cet affront, les princes grecs se coalisèrent et assiégèrent Troie.

Hélios, le dieu Soleil. Identifié parfois avec Apollon, il semble qu'il s'agisse d'une divinité distincte.

Héphaïstos *(Vulcain)*, fils de Zeus et d'Héra, dieu du feu et de la métallurgie. Chassé de l'Olympe par sa mère, honteuse d'avoir mis au monde un enfant boiteux, il y revint plus tard et s'y construisit une étincelante demeure d'airain.

Héra *(Junon),* épouse de Zeus, déesse qui présidait aux unions légitimes.

Héraclès *(Hercule),* fils de Zeus et d'Alcmène, se distingua par sa taille et sa force extraordinaires. Contraint de se placer au service du roi de Tirynthe, Eurysthée, à la suite du meurtre de ses propres enfants, il s'illustra en accomplissant douze travaux qui sont restés légendaires.

Hermès *(Mercure),* l'un des douze grands dieux de l'Olympe. Il possédait des attributions très diverses et était notamment le dieu du Commerce et des Voleurs, de l'Eloquence, le messager des dieux, etc.

Hespérides, filles d'Atlas, qui veillaient sur un jardin dont les arbres produisaient des pommes d'or. Pour s'emparer de ces pommes d'or (onzième de ses travaux), Héraclès dut tuer le dragon à cent têtes qui gardait ce jardin.

Hestia *(Vesta),* déesse du foyer chargée de veiller au maintien des vertus familiales chez les femmes.

Hippolyte, reine des Amazones. Elle fut vaincue et tuée par Héraclès qui lui enleva sa ceinture (neuvième des travaux d'Héraclès).

Hippolyte, fils de Thésée et d'Antiope, né à Trézène. Aimé de Phèdre, sa belle-mère, il repoussa ses avances et celle-ci l'accusa d'avoir pour elle les sentiments qu'elle éprouvait. Thésée maudit l'enfant de l'Amazone et le fit tuer par Poseidon.

Hygieia *(Hygie),* fille d'Asclépios, déesse de la santé.

Hypnos, fils de l'Erèbe et de la Nuit, dieu protecteur du sommeil.

Iacchos, dieu éleusinien, considéré parfois comme le fils de Déméter, ou de Perséphone, ou encore comme l'époux de l'une ou de l'autre.

Icare, fils de Dédale (*V.* ce nom). Son père et lui, enfermés dans le labyrinthe, réussirent à s'en échapper en s'attachant, avec de la cire, des ailes aux épaules. Icare s'approcha trop près du soleil, la cire fondit et ses ailes se détachèrent. Le malheureux périt noyé dans une mer appelée depuis la mer Icarienne.

Iolé, fille d'Eurytos, roi d'Œchalie et célèbre archer, enlevée par Héraclès qui l'épousa.

Ion, fils de Xouthos, ancêtre mythique des Ioniens.

Iphigénie, fille d'Agamemnon et de Clytemnestre. Son père, chef des princes achéens coalisés contre Troie, la sacrifia à la déesse Artémis pour permettre le départ de la flotte grecque retenue à Aulis par l'absence de vent.

Iris, messagère des dieux de l'Olympe.

Kéléos, roi légendaire d'Eleusis qui accueillit Déméter à la recherche de sa fille, Coré, enlevée par Hadès.

Cérynée (biche de) : la capture de cet animal, consacré à Artémis, constitue le troisième des travaux d'Héraclès.

Lapithes, peuple de Thessalie dont le roi, Pirithoos, devint l'ami de Thésée. (*V.* Centaures).

Lerne (hydre de) : dragon à plusieurs têtes qui habitait le marais de Lerne, en Argolide. Héraclès réussit à le tuer (deuxième travail).

Marsyas, satyre qui, avec sa flûte, prétendait rivaliser avec Apollon, le dieu à la cithare. Les Muses l'ayant déclaré battu, Apollon l'attacha à un arbre et l'écorcha vif. On prétendait également qu'il avait été puni par Athéna pour avoir osé ramasser une flûte que la déesse avait jetée.

Médée, magicienne, fille d'Aiétès, roi de Colchide. Elle s'enfuit avec Jason, le chef des Argonautes, qui emporta avec lui la Toison d'Or.

Méduse, une des trois Gorgones, tuée par Persée.

Memnon, roi d'Ethiopie, fils de l'Aurore, venu au secours de Troie assiégée par les Grecs. Il y trouva la mort de la main d'Achille.

Ménades *(Bacchantes),* compagnes et suivantes de Dionysos.

Ménélas, roi de Sparte, frère d'Agamemnon. Son épouse, la belle Hélène, fut enlevée par Pâris. Il participa aux côtés d'Agamemnon, d'Achille et des autres princes achéens à la guerre de Troie pour venger cet affront.

Minos, roi légendaire de Crète, père de Phèdre. Il devint l'un des trois juges du tribunal de l'Enfer avec Eaque et Rhadamanthe.

Minotaure, monstre fabuleux, moitié homme moitié taureau, enfanté par Pasiphaé, la femme de Minos. Thésée le tua afin de délivrer Athènes du tribut en vies humaines imposé par Minos.

Mnémosyne, née d'Ouranos et de Gê, incarne la Mémoire qui assure le triomphe de l'esprit sur la matière; elle enfanta les neuf Muses, filles de Zeus.

Muses, filles de Zeus et de Mnémosyne; déesses, au nombre de neuf, qui, selon les Anciens, présidaient aux arts libéraux.

Némésis, déesse de la Justice et de la Vengeance.

Œdipe, héros malheureux de la légende thébaine. Abandonné par son père, Laïos, il fut élevé par le roi de Corinthe, Polybos. Sur le chemin de Thèbes à Delphes, il rencontra son père, qu'il ne connaissait pas, et le tua. Après avoir débarrassé la Béotie du Sphinx, il reçut pour prix de sa victoire la main de Jocaste et ainsi, à son insu, épousa sa mère. Horrifié, lorsqu'il eut appris la vérité, il s'arracha les yeux et se rendit à Colone, près d'Athènes, où les Euménides le firent disparaître.

Orphée, fils d'Œagre et de la muse Calliope. Après avoir participé à l'expédition des Argonautes, Orphée revint dans son pays natal, la Thrace, où il épousa la nymphe Eurydice. Bientôt, Eurydice mourut et Orphée descendit aux Enfers pour tenter d'émouvoir les divinités infernales par ses chants et les sons harmonieux de sa lyre. Il réussit à attendrir le roi des Ombres qui lui permit de ramener Eurydice au soleil à condition qu'il ne regardât pas en arrière avant d'avoir franchi les limites des Enfers. Ayant transgressé cette défense, il revit Eurydice pour la dernière fois. Pendant sept mois, il fit retentir de déchirants appels avec sa lyre, attirant les animaux sauvages qu'il charmait. Finalement, il fut déchiré par les femmes thraces.

Pallas, *V.* Athéna.

Pan, fils d'Hermès et de la nymphe Dryopé. Il vint au monde avec des cornes, des pieds et une queue de chèvre. Compagnon chéri de Dionysos, il courait en sautillant par monts et par vaux en jouant de la flûte pastorale (syrinx) qu'il avait inventée.

Pandion, fils de Cécrops, roi mythique d'Athènes.

Pandore, la première femme créée par Héphaïstos sur l'ordre de Zeus.

Pâris, fils du roi de Troie, Priam. Il séduisit et enleva Hélène, la femme de Ménélas, roi de Sparte, et attira le malheur sur sa patrie.

Patrocle, ami d'Achille. Il fut tué par Hector, ce qui poussa Achille à sortir de sa réserve et à combattre à nouveau les Troyens.

Pégase, cheval ailé qui naquit du sang de Méduse lorsque Persée lui eut tranché la tête. Il fut dompté par Bellérophon qui s'en servit pour aller tuer la Chimère.

Pirithoos, roi des Lapithes. Il devint l'ami de Thésée après avoir lutté avec lui en combat singulier. Le héros athénien l'aida à combattre les Centaures (*V.* ce nom).

Pélée, époux de Thétis et père d'Achille.

Persée, fils de Zeus et de Danaé. Jeté à la mer dans un coffre, il fut élevé par le roi de l'île de Sériphos. Il s'illustra en tuant Méduse, la plus terrible des trois Gorgones.

Perséphone. *V.* Coré.

Phaéton, fils d'Hélios, le soleil, et de l'océanide Clyméné. Il obtint de son père l'autorisation de conduire son char pendant un jour. Par inexpérience, il faillit embraser le monde entier. Zeus, irrité, le foudroya et le précipita dans l'eau de l'Eridan.

Phèdre, épouse de Thésée, belle-mère d'Hippolyte (*V.* ce nom).

Pluton, *V.* Hadès.

Polyphème, le plus célèbre des Cyclopes. Ulysse lui creva son œil unique pour ne pas être dévoré. Ulysse et ses compagnons s'échappèrent de l'antre du Cyclope, situé près de l'Etna, en s'attachant sous le ventre des béliers de Polyphème.

Poséidon, fils de Cronos, se partagea le monde avec ses frères Zeus et Hadès. A Poséidon échut la souveraineté sur la mer. Patron d'Eleusis, il se disputa avec Athéna pour la possession de l'Attique. Poséidon était également considéré comme l'Ebranleur de la Terre, celui qui, avec ses vagues, venait secouer et ébranler les continents. Son culte semble être originaire de la Thessalie.

Potnia, *V.* Artémis.

Priam, roi de Troie. Il périt au cours de la nuit fatale après l'introduction du cheval d'Epéios dans les murs de Troie.

Procruste, fameux brigand qui détroussait les voyageurs entre Athènes et Mégare. Il fut tué par Thésée.

Prométhée, génie du feu qui, avec du limon, créa le premier homme.

Rhadamanthe, l'un des trois juges du Tribunal des Enfers.

Styx, fleuve des Enfers.

Talos, neveu de Dédale qui, jaloux de la précocité de son talent d'inventeur et de sculpteur, le fit périr.

Thémis, déesse de la justice éternelle. Conseillère de Zeus, elle faisait régner la concorde dans l'Olympe et sur l'Univers.

Thésée, héros athénien, émule d'Héraclès. Comme lui, il accomplit des travaux qui le font apparaître comme un redresseur de torts. On lui accorde d'avoir réalisé le synœcisme, c'est-à-dire l'union de toutes les bourgades d'Attique.

Thétis, Néréide, épouse de Pélée et mère d'Achille. Afin de rendre son fils invulnérable, elle le plongea dans le Styx, en le tenant par le talon, et elle lui fit forger des armes par Héphaïstos.

Triptolème, fils de Kéléos, roi d'Eleusis. Déméter lui remit le premier grain de blé et l'initia à l'art de cultiver la terre.

Triton, fils de Poséidon et d'Amphitrite, devint le serviteur et le messager de ses parents. Il déchaînait l'élément liquide et engendra une foule de monstres.

Zeus *(Jupiter),* le maître des dieux de l'Olympe, né de Cronos et de Rhéa. Le ciel et la terre étaient soumis à son autorité.

La Grèce byzantine

par **Alain Ducellier**
Professeur d'histoire médiévale à l'Université de Toulouse-Le Mirail

Le temps est heureusement révolu où le touriste, même éduqué, allait s'extasier sur des ruines informes, mais antiques, à quelques pas d'une merveilleuse église byzantine qu'il n'honorait que d'un regard distrait. Le nombre et la perfection des monuments médiévaux de Grèce ont eu enfin raison de l'indifférence, voire du mépris dont tout ce qui est byzantin était naguère l'objet; peut-être doit-on aussi expliquer ce « retour à Byzance » par les efforts récents des spécialistes pour rendre accessible au public un millénaire d'histoire de la Grèce chrétienne, c'est-à-dire une période aussi longue que les antiquités hellénique et romaine réunies. Ce nouvel intérêt pour Byzance ne réjouira pas seulement l'historien, car il favorise aussi une vraie prise de contact avec l'homme grec d'aujourd'hui qui, dans son être profond, est et se sent beaucoup plus l'héritier de Byzance que d'Athènes. Connaître et aimer une civilisation qui a su inspirer à la Grèce la force de traverser quatre siècles d'occupation turque, et d'où procèdent ses traditions, sa littérature, sa langue même et sa sensibilité profonde, c'est le moins que puisse faire quiconque cherche en pays grec autre chose qu'un musée, fût-il le plus beau du monde.

La Grèce de Rome à Byzance

La résistance aux invasions. — La coupure entre l'Orient et l'Occident romains, de plus en plus nette au cours du IVe s., surtout après la fondation de Constantinople en 330, n'affecte en rien le statut de la Grèce, qui demeure **une province impériale parmi les autres.** Province du reste excentrique, partie intégrante de la préfecture d'*Illyricum,* elle abrite la capitale de cette dernière, **Thessalonique,** dont la position prééminente souligne bien le **glissement vers le nord du centre de gravité** administratif, économique et religieux **de la péninsule hellénique.** Que la Grèce ne soit qu'un élément sans privilège aucun de cette mosaïque de peuples qu'est l'Illyricum, la tentative faite par ***Justinien*** en 535, et d'ailleurs avortée, pour transférer la capitale de la préfecture à *Justiniana Prima,* près de Nis, actuellement en Yougoslavie, en est sans doute le symptôme le plus frappant. Pourtant, il serait faux de croire à une décadence profonde de la Grèce aux IVe et Ve s. : bien au contraire, les découvertes archéologiques prouvent que le pays connut alors une remarquable prospérité, même si, comme tous les Balkans du reste, il est entraîné depuis longtemps dans un lent processus de dépeuplement. Ces mêmes trouvailles permettent aussi d'affirmer, contrairement à ce que l'on croit d'ordinaire, que la Grèce a peu souffert, avant le VIe s., des invasions qui désolaient alors le reste de l'Empire. Certes, les razzias y furent nombreuses et souvent terrifiantes : après la mort de *Valens* sur le champ de bataille d'**Andrinople,** en 378, les Goths, après avoir pillé la Thrace et la Macédoine, firent subir le même sort à la Grèce; mais c'est bien plus au nord, entre le Danube et le Balkan *(Haemus),* que ***Théodose*** les installe en 382; après la mort du grand empereur, en 395, la conquête de la Thessalie et de l'Attique par *Alaric* n'est qu'un épisode sans lendemain, et l'on peut en dire autant, malgré d'affreux pillages, du raid lancé jusqu'aux Thermopyles, en 447, par les Huns d'*Attila.* Dernier épisode des invasions germaniques en Grèce, les expéditions des chefs goths *Théodoric Strabon* et *Théodoric l'Amale,* entre 473 et 480, n'ont guère plus d'importance : seule la Grèce septentrionale en est affectée, Larissa est prise, la périphérie de Philippes est incendiée, mais **Thessalonique résiste aux assauts des Barbares.** Au total, comme c'est d'ailleurs le cas de toute la *pars Orientis,* ces invasions souvent sanglantes ne se traduisent jamais par l'établissement de Barbares en Grèce dont elles ne semblent pas avoir gravement affecté la population ancienne : c'est, un peu moins peuplée mais encore remarquablement prospère, la même Grèce que l'on découvre, avant et après la période des invasions germaniques.

Au sein de l'Empire, **la Grèce des IVe-Ve s. n'a certes plus le prestige culturel ancien :** les écoles d'Alexandrie, d'Antioche, de Bérytos et maintenant de Constantinople lui font une rude concurrence. **Pourtant, l'école d'Athènes,** à la fois centre d'un culte païen des Muses et de Platon et principal lieu d'étude de la philosophie platonicienne, **connaît une grande floraison** au Ve s. : les élèves y affluent d'Egypte, de Syrie, d'Asie Mineure, et le plus grand philosophe néoplatonicien du temps, ***Proklos,*** y dispense son enseignement. Pourtant, les **progrès de la christianisation** en Grèce font de plus en plus de l'Ecole un milieu fermé sur lui-même et c'est sans difficulté que *Justinien,* en 529, confisque son temporel et fait interdire l'enseignement aux païens : les derniers philosophes dispersés, Athènes ne connaîtra plus, jusqu'au VIIe s., qu'un modeste enseignement de la grammaire et de la rhétorique.

Les arts. — Ces ultimes feux culturels correspondent aussi à une **réelle floraison artistique :** même si, en ce domaine, la Grèce ne fait guère qu'emprunter des formes dont l'origine est ailleurs, elle se révèle un remarquable creuset d'où sortent certaines des synthèses les plus viables. A partir du IVe s., le type, connu dans tout l'Empire, de **la basilique hellénistique,** encore nommée « constantinienne », **gagne la Grèce** mais, preuve supplémentaire que la partie vive en est bien le nord, il n'atteint guère l'Argolide : à ce type se rattachent les basiliques de **Néa Anchialos,** près de Volos, celles de **Nicopolis,** de **Corinthe,** d'**Epidaure.** Cependant, certains édifices de Macédoine présentent déjà des innovations : la « basilique A » de **Philippes** comporte un véritable transept et Saint-Démètre de **Thessalonique,** pure basilique hellénistique au Ve s., subit la même transformation au VIe. **Plus importante est encore l'adoption de la coupole; la Grèce** n'a certes jamais connu l'église à plan central venue d'Asie et dont les chefs-d'œuvre sont Saint-Vital de Ravenne et les Saints-Serge et Bacchus de Constantinople, mais elle **semble avoir été la première à combiner la coupole avec le vieux plan basilical :** au VIe s., tant à **Athènes** (basilique de l'Ilissos) qu'à **Philippes** (« basilique B »), une coupole est placée sur le sanctuaire. Pourtant, malgré d'importantes inventions techniques (à Philippes, la coupole est soutenue, au nord et au sud, par deux berceaux), ce n'est pas en Grèce que ce type sera mené à son achèvement : c'est l'idée de placer la coupole sur la nef qui, à Sainte-Sophie de Constantinople, permettra d'atteindre à une perfection du reste sans lendemain.

Quant à **la sculpture** et à **la mosaïque,** il est bien risqué d'y chercher des traits spécifiquement grecs : tout au plus peut-on dire que les rares mosaïques qui, à Saint-Démètre de Thessalonique, ont échappé à l'incendie de 1917, présentent, par rapport à celles de Ravenne ou de Parenzo, un caractère mystique plus oriental et une discrétion plus « hellénique » dans le coloris.

Invasions slaves et « siècles obscurs »

Une imprégnation par vagues successives. — La rupture que le reste de l'Europe avait connue aux IVe-Ve s., la Grèce la connaît au début du VIe, à la suite des invasions slaves, un des faits les plus décisifs de son histoire. Sous l'impulsion des Turcs bulgares, **une énorme masse de Slaves méridionaux,** Antes et Sklavènes, commence à déborder les frontières impériales dès la fin du Ve s. : en 517, ces Slaves **razzient la Macédoine et la Thessalie** et poussent même jusqu'aux Thermopyles. **En 540, une vague bulgaro-slave ravage la Macédoine** depuis la Chalcidique jusqu'à Thessalonique, avant d'aller menacer Constantinople, tandis qu'une autre pille la Grèce jusqu'à l'isthme de Corinthe : si l'on en croit les sources, cent mille prisonniers auraient alors été capturés par les barbares. Certes, Byzance réussit en gros à protéger la frontière du Danube, mais les déferlements, qui atteignent surtout la Thrace, la Macédoine et l'actuelle Bulgarie, n'épargnent pas toujours la Grèce propre : **en 559, le pays est encore pillé** jusqu'aux Thermopyles, et les choses s'aggravent après 560, lorsque les Sklavènes tombent sous la domination des Avars devenus maîtres, en 582, de la principale défense danubienne de l'Empire, *Sirmium* (*Mitrovica,* à 80 kilomètres à l'ouest de l'actuelle Belgrade).

L'âpreté des luttes que mène alors l'empereur *Maurice* contre les Perses l'empêchant d'intervenir utilement dans les Balkans, les Slaves les sillonnent désormais sans grande entrave : **en 597, Thessalonique est assiégée pour la première fois.** Certes, une paix est signée avec les Avars, sans doute en 599, mais, si elle contient ces derniers au-delà du Danube, elle ne peut empêcher la descente progressive des Sklavènes, masse inorganisée et incontrôlable, vers les rivages de l'Egée et vers la Grèce. Tandis que les Balkans du Nord sont peu à peu et définitivement slavisés, les campagnes grecques commencent à subir le même sort : **dès les débuts du VIIe s., Thessalonique émerge d'un pays largement slavisé** et doit constamment faire face aux coups de mains infructueux des barbares, encore inexperts dans l'art des sièges. Mais les Slaves progressent techniquement : sans doute vers 620, les *Miracula Sancti Demetrii* signalent qu'ils possèdent désormais des bateaux, ce qui leur permet, outre la Macédoine, l'Achaïe et l'Epire, de piller les îles jusqu'aux Cyclades; pourtant, ils échouent encore devant Thessalonique contre laquelle ils avaient lancé une attaque à la fois terrestre et maritime. Fait important, les Sklavènes se sont désormais affranchis de la domination des Avars, très affaiblis après leur échec de 626 devant Constantinople, ce qui leur rend toute liberté d'action : ils imbibent progressivement les pays grecs et lorsqu'on nous dit que *Constant II,* en 658, est parti en guerre contre les « pays slaves » *(sklaviniai)* et qu'il les a « soumis », cela prouve surtout qu'**il existe maintenant des régions grecques dont la population est devenue majoritairement slave** et que, moyennant leur « soumission », ces Slaves ont en fait acquis officiellement le droit de les habiter.

Il est malheureusement difficile de préciser l'extension géographique de l'occupation slave. Il est certain que la Macédoine, et surtout la région de Thessalonique, fut de loin la zone la plus slavisée : en 677, puis en 687-688, la ville fut à nouveau menacée, ce qui justifia deux expéditions victorieuses, l'une de *Constantin IV Pogonate,* l'autre de *Justinien II* que les sources considèrent tous deux comme les « vainqueurs des Slaves ». Mais il est bien significatif que, dans le récit de ces campagnes, il ne soit jamais question de la Grèce elle-même : la stratégie imposait de défendre Thessalonique, mais cependant les provinces grecques se slavisaient inexorablement, sauf peut-être les franges côtières, et surtout celle du sud-est. Encore ne faut-il certainement pas imaginer cette invasion comme une catastrophe sanglante : **l'avance slave en Grèce** est plutôt un lent mouvement de convexion, qui put s'accompagner de violences, mais qui **eut le mérite d'apporter un sang nouveau à une population raréfiée.** En tout cas, l'extrême abondance des toponymes slaves, particulièrement frappante en Péloponnèse, souligne l'importance de cette colonisation et laisse entendre que les nouveaux venus furent à l'origine de centres habités jusqu'alors inconnus. En général, cependant, les Slaves durent s'infiltrer aux côtés de la population ancienne dont beaucoup d'éléments restèrent sans doute en place : seul le massif du Taygète semble avoir été occupé par une population slave cohérente, les tribus des Mélinges et des lézérites, qui y subsisteront jusqu'à l'invasion ottomane. Il n'en reste pas moins que, encore au VIIIᵉ s., les sources considèrent la Grèce comme un pays slave : le *biographe de saint Willibald d'Eichstätt* (723-728) nous montre son héros abordant à Monemvasie, *in Slavinica terra,* et le témoignage de *Constantin Porphyrogénète,* valable pour le milieu du même siècle, laisse entrevoir un pays « entièrement slavisé et devenu barbare ». On ne s'étonnera donc pas de voir disparaître en Grèce, jusqu'à la fin du VIIIᵉ s., toute trace d'administration régulière.

La réaction impériale. — C'est alors que le gouvernement impérial réagit : en 783, le logothète *Stavrakios* attaque les Slaves dans la région de Thessalonique, puis en Grèce et jusqu'en Péloponnèse. Malgré un retour offensif des Slaves, qui fondent sur Patras en 805, **cette reprise en main s'accompagne de la création de nouvelles unités administratives.** Jusque-là, la Grèce ne comprenait qu'une seule province, le thème d'Hellade, sans doute créé entre 690 et 695, et il s'agissait d'une sorte de marche frontière où l'autorité impériale était, au mieux, théorique, et dont le ressort se limitait, du reste, à la seule Grèce centrale. Or, dès la fin du VIIIᵉ s., on voit apparaître successivement les thèmes de Macédoine et du Péloponnèse puis, au début du IXᵉ, celui de Céphalonie (îles Ioniennes), en attendant l'apparition, avant 850, de ceux de Thessalonique et de Dyrrachion. Même si l'élément slave reste encore très fort en Grèce, Byzance peut à nouveau y exercer régulièrement son influence administrative, économique et surtout culturelle. A ce dernier point de vue, en effet, il faut dire que **les invasions slaves ont fait de la Grèce une terre déserte mais non exempte de germes d'avenir** : au VIIIᵉ s. est construite **Sainte-Sophie de Thessalonique,** premier exemple du passage du plan basilical à la future église byzantine en croix grecque. Le retour à Byzance va montrer que **la Grèce,** ranimée par le sang slave mais non au point d'y avoir perdu son identité, **peut redevenir,** dans bien des domaines, **l'initiatrice du reste de l'Empire.**

La Grèce byzantine du IXᵉ au XIIIᵉ siècle

Un renouveau économique et artistique. — Nos sources font pourtant, aux IXᵉ-Xᵉ s., un assez morne tableau de la Grèce. **Les villes sont rares et petites** : Athènes, Corinthe, Monemvasie, Sparte, Patras ne sont que des bourgades; **la langue** grecque, qui a résisté aux Slaves, **s'est éparpillée en dialectes** hermétiques les uns aux autres : encore au XIIᵉ s., *Michel Chôniatès,* archevêque d'Athènes, est incompris de ses ouailles lorsqu'il entreprend de les sermonner dans la langue de la capitale. En outre, **la Grèce,** encore mal christianisée au VIᵉ s., **voit fleurir superstitions, magie,**

rites aberrants; dans certaines régions, comme la Crète, occupée par les Arabes de 827 à 961, le christianisme est même menacé de disparition : vers 965, *saint Nikôn le Métanoïte* mène de front la reconversion des Crétois et la conversion des Slaves péloponnésiens, souvent encore païens. **Cependant, la Grèce connaît alors un remarquable essor économique :** Thèbes, Corinthe, Sparte deviennent les capitales de l'huile et de la soie qui s'exportent vers tout l'Empire et que les Vénitiens viennent chercher dès la fin du XIe s.; de Dyrrachion où ils débarquent, **les Italiens sillonnent la Grèce du Nord,** par la Macédoine et Thessalonique, d'où ils gagnent Constantinople, tandis que, par Kastoria et Ioannina, ils atteignent Almyros, au sud de l'actuel Volos, et surtout Thèbes et Corinthe. De plus en plus, ils touchent aussi aux différents ports de la péninsule. Essor d'autant plus remarquable que la Grèce n'est pas à l'abri des assauts extérieurs : les Bulgares pénètrent jusqu'à Corinthe sous *Syméon,* en 918, puis sous *Samuel,* en 997, et même les Hongrois y opèrent des razzias; quant aux Arabes, ils viennent encore prendre et piller Thessalonique en 904. Pourtant, **c'est de l'ouest que vient maintenant la principale menace :** les attaques normandes de ***Robert Guiscard*** en 1081-1084, de ***Bohémond*** en 1108, ne touchent que l'Albanie et les confins de l'Epire, mais, **en 1147, *Roger II de Sicile* s'empare de Corfou** et vient se saisir, à Corinthe et à Thèbes, des ouvriers en soie qu'il transplante dans son royaume, portant ainsi un coup mortel à la principale industrie du pays. Enfin, **en 1185, *Guillaume II de Sicile* s'empare des îles Ioniennes et de Thessalonique,** soumise à un affreux pillage : battu et repoussé, il n'en garde pas moins Céphalonie et Zante que Byzance ne récupérera jamais.

La floraison des arts. — S'il n'est pas le seul, le facteur économique est important pour expliquer la floraison artistique que connaît alors **la Grèce.** C'est alors qu'en effet elle **constitue,** avec Constantinople, **une des deux sources principales de l'architecture byzantine.** Dès 874, l'humble église de **Skripou,** en Béotie, est déjà une esquisse de l'édifice classique en croix grecque, même si sa coupole, au lieu des futures colonnes, ne repose encore que sur l'angle des murs. Sans doute la technique de la coupole sur colonnes, accostée de quatre berceaux égaux, fut-elle définitivement mise au point à Constantinople, mais la Grèce, après l'avoir adoptée, ne se contenta pas de copier servilement. Alors que, dans la capitale, la coupole repose généralement sur quatre colonnes, **la Grèce préfère** le « plan simple », qui lui semble propre, avec **une coupole soutenue** seulement **par deux colonnes et les murs de l'abside :** telles sont les églises de **la Taxiarchos** à Athènes, de **Samari** et de **Gastouni,** en Péloponnèse. De même, si l'on excepte la Néa Moni de Chio, la Grèce continentale conserve les seuls exemples de grands édifices octogonaux dont la coupole, reposant sur quatre trompes d'angle, recouvre la largeur des trois absides : le chef-d'œuvre en est la grande église d'**Hosios Loukas** (XIe s.), mais ce type se retrouve à **Daphni** (fin du même siècle), à **Christianou** près de Kyparissia, à la **Panaghia Likodimou d'Athènes** (1144), enfin à **Sainte-Sophie de Monemvasie,** au début du XIIIe s.

Gardons-nous pourtant de croire que la Grèce échappait à l'influence constantinopolitaine : sans doute est-ce dans la capitale qu'il faut chercher les prototypes des églises sur trompes d'angle, en particulier à la Péribleptos, construite par *Romain III* (1028-1034) et aujourd'hui détruite. De même, **la Grèce a aussi vu se construire des églises** de type constantinopolitain, **à quatre colonnes** (plan « complexe ») : citons nombre d'églises d'Athènes (**Petite Métropole, Kapnikaréa, Panaghia Gorgoépiko, Kaisariani** sur l'Hymette), la plupart des sanctuaires d'Argolide (**Chonika, Merbaka, Haghia Moni** près de Nauplie), quelques édifices péloponnésiens (petite église d'**Hosios Loukas,** certaines églises du Magne comme **Karouda**). Au total, **la Grèce fait preuve, du IXe au XIIIe s.,** à la fois **de ses capacités d'adaptation et d'un esprit inventif** incontestable.

Dans les autres arts, l'individualité grecque est peut-être plus difficile à percevoir : comme le reste de l'Empire, à partir du IXe s., **la Grèce revêt ses églises du même programme iconographique** (Pantokratôr dans la coupole, Théotokos et scènes eucharistiques dans l'abside centrale, thèmes bibliques dans les absides secondaires, calendrier liturgique dans les nefs, vie de la Théotokos dans le narthex), **mais les tendances locales se font jour** dans les techniques d'exécution et **dans le sentiment général des œuvres :** si les **mosaïques de la Néa Moni de Chio** font preuve d' « orientalisme », celles **de Daphni,** sans doute les plus belles, marient une ferveur religieuse bien byzantine avec un retour au modelé antique dont il faut peut-être chercher la source en Grèce.

La Grèce franque

Vers la féodalité. — Cette floraison économique et culturelle ne doit pas cacher, en Grèce comme dans tout l'Empire, **une évolution sociale ancienne et inquiétante :** peu à peu, surtout à partir du Xe s., la propriété petite et moyenne, force vive de l'édifice byzantin, est grignotée par les « puissants » *(dynatoi)* qui se taillent d'importants domaines à ses dépens, malgré la constante protection légale que lui apportent les grands souverains de la dynastie de Macédoine (867-1056). En Grèce, province lointaine où le contrôle impérial se fait malaisément sentir, cette évolution a peut-être été plus rapide et plus profonde qu'ailleurs en sorte que, à la veille de l'invasion franque, vers la fin du XIIe s., **il existe de véritables seigneurs** qui se considèrent comme maîtres absolus sur leurs domaines : tels sont les ***Cantacuzènes*** en Messénie, les *Sgouroi* entre Corinthe et Nauplie. Ce n'est donc pas un hasard si **la Grèce,** et particulièrement le Péloponnèse qu'on va désormais nommer la Morée, **fut un terrain privilégié d'implan-**

tation pour le système féodal importé par les envahisseurs issus de la quatrième croisade. De cette crise, la Grèce sortait divisée en trois : au nord, **le royaume de Thessalonique,** attribué à ***Boniface de Montferrat,*** au centre, de grands fiefs dont le plus considérable est **le duché d'Athènes,** échu à ***Otton de la Roche,*** enfin **la Morée,** définitivement passée entre les mains de la famille des ***Villehardouin*** en 1209. Dès 1224, Thessalonique était reconquise par les Grecs d'Epire, mais Athènes et surtout la Morée franque (principauté d'Achaïe) ne furent libérées qu'à la veille de l'invasion turque.

S'il est vrai que les Francs ne furent jamais vraiment acceptés par la population grecque, la **principauté d'Achaïe** fut pourtant le plus viable et le plus intelligent des États latins d'Orient : les trois premiers *Villehardouin,* après avoir assez péniblement réduit leur résistance, menèrent une politique d'entente avec les seigneurs grecs (les *archontes*) qui, leurs privilèges généralement reconnus, finirent par tolérer l'installation des barons latins et de leurs vassaux; celle-ci porta tort aux petits et moyens seigneurs et, surtout, aux domaines de l'Eglise. **Quant au peuple,** que les Latins ne pressurèrent sans doute pas plus que l'ancienne administration byzantine, **il bénéficia souvent,** de la part des princes, **d'une politique de protection** contre les abus dont il souffrait traditionnellement. L'expression la meilleure de ce désir d'entente se trouve dans le recueil juridique des *Assises de Romanie,* beaucoup moins strict que celui des *Assises de Jérusalem* qui régissait les autres Etats latins et qui témoigne même d'une certaine contamination du droit féodal par des éléments juridiques byzantins; en même temps, **la haute société grecque se laissait aussi pénétrer par la mentalité féodale,** ce qui ne sera pas sans conséquence lors du retour au pouvoir byzantin. Tout cela n'empêche pas les Grecs de subir impatiemment le joug étranger et **c'est autour de l'Eglise orthodoxe,** dépossédée et théoriquement soumise à Rome, **que se cristallise la résistance** et se maintient le sentiment d'appartenance à une communauté culturelle menacée.

La reconquête byzantine. — C'est dans ce cadre que se situe la reconquête byzantine, œuvre des grands empereurs de Nicée, ***Jean III Vatatzès, Théodore II Laskaris, Michel VIII Paléologue.*** **Dès 1246,** avec la prise de Thessalonique, reconquise sur les Grecs d'Epire, **la Macédoine est à nouveau byzantine** et, en 1258, la bataille de Pélagonia, où Epirotes et Francs affrontèrent Michel VIII, est un triomphe pour ce dernier : **le prince d'Achaïe,** fait prisonnier, **doit céder à l'empereur, en 1261, quatre forteresses moréotes,** dont Mystra et Monemvasie, points de départ d'une patiente reconquête qui va durer presque deux siècles. C'est que Byzance n'avait pas seulement à lutter contre les Francs : **Venise,** avec ses possessions de Messénie, surtout Coron et Modon, **était, elle aussi, présente, de même que les Angevins de Naples,** alliés aux *Villehardouin* depuis 1267; à la mort du dernier prince, en 1278, la principauté passe même sous le pouvoir napolitain. Pourtant, tout compte fait, la disparition des Villehardouin fut plutôt favorable à Byzance : **l'anarchie féodale et le mécontentement général** provoqué par un pouvoir à la fois lointain et tracassier, bien affaibli du reste, après 1282, par le drame des Vêpres siciliennes, **facilitèrent grandement l'œuvre de reconquête.** Même **en Crète,** vénitienne depuis 1210, la grande révolte d'*Alexis Kalergis* dura vingt ans et ne s'éteignit qu'en 1229, non sans que **Venise,** qui y avait établi jusque-là un pouvoir colonial qui laissait les Grecs à peu près sans droits, **fût contrainte à ébaucher une politique plus libérale,** en attendant d'en venir, au XIVᵉ s., à un rapprochement de plus en plus net avec les hautes classes de la société hellénique, au risque de mécontenter ses propres feudataires qui iront jusqu'à se révolter contre elle en 1363. Cependant, en Grèce centrale, **le duché d'Athènes était tombé, en 1311,** sous les coups des *Almugavars,* routiers catalans qui sillonnaient l'Empire grec depuis dix ans : ils y fondèrent un duché qui ne disparut qu'en 1388.

Dans le domaine culturel, la Grèce franque ne fut pas une terre stérile. La *Chronique de Morée,* qui retrace son histoire d'une manière malheureusement incomplète, et qui nous est parvenue dans quatre versions, française, grecque, catalane et italienne, témoigne des débuts d'une synthèse, aussi bien linguistiquement que mentalement. **Quant à l'art, il reste fidèle aux principes byzantins :** on songera en particulier aux belles églises du XIIIᵉ s. que conserve le Magne, par exemple à **Platsa.** Dans les régions qui échappent au pouvoir latin, surtout **en Epire** et **en Acarnanie, il est même capable de remarquables renouvellements,** comme en témoigne la **Panaghia Parigoritissa** d'Arta. A tout cela se juxtapose un art latin importé dont les restes, comme la cathédrale d'Andreville *(Andravida)* ou le cloître de Daphni, pour émouvants qu'ils soient, ne doivent pas faire oublier qu'ils n'ont guère eu d'influence sur l'évolution de l'art grec. Il en va autrement des grandioses **forteresses franques** comme **Mystra, Caraintaine** (Karytaina), **Clermont** (Chloumoutsi), **Arkadia,** dont la technique inspira sans doute les constructeurs byzantins pendant et après la reconquête.

Le despotat grec de Morée. — Au début du XIVᵉ s., **Byzance remet la main sur l'Epire et sur la Thessalie** où s'éteignent les dynasties grecques locales qui s'y maintenaient depuis l'éclatement de l'Empire. Le plus important est pourtant, après 1308, la large délégation de pouvoirs que reçoivent de l'empereur des gouverneurs de Morée, membres de la dynastie régnante et maintenus à leur poste pour de longues années. D'où deux conséquences essentielles : une vigueur et des moyens accrus dans l'œuvre de reconquête et une **évolution progressive vers l'autonomie,** sans que soient jamais vraiment coupés les liens avec Constantinople. Ainsi se développe **le Despotat grec de Morée** dont les structures sont à peu près fixées sous le règne de ***Jean VI***

Cantacuzène (1341-1354) : les fils de l'empereur, les despotes *Manuel* et *Mathieu,* qui tiennent le pays jusqu'en 1382 et résident à Mystra, mènent une politique de remise en valeur en recolonisant les espaces désertés grâce à l'apport des nomades albanais, apparus en Epire et en Thessalie dès le début du XIVe s., tout en poursuivant activement la guerre contre les Francs et en repoussant les premières attaques turques. L'œuvre est reprise, en 1382, par le premier des despotes ***Paléologue,*** *Théodore Ier,* fils de l'empereur *Jean V,* mais au milieu de difficultés accrues. Certes, **la domination franque n'est plus qu'une ombre :** Athènes est passée des Catalans aux *Acciaiuoli* de Florence et les lambeaux de la principauté d'Achaïe sont aux mains d'une compagnie de routiers navarrais. Mais **les Ottomans,** déjà maîtres de presque toute l'Asie Mineure, **ont pris pied à Gallipoli dès 1354** et battent désormais les frontières grecques : à peine investi du Despotat, *Théodore* doit accepter la suzeraineté du sultan *Murad Ier* dont il utilise le dangereux appui contre les Latins. Car les Turcs n'hésitent pas à passer d'une alliance à l'autre au mieux de leurs intérêts : quand, en 1394, *Théodore* fait mine de s'emparer d'Athènes, à la mort du prince *Nerio Acciaiuoli,* le sultan *Bayezid Ier* passe aux Navarrais qui l'aident à envahir la Morée où, désormais, les Turcs sont maîtres de plusieurs places fortes. Quant à **Venise,** elle **profite de ces désordres** pour mettre la main sur Corfou en 1386, sur Argos et Nauplie en 1388, sur Athènes enfin en 1395. Quant aux autres îles Ioniennes, elles étaient tenues, depuis 1357, par la famille napolitaine des ***Tocco,*** comtes palatins de Céphalonie. Lorsque, en 1397, après s'être temporairement emparés d'Athènes, les Turcs lancent une incursion jusqu'au sud du Péloponnèse, on peut penser que le sort du despotat est scellé. Pourtant, l'écrasement de *Bayezid* par *Tamerlan* à la **bataille d'Ankara,** en 1402, va donner aux Grecs un dernier répit.

L'ébauche d'une Grèce ?

Entre Vénitiens et Turcs. — En 1415, l'empereur *Manuel II* vint soutenir son fils, le despote *Théodore II,* dans une ambitieuse œuvre de restauration intérieure : il s'agissait en effet de soumettre les turbulents archontes moréotes, trop habitués à une indépendance favorisée par le relâchement de l'autorité centrale et par l'appui toujours disponible des Latins, voire des Turcs. En outre, pour prévenir le retour prévisible de ces derniers, Manuel en profita pour faire élever, sur l'isthme de Corinthe, la muraille de l'**Hexamilion,** qu'appuyait la puissante citadelle de l'acrocorinthe. Cette remise en ordre permit au despote, dans les années suivantes, de déposséder presque entièrement le dernier prince d'Achaïe, *Centurione Zaccaria,* que seule Venise sauva du naufrage complet. Cependant, à la mort du sultan *Mehmet Ier,* en 1421, l'empire ottoman, longtemps troublé par des luttes fratricides, passait sous la poigne de fer de *Murad II* auquel Byzance avait commis l'erreur de préférer ses frères : après Constantinople, rudement assiégée en 1422, c'est **la Morée** qui, une fois l'Hexamilion démantelé, **subit les ravages de l'invasion turque;** la même année, **le despote *Andronic Paléologue,* gouverneur de Thessalonique, cède la ville à Venise** qui devra l'abandonner aux Turcs dès 1430. Et **malgré tout, la reconquête grecque se poursuit** : en 1428, les *Tocco* cèdent aux despotes leurs possessions de Morée, en 1430, *Constantin Dragasès* s'empare de Patras et enfin, en 1432, les derniers lambeaux de l'Achaïe franque tombent entre les mains des Grecs. **Si l'on excepte les possessions vénitiennes,** Coron, Modon, Argos et Nauplie, **toute la Morée reconnaissait,** pour la première fois depuis 1204, **l'autorité de souverains grecs. Mais les progrès turcs étaient irrémédiables** : en 1446, après avoir à nouveau franchi l'Hexamilion, *Murad II* faisait en Morée une terrible incursion, en ramenait soixante mille prisonniers et obligeait Mystra à lui payer tribut. Les choses empirent encore lorsque, en 1449, *Constantin Dragasès* quitte la Grèce pour devenir le dernier souverain de Byzance : dès lors, l'histoire de la Morée se résume aux luttes stériles de ses deux frères, les despotes *Démétrius* et *Thomas,* sous l'œil intéressé des Turcs, suzerains et arbitres. L'année où Byzance succombe, en 1453, la Morée est en outre le siège d'une grande révolte contre les despotes, dont les masses de manœuvre sont surtout albanaises, mais dont les chefs sont des archontes grecs, prêts à solliciter l'appui turc pour se libérer de l'autorité récemment rétablie. Cette désorganisation interne favorisa bien entendu **les derniers progrès des Turcs, maîtres d'Athènes dès 1456;** en 1458, sous prétexte d'un retard dans le paiement du tribut, ils annexent un tiers de la Morée et c'est à l'occasion d'une dernière guerre entre les deux despotes que *Mehmet le Conquérant* se décide à en finir : **Mystra tombe le 30 mai 1460** et, malgré une résistance souvent héroïque qui unit Grecs et Albanais, tout le pays, à l'exception de Monemvasie qui restera vénitienne jusqu'en 1540, est transformé en pachalik ottoman dès l'année suivante. *Thomas* s'était embarqué pour l'Italie, tandis que *Démétrius* devait mourir en captivité.

Un échec. — Les aspects brillants de la reconquête grecque, sous les grands despotes *Théodore I*er, *Théodore II* et *Constantin,* ne doivent pas cacher qu'il s'agissait d'une entreprise vouée à l'échec. Economiquement, **le pays est ruiné par deux siècles de guerres** et sa population est si faible que certaines contrées sont à peu près désertes. **L'appel aux Albanais,** pasteurs mais aussi agriculteurs, permit certes de remettre en valeur nombre de terres, surtout en Arcadie, en Messénie, en Argolide, en Achaïe, en Elide et jusqu'en Attique et en Eubée, mais l'appoint albanais, important aussi dans les rangs de l'armée, **ne pouvait suffire à combler les vides,** même si on estime, vers le milieu du XVe s., l'élément albanais à un tiers de la population totale, ce qui nous semble exagéré. En outre, les Albanais, peu disciplinés et peu concernés par les visées politiques de Mystra, jouèrent un rôle non négligeable, nous l'avons vu, dans les révoltes « féodales » qui sapèrent si bien les efforts des despotes.

Georges Gémiste Pléthon, le grand philosophe de Mystra, avait bien vu que la Morée ne serait viable qu'à condition qu'on y mît en œuvre une réforme radicale de l'économie tout en contraignant à l'obéissance une classe archontale toujours prête à trahir. Il **avait aussi senti la nécessité d'une véritable réforme des mentalités,** même si son idée du retour au paganisme antique comme moyen de cristalliser à nouveau le « patriotisme grec » doit être considérée comme parfaitement chimérique. Peut-être les despotes et les intellectuels eurent-ils vraiment la vision d'une nation grecque née des décombres de l'Empire, sans doute le peuple, réuni autour de sa religion et de ses ministres, est-il, plus que jamais, consciemment ou non, l'expression de ce qu'on peut nommer la communauté gréco-orthodoxe, mais force est de reconnaître que, faute de cadres sociaux et économiques capables de répercuter la volonté des maîtres et de se faire porteurs des aspirations populaires, **la Morée médiévale ne fut jamais une nation et ne fut que très peu un Etat.** A ce titre, il est risqué d'y voir l'esquisse de la future Grèce qui, du reste, devait naître au nord de l'isthme de Corinthe.

La dernière renaissance byzantine en Grèce

Mystra, capitale culturelle et artistique. — Et cependant, à travers ce déluge d'invasions, de révoltes et d'incohérences, la Grèce des XIVe et XVe s. fut le théâtre principal de la dernière grande renaissance culturelle et artistique du Moyen Age byzantin. Sous les despotes Paléologue, **Mystra devint** même **le point de ralliement des plus grands intellectuels du temps,** qui y trouvaient plus de sécurité et l'appui d'un gouvernement lettré qu'incarne surtout ***Constantin Dragasès :*** ainsi y fleurissent les historiens *Laonikos Chalkokondylis* et *Georges Sphrantzis,* et surtout le plus grand, peut-être le seul véritable philosophe byzantin, ***Pléthon.*** Curieux de tout, depuis l'économie et la politique jusqu'à la religion, il était bien placé pour faire revivre cet idéal de compétence universelle qui avait animé Platon; conscient du rôle qui revient au philosophe dans la cité, c'est un esprit si libre qu'il est prêt à abandonner jusqu'au christianisme, une fois qu'il s'est persuadé de son rôle dissolvant du corps social. Trop tard venu et souvent peu réaliste, le fait que Pléthon ait pu travailler et enseigner en toute quiétude à Mystra souligne bien en tout cas l'**esprit libéral et novateur** qui régnait alors dans la capitale du despotat, tandis que triomphait à Constantinople, avec son vieil ennemi *Georges Scholarios,* l'aristotélisme le plus desséché.

L'architecture. — Malgré l'adversité, l'art byzantin de Grèce, sans jamais perdre ses traditions, témoigne d'un **étonnant renou-**

veau aux XIVᵉ et XVᵉ s. Comme à Constantinople, **l'édifice classique** en croix grecque **tend de plus en plus à la verticalité** : les coupoles deviennent de plus en plus nombreuses, de plus en plus élancées, tandis que **la décoration** extérieure, jusque-là très simple et même austère, **cède à la polychromie et aux tentations du baroque** sculptural; telle est déjà, en 1312-1315, la charmante **église des Saints-Apôtres** de Thessalonique. Pourtant, après 1350 et jusqu'à sa submersion totale par les Turcs, **c'est** en Morée et surtout **à Mystra que se développe la dernière école architecturale grecque,** qui se caractérise par une liberté reconquise dans le choix des formes et des styles. On y construit encore des églises de type classique, comme la **Péribleptos** (vers 1350), mais, suivant un parti déjà adopté à la Parigoritissa d'Arta; **Saint-Démètre,** reconstruite vers 1310, est, au sol, une basilique traditionnelle à laquelle se surimpose, à la hauteur des tribunes, une construction sur croix grecque; et c'est le même plan qui prévaut à l'**Aphendiko,** église du monastère du Brontochion érigée en 1311, comme aussi à la **Pantanassa,** reconstruite en 1428 et dont l'élément le plus frappant est le campanile où se manifestent des influences gothiques et même, peut-être, islamiques. Au reste, ce **goût pour les plans complexes** n'est pas seulement moréote : au Mont-Athos, îlot relativement protégé, bien des églises, à la même époque, combinent la croix grecque et les éléments basilicaux, mais s'y répandent aussi les absides triconques tellement fréquentes dans les pays slaves orthodoxes : ce n'est pas un hasard si le plus remarquable de ces édifices est l'église du monastère serbe de **Chilandari.**

La peinture. — Elle est peut-être ce qui caractérise le mieux l'art byzantin finissant. Pour des raisons économiques, mais sans doute surtout parce que la fresque, plus plastique, correspondait mieux à l'expressionnisme d'un temps tourmenté, **la mosaïque disparaît** après l'exécution des chefs-d'œuvre de Kahrié-Djami à Constantinople, au début du XIVᵉ s. **Dès lors triomphe la fresque,** non sans que se heurtent des tendances divergentes. En gros, on peut dire que la peinture murale des XIVᵉ-XVᵉ s. est **dominée par deux écoles,** sans qu'il soit toujours ni aisé ni souhaitable de les distinguer rigoureusement. **L'école « macédonienne »,** qui **triomphe à l'Athos** et se manifeste jusqu'à Mystra, dans les plus anciennes peintures de la Métropole, au début du XIVᵉ s., substitue aux anciens panneaux bien délimités de longues « bandes dessinées » qui illustrent avec fraîcheur et quelque maladresse les principaux épisodes de l'Ecriture. **Mais à Mystra, c'est une école prétendue « crétoise » qui l'emporte :** expressionniste et pathétique, insistant sur les détails vécus et touchants et sur la dynamique des formes, elle use et abuse du clair-obscur, comme c'est le cas à la Péribleptos et surtout à la Pantanassa. C'est cette tendance qui, de Mystra, va gagner la Crète, l'Athos et les pays slaves jusqu'en Russie, **qu'elle se manifeste dans la fresque ou dans la peinture d'icône.** Cette suprématie incontestée porte d'ailleurs en elle les germes d'une stérilisation : devenue modèle intouchable, l'inventive école « crétoise » va désormais se répéter inlassablement tout au long de l'époque turque. On ne saurait pourtant oublier que c'est ce style qui inspira deux très grands peintres dont l'art a valeur universelle : le Russe *Andrei Roublov* et le Crétois *Doménikos Théotokopoulos,* le futur Greco.

La conquête turque va plonger la Grèce dans un sommeil apparent de quatre siècles : pendant cette longue période, il s'y créera peu de chose mais la plupart des traditions byzantines s'y conserveront, sous le signe d'un attachement farouche à l'orthodoxie. Peu à peu dégagées de leur aspect impérial, d'ailleurs déjà bien oublié dès le XVe s., ces traditions joueront un rôle considérable dans la future résurrection grecque dont la Grèce sera cette fois la terre d'élection; elles expliquent aussi pourquoi **tout ce qui est byzantin est senti par le peuple grec comme un patrimoine historique commun.**

La Grèce buissonnière

par **Jacques Lacarrière**

Longtemps sinueuse, presque lassante, la route débouche enfin après le col sur la grande vallée espérée. Juste en face, sur un versant dévoré de soleil, le village, inattendu par son ampleur et sa beauté, multicolore, éblouissant. J'arrête la voiture devant les premières maisons. Le temps d'ouvrir la porte, déjà les enfants m'entourent. Une femme qui, juste à côté, disposait sur les buissons de grands nuages de laine fraîchement lavée, s'arrête, toute surprise de voir un étranger. Partout, au long des rues pentues, parcourues dans une nuée bruissante de *pitsirikia* — de marmots —, femmes et hommes apparaissent sur les seuils, dévorant du regard ce visiteur venu de quelle planète? Et quand, un peu plus tard, au milieu de villageoises et villageois qui se sont arrêtés à ma vue, je demande : « Vous ne voyez donc jamais de touristes dans ce village? », ils me répondent : « Jamais! Que viendraient-ils faire par ici? Il n'y a rien à voir. »

Rien à voir? — Et cette vallée immense, étirée entre des montagnes rayées de sentes, de chemins conduisant à d'autres villages, cette plaine ocellée d'enclos, cette chapelle byzantine à peine distincte des pierres ocres du sol et décorée de fresques anciennes? Et puis, simplement, cette vie, ces gens, cet air traditionnel ce sentiment d'un lieu inconnu, découvert comme par effraction, en franchissant quelque faille du temps? Et tout cela, quand et où? Il y a tout juste quelques semaines, au mois d'octobre 1976, dans le Péloponnèse, à moins de quinze kilomètres d'Epidaure!

N'attendez pas, pourtant, que je vous dise le nom de ce village. Je le garderai secret, non pour m'en réserver l'usage, la jouissance égoïste, mais au contraire pour vous donner la chance et le bonheur de le découvrir par vous-même. Celui-ci ou n'importe lequel de ceux, tout aussi attachants, qui se cachent dans les montagnes ou dans les îles de la Grèce. Car c'est cela — et cela seul — qui compte : découvrir par soi-même ces lieux particuliers, ces enclos préservés du temps. Je pense même que c'est là **le but secret ou inconscient de tout voyage** qui se veut autre chose qu'un simple déplacement dans l'espace : **découvrir, au hasard d'une route, d'une carte, d'une quête inspirée, le lieu qui *vous* attend, *vous* et nul autre au monde.**

Encore faut-il, c'est évident, avoir du goût pour ces lieux-là. Encore faut-il aimer ces villages ou ces ports oubliés, écartés, négligés par les guides, sans histoire et parfois sans mémoire, mais où, d'une façon brusque, inexplicable, vous vous sentirez empli d'émerveillement et de bien-être, ou même du sentiment d'y avoir vécu autrefois. Encore faut-il, enfin, les découvrir et, pour tout dire, les mériter. De tels lieux sont toujours à l'écart (mais à l'écart de quoi, au juste, telle est la vraie question pour tout Hamlet voyageur) et ils exigent parfois pour être atteints et pour y demeurer de la patience, de l'effort et un certain détachement — ou même un détachement certain — à l'égard des contingences matérielles. Car, par nature et par définition, il est rare, il est même exclu que vous y trouviez un hôtel, voire une taverne, et il faudra (mais la contrainte, ici, devient souvent plaisir) se contenter de l'hospitalité traditionnelle de l'habitant. Mais aussi — même après l'inconfort d'une nuit passée à batailler contre des phalanges de moustiques et à s'habituer à la rugosité des draps en ces lits paysans — quelle merveille de voir le soleil se lever là, en cette vallée perdue, sur ces maisons multicolores, dans le chant des coqs, le cri des ânes, le bonjour d'un paysan partant pour son enclos! Une seule nuit suffira, ou un seul jour, ou même une seule heure, pour conserver de cet instant le sentiment d'avoir vraiment *été* en Grèce.

La voiture buissonnière. — Aujourd'hui, la voiture ne rencontre plus guère d'obstacles en parcourant un pays comme la Grèce. Partout, il y a des routes carrossables et même celles qui le sont moins restent praticables aux véhicules autres que des DS noires et présidentielles. Bien que passant depuis des années pour un marcheur helléniste et invétéré, je n'hésite pas à dire qu'**on peut *aussi* visiter la Grèce en voiture de façon tout à fait buissonnière.** Mais à une seule et impérieuse condition : que des deux — de vous ou de la voiture — ce soit *elle* qui soit votre esclave. Si j'ai bonne mémoire, l'automobile fut inventée pour être strictement au service de l'homme et non l'inverse, puisqu'il n'est dit nulle part dans la Bible, par exemple, que Dieu créa la voiture à son image. Sans prendre de risques inutiles — ce pays n'étant ni le Sahara ni le Tibet — on peut s'aventurer pratiquement partout, et je dirai qu'il existe une loi méconnue — et non encore théorisée — qui veut que plus une route en Grèce est difficile ou simplement mauvaise, plus on a des chances de trouver à son bout quelque surprise émerveillante. Beaucoup de sites écartés, ou simplement de villages et de plages éloignés, ne sont accessibles qu'ainsi, par l'entremise d'un véhicule à traction hippo ou auto-mobile.

Les taxis, si bon marché soient-ils, risquent d'être ruineux si vous leur faites traverser la moitié du Péloponnèse. Alors, à moins d'être un marcheur obstiné, vous n'aurez que votre voiture pour vous rendre, par exemple, d'Athènes à **Rhamnonte,** à **l'Amphiareion,** à **Vraona** (Brauron), **trois sites** antiques de l'Attique, moins célèbres que le cap Sounion ou que Marathon mais **qui, par leur isolement, ont justement conservé une atmosphère romantique et sauvage.** Ailleurs, dans tout le reste du pays, il existe maints sites buissonniers, au sens propre du terme puisqu'ils sont le plus souvent recouverts de buissons. Et qui valent la peine non d'un simple détour, mais d'un tour et parfois d'un retour. Et puis, il faut se dire qu'en Grèce, **les chemins menant vers un site sont souvent aussi passionnants, aussi enrichissants que le site lui-même.** Je veux dire qu'en dehors des grands lieux touristiques, beaucoup de sites archéologiques dits de second ou de troisième ordre (mais l'éclat des sites ne peut s'évaluer comme celui des étoiles lointaines, définies par des magnitudes et des grandeurs objectives, car certains peuvent vous parler bien mieux par leur silence, leur oubli ou leur isolement que dans le brouhaha fantôme des voix de Delphes ou d'Epidaure), ces sites de deuxième, troisième ou quatrième magnitude donc, sont toujours sis précisément à côté d'un village portant encore leur nom (comme Phlionte, Némée, Vraona, Stymphale...) où vous rencontrerez peut-être, dans l'unique café envahi par les mouches, un visage inoubliable de vieillard ou le sourire d'un enfant au crâne rasé qui vous fera sentir que nous sommes bien tous de la même planète, frères par cette faculté de pleurer, de sourire qui dut manquer indiscutablement à nos ancêtres dinosaures. Et vous saurez alors que ces quelques colonnes, couchées dans l'herbe haute d'une colline, emmaillottées d'ombellifères et de coquelicots, ces colonnes qui furent, en apparence et en principe, la seule raison de votre présence en ce lieu, vous saurez qu'en réalité elles vous ont mené vers ces visages, ce paysage, cette odeur, cette lumière d'un café de village, ou vers le sourire inoubliable d'un enfant. C'est cela — plus que tout autre souvenir archéologique — qui vous donnera le sentiment d'avoir été en Grèce. Non les colonnes qui, elles, restent de marbre et se ressemblent étrangement, d'une culture à l'autre, d'un marbre à l'autre et d'un désastre à l'autre.

Alors, oui, pour cela, pour tout cela qui est né ou qui est à naître, **faites plus qu'un détour, faites un détournement :** un détournement de colonnes, un détournement de site, un détournement de souvenirs. Vous étiez parti voir des stylobates, des architraves ou des métopes, des triglyphes et des frises (ou peut-être des larmiers, des mutules et des acrotères) et voici que vous avez rencontré... la Grèce, la vie et la vérité d'un visage, les heures de silence ou de bruit d'une ville, d'un quartier, d'un café, la chaleur d'une maison paysanne où l'on vous a offert du raisin ou un café dit maintenant *byzantin*. Peut-être même, si vous comprenez quelques mots de grec, rencontrerez-vous aussi toute la *métis*, toute l'intelligence et l'acuité d'un peuple à travers son langage. Je pense, en écrivant cela, à la visite que je fis, il y a une dizaine d'années, au site de Phlionte, près de Némée. Cette année-là, je préparais une traduction de Pausanias, un voyageur des temps plus qu'anciens, auteur d'une *Périégèse ou Description détaillée de la Grèce,* et je parcourais lentement le Péloponnèse à la recherche des sites oubliés qu'il décrivait. A Phlionte, je demande dans l'unique café du village où se trouvent les *archéa,* les antiquités (car c'est ainsi qu'on nomme en Grèce non les boutiques de brocanteurs, mais les lieux où se trouvent des ruines). « Là-bas, me dit un adolescent, en désignant une colline au loin. Mais vous savez, ce n'est pas la peine d'y aller. *Tipota den phénétai :* on ne voit plus rien. » Alors un vieux, assis dans l'ombre du café, apostropha vertement le garçon et lui cria : « Et si monsieur veut aller ne *rien* voir, pourquoi l'en empêches-tu? » Aujourd'hui, j'ai presque oublié les vestiges de Phlionte, mais je n'oublierai pas, je n'oublierai jamais, dans la bouche de ce vieillard, cette définition lumineuse de la liberté.

Les temples buissonniers. — Les chemins sont faits avant tout pour qu'on s'en écarte. Telles les étoiles pour les navigateurs, ils doivent nous guider, non nous contraindre, puisque même si l'on s'égare — surtout si l'on s'égare — on est assuré en Grèce de rencontrer un imprévu qui ne saurait jamais être tragique. Dans les voyages organisés, on n'aperçoit que rarement les habitants d'un pays, parfois même on ne les voit jamais. Pourtant, ce sont eux qui donnent son sens à tout voyage. Si pendant des années, j'ai pratiqué et tant aimé la Grèce buissonnière, c'est pour la simple, l'évidente raison que derrière chaque buisson j'ai toujours rencontré un Grec (ou une Grecque). Je crois seulement que si l'on a le temps et le désir de musarder en Grèce, il est bon d'avoir un itinéraire, j'entends par là **un itinéraire personnel,** intérieur, qui ensuite prendra la forme de paysages, de villages, de chemins, de villes, sur le terrain. Par exemple, dans le Péloponnèse, aller de châteaux francs en châteaux francs, ou de monastères en monastères, ou encore partir sur les traces d'Héraclès. Bien entendu, en l'occurrence, Héraclès ne sera qu'un prétexte, l'ombre qui guidera votre voyage. Qu'il ait ou non vécu, qu'il ait ou non accompli les travaux qu'on lui attribue, ne doit en aucun cas troubler votre sommeil. Mais en allant de Lerne à Némée, de Némée à Stymphale et de Stymphale vers les villages du mont Erymanthe, vous découvrirez **une Grèce inattendue,** riche de son présent et de tous ses siècles passés, vous découvrirez en même temps la Grèce antique, byzantine, celle de l'Indépendance et celle d'aujourd'hui. Et tant de choses qu'on ne peut rencontrer qu'ainsi, en voyageant soit à pied, soit en voiture, soit par l'entremise des transports locaux.

Mais n'allez pas sur l'Erymanthe pour y chasser le sanglier, ni à Stymphale pour y tirer le gibier d'eau! Si vous passez en ce dernier endroit, montez plutôt sur la minuscule acropole qui domine le lac, une acropole à l'herbe rase; montez-y tôt le matin ou tard le soir et là écoutez les pépiements, les chants, le brouhaha des oiseaux de Stymphale. A Némée, vous ne verrez que trois colonnes encore debout, mais, tout autour, des vignes et un paysage magnifique. Dans la plupart des livres, les sites antiques semblent être estimés selon le nombre de leurs colonnes encore intactes ou l'état reconstitué de leurs monuments. Mais il suffit d'avoir été une seule fois **en Grèce** pour sentir qu'en ce pays, **ce sont toujours les lieux qui parlent** et non le nombre des colonnes. Les reconstitutions de Cnossos ne nous font pas mieux voir le site qu'à Mycènes où rien n'est reconstitué. Je dirai même qu'elles le gênent, puisqu'elles en donnent l'image arbitraire qui fut celle d'*Arthur Evans*. On ne saurait estimer ni évaluer un site au nombre de ses vestiges (comme on le fait d'un hôtel par ses étoiles), mais à ce qu'il dégage d'unique ou d'évident : **la paix à Epidaure, le sang, les razzias à Mycènes, la réconciliation des hommes à Olympie, le vertige du non-humain à Delphes.** Mais sans vouloir le moins du monde médire de ces grands sites — ou plutôt de l'usage abusif que nous en faisons — il en est tant d'autres en Grèce qui valent le détour et même le détournement! Leur quête — à commencer par les routes ou les chemins qui y conduisent — vous mènerait dans ce pays si peu connu qu'on pourrait le nommer, en pastichant *Lewis Carroll,* le pays d'*Alice de l'autre côté des temples,* où les noms s'égrènent comme un sonore combologue : Amphiareïon, Vraona, Némée, Bassae, Rhamnonte, Trézène, Stymphale, Pérachora, Dodone, Sicyone, Trophonios, Erétrie, Pythagoreion, Thasos... Il ne saurait être question ici de tous les énumérer. Certains, comme Asiné (près de Nauplie), ne sont qu'une acropole d'herbes folles rehaussée de vestiges cyclopéens dominant un paysage de parasols et de pédalos. Un autre, comme **Trézène,** au milieu d'herbes tout aussi folles, détient encore le privilège d'être une gravure ancienne, une gravure de terre, d'herbes et de rocs, inscrite dans **l'un des plus sereins et des plus beaux paysages de la Grèce.** L'important, c'est que vous-même ayez envie de les connaître, de les traquer au sortir de ce long oubli, d'y retrouver ce qu'on pourrait appeler **la Grèce du silence.**

Les autobus buissonniers. — Ce qui, dans les voyages, empêche les touristes de rencontrer vraiment le pays qu'il visite, c'est justement tout ce qu'on fait pour eux. Hôtels, restaurants, clubs, villages de toile ou de bambou, navires de croisières, Pullman climatisés portent en eux ce paradoxe d'êtres utiles pour dormir, manger, se distraire et se déplacer, mais en même temps de vous isoler radicalement du pays qu'on prétend vous montrer.

Etre touriste il y a cinquante ans était encore une aventure qui contraignait le voyageur à vivre à l'indigène, faute de lieux prévus pour lui. D'où d'ailleurs le regain d'intérêt que l'on porte aujourd'hui à ces vieux récits, à ces voyages du siècle dernier, quand tout encore était vierge ou presque. Plus tard, dans quelques années ou quelques décennies, on parlera de cette époque héroïque comme de l'ère A.T. (avant le Tourisme) comme on dit tout naturellement avant ou après Jésus-Christ. Aujourd'hui, tout cela s'est volatilisé et chaque pays possède ce qu'on nomme son *infrastructure d'accueil.* Chaque voyageur qui confie à une agence sa personne et ses rêves ira donc se faire *infrastructurer* en Grèce. Soit. Cela signifie qu'elle passera son temps d'une quarantaine à l'autre, d'un lazaret à l'autre, je veux dire de l'univers aseptisé d'un village de toile (où jamais « l'indigène » ne pénètre) à la verrière climatisée d'un bus. Mais, pour tous ceux qui ne veulent pas se faire infrastructurer à la légère, je dis qu'il y a d'autres moyens de voir, de connaître la Grèce, d'y rencontrer des Grecs (ce qui me paraît être un des avantages d'être en Grèce) sans dépenser plus d'argent et même en en dépensant moins qu'avec les forfaits...

Je ne comprends toujours pas pourquoi les guides — et récemment encore le Guide Bleu lui-même n'échappait pas à la critique — traitent le touriste comme au temps de Flaubert, comme un riche désœuvré allant de villes thermales ou balnéaires en casinos et jetant à la rigueur au passage un œil blasé sur l'Acropole ou sur le Théseïon. Les hôtels indiqués dans les guides sont toujours les plus luxueux alors qu'il existe en Grèce des centaines d'hôtels *grecs* tout aussi confortables que les « blocs infrastructurés » pour touristes, et où l'on trouve même — si le désir s'en faisait sentir — des chambres à trois, quatre, cinq lits ou plus, selon une vieille habitude hôtelière en Grèce. Donc, donnez-vous la peine — guère effroyable — de les découvrir, puisqu'en dehors des avantages précités vous y aurez aussi celui d'y **rencontrer des Grecs** (ou alors des touristes voyageant comme vous, autrement dit des amis ou des compagnons potentiels). Cette remarque — ce conseil — on peut l'étendre à tous les domaines du voyage. Pourquoi un touriste devrait-il inéluctablement manger à part, dormir à part, prendre des cars et des bateaux à part, bref vivre à part de tout le reste d'un pays? Or donc, à ceux qui ne veulent bronzer ni idiot ni à part, je dirai : lâchez tout, oubliez les palaces, oubliez vos habitudes, votre cuisine, vos draps, vos oreillers français et vivez, voyagez, mangez, dormez et rêvez à la grecque! Même la plus modeste des tavernes a aujourd'hui, dans une écriture plus ou moins lisible il est vrai, des menus en deux ou trois langues. Les règlements intérieurs des hôtels sont eux aussi rédigés en trois langues juxtaposées, comme la pierre de Rosette que sut déchiffrer *Champollion*. Vous serez ainsi initié au mystère hiéroglyphique des prix d'hôtel, des notions de catégorie, plus complexes en Grèce qu'en tout autre pays. Et même sur les routes, les indications sont aujourd'hui en alphabet grec et latin, ce qui ôte tout *suspense* à vos déplacements. Ainsi, vous n'avez plus d'excuse pour ne pas, de temps à autre, oublier votre voiture si vous en avez une ou fausser compagnie à votre groupe et vous enfuir par quelque autobus local. Je n'aurai pas donné ce conseil à tout le monde il y a quinze ou vingt ans, vu l'état conjugué des routes et des autocars qui faisait de chaque voyage une petite, mais très éprouvante aventure. Mais aujourd'hui, tout est *normal* en Grèce, et sur le siège d'un autobus, le pont d'un bateau ou même dans le train (on oublie qu'il y a aussi des trains desservant jusqu'à des villages éloignés) vous serez immanquablement confronté à des Grecs. Car il est en Grèce une deuxième loi — non théorisée elle aussi : **il est mathématiquement impossible qu'un Grec ne lie pas connaissance avec vous si vous voyagez près de lui** dans un autocar ou un train. Cela aussi fait partie d'un voyage. Si vous allez de Corinthe à Kalavryta ou de Trikala à Jannina (Ioannina; je prends évidemment ces noms au hasard) dans un autobus grec, avec un chauffeur et des passagers grecs, vous ne serez plus, quoi qu'il arrive — et sans que pour autant il doive tomber dans un ravin — un touriste à part. Vous commencerez même à devenir, si vous savez répondre affablement à l'affabilité, une Grecque, un Grec, à part entière.

Botanique des buissons grecs. — Il ne saurait y avoir de Grèce buissonnière sans buissons. **Pour peu que l'on marche dans la campagne,** même aux portes d'Athènes et jusqu'au cœur des lieux les plus fréquentés, **on est enveloppé du printemps à l'automne de senteurs et d'effluves exhalées par les buissons grecs.** Parcourir la Grèce par le chemin des écoliers, c'est donc aller à l'école et au royaume des odeurs. Ces odeurs, et les buissons qui les exhalent, je voudrais en parler ici parce qu'elles font partie, comme l'accueil souriant d'un berger ou d'une paysanne, de ce qu'offre la Grèce au visiteur qui sait la parcourir.

Les **sites buissonniers** — ceux qui vous contraindront à laisser la voiture pour quelque temps ou quelques kilomètres — sont les mieux indiqués pour vous conduire au royaume des senteurs. Il n'est pas de colline sèche, en Grèce, pas de versants, de rochers, d'acropoles, de colonnes enfouies dans l'herbe qui ne soient entourés, enveloppés d'effluves aromatiques. Laissez traîner vos mains parmi ces herbes et ces buissons, cueillez-en, froissez-en les feuilles et les fleurs et vous respirerez des odeurs qui n'ont pas changé depuis les temps antiques. Car on oublie que ces substances résineuses, ces arômes par ailleurs si volatils ont le privilège unique, indéniable, de demeurer immuables. Ceux qui, il y a trois mille ans, parcouraient ce sentier où vous êtes, marchaient sur cette colline couturée de soleil, dans cette plaine aujourd'hui parsemée de cultures nouvelles, ont respiré exactement les mêmes odeurs que vous. Bien sûr, ces plantes, ces buissons ne sont pas propres à la Grèce et on les retrouve pratiquement tout autour de la Méditerranée. Seul un botaniste éprouvé pourra remarquer que telle ou telle variété de fenouil ou d'hysope est propre à ce coin du Parnasse, à ce flanc du Pindos. Mais oublions les botanistes, la botanique, et promenons-nous simplement à l'heure où les odeurs sont les plus fortes : juste après l'aube et juste avant le crépuscule car, contrairement à une idée très souvent répandue, les heures chaudes de la journée ne sont pas bonnes pour les odeurs; loin de les faire lever, elles les écrasent et elles les tuent. La première plante que vous remarquerez, celle qui parsème toutes les campagnes, les îles, les montagnes de Grèce, c'est le ***rigani,*** *l'origan,* buisson vivace surmonté de fleurs roses en bouquets que vous verrez s'épanouir de juillet à septembre. C'est alors, quand la floraison se termine, qu'il est cueilli et mis à sécher à l'ombre. Emietté, il deviendra **le condiment courant de la cuisine,** des salades aux grillades, au point d'être, pour le palais et les papilles, le signe même de la Grèce, en même temps que le vin résiné. Et puis, dans la campagne aussi mais surtout dans les cours des maisons et disposés en pots le long des murs, vous verrez celle qu'on nomme en grec ***vassiliko,*** *le basilic,* autrement dit la plante royale. Et, plus loin, le long des vieux murs ou parmi les broussailles, dans les lieux éventés, le ***diosmos,*** *la menthe poivrée,* le ***mélissochorto,*** *la citronnelle* et le ***marathron,*** *le fenouil.* Et surtout, parmi les buissons épineux, au milieu du fouillis odorant des *mélilots* et des *coronilles,* vous surprendrez l'odeur caractéristique de *la sauge,* ***faskomilia,*** cette plante aux feuilles veloutées, presque cotonneuses, aux fleurs blanches à trois lobes (qu'il ne faut pas confondre avec la sauge de chez nous, la sauge officinale, domestique, vendue dans les pharmacies et qui, elle, a des fleurs toutes bleues), sauge que tous les paysans vont ramasser à l'automne pour la sécher, en faire ces infusions qu'on vous offrira l'hiver dans les campagnes sous le nom de *tsaï tou vounou,* thé de la montagne. A la sauge, dans certaines régions, les paysans mélangent de l'*hysope* et du *ciste* dont les feuilles ressemblent tant à celles de la sauge (bien que ces deux plantes ne soient pas de la même famille) que les Grecs lui ont donné le nom de *sauge sauvage,* ***agriofaskomilia.*** Et au hasard de vos buissons et de votre odorat, vous rencontrerez bien sûr l'odeur douce-amère des *feuilles de figuier,* les bouffées pénétrantes du *myrte,* et celles plus discrètes du *thym sauvage,* le serpolet, qu'on nomme curieusement en grec *l'origan des boucs,* ***tragorigano.*** Ainsi, à travers sites, chemins, routes et jusque dans les lieux couramment visités (je me souviens d'avoir à Delphes ramassé des brassées de fenouil sur les gradins du stade antique), la Grèce vous apportera **ce cortège d'odeurs immémoriales qui est la nécessaire récompense des voyages au pays des buissons.**

Et bien sûr, selon la saison, vous ne pouvez pas, quand vous les aurez rencontrés une fois, oublier les asphodèles du printemps, le narthex et le smyrnium de l'été, les scilles et les cyclamens de l'automne. En tous lieux rocailleux, dès le mois de mars, les *asphodèles* tendent leurs petites fleurs blanches, tremblant au moindre vent, fragiles silhouettes qui pour les anciens Grecs parsemaient les prairies de l'Hadès. Et il est vrai qu'au cœur d'un rayon de soleil, elles donnent le sentiment d'une flamme vacillante, prête à s'éteindre au moindre vent. Le *narthex,* qu'on nomme aussi *férule,* est une grande, impressionnante ombellifère atteignant jusqu'à cinq mètres de hauteur et qui croît dans les lieux exposés au soleil, sur les terrains calcaires et même le long des vieux murs dans les villages abandonnés. Depuis les temps antiques, sa moelle séchée a servi d'amadou, car le feu peut couver et tenir longtemps dans son énorme tige. C'est elle, cette férule, que

Prométhée alla ravir aux dieux pour la transmettre aux hommes, leur enseigner non à faire mais à conserver le feu. Quant au *smyrnium,* c'est une plante plus petite, d'un mètre de haut environ, avec de grandes et belles ombelles jaunes qui se conservent longtemps, une fois sèches. J'en vis pour la première fois dans une maison paysanne où on l'avait posée près de l'iconostase, si élégante, si riche de forme avec ses feuilles parasols qu'ensuite je suis parti souvent à sa recherche. Mais la plus belle, celle que toujours j'ai préférée, c'est *la scille d'automne,* une grande jacinthe sauvage à tige grosse et lisse jaillissant d'un bulbe énorme et profondément enterré. Un jour, il me fallut plus d'une heure d'effort pour dégager cet oignon monstrueux, gros comme un ballon de football. Ses fleurs, disposées le long d'une grappe conique, s'ouvrent au fur et à mesure qu'elles croissent sur la hampe, des fleurs roses ou mauves, légères, tremblant, elles aussi, au moindre vent. Quant aux *cyclamens,* ces petites fleurs spiralées poussant entre les rochers, vous pourrez en voir sans même vous éloigner beaucoup d'Athènes, sur les flancs du Parnès sur la route de Thèbes, ou tout au long du chemin menant au monastère de Kaisariani, dans la banlieue sud de la ville. Ainsi embaument, ainsi fleurissent les buissons et les rochers grecs.

Des poissons buissonniers. — Je me demande pourquoi le tourisme recherche toujours dans un pays l'unique, l'exceptionnel et le spectaculaire. Bien sûr, si l'on veut *faire* la Grèce (selon la courante et absurde expression des voyageurs dont beaucoup, loin de *faire* un pays, contribueraient plutôt à le défaire), si l'on veut faire ou défaire l'Attique, le Péloponnèse ou les îles, il faut avoir fait l'Acropole, Mycènes, Olympie ou Délos. Mais au-delà de ces grands lieux, de ces hauts lieux, au-delà des sites buissonniers et des ruines perdues, au-delà même des petites chapelles byzantines qui vous offrent, avec leur pénombre, l'odeur des fleurs séchées près de l'iconostase, de l'huile grésillante des veilleuses, de l'encens qui depuis des générations a imprégné icônes, fresques et murs, au-delà de ces merveilles monumentales ou de ces beautés discrètes, **il y a aussi le présent qui, en Grèce, est imbriqué dans le passé comme trame et chaîne d'un tissu,** un présent manifeste et intense. Je ne veux pas dire par là — ce qui serait le comble du snobisme — que tout voyage en Grèce doit ignorer délibérément l'Acropole pour ne s'intéresser qu'aux raffineries *Esso Pappas* ou négliger Delphes pour visiter les mines de bauxite du mont voisin Lidorikon. Je veux dire simplement qu'**on peut aussi** — qu'on doit aussi — **regarder les Grecs d'aujourd'hui autant que les bustes aux yeux morts des musées.** Je dis que la Grèce n'est pas une terre morte il y a deux mille ans ni un pays-musée dont les actuels habitants seraient les gardiens désœuvrés, mais un pays qui depuis ces vingt siècles a continué de vivre et d'exister, qui s'est peu à peu modelé un visage bien à lui malgré tous les étrangers qui n'ont cessé de l'occuper, des Romains aux Anglais en passant par les Vénitiens, les Génois, les Turcs et les Russes.

Et pour ce faire, même si vous êtes ou vous croyez pressé, même si vous êtes emporté dans le tourbillon d'un groupe organisé, trouvez, prenez, volez, arrachez le temps nécessaire afin de mieux le perdre — c'est-à-dire le gagner. Vous en apprendrez plus en restant une heure ou deux à la terrasse d'un café, dans une île par exemple, qu'en écoutant de doctes discours. Car aucun guide ne vous dira, ne vous montrera l'essentiel. L'essentiel en Grèce, c'est **cet éphémère quotidien qui** par de simples gestes, bruits, cris, comportements, **exprime tout un pays.** Là, à côté de l'eau, un pêcheur remaille son filet, étiré entre son orteil et sa main. Un autre lave le pont de son caïque, ce bateau caboteur (et presque cabotin lorsque son propriétaire le pare de couleurs vives, criardes ou insolentes, et d'inscriptions propitiatoires) dont le diesel deux temps ponctue les ports et les mers de l'Egée comme les psaumes une église byzantine. Un troisième, là-bas, bat méthodiquement, obstinément un poulpe qu'il vient de pêcher en le frappant contre la jetée, pour briser le derme de l'animal (retenez bien son nom : c'est le plus grand délice des mers grecques, qu'on le prépare bouilli avec son encre ou sur la braise : ***oktapodi*** ou ***oktapodaki,*** ce qui veut dire petit poulpe). Ce sont là les bruits, les cadences familières d'un port : le floc, flac, flouc! des poulpes qu'on abat, le deux temps somnolent d'un caïque au repos, le hennissement d'un mulet chargé de paille, le cri suraigu d'une mère appelant sa fille ou son fils caché dans les ruelles du port et, frère dans l'ultrason, le piaulement des mouettes à la recherche des poissons dans l'eau. Et puisque nous sommes présentement près de la mer à regarder s'agiter (sans trop de fièvre d'ailleurs) les habitants du port, allons plus loin, embarquons-nous, quittons même la mer ou du moins sa surface pour aller rencontrer ces autres habitants importants de la Grèce : les poissons.

Depuis des années, j'ai remarqué, entre pêcheurs grecs et étrangers passionnés de pêche sur ou sous-marine, de byzantins dialogues à propos du nom des poissons. Or, il faut bien se dire que les mers grecques — comme les collines ou les montagnes pour la flore — ne recèlent aucune faune spécifique ou particulièrement rare, à part quelques spécimens que, là encore, nous laisserons à la sagacité des ichtyologues, mot grec bien entendu, qui désigne les spécialistes des poissons. Par contre, on y rencontre une foule d'indigènes à nageoire qui feront le régal des soirées passées sur la plage à les griller ou à les cuire selon d'autres recettes plus complexes. Ayant moi-même souvent nagé sous les eaux grecques — pour admirer ces poissons, les suivre dans leur nage et leurs ébats, non pour les tuer, je tiens à bien le préciser — j'ai fini par m'enquérir *scientifiquement* de tous ces noms, en dresser une liste, en trouver les équivalents en français dont je vous propose ici, puisque aucun livre ne le fait jamais, un très bref glossaire, j'allais dire un bref bréviaire, tant la mer grecque est pour moi comme un hymne à la lumière. D'abord, les premiers poissons que l'on voit en troupes nombreuses, étincelantes, capricieuses, ce sont les ***salpès*** *(les saupes)* au corps plat rayé de bandes jaunes et leurs frères plus gros — et vraiment délicieux — les ***sargoi*** (*les sars,* reconnaissables aux deux bandes noires qui cerclent la tête et la queue). Plus bas, sur le sable, on peut surprendre une ***glossa,*** une *sole* que le Grec appelle une « langue », ou une ***skyliorhinos,*** littéralement un « nez de chien », c'est-à-dire une *roussette,* petit squale à la peau parsemée de taches de rousseur. Dans les zones littorales où le soleil joue avec les algues, où la mer étincelle de mille brisures d'argent, on verra la ***koris,*** *la girelle* multicolore; le ***govios,*** *la gobie ;* les ***maridès,*** *les mendoles* qui constituent la friture de mer par excellence. Un peu plus bas, quand les eaux se teintent d'indigo, d'outremer, peut-être apercevra-t-on l'un des meilleurs poissons des mers grecques, la grande *aiguille de mer* dite *orphie* et en grec ***zargana;*** l'ombre rapide du ***képhalos,*** *le muge* ou *mulet ;* celle du ***lavraki,*** *le bar* ou *loup ;* ou celle, plus sombre, du ***mélanouri,*** littéralement le « queue noire », *la blade.* Dans la gamme des poissons courants de couleur rouge, il y a surtout le ***barbouni,*** *le surmulet* (et non le rouget comme on le croit toujours), et le ***koutsomoura,*** *le rouget* qu'on surnomme en grec le « camus ». Parmi les noms qui vous seront familiers, pour peu que vous fréquentiez les marchés aux poissons ou les pêcheurs au moment du retour au port, vous entendrez ceux du ***lithrini,*** *le pageau ;* du ***rofos,*** *le mérou ;* du ***scorpios,*** *la rascasse ;* du ***palamida,*** *la bonite ;* du ***synagrida,*** *le denti ;* de la ***tsipoura,*** *la daurade.* Je ne saurais ici énumérer, tel Jonas, tous les poissons que l'on croise dans les eaux grecques ou que l'on voit sur les marchés. Mais ce petit glossaire me paraît suffisant pour que désormais vous sachiez au moins, en grec et en français, le nom du prochain poisson que vous dégusterez.

L'hospitalité buissonnière. — Si la Grèce ancienne a mille choses à nous montrer, à nous apprendre, on se demande souvent ce que la Grèce moderne peut offrir à l'étranger, offrir précisément en dehors de ses ruines. Eh bien, je dirai qu'elle nous offre quelque chose de plus précieux que ses colonnes et que ses temples, que le message des voix qui se sont tues et même que ses paysages et ses sites encore si « parlants ». Elle nous offre par son peuple une façon d'être, de sentir, d'accueillir, de recevoir, de rencontrer que nous avons perdue depuis longtemps en France, si tant est que jamais nous l'ayons possédée. Même aujourd'hui où l'infrastructure touristique a changé, modernisé considérablement un pays qui jusqu'à ce jour n'avait guère à offrir que son soleil, sa mer, sa pauvreté, ses routes défoncées, ses autobus brinquebalants et ses navires exsangues (rassurez-vous, tout cela appartient désormais au passé), même aujourd'hui **la Grèce a encore le goût de l'étranger, de l'accueil spontané, de l'hospitalité désintéressée,** le plaisir de recevoir, d'échanger quelques mots en n'importe quel volapuk ou sabir, pour peu que vous-même soyez prêt aux rencontres. Mais pour cela, il faut cesser de se

comporter en touriste, cesser de se sentir étranger sur une terre où, depuis l'origine, cet étranger est roi.
Il ne s'agit pas de jouer à être grec (je ne m'y suis jamais hasardé en vingt années de Grèce, même en parlant la langue couramment, car je n'aurais pas fait très longtemps illusion) mais d'**accepter simplement le hasard des rencontres,** l'accueil qu'on vous propose pour peu que vous vous évadiez des grandes routes, que vous quittiez les lieux trop fréquentés (où le touriste est un client plus qu'un ami), que vous flâniez dans un village, que vous fassiez preuve d'intérêt ou de curiosité pour autre chose que du marbre.

Alors, vous entrerez dans un monde modeste et simple où dans une pièce parfois de « mauvais » goût, aux murs décorés de gravures sirupeuses, aux meubles recouverts de dentelle, l'on vous apportera le tribut qu'on offre au visiteur : un café byzantin (puisque c'est ainsi, par un absurde chauvinisme, qu'on le nomme désormais en Grèce), un *glyko tou coutaliou,* une « friandise à la cuiller », accompagnée d'un verre de liqueur, d'ouzo ou de raki. Et les questions viendront aux lèvres de votre hôte : votre pays, vos enfants, votre métier, votre voyage, aimez-vous la Grèce, aimez-vous ce village.... qui ne sont pas pure curiosité ou questionnaire routinier, mais une façon de mieux vous connaître ou de mieux vous comprendre. **De tout temps, le Grec a voyagé,** plus que tous les touristes du monde. Ulysse, Jason et bien d'autres parcouraient les mers et les terres, découvraient des îles merveilleuses, des peuples légendaires, déchiffraient les mystères de la planète alors que nos ancêtres les Gaulois — dont nous sommes bizarrement si fiers — s'entassaient dans des huttes enfumées, passant leur vie à batailler contre les Gaulois de l'autre clairière ou de l'autre forêt. En matière de voyage, nous n'avons rien à dire ni à apprendre aux Grecs, si ce n'est que nous voyageons pour notre plaisir alors qu'eux ont dû le faire par contrainte ou par nécessité. Pour trouver du travail, échapper à la misère ou fuir ces dictateurs qui depuis cinquante ans ont mis ce pays à feu, à sang et à déportation. Le voyage est blessure, arrachement, déchirement pour le Grec, alors que pour nous, il est plaisir, délassement, évasion. Entre ces deux voyages, ces deux départs, la rencontre peut-elle se faire? Comprenons-nous que lorsque nous entrons dans une maison paysanne ou dans la cour d'une maison des îles — décorée de pots de basilic, de fleurs qu'on arrose chaque jour comme un défi à la sécheresse —, nous rencontrons non pas les habitants du lieu mais seulement ceux qui sont restés, qui n'ont pu ou voulu partir, la part sédentaire d'une Grèce dont la vie et l'histoire s'est inscrite et s'inscrit toujours sur toutes les mers du globe et dans les usines d'Europe, d'Australie et des Etats-Unis? Vous verrez immanquablement quelque part, sur le buffet, près du lit ou de l'iconostase, la photo du fils, du frère ou du mari absent, depuis des années quelquefois. Alors, après ces brèves mais chaleureuses rencontres, il se peut qu'en vous quelque chose soit un peu différent : un souvenir plus fort que les souvenirs habituels, une amitié naissante. Il se peut qu'une part de vous demeure en ce pays où l'on sait encore parler, rencontrer, accueillir, là où la Grèce reste la Grèce, c'est-à-dire dans tout ce qui vous y attend, hors des sites et hors des palaces.

Musées, papilles et palais. — Je ne saurais médire de l'archéologie puisque sans elle il n'y aurait jamais eu de sites ni même d'antiquités en Grèce. En exhumant du sol, des collines qui les recouvraient, les vestiges de Cnossos, de Mycènes, de Delphes et de tant d'autres lieux, les archéologues ont fait plus que de restituer à la Grèce son passé, ils lui ont littéralement donné un avenir, puisque désormais ils font partie intégrante de l'histoire et de la culture touristiques. Mais de même qu'on se contente de ne visiter que certains d'entre eux et que tant d'autres sont toujours délaissés, de même on ne visite en Grèce que les grands musées nationaux, sans chercher à découvrir tous ceux qui se cachent dans toutes les villes de Grèce. Au cours d'un récent séjour à Nauplie, j'ai découvert (je dis bien *découvert,* car j'eus le plus grand mal à le trouver, les habitants eux-mêmes ne le connaissant qu'imparfaitement) un magnifique musée d'ethnographie et de traditions populaires pratiquement ignoré. Ces **musées locaux et folkloriques** sont presque toujours constitués par les dons d'un collectionneur qui, sa vie durant, a réuni des documents sur la Grèce traditionnelle : costumes, outils, bijoux, armes... Or, par rapport aux musées archéologiques, ils ont l'avantage de présenter à chaque fois une image différente et renouvelée de la Grèce, puisqu'ils se limitent aux travaux, aux traditions de chaque province. Malheureusement, ils sont pour la plupart méconnus et quasi ignorés. Si, dans n'importe quelle ville grecque, vous demandez à un passant ou à quelque vieillard somnolent au soleil où se trouve le musée, le *mouseïon,* il vous enverra immanquablement au musée archéologique. Quand il y en a un autre — tels ceux dont je viens de parler — n'oubliez pas de préciser le musée, le *mouseïon laografiko,* c'est-à-dire folklorique, ethnographique. Vous éviterez ainsi de longs moments d'errance ou d'agacement, bien qu'errer, voire se perdre dans une ville grecque n'ait rien d'ennuyeux ou d'apocalyptique (rappelez-vous la loi, bréviaire de tout voyageur véritable, qui veut qu'**on ne découvre l'insoupçonné qu'en se perdant et non en le cherchant**). Donc, perdez-vous, même s'il n'y a pas de musée caché à découvrir, égarez-vous, car ainsi, pour une heure ou un jour, vous échapperez enfin aux restaurants de luxe et à ceux des palaces.

Voyager, ce n'est pas seulement essayer d'oublier ses habitudes de vie ou de climat, c'est aussi pour un temps modifier la routine des papilles et du palais, lui faire connaître des senteurs et des saveurs nouvelles. **La nourriture d'un pays, c'est le pays lui-même qui s'offre à la dégustation.** Alors, en Grèce, forgez-vous cette maxime simple : *un palais digne de ce nom ne peut se contenter de* *la nourriture « infrastructurée » des palaces.* Il doit essayer la cuisine locale, coutumière, traditionnelle, celle que mangent les Grecs et que vous retrouverez — relativement fidèle — dans les trois lieux où vous pourrez vous restaurer : l'***estiatorion*, le restaurant,** la ***taverna*, la taverne,** et la ***psitaria*, la rôtisserie.** Etablir et définir exactement ce qui lie et ce qui sépare ces trois sortes d'établissements exigerait une thèse de troisième cycle du genre : *linguistique et gastronomie en Grèce dans la seconde moitié du vingtième siècle.* Pour ma part, j'essaierai ce début de thèse à partir des considérations suivantes (dictées tout de même par une longue pratique), qui me paraissent aussi essentielles, sinon plus, que la différence tant de fois rappelée... par les guides, entre un *pronaos* et un *opisthodome* lorsqu'on visite un temple antique. L'*estiatorion*, qu'on traduit improprement par restaurant bien qu'on puisse aussi se restaurer dans les tavernes et les rôtisseries, est d'abord un admirable fossile linguistique : il commence par le mot *estia* qui était, dans la Grèce antique, le nom de la déesse du Foyer ! En fait, tout ce qu'on imagine, tout ce qu'on attend de ce terme *foyer*, on le trouverait plutôt dans les tavernes que dans les *estiatoria.* Ces derniers ont un caractère plus sévère et sont souvent plus chers que les tavernes de quartier. On y mange la même nourriture, chaude à point si l'on vient entre 11 heures du matin et deux heures, puis de plus en plus tiède et froide à mesure que les heures passent, car la plupart du temps (c'est un des avantages de la Grèce) ces établissements restent ouverts longtemps dans la journée. Mais en Grèce, les notions de chaud et de froid appliquées aux repas ne sont pas les mêmes qu'en France, vous l'apprendrez très vite. Aussi, sachez d'emblée dire le mot *zesto,* chaud, ou *na zestānété,* réchauffez, si vous voulez manger en dehors des heures courantes d'ouverture. Un détail également : vous ne trouverez dans les *estiatoria* que du vin en bouteille alors que dans les tavernes on trouve aussi du vin en fût — d'énormes tonneaux qui occupent une partie de la salle — où vous pourrez goûter **le vin résiné** local, vin qu'il faudra aimer si vous voulez que les Grecs vous aiment, et que vous aimerez fatalement si vous aimez la Grèce : il ne saurait y avoir de liaison durable avec ce pays sans que le vin résiné y participe. Quand je parle ici de tavernes, je parle de toutes celles que vous trouverez en Grèce, hormis celles de Plaka, à Athènes, qui n'en ont plus que le nom et sont des lieux reconstitués comme en France les cafés « rétros ». La *psitaria,* elle, la rôtisserie, ne vous propose en principe que viandes et volailles grillées sur la braise ou au grilloir électrique ainsi que des brochettes variées — *souvlakia* —, en précisant que ce mot signifie simplement brochette, sans rapport avec la viande qu'on y embroche. Dans certaines de ces *psitaria,* vous trouverez peut-être ces brochettes spéciales à la Grèce qu'on appelle *cocorētsia,* faites d'abats et de tripes mélangés, et aussi des *splināndéra,* brochettes de tripes seules, et des *gardumbès,* brochettes de foie, d'estomac et de cœur hachés. Et si un jour, vous promenant dans quelque quartier retiré, vous savez reconnaître à l'odeur, de loin, la différence entre ces trois brochettes, vous pourrez alors courir dans la rue en criant : je suis presque Grec!

Un village grec du Nord. — Si, en regardant bien une carte de Grèce, vous remarquez de temps à autre des routes ou des chemins en cul-de-sac dont le terme soit quelque village isolé, dites-vous qu'en y allant voir au hasard, vous trouverez sûrement un lieu intéressant, celui même qui *vous* attend. C'est surtout en montagne qu'on remarque ces chemins sans issue desservant un village, un hameau, un ensemble de maisons perdues, au fond d'un cirque ou au flanc du mont. Presque toujours ces lieux ont conservé leur vie, leurs coutumes, leur architecture traditionnelles. Il en est ainsi par exemple des villages situés en Crète sur le flanc nord des **Lefka Ori** — les Monts Blancs (mais si vous voulez paraître presque crétois, dites les **Madarès**) —, à l'ouest de l'île, et où on chante encore les chants *rizitika,* les chants piedmontais qui sont parmi les plus anciens et les plus beaux de Crète. Il en est ainsi également du village près d'Epidaure où je suis passé et que j'ai mentionné au début de ce texte. Et d'un autre village où j'ai séjourné plusieurs jours en Epire, au mois de novembre dernier.

Ce village se nomme **Metsovon**[1], et il est situé sur la route de Ioannina à Trikala, en plein massif du Pinde, sur le flanc de la montagne, étagé sur des pentes si raides qu'il faut, l'hiver, quand la neige couvre les dalles des escaliers, se tenir aux barrières et aux murs pour descendre ou monter. Son architecture n'a que peu à voir, évidemment, avec les cours, les terrasses, les maisons blanches des Cyclades. Nous sommes ici en montagne et dans un pays froid. Les maisons ont des toits pentus dont la plupart sont encore recouverts de lauzes grises, ces pierres plates de schiste qu'on ramasse dans la région. Elles ont de grands balcons en bois qui leur donnent l'air de chalets montagnards, de vastes pièces servant au rez-de-chaussée pour les animaux et la réserve à bois, au premier pour l'habitation. Dans les pièces habitées, de grands poêles de céramique gorgés de bois aident à supporter le froid hivernal et les vents coulis du *vorias* — le vent du nord. Village montagnard vivant de la forêt, de l'élevage des moutons (on fait ici un excellent fromage fumé), de la laine et de l'artisanat. Vivant encore et surtout à l'heure d'autrefois. Si vous descendez sur la place, près de la fontaine, vous verrez en hiver (car l'été ils sont dans leurs montagnes) **les bergers metsoviens** assis sur leur banc au soleil **dans le costume traditionnel :** culottes serrées de laine immaculée, tsarouques aux pieds, blouse en forme de blaude

1. L'évolution touristique récente et l'afflux des visiteurs en été à Metsovon ont malheureusement modifié l'aspect du vieux bourg depuis le voyage que Jacques Lacarrière y fit pendant l'hiver 1976. Que le lecteur veuille bien voir dans ce texte l'évocation d'un passé récent et y trouve une invitation à la découverte d'autres villages encore préservés de la Grèce du Nord (Note de l'éditeur).

recouverte d'une grande cape noire. Sur la tête, un bonnet noir de fourrure et aux mains de grandes houlettes sculptées taillées dans ce bois d'arbousier qui passe pour ne jamais casser. Ces bergers — comme la plupart des autres habitants de Metsovon — sont d'origine valaque, c'est-à-dire roumaine, et parlent entre eux *ta vlachika,* le valaque. D'ailleurs, à quelques kilomètres de là, sur les hauts plateaux du Pinde hantés de loups et même d'ours, hibernent les blonds *Sarakatsanes,* ces mystérieux **pasteurs nomades** qui ne quittent pratiquement jamais leurs hauteurs et dont on dit qu'ils descendent en droite ligne des Doriens. Valaques, Sarakatsanes, nous sommes presque en marge de la Grèce et déjà au cœur des Balkans. Ce sentiment d'une vie, d'une sensibilité balkaniques, on le retrouve dans la décoration, le mobilier, les grands tapis, les multiples tentures caractéristiques des maisons metsoviennes. Seules échappent à cette influence ou cette confluence ces merveilleux **tissus de laine blanche** qui occupent les murs et portent tissés des motifs traditionnels qu'avec un peu d'attention on retrouverait certainement sur bien des vases antiques : personnages schématisés, animaux stylisés, arbres, fleurs, cristaux de neige. Ces tentures sont faites artisanalement, par les familles qui possèdent encore un métier à tisser, et ces motifs ne sont ni copiés ni inventés ou innovés : ils sont transmis ainsi de génération en génération, de mère à fille par la mémoire des mains plus que par celle des yeux.
Les jeux, les fêtes, les cérémonies conservent elles aussi l'empreinte et la mémoire du passé. **Ici, les costumes traditionnels sont encore portés par les femmes** — non pour faire plaisir aux touristes, mais parce qu'on les porte ainsi depuis des générations. Certains sont d'une élégance, d'une beauté à faire pâlir de jalousie les plus grands couturiers du monde. Et le soir, dans la taverne enfumée où grillent sur les braises les ***kotopoula*** — les poulets — et les *cocoretsia,* des jeunes donnent un concert de **musique traditionnelle :** clarino, hautbois, violon, lagouto (et aussi, pour être exact, une guitare électrique qui intervient quelquefois), et chantent d'une voix gutturale des chants valaques qui parlent d'aigles, de montagnes inaccessibles, de bergères enlevées, d'exploits fabuleux sur les aires...

Oui vraiment, au cœur de cet hiver, de ce village accablé de neige et de glace, de cette république balkanique en miniature, en écoutant ces chants, en regardant ces laines et ces tentures historiées par la main ancestrale des femmes, je me sens bien loin des temples et des colonnes blanches, loin aussi de la mer *bonatsa* — étale — et des villages de toile et de bambou. Et tout près, au cœur d'autre chose : **une Grèce véritable et vivante** que chacun peut découvrir, parcourir comme une enfance retrouvée, **où le visiteur est toujours un ami** et où se lisent sur le visage des habitants les rides et la longue patience de l'histoire. Grèce buissonnière? Peut-être. Mais je dirai plutôt : Grèce tout court.

Aperçu économique

par **Claude Rivière**

1981 : la langue grecque, à laquelle certes des membres de la Communauté européenne doivent beaucoup, devient un des véhicules du Marché Commun. La traduction de 22 000 pages de droit communautaire a été un véritable travail d'Hercule. Les autres « travaux » de géant, la Grèce les a accomplis pour se mettre au niveau de ses partenaires, depuis longtemps, patiemment, difficilement.

« La patrie pauvrette », c'est en effet en ces termes, attendrissants, que les Grecs ont désigné pendant de longues années leur pays. Pendant longtemps, la Grèce a eu la réputation — pleinement méritée — de n'être qu'un tas de cailloux posé sur l'Océan. Tas de cailloux glorieux dont on ne pensait pas qu'il puisse jamais produire autre chose que du miel de l'Hymette, des raisins de Corinthe et des tabacs de Macédoine.

Au lendemain des dernières hostilités, saignée à blanc par l'occupant, meurtrie au cours de luttes intestines, la Grèce paraissait vouée au sous-développement. Aussi les actuelles manifestations de son économie sont-elles, pour beaucoup de visiteurs, une heureuse surprise. L'accession au rang de membre à part entière de la Communauté européenne doit être entendue comme une confirmation de ces progrès.

Les experts qui avaient vu le « miracle » économique ressusciter l'Allemagne, revigorer la France et la Grande-Bretagne (à un moindre degré) et faire décoller l'Italie, puis l'Espagne, ne doutaient plus que le mouvement ne puisse un jour atteindre la Grèce. Effectivement, dès 1975, la Grèce a quitté le « ghetto » des nations réputées en voie de développement. En 1973, avec 10,6 % de progression du produit national brut, elle s'est vu attribuer par le quotidien londonien « The Financial Times », l'Oscar récompensant la meilleure performance économique de l'année. En outre, pendant 15 ans, jusqu'à la deuxième crise du pétrole, la Grèce, avec un taux de croissance de 7-8 %, s'est située à une place avantageuse parmi les membres de l'OCDE. Mais comme pour tous les Européens, les temps sont devenus difficiles.

La drachme, longtemps havre de stabilité dans la débâcle européenne des monnaies, a, elle aussi, été secouée. Les prix, longtemps contenus, se sont envolés. En dépit d'une chute dramatique de la population employée dans l'agriculture, celle-ci retient encore à la terre 28 % de la main-d'œuvre pour 14 % seulement du revenu national — l'industrie et les mines comptant, en 1977, pour 34 %, et les services pour 52 %. C'est à ces chiffres que l'on perçoit déjà combien peuvent être importants en Grèce les problèmes de structures. Le développement industriel a donné lieu à la création et la multiplication de petites et moyennes affaires. Les entreprises de plus de 5 000 personnes sont pratiquement inexistantes; 84 % des entreprises industrielles emploient moins de 4 ouvriers. A l'échelon international, on ne pourra évoquer que très peu de noms qui comptent : l'Aluminium de Grèce, le complexe de Salonique. Après la gestion assez désastreuse de l'économie par les colonels, la Grèce aura finalement assez bien passé la récession internationale; mais la crise de Chypre qui amena la chute de la dictature n'a pas permis de prévoir une reprise rapide. Cependant, la réputation de la Grèce en tant que pays endetté et réglant difficilement ses obligations est une image probablement révolue. Et si le déséquilibre de sa balance commerciale est considérable, elle parvient, tant bien que mal, à joindre les deux bouts, grâce à ses « petits génies » et ses « grands génies » de l'extérieur.

Les petits génies. — Ce sont les **citoyens grecs dispersés aux quatre coins du monde** et qui, fidèlement, **rapatrient leurs économies.** Ceux qui avaient quitté « la patrie pauvrette » pour s'installer comme **restaurateurs** à Londres, **blanchisseurs** en Australie ou **commerçants** en Afrique. En 1979, **les Grecs expatriés ont rapporté quelque 1,17 milliards de dollars.** Et cela malgré un net tassement de l'émigration. Rappelons qu'entre 1950 et 1974, 1,3 million de Grecs ont émigré à titre définitif (ce qui représente près des 2/3 de la population active non agricole en 1974), mais que la crise a provoqué un mouvement de reflux.

Les grands génies. — Les autres génies de l'extérieur, ce sont les **armateurs,** qui contribuent également puissamment à l'équilibre de la balance (1,51 milliards de $), leurs intérêts personnels s'accordant parfois avec ceux de l'Etat. A ces armateurs, il paraît difficile d'échapper lorsque l'on évoque l'économie grecque, alors qu'eux sont passés **maîtres dans l'art de se soustraire.** Le grand public croit les connaître en les saisissant à travers le petit bout de la lorgnette, celle des commères de la presse à sensation. Leurs éclats, leurs fastes, impressionnent ou irritent, selon les tempéraments. Leur puissance économique est rarement appréciée à sa juste valeur. On connaît les *Onassis, Niarchos* ou *Goulandris,* mais beaucoup moins les *Lemnos* ou *Carras,* et encore moins les petites tribus familiales qui possèdent un ou plusieurs navires, gèrent leurs affaires selon des rites ancestraux (souvent propres à l'île dont ils sont originaires).

Le **monde du shipping grec** est un monde **très complexe** où les bâtiments les plus automatisés voisinent avec des unités moins modernes qui valent à la **flotte grecque** (64 % en cargos et chargeurs de vrac; 34 % en tankers et 2 % en paquebots) d'être, en moyenne, l'une des plus vieilles du monde et de connaître un taux de sinistres qui empêche les assureurs de dormir. Selon le *Financial Times,* la flotte grecque serait responsable de la moitié des sinistres maritimes. Si elle **permet de faire passer le tonnage de la Communauté européenne de 22 % à plus de 30 % du tonnage mondial,** la flotte grecque souffre d'autres difficultés auxquelles il faudra porter remède : le manque de navires spécialisés et de lignes régulières; et une désaffection des jeunes pour les métiers de la mer, le manque actuel étant évalué à 30 000 marins et 10 000 officiers.

Le rappel des « enfants prodigues ». — La flotte appartenant **à des Grecs** constitue la **plus forte entité du commerce mondial** (4 500 navires jaugeant 50 millions de tonneaux). De 1957 à 1978, la part des Grecs dans la flotte mondiale est passée de 9 à 15 %, soit la troisième flotte de commerce mondiale. La flotte naviguant **sous le pavillon hellène** dépasse 76 % du tonnage total. Et c'est un événement. En effet les armateurs grecs ont pendant longtemps pratiqué l'**art de se soustraire en naviguant beaucoup sous pavillons de complaisance** (*Honduras, Panama, Liberia,* etc.), ce qui leur permettait de se dérober à certaines réglementations jugées par eux comme trop onéreuses. Ils ont d'ailleurs, sur ce point, fait école.

Si le chiffre de navires battant pavillon grec a augmenté de façon spectaculaire au cours de ces dernières années, cela indique que les armateurs grecs ont entendu le chant des sirènes — un chant qui les conviait à revenir au pays. Le gouvernement grec a joué, en effet, de toutes les séductions (exemptions fiscales, création d'une bourse des assurances et du frêt, etc.). En sorte qu'on en est venu à prétendre avec quelque humour que les navires qui ont regagné Le Pirée naviguent maintenant « sous pavillon de complaisance grec »!

Toujours est-il que l'on n'a pas osé demander aux armateurs de rapatrier obligatoirement les bénéfices de leurs tractations (hormis celles effectuées sur certaines lignes de la Méditerranée), en sorte que **le retour des enfants prodigues ne contribue pas aussi puissamment à l'équilibre de la balance que l'on pouvait l'espérer.** Rares ont été les armateurs à quitter leurs somptueux bureaux et leurs luxueuses résidences de Londres ou de New York. Mais peut-être les voit-on un peu plus souvent dans les sièges sociaux très modernes d'**Akti Miaouli,** sur le front de mer du Pirée. A moins que ce ne soit dans les antichambres des ministères, où on se garde bien de les faire attendre. Car le gouvernement a tenu non seulement à les amarrer plus fermement au Pirée, mais à la Grèce tout entière, en favorisant leur intégration sur le continent. Le fait qu'Athènes prétende devenir une place financière importante par rapport au Moyen-Orient peut apparaître également comme un argument non négligeable (notons que 19 % des exportations grecques sont réalisées vers les pays du Moyen-Orient).

Armateurs et entrepreneurs d'industrie. — La plupart des grands armateurs sont en effet intéressés non seulement par des industries en relation avec le shipping comme *S. Niarchos* avec les puissants **chantiers de Skaramanga** (*Hellenic Shipyards C°* — 6 500 personnes — 3 kilomètres de quais et de bassins sur la baie de Salamine) mais dans des projets de **mécanique,** de **chimie,** de **pétrochimie.** Tels *J. Latsis* ou *N. Vardinoyannis* qui se trouvent alors en bonne compagnie aux côtés de quelques compatriotes ayant fait fortune sur terre. Tel *T.-A. Pappas,* Grec de Boston qui après avoir fait fortune aux Etats-Unis dans l'épicerie en gros, a créé avec ***Esso*** le **complexe pétro-chimique de Salonique.** On prête d'ailleurs à son fils cette remarque révélatrice : « Il est un fait que depuis peu nos enfants commencent à apprendre le grec. »

La flotte Onassis. — *Aristote Onassis*, la grande figure de l'armement grecque, décédé en 1975, aurait pu, lui aussi être très « arrimé », si un important contrat de développement, signé avec le gouvernement grec en 1970, n'avait été remis en question. De toute façon, il paraissait difficile de se priver du talent d'un homme entré dans la mythologie des affaires et qui illustrait une forme d'audace et d'intelligence que l'on retrouve aujourd'hui — toutes proportions gardées — dans une nouvelle race d'entrepreneurs de l'industrie.

D'autant que la rivalité qui l'opposait à *S. Niarchos* a souvent été plus déterminante pour certaines implantations en Grèce que les invitations pressantes de fonctionnaires. L'affrontement ne se limitait donc pas, fort heureusement, à l'achat de toiles impressionnistes ou à la longueur de leurs yachts (soit maintenant 18 mètres de plus pour le yacht de Niarchos).

Né en 1906, ***A. Onassis,*** émigré en Argentine après la prise de Smyrne par les Turcs, devait faire fortune dans les tabacs — la profession de son père — et connaître le milieu maritime en tant que consul de Grèce en Argentine. Aux alentours des années 30, il découvrait les attraits des pavillons de complaisance et, en 1934, commençait à s'intéresser au pétrole. A l'encontre de la profession, il s'engageait dans une politique de **pétroliers géants,** une idée dont il ne s'est jamais départi. Ses achats de **« Liberty ships »** réservés à des citoyens américains, la construction d'une **flotte baleinière,** son différend avec *Rainier de Monaco* à propos de la **Société des Bains de Mer** ont été autant d'épisodes qui ont déchaîné la chronique. De ces affaires complexes, assorties de procès retentissants, *A. Onassis* s'était toujours tiré avec un brio exceptionnel. Sa fortune personnelle, dont a hérité sa fille, est estimée à 5 milliards de francs, mais nul ne sait quel taux d'endettement pèse sur son armement — la plus grande flotte privée du monde. L'important est qu'elle tourne et rapporte beaucoup — les sommes rapatriées étant les bienvenues pour compenser le poste « équipements » du budget national. Depuis ces dernières années, ces rentrées ont représenté la source la plus importante des rentrées invisibles, soit 4,5 à 5 % du revenu national. Les armateurs grecs ont d'ailleurs moins souffert de la crise que leurs collègues

— norvégiens en particulier — parce qu'ils avaient eu le flair de ne pas trop se lancer dans la course au gigantisme des tankers ou qu'ils avaient signé des contrats à temps valables jusqu'en 1980.

Les investissements étrangers. — Pour rattraper son retard, la Grèce n'a pas hésité à faire appel à ces ressources. Le calme du climat social, les avantages de toute nature, les marchés potentiels ont attiré des firmes comme ***Westinghouse, Dow Chemical, Goodyear, Peugeot, Renault*** (dans la zone industrielle de Volo), etc. Au cours des vingt dernières années, les investissements étrangers ont représenté 15 % des investissement industriels totaux. Mais les tentatives n'ont pas toujours été fructueuses. Telle celle qui devait permettre à ***Litton Industries*** d'attirer d'énormes investissements dans le Péloponnèse, et qui a fait long feu. Ou le contrat avec une firme américaine de travaux publics pour la construction des 700 kilomètres de la **Voie Egnatia** (dans le Nord-Est) qui devait être terminée en 1974, — contrat qui dut être repris par un consortium de 12 firmes grecques. Ou bien encore, les réajustements des conditions des contrats signés par le régime précédent et jugés trop avantageux.

Ce sont là des accrocs normaux au sein d'une production industrielle qui paraît devoir se maintenir aux alentours de 10 % de taux annuel de croissance, grâce non seulement aux succès individuels comme ceux des chantiers de **Skaramanga,** d'**Eleusis** ou de **Syros,** du **complexe de Salonique** ou de l'***Aluminium de Grèce*** (74 % *Cie Péchiney*), mais également grâce aux performances de secteurs entiers de l'économie. Notamment de la **métallurgie,** de l'**industrie des alliages,** et de l'industrie **de l'armement** qui n'existait pas en 1974 et qui couvre actuellement 20 % des besoins du pays, des **industries du cuir** et de celles du **textile** (55 000 personnes), — n° 1 à l'exportation et couvrant les besoins locaux grâce à la production locale de coton. Toutes **activités favorisées à l'exportation par la convention signée dès juillet 1968 et leur permettant d'accéder aux Pays du Marché Commun sans droits de douane.** Il n'en demeure pas moins — et cela malgré l'apparition d'une nouvelle génération d'entrepreneurs — que **beaucoup d'affaires grecques sont petites, familiales,** peu ouvertes aux méthodes modernes de management. Quant à celles qui sont intéressées à la gestion, elles reporteraient, prétendent certains « consultants », les réformes à demain, et au surlendemain le paiement de leurs honoraires.

La construction. — Une autre activité très en flèche illustre les problèmes complexes de l'économie grecque : la construction. Cette activité avait été largement favorisée par le gouvernement des colonels parce qu'elle permettait d'employer beaucoup de main-d'œuvre et utilisait peu de matériel venant de l'étranger. Au cours de ces quatre dernières années, elle a absorbé le tiers de l'investissement privé. En fait, l'**essor de la construction** eut pour **principal résultat d'éponger l'épargne des particuliers.** Le marché boursier étant très étroit, dans un pays où l'on aime beaucoup paraître, l'engouement fut tel que des mesures durent être prises pour freiner la construction des appartements, villas et résidences secondaires. On s'était aperçu, en effet, qu'une partie importante de ces fonds aurait été beaucoup plus judicieusement dirigée vers d'autres activités industrielles plus essentielles à l'essor de l'économie. Le gouverneur de la Banque Nationale a été jusqu'à dénoncer publiquement « la prolifération excessive » des importateurs, des boutiques et des tavernes... Beaucoup plus saines, mais aussi plus aventureuses, ont été les manifestations des firmes de travaux publics — une trentaine avec un effectif de 8 000 ingénieurs et ouvriers — qui réalisent de très importants chantiers au Moyen-Orient.

L'agriculture. — Les problèmes du secteur agricole sont également des problèmes d'équilibre. L'agriculture, qui occupe moins du tiers de la population, réalise 14 % du PNB et 50 % des exportations. Sa part restera importante car le gouvernement actuel entend maintenir la population à la terre pour chercher à réduire un déficit alimentaire qui va en s'accroissant d'années en années. Problème difficile, car la population des agriculteurs est très âgée et va décroître très rapidement à partir de 1985. La part de l'agriculture grecque dans le Marché Commun élargi ne serait que de 6 % de la totalité.

La modernisation doit permettre à l'agriculture de se développer. On espère pouvoir arrêter les importations de blé, de sucre et surtout de viande. On s'efforce de développer **les cultures traditionnelles** : le **tabac** (bien que les variétés « orientales » soient aujourd'hui moins prisées des consommateurs), les **olives** (3ᵉ producteur mondial), les **raisins**, les **légumes.** Les **vins** aussi, sur un marché mondial très demandeur (les Français et les Italiens les utilisent pour la fabrication des vermouths), mais il faudra une dizaine d'années d'action commerciale intelligente et intense pour imposer **les crus de Patras, Rhodes, Samos ou Céphalonie** (production : 5 millions d'hectolitres dont 3 consommés sur place). Il en est, en fait, du vin comme de toute l'agriculture grecque : **de très sérieux efforts de modernisation des équipements et des méthodes, de qualités de produits, de distribution, devront être accomplis.** Mais si les investissements sont d'ores et déjà considérables, si le nombre des moyens mécaniques n'est pas négligeable (500 000 tracteurs), la multiplicité des parcelles, le niveau d'éducation assez bas des fermiers, leur conservatisme, sont des obstacles difficiles à surmonter. Une **attention particulière** (elle s'est avérée payante du point de vue politique) avait été réservée au **milieu agricole** par le précédent gouvernement qui a annulé les dettes agricoles contractées avant son avènement (7,5 milliards de drachmes). Et aussi par d'**importants travaux d'irrigation** (notamment dans la plaine de Thessalonique, Tavropos-Karditsa ou Perneios Elie), par un enseignement agricole plus poussé, par restructuration de certains réseaux de distribution, par l'amélioration du réseau routier. Et enfin par le développement d'un réseau d'électricité qui, pratiquement, dessert aujourd'hui tous les villages.

D'importants programmes d'équipement. — L'agriculture (l'industrie aussi) doit beaucoup, en effet, à l'***Entreprise Publique d'Electricité** (DEI),* la plus importante des entreprises de Grèce et qui poursuit de vastes programmes d'équipement auxquels sont conviés les entreprises étrangères. **Les importations de pétrole pèsent,** en effet, **lourdement sur la balance.** De 1973 à 1979, **la facture pétrolière est passée de 15,55 % à 48,70 % des exportations,** soit de 2,1 à 5,1 % du P.I.B. Cependant, la découverte du champ pétrolifère de Prinos, en Mer Egée, — qui avait accusé les tensions avec le voisin turc — va permettre de couvrir environ 12,5 % de la consommation nationale. Ce gisement produit également 10 000 barils/jours en gaz naturel, mais la durée d'exploitation ne devrait pas durer plus de 15 ans. Aussi de très gros efforts sont-ils réalisés dans **l'exploitation des mines de lignites et des ressources hydrauliques.** De 1980 à 1988, DEI prévoit d'installer 15 unités thermiques classiques et 23 unités hydrauliques d'une puissance totale de 6 300 MW. D'autre part, on mise à fond sur **l'énergie géothermique** (île de Milo), **l'énergie solaire** (village solaire de Frangi-Castello, en Crête) et l'énergie éolienne avec des projets de génératrices allant jusqu'à 1 000 KW. Ce qui ne sera pas suffisant. Il faudra donc recourir à **l'énergie nucléaire,** dont on parle depuis un projet d'inspiration britannique de 1970. La DEI a prévu des installations de 600 MW qui seront opérationnelles à partir de 1987. **Une intense prospection d'uranium est faite** dans le pays. Rappelons à ce sujet que la Grèce est dans la Communauté européenne le premier producteur pour les minerais de chrome, de manganèse, de magnésite, de ferronickel, d'amiante, de perlite, de bentonite et de bauxite.

La vedette : le tourisme. — Des génies bienveillants de l'extérieur contribuent encore à ce bel équilibre que l'on prête à la Grèce dans le domaine des arts et de la littérature. Il s'agit des **touristes** (plus de 5 millions de visiteurs par an). Un développement considérable, puisque l'affluence a quadruplé depuis 1967. Le *Hilton* d'Athènes, autrefois le seul hôtel moderne de classe internationale, a attiré depuis peu les autres chaînes internationales. Après Londres, Bruxelles et Paris, la ville d'**Athènes est devenue un grand terrain de bataille de la grande hôtellerie.** D'autre part, des **projets nationaux,** très importants, ont été élaborés **à Rhodes, dans le Péloponnèse, en Chalcidique** avec l'intention de **maintenir un certain niveau de qualité des équipements.** Les autorités grecques, malgré la pression des « tours operators » paraissent, en effet, décidées à **ne pas favoriser le développement d'un tourisme trop populaire.** La hausse des prix leur a, en quelque sorte, forcé la main. On a pensé également à augmenter le temps de la

saison touristique en proposant la neige du mont Parnasse et des stations du nord du pays.
Les nouveaux développements touristiques se font d'ailleurs de plus en plus en associant capitaux locaux et capitaux internationaux. L'engouement pour la Grèce continentale et ses îles ne peut cependant faire oublier qu'elle ne « traite » (avec des qualités d'accueil proverbiales) que 4 à 5 % de la masse des touristes qui, tout au long de l'année, fréquentent la Méditerranée.
La Grèce, il est vrai, a démarré tard dans la course au soleil parce qu'elle était assez éloignée de ses clients potentiels. Les transports à bon marché sous la forme de « charters » lui ont permis de combler ce handicap. Les équipements mis en place depuis quelques années, de même que l'**amélioration constante des voies de communications** (amélioration des relations routières sur les grandes transversales européennes, multiplication des services de ferries) ont été également des facteurs déterminants.
Et par communications, il faut entendre également les **relations téléphoniques et radio,** qui constituent un des réseaux les plus modernes d'Europe. Si Ulysse avait pu avoir Pénélope au bout du fil, avec autant de facilité qu'à l'heure actuelle le commun des mortels, nul doute qu'il ne soit aussi longtemps demeuré dans les bras de Calypso...

Aperçu linguistique

par **André Mirambel**

La connaissance, même élémentaire, du grec moderne, sans être nécessaire (le français et l'anglais sont répandus dans les centres urbains, surtout dans la capitale), est cependant utile au touriste en Grèce. Elle est facilitée à qui sait le grec ancien, la langue ayant évolué lentement et gardé des traits essentiels de structure.

Généralités

La longue évolution de la langue grecque. — Le grec moderne est l'aboutissement d'un développement ininterrompu depuis la koïnè (langue commune) qui se forme dès le IVe s., avant notre ère. La langue parlée s'est, au cours du Moyen Age, différenciée en dialectes qui subsistent encore, mais une nouvelle langue commune s'est constituée au cours des temps modernes. Les sons et les formes ont, depuis l'Antiquité, subi des changements. Le vocabulaire s'est renouvelé pour une part et, par suite de contacts allogènes, accru de mots latins, arabes, slaves, albanais, italiens (vénitiens surtout), turcs, anglais, français, mais dans l'ensemble le fond grec a résisté et a assimilé les apports étrangers.

Une question de langue. — La langue parlée, ou démotique, est également devenue langue écrite : elle est surtout la langue de la littérature. En regard, une tradition savante séculaire a maintenu longtemps une langue archaïsante, essentiellement écrite et officielle, en usage dans les principales institutions du pays : l'Etat et ses organismes, l'Eglise, l'Université et partiellement l'Ecole, la Presse, les Techniques. Mais en 1976, la langue démotique a été enfin reconnue langue officielle. Le conflit, parfois aigu, entre purisme et vulgarisme perpétue cependant une « question de la langue » qui crée une des difficultés du grec, et dont il est impossible de ne pas tenir compte.

Quelques notions de grammaire. — Le grec moderne a conservé une déclinaison à quatre cas (nominatif ou sujet, vocatif ou interpellation, accusatif ou complément d'objet et complément prépositionnel, génitif ou complément de nom et d'attribution), trois genres (masculin, féminin, neutre) et deux nombres (singulier et pluriel).
L'emploi de l'article défini (ὁ, ἡ, τὸ) s'est généralisé. Un article indéfini s'est créé au singulier (ἕνας, μία ou μιά, ἕνα).
Le verbe, réparti en deux groupes de conjugaisons selon que l'accent frappe, ou non, la désinence, comporte deux voix, trois modes principaux auxquels s'ajoutent des modes dérivés (mais le grec a perdu l'infinitif et réduit les participes), trois temps (seulement à l'indicatif) et, naturellement, trois personnes et deux nombres. Le verbe est construit normalement sur deux

thèmes qui expriment l'un l'action continue (présent), l'autre l'action momentanée (aoriste).
A l'exception des mots accessoires, tout mot grec porte un *accent* dont la place est variable (l'une des trois dernières syllabes) et qu'*il importe de bien marquer sous peine d'incompréhension*. L'accent est noté selon la graphie ancienne (aigu, grave, périspomène : ά, ὰ, ᾶ). Les esprits sont notés, mais sont purement graphiques (ἀ, ἁ).

Prononciation

Le grec actuel a conservé l'alphabet ancien, dont certains signes ou groupes de signes ont pris au cours des siècles des valeurs différentes :

Majuscules	Minuscules	Prononciation
Α	α	*a* (ouvert)
Β	β (initial) ϐ (intérieur)	*v*
Γ	γ	*g* spirant devant les sons *a, o, u* et les consonnes (cf. allemand *g*, ou arabe *gh*) *y* devant les sons *i, e*
Δ	δ	*th* anglais doux
Ε	ε	*è* (ouvert)
Ζ	ζ	*z*
Η	η	*i*
Θ	θ	*th* anglais dur
Ι	ι	*i*
Κ	κ	*k*
Λ	λ	*l*
Μ	μ	*m*
Ν	ν	*n*
Ξ	ξ	*ks* (*gz* après *n*)
Ο	ο	*o* (ouvert)
Π	π	*p*
Ρ	ρ	*r* (roulé)
Σ	σ (ς (final)	*s* (*z* devant consonnes sonores)
Τ	τ	*t*
Υ	υ	*i*
Φ	φ	*f*
Χ	χ	*ch* allemand dur devant consonnes et les sons *a, o, u* *ch* allemand doux devant les sons *i, e*
Ψ	ψ	*ps* (*bz* après *n, m*)
Ω	ω	*o* (ouvert)

Toutes les voyelles sont brèves, sauf sous l'accent.

Les groupes vocaliques suivants se prononcent :

αι = *è* (ouvert)
ει = *i*
οι = *i*
υι = *i*
ου = *ou* (français), *ŭ* (allemand)
αυ = *av* (mais *af* devant consonnes sourdes)

ευ = *ev* (mais *ef* devant consonnes sourdes)
ηυ = *iv* (on ne rencontre jamais *if*).

Un tréma sur le second signe d'un groupe vocalique indique une articulation distincte pour chaque voyelle : αϊ = *a*+*i*, εϋ = *e* + *i*, etc. — Devant les nasales, les voyelles sont articulées séparément : αν = *ann* (non *an*).

Les consonnes doubles sont prononcées comme des consonnes simples :

λλ = *l*, μμ = *m*, etc.

Les groupes consonantiques suivants se prononcent :

γγ (toujours intérieur) = *ng*
γκ = *g* (dur) à l'initiale, *ng* à l'intérieur, rarement *nk* (quelques emprunts)
ντ = *d* à l'initiale, *nd* à l'intérieur, rarement *nt* (quelques emprunts)
μπ = *b* à l'initiale, *mb* à l'intérieur, rarement *mp* (quelques emprunts)
τζ = *dz*
τσ = *ts*, mais après n = *dz*.
Le ν se prononce *m* devant π, μπ, et *ng* devant κ, γκ.
Le ι souscrit (adscrit avec les majuscules) est encore parfois noté, mais non prononcé (ᾳ = *a*, ῃ = *i*, ῳ = *o*, Αι = *a*, Ηι = *i*, Ωι = *o*).

Dans la transcription, nous utiliserons les signes suivants, qui constituent un compromis entre la prononciation phonétique et la graphie usuelle :

Voyelles
a = α, ᾳ
è = ε, αι
i = η, ῃ, ι, υ, ει, οι, υι
o = ο, ω, ῳ
ou = ου

Consonnes
p = π, ππ intérieur seulement
t = τ, ττ intérieur seulement
k = κ, κκ intérieur seulement
b = μπ initial
d = ντ initial
g = γκ initial
mb (éventuellement *mp*) = μπ intérieur
nd (éventuellement *nt*) = ντ intérieur
ng (éventuellement *nk*) = γκ intérieur
ng = γγ intérieur
v = β, ϐ, ϐϐ intérieur seulement
gh = γ
dh = δ
ch = χ
th = θ
f (mais dans les mots savants *ph*) = φ
s = σ, σσ intérieur seulement, ς final
z = ζ et σ devant une consonne sonore
ts = τσ
dz = τζ

L'accent sera noté par des **caractères gras :** *kal***o***s* = καλός (bon,) *p***i***no* = πίνω (je bois), *ch***o***ros* = χῶρος (espace).

Bien distinguer les mots homophones, mais d'accentuation différente, comme *p**è**rno* (παίρνω, je prends) et *pèrn**o*** (περνῶ, je passe), *for**a*** (φορὰ, fois) et *f**o**ra* (φόρα, élan), *m**i**la* (μήλα, pommes) et *mil**a*** (μιλᾶ, il parle), etc.

A consulter :

1° **Grammaires**

H. Pernot, *Grammaire du grec moderne* (langue parlée; Garnier, 5e éd., 1930).
H. Pernot et C. Polack, *Grammaire du grec moderne, deuxième partie* (langue savante; Garnier, 1921).
A. Mirambel, *Grammaire du grec moderne* (Klincksieck, 2e tirage, 1949).

2° **Dictionnaires**

H. Pernot, *Lexique grec moderne-français* (Garnier, 1933).
E. Missir, *Dictionnaire français-roméïque* (Klincksieck, 1953).
A. Mirambel, *Petit Dictionnaire français-grec moderne et grec moderne-français* (Besson-Chantemerle, 1960).

3° **Manuels**

A. Mirambel, *Indroduction au grec moderne* (Besson-Chantemerle, 2e éd., 1957).
E. Missir, *Guide de conversation français grec moderne* (Klincksieck, 1956).

Mots et expressions usuels[1]

Les mois

Mois	μῆνας m.	*M**i**nas*
Janvier	ἰανουάριος m.	*ianou**a**rios*
Février	φεβρουάριος m.	*fèvrou**a**rios*
Mars	μάρτιος m.	*m**a**rtios*
Avril	ἀπρίλιος m.	*apr**i**lios*
Mai	μάϊος m.	*m**a**ïos*
Juin	ἰούνιος m.	*io**u**nios*
Juillet	ἰούλιος m.	***iou**lios*
Août	αὔγουστος m.	***a**vghoustos*
Septembre	σεπτέμβριος m.	*sèpt**è**mvrios*
Octobre	ὀκτώβριος m.	*oct**o**vrios*
Novembre	νοέμβριος m.	*no**è**mvrios*
Décembre	δεκέμβριος m.	*dhék**è**mvrios*

La semaine

Semaine	(ἑ)βδομάδα f.	*(è)vdhom**a**dha*
Lundi	Δευτέρα f.	*dhéft**è**ra*
Mardi	Τρίτη f.	*tr**i**ti*
Mercredi	Τετάρτη f.	*tèt**a**rti*
Jeudi	Πέμπτη f.	*p**è**mpti*
Vendredi	Παρασκευή f.	*paraskèv**i***
Samedi	Σάββατο n.	*s**a**vato*
Dimanche	Κυριακή f.	*kiriak**i***

1. La ponctuation est la même qu'en français, sauf que le point-virgule a en grec la valeur d'un point d'interrogation, et que le point-virgule français est rendu par un point en haut, c'est-à-dire au-dessus de la ligne.

Jour

Jour	(ἡ)μέρα f.	*(i)m**è**ra*
Aujourd'hui	σήμερα	*s**i**mèra*
Hier	χτὲς et χθὲς	*cht**è**s (chth**è**s)*
Avant-hier	προχτὲς (προχθὲς)	*procht**è**s (prochth**è**s)*
Demain	αὔριο	***a**vrio*
Après-demain	μεθαύριο	*mèth**a**vrio*
Ce matin	τὸ πρωΐ	*to pro**ï***
Ce soir	ἀπόψε	*ap**o**psè*

L'heure

Matin	πρωΐ n.	*proï*
Midi	μεσημέρι n.	*mèsim**è**ri*
Après-midi	ἀπόγεμα n.	*ap**o**ghèma*
Soir	βράδυ n.	*vr**a**dhi*
Minuit	μεσάνυχτα n. pl.	*mès**a**nichta*
Heure	ὥρα f.	***o**ra*
Quart (d'heure)	τέταρτο n. (τῆς ὥρας)	*t**è**tarto tis **o**ras*
Une minute	ἕνα λεπτὸ n.	***è**na lèpt**o***
Une seconde	ἕνα δευτερόλεπτο	***è**na dhèftèr**o**lèpto*
Horloge / Montre / Pendule	ρολόϊ n.	*rol**oï***
Quelle heure est-il?	τι ὥρα εἶναι;	***ti** **o**ra **i**nè?*
A quelle heure ouvrez-vous?	τί ὥρα ἀνοίγετε;	***ti** **o**ra an**i**ghètè?*
Il est une heure	εἶναι μία (μιά)	***i**nè m**i**a (mi**a**)*
Il est midi	εἶναι μεσημέρι	***i**nè mèsim**è**ri*
Il est minuit	εἶναι μεσάνυχτα	***i**nè mès**a**nichta*
A deux heures précises	στὶς δύο (δυὸ) ἀκριβῶς	*stis dh**i**o (dhi**o**) akriv**o**s*
A trois heures moins cinq	στὶς τρεῖς παρὰ πέντε	*stis tr**i**s para p**è**ndè*
A quatre heures dix	στὶς τέσσερεις καὶ δέκα	*stis t**è**sseris kè dh**è**ka*

Les nombres

Un, une	ἕνας, μία (μιὰ), ἕνα	***è**nas, m**i**a (mi**a**), **è**na*
Deux	δύο (δυὸ)	*dh**i**o (dhi**o**)*
Trois	τρεῖς, τρία	*tr**i**s tr**i**a*
Quatre	τέσσερεις, τέσσερα n.	*t**è**sséris, t**è**ssèra*
Cinq	πέντε	*p**è**ndè*
Six	ἔξι	***è**ksi*
Sept	ἑφτὰ (ἑπτὰ)	*èft**a** (èpt**a**)*
Huit	ὀχτὼ (ὀκτὼ)	*ocht**o** (okt**o**)*
Neuf	ἐννιὰ (ἐννέα)	*èni**a** (èn**è**a)*
Dix	δέκα	*dh**è**ka*
Onze	ἕντεκα (ἕνδεκα)	***è**ndèka (**è**ndhèka)*
Douze	δώδεκα	*dh**o**dhèka*
Treize	δεκατρεῖς, δεκατρία n.	*dhèkatr**i**s, dhèkatr**i**a*
Quatorze	δεκατέσσερεις, δεκατέσσερα n.	*dhèkat**è**ssèris, dhèkat**è**ssèra*
Quinze	δεκαπέντε	*dhèkap**è**ndè*
Seize	δεκάξι (δεκαέξι)	*dhék**a**ksi (dhèka**è**ksi)*
Dix-sept	δεκαεφτὰ (δεκαεπτὰ)	*dhèkaèft**a** (dhèkaèpt**a**)*
Dix-huit	δεκοχτὼ (δεκαοχτώ, δεκαοκτὼ)	*dhèkocht**o** (dhèkaocht**o**) (dhékaokt**o**)*

Dix-neuf	δεκαεννιὰ (δεκαεννέα)	dhèkaèni**a** (dhèkaèn**è**a)
Vingt	εἴκοσι	**i**kossi
Vingt et un	εἴκοσι ἕνας (μιὰ, ἕνα)	**i**kossi **è**nas (mi**a**, **è**na)
Trente	τριάντα	tri**a**nda
Quarante	σαράντα	sar**a**nda
Cinquante	πενήντα	pèn**i**nda
Soixante	ἑξήντα	èks**i**nda
Soixante-dix	(ἑ)βδομήντα	(è)vdhom**i**nda
Quatre-vingts	ὀγδόντα	oghdh**o**nda
Quatre-vingt-dix	ἐνενήντα	ènèn**i**nda
Cent	ἑκατὸ	èkat**o**
Deux cents	διακόσιοι, -σιες, -σια	dhiak**o**sii, -siès, -sia
Mille	χίλιοι, -ιες, -ια	ch**i**lii, -iès, -ia

Nombres ordinaux

Premier	πρῶτος, -τη, -το	pr**o**tos, -ti, -to
Deuxième	δεύτερος, -ρη, -ρο	dh**è**ftèros, -ri, -ro
Troisième	τρίτος, -τη, -το	tr**i**tos, -ti, -to
Quatrième	τέταρτος, τ-η, το	t**è**tartos, -ti, -to
Cinquième	πέμπτος, -τη, -το	p**è**mptos, -ti, -to
Sixième	ἕχτος, -τη, -το (ἕκτος, -τη, -το)	**è**chtos, -ti, -to (**è**ktos, -ti, -to)
Septième	ἕβδομος, -μη, -μο	**è**vdhomos, -mi, -mo
Huitième	ὄγδοος, -οη, -οο	**o**ghdhoos, -oi, -oo
Neuvième	ἔνατος, -τη, -το	**è**natos, -ti, -to
Dixième	δέκατος, -τη, -το	dh**è**katos, -ti, -to
Onzième	ἐνδέκατος, -τη, -το (ἐντέκατος, -τη, -το)	èndh**è**katos, -ti, -to (ènd**è**katos, -ti, -to)
Douzième	δωδέκατος, -τη, -το	dhodh**è**katos, -ti, -to
Treizième	δέκατος, -τη, -το τρίτος, -τη, -το	dh**è**katos, -ti, -to tr**i**tos, -ti, -to
Quatorzième	δέκατος τέταρτος	dh**è**katos t**è**tartos
Quinzième	δέκατος πέμπτος	dh**è**katos p**è**mptos
Seizième	δέκατος ἕχτος (ἕκτος)	dh**è**katos **è**chtos (**è**ktos)
Dix-septième	δέκατος ἕβδομος	dh**è**katos **è**vdhomos
Dix-huitième	δέκατος ὄγδοος	dh**è**katos **o**ghdhoos
Dix-neuvième	δέκατος ἔνατος	dh**è**katos **è**natos
Vingtième	εἰκοστὸς, -τή, -τὸ	ikost**o**s, -t**i**, -t**o**
Vingt et unième	εἰκοστος πρῶτος, -τη, -το	ikost**o**s pr**o**tos, -ti, -to
Trentième	τριακοστὸς, -τή, -τὸ	triakost**o**s, -t**i** -t**o**
Quarantième	τεσσαρακοστὸς, -τή, -τὸ	tèssarakost**o**s -t**i**, -t**o**
Cinquantième	πεντηκοστὸς	pèndikost**o**s
Soixantième	ἑξηκοστὸς	èksikost**o**s
Soixante-dixième	ἑβδομηκοστὸς	èvdhomikost**o**s
Quatre-vingtième	ὀγδοηκοστὸς	oghdhoïkost**o**s
Quatre-vingt-dixième	ἐνενηκοστὸς	ènènikost**o**s
Centième	ἑκατοστὸς, -τή, -τὸ	èkatost**o**s, -t**i**, -t**o**
Deux centième	διακοσιοστὸς, -τή, -τὸ	dhiakossiost**o**s, -t**i**, -t**o**
Millième	χιλιοστὸς, -τή, -τὸ	chiliost**o**s, -t**i**, -t**o**

Mots et expressions courantes

Je	(ἐ)γὼ	(è)gh**o**
Toi	(ἐ)σύ	(è)s**i**
Il, elle	αὐτὸς, -τή, -τὸ	aft**o**s, -t**i**, -t**o**
Nous	(ἐ)μεῖς	(è)m**i**s
Vous	(ἐ)σεῖς	(è)s**i**s

Ils, elles	αὐτοὶ, -τὲς, -τὰ	afti, -tès, -ta
Le (article)	ὁ (m.), τὸ (n.)	o, to
La (article)	ἡ	i
Les	οἱ (m.) οἱ (f.) τὰ (n.)	i, i, ta
Mon, ma	δικός, -κή, -κό μου	dhikos, -ki, -ko mou
Mes	δικοί, -κές, -κά μου	dhiki -kès, -ka mou
Notre	δικός μας	dhikos mas
Nos	δικοί μας	dhiki mas
Oui	ναὶ, μάλιστα	nè, malista (plus fort)
Non	ὄχι	ochi
Je suis	εἶμαι	imè
Tu es	εἶσαι	issè
Il (elle) est	εἶναι	inè
Nous sommes	εἴμαστε	imastè
Vous êtes	εἶστε	istè
Ils (elles) sont	εἶναι	inè
Ne... pas...	δὲ(ν)	dhèn (devant la forme verbale)
Merci	εὐχαριστῶ	èfcharisto
S'il vous plaît	παρακαλῶ	parakalo
Bonjour	καλὴ μέρα	kali mèra
Bonsoir	καλὴ σπέρα	kali spèra
Bonne nuit	καλὴ νύχτα	kali nichta
Bon voyage	καλὸ ταξίδι	kalo taksidhi
	καλὴ ἀντάμωση	kali antamosi
Au revoir	χαῖρε	chèrè
	χαίρετε pl.	chèrètè
A demain	αὔριο	avrio
Ici	ἐδῶ	èdho
Là-bas	ἐκεῖ	èki
Là-haut	ἀπάνω	apano
En haut	(ἀ)πάνω	(a)pano
En bas	κάτω	kato
Avant	(ἐ)μπρὸς	(è)mbros
Après	μετὰ, ἔπειτα	mèta, èpita
Où?	ποῦ;	pou?
Sur	ἀπάνω σὲ (ἀπὸ)	apano sè (apo)
Sous	κάτω σὲ (ἀπὸ)	kato sè (apo)
Pourquoi?	γιατί;	ghiati?
Parce que	γιατὶ	ghiati
Souvent	συχνὰ	sichna
Quelquefois	κάποτε	kapotè
Jamais	ποτὲ	potè
Un peu	λίγο	ligho
Beaucoup	πολὺ	poli
Rien	τίποτα	tipota
Tout	ὅλο	olo
Trop	πάρα πολὺ	para poli
Trop peu	πάρα πολὺ λίγο	para poli ligho
Plus	περσότερο	pèrsotèro
Moins	λιγότερο	lighotèro
Assez	ἀρκετὰ	arkèta
Loin	μακριὰ	makria
Près	κοντὰ	konda
Vite	γρήγορα	ghrighora
Doucement	σιγὰ	sigha
En avant	(ἐ)μπρὸς	(è)mbros

En arrière	πίσω	p**i**sso
Bon	καλὸς, -λή, -λὸ	kal**o**s, -l**i**, -l**o**
Mauvais	κακὸς, -κή, -κὸ	kak**o**s, -k**i** -k**o**
Grand	μεγάλος, -λη, -λο	mègh**a**los, -li, -lo
Petit	μικρὸς, -ρή, -ρὸ	mikr**o**s, -r**i** -r**o**
Large	φαρδὺς, -διά, -δὺ	fardh**i**s, -dhi**a** -dh**i**
Etroit	στενὸς, -νή, -νὸ	stèn**o**s, -n**i**, -n**o**
Chaud	ζεστὸς, -τή, τὸ	zèst**o**s, -t**i**, -t**o**
Froid	κρύος, -ύα, -ύο	kr**i**os, -**i**a, -**i**o
J'ai	ἔχω	**è**cho
Tu as	ἔχεις	**è**chis
Il (elle) a (et : il y a)	ἔχει	**è**chi
Nous avons	ἔχουμε (ἔχομε)	**è**choumè (**è**chomè)
Vous avez	ἔχετε	**è**chètè
Ils (elles) ont	ἔχουν(ε)	**è**choun(è)
Je veux	θέλω	th**è**lo
Je désire	ἐπιθυμῶ	èpithim**o**
Y a-t-il?	ἔχει; ὑπάρχει;	**è**chi? ip**a**rchi?
Parlez-vous français?	μιλᾶτε γαλλικά;	mil**a**tè ghalik**a**?
Je dis	λέω	l**è**o
Comprenez-vous?	καταλαβαίνετε;	katalav**è**nètè?
Je ne vous comprends pas	δὲ σᾶς καταλαβαίνω	dhè sas katalav**è**no
Parlez lentement	μιλήσετε σιγά	mil**i**sètè sigh**a**

L'état civil

Monsieur	ὁ κύριος m. κύριε	o k**i**rios vocatif : k**i**riè
Madame	ἡ κυρία f. κυρία	i kir**i**a vocatif : kir**i**a
Mademoiselle	ἡ δεσποινὶς f. δεσποινὶς	i dhèspin**i**s vocatif : dhèspin**i**s
Père	πατέρας m.	pat**è**ras
Mère	μητέρα f.	mit**è**ra
Frère	ἀδερφὸς m.	adhèrf**o**s
Sœur	ἀδερφή f.	adhèrf**i**
Homme	ἄντρας m.	**a**ndras
Femme	γυναῖκα f.	'ghin**è**ka
Enfant	παιδὶ n.	pèdh**i**
Garçon	ἀγώρι n.	aghor**i**
Fille	κορίτσι n.	kor**i**tsi
Age	ἡλικία f.	ilik**i**a
Jeune	νέος, -έα, -έο	n**è**os, -**è**a, -**è**o
Vieux	γέρος, γριά	gh**è**ros, ghri**a**
Taille	μπόϊ n.	b**o**ï
Nom	ὄνομα n. ἐπώνυμο n.	**o**noma èp**o**nimo
Prénom	(μικρὸ) ὄνομα m.	(mikr**o**) **o**noma
Nationalité	ἐθνικότης f. (ἐθνικότητα)	ethnik**o**tis (èthnik**o**tita)
Date de naissance	χρονολογία, ἔτος γεννήσεως	chronologh**i**a, **è**tos ghèn**i**sèos
Marié	παντρεμένος	pandrèm**è**nos
Célibataire	ἀνύπαντρος	an**i**pandros
Veuf, veuve	χῆρος, χήρα	ch**i**ros, ch**i**ra
Passeport	διαβατήριο n.	dhiavat**i**rio
Agent de police	ἀστυφύλακας m.	astif**i**lakas
Consul	πρόξενος m.	pr**o**ksènos

Climat

Beau temps	καλοκαιριὰ f.	*kalokèria*
Mauvais temps	κακοκαιριὰ f.	*kakokèria*
Soleil	ἥλιος m.	*ilios*
Pluie	βροχὴ f.	*vrochi*
Grêle	χαλάζι n.	*chalazi*
Neige	χιόνι n.	*chioni*
Froid	κρύο n.	*krio*
Vent froid	μελτέμι n.	*mèltèmi*
Chaleur	ζέστη f.	*zesti*
Frais	δροσερὸς, -ρὴ, -ρὸ	*dhrosèros, -ri, -ro*
Humide	ὑγρὸς, -ρὴ, -ρὸ	*ighros, -ri, -ro*

Dans la rue

Rue	δρόμος m.	*dhromos*
	ὁδὸς f.	*odhos*
Avenue	λεωφόρος f.	*lèoforos*
Artère	ἀρτηρία f.	*artiria*
Tournant	στροφή f.	*strofi*
La prochaine rue	ὁ πρῶτος δρόμος m.	*o protos dhromos*
La deuxième rue	ὁ δεύτερος δρόμος m.	*o dhèftèros dhromos*
A droite	δεξιὰ	*dhéksia*
A gauche	ἀριστερὰ	*aristèra*
Pouvez-vous me dire?	μπορεῖτε νὰ μοῦ πεῖτε;	*boritè na mou pitè?*
Agent	πράκτορας m.	*praktoras*
	(πράκτωρ)	*(praktor)*
Autobus	λεωφορεῖο n.	*lèoforio*
Tramway	τρὰμ n.	*tram*
Taxi	ταξί n.	*taksi*
Je marche	περπατῶ	*pèrpato*
Je cours	τρέχω	*trècho*
Banque	τράπεζα f.	*trapèza*
Poste	ταχυδρομεῖο n.	*tachidhromio*
Eglise	ἐκκλησιὰ f.	*èklisia*
Théâtre	θέατρο n.	*thèatro*
Château	κάστρο n.	*kastro*
	παλάτι n.	*palati*
Magasin	μαγαζί n.	*maghazi*
	κατάστημα n.	*katastima*
Maison	σπίτι n.	*spiti*
	οἶκος m.	*ikos*

En voyage

L'avion	τὸ ἀεροπλάνο	*to aèroplano*
L'aérodrome	τὸ ἀεροδρόμιο	*to aèrodhromio*
Bateau	βαπόρι n.	*vapori*
Où est la gare?	ποῦ εἶναι ὁ σταθμὸς;	*pou inè o stathmos?*
Le train	τὸ τραῖνο	*to trèno*
Le guichet	ἡ θυρίδα	*i thiridha*
Un billet pour...	ἕνα εἰσιτήριο γιὰ...	*èna issitirio ghià...*
Première, seconde classe	πρώτη, δεύτερη (δευτέρα) θέση f.	*proti, dhèftèri (dhèftèra) thèssi*
Aller-retour	ἐπιστροφὴ f.	*èpistrofi*
Aller simple	ἁπλὴ μετάβαση f.	*apli mètavassi*
Supplément	συμπλήρωμα n.	*simbliroma*

Demi-place	μισὸ εἰσιτήριο n.	*miss**o** isit**i**rio*
Je change	ἀλλάζω	*al**a**zo*
Combien coûte...?	πόσο κοστίζει...;	*p**o**so kost**i**zi...?*
Pouvez-vous me garder cette place?	μπορεῖτε νὰ μοῦ κρατήσετε αὐτὴ τὴ θέση;	*borit**è** na m**ou** krat**i**ssètè aft**i** ti th**è**ssi?*
Je voudrais m'arrêter à...	θὰ ἤθελα νά σταματήσω στὸ...	*tha **i**thèla na stamat**i**sso sto...*
A quelle heure part le train?	τί ὥρα φεύγει τὸ τραῖνο;	*t**i** **o**ra f**è**vghi to tr**è**no?*
A quelle heure arrive-t-il?	τί ὥρα φτάνει;	*t**i** **o**ra ft**a**ni?*
Arrêt	στάση f.	*st**a**ssi*
Bagages	ἀποσκευὲς f. pl.	*aposkèv**è**s*
	πράματα n. pl.	*pr**a**mata*
Consigne	μπαγάζια n. p.l	*bagh**a**zia*
	ἀποθήκη f.	*apoth**i**ki*
Valise	βαλίτσα f.	*val**i**tsa*
Malle	μπαοῦλο n.	*ba**ou**lo*
Wagon-restaurant	βαγόνι φαγητοῦ n.	*vagh**o**ni faghit**ou***
Quai	ἀποβάθρα f.	*apov**a**thra*
Compartiment	διαμέρισμα n.	*dhiam**è**rizma*
Salle d'attente	αἴθουσα ἀναμονῆς	***è**thousa anamon**i**s*
Sortie	ἔξοδος f.	***è**ksodhos*
Entrée	εἴσοδος f.	***i**sodhos*
Porteur	χαμάλης m.	*cham**a**lis*
	βαστάζος m.	*vast**a**zos*
Contrôleur	ἐλεγκτής m.	*èlèngt**i**s*

A la douane

Passeport	διαβατήριο n.	*dhiavat**i**rio*
Carte d'identité	ταυτότητα f.	*taft**o**tita*
Triptyque	τρίπτυχο n.	*tr**i**pticho*
Douanier	τελώνης m.	*tèl**o**nis*
Devises étrangères	συνάλλαγμα n.	*sin**a**laghma*
	ξένα χρήματα n. pl.	*ks**è**na chr**i**mata*
Rien à déclarer?	τίποτα νὰ δηλώσετε;	*t**i**pota na dhil**o**ssètè?*
Ouvrez les bagages	ἀνοίξετε τὰ μπαοῦλα	*an**i**ksètè ta ba**ou**la*
Voilà les clefs	νὰ τὰ κλειδιὰ	*na ta klidh**ia***
Objets usagés	μεταχειρισμένα πράματα	*mètachirizm**è**na pramata*
Objets personnels	προσωπικὰ πράματα	*prosopik**a** pr**a**mata*

A l'hôtel

Pouvez-vous me conseiller un hôtel?	μπορεῖτε νὰ μοῦ συστήσετε ἕνα ξενοδοχεῖο;	*bor**i**tè na m**ou** sist**i**ssètè **è**na ks**è**nodhoch**i**o?*
Prix modéré	λογικὴ τιμὴ f.	*loghik**i** tim**i***
Propre	καθαρὸς, -ρή, -ρὸ	*athar**o**s, -r**i** -r**o***
Pension de famille	πανσιόν(α) f.	*pansi**o**n(a)*
Réservation	ἐνοικίαση f.	*ènik**i**assi*
Avez-vous des chambres?	ἔχετε δωμάτια;	***è**chètè dhom**a**tia?*
Je désire une chambre	θὰ ἤθελα ἕνα δωμάτιο	*tha **i**thèla **è**na dhomatio*
Une chambre à un lit	ἕνα δωμάτιο μὲ ἕνα κρεββάτι	***è**na dhom**a**tio mè **è**na krèv**a**ti*
Une chambre à deux lits	μὲ δυὸ κρεββάτια	*mè dhi**o** krèv**a**tia*
Salle de bains particulière	ἰδιαίτερο μπάνιο	*idhi**è**tèro b**a**nio*

Quel est le prix?	ποιά εἶναι ἡ τιμή;	pia inè i timi?
Service compris	μαζὶ μὲ τὴν ὑπηρεσία	mazi mè tin ipirèsia
Petit déjeuner	πρωϊνὸ	proïno
A quelle heure est servi le dîner?	τί ὥρα τρῶνε;	ti ora tronè?
Réveillez-moi à huit heures	θὰ μὲ ξυπνήσετε στὶς ὀχτὼ (ὀκτὼ)	tha mè ksipnissètè stis ochto (okto)
Donnez-moi l'addition	δῶστε μοῦ τὸ λογαριασμὸ	dhostè mou to logha-riazmo

Au restaurant

Où puis-je trouver un restaurant?	ποῦ θα βρῶ ἕνα ἑστι-ατόριο	pou tha vro èna èstia-torio
Taverne	ταβέρνα f.	tavèrna
Garçon	γκαρσόν(ι) n.	garson(i)
Mademoiselle	δεσποινὶς f.	dhèspinis
Bon marché	φτηνὸ	ftino
Cher	ἀκριβὸ	akrivo
Service compris	μαζὶ μὲ τὴν ὑπηρεσία	mazi mè tin ipirèssia
Bon	καλὸ	kalo
Mauvais	κακὸ	kako
Je mange	τρώω	troo
Je bois	πίνω	pino
J'ai faim	πεινῶ	pino
J'ai soif	διψῶ	dhipso
Nourriture	τροφή f.	trofi
Boisson	πιοτὸ n.	pioto
Boisson alcoolisée	οἰνοπνευματῶδες n.	inopnèvmatodhès
Petit déjeuner	πρωϊνὸ n.	proïno
Déjeuner	πρόγευμα n.	proghèvma
Dîner	γεῦμα n.	ghèvma
Menu	λίστα f.; κατάλογος m.	lista; katalogos
Assiette	πιάτο n.	piato
Verre	ποτήρι n.	potiri
Couteau	μαχαῖρι n.	machèri
Cuiller	κουτάλι n.	koutali
Fourchette	πηρούνι n.	pirouni
Serviette	πετσέτα f.	pètsèta
Tasse	φλιτζάνι n.	flitzani
Sel	ἁλάτι n.	alati
Poivre	πιπέρι n.	pipèri
Moutarde	μουστάρδα f.	moustardha
Huile	λάδι n.	ladhi
Vinaigre	ξύδι n.	ksidhi
Sucre	ζάχαρη f.	zachari
Beurre	βούτυρο n.	voutiro
Pain	ψωμὶ n.	psomi
Vin	κρασί n.	krasi
Bouteille	μποτίλια f.	botilia
Eau	νερὸ n.	nèro
Bière	μπίρα f.	bira
Cidre	μηλίτης m.	militis
Œuf	αὐγὸ n.	avgho
Viande	κρέας n.	krèas
Mouton	ἀρνὶ n.	arni
Agneau	ἀρνάκι n.	arnaki
Porc	χειρινὸ n.	chirino

Poulet	κοτόπουλο n.	kot**o**poulo
Rôti	ψητὸ n.	psit**o**
Ragoût	βραστὸ n.	vrast**o**
Filet	φιλέτο n.	fil**è**to
Côtelette	μπριζόλα f.	briz**o**la
Poisson	ψάρι n.	ps**a**ri
Soupe de poisson	ψαρόσουπα f.	psa**ro**ssoupa
Ragoût de poisson	κακαβιά f.	kakavi**a**
Crevettes	γαριδες f. pl.	ghar**i**dhès
Crabe	καβουρι n.	kav**ou**ri
Moules	μύδια f.	m**i**zia
Poulpes	χταπόδι n.	khta**po**zi
Légumes	χόρτα n. pl. χορταρικὰ n. pl.	ch**o**rta chortarik**a**
Pommes frites	τηγανιτὲς πατάτες f. pl.	tighanit**è**s pat**a**tès
Salade	σαλάτα f.	sal**a**ta
Dessert	γλυκὸ n.	ghlik**o**
Fromage	τυρί n.	tir**i**
Yaourt	γιαούρτι n.	ghia**ou**rti
Fruits	φροῦτα n. pl.	fr**ou**ta
Crème	κρέμα f.	kr**è**ma
L'addition	λογαριασμὸς m.	logharia zm**o**s

Plats de cuisine grecque

Daube à l'étuvée	καπαμᾶς m.	kapam**a**s
Brochettes de viande	σουβλάκια n. pl.	souvl**a**kia
Calmar (petit poulpe)	καλαμαράκια n. pl.	kalamar**a**kia
Grosses crevettes, langoustines	γαρίδες f. pl.	ghar**i**dhès
Soupe à l'œuf et au citron	αὐγολέμονο	avghol**è**mono
Ragoût de mouton ou de tripes	πατσᾶς m.	pats**a**s
Tripes en brochette	κοκορέτσια n. pl.	kokor**è**tsia
Viande fumée	παστουρμᾶς m.	pastourm**a**s
Macaroni et viande hachée	παστίτσιο n.	past**i**tsio
Hachis de viande et d'aubergines	μουσακᾶς m.	mousak**a**s
Courgettes (farcies)	κολοκυθάκια n. pl. (γεμιστὰ)	kolokith**a**kia (ghèmist**a**)
Gombos (cornes grecques)	μπάμιες f. pl.	b**a**miès
Boutargue	αὐγοτάραχο n.	avghot**a**racho
Boulettes de viande hachée à la sauce tomate	σουτζουκάκια n. pl.	soudzouk**a**kia
Mets à l'étuvée, sorte de civet	στιφάδο n. (στιφάτο)	stif**a**dho (stif**a**to)
Boulettes de viande	κεφτέδες m. pl.	kèfth**è**dhès
Riz enrobé dans une feuille de vigne	ντολμάδες m. pl.	dolm**a**dhès
Thon salé	λακέρδα f.	lak**è**rdha
Feuilleté	μπουρέκι n.	bour**è**ki
Gâteau d'amandes, de miel et de sirop	μπακλαβᾶς m.	baklav**a**s
Riz au lait	ριζόγαλο n.	riz**o**ghalo

Gâteau de semoule	χαλβᾶς m.	*chalvas*
Gâteau de vermicelle	καταΐφι n. (κανταΐφι)	*kataïfi (kadaïfi)*

En voiture

Accélérateur	ἀκσελερατὲρ n.	*aksèlèratèr*
Aile	φτερὸ n.	*ftèro*
Allumage	ἀνάφλεξη f.	*anaflèksi*
Automobile	αὐτοκίνητο n.	*aftokinito*
Batterie (à plat)	ἄδειασε ἡ μπαταρία	*adhiassè i bataria*
Boîte de vitesses	γρενάζι n.; ταχύτητες f. pl.	*ghrènazi ; tachititès*
Bougie	μπουζὶ n.	*buzi*
Capot	καπάκι n.; καπώ n.	*kapaki ; kapo*
Coffre	κασόνι n.	*kasoni*
Changement de vitesse	ἀλλαγὴ ταχύτητος f.	*alaghi tachititos*
Clef	κλειδὶ n.	*klidhi*
Clef de contact	ἕνωση f.	*ènossi*
Clef anglaise	γαλλικὸ κλειδὶ n.	*ghaliko klidh*
Clou	καρφὶ n.	*karfi*
Je crève	ἔπιασε τὸ λάστιχο	*èpiassè to lasticho*
Je débraye	ντεμπραγιάρω	*dèbraghiaro*
Démarreur	μίζα f.	*miza*
Direction	τιμόνι n.	*timoni*
J'embraye	ἀμπραγιάρω	*ambraghiaro*
Essence	βενζίνη f.	*vènzini*
	μπεντζίνα f.	*bèndzina*
Essuie-glace	σφουγγιστήρι n.; καθα-	*sfoungistiri ; khataris-*
Feu de circulation	πισινὸ φῶς n. [ριστῆρες	*pisino fos [tires*
Je freine	φρενάρω	*frènaro*
Huile	λάδι	*ladhi*
Manivelle	μαναβέλα f.	*manavèla*
Moteur	μοτὲρ n.	*motèr*
Outil	ἐργαλεῖο n.	*èrghalio*
Pare-brise	μπροστινὸ τζάμι n.	*brostino dzami*
Permis de conduire	ἄδεια f. ὁδηγοῦ	*adhia odhighou*
Phare	φῶς n.	*fos*
	φανάρι n.	*fanari*
Pare-chocs	ταμπὸν n.	*tampon*
Plaque d'immatriculation	μητρῶο n.	*mitroo*
Pneu	λάστιχο n.	*lasticho*
Réservoir	ντεπόζιτο n.	*dèpozito*
Ressort	σοῦστα f.	*sousta*
Silencieux	σιγαστήρας m.	*sighastiras*
Vidange	ἀποκένωση f.	*apokènossi*
Volant	τιμόνι n.	*timoni*
Village	χωριὸ n.	*chorio*
Ile	νησὶ n.	*nissi*
Montagne	βουνὸ n.	*vouno*
Rivière	ποτάμι n.	*potami*
Mer	θάλασσα f.	*thalassa*
Temple	ναὸς m.	*naos*
Antiquités	ἀρχαῖα n. pl	*archèa*
Musée	μουσεῖο n.	*moussio*

Poste

Où est la poste?	ποῦ εἶναι τὸ ταχυδρομεῖο;	*pou inè to tachidhromio?*

Boîte aux lettres	γραμματοκιβώτιο n.	ghramatokiv**o**tio
Levée	ἄδειασμα n.	**a**dhiazma
Lettre	γράμμα n.	ghr**a**ma
	ἐπιστολή f.	èpistol**i**
Carte	κάρτα f.	k**a**rta
	δελτάριο n.	dhèlt**a**rio
Imprimé	ἔντυπο n.	**è**ndipo
Recommandé	συστημένο n.	sistim**è**no
Par avion	ἀεροπορικῶς	aèroporik**o**s
Colis	δέμα n.	dh**è**ma
Timbre	γραμματόσημο n.	ghramat**o**simo
Télégramme	τηλεγράφημα n.	tilèghr**a**fima
Coup de téléphone	τηλεφώνημα n.	tilèf**o**nima
Téléphone	τηλέφωνο n.	til**è**fono
Adresse	διεύθυνση f.	dhi**è**fthinsi

Santé

Médecin	γιατρὸς m.	ghiatr**o**s
Pharmacie	φαρμακεῖο n.	farmak**i**o
Malade	ἄρρωστος, -τη, -το	**a**rostos, -ti -to
Tête	κεφάλι n.	kèf**a**li
(Cela) fait mal	πονᾶ	pon**a**
Cœur	καρδιὰ f.	kardhi**a**
Main, bras	χέρι n.	ch**è**ri
Pied, jambe	πόδι n.	p**o**dhi
Dent	δόντι n.	dh**o**ndi
Dos	ράχη f.	r**a**chi
Ventre	κοιλιὰ f.	kili**a**
Gorge	λαιμὸς m.	lèm**o**s
Poitrine	στῆθος n.	st**i**thos
Œil	μάτι n.	m**a**ti
Oreille	αὐτὶ n.	aft**i**
Nez	μύτη f.	m**i**ti
Bouche	στόμα n.	st**o**ma
Os	κόκκαλο n.	k**o**kalo
Ongle	νύχι n.	n**i**chi
Lèvre	χείλι n.	ch**i**li
Langue	γλῶσσα f.	ghl**o**ssa
Figure	πρόσωπο n.	pr**o**ssopo
Front	μέτωπο n.	m**è**topo
Joue	μάγουλο n.	m**a**ghoulo
Doigt	δάχτυλο	dh**a**chtilo
Sang	αἷμα	**è**ma
Veine	φλέβα f.	fl**è**va
Nerf	νεῦρο n.	n**è**vro
Fièvre	πυρετὸς m.	pirèt**o**s
Alcool	οἰνόπνευμα n.	n**o**pnevma
Aspirine	ἀσπιρίνη f.	aspir**i**ni
Cachet	σκονάκι n.	skon**a**ki
Coton, ouate	βαμπάκι n.	vamb**a**ki
Cataplasme	κατάπλασμα n.	kat**a**plazma
Thermomètre	θερμόμετρο n.	thèrm**o**mètro
Pommade	ἀλοιφὴ f.	alif**i**
Pilule	χάπι n.	ch**a**pi
Fortifiant	τονωτικὸ n.	tonotik**o**
Clinique	κλινικὴ f.	klinik**i**
Hôpital	νοσοκομεῖο n.	nosokom**i**o

Indications bibliographiques cartographiques et discographiques

Pour de plus amples détails sur l'histoire et l'archéologie, vous consulterez les publications périodiques qui, tels le Bulletin de Correspondance hellénique, Hesperia *(en anglais)*, Journal of American School of Archaeology, l'Annual of the British School at Athens, le Jahrbuch des Deutschen Archaeologischen Instituts, *etc., permettent de faire le point, année par année, sur l'état des recherches. L'École française d'Athènes publie les travaux de ses membres (s'adresser à la Diffusion de Boccard, 11, rue de Médicis, 75006 Paris). De nombreux ouvrages ont déjà été publiés sur Delphes, Délos, Thasos, Mallia, Argos, etc.*

Les livres

La Grèce en moins de deux cents pages

Cranaki (M.) : *Grèce et Iles Grecques* (Paris, coll. « Petite Planète », Seuil, 1976 et 1979).

Fakinos (A.) : *Athènes* (Paris, coll. « Petite Planète », Seuil, 1979).

Géographie

Frazer (J. G.) : *Sur les traces de Pausanias* (Paris, les Belles Lettres, 1965).

Kayser (B.) : *La Géographie humaine de la Grèce* (Paris, P. U. F., 1965) ; *Atlas économique et social de la Grèce* (Paris, 1964).

Gaitanidès (J.) : *Grèce antique et moderne* (Bruxelles, Meddens, 1963).

Péchoux (P.-Y.) et Sivignon (M.) : *Les Balkans* (Paris, P. U. F., 1970).

Pédech (P.) : *La Géographie des Grecs* (Paris, P. U. F., 1976).

Sivignon (M.) : *La Grèce sans monuments* (Paris, Hachette, 1978).

Histoire, civilisation

Ahrweiler (H.) : *L'idéologie politique de l'Empire byzantin* (Paris, P. U. F., 1975).

Anzieu (D.) et collab. : *Psychanalyse et culture grecque* (Paris, Les Belles Lettres, 1980).

Austin (M.) et Vidal-Naquet (P.) : *Economies et sociétés en Grèce ancienne* (Paris, A. Colin, 1972).

Aymard (A.) et Auboyer (J.) : *L'Orient et la Grèce antique* (Paris, P. U. F., 1961).

Benoist-Méchin (J.), Bourbon-Busset (J. de), etc. : *Alexandre le Grand* (Paris, Hachette, 1962).

Bon (A.) : *La Morée franque* (Paris, de Boccard, 1969).

Bowra (C.-M.) : *L'Expérience grecque* (Paris, Fayard, 1970).

Chailley (J.) : *La musique grecque antique* (Paris, les Belles Lettres, 1979).

Chamoux (Fr.) : *La civilisation grecque à l'époque archaïque et classique* (Paris, Arthaud, 1963) ; *La civilisation grecque à l'époque hellénistique* (Paris, Arthaud, 1981).

Cloché (P.) : *Le Monde grec aux temps classiques* (Paris, Payot, 1958) ; *La Démocratie athénienne* (Paris, P.U.F., 1951) ; *Le Siècle de Périclès* (Paris, P.U.F., 1949).

Cohen (R.) : *La Grèce et l'hellénisation du monde antique* (Paris, P.U.F., 1948).

Cottrell (L.) : *La porte des Lions. A la recherche des Mycéniens* (Paris, Laffont, 1965).

Dascalakis (A.) : *Problèmes historiques autour de la bataille des Thermopyles* (Paris, de Boccard, 1962).

Delorme (J.) : *La Grèce primitive et archaïque* (Paris, A. Colin, 1969) ; *Le Monde hellénistique* (Paris, S. E. D. E. S., 1975).

Delvoye (Ch.), Roux (S.) et collab. : *La civilisation grecque, de l'Antiquité à nos jours* (2 tomes, Bruxelles, la Renaissance du livre, 1969).

Druon (M.) : *Alexandre le Grand ou le Roman d'un dieu* (Paris, Del Duca, 1958).

Ducellier (A.) : *Le Drame de Byzance. Ideal et échec d'une société chrétienne* (Paris, Hachette, 1976).

Ducellier (A.), Martin (B.) et Kaplan (M.) : *Le Proche-Orient médiéval. Des Barbares aux Ottomans* (Paris, Hachette-Université, 1978).

Ehrenberg (V.) : *L'Etat grec* (Paris, Maspéro, 1976).

Faure (P.) : *La Vie quotidienne en Crète au temps de Minos (1500 av. J.-C.)*, (Paris, Hachette, 1973) ; *La Vie quotidienne en Grèce au temps de la guerre de Troie* (Paris, Hachette, 1975). *La Vie quotidienne des colons grecs au temps de Pythagore* (Paris, Hachette, 1979) ; *Guide grec antique* (Paris, Hachette, 1980) ; *Ulysse le Crétois* (Paris, Fayard, 1980).

Flacelière (R.) : *La Vie quotidienne en Grèce au siècle de Périclès* (Paris, Hachette, 1971) ; *L'Amour en Grèce* (Paris, Hachette, 1971).

Finley (M. I.) : *Les anciens Grecs* (Paris, Maspéro, 1971) ; *Les premiers temps de la Grèce : l'âge du bronze et l'époque archaïque* (Paris, Maspéro, 1973) ; *L'économie antique* (Paris, Ed. de Minuit, 1975).

Finley (M. I.) et collab. : *Problèmes de la terre en Grèce ancienne* (Paris, Mouton, 1973).

Gille (B.) : *Les mécaniciens grecs* (Paris, Seuil, 1980).

Glotz (G.) : *Histoire grecque* (Paris, P.U.F., 1950) ; *La Cité grecque* (Paris, Albin Michel, 1968).

Goukovsky (P.) : *Essai sur les origines du mythe d'Alexandre, I, Les origines politiques* (Nancy, 1978).

Guilloux (A.) : *La civilisation byzantine* (Paris, Arthaud, 1975).

Hatzfeld (J.) : *Histoire de la Grèce ancienne* (Paris, Payot, 1975).

Inlard (J.) : *Histoire de la Crète* (Paris, P.U.F., 1962).

Jardé (A.) : *La Grèce antique et la vie grecque* (Paris, Delagrave, 1971).

Lemerle (P.) : *Philippes et la Macédoine à l'époque chrétienne et byzantine* (Paris, de Boccard, 1946).

Lévêque (P.) : *L'Aventure grecque* (Paris, A. Colin, 1964) ; *La Grèce* (Paris, P.U.F., 1975).

Lloyd (Geoffry E. R.) : *Les débuts de la science grecque, de Thalès à Aristote* (Paris, Maspéro, 1974).

Marrou (H.-I.) : *Histoire de l'éducation dans l'Antiquité* (Paris, Seuil, 1975).

Matz (F.) : *La Crète et la Grèce primitive* (Paris, Albin Michel, 1963).

Méautis (G.) : *Le Crépuscule d'Athènes et Ménandre* (Paris, Hachette, 1954).

Mireaux (E.) : *La Vie quotidienne au temps d'Homère* (Paris, Hachette, 1967).

Mossé (C.) : *Les Institutions poli-*

tiques grecques (Paris, Armand Colin, 1968) ; *La Tyrannie dans la Grèce antique* (Paris, P.U.F., 1969) ; *Histoire d'une démocratie, Athènes* (Paris, Seuil, 1971).

Picard (O.) : *Les Grecs devant la menace perse* (Paris, S.E.D.E.S., 1980).

Procopiou (A.) : *Athènes au temps de Périclès* (Paris, Hachette, 1966).

Robin (L.) : *La Pensée hellénique des origines à Epicure* (Paris, P.U.F., 1967).

Romilly (J. de) : *Thucydide et l'impérialisme athénien* (Paris, les Belles Lettres, 1951) ; *La Loi dans la pensée grecque* (Paris, les Belles Lettres, 1971) ; *Problèmes de la démocratie grecque* (Paris, Hermann, 1975) ; *La douceur dans la pensée grecque* (Paris, les Belles Lettres, 1979).

Roussel (P.) : *Sparte* (Paris, de Boccard, 1960) ; *La Grèce et l'Orient, des guerres Médiques à la conquête romaine* (Paris, P.U.F., 1950).

Schöbel (H.) : *Olympie et ses jeux* (Leipzig, Ed. Leipzig, 1966).

Severyns (A.) : *Les Dieux d'Homère* (Paris, P.U.F., 1966).

Svoronos (N. G.) : *Histoire de la Grèce moderne* (Paris, P.U.F., 1964).

Van Effenterre (H.) : *L'Age grec* (Paris, Le Livre de Poche, 1968).

Vannier (Fr.) : *Le IVe s. grec* (Paris, A. Colin, 1967).

Vernant (J.-P.) et collab. : *Problèmes de la guerre en Grèce ancienne* (Paris, Mouton, 1968).

Warner (R.) : *Périclès l'Athénien* (Paris, Buchet-Chastel, 1964).

Webster (T. B. L.) : *La Grèce, de Mycènes à Homère* (Paris, Payot, 1962).

Will (E.) : *Le Monde grec et l'Orient, I, le Ve siècle* (Paris, P.U.F., 1972). *Histoire politique du monde hellénistique*, 2 vol. (Nancy, Annales de l'Est, 1966-1967).

Will (E.), Mossé (Cl.) et Goukowsky (P.) : *Le Monde grec et l'Orient, II, le IVe s. et l'époque hellénistique* (Paris, P.U.F., 1975).

Zafiropoulo (J.) : *Histoire de la Grèce à l'âge du bronze* (Paris, les Belles Lettres, 1964).

Mythologie, religion

Amandry (P.) : *La Mantique apollinienne à Delphes* (Paris, de Boccard, 1950).

Bérard (V.) : *L'Odyssée, poésie homérique* (Paris, les Belles Lettres, 1955).

Boyancé (P.) : *Le culte des muses chez les philosophes grecs* (Paris, de Boccard, 1973).

Clément (O.) : *Byzance et le christianisme* (Paris, P.U.F., « Mythes et religions », 1964) ; *L'essor du christianisme oriental* (id., 1964).

Defradas (J.) : *Les Thèmes de la propagande delphique* (Paris, les Belles Lettres, 1972).

Delcourt (M.) : *Les Grands sanctuaires de la Grèce* (Paris, P.U.F., 1947).

Des Places (E.) : *La Religion grecque* (Paris, Picard, 1969).

Dugas (Ch.) et Flacelière (R.) : *Thésée* (Paris, de Boccard, 1958).

Festugière (R. P. A.-J.) : *La Vie spirituelle en Grèce à l'époque hellénistique* (Paris, Picard, 1977).

Flacelière (R.) et Devambez (P.) : *Héraclès* (Paris, de Boccard, 1966).

Gernet (L.) : *Anthropologie de la Grèce antique* (Paris, Maspéro, 1976).

Grimal (P.) : *Dictionnaire de la mythologie grecque et romaine* (Paris, P.U.F., 1951) ; *La Mythologie grecque* (Paris, P.U.F., 1953).

Jaeger (W.) : *A la naissance de la théologie* (Paris, Editions du Cerf, 1966).

Jeanmaire (H.) : *Dionysos, histoire du culte de Bacchus* (Paris, Payot, 1951).

Lavedan (P.) : *Dictionnaire illustré de la mythologie et des antiquités grecques et romaines* (Paris, Hachette, 1952).

Martin (R.) et Metzger (R.) : *La Religion grecque* (Paris, P.U.F., 1976).

Méautis (G.) : *Aspects ignorés de la religion grecque* (Paris, de Boccard, 1925) ; *Mythes inconnus de la Grèce antique* (Paris, Albin Michel, 1944) ; *Les Dieux de la Grèce et les mystères d'Eleusis* (Paris, P.U.F., 1959).

Nilsson (M. P.) : *Les Croyances religieuses de la Grèce antique* (Paris, Payot, 1955) ; *Les Dieux de la Grèce* (Paris, Payot, 1981).

Otto (W. F.) : *Dionysos, le mythe et le culte* ; traduit de l'allemand (Paris, Editions du Mercure de France).

Richer (J.) : *Géographie sacrée du monde grec* (Paris, Hachette, 1966).

Robin (L.) : *La Pensée hellénique des origines à Epicure* (Paris, P.U.F., 1967).

Roux (G.) : *Delphes* (Paris, les Belles Lettres, 1976).

Séchan (L.) et Lévêque (P.) : *Les Grandes divinités de la Grèce* (Paris, de Boccard, 1966).

Vernant (J.-P.) : *Mythe et pensée chez les Grecs* (Paris, Maspéro, 1965) ; *Les Origines de la pensée grecque* (Paris, P. U. F., rééd. 1981).

Art, archéologie

Andronicos (M.), Chatzidakis (M.), Karageorghis (V.) : *Les Merveilles des musées grecs* (Paris, Hachette, 1974).

Arias (P. E.) et Hirmer (M.) : *Le Vase grec* (Paris, Flammarion, 1964).

Berve (H.), Gruben (G.) et Hirmer (M.) : *Temples et sanctuaires grecs* (Paris, Flammarion, 1965).

Bréhier (L.) : *Le Monde byzantin* (Paris, Albin Michel, 1947-1950) ; *La Civilisation byzantine* (Paris, Albin Michel, 1970).

Bruneau (Ph.) et Ducat (J.) : *Guide de Délos* (Paris, de Boccard, 1965).

Bruneau (Ph.) : *Mosaïques de Délos* (Paris, de Boccard, 1973).

Cali (F.) : *L'Ordre grec* (Grenoble, Arthaud, 1959).

Chamoux (F.) : *L'Art grec* (Paris, Bibliothèque des Arts, 1966).

Charbonneaux (J.) : *La Sculpture grecque* (Paris, Hazan, 1950) ; *La Sculpture grecque classique* (Paris, Gonthier, 1964) ; *La Sculpture grecque archaïque* (Paris, Gonthier, 1964).

Charbonneaux (J.), Martin (R.) et Villard (F.) : *Grèce archaïque* (Paris, Gallimard, 1968) ; *Grèce classique* (Paris, Gallimard, 1969) ; *Grèce hellénistique* (Paris, Gallimard, 1970).

Delvoye (Ch.) : *L'Art byzantin* (Paris, Arthaud, 1967).

Demangel (R.) : *La Frise ionique* (Paris, de Boccard, 1933).

Demargne (P.) : *Naissance de l'art grec* (Paris, Gallimard, 2e éd., 1974).

Devambez (P.) : *L'Art au siècle de Périclès* (Lausanne, Clairefontaine, 1955) ; *La Peinture grecque* (Paris, Pont-Royal, 1962), *Histoire mondiale de la sculpture : Grèce* (Paris, Hachette, 1978).

Devambez (P.), Flacelière (R.) et Schuhl (P.-M.) : *Dictionnaire de la civilisation grecque* (Paris, Hazan, 1966).

Diehl (Ch.) : *Manuel d'art byzantin* (Paris, A. Picard, 1925-1926) ; *Les Monuments chrétiens de Salonique* (Paris, 1918).

Ecole française d'Athènes : *Guide de Thasos* (Paris, de Boccard, 1967).

Embiricos (A.) : *L'Ecole crétoise, dernière phase de la peinture byzantine* (Paris, les Belles Lettres, 1967).

Ginouvès (R.) : *L'Art grec* (Paris, P.U.F., rééd. 1981).

Grabar (A.) : *L'Art byzantin du Moyen Age* (Paris, Albin Michel, 1963).

La Coste-Messelière (P. de) : *Au musée de Delphes* (Paris, de Boccard, 1970).

Lapalus (E.) : *Le Fronton sculpté en Grèce des origines à la fin du VIe siècle* (Paris, de Boccard, 1968).

Lullies (R.) et Hirmer (M.) : *La Sculpture grecque des débuts à la fin de l'hellénisme* (Paris, Flammarion, 1959).

Mac Donald (W.) : *L'Architecture paléochrétienne et byzantine* (Paris, Ed. des Deux-Mondes, 1963).

Martin (R.) : *Manuel d'architecture grecque, I, matériaux et techniques* (Paris, Picard, 1965) ; *Monde grec,* (« Architecture universelle », Fribourg, Office du livre, 1966) ; *L'Urbanisme dans la Grèce antique* (Paris, Picard, 1974).

Metzger (H.) : *Les Représentations dans la céramique attique du IV*e *s.* (Paris, de Boccard, 1951).

Michélis (P. A.) : *Esthétique de l'art byzantin* (Paris, Flammarion, 1959).

Papaïoannou (K.) et collab. : *L'Art grec* (Paris, Mazenod, 1975).

Picard (Ch.) : *Manuel d'archéologie grecque,* 8 vol. (Paris, Picard, 1936-1966).

Robertson (M.) : *La Peinture grecque* (Genève, Skira, 1959).

Rolley (C.) : *Les Arts mineurs grecs, le bronze* (Paris, les Belles Lettres, 1968) ; *Musée de Delphes : bronzes* (Ecole française d'Athènes, 1979).

Schefold (K.) : *La Grèce classique* (Paris, Albin Michel, 1967).

Schuhl (P.-M.) : *Platon et l'art de son temps* (Paris, P.U.F., 1952).

Stern (H.) : *L'Art byzantin* (Paris, P.U.F., 1966).

Van Effenterre (H.) et Tiré (C.) : *Guide des fouilles françaises en Crète* (Paris, de Boccard, 2e éd., 1978).

Villard (F.) : *Les Vases grecs* (Paris, P.U.F., 1956).

Webster (T. B. L.) : *La Grèce, de Mycènes à Homère* (Paris, Payot, 1963).

Zervos (C.) : *Naissance de la civilisation en Grèce* (Paris, Cahiers d'art, 1963).

Littérature ancienne et moderne

Anthologie des chansons populaires grecques (Paris, Gallimard, 1967).

Brasillach (R.) : *Anthologie de la poésie grecque* (Paris, Stock, 1950).

Bulletin de Bibliographie hellénique (Institut Français d'Athènes, depuis 1946).

Dimaras (C. T.) : *Histoire de la littérature néo-hellénique,* 2 vol. (Paris, Klincksieck, 1967).

Ecrivains grecs d'aujourd'hui, n° spécial de la revue Les Lettres Nouvelles (Paris, mars-avril 1969).

Embiricos (M.) : *La Renaissance crétoise* (Paris, les Belles Lettres, 1960).

Flacelière (R.) : *Histoire littéraire de la Grèce* (Paris, Fayard, 1962).

Grands écrivains du monde : I, Antiquité (Paris, Nathan, 1976).

Lemerle (P.) : *Le Premier humanisme byzantin* (Paris, P.U.F., 1971).

Levesque (R.) : *Domaine grec (1930-1946)* (Genève-Paris, Editions des Trois Collines, 1947).

Malingrey (A.-M.) : *La Littérature grecque chrétienne* (Paris, P.U.F., 1968).

Masai (F.) : *Pléthon et le platonisme de Mistra* (Paris, 1956).

Mirambel (A.) : *La Littérature grecque moderne* (Paris, P.U.F., 1953) ; *Littérature grecque chrétienne,* in *Histoire des littératures,* Pléiade, t. I (Paris, Gallimard, 1955) ; *Littérature byzantine,* ibid. ; *Littérature néo-hellénique,* ibid., t. II (1956).

Robert (F.) : *La Littérature grecque* (Paris, P.U.F., 1949).

Spyridaki (G.) : *La Grèce et la poésie moderne* (Paris, les Belles Lettres, 1954).

Voyages

Bagot (M.) : *Aux îles grecques* (Paris, Hachette, 1977).

Barret (A.) : *Voir la Grèce* (Paris, Hachette, 1979).

Bracquemond (A.) et Doménech (V.) : *En Crète et à Rhodes* (Paris, Hachette, « Les Guides Bleus », 1981).

Charbonneaux (J.) : *Aspects de la Grèce* (Paris, Braun, 1954).

Coate (R.) et Jourdan Laforte (S.) : *Mont Athos, la Sainte Montagne* (Grenoble, Arthaud, 1949).

Déon (M.) : *Le Balcon de Spetsai* (Paris, Gallimard, 1961) ; *Le Rendez-vous de Patmos* (Paris, Plon, 1965).

Dervenn (Cl.) : *Iles grecques* (Paris, Horizons de France, 1954).

Durell (Lawrence) : *Les Iles grecques* (Paris, Albin Michel, 1978).

Flaubert (G.) : *Lettres de Grèce,* publiées par Jacques Heuzey (Paris, 1948).

Herriot (E.) : *Sous l'olivier* (Paris, Hachette, 1930) ; *Mirages de Grèce* (Paris, de Boccard, 1950).

Lacarrière (J.) : *L'Eté grec* (Paris, Plon, 1976) ; *Promenades dans la Grèce antique* (Paris, Hachette, 1978).

Lacretelle (J. de) : *Le Demi-Dieu ou le voyage en Grèce* (Paris, B. Grasset, 1944).

Launay (P.-J.) : *Aux portes de Trézène* (roman, Paris, B. Grasset, 1966).

Matton (R.) : *Hydra ; Rhodes ; La Crète antique ; Corfou ; Athènes et ses monuments du XVIIe s. à nos jours , Mycènes* (coll. Villes et paysages de Grèce, Athènes, Institut Français, 1953 à 1966 ; à Paris, éd. Klincksieck).

Maulnier (T.) : *Cette Grèce où nous sommes nés* (Paris, Flammarion, 1964).

Miller (H.) : *Le Colosse de Maroussi* (Paris, Le Livre de Poche, 1973).

Pausanias : *Description de l'Attique* (trad. et notes de M. Yon ; Paris, Maspéro, 1972).

Roux (J. et G.) : *La Grèce* (Paris, Arthaud, 1957).

Samivel : *Le Soleil se lève en Grèce* (Paris, Arthaud, 1960).

t'Sertevens : *Le Périple des archipels grecs* (Paris, Arthaud, 1963) ; *Itinéraire de la Grèce continentale* (Paris, Arthaud, 1961).

Les cartes

Il existe sur le marché, tant en France qu'en Grèce, quelques cartes routières plus ou moins à jour, plus ou moins précises, mais la plus complète, la mieux documentée, est encore celle éditée par l'*O. N. H. T. (Office National Hellénique du Tourisme),* au 1/1 000 000, avec des agrandissements de l'Attique et de Corfou. Elle est distribuée gratuitement dans les bureaux de l'O. N. H. T. en France, en Belgique, en Suisse et en Grèce. A la même échelle (1/1 000 000), vous pouvez utiliser aussi les cartes *Kummerly + Frey* ou *Ravenstein,* ou encore, au 1/600 000, celle de *Freitag et Brendt,* couvrant la Grèce continentale et la Crète. Les navigateurs peuvent disposer des cartes éditées par le *Service d'Hydrographie de la Marine de Guerre et de l'Amirauté Britannique.* L'O.N.H.T. a également publié une carte où sont indiquées les « marinas » et stations d'approvisionnement pour yachts qui ont été créées en Grèce.

Les disques

Folklore

Grèce, coll. Musique folklorique du monde (Musidisc).

Grèce, coll. Ethnologie vivante (Chant du Monde).
Voyage en Grèce (Chant du Monde).
La Grèce d'hier et d'aujourd'hui (Musidisc).
Les flûtes grecques (Arion).
La Grèce, danses folkloriques (EMI).
Evasion en Grèce (Pathé-Marconi).
La Grèce, coll. Voyage autour du monde (Philips).

Chants et danses populaires

L'Ame grecque, par **Yannis Spanos** (AZ).
Chants et danses de Grèce (Chant du Monde).
La Grèce des temps heureux (album de 2 disques, Polydor).
La Grèce, danses populaires (EMI).
Rizitika, chant profond de la Crète (Arion).

Poésie

Epitaphios, poèmes de **Ritsos** chantés par **M. Théodorakis** (EMI).
Romiossini, poèmes de **Ritsos** chantés par **M. Théodorakis** (EMI).
Chansons de la patrie amère, poèmes de **Ritsos**, musique de **M. Théodorakis** (EMI).
To Axion Esti, oratorio populaire, poèmes de **Odysseas Elytis**, musique de **M. Théodorakis** (EMI).
Chants de la Résistance grecque, par **P. Pandis** (Espérance).
Résurrection, par **A** et **P. Ionatos** (SM).

Bouzouki

Bouzoukia, musique de Grèce (Philips).
Viva Bouzoukia (BAM).
Tsitsani (Columbia).
Bouzouki mon amour (Polydor).
La Grèce, Bouzouki (EMI)
Stavros Xarchakos (Columbia).

Musique religieuse

Hymnes byzantins de l'église orthodoxe grecque (Philips).
La divine liturgie de St Jean Chrysostome (SM).

Musique grecque moderne

Musique sur le thème de Thésée, par **J. Markopoulos** (Philips).
Musique sur le thème d'Electre, par **M. Théodorakis** (Philips), et ses nombreuses autres œuvres (EMI, Chant du Monde, Polydor), ainsi que celles de **Hadjidakis**.
Suite pour orchestre à cordes de **Skalkotas** (Unicorn).
La Grèce, musique d'aujourd'hui (EMI).

Musique grecque antique

Musique de la Grèce antique (Harmonia Mundi/Unesco ; au bénéfice de la restauration de l'Acropole d'Athènes).

Votre voyage

Quand ?

Choisissez sans hésitation les mois de **mai** ou de **juin** si vous avez la chance de pouvoir fixer librement l'époque de votre voyage, ou encore le mois de **septembre** si vous êtes tenté par les bains de mer. Ainsi, vous ne serez pas incommodé par la chaleur, en mai surtout, et vous vous logerez sans problème, sauf à Athènes où la pénurie de chambres (pour les imprudents qui n'ont pas réservé) est presque permanente.
Ou alors voyagez en été : la Grèce accueille le plus grand nombre de visiteurs en cette saison, car **la sécheresse de l'air rend la chaleur supportable** ; sur les côtes et dans les îles, elle est tempérée par les brises marines et les lainages peuvent ne pas être superflus. **N'oubliez pas l'hiver**, car cette saison n'est pas partout une malédiction pour le tourisme : Athènes, Corfou et Rhodes, surtout, offrent des possibilités d'échapper à ses rigueurs, mais attention, vous n'y serez pas sous les tropiques, et certaines grandes vagues de froid peuvent ne pas épargner la Méditerranée orientale et l'Egée. Détail intéressant, vous bénéficierez de réductions non négligeables sur les tarifs hôteliers (de 20 à 30 % selon les mois et les hôtels), mais pas dans tous les établissements.
Voulez-vous **mêler les plaisirs du voyage avec ceux de la vie culturelle**, théâtrale ou musicale ? En ce cas, pensez au **Festival d'Athènes** et aux nombreuses manifestations de l'été. L'*Office National Hellénique du Tourisme* vous donnera tous les renseignements sur les programmes et le calendrier.

Quelques formalités

Le passeport. — Pour un séjour de **moins de trois mois**, la carte nationale d'identité vous suffira, ou même un passeport périmé (depuis moins de cinq ans), sans visa. **Au-delà de cette durée, une adresse utile** : *Direction du Service des Etrangers,* 9, rue Chalcocondili (☎ 3628-301), Athènes.
Le permis de conduire international n'est plus obligatoire pour les ressortissants des pays du Marché commun.

Les vaccinations. — Rien n'est exigé si vous arrivez d'Europe et de Turquie (ou de quelques autres pays), mais l'existence d'une épidémie peut tout remettre en question.

Vos animaux domestiques. — Votre chien aura été vacciné contre la rage depuis moins d'un an et un certificat de vétérinaire l'attestera ; votre chat sera, lui aussi, muni d'un certificat de vétérinaire. Mais sachez que vos animaux ne seront généralement guère appréciés en Grèce.

La douane. — Elle ne sera pas féroce, sauf si vous tentez d'exporter une autre Vénus de Milo ou quelque antiquité moins huppée ; si tel est votre cas, sachez que les autorisations de sortie d'œuvres d'art sont tout à fait exceptionnelles (rens. au *Service Archéologique,* section des marchands d'antiquités, 13, rue Polygnotou, Athènes, qui fixera une taxe d'exportation pouvant atteindre 50 % de la valeur déclarée). Les tolérances en ce qui concerne les effets personnels, les alcools, les cigarettes, caméras, appareils photographiques, etc., sont celles de la plupart des autres pays d'Europe occidentale.
Les voitures, caravanes et remorques sont admises en franchise pendant quatre mois, par simple inscription sur le passeport du propriétaire ou de l'ayant droit. La carte verte est indispensable (sinon vous contracterez une assurance en entrant dans le pays). Votre yacht — supposons que vous en ayiez un — sera admis librement, mais vous devrez obligatoirement accomplir les formalités d'entrée (ou de sortie) dans l'un des ports autorisés (l'*Office National Hellénique du Tourisme* vous en procurera la liste).
Renseignements douaniers : *Service des Recherches Douanières,* 53-55, rue Haghiou Konstantinou (☎ 5249-338), Athènes.

Devises. — Si l'on est toujours prêt, en Grèce comme ailleurs, à vous accueillir librement avec une quantité illimitée de devises, il faut bien que celles-ci sortent auparavant de quelque autre pays : informez-vous auprès de votre banque au sujet des sommes que vous êtes autorisé à sortir de France sous forme de chèques de voyage, de lettres de crédit et de billets de banque français, un peu avant votre départ (au moins une semaine en été).
Sachez cependant que vous pouvez importer en Grèce jusqu'à 1 500 drachmes, en billets de banque exclusivement.

Le voyage par avion

AIR FRANCE

Paris-Athènes en 2 h 55 par les vols les plus rapides, une quarantaine de liaisons par semaine, principalement par les deux compagnies régulières nationales *Air France* et *Olympic Airways,* mais aussi plusieurs vols par semaine entre Lyon, Marseille, Toulouse, Nice et Athènes, ainsi qu'entre Paris et Thessalonique (par charters), telle est la desserte aérienne de la Grèce. Ajoutez des liaisons directes, régulières et nombreuses entre Bruxelles, Genève, Luxembourg, Zurich et Athènes, et vous ne vous étonnerez plus d'entendre si souvent parler le français sur l'Acropole.

Renseignements et réservations :

Bordeaux : *Air France,* 29, rue Esprit-des-Lois (✆ 98-83-16).

Bruxelles : *Olympic Airways,* 138 a, avenue Louise (✆ 49-81-58) ; — *Sabena,* 35, rue Cardinal-Mercier (✆ 11-90-60).

Genève : *Olympic Airways,* 4, rue de la Tour-de-l'Ile (✆ 21-96-21) ; — *Swissair,* gare de Cornavin (✆ 31-98-01).

Lille : *Air France,* 10, rue Jean-Roisin (✆ 57-67-90) ; — *Olympic Airways,* 32, place Sébastopol (✆ 54-08-25).

Lyon : *Air France,* 10, quai Jules-Courmont (✆ 842-58-79) ; — *Olympic Airways,* 57, rue du Pdt-Herriot (✆ 837-44-97).

Marseille : *Air France,* 14, La Canebière (✆ 54-92-50).

Nantes : *Air France,* place Neptune (✆ 47-00-32) ; — *Olympic Airways,* 4, rue Maurice-Sibille (✆ 73-84-77).

Nice : *Air France,* 7, avenue Gustave-V (✆ 83-91-01).

Paris : *Air France,* réservation ✆ 535-61-61 ; nombreuses adresses dont 119, avenue des Champs-Elysées, 8e (✆ 299-23-64), aérogare des Invalides (✆ 323-96-53) ; — *Olympic Airways,* 3, rue Auber, 9e (✆ 742-87-99 ; réserv. 265-92-42).

Toulouse : *Air France,* 2, bd de Strasbourg (✆ 62-70-76).

Zurich : *Olympic Airways,* Talstasse 66 (✆ 27-37-37) ; — *Swissair,* Bahnofstrasse (✆ 812-12-12).

Le voyage par bateau

Au départ de la France. — Outre les croisières, très nombreuses, mais que l'on ne peut que difficilement utiliser pour un trajet France-Grèce *(Paquet),* la compagnie *Türkiye Denizcilik Bankasi* (lignes maritimes turques) assure des liaisons entre Marseille et Le Pirée, sujettes cependant aux aléas de la politique...

Au départ de l'Italie. — Les possibilités sont beaucoup plus considérables et un véritable pont maritime — y compris par car-ferries — est établi entre la péninsule italienne et la Grèce. Sous réserve de modifications saisonnières, ce sont :

— au départ de Venise, les services assurés vers Le Pirée (38 h) et, pour certains, Rhodes (61 h), par les compagnies *Adriatica, Hellenic Mediterranean Lines, Karageorgis Lines ;*

— au départ d'Ancône, vers Patras (35 h) et Le Pirée (40 h), par les compagnies *Karageorgis Lines, Strintzio Lines S.A., Libra Maritime, D.F.D.S.-Seaways ;*

— au départ de Bari, vers Corfou (12 h), Igoumenitsa (14 h) et vers Patras (19 h 30) par les ferries de l'*Epirus Lines* et *Sandpiper Maritime Inc. ;*

— au départ de Brindisi, vers Patras (18 h) par *Adriatica, Hellenic Mediterranean Lines, Achaïc Lines, Fragline, Libra Maritime, Greek Ferry Lines, Ionian Lines.*

Il existe en outre en saison un **service d'hydroglisseurs** entre Brindisi et Corfou, en 3 h 30, exploité par *Adriatica, Hellenic Mediterranean Lines* et *Aliscafi,* service doublé entre la mi-juillet et la fin août avec escale à Otrante (4 h 30 de voyage).

Renseignements et réservations :

Adriatica : *C.I.T.*, 5, boulevard des Capucines, 75002 Paris (✆ 266-46-50).

Chandris Lines : 36 *bis*, avenue de l'Opéra, 75002 Paris (✆ 266-90-16).

Epirus Lines et D.F.D.S. : *Navifrance*, 20, rue de la Michodière, 75002 Paris (✆ 266-65-40).

Hellenic Italian Lines (HELIT) et Fragline : *Sirt Tours*, 9, rue de l'Echelle, 75001 Paris (✆ 260-31-66).

Hellenic Mediterranean Lines : *Y Tours*, 19, rue de la Michodière, 75002 Paris (✆ 742-22-84).

Libra Maritime et Mediterranean Sun Line : *Y Tours*, 19, rue de la Michodière, 75002 Paris (✆ 073-60-45).

Compagnie des Croisières Paquet : 5, boulevard Malesherbes, 75008 Paris (✆ 266-57-59) ; agences à *Bordeaux, Lille, Lyon, Marseille, Nancy, Nice* et *Rennes*.

R Line, Karageorgis Lines et ***Trans Tirreno Express*** : *Air Grèce*, 1, place André-Malraux, 75001 Paris (✆ 261-82-82).

Türkiye Denizcilik Bankasi, Strintzis Lines : agence *Worms*, 28, rue Caumartin, 75009 Paris (✆ 742-15-54).

Le voyage par le train

Paris (gare de Lyon) est à 3185 km et à 60 h d'Athènes via Lausanne, Milan, Belgrade et Thessalonique par des trains rapides quotidiens avec des wagons de 1re et 2e classes (trains directs avec wagons-lits en 1re classe, deux fois par semaine).

Renseignements S.N.C.F., gare de Paris-Lyon (✆ 345-92-22).

Le voyage en voiture

Athènes est à 3082 km de Paris par « l'itinéraire italien », via Mâcon, Annemasse, le tunnel du Mont-Blanc, Milan, Trieste, Ljubljana, Zagreb, Belgrade et Skopje. C'est l'**itinéraire le plus rapide**, le plus facile, avec d'excellentes autoroutes ou routes en Italie et en Yougoslavie.

Par « l'itinéraire allemand et autrichien », Athènes est à 3060 km de Paris via Strasbourg, Munich, Salzbourg, Badgastein, Villach, Ljubljana, Zagreb, Belgrade et Skopje, avec des autoroutes sur la majeure partie du trajet.

Le voyage organisé

Vers la Grèce, vous trouverez de tout, depuis le prêt-à-bronzer (avec quelques chances d'évasion) jusqu'au voyage hautement culturel, dans l'ensemble des programmes offerts sur le marché français du voyage organisé. Vous en connaissez le principe : vous confiez à un spécialiste le soin d'organiser votre voyage dans ses détails matériels (logement, transport, etc.), mais pas nécessairement celui de décider pour vous de ce que vous devrez visiter : ceci est la **formule dite « prenez le volant »**, peut-être la plus intéressante.
Elle consiste à garantir, pour un prix forfaitaire global, le transport jusqu'en Grèce, le séjour dans les hôtels et la mise à disposition

d'une voiture, généralement avec kilométrage illimité, seule l'essence restant à la charge du voyageur ; dans ce système « à la carte », vous choisirez votre catégorie d hôtel (en demi-pension) et déterminerez vos étapes, ou, au contraire, vous opterez pour le circuit libre, c'est-à-dire sans frais d'hôtel. Vous aurez encore la possibilité de combiner le circuit avec un séjour dans une station balnéaire, une ville ou un village de vacances, etc.
Reste enfin le **voyage collectif.**

Outre les voyages culturels proposés par l'*Association Guillaume Budé,* 95, bd Raspail, 75006 Paris (☎ 548-70-55), et diverses associations de conférences et voyages culturels, **vous trouverez dans la plupart des agences de voyages** les programmes organisés notamment par :

Air Grèce, Airtour, Euro 7, Jet Tours, Tourcpa, Vacances 2000 et *Voyage Conseil* (43-45, av. de l'Opéra, 75002 Paris, ☎ 296-12-71, et dans les agences du *Crédit Agricole*), et par :

Club Méditerranée, 2, pl. de la Bourse, 75002 Paris (☎ 266-92-01), 90 av. des Champs-Elysées, 75008 Paris ; 19, av. d'Italie, 75013 Paris ; 106, rue de Rennes, 75006 Paris ; 142, av. du Prado, 13008 Marseille (☎ 81-74-40) ; 9, place du Théâtre, 59000 Lille (☎ 55-35-45).

Havas Voyages, 26, av. de l'Opéra, 75002 Paris (☎ 073-56-41) et dans ses nombreuses agences de Paris et de province.

Jeunes Sans Frontières, 7, rue de la Banque, 75002 Paris (☎ 261-53-21) et 6, rue Monsieur-le-Prince, 75006 Paris (☎ 325-58-35).

Fram, 79, Champs-Elysées, 75008 Paris (☎ 723-54-45) et 1, rue Lapeyrouse, 31008 Toulouse (☎ 23-11-70).

Jumbo, 19, av. de Tourville, 75007 Paris (☎ 705-01-95) et dans les agences Air France.

Kuoni, 33, bd Malesherbes, 75008 Paris (☎ 265-37-36) ; 15 *bis,* av. Alsace-Lorraine, 38000 Grenoble (☎ 87-83-42) ; 14, rue de la Barre, 69000 Lyon (☎ 842-57-51) ; 1, av. du Maréchal-de-Lattre, 68100 Mulhouse (☎ 45-16-16) ; 3, bd Victor-Hugo, 06000 Nice (☎ 87-79-44) ; 36, rue du Vieux-Marché-aux-Vins (☎ 32-86-85).

Navifrance, 20, rue de la Michodière, 75002 Paris (☎ 266-65-40).

Pharos France, 2, rue de l'Echelle, 75001 Paris (☎ 260-30-18).

Sirt-Tours, 5, av. de l'Opéra, 75001 Paris (☎ 260-31-66) ; 45, rue Ney, 69006 Lyon (☎ 52-44-00).

Cosmovel, 7, rue de la Paix, 75002 Paris (☎ 261-57-33).

Cruise Air, 36 *bis,* av. de l'Opéra, 75002 Paris (☎ 266-03-24).

Sip Voyages, 1, rue Garancière, 75006 Paris (☎ 329-56-70).

V. V. T., 5, bd de Vaugirard, 75015 Paris (☎ 538-20-00) ; 11, quai des Célestins, 69002 Lyon (☎ 37-83-90) ; 52, av. du Pdt-Kennedy, 59000 Lille (☎ 52-26-77) ; 20, rue de la Commanderie, 54000 Nancy (☎ 327-30-28).

La Grèce touristique

Il est de tradition d'affirmer l'utilité d'un voyage en Grèce comme un **indispensable complément de culture générale** : il vous offrira en effet un tableau concret des chefs-d'œuvre de l'Antiquité que l'archéologie met peu à peu au jour. Mais, si comme nous n'en doutons pas, vous êtes un voyageur curieux, vous ferez bien de ne pas vous limiter à l'Antiquité, qu'elle soit minoenne, mycénienne ou classique, et vous songerez qu'il existe d'autres monuments, byzantins, francs ou vénitiens, qui méritent eux aussi d'être vus, de même qu'il convient de ne pas oublier que la Grèce est un pays vivant. Il est, pour s'en rendre compte, quelques lieux ou moments privilégiés, souvent portés sur la scène par le hasard : une arrivée au Pirée, au petit matin, une kermesse dans un village crétois, une noce à Metsovon, le bouzouki dans un faubourg du Pirée... Quant aux paysages, sereins ou fantastiques mais toujours séduisants, ils pourraient à eux seuls justifier un voyage en Grèce....

Que voir en Grèce? — Les cartes des pages 170-171 vous permettront de vous rendre compte de la localisation et de la répartition géographique des richesses qui seront à votre portée en Grèce, qu'elles soient archéologiques, monumentales, picturales, ou qu'il s'agisse de paysages ou de folklore. Vous y retrouverez la triple hiérarchie qui correspond aux attributions des étoiles dans le texte de nos descriptions : * remarquable. — ** très intéressant. — *** exceptionnel.

Les îles. — Par le caractère découpé de ses côtes, mais surtout par ses îles, la Grèce est le pays de la mer, pays de marins, de pêcheurs, d'armateurs. Aujourd'hui, les îles sont un atout majeur du développement touristique de la Grèce. Corfou, Mykonos, Rhodes seront le séjour de ceux qu'attire l'animation des stations estivales, mais il existe encore quelques îles préservées de l'afflux saisonnier, surtout dans les Cyclades. Elles peuvent parfois être atteintes depuis Le Pirée, mais le plus souvent ne peuvent l'être que depuis les grandes îles voisines : Milo pour Kimolos, Siphnos ou Folegandros, Ios pour Sikinos, Naxos pour Iraklia, Schinoussa, Koufonissa, Donoussa ou Amorgos, Théra pour Anafi. Y prévoir le logement chez l'habitant et le transport à dos d'ânes... L'histoire aussi est présente aux îles grecques : découvertes minoennes de Théra (Santorin), illustre ville antique de Délos, temple d'Aphaia à Egine, ombre de saint Jean à Patmos ou souvenirs médiévaux à Rhodes. Bien sûr, c'est en bateau qu'il faut les visiter (V. la Grèce en bateau), bien que l'avion permette maintenant d'en atteindre très rapidement quelques-unes.

Quelques circuits classiques. — La carte des principales curiosités devrait vous permettre d'établir vous-même votre programme de voyage, mais cependant, pour vous aider dans votre choix, nous vous présentons, ci-après, quatre programmes d'une à trois semaines en Grèce continentale (si l'on excepte une brève excursion à Mykonos et à Délos), ainsi qu'une extension de programme en Crète et deux circuits nautiques en mer Egée, simples suggestions au cas où, disposant d'un yacht, vous seriez le seul maître à bord, après Poséidon.

1. Programme d'une semaine à partir d'Athènes (1 055 km)

1er et 2e jours : visite d'Athènes et excursion au cap Sounion (132 km) ; V. le plan de visite d'Athènes.

YOUGOSLAVIE
ALBANIE
Pella
Thessaloniqu
Lefcadia Naoussis
Kastoria
Vergina
Mont Olympe
Metsovon
MÉTÉORES
Vallée de Tempé
Ioannina
Dodone
ILE DE CORFOU
PÉLIO
Parga
Nékromantion
Ile de Skiat
Arta
ROUTE AGRINION LAMIA
Nicopolis
Lamia
Ædipsos
Route Lamia Amfissa
Ile de Leucade
DELPHES
Ile d'Ithaque
Agrinion
Amfissa
Hosios-Loukas
Thèbes
MER
IONIENNE
Diakopton
Pérachor
Ile de Céphalonie
Kalavryta
Sicyône
Anc. Corinthe
MYCÈNES
EP
Langadia
Ile de Zante
OLYMPIE
Argos
Andritséna
Nau
Tripolis
TIRYNTH
Phigalie
Bassæ
Messène
Spet
Palais de Nestor (Pylos)
MYSTRA
Pylos
Monemvasi
Grottes de Dirou
MER

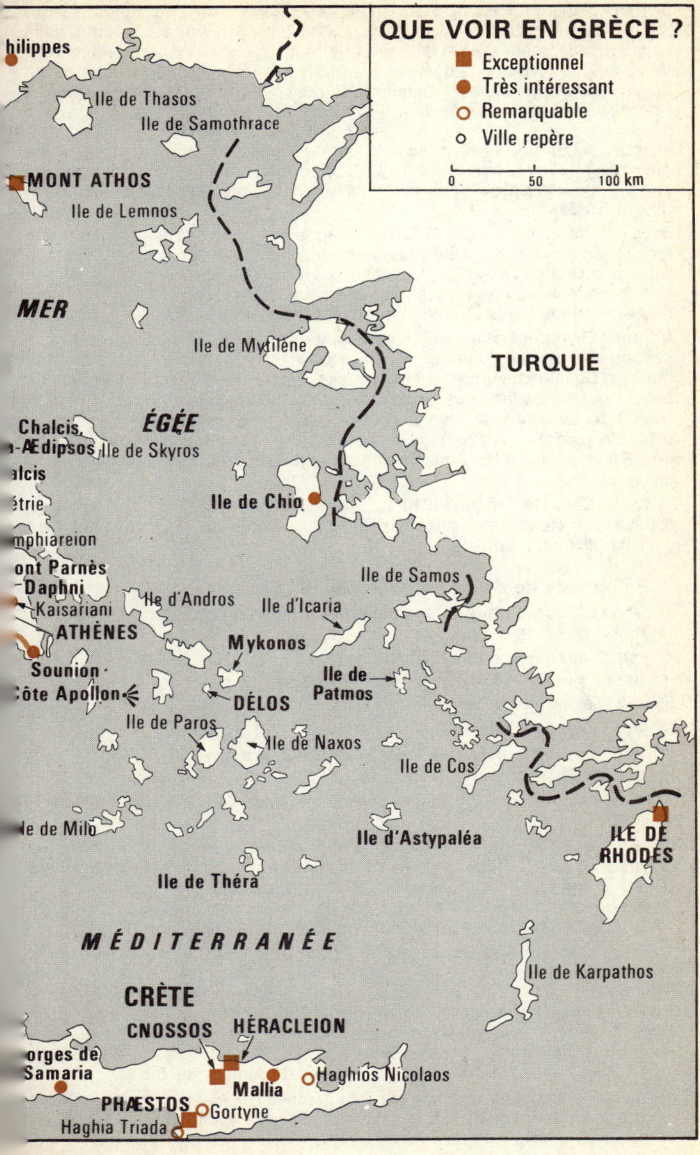
QUE VOIR EN GRÈCE ?
Exceptionnel
Très intéressant
Remarquable
Ville repère
0
50
100 km
hilippes
Ile de Thasos
Ile de Samothrace
MONT ATHOS
Ile de Lemnos
MER
Ile de Mytilène
TURQUIE
ÉGÉE
Chalcis
-Ædipsos
Ile de Skyros
alcis
étrie
Ile de Chio
mphiareion
ont Parnès
Daphni
Kaisariani
ATHÈNES
Ile d'Andros
Ile de Samos
Ile d'Icaria
Mykonos
Sounion
Côte Apollon
DÉLOS
Ile de Patmos
Ile de Paros
Ile de Naxos
Ile de Cos
le de Milo
Ile d'Astypaléa
ILE DE RHODES
Ile de Théra
MÉDITERRANÉE
Ile de Karpathos
CRÈTE
CNOSSOS
HÉRACLEION
orges de Samaria
Haghios Nicolaos
Mallia
PHÆSTOS
Gortyne
Haghia Triada

3e jour : **Athènes-Nauplie** (160 km ; cartes-itinéraires 5 et 6) ; après la visite du monastère byzantin de **Daphni**, découvrez l'**Ancienne Corinthe**, puis déjeunez dans une taverne le long de la route qui vous mènera à **Mycènes**. Vous imaginerez un peu du passé des Atrides en visitant les tombes et ce qui fut le sanglant palais d'Agamemnon et de Clytemnestre. Avant d'arriver à Nauplie, examinez les remparts cyclopéens de **Tirynthe**, s'il n'est pas trop tard.

4e jour : **excursion en Argolide** à partir de Nauplie (84 km) ; visitez le matin **Tirynthe** et **Argos**, puis revenez à **Nauplie** où vous déjeunerez au port ou sur la plage de **Tolon** ; dans l'après-midi, rendez-vous au sanctuaire d'Asclépios, à **Epidaure**.

5e jour : **Nauplie-Olympie** (203 km ; carte-itinéraire 7) ; ce sera d'abord une longue promenade à travers les montagnes du Péloponnèse, la sauvage Arcadie qui contraste avec la douceur du paysage du site d'Olympie, si propice aux réconciliations des anciens Hellènes ; un départ matinal vous permettra d'arriver sur les bords de l'Alphée à l'heure du déjeuner.

6e jour : **Olympie-Delphes** (266 km ; cartes-itinéraires 7, 9 et 4) ; ce sera une journée chargée, au cours de laquelle vous franchirez le détroit à l'entrée du golfe de Corinthe, pour emprunter ensuite la route d'Andirrhion à Delphes. La beauté des paysages vous fera oublier la longueur de la route. Déjeunez à **Naupacte**, au bord de la mer, ou, si vous aimez les senteurs rustiques d'autrefois, dans le village montagnard de **Lidorikion** ; une arrivée à **Delphes** en plein après-midi vous permettra de commencer la visite du grand sanctuaire apollinien.

7e jour : **Delphes-Athènes** (210 km ; cartes-itinéraires 4 et 3) ; de bon matin, achevez la visite du sanctuaire, puis regagnez Athènes en visitant le monastère byzantin d'**Hosios Loukas**.

2. Programme de deux semaines à partir d'Athènes (1 335 km)

1er, 2e et 3e jours : **visite d'Athènes et excursion au cap Sounion** (132 km) ; V. le plan de visite d'Athènes.

4e jour : **Athènes (Le Pirée)-Mykonos** ; en bateau, bien sûr, car c'est le seul moyen de découvrir les Grecs tout en voyageant.

5e jour : **excursion à Délos**, au départ de Mykonos.

6e jour : **Mykonos-Athènes**.

7e jour : **Athènes-Nauplie** (160 km ; cartes-itinéraires 5 et 6) ; V. programme 1, 3e jour.

8e jour : **excursion en Argolide** à partir de Nauplie (84 km) ; V. programme 1, 4e jour.

9e jour : **Nauplie-Sparte** (146 km ; carte-itinéraire 6) ; un départ matinal vous amènera à **Sparte** à l'heure du déjeuner, mais vous préférerez une taverne à **Mistra**, 5 km plus loin. Vous serez ainsi à pied d'œuvre pour visiter ce qui justifie un détour vers Sparte : une ville byzantine, dans un site étonnant, qui évoque d'une façon extraordinaire le passé médiéval de la Grèce.

10e jour : **Sparte-Andritséna** par le Magne (214 km ; cartes-itinéraires 8 et 7) ; ce sera une assez longue journée : vous irez voir les **grottes de Dirou**, au-delà d'Aréopolis, où vous parcourrez en bateau l'une des plus grandes curiosités naturelles du pays ; à l'heure du déjeuner, vous arriverez à Kalamata (vous préférerez l'une des tavernes du bord de mer avant d'atteindre Kalamata). L'après-midi, vous effectuerez l'excursion jusqu'à **Messène**, puis, en fin de journée, à partir d'Andritséna, celle du **temple de Bassæ**.

11e jour : **Andritséna-Olympie** (85 km ; carte-itinéraire 7) ; un voyage assez rapide dans la profonde vallée de l'Alphée vous conduira pour l'heure du déjeuner au prestigieux site d'**Olympie**.

12e jour : Olympie-Delphes (266 km ; cartes-itinéraires 7, 9 et 4) ; V. programme 1, 6e jour (mais prenez votre temps, car vous séjournerez à **Delphes** le lendemain).

13e jour : Delphes ; excursion à **Itéa** (38 km).

14e jour : Delphes-Athènes (210 km ; cartes-itinéraires 4 et 3) ; V. programme 1, 7e jour.

3. Programme de trois semaines à partir de Corfou (2317 km)

1er jour : Corfou (120 km) ; visitez la ville et effectuez, dans les environs, les promenades 1 et 5.

2e jour : Corfou-Igouménitsa-Arta (120 km ; carte-itinéraire 10) ; tôt le matin, prenez le ferry-boat pour Igouménitsa (**réservez la veille** votre place pour la voiture), puis la route d'**Arta** ; en cours de route, faites trois crochets, l'un vers **Parga** où il sera le plus agréable de déjeuner, un autre vers le **Nékromanteion** et enfin vers **Nicopolis.**

3e jour : Arta-Olympie (275 km ; cartes-itinéraires 10 et 9) ; étape d'un intérêt assez mince avant d'arriver à **Olympie,** à moins que vous ne soyiez un passionné d'archéologie (Stratos, musée de Patras).

4e jour : Olympie.

5e jour : Olympie-Pylos (139 km ; carte-itinéraire 9) ; visitez au passage le fameux **palais de Nestor,** puis Pylos (Navarin), dont la rade mérite une excursion en bateau, à moins que vous ne préfériez aller voir la forteresse vénitienne de Méthoni (20 km supplémentaires, aller et retour).

6e jour : Pylos-Sparte par le Magne (226 km ; cartes-itinéraires 8 et 6) ; au-delà d'Aréopolis, allez visiter les **grottes de Dirou,** l'une des plus grandes curiosités naturelles de la Grèce, où vous déjeunerez ; vous arriverez ainsi assez tôt à **Sparte** pour effectuer l'excursion de **Mistra,** une ville byzantine dans un site étonnant.

7e jour : Sparte-Andritséna (224 km ; cartes-itinéraires 8 et 7) ; V. programme 2, 10e jour, mais vous gagnerez Kalamata par la route la plus directe.

8e jour : Andritséna-Nauplie (177 km ; carte-itinéraire 7) ; voyez au passage les ruines de la Grande Cité, c'est-à-dire de **Mégalopolis** ; vous arriverez probablement assez tôt à **Nauplie** ; dans l'après-midi, vous pourrez ainsi aller visiter **Tirynthe** et **Argos.**

9e jour : excursion en Argolide à partir de Nauplie (60 km), vers le sanctuaire d'Asclépios, à Epidaure.

10e jour : Nauplie-Athènes (160 km ; cartes-itinéraires 6 et 5) ; V. programme 1, 3e jour.

11e, 12e et 13e jours : Athènes et excursion au cap Sounion (132 km) ; V. le plan de visite d'Athènes.

14e, 15e et 16e jours : Athènes (Le Pirée)-Mykonos et retour ; V. programme 2, 4e, 5e et 6e jours.

17e jour : Athènes-Delphes (210 km ; cartes-itinéraires 3 et 4) ; V. programme 1, 7e jour.

18e jour : Delphes-Volo (206 km ; cartes-itinéraires 4, 3 et 2) ; gagnez Lamia, où vous déjeunerez, en faisant un crochet vers les Thermopyles, puis Volo.

19e jour : excursion dans le Pélion à partir de Volo (205 km) ; V. environs de Volo, 7.

20e jour : Volo-Kalambaka (157 km ; carte-itinéraire 11) ; un départ pas trop matinal vous amènera malgré tout à Kalambaka pour l'heure du déjeuner ; vous aurez donc, dans l'après-midi, tout le loisir de visiter ces fameux **Météores,** ou monastères en l'air.

21ᵉ jour : **Kalambaka-Igouménitsa** (238 km ; carte-itinéraire 11) ; ce sera un itinéraire de montagne, très sinueux, mais vous vous reposerez des fatigues du voyage en visitant **Metsovon**, un village qui a conservé toute la rude noblesse des bourgs de la chaîne du Pinde, et **Ioannina**, où vous déjeunerez au bord du lac ; un départ matinal de Kalambaka devrait vous permettre d'aller voir le site de l'antique **Dodone** (42 km supplémentaires aller et retour).

4. Programme de trois semaines à partir de Thessalonique (2 684 km)

1ᵉʳ jour : **Thessalonique**, la ville d'art byzantin la plus intéressante de la Grèce.

2ᵉ jour : **Tessalonique-Kalambaka** (206 km ; carte-itinéraire 12) ; V. programme 3, 20ᵉ jour.

3ᵉ jour : **Kalambaka-Arta** (275 km ; cartes-itinéraires 11 et 10) ; V. programme 3, 21ᵉ jour, mais n'oubliez pas que vous devez prendre la route d'Arta à partir de Ioannina.

4ᵉ au 20ᵉ jour : V. programme 3, du 3ᵉ au 19ᵉ jour.

21ᵉ jour : **Volo-Thessalonique** (337 km ; cartes-itinéraires 2, 12 et 13) ; après Larissa, arrêtez-vous quelques instants dans la fraîche **vallée de Tempé** ; après Katérini, suivez l'ancienne route de Thessalonique jusqu'à Aighinion, d'où vous ferez un crochet vers **Verria**, en passant par **Palatitsa** (palais macédonien), puis gagnez Thessalonique en passant par **Lefcadia Naoussis** (hypogée romain orné de peintures) et **Pella** (ancienne capitale macédonienne).

5. Voyage complémentaire en Crète (5 jours ; 510 km)

1ᵉʳ jour : **La Canée** ; si, comme nous vous le conseillons, vous vous êtes embarqué au Pirée la veille au soir, vous serez à pied d'œuvre, en Crète, le matin du 1ᵉʳ jour, que vous consacrerez à la visite de la ville et de ses environs.

2ᵉ jour : **La Canée-Héracleion** (138 km ; carte-itinéraire 15) ; un départ matinal vous amènera de très bonne heure à **Héracleion** où vous visiterez l'important **musée archéologique**, et, l'après-midi, **Cnossos**, la plus prestigieuse capitale minoenne.

3ᵉ jour : **excursion dans la Messara**, au départ d'Héracleion (180 km) ; V. Crète, section 4.

4ᵉ jour : **Héracleion-Haghios Nicolaos** (125 km ; carte-itinéraire 15) ; pour ne pas emprunter le même itinéraire au retour, vous irez à Haghios Nicolaos en passant par la haute **plaine du Lassithi**, à partir de Chersonissos ; dans les environs d'Haghios Nicolaos, visitez **Kritsa** et **Lato**.

5ᵉ jour : **Haghios Nicolaos-Héracleion** (67 km ; carte-itinéraire 15) ; visitez **Mallia**, mais arrivez assez tôt à Héracleion pour être en mesure de vous embarquer le soir même à destination du Pirée, où vous arriverez le lendemain matin, très tôt.

6. Croisière dans le golfe Saronique et vers les Cyclades (environ deux semaines et 530 milles nautiques)

Les indications données ci-après et sous le titre de la croisière suivante ne sont que des suggestions pour des programmes individuels et rien d'autre que des suggestions, tant il est vrai que le nombre des croisières possibles peut varier à l'infini dans les mers grecques. Ne comptent-elles pas plus d'un millier d'îles et d'îlots, et une multitude de petites marines sur les côtes continentales, dont certaines sont aussi isolées que les îles les plus difficilement accessibles ? Une fois réunis, tous les programmes de croisières des agences de voyages pourraient composer une très copieuse et très embarrassante carte, mais ici, c'est de libre-service qu'il faudrait pouvoir parler, un libre-service où jamais personne ne vous reprochera d'être gourmand. Dans le cadre précis des deux croisières que nous avons choisies à votre intention, nos indications concernant la durée ont, bien entendu, une valeur toute relative; tout dépendra, notamment, du bateau qui vous conduira et d'autres facteurs, tels le vent, la houle et, pourquoi pas, vos caprices. Vous comprendrez pourquoi nous n'avons pas jugé utile de vous présenter un programme au jour le jour mais plutôt de vous signaler brièvement les possibilités d'excursions à partir des points d'escale.

Golfe Saronique : Egine : excursion au **temple d'Aphaia**, à 12 km d'Egine (taxis, autobus) ou à 8 km de la baie d'Haghia Marina, l'une des plus agréables de l'île. — **Poros** (couvent de la Panaghia et sanctuaire de Poséidon, à 5 km). — **Hydra**.

Cyclades : **Milo** (kastro de Plaka, à 4 km d'Adamas, sur l'une des plus belles rades de la Méditerranée). — **Théra**, l'île éclatée (fouilles de la ville minoenne d'**Akrotiri**, à 13 km de Phira, et les **Kaïmenes**).
Paros (vallon de Pétaloudès). — **Délos**, une Pompei insulaire. — **Mykonos**, l'une des têtes d'affiche du tourisme hellénique. — **Tinos**, la très sainte Tinos, où vous visiterez l'église de la Panaghia Evanghélistria (Annonciation) et où vous verrez le sanctuaire de Poséidon et d'Amphitrite. — **Syros**, où vous visiterez le quartier d'Ermoupolis et où vous fréquenterez les petites tavernes de la plage de Poséidonia.

7. Croisière vers la Crète, le Dodécanèse et les Cyclades (environ quatre semaines et 800 milles nautiques)

Golfe Argolique : Hydra. — **Nauplie** (excursions à **Tirynthe**, **Mycènes** et **Epidaure**). — **Monemvasia**.

Cyclades : **Milo** (V. ci-dessus, 6). — **Théra** (V. ci-dessus, 6).

Crète : **Héracleion** (visite du musée et de **Cnossos**, à 5 km, et, en louant une voiture, excursion de 180 km dans la Messara, vers **Phæstos** et **Haghia Triada**). **Haghios Nicolaos** (vous trouverez un excellent mouillage dans le golfe de Mirabello, à l'abri de la presqu'île de Spinalonga; excursions à **Kritsa** et **Lato**, à 11 et 15 km, et à **Mallia**, à 28 km).

Dodécanèse : **Karpathos**. — **Lindos**, sur la côte E. de l'île de Rhodes (acropole et village médiéval). — **Rhodes**, où vous mouillerez dans le port du Mandraki (excursions à **Camiros**, au **mont Philérimos**.). — **Cos** (sanctuaire d'Asclépios, à 5 km). — **Kalymnos**. — **Patmos**, l'île de St Jean (visite du monastère).

Cyclades : **Mykonos** (V. ci-dessus, 6). — **Délos** (V. ci-dessus, 6). — **Tinos** (V. ci-dessus, 6). — **Syros** (V. ci-dessus, 6).

Les transports en Grèce

Un **réseau de lignes d'autobus très dense**, qui permet d'aller à peu près partout, **un réseau ferré** qui sera **utile sur quelques lignes**, notamment sur Athènes-Thessalonique et Athènes-Patras, **un réseau aérien très bon marché** qui rend d'inappréciables services **pour se rendre dans les îles**, et une **pléthore de bateaux**, grands et petits, pour voguer **vers toutes les îles** ou presque et quelques marines isolées, telles sont les caractéristiques générales les plus intéressantes pour vous sur les transports en Grèce, si l'on ajoute que les tarfis sont avantageux et même très avantageux en ce qui concerne les bateaux et les autobus.

Autobus interurbains. — Chaque ville de quelque importance est généralement dotée d'une gare routière (il y en a plusieurs à Athènes ; V. rens. prat. de la ville), car le réseau est, relativement au chemin de fer, particulièrement développé, ne serait-ce qu'en raison de l'absence du rail en certaines régions. L'usage de ce moyen de transport aura en outre l'avantage de vous faire entrer dans la vie familière des Grecs, qui l'utilisent beaucoup.

Excursions au départ d'Athènes. — Plusieurs agences de tourisme athéniennes (*CHAT Tours, Key Tours, AEC, Hellenic Express,* etc., toutes situées au centre de la ville) proposent des circuits de un à trois jours au départ de la capitale, en autocars climatisés, vers les principaux sites de l'Attique, vers Corinthe, Nauplie et Mycènes, et vers Delphes.

Liaisons ferroviaires. — Réorganisé pour soutenir la concurrence que lui impose la route, le chemin de fer peut rester intéressant sur certaines lignes. Les réseaux sont maintenant unifiés : *Organisme des Chemins de Fer de Grèce (O.S.E.),* 1-3, rue Karolou, Athènes (☎ 522-24-91). Les tarifs en 2e classe sont légèrement inférieurs à ceux des autobus interurbains. Il existe une **carte d'excursion** valable pour 5, 10, 15 ou 20 jours sans limitation de trajet ni de kilométrage. Deux gares à Athènes : **gare de Larissa** (☎ 821-38-82) pour le Nord, et **gare du Péloponnèse** (☎ 513-16-01).

La Grèce en avion

Liaisons aériennes intérieures. — La toile d'araignée tissée au-dessus du territoire grec a pour centre l'aéroport athénien d'**Hellénikon** (aéroport *Olympic Airways*), mais cette situation tend à évoluer en fonction du développement du tourisme. Les lignes transversales demeurent cependant rares, et l'on peut regretter qu'il n'y ait pas davantage de vols reliant les îles entre elles, notamment au nord de la mer Egée (Lemnos, Mytilène, Chio, Samos). La compagnie nationale *Olympic Airways* détient le monopole du trafic aérien intérieur. Renseignez-vous à l'agence centrale, 96, Léoforos Syngrou, **Athènes** (☎ 929-23-33), ou bien en France :

— à **Paris**, 3, rue Auber, 9e (☎ 742-87-99) ;

— à **Lille**, 32, place Sébastopol (☎ 54-08-25) ;

— à **Lyon**, 57, rue du Président-Herriot, 2e (☎ 837-44-97) ;

— à **Nantes**, 4, rue Maurice-Sibille (☎ 73-84-77) ;

— à **Nice**, Park Hotel, 6, av. Gustave-V-de-Suède (☎ 87-43-36).

Au départ d'Athènes, vous pourrez gagner les villes ou les îles suivantes (certaines liaisons ne sont assurées qu'en été) : Alexandroupolis, La Canée, Céphalonie, Chio, Corfou, Cos, Cythère, Héracleion, Ioannina, Kalamata, Kastoria, Kavalla, Karlovassi (via Samos), Kozani, Lemnos, Milo, Mykonos, Mytilène, Zakinthos (Zante), Rhodes, Samos, Skiathos, Sparte, Théra, Thessalonique.

Au départ de Rhodes : Cos, Héracleion, Karpathos.

Au départ de Thessalonique : Lemnos.

Locations d'avions. — Avec ou sans pilote (sur certains types d'avion seulement), grâce à *Olympic Air Taxi*, une filiale d'*Olympic Airways*; renseignement à l'aéroport d'Hellénikon (☎ 981-35-65).

La Grèce en bateau

Liaisons maritimes. — Une multitude de compagnies maritimes et de « francs-tireurs » de la navigation, ayant parfois pour seul capital un caïque effectuant la navette entre deux îles délaissées par les autres, assurent un service régulier et constant dans les mers grecques. Dans ce concert, Le Pirée est la plaque tournante d'une part énorme du trafic. Les horaires sont généralement respectés, mais peuvent varier d'une année à l'autre et selon la saison. Vous vous renseignerez donc dans les agences de voyages, les compagnies maritimes ou au **port du Pirée** (☎ 451-13-11) ; mais si vous voulez avoir une vue d'ensemble très précise sur les possibilités offertes, vous ferez l'acquisition du *Key Travel Guide* (6, rue Kriézotou, Athènes), qui est le Chaix maritime des Grecs. Bon nombre de liaisons avec les îles sont en outre assurées par car-ferries.

Croisières. — Nous ne reviendrons pas ici sur celles qui vous conduiront de France en Grèce, mais nous signalerons que de nombreuses possibilités vous seront offertes au départ du Pirée, surtout de mars à octobre : croisières d'une journée vers les îles du golfe Saronique (départ au port de Zéa), de trois ou quatre jours dans les Cyclades, d'une semaine en Méditerranée orientale, etc. Dans tous les cas, il sera prudent de retenir en France, avant votre départ.

Quelques adresses :

Chandris Cruises, 36 *bis*, av. de l'Opéra, 75002 Paris (☎ 266-90-16).
Epirotiki, Transports et Voyages, 25, rue de la Pépinière, 75008 Paris (☎ 266-90-90).
Saronic Cruises, Navifrance, 20, rue de la Michodière, 75002 Paris (☎ 266-65-40).
Med. Sun Line, H.M.L., Y Tours, 19, rue de la Michodière, 75002 Paris (☎ 742-22-84).
Sun Line, Sotramat, 8, rue de Sèze, 75009 Paris (☎ 265-80-36) ;
Karageorgis Lines, 171, rue Saint-Honoré, 75001 Paris (☎ 260-44-12).

Location de bateaux. — L'affrètement de yachts ou de tout autre type d'embarcation, avec ou sans équipage, se fait habituellement par l'entremise de particuliers ou de compagnies d'affrètement établis en Grèce.
L'*Office National Hellénique du Tourisme* vous en communiquera la liste et les conditions, ainsi que l'*Association des Agents de location*

de bateaux, 34, rue Alkionis, Paléo Faliro (☎ 981-65-82), à Athènes. *Odyssée*, 137, rue du Ranelagh, 75016 Paris (☎ 288-82-66), vous propose peut-être le meilleur moyen de découvrir la Grèce maritime, en toute liberté, en composant votre croisière « à la carte », sur des voiliers ou des vedettes de six à dix places, avec ou sans équipage (trajet France-Grèce en avion) ; un guide pourra même vous accompagner pour une croisière archéologique.

La Grèce en voiture

Location de voitures. — Les sociétés de location sont nombreuses et le parc automobile varié. Il y a des différences de prix selon la saison et le lieu de la location (les tarifs ont une nette tendance à être plus élevés dans les îles). A l'aéroport d'Hellénikon et dans les autres aérogares vous trouverez généralement un ou plusieurs comptoirs des principales sociétés opérant en Grèce. Pour les sociétés internationales (*Avis, Hertz*, etc.), vous pourrez réserver et régler en France.

Essence. — Débitée au litre, deux qualités sont disponibles : ordinaire et super, à peu près au même prix qu'en France ; avec votre voiture ou un véhicule de location, vous échapperez aux restrictions de circulation imposées aux Grecs pour économiser l'énergie.

Les routes. — L'amélioration et l'extension du réseau les rendent souvent excellentes, mais provoquent parfois d'importants chantiers qui peuvent surprendre. Méfiez-vous aussi des nombreux ânes ou mulets qui ne s'adaptent pas toujours aux conditions de circulation modernes... Il y a quelques autoroutes (il s'agit plutôt de routes express, à voies rarement séparées), à péage. Quant aux transcriptions en caractères latins sur les panneaux de signalisation, elles varient souvent pour un même nom (Le Pirée : *Pireefs, Piraias, Pireus*, par ex.).

Réglementation. — La même qu'en France. Soyez munis de la « carte verte » internationale d'assurance. En cas de besoin, le « Motor Insurance Bureau » de l'*Association des Compagnies d'Assurance en Grèce*, 10, rue Xénofontos, Athènes (☎ 323-67-33), vous indiquera le représentant de votre compagnie et vous aidera à vous assurer si vous n'êtes pas couvert en Grèce. La vitesse est généralement limitée à 80 ou 90 km/h.

Stationnement. — Il y a des zones de stationnement payant (parcmètres) dans certaines villes et Athènes vous réserve quelques emplacements privilégiés si votre voiture porte une immatriculation étrangère.

Automobile Club. — *Automobile Club de Grèce (E.L.P.A.)* vous sera d'un grand secours en cas de difficulté ; le siège social est à Athènes (V. renseignements pratiques de cette ville) et des succursales sont ouvertes à La Canée, Héracleion, Larissa, Patras, Thessalonique, Volo, Corfou, Rhodes, Kavalla et Tripolis. Un réseau d'assistance routière *(OVELPA)* fonctionne dans les agglomérations d'Athènes et Thessalonique (☎ 104) et sur les grands axes (voitures jaunes).

Votre séjour

Plages et stations balnéaires. — Les plages sont innombrables, les petites criques désertes encore plus, et les stations balnéaires bien aménagées de plus en plus nombreuses. La **côte Apollon**, des environs d'Athènes au cap Sounion, **Rhodes**, **Corfou**, comptent parmi les plus agréables. Mykonos, Hydra, Skiathos sont à la mode, ou peut-être l'étaient, tant les choses vont vite en ce domaine. D'autres stations sont en voie de développement, comme sur la côte vis-à-vis d'Hydra et de Spetsae. **La Chalcidique** connaît un grand essor touristique, tandis que les îles encore peu fréquentées se font de plus en plus rares... (V. p. 170).

Stations thermales. — La richesse géologique de la Grèce se manifeste par un grand nombre de sources dont les eaux sont souvent de qualité exceptionnelle, ce qui laisse prévoir un rapide développement des infrastructures d'accueil, souvent encore bien modestes (V. Guide alphabétique).

Hôtels. — Des progrès considérables ont été enregistrés depuis plusieurs années. **Réservez aussi longtemps que possible à l'avance** à Athènes, Nauplie, Olympie, Delphes, Corfou, Thessalonique, Mykonos, etc., et dans les motels ou hôtels ***Xénia*** situés le plus souvent en des lieux très séduisants. Un supplément de 10 % est perçu pour tous les séjours inférieurs à trois jours. La demi-pension est très souvent obligatoire.
Les grands hôtels d'Athènes autorisent en été l'accès de leurs piscines aux non-résidents moyennant le paiement d'un droit d'entrée. Pour toutes réservations dans l'ensemble du pays, adressez-vous par écrit à la *Chambre Hôtelière de Grèce,* 6, rue Aristidou, Athènes ou, personnellement, 2, rue Karageorgi Servias, Athènes (place Syndagma, à l'intérieur de la *Banque Nationale de Grèce;* ☎ 323-71-93); ou encore à l'aéroport d'Hellénikon (☎ 900-94-37). Des réductions sont parfois offertes pour des séjours hors saison, surtout dans les stations balnéaires.

Auberges de jeunesse. — Les titulaires d'une carte de la *Fédération Internationale des Auberges de Jeunesse* sont généralement admis dans les auberges de jeunesse grecques. Pour en obtenir la liste, adressez-vous soit à votre fédération, soit, à Athènes, 4, rue Dragatsaniou (☎ 323-41-07). A Athènes, Thessalonique et, en été, Réthymnon, fonctionnent des auberges de l'*Union Chrétienne de Jeunes Gens (Y.M.C.A.)* et de l'*Union Chrétienne de Jeunes Filles (Y.W.C.A.).* Se munir d'une carte internationale de ces organismes (V. adresses au Guide alphabétique).

Camping. — Le camping dit « sauvage » est désormais interdit dans toute la Grèce ; mais il existe des **terrains très bien aménagés**, souvent en bord de mer, dans toutes les régions : ils sont indiqués au Guide alphabétique.

Logement chez l'habitant. — Cette pratique fréquente, surtout dans les îles, n'offre peut-être pas le confort des palaces, mais permet de découvrir une Grèce vivante en profitant de l'hospitalité traditionnelle de ses habitants. Les bureaux de la ***police touristique*** fournissent la liste des locations (trois catégories) et aident à la réservation (V. Guide alphabétique).

Restaurants. — L'éventail est aussi large que celui des hôtels. Il y a donc des restaurants de luxe et, à l'autre extrémité de l'échelle, des restaurants très simples ou des tavernes, où la qualité des mets servis est en général à peine inférieure à celle des restaurants les plus huppés. Les **heures d'ouverture** sont généralement les suivantes : de 12 h à 15 h (et même 16 h dans les petits restaurants des stations balnéaires) et à partir de 20 h jusque vers 23 h ou minuit. **Beaucoup de tavernes ne sont ouvertes que le soir. Le service** est automatiquement porté sur la note, mais il est d'usage de laisser quelques drachmes pour le garçon.

La cuisine grecque. — Le poisson, quand il est frais (il y a souvent du surgelé), et les crustacés (à Athènes, au Pirée, Corfou et Skyros surtout) sont parmi les meilleurs plats qu'offre la cuisine grecque. Elle vous prodiguera encore quelques aubaines, notamment l'agneau rôti, que vous consommerez de préférence dans les tavernes ou les rôtisseries quand il sort de la broche, le *kokoretsi*, andouillette de mouton, les feuilles de vigne farcies *(dolmadakia)*, la salade d'aubergine *(mélitzano salata)*, la *taramo salata* (purée de pommes de terre avec des œufs de poisson et du citron), les *souvlakia* (brochettes de viande, malheureusement le plus souvent du veau, plus sec que l'agneau), le *moussaka* (hachis de viande et d'aubergines), et les pâtisseries orientales (*baklava, kataïfi*, etc.).

Les boissons. — Chaque région a ses vins. Quelques-uns d'entre eux, les blancs surtout, sont très agréables. Parmi les vins de qualité supérieure, essayez, parmi les vins rouges, les ***Monte Néro, Naoussa Boutari, Athos, Cava Boutari, Caviros*** ou ***Pella***, pour la plupart originaires de Macédoine ; parmi les vins blancs, les ***Cava Camba, Arcadia, Santa Elena*** et ***Verdéa*** et, enfin, parmi les rosés, les ***Cimarosa*** et ***Bella Rosa***. Blanc ou rouge, le ***Château Carras*** est excellent. Le **vin résiné**, dont la saveur est si spéciale, a aussi des amateurs. La bière, notamment celle fabriquée en Grèce sous licence (*Amstel* par exemple), est de qualité très honorable. **L'ouzo**, anisette consommée avec ou sans eau, est la boisson nationale (vous serez sans doute tenté d'en rapporter une bouteille : vous préférerez alors le ***Sans Rival***, le ***12*** ou le ***Tsandalis***). Les alcools d'importation sont coûteux, profitez-en pour goûter au cognac grec (***Cambas, Metaxa***, d'une à cinq étoiles, ou ***Votris***, de cinq ans d'âge) ou aux liqueurs (Koum-Kouat, liqueurs de banane, de rose ou de citron *Panayiotakis* ou *Kolinounis* qui distille également une excellente liqueur de menthe).

Le café grec. — Il est partout présent, à toutes les heures du jour, toujours accompagné d'un verre d'eau. De grâce, ne l'appelez jamais « café turc »... bien qu'il soit préparé de la même manière sur les deux rives de l'Egée. Commandez-le *sketo,* sans sucre ; *metrio,* peu fort et avec peu de sucre ; *gliko,* avec beaucoup de sucre ; ou *gliko vrasto,* sucré et bouilli. Mais ne le remuez jamais, puisque le marc est au fond de votre tasse.

La vie quotidienne en Grèce

Votre budget. — Vous compterez en drachmes (la drachme se divise en 100 leptas). Les pièces de monnaie actuellement en circulation sont de 50 leptas et de 1, 2, 5, 10 et 20 drachmes. Les billets de banque sont de 50, 100, 500 et 1 000 drachmes. Quant aux dépenses à prévoir, vous pouvez considérer qu'elles seront environ inférieures de 10 % à celles que vous feriez en France dans des conditions de confort équivalentes. Procurez-vous auprès d'un bureau de l'*Office National Hellénique du Tourisme* le ou les dépliants des tarifs hôteliers. Les prix des transports sont également moins élevés qu'en France, notamment ceux des courses en taxi.

Les journaux. — Vous trouverez sans mal toute la presse étrangère à Athènes (kiosques de la place Syndagma) ou Thessalonique. *Le Messager d'Athènes* est un hebdomadaire grec publié en français, mais ne s'obtient que par abonnement ; *Athens News* l'est en anglais. *The Week in Athens* est un guide hebdomadaire bilingue que vous trouverez gratuitement aux bureaux de l'*O.N.H.T. Time-In* et *The Athenian* sont deux mensuels en anglais avec de nombreuses adresses utiles présentant les activités d'Athènes et des principales villes de Grèce.

La vie théâtrale, les festivals, les concerts. — Pendant l'hiver, le *Théâtre National* donne des représentations d'auteurs grecs anciens et modernes, ainsi que des œuvres d'auteurs étrangers (en grec). De juillet à septembre, lors du *Festival d'Athènes,* le Théâtre National donne également des représentations dans l'odéon d'Hérode Atticus. Dans le cadre de ce même festival, des concerts et des spectacles de ballet sont présentés au public avec la participation de l'Orchestre National d'Athènes et d'orchestres et de solistes étrangers (V. aussi rens. prat. d'Athènes).
Parmi les plus importants festivals de province, citons ceux de Dodone et surtout d'Epidaure, mais Philippes, Thasos, etc., ont également le leur.
Le *Bureau des Festivals* de l'*O.N.H.T.,* 2, galerie Spyrou Miliou, Athènes (☎ 322-14-59), tient à votre disposition la liste annuelle et les programmes de ces manifestations.

L'Eglise grecque orthodoxe. — L'orthodoxie est la religion officielle de l'Etat grec et celle de l'énorme majorité de la population, bien que la Constitution garantisse la liberté des cultes (environ 100 000 musulmans, 50 000 catholiques et quelques centaines de juifs). L'Eglise nationale de Grèce, autocéphale, mais reconnaissant la suprématie du patriarche de Constantinople, est placée sous la direction d'un archevêque élu par un synode (en 1980, *Mgr Sérafim*).

L'histoire de l'Eglise orthodoxe remonte à l'installation de la capitale de l'Empire romain à Constantinople en 313 apr. J.-C., qui donne une importance primordiale au siège patriarcal de cette ville (il y en avait cinq à l'origine), d'autant plus que Rome tombe bientôt aux mains des Barbares et que Jérusalem, Alexandrie et Antioche profitent de l'arrivée des musulmans au cours du VIIe s. pour s'ériger en Eglises indépendantes. La rupture entre Rome et Constantinople est toute politique (luttes d'influence, problèmes de suprématie, rôle des empereurs d'Allemagne et de Byzance, etc.), et a peu de relations avec le message évangélique. Elle est consommée **en 1054**, lorsque **Michel Cérulaire**, patriarche de Constantinople, **excommunie le pape Léon IX** qui s'empresse de lui rendre la pareille.

Beaucoup plus importante pour l'histoire de cette Eglise est la **prise de Constantinople par les Turcs en 1453**. En droit coranique, les chrétiens, reconnus comme « Gens du Livre », sont protégés par les califes-sultans en échange d'une « taxe de protection ». C'est le système du *Milliyet* qui leur garantit une large autonomie administrative et une totale liberté de religion, de langue et d'éducation. D'autre part, la notion de nationalité n'existe pas dans l'Empire turc, où seule la religion définit l'appartenance. Le patriarche de Constantinople devient ainsi le représentant de tous les orthodoxes de l'Empire ottoman et l'interlocuteur du pouvoir. Son rôle est donc beaucoup plus important qu'à l'époque byzantine : à ses fonctions religieuses s'ajoutent des fonctions administratives et politiques. De cette époque aussi date la confusion entre grec et orthodoxe, les deux étant assimilés quelle que soit l'appartenance ethnique des fidèles (ce qui ne sera pas sans poser de nombreux problèmes lors des luttes d'indépendance des peuples slaves des Balkans).

Lors des combats pour l'indépendance, au début du XIXe s., **l'Eglise grecque joue un rôle primordial** et l'étendart de la foi devient l'étendart de la révolte. L'église grecque se sépare alors nominalement de Constantinople, jugeant impossible de dépendre d'un patriarche « inféodé » aux Turcs contre lesquels les Grecs venaient tout juste d'obtenir leur liberté (1833 puis 1950).

Lors de l'élargissement du territoire national, les orthodoxes de ces provinces restent, en revanche, fidèles au patriarche de Constantinople. C'est le cas de la Crète (1913) et du Dodécanèse (1947), tandis que la Thrace (1913), tout en continuant de prêter allégeance à Constantinople, envoie des représentants au synode d'Athènes.
Il n'y a pas de différences déterminantes entre l'Eglise orthodoxe et l'Eglise catholique au niveau théologique autres que le difficile

problème du *filioque* (les catholiques estiment que l'Esprit procède « du Père et du Fils », tandis que les orthodoxes pensent, en suivant saint Jean, qu'il procède seulement du Père) et, plus récemment, celui de l'infaillibilité pontificale (1870).
Les deux Eglises sont construites sur les mêmes bases, à savoir les sept conciles œcuméniques, mais ce sont les rites et les traditions, issus d'une histoire différente, qui séparent surtout les deux principales branches du christianisme (églises autocéphales, systèmes d'élection des évêques, mariage des prêtres...).
Si, depuis le patriarcat d'*Athénagoras* (1948-1972), un rapprochement s'effectue avec le Vatican (rencontre entre Athénagoras et Paul VI, puis entre Demetrios et Jean-Paul II), l'Eglise de Grèce reste, quant à elle, légèrement en retrait : il faut attendre juin 1980 pour qu'elle ne s'oppose plus à l'établissement de relations diplomatiques entre le Gouvernement d'Athènes et le Vatican.
L'Eglise de Grèce joue toujours **un rôle de tout premier plan** dans le pays, que ce soit **au niveau de la vie quotidienne** (état civil, mariages religieux seuls reconnus) qu'à celui de l'Etat (l'archevêque est présent à toutes les grandes manifestations du pouvoir) seule l'Eglise orthodoxe dispose du droit de prosélytisme.

Les fêtes. — Les fêtes religieuses servent de prétexte à des manifestations folkloriques intéressantes, surtout au moment des **Pâques orthodoxes** ; citons les processions du vendredi saint à Athènes et dans les autres localités de Grèce, la procession du samedi saint à Corfou, la messe de minuit du samedi saint dans la plupart des églises du pays et les réjouissances populaires avec danses et festins sur les places publiques le jour de la Résurrection.
A **Mégare**, le mardi après les Pâques orthodoxes, a lieu une intéressante fête locale où vous verrez les femmes du pays revêtues de leurs atours traditionnels.
Les deux derniers dimanches avant le Carême orthodoxe, **Patras** est animée par un turbulent **carnaval**, tandis que le premier jour du Carême, le « lundi maigre », vous pourrez assister, à **Thèbes**, à une amusante satire parodiant le mariage d'un paysan.
Citons encore les **fêtes religieuses** de **Corfou**, célébrées les 6 août (procession en barque vers Pondikonissi) et 11 août (fête de St Spyridon), de **Tinos**, le lieu de pèlerinage le plus fréquenté à l'occasion de l'Assomption de la Vierge (15 août), de **Thessalonique**, le 26 octobre (fête de St Démètre), etc.

Sports et loisirs. — La mer sera l'une de vos principales ressources si vous êtes sportif. Vous pratiquerez la **natation**, bien sûr, mais aussi la **pêche sous-marine**. La plongée avec bouteilles ou scaphandre est formellement interdite, sauf dans des zones limitées dont l'*O.N.H.T.* vous fournira la liste ; attention aux amphores et autres antiquités, elles font partie d'un domaine réservé où vous n'avez pas le droit de mettre les pieds (*Fédération Hellénique d'Activités Sous-Marines*, Haghios Kosmas, Hellénikon, ☎ 981-99-61) ; vous pratiquerez aussi le **ski nautique** (côte Apollon, Corfou, Rhodes, etc.), la **voile** (côte Apollon, Corfou, Rhodes, etc.). La région d'Athènes est pourvue de terrains de golf (Glyfada, Varibobi, Kalamaki, mais ce dernier pour les débutants, Corfou, Rhodes). Les courts de **tennis** sont plus répandus et les meilleurs hôtels des stations balnéaires en sont souvent dotés.

Night-clubs et discothèques. — Nombreux dans les régions de forte densité touristique (côte Apollon), l'accès en est généralement interdit aux personnes non accompagnées, sauf dans les grands hôtels internationaux.

La photo. — Photographes et cinéastes amateurs seront séduits par le soleil et la lumière de Grèce, par ses paysages et par ses monuments ; mais filtres et pare-soleil ne seront pas superflus, et l'on devra se méfier de l'humidité de l'air marin. Il sera également prudent d'avoir quelques films ou pellicules en réserve, d'autant que leur prix est sensiblement plus élevé qu'en France ; l'importation en est autorisée « en nombre raisonnable ». La photographie est permise dans les sites archéologiques, et, dans les musées, moyennant un droit d'entrée supplémentaire, sans pied ni éclairage artificiel ; avec ces accessoires, moyennant le paiement de taxes variables.

Guides. — Dans les villes et les sites archéologiques importants, vous pourrez faire appel à des guides, bilingues ou trilingues, et le plus souvent de formation universitaire. Renseignements sur place, dans les agences de voyages et auprès de l'*Association des Guides Grecs,* 7, rue Karageorgi Servias, Athènes (☎ 322-97-05).

Vivez à l'heure grecque. — Si la ponctualité se pare souvent en Grèce d'une souplesse toute méditerranéenne, n'oubliez cependant pas que l'heure est ici en avance par rapport à celle de France (1 h sur l'heure d'hiver).
Les Grecs utilisent un vocabulaire spécial pour désigner les différents moments de la journée. Il est utile de le connaître si l'on veut bien comprendre le sens des rendez-vous qui sont fixés. Par exemple le mot *méssiméri* (midi) désigne une période qui commence à 13 h et s'étend jusqu'à 15 h environ ; l'*apoghématak*i (petit après-midi) succède immédiatement à la sieste, tandis que l'*apoghevma* (après-midi) dure jusqu'à l'heure du dîner, jamais avant 20 h au plus tôt. Commence alors le *vradaki* (petite soirée) qui prélude à la soirée proprement dite, le *vradi,* qui peut durer très tard dans la nuit. La nuit, pour les Grecs, ne concerne que les heures passées à dormir.
En ville, **les magasins** sont généralement ouverts de 8 h à 15 h les lundi, mercredi, samedi ; de 8 h à 13 h 30 et de 16 h 30 à 20 h les autres jours. **Les banques** sont ouvertes de 8 h à 13 h, certaines agences l'étant aussi l'après-midi. Tous sont fermés le dimanche et les jours fériés. La *Banque Nationale de Grèce,* place Syndagma à Athènes, reste ouverte t.l.j. jusqu'à 20 h.
Notez donc sur vos tablettes **quelques jours fériés** : le 1er janvier, l'épiphanie ou Jour des Rois (6 janvier), la fête nationale (25 mars), le lundi maigre, le vendredi saint et le dimanche de la semaine sainte

(Pâques orthodoxes), ainsi que le lundi de Pâques, le 15 août (Assomption) et le 28 octobre (le jour du « Non », c'est-à-dire du refus de capituler, le 28 octobre 1940, devant l'ultimatum fasciste). Vous n'oublierez pas non plus les fêtes locales, qui entraînent la fermeture des magasins.
Notez aussi que, par mesure d'économie d'énergie, la vie nocturne s'arrête à 2 h du matin.

Horaires des musées et sites archéologiques. — Malgré les efforts de simplification et d'unification entrepris par les services touristiques grecs, la plus grande fantaisie règne dans les horaires d'ouverture des sites et musées. La plupart de ces derniers sont cependant fermés le mardi. Les indications officielles sont rarement respectées et diffèrent souvent de celles affichées sur le lieu même, modulées en outre selon l'humeur ou la longueur de la sieste du gardien... Dans la mesure du possible, se renseigner auprès de l'O.N.H.T. ou de la police touristique (V. aux renseignements pratiques des lieux concernés). Les heures de fermeture sont toujours avancées en hiver.

Vos achats. — Athènes, Corfou, Rhodes, Thessalonique, Mykonos, etc., offrent les meilleures possibilités pour voir couler vos drachmes. Mais que pouvez-vous espérer rapporter? **Des icônes**, certes, des vraies ou des... fausses, **des objets en cuivre et en métal argenté**, par exemple des bijoux anciens filigranés, des vases, des coupes, etc., que vous trouverez à gogo chez les antiquaires de la rue Pandrossou à Athènes, **des tapis de haute laine** *(flokati)*, que vous pourrez le cas échéant acheter au kilo, **des broderies** et **des tissages** de Mykonos, **des bois sculptés** de Vytina, de Metsovon et de Skyros (admirables !), etc. Et puis il y a **les fourrures** et les **bijoux modernes** de *Lalaounis* ou de *Zolotas*, mais ne croyez pas que vous pourrez ménager vos drachmes pour en faire l'acquisition, bien que les fourrures soient d'un prix avantageux.

Les lettres et le téléphone. — Vos lettres arriveront à l'hôtel ou à la **poste restante** (à Athènes, à la Poste centrale ou au bureau annexe de la place Syndagma : le faire préciser dans l'adresse), où vous les retirerez, de 8 h30 à 13 h et de 15 h à 18 h, sauf le dimanche. Celles que vous enverrrez, vous les affranchirez en vous procurant des **timbres** à la réception de votre hôtel, dans certains kiosques (on y vend parfois de tout) ou, en désespoir de cause, à la poste.
Pour **téléphoner à l'étranger** en profitant de l'automatique, composez le 00, puis l'indicatif du pays que vous désirez obtenir (Belgique, 32 ; France et Monaco, 33 ; Luxembourg, 352 ; Suisse, 41), l'indicatif de la ville appelée et enfin le numéro personnel de votre correspondant. **Renseignements internationaux** : 166 (en anglais, français et allemand).
Pour **téléphoner de France en Grèce** : 19-30, indicatif régional sans le 0 puis numéro du correspondant.

Attention : l'évolution actuelle du réseau téléphonique grec a pu entraîner des modifications de numéros depuis l'établissement de ce guide, notamment à Athènes.

Pour en savoir davantage...

Adressez-vous à l'Office National Hellénique du Tourisme (O.N.H.T.) :

— **en France,** 3, avenue de l'Opéra, 75001 Paris (☎ 260-65-34) ;

— **en Belgique,** 62-66, boulevard de l'Impératrice, 1000 Bruxelles (☎ 51-30-206) ;

— **en Suisse,** Gottfried Keller Strasse 7, 8001 Zurich (☎ 32-84-87) ;

— **en Grèce,** 2, rue Karageorgi Servias, Athènes (☎ 322-25-45) ; à l'aéroport d'Hellénikon et dans de nombreuses villes de province (V. Guide alphabétique).

N'oubliez pas que dans toute la Grèce les bureaux de la *police touristique* sont à votre disposition pour vous renseigner ou recueillir vos réclamations, et vous aider en cas de besoin ; ils sont indiqués dans la rubrique « renseignements pratiques » des villes concernées, au Guide alphabétique (☎ central à Athènes : 171).

Si, au cours de votre voyage, il vous est nécessaire de rencontrer des interlocuteurs parlant français, poussez la porte des *agences Air France* dont vous trouverez l'adresse dans la partie Guide alphabétique de cet ouvrage. Vous êtes assuré d'y recevoir le meilleur accueil.

Cartes-itinéraires

1

BITOLA-LARISSA-LAMIA

Cet itinéraire n'est certes pas à recommander si vous désirez gagner rapidement Athènes ♦ Ⓗ depuis la Yougoslavie. La traversée des rudes massifs montagneux de la Macédoine ♦ et de la Thessalie ♦ ralentira votre progression. Prévoyez env. 1 h 30 de Niki à Kozani ♦ Ⓗ, 3 h de Kozani à Larissa ♦ Ⓗ et 2 h de Larissa à Lamia ♦ Ⓗ ⛺. Sur cet itinéraire, la beauté des paysages l'emportera sur l'intérêt archéologique, à moins que vous ne soyez disposé à effectuer de longs détours, par exemple vers *Kastoria ♦ Ⓗ et les ***Météores ♦ : vous pourriez ainsi prendre conscience de la richesse du N. de la Grèce en œuvres d'art byzantin, surtout dans la peinture, influencée par l'école du mont Athos ♦.

354 km d'une route dans l'ensemble très sinueuse mais, à partir de Larissa ou de Lamia, excellente autoroute à péage.

La rudesse de cette partie de la Grèce ne vous permet pas d'espérer des gîtes d'étape à marquer d'une pierre blanche. Les ressources hôtelières de Larissa sont moyennes, mais, à l'écart de l'itinéraire principal, Florina ♦ Ⓗ et Loutra Ypati ♦ Ⓗ, près de Lamia, vous offriront au moins un hôtel dans un cadre agréable.

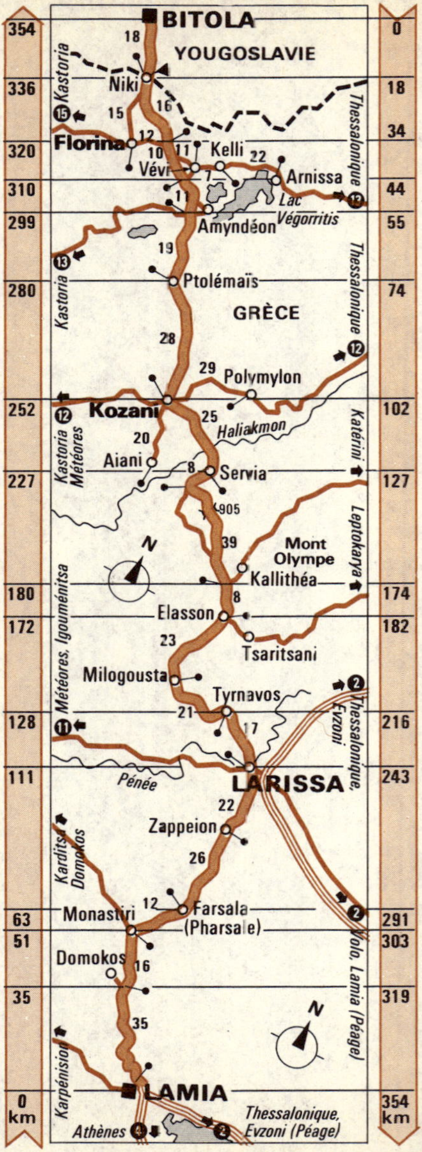

BITOLA

'. Guide Bleu Yougoslavie.

Niki, poste frontière grec (ouv. jour et nuit).

← 15/12 km. **Florina** ♦ Ⓗ, petite cité typiquement balkanique dans un cadre boisé très agréable.

73 km. ***Kastoria** ♦ Ⓗ. Au bord d'un lac romantique, une ville d'art byzantin où les églises sont décorées de fresques.

Ptolémaïs Ⓗ.

Kozani ♦ Ⓗ. Un carrefour routier sans grand intérêt, mais, dans les environs, Aiani possède plusieurs églises ornées de fresques.

Servia. Ville d'origine serbe, gardienne d'un défilé, ainsi qu'en témoignent les ruines d'une forteresse byzantine construite au XIIIe s.

62 km. **Katérini** ♦ Ⓗ par une route de montagne (en partie asphaltée) par le versant N. de l'****Olympe** ♦ (2917 m), la plus haute montagne de Grèce (à 5 km de la bifurcation, une route à dr., tracée sur le versant S., mène à Leptokarya et à **Litochoron** ♦ Ⓗ, à 56 km).

Elasson, citée par Homère sous le nom de blanche *Oloossôn;* monastère de la Panaghia Olympiotissa, relié au bourg par un pont jeté sur un ravin ; musée dans une ancienne mosquée.

Tyrnavos, à 3 km des ruines de l'ancienne *Phalanna;* dans le bourg, églises du XVIIe s., d'un intérêt limité.

Larissa ♦ Ⓗ. Un gîte d'étape à un carrefour routier très important ; intéressant musée archéologique. Une des routes qui la traversent mène aux *****Météores** (V. carte-itinéraire 11), une curiosité naturelle, mais aussi un ensemble de monastères.

Farsala ♦ (Pharsale), lieu historique, où Jules César vainquit Pompée en 48 av. J.-C.

← 36 km. Karditsa Ⓗ.

MIA ♦ Ⓗ ⛺

e d'étape (Loutra Ypati ♦ Ⓗ, 18 km à l'O., est plus agréable).

190 km. **Agrinion** ♦ Ⓗ, par Karpénision et une fantastique ***route de montagne à travers le sauvage massif du Tymphrestos (env. de Lamia, 3).

67 km. **Amfissa** ♦ et (99 km) **Delphes** ♦ Ⓗ ⛺, vers le golfe de Corinthe. Des **pentes de l'Œta (2152 m), vous découvrirez la plaine Lamiaque.

2

EVZONI-LARISSA-LAMIA

En 4 h à peine vous parcourrez la distance entre Evzoni Ⓗ et Lamia ♦ Ⓗ ⛺, à travers la Macédoine ♦ et la Thessalie ♦, mais n'oubliez pas que vous passerez près de **Thessalonique ♦ Ⓗ : cette ville sera une excellente introduction à la Grèce byzantine. L'archéologie ne sera pas absente avec *Pella ♦, *Palatitsia (env. de Verria, 1), Dion (env. de Katérini), les sites des environs de Volo ♦ Ⓗ. Si vous venez du Nord, vous aborderez le monde méditerranéen sur la rive du golfe Pagasétique, mais auparavant vous aurez côtoyé le majestueux **Olympe ♦. Ne manquez pas la surprise que vous réservera la région verdoyante du ***Pélion (env. de Volo, 7).

339 km par une route express (a péage), à voies non séparées (par les routes libres, 424 km).

En route, déjeunez au bord de la mer, par exemple à Platamon (↑149 km-↓190 km), où des restaurants servent du poisson frais (parfois une rareté). Près de Volo ♦ Ⓗ, recherchez la fraîcheur à Portaria (env. de Volo, 6), ne serait-ce que le temps d'un dîner, ou dans les tavernes du bord de mer, le long de la route du Pélion (env. de Volo, 7).

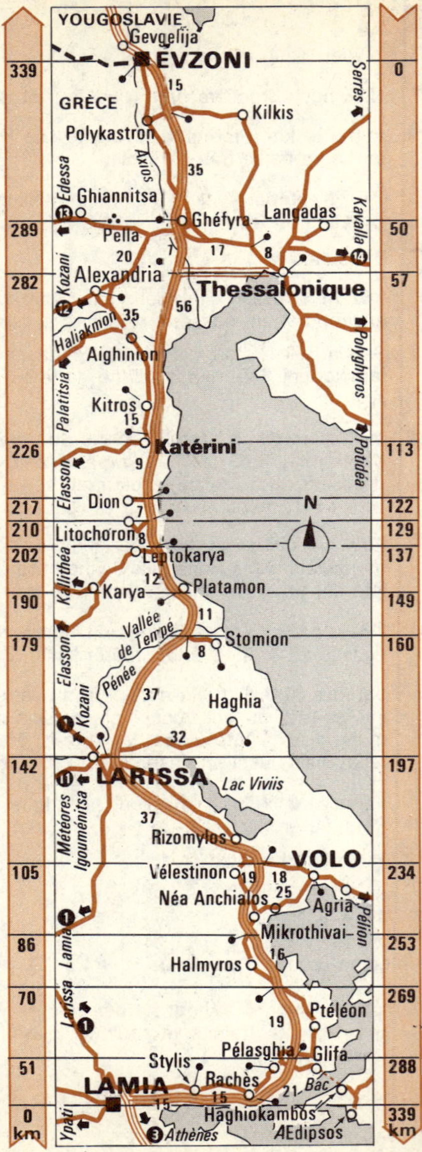

EVZONI ⓗ

oste frontière ouv. jour et nuit.

→ 25 km. **Thessalonique** ♦ ⓗ, une ville d'art byzantin qui n'est pas loin de pouvoir rivaliser avec Constantinople et Ravenne. De là, vous rayonnerez en Chalcidique (env. de Thessalonique, 2) ou vous gagnerez le ***mont Athos ♦.

← 15 km. ***Pella** ♦, l'un des principaux sites archéologiques de Macédoine, où vous verrez de remarquables mosaïques.

28 km. ***Palatitsia** (env. de Verria, 1), site d'époque hellénistique que vous visiterez surtout pour son magnifique tombeau macédonien.

Kitros, près du site de *Pydna* où, en 168 av. J.-C., les Romains défirent l'armée de Persée : la Grèce put être conquise.

Katérini ⓗ ⛺, d'où une route mène à (70 km) Elasson (carte-itinéraire 1) par le versant N. de l'**Olympe ♦, et une autre à (13 km) Dion.

← 3 km. Litochoron ♦ ⓗ ⛺, point de départ pour découvrir le massif de l'**Olympe ♦.

Leptokaria, station balnéaire (ⓗ, V. à Litochoron ♦ ⓗ ⛺).

Platamon ♦ ⓗ ⛺, station balnéaire près d'une forteresse médiévale.

*Vallée de Tempé ♦, l'une des portes de la Grèce et un ancien lieu de pèlerinage consacré à l'Apollon delphien.

Larissa ♦ ⓗ. Un gîte d'étape à un carrefour routier très important ; intéressant musée archéologique. Une des routes qui la traversent mène aux ***Météores** (V. carte-itinéraire 11).

← 18 km. **Volo** ♦ ⓗ, dans une région riche en sites archéologiques, d'où vous rayonnerez dans le ***Pélion** (env. de Volo, 7).

→ 6 km. Néa Anchialos (env. de Volo, 6), site paléochrétien.

Halmyros ; petit musée abritant des collections préhistoriques, mycéniennes et des stèles funéraires hellénistiques.

→ 18 km. Glifa ; ferry-boat pour l'Eubée ♦.

MIA ♦ ⓗ ⛺

e d'étape (Loutra Ypati ♦ ⓗ, 18 km à l'O., est plus agréable).

90 km. **Agrinion** ♦ ⓗ, par Karpénision et une fantastique ***route de montagne à travers le sauvage massif du Tymphrestos (env. de Lamia, 3).

67 km. **Amfissa** ♦ et (99 km) **Delphes** ♦ ⓗ ⛺, vers le golfe de Corinthe. Des **pentes de l'Œta (2 152 m), vous découvrirez la plaine Lamiaque.

3

LAMIA-ATHÈNES

A peine 2 h 30 de route à travers l'austère Béotie ♦ et l'Attique ♦. Votre hâte à gagner Athènes ♦ Ⓗ vous fera oublier l'absence de curiosités de premier plan dans les régions que vous parcourrez, à moins que vous ne soyez sensible à la séduction des noms chargés d'histoire, tels les Thermopyles ♦, Thèbes ♦ Ⓗ, Tanagra (↑64 km-↓158 km). Pensez aussi que vous passerez à 22 km de l'*Amphiareion (env. d'Athènes, 7) ou qu'une variante d'itinéraire, à partir de Thèbes, vous conduira à Athènes par la voie historique.

222 km par une excellente route express (à péage), à voies non séparées (par la route libre, comptez 205 km via Livadia et Thèbes par la route directe, ou 234 km si vous longez la mer jusqu'à Arkitsa).

*Recherchez le charme de Kaména Vourla ♦ Ⓗ ⛺ (plage et petits restaurants). Mieux encore, si vous pouvez faire un détour de 20 km, allez à *Chalcis (V. Eubée ♦ Ⓗ) et fréquentez l'un des petits restaurants près de la plage, face à la vieille ville, dans un cadre agréable à une embouchure du canal de l'Euripe où transitent en permanence des caïques aux couleurs vives.*

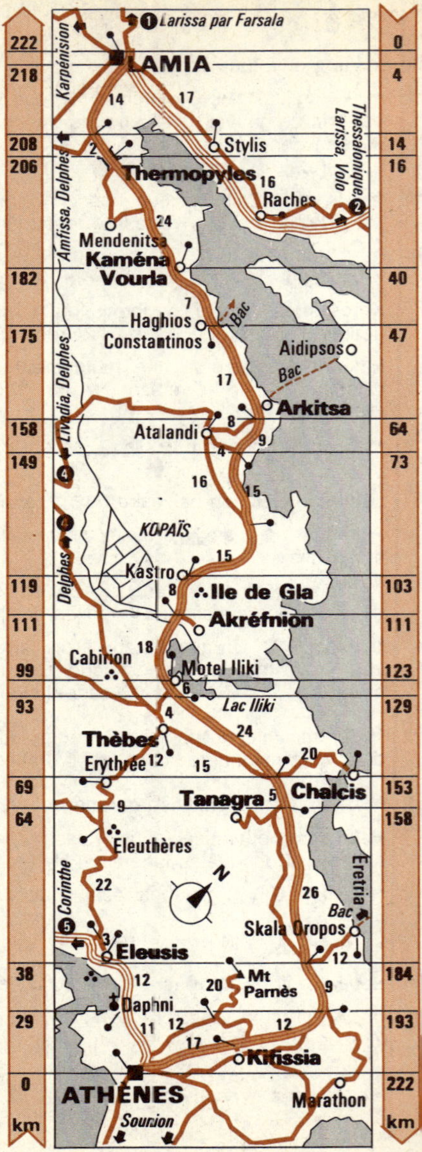

AMIA ♦ Ⓗ ⛺

ite d'étape (Loutra Ypati ♦ Ⓗ, 18 km à l'O., est plus agréable).

190 km. **Agrinion** ♦ Ⓗ, par Karpénision et une fantastique ***route de montagne à travers le sauvage massif du Tymphrestos (env. de Lamia, 3).

67 km. **Amfissa** ♦ et (99 km) **Delphes** ♦ Ⓗ ⛺, vers le golfe de Corinthe. Des **pentes de l'Œta, vous découvrirez la plaine Lamiaque.

Les Thermopyles ♦. Un rendez-vous avec l'Histoire.

Kaména Vourla ♦ Ⓗ ⛺. Station thermale et balnéaire au bord du golfe Lamiaque.

Haghios Constantinos Ⓗ. Plage sur le golfe Lamiaque (bateaux pour Volo et les Sporades du Nord).

Arkitsa Ⓗ. Ferry-boat pour Loutra Ædipsos (V. Eubée ♦ Ⓗ), 9 fois par jour de 7 h à 21 h 30.

→ 2 km. Ile de Gla ♦. Sur une île aujourd'hui amarrée en terre ferme, l'un des cinq principaux sites d'époque mycénienne.

→ 4 km. Akrefnion (env. de Thèbes, 4), site, d'époque archaïque, du *Ptoïon*, consacré à Apollon.

Yliki (Ⓗ V. à Thèbes).

← 4/15 km. **Thèbes** ♦ Ⓗ. Aux sources de la tragédie grecque, une cité prestigieuse mais naufragée : son musée en témoigne.

Une route secondaire vous conduira à (69 km) ***Athènes ♦ Ⓗ par (15 km) Eleuthères ♦ (route à dr. vers Porto Gherméno ♦ Ⓗ), *Eleusis ♦ et *Daphni ♦ (mosaïques à fond d'or).

→ 20 km. **Chalcis** ♦ Ⓗ, sur l'île d'Eubée. Si le « sourire archaïque » vous émeut, allez voir au musée le groupe sculpté de **Thésée et Antiope*. Si vous aimez la nature, suivez la route de Loutra Ædipsos à travers d'étonnants paysages forestiers.

← 4 km. Tanagra ♦. Un lieu, mais surtout un nom désignant (parfois abusivement) beaucoup de terres cuites, grecques ou non.

12 km. **Scala Oropos** (ferry-boat pour Erétrie, en Eubée ♦ Ⓗ, de 4 h à 23 h) et (22 km) l'*Amphiareion (env. d'Athènes, 7).

← 5 km. Kifissia (env. d'Athènes, 7), au milieu des pins.

HÈNES ***♦ Ⓗ ⛺

tifie à elle seule un voyage en Grèce et un long séjour pour visiter l'Attique ♦ : *Le Pirée ♦ Ⓗ, *Daphni ♦, *Eleusis ♦, le **Parnès Ⓗ (env. d'Athènes, 5), le **Sounion Ⓗ (env. d'Athènes, 6), l'*Amphiareion (env. d'Athènes, 7), **Egine ♦ Ⓗ, *Hydra ♦ Ⓗ, *Spetsæ ♦ Ⓗ, etc.

4

ANDIRRHION-DELPHES-THÈBES

Près de Naupacte ou d'Itéa vous devrez emprunter la route moderne qui suit la côte, un lac de barrage interrompant celle par la montagne, près de Lidorikion ♦ et obligeant à un long détour sur une très mauvaise piste. Par l'itinéraire principal, ***Delphes ♦ Ⓗ est à 2 h de Naupacte à travers l'Etolie ♦ et la Locride occidentale, et à moins de 2 h de Thèbes, à travers la Phocide et la Béotie ♦. Le golfe de Corinthe était un fossé entre les cités péloponnésiennes, parfois raffinées comme Sicyone ♦ et Corinthe ♦ Ⓗ, et la quasi-barbarie des habitants des rudes montagnes au N. du golfe. Delphes est une exception, ce qui explique l'absence de sites archéologiques intéressants en dehors du sanctuaire delphique. Cette absence est compensée par la beauté des paysages, des villages, tels Lidorikion ♦ et Arachova ♦, et par la somptuosité des mosaïques d'**Hosios Loukas ♦.

216 km par une bonne route.

Le tourisme a introduit un peu de douceur de vivre, essentiellement près des plages, à Naupacte ♦ Ⓗ et surtout à Itéa ♦ Ⓗ ⛺, où vous connaîtrez la détente sur la plage et dans les restaurants du port.

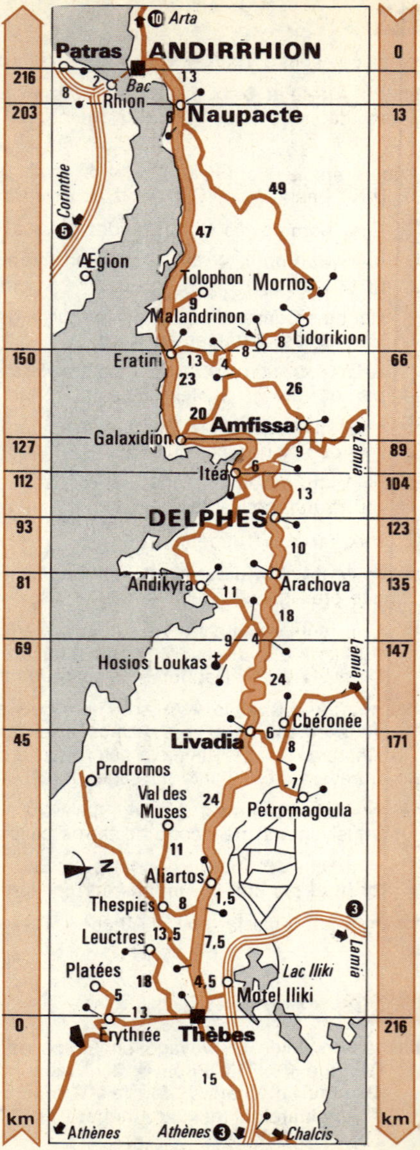

ANDIRRHION

erry-boat (jour et nuit) pour Rhion.

Naupacte ♦ ⓗ. Plaisante station balnéaire sur le golfe de Corinthe.

Peu après Naupacte, une route secondaire à g. vous conduira à (49 km) **Mornos** (ⓗ V. à Lidorikion). Vous ne pourrez continuer qu'en contournant le lac de barrage de Mornos par une vingtaine de kilomètres d'une très mauvaise piste.

Eratini ♦ ⓗ. Près de (9 km) *Tolophon*, forteresse antique assez bien conservée, à 30 mn de marche, au lieu-dit Marmara.

→ 21 km, **Malandrinon** ♦, près des ruines de l'antique *Physkeis*, et (55 km) **Lidorikion** ♦, rude bourg de montagne plein de caractère.

Galaxidion, l'ancienne *Olanthéa* (vestiges d'une enceinte antique, petit musée, ruines du monastère du Saint-Sauveur, à 3 km, avec une église du XIIIe s.).

Itéa ♦ ⓗ, lieu de détente à proximité de Delphes.

→ 9 km. **Amfissa** ♦, au pied d'un château franc.

76 km. **Lamia** ⓗ ♦, ville que vous atteindrez en descendant les **pentes vertigineuses de l'Œta.

***__Delphes__** ♦ ⓗ ⛺, haut lieu de la Grèce antique (sanctuaire d'Apollon), au pied du mont Parnasse.

Arachova ♦ ⓗ, l'une des « têtes d'affiche » du tourisme grec.

Triodos (les Trois Routes). Si l'on en croit Sophocle, c'est ici qu'Œdipe aurait tué son père Laïos (ils ne se connaissaient pas) qui l'avait frappé de son fouet pour l'écarter de sa route.

← 13 km. ****Hosios Loukas** ♦, où vous admirerez de splendides mosaïques à fond d'or, et (17 km) **Andikyra** ♦.

Livadia ♦ ⓗ, où jaillissaient, autrefois, les sources de la Mémoire (Mnémosyné) et de l'Oubli (Léthé).

← 31 km. **Thespies,** et le Val des Muses (V. env. de Thèbes ♦ ⓗ).

86 km. **Lamia** ♦ ⓗ, par une route qui dessert (13 km) Pétromagoula, dominé par le site mycénien d'Orchomène, et (14 km) Chéronée (V. env. de Livadia ♦ ⓗ).

THÈBES ♦ ⓗ

x sources de la tragédie grecque, une cité prestigieuse mais naufragée : son musée en témoigne.
Une route secondaire vous conduira à (69 km) ***Athènes** ♦ ⓗ par (15 km) **Eleuthères** ♦ (route à dr. pour Porto Gherméno ♦ ⓗ), ***Eleusis** ♦ et **Daphni** ♦ (mosaïques à fond d'or).

5

PATRAS-CORINTHE-ATHÈNES

Grâce à la route express, ***Athènes ♦ Ⓗ est à 1 h de Corinthe ♦ Ⓗ et à 3 h de Patras ♦ Ⓗ ⛺ (doublez ces temps si vous empruntez l'ancienne route). Cette route à travers le terroir sacré d'Eleusis, en Attique ♦, et la Mégaride, avant le Péloponnèse ♦ retranché du continent par le canal de Corinthe ♦ (une curiosité), devrait satisfaire votre goût pour la découverte archéologique avec *Eleusis ♦, *Sicyone ♦ et surtout l'**ancienne Corinthe ♦ Ⓗ, découverte à laquelle les mosaïques byzantines de *Daphni ♦ ajouteront l'éclat de leur fond d'or. Découvrez également l'or des paysages du golfe de Corinthe en empruntant la **route qui, de Diakopton, mène au Mégaspilaion ♦.

219 km par une route express, à péage (cette voie express est doublée par une route libre).

De nombreuses plages vous tenteront ; celles des environs de Corinthe, du côté du golfe Saronique, sont les plus agréables. A la mi-temps de votre voyage, déjeunez de mouton rôti à la broche dans l'une des petites tavernes au bord de la route d'Argos, jusqu'à une vingtaine de kilomètres de Corinthe.

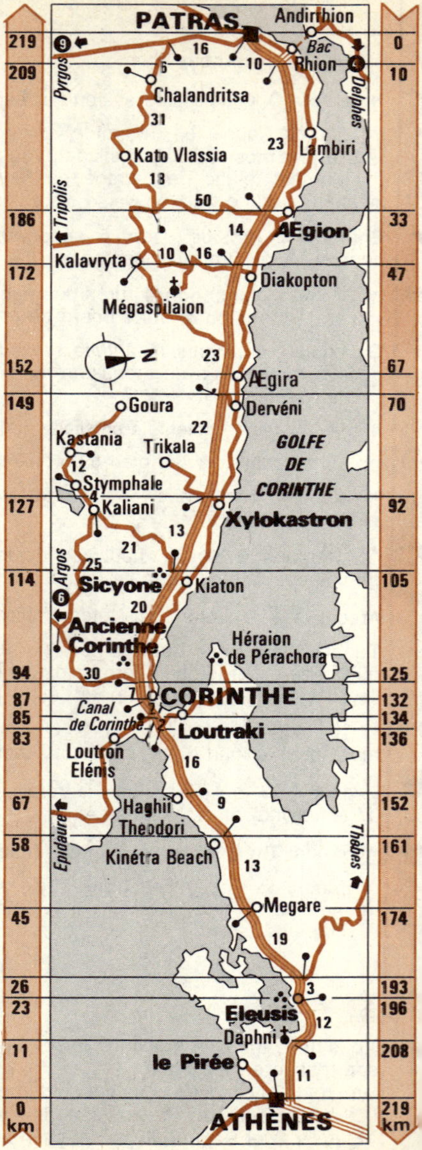

PATRAS ♦ Ⓗ

Porte maritime de la Grèce, d'où vous embarquerez à destination de *Céphalonie ♦ Ⓗ et d'*Ithaque ♦ Ⓗ.

→ 2 km. **Rhion** (ferry-boat jour et nuit pour **Andirrhion**), près du château de Morée, construit par les Turcs à la fin du XVe s.

Ægion ♦ ⛺, capitale de l'Achaïe au IVe s. av. J.-C., et siège du sanctuaire fédéral (Homarion) de la Ligue achéenne.

Diakopton ♦ ⛺, départ du chemin de fer à crémaillère et de la route qui mènent au monastère du **Mégaspilaion** ♦ et à **Kalavryta** ♦ Ⓗ. Ce détour vous permettra de découvrir des *vues d'une extraordinaire beauté sur le golfe de Corinthe et sur les montagnes de la Phocide, si le temps est favorable.

Ægira ♦, où se poursuivent les fouilles d'un théâtre et d'une acropole antiques.

Xylokastron ♦ Ⓗ, station balnéaire du golfe de Corinthe.

← 34 km. **Stymfalia** *(Stymphale)* ♦, un village qui s'est fait un nom grâce à la mythologie, et (46 km) **Kastania** ♦ Ⓗ.

← 6 km. ***Sicyone** ♦ Ⓗ, avec les ruines d'une cité antique.

← 4 km. ****Ancienne Corinthe** ♦ Ⓗ ⛺, l'un des sites antiques les plus suggestifs, au pied de l'Acrocorinthe.

Corinthe ♦ Ⓗ, près du sanctuaire de l'isthme (env. de Corinthe, 2) et du **canal de Corinthe** ♦.

– 66 km. *****Epidaure** ♦ Ⓗ ⛺ (via Loutra Elénis), par une *route longeant le golfe Saronique.

→ 6 km. **Loutraki** ♦ Ⓗ ⛺, station balnéaire et thermale aux ressources hôtelières variées près de l'*Héraion de Pérachora.

Haghii Théodori ♦ Ⓗ et **Kinéta Beach** Ⓗ, le long d'une vaste plage près des Roches Scironiennes (V. Haghii Théodori).

Mégare ♦, en face de l'île de **Salamine** ♦.

***Eleusis** ♦, un grand centre religieux où l'on célébrait des cultes à mystères dans un sanctuaire aujourd'hui très ruiné.

***Daphni** ♦. Eglise byzantine avec de merveilleuses mosaïques.

ATHÈNES *** ♦ Ⓗ ⛺

[Ju]stifie à elle seule un voyage en Grèce et un long séjour pour visiter l'Attique ♦ : ***Le Pirée** ♦ Ⓗ, ***Daphni** ♦, ***Eleusis** ♦, le ****Parnès** Ⓗ (env. d'Athènes, 5), le ****Sounion** Ⓗ (env. d'Athènes, 6), l'***Amphiareion** (env. d'Athènes, 7) ****Egine** ♦ Ⓗ, ***Hydra** ♦ Ⓗ, ***Spetsæ** ♦ Ⓗ, etc.

6

CORINTHE-SPARTE-AÉROPOLIS

Cette traversée du Péloponnèse ♦ sera l'itinéraire archéologique par excellence. De l'**Ancienne Corinthe ♦ Ⓗ ⛺, vous gagnerez ***Mycènes ♦ Ⓗ ⛺ en 1 h, puis *Argos ♦ en 15 mn, Tripolis ♦ Ⓗ ⛺ en 1 h 30, Sparte ♦ Ⓗ en 1 h et enfin Aréopolis ♦ en 1 h 30, mais, à partir d'Argos, un détour de 84 km aller et retour vous mènera à ***Epidaure ♦ Ⓗ ⛺ par ***Tirynthe ♦. Pour varier les plaisirs, suivez la *route d'Epidaure par Loutra Elénis et séjournez à Nauplie ♦ Ⓗ ⛺. Sparte mérite plus qu'une brève étape, non pour elle-même, mais pour ses environs, ***Mistra ♦ Ⓗ, bien sûr, mais aussi *Monemvasia ♦ Ⓗ et cette étrange contrée du Magne.

244 km par une bonne route souvent très sinueuse.

Vous n'aurez guère l'occasion de pratiquer un aimable art de vivre dans la région de Sparte, mais l'Argolide offre de réelles possibilités; dans la région de Nauplie, il s'agira de plages (les plus agréables font face à Hydra et Spetsæ; env. de Nauplie, 4), de tavernes (près de Nauplie, fréquentez celles de Tolon), de promenades dans la campagne d'Epidaure.

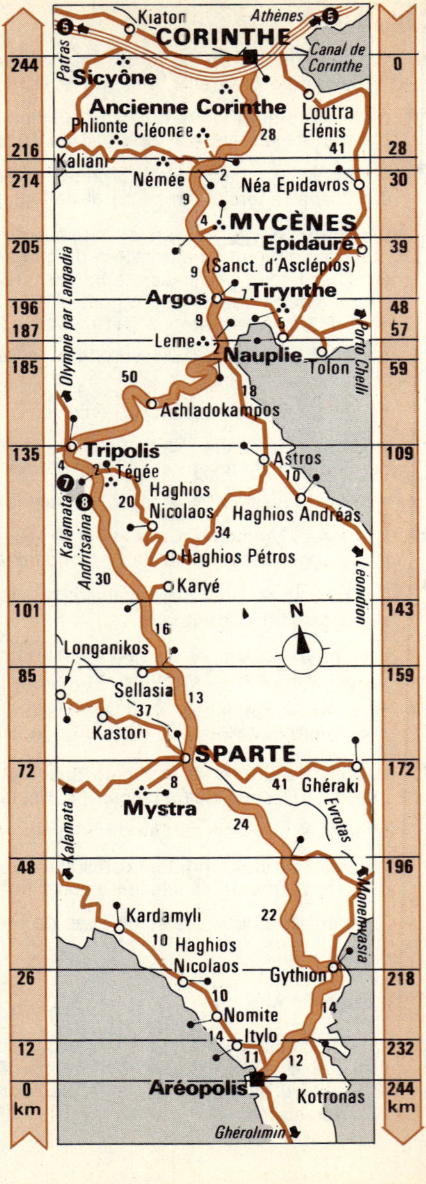

CORINTHE ♦ ⓗ

Près de l'**Ancienne Corinthe ♦ ⓗ ⛺, du sanctuaire de l'isthme (env. de Corinthe, 3), du canal de Corinthe ♦.

•→ ← 5 km. **Némée** ♦, le théâtre d'un exploit d'Héraclès, avec les restes d'un temple consacré à Zeus et d'un stade.

•→ → 4 km. ***__Mycènes__ ♦ ⓗ ⛺, où l'enceinte cyclopéenne qui enfermait le palais des Atrides, la porte des Lions et le trésor d'Atrée comptent parmi les merveilles de la Grèce.

☛ *Argos ♦, une autre cité au passé fabuleux, un musée, des environs riches en sites archéologiques, tels (7 km) ***Tirynthe ♦, (9 km) l'Héraion (env. d'Argos, 1) et (42 km) ***Epidaure ♦ ⓗ ⛺, au voisinage d'une station balnéaire : (12 km) *Nauplie ♦ ⓗ ⛺.

Lerne ♦, autrefois hantée par l'hydre.

→ 72 km. **Léonidion,** un port du bout du monde qu'une **route longeant le golfe Argolique tire de son isolement (V. env. de Lerne ♦).

☛ Tripolis ♦ ⓗ ⛺, un gîte d'étape au cœur du Péloponnèse.

•→ → 6 km. **Tégée** (env. de Tripolis, 1), avec les ruines de l'un des plus fameux sanctuaires arcadiens (musée).

•→ → 9 km. **Karyé** (env. de Tripolis, 4), monastère orné de fresques.

☛ Sellasia (ruines d'une acropole et d'une enceinte sur le mont Haghios Constantinos), où, en 221 av. J.-C., les Achéens et les Macédoniens défirent une armée spartiate.

Sparte ♦ ⓗ, une ville moderne près des vestiges de l'une des plus prestigieuses cités de la Grèce antique et de (5 km) ***__Mistra__ ♦ ⓗ, une ville fantôme avec un remarquable ensemble d'églises médiévales souvent décorées de fresques.

→ 73 km. ***Monemvassia** ♦ ⓗ, une cité médiévale au pied d'une impressionnante forteresse au bord du golfe Argolique.

☛ Ghythion ♦ ⓗ, paisible petit port sur le golfe de Laconie.

ARÉOPOLIS ♦

La porte du **Magne**, l'une des plus étranges contrées de la Grèce (env. d'Aréopolis, 2), où se trouvent les **__grottes de Dirou__ (env. d'Aréopolis, 1).

→ 78 km. **Kalamata** ♦ ⓗ ⛺, par une *route (env. d'Aréopolis, 3) passant au pied du Taygète.

25 km. **Ghérolimin** ♦, dans le Magne, point de départ pour l'excursion au cap Matapan (env. de Ghérolimin).

7

PYRGOS-TRIPOLIS-NAUPLIE

Cet itinéraire vous fera prendre conscience de la diversité géographique et historique du Péloponnèse ♦. Des douces campagnes de l'Elide, où Pyrgos ♦ Ⓗ est à 30 mn d'***Olympie ♦ Ⓗ ⛺, vous arriverez en 1 h 30 à *Andritséna ♦ Ⓗ, d'où vous monterez en 30 mn au **temple de Bassæ ♦. Près de 2 h de route et vous serez à Tripolis ♦ Ⓗ ⛺ (par la route directe d'Olympie à Tripolis, comptez 4 h 30 sinon 5 h de virages presque incessants), puis encore 2 h avant de parvenir à *Nauplie ♦ Ⓗ ⛺, d'où vous rayonnerez dans la chaude Argolide, vers ***Tirynthe ♦, *Argos et ***Epidaure ♦ Ⓗ ⛺.

218 km; bonne route, dans l'ensemble sinueuse, mais moins que la route directe d'Olympie à (130 km) Tripolis.

*Si vous avez suivi la route directe d'Olympie à Tripolis, vous apprécierez le calme et l'authenticité de *Langadia ♦ Ⓗ ⛺, tout comme vous aimerez *Andritséna, deux localités dotées d'un hôtel confortable, ainsi que Vytina Ⓗ (sur la route directe d'Olympie à Tripolis), dans une région forestière bien agréable à l'heure du déjeuner, en été.*

PYRGOS ♦ Ⓗ

→ 20 km. ***Olympie ♦ Ⓗ ⛺, où, dans un cadre d'une douceur apaisante, vous visiterez l'un des plus fameux sanctuaires panhelléniques. Au-delà d'Olympie, la *route de (130 km) Tripolis, étroite et sinueuse, dessert de pittoresques villages, tels (58 km) **Langadia** ♦ Ⓗ ⛺, et (85 km) **Vytina** Ⓗ.

*Andritséna ♦ Ⓗ, vieux bourg arcadien qui s'agrippe au flanc d'une profonde vallée qui se creuse jusqu'au lit de l'Alphée, très loin en contrebas, au pied du mont Lycée (env. d'Andritséna, 3).

← 15 km. **Temple de Bassæ** ♦, miraculeusement conservé, dans un cadre grandiose au cœur des montagnes d'Arcadie.

Karytaina ♦, village tapi au pied d'un château, d'où une *route de montagne panoramique mène à (30 km) **Dimitsana**.

Mégalopolis ♦, une ville moderne près des ruines de la « Grande Ville » antique, mais d'où vous visiterez surtout l'ancienne **Messène ♦, au pied de l'Ithomé (V. carte-itinéraire 8).

Tripolis ♦ Ⓗ ⛺, gîte d'étape au cœur du Péloponnèse ♦, d'où une route étroite et sinueuse mène à (130 km) ***Olympie ♦ Ⓗ ⛺ (V. ci-dessus).

← 10 km. **Tégée** (env. de Tripolis, 1), avec les ruines de l'un des plus fameux sanctuaires arcadiens (musée).

72 km. **Léonidion,** un port au bout du monde qu'une **route longeant le golfe Argolique tire de son isolement (V. env. de Lerne ♦).

Lerne ♦, autrefois hantée par l'hydre.

*Argos ♦, cité au passé fabuleux avec un musée et des environs riches en sites archéologiques, tels (9 km) l'**Héraion** (env. d'Argos, 1) et (13 km) ***Mycènes ♦ Ⓗ ⛺.

***Tirynthe ♦, une ville et un palais mycéniens autrefois défendus par une muraille imposante attribuée aux Cyclopes.

…UPLIE ♦ Ⓗ ⛺

…rmante station balnéaire d'où vous visiterez (30 km) ***Epidaure ♦ Ⓗ ⛺ et son sanctuaire d'Asclépios.

8

TRIPOLIS-KALAMATA-PYLOS

Cet itinéraire se déroule en majeure partie en Messénie, qui occupe le S.-O. du Péloponnèse ♦, et vous entraînera hors des sentiers battus. Pourtant, le site de l'antique **Messène ♦, à 1 h 40 de Tripolis ♦ Ⓗ ⛺ et à 45 mn de Kalamata ♦ Ⓗ ⛺, ne manque pas d'intérêt ni de grandeur, pas plus que la marine de *Pylos (Navarin) ♦ Ⓗ, à 1 h de Kalamata, n'est dépourvue de séduction. Vous y séjournerez plus volontiers qu'à Kalamata, pour partir à la découverte des ruines du *palais de Nestor à Pylos ♦ ou de la citadelle vénitienne de Méthoni ♦ Ⓗ.

137 km par une route modérément sinueuse (ce qui ne sera pas le cas pendant la montée vers Mavromati, le village qui occupe le site de Messène).

Pour déjeuner, recherchez le bord de mer à Kalamata (fréquentez l'une des petites tavernes le long de la route d'Aréopolis), ou à Méthoni, ou encore les frais ombrages de la place principale de Pylos (Navarin). A partir de Pylos, louez un bateau pour parcourir l'une des plus belles rades du pays, qui fut le théâtre de la bataille navale qui entraîna l'indépendance de la Grèce.

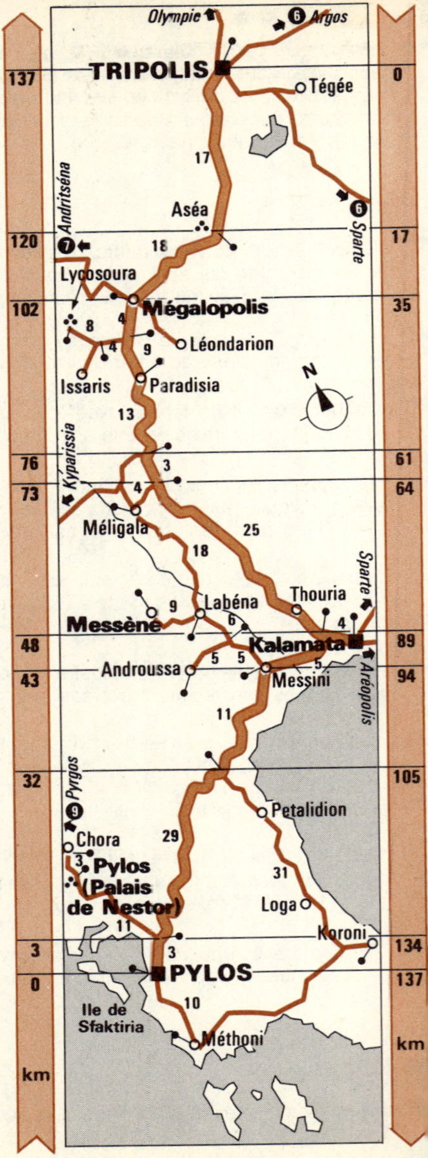

TRIPOLIS ♦ Ⓗ ⛺

Gîte d'étape au cœur du Péloponnèse ♦.

← 45 km. **Vytina** Ⓗ, (72 km) **Langadia** ♦ Ⓗ ⛺ et (130 km) ***Olympie** ♦ Ⓗ ⛺, par une *route étroite et sinueuse.

↦ → 10 km. **Tégée** (env. de Tripolis, 1), avec les ruines de l'un des plus fameux sanctuaires arcadiens (musée).

☛ **Mégalopolis** ♦, une ville moderne près des ruines de la « Grande Ville » antique.

↦ ← 8 km. **Lycosoura** (env. de Mégalopolis, 2), où, dans un site solitaire et bucolique, vous verrez les ruines d'un vieux sanctuaire arcadien.

↦ ← 40 km. **Kyparissia** ♦ Ⓗ, en passant (15 km) au pied de l'acropole préhistorique de *Malthi,* l'ancienne *Dorion* (?), abandonnée vers 1200 av. J.-C. Une mission suédoise y mit au jour les restes insignifiants d'un palais entouré de maisons.

↦ ← 4 km. **Méligala**, capitale de la première dynastie dorienne en Messénie, celle de Kresphonte (XIIe s. av. J.-C.), près du triple pont antique du Mavrozouménos (à 20 mn de marche), et (31 km) **Messène** ♦, site antique au pied de l'Ithomé, où vous verrez un rempart qui passe pour être le chef-d'œuvre de la fortification savante du IVe s. av. J.-C.

↦ → 4 km. **Kamalata** ♦ Ⓗ ⛺, le principal port de la Messénie, au pied d'un château franc.

- 78 km. **Aréopolis** ♦, par une *route (env. d'Aréopolis, 3) passant au pied du Taygète.

↦ ← 20 km. ****Messène** ♦ (V. ci-dessus).

↦ ← 31 km. **Koroni** (env. de Kalamata, 1), petit port au pied d'une imposante citadelle vénitienne et turque.

↦ ← 11 km. ***Pylos** ♦ (palais de Nestor), l'un des trois grands sites mycéniens du Péloponnèse.

PYLOS (Navarin)* ♦ Ⓗ

Charmante petite marine au bord de l'une des plus belles rades de la Grèce.

↦ ↓ 10 km. **Méthoni** ♦ Ⓗ ⛺, avec une immense forteresse vénitienne où le Lion de Saint-Marc gardait l'entrée de l'Adriatique.

9

PATRAS-PYRGOS-PYLOS

En parcourant cet itinéraire qui longe la façade maritime occidentale du Péloponnèse ♦, de l'Achaïe à la Messénie, vous passerez par l'Elide, où Pyrgos ♦ Ⓗ est à 1 h 45 de Patras ♦ Ⓗ ⛺ et à 30 mn d'***Olympie ♦ Ⓗ ⛺.

Vous découvrirez des paysages méditerranéens assez variés, plaines côtières agricoles, d'abord, puis régions plus particulièrement séduisantes en Messénie, dans la région de *Pylos (Navarin) ♦ Ⓗ, et surtout dans les environs d'Olympie (Elide), où la douceur de la campagne était favorable, a-t-on dit, aux réconciliations du peuple grec.

La visite du sanctuaire olympique et de ses musées restera certainement l'un des grands moments de votre voyage en Grèce, mais d'autres sites solliciteront également votre goût pour le passé, qu'ils soient mycéniens comme pour le *palais de Nestor à Pylos ♦ ou les tombes de Péristéria, décrites dans les environs de Kyparissia ♦ Ⓗ, ou plus tardifs comme pour les ruines des thermes romains d'Epitalion (env. de Pyrgos).

Les châteaux de Kastron ou de Chlémoutsi (env. de Loutra Kyllini ♦ Ⓗ ⛺) et de Méthoni ♦ Ⓗ ⛺ vous rappelleront, le premier, que la Morée fut un moment dominée par une féodalité d'origine française, le second, que Venise s'efforça d'y établir un petit Gibraltar, mais ici sans détroit, pour interdire aux Turcs l'entrée de l'Adriatique.

212 km par une bonne route moderne jusqu'à Kyparissia, moins large et sinueuse de Kyparissia à Pylos (Navarin).

Loutra Kyllini n'est pas seulement une station thermale, mais aussi un lieu de séjour idéal, grâce à sa magnifique plage, pour rayonner en Elide et en Achaïe, jusqu'à Patras.

A l'entrée de Patras par la route de Pyrgos, de sympathiques petits restaurants au bord de l'eau vous accueilleront à l'heure du déjeuner.

Olympie offre également d'excellentes ressources hôtelières, notamment l'hôtel S.P.A.P., sur une colline d'où vous embrasserez en un seul coup d'œil les séduisants abords du sanctuaire olympique et la vallée de l'Alphée.

Dans les environs d'Olympie, vous pourriez séjourner au Miramare Olympia Beach Hotel, à Skafidia (V. Pyrgos), ou bien chercher un peu de douceur de vivre à la plage de Katakolon ou à Loutra Kaïafa ♦ Ⓗ.

Pylos (Navarin) ou Méthoni obtiendront vos préférences pour un séjour en Messénie occidentale. A Pylos, vous déjeunerez sous les frais ombrages de la place centrale de ce petit port, d'où vous partirez en bateau sur l'une des plus belles rades du pays, parsemée d'îlots, abritée par l'île de Sfaktiria (Sphactérie), et où une escadre anglo-franco-russe arracha aux Turcs l'indépendance de la Grèce.

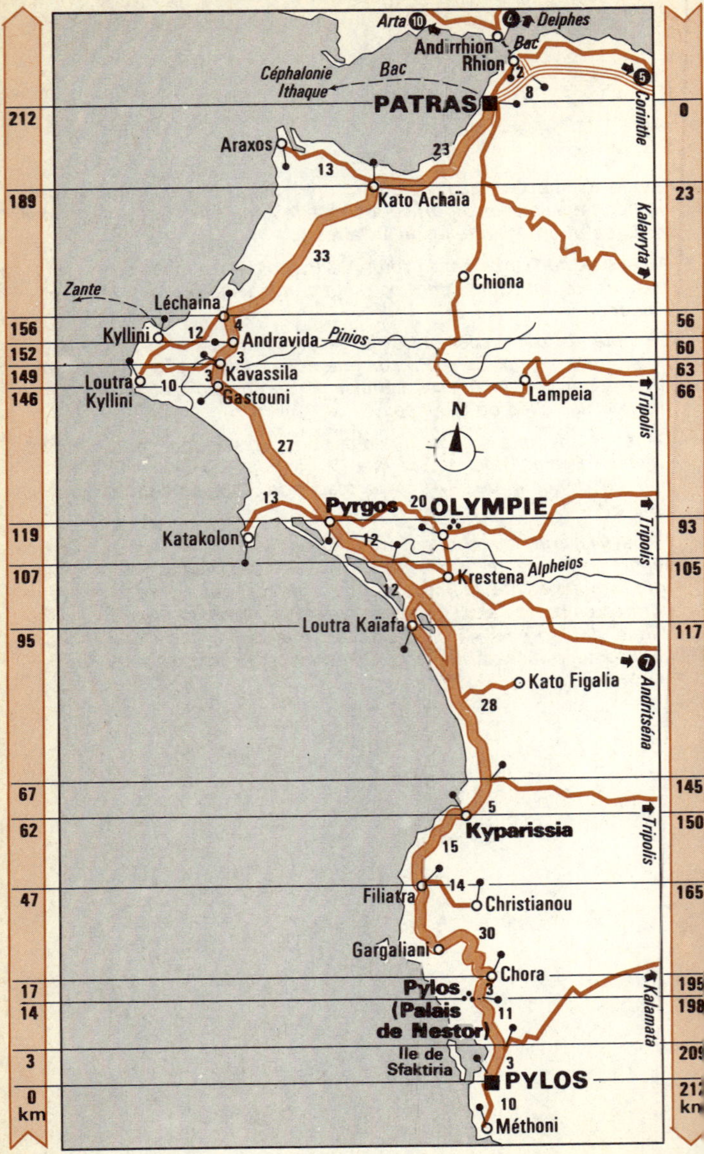
Arta
Delphes
Andirrhion
Bac
Rhion
Céphalonie
Ithaque
Bac
PATRAS
Corinthe
Araxos
Kato Achaïa
Kalavryta
Chiona
Zante
Léchaina
Kyllini
Andravida
Pinios
Kavassila
Loutra
Kyllini
Gastouni
Lampeia
Tripolis
N
Pyrgos
OLYMPIE
Tripolis
Katakolon
Krestena
Alpheios
Loutra Kaïafa
Kato Figalia
Andritséna
Kyparissia
Tripolis
Filiatra
Christianou
Gargaliani
Chora
Pylos
(Palais
de Nestor)
Kalamata
Ile de
Sfaktiria
PYLOS
Méthoni
212
189
156
152
149
146
119
107
95
67
62
47
17
14
3
0
km
0
23
56
60
63
66
93
105
117
145
150
165
195
198
209
212
km

PATRAS ♦ Ⓗ ⛺

Porte maritime de la Grèce, d'où vous embarquerez à destination de ★**Céphalonie** ♦ Ⓗ et d'★**Ithaque** ♦ Ⓗ.

→ ← 13 km. **Araxos** (env. de Patras, 2), près d'une acropole préhistorique (mur des Dyméens).

→ ← 12 km. **Kyllini** ♦ (ferry-boats à destination de ★**Zante** ♦ Ⓗ) et (20 km) ★**Loutra Kyllini** ♦ Ⓗ ⛺, station thermale et balnéaire avec l'une des plus belles plages du Péloponnèse.

☛ **Andravida** ♦, anc. résidence des princes francs de Morée.

Gastouni ♦ ⛺, près de l'ancienne *Elis* (env. de Gastouni).

Pyrgos ♦ Ⓗ.

→ → 20 km. ★★★**Olympie** ♦ Ⓗ ⛺, où, dans un cadre d'une douceur apaisante, vous visiterez l'un des plus fameux sanctuaires panhelléniques.

☛ **Loutra Kaïafa** ♦ Ⓗ, modeste station thermale près de l'acropole de Samikon (env. de Loutra Kaïafa).

- 66 km. **Mégalopolis** ♦ et (101 km) **Tripolis** ♦ Ⓗ ⛺ en passant (25 km) au pied de l'acropole préhistorique de Malthi (V. carte-itinéraire 8).

☛ **Kyparissia** ♦ Ⓗ, au cœur d'une région riche en sites mycéniens, tel celui de Péristéria (env. de Kyparissia) à l'écart de la route entre la bifurcation de Tripolis et Kyparissia.

→ → 14 km. **Christianou** ♦, avec une vénérable église byzantine.

☛ **Chora** ♦, où un musée rassemble les trouvailles réalisées en Messénie occidentale, au palais de Nestor notamment.

★**Pylos** (palais de Nestor) ♦, l'un des trois grands sites mycéniens du Péloponnèse.

YLOS (Navarin)★ ♦ Ⓗ

ıarmante petite marine au bord de l'une des plus belles rades de la Grèce.

→ ↓ 10 km. **Méthoni** ♦ Ⓗ ⛺, où vous visiterez une immense forteresse vénitienne où le Lion de Saint-Marc montait la garde à l'entrée de l'Adriatique.

10

IGOUMÉNITSA-ANDIRRHION

D'Igouménitsa ♦ Ⓗ ⛺ à Andirrhion ♦, d'Epire ♦ en Acarnanie ♦ et Etolie ♦, vous voyagerez dans des régions aux paysages variés. A la sauvage beauté des montagnes de l'Epire succédera un décor méditerranéen, à partir d'*Arta ♦ Ⓗ, à 2 h 30 d'Igouménitsa. De riches bocages, des collines broussailleuses, de plantureux vergers, des paysages lacustres inondés de lumière, d'impressionnantes corniches apparaîtront tour à tour, jusqu'à Andirrhion, à 2 h 15 d'Arta. La promenade sera aussi archéologique, avec le *Nékromanteion ♦, *Nicopolis ♦, Stratos ♦ Ⓗ, et byzantine à Arta.

276 km ; bonne route dans l'ensemble doublée entre Parga et Prévéza par une nouvelle route côtière partiellement ouverte.

*Vous passerez à proximité d'un petit paradis : **Parga ♦ Ⓗ, oublié jusqu'à ces dernières années en un point reculé de la côte épirote et qui vaudra bien un déjeuner. Une autre étape agréable, à l'heure de midi, sera Amfilochia ♦ Ⓗ (plages). L'hôtel Xénia d'Arta mérite une citation particulière pour l'excellence de sa situation à l'intérieur de l'enceinte d'une citadelle.*

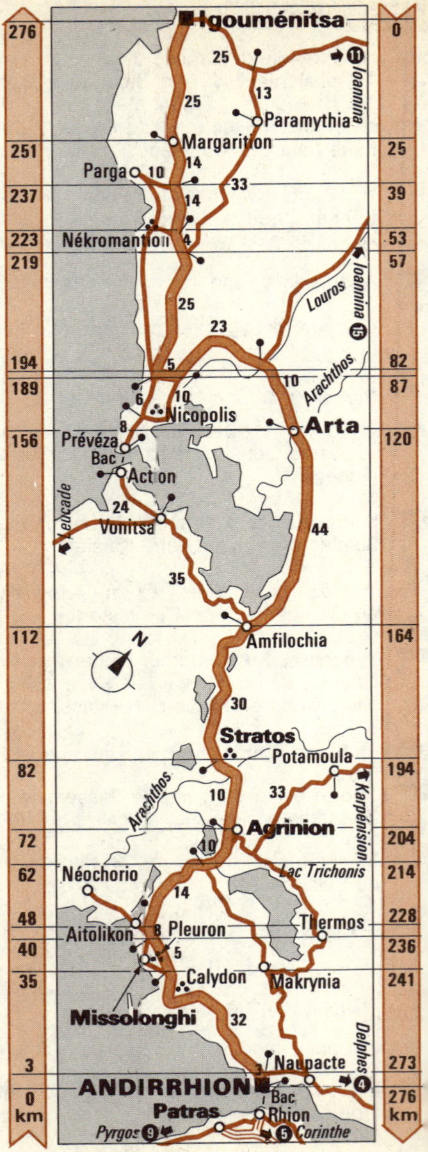

IGOUMÉNITSA ♦ Ⓗ ⛺

L'une des portes maritimes de la Grèce (services réguliers pour les ports italiens de l'Adriatique et ferry-boats pour ***Corfou ♦ Ⓗ ⛺, 10 fois par j. en 1 h 30 env.).

⟶ ← 10 km. **Parga** ♦ Ⓗ, village de pêcheurs sur une côte sauvage avec de belles plages.

⟶ ← 6 km. ***Nékromanteion** ♦, un étrange lieu de culte à l'entrée de l'Hadès.

⟶ → 6 km. **Zalongon**, l'ancienne **Kassopé** (env. de Nicopolis, 2), avec les ruines d'un petit théâtre et d'édifices du IVe s. av. J.-C.

⟶ ← 6/10 km. ***Nicopolis** ♦ (ruines de plusieurs basiliques paléochrétiennes ; mosaïques) et 14/18 km **Prévéza** ♦ Ⓗ ⛺.

– 61 km. ***Ioannina** ♦ Ⓗ ⛺, par une route qui remonte les *gorges du Louros.

☛ *Arta ♦ Ⓗ, une ville d'art byzantin.

Amfilochia ♦ Ⓗ, charmante bourgade d'aspect oriental, au fond du golfe d'Arta.

– 37 km. **Vonitsa,** petit port au pied d'un château turc, et (59 km) ***Leucade** ♦ Ⓗ ⛺, une île amarrée au continent, surtout remarquable pour ses paysages.

☛ Stratos ♦ Ⓗ, ville antique qui a conservé presque intactes ses murailles du Ve s. av. J.-C. et d'importants vestiges d'un temple de Zeus.

Agrinion ♦ Ⓗ

– 190 km. **Lamia** ♦ Ⓗ ⛺, par Karpénision et une fantastique ***route de montagne à travers le sauvage massif du Tymphrestos (env. de Lamia, 3).

☛ Aitolikon ♦, un village à fleur d'eau, d'où vous visiterez le site d'*Œniadæ* si vous êtes amateur d'archéologie.

Missolonghi ♦ Ⓗ, où *Lord Byron* paya de sa vie son dévouement à la cause de l'Indépendance de la Grèce ; dans les environs, les amateurs d'archéologie visiteront **Calydon** et **Pleuron**.

⟶ → 10 km. **Naupacte** ♦ Ⓗ, plaisante station balnéaire sur le golfe de Corinthe.

ANDIRRHION ♦

Ferry-boat (jour et nuit) pour **Rhion**.

11

IGOUMÉNITSA-VOLO

Ce voyage en Epire ♦ et en Thessalie ♦ vous fera passer d'une contrée balkanique à une région méditerranéenne. Ce sera la route des paysages superbes : en Epire, où *Ioannina ♦ Ⓗ ⛺, à 2 h d'Igouménitsa ♦ Ⓗ ⛺, et *Metsovon ♦ Ⓗ, à 1 h 30 de Ioannina, ont gardé leur caractère balkanique, en Thessalie, où vous serez fasciné par les ***Météores ♦, qui dominent Kalambaka ♦ Ⓗ ⛺, à 1 h de Metsovon. La traversée de la plaine thessalienne jusqu'à Larissa ♦ Ⓗ, à 1 h de Kalambaka, et Volo ♦ Ⓗ, à 1 h de Larissa, vous paraîtra fastidieuse mais le ***Pélion (env. de Volo ♦ Ⓗ ⛺) vous consolera. L'itinéraire sera archéologique avec *Dodone ♦, et byzantin : couvents de Ioannina, Météores, église de Porta Panaghia (env. de Trikala).

369 km par une route toujours très sinueuse jusqu'à Kalambaka.

En Epire, la route est jalonnée d'hôtels bien situés (Xénia d'Igouménitsa, Ioannina ; Metsovon). A Ioannina, déjeunez sous les platanes au bord du lac. Recherchez la fraîcheur sur le Pélion, le temps d'un déjeuner ou d'un dîner, ou encore dans les tavernes au bord de l'eau, à la sortie de Volo vers Tsangarada.

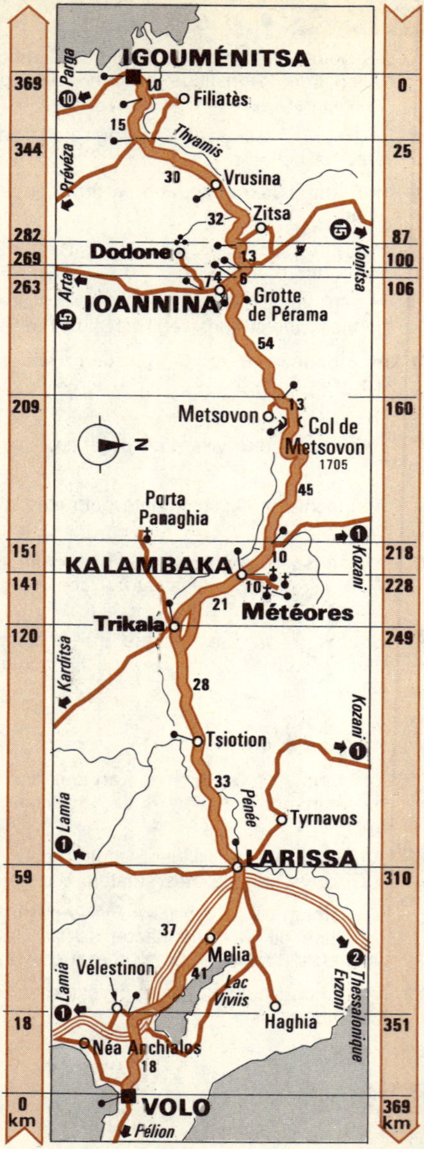

IGOUMÉNITSA ♦ ⓗ ⛺

L'une des portes maritimes de la Grèce (services réguliers pour les ports italiens de l'Adriatique et ferry-boats pour ***Corfou ♦ ⓗ ⛺ 10 fois par j. en 1 h30 env.).

•→ ← 4 km. **Monastère Paganion**; 5 km après la bifurcation de Prévéza en direction d'Ioannina, un chemin non asphalté mais carrossable conduit à ce monastère dont l'église, datée de 1652, renferme des fresques.

•→ → 6 km. **Zitsa**, renommé pour son vin mousseux (rouge), près du **monastère Haghios Ilias**, fondé au XIVe s.

→ 54 km. **Konitsa ♦**, au cœur d'une région aux belles églises.

•→ ← 4 km. ***Ioannina** ♦ ⓗ ⛺, cité orientale et balkanique au bord d'un lac romantique (monastères insulaires). De là vous visiterez les (4 km) ****grottes de Pérama** (env. de Ioannina, 1) et (21 km) ***Dodone** ♦, ancien sanctuaire oraculaire dans un cadre d'âpres montagnes.

•→ ← 2 km. ***Metsovon** ♦ ⓗ, un rude bourg montagnard qui s'efforce de conserver son authenticité malgré le développement touristique.

☛ **Kalambaka** ♦ ⓗ ⛺, une petite ville au pied des *****Météores** ♦, énormes rochers composant un décor surréaliste à la Jérôme Bosch et qui, avec leurs monastères, apparaissent comme une nouvelle Thébaïde.

Trikala ♦ ⓗ, où aurait régné le dieu-médecin Asclépios.

•→ ← 21 km. **Porta Panaghia** (env. de Trikala), basilique ornée de mosaïques du XIIIe s. et de peintures murales du XIVe s.

Larissa ♦ ⓗ. Un gîte d'étape à un carrefour routier très important; intéressant musée archéologique. De là, vous pourrez découvrir la ***vallée de Tempé** ♦ et le massif de l'****Olympe** ♦.

VOLO ♦ ⓗ ⛺

Dans une région riche en sites archéologiques des époques préhistorique (Sesklo, Dimini, Iôlkos) et hellénistique (Phères, Pagasæ, Démétrias). Ne manquez pas de parcourir les routes du *****Pélion** (env. de Volo, 7), un impressionnant massif boisé entre la mer Egée et le golfe Pagasétique.

12

THESSALONIQUE-KALAMBAKA

Cet itinéraire en Macédoine ♦ et en Thessalie ♦ relie la ville d'art byzantin qu'est **Thessalonique ♦ (H) aux ***Météores ♦, un très singulier amas de roches qui semble écraser de sa masse la petite ville de Kalambaka ♦ (H) ⛺, à 5 h 30 de route de Thessalonique, mais aussi un centre monastique où des peintures murales vous révéleront un peu de l'art du *** mont Athos ♦. Votre goût éventuel pour l'archéologie sera mis en éveil en Macédoine, surtout si vous profitez de nos suggestions (ci-contre) concernant la visite de *Pella ♦, de *Lefcadia Naoussis (env. de Verria, 2) et de *Palatitsa (env. de Verria, 1).

259 km par une route très fréquentée de Thessalonique à Ghéfyra, puis sinueuse, plus particulièrement entre Verria et Kozani.

Thessalonique vous prodiguera généreusement son animation de grande cité maritime et cosmopolite, avec ses plages du golfe Thermaïque et celles, plus éloignées, de la Chalcidique. Profitez-en, car vous n'aurez pas l'occasion de rencontrer sur votre route toutes ces aménités qui contribuent à l'agrément du voyage.

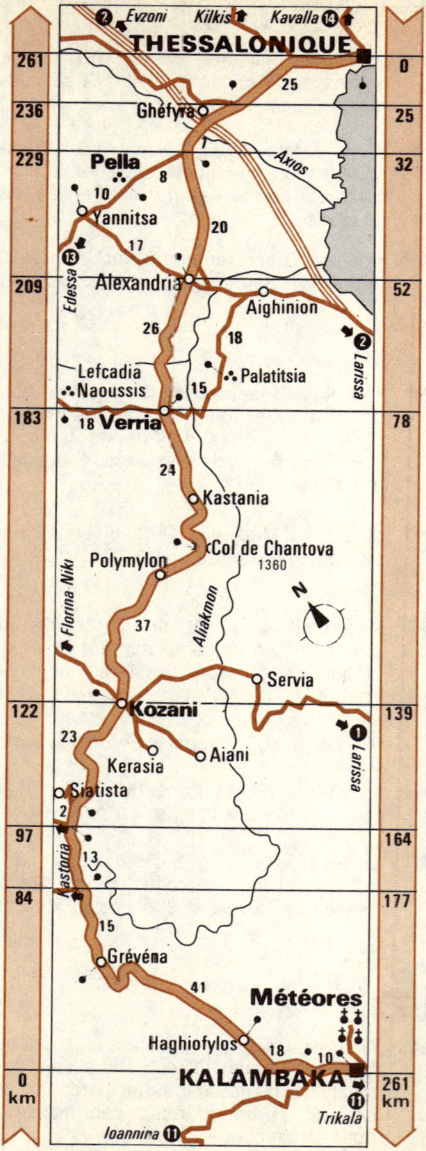

HESSALONIQUE ** ♦ Ⓗ

ne ville d'art byzantin qui n'est pas loin de pouvoir rivaliser avec Constantinople et Ravenne. De là, vous rayonnerez en Chalcidique (env. de Thessalonique, 2) d'où vous gagnerez le ***mont Athos ♦.

→ 8 km. ***Pella** ♦, l'un des principaux sites archéologiques de Macédoine, où vous verrez de remarquables mosaïques.

De Pella, gagnez donc (60 km) Verria (V. ci-après sur l'itinéraire principal) en faisant un détour par la route d'**Edessa** ♦, puis tournez à g. à 35 km, en direction de Verria. Vous aurez ainsi l'occasion de visiter à (42 km) ***Lefcadia Naoussis** (env. de Verria, 2) un mausolée macédonien d'époque hellénistique orné de peintures exceptionnellement bien conservées.

Verria ♦ Ⓗ, petite cité où flottent encore des effluves d'Orient, souvenir des temps de l'occupation turque, où vous visiterez de petites églises souvent décorées de fresques. Dans les environs, ne manquez pas les excursions jusqu'à (15 km) ***Verghina** (env. de Verria, 1) et (18 km) ***Lefcadia Naoussis** (env. de Verria, 2), surtout si vous êtes amateur d'archéologie.

Kozani ♦ Ⓗ. Un carrefour routier, sans grand intérêt, mais, dans les environs, Aiani possède plusieurs églises ornées de fresques.

← 5 km. **Siatista**, gros bourg fondé au XIVe s., florissant du XVIe au XVIIIe s., ainsi qu'en témoignent ses vieilles demeures seigneuriales, décorées de peintures naïves, mais aujourd'hui bien déchues. Voyez surtout les maisons Manoussos, Nérandzopoulos et Poulko.

66 km. ***Kastoria** ♦ Ⓗ. Au bord d'un lac romantique, une ville d'art byzantin où les églises sont décorées de peintures murales.

ALAMBAKA ♦ Ⓗ ⛺

e petite ville au pied des ***Météores ♦, énormes rochers composant un décor surréaliste à la Jérôme Bosch et qui, avec leurs monastères, apparaissent comme une nouvelle Thébaïde.

13

KASTORIA-THESSALONIQUE

Cet itinéraire en Macédoine ♦ occidentale relie deux importants centres de civilisation byzantine, *Kastoria ♦ Ⓗ et **Thessalonique ♦ Ⓗ, la ville d'art byzantin la plus intéressante de la Grèce, à 4 h 30 de Kastoria. Entre ces deux localités, vous passerez par deux anciennes capitales macédoniennes, Edessa ♦ Ⓗ et *Pella ♦, où vous aurez un rendez-vous archéologique; mettez à profit nos suggestions (V. ci-contre) et entreprenez une promenade archéologique vers *Lefcadia Naoussis (env. de Verria, 2) et *Verghina (env. de Verria, 1), afin d'enrichir un programme assez restreint.

214 km par une route sinueuse jusqu'à Edessa, puis en plaine, mais très fréquentée, surtout aux abords de Thessalonique.

Kastoria est dotée d'un hôtel (Xénia) placé dans un cadre admirable, d'où vous dominerez le lac. A peu près à la mi-temps du voyage, Edessa, où vous trouverez une relative fraîcheur en plein cœur de l'été, sera l'endroit idéal pour déjeuner, mais la véritable douceur de vivre, c'est à Thessalonique que vous la trouverez.

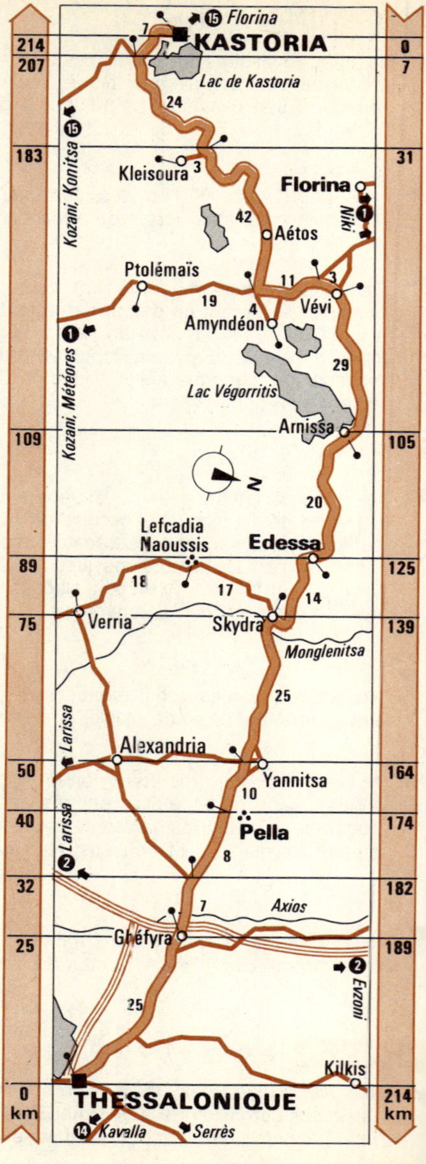

KASTORIA ★ ♦ ⓗ

Au bord d'un lac romantique, une ville d'art byzantin où les églises sont décorées de fresques. Proche de la frontière albanaise, la route directe de (71 km) **Florina** ♦ ⓗ, qui permet aussi d'atteindre (80 km) **Vrondéron** (églises byzantines), près du **lac Mikri Prespa**, est réglementée ; mais vous pourrez la suivre pendant 12 km afin de découvrir un remarquable panorama sur le lac de Kastoria.

→ ← 3 km. **Kleisoura**, petit village de montagne, à 1 200 m d'alt., où vous verrez une église consacrée à Haghios Dimitrios (belle iconostase en bois sculpté, du XVe s.).

→ ← 22 km. **Florina** ♦ ⓗ, petite cité typiquement balkanique dans un cadre boisé très agréable.

☛ **Arnissa**, village au bord du **lac Végorritis**, très poissonneux, dont le niveau varie de façon sensible. Une île, très éloignée du rivage actuel, sur laquelle se trouvent les restes d'une petite mosquée, occupait jadis, selon les habitants, le centre du village qui aurait été submergé en grande partie.

Edessa ♦ ⓗ, ancienne capitale de la Macédoine, apparaît en plein cœur de l'été comme une fraîche oasis.

→ 17 km. ★**Lefcadia Naoussis** (env. de Verria, 2), où vous verrez un mausolée macédonien d'époque hellénistique décoré de peintures bien conservées, et (35 km) **Verria** ♦ ⓗ. De Verria, les amateurs de sites archéologiques gagneront (15 km) ★**Verghina** (env. de Verria, 1), puis (35 km) Kypséli, à 6 km au N. d'Aighinion (V. carte-itinéraire 2) d'où, par l'ancienne route de Thessalonique, ils pourront atteindre (75 km) Pella (V. ci-après) à partir de la bifurcation du km 32/182 de la carte-itinéraire 13.

☛ ★**Pella** ♦, l'un des principaux sites archéologiques de la Macédoine, où vous verrez de remarquables mosaïques dans le musée local.

THESSALONIQUE ★★♦ ⓗ

Une ville d'art byzantin qui n'est pas loin de pouvoir rivaliser avec Constantinople et Ravenne. De là, vous rayonnerez en Chalcidique (env. de Thessalonique, 2) d'où vous atteindrez le ★★★mont Athos ♦.

14

THESSALONIQUE-ALEXANDROUPOLIS

De **Thessalonique ♦ Ⓗ à la frontière gréco-turque et à Istanbul, vous suivrez, à travers la Macédoine ♦ orientale et la Thrace ♦, la Via Egnatia, l'une des principales artères de l'Empire romain qui reliait Dyrrachium (auj. Durrës, en Albanie) à Byzance (Constantinople). Kavalla ♦ Ⓗ ⛺ est à 3 h de Thessalonique et Alexandroupolis ♦ Ⓗ ⛺ à 2 h 45 de Kavalla, mais vous ne pourrez pas réaliser cette étape en une journée, car votre curiosité sera beaucoup trop sollicitée, par **Philippes ♦ d'abord, puis par *Thasos ♦ Ⓗ ⛺ et enfin par *Samothrace ♦ Ⓗ.

338 km par une bonne route, la plupart du temps sinueuse, sauf entre Xanthi et Komotini.

C'est à Kavalla et à Thasos que vous trouverez les conditions de séjour les plus agréables, à Kavalla parce que ce port est des plus animés et des plus pittoresques, à Thasos parce que cette île vous offrira une calme retraite et de séduisants paysages. En route, vous déjeunerez de préférence à Kavalla, dans l'un des petits restaurants le long du port, où l'on vous proposera du poisson frais et des crustacés.

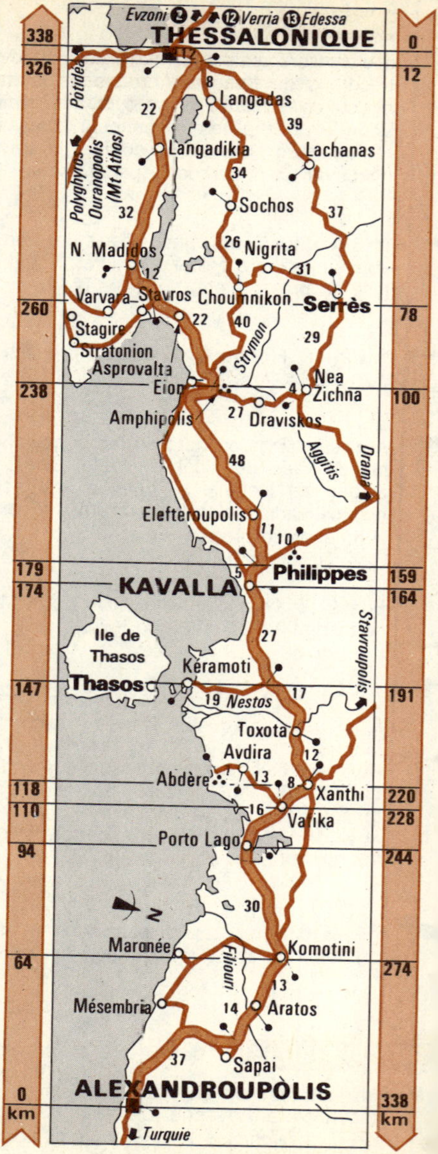

'HESSALONIQUE

ne ville d'art byzantin qui n'est pas loin de pouvoir rivaliser avec Constantinople et Ravenne. De là, vous rayonnerez en Chalcidique (env. de Thessalonique, 2) d'où vous gagnerez le ***Mont Athos ♦.

Une route secondaire relie Thessalonique à (206 km) Kavalla (V. ci-après) en passant par (97 km) **Serrès** ♦ Ⓗ, (170 km) **Drama** Ⓗ et (190 km) **Philippes** ♦.

Amphipolis ♦, autrefois une importante cité, se signale à l'attention par un colossal lion de marbre ; de l'autre côté du Strymon, en face de la route menant au village moderne près du site antique, une autre route conduit à son ancien port, **Eïon**, occupé par les restes d'un château byzantin et d'une enceinte, peut-être de l'antique *Cæsaropolis,* ville fondée en 837 par les Byzantins.

→ 10 km. ****Philippes** ♦, une ville morte sur l'ancienne *Via Egnatia,* et (30 km) **Drama** Ⓗ.

Kavalla ♦ Ⓗ ⛺, ville très animée, offrant les prémices de l'Orient, qui se développe en un amphithéâtre dont le port, très actif, forme la scène (lignes régulières pour Thasos, Mytilène, Kouchadasseu, en Turquie, et Rhodes).

← 19 km. **Kéramoti** ; service de ferry-boats (7 fois par jour de 7 h 30 à 19 h 30) à destination de ***Thasos** ♦ Ⓗ ⛺ , une île verte où un site antique témoigne de ce qu'elle fut un avant-poste de la civilisation grecque.

Xanthi ♦ Ⓗ.

← 19 km. **Abdère** (env. de Xanthi, 1), une autre ville morte, recouverte par la végétation et qui, au Ve s. av. J.-C., fut le siège d'une école de philosophie illustrée par *Démocrite.*

Porto lago (env. de Xanthi, 2), aux paysages à fleur d'eau, entre mer et lagune.

Komotini Ⓗ ⛺, avant-goût de la Turquie avec ses minarets.

Entre Komotini et Alexandroupolis, la route moderne suit parfois d'assez près le tracé de la *Via Egnatia* (pancartes) et laisse à dr., à 51 km de Komotini, le site de l'antique *Mésembria* (fondée à l'époque archaïque par des colons venus de Samothrace), où un groupe de maisons réduites aux fondations a été récemment mis au jour. Il est bordé sur trois côtés d'une enceinte avec tours (IVe s. av. J.-C.). A proximité, nécropole avec tombe à ciste.

:EXANDROUPOLIS ♦ Ⓗ ⛺

en relation avec l'île de *Samothrace ♦ Ⓗ, un autre lieu de culte à mystères.

↓ 44 km. **Kipi** et (295 km) **Istanbul** (V. Guide Bleu Turquie).

15

FLORINA-IOANNINA-ARTA

Cette longue traversée du massif montagneux et boisé du Pinde, où la route est entrouverte depuis peu (avant de partir, informez-vous à Florina, Kastoria ou Ioannina), vous fera passer d'un monde typiquement balkanique aux lumineuses contrées méditerranéennes des bords de la mer Ionienne.
De Florina ♦ Ⓗ à Kastoria ♦ Ⓗ, comptez env. 1 h 30 de route, puis env. 6 h jusqu'à Ioannina ♦ Ⓗ ⛺, et enfin 1 h 15 jusqu'à Arta ♦ Ⓗ, par les pittoresques gorges du Louros.

354 km par une bonne route de montagne, mais souvent très sinueuse.

Quatre hôtels Xenia, à Florina, Kastoria, Ioannina et Arta, vous promettent un séjour agréable dans cette région.
A Ioannina, déjeunez sous les platanes au bord du lac.

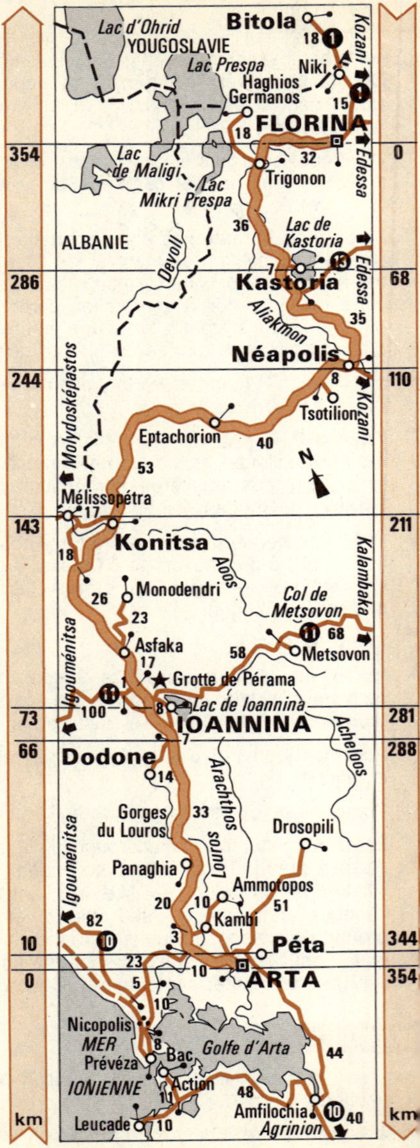

LORINA ♦ Ⓗ

tite cité typiquement balkanique dans un cadre boisé très agréable.

↑15 km. **Niki**, poste frontalier grec (ouv. jour et nuit).

★**Kastoria** ♦ Ⓗ. Au bord d'un lac romantique, une ville d'art byzantin où les églises sont décorées de fresques.

20 km. **Siatista,** près de la route de Thessalonique à Kalambaka (V. carte-itinéraire 12), est un gros bourg fondé au XIVe s., florissant au XVIe s., ainsi qu'en témoignent ses vieilles demeures seigneuriales, décorées de peintures naïves, mais aujourd'hui bien déchues. Voyez surtout les maisons Manoussos, Nérandzopoulos et Poulko.

Konitsa ♦, au cœur d'une région aux belles églises.

← 28 km. **Molyvdosképastos** ♦, modeste village autrefois siège d'un archevêché ; à voir l'église d'un couvent désaffecté et l'église Haghii Apostoli, décorées de peintures murales médiévales.

→ 19 km. ★**Monodendri** ♦, un vieux village qui a gardé toute son authenticité.

★**Ioannina** ♦ Ⓗ ⛺, cité orientale et balkanique au bord d'un lac romantique (monastères insulaires), près des ★★**grottes de Pérama** (env. de Ioannina, 1).

← 14 km. ★**Dodone** ♦, ancien sanctuaire oraculaire dans un cadre d'âpres montagnes.

→ 10 km. **Ammotopos**, ruines d'une ville du IVe s. av. J.-C. (env. d'Arta, 5).

← 33 km. ★**Nicopolis** ♦ (ruines de plusieurs basiliques paléochrétiennes ; mosaïques) et (41 km) **Prévéza** ♦ Ⓗ.

TA ★ ♦ Ⓗ

ville d'art byzantin.

16

LA CANÉE-HÉRACLEION-SITIA

Cette route (V. Crète ♦), le long de la côte N. de l'île et qui vous fait emprunter une voie express, vous conduira de La Canée Ⓗ (V. 1) à ***Héracleion Ⓗ (V. 3), à env. 2 h, puis à Sitia Ⓗ (V. 6, env. 4), également en 2 h ; vous éprouverez plus d'une fois la nécessité de vous en écarter pour partir à la découverte des sites archéologiques, tels que ***Cnossos (V. 4), ***Phæstos Ⓗ (V. 5), *Haghia Triada (V. 6) et **Mallia Ⓗ (V. 3, env. 7), qui vous auront probablement attirés sur cette île. N'oubliez pas que la Crète eut l'une des plus fécondes écoles de la peinture byzantine : c'est à Kastelli, Avdou (V. 3, env. 6) et Kritsa (V. 6, env. 2), etc., et dans les monastères de Vrondisi et de Varsamonéro (V. 5) que vous apprécierez l'exceptionnel talent des peintres de cette île.

275 km par une excellente route moderne.

La station balnéaire la plus agréable est celle d'Haghios Nicolaos (V. 6). Près d'Héracleion, vous trouverez des hôtels généralement bien situés au bord d'une plage et de nombreux petits restaurants.

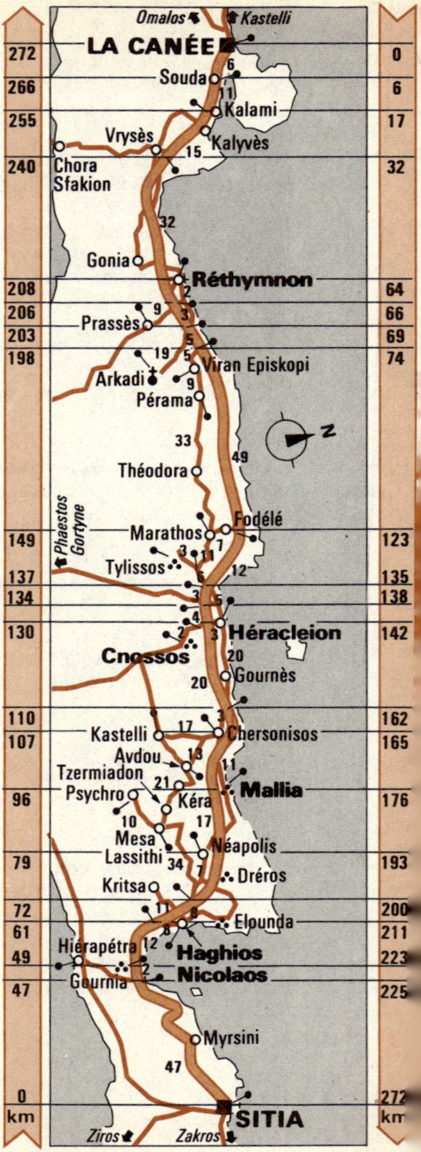

LA CANÉE ⓗ

V. Crète, 1), la capitale de la Crète, où Venise et les Turcs ont laissé leur empreinte ; si vous aimez les curiosités naturelles, ne manquez pas l'excursion jusqu'aux **gorges de Samaria** (env. de La Canée, 3).

→ ← 40 km. **Chora Sfakion** ⓗ, paisible port de pêche sur la côte S. de l'île, d'où vous accéderez plus facilement aux ****gorges de Samaria**.

→ → 2? km. **Réthymnon** ⓗ Ⓐ, une petite ville à l'aspect oriental, souvenir des temps de l'occupation turque. C'est là qu'est installée depuis quelques années l'Université de Crète.

→ ← 19 km. **Monastère d'Arkadi** ⓗ, un haut lieu de la résistance crétoise et un couvent, émouvant dans sa simplicité.

☛ **Fodélé**, le village où *Doménikos Théotokopoulos*, c'est-à-dire *le Greco*, naquit probablement vers 1541.

→ ← 9 km. **Tylissos** (env. d'Héracleion, 1), site minoen sur la route de l'Ida.

☛ *****Héracleion** ⓗ (section 3), une ville-bazar, dans une impressionnante enceinte vénitienne, mais surtout un musée dont les collections vous permettent de suivre l'évolution de la civilisation minoenne. Ne manquez surtout pas les excursions de *****Cnossos** (4) et de la Messara (5) où vous visiterez ***Gortyne**, *****Phæstos** ⓗ et ***Haghia Triada**.

Chersonissos ⓗ Ⓐ. De là, vous pourrez gagner (76 km) Haghios Nicolaos par la haute plaine du Lassithi, couverte d'éoliennes.

☛ ****Mallia** ⓗ, l'un des quatre sites minoens qu'il faut avoir vus avec Cnossos, Phæstos ⓗ et Haghia Triada.

Néapolis, bourgade sans grand caractère d'où les passionnés d'archéologie partiront à la découverte de **Dréros**.

→ → 8 km. **Haghios Nicolaos** ⓗ, la plus agréable station balnéaire de la Crète.

☛ **Gournia**, avec les ruines d'une petite cité minoenne.

→ ← 14 km. **Hiérapétra** Ⓐ, une incursion facile sur la côte S.

TIA ⓗ

sible petit port d'où vous rayonnerez dans la partie orientale de l'île, vers le site minoen de **Kato Zakros** et l'unique palmeraie grecque, celle de **Vaï**.

PRINCIPALES DISTANCES PAR LA ROUTE

	ATHENES	CHALCIS	DELPHES	EVZONI	IGOUMENITSA	IOANNINA	KALAMATA	KALAMBAKA	KAVALLA	LARISSA	OLYMPIE	PATRAS	THESSALONIQUE	TRIPOLIS	VOLO
ATHENES		88	162	550	485	475	285	341	671	333	324	219	532	195	316
ALEXANDROUPOLIS	849	797	728	407	782	696	1078	609	178	494	907	830	341	989	556
ARTA	365	392	263	458	115	73	379	182	593	281	279	161	432	332	380
CHALCIS	88		134	498	506	448	344	317	619	304	384	272	456	254	264
DELPHES	169	134		425	471	367	460	236	559	211	274	133	396	394	229
EVZONI	550	498	425		469	383	779	291	229	195	817	530	68	690	257
IGOUMENITSA	485	506	471	469		100	494	235	604	299	481	276	443	447	359
IOANNINA	475	448	367	383	100		454	131	518	205	377	236	357	407	265
KALAMATA	285	344	460	779	494	454		595	900	552	186	218	707	90	546
KALAMBAKA	341	317	236	291	235	131	595		415	84	508	388	269	549	144
KAVALLA	671	619	559	229	604	518	900	415		316	951	652	163	811	378
LAMIA	215	163	92	342	212	259	406	135	463	141	305	188	300	355	110
LARISSA	333	304	211	195	299	205	552	84	316		603	334	153	496	61
NAUPLIE	147	206	331	641	446	406	149	460	762	447	195	184	600	59	408
OLYMPIE	324	384	274	817	481	377	186	508	951	603		120	788	130	621
PATRAS	219	272	133	530	276	236	218	388	652	334	120		489	171	298
SPARTE	255	314	393	750	507	467	60	580	871	556	175	231	708	60	516
THESSALONIQUE	532	456	396	68	443	357	707	269	163	153	788	489		648	215
TRIPOLIS	195	254	394	690	447	407	90	549	811	496	130	171	648		456
VOLO	316	264	229	257	359	265	546	144	378	61	621	298	215	456	

Guide alphabétique

A

Acarnanie

Carte-itinéraire 10.

Entre les golfes de Patras et d'Arta, l'Acarnanie est une province de la Grèce antique qui occupe une large frange côtière, au climat de type méditerranéen. Elle est irriguée par l'Achéloos, un fleuve issu de la chaîne du Pinde, dont le nom est celui d'un dieu, père de Callirrhoé qui enfanta Acarnan, le héros éponyme des Acarnaniens. Ses côtes, très découpées, sont dominées par le massif du Xéroméros (1 599 m), couvert de forêts de chênes et de châtaigniers. Plusieurs lacs y occupent le centre de dépressions fermées.

Ægion

Carte-itinéraire 5.
Patras, 33 km. — Corinthe, 99 km. — Athènes, 186 km.
18 910 habitants.

L'une des douze cités de la ligue Achéenne ; c'est là qu'*Agamemnon* réunit les chefs grecs avant la guerre de Troie. Capitale de l'**Achaïe** au IVe s. av. J.-C., la ville devint le siège du sanctuaire fédéral (Homarion), où se tenaient les assemblées de la ligue.
De la ville antique, il subsiste quelques vestiges de l'enceinte, sur le coteau qui domine le port, et un souterrain taillé dans le roc avec des silos et des citernes.

Indicatif téléphonique : 0691.

Hôtel :
Long Beach, à Longos, 8 km N.-O. (✆ 31-258), 115 ch. ouv. avril-oct.

Club de vacances :
Club Méditerranée, à Lambiri (13 km N.-O.). Réserv. à Paris, place de la Bourse, 2e (✆ 266-52-52), ou à Athènes, 10, rue Nikis (✆ 324-68-15) ; ouv. mai-sept.

Camping :
Acoli Beach, 61, rue Possidonos, à Rododafni Eglalias (✆ 71-317) ; 150 pers., 60 voit., 20 caravanes ; ouv. avril-oct.

Ægira

Carte-itinéraire 5.
Ægion, 34 km. — Corinthe, 58 km. — Patras, 67 km.

L'*Institut autrichien* a entrepris récemment les fouilles d'un théâtre et de l'acropole de l'antique *Ægira*, localisée au sommet d'une colline (mont Evrostira).

Le **théâtre**, dont l'*orchestra* en forme de fer à cheval a été entièrement dégagée, dut être construit au IIIe s. av. J.-C., sans doute après la reconstitution de la ligue Achéenne (281-280), puis fut remanié à l'époque romaine, probablement sous le règne d'Hadrien (117-138). Le bâtiment de scène était intérieurement divisé par une colonnade axiale, comme à Epidaure.

Sur l'**acropole**, les archéologues autrichiens mirent au jour des fragments architectoniques peints des époques archaïque et classique, qui appartiennent peut-être au temple d'Artémis Iphigénia, mentionné par Pausanias. Les restes de deux bâtiments du type mégaron attestent que le site fut habité à l'époque mycénienne.

Agrinion

Carte-itinéraire 10.
Arta, 84 km. — Athènes, 281 km (par Corinthe). — Missolonghi, 36 km.
32 650 habitants ; manufactures de tabac ; chef-lieu du nome d'Etolie-Acarnanie.

A 3 km au S.-O. du site de la ville antique du même nom, cette populeuse cité étolienne n'a d'autre intérêt que d'être située à une extrémité de cette fantastique route de montagne qui, par les monts Panétolikon et Vardoussia, prolongement de la chaîne du Pinde, la relie à Karpénision et à Lamia. Elle possède cependant un petit musée archéologique où sont regroupées les trouvailles faites dans la région (même bâtiment que la bibliothèque municipale).

Indicatif téléphonique : 0641.

Police touristique : 29, rue Papakosta (✆ 23-381).

Hôtels :

¶¶ *Esperia*, 31, Char. Trikoupi (✆ 23-033) 26 ch. ✂ Ⓟ
¶¶ *Galaxy*, 19, Kazatzi (✆ 23-551) 36 ch. ✂ Ⓟ
¶¶ *Soumélis*, route d'Athènes à Arta (✆ 23-473) 20 ch. ✂ ☎ Ⓟ
Aliki, 2, Papastratou (✆ 23-056) 34 ch. Ⓟ
Léto, Platia Democratias (✆ 23-043) 36 ch. Ⓟ
Tourist, 51, Papastratou (✆ 26-665) 44 ch. Ⓟ

Artisanat : exposition place Bellou (✆ 280-43).

La route d'Agrinion à Lamia ♦, difficile bien que maintenant revêtue, ne sera guère favorable aux moyennes élevées (comptez au moins 4 h de route jusqu'à Lamia). A 40 km d'Agrinion, les intrépides recevront la plus remarquable des récompenses que leur promet cet itinéraire : le **prodigieux ***paysage sur le lac de barrage de l'Achéloos,** dans un cadre de montagnes cristallines.

Environs. — Thermon (33 km ; sortie par la route de Lamia), que vous atteindrez en longeant le beau **lac Trichonis**, est un modeste village près du site de l'ancienne *Thermos*, siège du riche sanctuaire fédéral de la ligue Etolienne, détruit par *Philippe V de Macédoine* en 218 av. J.-C., bien qu'il fût protégé par une petite enceinte renforcée de tours du IIIe s. av. J.-C. Le temple d'Apollon thermios, dont la colonnade axiale est encore bien visible, représente un des premiers exemples connus (2e moitié du VIIe s. av. J.-C.) du style périptère. Il recouvre un édifice plus ancien qui devait dater de l'époque géométrique et jouxte un bâtiment à abside de forme très allongée, dont les murs apparaissent au N.-E. du temple et qui doit remonter à l'époque de l'helladique récent. A proximité du temple, petit musée, riche surtout en terres cuites architecturales d'époque archaïque. Plus au S., fontaine et vestiges de l'agora, avec portiques et exèdres.

■ **Aitolikon** [Etolikon]

Carte-itinéraire 10.
Agrinion, 28 km. — Missolonghi, 10 km. — Athènes, 267 km.

Cette curieuse place de refuge, aux maisons à fleur d'eau, fut construite au Moyen Age sur un îlot d'une lagune.

Environs. — Œniadæ (15 km). — Traversez Aitolikon en ligne droite, puis (9,5 km) Katochi. — 14 km : La route longe un canal de drainage que vous franchirez au moment où elle s'infléchit vers la dr. Continuez à pied en ayant le canal à votre dr.

15 km : Ruines de l'ancien port d'**Œniadæ** (à g. au pied de l'acropole), reconstruit par *Philippe V de Macédoine* à la fin du IIIe s. av. J.-C.

Œniadæ était une place maritime, souvent disputée : en 455 par les Messéniens de Naupacte, en 453 par Périclès dont l'attaque échoua. En 424 av. J.-C., le général Démosthène la fit entrer dans l'alliance athénienne.

Du port, quelque peu envahi par les broussailles, subsistent une partie du quai et les vestiges des cales dans lesquelles étaient tirés les navires. Le reste du site était protégé par une enceinte de 7 km de tour, qui se développe au sommet de la colline. L'*Ecole américaine* y dégagea des maisons et un théâtre difficiles à trouver. Sur l'acropole, au point le plus élevé, grande porte à voussoirs du IVe s. av. J.-C., dont la technique de construction fut peut-être influencée par l'Italie (voûte à clef).

■ **Alexandroupolis**

Carte-itinéraire 14.
Istanbul, 295 km. — Kavalla, 175 km. — Komotini, 66 km. — Thessalonique, 341 km.
23 995 habitants ; chef-lieu du nome d'Evros.

Cette ville qui selon Plutarque fut fondée par Alexandre le Grand en 340 av. J.-C. ne présente guère d'intérêt si ce n'est lors de la fête du vin, du 1er au 15 août ; mais, de là, on s'embarque à destination de l'île de Samothrace (au moins une liaison quotidienne en été).

A l'hôtel de ville est présentée une petite collection archéologique (trouvailles de la région).

Indicatif téléphonique : 0551.

Police touristique : rue Karaïskaki (☎ 26-211).

Hôtels :
Motel Astir (☎ 26-448) 27 ch.
Egnatia (☎ 28-661) 96 ch.
Alex (☎ 26-302) 28 ch.
Galaxias (☎ 28-112) 28 ch.

Camping :
Akti Alexandroupoleos, rue Makris (☎ 18-735) ; 218 emplacements ; sports nautiques ; ouv. avril-oct.

Aéroport : à 5 km E. ; 2 vols quotidiens pour Athènes en 55 mn.

Compagnie aérienne : *Olympic Airways,* rues Karaoli-Dimitriou et Bouboulinas (☎ 263-61).

Bateaux : ferries 5 à 7 fois par sem. pour Samothrace, en 2 h 30 env.

Artisanat : exposition 406, Vas. Georgiou (☎ 26-757).

Environs. — 1 — Férès. — En prenant la route qui mène vers la Turquie, on longera d'abord (15 km) les ruines de la cité romaine et byzantine de *Traïanoupolis,* importante entre le IVe et le VIIIe s. de notre ère, mais réduite aujourd'hui à une partie minime de l'enceinte fortifiée et à un bâtiment (à proximité de la route) des XIVe-XVe s. nommé *La Chana,* c'est-à-dire le *Khan,* ou caravansérail.

A (26 km) **Férès,** on pénètrera dans la ville pour voir l'**église de la Vierge Kosmosôteira** (« sauvant le monde »), construite à partir de 1152 par des ouvriers de Constantinople, dans un monastère fondé par le sébastocrate *Isaac Ange Comnène.* L'intérieur de l'église est orné de fresques de la même époque, peintes par des artistes de Constantinople.

2 — Didimotikhon. — A partir de la bifurcation (32 km) de la route conduisant à (10 km) **Ipsala,** poste frontière avec la Turquie, et (260 km) **Istanbul,** une bonne route remonte le cours de l'Evros vers **Edirné,** l'ancienne *Andrinople* (V. *Guide Bleu Turquie*). Elle traverse la vieille cité de **Didimotikhon,** dont les maisons de style balkanique, les églises byzantines, d'anciennes mosquées et le bazar se pressent au pied d'une citadelle médiévale. La ville est le berceau de la famille des *Cantacuzènes,* qui donna un empereur à Byzance. Bâtie aux VIIIe-IXe s. apr. J.-C. sur une colline rocheuse entourée par la rivière Erythropotamos, elle succéda à *Plotinoupolis,* dont les ruines se trouvent sur la colline de Haghia Pétra et où fut trouvé le buste en or de l'empereur romain Marc Aurèle exposé au musée de Komotini.

A quelques kilomètres au N.-E. de Didimotikhon, la **citadelle de Pythion,** bâtie sur un contrefort du Rhodope oriental au bord de la vallée de l'Hèbre, est un chef-d'œuvre de l'architecture militaire byzantine. *Jean VI Cantacuzène* en avait fait vers 1340 un refuge inexpugnable. Les deux tours centrales sont presque intactes ; l'une carrée, à trois étages, servait de demeure, tandis que l'autre, plus petite mais à quatre étages, avait essentiellement un caractère défensif. Entre les deux, la grande entrée voûtée menait de l'enceinte extérieure à l'enceinte intérieure.

■ **Alonissos** [Ile d']

1 500 habitants. — 62 km².

Montagneuse et boisée, avec quelques petites plaines cultivées (oliviers, amandiers), cette île des Sporades du Nord peut être recommandée aux amateurs de calme et de pêche sous-marine. Elle possède de belles plages (Palavomylos, Sténi, Vala, Kalamaki) et plusieurs grottes marines. Le port de Patitiri, où l'on débarque, regroupe aujourd'hui la population qui a abandonné le bourg d'Alonissos à la suite du tremblement de terre de 1965 (plusieurs petites tavernes). L'ancien bourg est peu à peu reconstruit.

Indicatif téléphonique : 0424.

Hôtel :

Marpounta (mai-sept. ; ☎ 65-219) 104 ch.

Bateaux : 4 fois par sem. dans chaque sens, au départ de Volo. En été, 2 liaisons hebdo. avec Le Pirée.

Pour découvrir le reste de l'île, utilisez un caïque qui pourra vous conduire au site de **Kokkino Kastro** (belle plage), identifié avec l'ancienne *Ikos* dont sont conservés des restes de l'enceinte fortifiée. La vue y est fort belle sur l'île voisine de **Péristéra**.
L'îlot de **Psathoura** porte quelques vestiges, en partie engloutis, d'une ancienne cité, tandis qu'au large de Haghios Petros gît encore l'épave d'un navire byzantin. Grottes et plages désertes, enfin, abondent sur tous les îlots voisins d'Alonissos ; quelques phoques — les derniers en Méditerranée — ont élu domicile sur l'un d'eux et des chats sauvages sur un autre...

Amfilochia

Carte-itinéraire 10.
Agrinion, 40 km. — Arta, 44 km. — Leucade, 59 km.
5114 habitants.

Cette ravissante petite bourgade fondée au début du XIXe s. par Ali de Tebelen, pacha de Ioannina, occupe une situation exceptionnelle au fond du golfe d'Arta ; elle est dominée par les restes de sa forteresse depuis laquelle on jouit d'une très belle vue sur le golfe (accès possible en voiture par chemin de terre, à g. de la route d'Agrinion peu après la sortie de la ville).

Indicatif téléphonique : 0642.
Hôtel :
Mistral (☎ 22-287) 40 ch.
Camping :
Stratis Beach Park (☎ (0681) 27-664) ; 93 pers. et 31 voit. ; ouv. avril-sept.

Artisanat : exposition 38, rue N. Stratou (☎ 22-452).

Amfissa

Carte-itinéraire 4.
Andirrhion, 119 km (par Itéa) ou 121 km (par Lidorikion). — Delphes, 22 km. — Lamia, 67 km.
6000 habitants ; chef-lieu du nome de Phocide.

La ville d'Amfissa, qui apparaît sous son aspect le plus étrange lorsqu'on la découvre depuis la route d'Andirrhion, est dominée par un vieux château qui témoigne du passage des Francs.

Une plaine sacrée séduisante. — *Dans l'Antiquité, Amfissa fut célèbre pour ses démêlés avec l'amphictyonie de Delphes, à qui elle disputa la possession de la plaine sacrée de Krissa. Cette plaine, très fertile, aujourd'hui couverte d'oliviers, était, ou plutôt aurait pu être, la principale source de revenus des habitants d'Amfissa et de quelques autres localités, s'il n'y avait pas eu une interdiction de la cultiver. Réduits à la portion congrue, pour ainsi dire, devant cette ressource inexploitée, les Locriens transgressèrent plusieurs fois cette prohibition, ce qui provoqua les* guerres sacrées. *C'est ainsi que la dénonciation d'Amfissa, en 339 av. J.-C., par l'orateur athénien* Eschine, *fut à l'origine de la quatrième guerre sacrée.*
Une féodalité importée. — *La prise de Constantinople par la quatrième croisade, en 1204, entraîna l'occupation de plusieurs provinces grecques par les Francs. Ainsi, Amfissa, connue sous le nom de* La Sole *ou de* Salona, *fut attribuée en fief à un chevalier picard,* Thomas d'Autremencourt. *Les Francs puis les Catalans conservèrent la place jusqu'à l'arrivée des Turcs, en 1394.*

De ce passé féodal il subsiste le **château**, accessible par une route, bâti sur le site et en partie avec des éléments de la forteresse antique (assises inférieures), mais qui n'est plus guère qu'une coquille vide.

Environs. — Krissa (9 km S.-E., sur la route de Delphes), au milieu de magnifiques oliveraies, fut habitée dès l'helladique moyen, comme l'ont révélé des fouilles de l'*Ecole française.* Reconstruite au début de la période mycénienne, la ville fut pourvue d'une enceinte encore partiellement visible à l'helladique récent III, époque où elle était particulièrement florissante.

Amorgos [Ile d']

1 800 habitants. — 123 km².

Cette petite île, dont on ne sait trop si elle est la plus orientale des Cyclades ♦ ou la plus occidentale du Dodécanèse ♦, sera sans doute l'un des derniers refuges de ce qu'il y a de plus auth ıtiquement grec en mer Egée.

Indicatif téléphonique : 0285.
Hôtel :
Mike, à Aighiali (☎ 71-247) 10 ch.

Bateaux : en été, 4 liaisons hebdo. avec Le Pirée. Accès par caïque depuis Naxos.

Vous aborderez à **Katapola** (Porto Vathi), au fond d'une petite baie bien protégée, à **4** km de **Chora** (Amorgos ; par taxi ou bus), le chef-lieu de l'île heureusement préservé des constructions modernes. A 30 mn de marche de Chora, le blanc couvent de la **Panaghia Choroviotissa,** fondé en 1088 par l'empereur *Alexis Comnène,* renferme quelques icônes, manuscrits et objets liturgiques anciens.

A la pointe S. de l'île, à **12** km de Chora, **Arkésini** est dominé par les restes d'un château médiéval. Le site était celui d'une des trois agglomérations importantes de l'île dans l'Antiquité, avec **Aighiali** et **Minoa,** dont subsistent quelques vestiges au sommet du mont Moundoulia.

Amphipolis

Carte-itinéraire 14.
Kavalla, 63 km. — Thessalonique, 100 km.

A gauche de la route en venant de Thessalonique, une grande statue de lion en marbre d'époque hellénistique rappelle à l'attention du passant l'existence d'une cité qui dut autrefois sa prospérité à sa situation et aux mines d'or du mont Pangée.

Amphipolis et l'impérialisme athénien. — *Le site, habité dès l'époque préhistorique, était une position stratégique de premier ordre, à l'embouchure du Strymon, qui tenta Milet, puis Athènes. La ville fut fondée en 436 av. J.-C. par Hagnon, fils de Nicias, pour assurer à Athènes son approvisionnement en bois et les revenus des mines d'or du Pangée. Pendant la guerre du Péloponnèse, elle fut donc un objectif de choix pour Sparte qui s'en empara en 423, mais échoua dans ses tentatives contre son port, Eïon, défendu par le général Thucydide. Amphipolis se détacha d'Athènes et lui résista en 360 av. J.-C. grâce à son alliance avec Olynthe, mais ne put empêcher Philippe II de l'annexer à la Macédoine en 348. Sous les Romains, elle devint la capitale de l'une des quatre provinces formées en Macédoine.*

La ville antique, située sur les hauteurs qui dominent la grand-route à g. après le pont sur le Strymon quand on vient de Thessalonique, était entourée par un « long mur » (près de 7,5 km) que mentionne *Thucydide* (IV, 102, 4) et que des fouilles conduites par *M. D. Lazaridis* depuis 1972 sont en train d'exhumer à la fois dans les parties hautes du site et dans les parties basses, où il était recouvert par d'épaisses terres alluviales.

A environ 200 m de la route, à g. quand on vient de Thessalonique, 1 km après le lion et 800 m après le pont, on verra d'abord un tronçon de la partie du **rempart** qui protégeait la ville du côté de la mer; conservé à cet endroit sur plus de 4 m de haut et construit, comme l'ensemble, en gros blocs réguliers de calcaire local, le mur est coupé par une **rue** (dallage hellénistique bien conservé) qui traverse une **porte fortifiée**. Celle-ci, qui était certainement la porte principale de la cité de ce côté, est aménagée avec un dispositif de défense double : une porte extérieure et une porte intérieure étaient séparées par une cour fermée constituant un réduit de protection.
Le niveau romain du passage est donné par deux **bases** inscrites retrouvées à leur place d'origine, en avant de la porte extérieure. Chacune d'elles, conservée *in situ*, portait une statue de bronze, malheureusement disparue : à g. (en regardant vers la ville), Auguste, déclaré par l'inscription « fondateur de la cité »; à dr., un notable membre du Sénat, Lucius Calfurnius Pison, proclamé « Patron et bienfaiteur de la cité ». La titulature de l'empereur permet de dater les deux inscriptions, qui sont contemporaines, de 29 av. J.-C. A l'O. de la porte débouchait un **égout** dont les canalisations étaient équipées de grilles de protection.

Pour atteindre le centre même de la ville antique, localisé près du village moderne d'**Amfipolis**, on continuera la route de Kavala pendant 800 m et, à 1,6 km du pont sur le Strymon, on prendra à g. la route de Serrès.
A environ 1 km de la bifurcation se trouve, à dr., une **tombe macédonienne** taillée dans le roc. Plus haut, à 1,5 km de la bifurcation, route à g. pour le village moderne. En prenant cette route, on franchira, au bout de 0,5 km, un tronçon de l'**enceinte** qui entourait la ville haute, et on apercevra à dr. le bâtiment destiné à abriter le musée (encore en construction en 1980).

En montant à pied vers la g., le long de la ligne du rempart, on atteindra en quelques minutes un tronçon de la fortification dégagé en 1980 : une grande **tour ronde** constitue un bastion avancé vers le N.; elle est reliée au corps principal de l'enceinte par un mur de même appareil. En continuant vers l'E., on arrivera à un autre tronçon récemment dégagé de part et d'autre d'une brèche qui correspond sans doute à l'emplacement d'une porte.
Après être redescendu jusqu'au musée, on poursuivra la route vers le village. Au bout d'env. 200 m, on prendra à g. un chemin carrossable en direction d'une église; à environ 1 km de là, un sentier se détachant à g. mène à divers chantiers de fouilles : vous verrez les restes de plusieurs **basiliques paléochrétiennes**, mais leurs pavements seront sans doute recouverts de sable; vous verrez aussi les vestiges d'une **colonnade** appartenant à une stoa d'époque hellénique, ainsi que quelques restes du rempart. Revenant à la route de Serrès, vous la prendrez vers la g. et, au bas d'une forte descente, vous prendrez, au bout de 0,8 km (c.-à-d. à 2,3 km de la route Thessalonique-Kavala), une route à g. qui vous conduira vers le secteur le plus intéressant des nouvelles fouilles, conduites en vue de dégager le rempart N. dans sa partie basse, du côté du Strymon.

A 0,5 km de la bifurcation, avant d'atteindre une grande **tour médiévale**, on rencontre d'abord, à g. du chemin, un secteur où les fouilles ont mis au jour, sur plus de 150 m de long, le **rempart d'époque classique et hellénistique**, conservé dans l'ensemble sur plusieurs mètres de hauteur (jusqu'à 7,25 m par endroits mais avec des remaniements tardifs dans les parties hautes) et percé de deux portes, l'une d'époque classique, l'autre, à un niveau plus élevé, d'époque hellénistique. Le dispositif le plus intéressant et le plus original consiste en un imposant **système d'évacuation des eaux** que l'on rencontre en deux endroits, le plus impressionnant se trouvant du côté E. : posées sur les fondations du mur, six piles, dont la longueur correspond à l'épaisseur de celui-ci (soit 2 m), triangulaires en plan et arrondies à une extrémité (du côté de la ville), délimitent sept couloirs, qui se rétrécissent de l'intérieur vers l'extérieur, pour le passage des eaux. Plus à l'O., entre ce dispositif et la porte, on a retrouvé, accolé à la face interne du rempart, un des escaliers d'accès au chemin de ronde, qui compte seize marches. Dans les environs immédiats du rempart, vestiges de divers bâtiments, dont une grande **maison d'époque hellénistique**, bordée par une rangée de piliers.

En continuant ensuite vers l'O. au-delà de la tour médiévale, le long du Strymon, on atteint bientôt deux nouvelles zones où la fortification classique, remaniée à l'époque hellénistique, a été largement mise au jour. Dans la première zone, juste après la tour, le mur est percé de deux portes dont l'une donne passage à une rue dallée. 300 m plus loin, le rempart a été mis au jour sur plus de 200 m. Moins bien conservée en élévation que dans le premier secteur, cette partie de l'enceinte, qui passe à seulement quelques dizaines de mètres de la rive du Strymon, n'en est pas moins très intéressante. Vous verrez d'abord, à l'extérieur du rempart, trois grandes **citernes** et les vestiges d'une maison antérieure à la fortification. Environ 25 m à l'O. s'ouvrait une **porte fortifiée**, de 3,30 m de large, dont on aperçoit les deux états, classique et hellénistique (avec pavement sur le sol). A 70 m à l'O. de la porte, une tour ronde, en partie refaite sur plan carré à l'époque hellénistique, flanque le mur en un endroit où il amorce un infléchissement vers le S. Entre la porte et la tour, on peut voir trois débouchés d'égouts, de section triangulaire, ainsi que plusieurs drains d'époque hellénistique. A l'intérieur et à l'extérieur de l'enceinte, vestiges de constructions encore indéterminées.

A 60 m à l'O. de la tour ronde, une autre **porte** a été mise au jour ; c'est à la fois la plus grande (13,40 m de long et 9 m de large) et la mieux fortifiée (épaisseur des murs : 2 m), car elle commandait à coup sûr l'accès au pont sur le Strymon mentionné par *Thucydide* (IV, 103 et 108), dont l'existence au N. de la porte a été confirmée par la découverte, à moins de 15 m de la rive actuelle du fleuve, d'une série de poteaux de bois dont la pointe est souvent renforcée par une armature métallique et qui appartiennent de toute évidence à l'infrastructure de l'ouvrage. Pour contrecarrer les effets des inondations dues aux crues du fleuve, le sol sablonneux, dans lequel sont fondés la porte ainsi que le rempart entre la porte et la tour ronde, était aussi stabilisé par une multitude de poteaux de bois qui s'enfonçaient profondément et que la fouille a retrouvés presque intacts. Vous pourrez voir un grand nombre d'entre eux, qui ont été traités et laissés en place. Un tel dispositif dans un tel état de conservation est à ce jour unique en Grèce. Les poteaux situés entre la porte et le fleuve sont maintenant protégés par un toit translucide soutenu par une armature en bois.

Revenant à la route de Thessalonique à Kavala, vous apercevrez à dr., sur l'emplacement du port d'Eïon, les restes très ruinés d'un **château byzantin** et d'une vaste enceinte renforcée de tours qui devait protéger *Caesaropolis*, ville fondée en 837 sous l'empereur Théophile.

Environs. — 1 — Asprovalta (16 km, route de Thessalonique), belle plage au fond du golfe du Strymon qu'encadrent le massif du Pangée au N. et le mont Athos au S.

Campings :
Asprovalta (☎ 31-249); 2500 pers., 500 voit., 100 caravanes; sports nautiques; ouv. tte l'année.

Evropi (☎ 41-319); 100 pers., 50 voit., 30 caravanes; sports nautiques; ouv. mai-oct.

2 — Rodolivos (22 km N.-E.), au flanc du Pangée, d'où l'on atteint le village de Kormitsa; de là, les bons marcheurs pourront gagner (2 h) le **monastère de Kousynitzo**, fondé en 518 (fresques modernes, évangéliaire du XIVe s.), puis entreprendre l'ascension du **Pangée** (1 956 m) en passant par la **grotte** d'Askitotrypa.

Andikyra

Carte-itinéraire 4.
Delphes, 45 km. — Livadia, 43 km. — Itéa, 30 km.

En descendant de Distomon vers la mer par une route en lacet (route plus rectiligne en construction sur le versant opposé), on découvre la vaste baie d'Andikyra dans son impressionnant cirque de montagnes. On sait par de nombreux témoignages historiques que ce mouillage exceptionnel était très recherché dans l'Antiquité.

L'installation d'un vaste complexe industriel *(Aluminium de Grèce),* qui traite la bauxite du **Parnasse**, a introduit dans toute cette région une intense activité. La cité nouvelle d'**Aspra-Spitia** (« les maisons blanches » ; 4 500 hab.), édifiée en bordure de mer, abrite une partie du personnel de l'usine. A dr., une route conduit à **Andikyra**, bourgade en plein développement qui occupe le site de la ville antique du même nom (rares vestiges) ; à g., une route mène à l'usine, construite sur une étroite plaine côtière. Cette usine d'**Haghios Nicolaos** est la seule en Europe à produire parallèlement de l'alumine et de l'aluminium. La production a atteint en 1976 500 000 t d'alumine, 150 000 t d'aluminium (dont les 2/3 exportés) et 85 000 t de produits carbonés. La technologie employée, mise au point par le groupe français *Péchiney-Ugine-Kuhlmann,* assure la plus faible consommation d'énergie à la tonne d'aluminium produite et emploie un système anti-pollution d'un rendement de 95 %.

A dr. de la route et dominant l'usine, se dresse l'acropole de l'ancienne *Médéon*, mentionnée par *Pausanias,* qui fut occupée dès l'époque du bronze moyen (sur le flanc N., tombe à tholos) ; le **rempart classique** présente des tronçons en bel appareil, particulièrement bien conservés. Grâce à l'exceptionnelle continuité d'occupation de cette petite cité maritime, la fouille de la **nécropole**, conduite en collaboration par des archéologues grecs et français, a permis la découverte d'un matériel du plus haut intérêt (bijoux, vases, monnaies).
Une route traversant des paysages sauvages permet de rejoindre **Desfina**, puis, par une descente vertigineuse — et dangereuse — Itéa ♦, d'où l'on ne manquera pas d'aller à Delphes ♦.

Andravida

Carte-itinéraire 9.
Patras, 64 km. — Pyrgos, 34 km.

Ce gros village d'**Achaïe** ne mériterait guère une mention s'il n'avait été, au temps de la domination franque sur la Morée, la résidence des princes francs sous le nom d'*Andreville.* De ce passé, il ne reste plus que le chevet gothique de l'église Haghia Sophia.

Andritséna

Carte-itinéraire 7.
Bassæ [Temple de], 15 km. — Pyrgos, 61 km. — Tripolis, 80 km.
1 077 habitants ; altitude 760 m.

Ce pittoresque et paisible village arcadien, aux vieilles maisons de bois, où l'air est chargé de senteurs d'autrefois, s'étend au pied du mont Lycée, dans une *situation exceptionnelle dominant la profonde vallée de l'Alphée.

Indicatif téléphonique : 0626.

Hôtel :
Theoxenia (mars-oct. ; 22-219) 17 ch.

Environ. — 1 — **Temple de Bassæ ♦ (15 km).

2 — Phigalie (20 km ; routes de montagne, dangereuses après des pluies ; mauvaise signalisation). — Prenez la route de Pyrgos, puis celle du temple de Bassæ.
3 km : Prenez à dr. une route non asphaltée vers Lynistainon, puis à g. (14 km) vers Archaia Figalia ou bien continuez jusqu'au **temple de Bassæ** ♦ et poursuivez par un chemin non asphalté jusqu'à :
20 km : **Phigalie** *(Phigalia* ou *Phiala),* dans un **site grandiose de montagnes, était, à l'origine, le marché avancé de l'Arcadie vers l'O. On sait qu'elle fut prise par les Spartiates en 659 av. J.-C., mais qu'elle se délivra avec l'aide de ses voisins d'*Oresthasion.* L'enceinte, du IVe s. av. J.-C., assez bien conservée, se développe sur un important périmètre.
Le site, envahi par les broussailles, est surtout remarquable par la beauté des vues qu'il dispense sur les austères montagnes arcadiennes et, par temps clair, sur la côte O. du Péloponnèse. L'**agora**, le **temple de Dionysos Akratophoros** (Qui verse le vin pur) et le **tombeau des Oresthasiens** doivent être recherchés sur la terrasse qui domine le village moderne de Figalia. Le **sanctuaire d'Eurynomé**, l'Artémis marine à buste de femme et à queue de poisson, était en dehors de l'enceinte, sur une terrasse plantée de cyprès et dominant le confluent du Lymax et de la Néda.

Partant de Phigalie et accompagné d'un guide, vous pourriez en 3 h de marche vous rendre aux cascades **(Aspra Néra)** et au gouffre **(Stomion)** de la **Néda**, entre des falaises de 200 m de haut et où les Anciens voyaient une entrée des Enfers.
Continuant le chemin non asphalté, vous pourriez descendre vers la côte (env. 15 km), à Tholon, en passant par le hameau de **Pétralouna** et le village de **Kato Figalia**, où l'on retrouve une petite route asphaltée.

3 — Le mont Lycée (3 h 15 d'ascension ; prenez un guide), l'un des plus singuliers hauts lieux de la Grèce antique, qu'il auréole d'une lueur sanglante, est bien digne d'inspirer un effroi rétrospectif.

L'Arcadie fut-elle si heureuse ? — *Cette montagne doit son nom à Lycaon, roi mythique d'Arcadie, qui avait sacrifié un enfant sur un autel ou l'avait inscrit au menu d'un banquet offert à Zeus. Le dieu, irrité, avait foudroyé le roi et son incroyable progéniture (50 enfants). Ce châtiment ne servit à rien car* des sacrifices humains eurent lieu sur l'autel de Zeus *jusqu'à l'époque historique (il y en aurait encore eu au temps de Pausanias, au IIe s. apr. J.-C.), suivis d'une omophagie, banquet rituel où chaque convive communiait en mangeant un morceau de la victime.*

On a retrouvé l'**autel**, en partie taillé dans le roc, cité par *Pausanias*, ainsi que le **stade** et l'**hippodrome** où se déroulaient les **jeux Lycéens** mais, plus que par son intérêt archéologique, **cette excursion vaudra surtout pour la beauté de la** ****vue** que l'on découvrira depuis le sommet.

Andros [Ile d']

304 km²; 11 000 habitants, dont 2 200 dans la capitale, Andros.

Montagneuse et boisée, fertile, riche en sources minérales (Sarisa, Zénio, Zanaki...), la plus grande des Cyclades ♦ ne connaît pas encore le succès touristique auquel elle pourrait prétendre grâce à ses plages, notamment celle de Batsi, ou au caractère attrayant de sa petite capitale.

Indicatif téléphonique : 0282.
Hôtels :
A Batsi :
¶ *Chryssi Akti* (☎ 42-37) 61 ch. ouv. avril-oct.
A Andros (Chora) :
¶¶ *Paradissos* (avril-sept. ; ☎ 22-187 ; à Athènes, ☎ 801-27-22) 41 ch.
¶¶ *Xénia* (avril-oct. ; ☎ 22-270) 26 ch.
A Gavrion :
¶¶ *Aphrodite* (☎ 71-209) 23 ch.
A Korthion :
¶¶ *Korthion* (avril-oct. ; ☎ 612-18) 15 ch.

Bateaux : 2 fois par jour, dans chaque sens, au départ de Rafina (transport de voitures).

***Andros,** au fond d'une petite rade de la côté E. de l'île, en est le bourg principal. Il offre tout ce qui fait le charme des marines égéennes : maisons blanches étagées au-dessus du port, escaliers entrecoupant les ruelles, ruines d'un kastro vénitien.

A proximité de la place centrale, vous visiterez un petit **musée maritime** et, surtout, la **chapelle de la Zoodochos Pighi**, où règne l'atmosphère à la fois feutrée et scintillante des oratoires orthodoxes. Elle renferme une iconostase de 1717.

Environs. — 1 — Korthion (9 km) est un mouillage au pied du **Paléokastro** où le bourg médiéval se blottit autour d'une forteresse vénitienne en ruine. Belle plage au fond de la baie.

2 — Paléoupolis (16 km par la route de Batsi). — Après avoir traversé la **plaine de Messaria**, parsemée de pigeonniers en forme de tours carrées, vous atteindrez ce hameau près de la capitale antique de l'île : ruines informes de l'enceinte, môles submergés du port, et, sur l'agora, vestiges d'un portique.

3 — Batsi (24 km) est une station balnéaire d'où vous monterez, à pied en 1 h, au **couvent d'Haghia** et, en 2 h, au village d'**Haghios Pétros**, près duquel vous verrez une tour ronde hellénique, à cinq étages, haute de 20 m, et sa curieuse chambre circulaire couverte d'une coupole avec des assises en encorbellement.

Gavrion, petit port de pêche à 8 km au-delà de Batsi, est l'ancienne *Gaureion*.

Arachova

Carte-itinéraire 4.
Delphes, 12 km. — Livadia, 36 km.
2 828 habitants ; alt. 960 m.

Ce gros village identifié avec l'ancienne *Anémoreia*, pittoresquement accroché à flanc de montagne, est, si l'on peut dire,

l'une des têtes d'affiche du tourisme hellénique. Vues de près, les choses se gâtent un peu, car la plupart des maisons prennent l'aspect aguicheur des hauts lieux touristiques, mais ce sera peut-être l'occasion de faire l'acquisition de couvertures de haute laine (flokati) ou de sacs bariolés.

Indicatif téléphonique : 0267.

Hôtels :

¶¶ *Xénia* (☎ 31-230) 42 ch.

¶¶ *Anémolia* (☎ 31-640) 42 ch.

En suivant pendant quelques kilomètres la route de **Polydrosos**, sur les flancs du mont Parnasse, vous découvrirez le paysage avec une ampleur insoupçonnée depuis le village. A 10,5 km, vous rencontreriez, sur la g., la piste de l'antre corycien (V. env. de Delphes, 5).

A **20** km, la route asphaltée vous conduirait à **Eptalofon**, d'où vous pourriez descendre à la **vallée du Céphise**, fermée au N. par la chaîne du **Callidromos**, en passant au pied de l'ancienne *Lilaia*, cité phocidienne dont le mur d'enceinte avec ses tours escalade les premiers contreforts du Parnasse.

Aréopolis

Carte-itinéraire 6.
Ghérolimin, 25 km. — Kalamata, 78 km. — Sparte, 71 km.
774 habitants.

Ce bourg du bout du monde, battu par les vents, marque l'entrée de cette étrange contrée du Magne, l'une des plus originales de la Grèce, tant pour la singularité de ses paysages sauvages que pour les mœurs de ses habitants. Vous y verrez en outre de nombreuses petites églises et chapelles byzantines.

Des irréductibles. — *Les* Maïnotes *ou* Maniotes, *descendants des Laconiens réfugiés dans le Taygète après l'invasion slave, se sont toujours signalés par leur bravoure et leur esprit d'indépendance à l'égard des maîtres de la Morée, qu'ils soient byzantins, francs, vénitiens ou turcs. Jusqu'à un passé relativement récent, ils vivaient en clans, sous la direction d'archontes et de beys, dans des maisons hérissées de hautes tours, donnant aux villages un aspect très particulier.*

Environs. — 1 — **Grottes de Dirou (12 km par la route de Ghérolimin et à dr. à Pyrgos) ; c'est un ensemble de trois grottes, celles de **Glyfada**, d'**Alépotrypa**, de **Katafiyi**. Les deux premières sont aménagées pour la visite.

Visite : de 8 h à 20 h en été, 8 h à 18 h 30 en hiver ; durée 35 mn ; accès payant.

La grotte de Glyfada est un fleuve souterrain que vous suivrez en barque sur 2 km. Dans la grotte d'Alépotrypa, qui abrite deux lacs, a été découvert un abondant matériel paléolithique et néolithique.

2 — D'Aréopolis à Ghérolimin (25 km). — Au-delà de **Pyrgos** (grottes de Dirou, V. ci-dessus), vous traverserez la région la plus caractéristique du Magne, parsemée de tours carrées et de vénérables églises.

10 km : A dr. **Karouda**, où l'église des Taxiarques (XIe s.) est ornée de fresques plus tardives.
11 km : A g. **Dryalos**, dominé par ses tours.
15 km : A g. **Vamvaka** ; église Hagios Théodoros, de 1075.
17,5 km : Chemin à dr. pour (1 km) **Gardénitsa** ; église Haghios Sotir, du XIe ou XIIe s.

21,5 km : **Kitta**; à 1 km au N. du village, église Haghios Géorgios, de la fin du XIe s.
25 km : **Ghérolimin** ♦.

3 — D'Aéropolis à Kalamata (78 km).
Cette route au décor changeant, parfois très étroite, tracée sur des hauteurs que domine l'imposant massif du Taygète, dessert une succession de villages bâtis sur des coteaux plongeant vers la mer, et de petites criques qui invitent à la baignade.

11,5 km : **Itylo**, l'ancienne *Œtylos*, dominée par le fort turc de **Kélépha**; couvent Dékoulos (XVIIIe s.), avec des fresques datées de 1765.
26 km : **Thalamé**; église Haghia Sophia, du XIIIe s.
29 km : **Platsa**; églises Haghios Nicolaos, Haghia Paraskévi (XIIIe s.), Haghios Ioannis (XVe ou XVIe s.), Haghios Dimitrios (XIIIe s.).
46 km : **Kardamyli**; l'église Haghios Spyridon, à **Ano Kardamyli**, est dotée d'un curieux clocher orné de reliefs.
61 km : **Kambos**, village près de la forteresse de **Zarnata**, sur un site antique identifié avec l'*Alagonia* de Pausanias; dans la courtine, on retrouve quelques vestiges d'un mur d'appareil polygonal, d'époque hellénique.
79 km : **Kalamata** ♦.

Argos

Carte-itinéraire 6.
Athènes, 132 km. — Corinthe, 48 km. — Epidaure, 41 km. — Mycènes, 13 km. — Nauplie, 12 km. — Tirynthe, 8 km. — Tripolis, 61 km.
18 900 habitants; nome d'Argolide.

La ville s'étend sur l'emplacement de la cité antique, au pied de deux hauteurs, dont l'une, appelée Kastro, est couronnée par une forteresse médiévale.
L'*Ecole française d'Athènes,* qui a dégagé plusieurs monuments de la cité antique, a donné un indiscutable intérêt à cette ville considérée comme la plus ancienne de la Grèce. Ses origines se perdent en effet dans la nuit des temps, et Argos est associée à de merveilleuses légendes où apparaissent des héros aux noms évocateurs, tels que Persée et sa mère Danaé, ou au récit de l'expédition des Sept contre Thèbes.

De la préhistoire à l'épopée. — *Le site d'Argos (la* Plaine) *fut habité dès l'an 2000 av. J.-C. env., ainsi qu'en témoigne la découverte d'une cité préhistorique sur la colline de l'Aspis (le* Bouclier), *un mamelon arrondi au pied de la colline du Kastro. A l'origine, son nom désignait tout le plat pays, de Mycènes jusqu'au golfe de Nauplie, qui fut occupé par les* Achéens *vers le début du IIe millénaire avant notre ère. Les Argiens participèrent à l'*expédition des Sept Chefs contre Thèbes *au XIIIe s., avec Adrastos et Amphiaraos, puis à la* guerre de Troie *sous les ordres de l'Etolien Diomède et de leur suzerain* Agamemnon, *roi de Mycènes.*

Le légendaire retour des enfants d'Héraclès. — *Vers la fin du XIIe s. av. J.-C., Argos (et la majeure partie du Péloponnèse) fut occupée par les* Doriens, *un peuple du Nord venu de la région danubienne par les vallées de la Morava et du Vardar, que la légende grecque présente comme les* enfants d'Héraclès *qui, dans un passé lointain, avaient été chassés de* *leur patrie. Ayant réalisé l'*hégémonie *sur les autres cités doriennes de l'Argolide, la ville devint très vite la rivale de Sparte. Sous la brillante tyrannie de Phidon (VIIe s.), qui introduisit en Grèce une sorte de monnaie (des broches de fer ou* obéloi), *Argos étendit sa domination sur tout le Péloponnèse.*

Ce qui est mauvais pour Sparte est bon pour Argos. — *Vers la fin du VIe s., le Spartiate* Cléomène Ier *brisa l'hégémonie argienne dont la métropole n'aurait dû son salut qu'à l'héroïsme de la poétesse* Télésilla. *Par la suite, elle évita de prendre part à des guerres qui auraient pu l'affaiblir* (elle ne participa pas aux guerres Médiques) *ou, toujours* par jalousie de Sparte, *elle s'engagea dans la plupart des coalitions formées contre sa voisine détestée. En fait,* elle ne joua plus qu'un rôle secondaire *en Grèce après la fin du VIe s. av. J.-C. Vers 460, elle se donna une constitution démocratique et se rapprocha d'Athènes pour lutter contre les Lacédémoniens. En 421, elle forma avec Athènes, Mantinée, Corinthe et Elis une ligue qui fut écrasée à la première bataille de Mantinée, en 418. Elle renouvela sans succès ces tentatives, contrariées par le parti aristocratique (luttes civiles), et participa aux côtés des Thébains à la deuxième bataille de Mantinée contre Sparte, en 362.* Pyrrhus *l'attaqua et périt sous ses murs en 272 av. J.-C.*

La ville-phénix. — *Réduite en cendres lors des invasions des Goths en 267 et en 395 de notre ère, Argos ne cessa d'être habitée. Au Moyen Age, son destin fut lié à celui de la Morée et, comme cette province, elle subit les invasions slave, franque et turque. En 1822, Dimitrios Ypsilanti défendit avec succès la citadelle contre les Ottomans, mais la ville fut entièrement brûlée en 1828 par l'armée égyptienne d'Ibrahim Pacha.*

Le Doryphore, le Diadumène et la Tholos : *trois œuvres célèbres produites par des artistes qui illustrèrent un peu plus le nom d'Argos.* Polyclète *(v. 480-v. 420 ?), né à Argos ou à Sicyone mais formé par des bronziers argiens, est l'auteur du* Doryphore *(le Porteur de lance), œuvre capitale, en bronze, connue par une réplique au musée de Naples, et du* Diadumène *(athlète qui se ceint le front d'une bandelette de victoire), tandis qu'un sculpteur et architecte homonyme,* Polyclète le Jeune *(v. 435-v. 360), né à Argos, dressa les plans, semble-t-il, de la fameuse* Tholos *(rotonde) d'Epidaure, ainsi que du* théâtre *de cette ville, considéré comme le plus parfait des théâtres grecs ; les sculptures de Polyclète le Jeune ne sont connues que par des descriptions de Pausanias. Argos est également la patrie du sculpteur* Agéladas *(515-460 env.), dont toutes les œuvres ont disparu.*

Indicatif téléphonique : 0751.

Hôtels :

¶ *Mycenæ*, 12, Platia Haghiou Pétrou (☎ 28-569) 24 ch.

¶ *Telessila*, 2, rue Danaou (☎ 28-351) 24 ch.

Visite de la ville

A pied dans la ville. — *Argos n'est pas une ville où il fait bon flâner : chaude en été, toujours poussiéreuse, c'est une cité moderne (à l'orientale), sans grand caractère. Elle ne retiendra l'attention du visiteur que pour son musée et le quartier du théâtre, en face de l'agora argienne (comptez, au total, env. 1 h). Le premier est à 100 m de la place principale, au-delà de l'église, le second à la sortie de la ville par la route de Tripolis. Mais on ne devra pas négliger non plus les environs, qui intéresseront les amateurs d'archéologie (acropole* Larissa, *colline de*

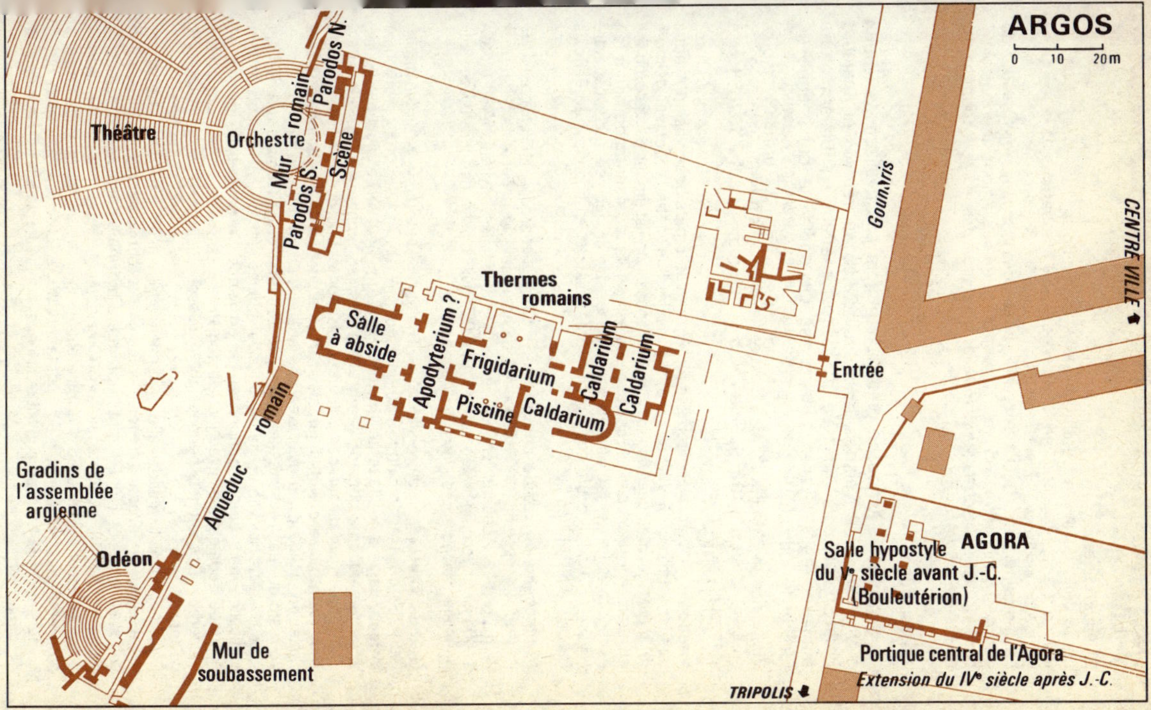

ARGOS
0 10 20m
Théâtre
Orchestre
Mur romain
Parodos N.
Parodos S.
Scène
Thermes romains
Salle à abside
Apodyterium ?
Frigidarium
Piscine
Caldarium
Caldarium
Caldarium
Gounaris
CENTRE VILLE
Entrée
Aqueduc romain
Gradins de l'assemblée argienne
Odéon
Mur de soubassement
AGORA
Salle hypostyle du Vᵉ siècle avant J.-C. (Bouleutérion)
Portique central de l'Agora
Extension du IVᵉ siècle après J.-C.
TRIPOLIS

l'Aspis, Héraion d'Argos, etc.) et d'architecture byzantine (Chonika, Merbaka).

Si vous aimez...
Les détails de la vie quotidienne des civilisations disparues, *visitez le musée d'Argos où vous verrez aussi quelques* illustrations de la mythologie grecque *sur des vases.*
La monumentalité de l'art romain, *allez voir le champ de fouilles du quartier du théâtre, où les ruines d'un établissement thermal vous permettront peut-être d'imaginer la splendeur des édifices publics du temps d'Hadrien.*

Le musée

Le ***musée d'Argos** ne peut évidemment pas rivaliser avec ceux d'Olympie et de Delphes, mais ses collections, réunies en majeure partie par l'*Ecole française d'Athènes,* mettent en lumière d'une manière très attrayante certains aspects de la vie quotidienne en Grèce du VIIIe au VIe s. av. J.-C.

Visite : en été, de 8 h 30 à 12 h 30 et de 16 h à 18 h (dim. : 9 h à 15 h); en hiver, de 9 h à 13 h 30 et de 16 h à 18 h (dim. : 10 h à 16 h); fermé le mardi; accès payant.

Vestibule. — Vous y admirerez le **plus grand et le plus beau vase d'Argos** : une jarre (milieu du VIIIe s. av. J.-C.), haute d'un mètre, richement décorée de motifs géométriques, avec, sous les anses (emplacement du vase où les peintres se livraient plus librement à des essais), **la représentation tout à fait exceptionnelle de deux lutteurs aux prises.** On croirait voir le combat entre *Ulysse* et *Ajax* au cours des jeux funèbres célébrés en l'honneur de Patrocle (*Iliade,* XXIII, 712 sq.).

Petite salle du rez-de-chaussée. — On y a regroupé les antiquités de l'helladique moyen (2000-1580 env.), période dont le début est marqué par l'arrivée des Achéens en Grèce, et les antiquités mycéniennes (1580-1100 env.) et protogéométriques (1100-900 env.), c'est-à-dire datant des deux premiers siècles après l'invasion dorienne.

Grande salle (à dr. du vestibule). — Antiquités des périodes géométrique (900-750 env.) et archaïque (750-500 env. av. J.-C.) qui correspondent en majeure partie à l'époque de l'hégémonie d'Argos sur le Péloponnèse.
Vous remarquerez surtout l'**armure d'Argos,** en bronze (fin du VIIIe s. av. J.-C.), spécimen unique comportant un plastron et une dossière, et surtout le **seul exemplaire complet jamais retrouvé du *casque « homérique »,** à cimier en croissant, où était fixée une queue de cheval dorée.
Le reste du mobilier funéraire provenant de la tombe de l'armure d'Argos est exposé dans la vitrine haute la plus proche (no 8) : on notera tout particulièrement **deux chenets en fer en forme de navires de guerre** de l'époque géométrique, avec leur éperon et leur corne de proue, leur poupe recourbée. Ces chenets permettaient la cuisson des viandes sur des broches de fer.
Egalement dans la grande salle, la dernière vitrine haute (no 9), à g., renferme, entre autres, **six broches de fer.** Ces broches à rôtir, identiques à celles qu'on voit encore de nos jours, furent **la première monnaie en usage en Grèce** (à partir, semble-t-il, du VIIe s. av. J.-C.), rapidement supplantée par des pièces de métal, sauf à Sparte où elle resta plus longtemps en usage. Ces broches portaient le nom d'*obélos,* d'où vient le mot *obole.* Les six exemplaires qu'un homme de taille normale pouvait tenir dans la main formaient une poignée ou *drachme.*

Au fond de la grande salle, dans une vitrine (n° 12), **un des plus beaux exemples de la peinture grecque archaïque** : *Polyphème aveuglé* au moyen d'un long pieu très pointu ou d'une broche (obole) par Ulysse et ses compagnons, sur un tesson de cratère du VIIe s. av. J.-C., au dessin très pur, à la polychromie délicate.
Dans la vitrine suivante (n° 13), spécimen de **lyre ancienne**, faite d'une carapace de tortue ; sur la face postérieure, un fragment de peau de bœuf était tendu au moyen de quatre chevilles fixées dans la carapace.

La musique, essentielle et sacrée. — *Devant ce modeste petit instrument, il est peut-être temps de souligner combien la musique tenait dans la vie des anciens Grecs une place primordiale, essentielle même, puisqu'elle était assimilée à une chose sacrée, intangible. L'éducation musicale faisait partie des enseignements dont les Grecs ressentaient la plus vive nécessité, et Plutarque fera dire à Thémistocle combien il regrettait de ne pas avoir appris à jouer de la cithare dans sa jeunesse ; de son côté, Platon approuve Damon lorsqu'il déclare « que nulle part on ne touche aux modes de la musique sans toucher aux lois les plus importantes de la Cité ». Le mot loi avait lui-même une acception musicale.*

Dans la dernière vitrine (n° 14) du fond de la grande salle, **le seul cratère connu du peintre attique Hermonax** représente *Thésée tuant le Minotaure* devant Ariane qui lui tend une couronne.

Salle de l'étage. — Collection de sculptures découvertes lors des fouilles d'Argos et des environs, surtout d'époques hellénistique et romaine.

Salle du Kallerghion (rez-de-chaussée inférieur). — Objets de la période préhistorique, céramique surtout, provenant pour l'essentiel de **Lerne**.

Le portique au fond du jardin du musée abrite des ***pavements de mosaïque** mis au jour dans une maison romaine d'Argos : six panneaux représentent allégoriquement les **douze mois de l'année**, groupés deux par deux. **Janvier** : personnage qui jette des pierres pour inaugurer l'année ; **février** : paysan tenant deux canards ; **mars** : guerrier en armes ; **avril** : berger portant un agneau ; **mai** : personnages présentant des roses ; **juin** : moissonneur ; **juillet** : personnage avec une pelle à vanner et une cassette ; **août** : personnage légèrement vêtu avec un éventail et une pastèque ; **septembre** : vendangeur ; **novembre** : laboureur ; **décembre** : vieillard chaudement vêtu.

Le quartier du théâtre

Avant de pénétrer dans le quartier du théâtre proprement dit, les amateurs d'archéologie sont invités à visiter le **champ de fouilles de l'agora argienne** où l'on pouvait voir, nous dit *Pausanias*, géographe et historien grec du IIe s. de notre ère, dix-huit temples sans doute répartis le long des quatre côtés de la place.

L'agora semble avoir été occupée depuis le Ve s. av. J.-C. jusqu'à l'époque byzantine et s'étendait, au moins en partie, sur une nécropole de la période géométrique. Des remaniements importants eurent lieu lorsque fut érigé, au IIe s. de notre ère, un établissement thermal au S. du portique.

Parmi les rares vestiges de ce qui fut le cœur de la cité antique, on remarquera d'abord (en contrebas de la route de Tripolis) les ruines d'une **grande salle à colonnades** intérieure (salle hypostyle) construite probablement dans le dernier quart du Ve s. av. J.-C. sur une sorte de socle à larges degrés. C'était peut-être le Sénat d'Argos. Au-delà de cette salle, vers l'E., se développait un **portique** en n, construit dans la deuxième moitié du Ve s. av. J.-C. mais remanié à l'époque romaine où il fut prolongé vers l'O. jusqu'à la salle hypostyle, et où l'on remplaça les architraves par des arcades en brique. Ce portique devait occuper une position centrale dans l'agora et assurer la liaison entre plusieurs espaces ou places, de plan vraisemblablement irrégulier. Au S. de ce portique, on a mis en évidence l'existence d'un autre portique qui fut démonté à la fin de l'époque hellénistique pour l'installation d'une **palestre**, elle-même réutilisée comme cour dans un ensemble thermal installé sur l'agora vers la fin du IIIe s. apr. J.-C. A l'E. du portique en r, on n'a guère exploré jusqu'à ce jour qu'un réseau d'égouts datant de la fin de l'époque classique et resté en usage jusqu'aux VIe-VIIe s. de notre ère. C'est peut-être là qu'il faut situer le **χωρίον Δέλτα καλσύμενον**, c.-à-d. « l'endroit appelé delta », sans doute à cause de sa forme, mentionné par *Pausanias* (II, 21, 2).

Le cœur même de l'agora, avec les monuments les plus importants, devait se situer au nord du portique. A proximité immédiate du long côté de celui-ci fut aménagée, sans doute à la fin de l'époque classique, une **piste de course** (comme sur les agoras d'Athènes et de Corinthe) dont on a retrouvé les restes de la ligne de départ.

Les vestiges les plus représentatifs sont, en l'état actuel des fouilles, les restes d'un **nymphée** carré du IIe s. apr. J.-C. et, plus à l'E., d'un monument rond de même époque qui était sans doute aussi un nymphée. A l'O. de ce dernier apparaissent les ruines d'un édifice rectangulaire lui aussi d'époque romaine, abritant une base faite de blocs remployés ; en-dessous se trouvent les fondations d'une base en pôros plus ancienne, de 4 × 2 m. C'est au N. de ces monuments, du côté de la rue moderne, que se trouvait sans doute le sanctuaire d'Apollon lycien, le plus remarquable selon *Pausanias* (II, 19, 3) des sanctuaires argiens.

Le chantier de fouilles du quartier du théâtre, entre la route de Tripolis et l'acropole Larissa, comprend divers monuments certes très ruinés mais qui justifient, notamment les thermes, un arrêt à Argos. Les ruines des ***thermes romains,** maintenant complètement dégagées, gisent presque en face de l'entrée, bordées au N. par une rue menant au théâtre.

Dans leur premier état, au Ier s. apr. J.-C., les bâtiments se composaient d'une grande salle à abside et de trois pièces transversales ouvrant sur un portique à quatre côtés. C'est au IIe s. qu'ils furent transformés en thermes, eux-mêmes restaurés au IVe s., après l'invasion des Goths.

Devant l'ampleur de ces thermes, il est impossible de ne pas se rendre compte que ces établissements n'avaient pas seulement une fonction hygiénique, mais qu'ils étaient le lieu d'une vie intense qui en faisait une dépendance de l'agora. Ici, leur situation entre l'agora et le théâtre ne laisse planer aucun doute sur leur vocation sociale.

Substituez-vous à un baigneur du temps d'Hadrien et entrez, en vous approchant du théâtre, par une porte (négligez les accès de service) et non pas en sautant par-dessus un mur arasé. Un grand promenoir transversal ou **salle de déshabillage** *(apodyterium)* communique à g. avec une vaste salle absidale qui devait constituer une salle de réception.

De la salle de déshabillage, on passe dans le *frigidarium* ou **salle froide**, vaste pièce qui comportait trois piscines, puis dans l'un des deux *caldaria* ou **salles chaudes**, dont le plancher était soutenu par des pilettes de briques rondes au-dessus des *hypocaustes* ou fourneaux souterrains (la circulation de l'air chaud pouvait ainsi se faire sous le plancher et, grâce à des dispositifs spéciaux, le long des murs). Les salles chaudes comportaient également une ou plusieurs piscines. A l'extrémité la plus proche de l'entrée du site se trouvait un troisième caldarium pourvu de trois piscines plaquées de marbre.

Le **théâtre d'Argos**, taillé dans le flanc de la colline Larissa, est l'un des plus vastes de Grèce, avec une capacité de 20 000 spectateurs ; il est donc plus grand que ceux d'Athènes et d'Epidaure, mais n'en a ni l'intérêt, ni le charme.

*Construit vers la fin du IVe s. ou peut-être au début du IIIe s. av. J.-C., ce théâtre fut remanié à deux reprises durant la période impériale romaine, au IIe s., puis à la fin du IVe s., lorsque l'*orchestre *fut transformé en bassin pour* naumachies, *c'est-à-dire pour combats nautiques. La* scène grecque, *dont il reste les fondations, fut en partie détruite lors d'un remaniement au IIe s. et remplacée par une autre scène, plaquée de marbre, mais aujourd'hui détruite pour permettre le dégagement de la précédente.*

L'art au service de la Cité. — Pausanias *nous signale que l'on pouvait voir dans le théâtre d'Argos un groupe sculpté représentant un guerrier argien, du nom de Périlaos, tuant un Spartiate appelé Othanadas : « il symbolisait les droits des Argiens sur la Thyréatide, pays frontière qu'ils ont disputé aux Lacédémoniens pendant tout le cours de leur histoire » (W. Vollgraff).*

A une centaine de mètres du théâtre (passez entre celui-ci et les thermes romains), un **odéon** semi-circulaire, qui était probablement couvert par une toiture, fut construit durant la période romaine, peut-être au Ier s. apr. J.-C., puis remanié au IIIe s. Il se trouve sur l'emplacement d'un **théâtre à gradins droits**, taillés dans le roc, dont certains sont encore visibles, qui doit être antérieur au IVe s. av. J.-C. et devait servir de lieu de réunion à l'Assemblée argienne.
Immédiatement au S. de l'odéon gisent les **ruines de l'Aphrodision**, sanctuaire avec temple érigé vers 430-420 av. J.-C. sur le site d'un lieu de culte archaïque et qui fut détruit lors de l'invasion des Goths, à la fin du IVe s. apr. J.-C. A l'E. de ce temple, reste d'une stoa archaïque.

Les collines de la Larissa et de l'Aspis. — Elles sont toutes les deux accessibles en voiture à partir du centre de la ville moderne : un chemin de terre carrossable prend à g. au col qui sépare l'Aspis de la Larissa et conduit au pied de la forteresse qui couronne cette dernière.
La construction du **kastro** fut entreprise par les Byzantins, continuée par les Francs, puis remaniée et agrandie par les Turcs. Il recouvre la double enceinte de l'acropole antique, dont la première, en appareil polygonal, date du VIe s., et la seconde, en appareil hellénique, du Ve s. av. J.-C. Là se trouvaient les **temples de Zeus Larissaios** et **d'Athéna Polias**, dont on découvrit quelques vestiges.
Du sommet (alt. 289 m), très belle **vue** sur la **plaine d'Argos** et le **golfe de Nauplie**.
Du kastro, emprunter un escalier, taillé dans le roc, qui aboutit à un sentier, tracé au flanc de la colline Larissa, où l'on prendra à g. pour se rendre sur l'**Aspis** (ou à dr. pour le théâtre).

Chemin faisant, remarquer un **relief rupestre** figurant un héros cavalier et un serpent. Après une terrasse maintenue par un mur en appareil polygonal, descendre en contrebas de l'**ancien couvent de la Panaghia tou Vrachou** (la Vierge du Rocher) dont les bâtiments blancs surplombent une falaise. Il s'élèverait sur l'emplacement du *temple d'Héra Akraia* (Héra de la Falaise). Le mamelon arrondi d'Haghios Ilias, au-delà d'une dépression qui le sépare de la colline Larissa, correspond à l'ancienne **Aspis** (le Bouclier), où l'*Ecole française d'Athènes* exhuma quelques restes d'un habitat de l'helladique moyen (2000-1580 av. J.-C.), ainsi que plusieurs **tombes rupestres mycéniennes.** Là se trouvait, occupant quatre terrasses, le **sanctuaire d'Apollon et d'Athéna**, avec un *manteion* ou siège d'un oracle. Au-delà, une autre terrasse supportait une *tholos* ou temple rond. Sur une autre terrasse, plus élevée, était situé le **temple d'Athéna Oxyderkès** (la Clairvoyante), près d'une grande citerne.

Au sommet de la colline, couronné par une chapelle consacrée à Haghios Ilias, une **forteresse hellénique**, en appareil polygonal, date probablement du IVe s. av. J.-C. et repose par endroits sur des restes d'une enceinte préhistorique (porte d'enceinte), en appareil cyclopéen, qui protégeait le plus ancien habitat de l'Argolide après celui de Lerne (helladique ancien).

Environs. — 1 — Chonika et Héraion d'Argos (7 et 9 km). — De la place centrale d'Argos suivez en direction de Nauplie, tournez ensuite, à 600 m, à g. en direction de Corinthe, puis à dr. (pas de pancarte ; mauvais chemins) 200 m plus loin dans la rue Papaoikonomou (2e à dr.). — 1,7 km : Continuez vers Ira (à g.).
7 km : Chonika ; église de la Kimissis, du milieu du XIIe s.
9 km : **Héraion d'Argos** (autre accès, fléché, depuis Tirynthe), sanctuaire national des Argiens, consacré à Héra, situé sur trois terrasses d'où l'on domine la plaine d'Argos. Cette vue sera l'attrait principal de cette excursion pour ceux qui ne sont pas des passionnés d'archéologie.

La déesse qui fit planer le malheur sur Troie. — *C'est dans le* sanctuaire d'Héra, *la déesse qui poursuivit de sa vindicte les malheureux Troyens, que les chefs achéens prêtèrent serment au roi de Mycènes,* Agamemnon, *avant leur mémorable expédition. Héra, dont le culte était originaire du Péloponnèse, savait à l'occasion montrer de la mansuétude, surtout pour les siens. Elle avait ainsi accordé le sommeil éternel, ce qui à son avis constituait le plus grand des bonheurs pour un être humain, à* Cléobis *et* Biton, *les deux fils de Cydippe, prêtresse à l'Héraion, qui avaient tiré le char de leur mère depuis Argos.*
Le temple primitif, du VIIIe s., fut détruit par un incendie en 423, mais il fut rebâti un peu plus bas par l'architecte argien Eupolémos.

Au-delà d'un puissant mur de soutènement (milieu du Ve s.) dont les assises sont en retrait, ruines du portique S., construit semble-t-il avant le Nouveau Temple, vers le milieu du Ve s.
Sur la terrasse suivante gisent les reste du **temple d'Héra** construit peu après 420 par *Eupolémos*. La cella contenait la statue chryséléphantine d'Héra, œuvre de *Polyclète*, et un *xoanon* de la déesse, en bois de poirier, enlevé à Tirynthe par les Argiens en 468. Les fouilles ont permis de trouver de beaux morceaux de frontons de style polyclétéen (*Naissance de Zeus* et *Gigantomachie* d'un côté et *Scènes de la prise de Troie* de l'autre), des métopes (guerriers et Amazones) et de la corniche.
A g. du temple, en contrebas de la terrasse, on aperçoit les ruines d'un bâtiment de plan carré **(édifice O.)** avec cour centrale à péristyle (l'un des plus anciens exemples connus), du dernier quart du VIe s. av. J.-C., et trois chambres en lesquelles on a reconnu des **salles de banquet**.

La terrasse supérieure est occupée par les ruines du **Vieux Temple** (VIIIe s.). Les vestiges conservés se réduisent à un tronçon du soubassement d'une colonnade qui, en cet endroit, repose sur le rocher aplani.

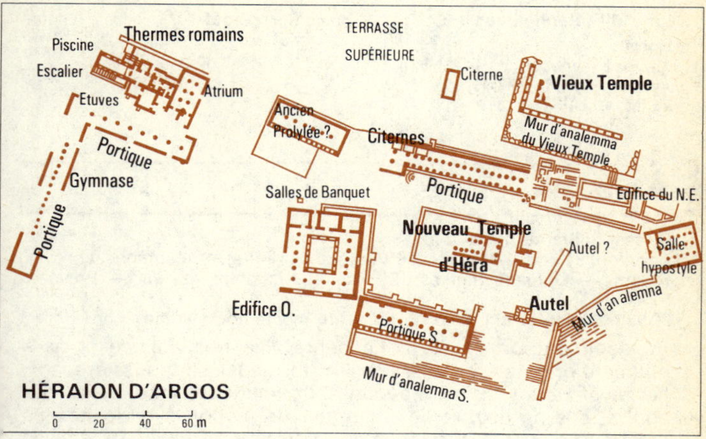

2 — Midéa (15 km). — A l'entrée de Chonika (V. ci-dessus, 1), prenez vers Anifion puis vers Manéssis.
13 km : **Dendra,** hameau d'où vous monterez à pied (en 30 mn) à l'acropole de (2 km) **Midéa,** fondée par *Persée* et patrie d'*Alcmène,* la mère d'*Héraclès.* L'enceinte, d'appareil cyclopéen du même type qu'à Tirynthe, forme, du côté du village, un arc de cercle. A 200 m de Dendra, nécropole mycénienne avec une tombe à chambre où fut trouvée la plus ancienne cuirasse connue (XVe s. av. J.-C.), en bronze, présentée au musée de Nauplie ♦.

3 — Merbaka (12 km). — D'Anifion (V. ci-dessus, 2), prenez vers **Merbaka** dont l'**église, l'une des plus belles de l'Argolide,** est consacrée à la Panaghia (milieu du XIIe s., remaniée au XVe ou au XVIe s.).

4 — Pyramide de Kenchréai (10,5 km par la route de Tripolis). — A 5 km d'Argos, prenez à dr. vers (8 km) **Kéfalari,** village au pied du mont Chaon, criblé de grottes consacrées à Pan et à Dionysos, où l'on célébrait la fête dite *Tyrbé* (le Désordre), à laquelle a succédé une panégyrie (fête), le 18 avril. De là, vous gagnerez à pied la (2,5 km) grande source *(Kéfalari)* de l'Erasinos, au flanc du mont Chaon, où se trouvent les ruines de la **pyramide de Kenchréai** (auj. Hellèniko) qui, d'après Pausanias, serait le *polyandreion* (tombeau collectif) des Argiens vainqueurs des Spartiates dans un combat livré sous l'archontat de Pisistrate, en 669 av. J.-C. Cette pyramide, bâtie en calcaire local selon une maçonnerie grossière mais solide d'appareil polygonal (vers la fin du IVe s. av. J.-C.), aurait d'abord été un monument commémoratif, peut-être transformé par la suite en fortin.

Arkitsa

Carte-itinéraire 3.
Athènes, 158 km. — Lamia, 64 km. — Thèbes, 69 km. — Thermopyles, 48 km.
740 habitants.

Indicatif téléphonique : 0233.

Hôtel :

¶¶ *Kalypso* (avril-oct. ; ✆ 91-392 ; à Athènes ✆ 981-27-31) 153 ch.

Ferry-boat : pour Loutra Ædipsos (V. Eubée ♦) ; nombreux services quotidiens.

A Arta

Cartes-itinéraires 10 et 15.
Agrinion, 84 km. — Athènes, 365 km (par Corinthe). — Ioannina (Jannina), 73 km. — Leucade (Lefkas), 89 km. — Nicopolis, 42 km. — Prévéza, 51 km.
20538 habitants ; chef-lieu du nome du même nom ; archevêché.

En dépit de son passé, cette petite ville très animée et typiquement orientale, avec ses ruelles tortueuses et poussiéreuses, ne révélera au visiteur aucun monument antique mais, par contre, elle ne devrait pas manquer de piquer la curiosité des amateurs d'art byzantin avec sa métropole et plusieurs églises du XIIIe s.

Une colonie corinthienne. — *Arta, l'ancienne* Ambracie, *ville fondée par Corinthe au VIIe s. av. J.-C., participa aux côtés de sa métropole aux luttes contre Corcyre (Corfou), en 435 et en 433, puis, pendant la guerre du Péloponnèse, fut une fidèle alliée de Sparte contre Athènes, en fournissant plusieurs trières.*

La capitale du vainqueur à la Pyrrhus. — *Vers 295 av. J.-C., le roi d'Epire* Pyrrhos II (*en latin* Pyrrhus), *celui-là même qui devait remporter en 280 la désastreuse victoire d'Héraclée, rattacha Ambracie à son royaume et en fit sa capitale. Passée sous la domination romaine (189 av. J.-C.), elle pâtit de la défaite qu'*Octave *infligea à* Marc Antoine *à la* bataille navale d'Actium, *à l'entrée du golfe d'Arta (31 av. J.-C.) : le vainqueur, le futur Auguste (27 av. J.-C.), désireux de commémorer son succès, fonda une ville,* Nicopolis, *au détriment d'Ambracie qui fut dépeuplée.*
A partir de 1205, elle devint à nouveau la capitale d'un Etat indépendant, le despotat d'Epire, *fondé par* Michel Ier Ange Comnène, *qui disparut en 1318 lors d'un partage entre la Serbie et l'Albanie. Pendant près de quatre siècles et demi elle fut occupée par les Turcs (de 1449 à 1881).*

Indicatif téléphonique : 0681.

Police touristique : 12, rue Stamatélopoulous (✆ 27-580).

Hôtels :

¶¶ *Xénia,* à l'intérieur de la citadelle (✆ 27-413) 22 ch.

¶ *Amvrakia,* 13, Priovoulou (✆ 28-311) 60 ch.

Restaurants :

¶¶ *Byzantion, Priovoulou* et *Skoufas ;* vous dînerez à une terrasse.

Compagnie aérienne : *Olympic Airways,* 125, rue Skoufa (✆ 27-664).

Visite de la ville

Un après-midi à Arta. *— En 1 h 30, vous aurez visité la citadelle et les trois églises byzantines les plus intéressantes de la ville. Si vous êtes friand d'architecture byzantine, prenez alors la route pour aller voir l'église Haghios Dimitrios Katsouris (environs, 3). En fin de soirée, promenez-vous dans la rue Skoufa, la plus animée de cette populeuse cité.*

Où vous garer? *— Dans l'enceinte de la citadelle (hôtel Xénia) ou près de l'ancienne métropole.*

A pied dans la ville. *— De la citadelle, que vous atteindrez aisément en suivant les indications données pour accéder à l'hôtel Xénia, descendez une courte rue presque en face de la rampe du château, puis tournez à dr. A 20 m, petite place d'où vous vous engagerez, en face, dans la rue Vassiliou, qui mène à l'église Haghios Vassilios, à 20 m (prenez la clef au nº 14 ou au nº 16).*
Revenez sur la place et tournez à dr. dans la rue Vassiléos Pyrrhou (Pyrrhus). A env. 200 m à dr. avant le cinéma Palas, se trouve, à 30 m, l'église Haghia Théodora; 400 m plus loin, toujours à dr. de la rue Pyrrhou, les amateurs d'archéologie examineront les fondations d'un temple. Encore 20 m et vous déboucherez sur la place Garoufalia; continuez tout droit et, à 50 m, montez à g. sur l'esplanade de l'ancienne métropole.
De la place Garoufalia, la rue Skoufa est réservée aux piétons, le soir; suivez-la si toutefois l'animation qui y règne vous paraît justifier la prolongation de cette promenade, car il s'agira maintenant de prendre un bain de foule. Laissez-vous tenter par les spécialités des petites rôtisseries (psistaria), *qui répandent des odeurs affriolantes, et goûtez par exemple au* kokoretsi *(andouillette de mouton) ou à l'*arni psito, *le rôti d'agneau à la broche, même si les tavernes vous paraissent bien modestes : ce sera toujours plus savoureux que les beans à l'américaine ou le ragoût irlandais d'agneau que l'on n'hésite pas, à l'occasion, à servir par une chaude journée d'été dans certains hôtels.*

Si vous aimez...

L'architecture insolite, *allez examiner la coupole de l'ancienne métropole où un architecte de la fin du XIIIe s. a pratiqué avec une ingéniosité remarquable l'art d'utiliser les restes (antiques).*
L'élégance de l'architecture byzantine, *visitez, outre l'ancienne métropole, les églises Haghios Vassilios et Haghia Théodora.*

Citadelle. — Etablie près de la rive dr. du fleuve Arachtos, elle fut construite au XIIIe s. par le despote d'Epire *Michel III* sur l'emplacement d'une forteresse antique (nombreux blocs de remploi).

♁ **Eglise Haghios Vassilios.** — Cette ravissante petite église du XIVe est décorée, à l'extérieur, de carreaux de faïence émaillée et de briques disposées en dents de scie. A dr. de la fenêtre de l'abside, remarquez une plaque en terre cuite polychrome représentant St Grégoire, St Basile (l'église lui est consacrée) et St Jean. A l'intérieur, voyez les **peintures** : celles de l'abside sont les mieux conservées; notez également les vieilles icônes sur l'iconostase.

♁ **Eglise Haghia Théodora.** — Elle est bâtie sur plan basilical à 3 nefs et narthex ou vestibule. Les chapiteaux des quatre colonnes du sanctuaire proviennent d'édifices paléochrétiens du Ve ou du VIe s.

Notez encore les fresques qui ornent les murs et l'abside et, dans le narthex, un sarcophage sculpté du XIIIe s. de la despoina *Théodora,* épouse du despote d'Epire *Michel II.*

Théâtre. — Au no 13 de la rue Haghiou Constantinou, on a découvert en 1976 les restes du théâtre de l'antique *Ambracie ;* il en subsiste une petite *orchestra* et quatre rangs de gradins, éléments datant probablement de la fin du IVe s. av. J.-C., au-dessus de vestiges qui appartenaient peut-être au théâtre classique de la fin du Ve s. av. J.-C.

Temple de la rue Pyrrhou. — Aujourd'hui réduit aux fondations — elles sont particulièrement puissantes et bien conservées — ce grand temple périptère de style dorique fut érigé à la fin de l'époque archaïque.

***Ancienne métropole.** — Consacrée à la **Panaghia Parigoritissa** (Vierge consolatrice), elle fut construite vers 1295 par *Anna Paléologue,* belle-fille d'un despote, et son époux Nicéphore.

Visite : en sem., sauf le mardi, de 9 h à 13 h et de 16 h à 18 h ; le dim. de 10 h à 13 h et de 16 h à 18 h ; entrée payante.

Remarquez le système, unique en son genre, des pendentifs supportés par des colonnes byzantines de Nicopolis, enfoncées horizontalement dans les murs, comme des consoles. Le style purement italien des sculptures s'explique par les rapports des despotes d'Epire avec les princes angevins de Naples. La calotte de la coupole est revêtue d'une **mosaïque** avec un **christ pantocrator.** Plusieurs peintures retiendront votre attention : sur l'iconostase, notez l'**icône de la Vierge Parigoritissa** (XVe s.), à dr., et la grande icône de la Vierge à l'Enfant (XVIe s.), à g. ; dans l'abside, du XVe s., la *Cène* date du XVIIIe s. ; les fresques (frise de saints) de la nef furent exécutées au XVIe s. ; au-dessus de l'entrée, *Dormition de la Vierge.*

Environs. — 1 — Couvent de Kato Panaghia (3 km). — Prenez un chemin carrossable à dr. en venant de Ioannina, avant l'ancienne métropole.
Sur la façade du narthex et à l'intérieur de l'église de ce couvent fondé au XIIIe s. par *Michel Douka,* vous verrez quelques **fresques.**

2 — Monastère de Péta (5 km par la route d'Athènes et à g. à 2 km). — Dans l'église de ce monastère, **Saint Suaire** du XVIIe s.

3 — Haghios Dimitrios Katsouris (5 km). — Sortez par la route de Ioannina, franchissez l'Arachtos (à dr. remarquez un pont en dos d'âne) et tournez à g.
— 4 km : Engagez-vous à dr. sur un chemin que vous suivrez pendant 1 km.
— 5 km : A 2 ou 3 mn de marche du terminus du chemin, **église Haghios Dimitrios Katsouris,** fondée au Xe s. (?) et restaurée au XIIIe s.

4 — Monastère des Blachernes (sur les hauteurs au N.-E. de la ville ; excursion de plusieurs heures). — Dans ce monastère du XIIe s. on peut voir le tombeau du despote *Michel II.* L'église, de plan basilical, est ornée de sculptures. Dans le narthex, en face de l'entrée actuelle de l'église, vous remarquerez une **peinture murale** de la fin du XIIIe s. représentant la procession de l'image de « la très sainte Théotokos Hodéghétria de Constantinople », ainsi que l'atteste une inscription. Cette composition unique en son genre comporte maints détails intéressants sur la foule des fidèles, surtout des femmes, sur les marchands ambulants qui escortaient la procession et sur l'architecture de ce sanctuaire qui abritait la célèbre icône de la Vierge *Hodéghétria* (La Conductrice), bénite disait-on par St Luc. Elle disparut en 1453 lors de la prise de Constantinople par les Turcs. Dans les trois nefs de l'église et les deux absides latérales, d'autres **fresques** remarquablement conservées, du XIIIe s., repésentent des scènes de la vie de la Vierge, de la

Passion, de la Résurrection et peut-être de la Pentecôte, avec des saints en pied, en buste et en médaillons.

5 — Ammotopos (23 km ; par la route de Ioannina et à dr. à 13 km). — Sur la colline de Kastri, qu'il faut escalader à pied (env. 30 mn de marche), trois grands édifices antiques, rectangulaires et en bel appareil régulier, sont fort bien conservés sur une hauteur de 5 à 7,50 m, avec l'étage supérieur, ses fenêtres et ses lucarnes. Ils faisaient partie d'une ville sans doute construite pendant la première moitié du IVe s. av. J.-C., qui était défendue par un mur d'enceinte à redans de 3,50 m d'épaisseur, renforcé par huit tours rectangulaires bâties au temps de Pyrrhus II (début du IIIe s. av. J.-C.). Cette ville fut détruite très probablement par le général romain *Paul Emile le Macédonique* en 167 et fut abandonnée.

Astypaléa [Ile d']

93 km²; 1 800 habitants.

Petite, isolée, dénudée, mal desservie par les lignes régulières au départ du Pirée, cette île qui appartient à l'archipel du Dodécanèse ♦ vous offrira une authentique rupture avec le monde.

Si l'on en croit Ovide, *l'île aurait été conquise par Minos. Plus tard, elle devint colonie d'Epidaure, puis autonome à l'époque romaine où ses golfes abritèrent les flottes luttant contre les pirates. Elle suivit ensuite le sort des autres îles de l'archipel.*

Indicatif téléphonique : 0242.
Hôtels :
Astynæa (☎ 61-209) 20 ch. ✂ 🛁 ⛱
Paradissos (juin-sept. ; ☎ 61-224) ✂ ⛱

Bateaux : 2 fois par sem., dans chaque sens, au départ du Pirée, en 13 h, ou de Rhodes en 10 h 30.

La capitale, **Astypaléa**, sur l'emplacement de la cité antique homonyme, apparaîtra bien petite et les festins y seront bien plus frugaux que ne pourrait le laisser supposer le surnom de l'île dans l'Antiquité : celui de Table des Dieux, en raison de sa fertilité.
Le port, où subsistent de vieilles maisons à balcon de bois, est dominé par une forteresse de construction vénitienne, qui fut restaurée récemment. Au-dessus de l'entrée se trouve l'église de l'Evanghélistria. De la route qui relie Astypaléa et **Vathy**, vous découvrirez d'extraordinaires ****panoramas** sur les côtes N. et S. de l'île.

Athènes***

Cartes-itinéraires 3 et 5.
Corinthe, 84 km. — Delphes (par Eleusis), 162 km. — Delphes (par l'autoroute à péage), 177 km. — Epidaure (par Loutra Elénis), 146 km. — Epidaure (par Nauplie), 174 km. — Evzoni, 575 km. — Igouménitsa, 485 km. — Lamia (par l'autoroute à péage), 222 km. — Mycènes, 127 km. — Olympie (par Tripolis et Langadia), 323 km. — Olympie (par Patras),

240 km. — Olympie (par Tripolis et Andritséna), 357 km. — Patras, 219 km. — Sparte, 256 km. — Thessalonique, 542 km.
En grec, prononcer *è Açiné* ou *i Açina.* 867 023 habitants (2 540 241 avec Le Pirée et les faubourgs), les Athéniens ; capitale de la Grèce et du nome d'Attique ♦ ; archevêché, Université.

Athènes à elle seule justifie un voyage en Grèce grâce, bien sûr, à son Acropole et à son Parthénon, revêtu de la majesté des siècles, à son Musée National où ont trouvé refuge quelques-uns des plus sublimes témoignages du génie des artistes grecs qui les premiers, dès le Ve s. avant notre ère, surent en quelque sorte désacraliser la sculpture en y cultivant le sens de l'humain ; ou grâce à ses œuvres d'art byzantin, mais aussi grâce à sa vie propre de ville moderne et bien vivante, typiquement méditerranéenne certes, mais inimitablement hellénique dans son allure, et déjà orientale par certains de ses aspects.
Cette ville moderne, agglomération qui dépasse les deux millions et demi d'habitants si l'on considère la totalité du tissu urbain qui s'étend fort loin, par exemple le long de la côte Apollon en direction du cap Sounion, entoure l'Acropole, superbe vaisseau ancré au cœur d'une immensité de constructions au vrai assez chaotique. Cette mer de maisons s'est largement étalée pour venir battre le pied du mont Parnès, et même partir à l'assaut des flancs du mont Hymette et couvrir les contreforts boisés du mont Pentélique.
A côté de quartiers luxueux ou aisés (Kolonaki, entre le Lycabette et le Jardin National, ou encore le long de la route de Kifissia), à côté du centre d'affaires de la place Syndagma, se maintiennent, dans les banlieues, des masses d'habitations sans le moindre confort où s'entassent tous ceux qu'attire encore, comme un mirage, la capitale. Le Pirée, à la fois port et faubourg de la capitale, n'est pas seulement un grand emporium méditerranéen, mais c'est aussi le carrefour de la diaspora hellénique, animée par le peuple des îles, les pêcheurs, les marins de l'une des premières flottes marchandes du monde, qu'elle navigue sous pavillon national ou de complaisance, par les travailleurs des chantiers navals et des usines.
L'activité urbaine s'est concentrée dans le triangle formé par les places Syndagma, Omonia et Monastiraki, à la lisière des vieux quartiers de Plaka et d'Anaphiotika, livrés maintenant au folklore le plus frelaté ; plus aristocratique au voisinage de la place Syndagma, cette activité reste essentiellement populaire autour de la place Omonia, et teintée d'archaïsme dans ses structures commerciales aux alentours de la place Monastiraki.

La ville dans l'histoire

L'invasion qui fit la Grèce antique. — *Au cours de* la grande migration indo-européenne *du début du IIe millénaire avant notre ère, l'*Attique *fut occupée, non sans violences, par un peuple qui vivait encore dans un état de barbarie mis en évidence par des meurtres rituels et des sacrifices humains. Ces nouveaux venus se donnaient le nom d'*Ioniens, *d'après le* nom de leur ancêtre mythique, Ion, mais une partie du courant indo-européen, celui des Achéens, se déversa sur le Péloponnèse. Les habitants préhelléniques de la Grèce, commodément désignés sous le nom de Pélasges par les Hellènes (en fait les Pélasges semblent n'avoir habité qu'une partie de la Thessalie), initièrent les Grecs à la culture de l'olivier et de la vigne, qui devaient jouer un rôle si important dans l'économie et même dans la civilisation du pays.

Les douze tribus ioniennes. — On imagine généralement assez mal ce que purent être ces grandes invasions qui mettaient en branle non seulement des guerriers, mais des peuples entiers, hommes, femmes, enfants, avec leur panthéon, leurs troupeaux, agglomérés par clans, par tribus, à la recherche d'une bonne place au soleil. Le sentiment de solidarité s'évanouissait lorsque le but était atteint, le danger écarté favorisant l'apparition d'une féodalité dont la coalition des Achéens sous la direction d'Agamemnon, au moment de la guerre de Troie, nous garde le souvenir. L'Attique fut ainsi partagée entre douze Etats ou tribus. Les plus importants étaient ceux de Cécropia, la future Athènes, Eleusis, la tétrapole (union de quatre villes) de Marathon etc., souvent en lutte les uns contre les autres.

Le mythe du roi-serpent. — Cécropia devait son nom à Cécrops, héros et roi mythique que l'on avait divinisé ; ce roi-serpent (ou ce dieu-serpent) symbolisait donc la filiation des Ioniens d'Attique qui, ainsi, pouvaient se déclarer les maîtres légitimes de cette terre. La découverte, au flanc de la colline de l'Aéropage, de tombeaux princiers richement dotés, datant du XIVe s. av. J.-C., atteste la haute antiquité de l'établissement de la monarchie à Athènes. Cécrops joua le rôle de héros civilisateur ; on lui attribua en particulier la suppression des sacrifices humains. Un roi-prêtre, Erechthée, lui succéda et fit construire un temple sur l'Acropole, où l'on vénéra Athéna, la déesse à l'olivier qui accapara l'ancien culte de la chouette, Poséidon, Cécrops aussi, enfin tout ce qui constituait la trame du passé d'Athènes.

Le tragique bilan du retour des Héraclides. — Prenant avantage de leurs armes de fer, les Doriens, venus des régions danubiennes, mirent brutalement fin à la civilisation des Achéens au XIIe s. av. J.-C., détruisant Mycènes, Tirynthe, Argos. L'Attique, sans doute trop pauvre pour tenter les guerriers doriens, ne fut pas envahie immédiatement et devint le lieu de refuge de tous ceux qu'ils traquaient. Au XIe s. (?), l'Attique fut à son tour envahie et son roi Kodros trouva la mort en combattant. L'Attique et la Grèce devaient entrer dans une longue période de léthargie, que l'on appelle parfois le Moyen Age grec, au cours de laquelle s'élaborèrent, pendant plus de trois siècles, et dans le plus strict anonymat, de nouvelles valeurs.

Thésée le Rassembleur. — Entre le Xe et le VIIIe s., durant cette période où les Hellènes durent pratiquement réapprendre tout ce qui avait été perdu de l'héritage créto-mycénien au cours de l'invasion dorienne, Athènes réalisa à son profit l'unité (synœcisme) de l'Attique. Les Athéniens attribuèrent au roi mythique Thésée, fils d'Egée, l'honneur d'avoir réussi l'union des Cités-États qui se partageaient l'Attique. Des fêtes communes (Panathénées) perpétuèrent le souvenir de cette fusion. La population était répartie en quatre tribus et le corps des citoyens en trois classes : les eupatrides, nobles et grands propriétaires, les géôrgoi ou petits propriétaires ruraux et enfin les démiurges ou artisans.

La longue marche vers la démocratie. — Vers le début du VIIIe s. av. J.-C., le pouvoir royal fut démembré au profit des eupatrides, le roi ne conservant plus que la direction des sacrifices officiels. Le comman-

dement militaire fut confié à un polémarque, *nommé à vie, et le pouvoir exécutif à un* archonte *perpétuel, mais ces charges devinrent annuelles en 686-685, tandis qu'un collège de six* thesmothètes *était chargé de légiférer et de rendre la justice. Le développement de l'agriculture, du commerce et de l'industrie, dans le courant du VIIe s., favorisa l'*apparition de nouvelles classes. *L'oligarchie athénienne, menacée, chercha des appuis auprès des tyrans de Mégare, de Corinthe et de Sicyone, à qui étaient apparentées les plus puissantes familles d'Athènes, comme celle des* Alcméonides. *Le peuple réclamant une législation écrite et publique, on reprit la tâche entreprise par les thesmothètes et, en 621, l'un d'eux,* Dracon, *établit un code réformant les lois et les mœurs judiciaires dont la sévérité devint proverbiale, quoique exagérée.*

Le tournant décisif vers la démocratie. — *La publication en 594-593 ou en 592-591, sous l'archontat de* Solon, l'un des Sept Sages de la Grèce, *d'une nouvelle* législation, *fit prendre à Athènes le tournant décisif vers la démocratie. Pour dissiper toute équivoque, il convient toutefois de préciser ce que le mot démocratie recouvrait dans ses grandes lignes dans la cité grecque. La taille réduite des États de l'ancienne Grèce favorisait certainement la participation directe des citoyens aux affaires publiques, dans le cadre d'une Assemblée du peuple, mais encore faut-il souligner que le corps des citoyens ne comprenait pas tous les hommes adultes de la cité.* En étaient exclus les esclaves, les métèques *(les étrangers établis dans la cité) et même ceux dont un seul des parents jouissait du statut de citoyen.*

La tyrannie ou l'écueil de la démocratie. — *Après la mort de Solon (ou peu avant), le polémarque* Pisistrate *se posa en champion des petits paysans et, s'étant fait donner une garde du corps, il s'empara de l'Acropole en 561 et instaura une nouvelle tyrannie qui, interrompue deux fois par l'exil, fut continuée par ses deux fils* Hippias et Hipparque, *après sa mort, en 528. Hipparque fut assassiné en 514 et Hippias renversé en 510, grâce à l'intervention des Lacédémoniens. Sous la tyrannie de Pisistrate et de ses fils, Athènes devint un centre de rayonnement intellectuel qui accueillit les savants, les poètes et les artistes chassés d'Ionie par le joug perse. C'est à cette époque que naquit la tragédie avec Thespis.*

L'ostracisme ou la défense de la démocratie. — *Avec* Clisthène, *qui promulga en 507* une nouvelle constitution, *la démocratie prit un nouvel essor. L'Attique fut divisée en dix tribus qui reçurent chacune le nom d'un héros (Erechthée, Egée, etc.). Le Sénat* (la Boulè), *soumis à l'Assemblée du peuple, fut porté à 500 membres tirés au sort pour un an (50 par tribu). Chaque tribu exerçait pendant un mois la* prytanie, *qui expédiait les affaires courantes. Le pouvoir exécutif resta confié aux* 9 archontes, *tirés au sort sur une liste de candidats présentée par chaque tribu. L'archonte, dit pour cela éponyme, donnait son nom à l'année officielle de 365 jours qui commençait au solstice d'été (21 juin). Un collège de 10* stratèges *commandait l'armée des dix tribus.* L'ostracisme, *enfin, fut institué pour défendre la démocratie contre les ambitieux, mais cette mesure fut souvent pratiquée sans beaucoup de discernement.*

Les guerres Médiques : Marathon et Salamine. — *Pour se venger de l'affront que lui avaient fait subir les Athéniens en envoyant (499) aux colonies ioniennes révoltées une flotte et un corps expéditionnaire, le roi de Perse,* Darius, *résolut de porter la guerre en Grèce. La victoire des Athéniens et des Platéens à* Marathon, *en 490, porta un rude coup à la réputation d'invincibilité du roi des rois, en même temps qu'elle assurait* le triomphe personnel d'Athènes. *Malgré les rivalités de partis, Athènes* *renforça sa flotte pour résister aux Perses, dont elle prévoyait le retour offensif. Les mines d'argent du Laurion permirent à* Thémistocle *la construction de 200 trières qui devaient se révéler très utiles lors de la bataille de* Salamine, *en 480. Vaincus, les Perses de Xerxès abandonnèrent l'Attique, puis se firent battre l'année suivante, sur terre cette fois-ci, à* Platées, *en Béotie, tandis qu'un second échec naval, à* Mycale, *consacrait l'échec total et définitif des velléités d'expansion des Perses en direction de l'Europe.*

Athènes, puissance impérialiste. — *Ces succès firent d'Athènes une puissance maritime rivale de Sparte qui, elle, détenait l'hégémonie continentale. Elle en profita pour imposer des* protectorats aux Grecs insulaires et asiatiques *moyennant le paiement d'un* tribut forfaitaire de *460 talents (plus de 3 millions de francs-or), en assurant, en contrepartie, leur protection. Les victoires de* Cimon *(campagnes de Byzance, de Thrace en 476, victoire de l'Eurymédon en 466, prise de Thasos en 464) assurèrent à Athènes* l'hégémonie sur la mer Egée. Thémistocle, *peu avant son banissement (472-471), décida la construction d'une enceinte enveloppant Athènes et son faubourg maritime du Pirée (478). Ce fut à cette époque qu'*Eschyle *fit représenter les Perses (471), que l'on assista aux débuts de* Sophocle *(469), que* Pindare *composa ses odes et que* Bacchylide *chanta ses poèmes, tandis que* Polygnote *décorait la stoa Pœcile.*

Le gouvernement de Périclès. — *Après l'assassinat (457) de l'orateur* Ephialtès, *chef du parti démocratique, victime du parti oligarchique,* Périclès *devint le chef du gouvernement. Plusieurs fois stratège, il donna une active impulsion à la* politique coloniale et anti-laconienne, *aux* réformes démocratiques, *à l'*embellissement d'Athènes *dont il fit la ville modèle de l'hellénisme. Jusqu'en 436, les flottes et les armées athéniennes opérèrent dans toutes les directions, jusqu'en Egypte (456-450). Athènes multiplia la fondation de colonies : Chersonèse (Crimée), Lemnos, Imbros, Eubée, Naxos, Samos (441-439), Amphipolis (436). Mais la rupture avec Sparte, depuis 462, entraîna* une première guerre *entre les deux nations et divisa la Grèce en deux camps, avec des alternances de succès et de revers.*

Le siècle de Périclès. — *Durant la période allant de 460 à la fin du Ve s. et même durant la première moitié du IVe s., une merveilleuse éclosion de génies fit d'*Athènes le foyer de la pensée et de l'art grecs. *Son rôle fut prépondérant dans tous les domaines, économique, intellectuel et artistique, et la postérité a nommé cette période l'*âge d'or *ou le* siècle de Périclès, *reconnaissant ainsi l'apport du grand homme d'Etat qui sut s'entourer des plus illustres savants et artistes grecs de l'époque, parmi lesquels on retiendra les noms des sculpteurs* Phidias *et* Myron, *de l'auteur tragique* Sophocle, *du philosophe* Socrate, *de l'historien* Hérodote, *etc.*

La guerre du Péloponnèse. — *La guerre (431-404) qui devait trancher la question de la suprématie sur le monde grec entre Sparte et Athènes vit l'*effondrement des grandes illusions athéniennes. *Après une interminable série de succès et de revers, le sort d'Athènes se joua sur la mer dans la dernière décennie du Ve s., mais* Périclès *était déjà mort (429) depuis longtemps, victime d'une épidémie de peste qui avait marqué le début des hostilités. Pour Athènes, l'irréparable désastre allait avoir lieu en août 405, lors de la capture de la plupart des trières de sa flotte, par l'amiral spartiate* Lysandre. *En novembre de la même année, le navarque lacédémonien vint assiéger Athènes,* réduite à capituler en avril 404.

Lysandre fit aussitôt abattre les remparts du Pirée et les Longs-Murs au son des flûtes. Athènes tomba un moment au pouvoir des Trente Tyrans, mais la démocratie fut restaurée en 403 par Thrasybule. Une ère nouvelle, cependant entachée par l'injuste condamnation de Socrate (399), semblait commencer pour Athènes.

Les derniers feux de la splendeur athénienne. — Le IVe s. marque pour Athènes une période de déclin politique. Sa civilisation devient moins originale et moins créatrice qu'au Ve s., mais par contre plus raffinée. L'atticisme s'assouplit et s'enrichit de la dialectique. C'est le siècle de Platon et de son Académie, d'Aristote, de Xénophon, de Ménandre et de la pléiade des rhéteurs, véritables artistes de l'éloquence (Isocrate, Lysias, Isée, Eschine, Hypéride), des sculpteurs (Céphisodote et son fils Praxitèle), etc.

Le sursaut. — Pendant un temps, la démocratie athénienne retrouva assez de vigueur pour secouer le joug de Sparte et reconstitua, grâce à l'alliance thébaine, son hégémonie maritime (deuxième confédération maritime en 390). Elle seconda sur terre la Béotie et Epaminondas pour écraser Sparte et Agésilas (bataille de Mantinée en 362), mais ses exactions ne tardèrent pas à lui faire perdre ses alliés et ses sujets (guerre sociale en 357-355).

La fin. — Profitant des déboires des Athéniens, Philippe de Macédoine s'entendit à merveille avec les anciens alliés d'Athènes pour faire tomber ses points d'appui dans la Grèce du Nord (Amphipolis en 357, Potidée en 356 et Méthoné en 353). L'éloquence de Démosthène réchauffa un moment le patriotisme des Athéniens qui se firent les champions de la liberté de l'Hellade contre Philippe (première Philippique de Démosthène en 351, formation de la Ligue anti-macédonienne en 340). En dépit de sa défaite à Chéronée (338), Athènes redevint, grâce à Lycurgue, une puissance militaire et navale et continua de s'embellir. C'est l'époque où Aristote enseigne au Lycée (335-322). Après la mort d'Alexandre le Grand, elle défendit les libertés des Grecs contre Antipater (guerre Lamiaque de 323 à 322), mais Démétrios Poliorcète s'empara d'Athènes en 307, s'installa dans le Parthénon et fut gratifié des honneurs divins. Dès lors, Athènes passa par des alternatives d'indépendance et d'asservissement, multiplia les alliances et chercha même des protections auprès des rois de Pergame et de l'Egypte ptolémaïque. Les souverains de ces pays lui rendirent bien hommage comme à une vénérable métropole de l'hellénisme, y puisèrent les bases de leur culture et l'embellirent à l'envi, mais dans un esprit qui n'était plus celui de l'Athènes grecque.

La domination romaine. — En 168 av. J.-C., la domination romaine se substitua à celle des Macédoniens. Dès lors, Athènes ne dut plus qu'à l'éclat de ses arts et de son passé les égards que lui témoignèrent les élites romaines. Compromise lors de la guerre entre les Romains et Mithridate (88), elle fut durement éprouvée par Sylla en 86 av. J.-C., mais les rois de Pergame, de Cappadoce, les Séleucides, puis Pompée, Agrippa, Auguste et surtout Hadrien, ainsi que de riches particuliers, tel Hérode Atticus, la comblèrent de libéralités et de monuments imités des prototypes grecs. Entre 143 et 160 de notre ère, sous Antonin, Pausanias la visita et en rédigea la description. La décadence du paganisme et la propagation du christianisme, prêché à Athènes par St Paul, en 49, y furent rapides. Le déclin de Rome, au IIIe s., lui valut d'être saccagée en 267 par les Hérules et les Goths.

Le Moyen Age byzantin. — Sur les dieux de l'Olympe pesait déjà le crépuscule que s'efforçaient d'écarter les écoles de philosophie, notammen celle des néo-platoniciens. La Grèce, rattachée au diocèse d'Illyrie, ne fu *pas touchée par l'édit de* Théodose II *(435) prescrivant la destruction des temples païens, mais les écoles furent fermées, puis les temples convertis en églises ou dépouillés au profit des monuments de Constantinople. A partir du XIe s., de nombreux monastères furent fondés dans les environs d'Athènes.*

La domination latine. — *Après la* prise de Constantinople *par la quatrième croisade, en 1204, Athènes fut attribuée à un seigneur bourguignon, Othon de la Roche, qui fixa le siège de sa seigneurie à Thèbes, mais un archevêque latin fut installé sur l'Acropole, convertie en château fort (1225-1308).* Le duché d'Athènes, *constitué par St Louis, fut offert à la couronne d'Aragon après la victoire des Catalans de Roger de Flor, en 1311, puis passa à partir de 1387 entre les mains de la famille florentine des Acciaioli qui louvoya entre Venise et les Turcs.*

Sous le signe du croissant. — *Après la prise de Constantinople par* Méhémet II *en 1453, la Grèce est soumise à l'autorité du patriarche ; le duc (alors* Nerio III) *place Athènes sous la suzeraineté du sultan. Mais trois ans plus tard, le nouveau duc replace son Etat sous la protection de Venise ; la population proteste et en appelle aux Turcs. Occupée par les chrétiens, l'Acropole résistera deux ans avant de devenir le siège du gouvernement turc. Une mosquée est alors édifiée dans le Parthénon. Aux XVIe et XVIIe s., Athènes ne fut plus qu'une modeste bourgade de 8 à 9000 âmes, à l'étroit dans une petite enceinte au pied de l'Acropole qui, en 1687, servit de réduit aux Turcs assiégés par* Francesco Morosini. *Ses monuments souffrirent encore des combats pour la libération de la Grèce, en 1821-1827.*

L'indépendance. — *En avril 1833, un colonel français prit officiellement possession d'Athènes au nom du roi Othon et, dès l'année suivante, elle devint la* capitale de la Grèce libérée. *L'échec de l'expédition grecque en Asie Mineure, lors de la guerre gréco-turque de 1921-1922, provoqua un afflux de réfugiés qui grossit considérablement le chiffre de la population. Occupée le 25 avril 1941 par les troupes allemandes, Athènes fut reprise en octobre 1944, mais l'allégresse de la libération fut troublée par les luttes qui mirent aux prises, en décembre 1944, les royalistes et les partis de gauche.*

Renseignements pratiques

Indicatif téléphonique : 01.

Police touristique : ☎ 171, ou bien 7, av. Syngrou (☎ 9239-224) ; gare de Larissa (☎ 8213-574) ; aéroport d'Hellénikon (☎ 9819-730).

O. N. H. T. (Office National Hellénique du Tourisme) : 2, rue Karagéorgi Servias (Pl. II, a en E-1 ; ☎ 3222-545, à l'intérieur de la Banque Nationale de Grèce) ; 2, rue Amérikis (☎ 3223-111) ; aéroport d'Hellénikon (☎ 9799-500).

Automobile et Touring Club de Grèce (ELPA) : 2, rue Messoghion (☎ 7791-615).

Hôtels :
Pour un séjour bref ou si vous ne disposez pas d'une voiture, descendez de préférence dans un *hôtel de la capitale,* mais réservez longtemps à l'avance, surtout s'il s'agit d'un établissement des catégories moyenne ou supérieure dans un quartier central.

Pour un séjour assez prolongé, par exemple à partir de 4 ou 5 jours, et si vous êtes motorisé, ne négligez pas l'éventualité d'aller loger dans un *hôtel de la banlieue.* En été, les imprévoyants et les optimistes risqueront d'y être contraints, car beaucoup d'hôtels athéniens affichent complet ; si tel est le cas, adressez-vous au bureau de la Chambre hôtelière de la rue Karagéorgi Servias ou de l'aéroport d'Hellénikon.

Etes-vous attiré par la mer? Choisissez alors une *plage de la côte Apollon* à partir de Kavouri (V. env. d'Athènes, 6). Vous serez ainsi beaucoup moins ou pas du tout incommodé par le trafic de l'aéroport d'Héllénikon qui, par exemple, rend le séjour infernal à Glyfada.

Etes-vous davantage attiré par la fraîcheur? Désirez-vous vous passer de l'air conditionné, si souhaitable à Athènes en plein cœur de l'été? Accordez alors votre préférence aux hôtels du mont Parnés (V. env. d'Athènes, 5), d'Amaroussion, Kifissia, Variboli, Ekali (V. env. d'Athènes, 7), dont les tarifs sont, à catégorie égale, moins élevés de 20 à 30 % (à l'exception de l'hôtel Mont Parnés).

Place Syndagma et environs :

¶¶¶¶¶ *Grande Bretagne* (Pl. II, a en F-1), place Syndagma (✆ 323-02-51) 394 ch.

¶¶¶¶ *Amalia* (Pl. II, a en F-2), 10, léoforos Amalias (✆ 323-73-01) 98 ch.

¶¶¶¶ *Athénée Palace* (Pl. II, b en E-1), 1, rue Kolokotronis (✆ 323-07-91) 109 ch.

¶¶¶¶ *King George* (Pl. II, b en F-1), place Syndagma (✆ 323-06-51) 140 ch.

¶¶¶¶ *Kings Palace* (Pl. I en F-3), 4, Panepistimiou (✆ 362-32-31) 220 ch.

¶¶¶¶ *N. J. V. Méridien* (Pl. II, c en F-1), place Syndagma (✆ 325-53-00) 190 ch. galerie commerciale.

¶¶¶¶ *Royal Olympic* (Pl. II, a en E-4), 28, rue Diakou (✆ 922-64-11) 242 ch. night-club.

¶¶¶¶ *St Georges Lycabettus* (Pl. II en D-2), 2, rue Kléoménous (✆ 790-711) 150 ch.

¶¶¶ *Astor* (Pl. II, c en E-1), 26, rue Karagéorgi Servias (✆ 322-49-71) 133 ch.

¶¶¶ *Attica Palace* (Pl. II, d en E-1), 6, rue Karagéorgi Servias (✆ 322-30-06) 78 ch.

¶¶¶ *Athens Chandris* (Hors-plan, par Pl. I, B-4), 385, léof. Syngrou (✆ 941-48-24) 380 ch.

¶¶¶ *Divani-Zafolia Palace* (Pl. I, B-4), 19, rue Parthenonos (✆ 922-29-45) 193 ch.

¶¶¶ *Electra* (Pl. II, a en E-2), 5, rue Ermou (✆ 322-32-22) 110 ch.

¶¶¶ *Electra Palace* (Pl. I en C-3), 18, rue Nikodimou (✆ 324-14-01) 106 ch.

¶¶¶ *Espéria Palace* (Pl. II, e en E-1), 22, rue Stadiou (✆ 323-80-00) 122 ch.

¶¶¶ *Herodion* (Pl. I en B-4), 4, rue Roberto Galli (✆ 9236-832) 90 ch.

¶¶¶ *Olympic Palace* (Pl. II, b en E-3), 16, rue Philhellinon (✆ 323-76-11) 90 ch.

¶¶¶ *Parthenon* (Pl. II en D-4), 6, rue Makri (✆ 923-45-94) 79 ch.

¶¶ *Acadimos* (Pl. III en E-4), 58, Akadémias (✆ 362-92-20) 123 ch.

¶¶ *Adrian* (Pl. I en B-3), 74, rue Adrianou (✆ 3237-561) 22 ch.

¶¶ *Athens Gate* (Pl. I en B-4), 10, léof. Syngrou (✆ 9238-302) 106 ch.

¶¶ *Christina* (Pl. I en C-4), 15, rue Petmeza (✆ 921-53-53) 93 ch.

¶¶ *Damon* (Pl. I en B-4), 142, léof. Syngrou (✆ 9232-171) 96 ch.

¶¶ *Galaxy* (Pl. III en D-3), 22, Akadémias (✆ 363-28-31) 104 ch

¶¶ *Minerva* (Pl. II, f en E-1), 3, rue Stadiou (✆ 323-09-15) 47 ch.

¶¶ *Omiros* (Pl. II en D-2), 15, rue Apollonos (☎ 323-54-86) 37 ch.

¶¶ *Pan* (Pl. II, b en E-2), 11, rue Mitropoléos (☎ 323-78-17) 46 ch.

¶¶ *Plaka* (Pl. II, a en D-2), 7, rue Kapnikaréas (☎ 322-20-96) 67 ch.

¶ *Attalos* (Pl. II, a en C-1), 29, rue Athinas (☎ 321-28-01) 80 ch.

¶ *Royal* (Pl. II, c en D-2), 44, rue Mitropoléos (☎ 323-42-20) 20 ch.

Place Omonia et environs :

¶¶¶ *Acropole Palace* (Pl. III, a en C/D-1), léoforos 28 Octovriou (☎ 523-36-51) 107 ch.

¶¶¶ *Ambassadeurs* (Pl. III, a en B-2), 67, rue Socratous (☎ 523-43-21) 200 ch.

¶¶ *Divani-Zafolia Alexandras* (Pl. I en D-1), 87, léof. Alexandras (☎ 692-51-11) 191 ch.

¶¶ *King Minos* (Pl. III, b en B-3), 1, rue Piréos (☎ 523-11-11) 168 ch.

¶¶ *Achillion* (Pl. III, b en B-2), 32, rue Haghiou Constandinou (☎ 523-09-71) 56 ch.

¶¶ *Alfa* (Pl. III, a en C-2), 17, rue Chalcocondili (☎ 522-12-53) 88 ch.

¶¶ *Anastasia* (Pl. I en A-2), 7, place Victoria (☎ 883-45-11) 61 ch.

¶¶ *Athens Center* (Pl. III en B-4), 22, rue Sophocleous (☎ 522-61-10) 136 ch.

¶¶ *Atlantic* (Pl. III, b en C-1), 60, rue Solomou (☎ 523-53-61) 158 ch.

¶¶ *Caïro City* (Pl. III, c en B-2), 42, rue Marnis (☎ 523-33-61) 86 ch.

¶ *Candia* (Pl. I en A-1), 40, rue Deligianni (☎ 524-61-12) 144 ch.

¶ *Dorian Inn* (Pl. III en A-4), 15, rue du Pirée (☎ 523-97-82) 146 ch.

¶ *El Gréco* (Pl. III, a en C-3), 65, rue Athinas (☎ 324-45-54) 92 ch.

¶¶ *Erétria* (Pl. III, c en D-2), 12, rue Chalcocondili (☎ 363-53-11) 63 ch.

¶¶ *Grand Hôtel* (Pl. I en C-1), 10, rue Veranzerou (☎ 522-20-11) 99 ch.

¶¶ *Ionis* (Pl. III en C-2), 41, rue Chalcocondili (☎ 523-23-11) 102 ch.

¶¶ *Lycabette* (Pl. I en C-2), 6, rue Valaoritou (☎ 363-35-14) 39 ch.

¶¶ *Marathon* (Pl. III en A-2), 23, rue Carolou (☎ 523-18-65) 93 ch.

¶¶ *Marmara* (Pl. III, d en C-2), 14, rue Chalcocondili (☎ 362-63-62) 140 ch.

¶¶ *Minoa* (Pl. III, a en A-2), 12, rue Carolou (☎ 523-46-22) 40 ch.

¶¶ *Oscar* (Pl. I en B-1), angle des rues Samou et Filadelfias (☎ 883-42-15) 78 ch.

¶¶ *Palladion* (Pl. III, a en D-3), 54, Panepitimiou (☎ 362-32-91) 58 ch.

¶¶ *Plaza* (Pl. I en B-1), 78, rue Acharnon (☎ 822-51-11) 126 ch.

¶¶ *Stanley* (Pl. I en A-2), 1, rue Odysséos (☎ 522-00-11) 399 ch.

¶¶ *Titania* (Pl. III en D-3), 52, av. Panépistimiou (☎ 360-96-11) 396 ch.

¶¶ *Xenophon* (Pl. I en B-1), 340, rue Acharnon (☎ 202-03-10) 186 ch.

¶ *Alma* (Pl. III, e en C-2), 5, rue Dorou (☎ 522-28-33) 64 ch.

¶ *Amaryllis* (Pl. III, f en B-2), 45, rue Véranzérou (☎ 523-87-38) 57 ch.

¶ *Artémis* (Pl. III, h en C-2), 20, rue Véranzérou (☎ 522-95-96) 43 ch.

¶ *Athinéa* (Pl. III, e en A/B-3), 9, rue Villara (☎ 523-46-48) 37 ch.

¶ *Banghion* (Pl. III, g en C-3), 18, place Omonia (☎ 324-23-09) 54 ch.

A
PHYLÉ
LAMIA, THESSALONIQUE
C
COLONE
ACHARNON
PL. VICTORIA
Parc du
Gare de Larissa
Sophias
Haghias
Argous
Metaxa
Liossion
Acharnon
Ioutianou
PL. EGYPTOU
(Patission)
Ioutianou
Metsovou
Lenormant
Gare du Péloponèse
Ipirou
Aristotélous
Septemvriou
Vasiléos
Iraklio
Tossitsa
Musée Na
École Polytechni
Palamidiou
Delighiani
Psaron
PL. VATHIS
Marnis
Tritis
28 octovriou
Stournara
POLYTECHNIOU
Kostandinoupoléos
Kodratou
CORINTHE, PATRAS
1
Platonos
Carolou
Satovriandou
Théâtre
PL. CANINGOS
Thémistocléous
Benaki
PLACE MÉTAXOURGIOU
Haghiou
Constandinou
PLACE OMONIA
Léoforos
Léof.
Solonos
NÉAP EXA
Athinon
Alexandrou
MÉTAXOURGIO
Zinonos
Panépistimiou
Roosevelt
Platéon
Thermopilon
Léonidou
2
Mégalou
Salaminos
Agisilaou
Hôtel de Ville
Socratous
Athinas
Eolou
Bibl. Nationale
Dim
Piréos
Poste Centrale
Université
(Acad
CÉRAMIQUE
Dipilou
Evripidou
Stadiou
Académie
Hiéra Odos (Voie Sacrée)
Hag Assomaton
(Léof. Vénizélo
Céramique
Porte Sacrée
Dipylon
PSIRI
(S.A.P. Ilectricos Athinon)
Eolou
Kolokotroni
Musée Historique National
Ermou
Ermou
Adrianou
Ermou
PLACE SYNDAGM
Poulopoulo
Rasclidon
Nileos
Léoforos Apostolou Pavlou
THÉSÉION
Musée de l'Agora
AGORA
Aréos
Bibl. d'Hadrien
PL. MITROPOLÉOS
Vie
LE PIRÉE
Dimophondos
Erechthéos
Adrianou
PLAKA
3
Observatoire
AGORA ROMAINE
ARÉOPAGE
Colline des Nymphes
ACROPOLE
Kidathinéon
Amalias
Asirmatos
PNYX
Odéon d'Hérode Atticus
Asclépieion
Léoforos
Portique d'Eumène
Th. de Dionysos
Porte d'Hadrien
Léoforos
Dionysiou Arépaghitou
OLYMPIEION
Chadjichristou
Apolloniou
4
Ard
Muses
MAKRIYANI
Philopappos
Syngrou
Anapafséos
Colline des
Mouson
Dracou
Veïkou
Vouliagménis
Kalliroïs
Arakinthou
Léoforos
Ellin (Inter Airp
GARGARÉTA
A
GLYFADA, SOUNION
LE PIRÉE
C
GLYFADA, S

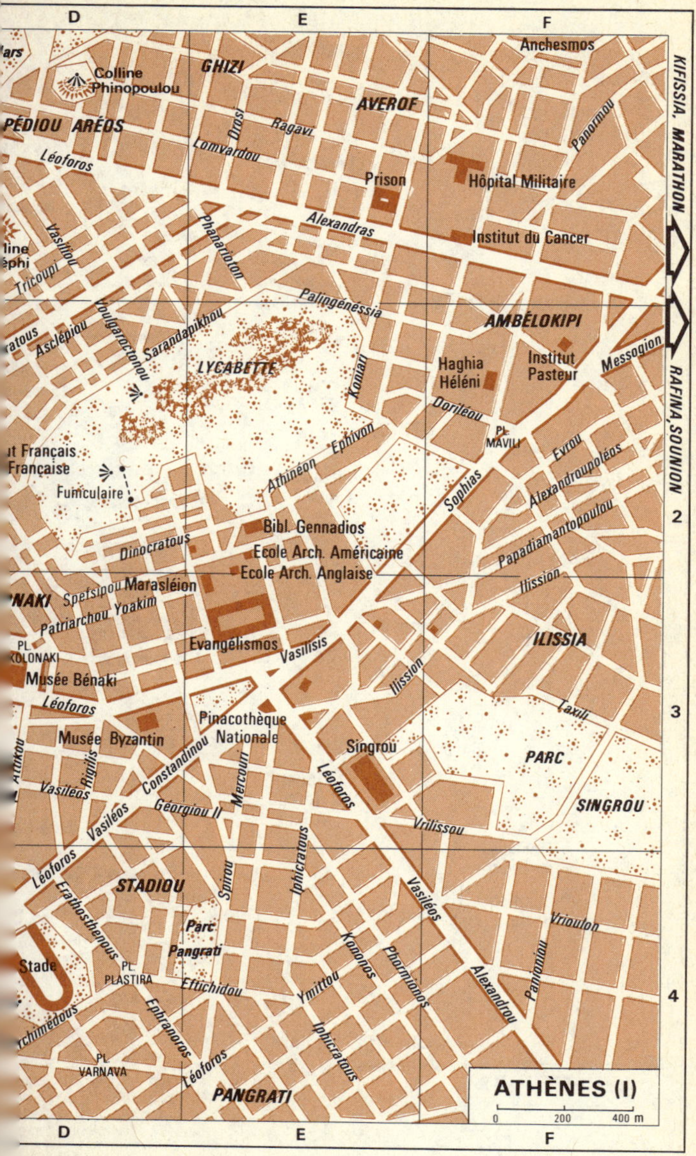
D
E
F
Anchesmos
KIFISSIA, MARATHON
Colline
Phinopoulou
GHIZI
AVEROF
PÉDIOU ARÉOS
Drosi
Ragavi
Lomvardou
Panormou
Léoforos
Prison
Hôpital Militaire
Alexandras
Institut du Cancer
Vasiliou
Phanariotou
Tricoupi
Palingénéssia
AMBÉLOKIPI
Asclépiou
Voulgaroctonou
Sarandapikhou
LYCABETTE
Haghia
Héléni
Institut
Pasteur
Messogion
RAFINA, SOUNION
Kóniari
Oorileou
PL. MAVILI
Evrou
Alexandroupoléos
Ephivon
Athinéon
Sophias
Funiculaire
Bibl. Gennadios
Dinocratous
Ecole Arch. Américaine
Ecole Arch. Anglaise
Papadiamantopoulou
2
Spefsipou
Marasléion
Ilission
Patriarchou Yoakim
PL. KOLONAKI
Evangélismos
Vasilisis
ILISSIA
Musée Bénaki
Ilission
Léoforos
Taxili
3
Pinacothèque
Nationale
Musée Byzantin
Singrou
Rigilis
Constandinou
Mercouri
Léoforos
PARC
Vasiléos
Vasiléos
Géorgiou II
SINGROU
Vrilissou
Iphicratous
Léoforos
STADIOU
Spirou
Erathosthenous
Vasiléos
Vrioulon
Parc
Pangrati
Stade
PL. PLASTIRA
Eftichidou
Kononos
Phormionos
Ymittou
Alexandrou
Panioniou
4
Ephranoros
Iphicratous
PL. VARNAVA
Léoforos
PANGRATI
ATHÈNES (I)
0
200
400 m
D
E
F

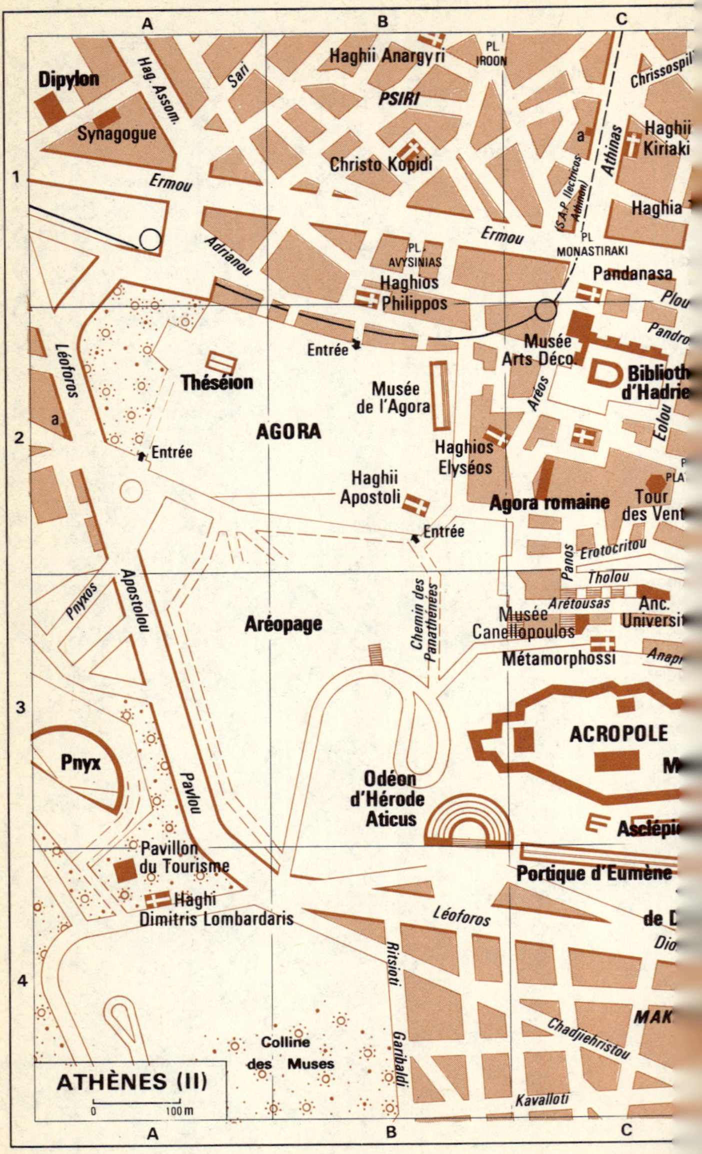

A
B
C
1
2
3
4
Dipylon
Synagogue
Hag. Assom.
Sari
Haghii Anargyri
PL. IROON
PSIRI
Christo Kopidi
Chrissospil
Haghii Kiriaki
Athinas
Haghia
Ermou
Adrianou
PL. AVYSINIAS
Haghios Philippos
S.A.P. Ilectricos Athinon
PL MONASTIRAKI
Pandanasa
Plou
Pandro
Musée Arts Déco.
Biblioth d'Hadrie
Léoforos
Entrée
Théséion
Musée de l'Agora
Areos
AGORA
Eolou
Haghios Elyséos
Haghii Apostoli
Agora romaine
Tour des Vent
Entrée
Erotocritou
Panos
Tholou
Pnyxos
Apostolou
Aréopage
Chemin des Panathénées
Arétousas
Musée Canellopoulos
Anc. Universit
Métamorphossi
Anapi
ACROPOLE
Pnyx
Pavlou
Odéon d'Hérode Aticus
Asclépi
Pavillon du Tourisme
Portique d'Eumène
Haghi Dimitris Lombardaris
Léoforos
de D
Dio
Ritsioti
MAK
Chadjiehristou
Garibaldi
Colline des Muses
Kavalloti
ATHÈNES (II)
0
100 m

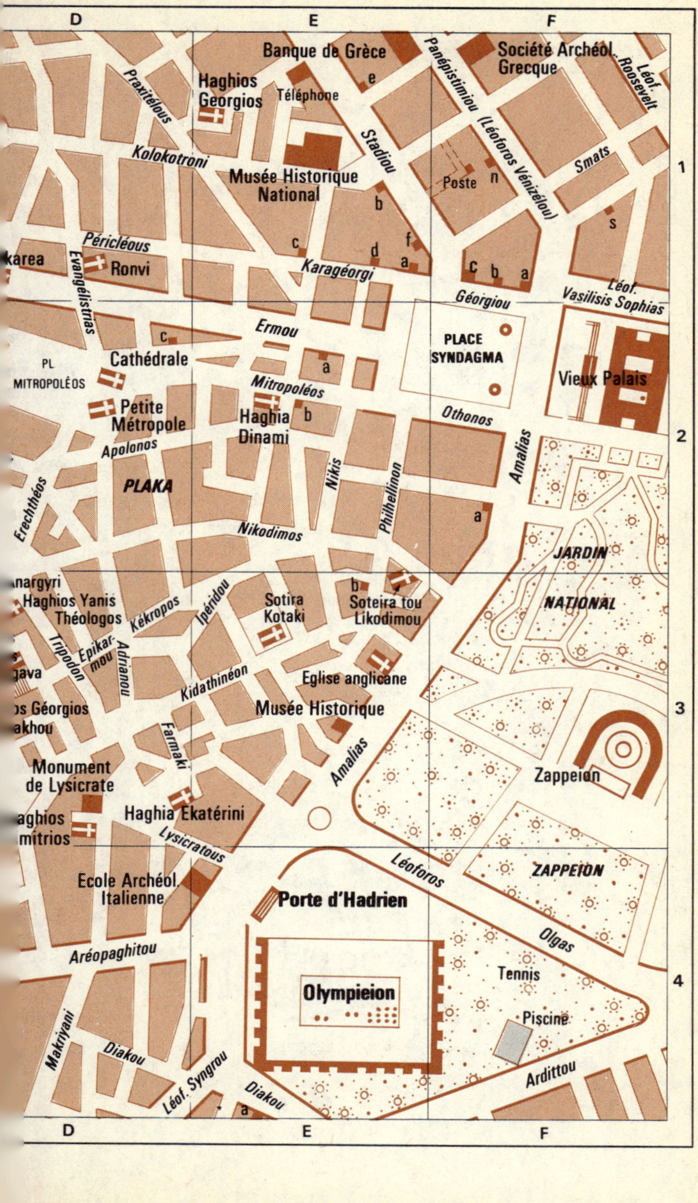
D
E
F
1
2
3
4
Banque de Grèce
Panépistimiou
Société Archéol. Grecque
Léof. Roosevelt
Praxitéleous
Haghios Georgios
Téléphone
Stadiou
(Léoforos Vénizélou)
Smats
Kolokotroni
Musée Historique National
Poste
Périclèous
Evangélistrias
Ronvi
Karagéorgi
Géorgiou
Léof. Vasilisis Sophias
Ermou
PL MITROPOLÉOS
Cathédrale
PLACE SYNDAGMA
Vieux Palais
Mitropoléos
Petite Métropole
Haghia Dinami
Othonos
Apolonos
Amalias
PLAKA
Nikis
Philhellinon
Erechthéos
Nikodimos
JARDIN NATIONAL
Haghios Yanis Théologos
Kékropos
Ipéridou
Sotira Kotaki
Soteira tou Likodimou
Tripodon
Epikar-mou
Adrianou
Kidathinéon
Eglise anglicane
Musée Historique
Farmaki
Amalias
Zappeion
Monument de Lysicrate
Haghia Ekatérini
Lysicratous
Léoforos
ZAPPEION
Ecole Archéol. Italienne
Porte d'Hadrien
Olgas
Aréopaghitou
Tennis
Olympieion
Piscine
Makriyani
Diakou
Léof. Syngrou
Diakou
Ardittou

ATHÈNES (III)
0
100m
A
B
C
1
2
3
4
Makédonias
Sourméli
Sourméli
Liossion
Acharnon
Aristotélous
(S.A.P. Ilectricos Athinon)
Paléologou
Chiou
Psaron
Stournara
Mezonos
Akominatou
Mager
PLACE VATHIS
Septemvriou
Solom
Faviérou
c
Victoros
Marnis
Capodis
Hugo
a
Socratous
Chalcocondili
a
h
Carolou
Vérangerou
f
Tritis
Vérangerou
c
Satovriandou
e
b
Haghiou
Nikiforou
Théâtre National
a
p
Dorou
d
Constandinou
Léofor
METAXOURGIO
Haghiou Constandinou
s
e
n
PLACE OMONIA
Léonidou
Déli
Kolonou
Zinonos
Kéramikou
Georgi
Pireos
b
g
c
a
Lycourgou
h
Agisilaou
Conservatoire d'Athènes
Hôtel de Ville
PLACE COTZIA
Ménandrou
Socratous
Pireos
Télégraphe
Sophocléous
Epikourou
Poste centrale
Vréphokomio
Dipla Rakios
Chrir
PLACE THÉATROU
Athinas
Sopho
PLACE ELEFTHÉRIAS
Haghios Yanis Stin Colona
Eolou
Evripidou
Néa Agora
Dipilou
Aristofanous
Haghi Thanasis
Evripidou
Eglise arménienne
Haghii T
A
B
C

D
E
F
1
2
3
4
Vasiléos
Irakliou
Calidramiou
Ioustinianou
Poulkhiérias
Musée National
Bouboulinas
Colline Stréphi
Tossitsa
Tricoupi
Ecole Polytechnique
Zaïmi
Stournara
OLYTECHNION
Solomou
Thémistocléous
Pighi
Eressou
Calidramiou
Benaki
Valtetsiou
Arachovis
Zoodochos
LACE
INGOS
NÉAPOLI
EXARCHIA
ocléous
Léoforos
Solonos
Pighi
Tricoupi
Mavromichali
Benaki
Zoodochos
Hippocratous
Didotou
Asclépiou
Haghios Nicolaos
Institut Archéologique allemand
Trikoupi
Roosevelt
Institut Français d'Athènes
Ecole Française d'Athènes (archéol.)
Bibliothèque Nationale
Dimotiko
Sina
SCHISTI PÉTRA
Université
Ecole des Arts et Métiers
Scoupha
Didotou
(Léoforos Vénizélou)
Solonos
Omirou
Académie
(Acadimias)
Koraï
Sina
Lycabettou
Haghios Dionysos
CE
MONOS
Egl. Cath. St-Denis l'Aréopagite
D
E
F

¶ ***Delta*** (Pl. I en A-2), 27, rue Kerameou (✆ 524-75-22) 32 ch.

¶ ***Epidavros*** (Pl. III, n en B-3), 14, rue Koumoundourou (✆ 523-04-21) 50 ch.

¶ ***Iniochos*** (Pl. I en B-1), 26, rue Veranzerou (✆ 523-08-11) 134 ch.

¶ ***King Jason*** (Pl. I en A-1), 26, rue Kolonou (✆ 523-47-21) 114 ch.

¶ ***Nestor*** (Pl. III, c en A-2), 58, rue Haghiou Constandinou (✆ 523-55-76) 50 ch.

¶ ***Omonia*** (Pl. III, p en C-2), place Omonia (✆ 523-72-11) 260 ch.

¶ ***Paris*** (Pl. III, s en B-3), 49, rue Ghéraniou (✆ 523-99-55) 57 ch.

Quartiers d'Ilissia et d'Ambélokipi :

¶¶¶¶¶ ***Hilton*** (Pl. I, a en E-3), 46, léoforos Vasilisis Sophias (✆ 720-201) 480 ch. night-club.

¶¶¶¶ ***Caravel*** (Pl. I. en E-3), 2, Vassiléos Alexandrou (✆ 790-721) 471 ch.

¶¶¶¶ ***Park*** (Pl. I en F-1), 10, léof. Alexandras (✆ 883-27-11) 146 ch.

¶¶¶ ***Délice*** (Pl. I, b en E-3), 3, Vasiléos Alexandrou (✆ 73-83-11) 46 ap. meublés

¶¶¶ ***Embassy*** (Pl. I, a en F-2), 15, rue Timoléontos Vassou (✆ 642-11-52) 22 ap. meublés

¶¶¶ ***Golden Age*** (Pl. I en F-2), 57, rue Mihalakopoulou (✆ 74-08-60) 122 ch.

¶¶¶ ***Holiday Inn*** (Pl. I en F-2), 50, rue Mihalakopoulou (✆ 748-322/29) 200 ch.

¶¶¶ ***Président*** (Hors-plan, par Pl. I en F-1), 43, av. Kifissias (✆ 692-46-00) 529 ch.

¶¶ ***Alexandros*** (Pl. I en F-2), 8, rue Timoléontos Vassou (✆ 643-04-64) 96 ch.

¶¶ ***Ilissia*** (Pl. I en E-3), 25, rue Mihalakopoulou (✆ 744-051) 69 ch.

¶¶ ***Stadion*** (Pl. I en D-3), 38, Vassiléos Constandinou (✆ 726-054) 70 ch.

Auberges de jeunesse ; 1, rue Drossi (✆ 646-36-69) ; 87, léof. Alexandras (✆ 642-65-69) ; 20, rue Kallipoleos (✆ 766-48-89) ; 57, rue Kypseli (✆ 822-58-60) ; 3, rue Hamilton (✆ 822-64-25).
Y. M. C. A., 28, rue Omirou (✆ 3626-970).
Y. W. C. A., 11, rue Amérikis (✆ 3624-294).

Campings :
Athens Camping, 198, av. d'Athènes, **Péristéri** (route de Daphni) ; ✆ 5715-326) ; 400 pers., 110 voit., 40 caravanes ; en été, magasins.
Dafni Camping, à 10 km d'Athènes sur la route de Corinthe (✆ 590-95-27), 600 pers. magasins.

Restaurants :

¶¶¶¶ ***Galaxias*** (Pl. I, a en E-3), 46, léoforos Vasilisis Sophias (✆ 720-301) (hôtel Hilton).

¶¶¶ ***Dionyssos*** (Pl. II en A-4), face à l'Acropole, au pied de la colline des Muses (✆ 923-31-82)

¶¶¶ ***Dionyssos*** (Pl. I en D-2), au sommet du Lycabette (accès par funiculaire ; ✆ 726-374).

¶¶¶ ***Le Grand Balcon*** (Pl. II en D-2), 2, rue Kléoménous (✆ 790-711) (hôtel Saint-Georges-Lycabette).

¶¶¶ ***Papakia*** (Pl. I, c en E-3), 5, rue Iridanou (✆ 71-24-21)

¶¶¶ ***Ta Nissia*** (Pl. I, a en E-3), 46, léoforos Vasilisis Sophias (✆ 720-201) (hôtel Hilton ; style taverne).

¶¶¶ ***Tower Suite*** (Pl. I en F-2), dernier étage de la tour d'Athènes, av. Vasilisis Sofias et rue Messogion (✆ 706-111)

¶¶¶ ***Tudor Hall*** (Pl. II, d en E-1), place Syndagma (✆ 323-06-51) (hôtel King George).

¶¶¶ ***Abreuvoir*** (L') (Pl. I, e en E-2), 51, rue Xénocratous (✆ 729-061) ; bonne cuisine française ; repas dehors en été.

¶¶ ***Balthazar*** (Pl. I en F-2), 27, rue Vournazou (✆ 644-12-15).

¶¶ ***Le Calvados*** (Pl. I en F-2), 3, rue Alkmanos (✆ 726-291) ; près de l'hôtel Hilton ; cuis. française.

¶¶ *Bagatelle* (Pl. I en E-3), 9, rue Ventiri (☎ 730-349) ; cuisine réputée.

¶¶ *Byzantine Coffee Shop* (Pl. I, a en E-3), 46, Vasilisis Sophias (☎ 720-301) ■ Ⓟ (hôtel Hilton).

¶¶ *Floca* (Pl. II, n en F-1), 9, léoforos Vénizélou (☎ 323-40-64) ■

¶¶ *Kapolos* (Pl. I en E-4), 102, rue Formionos (☎ 766-99-05) ; fermé en été.

¶¶ *Kastalia* (Pl. I en C-2), 6, rue Valaoritou (☎ 363-35-17) ■

¶ *Corfou* (Pl. II, s en F-1), 6, rue Kriézotou (☎ 361-30-11) ■

¶ *Delphi* (Pl. II en F-1), 10, rue Nikis (☎ 3234-869) ■

¶ *Fatsios* (Pl. I en E-3), 5, rue Efroniou (☎ 717-421).

¶ *Hellénikon* (Pl. III en C-3), 1, rue Satovriandou (☎ 522-756).

¶ *Kentrikon* (Pl. II en E-1), place Kolokotroni (☎ 323-24-82).

¶ *Kostoyiannis* (Pl. III en E-1), 37, rue Zaimi (☎ 822-06-24).

Tavernes :

Aujourd'hui domaine de la caricature du folklore grec et piège à touristes, **Plaka**, au pied de l'Acropole, regorge de tavernes ; vous n'y trouverez sans doute plus guère d'authenticité, maintenant réfugiée dans de lointains faubourgs. En outre, les réputations se font et se défont en un clin d'œil, pour peu qu'un joueur de guitare change ses habitudes... et les prix deviennent prohibitifs. Les tavernes n'ouvrent que le soir.

A Plaka :

Adam, 8, rue Makriyanni (☎ 910-795).

Erotokritos, 16, rue Lyssiou (☎ 322-22-52).

Mostrou, 22, rue Mnisikléous (☎ 322-53-37) ; vue sur la ville.

Palia Athina, 4, rue Flessa (☎ 322-22-00). La meilleure taverne de Plaka : réservez.

Platanos, 4, rue Diogène (☎ 322-06-66).

Xinos, 4, rue Anghélou Ghéronda (☎ 3221-065) ; surtout fréquentée par des Grecs, cette taverne est peut-être la plus agréable de Plaka avec ses joueurs de guitare, son jardin fleuri de gardénias, à moins que vous ne préfériez l'imagerie populaire de l'intérieur, où des artistes désargentés peignirent des scènes de la vie quotidienne en Grèce, il y a une trentaine d'années, en échange d'un repas.

Yero Tou Moria, 27, rue Mnisikléous (☎ 3221-753), très animée.

Zafiris, 4, rue Thespidos (☎ 322-39-01).

Hors Plaka :

Andronatos (Pl. I en E-3), rue Eratosthénous (☎ 7191-149).

Myrtia (Pl. I en C/D-4), 35, rue Marcou Moussourou (☎ 701-22-76) ; l'une des meilleures.

Rodia (Pl. I en D-2), 44, rue Aristipou, au pied du Lycabette (☎ 729-883).

Pitsios, 3, rue Pavlou Méla à Terma Karéa, au flanc du mont Hymette (☎ 7640-240), une vraie taverne de campagne, proche du centre bien que très difficile à trouver.

Banques :

American Express, pl. Syndagma (☎ 3244-975).

Bank of Attica, 19, léoforos Vénizélou (☎ 3247-415).

Banque Nationale de Grèce (Correspondant *B. N. P.*), 2, rue Karagéorgi Servias (☎ 3236-481) et 86, rue Eolou (☎ 3210-501). *Banque Internationale pour l'Afrique Occidentale (B. I. A. O.)*, 8, rue Philellinon (☎ 3241-831). *Credit Bank*, 10, rue Pesmatzoglou (☎ 3280-631) et 9, léoforos Vénizélou (☎ 3234-284).

First National City Bank, 8, rue Othonos (☎ 3227-471).

General Bank of Greece, 4, rue Stadiou (☎ 3225-338).

✉ **Poste, télégraphe, téléphone :** *Poste centrale* et *poste restante*, 100, rue Eolou (☎ 321-60-23) (Pl. III en C-4) ; *bureaux auxiliaires*, 4, rue Stadiou (Pl. II en F-1) ; place Syndagma (Pl. II en E-2 ; également poste restante) ; *télégraphe* (Pl. III en C-4), rue Athinas ; *téléphone* (Pl. II en E-1), rue Stadiou.

Aéroport : Hellénikon, à 11,5 km (pour l'aéroport des compagnies étrangères, passez par la rue Vouliagménis, Pl. I en C-4 ; pour l'aéroport des Olympics Airways, prenez la route du Sounion, Pl. I en B-4). Autobus face au Jardin National et cars Olympic Airways au départ de l'aérogare. **Attention** : il n'existe pas de consigne à bagages à l'aéroport des lignes intérieures.

Aérogare : *Olympic Airways,* 96, av. Syngrou (✆ 9292-333).

Compagnies aériennes : *Air France,* 4, Karagéorgi Servias (✆ 3230-501) ; *Alitalia,* 9b, Venizelou (✆ 3229-414) ; *British Airways,* 10, rue Othonos (✆ 3222-521) ; *K. L. M.,* 22, rue Voulis (✆ 3230-756) ; *Lufthansa,* 4, rue Karagéorgi Servias (✆ 32-924) ; *Olympic Airways,* 6, rue Othonos (pl. Syndagma ; ✆ 923-23-23) ; *Sabena,* 8, rue Othonos (✆ 323-68-21) ; *S. A. S.,* 6, rue Sino (✆ 363-44-44) ; *Swissair,* 4, rue Othonos (✆ 323-58-11) ; *T. W. A.,* 8, rue Xénofontos et rue Filellinon (✆ 3226-451).

Compagnies maritimes : V. Le Pirée.

Chemin de fer : *gare de Larissa* (Pl. I, A/B-1) pour les lignes de Chalcis, Thessalonique et du Nord de la Grèce ; *gare du Péloponnèse* (Pl. I, A-1) pour les lignes de Patras et de Kalamata. **Informations** : 1, rue Karolou (✆ 5222-491).

Métro : ligne Le Pirée - Théséion - place Monastiraki - place Omonia - place Victoria - Patissia - Kifissia.

Trolleybus : *1 (place Attikis-Kallithéa)* par les places Omonia et Syndagma ; *2 (Kipséli-Profitis Ilias)* par les places Omonia et Syndagma ; *3 (Patissia-Erythros Stavros)* par la pl. Caningos, la rue Acadimias (la léoforos Vénizélou dans l'autre sens), la léoforos Vasilisis Sophias et Ambélokipi ; *5 (Patissia-Koukaki)* par la place Omonia, la rue Stadiou, la place Syndagma, la rue Philhellinon et la rue Veikou ; *12 (Koliatsou-Pangrati)* par la place Omonia, la rue Stadiou, la place Syndagma, la léoforos Olgas et la rue Eratosthénous.

Autobus urbains : *2 B/B (Ano Kipséli-Philopappos)* par les places Omonia et Syndagma ; *3/7 (Patissia-Erythros Stavros)* par la léoforos 28 Octobriou, la place Omonia, la léoforos Vasilisis Sophias et la rue Kifissias ; *12 (Coliatsou-Pangrati)* par la rue Patission et la place Syndagma ; *16/176 (Ambélokipi-Egaléo)* par la léoforos Alexandras, la rue Hippocratous, la place Syndagma, la léoforos Dionyssiou Aréopaghitou (Acropole, versant S.) et le Théséion ; *39/52 (Plygonon-Tris Ghéphyres)* par la léoforos Amalias, la place Syndagma, la léoforos Vénizélou, la place Omonia, la rue Liossion (gare routière), etc. ; *50 (place Caningos-Lycabette)* par la rue Acadimias, la place Kolonaki, les rues Patriarchou Ioakim et Dinocratous, etc. ; *62 (place Omonia-Kifissou)* par la rue Haghiou Constandinou, la rue Achiléos, la rue Kimonos, l'Académie de Platon, vers la gare routière de la rue Kifissou.

Autobus vers la banlieue : *au départ de la place Caningos* (Pl. I, C-2) : *18* et *49* (Kifissia) ; *19* (Amaroussion) ; *138* (Varibobi) ; X (Chalandri).
Au départ de la léoforos Olgas (Pl. I, C-4) : *30* (Glyfada) ; *89* (Vouliagméni ; Varkiza).
Au départ de la place Elefthérias (Pl. III, A-4) : *68* (Eleusis) ; *88* (Pérama ; bac pour Salamine) ; *100* (monastère de Daphni).
Au départ de la place Omonia (Pl. I, B-2) : *70* (Le Pirée par la rue Piréos).

Au départ de la place Syndagma (Pl. I, C-3) : *165* (Le Pirée par la léoforos Syngrou et le Nouveau Phalère).
Au départ de la léoforos Amalias (face au Jardin National ; Pl. I, C/D-3) : *184* (Hellénikon ; aéroport international).

Autobus des lignes de l'Attique : *au départ du Champ de Mars* (Pl. I, C-1 ; place Egyptou), pour Marathon, Rafina, etc., et, de l'autre côté de la place, pour Anavyssos et le cap Sounion.
Au départ de la rue Ermou (près de la rue Haghiou Assomaton ; Pl. I, A-3) : pour Haghii Théodori (route de Corinthe), Porto Gherméno, etc.

Autocars pour la province : *gare routière, 260, rue Liossion* (Pl. I, B-1), accessible par les autobus 34 et 63, pour Chalcis, Delphes, Lamia, Larissa, Thèbes, Thessalonique, Solo, etc.
Gare routière, 100, rue Kifissou, accessible par l'autobus 62, pour Céphalonie, Corfou, Corinthe, Igouménitsa, Ioannina, Kalamata, Kavalla, Nauplie, Olympie, Patras, Sparte, Zante, etc.
Gare routière, 18, rue Haghiou Constandinou (Pl. I, B-2), pour Patras, Thessalonique, Zante, etc.

Visites guidées et excursions : toutes les agences de voyages d'Athènes proposent des visites de la ville et de l'Attique, ainsi que des grands sites archéologiques de la Grèce, en un ou plusieurs jours. Parmi d'autres : *Chat Tours,* 4, rue Stadiou (☎ 3234-444) ; *Luxury Tours,* 5, rue Stadiou (☎ 3233-239) ; *Key Tours,* 2, rue Hermes (☎ 3232-520).

Taxis : leurs tarifs sont réglementés et contrôlés (compteur). Station principale place Syndagma (☎ 323-79-42). Prévoyez cependant qu'ils seront toujours pleins lorsque vous en aurez vraiment besoin...

Location de voitures : *Autorent,* 118, av. Syngrou (☎ 9232-514) ; *Avis,* 48, léof. Amalias (☎ 3224-951), à l'hôtel Hilton et aux aéroports ; *Hellascars,* 7, rue Stadiou (☎ 923-53-53) ; *Hertz,* 12, av. Syngrou (☎ 951-09-21), à l'hôtel Hilton (☎ 922-01-02) et aux aéroports.

Garages :
Simca-Chrysler, 100, léoforos Syngrou (☎ 9236-065).
Citroën, 51, Platéon (☎ 346-31-93).
Fiat, 73, léof. Syngrou (☎ 921-47-71).
Ford, 165, rue du Pirée (☎ 361-225).
Peugeot, 97, léoforos Syngrou (☎ 921-94-11).
Renault, MAVA, S. A. Service, Terma Kolokynthous (☎ 512-81-05).

Ambassades et consulats :
— *France :* ambassade, 7, av. Vasilisis Sofias (☎ 3611-663) ; consulat, 36, av. Amalias (☎ 323-04-76) ; *Belgique :* ambassade, 3, rue Sékéri (☎ 3617-886) ; consulat, 26, rue Bouboulinas, Le Pirée (☎ 412-34-71) ; *Luxembourg :* consulat général, 38, rue Stadiou (☎ 3231-274) ; *Suisse :* ambassade et consulat, 2, rue Iassiou (☎ 730-364).

Antiquités : Chez *Antika,* 4, léoforos Amalias, vous trouverez un choix d'antiquités et de souvenirs de bon goût, comme à la *galerie Antiqua,* à la tour d'Athènes, 2, rue Messogion, ainsi que chez *Haritakis,* 7, rue Valaoritou, ou *Zoumboulakis Tassos,* 7, rue Kriezotou ; *Mintzas,* 22, rue Pindarou, présente quelques belles icônes, des ex-voto anciens, des petits meubles originaux. Dans les boutiques et les échoppes du quartier situé au pied de l'Acropole, c'est le véritable bazar oriental (surtout rue Ermou, près de la place Monastiraki et dans les rues avoisinantes), où le pire voisine avec des objets parfois acceptables : cuivres, colliers, ceintures imitant (sans toujours beaucoup de bonheur) les dessins anciens. vous y découvrirez peut-être une icône intéressante ou quelque antiquité (mais gare au contrôle à la sortie s'il s'agit d'une œuvre de valeur), des bijoux anciens, de l'argenterie (moins chère qu'en France). Voyez aussi, dans le quartier de Monastiraki, ***Martinos*** et ***Zarakovitis***, rue Pandrossou.

Artisanat : L'***Organisation Nationale de l'Artisanat grec***, 9, rue Mitropoléos (☎ 322-10-17), offre un choix très large de couvre-lits de haute laine *(flokati)* d'Arachova, d'argenterie filigranée de Macédoine, des ornements d'or et d'argent de Rhodes, des sculptures sur bois de Metsovon et de Vytina, des broderies de Mykonos, etc. Pour des tapis ou des couvre-lits de haute laine, voyez 91, av. Alexandras ou encore à la ***maison de Trikala***, 31, rue Voulis.
Belle sélection également à la ***Coopérative de Manufactures artistiques de Grèce***, 56, av. Amalias (☎ 323-34-58), mais sans vente directe.
Chez ***Rossopoulos***, 18, léoforos Vénizélou, vous trouverez de très beaux tapis tissés en Macédoine, dont les dessins naïfs éclatent de coloris vifs. Tissages et broderies sont également très séduisants chez ***Anna Anghélou Sikélianou***, 1, rue Panou Aravantinou, ou chez ***Maria Alkeou***, 11, rue Vrassida (derrière l'hôtel Hilton). Voyez aussi ***Flokati***, 47, rue Adrianou ; ***Kori***, 13, rue Mitropoleos, pour l'art populaire ; ***Tanagréa***, 15, rue Mitropoleos, pour la céramique. Enfin, à la ***Greek Women's Institution***, 13, rue Voukourestiou, vous pourrez choisir de jolies nappes finement brodées sur linon ou sur toile.

Bijouteries : ***Ilias Lalaounis***, 6, léoforos Vénizélou (à Athènes, succursales 4, rue Stadiou, à l'hôtel Hilton, à l'hôtel Grande Bretagne). Ancien dessinateur-créateur de Zolotas, Ilias Lalaounis offre aux plus fortunées des bijoux modernes remarquables dans leur conception et leur exécution, avec de surprenants mariages de pierres précieuses, de gemmes et d'or.
Dans sa ***Chryssothèque***, 10, léoforos Vénizélou, ***Zolotas*** présente des bijoux inspirés de l'Antiquité ou de la période byzantine, d'une facture par conséquent plus proche du traditionnel, mais l'exécution est très belle. Voyez aussi ***Fanourakis***, 2, rue Evangelistrias, qui réalise des bijoux inspirés de l'Antiquité.
On peut également citer ***Frangoulis***, 7, rue Amérikis, pour ses reproductions de bijoux anciens et ses classiques ; ***Vourakis***, 8, rue Voukourestiou, pour ses très belles pierres ; ***Tzorbazis et Tzanika***, 12-14, rue Karagéorgi Servias, pour leurs reproductions de bijoux anciens et leurs bijoux modernes, très beaux, à des prix intéressants ; ***Athiniotakis***, 20, rue Voukourestiou, pour sa collection de croix anciennes et modernes, ses bijoux anciens et modernes avec de très belles pierres. ***Mati***, rue Voukourestiou, présente des bijoux et objets de caractère grec de très bon goût. ***Maroulina***, 19, rue Solomou (sur r.-v. ☎ 362-60-34) vend bijoux et objets d'art modernes intégrant des pièces anciennes. Dans la galerie commerciale de l'hôtel Hilton, chez ***Cleo's***, vous trouverez un grand choix de bijoux d'or et d'argent, ainsi qu'à l'***Emeraude*** (surtout des bijoux en or guilloché) ; ***Alexis Efstathiadis*** y expose et y vend ses camées et intailles modernes.

Pour compléter votre shopping : pour une robe chasuble, un corsage froncé et brodé, voyez chez les marchands de chlamydes de la **rue Ermou**, près de la place Monastiraki, ou, si vous avez des goûts de luxe, dans les boutiques de la **léoforos Vénizélou**, sans trop vous éloigner de la place Syndagma, dans le quartier de **Kolonaki** et à la tour d'Athènes, à 1 km de l'hôtel Hilton par la route de Kifissia. Savez-vous que Kastoria, en Macédoine, est l'une des capitales mondiales de la fourrure? Inutile d'y aller à moins d'être intéressé par la peinture médiévale : ces fourrures viennent à vous dans les boutiques des rues Mitropoléos et Philhellinon, notamment chez *Voula Mitsakou*, 7, rue Mitropoléos ; chez *Sistovari*, 14, rue Voulis et 4, rue Ermou, qui est le plus réputé (vison, ocelot, astrakan, castor, etc.).

Librairies (vendant des livres étrangers) : *Eleftheroudakis*, 4, rue Nikis (Pl. II en E-2) ; *Kauffman*, 28, rue Stadiou (Pl. I en C/2-3) ; *Pandelides*, 11, rue Amérikis (Pl. II en E-1). Tous **journaux** étrangers aux kiosques de la place Syndagma.

Manifestations en juillet et en août, il se passe toujours quelque chose d'intéressant au *festival d'Athènes*, dans l'odéon d'Hérode Atticus (Renseign. *O. N. H. T.*, bureau des festivals, 2, galerie Spyrou Miliou ; ☎ 3221-459). Ce festival, boudé par les compagnies étrangères sous le précédent régime, a retrouvé son éclat d'avant 1967. En dépit ou à cause de son extrême éclectisme, il est incontestablement l'un des plus brillants festivals qui soient, avec des spectacles de théâtre grec, bien sûr, mais aussi avec la participation de troupes étrangères du plus haut niveau, des concerts, des opéras, des ballets. Pendant l'été, des spectacles de *danses folkloriques* sont donnés régulièrement au *théâtre Dora Stratou* (colline de Philopappos ; ☎ 322-48-61). Enfin, la *fête du vin de Daphni* (à 11 km d'Athènes) vous permettra de déguster tous les vins grecs dans une joyeuse ambiance de kermesse.

Son et lumière : du 1er av. au 31 oct., depuis la Pnyx (vous serez tournés vers l'Acropole), en français, grec, anglais ou allemand.

Night-clubs : dîners dansants de 22 h à minuit, avec orchestre, puis musique grecque, avec bouzouki, et la participation de chanteurs en vogue : *Athinaia*, hippodrome du Vieux-Phalère (de mai à octobre ; ☎ 942-21-58) ou 6, léoforos Vénizélou (en hiver ; ☎ 362-07-77) ; *Dilina*, 2, rue Vasiléos Géorgiou, à Glyfada (☎ 894-73-21) ; *Néraïda*, 11, rue Vasiléos Géorgiou, à Kalamaki (☎ 981-20-04). Seuls les couples sont admis.

Plages : elles sont assez loin ; sur la côte Apollon (V. env. d'Athènes, 6), nous vous recommandons celles de *Vouliagméni* et de *Varkiza* (les plages entre Eleusis et Glyfada peuvent être à la source de petits ennuis de santé, tels que otite ou trachéite) ; sur la côte E. de l'Attique, la plage de *Schinias* (V. env. d'Athènes, 7) est la plus agréable.

Lieux, sites et monuments

Académie de Platon, 355.
Acropole, 287.
Agora (hellénique), 315.
Agora romaine, 279.
Aréopage [Colline de l'], 312.
Asclépion, 285.
Athéna Niké [Temple d'], 290.
Athéna Parthénos [Statue d'], 298.
Bibliothèque d'Hadrien, 281.
Bibliothèque Nationale, 273.
Callirrhoé [Fontaine], 276.
Cathédrale, 282.
Céramique [Cimetière du], 332.
Clepsydre [Source], 313.
Cotzia [Place], 273.
Dipylon, 334.
Eglise des Saints-Apôtres, 327.
Eglise Haghia Ekatérini, 277.
Eglise Haghii Anargyri, 278.
Eglise Haghii Théodori (des Saints-Théodores), 273.
Eglise Haghios Nicodémos, 276.
Eglise Kapnikaréa, 282.
Eglise Métamorphossi, 278.
Eglise Métropole [Petite], 282.
Erechthéion, 308.

Visite de la ville

Cinq jours à Athènes. *— C'est le séjour minimum pour qui veut voir — et bien voir — ce qu'Athènes et ses environs offrent de plus remarquable. Ce programme a été établi de manière à varier les plaisirs et, souvent, l'après-midi sera consacrée à une excursion dans les environs.*

Le premier jour, *découvrez Athènes depuis la colline du Lycabette, où vous monterez sans fatigue grâce au funiculaire, puis gagnez l'Acropole (V) en passant par l'Olympieion (II) et le versant sud de l'Acropole (IV). L'après-midi, vous pourrez entreprendre l'excursion vers Rhamnonte et surtout l'Amphiareion (V. env. d'Athènes, 7).*

Le deuxième jour, *rendez-vous au Musée National (VIII), puis, l'après-midi, visitez l'Agora (VI) et le cimetière du Céramique (VII). Le soir, savourez la fraîcheur de la campagne attique en allant dîner à Kifissia (par exemple au Blue Pine Farm ou, plus modestement, dans l'une des petites tavernes des environs de Kéfalari) ou à Varibobi.*

Le troisième jour, *parcourez le quartier de Plaka (III), puis partez sur la route du cap Sounion (env. d'Athènes, 6); vous arriverez sans doute assez tôt à Vouliagméni pour vous y baigner, puis déjeuner chez Léonidas avant de reprendre la route du cap Sounion. Revenez à Athènes par la Mésogée. Musardez en route en visitant Thorikos, Brauron, de manière à aller dîner vers 20 h dans le jardin de Kanakis; consultez son « livre d'or », d'un genre très particulier puisqu'il s'agit de fonds de tonneaux : vous y découvrirez des noms célèbres, écrits à la craie, tels que Vincent Auriol, Edgar Faure, Pierre Lazareff, Bernard Buffet, et beaucoup d'autres du monde de la politique, des lettres, des arts, tous attirés dans un guet-apens par notre ami Andréas Hatzopoulo; et comme eux, vous trouverez bien sympathique cette embuscade. Faites confiance au patron et demandez-lui un assortiment de ses petits plats, mais, surtout, goûtez son petit vin rosé, avec un si léger soupçon de résine qu'il passera pour ainsi dire inaperçu.*

Le quatrième jour, *consacrez la matinée à la visite des musées Bénaki (IX) et byzantin (X), puis parcourez le centre, entre les places Syndagma et Omonia (I), en sacrifiant le cas échéant au shopping. L'après-midi, allez visiter Daphni ♦ et Eleusis ♦.*

Le cinquième jour *vous verra partir de bon matin pour Le Pirée ♦ que vous visiterez avant de vous embarquer à destination d'Egine ♦. Vous y visiterez le temple d'Aphaia. Le soir, au retour au Pirée, arrêtez-vous le temps du dîner à Microlimano puis consacrez la soirée au bouzouki.*

Deux jours à Athènes. *— C'est l'extrême limite du possible pour ne pas traverser la capitale grecque en météore.*

Le premier jour, *montez au Lycabette, puis visitez le musée Bénaki (IX), l'Olympieion (II) et parcourez Plaka (III). L'après-midi, gagnez l'Acropole (V) par le versant sud (IV) et enchaînez avec la visite de l'Agora (VI) et du Céramique (VII).*

Le deuxième jour *sera consacré au Musée National (VIII) et à une excursion au cap Sounion (V. env. d'Athènes, 6).*

> **Attention :** sujets à d'imprévisibles changements relativement fréquents, les horaires et jours de fermeture des musées et sites archéologiques sont donnés ici sous toutes réserves. Certaines salles du Musée National peuvent être fermées par roulement. Se renseigner sur place ou à l'Office du Tourisme.

Où vous garer ? *— Vous avez à votre disposition (bien souvent théorique) un certain nombre d'emplacements de parking réservés, si toutefois votre voiture est immatriculée à l'étranger. Entre les places Syndagma et Omonia, vous pourrez ainsi tenter de vous garer pl. Kolokotroni, en face du musée historique national (Pl. II,* E-1), *pl. Klafthmonos (Pl. III,* D-4), *pl. Cotzia (Pl. III,* C-3), *rue Sina (Pl. III,* E-4). *Au voisinage de l'Acropole, garez-vous près de l'Aréopage (Pl. II,* B-3) *ou, à défaut, sur la colline des Muses (Pl. II,* B-4) *; près de l'Agora, parking réservé rue Aréos (Pl. II,* C-2) *et, dans Plaka, devant la cathédrale (Pl. II,* D-2). *Pour la visite de l'Olympieion, parking réservé dans la léoforos Olgas (Pl. II,* E/F-4).

A pied dans la ville. *— Vous aurez recours aux transports publics, aux taxis (bon marché), ou vous utiliserez au maximum votre voiture afin de vous épargner de longues marches sous une canicule accablante en été. Bien sûr, vous marcherez tout de même, ne serait-ce qu'à travers Plaka (III), ou pour vous rendre à l'Olympieion à travers le Jardin National (II ; nous vous donnerons des précisions en tête de ces chapitres), ou encore pour recueillir quelques impressions sur l'Athènes moderne et faire quelques achats, notamment entre les places Syndagma et Omonia. Au départ de la première, vous gagnerez la seconde en suivant la léoforos Vénizélou, dite encore de l'Université (Panépistimiou) et, en effet, vous y remarquerez la parodie d'architecture classique, conçue au lendemain de l'Indépendance, que constituent l'Académie, l'Université et la Bibliothèque Nationale. De la place Omonia, revenez par la rue Stadiou en passant par la place Klafthmonos, le Lieu des Pleurs, nom que lui donnèrent non sans humour les fonctionnaires licenciés qui venaient contester sous les fenêtres du roi Othon.*

Si vous aimez...
L'or de Mycènes : *vous verrez, bien sûr, les trésors des tombes royales dans la salle mycénienne du Musée National, mais ne manquez pas d'examiner, dans la même salle, une étonnante bague-cachet (nº 6208; vitrine 15) qui provient de Tirynthe.*

La pureté des lignes de l'art archaïque : *prévoyez de vous arrêter longuement devant l'impressionnante collection de corés du musée de l'Acropole.*

L'art noble de la période classique : *la découverte de la frise ionique du Parthénon et des dalles du parapet du temple de la Victoire Aptère, au musée de l'Acropole, et de la statue de bronze du Poséidon attribué à Calamis, au Musée National, sera l'un des grands moments de votre voyage en Grèce.*

Les détails de la vie quotidienne dans la Grèce antique : *quelques objets du musée de l'Agora vous amuseront ou vous remettront en mémoire quelques pages d'histoire, tels ces tessons de céramique où, lors d'un vote d'ostracisme, fut inscrit le nom de Thémistocle, le vainqueur de Salamine.*

La peinture byzantine : *le musée byzantin vous attirera tout naturellement, mais sachez que les musées Bénaki et Canellopoulos réunissent aussi des collections exceptionnelles.*

La Chine et plus spécialement la poterie t'ang et la céramique song : *allez encore au musée Bénaki et voyez la collection réunie par un opulent cairote d'origine grecque, aujourd'hui léguée à l'Etat.*

L'autre chine : *rendez-vous sur la place Avyssinias* (*Pl. II*, B-1); *vous y trouverez, ainsi que dans les rues avoisinantes, une incroyable brocante, mais n'ayez pas trop d'espoir; de toute façon, ce sera pour vous l'occasion de découvrir l'un des lieux les plus populaires du vieil Athènes, encore consacré à des activités (notamment la métallurgie artisanale) qui prospéraient dans l'Antiquité au même endroit.*

Prendre de la hauteur : *ne manquez pas de vous rendre au sommet de la colline du Lycabette et de la colline des Muses; vous y découvrirez les deux plus beaux panoramas sur la ville et l'Acropole; dans les environs, l'ascension en voiture des monts Parnès et Hymette élargira encore ce panorama.*

I — Le centre d'Athènes

Une longue promenade qui n'avoue pas d'autre but que la découverte de la capitale grecque considérée comme une ville moderne, active, vivante et commerçante : où l'on verra qu'Athènes n'est pas qu'une ville-musée.

Place Syndagma (Pl. II, F-2) ou **de la Constitution.** — L'un des pôles de l'animation athénienne — l'autre étant la place Omonia —, ce sera l'un des quartiers généraux de votre séjour dans la capitale. Vous aimerez faire halte à l'une des terrasses de café qui en occupent le centre, avant de partir à la découverte de Plaka ou de l'Olympieion. Vous y reviendrez souvent, que ce soit pour fréquenter les banques, les agences de voyages, ou pour faire vos achats de cartes postales à l'un de ses kiosques — cette institution grecque. Peut-être aurez-vous la chance d'être là pour la **relève de la garde**

devant le monument au soldat inconnu, au pied de la terrasse du **Vieux Palais** (Pl. II, F-2), de 1834-1838.

Si vous pouvez distraire un instant votre attention des **evzones de la garde**, ces populaires soldats « à la belle ceinture » (traduction littérale d'evzone), vêtus comme des demoiselles avec leur chéchia, leur boléro noir, surbrodé, à collet rouge, leurs manches en pattes d'éléphant et leur fustanelle blanche, vous méditerez peut-être sur les deux sentences, extraites de l'oraison funèbre de Périclès, qui encadrent le monument au soldat inconnu : « Des hommes illustres ont pour tombeau la terre entière » ; « Un lit vide est préparé pour les humbles. »
L'Indépendance de la Grèce, en 1829, est fille de l'héroïsme grec. Des poètes, tel *Lord Byron*, et même un neveu de Napoléon, *Paul Marie Bonaparte*, s'enflammèrent pour cette cause sacrée (ces deux personnages en moururent).

Si vous voulez faire ressurgir cette période romantique, visitez, à deux pas de la place Syndagma par la rue Stadiou, le **musée national historique** (☎ 323-76-17 ; t.l.j. sauf le lundi de 9 h à 13 h), installé dans le palais de l'ancienne Chambre des députés (Pl. II, E-1), bâti par l'architecte français Boulanger (1871). Vous y verrez une collection d'armes et de souvenirs historiques, et les portraits des héros de la guerre d'Indépendance. En continuant la rue Stadiou, vous aurez bientôt à votre gauche la **place Klafthmonos,** où l'on a retrouvé lors de l'aménagement du parking souterrain un tronçon du mur d'enceinte de la cité de l'époque classique. A dr., la rue Koraï, qui conduit à l'ensemble néo-classique de l'**Académie.** C'est là que la **Bibliothèque Nationale** (Pl. III, D-4) ouvrira (en sem. sauf en été de 9 h à 13 h et de 17 h à 20 h) ses rayons aux érudits et aux autres ; ne vous y perdez pas — il y a plus d'un million de volumes — mais faites-vous montrer l'essentiel, en particulier deux Tétra-Evangiles (recueils des quatre Evangiles) du Xe et du XIe s., richement enluminés.
Non loin de cet ensemble monumental, à g. en revenant vers la place Syndagma, **église catholique Saint-Denis-l'Aréopagite,** de la fin du siècle dernier.

Suivant l'avenue Panépistimiou vers la gauche, vous entrerez dans le quartier plus populaire de la place Omonia.

Place Omonia (Pl. III, C-3). — Moins de touristes ici, mais plus de Grecs, dans d'incessants mouvements de foule, surtout en fin de journée, et dans le décor neutre de toute grande ville moderne. Dans les rues avoisinantes, les cafés, les épiceries aux produits déjà orientaux, les grands magasins entretiennent cette animation. Non loin au S., en plein cœur de ce quartier commerçant, l'hôtel de ville et la poste centrale bordent la **place Cotzia** et son marché aux fleurs à deux pas du pittoresque marché central (jusqu'à 15 h). Par la rue Eolou puis, à g., la rue Evripidou (Euripide), vous rejoindrez la place Klafthmonos en passant par l'**église Haghii Théodori.**

A l'intention des amateurs d'art byzantin, signalons donc que cette **église Haghii Théodori** (Pl. III, C-4), ou des **Saints-Théodores,** dans son état actuel, pourrait résulter d'une reconstruction que l'on place dans la seconde moitié du XIe s., vers 1070, sur le site d'un sanctuaire peut-être fondé dès le IXe s. Les murs extérieurs portent un décor en caractères pseudo-coufiques, dont l'origine serait à rechercher dans l'arrivée en Grèce d'Arabes chassés de Crète après la reconquête de l'île par Nicéphore Phocas, en 971.

La rue Stadiou ou l'avenue Vénizélou vous ramèneront enfin à la place Syndagma : la présence des magasins de luxe en signale la proximité.

Le Lycabette (Pl. I, E-2). — Grâce à un funiculaire dont l'accès est balisé par des pancartes à partir de la **léoforos Vasilisis Sophias,** large voie moderne conduisant au quartier de l'hôtel *Hilton,* puis à Kifissia, vous vous laisserez hisser sans effort jusqu'au sommet de la colline des Loups, ce rocher de 277 m qu'Athéna aurait laissé choir lors de son transport du Pentélique à l'Acropole.

On raconte que la déesse avait entendu le cri rauque du hibou, ce qu'elle avait considéré comme un mauvais présage, ou qu'elle avait été irritée par la désobéissance des trois filles de Cécrops, Aglaure, Hersé et Pandrose. Quoi qu'il en soit, les dieux sont morts et Athéna n'est plus là pour se repentir de son geste. En toute sérénité vous découvrirez donc **Athènes dans son immensité, l'admirable vaisseau de l'Acropole,** et, au loin, Le Pirée et la mer. Hélas, l'industrialisation est passée par là, et le ciel serein et pur de l'Attique, tant vanté autrefois, risque de n'être plus qu'un souvenir...

En redescendant du Lycabette, vous traverserez l'agréable **place Kolonaki** (Pl. I, D-3), centre de ce quartier résidentiel où se trouve le **musée Bénaki** (V. IX).

II — L'Olympieion

Première étape antique importante de votre parcours athénien, l'Olympieion présente l'avantage d'être situé dans de beaux et frais jardins, à proximité du stade qui, pour être moderne, ne témoigne pas moins de la continuité de l'apport grec à la civilisation.

Le Jardin National (Pl. II, F-2/3). — De l'autre côté de l'avenue Vasilisis Sofias, et à une centaine de mètres de la place Syndagma, il offre, pendant les heures caniculaires de l'été athénien, **deux choses rarissimes** en cette ville : de l'**ombre et une fraîcheur** qui permet de reprendre ses esprits.

Ceux que la présence de vestiges antiques ne peut laisser en repos y chercheront un **pavement de mosaïque** derrière le Vieux Palais, quelques restes de l'**enceinte d'Hadrien** et de l'**aqueduc de Pisistrate** (près d'un rocher formant belvédère, dans l'angle S.-E.) qui traversait le terrain sur lequel s'étend le jardin.
Au S. du Jardin National, au milieu de pelouses fleuries, trône le **Zappeion,** petit palais des expositions en hémicycle, de style néo-antique.

La porte d'Hadrien (Pl. II, E-4). — La modestie de ce monument, élevé au IIe s. de notre ère sur l'emplacement, semble-t-il, d'une porte de l'enceinte du VIe s. av. J.-C., permet de supposer qu'il ne fut pas érigé par ce fervent admirateur d'Athènes que fut l'empereur Hadrien ; peut-être fut-il bâti par les Athéniens pour complaire au fondateur de la Nouvelle Athènes.

Sur les inscriptions en grec gravées sur cette porte de marbre pentélique, on peut lire, du côté de l'Acropole : « Ici est Athènes, l'ancienne ville de Thésée » et, du côté de l'Olympieion : « Ici est la ville d'Hadrien et non plus celle de Thésée ».

*** ***Olympieion** (Pl. II, E-4). — Ce vénérable **sanctuaire de Zeus olympien** fut un temple colossal dont il subsiste encore quinze colonnes, dressées dans une impressionnante verticalité qui permet d'imaginer l'ampleur ancienne de l'édifice.

Visite : en été, t.l.j. de 9 h à 15 h et le dim. de 10 h à 16 h ; en hiver, fermeture 30 mn plus tard ; en fait, souvent fermé.

Après le déluge. — *La légende attribuait à* Deucalion, *fils de Prométhée, la consécration du premier temple à* Zeus *et à* Gê, *la déesse Terre, à l'endroit où s'étaient écoulées les eaux du* déluge *vers le fleuve Ilissos.*

L'œuvre mégalomane de la tyrannie des Pisistratides. — *Vers 515 av. J.-C., les* Pisistratides *entreprirent la construction d'un Olympieion gigantesque, d'ordre ionique. Les colonnes de tuf, dont quelques tambours non cannelés ont été retrouvés, témoignent du caractère colossal de l'œuvre avec leur diamètre de 2,38 m, supérieur à celui des colonnes du temple de Zeus à Olympie et à celui des colonnes actuellement dressées (1,70 m à la partie inférieure). Lors de la chute des tyrans (510), le temple était loin d'être achevé.*

L'hommage de souverains étrangers à l'hellénisme. — *Après plusieurs siècles d'interruption, les travaux reprirent en 175 av. J.-C. sous l'impulsion d'un roi grec d'Asie,* Antiochos IV Epiphane, *dont l'architecte, un Romain du nom de* Cossutius, *agrandit le plan initial, en modifia l'orientation et adopta l'ordre corinthien. La mort d'Antiochos (164) interrompit à nouveau les travaux.* Hadrien, *enfin, assuma l'achèvement du sanctuaire qu'il eut la gloire d'inaugurer en 131-132 de notre ère, lors de la cérémonie d'ouverture des fêtes panhelléniques. Durant le Moyen Age, le temple servit de carrière.*

En suivant à distance le long côté au-delà de la porte d'Hadrien, notez les **ruines de maisons** du IVe s. av. J.-C., puis les restes d'un important **établissement thermal romain** du IIe s. apr. J.-C. Près de là, dans un tronçon du fossé (IVe s. av. J.-C.) qui précédait le mur de Thémistocle, gisent des **tambours de colonnes** du temple fondé par les Pisistratides.
Le **propylée**, ou **entrée monumentale** de l'Olympieion, sur le côté E. (à l'opposé de l'entrée du site) a été en partie reconstitué. Devant le propylée se trouvent les **restes d'une porte de l'enceinte de Thémistocle** (début du Ve s.), identifiée avec la **porte d'Egée** (*Plutarque*, Vie de Thésée, 12). L'Olympieion était un temple diptère (deux rangs de vingt colonnes sur les côtés), octastyle (trois rangs de huit colonnes sur les façades, les colonnes d'angle étant comptées deux fois), comportant en tout 104 colonnes corinthiennes à vingt cannelures. *Vitruve* signale que la **cella** était hypèthre, c'est-à-dire à ciel ouvert, mais alors l'édifice était inachevé, car il est peu probable qu'*Hadrien* ait pu laisser sans abri la statue chryséléphantine du dieu. Par ses dimensions, ce temple n'était comparable qu'aux sanctuaires d'Ephèse (Artémision), de Samos (Héraion), de Sélinonte et d'Agrigente.
Dans les environs de l'Olympieion furent mis au jour des **vestiges de trois temples** dont l'un, d'époque classique, était d'ordre dorique ; un second, de la période romaine, était peut-être consacré à *Kronos* et à *Rhéa*, tandis que le *Pythion* ou **sanctuaire d'Apollon pythien**, au S.-O., fut identifié grâce à des dédicaces à ce dieu, notamment sur un autel consacré par *Pisistrate le Jeune* et cité par *Thucydide* (VI, 54).

L'impossible mirage. — *Au-delà de l'Olympieion, vers le S., s'étendait, sur les rives de l'Ilissos, un quartier de jardins et de collines empreintes de poésie pastorale où l'on place parfois la* Callirrhoé, la fontaine aux belles eaux, *où l'on puisait l'eau sacrée pour les cérémonies religieuses, en particulier celle du bain lustral de la fiancée avant le mariage. D'après* Lucien, Socrate *se plaisait à y enseigner la philosophie, à l'ombre d'un platane. De nos jours, surtout après d'importants travaux de voirie qui ont provoqué la disparition (à la vue) du cours de l'Ilissos, il ne peut plus être question de recommander, même aux amateurs de détails, la visite de ces parages qui inspirèrent à* Platon *la description du paysage évoqué au début de son dialogue* Phèdre.

Signalons toutefois que l'**église Haghia Photini** (Sainte-Illuminée), d'époque byzantine, recouvre le site du **sanctuaire d'Hécate**, divinité infernale et malfaisante de l'Erèbe, et que le **Metrôon d'Agra**, où l'on célébrait au printemps de petits mystères en l'honneur de Déméter, de Perséphone et de Dionysos, a été repéré à quelque 120 m au N.-E. L'Ilissos, déifié, avait lui aussi son temple en ces parages.

Stade (Pl. I, D-4). — Construit en 1895 dans un ravin naturel, ou plutôt reconstitué grâce aux libéralités de *M. Avéroff* pour servir de cadre aux **premiers jeux Olympiques modernes** célébrés, près de 1 500 ans après les derniers jeux antiques, sur l'initiative du *baron Pierre de Coubertin,* il occupe l'emplacement du stade où se déroulaient les concours gymniques des **Panathénées,** ce qui explique la forme bizarre — pour un stade moderne — de sa piste.

Le stade se compose d'une piste plane tracée entre deux longs talus reliés à une extrémité par un arc de cercle (la *sphendoné,* ou fronde). La piste mesure 204,07 m de long sur seulement 33,36 m de large. La longueur utilisée pour les courses était de 178 m, soit un stade attique. Le parcours était jalonné par des bornes en forme d'hermès doubles dont on a retrouvé quatre exemplaires. Les coureurs occupaient toute la largeur de la piste et, dans les courses doubles, au lieu d'un virage, ils exécutaient une volte-face à la hauteur de la dernière borne.

III — Plaka et Psiri — l'Agora romaine

Plaka *(la Plate),* probablement nommé ainsi par opposition à l'Acropole qui le domine, est le plus ancien quartier de la capitale. Mais hélas, tous les vieux Athéniens vous le diront, ils ne retrouvent plus leur cher quartier, qui était un peu leur Montmartre, dans cette perpétuelle foire folklorique qu'il est devenu depuis la promotion du tourisme en Grèce. Pourtant, une promenade matinale hors des rues fréquentées, une treille devant une vieille maison, le détour d'une ruelle où s'aperçoit le Parthénon, ont encore bien du charme. Plaka et son extension de Psiri restent ainsi le quartier le plus typique d'Athènes, même s'il apparaît parfois frelaté, et en tout cas celui où l'animation nocturne est la plus intense.

Au départ de la place Syndagma (Pl. II, F-2), suivre la **rue Philhellinon** (Pl. II, E-2). Peu après, à g., l'**église Haghios Nicodémos**, dite *Soteira tou Likodimou,* fut fondée au XIe s. mais reconstruite en 1847. Elle est devenue l'église orthodoxe russe d'Athènes. Après cette église, prendre la première rue à dr. (odhos Kidathinéon) qui s'enfonce dans le vieux Plaka.

Musée d'art populaire grec. — Au n° 17 de la rue Kidathinéon (☎ 321-30-18), ce musée présente des collections d'art traditionnel et l'essentiel de celles de l'ancien musée des arts décoratifs.

Visite : en été, de 9 h à 13 h ; en hiver, de 10 h à 14 h ; fermé le lundi ; entrée gratuite les dim. et mercr.

Outre des peintures d'artistes naïfs, vous verrez des objets d'art populaire depuis la période byzantine, des produits de l'artisanat des XVIIIe et XIXe s., des tissus coptes, des objets et ornements liturgiques, des broderies.

A dr. du musée, l'**église Soteira tou Kotaki** (Pl. II, E-3), construite au XIIIe s., fut transformée en basilique à trois nefs dont les piliers sont ornés d'**icônes** de *Pélékassis*. Accessible par la rue Farmaki, l'**église Haghia Ekatérini** (Pl. II, D/E-3), du XIIIe s., est un autre de ces charmants petits oratoires érigés au Moyen Age, durant la période byzantine ou la domination franque. En contrebas de la chaussée, notez deux colonnes supportant un fragment d'architrave : ce sont des vestiges d'un temple consacré à Artémis ou, peut-être, d'un établissement thermal.

Par la rue Lysicratous, on parviendra au **monument chorégique de Lysicratès** (Pl. II, D-3), un élégant petit édicule en forme de rotonde qui fut érigé en marbre, dans la seconde moitié du IVe s. av. J.-C., sur un haut soubassement, pour servir de support à un trépied de bronze, prix du chorège *Lysicratès* en 335-334 av. J.-C.

Le mécénat dans la Grèce antique. — *Les* chorèges *étaient des citoyens désignés en principe par chacune des dix tribus attiques pour assumer les frais de recrutement, d'entretien et d'équipement d'un* chœur *destiné à concourir dans les représentations dramatiques ou musicales des* Dionysies *(fêtes en l'honneur de Dionysos, très réputées en Attique aux Ve et IVe s. av. J.-C.), des* Thargélies *(fêtes en l'honneur d'Apollon et d'Artémis), des* jeux panathénaïques, *etc. Etaient dégagés de cette obligation les citoyens qui possédaient moins de trois talents. Un trépied sanctionnait la victoire du chœur désigné par un jury. Ainsi que le révèle l'inscription gravée sur ce monument, le chorège Lysicratès, du dème de Kikynna, de la tribu Akamantide, reçut le premier prix lors d'un concours dionysiaque en 335-334, sous l'archontat d'Evainétos, Théon étant joueur de flûte et Lysiadès, d'Athènes, l'instructeur du chœur (chorodidascale). On sait que l'actuelle rue des Trépieds (odhos Tripodon) est identifiée avec l'antique rue du même nom, qui aboutissait au théâtre de Dionysos.* Elle était bordée de monuments chorégiques *où étaient présentés, à la vue des passants, d'autres trépieds, symboles de victoire.*

Au-dessus de l'inscription de dédicace, une **frise** représente *Dionysos* assis sur un rocher et caressant une panthère au milieu de jeunes **satyres** qui lui servent le vin de deux cratères. D'autres satyres, armés de thyrses, de torches et de massues châtient des **pirates tyrrhéniens** qui se précipitent à la mer, déjà métamorphosés en dauphins. Le sujet, tiré de l'*hymne homérique à Dionysos*, formait peut-être aussi le thème de la cantate qui valut le prix à Lysicratès.

Sur la place où s'élève ce monument se trouve l'un des rares **théâtres d'ombres** fonctionnant encore à Athènes.

Karaghioze, incarnation de l'esprit grec. — Vieille tradition populaire, le théâtre d'ombres grec est loin de ne s'adresser qu'aux enfants. Considéré longtemps comme vulgaire par la bonne société, il a permis l'expression de l'esprit critique et ironique du peuple, à travers des personnages typés et devenus classiques, comme Sior Dionysios, le snob prétentieux, Morphonios, l'intellectuel, ou Hadziavatis, fourbe et peureux, et souffre-douleur du vrai héros : Karaghioze, en qui le spectateur se retrouvera toujours et qui, parfois, n'hésitera pas à parcourir l'histoire grecque à la rencontre de ses plus illustres figures.

Du monument de Lysicratès, suivre la rue Shelley que prolonge la **rue des Trépieds** *(othos Tripodon)*, puis, de celle-ci, tourner à g. dans la rue Epikarmou, entrecoupée d'escaliers.
L'**église Haghios Nicolaos tou Rengava** (Pl. II, D-3), fondée au XIe s., fit partie du palais de la famille *Rengavé* qui donna à Byzance des empereurs et des patriarches.

En descendant la première volée de marches de la rue Erechthéos, notez, à g., l'entrée du **monastère tou Panaghiou Tafou**, dépendant du Saint-Sépulcre, à Jérusalem. L'**église du monastère**, consacrée aux Saints-Indigents (**Haghii Anargyri** ; Pl. II, D-3 ; littéralement, sans le sou ou sans argent), date du XVIIe s. Le **retable**, le **trône** et l'**iconostase** sont en bois finement sculpté et doré, de style baroque orientalisant.
A l'angle de la rue Erechthéos et de la rue Erotocritou, remarquez la charmante petite **église Haghios Ioanis Théologos**, du XIIIe s. Suivre la rue Erotocritou, puis traverser une petite place. Monter ensuite dans la **rue de la Clepsydre** (*odhos Clepsidras ;* première rue après la place) qui s'élève par degrés sur le flanc de l'Acropole ; tourner à dr. dans la rue Tholou.
A travers un quartier qui a le mieux conservé l'aspect du vieil Athènes, vous atteindrez, par la rue Arétousas, bordée de maisons du début du XIXe s., la ravissante petite **église Métamorphossi** *(La Transfiguration)*, du XIVe s.

A l'intérieur, sur le flanc dr. de l'église, on peut voir une grotte transformée en chapelle dédiée à Haghia Paraskévi, dont l'autel minuscule est fait d'un beau chapiteau protochrétien. Dans l'abside se trouvent quelques traces de peintures et, sur une petite iconostase, une **icône de la Panaghia Trichéroussa** *(la Très Sainte à trois mains).*

Suivant le chemin tracé à flanc de coteau, qui ménage d'amples perspectives sur Plaka et le reste de la ville, vous longerez le flanc nord de l'Acropole, au pied des falaises des Longues Roches (V. IV, 11).

Le musée Paul et Alexandra Canellopoulos (Pl. II, C-3). — Dans une grande et noble maison occupant une situation exceptionnelle au pied de l'Acropole, ces collectionneurs ont rassemblé un grand nombre d'objets allant de l'âge néolithique à l'Egypte copte, et, au rez-de-chaussée, un **riche ensemble d'icônes**. Les collections, élégamment présentées, souffrent parfois de leur abondance, mais reflètent bien le goût d'amateurs éclairés.

Visite : de 9 h à 20 h en été, 16 h 30 en hiver ; fermé le lundi (☎ 321-23-13) ; accès payant sauf le dim.

Le **rez-de-chaussée**, entièrement consacré aux **antiquités byzantines**, présente, outre de multiples icônes, quelques fragments de fresques, des bijoux, des vases, des tissus, des ustensiles divers (en particulier des lampes), des monnaies et surtout des **objets liturgiques** de cette période ; les vitrines 6, 8 et 10 à 12 contiennent une importante collection de croix en bronze, et les vitrines 13 et 16 deux très beaux calices.
Dans le hall situé au pied de l'escalier qui conduit vers les étages, on remarquera deux **têtes en marbre** (dont celle de l'empereur Galère, du début du IVe s. apr. J.-C.) et trois magnifiques **portraits peints** sur des panneaux de bois **provenant de sarcophages du Fayoum**, en Egypte, et datant de la période romaine tardive (vitrine murale 20).

En prenant l'escalier vers le haut, on rencontre d'abord deux salles contiguës consacrées surtout à des **antiquités du IIe et de la 1re moitié du 1er millénaire av. J.-C.** : petits vases, colliers et bracelets archaïques en pâte de verre colorée (vitr. 45), vases et figurines chypriotes archaïques (vitr. 46), petits bronzes de l'époque géométrique (vitr. 48), vases mycéniens (vitr. 49), céramique préhistorique, idoles et vases cycladiques (vitr. 50).

En haut de l'escalier, les vitrines 54 et 55 renferment des **bijoux en or**, en particulier de la période achéménide (Ve s. av. J.-C.). Une petite salle à g. contient des vases corinthiens archaïques (vitr. 56), plusieurs fragments de vases à reliefs crétois du VIIe s. av. J.-C. (vitr. 58), des urnes et des armes en bronze (vitr. 59 et 60). Dans la grande salle qui occupe la majeure partie de l'étage sont exposés surtout des **vases et des terres cuites** ; à g. se trouvent les vases archaïques et classiques, à figures noires et à figures rouges, la plupart attiques. On remarquera, entre autres vases intéressants, une belle **hydrie à figures noires** avec représentation de femmes à la fontaine (no 71), deux **amphores à figures noires** signées du potier *Nicosthénès* (nos 75 et 76), et une **coupe à figures rouges** (no 81), datant du dernier quart du VIe s. av. J.-C., ainsi qu'un **cratère en calice à figures rouges** (no 80) attribuable à un artiste du 3e quart du Ve s. nommé le *peintre du dinos*, et représentant une scène très rare : Méléagre et son fils Parthénopaios ; parmi les vases béotiens à figures noires de la 2e moitié du VIe s., on pourra voir un skyphos (no 64) décoré de scènes de la vie quotidienne (femmes broyant du grain, filant, se lavant les cheveux, chacune étant nommée par une inscription) et un canthare (no 66) avec combat d'Héraclès et d'une Amazone. La vitrine 77 contient de beaux **bijoux en or et en argent**, et des **monnaies** d'argent des VIe et Ve s. av. J.-C. Dans les vitrines 91 et 92, quelques remarquables **lécythes** (vases à parfum offerts aux défunts) attiques à fond blanc. Dans la partie dr. de la salle sont rassemblés des bronzes, des vases, des terres cuites, des bijoux, des monnaies, des marbres, datant du IVe s. av. J.-C. et de l'époque hellénistique.

Une fois revenu au rez-de-chaussée, on pourra jeter un coup d'œil à des lécythes et stèles funéraires en marbre conservés dans la cour puis, si l'on a le temps, on descendra visiter plusieurs salles qui abritent des **objets d'art byzantins et postbyzantins** : icônes, bijoux, ustensiles, tissus, coffres en bois (sculptés et peints), objets liturgiques, vieux livres, textes sur parchemin. La décoration de certains plafonds de la maison retiendra aussi l'attention.

Poursuivant le même chemin, vous pourriez atteindre les Propylées *et* l'Acropole *(V) d'une manière moins brutale qu'en voiture ; vous pourriez aussi descendre à travers* l'Agora hellénique *(VI) vers* le temple d'Héphaïstos. *Mais pour continuer la visite de* Plaka, *descendez par la rue de Pan, interrompue bientôt par le chantier de fouilles de l'*Agora romaine.

•• **L'agora romaine** (Pl. II, C-2), qu'il ne faut pas confondre avec l'Agora hellénique, est loin d'en posséder le pouvoir évocateur.

Visite : t.l.j. de 8 h 30 à 12 h 30 et de 16 h à 18 h, le dim. de 9 h à 15 h en été ; en hiver, de 9 h à 13 h 30 et de 16 h à 18 h et de 10 h à 16 h 30 le dim.

L'édifice le plus remarquable de cette agora est la **tour des Vents** (Pl. II, C-2), identifiée avec l'**horloge hydraulique** d'*Andronikos,* élévée au Ier s. av. J.-C., probablement sous César. Construite en marbre blanc, elle abritait un mécanisme qui réglait sans doute l'admission de l'eau dans un cylindre. Les niveaux successifs de l'eau dans celui-ci devaient indiquer les heures.

Cet édifice, transformé en tekke, *ou couvent, par les Turcs, fut appelé, au Moyen Age, l'*Ecole *ou le* Tombeau de Socrate. *Identifiée avec l'horloge hydraulique citée par* Varron (Rerum rusticarum libri III, *5, 17*) *et décrite par* Vitruve, *cette tour fut érigée par l'architecte syrien* Andronikos Kyrrhestès *(de Cyrrhus, en Syrie du Nord).*

Chacune de ses faces est orientée vers les huit points de l'horizon athénien auxquels correspondaient les vents, dont les noms sont gravés et les figures symboliques sculptées sur la frise. Notez, sur la face N., comprise entre les deux côtés où sont percées les portes, **Boréas** ou **Borée**, personnification du vent du Nord, sous les traits d'un homme barbu, à l'air maussade, couvert de lourds vêtements, qui s'apprête à souffler dans une conque. Sur les autres faces, en suivant le sens des aiguilles d'une montre, remarquez encore **Kaikias** (au N.-E.), barbu, vidant son bouclier rempli de grêlons, **Apéliotès** (E.), un jeune homme chargé de fruits et d'épis, **Euros** (S.-E.), barbu, enveloppé dans un manteau, **Notos** (S.), le vent pluvieux, figuré par un homme imberbe vidant une urne, **Lips** (S.-O.), tenant à la main un aplustre (ornement de poupe d'un navire), **Zéphyros** (O.), sous les traits d'un beau jeune homme au vêtement flottant d'où tombent des fleurs printanières, **Skiron** (N.-O.), muni d'un vase. Sous les huit figures furent gravés, plus tard, autant de cadrans solaires.

La petite **tour ronde** adossée à la face S. servait de réservoir à l'horloge hydraulique, alimentée en eau par un aqueduc. Les cloisons intérieures permettaient de régler l'écoulement de l'eau dans la tour octogonale qui abritait le mécanisme. Ainsi que l'a démontré *P. Graindor,* cette tour présente le plus ancien exemple que nous connaissions du rachat du plan octogonal par une augmentation de l'épaisseur des murs pour supporter la toiture.

De l'esplanade de la tour de l'horloge, descendez par des degrés dans la grande **cour de l'agora romaine** qui a conservé par endroits son dallage de marbre ainsi que son caniveau d'écoulement des eaux au pied des portiques.

*Il semble en fait que cette agora ait été fondée vers la fin de l'époque hellénistique ou au début de la période romaine. Dans la seconde moitié du Ier s. av. J.-C., un propylée monumental (V. ci-après) fut construit à l'O. Plus tard, dans le courant de la première moitié du IIe s. apr. J.-C., peut-être au temps d'*Hadrien, *la cour centrale fut entourée de portiques dont les colonnes lisses, ioniques, sont en marbre de l'Hymette. Un second propylée bâti à l'E. donne accès à la cour.*

Au point de l'agora opposé à ce propylée, examinez les restes de la porte O., dite **porte d'Athéna Archégétis** *(qui gouverne)*, élevée en 11-10 ou 10-9 av. J.-C. sous l'archonte *Nicias*, où une inscription (sur le jambage N. de la porte principale) fixe la quotité d'huile que les producteurs devaient réserver à l'Etat. La porte proprement dite est précédée de quatre colonnes doriques surmontées d'un entablement dorique avec fronton. L'ensemble forme un propylée monumental, face à la bibliothèque de Pantainos (V. p. 328).

Empiétant sur le champ de fouilles de l'agora, se trouve une petite mosquée turque, la **Dzami tou Staropazarou** *(mosquée du marché au blé)* des Athéniens.

Ressortant de l'agora vers le N., vous suivrez la **rue Eolou**, en face de la tour des Vents. A dr., vis-à-vis de la tour, remarquez la porte sculptée d'une ancienne école de théologie coranique (1721).

A g. de la rue Eolou s'étend le champ de fouilles de la **bibliothèque d'Hadrien** (Pl. II, C-2), dont les restes les plus remarquables se trouvent du côté des rues Pandrossou et Aréos. Ici, vous verrez depuis la rue (des travaux de fouilles et de restauration interdisent — fin 1980 — l'accès du monument) deux exèdres qui ornaient deux des portiques entourant la vaste cour centrale, sans doute aménagée en jardin avec un immense bassin (58 m de long sur 13 m de large) qui disparut sous diverses constructions, notamment une église bâtie par les Byzantins.

Revenant sur vos pas, vous prendrez la première rue à g. **(odhos Adrianou)**; à env. 50 m (face au n° 59) sont cachées derrière des arbres les ruines d'un imposant bâtiment romain qui serait le somptueux **panthéon qu'Hadrien** fit bâtir à Athènes pour recevoir sa dépouille mortelle (elle fut en réalité déposée à Rome, dans un mausolée qui est l'actuel château Saint-Ange).

Reprendre en sens inverse l'odhos Adrianou jusqu'à la rue Aréos, que vous empruntez à dr. Vous longerez ainsi le côté S. de la bibliothèque d'Hadrien et arriverez devant l'imposante **façade de la bibliothèque** qui, de ce côté, le principal, était précédée d'une colonnade d'ordre corinthien. Observez, sous un petit abri plaqué contre le mur, quelques **traces de fresques** (XVIe s.) d'une église byzantine édifiée au Xe ou au XIe s., aujourd'hui disparue.

Mosquée Dzami Tou Parazou. — A l'angle des rues Aréos et Pandrossou, cette ancienne **mosquée du marché**, de 1759, abritait le musée des arts décoratifs (Pl. II, C-2). Vous n'y verrez plus aujourd'hui que des céramiques byzantines des XIIe et XIIIe s. (visite de 9 h à 13 h, sauf le mardi), les autres collections étant transférées au musée d'art populaire grec (V. p. 277).

La **rue Pandrossou**, dite aussi Tsarouchadika, est bordée d'échoppes où l'on vend des *tsarouchia*, sabots en cuir rouge ou noir, richement pomponnés, des ceintures de cuir, des bissacs, etc., mais il faudra bien constater que ces articles d'usage autrefois courant reculent de plus en plus sous l'irrésistible poussée de la bimbeloterie touristique que les gens de goût ne pourront pas contempler sans frémir.

Le chemin du retour vers la place Syndagma, surtout si l'on suit la **rue d'Hermès** *(odhos Ermou)*, sera tout naturellement jalonné de boutiques. Aux heures ouvrables, la cohue est grande et le spectacle de la rue ne manque pas de pittoresque, car ce quartier a conservé une allure de souk oriental.

En plein milieu de la rue d'Hermès, l'**église Kapnikaréa** (Pl. II, D-1), qui appartient à l'Université d'Athènes qui y célèbre ses cérémonies religieuses officielles, est l'une des plus intéressantes de la ville. Construite au XIe s., agrandie au XIIe s. d'un **narthex** (notez le gracieux porche à deux colonnettes et la porte de marbre finement sculptée), le temps l'a revêtue d'une chaude patine ocrée.

Un petit crochet à dr. de la rue d'Hermès vous amènera à la **cathédrale** (Pl. II, D-2), bâtie de 1840 à 1855, que vous pourrez négliger, à moins que vous ne soyez intéressé par la pompe des cérémonies orthodoxes, mais aussi à la ***Petite Métropole** (Pl. II, D-2), petite merveille qui capte à elle seule l'attention au détriment de son imposante voisine. Ce sanctuaire, dédié à la Panaghia Gorgoépikoos (la Très Sainte qui exauce vite) et à St Eleuthère (Haghios Elefthérios), est la plus belle de ces minuscules églises du XIIe s. dont les dimensions étaient appropriées à la modestie de l'Athènes byzantine.
A l'extérieur, dans ses murs patinés comme un vieil ivoire, remarquez les nombreux marbres sculptés, antiques ou byzantins, remployés lors de sa construction. En façade, une **frise antique** provenant d'un monument du IVe s. av. J.-C. est plus particulièrement intéressante : **elle nous montre un calendrier liturgique** où les mois sont figurés à l'aide de leur signe zodiacal, à partir de *pyanepsion*, le quatrième mois de l'année attique (octobre-novembre).

Les scènes illustrent les principales fêtes célébrées chaque mois : vendanges, danses, combat de coqs, thiase dionysiaque, athlètes nus, sacrifice d'un taureau et grandes panathénées avec une proue de navire montée sur roues (les croix byzantines gravées sur cette frise sont évidemment des additions postérieures). Notez enfin les armoiries de deux familles du temps de l'occupation latine : celles des La Roche et des Villehardouin.

Revenez vers la place Syndagma par la rue Ermou.

IV — Le versant S. de l'Acropole

Sur le versant S. de l'Acropole vous visiterez l'un des plus vénérables sites athéniens, celui où quelques-uns des plus fameux auteurs que les Lettres aient jamais donnés au monde mirent à l'épreuve du public leurs drames et leurs comédies : le théâtre de Dionysos. D'autres monuments, mais très ruinés, jalonneront cette agréable promenade sur ce versant, jusqu'à l'odéon d'Hérode Atticus, pour ainsi dire au pied de l'entrée de l'Acropole. La visite de cet ensemble monumental, plus particulièrement agréable en début de matinée, pourra donc servir de préliminaire à la découverte du plus célèbre haut lieu de la Grèce antique.

Où vous garer? dans les rues transversales à la léoforos Dionysiou Aréopaghitou.

Théâtre de Dionysos (Pl. II, C-4; Pl. IV, D/E-3/4). — La coexistence dans l'enceinte sacrée *(téménos)* de Dionysos Eleuthereus d'un théâtre, de deux temples et d'un autel atteste **les origines sacrées du théâtre grec** et ses relations intimes avec les fêtes données en l'honneur du dieu du vin et de l'ivresse, notamment à l'occasion des *dionysies*.

Visite : en sem. de 9 h à 15 h en été et 15 h 30 en hiver; le dim. de 10 h à 16 h ou 16 h 30.

La naissance du drame antique. — *Parce qu'il était compris dans le* téménos de Dionysos Eleuthereus, *dont le culte fut introduit à Athènes au VIe s., le théâtre prit le nom de Dionysos. La fête du dieu, organisée par* Pisistrate *sous le nom de* dionysies urbaines *ou* grandes dionysies *(du 8 au 14 du mois* Elaphébolion; *mars-avril), s'accompagnait de danses exécutées par des choristes déguisés en satyres, sous la conduite d'un* coryphée *et de chœurs, ainsi que de* scènes dialoguées et mimées, d'où naquit le drame antique.

Le premier drame fut présenté dans la seconde moitié du VIe s. par Thespis, *originaire du dème de Marathon, et, dès lors, les concours dramatiques (tragédie, comédie, drame satyrique) et dithyrambiques devinrent réguliers. Ces premières représentations eurent lieu sur l'Agora du Céramique.*

Le théâtre d'époque classique : d'Eschyle à Aristophane. — *Le premier théâtre du téménos de Dionysos Eleuthereus dut être aménagé, sommairement, peu après 490, avec un remblai de terre qui supportait des sièges de bois. La scène n'était encore qu'un baraquement et les seuls accessoires n'étaient qu'un autel et une tombe. Un peu plus tard, peut-être vers 460, il est probable que des arrière-plans plus représentatifs furent réalisés, et notamment un* décor en bois et en toile *figurant un palais ou un temple. Vers cette époque commença également* la vogue du décor peint *pour lequel* Agatharchos *acquit quelque renommée; cet artiste peignit en particulier des décors pour les représentations des Sept contre Thèbes, d'Eschyle. C'est dans ce théâtre que furent données* les grandes pièces du théâtre classique du Ve s. av. J.-C., *celles d'*Eschyle *(525-456),* de Sophocle *(496-406), d'*Euripide *(480-406) et d'*Aristophane *(445-385).*

Vers la fin du Ve s., peut-être sous Cléophon (410-404), le théâtre de Dionysos fut reconstruit en pierre, et agrandi, mais il ne fut pas terminé avant le gouvernement de Lycurgue, vers 330, avec une scène permanente qui fut surélevée durant la période hellénistique, vers la fin de la première moitié du IIe s. av. J.-C.

De Néron aux jeux du cirque. — *D'importantes modifications eurent lieu sous le règne de Néron, notamment dans le bâtiment de scène (de cette époque date le mur orné de reliefs), puis sous l'archontat de Phaidros (224-225 apr. J.-C.). La lice construite autour de l'orchestra fut dressée durant la période romaine, alors que, signe des temps,* des combats de gladiateurs *se déroulaient sur l'orchestra autrefois consacrée à des représentations religieuses ou dramatiques. Vint un moment où l'on transforma l'orchestra en bassin pour y donner des spectacles naumachiques.*

Peu après l'entrée, vous remarquerez les **ruines du nouveau temple de Dionysos Eleuthereus** (Pl. IV, D/E-1), de la fin du IVe s. av. J.-C., dont il ne reste plus que les fondations.
A dr., bel **autel dionysiaque** rond, en marbre (IIe s. av. J.-C.), orné de masques de satyres, de guirlandes, de rosaces. Plus loin, **restes du vieux temple** (Pl. IV, E-4), du VIe s., avec ses fondations en calcaire bleu de l'Acropole. Plus petit que le nouveau temple, il renfermait le *xoanon* du dieu, apporté d'Eleuthères, en Béotie, qu'on promenait pendant les *dionysies*.
Les **bâtiments de la scène du IVe s. av. J.-C.**, contigus au vieux temple, comprenaient un portique qui offrait aux spectateurs un promenoir à l'abri du soleil et de la pluie, ainsi qu'une scène de la même époque. Contre le mur du fond de la scène, un massif rectangulaire, adossé au portique, servait sans doute de fondations à la machinerie au moyen de laquelle on hissait, dans une nacelle, les personnages qui devaient apparaître dans les airs. Sur les ailes en saillie, de part et d'autre de la scène proprement dite, étaient installés deux prismes triangulaires à pivot *(périactes)* dont chaque face portait un décor différent de façon à permettre de présenter aux spectateurs le tableau approprié à l'action.
Des nombreux remaniements apportés à la scène du IVe s. av. J.-C., les **sculptures du front de la scène**, exécutées sous Néron au Ier s. de notre ère, constituent le vestige le plus spectaculaire. Les scènes se rapportent à la **légende de Dionysos**.

A partir de l'escalier, remarquez :
La **naissance de Dionysos**; **Zeus** est assis au milieu et **Hermès**, debout devant lui, tient le nouveau-né ; aux extrémités, deux *curètes* ou *corybantes* exécutent la *Pyrrhique*, c'est-à-dire une danse guerrière. **Scène de sacrifice en l'honneur de Dionysos** : à g., *Icare*, un paysan initié par **Dionysos** à la culture de la vigne et à la fabrication du vin, s'approche de l'autel, traînant une chèvre, accompagné de la chienne *Maïra* et de sa fille *Erigone* qui porte des gâteaux sur un plateau. A dr., Dionysos offrant la vigne, suivi d'un jeune *satyre*. Cette scène symbolisait les *dionysies rurales*.
Silène accroupi dans l'attitude d'Atlas (il y en avait deux autres, semblables, disposés dans les niches).
Hommage des dieux et de la cité attiques à Dionysos : le dieu du vin et de l'ivresse est à dr., assis sur un trône, probablement dans son théâtre, car le relief figure la partie supérieure d'un édifice dorique à huit colonnes, sans doute le Parthénon vu depuis le versant S. de l'Acropole. Dans les personnages qui se dirigent vers lui, on a voulu reconnaître, à dr., *Hestia, Thésée, Eiréné* (la Paix), avec une corne d'abondance, et, à g., d'autres personnifications de la Cité. Ce sujet symbolisait les *dionysies urbaines*. L'**orchestra** où, à l'origine, évoluaient les chœurs (il n'y avait pas encore de scène), reçut le dallage actuellement visible sous le règne de Néron ou d'Hadrien. Un grand losange marque la place de l'autel de Dionysos, ou *thymélé*.

L'**auditorium** ou **cavea**, de forme presque circulaire, comporte 78 gradins divisés en trois zones. Le total des places est estimé entre 14 000 et 17 000 mais, en réalité, il pouvait tenir plus de spectateurs. **Platon** cite le chiffre fantaisiste de 30 000 places. Au IVe s., le premier rang était réservé aux cinquante prytanes, aux archontes et aux prêtres. La plupart des 67 sièges d'honneur à dossier que comporte cette rangée datent de l'époque romaine, mais sont peut-être des copies des stalles du Ve s. av. J.-C. La place la plus honorifique, au milieu, appartenait au prêtre de Dionysos Eleuthereus ; ce siège, en marbre comme les autres, se distingue par la finesse de ses bas-reliefs de style archaïsant, mais d'inspiration orientale qui rappelle les origines asiatiques de Dionysos.

Sur le bandeau de la face, on distingue l'**inscription de dédicace** au prêtre ; sur la **frise**, au-dessus, deux **lions héraldiques**, dos à dos, et, de chaque côté, deux **Arimaspes** (habitants légendaires de la Scythie, dotés d'un seul œil ; ils disputaient aux griffons les paillettes d'or du fleuve Arimaspios) ; au fond du dossier, deux **satyres** portent une énorme grappe de raisin ; sur les côtés extérieurs des bras, des **amours** lancent des coqs de combat. Les dignitaires des autres sièges sont désignés par des inscriptions. Ce sont, pour la plupart, des prêtres de diverses divinités (sacrificateurs, interprètes sacrés ou hérauts), des magistrats (archontes, thesmothètes, stratèges, polémarques) ou des bienfaiteurs.

A cheval sur le deuxième escalier, à dr. de l'axe central, quelques marches plus larges et moins hautes donnaient accès à la **loge impériale** construite pour *Hadrien*.

Des statues impériales, dont les bases subsistent en partie, de grands poètes tragiques et comiques, de musiciens, d'hommes d'État, d'orateurs et de bienfaiteurs d'Athènes étaient disséminées dans toutes les sections du théâtre (la base de la statue de **Ménandre**, avec la signature de ***Praxitèle***, est située à un angle de la scène, à dr. quand on la regarde).

L'**odéon de Périclès** (Pl. IV, E-3), terminé en 443 et qui passait pour être la plus belle salle de concert du monde grec, fut incendié en 86 av. J.-C. par *Sylla* mais reconstruit une vingtaine d'années plus tard par un roi de Cappadoce. On y répétait les drames destinés à être joués au théâtre de Dionysos. Ayant presque complètement disparu, il ne peut plus être cité que pour mémoire.

Au-dessus du théâtre s'ouvre une **grotte** (Pl. IV, 19 en E-3), où l'on exposait des ex-voto de victoire. Le **monument chorégique de Thrasyllos**, érigé en 320 av. J.-C., se dressait à l'entrée de la grotte. Plus haut, à dr. sur le flanc de l'Acropole, remarquez un **cadran solaire antique**, en marbre.

Asclépieion (Pl. IV, C-3). — Le sanctuaire d'Asclépios, l'Esculape des Romains, dont le culte fut introduit en Attique après la paix de Nicias, lors des grands mystères de 420 av. J.-C., occupe une vaste terrasse au pied du versant escarpé de l'Acropole. **Il y eut deux sanctuaires** dont le premier, construit à partir de 420 par un riche propriétaire athénien, fut doublé par un second sanctuaire vers le milieu du IVe s. av. J.-C., lorsque le culte du dieu guérisseur fut officialisé. Chacun d'eux comportait un temple avec son autel, un portique, véritable dortoir où les consultants s'étendaient dans l'attente de l'apparition nocturne du dieu, une source sacrée où les malades se purifiaient par des ablutions avant de procéder à l'incubation dans les dortoirs du portique.

On traversera en premier lieu le site de l'**Asclépieion du IVe s.**, très ruiné, dont l'édifice le plus remarquable était un long portique compris entre une grotte où jaillit une source et une petite terrasse surélevée, avec un autel creux recouvert par un édicule (Pl. IV, 20 en C-3) ; cet autel ou *bothros*, pour rites chthoniens, serait le type

le plus simple d'une série de constructions dont le modèle le plus parfait serait la tholos d'Epidaure.
L'**Asclépieion du Ve s.**, avec son temple (Pl. IV, 21 en C-3) et sa source (Pl. IV, 22 en C-3), est encore plus ruiné que le précédent.

A l'O. de l'Asclépieion, il ne reste plus rien des sanctuaires énumérés par Pausanias : ils ont disparu lors des travaux de fortification des Vénitiens ou des Turcs. Pausanias cite un temple de Thémis, *un* tombeau d'Hippolyte, *puis les* sanctuaires de Gê Courotrophe *et* de Déméter Chloé (*Pl. IV,* A-2) *auxquels il faut adjoindre celui d'*Aphrodite Pandémos (*Pl. IV,* B-2) ; *d'après la tradition rapportée par* Diodore, *ce dernier temple fut fondé par* Phèdre *en un point d'où l'on pouvait apercevoir Trézène.*

Portique d'Eumène (Pl. IV, B-4). — De ce vaste portique bâti par Eumène II, roi de Pergame (197-159) pour servir de promenoir aux spectateurs du théâtre de Dionysos, il ne reste plus guère que les fondations, en contrebas de l'Asclépieion.

●●● ***Odéon d'Hérode Atticus** (Pl. IV, A-3). — Ce petit théâtre de 5 000 places est **l'un des monuments les plus impressionnants d'Athènes,** surtout en raison de son excellent état de conservation et de sa situation, au pied de l'Acropole. Il fut construit en 161 apr. J.-C. pour servir, en toutes saisons, de salle de concert et de théâtre dramatique.

L'intérieur de l'odéon d'Hérode Atticus est conçu selon le type même du théâtre romain, avec un bâtiment de scène assez pompeusement orné de colonnes, de niches renfermant des statues. D'après le sophiste grec *Philostrate,* l'odéon aurait eu un plafond en bois de cèdre, mais peut-être seulement au-dessus de la scène. En principe, les odéons étaient des édifices couverts, mais ici l'absence de traces des supports rend douteuse l'existence d'un système de couverture au-dessus de l'auditorium.

V — L'Acropole et l'Aréopage

L'Acropole (Pl. II, C-3), cette couronne de gloire d'Athènes et de la civilisation grecque tout entière, est une véritable forteresse naturelle formant un plateau qui culmine à 156 m au-dessus du niveau de la mer, à environ 100 m au-dessus de la ville basse. Sur une surface d'un peu moins de trois hectares, enclose par des murs à partir de l'entrée des Propylées, se trouve le plus remarquable ensemble de monuments que l'antique civilisation grecque ait jamais produit : le Parthénon, l'Erechthéion, les Propylées, le temple d'Athéna Niké, plusieurs autres lieux de culte, monuments autrefois parés de sculptures dues aux plus illustres artistes et dont certaines, qui ont jusqu'ici échappé aux ravages du temps et des hommes, ont été rassemblées, sur place, dans un prestigieux musée. Mais cela n'a pas suffi, et il faut aujourd'hui prendre d'urgence des mesures sévères pour lutter contre le nouveau mal qui attaque l'Acropole : la pollution. Déjà les échafaudages se multiplient en vue de la restauration des monuments; les intérieurs du Parthénon, des Propylées, du temple d'Athéna Niké et de l'Erechthéion ne sont plus accessibles au public. Les célèbres caryatides de l'Erechthéion ont trouvé refuge au musée de l'Acropole, et seules des copies (dont l'installation a commencé en octobre 1980) seront désormais visibles sur place. En outre, un nouveau musée de l'Acropole est en projet, une équipe franco-grecque ayant remporté le concours d'architecture pour sa réalisation.

L'Acropole mycénienne. — *Occupée, semble-t-il, dès la fin de l'époque néolithique (milieu du III*e *millénaire av. J.-C.),* l'Acropole fut dotée d'un rempart à l'époque mycénienne, *peut-être au XV*e *s. avant notre ère, lorsqu'elle servit de* résidence aux rois athéniens. *La porte principale s'ouvrait sans doute à l'O., comme au temps de Périclès, mais une entrée secondaire était percée dans le front N., dans une tour dont on a retrouvé quelques vestiges près du temple d'Aphrodite aux Jardins. De cette porte, une rampe d'accès avec un escalier* (*Pl. IV,* escalier pélasgique, *en* D-1) *conduisait au* palais royal *dont quelques fondations ont été découvertes près de l'Erechthéion. Dès cette époque, sans doute, une poterne fut aménagée au N.-O., avec des degrés taillés dans le roc, pour aboutir à la* source Clepsydre (*Pl. IV,* A-2). *Peu de temps avant l'invasion dorienne, peut-être vers la fin du XIII*e s., *l'ancien rempart, jugé trop faible, fut remplacé par un* mur d'appareil cyclopéen *dont on a retrouvé quelques fragments au S. du Parthénon. A l'O., la principale voie d'accès fut défendue par un bastion avancé dont les restes furent découverts dans le haut soubassement du temple d'Athéna Niké. Dans cette nouvelle enceinte, la porte secondaire du N.-E. fut supprimée, mais un escalier souterrain* (*Pl. IV,* ancien escalier, *en* B-1) *fut construit près du front N. pour donner accès à* une grotte toujours alimentée en eau, *même en été. Ce rempart cyclopéen, connu sous le nom de* Pélasgicon *ou de* Pélargicon, *fut mentionné par les auteurs anciens, depuis* Hécatée, *cité par* Hérodote, *jusqu'à* Pausanias. *Plus tard, la forteresse de l'Acropole fut appelée* Ennéapylon *(enceinte aux neuf portes, chiffre sacré).*

L'Acropole des Pisistratides. — *Pisistrate et ses fils aménagèrent en* propylée, *c'est-à-dire en porte monumentale, l'entrée principale. Après la chute des tyrans, en 510, le Pélasgicon fut démantelé, sauf à l'O., et déclaré maudit par un oracle de Delphes. En 480, les Perses forcèrent les défenses de l'Acropole en escaladant les escarpements près de la grotte d'Aglaure, sur le front N. Le sanctuaire fut saccagé et incendié. Des fragments d'architecture de l'ancien temple d'Athéna, celui des Pisistratides, et du vieux Parthénon furent remployés dans le mur que* Thémistocle *fit élever après le départ des Perses. Par la suite,* Cimon, *continuant l'œuvre de Thémistocle, élargit le plateau de l'Acropole en reportant le tracé de l'enceinte plus au S. Après 468, il fit élever les murs E. et S., en belles assises de pôros en retrait les unes sur les autres.*

Visite : de 9 h à 15 h entre le 1er avril et le 30 sept. et de 9 h à 15 h 30 entre le 1er oct. et le 31 mars ; le dim., de 10 h à 16 h (16 h 30 en hiver) ; accès payant sauf le dim.

L'ensemble très complexe des monuments de l'Acropole a été divisé en dix chapitres *que l'on aura intérêt à suivre dans l'ordre indiqué, le flanc N. et l'Aréopage étant traités dans un onzième ; toutefois, ceux qui ne pourraient pas consacrer plus d'une heure et demie à la visite de l'Acropole se contenteront de suivre les itinéraires 1, 2, 3, 5, 7 et 9.*

1. — De la porte Beulé aux Propylées. — Le chemin moderne d'accès au plateau de l'Acropole suit le tracé du dernier tronçon du chemin des Panathénées.

ACROPOLE
(RECONSTITUTION)

d'après Gorham P. Stevens

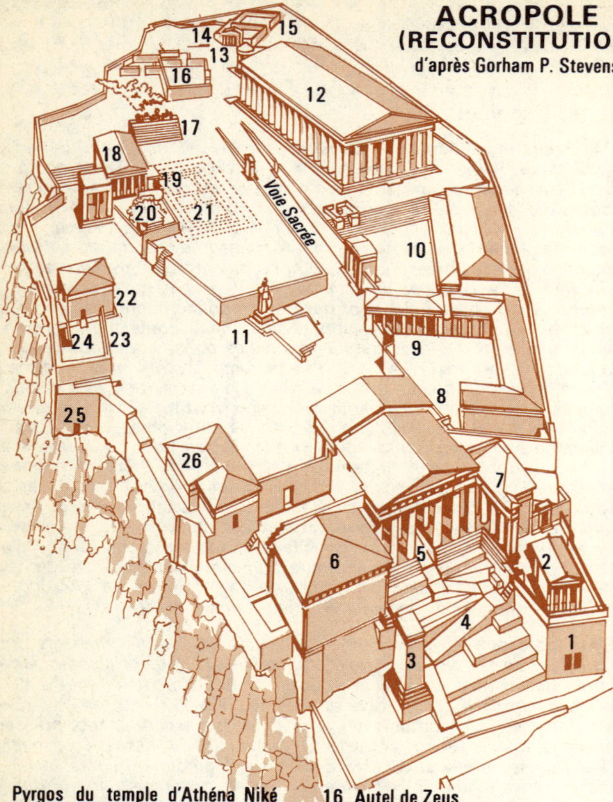

1 Pyrgos du temple d'Athéna Niké
2 Temple d'Athéna Niké
3 Piédestal du monument d'Agrippa
4 Rampe d'accès aux propylées
5 Propylées
6 Propylées (aile N.)
7 Propylées (aile S.)
8 Téménos d'Artémis Brauronia
9 Téménos d'Athéna Erganè
10 Chalcothèque
11 Athéna Promachos
12 Parthénon
13 Temple de Rome et d'Auguste
14 Hérôon de Pandion (?)
15 Remise (?)
16 Autel de Zeus
17 Autel d'Athéna
18 Erechthéion
19 Cécropion
20 Pandroseion
21 Ancien temple d'Athéna
22 Maison des Arrhéphores
23 Cour du jeu de paume (Sphairistérion)
24 Escalier mycénien (v. une nappe d'eau)
25 Escalier vers le chemin circulaire (péripatos)
26 Logements, locaux administratifs, etc...

ACROPOL

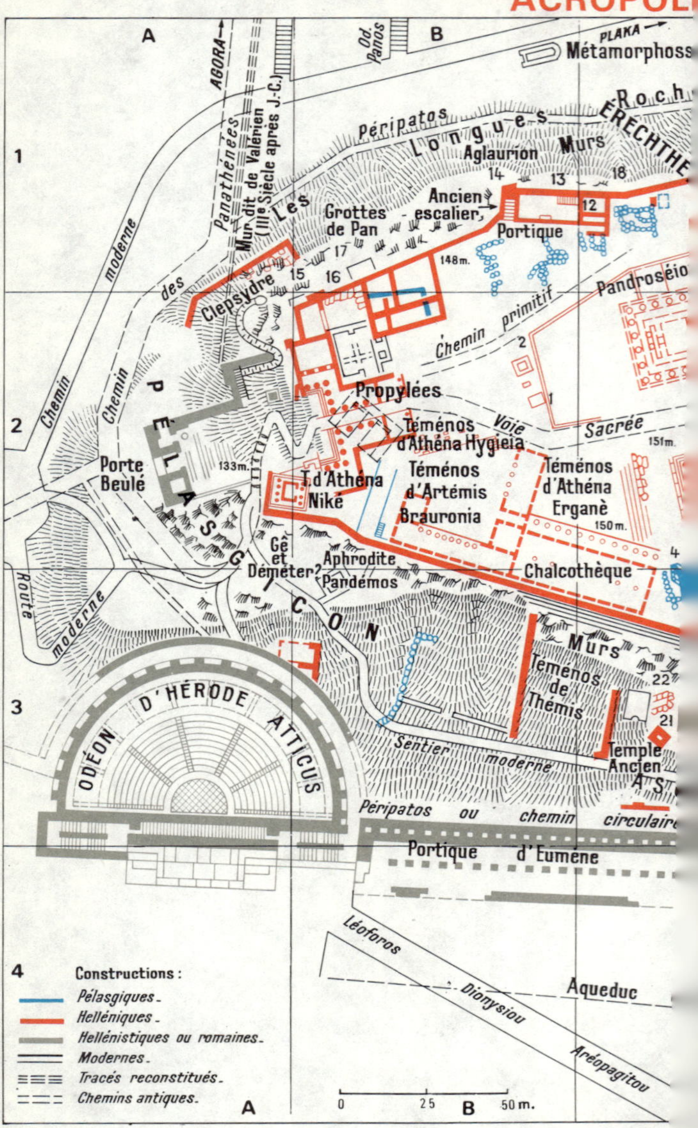
A
B
AGORA
Od. Panos
PLAKA
Métamorphoss
Roch
ERECHTHE
Péripatos
Longues Murs
Aglaurion
14
13
18
12
Ancien escalier
Portique
Grottes de Pan
Les
Panathénées
Mur dit de Valérien (IIIe Siècle après J.-C.)
des
Chemin moderne
17
15
16
148 m.
Clepsydre
Pandroséio
Chemin primitif
2
1
Propylées
Chemin
P E L A S G I C O N
Téménos d'Athéna Hygieia
Voie Sacrée
151 m.
Porte Beulé
133 m.
T. d'Athéna Niké
Téménos d'Artémis Brauronia
Téménos d'Athéna Erganè
150 m.
4
Gê et Déméter?
Aphrodite Pandémos
Chalcothèque
Route moderne
Murs
Téménos de Thémis
22
21
Temple Ancien
1
2
3
ODÉON D'HÉRODE ATTICUS
Sentier moderne
Péripatos ou chemin circulaire
Portique d'Eumène
Léoforos Dionysiou Aréopagitou
Aqueduc
4
Constructions :
Pélasgiques.
Helléniques.
Hellénistiques ou romaines.
Modernes.
Tracés reconstitués.
Chemins antiques.
0
25
50 m.

ATHÈNES (IV)

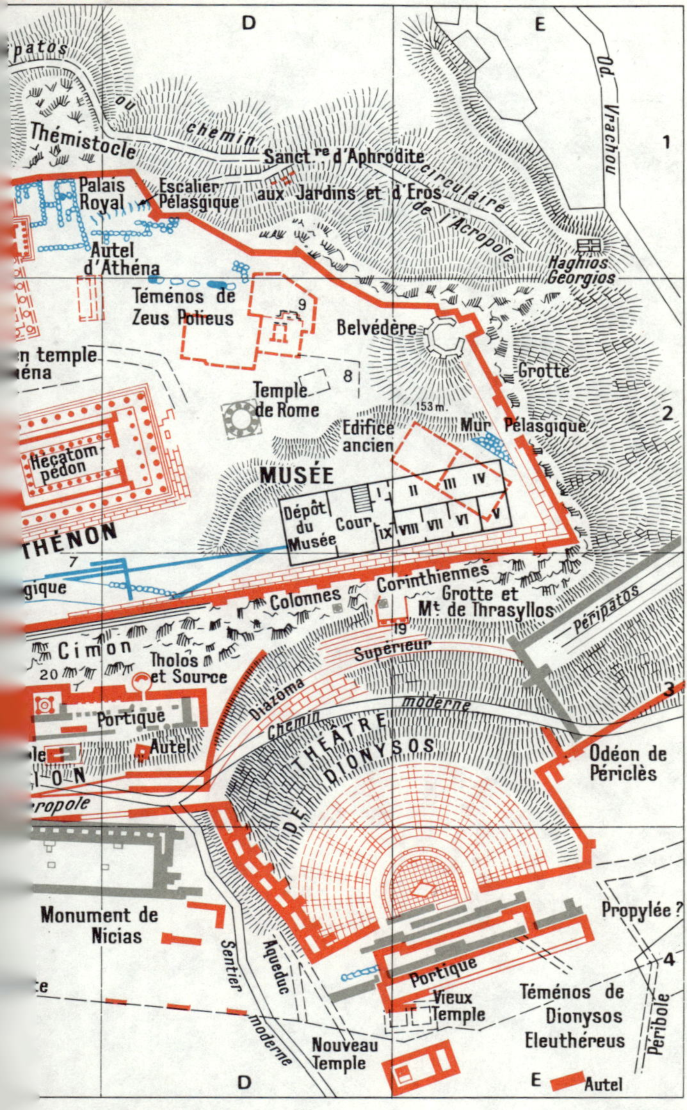

Imp SUD-OFFSET - 94-RUNGIS

LIBRAIRIE HACHETTE

La **porte Beulé** (Pl. IV, A-2), qui doit son nom à l'archéologue *Ernest Beulé*, qui la retrouva en 1853 sous un bastion turc, à g. du sentier, fut élevée par les Byzantins, en contrebas d'un **grand escalier romain** de la fin du IIe s. ou du début du IIIe s. apr. J.-C. Parmi les fragments de sculptures déposés près des tours de la porte byzantine, remarquez **trois lions vénitiens**.
A dr. du palier rocheux au pied de la rampe en zigzag qui conduit à l'entrée des Propylées, le **soubassement du temple d'Athéna Niké** (Pl. IV, B-2), avec ses deux niches pour abriter des monuments votifs, **renferme les restes d'un temple archaïque**, du VIe s. av. J.-C., **et d'un bastion mycénien** construit vers la fin du XIIIe s. (?) pour défendre l'entrée principale de l'Acropole.
A g., le **piédestal du monument d'Agrippa**, élevé en marbre de l'Hymette, fut sans doute construit au IIe s. av. J.-C. pour supporter la statue d'un bienfaiteur d'Athènes, peut-être un roi de Pergame (Asie Mineure) ; plus tard, cette statue fut remplacée par celle d'un autre mécène, *Vipsanius Agrippa*, gendre d'*Auguste* (63 av. J.-C.-14 apr. J.-C.).
Près du palier rocheux, on peut encore voir **quelques marches de l'escalier monumental** construit sous *Caligula* ou *Claude* (Ier s. apr. J.-C.) et que compléta, plus tard, l'escalier signalé ci-dessus entre la porte Beulé et le palier. Cet escalier était coupé verticalement, en son milieu, par une **piste dallée et striée**, large de 3,50 m, qui prolongeait la **Voie Sacrée** et permettait aux bêtes de sacrifice et même aux cavaliers d'atteindre les Propylées. C'est dans cette partie de l'Acropole que se passerait la scène de *Lysistrata* où Aristophane montre les vieillards marchant sur l'Acropole (V. 254 sq.).

Un ex-voto de victoire. — *A la hauteur du deuxième coude de la rampe en zigzag, un petit escalier donnait accès à la plate-forme du bastion du temple d'Athéna Niké. L'un des deux pilastres encadrant cet escalier est couronné par un bloc en pierre de l'Hymette dont la face supérieure porte les traces de sabots d'un cheval de bronze, plus petit que nature ; sur une face, on peut lire une dédicace, en lettres du Ve s. av. J.-C., de trois hipparques athéniens,* Lacédaimonios, Xénophon *et* Pronapès *qui consacrèrent cet ex-voto avec le butin pris sur l'ennemi ;* ce monument commémorant la campagne d'Eubée (?), *en 446, fut signé par le* sculpteur Lycios, *fils de Myron. Sur la face opposée de ce même bloc, une autre inscription fait probablement allusion à une statue de Germanicus (Ier s. apr. J.-C.).*

2. — Les *Propylées (Pl. IV, B-2).

Construits en marbre pentélique à partir du soubassement (le marbre bleu d'Eleusis fut cependant utilisé pour rehausser certains traits architecturaux), les Propylées forment une entrée monumentale composée d'un corps central et de deux ailes en retour. Cet ensemble qui suscita l'admiration des Anciens fut construit par l'architecte *Mnésiclès*, sous le gouvernement de *Périclès*, sur l'emplacement du Propylée de Pisistrate (VIe s. av. J.-C.), qui lui-même occupait le site de la porte principale de l'Acropole mycénienne.

Un tour de force architectural. — *Les Grecs appelaient* propylée, *au singulier, le vestibule simple situé en avant d'une entrée de sanctuaire, de palais, d'agora, etc., et* propylées, *au pluriel, les entrées monumentales plus complexes, comme à Epidaure, à Corinthe, à Eleusis, etc. Destinés à remplacer l'entrée de Pisistrate, les* Propylées de Périclès *ne purent être commencés qu'en 437, après l'achèvement du Parthénon dont le chantier occupait les meilleurs ouvriers et dont les gros matériaux exigeaient le libre passage par la rampe O.* Les travaux *durèrent cinq ans* *et furent interrompus peu avant la guerre du Péloponnèse, en 432, et* ne furent jamais achevés. La difficulté de la tâche de Mnéciclès *résida dans des différences de niveau dans la partie centrale et dans le raccord harmonieux de cette partie du monument avec les ailes, dissymétriques, celle du S. étant beaucoup plus petite que celle du N. Ajoutons que les Propylées coûtèrent 2012 talents (plus de 12 millions de francs-or).*

Transformés en poudrière. — *Devenu palais épiscopal au XIIe s., l'édifice demeura presque intact jusqu'au XIIIe s. C'est alors que les ducs d'Athènes installèrent des bureaux dans l'aile N., surélevée. Au XIVe s., le Florentin* Nerio Acciaioli *établit son palais dans les autres parties du monument et fit surmonter l'aile S. d'une haute tour carrée. Hélas, les Turcs convertirent le vestibule central en dépôt d'armes et en poudrière et la foudre provoqua une explosion en octobre 1656. Après leur restauration, à partir de 1909, les Propylées constituent à nouveau l'une des parures de l'Acropole.*

La **partie centrale des Propylées** forme un rectangle d'assez vastes proportions précédé, à l'O. (côté extérieur) et à l'E. (côté intérieur), par un **portique dorique**. Elle est divisée par un mur transversal percé de cinq portes : celle du centre livrait passage à la **Voie Sacrée**, qu'empruntaient les **processions des panathénées** et les animaux de sacrifice. Les cinq portes étaient fermées par de lourds vantaux en bois dont parle ***Aristophane***.

Dans la partie S. (à dr.) du portique extérieur, sous le soubassement, quelques blocs de pôros (dont l'alignement est différent de celui des Propylées de Mnésiclès) ont été identifiés par *G. P. Stevens* avec les restes du socle du **quadrige** signalé par **Hérodote** devant l'entrée de l'Acropole, mais que **Pausanias** vit près de la fameuse statue de l'Athéna Promachos. Entre les *antes* de ce même portique, le dallage fut soigneusement poli, sans doute pour recevoir les bases de statues dans lesquelles *G. P. Stevens* croit pouvoir reconnaître celles d'Hermès et des Grâces et *Ch. Picard* celles des Dioscures.

Sur les pas de Pausanias. — *A la suite d'une étude réalisée par* G. P. Stevens *sur les pas de Pausanias, l'archéologue américain pense pouvoir localiser dans le portique intérieur l'emplacement de la* lionne sans langue, *sculptée par* Amphicratès *en l'honneur de la courtisane* Léæna *qui resta muette malgré la torture pour ne pas trahir les* Tyrannicides. *Près de là se dressaient la statue de l'*Aphrodite *de* Calamis *et peut-être celle de* Diitréphès, *œuvre de* Crésilas *(V. p. 289).*

L'aile N. des Propylées (à g.), la mieux conservée, abritait la **Pinacothèque** où se trouvait une collection de tableaux qui devaient être fixés à la paroi en marbre bleu d'Eleusis, encore visible, ou peut-être placés sur des chevalets.

L'aile S. des Propylées (à dr.), beaucoup plus petite, ne se compose pratiquement que d'une salle s'ouvrant vers la Voie Sacrée et vers le temple d'Athéna Niké. Son plan, très singulier, est principalement dû à des considérations religieuses : il convenait, en particulier, de préserver le sanctuaire d'Athéna Niké. Au moyen de quelques artifices, *Mnésiclès* réussit à donner une apparence de symétrie aux Propylées lorsqu'on les découvre en gravissant la rampe.

Pour éviter l'usure progressive du marbre sous les pas de milliers de visiteurs, on a récemment installé un escalier de protection en bois, sur lequel vous traverserez les Propylées. C'est de là que vous devrez vous contenter d'admirer le temple d'Athéna Niké, l'accès à travers l'aile S. des Propylées en étant désormais interdit.

3. — **Temple d'Athéna Niké (Pl. IV, B-2).

Ce petit monument, triomphe de l'élégance de l'architecture hellénique, encore appelé temple de la Victoire Aptère (sans ailes), fut construit par l'architecte *Callicratès,* dans la seconde moitié du Ve s. av. J.-C., pour remplacer les modestes installations qui avaient succédé au sanctuaire détruit par les Perses en 480. Entièrement érigé en marbre pentélique, dans une situation aérienne au sommet d'une haute tour, ou pyrgos, il constitue l'un des traits les plus remarquables du panorama de l'Acropole dont il signale l'entrée principale avec une grâce incomparable.

Athéna, déesse de la Victoire. — *L'histoire du site commence vers la fin du XIIIe s. (?) par la construction d'un puissant bastion mycénien. Sous les Pisistratides, vers 550 av. J.-C., un lieu de culte consacré à* Athéna Niké, *c'est-à-dire* Athéna déesse de la Victoire, *nom liturgique attesté par des inscriptions, fut fondé sur le bastion mycénien,* peut-être à l'occasion de la création des panathénées. *Ces installations furent détruites par les Perses en 480. Les travaux de réfection commencèrent en 478 par la construction d'un deuxième autel, agrandi par la suite, mais qui dut rester très modeste.*

Le temple de Callicratès. — *En 448, le bastion mycénien fut revêtu d'un coffrage en pôros constituant le pyrgos que l'on peut voir aujourd'hui. La construction d'un temple en marbre fut projetée dès cette époque et sa réalisation fut confiée à* Callicratès. *Les travaux, ralentis par la construction du Parthénon et des Propylées, ne furent activement poussés qu'après 432. Lorsque furent bâtis les Propylées, des difficultés ne tardèrent pas à surgir entre Mnésiclès et Callicratès, soutenu par le clergé d'Athéna Niké, à propos de l'installation de l'aile S. des Propylées sur le téménos du temple. Une transaction intervint entre les deux architectes et la plate-forme du pyrgos fut abaissée au niveau des Propylées. L'inauguration n'eut lieu qu'après la paix de Nicias (421). Entre 421 et 415, selon* G. Welter, *ou entre 411 et 407, selon* Ch. Picard, *furent exécutés les splendides reliefs du parapet entourant le pyrgos.*

Le temple (accès interdit) se compose d'une seule chambre *(cella)* qui abritait la statue de culte, reproduction d'une vielle statue de bois *(xoanon)* probablement détruite par les Perses lors du sac de l'Acropole. Peut-être dérivée d'un trophée primitif, elle n'avait pas les ailes des Victoires proprement dites dont Athéna Niké était distincte à l'origine. On tenta d'expliquer que les Athéniens avaient supprimé les ailes de la Victoire pour qu'elle restât chez eux...
Sur l'entablement, au-dessus des colonnes ioniques de la façade principale et sur les trois autres côtés règne **une frise continue de reliefs** ; seuls les reliefs du côté principal (E.) et du côté latéral g. (S.) sont des originaux ; les autres, emportés à Londres par *Lord Elgin,* à part d'infimes fragments mutilés, sont des moulages en ciment ; tous ont été détériorés et les têtes ont disparu, ainsi que les accessoires.

Sur la façade E. figure l'**Assemblée olympienne**, avec **Zeus** et **Poséidon** encadrant **Athéna**, tandis que les côtés S. et N. (à g. et à dr.) mettent en scène des **combats entre les Grecs et les Perses** et, le côté O., une **bataille entre Grecs et Béotiens**, alliés aux Perses à Platées.

Athéna Pallas occupe la place d'honneur sur la meilleure façade, au-dessus de l'entrée. Elle est représentée debout, tenant son bouclier, entre **Zeus** (à dr.) assis sur un trône et **Poséidon** (à g.) assis sur un rocher. A g., on remarque un groupe formé par Peithô et Aphrodite qui saisit Eros de la main droite. Athéna est là, devant les dieux, pour plaider la cause des Grecs engagés dans des combats sans merci dont les péripéties sont sculptées sur les autres côtés. A dr., **Déméter** (assise) et sa fille **Coré** (debout) ont pris place, semble-t-il, dans l'Assemblée. Devant elles, une messagère ailée, Iris, vient raconter aux Olympiens le déroulement de l'âpre combat représenté sur la face N. Au S. et au N., on peut voir des **Grecs combattant contre des Orientaux** identifiables par leurs carquois, leurs peltes (boucliers en forme de croissant), leurs étuis à arc comme sur les bas-reliefs persépolitains, ou leurs tuniques moins amples, aux manches étroites serrées au poignet. Ces scènes de combat symboliseraient donc **la victoire des Grecs contre les Perses**, victoire à laquelle les fils de Pallas prirent une part prépondérante, et donneraient **un caractère historique, très exceptionnel dans la sculpture grecque**, à ces reliefs. Sur la face O. figurerait un autre épisode des guerres Médiques opposant en une lutte fratricide des guerriers grecs entre eux. On sait comment des contingents béotiens, locriens, maliens et thessaliens vinrent renforcer l'armée des Perses à la veille de la bataille de Platées (479 av. J.-C.) et combattirent à leurs côtés contre les confédérés grecs.
La corniche de marbre qui couronne le rebord du pyrgos du temple d'Athéna Niké était surmontée d'un parapet en marbre dont la face extérieure était ornée de reliefs qui représentaient des Victoires ailées préparant en l'honneur d'Athéna le sacrifice d'une génisse (quelques plaques sont au musée de l'Acropole).

Une tragique méprise. — *C'est du haut du bastion que recouvre le pyrgos que, selon la légende,* Egée *guettait son fils* Thésée. *Ayant aperçu une voile noire au lieu de la voile blanche qui devait lui annoncer la victoire sur le* Minotaure, *il se serait précipité sur les rochers, accomplissant un rite primitif* (katacremnismos), *comme les filles de Cécrops.*

4. — Des Propylées au Parthénon. — Une fois les Propylées franchis, vous verrez se détacher **la majestueuse colonnade du Parthénon**, solidement assise sur son socle massif, et, à g., les **élégants profils de l'Erechthéion**.
Entre ces deux temples, le regard embrassait autrefois la colossale statue d'Athéna Promachos, puis, à dr., plusieurs sanctuaires et les innombrables stèles et monuments votifs énumérés par *Pausanias*. Leurs traces et trous de scellement ainsi que les entailles creusées dans le roc pour faciliter la marche déterminaient le tracé de la **Voie Sacrée** (Pl. IV, B/C-2) qui conduisait des Propylées à la façade E. du Parthénon. Cette voie a été récemment recouverte d'une chape de ciment sur laquelle marchent désormais les visiteurs, ceci toujours pour préserver de l'usure le marbre de l'Acropole. Il vous sera sans doute difficile de détacher votre regard du Parthénon, d'autant plus que les sanctuaires qui jalonnaient le côté dr. de la Voie Sacrée jusqu'à l'illustre monument ne présentent plus qu'un enche-

vêtrement de murs de fondations et d'entailles dans le rocher. Les précisions ci-après n'intéresseront donc que les amateurs de détails historiques et archéologiques.

Immédiatement après les Propylées se trouvait le **téménos d'Athéna Hygieia** (Pl. IV, B-2), ou d'Athéna déesse de la Santé, autrefois occupé par un groupe de monuments divers, dont la statue en bronze de la déesse ; érigée par les Athéniens sans doute à l'occasion de la peste de 429, il en subsiste la base en marbre, semi-circulaire, contre la colonne d'angle des Propylées.
Le **téménos d'Artémis Brauronia** (Pl. IV, B-2) ou **Brauronion**, dont le culte, importé du dème de Brauron, était surtout célébré par les jeunes filles et les femmes fut, dans un premier état, construit par *Cimon*, puis remanié lors de la construction des propylées de Mnésiclès. Près de l'entrée, peut-être dans le téménos lui-même, se dressait le **cheval de Troie**, ex-voto en bronze mentionné dans les *Oiseaux*, d'**Aristophane**, pièce représentée en 414.
En face de l'entrée du Brauronion se dressaient un **quadrige** en bronze (Pl. IV, 1 en B-2), consacré par les Athéniens après leur victoire de 506 sur les Béotiens et les Chalcidiens, et la célèbre statue d'**Athéna Promachos** (Pl. IV, 2 en B-2), en bronze, qui aurait mesuré plus de 9 m. Inaugurée vers 454 av. J.-C., cette gardienne vigilante d'Athènes fut exécutée par *Phidias*, le maître du Parthénon. Aujourd'hui, le souvenir des deux monuments n'est plus guère conservé que par deux fondations en partie taillées dans le roc.

Les tribulations d'un quadrige. — *Le quadrige de bronze, érigé avec la dîme du butin pris au cours de la campagne de 506 av. J.-C. en Eubée, fut probablement emporté ou détruit par les Perses, en 480. Le quadrige que l'historien* Hérodote *put voir peu après 450 près du propylée de Pisistrate était sans doute une copie. Il dut être transféré sur l'Acropole, là où le vit* Pausanias, *au moment de la construction des propylées de Mnésiclès.*

Athéna en armes. — *Quant à la statue d'Athéna Promachos, elle fut, d'après* Démosthène, *élevée avec la dîme du butin des guerres Médiques (ou avec le butin de Marathon selon une autre tradition). Elle fut emportée à Constantinople probablement sous le règne de Justinien. En 1203, la populace superstitieuse de Constantinople brisa la statue parce que, nous rapporte* Nicétas Choniate, *les mains étendues de la déesse appelaient les envahisseurs d'Occident (les Francs).*

Le **téménos d'Athéna Erganè** (Pl. IV, B/C-2), c'est-à-dire d'Athéna ouvrière, recevait les offrandes consacrées par les ouvriers et les femmes sur le produit de leur travail, tout comme les paysans offraient les prémices de leur récolte. Nous savons, par exemple, qu'un potier du nom de *Bacchios* offrit à la déesse l'œuvre qui lui avait valu le premier prix lors d'un concours. A côté, la **Chalcothèque** (Pl. IV, B/C-2) ou dépôt des bronzes renfermait des armes et des éperons de navire, produits de l'industrie manufacturière dont Athéna Erganè était la protectrice. La galerie de la Chalcothèque, probablement construite vers 450 av. J.-C., fut agrandie, après 432, d'un portique dont une extrémité repose sur des gradins rupestres taillés en face du Parthénon.

Sur les pas de Pausanias. — *Dans ces parages se trouvaient deux importants groupes sculptés cités par Pausanias. L'un, attribué à* Myron, *représentait* Athéna et Marsyas, *et l'autre* Thésée et le Minotaure. *Athéna frappait le silène Marsyas parce qu'il avait pris les flûtes que la déesse avaient jetées car, lorsqu'elle en jouait, ces instruments déformaient le modelé de ses joues. En cette partie de l'Acropole fut découverte une base de statue consacrée par Hermolycos, fils de Diitréphès, signée par* Crésilas. *On a voulu rapporter ce socle à la statue, citée par* Pausanias, *du stratège athénien Diitréphès, mentionné dans* Thucydide *(surtout VII, 29), et que le sculpteur aurait représenté sous les traits d'un guerrier percé de flèches.*

Au-delà de l'enceinte d'Athéna Erganè, la **Voie Sacrée**, tracée sur le roc, laisse à dr., à la hauteur de la septième colonne du Parthénon, une **inscription rupestre** (Pl. IV, 3 en C-2) protégée par une grille ; cet endroit fut consacré à **Gê Carpophoros** (la Terre porteuse de fruits) ; près de là se dressait une statue de la déesse implorant Zeus de faire cesser la sécheresse.

5. — ***Le Parthénon (Pl. IV, C/D-2).

Le Parthénon, couronnement de l'Acropole bâti à la gloire d'Athéna, « revêtu de la majesté des siècles », semble aujourd'hui encore animé « d'un souffle vivant et incorruptible, d'une âme inaccessible à la vieillesse » (Plutarque). Il fut construit entre 447 et 432 et, à son nom, sont indissolublement associés celui de *Périclès,* le génial promoteur d'une politique qui consacra à jamais la grandeur d'Athènes, et celui de *Phidias,* que les Anciens célébrèrent comme le plus grand sculpteur du Ve s., aux côtés de *Myron* et de *Polyclète.* A *Phidias* étaient associés *Ictinos,* architecte, et les plus célèbres artistes d'Athènes.

Il est appelé par les inscriptions le **grand temple** ou simplement le **temple.** Le nom de **Parthénon** (chambre des Vierges) ne désignait d'abord qu'une des pièces de l'édifice. La dénomination consacrée par l'usage ne s'étendit au temple tout entier qu'au IVe s. Il est cité comme tel, pour la première fois, dans un discours de *Démosthène,* en 355. Ce terme fut interprété comme signifiant le temple de la Vierge ou d'Athéna Parthénos, bien que cette épithète ne fut pas réellement rituelle, mais poétique et populaire. Dans la pensée de ses constructeurs, le Parthénon devait être un agrandissement de l'Hécatompédon, c'est-à-dire un temple essentiellement consacré à **Athéna Polias,** et aménagé de façon à abriter la statue de la déesse et ses trésors sans cesse accrus. Le nouveau temple ne supplanta jamais l'Erechthéion dans la vénération des Athéniens et **il fut honoré surtout comme un chef-d'œuvre d'architecture** et comme le **Trésor de la République.** On ne sait pas exactement quel était son rôle dans la célébration des panathénées.

Le temple aux cent pieds. — *Dès 570-566, le premier temple construit sur l'actuel emplacement du Parthénon se serait dressé à côté de l'ancien temple d'Athéna d'époque géométrique. D'importants restes du décor de ce temple, appelé* Hécatompédon. *c'est-à-dire bâtiment de cent pieds, furent retrouvés parmi les remblais de la terrasse aménagée au S. du Parthénon. L'Hécatompédon aurait été détruit vers 488 pour laisser la place au* Vieux Parthénon, *mais ce sanctuaire était inachevé lorsque se produisit l'invasion perse.*

Le temple de Périclès. — *Peu de temps après son accession au pouvoir,* Périclès *proposa l'érection d'un temple en marbre pentélique. Les travaux commencèrent en 447 et durèrent jusqu'en 432. Lors des grandes panathénées de 438, la statue de* Phidias, *l'*Athéna Parthénos, *avait été consacrée. Périclès dirigeait et contrôlait la marche des travaux comme administrateur, aidé de Phidias, en qualité de maître d'œuvre. Sous les ordres de Phidias se trouvaient* Ictinos, *architecte, et l'entrepreneur*

Callicratès, *qui avait élevé le Long Mur du milieu, et les sculpteurs les plus célèbre d'Athènes, les uns rivaux, les autres disciples de Phidias, qui se partagèrent l'exécution des frontons, des métopes et de la frise.*

Heurs et malheurs d'un temple. — *Le Parthénon resta intact jusqu'au déclin de l'empire romain. Il s'enrichit constamment de nouveaux présents et* Alexandre le Grand *y consacra des boucliers de bronze doré après sa victoire du Granique (334). En 304-303,* Démétrios Poliorcète *donna le signal des profanations en logeant ses courtisanes dans la partie O. de l'édifice, là où se trouvait le Trésor athénien. En 298, il revint assiéger Athènes, défendue par* Lacharès *qui s'enfuit en emportant les ornements d'or du temple et les joyaux de la statue. Respecté par les Romains, le Parthénon fut transformé en église au VIe s., mais déjà* Théodose II *avait fait enlever la statue de Phidias, l'Athéna Parthénos, transportée à Constantinople. Les croisés convertirent l'église au culte catholique romain, en 1208, les Turcs en mosquée, en 1460.*

Enlèvement de quelques pierres avec inscriptions et figures. — *En 1687, pendant le siège dirigé par* Kœnigsmark *pour le compte de* Morosini, *un obus de mortier fit sauter le monument, transformé en poudrière par les Turcs. Le pillage des sculptures commença.* Lord Elgin, *muni d'un firman pour « l'enlèvement de quelques blocs de pierre avec inscriptions et figures », arracha, au cours d'une ambassade auprès de la Sublime Porte (1799-1802), une douzaine de statues, 56 dalles de la frise et 15 métopes.*

Le Parthénon, le **chef-d'œuvre de l'architecture grecque**, est bâti tout entier en marbre pentélique. **Sa fiche technique** nous révèle qu'il s'agit d'un temple dorique périptère, c'est-à-dire entouré d'une colonnade, octastyle (à huit colonnes en façade), à deux frontons. Ses dimensions sont, au niveau du stylobate, de 69,51 m sur 30,86 m. L'ordre intérieur est très simple : deux chambres, le *naos* ou *cella* et le *Parthénon* proprement dit (chambre des vierges), enveloppés par la colonnade, s'ouvrent à l'E. et à l'O. sur un portique de six colonnes doriques. Le naos était le sanctuaire de la déesse tandis que le *Parthénon,* non affecté au culte, abritait le trésor d'Athéna. Les colonnes des galeries extérieures supportaient un entablement composé d'une architrave, d'une frise dorique et d'une corniche. La **frise**, comme dans tous les temples doriques, était décorée de **triglyphes** (ornements à trois rainures verticales) et de **métopes sculptées** (panneaux rectangulaires en alternance avec les triglyphes). Ces divers éléments architecturaux étaient rehaussés par **l'emploi de la couleur**, chose que l'on a quelque peine à imaginer, tant la perfection des lignes et des marbres de la plupart des temples grecs, lustrés et revêtus d'une chaude patine par le temps, semble indigne d'un tel traitement.

Pour vous aider à recréer par la pensée l'effet produit par cette polychromie — symphonique ou cacophonique, à vous de juger —, sachez que la moulure de la frise était ornée d'une grecque en **brun**, de feuilles ou rais de cœur **blancs et rouges**, de filets **dorés**. On a reconnu dans les canaux des triglyphes et sur les mutules des traces de peinture **bleue** et de la couleur **rouge** sur les gouttes. Sans doute le fond des métopes était-il **rouge** et celui des frontons **bleu**. Les draperies et autres détails des métopes et de la frise étaient peints. Les colonnes, les chapiteaux ne montrent aucune trace de couleurs, mais sans doute ne devaient-ils pas en être dépourvus. Les murs intérieurs du naos devaient être en **rouge foncé**, tandis que les caissons des plafonds étaient décorés de rosaces et de feuilles. Enfin, on employait **des accessoires en métal doré**, pour les acrotères par exemple, sans compter les ex-voto, tels ces 22 boucliers de bronze doré accrochés, en façade, par Alexandre le Grand, pour commémorer sa victoire sur les Perses à la bataille du Granique.

Un examen un peu minutieux du soubassement permet de constater **une curieuse particularité de construction** : l'assise de réglage en marbre, au-dessus de la dernière assise en pierre calcaire des fondations, n'est pas strictement horizontale, mais légèrement parabolique. Cette courbure est transmise aux degrés et, de là, à l'entablement, par les colonnes. Il s'agit d'un raffinement de construction qui permet de **compenser l'impression de raideur des lignes droites** et de **corriger cette erreur d'optique** par laquelle les longues lignes horizontales, isolées dans le vide d'une colonnade, paraissent fléchir en leur milieu.
Cet artifice créateur de beauté et d'équilibre n'est pas le seul. Sachez, par exemple, que les axes verticaux des colonnes ont été inclinés vers l'intérieur, pour donner plus de robustesse à l'édifice, certes, mais aussi pour éviter que ces colonnes ne donnent l'illusion de « pousser au vide » ; apprenez encore que les colonnes sont galbées afin qu'elles ne paraissent pas étranglées en leur milieu et que les colonnes d'angle qui, autrement, paraîtraient plus menues que les autres, en raison de leur isolement, ont leur diamètre légèrement renforcé.

Sculptures de la frise dorique. — Des 92 métopes, très peu sont restées en place et la plupart sont mutilées et méconnaissables. Celles de la façade principale, à l'E., face au musée, représentent le **combat des dieux et des géants**, celles du S. les **combats des Lapithes et des Centaures**, celles de l'O., face aux Propylées, une **amazonomachie** ou **combat des Grecs contre les Amazones** et enfin, celles du N., des **scènes de la guerre de Troie**.

Sculptures des frontons. — Athéna, la fille de Zeus — elle était sortie, en armes, de sa tête — **était glorifiée**, sur les frontons, par des **sculptures en marbre** où **Phidias** dut apporter son concours. Vous n'en verrez plus, malheureusement, que des débris bien décevants, que ce soit sur place ou au musée.
La **naissance d'Athéna**, représentée au **fronton E.**, le principal, avait quelque chose de rassurant pour les Athéniens ; ayant hérité de son divin père sagesse et raison, la déesse, qui portait une lance et son fameux bouclier à tête de Gorgone, personnifiait le courage lucide, gage de sécurité pour la Cité.

Il ne reste plus en place que quelques têtes aux deux extrémités : deux des quatre chevaux d'Hélios, dont le char marquait l'apparition du jour (à g.), un des chevaux du char de Séléné, qui disparaissait à l'angle opposé ; les autres chevaux de ces groupes sont mutilés, mais leurs cous sont encore préservés. La tête de cheval trop bien conservée et le personnage couché (Dionysos ?) ne sont que des copies d'originaux maintenant au British Museum, comme la plupart des morceaux subsistants de ce fronton.

Le fronton O. mettait en valeur la **vocation pacifique et civilisatrice d'Athéna**, sous la forme d'une mise en scène de la célèbre **dispute avec Poséidon** pour la possession de l'Attique; celle-ci avait vu le triomphe de la fille de Zeus **qui avait fait don de l'olivier**, symbole de paix, mais aussi source de richesse pour Athènes.

Deux figures seulement restent en place à g.; elles représentent peut-être *Cécrops* et sa fille *Aglaure* (ce groupe forme le morceau le plus beau et le plus complet qui soit resté à Athènes). A l'angle opposé, vous remarquerez une figure de femme allongée (représentation allégorique de la source *Callirrhoé?*).

Sculptures de la frise ionique. — Cette frise, l'une des plus célèbres œuvres d'art de l'univers, aujourd'hui « partagée » entre le musée de l'Acropole (salle VIII) et le British Museum, si l'on excepte le **bandeau O., encore en place**, se développait sous la galerie extérieure. La composition commençait à l'angle S.-O. (l'angle dr. de la façade vue depuis les Propylées), d'où partaient deux théories de personnages défilant sur chacun des quatre côtés de l'édifice pour converger vers le milieu du côté E. La **frise O.** nous fait assister aux **préparatifs de départ de la procession**, avec le rassemblement des cavaliers; à g. du bandeau, un magistrat ou un prêtre commence à ordonner le cortège.

Puis la cavalcade se poursuivait, en rangs bien ordonnés, sur les **côtés N.** (13 plaques au musée de l'Acropole) **et S.** (5 plaques à Athènes), par le double défilé des cavaliers chevauchant en troupe, des chars, des thallophores, des sacrificateurs conduisant des génisses, des magistrats, des musiciens, des canéphores, etc. Peu à peu, le mouvement s'apaisait, cependant parfois repris d'un vif élan, au fur et à mesure que l'on se rapprochait de la **face E.** (2 plaques à Athènes) où la procession se terminait par un tableau d'apothéose, dans lequel figuraient des dieux et des personnages divinisés répartis en deux groupes semblant accueillir les deux branches du cortège.

Intérieur du temple. — Temple sans fidèles — les touristes n'y ont plus accès et le peuple des grandes panathénées s'est réfugié dans le musée, lorsqu'il n'est pas en exil à Londres —, le Parthénon est aussi un sanctuaire sans divinité. La statue, la fameuse Athéna Parthénos de *Phidias,* n'est plus qu'un souvenir pas même évoqué par la bien modeste statue de l'Athéna du Varvakeion, que vous verrez peut-être au Musée National. Mais le lieu qu'elle « habita » est encore là, d'une nudité affligeante. Il attend de vous un effort d'imagination.

Le **naos** ou **temple proprement dit** s'ouvre à l'E., sous un portique. On le connaissait sous le nom d'**Hécatompédos néôs**, c'est-à-dire de sanctuaire long de cent pieds, qui rappelait celui d'un temple archaïque, sur l'emplacement de l'actuel Parthénon, dont la longueur correspondait effectivement à cent pieds.
Deux rangées de colonnes doriques reliées à l'extrémité O. par une colonnade transversale et sur lesquelles était superposée une colonnade plus menue — les empreintes sont encore visibles sur le sol — divisaient le naos en trois nefs. Celle du centre formait une sorte de chapelle, éclairée seulement par la porte. Là, dans la pénombre, en une place marquée sur le pavement, se dressait la

statue d'Athéna Parthénos. Consacrée en 438, en présence de *Périclès,* cette statue d'or et d'ivoire, sculptée — peut-être devrait-on dire construite — par *Phidias,* mesurait environ 26 coudées de haut ou 12 m, soit environ 15 m avec la base.

Une déesse à la complexion délicate. — Pausanias *(V, II, 5) nous dit qu'en vue d'éviter la détérioration de l'ivoire de la grande statue, l'air, à l'intérieur de la cella, était artificiellement surchargé en humidité lorsque cela devenait nécessaire. Il semble qu'un bassin à grande surface d'évaporation, mais peu profond, aménagé dans la cella, permettait d'élever l'état hygrométrique de l'atmosphère ambiante. Le soin de veiller au délicat entretien de cette fragile statue chryséléphantine avait été confié à une famille sacerdotale athénienne.*

A la recherche d'une statue perdue. — *La* statue d'Athéna Parthénos, *trop précieuse pour avoir eu quelque chance de parvenir, même de façon fragmentaire, jusqu'à nous, peut cependant être décrite avec une grande part d'approximation grâce aux descriptions des anciens voyageurs, mais aussi à l'aide de quelques copies, dont la plus intéressante semble être celle que l'on a appelée l'*Athéna du Varvakeion *(déposée au Musée National), en dépit d'une évidente fadeur d'exécution (à noter que cette copie fut sculptée 500 ans après la consécration de l'original).*

Portrait d'une déesse. — *L'Athéna Parthénos de* Phidias *était debout, vêtue d'un péplos attique tombant jusqu'aux pieds. Sur sa poitrine se trouvait une tête de Méduse en ivoire. Dans la main dr., soutenue par une colonnette, elle tenait une Victoire, haute d'environ quatre coudées, et, de l'autre main, une lance. A ses pieds, appuyé contre son genou g., on pouvait voir un bouclier orné de reliefs, tant à l'extérieur qu'à l'intérieur. D'un côté figurait une amazonomachie dans laquelle* Périclès *et* Phidias *auraient été, selon* Dion Chrysostome, *représentés ; de l'autre une gigantomachie* (*selon* Pline). *La tranche des épaisses semelles des chaussures de la déesse avait été elle-même décorée d'une centauromachie et la base de la statue, haute d'environ 1,50 m, de reliefs présentant la naissance de Pandore. La déesse était coiffée d'un casque surmonté, sous le cimier, d'un sphinx, et ornementé sur les côtés de deux griffons ainsi que de chevaux ailés.*

Une autopsie sacrilège. — *Un évidement rectangulaire, aménagé dans le massif en tuf que surmontait autrefois la base de marbre de la statue, permettait de maintenir verticalement un poteau en bois qui constituait l'armature sur laquelle s'assemblaient les différentes parties de la statue. En face de tels artifices, on ne peut manquer de se rappeler les sarcasmes de* Lucien *daubant les statues de quelques divinités : « au-dehors, c'est Poséidon, le trident en main ; c'est Zeus, tout brillant d'or et d'ivoire ; mais regarde au-dedans : des leviers, des coins, des barres de fer, des clous qui traversent la machine de part en part ; des chevilles, de la poix, de la poussière, maintes autres choses aussi choquantes à la vue, voilà ce que tu y trouveras ». Il nous serait difficile — l'humour mis à part — de trouver un texte décrivant avec plus de précisions l'agencement intérieur de ces colossales statues chryséléphantines.*

On restituera à la chambre de la déesse le mur qui la séparait du **Parthénon** proprement dit, c'est-à-dire de la **salle des Vierges,** une pièce rectangulaire, à la partie postérieure de l'édifice, où quatre colonnes ioniques supportaient le plafond. La destination de cette salle fut longtemps incertaine, mais l'on admet aujourd'hui qu'elle dut servir à la conservation des trésors sacrés, avant d'être affectée au **Trésor de l'Etat.**

Des vierges de marbre. — *Selon* P. Graindor, *l'origine du nom de cette salle serait essentiellement traditionnelle, et rappellerait l'aménagement des temples primitifs où l'on réservait souvent une chambre aux servantes qui, telles les* vestales *dans l'ancienne Rome, s'occupaient du service divin et devaient avoir leur logement à côté de celui de la divinité. Toujours selon le même auteur, vint un moment où l'on se contenta de substituer à ces servantes des* effigies de marbre *qui furent rassemblées à proximité du temple, en souvenir de l'usage ancien. Ainsi s'expliquerait la grande quantité de* corés *que l'on put trouver au voisinage de certains temples importants, notamment près du Parthénon. Les célèbres corés exposées au musée de l'Acropole auraient été dressées aux alentours de l'Hécatompédon. On aurait par ailleurs conservé l'habitude de construire, près de la cella du temple, le logement des servantes qui traditionnellement faisaient partie du sanctuaire.*

6. — Du Parthénon au musée de l'Acropole. — Le court trajet entre le Parthénon et le musée de l'Acropole est une sorte de césure entre deux temps forts. Vous en profiterez donc pour admirer la vue panoramique sur le versant S. de l'Acropole où, à vos pieds, se love le théâtre de Dionysos.

A partir de la façade O. du Parthénon, vous remarquerez des blocs en pierre de l'Hymette (Pl. IV, 4 en C-2) provenant du péristyle de l'ancien temple d'Athéna et des **tambours de colonnes** du Parthénon archaïque, puis, dans une fosse (Pl. IV, 5 en C-3), un fragment du second mur de soutènement, d'appareil hellénique, du **Vieux Parthénon.** Plus loin, dans une autre fosse (Pl. IV, 6 en C-3), restes du premier mur de soutènement, en appareil polygonal. A quelques mètres de là furent reconnus les vestiges (Pl. IV, 7 en C-3) d'un bâtiment du Ve s. qui servit peut-être d'atelier à *Phidias* (il y aurait dressé la maquette et procédé à des essais de montage de la statue chryséléphantine de l'Athéna Parthénos). Avant le musée, notez encore, gisant à terre, des **tambours de colonnes** non terminés qui proviennent du Vieux Parthénon.

7. — ***Le musée de l'Acropole (Pl. IV, D-2).

▣ Ses collections, qui, en provenance exclusive de l'Acropole, rassemblent tout ce que des siècles de fureur et *Lord Elgin* ont bien voulu laisser à la Grèce, le désignent parmi les grands musées d'art hellénique.

Visite : en été, en sem. de 9 h à 15 h et le dim. de 10 h à 16 h ; en hiver, en sem. de 9 h à 15 h 30 et le dim. de 10 h à 16 h 30 ; fermé le mardi ; accès payant (le droit d'entrée n'est plus compris dans le billet de l'Acropole) sauf le dim. (☏ 323-66-65).

Le musée de l'Acropole nous raconte en un raccourci très limpide **l'histoire de l'art attique depuis la période archaïque jusqu'au plein épanouissement classique,** au Ve s. avant notre ère. **Un nom et une œuvre dominent :** *Phidias* **et la frise ionique du Parthénon** (salle VIII). Ne négligez surtout pas le reste, il s'en dégage **plusieurs œuvres capitales : une statue de cavalier** (salle IV), attribuée à un certain *Phaidimos*, l'un des plus grands sculpteurs de la période archaïque, **une extraordinaire collection de corés** (salle IV), qui compose le salon d'élite de la sculpture attique du VIe s. av. J.-C., et **un superbe fronton** (salle V) de l'ancien temple d'Athéna, une autre œuvre de la période archaïque, par conséquent exceptionnellement bien représentée dans ce musée.

Notre itinéraire. — Il est très simple : commencez la visite par la salle s'ouvrant à g. dans le vestibule. Les salles se succèderont ensuite de la façon la plus logique.

Salle I. — Deux groupes de sculptures attirent spécialement l'attention ; l'un d'eux, contre le mur g., est **le plus ancien fronton (1) de l'Acropole** ; en tuf peint, daté du début du VIe s. av. J.-C., il provient d'un petit temple ou d'un trésor. Au centre, **Héraclès** saisit, pour l'écraser de sa massue, une tête de l'**hydre de Lerne** dont le corps s'allonge en plis tortueux ; à g., Iolaos, le cocher du héros, un pied posé sur le char, contemple le combat. Dans le coin g., on devine le crabe envoyé par Héra au secours de l'hydre, pour qu'il pince Héraclès au talon. Notez encore les traces de la polychromie originelle. Le deuxième groupe (4) figure une **lionne terrassant un taureau** ; il s'agit là d'un fragment de fronton d'un temple du début du VIe s. av. J.-C.

Parmi les autres sculptures, remarquez surtout une **tête de Gorgone** (701), en marbre pentélique, qui était une figure d'acrotère de l'ancien temple d'Athéna (2e quart du VIe s.) ; on distingue encore des traces de peinture rouge sur la langue, les lèvres et la chevelure.
Dans le passage entre les salles 1 et 2, vous remarquerez à dr. une tête de serpent (41) et à g. une chouette (56), l'oiseau d'Athéna et l'emblème d'Athènes.

Salle II. — A g. de l'entrée, le groupe central (9) d'un **fronton archaïque** daté de 580 env. av. J.-C. attire l'attention : il représente l'**apothéose d'Héraclès** (reconnaissable, sur la droite, à sa coiffure faite de la dépouille du lion de Némée), c'est-à-dire la réception du héros, escorté par **Hermès**, par les dieux de l'Olympe, où trône le maître des lieux, **Zeus**. Il convient de restituer à ce fronton le fragment (55) placé à dr. de l'entrée.
Le clou de cette salle est sans aucun doute constitué par le ***Moschophore** (624) ou *porteur de veau*, statue archaïque (vers 570 av. J.-C.) en marbre de l'Hymette d'un sacrificateur désigné sous le nom de [Rh]ombos par l'inscription gravée sur la base. Cet ex-voto où le dédicant est représenté sous des traits conventionnels est une œuvre admirable de sérénité.

Contre le mur dr., vous examinerez le ***fronton** (35) orné d'un groupe sculpté, d'époque archaïque (vers 580-570 av. J.-C.), où **Héraclès lutte contre Triton** sous les yeux de Nérée, le vieillard de la mer, être hybride, à triple corps humain se terminant par un corps de dragon. Remarquez l'expression saisissante des visages, ainsi que de nombreux restes de polychromie.
Juste à dr. du fronton, vous examinerez, si vous savez lire le grec, la **colonnette votive** (dédiée à Athéna) qui porte une inscription en caractères archaïques, gravée verticalement et donnant les noms de l'artiste qui avait exécuté l'ex-voto placé sur la colonnette *(Pythis époïèsen)*, du dédicant *(Epistélis anéthèken)* et de la destinataire *(Athènaiai)*. De part et d'autre du fronton, restes d'éléments d'architecture dorique et ionique archaïque.
Sur le mur de g., vous verrez aussi les restes de **deux autres frontons archaïques** en pôros de l'Acropole : deux serpents (37 et 40), lutte d'Héraclès et de Triton (2) ; devant ce dernier groupe, **grand sphinx votif en marbre** (630), du milieu du VIe s. De part et d'autre des frontons, deux vitrines murales contiennent des figurines et des plaques en terre cuite archaïques qui

représentent des offrandes faites à Athéna dans son sanctuaire de l'Acropole. Ne quittez pas cette salle sans jeter un coup d'œil, à g. de la porte de sortie, sur le **fronton dit de l'olivier** (52), à cause des branches d'olivier incisées sur la g. ; l'édifice central fut un moment identifié avec l'Erechthéion primitif, mais il s'agirait plutôt d'une fontaine, avec une figure dite d'hydrophore ou porteuse d'eau, qui ainsi servirait de toile de fond à la **représentation du mythe de Troïlos**, prince troyen qui fut traitreusement tué par Achille et dont l'histoire inspira de nombreux peintres de vases et une tragédie à Sophocle (vers 570-560).
Face à la porte de sortie, coré (593 ; début du 2e quart du VIe s.), **la plus ancienne des corés attiques**, malheureusement acéphale ; de la main dr., elle tient une couronne, de la g., une grenade, fruit sacré de Déméter et d'Athéna Niké, plaquée contre la poitrine. A dr. de la porte, restes d'un **quadrige votif en marbre** (575 ; vers 570).

Salle III. — Vous examinerez surtout, dans la partie g. de la salle, un imposant groupe (3) en tuf figurant un **taureau** terrassé et dévoré par des lions dont il ne reste plus que les pattes ; cette œuvre, datée de 570-560 av. J.-C., ornait un fronton de temple archaïque.
A dr. de l'entrée, **sphinx** votif (632), au « regard tendre de jeune fille » et au « sourire amical » (M. Brouskari), datant de 540-530. Au-delà du sphinx, sur la dr., **types primitifs de corés** (1re moitié du VIe s.) d'origine ionienne (de Samos ou Naxos ; 619 et 677) et, se faisant pendant, partie inférieure de deux statues féminines assises (618 et 620 ; vers 520) ; au-dessus, éléments d'architecture dorique.

Salle IV. — A l'entrée, une **déesse** — probablement **Athéna** —, représentée en **bas-relief** (581) dans le style des corés ioniennes, vous accueillera, le sourire aux lèvres, comme elle reçoit un couple de dévots, accompagné de ses enfants, venu lui faire l'offrande d'un porcelet.
A g., petite **colonne votive** (124) portant une longue inscription en caractères archaïques, gravée verticalement sur trois des cannelures (à dr. quand on regarde la colonne) ; au-dessus, chapiteau ionique avec traces de peintures sur les volutes ; sur le chapiteau prenait place la statue dédiée à la fille de Zeus, c'est-à-dire Athéna, par Alkimachos (renseignements donnés par l'inscription).

Dans la première partie de la salle vous admirerez **quatre œuvres attribuées à un même sculpteur athénien**, l'un des plus grands artistes de la période archaïque, en lequel certains critiques croient pouvoir reconnaître *Phaidimos*. Le ****cavalier** (590) dans l'angle à dr. de l'entrée est le premier travail connu de cet artiste ; il est daté de 560 env. av. J.-C. La tête n'est qu'un moulage, l'original, connu sous le nom de *tête Rampin*, étant au musée du Louvre. Ce cavalier faisait partie d'un groupe de deux portraits équestres (des fils de Pisistrate ?) disposés d'une manière antithétique.
La ***coré au péplos** (679), à côté du cavalier, est la seconde œuvre assignée à *Phaidimos ;* datée de 530 env., elle témoigne elle aussi d'une grande sensibilité dans l'exécution du visage, encadré de longues et souples tresses, où les yeux semblent refléter un profond mystère intérieur, et dans le modelé du corps, moulé dans un austère péplos dorique.
Au centre de cette partie de la salle, vous verrez les deux autres sculptures attribuées à la même main : un remarquable **chien courant** (143), exécuté vers 520 av. J.-C., et une gargouille en forme de **tête de lion** (69), qui ornait la cimaise du temple d'Athéna du temps des Pisistratides.

Vous verrez aussi, dans cette moitié de la salle, la partie supérieure du **buste et la tête d'une étrange coré** (669) qui présente à la fois des traits de grande ancienneté (chevelure en perruque « à étages », sourire tendu) et de relative nouveauté (plis ondulés de la draperie tombant librement) ; elle doit dater des environs de 500.

Méritent aussi un coup d'œil : deux autres **têtes féminines archaïques** (617 et 654) ; **la partie inférieure d'une statue d'Athéna** (136 ; vers 500), au pied nu et d'une grande finesse, qui se dressait sur une colonne à chapiteau en forme de calice (traces très nettes d'un décor peint : grecque sur le bandeau supérieur ou abaque, palmettes sur l'échine) ; un petit relief très coloré (702 ; fin du VIe s.) représentant une farandole dans laquelle trois femmes (peut-être les Trois Grâces ?), précédées par un joueur de hautbois, entraînent un jeune garçon au rythme de la musique ; un magnifique **cavalier scythe ou perse** (606 ; vers 520), malheureusement très mutilé mais dont le costume a parfaitement conservé sa riche polychromie (rouge, noir, vert) sur les jambes et les reins ; un relief (1343) conservant le torse et la belle tête d'un homme barbu coiffé du pétase (sans doute le dieu Hermès ; fin du VIe s.) ; la coré 269 (vers 550-540), dont la partie supérieure n'est qu'un moulage, l'original étant conservé au musée de Lyon.

La deuxième partie de la salle abrite une prestigieuse ***__collection de corés,__** groupées par style, qui furent découvertes sur l'Acropole, dans une fosse, véritable cimetière sacré où elles avaient été enfouies après avoir été profanées par les Perses, en 480 av. J.-C. Ces œuvres joyeuses et brillantes ont été exécutées, entre 550 et 480, par des sculpteurs très largement influencés par l'art ionien, qui jouit d'une grande vogue sous les Pisistratides.

Le charme de la Grèce archaïque. — Les nuances de facture, de costume et de type donnent **à chacune des corés sa personnalité**. Vous étudierez avec intérêt les détails de leurs vêtements, la polychromie qui réchauffe le marbre, l'expression des physionomies. Vous serez si intrigué que vous vous efforcerez de découvrir sur chacun de ces visages le reflet d'un caractère, tant ces yeux vifs, ces lèvres colorées, relevées par un fin sourire, avenant ou moqueur, ces carnations, donnent l'illusion de la vie. Pourtant, ces figures ne sont pas des portraits mais, le plus souvent, l'expression que nous leur prêtons tient à un détail d'exécution où l'artiste ne mit aucune intention expressive. Rien ne les désigne comme des déesses ou des prêtresses, ni comme des effigies de pieuses donatrices. Elles ne sont que **de simples offrandes** consacrées sous la forme de jeunes filles *(korai)*, aussi impersonnelles et anonymes que les corés de l'Erechthéion.

Un miroir de la diversité hellénique. — Elles se répartissent en plusieurs groupes, où l'on distingue des **corés primitives**, œuvres imitées des anciennes statues de culte *(xoana)*, engoncées dans un vêtement en forme de gaine (comme les figures des anciens xoana), avec des draperies raides et collantes, ou encore en forme de colonne. On aura d'ailleurs vu, à la sortie de la deuxième salle, une statue du premier type (593) et dans la troisième salle deux corés en forme de colonne, dites **samiennes** (de Samos ou Naxos ; 619 et 677). On distingue encore le groupe des **corés ioniennes** (682, 594, 673, 670, 675), remarquables par le raffinement du costume et le visage aux yeux très obliques et aux lèvres arquées, le groupe des **corés pseudo-ioniennes** (672, 674, 683, 685), où l'ionisme n'est plus original, mais se reflète chez les disciples attiques des Ioniens, et enfin le groupe des **corés attiques** (671, 669, etc.) où se manifeste le retour à l'indépendance et à ses traditions de gravité et de sobriété de l'art attique. **La reine du groupe**, sinon pour la beauté, du moins pour l'ampleur des proportions et sa conservation, est bien **la coré 681**, œuvre exécutée vers 510 par le sculpteur athénien *Anténor*, l'auteur du premier groupe des Tyrannoctones.

Une présentation de mode. — Le costume se compose généralement d'une longue tunique de lin ou *chitôn*, serrée à la ceinture ; la partie supérieure forme un corsage plus ou moins bouffant et surplissé (671, 683) ; la partie inférieure, ramassée en paquet dans une main, est tenue sur le côté ou par devant. Des broderies colorées ornent les bords et le milieu de la jupe et l'ensemble est parsemé de petits ornements brodés. Le vêtement se composait encore de l'*himation* ou châle de laine brodé (594). La plupart des corés tenaient d'une main une offrande, vase ou fruit, mais l'avant-bras était le plus souvent une pièce rapportée pour permettre de changer les offrandes au gré du dédicant.

Au fond et au centre de la travée centrale, vous ne manquerez pas d'examiner la ***tête de coré 643,** peut-être la plus belle de la collection, au sourire qui nimbe le visage de mystère (v. 510 av. J.-C.).
Sur la dr., la **coré 675** (même date) se signale à l'attention par la **richesse de sa parure** et la **coquetterie de sa coiffure** retombant en longues nattes sur la poitrine. Dans la travée du fond, examinez la **coré 682**, de la série ionienne (fin du VIe s.) : à la sveltesse de la ligne s'ajoute l'intérêt de la parure, particulièrement sophistiquée. A la suite, la **coré 684**, de type attique, sculptée entre 500 et 480, dont on peut dire qu'elle clôt la série archaïque, présente, avec la sérénité de son expression, un contraste très marqué avec l'apparence d'affabilité des corés ioniennes.
Dans l'abside, la **coré 670**, au style un peu précieux, qui trahit une influence orientale venue d'Ionie (v. 510 av. J.-C.). A côté, remarquez une **statue assise d'Athéna** (625), œuvre probable du sculpteur *Endoios*, pleine de charme, qui doit dater du dernier quart du VIe s.
Par la richesse du détail de sa parure, la **coré 680** (v. 530-520), contre le mur de dr. de l'abside, paraît assez exceptionnelle dans cette série et offre un net contraste avec la relative sobriété du vêtement de sa voisine (de l'autre côté du passage vers la salle V), la **coré 671**, signe certain d'atticisme, au même titre que le sourire discret qui anime le visage (v. 520).

Parmi les autres pièces exposées dans cette salle IV, on remarquera encore, dans la deuxième travée, une des plus belles **statues équestres** (700) de la fin du VIe s., en marbre du Pentélique, ainsi que **trois figures masculines** malheureusement acéphales : un scribe assis (629 ; dernier quart du VIe s.) à l'attitude très vivante, un couros (665 ; 3e quart du VIe s.) — le seul du musée de l'Acropole — et un jeune homme — peut-être Thésée — (145 ; vers 520) au mouvement déjà assez vif. Dans la troisième travée, la tête de coré 696 (derrière la 643), coiffée d'un polos et empreinte d'une expression à la fois douce et triste, annonce (vers 500) la fin de l'archaïsme. Le relief 1342 (sur le mur faisant face à l'accès vers la salle V) représente un personnage (masculin ou féminin ?) en train de monter sur un char.

Salle V. — De part et d'autre des marches qui conduisent à cette salle, vous verrez deux petits **reliefs** fragmentaires **en marbre** de la fin du VIe s. : à g., une Athéna Promachos (121), à dr., un homme et un cheval (3706). Mais votre regard sera tout de suite attiré par l'imposant groupe sculpté provenant du *****fronton E. de l'ancien temple d'Athéna,** du temps des Pisistratides (vers 525 av. J.-C.), et dont le thème, une **gigantomachie** ou combat des dieux de l'Olympe contre les géants, symbolisait le triomphe de la raison sur la force brutale. **Athéna**, au centre, est superbe d'autorité et brandit sa fameuse *égide*, un bouclier (parfois une cuirasse) merveilleux, frangé de serpents, qui passait pour semer l'effroi. Le reste de la composition est pratiquement réduit à l'état de fragments, à l'exception d'un géant blessé et des géants allongés à chacune des deux pointes du fronton.

A dr. de la porte d'accès quand on vient de la salle IV, vous verrez, collés sur un support de pierre, six **fragments de pithoi** (grandes jarres) archaïques (68) dont le décor à reliefs estampés représente soit des files de chars avec aurige et guerrier, soit une scène de Kômos (sorte de farandole). Vient ensuite la ****coré 681,** œuvre du sculpteur athénien *Anténor* (signature à la troisième

ligne du texte, sur la base exposée à g. de la statue), monumentale par la taille (2 m), mais d'une grande finesse d'exécution (fin du VIe s. av. J.-C.).
A g. de la porte, vous verrez une charmante petite **statue de Niké**, la Victoire (691), œuvre ionique de la fin du VIe s. ; puis la coré 1360, aussi grande que celle d'Anténor, mais d'un style très différent, sans doute dorien, dont l'éclat est terni par les nombreux dommages qu'a subis le marbre (fin VIe s.). Dans la partie g. de la salle, un alcôve surélevée contient plusieurs pièces de sculptures et plusieurs vitrines où se mêlent marbres et céramique. Les deux grandes **Victoires** en terre cuite (6476 et 6476A) placées de part et d'autre de la baie d'accès datent très probablement de l'époque romaine impériale, mais elles ont été exécutées d'après un prototype attique du Ve s. av. J.-C. A l'entrée de l'alcôve, à g., la petite coré 683 est probablement, avec sa grosse tête portée par un corps trapu et lourdaud et ses curieux sabots rouges, une œuvre péloponnésienne des env. de 510.
Dans les sept vitrines du fond de l'alcôve, on trouvera un choix intéressant de **vases de diverses époques**, principalement attiques (géométriques, archaïques à figures noires, classiques à figures rouges), mais aussi corinthiens (reconnaissables à leur argile plus claire). Ces vases proviennent pour la plupart du sanctuaire de la Nymphe, sur le versant S. de l'Acropole, de même que quelques **plaques votives** peintes *(pinakes)* et quelques **figurines de terre cuite** ; parmi les vases, on remarquera particulièrement, dans la vitr. 6, le magnifique ****lécythe attique à figures rouges 6471** (trouvé dans une tombe assez loin de l'Acropole), qui représente une scène de gynécée avec jeunes femmes, jeune homme et Eros, le petit amour ailé. Ce vase, dont le décor est attribué à un peintre athénien du nom d'*Aison*, constitue un spécimen caractéristique de ce qu'on appelle le style « fleuri » de la fin du Ve s. av. J.-C.
Dans les vitrines 3, 4 et 5 sont exposés de nombreux fragments de sculptures archaïques trouvées sur l'Acropole, moins célèbres que les œuvres précédentes, mais souvent très fines et très belles, ainsi le **torse de cavalier** (623), des env. de 520-510, la **tête masculine barbue** (621) et la petite coré fragmentaire (668), des env. de 500, ou la petite **tête de coré** (641), qui appartient déjà au style sévère, vers 490.
A g. et à dr. du passage vers la salle VI sont exposées deux belles **têtes de corés archaïques** (616 et 660), qui seront pour vous les derniers spécimens de cette grande époque de l'art grec au musée de l'Acropole.

Salle VI. — La chute de la tyrannie des Pisistratides (510) fit sortir la démocratie athénienne du carcan où elle se trouvait piégée depuis plusieurs décennies. Cet événement **marque le terme de la phase finale de la période archaïque** (750-500 env.), période de gestation qui vit le passage de la société athénienne d'une structure patriarcale à une forme assez directe de gouvernement. **L'art**, avec un peu de retard — environ une décennie — **témoigne lui aussi de ce bouleversement**. L'esthétique archaïque, son canon, ses conventions, ses conceptions purement décoratives sont abandonnés, au profit d'un art plus libre, mais empreint de gravité, d'où le nom de **style sévère** donné à cet art qui annonce les splendeurs du classicisme. Cette salle renferme, précisément, quelques-unes des plus belles expressions de ce style sévère qui, dans le temps, s'échelonne de 500 à 450 env. av. J.-C. C'est l'époque des guerres Médiques. A g. de l'entrée, le ****relief de l'Athéna dite pensive** (695), où la déesse, la tête inclinée en prenant appui sur sa lance, semble contempler une stèle, ou plutôt une borne de stade, est un excellent exemple du style sévère (v. 460 av. J.-C.).
Viennent ensuite une ***tête de jeune homme** (689), nommé *l'Ephèbe blond*, dont l'origine — péloponnésienne ou attique — est controversée, mais qui dut être sculptée vers 485, et, de la même époque, une ***statue de jeune**

garçon (698), dite *l'Ephèbe de Critios* (elle est attribuée à l'atelier de ce sculpteur qui, avec *Nésiotès,* exécuta le groupe des Tyrannoctones destiné à remplacer celui qu'emportèrent les Perses en 480).

L'art animalier reflète lui aussi l'esthétique nouvelle, ainsi qu'en témoigne cet extraordinaire ***cheval** (697) de marbre, malheureusement mutilé de son arrière-train.

A côté prend place une **statue acéphale de jeune homme** (692) dans laquelle se manifeste une forte influence ionienne (vers 490). Le **relief** placé dans l'angle de la salle (1332) représente la figure, mutilée mais très belle, d'un potier de la fin du VIe s. tenant deux coupes de la main g. et sur le point sans doute de les offrir à Athéna Ergané ; on lit à g., inscrite verticalement, la fin de la dédicace *(-ios anéthèken)* qui était rehaussée de rouge ; on a pensé, non sans vraisemblance, qu'il pourrait s'agir du grand peintre et potier *Euphronios.*

De l'autre côté de la salle, on remarquera surtout, successivement, la **tête de jeune homme** (699), attribuable à un artiste de l'atelier de *Phidias* (vers 450-440), une petite **statue acéphale d'Athéna** (140 ; vers 480-470), reconnaissable à son égide, un relief du début du Ve s. représentant Athéna en lutte contre un géant (120), un torse d'archer acéphale (599), œuvre attique de 470-460, la **coré 688** dite « coré des Propylées » (d'après son lieu de trouvaille), la dernière de la série des corés de l'Acropole (vers 480), et son aînée d'une dizaine d'années, la **coré 686,** dite *la Boudeuse,* consacrée à la déesse par un certain *Euthydikos, fils de Thaliarchos,* comme l'atteste l'inscription gravée et peinte sur la base dans laquelle s'emboîte ce que l'on considère comme la partie inférieure de la statue. Cette coré se rattache encore à la plastique archaïque par le costume et l'attitude, sans parler du sujet, mais elle en diffère à divers titres, la sévérité du visage étant l'un des plus notables.

Remarquez encore une **plaque de terre cuite peinte** (67), qui devait faire partie d'une sorte de polyptyque, ou d'une frise si l'on préfère, où est représenté un hoplite portant un bouclier orné d'un satyre dont on aperçoit encore la queue (fin du VIe s.), et enfin deux fragments d'une **Niké** (690) peut-être dédiée à la mémoire du polémarque athénien *Kallimachos,* tué à la bataille de Marathon en 490.

Salle VII. — Ce n'est pas sans tristesse que l'on visitera cette salle qui renferme principalement des fragments atrocement mutilés, parfois brûlés, des **figures des frontons du Parthénon** : torses décapités, têtes coupées, bras et jambes épars.

Une ***métope** (705) de la frise dorique du Parthénon, **où un Centaure enlève une femme lapithe,** est la seule œuvre réellement digne d'être notée, l'examen des reproductions à échelle réduite des deux frontons n'ayant guère qu'un intérêt anecdotique ; la disposition des figures ainsi que leur identification sont d'ailleurs très controversées.

Salle VIII. — Il vous sera donné de contempler ici quelques-uns des plus grands chefs-d'œuvre de la sculpture de tous les temps. Ils proviennent de la frise ionique du Parthénon et du parapet du temple d'Athéna Niké, deux œuvres magistrales du style classique. La *****frise ionique du Parthénon,** d'une longueur totale de 160 m (elle n'est représentée au musée que par une vingtaine de plaques), nous montre la procession des grandes panathénées, qui avait lieu tous les quatre ans. Les citoyens athéniens accompagnés des métèques (étrangers), avec un cortège de magistrats, de sacrificateurs, de musiciens, de jeunes filles porteuses d'offrandes, et d'une escorte d'éphèbes cavaliers, allaient remettre à Athéna le nouveau vêtement (péplos) sacré tissé par les Arrhéphores et une couronne d'or.

Pour examiner les plaques de la frise ionique en commençant par le bandeau N., le mieux représenté, dans le sens de la marche de la procession, vous traverserez la salle jusqu'à l'extrémité opposée, pour revenir en suivant en sens inverse des aiguilles d'une montre. Vous verrez ensuite, de l'autre côté de la porte d'entrée, des plaques des bandeaux E. et S. Un plan mural du Parthénon vous indiquera clairement l'emplacement des différents éléments de la frise. Vous terminerez la visite de la salle par les sculptures de l'Erechthéion et du temple d'Athéna Niké.

Les quatre premières plaques (862, 861, 863 et 872) mettent en scène des **éphèbes à cheval** se hâtant pour prendre place dans la procession. Sur la plaque 863, un personnage officiel, tourné à contre-courant — étonnante rupture du rythme — semble les exhorter à rejoindre rapidement la procession. La plaque 859, **l'une des plus belles** parmi celles conservées en ce musée, nous **montre un apobate**, c'est-à-dire un athlète qui devait sauter d'un char en marche et y remonter.
Après la plaque 871, fragmentaire, où est représenté un **char avec son aurige** ou conducteur, apparaissent, sur la plaque 874, un officiel devant l'**attelage d'un char** qui semble se diriger dans une mauvaise direction (intéressante variation de plans) et, sur la plaque 865, un groupe de six **thallophores**, de vieux magistrats dont le second se coiffe d'une couronne.
Vient ensuite une plaque (876) fragmentaire. Sur la plaque 875 apparaissent des **joueurs de lyre**, admirablement drapés dans leurs amples vêtements, et, sur la plaque 864, des **jeunes gens portant des hydries** peut-être remplies du vin qui sera utilisé lors des rites du sacrifice, notamment de ces **béliers**, conduits par quatre jeunes gens, sur la plaque 860, ou encore de ces deux **génisses**, conduites par trois hommes, sur la plaque 857, **l'une des plus belles de la série**, que certains critiques attribuent à *Phidias*.
Les deux plaques du bandeau E., le plus important puisqu'il représentait l'assemblée des dieux de l'Olympe et des héros divinisés, mettent en scène, de g. à dr. sur la plaque 856, **Poséidon, Apollon et Artémis**, et, sur la plaque 877, trois jeunes filles, peut-être des **Arrhéphores**. La troisième plaque, qui commençait la série de la façade, n'est qu'un moulage d'une dalle aujourd'hui visible au *British Museum*. La première, l'une des plus admirables de la frise, où vous remarquerez l'élégance des draperies, aurait été exécutée par ***Alcamène***, un élève de *Phidias*.
Les cinq plaques suivantes (873, 869, 868, 867 et 866), appartenant au bandeau S., figurent des acteurs de l'autre théorie de la **procession des panathénées**.
Sur la partie supérieure du mur établi en travers de la salle a été reconstitué, en marbre bleu d'Eleusis, un **fragment de l'entablement de l'Erechthéion** sur lequel ont été appliqués **divers éléments de la frise** qui ornait ce monument. Mise en place vers 408-407, elle représenterait, ici, le mythe de la naissance d'Erichthonios, mais il ne semble pas que la décoration ait été centrée sur un sujet unique, comme au Parthénon. La quinzaine de petites statues ainsi présentée est malheureusement très mutilée.
En dessous, vous pourrez lire une citation de *Plutarque* (*Vie de Périclès*, 13, 6) à la gloire de Phidias et, surtout, vous ne manquerez pas de jeter un coup d'œil, même si vous êtes incapable de la déchiffrer, à la **stèle inscrite** (6509) qui donne le texte d'un traité d'alliance entre les Athéniens et les Chalcidiens d'Eubée, en 446-445 av. J.-C. ; la simple graphie des lettres, disposées *stoichedon*, c'est-à-dire en formant des colonnes régulières dans le sens vertical comme dans le sens horizontal, produit un bel effet esthétique.

Les ***sculptures du parapet du temple d'Athéna Niké,** dont une partie seulement est visible au musée de l'Acropole, furent sans doute exécutées par plusieurs artistes — certains critiques pensent pouvoir en compter six — entre 421 et 415 ou, plus vraisemblablement, entre 411 et 407 av. J.-C.
Au centre de la face O. du temple, celle qui par la disposition des lieux se trouvait le plus en valeur, était représentée une **Athéna assise** (989) recevant

deux groupes convergents de **Victoires ailées**, dévouées à son culte, préparant des trophées (994), le sacrifice d'une génisse (972). **Une Victoire, célèbre entre toutes**, détache sa sandale (973) dans un mouvement exquis, plein de naturel : le modelé du buste et des cuisses et le traitement de la draperie y sont admirables.

Salle IX. — Cette salle, en cours de réaménagement à l'automne 1980, abrite désormais les quatre **Caryatides** authentiques et entières **du portique S. de l'Erechthéion,** qui en compte normalement six (l'une, enlevée au début du XIXe s. par *Lord Elgin,* se trouve au *British Museum ;* une autre, très mutilée, ne sera sans doute pas exposée). Pour la description de ces belles statues de jeunes filles, sans doute de l'atelier du grand sculpteur athénien Alcamène, voir les pages consacrées à l'Erechthéion (pp. 308-311).
Sur le mur qui fait face aux Caryatides sont exposés un **relief figurant une trière** (1339), avec neuf rameurs nus tirant de toute leur force sur les rames (fin Ve s. av. J.-C.), un **masque colossal de Dionysos** (6461) de l'époque romaine impériale, et deux antéfixes en marbre du Parthénon (6462 et 3392). On verra encore dans la salle un relief fragmentaire (1334) du IVe s. et une stèle de marbre (1333) de la fin du Ve s. portant un décret honorifique en l'honneur des Samiens, surmonté des effigies en relief des déesses tutélaires d'Athènes (Athéna) et de Samos (Héra).

Vestibule. — Il a hérité d'un certain nombre de pièces exposées auparavant dans la salle IX. On remarquera, au centre, le groupe, touchant quoique fragmentaire, de **Procné et Itys** (1358), que *Pausanias,* qui le vit près du Parthénon, attribue à *Alcamène.* D'une main, Procné tenait le glaive qui lui servit à tuer son enfant, acte de vengeance contre son mari qui avait abusé de sa sœur Philomèle. L'œuvre daterait d'env. 425 av. J.-C.
A g., le ***portrait d'Alexandre le Grand** (1331), en marbre du Pentélique, pourrait être une œuvre originale du sculpteur *Léocharès* (vers 330 av. J.-C.), mais on ne peut exclure qu'il s'agisse d'une copie antique ; une base de la deuxième moitié du IVe s. av. J.-C. (1338) est ornée de deux groupes d'hommes armés dansant la *pyrrhique* (danse guerrière). A dr., une **tête de philosophe** (1313), très expressive, est l'œuvre la plus récente exposée dans le musée ; elle date probablement de la première moitié du Ve s. apr. J.-C.
Vous remarquerez enfin, avant de quitter le musée, une base en marbre (1326) de la fin du IVe ou du début du IIIe s. av. J.-C., ornée d'un relief où vous reconnaîtrez un *apobate,* sujet déjà représenté sur la frise N. du Parthénon. Et quand vous aurez franchi la porte de sortie, vous aurez l'impression d'être salué par une chouette en marbre (1347) du début du Ve s. av. J.-C., oiseau d'Athéna et symbole de la ville d'Athènes.

8. — Du musée de l'Acropole à l'Erechthéion. — Avant de revenir vers l'entrée de l'Acropole, ne manquez pas de vous rendre jusqu'au **belvédère** (Pl. IV, E-2), d'où la vue sur Athènes est fort étendue. A vos pieds, à l'ombre de l'Acropole, se blottit le vieux quartier de Plaka, qui vous livre l'intimité de ses cours.
Entre le musée et l'Erechthéion, vous traverserez le **site de la ville primitive** où, autour du palais et d'un sanctuaire, vécurent les premiers habitants d'Athènes, à l'époque mycénienne. Lorsque l'Acropole fut exclusivement consacrée aux dieux, les habitations, bien sûr, disparurent et firent place à des lieux de culte.

Au-delà d'une **aire carrée** excavée dans le roc, on distingue une ligne de trous (Pl. IV, 8 en D-2) dans lesquels s'encastraient des blocs de pôros, restes identifiés avec des fondations d'une plate-forme où se trouvait la **table de**

cérémonie autour de laquelle s'assemblaient ceux qui participaient aux rites religieux du partage de la chair des animaux sacrifiés.
Au point culminant de l'Acropole se trouvent des **lignes de fondations** (Pl. IV, 9 en D-2) en appareil polygonal et des murs en tuf. C'était le **téménos de Zeus Polieus** qui comprenait un autel et une étable *(boucoleion)* où l'on enfermait les bœufs de sacrifice.

Le meurtre du bœuf. — *D'après* Pausanias, *deux statues de Zeus Polieus étaient dressées près de l'autel. Selon d'autres auteurs, nous savons que plusieurs bœufs de sacrifice pouvaient errer librement autour de l'autel. Un sacrifice connu sous le nom de* Bouphonia, *ou* « meurtre du bœuf », *avait lieu chaque année, au temps des moissons, en l'honneur de Zeus Polieus. Après avoir jeté une offrande de grains ou de gâteaux de blé sur une table-autel de bronze, on attirait les bœufs et le premier animal qui avait mangé des grains devait être sacrifié. La bête était mise à mort sur place, dépouillée, et sa chair probablement partagée sur la table dont on a signalé plus haut les fondations. La peau de l'animal était ensuite bourrée de paille, puis cousue. Le bœuf empaillé était alors attelé à une charrue et cette scène symbolisait la gratitude du peuple athénien envers le dieu dispensateur de récoltes.*

L'instrument, l'éternel bouc émissaire. — *D'après une tradition sans doute aussi vieille que les mystères de Déméter, au temps où l'abattage des animaux domestiques était sévèrement prohibé, les victimaires et ceux qui avaient pris part au sacrifice étaient jugés comme meurtriers et sacrilèges. Bien entendu, les humains se disculpaient et, finalement, seuls les instruments du sacrifice étaient condamnés. On les jetait alors solennellement à la mer et l'on recommençait l'année suivante.* Aristophane *railla ces fêtes-sacrifices dont le sens mystique était devenu incompréhensible à son époque.*

A une dizaine de mètres vers le Parthénon gisent les restes d'une grande base rectangulaire qui supportait un petit **temple rond**, élevé après l'an 27 av. J.-C. par les Athéniens, consacré à Rome et à Auguste (Pl. IV, D-2), divinisés. Dans le mur d'enceinte de l'Acropole, au N., l'**escalier pélasgique** (Pl. IV, D-1), en réalité d'époque mycénienne, desservait le **palais primitif** (Pl. IV, C/D-1), dont les fondations d'appareil préarchaïque en calcaire de l'Acropole ont été trouvées près de l'Erechthéion. En cet endroit ou sous l'Erechthéion lui-même, se trouvait la **maison d'Erechthée** de l'*Iliade* (II, 546-551) et de l'*Odyssée* (VII, 80-81) qui abritait le sanctuaire primitif d'Athéna.

9. — **L'Erechthéion** (Pl. IV, C-1).

L'Erechthéion, temple-tombeau et lieu de culte à mystères, est un curieux assemblage de plusieurs sanctuaires offrant cependant une apparente unité architecturale. Il séduit à première vue par la grâce de ses portiques et la finesse de sa décoration. Il « est bien le monument ionien, tout enrichi d'ornements d'applique, contrastant par ses délicatesses féminines avec la mâle beauté du Parthénon » *(Magne).*

Actuellement en cours de restauration (les travaux doivent durer jusqu'en 1984), le monument, partiellement démonté, n'est visible que de loin. Les Caryatides originales du portique S. sont en cours de remplacement (fin 1980) par des moulages et présentées, pour certaines d'entre elles, au musée de l'Acropole (V. ci-dessus). Le texte qui suit ne redeviendra donc valable que dans quelques années.

Un lieu de culte où revivait le passé d'Athènes. — *L'Erechthéion était intimement lié aux débuts de la puissance athénienne. C'est là qu'Athéna et Poséidon avaient fait valoir leurs titres à la possession de l'Attique, Athéna en lui offrant l'olivier, Poséidon en faisant jaillir un bassin d'eau salée d'un coup de trident, et cette querelle divine symbolisait la lutte, plus réelle celle-là, d'Athènes et d'Eleusis pour la suprématie sur l'Attique. L'Erechthéion était aussi le sanctuaire où l'on vénérait les héros plus ou moins légendaires qui avaient créé la Cité et affermi son autorité, Cécrops, Erechthée, Pandrose et Boutès, et le souvenir de leur existence et de leur fin légendaire étaient encore visibles : l'olivier d'Athéna, les traces du coup de trident de Poséidon, où l'on reconnaissait parfois l'endroit où Erechthéee avait été mortellement blessé, le tombeau de Cécrops, l'antique lieu de culte d'Athéna, etc., tout cela fut pieusement conservé et amalgamé dans l'édifice que l'on peut voir aujourd'hui. En 480 le temple fut incendié par les Perses, mais du tronc calciné de l'*olivier sacré, *avait surgi dès le lendemain, raconte* Pausanias, *une nouvelle pousse haute d'une coudée. Le sanctuaire fut provisoirement restauré mais, après 421, pendant la paix de Nicias, sa reconstruction en marbre, qui faisait partie du* programme de Périclès, *fut entreprise. Les travaux furent terminés en 406, l'année même de l'incendie du temple d'Athéna qui avait été provisoirement reconstruit après le passage des Perses.*

Le temple qui renferme la vieille statue. — *Appelé* temple d'Athéna Polias, *ou encore le* temple qui renferme la vieille statue, *les guides de l'époque romaine prirent l'habitude de le désigner d'après le nom de l'une de ses parties, l'*Erechthéion, *pour le distinguer du* Parthénon. *Transformé en église au VIIe s., en harem par les Turcs en 1463, il eut ensuite à souffrir des saisies effectuées par* Lord Elgin *et des sièges que subit l'Acropole pendant la guerre de l'Indépendance.*

La reconstitution de l'ordonnance si complexe de cet édifice construit entre 421 et 406 est un problème très ardu. Le bâtiment principal est un rectangle compliqué de trois porches en saillie. Ce dispositif irrégulier est rendu encore plus complexe par une différence de niveaux en longueur et en largeur qui a entraîné la division de la construction principale en deux chapelles, l'une à l'E. (**cella d'Athéna Polias**; Pl. IV, 10 en C-1) et l'autre à l'O. (**cella de Poséidon-Erechthée**; Pl. IV, 11 en C-1), mais celles-ci ne présentent plus qu'un intérêt archéologique ou mythologique.

Le **★★portique des Corés,** par contre, est une **œuvre majeure de l'art hellénique**. Parfois appelé aussi portique des Caryatides, il constitue le motif le plus original de l'Erechthéion et une sorte de **dais funéraire** au-dessus du tombeau de Cécrops, le roi-serpent, l'un des fondateurs mythiques d'Athènes. Les six statues de jeunes filles s'acquittent avec grâce de leur fonction de support. Droites, vêtues de longues tuniques ioniennes, elles portent, en guise de coiffure, un chapiteau circulaire décoré d'oves et de fers de lance.

Les attitudes sont combinées de façon que les lignes extérieures restent dans la verticale, tandis que les lignes infléchis sont rejetées à l'intérieur. Il en résulte une composition rythmée par une alternance de lignes rigides et de lignes souples qui associe la stabilité de la colonne inerte au mouvement de la figure vivante. Du coussinet, la charge se transmet à la nuque, que renforce la masse des cheveux, rejetés en arrière, et à la poitrine cambrée sans effort apparent; de là, elle se diffuse dans les jambes, raides ou pliées. Ce motif, d'origine ionienne, rapelle un trait caractéristique de l'architecture des trésors de Cnide et de Siphnos, à Delphes. On notera que les six Caryatides visibles *in situ* ne sont que des moulages. Les originaux sont exposés dans la salle IX du musée de l'Acropole.

Ce portique servait peut-être de tribune depuis laquelle certains personnages officiels (prêtresses, Arrhéphores) pouvaient contempler le défilé et les cérémonies des panathénées, en même temps qu'il masquait l'escalier reliant l'Erechthéion à la terrasse de l'Acropole.

Le plan de la **cella d'Athéna Polias** fut bouleversé lors de l'aménagement, au VIIe s., d'une chapelle byzantine. En fait, un mur transversal coupait en deux parties la vaste salle dépourvue de plancher actuellement visible. La première était la chapelle d'Athéna Polias où se dressait une vieille idole en bois d'olivier, que l'on disait tombée du ciel et qui, assurait-on, avait été consacrée par Cécrops. Chaque année, et avec plus de faste lors des **grandes panathénées** (tous les quatre ans), la statue était vêtue, à la manière primitive, d'un nouveau *péplos* que tissaient les Arrhéphores et la prêtresse d'Athéna.

Le ***portique N.** (à l'opposé de celui des Corés), composé d'une élégante colonnade ionique, est, avec son architrave, sa frise en marbre bleu d'Eleusis, son plafond décoré de caissons et la riche ornementation de sa porte, l'**un des chefs-d'œuvre de l'atticisme.** Mais sa fonction n'était pas uniquement décorative, car il abritait le quartier de roc où la foudre de Zeus avait laissé des traces. Un trou dans le dallage permettait au peuple de voir cette empreinte, enfermée dans une petite crypte. Il est certain, aussi, que le portique N. contenait au moins un **autel**, celui de **Zeus Hypatos**, et, sans doute, celui du *Thyechoos* (du sacrificateur ou de celui qui verse le sacrifice).

Un héros devin? — *L'*autel de Zeus Hypatos *aurait été situé près de l'orifice dans le dallage, tandis que l'*autel du Thyechoos, *mentionné dans des inscriptions, se serait trouvé près d'un petit trou percé lui aussi dans le pavement, près du mur du temple, et par lequel on aurait répandu le sang des animaux sacrifiés en l'honneur d'*Erechthée *qui, disait-on, avait été tué et inhumé en cet endroit. Il est possible que ce héros ait pu exercer un jour le rôle d'un devin, tout comme* Amphiaraos, *que Zeus avait lui aussi foudroyé et enseveli dans une crevasse d'où il émettait des oracles. Ainsi s'expliquerait le passage pratiqué dans les fondations du mur N. du temple, qui était juste assez large pour permettre à un homme d'atteindre la petite crypte où débouchait l'extrémité du conduit aux libations; ainsi dissimulé, il pouvait rendre les oracles au peuple qui croyait entendre la voix d'Erechthée.*

La source du pouvoir. — *A proximité immédiate du portique on situe* un étrange lieu de culte, *enclos de murs, pourvu de gradins, qui aurait été réservé à des cérémonies auxquelles ne pouvaient participer que certaines familles privilégiées d'Athènes et les magistrats de la cité. Ceux qui gouvernaient légalement Athènes prenaient part aux cultes de l'Erechthéion et, inversement, la participation à ces cultes des héros fondateurs, «gardiens de la Cité», ou la main-mise sur ces* hiéra *conféraient une investiture légale.*

Au fond du portique N. se trouvent deux portes dont l'une, la plus basse, menait au Pandroseion et à l'olivier d'Athéna, et l'autre, la plus grande, servait d'entrée à la cella d'Erechthée. Cette porte est encadrée par une **décoration ionique célèbre par sa beauté** qui n'est pourtant pas sans mélange, réserve motivée par une restauration rendue nécessaire, vers l'an 27 av. J.-C., par la rupture du linteau.

Le **sanctuaire d'Erechthée**, qui renfermait probablement les **autels d'Héphaistos et du héros Boutès**, ainsi qu'une **crypte** à plusieurs compartiments dont l'usage est inconnu, comprenait une sorte d'antichambre, dite **salle de l'embouchure**, ainsi appelée parce qu'elle abritait, à l'angle S.-O. (au fond à dr.), un regard entouré d'une margelle qui constituait un puits en lequel on reconnaissait la mer d'Erechthée, jaillie sous le trident de Poséidon. Selon *Pausanias*, on y entendait un bruit de flots lorsque soufflait le vent du Sud, sans doute en raison des manœuvres des prêtres cachés dans la crypte voisine ou encore du courant d'air s'engouffrant par le portique des Corés. On a suggéré que la mer d'Erechthée, appelée *Thalassa* dans les plus anciennes inscriptions, jouait un rôle en relation avec le culte d'Aphrodite aux Jardins dont le sanctuaire a été localisé sur le versant N. de l'Acropole. De la salle de l'embouchure, vous accéderez au **Pandroseion** (Pl. IV, C-1) ou *sanctuaire de Pandrose*, formé d'une cour qui renfermait l'**olivier d'Athéna** (celui qui le remplace de nos jours est encore assez chétif), un autel, celui de *Zeus Herkeios*, et peut-être une chapelle de Pandrose, fille de Cécrops, mais, en fait, on connaît peu de choses de ce sanctuaire qui dut former une subdivision de l'Erechthéion.
Dans l'angle formé par le mur de façade de l'Erechthéion et le soubassement de l'ancien temple d'Athéna s'adossait le Cécropion, ou sanctuaire funéraire de Cécrops, roi mythique d'Athènes, souvent représenté sous la forme d'un serpent.

10. — De l'Erechthéion aux Propylées. — La visite de l'Erechthéion marque la fin de la partie la plus spectaculaire de l'Acropole. Le chemin jusqu'aux Propylées sera jalonné de vestiges confus, que l'on traversera avant de franchir les Propylées et de gagner la colline de l'Aéropage.

Le portique des Corés repose en partie sur les fondations de l'**ancien temple d'Athéna** (Pl. IV, C-2) dont les ruines occupent une vaste terrasse entre l'Erechthéion et le Parthénon. Ce temple a longtemps été considéré comme étant l'Hécatompédon, dont certains savants, tel *W. B. Dinsmoor*, admettent aujourd'hui que les restes se trouvent sous le Parthénon.

Le Vieux Temple. — *Le premier temple d'Athéna aurait été érigé durant l'époque géométrique* sur le site du palais mycénien. *Dans les dernières années de la tyrannie de* Pisistrate, *il fut remplacé par un nouveau sanctuaire mais, vers 570-566, un autre temple, le fameux Hécatompédon, avait été consacré à Athéna sur l'emplacement occupé aujourd'hui par le Parthénon; dès lors, pour le distinguer de ce second temple, le sanctuaire «géométrique» avait reçu le nom d'*Archaios Naos *(Vieux Temple), et cette appellation était devenue traditionnelle, de telle sorte que le temple bâti par Pisistrate, détruit par les Perses en 480, en hérita, alors même que l'Hécatompédon lui était antérieur d'environ un demi-siècle. En partie relevé après le sac de l'Acropole en 480 pour abriter les reliques et la statue du Vieux Sanctuaire, il devint inutile et gênant lorsque fut construit l'Erechthéion. Un incendie providentiel l'anéantit en 406. Il ne fut pas réédifié et l'Erechthéion, dégagé, rayonna en face du Parthénon de Périclès.*

Parmi les ruines, vous remarquerez, protégées par des grilles, deux **bases en pôros** pour colonnes de bois, comme dans les palais de Mycènes et de Tirynthe, qui appartiennent au **palais-sanctuaire d'Erechthée.**
Près du mur d'enceinte de l'Acropole gisent les ruines (Pl. IV, 12 en C-1) d'un bâtiment carré du Ve s. av. J.-C., qui fut peut-être le **logis des Arrhéphores,** fillettes de noble naissance, âgées de 7 à 11 ans, chargées de participer, avec la prêtresse d'Athéna, à la confection du vêtement (péplos) sacré, solennellement apporté, chaque année, dans le sanctuaire de la déesse. Près de cette maison, les Arrhéphores disposaient d'une cour où, nous dit *Plutarque,* elles pouvaient jouer à la balle.

Le secret des jardins d'Aphrodite. — *La nuit qui précédait la procession des panathénées, deux Arrhéphores accomplissaient un rite étrange et mystérieux. La prêtresse d'Athéna remettait à chacune d'elles un paquet qu'elles portaient sur leur tête dans le sanctuaire d'Aphrodite aux Jardins, localisé sur le versant N. de l'Acropole, en empruntant un escalier dérobé. Après avoir déposé leur paquet, elles recevaient d'autres objets, soigneusement enveloppés, qu'elles devaient porter sur l'Acropole. On se perd en conjectures sur la nature de ces objets. Peut-être s'agissait-il de symboles phalliques et de pains de sel qu'on allait jeter dans la « mer » de Poséidon ou d'Erechthée, dans l'Erechthéion, pour commémorer la naissance d'Aphrodite et pour ainsi dire provoquer sa renaissance, liée à l'idée de l'épanouissement saisonnier de la nature et des récoltes.*

En fait, on remarque deux escaliers près de la maison des Arrhéphores. L'un d'eux, celui situé le plus à l'E. (Pl. IV, 13 en B-1), permettait de sortir de l'Acropole et d'accéder à une grotte souterraine toujours alimentée en eau. Il dut être utilisé dès l'époque mycénienne. Le second (Pl. IV, 14 en B-1) débouchait peut-être sur le chemin circulaire établi à mi-pente autour de l'Acropole ; grâce à lui, on pouvait accéder au sanctuaire d'Aphrodite aux Jardins.

11. — L'Aréopage et le flanc N. de l'Acropole (Pl. II, B-3, C-3). — L'Aréopage, c'est-à-dire la colline d'Arès, est un merveilleux observatoire qui ménage un beau point de vue sur les Propylées de l'Acropole et sur le vaste champ de fouilles de l'Agora hellénique. **C'est aussi un haut lieu,** autrefois consacré à **Arès,** le dieu meurtrier, et aux **Erinyes,** les infernales déesses de la vengeance, dont le sanctuaire servait, à l'origine, d'asile aux meurtriers. La colline d'Arès donna son nom à la cour criminelle dite **Sénat de l'Aréopage** ou **Conseil d'en haut,** qui pendant un temps y jugea les meurtriers et les incendiaires.

La pierre de l'Outrage et la pierre du Ressentiment. — *Des dieux et des héros légendaires, convaincus de meurtre, comparurent devant ce tribunal. La tragédie d'*Eschyle, *les* Euménides *(c'est-à-dire les* Bienveillantes, *surnom donné après le procès aux Erinyes), dont* Oreste *est le héros, se déroule sur l'Aréopage. Le Conseil d'en haut, dont les membres furent d'abord recrutés parmi les* eupatrides *(nobles), puis à partir de Solon parmi les* archontes *sortis de charge, fut dépouillé de ses attributions politiques par* Ephialtès *et* Périclès *en 461 av. J.-C., mais il resta investi du contrôle de la constitution et des mœurs. La courtisane* Phryné, *modèle du sculpteur Praxitèle, et* Démosthène *(en 324) s'assirent sur la* pierre de l'Outrage, *qui servait de siège à l'accusé, la* pierre du Ressentiment *étant réservée à l'accusateur.*

Des installations du Conseil d'en haut, il ne subsiste plus que des **gradins rocheux** et un cube isolé qui pourrait être l'**autel d'Athéna Areia** ou l'une des deux pierres évoquées plus haut.

Une prédication dans le désert. — *Une stèle de bronze moderne rappelle que c'est sur l'Aréopage que l'apôtre* Paul, *au milieu du premier siècle de notre ère, s'adressa aux Athéniens pour les inviter à se convertir au dieu dont il annonçait la Bonne Nouvelle* (Actes des Apôtres, *XVII, 23-32*). *Avec beaucoup d'habileté, saint Paul commença par capter l'attention de son auditoire en le flattant et en déclarant qu'il ne faisait que témoigner pour un dieu déjà honoré, inconsciemment, par les Athéniens. Il introduisit ainsi sa prédication : «Je sais qu'en tout, Athéniens, vous êtes très soucieux de la divinité. Tout en me promenant, en effet, et en regardant vos monuments religieux, j'ai trouvé un autel avec cette inscription :* au Dieu inconnu. *Ce que vous révérez sans savoir, c'est donc cela que je vous annonce». Mais lorsqu'il parla du Christ ressuscité d'entre les morts, l'esprit rationnaliste des Athéniens entraîna leur scepticisme; les uns se mirent à rire et les autres déclarèrent : «Nous t'entendrons à ce sujet une autre fois»... L'apôtre n'eut plus qu'à quitter Athènes pour Corinthe, n'ayant entraîné que peu de conversions au christianisme, parmi lesquelles cependant, celle de Denis dit l'Aréopagite, vénéré encore de nos jours comme le saint patron de la ville d'Athènes.*

Les amateurs de détails découvriront, au pied de l'Aréopage, les fondations d'une **basilique** à trois nefs du XVIe s. consacrée justement à St Denis l'Aréopagite, mais plus aucun vestige du sanctuaire des déesses de la Malédiction. Au N.-E. a été récemment dégagée une somptueuse maison des Ve ou VIe s. apr. J.-C., ordonnée autour d'une cour à péristyle ionique.

Pouvons-nous vous recommander encore, après une visite aussi longue et sans doute fatigante, de **descendre jusque sur l'Agora par le chemin des Panathénées**? Vous éprouveriez ainsi le plaisir de la découverte, après l'Acropole, de cet autre symbole de la civilisation grecque; mais peut-être vous sentirez-vous le pied assez agile et assez sûr pour aller musarder sur le versant N. de l'Acropole? non pas pour renouveler l'exploit de ces guerriers perses qui l'escaladèrent, mais pour renouer avec une partie du passé légendaire et religieux des anciens Athéniens. Il vous faudra d'ailleurs obtenir une autorisation spéciale, et ce ne sera pas une chose facile.

Le chemin conduisant vers la source Clepsydre et le versant N. de l'Acropole part en contrebas de la porte Beulé. Un escalier rupestre, aujourd'hui impraticable, donnait accès à la **source Clepsydre** (Pl. IV, A-1/2), citée par *Aristophane* (*Lysistrata,* 911), qui fut utilisée dès la période néolithique, mais les plus anciennes structures maçonnées, que ce soit pour la défense de ce point d'eau d'une importance capitale ou pour le captage de la source, ne remontent pas au-delà du Ve s. av. J.-C., après le passage des Perses. Plus loin, **deux petites grottes** s'ouvrent sur une terrasse accessible par des degrés rocheux très endommagés. La plus petite (Pl. IV, 15 en B-1) était consacrée à *Apollon Hypacraios* (bas-reliefs votifs) et la plus grande (Pl. IV, 16 en B-1) représente sans doute le principal lieu de culte du **sanctuaire de Pan**, introduit à Athènes après la bataille de Marathon (490 av. J.-C.) pour le remercier de son assistance.

Devant l'entrée, une fissure cylindrique de près de 2 m de diamètre correspond au soi-disant **tombeau d'Erechthée**, père de Créuse, tué par Zeus ou Poséidon (*Euripide, Ion,* 281); la malheureuse Créuse, violentée par

Apollon, y exposera son fils Ion, qu'Hermès emmena à Delphes. C'est aussi dans cette retraite propice de l'*aulion* de Pan, qu'*Aristophane* (Lysistrata, 911) fait promettre par Myrrhine, enfermée sur l'Acropole, un rendez-vous secret à son mari Cinésias.
De là, en effet, on pouvait accéder à une poterne et à un escalier (Pl. IV, 14 en B-1) qui menait à l'Acropole, ou encore à une galerie souterraine, sous un saillant du rempart, qui aboutit à une **grotte** (Pl. IV, 18 en C-1), dépendance possible du **sanctuaire d'Aglaure**, cette fille de Cécrops et prêtresse d'Athéna qui s'était précipitée en cet endroit du haut de l'Acropole. Le sanctuaire lui-même, l'*Aglaurion*; où les éphèbes venaient prêter serment, devait être un lieu de culte de plein air.

La partie orientale du versant N. de l'Acropole, creusée de nombreuses niches, était en majeure partie dédiée à Eros et Aphrodite. Leur sanctuaire est localisé près du milieu du versant, non loin des traces d'une poterne mycénienne. *Pausanias* mentionne l'existence d'un **temple d'Aphrodite aux Jardins**, distinct de celui où se trouvait une fameuse statue d'Alcamène et qui, lui, se situait près de l'Ilissos.

VI — La colline des Muses, la Pnyx et l'Agora

Grâce à la Pnyx, où se tenaient les Assemblées du Peuple, votre promenade sur la colline des Muses prendra la forme d'un pèlerinage au cœur de la démocratie grecque, en même temps qu'elle vous offrira un merveilleux panorama sur ces deux autres lieux privilégiés de la vie athénienne antique, l'Acropole et l'Agora. En parcourant cette dernière, vous imaginerez l'animation qui régnait en ce centre de la cité, où se mêlaient vies politique, commerciale, religieuse, dans un désordre qui, parfois, choquait les Grecs eux-mêmes.

Où vous garer ? : *aucun problème sur la colline des Muses (Pl. II,* B-4), *où vous pourrez monter en auto jusqu'aux abords du monument de Philopappos. Pour la visite de l'Agora, choisissez de préférence l'entrée de la léoforos Apostolou Pavlou (Pl. II,* A-2/3); *vous stationnerez alors dans les rues transversales, mais vous pouvez tout aussi bien trouver une place de parking au bas de la colline des Muses et, de là, gagnez à pied l'Agora par le chemin des Panathénées (Pl. II,* B-3).

La colline des Muses (Pl. II, B-4). — Par une petite route ombragée vous accéderez au sommet de la colline, jadis appelée *Mouseion* et consacrée aux Muses.
Le **monument de Philopappos** (Pl. I, B-4), érigé par les Athéniens entre 114 et 116 de notre ère en l'honneur d'un prince de la dynastie de Commagène (Asie Mineure) qui fut un bienfaiteur d'Athènes, est en réalité **un tombeau**, sans aucun doute placé **dans l'un des sites les plus remarquables qui soit au monde.** *Caïus Julius Antiochos Philopappos*, par statue interposée (dans la niche centrale) autrefois flanquée des effigies de deux rois de Commagène, semble goûter dans l'intimité la beauté du ****panorama sur l'Acropole.**

Sur les pentes du ravin entre la colline du Mouseion et celle de la Pnyx, vers la colline des Nymphes (Pl. I, A-3) et l'Aréopage, s'étendait une véritable **ville rupestre** comprenant les quartiers de *Koilé* et de *Mélité*, enfermés, au Ve s. av. J.-C., par l'enceinte de Thémistocle et les Longs Murs. Surpeuplés pendant la guerre du Péloponnèse, ils étaient presque déserts au siècle suivant. Parmi les logis excavés dans le roc, on compte le soi-disant **tombeau de Cimon**, près de l'**église Haghios Dimitris Lombardaris** (Pl. II, A-4), et, à 50 m de là vers le monument de Philopappos, une maison rupestre qu'une tradition fantaisiste désigne sous le nom de **prison de Socrate**.

La Pnyx (Pl. II, A-3). — Ce fut le **lieu de réunion de l'Assemblée du Peuple**, où parlèrent les grands orateurs du Ve s. et de la 1re moitié du IVe s. av. J.-C. : *Aristide, Thémistocle, Périclès, Démosthène,* etc. Pour la majeure partie des visiteurs, cet ensemble n'offrira qu'**un intérêt sentimental**, encore que la **beauté du site** et sa position exceptionnelle, face à l'Acropole et à l'Agora, l'ait fait choisir comme salle de spectacle pour le « **son et lumière** » dont la scène est constituée par l'Acropole.

Un lieu de réunion aussi vieux que la démocratie. — *Le mot* pnyx *signifie l'*endroit où l'on est serré, entassé les uns contre les autres, *et peu d'images traduisent avec autant de force la vocation passionnée des Athéniens pour la démocratie lorsque, vers la fin du VIe s. av. J.-C., après la longue tyrannie des Pisistratides, fut créé par Clisthène ce qui est sans doute le legs le plus important de la civilisation grecque : le gouvernement du Peuple. La Pnyx connut plusieurs états. Elle fut, notamment, agrandie vers la fin du Ve s., puis à nouveau dans la seconde moitié du IVe s., peut-être vers la fin de l'active carrière de* Lycurgue *(période de 330 à 326).*

L'usure de l'esprit civique. — *Vint un temps où l'on dut user d'un procédé qui s'apparente à la rafle pour réunir 5000 assistants, quorum légal pour certaines séances. C'est ainsi que les citoyens étaient littéralement* poussés vers la Pnyx *par des archers scythes qui tendaient, en travers de l'Agora et des rues voisines, des cordeaux teints en rouge; ceux qui s'étaient laissés marquer de rouge ne touchaient pas l'indemnité accordée aux participants à l'assemblée (d'abord de 2, puis de 3 oboles, enfin d'une drachme à la fin du IVe s.).*

De la grande **terrasse en hémicycle** qui s'étend au pied d'une petite falaise et sur laquelle prenait place l'assistance lors des séances, vous jouirez d'un merveilleux ****panorama sur l'Acropole.** Un cube rocheux en saillie au pied de la falaise représente la **tribune où montèrent les orateurs à partir du IVe s.** Derrière cette tribune, un autre cube rocheux représenterait l'**autel de Zeus agoraios**, identification d'ailleurs contestée (V. ci-après), où les archontes venaient prêter serment avant leur entrée en fonction. Sur les parois de la falaise, une grande niche et d'autres plus petites appartiennent à un **sanctuaire** d'époque romaine, **dédiée à Zeus Hypsistos** (Très Haut). La vaste esplanade que vous atteindrez en montant derrière la tribune conserve quelques vénérables fondations ou entailles dans le rocher, notamment celles de l'autel de Zeus agoraios, selon l'archéologue américain *H. A. Thompson*, à 4 ou 5 m de la tribune, et la **base du cadran solaire** érigé par l'astronome *Méton* en 433 ou 432 av. J.-C. (2e base à partir de la dr. si l'on tourne le dos à la Pnyx). Sur la crête de la colline, enfin, se trouvaient deux portiques dont il ne reste plus guère que des entailles dans le rocher; la construction de ces galeries fut entreprise vers 325 av. J.-C. et ne fut d'ailleurs pas menée à son terme, car leurs fondations furent recouvertes par des fortifications datées du dernier quart du IVe s. av. J.-C.

L'Agora** (Pl. I, B-3 et Pl. II, A/B-2). — Le champ de fouilles que vous parcourrez maintenant est l'un des lieux les plus prestigieux d'Athènes. Malgré ses plantations assez récentes de myrtes, de cyprès et d'oliviers, le site vous apparaîtra peut-être un peu rébarbatif avec ses enchevêtrements de murs, hélas bien trop souvent réduits aux fondations. Ne vous laissez pas gagner par le découragement : grâce aux fouilles remarquablement conduites par l'*Ecole américaine d'Archéologie* et aux interprétations d'érudits de toutes nationalités, **ces ruines devraient pouvoir vous raconter leur histoire** ; elle est passionnante, car elle forme **la trame de la vie même de la plus brillante cité de l'Antiquité hellénique.** Deux pôles d'attraction vous feront prendre un vif intérêt à la visite de cette Agora, nous voulons parler de ce temple d'Héphaistos, improprement appelé Théséion, qui la domine du haut de sa terrasse, et du musée installé dans un portique d'époque hellénistique, fidèlement reconstitué.

Visite : en sem. de 9 h à 20 h et, le dim. et les j. fériés, de 10 h à 16 h 30.

Notre itinéraire. — En fonction du moment de votre visite (environ 1 h 30), réservez le musée pour l'heure la plus chaude. Après le temple d'Héphaistos, vous entreprendrez le tour de l'Agora, dans le sens de l'horloge, à partir de la Tholos (V. Pl. de l'Agora), à l'angle S.-O.

Le **temple d'Héphaïstos (Pl. A-2). — Ce temple, construit entre 449 et 444 av. J.-C., est sans aucun doute **le sanctuaire grec le mieux conservé** mais, pourtant, il est loin de susciter le même enthousiasme que le Parthénon, bien sûr, ou encore que le temple de Bassæ, peut-être pour une simple raison de situation. Ce temple dorique était donc consacré à **Héphaïstos** *(Vulcain)*, le dieu de la métallurgie, et non pas à **Thésée**, chose qui eût été inconvenante dans la Grèce ancienne car, malgré son illustre naissance et ses mérites, il n'était après tout qu'un héros local qui n'avait pas eu la bonne fortune d'être admis à l'Olympe comme Héraclès, son fameux rival dans la gloire. Il doit son nom traditionnel de **Théséion** simplement au fait que la plupart des sculptures qui l'ornaient représentaient les exploits de Thésée.

Le lieu de naissance de la métallurgie athénienne. — *Très tôt, la butte de l'Agora ou* Kolonos Agoraios *fut occupée par des fondeurs de métaux, des bronziers surtout. Il était donc naturel que l'on vénérât en ce lieu le créateur de la métallurgie,* Héphaïstos. *Les archéologues, après avoir longtemps hésité entre diverses identifications, sont aujourd'hui d'accord pour admettre que cet édifice correspond à l'*Héphaïsteion *cité par* Pausanias. *Héphaïstos, dieu des industriels et des artisans du Céramique, fut associé très tôt, dans le culte athénien, à* Athéna, *dite* Héphaïstia, *comme protectrice des armuriers et des arts industriels en général.*
Construit, selon l'archéologue américain W. B. Dinsmoor, *par le même architecte inconnu (ou par* Coroibos *selon d'autres auteurs) qui érigea le temple d'Arès, découvert sur l'Agora, il fut transformé en église dédiée à St Georges, sans doute dès le début du Ve s., puis réussit à échapper à la destruction pendant les occupations franque et turque.*

L'Héphaïsteion offrait la curieuse particularité d'être entouré d'un jardin probablement planté de grenadiers, de myrtes et de vigne disposés dans des pots en terre dont on découvrit de nombreux spécimens dans des cavités creusées dans le rocher. Les plantations modernes que vous remarquerez autour du temple ne font donc que renouer avec le passé.

La **façade principale**, à six colonnes, était à l'E., c'est-à-dire du côté de l'Agora. Vous n'y verrez plus les sculptures du fronton, car elles ont été perdues, ainsi que celles du fronton postérieur, à l'exception de quelques fragments déposés au musée. Vous ne manquerez pas, par contre, d'examiner les **reliefs de la frise dorique**, plus ou moins bien conservés.
Par une disposition originale, les seules métopes de la façade principale, au nombre de dix, plus les quatre premières métopes des longs côtés, ont reçu des sculptures. Les scènes sont réparties en deux cycles : les **travaux d'Héraclès** sur les métopes de la façade et les **exploits de Thésée**, émule athénien d'Héraclès, sur les métopes des murs latéraux.

Métopes de la façade. — Vous reconnaîtrez successivement, de g. à dr., **Héraclès triomphant du lion de Némée (1)**, de l'**hydre de Lerne (2)**, de la **biche du mont Cérynée (3)**, du **sanglier d'Erymanthe (4)**, puis le héros enlevant les farouches **cavales de Diomède**, roi de Thrace **(5)**, domptant **Cerbère**, le terrible gardien des Enfers **(6)**, en compagnie d'**Hippolyte**, la reine des Amazones **(7)**, concourant à l'arc avec **Eurytos ? (8)**, tuant **Géryon** pour s'emparer de ses bœufs roux **(9)** et, enfin, recevant les **pommes des Hespérides (10)**.
Métopes N. (à dr.). — De g. à dr., vous verrez **Thésée dans ses exploits**, en vainqueur de **Procruste (1)**, de **Cercyon (2)** et de **Sciron (3)** ou tuant la **laie de Crommyon (4)**.
Métopes S. (à g.). — De dr. à g., notez Thésée triomphant du **Minotaure (1)**, du **taureau de Marathon** (2), du brigand **Sinis** (3) et du brigand **Périphétès** (4).

Vous entrerez ensuite dans le **lieu saint** *(naos* ou *cella)* en traversant un vestibule ou *pronaos*. Dans cette partie du temple, une **frise**, très mutilée, nous montre un **combat se déroulant devant six divinités** assises, réparties en deux groupes, qui occupent le centre de la composition. Peut-être s'agit-il du combat de Thésée et des Athéniens contre les Pallantides, des géants qui habitaient le mont Hymette.
Au fond du *naos*, l'emplacement probable des statues en bronze d'Héphaïstos et d'Athéna, exécutées par *Alcamène* entre 421 et 415, est suggéré par un double amoncellement de blocs de pierre. D'autres blocs, disposés sur les côtés, aident à reconstituer la colonnade dorique intérieure, à deux ordres superposés, qui enveloppait la cella, sauf du côté du vestibule, à l'imitation de la colonnade intérieure du Parthénon. La voûte fut ajoutée lorsque le temple fut converti en église.
Par une porte percée au fond de la cella lors de l'aménagement du sanctuaire chrétien, vous pénétrerez dans l'*opisthodome* où vous verrez une **frise sculptée** en marbre de Paros. Elle représente le **combat des Lapithes**, assistés par les Athéniens, **contre les Centaures**, pendant les fêtes du mariage de Pirithoos, ami de Thésée. Vous reconnaîtrez celui-ci, au milieu du groupe de dr., dans le guerrier armé d'un grand bouclier rond et, dans le groupe de g., Pirithoos portant secours à Kaineus, menacé par deux Centaures brandissant chacun un quartier de roc.

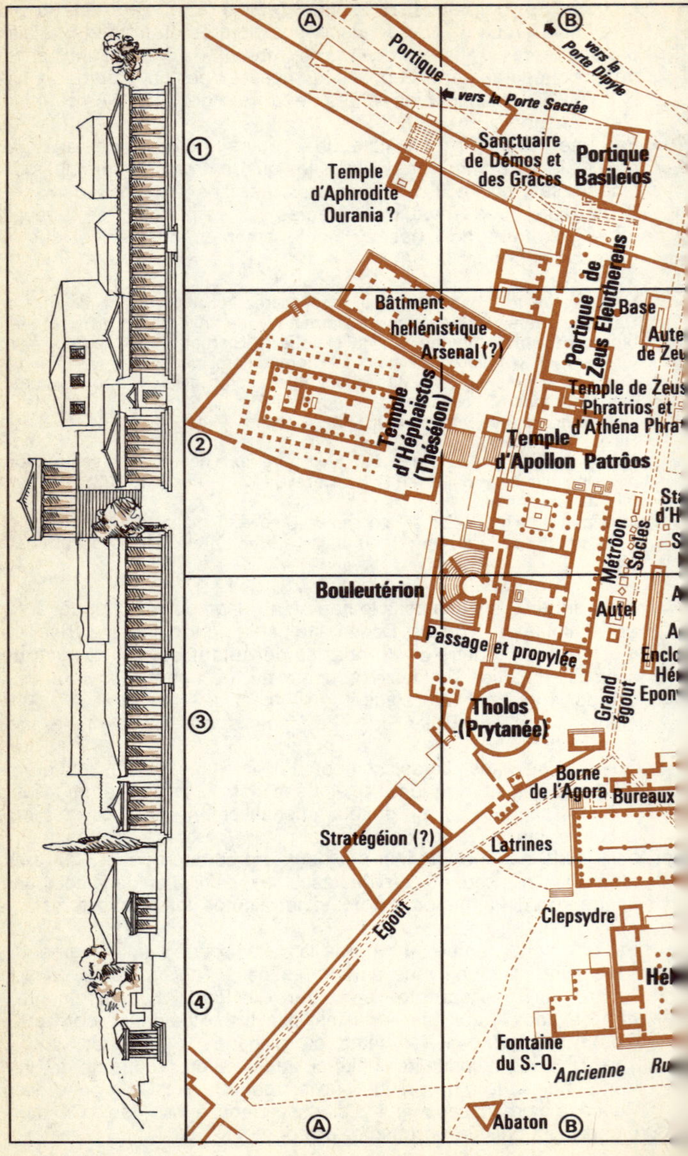

A
B
Portique
vers la Porte Dipyle
vers la Porte Sacrée
1
Temple d'Aphrodite Ourania ?
Sanctuaire de Démos et des Grâces
Portique Basileios
Bâtiment hellénistique Arsenal (?)
Portique de Zeus Eleuthereus
Base
2
Temple d'Héphaistos (Théséion)
Temple de Zeus Phratrios et d'Athéna Phra
Temple d'Apollon Patrôos
Métrôon
Socles
Bouleutérion
Autel
3
Passage et propylée
Grand égout
Tholos (Prytanée)
Borne de l'Agora
Bureaux
Stratégéion (?)
Latrines
Egout
Clepsydre
4
Fontaine du S.-O.
Ancienne
Abaton
A
B

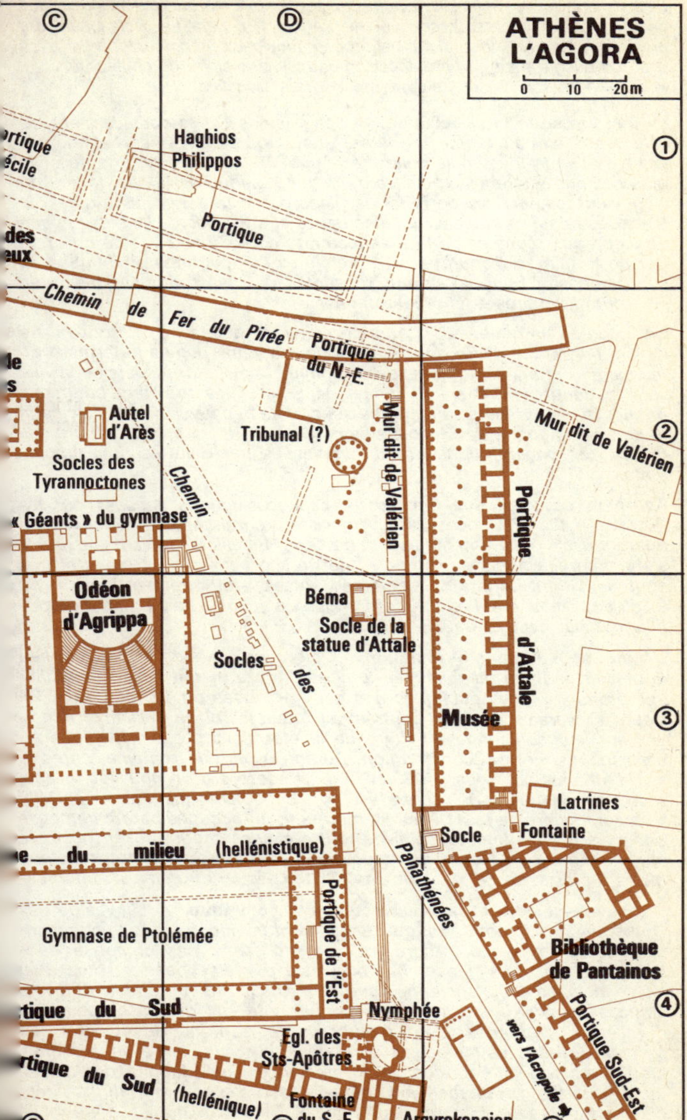

ATHÈNES
L'AGORA
0 10 20 m
Haghios
Philippos
Portique
Chemin de Fer du Pirée
Portique du N.-E.
Autel d'Arès
Tribunal (?)
Mur dit de Valérien
Mur dit de Valérien
Socles des Tyrannoctones
« Géants » du gymnase
Chemin
Portique d'Attale
Odéon d'Agrippa
Béma
Socle de la statue d'Attale
Socles
des
Musée
Latrines
Socle
Fontaine
du milieu (hellénistique)
Panathénées
Portique de l'Est
Gymnase de Ptolémée
Bibliothèque de Pantainos
du Sud
Nymphée
Egl. des Sts-Apôtres
Portique Sud-Est
vers l'Acropole
du Sud (hellénique)
Fontaine du S.-E.
Argyrokopeion

Depuis la terrasse devant la façade principale du temple d'Héphaïstos, vous découvrirez un panorama complet de l'Agora. Ce sera l'endroit idéal pour procéder à une première identification des principaux monuments, à l'aide du plan, ou encore pour se familiariser un peu avec l'histoire de ce lieu public et pour prendre conscience de l'importance de sa fonction.

Le lieu sacré de la vie civique. — *Les anciens Grecs considéraient les villes sans agora comme barbares. Aussi, toutes les villes helléniques avaient-elles la leur, mais celle d'Athènes était la plus importante et la plus célèbre. Elle était au centre de la vie publique de la cité, le lieu où siégeaient les services de l'État, la place où se traitaient les affaires, le foyer des relations sociales, intellectuelles et artistiques. Elle servit même de cadre aux réunions de l'Assemblée du Peuple, jusqu'à la fin du VIe s. Sur ce terrain se disputèrent les premières compétitions athlétiques et, sur l'orchestra centrale, furent présentés des jeux dramatiques, avec concours littéraires et chorégraphiques.*

De Solon à Clisthène. — *Si l'Agora primitive semble avoir été située juste devant l'Acropole, l'aire qui s'étale sous vos yeux, depuis la terrasse du temple d'Héphaïstos, fut considérée comme la place principale de la ville vers le début du VIe s., au temps de* Solon. *Les premiers bâtiments publics et les premiers sanctuaires qui ont été découverts datent de cette période. A l'époque de* Clisthène, *vers la fin du VIe s., après la chute des tyrans, ces constructions furent remplacées par d'autres, plus importantes.*

Après le passage des Perses. — *Les destructions causées par les Perses, en 480-479, nécessitèrent un vaste programme de reconstruction qui renouvela entièrement l'aspect de l'Agora, mais les travaux, auxquels s'attachent les noms de* Cimon *et de* Périclès, *furent très longs et très coûteux. Ce fut l'*Agora du siècle de Périclès, *arbitrairement fixé de 450 à 350 env., mais que l'on peut prolonger, ici, jusqu'à l'administration des finances par* Lycurgue *(338-326).*

L'Agora hellénistique et romaine. — *De grands changements eurent lieu durant la période hellénistique, lorsque l'Agora acquit l'aspect régulier des grandes places publiques des cités grecques d'Asie Mineure. Plusieurs souverains de cette contrée, tel* Attale II, *roi de Pergame, témoignèrent leur sollicitude à l'égard de la plus illustre cité hellénique en participant à cette reconstruction. Durant la période romaine, après le sac d'Athènes par Sylla, en 86 av. J.-C., l'Agora prit un nouveau visage, assez congestionné il est vrai si l'on considère que l'aire centrale, jusqu'alors libre de tout bâtiment important, fut occupée par un immense odéon et par un temple, celui de tout bâtiment important, fut occupée par un immense odéon et par un temple, celui d'Arès, qui fut transféré, pierre à pierre, de l'Agora romaine* (Pl. II, C-2) *ou du dème d'Acharnes.*

L'ensevelissement et la résurrection archéologique. — *L'invasion des Goths, en 267 de notre ère, qui saccagèrent la ville, marque le commencement de la fin de l'Agora, qui ne fut même pas comprise dans l'enceinte dite de Valérien. L'Agora resta dévastée pendant plus d'un siècle mais, en 400, l'ancienne ligne de fortifications fut rétablie et divers édifices reconstruits. De cette époque date un gymnase, peut-être l'Université d'Athènes, dont il subsiste le portique des Géants. La fermeture de toutes les écoles de philosophie, sur l'ordre de Justinien, en 529, replongea l'Agora dans la somnolence. Ce ne fut plus par la suite qu'un quartier résidentiel, à l'orientale, que des expropriations firent disparaître lorsque l'*American School of Classical Studies *entreprit, à partir de 1931, un vaste programme de fouilles, encore inachevé.*

La Tholos (Pl. B-3). — C'était une construction circulaire, érigée vers 470 sur l'emplacement d'un bâtiment détruit par les Perses, où siégeaient des sénateurs ou prytanes, au nombre de 50, qui, par roulement d'un tiers de l'effectif total, y assuraient une permanence et y prenaient leurs repas aux frais de l'État.

Une magistrature éphémère. — *La soupçonneuse démocratie athénienne avait imaginé un système de gouvernement assez complexe pour se prémunir contre les ambitieux, et l'institution du corps des* prytanes *témoigne de cette inquiétude. Au nombre de 50 par tribu ou dème, les prytanes étaient chargés, pendant un dixième de l'année, d'expédier les affaires courantes de la cité, de recevoir les ambassadeurs, etc., sous la présidence d'un* épistate, *désigné par tirage au sort, qui était le gardien du sceau et des clefs du Trésor de l'Etat. La fonction de l'épistate était encore plus éphémère que la vie d'une rose, puisqu'elle ne durait pas plus d'une journée.*

L'abri du foyer de la cité. — *La* Tholos, *plaisamment surnommée le parasol* (Skias) *par les lexicographes du IIe s. av. J.-C., sans doute en raison de la forme pyramidale de sa toiture, joua un rôle cultuel attesté par des inscriptions. Elle abritait le* foyer sacré de la cité *et semble avoir été consacrée à* Artémis Boulaia *et aux* Phosphoroi, *divinités féminines mentionnées dans une inscription d'époque impériale, probablement associées à Artémis dans un sanctuaire commun.*

Histoire d'un corps de garde. — *Les fouilles ont révélé que le* prytanée archaïque *fut érigé vers le milieu du VIe s. Il comprenait, notamment, un lieu de culte et un ensemble de petites pièces, dont une cuisine, des fours, etc., autour d'une cour centrale à portiques. Lorsque, après l'invasion perse, le prytanée fut reconstruit sous la forme d'une rotonde* (tholos), *les chambres annexes, la cuisine, les fours, etc., furent reconstitués, ainsi que le lieu de culte, juste au-dessus de l'ancien qui serait marqué par un petit monument composé de deux pierres cylindriques. Cette tholos fut détruite en 86 av. J.-C. par* Sylla, *puis reconstruite, et resta en usage jusqu'au milieu du Ve s.*

Bouleutérion et Métrôon (Pl. B-2). — Le **Bouleutérion**, ou **Sénat**, et le **Métrôon**, ou **sanctuaire de la Mère des dieux**, forment un ensemble de bâtiments particulièrement ruinés dont l'examen ne devrait guère tenter que les passionnés d'archéologie. Le Bouleutérion était le lieu de réunion de la *Boulè*, c'est-à-dire du Sénat, créé par *Solon* et doté de pouvoirs législatifs, exécutifs et, à l'occasion, judiciaires. Ses membres, au nombre de 500 à partir de *Clisthène* (508), étaient tirés au sort, à raison de 50 par tribu, parmi des candidats présentés par chacun des dèmes attiques. Dans son dernier état, le Sénat date de la fin du Ve s. av. J.-C. Quant au Métrôon, du IIe s. av. J.-C., il servait de **dépôt pour les archives de l'État**, enregistrées sans doute sur des papyrus, des parchemins ou des tablettes de bois, ainsi que pour les documents publics. Un esclave public était commis à la garde de ces archives.

Le prix du sang. — *Le culte de la Mère des dieux aurait été introduit à Athènes après la mise à mort, en 430 av. J.-C., d'un prêtre de cette divinité. L'oracle delphique exigea, en guise de réparation, la consécration d'un sanctuaire à* Cybèle *dans le Bouleutérion. Les ruines actuellement visibles gisent au-dessus d'un premier édifice, en appareil polygonal primitif, de la fin du VIIe s. ou du début du VIe s., dont la* *modestie reflète assez les difficultés de la démocratie athénienne au temps de Solon, et d'un second bâtiment, datant des Pisistratides, en appareil polygonal plus soigné, qui fut sans doute, lui aussi, un bouleutérion.*

Un troisième sénat, dit le Vieux Bouleutérion, *fut élevé vers la fin du VI*e *s., sans doute au moment de la réforme de Clisthène, sur l'emplacement d'une partie du Métrôon ; il fut détruit avant la construction, au II*e *s. av. J.-C., du temple de la Mère des dieux, mais le quatrième sénat, celui dont on distingue les fondations au pied de la butte de l'Agora, était érigé depuis la fin du V*e *s. Le Métrôon et le Bouleutérion furent ravagés lors du sac d'Athènes par Sylla, puis à nouveau lors du passage des Hérules, en 267 de notre ère, puis restaurés vers la fin du IV*e *s. ou au début du V*e *s.*

Enclos des Héros éponymes (Pl. B-3). — Au-delà d'un **grand égout**, datant sans doute de la fin du Ve s. av. J.-C., se situe l'**enclos des Héros éponymes**, aménagé en ce lieu vers le milieu du IVe s. av. J.-C., où les Athéniens honoraient les protecteurs des dix tribus de l'Attique, personnages légendaires, représentés ici par leurs statues, qui formaient en quelque sorte le lien que la traditionaliste démocratie athénienne avait voulu établir ente la religion des ancêtres et ses pratiques politiques. Ce monument servait ainsi de centre d'information, où l'on affichait les lois, les règlements, les avis, les éloges, les listes des nouveaux éphèbes et de conscription, etc., gravés sur des tablettes, afin que le peuple en prit connaissance.

Les héros tribaux. — *Lorsque* Clisthène, *en 508 av. J.-C., procéda à sa réforme administrative, il donna, à chacune des dix tribus composant la population de l'Attique, le nom d'un héros (appelé dès lors* éponyme : *qui donne son nom), reconnaissant en lui le patron-protecteur de la tribu. Avant l'aménagement de l'enclos dont nous pouvons voir les restes aujourd'hui (vestiges d'une barrière faite de poteaux de pôros qui entourait le piédestal où s'alignaient les statues), les héros tutélaires de l'Attique furent vénérés, sans doute à partir de 430 av. J.-C. env., dans l'angle S.-O. de l'Agora, en un lieu où des fouilles récentes ont mis au jour, sous l'extrémité O. du portique dit du Milieu, les fondations d'un grand bâtiment qui empiétait sur la chaussée d'une rue qui conduisait à la Pnyx par le versant N. de l'Aréopage.*

Autel de Zeus agoraios (Pl. B/C-3). — Primitivement situé sur la Pnyx, puis transféré sur l'Agora lorsque l'Assemblée du Peuple se réunit au théâtre de Dionysos, l'**autel de Zeus agoraios** servait de cadre solennel à la prestation du serment des archontes avant leur entrée en charge, serment imposé par *Solon* dans la première moitié du VIe s. av. J.-C. et que la tradition avait perpétué.

Il en subsiste les degrés, en marbre pentélique, qui ont été remis en place, ainsi que le massif central, en blocs de pôros, et quelques éléments des superstructures, avec un décor de moulures.

Stèle de Rufus (Pl. B/C-2). — Cette stèle, dont il ne reste plus que la base, fut dressée en l'honneur de *Quintus Trebellius Rufus*, de Toulouse, qui fut archonte et bienfaiteur d'Athènes vers 90 apr. J.-C. Une épître de la cité de Toulouse et de la province de Narbonne fut également gravée pour remercier les Athéniens des hommages accordés à leur compatriote. A côté, **statue d'Hadrien** en marbre pentélique (IIe s. apr. J.-C.), trouvée près du Métrôon.

Temple d'Apollon Patrôos (Pl. B-2). — Séparé du Métrôon par un large passage qui reliait l'Agora à l'**escalier monumental** menant à Kolonos Agoraios, ce sanctuaire d'Apollon, surnommé Patrôos parce que l'on reconnaissait en ce dieu le père de Ion, ancêtre mythique des Ioniens dont les Athéniens se considéraient comme les descendants, fut construit, dans son dernier état, vers la fin du IVe s. av. J.-C. ; il est aujourd'hui réduit aux seules fondations. Il devait abriter une statue d'Apollon, œuvre présumée d'*Euphranor*, déposée au musée de l'Agora.

Il y eut, sur cet emplacement, deux temples. Le premier, dit archaïque, dut être construit vers la fin du premier quart du VIe s. av. J.-C. Détruit par les Perses en 480-479, il était situé sous la partie S. du temple de la fin du IVe s. et devait être consacré à Apollon. *Le second temple fut construit vers la fin du IVe s. au-dessus du temple archaïque. Le portique qui précédait la cella à l'E., du côté de l'Agora, fut ajouté au IIe s. pour mettre le temple dans l'alignement du Métrôon, nouvellement édifié.*

Temple de Zeus Phratrios et d'Athéna Phratria (Pl. B-2). — Daté du milieu du IVe s. av. J.-C., il était constitué d'une simple petite chapelle, ou naos, où l'on vénérait ces divinités tutélaires, les termes de Phratrios et de Phratria rappelant les phratries ou subdivisions ancestrales des tribus et le caractère civique et fraternel du culte rendu dans ce sanctuaire.

Portique de Zeus Eleuthereus (Pl. B-1/2). — Aujourd'hui simplement suggéré par une levée de terre, ce portique fut construit vers 430 ou après la paix de Nicias (421 av. J.-C.). Derrière se trouvait une annexe, d'époque romaine. Devant gisent les fondations de plusieurs monuments, notamment d'un autel de Zeus Eleuthereus.

Portique Basileios (Pl. B-1). — Vous ne verrez pratiquement rien de ce qui fut l'**un des plus célèbres bâtiments de l'Agora**. Contigu au portique de Zeus, dont l'extrémité N. a été éliminée par la tranchée du chemin de fer d'Athènes au Pirée, il est en effet situé de l'autre côté des voies dans un secteur récemment fouillé par l'*École américaine*.

Le **portique Basileios** ou **portique Royal** était le siège de l'un des trois archontes élus (annuellement), celui qui portait le titre d'archonte-roi, et abritait les stèles où étaient gravées les lois, entre autres celles de *Solon* et de *Dracon*. L'archonte-roi y signifiait les accusations des délits qui tombaient sous sa juridiction, notamment les procès d'impiété et d'homicide, que jugeait le tribunal de l'Aréopage. ***Socrate*** y fut convoqué par l'archonte-roi qui l'accusa d'impiété et de corruption de la jeunesse, et l'on sait comment ce procès se termina tragiquement pour le philosophe, condamné à boire la ciguë en 399 av. J.-C.

De son bureau, l'archonte-roi préparait également les fêtes religieuses, la célébration des mystères d'Eleusis et tous les sacrifices inscrits au calendrier d'État.

Le portique Basileios, de style dorique à huit colonnes en façade, était séparé du portique de Zeus Eleuthereus par un étroit passage d'à peine un mètre de largeur. Il fut construit vers 530 av. J.-C. mais fut remanié et restauré à

plusieurs reprises, notamment après le passage des Perses et à la fin du Ve s. Il fut utilisé comme édifice public jusqu'en 267, date de sa destruction par les Hérules. Il en subsiste principalement le stylobate de la façade principale, où des fentes durent servir à encastrer de grandes stèles de marbre portant sans doute des inscriptions relatives à des règlements particulièrement importants.
Le portique Royal se dressait, à l'angle N.-E. de l'Agora, au débouché du chemin des Panathénées sur la grande place publique athénienne, dans la zone des hermès (V. chemin des Panathénées). On a découvert les **restes d'un portique double,** de style dorique, datant probablement du temps d'Auguste et signalé par *Pausanias*, qui offrait un abri aux piétons le long d'un tronçon du chemin des Panathénées venant du Dipylon et d'une autre voie parallèle à cette grande artère, au S.
Le long du côté N. de l'Agora, entre le carrefour du chemin des Panathénées et l'extrémité N. de la stoa d'Attale, de l'autre côté des voies du chemin de fer, gisent les fondations de deux énormes bâtiments du temps d'*Hadrien* (IIe s. apr. J.-C.), dont l'un, à péristyle intérieur, était décoré d'une profusion de marbres.

Autel des Douze Dieux (Pl. C-1). — Vous ne verrez pas non plus grand-chose de ce fameux autel, consacré vers la fin du VIe s. av. J.-C. par les Pisistratides, qui a disparu en presque totalité lors de l'éventrement du site de l'Agora par les ingénieurs qui eurent, à leur insu, la malheureuse idée de tracer la voie du chemin de fer du Pirée à travers ce vénérable champ de ruines. Cet autel, qui servait de point zéro pour le calcul des distances à partir de la capitale, fut connu, durant la période romaine, sous le nom d'**autel de la Pitié,** car cet endroit était un **lieu d'asile sacré,** où se réfugiaient les nécessiteux, les suppliants, les étrangers sollicitant le droit d'asile, etc. Il ne reste plus qu'un angle de son péribole ou clôture. On sait qu'après le renversement des Pisistratides, les Athéniens agrandirent l'autel de façon à rendre invisible l'inscription de dédicace des tyrans.

Temple d'Arès (Pl. C-2). — Ce n'est plus qu'un souvenir, simplement suggéré par une levée de terre, mais l'on sait qu'il fut élevé vers 435-420 à Acharnes ou sur l'emplacement occupé plus tard par l'agora romaine et qu'il fut déplacé, pierre à pierre, sur l'agora hellénique, sans doute vers la fin du Ier s. avant notre ère.

Le temple d'Arès, d'ordre dorique, présente de telles analogies avec le temple d'Héphaïstos qu'il fut assigné au même architecte. Il restait trop peu de choses, au moment de la découverte, pour avoir une idée précise de son plan. L'aspect des blocs mis au jour et le style des quelques pièces des superstructures qui nous parvinrent attestent seulement qu'il fut érigé dans la seconde moitié du Ve s. av. J.-C. Détruit sans doute en 267, ses ruines furent exploitées comme carrière au moment de la construction du mur dit de Valérien, 10 ans plus tard.

Socle des Tyrannoctones (Pl. C-2). — Son identification est conjecturale et, de toute façon, il ne s'agit que du socle du fameux groupe sculpté qui symbolisait la Liberté aux yeux des Athéniens. Les Tyrannoctones étaient deux Athéniens, *Harmodios* et *Aristogiton*, qui, en 514 av. J.-C., avaient assassiné le tyran Hipparque, l'un des deux fils de *Pisistrate*.

Les tribulations d'un symbole. — *Un premier groupe en bronze, exécuté par* Anténor *vers 506, fut élevé sur l'Agora, sur l'orchestra primitive. Les Perses l'emportèrent lors du pillage d'Athènes, en 480-479. Un deuxième groupe, en bronze, œuvre de* Critios *et de* Nésiotès *connue grâce à une réplique du musée de Naples, fut érigé en 477, après le départ des Perses. Plus tard,* Alexandre le Grand, *lorsqu'il soumit la Perse, découvrit le premier groupe dans l'un des nombreux trésors des rois achéménides. Finalement, ce groupe fut restitué aux Athéniens qui le placèrent près du monument de Critios et Nésiotès, dotant ainsi l'Acropole de deux œuvres interprétant le même sujet. Selon* Pausanias, *ces statues furent déplacées du centre de l'Agora pour être dressées près du temple d'Arès lors de la construction de l'odéon d'Agrippa. On a retrouvé deux fragments de l'épigramme inscrite sur la base d'une statue près du temple d'Arès.*

Odéon d'Agrippa (Pl. C-3). — L'entrée de cet énorme bâtiment ruiné est marquée par **trois statues colossales** figurant deux tritons et un géant, sur un piédestal massif. Ces trois sculptures formaient, dans un dernier temps, le propylon d'un **gymnase**, bâti vers 400 apr. J.-C., qui était sans doute le plus important bâtiment de l'**Université d'Athènes**.

Ce gymnase d'époque romaine tardive succédait lui-même à un autre gymnase, très vaste, aménagé à la fin de la période hellénistique, entre 175 et 125 env. av. J.-C., dans les bâtiments d'un sanctuaire que les Athéniens avaient, semble-t-il, construit à l'occasion du rapatriement des ossements de Thésée, après la conquête de l'île de Skyros par Cimon, *en 475-474 av. J.-C. A ce gymnase hellénistique fut annexée la* fontaine du S.-E. (*Pl.* D-4), *du Ve s. av. J.-C., mais après avoir été transformée en bassin de natation. Plus tard, cet ensemble fut encore agrandi, vers 15 av. J.-C., par la construction de l'*odéon d'Agrippa, *en réalité une large salle de conférences élevée par ce ministre d'*Auguste, *et de la* bibliothèque de Pantainos (*Pl.* E-4), *vers 100 apr. J.-C. C'est également au IIe s. de notre ère que furent sculptées les trois statues colossales pour orner la façade principale de l'odéon lors d'un remaniement de cet édifice.* Philostratos *qui mentionne ce bâtiment sous le nom d'*Agrippeion *nous indique qu'au IIe s. il servait de cadre à des cours de rhétorique donnés par des Sophistes. Tout le gymnase fut dévasté par les Hérules en 267 apr. J.-C. et resta à l'abandon pendant une longue période avant d'être restauré vers 400 apr. J.-C. L'Edit de Justinien, prescrivant la fermeture des écoles d'Athènes, en 529, lui porta un coup dont il ne se releva pas.*

En dépit du délabrement général de l'odéon, vous serez frappé par l'ampleur de l'**auditorium**, une salle carrée de 25 m de côté, libre intérieurement de tout support, qui pouvait contenir environ 1 000 étudiants. Un remaniement, à la suite de l'effondrement de la toiture, au IIe s., ramena à 17,50 m la largeur de l'édifice.

Derrière l'odéon gisent les fondations en conglomérat rouge du **portique du milieu**, du IIe s. av. J.-C., qui fit donc partie lui aussi du gymnase hellénistique, puis romain. A son extrémité occidentale, il recouvrait une rue qui resta en usage depuis l'époque archaïque jusqu'au IIe s. av. J.-C. A l'endroit où cette rue débouchait sur l'Agora, se trouvait, empiétant sur la voie, un bâtiment dont les fondations rectangulaires sont encore apparentes. Ce fut sans aucun doute un édifice important, probablement le **premier enclos des Héros éponymes**, qui, bâti vers 430, fut systématiquement démoli vers le début du IVe s. av. J.-C. (il fut remplacé par un autre enclos, en face du Métrôon).

En marchant le long du portique vers l'O. (vers le Théséion), vous remarquerez à dr. un amoncellement de blocs suggérant le plan d'un **temple**, dit du S.-O., qui date peut-être de l'époque romaine. A l'extrémité du portique, vous verrez, outre les fondations de ce qui fut sans doute le plus ancien enclos des Héros éponymes (V. ci-dessus), les ruines de bâtiments identifiés avec des bureaux. On y découvrit deux dalles en marbre qui servaient sans doute d'étalons pour des tuiles en terre cuite type laconien. L'une d'elles est visible sur place.
Parmi les échoppes ou boutiques, l'une d'elles appartint peut-être au savetier *Simon : Socrate* aimait à s'y arrêter longuement pour bavarder. Près des « bureaux », vous examinerez le branchement du grand égout, avec une canalisation secondaire qui passe sous le portique du milieu. Remarquez également une borne du VIe s. av. J.-C. sur laquelle figure l'inscription : « *Je suis la borne de l'Agora.* »

Héliée (Pl. B/C-4). — Cet édifice en ruine abrita les délibérations du **Tribunal du Peuple**, institution dont les origines remontent au VIe s. av. J.-C., au temps de *Solon*. Ses attributions étaient presque universelles, mais il ne connaissait pas des affaires de meurtre. L'édifice était très vaste, car au cours de certains procès un tribunal (il y en avait plusieurs) pouvait compter jusqu'à 2001 jurés ou *héliastes*. Il y avait en tout 6000 héliastes, tirés au sort (voyez le *clérotérion* ou machine de tirage au sort, au musée de l'Agora), à raison de 600 par tribu.

Dans ses débuts, le tribunal se réunissait en plein air, au lever du soleil (hélios), d'où son nom. Le bâtiment de l'Héliée, fondé durant le deuxième quart du VIe s. av. J.-C., comprenait à l'origine une série de quatre bancs de pierre. Vers 490, un enclos avec un propylon fut érigé tandis qu'une annexe, située sur l'emplacement que devait occuper plus tard la fontaine du S.-O. (*Pl.* B-4), *renfermait sans doute des bureaux ; ces locaux disparurent à la fin du Ve s. lors de l'aménagement de la fontaine. Certaines pièces du portique S.* (*Pl.* C-4), *dans son premier état, jouèrent alors le rôle d'annexe. Dans la seconde moitié du IVe s. av. J.-C., une cour à péristyle fut aménagée à l'intérieur de l'Héliée. La construction du gymnase hellénistique bouleversa toute cette partie de l'Agora. L'Héliée conserva cependant une certaine importance jusqu'à sa destruction, en 86 av. J.-C., par* Sylla.

Fouilles du versant O. de l'Acropole. — A partir de l'Héliée, les passionnés d'archéologie partiront à la découverte des fouilles de ce versant de l'Acropole où s'étend un enchevêtrement de ruines mises au jour par l'archéologue allemand *Dörpfeld* au début du siècle et, plus récemment, par l'*Ecole allemande* en 1963 et 1964.
En cet endroit resserré entre la colline de l'Acropole et la léoforos Apostolou Pavlou gisent les restes de tout **un quartier de l'ancien dème de Mélité**, desservi par une artère qui partait de l'Agora. A partir du point où la voie antique semble jaillir d'en dessous de l'avenue moderne, se trouvent, à g. au pied de l'Aréopage, les vestiges d'un **temple** qui fut identifié par *Dörpfeld* avec le *Dionysion en Limnais* (aux Marais), le plus ancien consacré à ce dieu à Athènes, qui s'animait une fois l'an, le 12 Anthestérion (fin février), lors de la célébration des *anthestéries* et du mariage mystique de Dionysos avec la femme de l'archonte-roi ; il renfermait un pressoir sacré et la cuve inventée par Dionysos.
Un peu plus à l'écart de la rue antique, derrière le temple, la confrérie dionysiaque des Iobacchoi (du cri mystique Io Bacché) superposa, au IIe s. apr. J.-C., son local ou *Bacchéion*.

Portique du S. (Pl. C-4). — Il est tellement ruiné qu'il ne vous servira guère que de repère pour vous ramener sur le droit chemin, c'est-à-dire sur la voie des Panathénées.

Construit dans son dernier état avant le milieu du IIe s. av. J.-C., il faisait lui aussi partie du gymnase hellénistique. Il fut érigé avec des matériaux de remploi provenant du **tribunal Parabyston** et remplaçait un portique du dernier quart du Ve s. av. J.-C. Le portique hellénique, d'une orientation différente (V. plan), aurait servi de réfectoire public, chacune des chambres de l'édifice ayant été pourvue d'un certain nombre de lits de banquet où prenaient place les convives. La proximité de l'Héliée justifierait la présence d'un tel établissement dans ces parages.
De l'autre côté de la rue qui longeait la partie postérieure du portique hellénique fut découvert un petit **abaton** (Pl. B-4), dédié à une divinité inconnue et qui fut construit vers la fin du Ve s. av. J.-C., mais on y incorpora une petite structure d'époque archaïque, du VIIe s. av. J.-C., peut-être la tombe d'un héros athénien.

Église des Saints-Apôtres (Pl. D-4). — Elle s'élève, depuis le XIe s., sur les ruines d'un **nymphée** romain du IIe s. de notre ère, et renferme de remarquables **peintures byzantines.** Derrière l'église, vous jetterez un regard sur la **fontaine du S.-E.**, réduite aux seules fondations, qui fut aménagée durant la seconde moitié du VIe s., sous les Pisistratides, puis remaniée au Ve s.

Argyrokopéion (Pl. E-4). — C'est dans ce bâtiment, l'**hôtel des Monnaies d'Athènes,** érigé vers la fin du Ve s. av. J.-C., que furent frappées les « chouettes du Laurion », ces belles monnaies athéniennes, chefs-d'œuvre de la numismatique antique, avec le métal extrait des mines de Laurion, cette « source d'argent, un trésor que gardait la terre » (**Eschyle,** *les Perses*).

Pratique du système monétaire. — *Supposez que vous soyez un étranger fraîchement arrivé à Athènes, par exemple vers la fin du Ve s. av. J.-C., et pas encore un* métèque (*littéralement* celui qui habite avec) *— le terme n'était pas forcément (trop) péjoratif dans la bouche d'un Athénien. Vous venez de débarquer au Pirée, peu au courant du système des monnaies athénien, et vous mourez d'envie de vous précipiter sur l'Agora, vers les baraques en planches des marchands. N'allez surtout pas demander quelles sont les nouvelles, selon la pratique la plus répandue sur l'Agora, mais songez plutôt à vous rappeler que* six oboles *font une* drachme, *soit 4,36 g d'argent d'un bon et même excellent aloi (98,3 % d'argent fin), ou encore qu'il existe des pièces d'une obole, de deux et trois oboles* (diobole *et* triobole), *d'une drachme, de deux, quatre et dix drachmes* (didrachme, tétradrachme *et* décadrachme). *Vous ne pourrez probablement pas compter en* mines *(cent drachmes) et moins encore en* talents *(60 mines), à moins que vous ne vous apprêtiez à racheter un de vos parents, prisonnier de guerre, à la vente aux enchères des esclaves qui se tient sur l'Agora à chaque nouvelle lune.*

Temple du S.-E. — Vous ne trouverez sans doute que peu d'intérêt aux ruines de ce temple du Ier s. de notre ère qui aurait été édifié, selon l'archéologue américain *M. H. Thompson,* avec des matériaux de remploi provenant en partie d'un temple dorique inachevé de Thorikos. De l'autre côté du chemin des Panathénées, une longue suite de petites chambres, dont seul le plan est conservé, indique qu'il s'agit d'une galerie commerciale, dotée d'un portique, dans l'alignement de la façade principale de la **bibliothèque de Pantainos** (Pl. E-4), dépendance du gymnase de Ptolémée. Elle fut érigée vers 100 apr. J.-C. par un certain *Flavius Pantainos*, détruite par les Hérules en 267 et en partie recouverte par le mur dit de Valérien.

Chemin des Panathénées (Pl. D/E-2/4). — Encore pavé de gros blocs posés à l'époque romaine, au IIe s. de notre ère, ce tronçon du chemin des Panathénées est le plus spectaculaire, non pas tant en raison de l'état de conservation des bâtiments qui le bordent, mais bien grâce à la présence, en toile de fond, de l'Acropole, à laquelle il donnait accès.

Esquisses pour une frise panathénienne. — *Venant du Céramique, le chemin des Panathénées atteignait l'Agora par le N.-O., entre le portique Royal et un autre portique. Selon* Harpocrate, *un érudit du IIe s. apr. J.-C., l'espace compris entre ces deux portiques avait été choisi pour dresser des hermès (les fragments de 19 d'entre eux furent découverts en 1970 face au portique Royal). Ces hermès étaient étroitement associés aux défilés de cavalerie qui avaient lieu lors des panathénées entre le Pompeion, dépôt des accessoires des processions, et l'Acropole, en passant par l'Agora. C'était près des hermès que les phylarques faisaient exécuter aux* éphèbes *les répétitions du défilé.* Xénophon, *ce philosophe et écrivain qui fut l'un des généraux de la retraite des Dix Mille, en discutant du rôle de la cavalerie lors des processions, suggéra que les cavaliers puissent effectuer, à partir des hermès, un tour complet de l'Agora, en rendant hommage aux divinités, pour revenir ensuite à leur point de départ d'où ils se seraient élancés vers l'Eleusinion.*

La montée vers l'Acropole. — *Après avoir traversé la zone des hermès, le chemin des Panathénées passait près de l'autel des Douze Dieux et de l'*orchestra, *emplacement rudimentairement installé, où se déroulaient des fêtes religieuses et, en particulier, les* grandes dionysies, *avant qu'elles ne soient transférées dans le sanctuaire de Dionysos. Il devait être situé au N. de l'odéon d'Agrippa. Après avoir traversé l'Agora en diagonale, le chemin gravissait en ligne droite la pente de l'Aréopage pour se diriger vers l'entrée de l'Acropole. En cette partie, la voie est bordée, à g., par les restes du* mur dit de Valérien, *érigé 10 ans après le sac d'Athènes par les Hérules (267 apr. J.-C.). Egalement sur le côté g. se situent les ruines de l'*Eleusinion, *temple consacré à Déméter et Coré, qui fut construit durant le premier quart du Ve s. av. J.-C.*

▣ **Le *musée de l'Agora** (Pl. E-3). — Il est installé dans le **portique d'Attale**, reconstruit par l'*École américaine d'Archéologie* sur le site même de la stoa érigée par *Attale II*, roi de Pergame (Asie Mineure) sans doute en souvenir du temps où il avait été étudiant à la Nouvelle Académie d'Athènes, fondée par le philosophe *Carnéade*, dont il fut l'élève.

Visite : mêmes heures que le site, mais fermé le mardi (☎ 321-01-85).

Il abrite les **sculptures** et les **diverses antiquités** mises au jour lors des **fouilles de l'agora** hellénique. Il ne compte pas d'œuvres de première grandeur, mais ses collections mettent parfois en relief certains **aspects de la vie publique et privée des Athéniens** qui ne manqueront pas de vous intéresser, voire de vous amuser.

Notre itinéraire : à partir de l'extrémité dr. (S.) de la **galerie du rez-de-chaussée,** *vous examinerez les sculptures réparties le long des murs, puis, en revenant sur vos pas, celles disposées dans les entrecolonnements centraux, pour pénétrer enfin dans la* **salle principale** *du musée, s'ouvrant presque au milieu du portique. Enfin, si elle est ouverte, les amateurs de détails monteront à la* **galerie supérieure.**

Galerie du rez-de-chaussée. — Vous remarquerez plus particulièrement : **statue d'Apollon Patrôos** (S 2154), autrefois placée dans le lieu saint (cella ou naos) du temple de ce nom, sur l'Agora ; exécutée pendant le troisième quart du IVe s. av. J.-C., elle est attribuée à *Euphranor,* peintre et sculpteur originaire de Corinthe, mais aussi auteur d'un *Traité des proportions et des couleurs,* qui exerça surtout à Athènes. Chapiteau ionique (A 2973) avec traces de peinture (fin du Ve s. av. J.-C.).
Base de statue de l'Iliade (I 6628) portant l'inscription : « *Je suis l'Iliade, celle qui fut avant et après Homère. Je suis à côté de celui qui me créa à ses débuts.* » On peut donc en déduire que sur cette base se trouvait une statue de l'Iliade personnifiée, dressée à côté d'une autre statue, représentant Homère. Le fait que l'inscription précise que l'Iliade était une œuvre de jeunesse du célèbre poète implique que l'Odyssée, généralement considérée comme un travail produit dans les dernières années de la vie d'Homère, devait également être placée à côté de la statue du génial aède. En fait, vous verrez, un peu plus loin, deux statues identifiées l'une avec l'**Iliade** (S 2038) et l'autre avec l'**Odyssée** (S 2039). Ce groupe dut être dressé dans la salle principale de la bibliothèque de *Pantainos* (IIe s. apr. J.-C.).
Statue peut-être d'**Aphrodite** (S 378), plus grande que nature, exécutée au IIe s. av. J.-C. par un artiste athénien s'inspirant d'un modèle pergaménien.

A g. de cette statue s'ouvre une petite salle dont la visite vous permettra de tout savoir sur les **amphores** et sur **la production et le commerce du vin dans l'Antiquité,** du VIe s. av. J.-C. au VIe s. apr. J.-C. De nombreuses amphores entières sont exposées et une vitrine est consacrée aux timbres estampés que portaient souvent les anses (en particulier à Rhodes et à Thasos : symboles, noms de magistrats ou de producteurs).

Pilier hermaïque (S 33) qui servit de support à un Hermès tenant Dionysos enfant ; il s'agit d'une copie romaine, peut-être d'après un groupe sculpté par ***Céphisodote,*** artiste grec du IVe s. av. J.-C., père de Praxitèle.
Statue sans doute **d'Aphrodite** (S 1882), de la fin du Ve s. av. J.-C., qui, par son style, s'apparente à des œuvres assignées à ***Callimaque,*** sculpteur à la manière raffinée et minutieuse, peut-être due à ses activités de ciseleur.

Statue de Néréide** (S 182), en marbre de Paros, qui fut peut-être sculptée (vers 400 av. J.-C.) par ***Timothéos, qui travailla au temple d'Asclépios, à Épidaure, et participa, avec trois autres sculpteurs de grand renom, à la décoration du fameux tombeau du roi Mausole, à Halicarnasse.
De l'autre côté de la porte d'accès à la grande salle du musée, **statue d'une déesse** (S 37), peut-être Aphrodite, en marbre pentélique, du début du IVe s. av. J.-C. Relief votif dédié à Pan et aux Nymphes (I 7154), des environs de 330 av. J.-C.
Fragments de sculptures provenant du temple d'Héphaïstos, notamment un groupe de deux statues (S 429 : **Hespérides ?**) qui ornait sans doute le sommet du fronton E. (vers 420 av. J.-C.). Fragments de reliefs provenant probablement de la frise du temple d'Arès (vers 430-420). Relief avec cavaliers (I 7167), du début du IVe s. av. J.-C. Buste d'une statue féminine colossale (S 2370), de la 2e moitié du IVe s. av. J.-C.

A l'extrémité N. de la galerie, ***Victoire ailée** (S 312), œuvre du début du IVe s. av. J.-C., qui constituait l'une des **figures d'acrotère** du portique de Zeus Eleuthereus.

De l'extrémité N. de la galerie du rez-de-chaussée, revenez maintenant vers la porte d'entrée de la salle principale en examinant les sculptures disposées dans les entrecolonnements, en remarquant plus particulièrement :

Portrait d'Hérodote (S 270), un historien grec, natif d'Halicarnasse, en Asie Mineure, d'une importance capitale pour l'étude des guerres Médiques, de la société grecque du Ve s. avant notre ère et de l'empire perse achéménide ; cette statue est une copie romaine d'un original hellénique.
Statue d'une Nymphe (S 1654), adaptée d'un type d'Aphrodite créé au Ve s. av. J.-C., qui ornait un nymphée romain du IIe s. apr. J.-C.
Tête de Victoire (S 2354), du IIe s. apr. J.-C., d'après un original de *Paionios* (Ve s. av. J.-C.).

Salle principale. — Après une série de vitrines renfermant de la céramique depuis la période néolithique, vous examinerez surtout les **offrandes d'une riche tombe mycénienne** (vitrine 5), découvertes sur le versant N. de l'Aréopage (XIVe s. av. J.-C.).

Vitrine 12 : les **tests de cuisson** trouvés dans un four parmi les ruines d'un atelier de potier du début de la période protogéométrique (vers 1000 av. J.-C.) sont l'une des curiosités de ce musée ; ces tests avaient pour but de connaître le temps de cuisson idéal. Dans une vitrine sans numéro du côté g., après les vitrines 11 et 12, notez la **céramique de la période géométrique** qu'elle contient, et surtout un modèle réduit de silo à grains.

Vitrine 18 : céramique de la période géométrique (900-700 av. J.-C.) ; notez surtout un **vase** (P 4885), ou plus exactement une *œnochoé*, de la fin du VIIIe s., dont la panse est ornée de **scènes de combat** et le col d'une **frise de guerriers.** La panse de ce vase est percée de quatre trous par lesquels étaient insérés deux tubes de terre cuite. Ce dispositif était sans doute destiné à permettre un rafraîchissement plus rapide du vin contenu dans le vase lorsqu'on plongeait celui-ci dans un récipient empli d'eau froide qui circulait dans les deux tubes.
Sur le côté dr., dans une vitrine sans numéro, **moule en argile** (S 741) pour couler une statue en bronze, probablement un Apollon (VIe s. av. J.-C.). Le moule était constitué de trois couches d'argile appliquées par-dessus la maquette enduite de cire. La cire était ensuite évacuée avant la coulée du métal. Ces fragments furent trouvés près du temple d'Apollon.
Également à dr., sur l'étagère 24, **tête de coré** (S 1071), de la fin de l'époque archaïque, en marbre des îles (début du Ve s. av. J.-C.), **tête d'une autre coré** (S 2476) en marbre de Paros et **tête d'Héraclès** (S 1295), en marbre pentélique, de la même période.

Vitrine 27 : vous y verrez **sept bulletins de vote,** en bronze, utilisés lors des audiences de la Cour des Onze *(Parabyston),* un tribunal de première instance, localisé sur le site de l'actuel bâtiment du musée, qui dut être construit vers la fin du Ve s. av. J.-C., puis à nouveau sous *Lycurgue,* au temps où il contrôlait les finances publiques d'Athènes (338-326) ; ce tribunal jugeait en particulier les malfaiteurs pris en flagrant délit de vol ; remarquez également une curieuse **horloge à eau** ou *clepsydre,* en terre cuite, du Ve s. av. J.-C., du type employé dans les cours de justice athéniennes ; ces engins servaient à mesurer le temps de chacune des parties qui pouvaient plaider devant la cour. D'après ***Aristote,*** nous savons que l'écoulement de l'eau était interrompu pendant la lecture des lois et l'introduction des témoins.

Après la vitrine 27 est exposé un *clérotérion* (I 3967) ou **machine pour la répartition des charges publiques** attribuées par tirage au sort. Chaque candidat remplissant les conditions requises par la loi insérait une plaque portant son nom dans l'une des nombreuses fentes numérotées que comporte

cet appareil. A chaque fente correspondait une boule, également numérotée. Les officiers publics étaient donc désignés en fonction de l'ordre de sortie des boules. La machine visible dans ce musée semble avoir été en usage au Sénat au IIIe ou au IIe s. avant notre ère, durant la période des Douze Tribus.
Dans une petite vitrine sans numéro, au centre de la salle, ***vase** plastique en terre cuite (P 1231), représentant un **athlète victorieux**, qui fut probablement consacré à quelque divinité par le vainqueur d'un concours athlétique. Sans doute exécuté en Attique, il date de 540 env. av. J.-C.

Vitrine 30 : * **collection de vases à figures noires ou rouges** (VIe et Ve s. av. J.-C.), dont un beau vase à parfum (*alabastre ;* P 12628) attribué au *peintre d'Amasis,* l'un des artistes les plus réputés du milieu du VIe s. av. J.-C. ; mais remarquez aussi **deux coupes** (P 24114 et P 24110) attribuées au peintre *Epictétos,* ainsi que quatre **coupes** (P 23165, P 24102, P 24116, P 24115) qui furent sans doute produites par un artiste nommé *peintre de Chairias,* vers 500 avant notre ère ; sur la seconde, une femme nue, devant un autel, jette une couronne dans les flammes en hommage à Aphrodite ou à une autre divinité.

Vitrine 32 : ***collection de vases peints,** dont une coupe (P 24113) ou *kylix* signée par le potier *Gorgos* vers 510-500 av. J.-C., sur laquelle figurent, dans le médaillon, un jeune homme tenant un lièvre et, à l'extérieur, d'un côté Dionysos, une ménade et deux satyres, de l'autre une scène de combat entre Achille et Memnon.

Un combat homérique. — Memnon *a traversé le bouclier d'*Achille, *mais sa lance étant fixée, Achille va donner un coup de lance mortel à son antagoniste. Derrière Achille se tient* Thétis, *sa mère, et la mère de* Memnon, l'Aurore, *se trouve derrière le roi d'Éthiopie qui était venu au secours des Troyens.*

Une **coupe** (P 24131) attribuée à *Epictétos* est décorée d'une peinture figurant une femme à la sortie du bain et qui tient une paire de bottines en cuir souple (vers 520-510 av. J.-C.).
A côté, dans une vitrine sans numéro, **vase** (cratère) qui aurait été exécuté par *Exékias* vers l'an 530 avant notre ère. Les peintures nous montrent, d'un côté, l'**admission d'Héraclès à l'Olympe**, et, de l'autre côté, un **combat entre Grecs et Troyens** pour la possession du corps de Patrocle. Les noms des personnages sont précisés par des inscriptions.

Sur le côté g., dans une vitrine sans numéro, **amphore** (P 1247), datée du début de la période de la céramique à figures noires (vers 620-610 av. J.-C.), qui aurait été tournée et décorée par le peintre du vase de Nessos, visible au *Musée National,* à Athènes. Notez encore, dans une autre vitrine sans numéro sur le côté g., **une curieuse chaise percée** pour enfant, en terre cuite.
Dans la partie centrale de la salle : ***tête de Victoire en bronze** (vers 430 av. J.-C.) **qui était recouverte de feuilles d'or.** Les bords des plaques de métal étaient dissimulés dans les rainures (creusées à deux époques différentes) que l'on distingue en certains endroits, notamment sur le cou, la nuque, le front, etc. La petite protubérance de métal que vous remarquerez au sommet de la tête servait à fixer des mèches de cheveux coulées séparément de manière à composer une coiffure en queue de cheval.

Vitrine 37 : ***céramique attique** du VIe au IVe s. av. J.-C., simplement revêtue d'un engobe noir lui donnant un aspect métallique.

Vitrine 38 : la **collection de tessons** exposée dans cette vitrine mérite un examen ; vous y trouverez les noms de divers personnages qui comparurent, peu avant la seconde guerre Médique, devant des Assemblées d'ostracisme, du mot *ostraca* (*ostracon* au singulier) désignant ces tessons. Chacun des membres de ces assemblées gravait en effet sur un tesson le nom du personnage qu'il entendait condamner au bannissement lors des sessions. La plupart des ostraca exposés dans cette vitrine concernent les **ostracismes** d'*Aristide le Juste*, de *Thémistocle*, de *Callixénos*, etc., qui intervinrent en 482 av. J.-C.

Une démocratie soupçonneuse. — *Institué à Athènes par* Clisthène, *après la chute de la tyrannie des Pisistratides et en quelque sorte pour en prévenir le retour,* l'ostracisme *était une mesure pour se prémunir contre l'ambition de citoyens jugés dangereux pour la cité : pendant une période de dix ans, en principe, on éloignait ainsi ceux dont on redoutait l'influence. Le banni pouvait choisir son lieu d'exil, mais ses biens n'étaient pas confisqués. L'ostracisme, qui provoqua, on s'en doute, de nombreux abus, fut abandonné pendant la guerre du Péloponnèse et* Hyperbolos, *en 417, en fut la dernière victime.*

Vitrine 42 : monnaies (or, argent et bronze) de diverses époques.

Vitrines 44 et 45 : céramiques diverses d'époque hellénistique.

Vitrine 52 : lampes de diverses époques.

Dans une vitrine au centre de la salle, ***statuette d'Apollon** (BI 236), petite réplique en ivoire, datant probablement du IIe s. apr. J.-C., de l'**Apollon Lykeios** de *Praxitèle.* Telle qu'elle se présente, l'œuvre est aujourd'hui un miracle de reconstitution.
Au fond, à dr., **statue de satyre** (S 221) tenant une *syrinx* (flûte de pan), probablement exécutée au IIe s. de notre ère d'après un modèle d'époque hellénistique.

Galerie du premier étage. — Outre les **maquettes de l'Agora** et de **l'Acropole**, les amateurs de détails verront ici des **stèles inscrites** et quelques **sculptures** datant pour la plupart des IIe et IIIe s. de notre ère, notamment des portraits impériaux.

VII — *Cimetière du Céramique (Pl. I, A-3)

A un peu moins de 400 m de l'Agora, le voyageur qui sortait d'Athènes par la route de l'Académie (celle où s'illustra Platon) traversait, après avoir franchi la porte Dipyle (porte Double), la principale nécropole de la ville. Là furent inhumés de riches citoyens et métèques, des hommes illustres, ceux que l'Etat voulait honorer pour services rendus et donner en exemple ; beaucoup étaient morts à la guerre.
Donner en exemple, montrer aux passants, paraître encore, par-delà la mort, ce fut l'une des préoccupations majeures des plus fortunés, dans presque toute la Grèce, à un tel point qu'une loi somptuaire dut être promulguée en 317 av. J.-C. pour imposer la simplicité : les cimetières étaient devenus des foires aux vanités par morts interposés. Ne nous plaignons pas, cette attitude a rempli les musées grecs de stèles, de monuments funéraires plus élaborés, expressions d'un art souvent stéréotypé, mais parfois remarquable. Quelques monuments sont restés sur place, des moulages ont remplacé ceux qui ont été déplacés, mais le cadre reste, replanté de cyprès, avec son

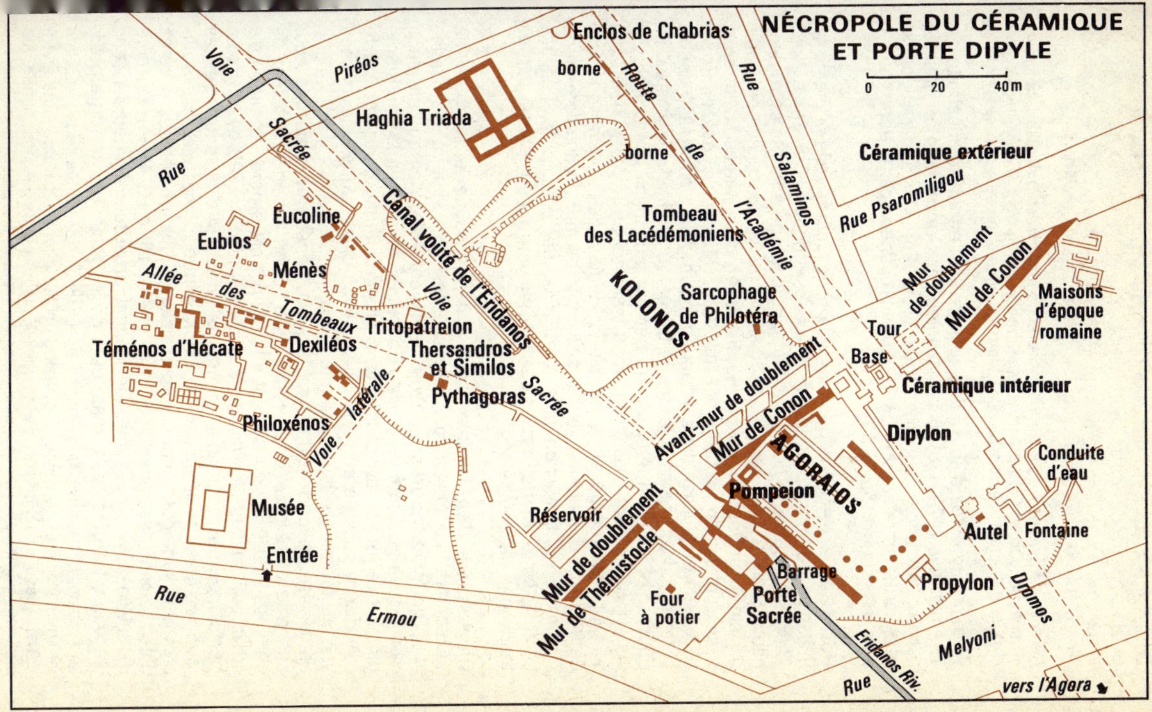

NÉCROPOLE DU CÉRAMIQUE
ET PORTE DIPYLE
0
20
40 m
Enclos de Chabrias
borne
Route
de
borne
l'Académie
Rue
Salaminos
Céramique extérieur
Rue Psaromiligou
Voie
Piréos
Sacrée
Haghia Triada
Rue
Canal voûté de l'Éridanos
Tombeau
des Lacédémoniens
KOLONOS
Sarcophage
de Philotéra
Eucoline
Eubios
Ménès
Allée
des
Tombeaux
Voie
Sacrée
Tritopatreion
Téménos d'Hécate
Dexiléos
Thersandros
et Similos
Pythagoras
Philoxénos
Voie
latérale
Musée
Entrée
Rue
Ermou
Mur
de doublement
Mur de Conon
Maisons
d'époque
romaine
Tour
Base
Céramique intérieur
Avant-mur de doublement
Mur de Conon
AGORAIOS
Dipylon
Conduite
d'eau
Pompeion
Réservoir
Mur de doublement
Mur de Thémistocle
Autel
Fontaine
Barrage
Propylon
Four
à potier
Porte
Sacrée
Dromos
Eridanos Riv.
Melyoni
Rue
vers l'Agora

atmosphère aujourd'hui recueillie qui évoque d'autres nécropoles célèbres comme celle de la via Appia de Rome.

Visite : de 9 h à 15 h en été et de 9 h à 15 h 30 en hiver, en sem. ; de 10 h à 16 h ou 16 h 30 les dim. et j. fériés ; accès payant.

Remettez à plus tard la visite du musée et gagnez directement la porte Dipyle, où commençait le cimetière, en descendant le sentier qui, à dr. après l'entrée (148, rue Ermou), conduit dans le fond de la cuvette où se trouvent les ruines.

Vous remarquerez d'abord des vestiges de l'**enceinte** construite par *Thémistocle* (479-478), puis remaniée par *Conon* (394) et doublée par un mur érigé sous *Lycurgue* (338-326). Ces fortifications se déploient encore sur un front de 200 m, coupées par la porte Sacrée à dr. et la porte Dipyle à g.

Porte Sacrée. — Au débouché de la **Voie Sacrée,** elle présente un mélange de maçonneries de diverses époques. Construite sous *Thémistocle,* elle se compose d'un long passage enfermé entre deux hauts murs et de deux tours d'angle (celle de g. est en partie romaine) ; un mur longitudinal la divisait en deux parties ; celle de g. servait d'exutoire à un petit ruisseau, l'Eridanos, descendu du Lycabette et canalisé dans un aqueduc. Un mur transversal à double porte défendait le passage dès le temps de *Thémistocle,* mais il fut doublé, 11 m en arrière, par un second mur établi par *Conon.* En vous rendant vers le Dipylon, vous longerez un tronçon d'enceinte en appareil polygonal, construit au temps de *Conon,* qui était défendu par deux tours carrées saillantes. Le mur de doublement de *Lycurgue* est beaucoup plus ruiné. Du côté de la ville, l'espace compris entre les deux portes est en majeure partie occupé par les fondations du Pompéion.

Dipylon. — Cette double porte livrait passage à la route de l'Académie qui menait au parc d'*Académos,* situé à six stades (1 100 m). Deux **portes jumelles** fermaient le Dipylon du côté de la campagne et du côté de la ville. Construite sous *Lycurgue* en même temps que le mur de doublement, elle comportait donc une **porte extérieure** séparée en deux baies par un pilier auquel est adossée la base en marbre d'un monument votif.

Franchissez la porte extérieure, et vous pénétrerez dans une cour enserrée entre deux épais remparts d'où les assiégés lardaient de traits les assaillants qui avaient forcé la première porte, comme cela arriva aux soldats de *Philippe V de Macédoine* en 200 av. J.-C. La **porte intérieure,** flanquée comme la précédente de deux grosses tours carrées, avait également deux entrées ; chacune était suffisamment large pour permettre le passage simultané de deux voitures (l'écartement des roues des chars grecs était de 1,45 m). Du côté de la ville, voyez, devant le pilier central, un **autel** rond dédié à Zeus Herkeios, Hermès et Akamas, et, à g., les restes d'une **fontaine.**

Le Dipylon, qui remplaçait l'ancienne **porte de Thria,** percée dans l'enceinte de Thémistocle et de Conon, s'ouvrait du côté de la ville sur une large artère (39 m jusqu'au temps de Sylla) qui se dirigeait vers l'Agora, bordée de portiques. Cette avenue, appelée *Dromos* (cours), traversait le quartier du

Céramique intérieur et débouchait sur la grande place publique athénienne entre le portique des Hermès et le portique Royal.

Pompéion. — A dr. après la porte intérieure se trouve un *propylon* (ou entrée monumentale), en ruine, qui conduisait au Pompéion, lieu de dépôt du matériel utilisé lors des processions et **point de départ du cortège des panathénées.** Remarquez les traces laissées par les roues des chars. Le bâtiment proprement dit, aujourd'hui réduit aux fondations, date en partie du temps d'*Hadrien* (IIe s. apr. J.-C.), mais il fut bâti sur le site du Pompéion grec, du IVe s. av. J.-C. En fait, ce lieu fut dès le Ve s. avant notre ère occupé par un édifice où l'on remisait les chars et autres machines employés dans les processions (*pompé* en grec).

Route de l'Académie. — Revenez sur vos pas et suivez l'ancienne route de l'Académie, large de 40 m en cet endroit. Vous êtes dans le **cimetière du Grand Céramique,** autrefois célèbre pour la beauté de ses tombes et des monuments construits aux frais de l'Etat. Là furent inhumés *Solon le Sage, Thrasybule* le restaurateur de la démocratie après l'éviction des Trente Tyrans, *Périclès,* brillant orateur, stratège fougueux, homme d'Etat qui voulut imposer l'hégémonie d'Athènes par la grandeur de ses réalisations, tel le Parthénon, etc. Des orateurs en renom, tels *Périclès, Lysias, Démosthène, Hypéride,* y prononcèrent des oraisons funèbres à l'occasion de la cérémonie des *Epitaphia* ou des funérailles nationales octroyées aux guerriers morts devant l'ennemi.

Cette nécropole occupait le territoire du faubourg appelé Céramique extérieur; *lui-même devait son nom aux potiers et aux tuileries installés dans ce quartier. A partir du VIIe s. av. J.-C. s'établit la règle d'enterrer les morts en dehors des enceintes des villes, le long des routes, à la sortie des portes. Ainsi, les tombes étaient facilement accessibles, ce qui facilitait le culte rendu aux ancêtres, et les plus somptueuses de ces sépultures, en attirant l'attention des passants, perpétuaient parmi les vivants le souvenir des morts illustres ou de ceux qui avaient été favorisés par la fortune. L'installation d'un cimetière dans cette région remonte cependant au XIIe s. avant notre ère. Les tombes de cette époque appartiennent à la période de transition dite submycénienne. Vers 1100, l'apparition d'un nouveau rite d'inhumation, l'incinération, trahit l'arrivée de populations doriennes. La céramique découverte dans cette nécropole à partir de cette époque jusqu'au VIIIe s. permet de suivre l'évolution du style géométrique, illustré par les fameux vases du Dipylon, dont le Musée National possède un exemplaire remarquable.*

Parmi les monuments funéraires identifiés le long de la route de l'Académie figure, à g., celui où furent inhumés plusieurs officiers lacédémoniens qui apportèrent leur concours pour renverser les Trente Tyrans en 403 av. J.-C. Parmi eux se trouvaient deux généraux, *Chairon* et *Thibrachos,* et un ancien vainqueur aux jeux Olympiques, *Lacratès.*

***Allée des Tombeaux.** — Revenez sur vos pas jusqu'à la porte Sacrée, suivez la Voie Sacrée puis, à 100 m, engagez-vous dans l'allée des Tombeaux. A l'angle formé par les deux voies se trouvait un **sanctuaire des Tritopatores** ou des Ancêtres, que l'on peut dater du Ve s. av. J.-C. Dans cette allée, les concessions furent

attribuées à de riches familles athéniennes et métèques à partir de 394 env. De chaque côté, des enclos renferment plusieurs tombes de formes variées : petites chapelles *(naïskoi)* à frontons, ornées de sculptures, stèles à palmettes, sarcophages de brique peints, lécythes ou loutrophores, vases que l'on déposait sur les tombes des célibataires, cippes très simples, sur les tombes des esclaves enterrés près de leurs maîtres. Les monuments les plus luxueux sont bien entendu antérieurs au règlement de *Démétrios de Phalère* qui, en 317 av. J.-C., imposa la simplicité.
Du côté dr. de l'allée, après l'enclos des Ancêtres, vous verrez quelques dalles et stèles dont l'une est au nom d'*Hipparété*, petite-fille d'*Alcibiade* (la pierre tumulaire, en forme d'autel, dut être placée vers 350).

A une vingtaine de mètres à dr., la **tombe d'Eucoliné** est ornée d'un relief figurant la défunte tenant un oiseau, avec un chien à ses pieds, entourée de deux femmes et d'un homme. A une autre vingtaine de mètres de là, en suivant vers la g. une parallèle à l'allée, le **monument d'Aristion** est décoré d'un relief où le mort tient lui aussi un oiseau, devant son serviteur portant un strigile (racloir utilisé par les athlètes au gymnase) et, au-dessus, une sirène dans une attitude de pleureuse.

Les plus intéressants monuments funéraires du côté dr. se trouvent dans la **concession de Koroibos de Mélité** (loutrophore, stèles, dont l'une est un fac-similé de la stèle d'Hégéso, au Musée National).
En revenant par l'autre côté, vous remarquerez surtout, dans la **concession Lysimachidès,** du dème d'Acharnes (2e moitié du IVe s.), le bas-relief de Charon, le passeur qui convoyait les âmes des morts sur l'Achéron ou fleuve infernal, un ex-voto qui représentait le banquet funèbre de deux couples aux Enfers (addition d'époque romaine), une chienne et une lionne (mutilée), en marbre de l'Hymette, qui formaient des figures d'acrotères.
Dans la **concession de Dionysos**, du dème de Kollytos, voyez un petit édifice (naïskos) adossé à un pilier portant **un magnifique taureau en marbre pentélique.**
La **concession des frères Agathon et Sosikratès** (vers 350 av. J.-C.), d'Héraclée du Pont (il s'agit donc de métèques), comprend la petite **chapelle** d'Agathon, les **stèles** à palmettes d'Agathon et de Sosikratès et l'émouvant **bas-relief** de Korallion qui, dans une scène d'adieu, s'accroche au bras de son mari et lui tient la main.
Vient ensuite la **concession de Lysanias**, du dème de Thorikos, avec un hérôon, en arc de cercle, qui forme le **cénotaphe de Dexiléos**, le plus glorieux des fils de *Lysanias*, tué à 20 ans, en 394, à la guerre de Corinthe. Son nom se retrouve sur le monument public (où il était enterré) élevé au Céramique en l'honneur des cavaliers morts à Corinthe et à Chéronée.
A dr. de la voie latérale qui monte vers le musée se trouve la **concession de Makareus**, poète ou acteur tragique, que suit la **concession de Démétria et de Pamphilé** (vers 350 av. J.-C.), avec le beau **bas-relief** de Pamphilé, où la défunte est représentée assise

près de Démétria, la *loutrophore* (vase ici purement décoratif) d'Hégétor, décédé en état de célibat.

■ **Musée du Céramique.** — Il renferme les plus intéressantes trouvailles de la nécropole du Céramique, sauf quelques-unes déposées au Musée National.

Visite : de 9 h à 15 h en été et de 9 h à 15 h 30 en hiver en sem. ; de 10 h à 16 h ou 16 h 30 les dim. et j. fériés ; fermé le mardi ; accès payant (☎ 346-35-52).

La céramique est particulièrement abondante et les collections exposées recouvrent toutes les époques durant lesquelles le cimetière fut en usage. La période géométrique est très bien représentée avec, notamment, une grande **amphore** en terre cuite, **du style du Dipylon**. Mais vous y remarquerez surtout le **bas-relief de Dexiléos**, provenant de la concession de Lysanias (allée des Tombeaux), un grand **relief d'une prêtresse** du téménos d'Hécate tenant une hydrie à eau lustrale, un **sphinx** d'époque archaïque qui surmontait une colonne funéraire, un **lion en marbre** (580 av. J.-C. env.), etc.

VIII — ★★★Musée National

Malgré la richesse en œuvres d'art du musée du Louvre et du British Museum, pour ne citer que ces deux-là, le Musée National réunit les plus riches collections que l'on puisse voir au monde de sculptures et de céramique de la Grèce archaïque, classique et hellénistique, complétées par des œuvres d'époque romaine mais surtout par des antiquités néolithiques, des Cyclades et mycéniennes. Une intelligente politique de décentralisation a eu pour conséquence de maintenir sur les sites archéologiques les plus importants la majeure partie des trouvailles qui y furent réalisées. C'est ainsi que les musées de Delphes et d'Olympie comptent parmi ceux qu'il est absolument indispensable de visiter. La Crète, berceau d'une civilisation originale avant qu'elle ne soit envahie par les Achéens, puis les Doriens, n'est pas représentée au Musée National ; c'est à Héracleion qu'il conviendra de se rendre pour compléter sa connaissance des arts qui s'épanouirent sur l'actuel territoire grec.

Adresse : 1, rue Tositsa, à hauteur du 44, rue Patission (Pl. III, C-1 ; ☎ 821-77-17).

Accès : trolleybus **2, 3** et **12 ;** autobus **12/3.**

Visite : t.l.j. de 9 h à 15 h 30 ; fermé le lundi. Certaines salles ne sont ouvertes que par roulement. Les salles consacrées aux découvertes de Théra sont accessibles avec un supplément. L'entrée du musée est gratuite les dim. et jeudi.

Photographie : permise, avec ou sans trépied, moyennant le paiement d'une redevance (plus élevée si vous utilisez un trépied).

Visites guidées : en français, anglais, allemand, italien, etc. (s'informer dans le hall du musée).

Thésée, le protecteur du premier musée athénien. — *Le premier musée grec fut créé à Egine au lendemain de l'Indépendance, en 1829, mais ses* *collections, provenant pour la plupart du temple d'Aphaia, furent transférées à Athènes en 1837. Le temple de Thésée (ou plutôt le temple d'Héphaïstos, mais à l'époque on ne le savait pas encore) parut être un cadre tout à fait naturel pour centraliser les trouvailles faites en Grèce et recevoir, en 1834, les collections provisoirement déposées dans une église d'Athènes. Les découvertes augmentant sans cesse, il devint urgent de trouver d'autres locaux; c'est ainsi que la bibliothèque d'Hadrien, la tour des Vents, les Propylées de l'Acropole, l'Université, un édifice appelé Varvakeion, devinrent autant d'annexes du musée principal. On sortit de cette période d'improvisation lorsque les collections furent installées, en 1874, dans une aile des bâtiments actuels, de style néo-hellénique, achevés en 1889 (ils furent agrandis en 1935-1939, puis après la guerre). Cela devenait pressant en raison des extraordinaires découvertes réalisées par les archéologues grecs et les écoles étrangères, dont l'*Ecole française d'Athènes, *la doyenne, fondée en 1846.*

Présentation muséographique. — Elle est inégale : remarquable pour les salles néolithique, des Cyclades et mycénienne, elle est satisfaisante, voire très satisfaisante en ce qui touche aux aménagements des collections de sculptures, où certaines œuvres très importantes sont intelligemment mises en valeur, mais elle est vieillotte en ce qui concerne la plupart des salles du premier étage (collections de vases), où il y a une évidente surcharge.

Notre itinéraire. — Au prix d'une entorse à la progression chronologique, nous vous proposerons en premier lieu de visiter la salle mycénienne, *d'examiner les collections néolithiques, puis celles des Cyclades. Vous entreprendrez ensuite l'examen des* **collections de sculptures** *de la période archaïque à la période hellénistique. Dans la partie postérieure du musée, vous verrez des bronzes des époques archaïque et classique et des sculptures romaines. Vous monterez enfin à l'étage pour examiner les* **collections de céramiques,** *en suivant l'ordre chronologique, ainsi que les peintures murales découvertes récemment à Théra (une exposition provisoire qui risque de durer quelque temps). Vous ne trouverez pas ci-après un inventaire des collections du Musée National, car nous avons davantage cherché à attirer votre attention sur les œuvres les plus remarquables ou les plus significatives.*

****Salle mycénienne (4).** — Vous y verrez des antiquités du XVIe au XIe s. av. J.-C., provenant de palais, de maisons et surtout de tombes découverts à **Mycènes,** qui a produit près de la moitié des objets exposés ici, mais aussi d'autres localités et sites du Péloponnèse, comme **Tirynthe, Argos, Pylos** (palais de Nestor), etc., et même d'Attique (Athènes, Salamine, Thorikos, etc.). Il y a là des bijoux en or, des armes de bronze (épées, poignards), des figurines en bronze, ivoire, terre cuite, de grands récipients en bronze (chaudrons, plats), quelques fragments de fresques, des sculptures, etc.

Les vitrines sont numérotées en ordre croissant dans le sens de l'horloge à partir de la porte d'entrée, les vitrines centrales étant numérotées à la suite.

Parmi les objets exposés, quelques-uns nécessitent des explications ou méritent d'attirer plus particulièrement votre attention :

Vitrine 2 : remarquez surtout les **défenses de sanglier (6568)** disposées de manière à renforcer un casque répondant au type décrit par Homère.

Dans la **vitrine 26** (à dr. de la porte d'entrée), trois têtes en ivoire (2468-2470) montrent un guerrier coiffé d'un tel casque.

Dans les **vitrines 3, 4 et 27,** splendide collection de trois ***poignards (394, 395 et 765)** en bronze à incrustations d'or, d'argent, d'électrum (alliage 3/4 or

et 1/4 argent) et de nielle (émail noir coulé dans des rainures) provenant de tombes royales de l'acropole de Mycènes (XVIe s. av. J.-C.).
De même provenance et de même date sont les fameux **masques funéraires en or**, dont le plus beau (624, dans la vitr. 3) est connu sous le nom, fantaisiste, de ****masque d'Agamemnon.**

Dans la **vitrine 27, coupe en or** (412), ornée de colombes sur le bord, dite **coupe de Nestor**, et magnifique **rhyton d'argent** (384) en forme de tête de taureau, avec des cornes en or et une rosace en or sur le front (XVIe s. av. J.-C.). La quantité d'or découverte dans les tombes de Mycènes justifie amplement l'épithète homérique de *polychrysos*, riche en or.

Vitrine 5 : notez surtout le **vase à parfum (8638)** en cristal de roche, en forme de canard (Mycènes ; fin du XVIIe ou début du XVIe s.).

Vitrine 8 : deux autres beaux **poignards de bronze damasquinés** à incrustations d'or, d'argent et de nielle, trouvés à Pylos (8339 : paysage marin ; 8340 : félins courant et arbustes). Dix petites **têtes masculines en feuille d'or** incrustées de nielle (7842) ornaient une phiale d'argent, analogue à la phiale 2489 de Mycènes (vitr. 26).
En face, au centre, **vitr. 30** : **groupe en ivoire** (7711) sculpté en ronde-bosse et représentant deux femmes (déesses ?) et un enfant (acropole de Mycènes ; début du XIIIe s. av. J.-C.) ; **figurine en ivoire** (5897) d'une femme assise sur un rocher (même date).

Vitrine 9 : **tablettes en terre cuite** de Pylos, inscrites en linéaire B (nom conventionnel donné à la langue mycénienne, qui représente un état primitif du grec, noté dans un système d'écriture à la fois syllabique et idéogrammatique).

En face, au centre, **vitrine 31** : **modèles réduits de boucliers** bilobés en ivoire, en forme de « 8 » (7402-7405), qui décoraient des meubles, des boîtes, etc. ; **vases de faïence** provenant de la côte syrienne ou phénicienne, comme l'ivoire des boucliers qui fut probablement importé de la vallée de l'Oronte ; autres tablettes avec des inscriptions en linéaire B.

Des **fresques** fragmentaires **de Tirynthe** précèdent les **vitrines 10** et **11**, qui contiennent des vases.
En face, au centre de la salle, ne manquez pas la **vitrine 32**, où sont exposés les deux ****coupes en or** (1758-1759) de la tombe à coupole de Vaphion, près de Sparte, chefs-d'œuvre de la toreutique créto-mycénienne, ornées de scènes figurant la capture et la domestication du taureau (XVe s. av. J.-C.).

Vitrine 14 (au fond de la salle) : **fragments de fresques** provenant de Mycènes, où deux motifs géométriques encadrent un buste et un visage de femme.

Vitrine 15 : trouvailles faites à Tirynthe, dont une ****bague-cachet** (6208) en or, où un génie à tête de lion tient des vases à libation devant une déesse assise (travail d'une extraordinaire finesse ; XVe s. av. J.-C.).

Revenant sur vos pas, vous verrez, à g. de la **vitrine 20**, le fameux **vase aux guerriers** (1426), grand cratère trouvé dans une maison de l'Acropole de Mycènes (vers 1200 av. J.-C.), où défilent sept hommes en armes partant sans doute pour la guerre et salués par une femme, debout sur la g.

A dr. de cette vitr. 20, étonnante ****tête en calcaire peint** (4575), trouvée sur l'acropole de Mycènes et ayant appartenu peut-être à un sphinx ; c'est un des rares exemples de la grande plastique mycénienne (XIIIe s. av. J.-C.).

A dr. du passage vers la salle des Cyclades, stèle funéraire en grès (3256) d'abord gravée au XVIe s. puis peinte au XIIIe.

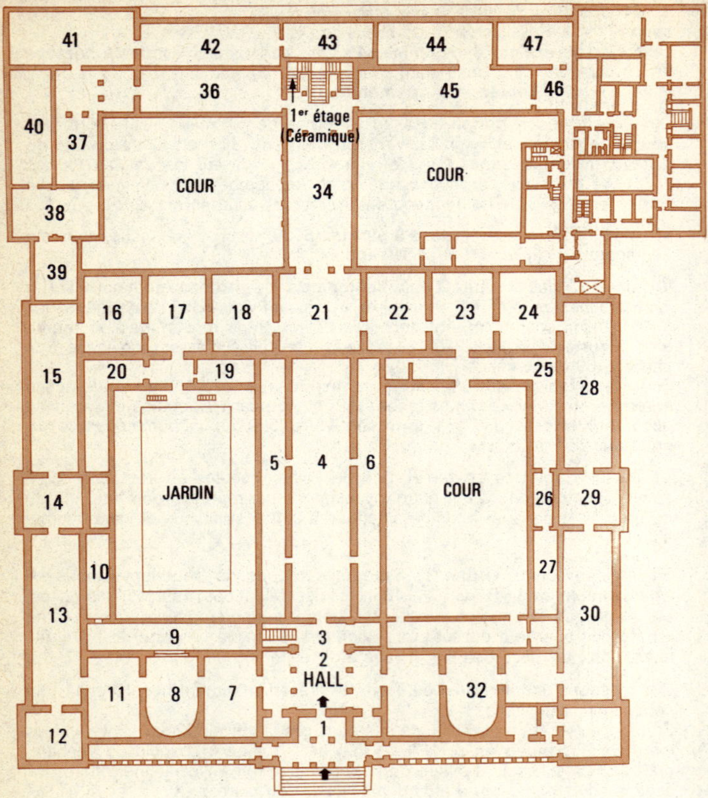

Musée National (rez-de-chaussée)

1 Entrée principale — **2-3** Hall d'entrée (billets, catalogues, souvenirs, etc.) — **4** Salle mycénienne — **5** Salle néolithique — **6** Art des Cyclades — **7-13** Sculpture d'époque archaïque — **14-15** Sculpture du début du Ve s. av. J.-C. — **16-20** Sculpture classique du Ve s. av. J.-C. — **Jardin** : sarcophages, statues colossales, etc. — **21** Hall du Diadumène (copies romaines d'œuvres classiques, le Jockey, etc.) — **22** Salle d'Epidaure (sculptures du IVe s. av. J.-C.) — **23-24** Monuments funéraires du IVe s av. J.-C. — **25-27** Reliefs votifs du IVe s. av. J.-C. — **27** Derniers monuments funéraires attiques et sculptures du IVe s. av. J.-C. — **29-30** Sculpture hellénistique — **32** Collection Stathatos — **34** Téménos (reliefs votifs) — **36** Collection Carapanos — **37** Petits bronzes — **38-39** Sculpture d'époque romaine — **40** Grands bronzes.

Dans la **vitrine 21, fresque miniature** (2665) trouvée à Mycènes et figurant sans doute une procession rituelle avec déguisements (personnages à tête d'âne ; XIVe s. av. J.-C.).

Salle néolithique (5). — Elle renferme des objets de pierre et surtout de la céramique des époques néolithique (3500-2500 av. J.-C.) et chalcolithique (âge de la pierre et du cuivre ; 2500-2000 av. J.-C.) provenant de la Grèce continentale, notamment de Thessalie (Sesklo, Dimini) et des îles du nord de la mer Egée (Lemnos).

***Salle des Cyclades (6).** — Elle abrite des objets d'art cycladique préhistorique, c'est-à-dire des cultures néolithique et chalcolithique des îles Cyclades : **idoles** de Naxos, d'Amorgos, de Paros, etc., stylisées *« en violon »* ou en forme de silhouettes ébauchées, représentant surtout la déesse-mère des Cyclades. D'Amorgos nous viennent un ***joueur de lyre** (3908) et un **joueur de flûte** (3910), en marbre de Paros (2400-2200 av. J.-C.), ainsi que la grande **idole** (3978), exceptionnelle par sa taille, exposée au fond de la salle, à dr. de l'entrée.

A Syros et à Naxos ont été découverts de curieux ustensiles de forme circulaire dits *« poêles »* (vitr. 56-58), dont l'usage est encore énigmatique. La céramique témoigne des aptitudes des potiers des Cyclades aux IIIe et IIe millénaires av. J.-C. : vases au décor linéaire incisé, simple et varié, puis, plus tard, céramique ornée de motifs géométriques peints en sombre sur clair (Milo, Syros), ou encore une très belle céramique ornée de figures humaines (Milo), ou bien empruntées au règne végétal ou animal (Milo), qui témoigne d'une nette influence de la Crète.

A l'extrémité opposée à l'entrée, fragments de fresques du Phylakopi de Milo (poissons).

Revenez dans le hall d'entrée et entrez, à dr., dans la première salle (7) de la sculpture archaïque.

Sculpture archaïque. — Dans les sept salles qui servent de cadre à l'exposition de la sculpture archaïque grecque sont présentées des œuvres de première grandeur, tels ce couros colossal du Sounion (salle 8) et celui d'Anavyssos (salle 13), qui permettent d'évaluer le chemin parcouru en un peu moins d'un siècle (entre 600 et 520 env. av. J.-C.), mais aussi des sculptures de moindre importance qui vous donneront la possibilité d'élargir le champ de vision que vous porterez sur ces premiers témoignages de la sculpture grecque proprement dite. Elle n'apparut pas avant le VIIe s. avant notre ère, en divers points des territoires occupés par les Hellènes. L'art des origines, dit dédalique, surtout florissant en Crète (musée d'Héracleion), essentiellement imprégné de religiosité, est marqué par le passage de la pierre sacrée ou bétyle à l'anthropomorphisation des dieux, souvent bien timide (xoanon). L'observation du monde réel porte ses fruits sous la forme de couroi et de corés, particulièrement en Béotie, dans le Péloponnèse, mais l'Attique, l'Ionie et les îles (Chio et Samos notamment) méritent une place à part, de même que la Grande-Grèce (Sicile). Chaque école réagit devant la réalité selon un esprit propre, avec lyrisme en Ionie, une discrète gaieté en Attique, avec gravité en Béotie et dans le Péloponnèse. Vers la fin de la période archaïque (vers 500 av. J.-C.), un grand pas est franchi tandis qu'apparaissent d'amples compositions, certes encore un peu malhabiles parfois, mais pleines de promesses (trésor de Siphnos, à Delphes).

Salle 7 (vases d'époque géométrique du VIIIe s. av. J.-C. et sculptures du VIIe s. av. J.-C.) : **statuette en ivoire** (776) d'une déesse trouvée dans une tombe du Dipylon (il s'agit de la seule sculpture d'époque géométrique de cette salle ; milieu du VIIIe s. av. J.-C.). — **Statue d'Artémis (1)**, du type xoanon, consacrée par une certaine Nicandré de Naxos, sculptée par un artiste naxien influencé par le style dédalique et trouvée à Délos (vers 650 av. J.-C.). Parmi les vases, on remarque une magnifique **amphore funéraire à décor géométrique** (804), des env. de 750 av. J.-C., trouvée au cimetière du Céramique et représentant l'exposition du mort, ainsi qu'un pithos du VIIe s. à décor en relief (grande déesse-mère flanquée d'animaux).

Salle 8 (sculptures de la fin du VIIe s. et du début du VIe s. av. J.-C.) : **statuette d'un joueur de flûte (Br. 16513)**, en bronze (vers 540 av. J.-C.). — ***Couros colossal** (2720) autrefois dressé devant le plus ancien temple de Poséidon, au cap Sounion (vers 600 av. J.-C.). — **Tête de couros** (3372) dite « tête du Dipylon » (même date). — **Tête de couros (15)** du Ptoïon (sanctuaire d'Apollon, en Béotie), dont les traits anguleux correspondent peut-être à une tradition héritée de la sculpture sur bois (vers 580 av. J.-C.). — Grande **amphore funéraire (353)** attique à figures noires, appelée **amphore du Pirée** et ornée d'une procession de chars (vers 600 av. J.-C.).

Salle 9 (sculptures du VIe s. av. J.-C.) : **statue d'une Victoire ailée (21)**, œuvre d'un artiste insulaire, trouvée à Délos (vers 550 av. J.-C.). — ***Couros funéraire** (1558), œuvre insulaire provenant de Milo (vers 550 av. J.-C.). — Coré acéphale (22) trouvée à Délos, de style cycladique (dernier quart du VIe s.). — Magnifique ****coré (4889)**, intacte, découverte en 1972 à Markopoulo, en Attique, et dont la base porte la signature d'*Aristiôn*, sculpteur de Paros (v. 550 av. J.-C.). La jeune fille s'appelait Phrasicleia (le nom est donné par l'inscription) ; sa robe, au décor incisé, porte des traces très nettes de couleur.

Salle 10 (sculptures du VIe s. av. J.-C.) : stèles et reliefs funéraires, parmi lesquels la partie supérieure d'une ***stèle** (38) figurant un jeune homme tenant un disque, œuvre attique parfois attribuée au « sculpteur Rampin » (ou *Phaidimos ;* vers 560 av. J.-C.). — Divers **sphinx**, qui servaient de couronnement aux stèles funéraires attiques (voir la reconstitution proposée à dr. de la porte d'accès) illustrent les phases du développement de ce thème dans la première moitié du VIe s. av. J.-C. ; vers 550, le sphinx fut remplacé par un anthémion (palmette). — ***Couros** de Markopoulo (4890) trouvé à côté de la coré 4889 et sans doute du même sculpteur (v. 550 av. J.-C.).
Dans la deuxième partie de la salle, ***couros funéraire** (1906), œuvre attique découverte à Volomandra, au S.-E. d'Athènes (vers 560 av. J.-C.). — **Hydrie cinéraire en bronze** (18232), dont l'anse verticale a la forme d'un couros agenouillé.

Revenir jusqu'à la salle 8, d'où l'on passera dans la salle 11.

Salle 11 (sculptures du milieu et de la deuxième moitié du VIe s. av. J.-C.) : ***stèle funéraire** (29), en marbre pentélique, représentant le guerrier *Aristiôn*, en costume d'hoplite, œuvre du sculpteur *Aristoclès* (vers 510 av. J.-C.) ; cette stèle sculptée d'une exceptionnelle finesse était peinte, ainsi qu'en témoignent quelques traces. — ***Couros funéraire** (3686), œuvre d'un artiste insulaire (de Paros ?) découverte à Kéos (vers 530 av. J.-C.). — ***Stèle funéraire** (3071) d'un hoplite qui rappelle celle d'Aristiôn ; œuvre attique (vers 525 av. J.-C.). — Coré (24) et ***tête de coré** (27) qui rappellent celles du musée de l'Acropole. — Tête très expressive **de jeune homme (61)**, trouvée à Eleusis (vers 560 av. J.-C.). A côté, **socle de statue funéraire (81)** portant la signature du sculpteur *Phaidimos* (vers 550 av. J.-C.).

Salle 13 (sculptures de la fin du VIe s. av. J.-C.) : **couros** (12) provenant du sanctuaire d'Apollon Ptoïos, œuvre d'un artiste béotien (vers 510 av. J.-C.). De même pour le **couros 20** qui porte, gravée sur la hanche et la cuisse, une inscription précisant qu'il a été consacré à Apollon à l'arc d'argent par *Pythéas d'Akraiphion* (en Béotie) et *Eschrion.* — ***Statue funéraire d'Aristodikos** (3938), du type couros, en marbre de Paros, le plus fin, qui marque en quelque sorte l'achèvement de l'évolution de ce genre de statue, œuvre attique (vers 500 av. J.-C.). — ****Couros funéraire** (3851) d'un certain *Kroisos,* l'une des plus belles œuvres de la statuaire archaïque, trouvée à Anavyssos, dans la Mésogée ; art attique (vers 525 av. J.-C.). — ****Base de statue** de couros (3476) décorée de bas-reliefs représentant des jeux de la palestre et un combat entre chien et chat (œuvre attique d'env. 510 av. J.-C.). — ****Base de statue** (3477) avec d'autres scènes de la palestre (jeu de balle à la crosse) et un apobate montant un char (œuvre attique d'env. 490 av. J.-C.). — Très belle **tête et buste** (sans n°) en haut-relief peint.

Salle 12 (sculptures de la fin du VIe s. et du début du Ve s. av. J.-C.) : **têtes de guerriers (1933 à 1938)** du temple d'Aphaia, à Egine (vers 500 av. J.-C.). — **Bas-relief d'un hoplitodrome** ou guerrier courant **(1959)**, œuvre attique (vers 500 av. J.-C.). — Dans l'angle de la salle, **base d'ex-voto (4797)** en forme de chapiteau ionique primitif, ressemblant au type éolique (milieu du VIe s. av. J.-C.).

Sculpture classique. — La deuxième guerre Médique, celle de Salamine, marque un tournant de la vie politique des Grecs mais aussi dans l'évolution de leur art. Dans la sculpture, quel contraste entre la raideur souriante et maniérée de la fin de l'archaïsme et la rigueur et la noblesse de cette importante étape vers le classicisme absolu, celui de Phidias, qu'est le style sévère (480-450 av. J.-C.) ! C'est l'époque des premiers portraits, et les meilleurs artistes commencent alors à affirmer avec force leur individualité dans des sculptures fortement imprégnées d'intellectualisme, dans une étude et sa transposition dans le marbre, tantôt violente, tantôt faite de souplesse, comme en contrepoint, des mouvements du corps humain. La célèbre statue du Poséidon du cap Artémision, orgueil du Musée National, est à l'apogée de ce style sévère qui, au cours du siècle de Périclès (à partir de 450) et jusqu'à la fin du IVe s., deviendra serein et aristocratique avec *Phidias,* équilibré avec *Polyclète l'Ancien,* fougueux avec *Paeonios de Mendé,* pathétique et gracieux avec *Praxitèle,* travaillé par les passions intérieures avec *Scopas,* avant d'atteindre au maniérisme baroque de l'art hellénistique, à partir du IIIe s. avant notre ère. C'est cette passionnante aventure que vous vivrez en visitant les salles 14 à 28.

Salle 14 (sculptures de la première moitié du Ve s. av. J.-C.) : ***relief votif** (3990), où vous découvrirez dans toute sa splendeur le fameux « profil grec », ici celui d'une femme (peut-être Aphrodite, ou Sélénè, la Lune ?) ; œuvre insulaire, peut-être d'un artiste de Paros, trouvée à Milo (vers 470-460 av. J.-C.). — **Éphèbe se couronnant** (3344), relief attique trouvé au cap Sounion (vers 460 av. J.-C.). — **Statue en bronze** (sans n°) du début du Ve s.

Salle 15 (sculptures du Ve s. av. J.-C.) : *****relief de l'Initiation** (126), œuvre de style déjà classique qui met en scène Déméter et Coré (Perséphone), les deux déesses éleusiniennes, et Triptolème, le fils du roi d'Eleusis (vers 440-430 av. J.-C.). Le sens réel de ce relief qui était probablement disposé dans le Telestérion d'Eleusis, où les Athéniens étaient admis à la connaissance des mystères, est assez clair : en remettant à Triptolème les premiers grains de blé, Déméter investit le jeune héros de la mission d'initier les humains aux techniques agricoles ; il parcourra le monde sur un char ailé, attelé de serpents, pour répandre le bon grain. — ***Stèle d'un cavalier** (828), représenté au galop, la chlamyde flottant au vent ; œuvre d'un artiste béotien (vers 430 av. J.-C.). — ***Stèle funéraire d'un jeune homme** (742), œuvre d'un artiste béotien influencé par l'art ionien (vers 440 av. J.-C.). — ***__Statue en bronze, très probablement de Poséidon__** (Br. 15161), haute de 2,09 m, repêchée dans la mer, au large du cap Artémision, œuvre possible de *Calamis* (vers 460 av. J.-C.). Le dieu, campé dans l'attitude du lanceur de javelot, tenait sans doute un trident. Les muscles du corps, à l'étonnant modelé, sont ceux d'un homme « enveloppé », dans la force de l'âge. L'expression du visage, sévère et détachée tout à la fois — celle qui convient à un dieu olympien —, est rendue avec une grande finesse. La coiffure, très élaborée, est une survivance de l'archaïsme qui contraste avec la facture générale, résolument classique. La patine qui recouvrait la statue est en majeure partie conservée. Il ne manque que l'ivoire des orbites, les incrustations des sourcils ou de la bouche, ainsi que l'attribut, c'est-à-dire le trident. — **Tête de dieu barbu**, Zeus ou Hermès **(332)**, découverte au Pirée et provenant d'une stèle hermaïque (vers 440 av. J.-C.). — ***Apollon dit à l'omphalos** (45), copie du IIe s. apr. J.-C. d'après un original en bronze attribué à *Calamis*. Le nom donné à la statue est dû à l'omphalos **(46)** trouvé près d'elle (dans le théâtre de Dionysos d'Athènes), mais sans doute sans rapport avec elle. — **Groupe de Thésée (1664) et du Minotaure (1664 A)**, réplique romaine d'une composition statuaire de l'époque classique.

Salle 16 (reliefs funéraires d'époque classique) : fragment de **stèle funéraire** (37), en marbre ; œuvre cycladique (vers 420 av. J.-C.).

****Stèle funéraire d'un jeune homme** (715) tenant un oiseau et accompagné de son petit serviteur (œuvre attique trouvée à Salamine ; vers 430 av. J.-C.). — ***Grand lécythe** (4485) en marbre, où un relief figure Hermès psychopompe (conducteur des âmes) tenant par la main une jeune femme du nom de Myrrhiné pour l'amener au passeur Charon qui lui fera traverser l'Achéron (vers 420 av. J.-C.).

Les monuments funéraires des Ve et IVe s. av. J.-C., œuvres de commerce exécutées en série, représentent d'une manière conventionnelle des scènes de la séparation ou de la vie. Tantôt le mort échange une dernière poignée de main avec les siens (symbole de l'union qui persiste après la mort), tantôt il est figuré entouré de ses proches, en les écoutant d'un air rêveur ; enfin, on le voit occupé à se parer, s'il s'agit d'une femme, ou avec son chien ou les insignes de l'athlète s'il s'agit d'un homme. Certaines stèles étaient simplement peintes (ainsi la stèle 2611, dédiée à la mémoire d'un archer scythe) ; mais la peinture est souvent très effacée.

Salle 17 (sculptures d'époque classique de la deuxième moitié du Ve s. av. J.-C.) : fragment d'un **groupe sculpté (2348)** par *Agoracritos de Paros*, élève de *Phidias*, pour le temple de Némésis à Rhamnonte (vers 420 av. J.-C.). — Sculptures provenant de l'Héraion d'Argos, dont une ***tête d'Héra** (1571) attribuée à l'école du sculpteur argien *Polyclète* (fin du Ve s. av. J.-C.). — **Stèle votive (226)** d'une prêtresse d'Apollon, trouvée à Mantinée ; il s'agit très probablement de la fameuse Diotime du *Banquet* de *Platon* (œuvre d'un sculpteur argien, vers 410 av. J.-C.). — **Relief votif (1783)** dédié, d'après l'inscription de l'épistyle, à Hermès et aux Nymphes ; il porte un décor sculpté sur ses deux faces ; d'un côté, divinités debout, dont le dieu-fleuve Céphise, cornu, au centre ; de l'autre, quadrige précédé par Hermès nymphagogue (vers 420-410 av. J.-C.). — **Relief votif** (1500) dédié à Dionysos, le dieu du théâtre, par un groupe d'acteurs, qui sont représentés avec leurs masques et leurs tambourins (vers 410 av. J.-C.).

Salles 19 et 20 (sculptures — ou copies de sculptures — du Ve s.) : ***relief votif fragmentaire** (3572) représentant Déméter et Coré, assise (œuvre attique, vers 420 av. J.-C.). — **Statue d'Athéna (128)**, dite *Lenormant*, copie de l'Athéna Parthénos de Phidias. — **Statue d'Athéna du Varvakeion (129)**, autre médiocre copie de la fameuse statue de *Phidias*, réduite au 1/10e (IIe s. apr. J.-C.).

Galeries du jardin : dans ce havre de paix relativement frais en été (l'endroit idéal pour effectuer une pause) sont exposés des sarcophages, des statues, des stèles funéraires attiques des Ve et IVe s. av. J.-C., etc. Vous remarquerez certainement les **chevaux** couverts de concrétions marines, souvenir d'un long séjour en mer, après un naufrage au large d'Anticythère, probablement au Ier s. av. J.-C. En face, **statue colossale d'Héraclès**, du type de l'Héraclès Farnèse (copie romaine d'un original classique du milieu du IVe s. av. J.-C.).

Salle 18 (reliefs funéraires d'époque classique ; fin du Ve s. et début du IVe s. av. J.-C.) : **fragments du monument (754 et 2744)** élevé par Athènes à la mémoire des cavaliers tombés en 394 à la guerre de Corinthe.
***Stèle funéraire** (726) de femme ; œuvre attique (vers 380-370). — Stèle de Ctésileos et de Théanô (3472) ; œuvre attique de la fin du Ve s. — ***Stèle d'Hégéso** (3624), en forme de chapelle (naïskos) ; la défunte, Hégéso, reçoit des mains de sa servante un coffret à bijoux, celui qui était le sien en ce monde ; œuvre attique, trouvée au cimetière du Céramique (vers 400 av. J.-C.). — ***Stèle funéraire** (717) d'une jeune femme, figurant une scène d'adieu ; œuvre attique, trouvée au cimetière du Céramique (début du IVe s.).

Salle 21 (hall du Diadumène) : vous y verrez surtout des copies romaines d'œuvres classiques dont l'***Hermès d'Andros** (218), copie d'un original du IVe s. av. J.-C. attribué à l'école de Praxitèle, et le ***Diadumène de Délos** (1826), c'est-à-dire un jeune homme se ceignant le front d'une bandelette de victoire ; excellente copie d'un célèbre bronze de Polyclète l'Ancien, exécuté vers 420 av. J.-C. — ****Cheval et jockey de l'Artémision** (15177), original en bronze du IIe s. av. J.-C. repêché au large du cap Artémision et animé d'un élan, d'une tension remarquables.

Des recherches récentes (B. Callipolitis) *ont montré que le cheval, jusqu'alors daté du Ve s., appartenait en fait, comme le jockey, à l'art hellénistique, et qu'il s'agissait donc bien d'un seul et même groupe du milieu du IIe s., qu'une stricte présentation chronologique devrait placer dans une autre salle.*

Salle 22 (sculptures d'Epidaure, du IVe s. av. J.-C.) : ***collection de sculptures** (et de fragments d'architecture) de monuments du sanctuaire d'Asclépios à Epidaure : **tholos**, bâtie sans doute par Polyclète le Jeune, **temple d'Artémis** et surtout **temple d'Asclépios**, construit par l'architecte *Théodotos* et décoré, vers 380, par plusieurs sculpteurs, dont *Timothéos* et *Hectoridas* (inscription) ; les frontons de ce temple illustraient du côté E. l'*Ilioupersis* (mise à sac de Troie par les Grecs vainqueurs), du côté O., l'*amazonomachie* (combat des Grecs et des Amazones) ; leur présentation actuelle doit beaucoup aux recherches récentes de *N. Yalouris.* Les figures d'acrotères (155, 156 et 157) étaient constituées par des jeunes femmes : au centre, Victoire tenant un oiseau (peut-être un coq) ; aux angles du fronton, Brises Néréides ou divinités astrales, à cheval. — Le relief votif (173) représente le dieu Asclepios lui-même (vers 380). — ***Statue d'un jeune athlète** (254), œuvre attique d'après un modèle polyclétéen (début du IVe s.).

Salles 23 et 24 (monuments funéraires du IVe s.) : ***grand relief** (869) appelé *relief de l'Ilissos* et provenant d'un monument funéraire en forme de naïskos ; œuvre attribuable peut-être à *Scopas* (vers 340).

Salles 25 à 27 : reliefs votifs du IVe s. av. J.-C.
Salle 28 (derniers monuments funéraires attiques et sculptures du IVe s. av. J.-C.) : ***stèle funéraire** (820) figurant une scène d'adieu (œuvre attique de 330 env.). — ***Stèle funéraire** (833), à l'origine en forme de naïskos, provenant de Rhamnonte (vers 320). — ****Grand relief** (4464), en deux plaques, représentant un cheval et un jeune écuyer noir, œuvre de transition

entre les styles classique et hellénistique qui devait orner le tombeau d'un officier (fin du IVe s. ou début du IIIe s.). — ****Éphèbe d'Anticythère** (B. 13396), en bronze, personnage énigmatique (dieu, héros, athlète ?) arraché au fond de la mer, au large d'Anticythère ; peut-être s'agit-il de Pâris offrant une pomme d'or à Aphrodite ou plutôt d'Héraclès cueillant un tel fruit à l'arbre du jardin des Hespérides ; œuvre probable d'un artiste péloponnésien, peut-être d'*Euphranor de Sicyone* (vers 340). — ***Base d'un trépied** (1463) ornée de reliefs figurant Dionysos, thyrse et canthare en mains, et deux Victoires ailées, l'une portant une phiale et l'autre tenant une œnochoé ; œuvre attique de l'école de Praxitèle (milieu du IVe s.). — ****Tête de la déesse Hygiéia** (3602), trouvée à Tégée et attribuée avec une forte probabilité à *Scopas ;* l'expression, empreinte d'une douceur méditative qui témoigne d'une vie intérieure très intense, et le style, élégant, raffiné, ne contredisent pas ce que l'on sait du maître parien... d'après des auteurs anciens (vers 360).

Sculpture hellénistique. — La période hellénistique, d'Alexandre le Grand à l'arrivée des Romains, est un éclatement, dans l'espace, avec la prodigieuse expansion grecque en Egypte et jusqu'en Asie centrale, et dans la vie sociale, religieuse, comme un choc en retour de ces conquêtes, qu'elles soient territoriales ou spirituelles. L'art hellénistique rend compte de ces bouleversements ; Pergame et Alexandrie sont des centres très actifs qui rivalisent avec l'école athénienne et Rhodes, beaucoup plus proche de l'Egypte ptolémaïque que de la Grèce proprement dite. Sous l'influence des religions orientales, la sculpture témoigne de préoccupations spirituelles différentes qui se traduisent par un élargissement du répertoire, où, par exemple, les scènes dionysiaques sont fréquentes, et par un bouillonnement créateur de styles nouveaux : baroque, expressionniste (la laideur n'est plus inabordable), sensuel. Cette explosion débouchera sur un retour au passé avec cet art néo-attique, subtil et gracieux, avant de s'éteindre dans la monotonie de l'art romain.

Salle 29 (sculptures hellénistiques) : buste d'une divinité infernale (181), du début de la période hellénistique (début du IIIe s.). Concours de flûte (215, 216 et 217), trois plaques d'une base d'un groupe sculpté (par *Praxitèle*, si l'on en croit *Pausanias*), aujourd'hui disparu, ornée de reliefs illustrant la compétition musicale entre Apollon et le satyre Marsyas en présence de six Muses (vers 320 av. J.-C.). — Grande statue de Thémis (231), provenant de Rhamnonte et sculptée par *Chairestratos* (début du IIIe s.). — Têtes colossales de Déméter (1734), d'Artémis (1735) et du géant Anytos (1736), provenant du sanctuaire de Despoina, à Lycosoura, en Arcadie (les corps sont restés dans le musée local), par le sculpteur messénien *Damophon* (IIe s. av. J.-C.). A côté, vous remarquerez des fragments qui ornaient les trônes des Grandes Déesses. — Statue d'un guerrier galate (247), illustration de ce style héroïque particulier à Pergame (fin du IIIe s. av. J.-C.).

Salle 30 (sculptures hellénistiques) : ***portrait d'un philosophe** (Br. 13400), bronze repêché au large d'Anticythère, qui est peut-être celui du philosophe cynique *Bion le Borysthénite*, ancien esclave affranchi (IIIe s. av. J.-C.). — ****Portrait** (3266) d'un homme imberbe, peut-être d'un poète de la « comédie nouvelle » (milieu du IIe au Ier s. av. J.-C.). — ***Portrait d'un vainqueur olympique** (Br. 6439), dans une épreuve de pugilat (bronze du IVe s. av. J.-C.). — ***Statue colossale de Poséidon** (235), du IIe s. — ***Portrait** (Br. 14612), en bronze, d'un homme imberbe (fin du IIe s. ou début du Ier s.). — ***Portrait d'un prêtre étranger,** sans doute thrace (351), œuvre attique du début du Ier s. av. J.-C. — ***Groupe d'Aphrodite, d'Eros et de Pan** (3335), trouvé à Délos ; œuvre du début du Ier s. av. J.-C. — ***Danseuses**

(259 et 260) : deux plaques sculptées du théâtre de Dionysos, à Athènes, qui représentent peut-être deux Horai (Heures), fin du Ier s. av. J.-C.

Salle 31 : elle est réservée à des expositions temporaires.

Salle 32 (collection *Stathatos*) : remarquable surtout pour ses bronzes et ses ***bijoux antiques et byzantins**

Revenez ensuite sur vos pas jusque dans la salle 21 d'où vous entrerez dans une vaste salle dite Téménos.

Salle 34 (Téménos) : **reliefs votifs**, dont beaucoup sont consacrés à Pan et aux Nymphes, sculptures concernant le culte de Pan, des Nymphes, d'Aphrodite, d'Eros, etc., et, au centre, un **autel (1495)** dédié par le Sénat d'Athènes à Aphrodite Hégémoné et aux Nymphes (v. 200 av. J.-C.).

Salle 36 (collection *Carapanos*) : remarquable série de ***petits bronzes,** depuis l'époque archaïque jusqu'à la période hellénistique et romaine, provenant principalement de Dodone. — Dans la **vitrine 5, grandes figurines en terre cuite** provenant de Corfou et représentant principalement la déesse Artémis, avec son arc et son animal favori, la biche. — Dans la deuxième moitié de la salle, quelques têtes et quelques stèles funéraires en marbre.

Salle 37 (salle des bronzes ; partiellement fermée fin 1980) : riche ****collection de figurines et d'objets de bronze** de diverses provenances et datant des époques géométrique, archaïque et classique. Remarquez surtout une **tête de guerrier (6446)**, de la fin de la période archaïque, trouvée sur l'Acropole d'Athènes (vers 490 av. J.-C.), et une **tête de Zeus (6440)**, datant sensiblement de la même époque, provenant d'Olympie.

Salle 40 (grands bronzes) : **quatre grandes statues de bronze** découvertes fortuitement au Pirée en 1959 font, pour ainsi dire, le vide autour d'elles, surtout une statue d'Apollon, du type couros, l'une des merveilles de l'art archaïque ; selon une hypothèse récente, elles pourraient provenir de Délos ; destinées à être emportées à Rome ou en Italie du Sud, comme beaucoup de grandes statues grecques, sans doute à l'époque de Sylla (début du Ier s. av. J.-C.), elles auraient été entreposées au Pirée, où elles sont finalement restées à la suite de quelque accident ou de quelque événement imprévu.

****Statue d'Athéna,** haute de 2,35 m, représentée en armes, coiffée du casque à cimier, une main tendue pour supporter une Victoire ou une phiale, l'autre tenant une lance aujourd'hui disparue, et l'égide, sorte de cuirasse merveilleuse recouverte de la peau de la chèvre Amalthée et du masque hideux de la Gorgone, avec laquelle la déesse pratiquait l'art de semer l'épouvante chez ses ennemis, lui barrant la poitrine. Cette œuvre admirable, du second classicisme, est datée d'env. 375 av. J.-C. *Céphisodote,* le père de *Praxitèle,* est un auteur possible. — ***Deux statues d'Artémis,** également trouvées au Pirée et datant du milieu du IVe s. av. J.-C. — *****Statue d'Apollon,** du type couros, œuvre probable d'un bronzier péloponnésien de la fin du VIe s. av. J.-C. Le dieu devait tenir un arc dans la main g. et un objet indéterminé (peut-être une phiale) de l'autre. Cette statue, le plus ancien couros de bronze connu, présente une autre particularité : elle avance la jambe dr., et non la g. comme la plupart des autres couroi.

Deux vitrines renferment de petites **statues de bronze**, découvertes en 1964 à Athènes, dans le quartier d'Ambélokipi, qui peuvent être datées du IIe s. apr. J.-C., mais il s'agit de **copies d'originaux classiques** des Ve et IVe s. exécutés par de grands artistes. Il y a une statue (16774) du type Héraclès-Alexandre, une statue de Dionysos (16773) inspirée du fameux Doryphore de *Polyclète,* une statue de berger (peut-être le dieu Hermès) portant un agneau (16789), une statuette de danseur (16787), un Poséidon du type du Latran (16772), etc.

Un autre grand bronze trouvé en mer retiendra l'attention : c'est **« l'Ephèbe de Marathon » (15118)**, qui se rattache à l'école de Praxitèle par la grâce et la souplesse de l'attitude et du modelé (3e quart du IVe s. av. J.-C.). Il s'agit sans doute du jeune Hermès qui regardait une tortue posée à plat sur sa main gauche et qui levait sa main droite en faisant claquer ses doigts en signe de joie à l'idée qu'il pourrait faire de la carapace de l'animal la caisse de résonance d'une lyre.

Les salles 41, 42 et 43 (encore fermées à l'automne 1980) sont consacrées aux **sculptures d'époque romaine**. Quelques beaux portraits de poètes, de philosophes, d'empereurs, d'hommes et de femmes anonymes, voisinent avec des stèles et des reliefs. On remarque entre autres, une grande **statue d'homme nu (1828)**, trouvée à Délos et représentant sans doute, plutôt qu'un athlète, un notable romain (vers 50 av. J.-C.) ; un **buste du philosophe Métrodoros** (IIe-IIIe s. apr. J.-C.) ; une **tête d'homme barbu (372)** ayant peut-être appartenu à une statue funéraire (IIe s. apr. J.-C.) ; trois têtes (3085-3087) provenant d'un monument funéraire (fin du Ier s. apr. J.-C.) ; **un buste (249) et une tête (3729) de l'empereur Hadrien**, ainsi qu'un **buste (417) de son favori Antinoüs** (2e quart du IIe s. apr. J.-C.) ; un **buste (4810) d'Hérode Atticus**, le riche bienfaiteur d'Athènes et de la Grèce (milieu du IIe s. apr. J.-C.) ; le **portrait**, enfin, **d'un philosophe (419** ; vers 200 apr. J.-C.).

Revenez dans le hall de l'escalier que vous gravirez pour aller examiner les fresques de Théra et les collections de céramique, au 1er étage.

Les découvertes de Théra. — Entreprises en 1962 et conduites jusqu'à sa mort (1974) par le professeur *Sp. Marinatos*, les fouilles du site minoen d'Akrotiri, au S. de l'île de Théra ♦ (Santorin), ont révélé un matériel particulièrement riche dont une petite partie est présentée — depuis plusieurs années bien que provisoirement — au premier étage du Musée National (salle 48). Vous y admirerez surtout un ensemble de ****fresques** d'une grâce et d'une fraîcheur de coloris admirables.

Une première salle, en face de l'escalier, présente les différentes étapes du chantier de fouilles, tandis que dans la seconde, un **lit de bois** reconstitué à partir de l'empreinte qu'il avait laissée témoigne, avec quelques **poteries** de bronze ou de terre **à décor peint**, de la vie quotidienne vers 1500 av. J.-C. Au fond s'ouvre la salle où sont présentées les ****fresques** découvertes dans plusieurs maisons : vous y remarquerez, entre autres sujets, **deux enfants boxant, le pêcheur**, la **fresque du printemps**, qui développe ses motifs floraux sur les trois murs d'une pièce reconstituée, et surtout la ****frise du combat naval** d'une précision de détails et d'un intérêt documentaire exceptionnels.

La céramique du Musée National. — Nous ne saurions trop vous recommander de parcourir les salles du département de la céramique, où sont exposées des poteries depuis l'âge du bronze (IIIe et IIe millénaires av. J.-C.) jusqu'à la période hellénistique (IIIe et IIe s. av. J.-C.). En examinant les collections, vous pourrez vous faire une idée plus précise des préoccupations et des activités sociales, religieuses, esthétiques, professionnelles, commerciales et domestiques des anciens habitants de la Grèce continentale et des îles. La période préhellénique est dominée par la brillante civilisation minoenne qui s'épanouit en Crète dès le début du IIe millénaire avant notre ère. La céramique de cette époque n'est pas représentée au Musée National, mais sur les lieux de production et de découverte, en Crète, dans le musée d'Héracleion. Vous pourrez cependant en avoir comme un reflet en regardant la céramique présentée dans la salle mycénienne, au rez-de-chaussée, et dans la première salle du département de la céramique, au premier étage, ainsi que la céramique de Théra. Cet art céramique minoen, qui produisit tant de chefs-d'œuvre, rayonna sur le continent, notamment en Attique et en Argolide, et sur l'archipel des Cyclades, et son influence fut surtout sensible durant la première période du minoen récent (XVIe s. av. J.-C.). Dans le reste de la Grèce continentale, la céramique, à l'époque préhellénique, manifeste des tendances qui la placent hors de la sphère d'influence de la Crète. Durant le minoen ancien, alors que la Crète est déjà entrée dans l'âge du bronze, le centre et le Nord de la Grèce connaissent une civilisation de caractère chalcolithique où la poterie est cependant remarquable.

Salle 49 (céramique depuis l'âge du bronze jusqu'à la période géométrique) : dans la première partie de la salle vous pourrez voir quelques échantillons de **céramique de l'âge du bronze** (IIIe et IIe millénaires av. J.-C.), **et de l'époque mycénienne**, avec des pithoi (grandes jarres) ornés d'un décor d'inspiration végétale (fleurs de liliacées, touffes de papyrus, etc.), très caractéristiques de l'époque mycénienne, alors que les potiers d'Argolide et d'Attique perpétuaient les traditions artistiques des céramistes crétois du minoen récent. Dans la majeure partie de la salle, vous examinerez de la **céramique d'époque géométrique** ainsi que, dans la vitr. 12, quelques spécimens de sculpture (bronze et terre cuite) de cette même époque.

Après la disparition de la civilisation mycénienne, vers le XIIe ou le XIe s. av. J.-C., la Grèce entra dans une période que l'on a souvent appelée le Moyen Age grec. La céramique subit au cours de cette époque qui s'étend sur quatre ou cinq siècles des changements profonds qui se manifestent par l'emploi de figures géométriques, d'où le nom de période géométrique donné à cette époque. La petite sculpture en ronde-bosse crée des personnages et, surtout, des animaux, d'aspect géométrique eux aussi.

Au début de la période géométrique proprement dite (Xe s.), les vases sont décorés de motifs assez peu nombreux et simples, des cercles et des demi-cercles surtout, qui sont tracés sur un fond d'argile claire. Puis les motifs sont ordonnés dans des bandes horizontales dont les surfaces soulignent le galbe du vase. Sur les amphores no 769 ou 17935, par exemple, apparaît la tendance à couvrir les surfaces d'un ensemble de figures géométriques disposées en frises continues ou en métopes.

La céramique de style géométrique est répandue dans tout le monde grec. Cependant se manifeste, en Attique, une tendance qui deviendra absolue durant la période classique : les peintures ne sont plus seulement un décor abstrait, mais s'ouvrent à une figuration où pourront transparaître les activités sociales de l'époque. Ce sont d'abord des représentations funéraires qui apparaissent, en même temps que cet usage de la céramique donne parfois aux vases, aux amphores ou aux cratères des dimensions monumentales. Athènes est alors le plus important centre artistique de la Grèce, celui où les potiers du Dipylon, près du cimetière du Céramique, démontrent le plus grand talent dans de savantes compositions (ainsi sur la grande amphore funéraire 803 et sur le grand cratère 990 — dans la salle 50 — qui datent du milieu du VIIIe s. av. J.-C.).

Salle 50 : céramique de style géométrique, de divers ateliers, et débuts de la céramique de style orientalisant (VIIe s. av. J.-C.). On remarquera particulièrement le grand **cratère funéraire attique (990)** provenant de la nécropole du Dipylon, à la sortie ouest d'Athènes, avec représentation de la scène rituelle de l'exposition et de la déploration du mort et, en-dessous, d'un défilé de chars (milieu du VIIIe s. av. J.-C.), ainsi que **l'hydrie (313)** provenant d'Analatos, en Attique, sur laquelle le décor floral se mêle au décor purement géométrique et où les personnages, sur le col du vase, ne sont pas

simplement juxtaposés, mais impliqués dans une action collective, une sorte de ronde (début du VIIe s. av. J.-C.).
Dans la **vitrine 19**, charmants petits **vases à parfum** corinthiens (VIIe s.). Sur une base, **grande amphore béotienne (220)** avec représentation de la Potnia Théron, c'est-à-dire de la déesse qui règne sur les fauves, les oiseaux et le monde marin (1re moitié du VIIe s. av. J.-C.).

Salle 51 : céramique de style orientalisant (VIIe s. av. J.-C.).

Le VIIe s. est pour l'Hellade une période de grande expansion économique et politique. Les cités grecques essaiment au loin des colonies qui se maintiendront des siècles durant. Milet, en Ionie, et Corinthe profitent au maximum de ces opportunités ; Corinthe devient le centre de diffusion d'une céramique dans laquelle apparaissent, progressivement approfondies, les tendances nées des conceptions esthétiques des potiers de l'époque géométrique. La plupart des vases produits dans les meilleurs ateliers corinthiens témoignent de l'influence orientale (Asie Mineure) adaptée aux conceptions décoratives des potiers grecs. Cette influence se manifeste par un enrichissement du répertoire iconographique, notamment de fleurs de lotus, d'animaux affrontés, dans des poses héraldiques. Mais déjà le décor est anecdotique et trouve dans la mythologie une source inépuisable d'inspiration.

Cette salle contient d'assez nombreux spécimens de grands vases de cette époque (amphores, cratères, cruches) fabriqués dans divers ateliers, principalement insulaires : Eubée (en particulier Erétrie), Cyclades (peut-être Milo, plus probablement Paros), Rhodes et même Chypre (vases de la vitr. 27). Les pièces les plus célèbres sont les **cratères dits méliens**, en particulier le **n° 911**, le plus ancien de la série, représentant l'épiphanie d'Apollon, debout sur son char ailé en compagnie de deux jeunes femmes (peut-être les Vierges Hyperboréennes, qu'Apollon conduirait à Délos), face à sa sœur Artémis (vers 640 av. J.-C.), et le **n° 354**, qui représente le départ d'Héraclès en char, en compagnie d'une jeune femme (vers 610 av. J.-C.). — On admirera aussi un **cratère érétrien (12129)** aux couleurs vives, avec un sphinx sur la paroi et une procession de femmes sur le col (dernier quart du VIIe s.), ainsi que **deux oinochoai** (cruches à vin) **rhodiennes** (12717 et 12718) ornées de files d'animaux au dessin raffiné (2e moitié du VIIe s.).

A la sortie de la salle, vous remarquerez surtout l'***amphore de Nessos** (1002), œuvre attique de la fin du VIIe s. av. J.-C., où la disposition de l'ornementation en bandes horizontales et un certain hiératisme dans les attitudes des figures peintes sur la panse (les Gorgones fuyant devant Persée) et sur le col (Héraclès tuant le centaure Nessos) évoquent encore la céramique orientalisante.

Salles 52 et 53 : céramique à figures noires des VIIe et VIe s. av. J.-C.

Avec les vases à figures noires (fin VIIe s.-VIe s.) et surtout ceux à figures rouges (fin du VIe s. au IVe s.), on entre dans la grande période de la céramique grecque et surtout attique. A cette époque, pour répondre aux besoins et aux goûts d'une clientèle particulièrement exigeante, on peut dire qu'il existe un type de vase pour chaque usage, soit pour la conservation ou le transport des liquides, soit pour le transvasement ou l'ingestion des boissons, soit pour certains usages spéciaux, cultuels, funéraires, pour la toilette, etc.
La céramique faisait donc partie du mobilier domestique indispensable dans tous les foyers et, parfois, grâce à la richesse de son ornementation, constituait un produit de luxe très recherché. Corinthe au VIIe s. et au VIe s., et surtout Athènes au VIe s. et durant l'époque classique, trouvèrent de grandes ressources dans le commerce des vases.

Au VIe s., dans les vases à figures noires, puis durant l'époque classique (fin VIe s. au IVe s.), dans les vases à figures rouges, les représentations humaines constituent l'essentiel de l'ornementation, les motifs empruntés aux règnes végétal ou animal ne jouant plus qu'un rôle décoratif accessoire. L'un des intérêts les plus évidents de la céramique de ces deux époques est donc de nous faire pénétrer dans l'intimité de la vie des Grecs. En effet, les vases étaient non seulement ornés de motifs d'inspiration mythique, légendaire, ou plus rarement historique, mais également de scènes de la vie quotidienne (à l'atelier, dans les champs, au banquet, à la palestre ou sur le stade, travaux ménagers ou toilette des femmes au gynécée, jeux d'enfants dans la rue, etc.), de scènes parfois centrées sur un moment particulier, comique ou tragique, solennel ou familier, de processions funèbres ou religieuses, de cérémonies cultuelles, domestiques ou grandioses, etc.

Ce sont donc toutes ces scènes que le visiteur attentif découvrira en examinant le contenu de la plupart des vitrines des **salles 52 et 53**. Quelques vases ou fragments attiques portent une signature : celle de *Sophilos* revient plusieurs fois, notamment sur un ***lébès** (sorte de chaudron en terre cuite) fragmentaire (vitr. 46 ; **15499**) représentant un épisode inspiré par le chant XXIII de *l'Iliade* d'Homère : les jeux funèbres en l'honneur de Patrocle, l'ami d'Achille, mort au combat contre les Troyens ; une inscription permet d'identifier la scène en toute certitude (vers 580 av. J.-C.) ; dans la **vitr. 47**, ***cratère (12587)** où vous reconnaîtrez le combat d'Héraclès et de Nérée, le « vieillard de la mer » ; ce vase est attribué à *Sophilos* (vers 570 av. J.-C.).

Dans le fond de la salle 52, n'oubliez pas non plus les **métopes en terre cuite** du temple archaïque d'Apollon à Thermos, en Etolie. Sur la métope de dr., à g. de la porte, est représenté le mythe de la métamorphose en oiseaux de deux des filles du roi d'Athènes, Pandion, Procné et Philomèle, à la suite d'une tragédie familiale. Ici, elles sont figurées sous leur apparence humaine, mais l'artiste a inscrit le nom des oiseaux. Au-dessous, **antéfixes** en terre cuite de ce même temple : têtes de satyres et de nymphes.
Au centre de la salle 52 (vitr. 43 et 44), les **bronzes** trouvés d'une part au sanctuaire d'Héra à Pérachora, près de Corinthe, d'autre part sur l'acropole de Sparte, dans les ruines du sanctuaire d'Athéna Chalciœcos, sont également dignes d'intérêt, ainsi que les petites **figurines d'ivoire** du temple d'Artémis Orthia (VIIe et VIe s. ; voir surtout vitr. 50). Dans la vitrine 45, copies de **peintures sur bois** exécutées par des artistes corinthiens ou argiens vers 520-500 av. J.-C.

Dans les **vitrines 35-39**, collection de vases, tessons et petits bronzes trouvés à l'Héraion d'Argos, d'où provient aussi le petit modèle de temple ou de maison **(15471)** en terre cuite, exposé à côté (vers 700 av. J.-C.). A dr. de la vitrine 41, magnifique **tête**, très expressive, **de sphinx en terre cuite peinte (17870)**, qui servait d'acrotère d'angle à un temple de Calydon, en Etolie (début du VIe s.).

Dans la **salle 53**, riche collection de **vases à figures noires du VIe s.**, la plupart attiques. A g. après la porte d'entrée, intéressant groupe en terre cuite représentant une procession funèbre, avec le cercueil placé sur un char entouré de pleureuses et escorté par un cavalier (2e moitié du VIIIe s.). A dr. au fond de la salle, deux sarcophages de Clazomènes **(13939 et 13427)**, au rebord supérieur orné d'un décor à figures noires (VIe s.) ; à proximité, dans la vitrine 54, quelques **vases étrusques** en bucchero.
A g. au fond de la salle, dans la vitrine 63, fragments de plaques en terre cuite représentant des **scènes funéraires**, dont certaines **(2414-2417)** peintes par le grand artiste *Exékias* (vers 540-530).

Salle 54 (collections de céramiques à figures noires et surtout rouges) : au milieu de la salle, voyez le **cratère à figures rouges** (Acr. 735 ; Thésée et le Minotaure), œuvre du *peintre de Syriskos* (vers 480). Dans les vitrines 70 et 76, nombreux fragments de vases provenant de l'Acropole d'Athènes, très mutilés mais peints par de grands maîtres.

Salle 55 (lécythes blancs) : à dr., examinez quelques **lécythes** (vases à usage funéraire), dont quelques-uns, à fond crème, sont les précurseurs des lécythes à fond blanc. Sur ces vases à fond crème, les thèmes sont librement choisis, et sans allusion à la mort et à ses rites, au contraire de ce qui se fera généralement sur les lécythes à fond blanc. Dans la vitrine 80, remarquez la beauté du dessin de la coupe attribuée au *peintre de Pistoxénos* (vers 470-460 av. J.-C.), où est représenté le meurtre d'Orphée par les femmes thraces. Dans la vitrine 84, beaux lécythes à fond blanc, avec le thème d'Hermès aidant une défunte à monter dans la barque de Charon (**17916**) et une scène d'offrande sur une tombe (**1935**). Dans la vitrine 85, lécythes au dessin très raffiné du *peintre d'Achille* et du *peintre de Thanatos.*

Salle 56 : céramique à figures rouges, de la fin du Ve et du IVe s. av. J.-C., surtout attique, un peu béotienne ou corinthienne. Remarquez en particulier, dans la **vitrine 103**, plusieurs œuvres attribuées à un artiste athénien du début du dernier tiers du Ve s. nommé *Peintre d'Erétrie,* dont un fameux ***épinétron** (ustensile de protection que les femmes posaient sur le genou et la cuisse quand elles filaient la laine) décoré de scènes de gynécée (**1629** ; vers 425 av. J.-C.).
Sur la table faisant face à la vitrine 107, plusieurs **amphores panathénaïques** (vases offerts en récompense aux vainqueurs des jeux organisés à Athènes lors des grandes panathénées) du IVe s., décorées encore selon le style à figures noires, par conservatisme religieux : d'un côté la déesse Athéna, de l'autre, une scène athlétique.
Sur le mur jouxtant la porte de sortie, ***plaque en terre cuite** (**11036**) peinte dans le style attique à figures rouges et dédiée par une certaine *Ninnion* aux déesses d'Eleusis, Déméter et Coré ; la plaque a la forme d'un naïskos, avec fronton et acrotère central ; le sujet principal est emprunté à une phase du rite d'initiation aux mystères d'Eleusis (2e moitié du IVe s. av. J.-C.).

Dans l'aile du musée du côté de la rue Tositsa, les amateurs de détails visiteront deux annexes du Musée National : le **musée épigraphique** et surtout le **musée numismatique** (monnaies grecques, romaines, byzantines, camées anciens, etc. Visite : de 7 h 30 à 13 h sauf le dimanche et le lundi ; accès gratuit).

IX — **Musée Bénaki (Pl. I. D-3)

Installé dans un hôtel particulier qui est le type même de l'habitation aristocratique athénienne du siècle dernier, ce n'est pas un grand musée, mais ses collections sont riches et variées, toujours intéressantes, et c'est l'un de ceux qu'il faut avoir visité quelle que soit la durée de son séjour dans la capitale grecque.

La sollicitude de la diaspora hellénique envers la mère patrie. — *Pendant 35 ans,* Antoine Bénakis, *un riche cairote de la colonie grecque, acheta en Égypte et en Europe des collections d'objets d'art byzantin, arabe, persan, chinois. Il les offrit à l'Etat et prit à sa charge tous les frais d'installation et d'entretien du musée. A ce premier fonds vinrent s'ajouter par la suite des bijoux, des tissus, des costumes grecs,* *donations qui ont fait de ce musée le plus important d'Athènes en ce qui concerne les arts décoratifs.*

Présentation muséographique. — Longtemps romantique et très généreuse, ce qui reflétait bien les goûts d'un esthète et mécène du début du siècle, la présentation des collections est aujourd'hui peu à peu rénovée et aérée ; aussi ne donnerons-nous pas une description définitive des salles, mais signalerons seulement l'essentiel de ce que vous pourrez voir.

Adresse : 1, rue Koumbari, à l'angle de l'av. Vasilisis Sofias (☎ 361-16-17).

Accès : trolleybus 3, autobus 3/7, 39/52 et 50.

Visite : de 8 h 30 à 14 h toute l'année et, en été, de 16 h 30 à 19 h 30 en semaine ; fermé le mardi ; accès payant, gratuit le dim.

Rez-de-chaussée. — Si la collection d'icônes ne peut se comparer à celle du musée byzantin, elle est cependant fort riche. Vous y remarquerez surtout, réparties dans les diverses salles, la « Philoxénie » (l'Hospitalité) d'Abraham (nº 2973 ; XIVe s.), symbole de la Sainte Trinité ; la Descente aux Limbes (nº 155 ; XVIe s.), signée de *Michel Damaskinos,* de l'école crétoise ; Sainte Anne (nº 126 ; XVIIe s.), signée *Emmanuel Tzanes.* L'importante collection de bijoux, de bronzes et de vases grecs est en fait une véritable rétrospective, puisqu'elle commence dès l'époque néolithique : deux coupes en or provenant du N. de l'Eubée (3000-2800 av. J.-C. ; vitrine 1) ; belle amphore du style géométrique récent (2e moitié du VIIIe s. av. J.-C.) ; coupe en or d'époque mycénienne (XVe s. av. J.-C. ; vitrine 3) ; bijoux hellénistiques en or des IIIe, IIe, Ier s. av. J.-C. (vitrine 12) ; vases byzantins polychromes (vitrine 24) ; beau pendentif en cristal de roche d'époque byzantine (nº 2113) avec le Christ pantocrator (XIe s.).
A ce niveau, vous verrez également la reconstitution d'un salon de réception musulman, avec des éléments de provenances diverses (carreaux de faïence émaillée de Nicée ou de Rhodes, XVIIe s., pavement en marbre du Caire, XVIIIe s..), des faïences d'Asie Mineure dites d'Isnik (XVIe et XVIIe s.), des collections de vêtements sacerdotaux (XVIIe et XVIIIe s.), de nombreux vases et objets de culte en métal précieux, des croix sculptées en bois, des manuscrits byzantins sur parchemins enluminés (vitrine 44), des verreries diverses, surtout égyptiennes (VIIIe au XVe s.).
Deux des plus anciens tableaux du *Greco (Domenikos Theotokopoulos)* sont également présentés : Saint Luc l'Évangéliste (nº 1542), dans un pur style byzantin, et une Adoration des mages (nº 1543) rappelant l'époque où *le Greco* était l'élève de *Titien.*

Premier étage. — Vous y verrez une collection de tissus précieux, velours de Brousse (XVIe et XVIIe s.), brocarts et soieries de Venise (XVIIe et XVIIIe s.), ainsi qu'un très riche ensemble de céramique chinoise, le plus important de ce genre en Grèce, remarquable surtout pour ses merveilleuses figurines t'ang (618-907).
Si vous avez l'âme romantique, ne manquez pas non plus d'examiner à cet étage les collections relatives au début de l'histoire moderne de la Grèce (XIXe et début du XXe s.). Des gravures et lithographies poétiques, quelques tableaux dont un *Delacroix,* des autographes de *Lord Byron,* des armes, feront revivre sous vos yeux les charmes surannés de ce temps.

Sous-sol. — Toutes les provinces de la Grèce sont représentées dans une magnifique collection de costumes de de bijoux des XVIIIe et XIXe s., tandis qu'est reconstituée la salle de réception d'une maison de Kozani (XVIIIe s.), aux murs revêtus de boiseries (donation *Hélène Stathatos*).

X — **Musée byzantin (Pl. I, D-3)

La visite de ce musée s'impose à tous ceux qui s'intéressent à l'art byzantin et plus particulièrement à la peinture. En ce musée se trouve en effet réunie l'une des plus importantes collections mondiales d'icônes. Elle permet, notamment, d'apprécier l'art brillant, d'inspiration classique, qui s'épanouit à Constantinople sous les Paléologue (1258-1453) à partir de la reconquête (1261) sur les Latins, jusqu'à la chute (1453) devant l'armée ottomane, et qui se répandit en Grèce à Mystra, dans le despotat de Morée, à l'Athos, dans les royaumes slaves de Serbie, de Bulgarie et de Russie, et qui devait influencer la peinture gothique en Italie et en France.

Un musée à vocation exclusivement byzantine. — *Créé par l'Etat en 1920, le musée byzantin hérita en réalité des collections réunies à la fin du XIXe s. par la* Société d'Archéologie chrétienne *et de diverses collections disséminées dans des musées de province. La déroute de l'armée hellénique, lors de la guerre gréco-turque de 1921-1922, entraîna l'immigration dans la mère patrie de nombreuses communautés grecques d'Asie Mineure qui apportèrent leurs objets de culte, leurs icônes, dont beaucoup parvinrent finalement dans les collections du musée byzantin, augmentées depuis par des achats, par les fouilles ou la déposition de peintures murales d'églises trop exposées au pillage ou trop délabrées.*

Présentation muséographique. — Elle est soignée, parfois élégante, parfois surabondante, dans une villa à l'italienne érigée en 1848 pour la *duchesse de Plaisance* et dans quelques dépendances.

Adresse : 22, léoforos Vasilisis Sophias (☎ 71-10-27).

Accès : trolleybus 3 ; autobus 3/7 et 39/52.

Visite : officiellement fermé le mardi ; de fait, en 1980, le lundi ; les autres jours, ouvert de 9 h à 15 h et le dim. de 10 h à 16 h 30 ; accès payant.

Au rez-de-chaussée de la villa, trois salles ont été transformées en églises de trois périodes différentes : paléochrétienne, byzantine et post-byzantine. On s'est efforcé de réunir là tout le mobilier courant pour chacun de ces trois sanctuaires.
A dr. de l'entrée, le **sanctuaire paléochrétien** (V^e^ et VIe s.), avec son aute et son siège épiscopal, la *cathédra*, a été reconstitué à partir d'éléments provenant de divers chantiers de fouilles, comme tous les objets et fragment architectoniques exposés sur les murs. Dans la salle suivante, diverses **sculp-tures byzantines**. Vous entrerez ensuite dans l'**église en croix grecque**, à coupole, type qui eut les faveurs des architectes byzantins dès le Xe s. La dalle sculptée d'un aigle aux ailes déployées y représente l'*omphalos*, centre symbolique de l'église. La quatrième salle est transformée en **église post-byzantine** du temps de l'occupation turque (noter surtout la belle **iconostase** avec des éléments des XVIIe et XVIIIe s. provenant de Céphalonie e d'Ithaque), des fresques du XVIIIe s. complétant cet ensemble.
Mais ce sera surtout l'**exposition d'icônes** qui, au premier étage de la villa retiendra votre attention, avec des œuvres qui s'échelonnent entre le IXe et l XVIIe s. Dans la première salle, vous remarquerez surtout une ***Crucifixio** (169) du XIVe s., une autre ***Crucifixion** (246) de l'école vénitienne du XIVe s et une ***Vierge à l'Enfant** (145), œuvre admirable de tendresse qui fu probablement exécutée à Constantinople au XIIIe ou au XIVe s. Vous verre aussi dans cette salle des **manuscrits et rouleaux liturgiques**.

Dans la salle suivante, **peintures murales** provenant de diverses églises grecques et, parmi celles-ci, ***fresques de l'église Saint-Georges** de Lathrinon (île de Naxos), ainsi qu'une collection de petits objets liturgiques et un *Aër*, ***corporal brodé d'or et d'argent** du début du XIVe s.
Dans les dépendances bordant le jardin, autres **collections d'icônes**, du XIVe au XIXe s., avec une salle consacrée aux œuvres d'inspiration populaire.

A côté du musée byzantin, le **musée militaire** (☎ 71-50-35 ; vis. de 9 h ou 9 h 30, le dim. à 14 h ; fermé le lundi) évoque par des reconstitutions, des armes anciennes et modernes, des uniformes, l'histoire militaire de la Grèce depuis l'Antiquité jusqu'à la Seconde Guerre mondiale.
Au-delà de l'hôtel *Hilton*, la leoforos Vasilisis Sofias traverse un quartier moderne où l'on remarque (env. 800 m plus loin, à g.) l'immeuble de l'ambassade des Etats-Unis, conçu par *Walter Gropius*. Plus loin se profile la tour d'Athènes, au-dessus du quartier d'**Ambelokipi**.
Dans le même quartier, les amateurs de peinture pourront encore visiter la **pinacothèque nationale** (Pl. I, E-3), léoforos Vasiléos Constantinou (☎ 71-10-10 ; vis. en sem. sauf le lundi de 9 h à 20 h (16 h en hiver) ; le dim. de 10 h à 14 h ; accès payant, sauf les dim. et mercr.), qui renferme quelques œuvres attribuées au *Greco*, mais surtout des toiles d'artistes grecs modernes *(Lytras, Ghizis, Volonakis) ;* expositions temporaires.

Environs d'Athènes (l'Attique)

L'Attique ♦ est cette presqu'île triangulaire, plus petite qu'un département français, qui fut la terre nourricière de la plus brillante civilisation grecque, celle des Athéniens. Si l'on veut bien comprendre le miracle athénien, il ne faut pas se contenter de visiter les hauts lieux de la métropole, tels l'Acropole, l'Agora, etc., mais aussi parcourir, sinon tous, du moins quelques-uns de ses anciens dèmes, qu'elle éclipse dans la gloire, mais sans lesquels elle n'aurait jamais brillé d'un aussi vif éclat.
Vous y trouverez des sites archéologiques (cap Sounion, Amphiareion, Rhamnonte, Eleusis, etc.), des monuments byzantins (Kaisariani, Daphni, etc.), un port typiquement méditerranéen (Le Pirée), des plages (Glyfada, Vouliagméni, Schinias, etc.), des centres de villégiature et de repos (Vouliagméni, Kifissia, Ekali, etc.), une grande station climatique (mont Parnès), dans des paysages qui, malgré l'extension urbaine d'Athènes, conservent encore leur beauté méditerranéenne (Hymette, côte Apollon vers le cap Sounion, Parnès, etc.).

1 — Académie de Platon

Route : 3,5 km.

Sortez des quartiers centraux par la **rue Platonos** (Pl. I, A-2).
3,5 km : Chantier de fouilles où gisent les restes d'antiques bâtiments, qui ne devraient guère intéresser que les archéologues,

CHALCIS, LAMIA, THÈBES, LIVADIA
Schimatari
Tanagra
Scala Oropos
Néa Palatia
AMPHIAREION
Haghii Apostoli
Kalamos
Sikaminon
Œnophyta
Haghios Thomas
Clidion
Avlon
RHAMNONTE
Varnavas
Kapandriti
Grammatiko
L. de Marathon
Skourta
Tatoï
Mt Parnès
1413
Stéphani
Haghia Trias
Hôtel
Dékélia
Barrage
Marathon
Schinias
PHYLÉ
MONI TON KLEISTON
Varibobi
TUMULUS DES PLATÉENS
TUMULUS DE MARATHON
Stamata
Fili
Ekali
Dionyso
Néa Makri
THÈBES
Acharnes
Kastri
Pentélique
1109
Ano Liosia
Kifissia
Aspropyrgos
Amaroussion
Ægaleos
Pendéli
DAOU PENDELI
Eleusis
Chalandri
Rafina
Stavros
DAPHNI
H. Paraskévi
Pérama
ATHÈNES
KAISARIANI
Spata
Loutsa
Bac
1026
Hymette
Liopesi
Ambélaki
(SALAMINE)
Vieux Phalère
BRAURON
Le Pirée
Kalamaki
Koropi
Ellinikon
Markopoulo
Porto Rafti
Glyfada
Kalyvia
GOLFE
SARONIQUE
Voula
Kavouri
Vari
Varkiza
Vouliagméni
Kératéa
Lagonissi
Plaka
Egine
Anavyssos
THORIKOS
ATTIQUE
Autoroutes
Routes principales
Routes secondaires
Pistes
0
5
10 km
Néa Phokéa
Laurion
Kinetta
Legréna
Cap Sounion

sur l'emplacement de l'**Académie**, où *Platon* fonda une célèbre école de Philosophie.

Un ancien lieu de culte. — *L'Académie devait son nom à* Akadémos, *peut-être un héros local, en l'honneur duquel fut élevé un hérôon, sanctuaire rustique. En fait, les archéologues grecs y découvrirent les vestiges d'un bâtiment datant de l'helladique ancien (2300-2000 av. J.-C.), dit* « maison d'Akadémos », *et ceux d'un édifice qui présente des points communs avec la « maison sacrée » d'Eleusis, d'époque géométrique.*

Un domaine consacré aux Muses. — *L'endroit fut également dédié à* Athéna, *qui y possédait un temple avec une enceinte sacrée où poussaient douze oliviers sacrés nés d'une bouture de l'arbre fameux planté par la déesse sur l'Acropole ; on en tirait de l'huile offerte aux vainqueurs des concours panathénaïques. Un sanctuaire y était également consacré à* Prométhée *et les pèlerins des panathénées venaient y allumer leurs flambeaux. Il y avait encore trois gymnases pour les éphèbes et leurs pistes couvertes servaient à la fois aux exercices des jeunes gens et aux causeries des sophistes. Vers la fin de sa vie,* Platon *y fonda (vers 388-387) son école de philosophie où il réunissait ses disciples. Il possédait une propriété dans le voisinage et c'est dans ce domaine, consacré aux Muses, qu'il prodigua son enseignement et qu'il fut enterré.*

Près de l'Académie, de l'autre côté de la rue Lenormant (Pl. I, A-1), un tertre calcaire signale l'ancien quartier de **Colone**, dit *Kolonos Hippios* pour le distinguer de *Kolonos Agoraios*, près de l'Agora. *Sophocle* naquit dans ce dème et l'immortalisa dans son *« Œdipe à Colone »*. C'est en cet endroit consacré à *Athéna Hippia* et à *Poséidon Hippios* (protecteurs des chevaux), tout près d'un sanctuaire des Euménides, qu'Œdipe, aveugle, banni de Thèbes et conduit par Antigone, trouva asile en Attique et y disparut mystérieusement.

2 — **Daphni et *Eleusis

Route : 11 et 23 km (V. cartes-itinéraires 3 ou 5).

Sortez par la **route de Corinthe** (Pl. I, A-2). La route moderne laisse à g. l'ancienne **Voie Sacrée** d'Athènes à Eleusis, celle qu'empruntait le cortège qui se rendait à la célébration des mystères. Elle était bordée d'autels, de chapelles et de tombeaux, mais il y a bien longtemps que tout ceci n'est plus qu'un souvenir.

11 km : **Daphni** ♦.

13 km : Près de la borne kilométrique un pan de rocher, à dr., marque l'emplacement d'un **sanctuaire d'Aphrodite** avec ses niches votives pour statuettes et dédicaces. Vous y verrez encore un petit tronçon de la Voie Sacrée.

14,5 km : Route à g. pour (1,5 km) **Skaramangas,** où l'armateur milliardaire *Niarchos* a établi les très importants *Chantiers Navals Helléniques,* avec le plus grand bassin de radoub de toute la Méditerranée. École nationale de la Marine.

23 km : **Eleusis** ♦, que vous atteindrez après avoir quitté l'autoroute de Corinthe.

3 — *Le Pirée ♦

Routes : 10 km par la rue Piréos (Pl. I, A-3) ou 11 km par la léoforos Syngrou (Pl. I, B/C-4) puis la nouvelle route, où la circulation est beaucoup plus rapide et qui aboutit près de la mer, au Nouveau Phalère, près du stade Karaïskakis.

4 — *Kaisariani et le *mont Hymette

Cette excursion que vous effectuerez en 3 h env. vous permettra de visiter, dans un site d'une rare fraîcheur, l'une des plus belles églises byzantines des environs d'Athènes, puis de découvrir de magnifiques panoramas sur Athènes, l'Attique et le golfe Saronique tout en gravissant les flancs pelés du mont Hymette.

Route : 7 km et 17,5 km par une bonne route asphaltée.

Sortez des quartiers centraux par la **rue Ymittou** (Pl. I, E-4).
7 km : ***Couvent de Kaisariani,** au creux d'un vallon ombragé qui fut autrefois célèbre grâce à une source qui passait pour avoir des vertus curatives. De cette fontaine, il ne subsiste qu'une bouche en forme de tête de bélier, mais elle a été immortalisée par quelques vers d'*Ovide,* dans l'*Art d'aimer* (III, 687), ainsi que le charme bucolique de son site, au pied de l'Hymette, parmi les pins, les cyprès, les platanes.

Visite : de 8 h 30 à 13 h 30 (12 h 30 en hiver) et de 16 h à 18 h.

Vous visiterez la charmante petite **église**, consacrée à la Présentation de la Vierge depuis le Xe s. Le narthex et l'annexe, ou parecclésion, à dr. de l'église, sont du XVIIe s., ainsi que les **peintures** qui ornent le premier de ces bâtiments. Les **peintures de l'église**, par contre, datent du XVIe s., avec un Christ pantocrator à la coupole et, sur le mur N., l'arbre de Jessé et des figures d'apôtres. Dans l'abside commence un cycle de la vie du Christ, qui se déroule autour de la croisée.
10,5 km : A g. de la route, dans un vallon, vous remarquerez encore un autre établissement religieux, le **couvent d'Astériou**, avec une église du XIe s. dont les fresques datent du XVIe s.
Par une route parfois très étroite, en lacet, vous arriverez à peu de distance du sommet du ***mont Hymette** (1 026 m ; zone militaire interdite), qui portait autrefois une statue de Zeus. Jadis, la montagne était couverte de plantes aromatiques, thym, térébinthe, menthe, lavande, sauge, etc., qui, butinées par les abeilles, permettaient la production d'un miel très parfumé. Aujourd'hui, la bruyère domine et les abeilles ont émigré vers le Pentélique et le Tourko Vouni, mais il subsiste encore quelques ruchers à Pigrati, près de Péania. Le marbre de l'Hymette était extrait, dans l'Antiquité, sur le flanc O. du mont ; des carrières modernes sont creusées au N. du massif.

Dans la **grotte** au sommet du mont, on découvrit quelques vestiges antiques attestant l'existence d'un culte depuis l'époque géométrique jusqu'au VIe s. av. J.-C. Au-dessus, il y avait les restes d'un autel, peut-être consacré à Zeus Ombrios, mentionné par *Pausanias* (I, 32, 2).

5 — Phylé et le **mont Parnès

Permettez-nous de vous suggérer cette pause d'une demi-journée au cours de votre visite d'Athènes : elle vous révélera, dans les gorges de Phylé, les charmes secrets de la campagne attique, tandis qu'elle vous apportera, sur les flancs du Parnès, une fraîcheur difficilement imaginable dans les rues surchauffées de la capitale, en plein cœur de l'été.

Route : 111 km aller et retour.

Sortez d'Athènes par la rue Liossion (Pl. I, B-1).
13 km : **Ano Liossia.** — **18** km : **Fili.**
22 km : **Couvent de la Panaghia tôn Klistôn** (Moni Klistôn N.-D.-des-Défilés), situé sur une terrasse dominant la **gorge du Potami Gouras** et dont la visite vous charmera. Reprenez ensuite la route nouvellement asphaltée pendant quelques kilomètres ; elle vous mènera tout près de la **forteresse de Phylé** que vous apercevrez à votre g. et que vous atteindrez par un sentier au parfum de garrigue, à travers un paysage tourmenté qui semble bien loin du monde et du bruit. De la forteresse du IVe s. il subsiste quelques tronçons de rempart en bel appareil quadrangulaire.

La forteresse de Phylé, *aujourd'hui connue sous le nom de Kastro, commandait la route la plus directe d'Athènes à Thèbes à travers le massif du Parnès. Elle fut construite au IVe s. av. J.-C. pour remplacer une autre forteresse dont les restes occupent un autre sommet à env. 1 500 m à vol d'oiseau, au N.-E. C'est sans doute cette dernière que Thrasybule occupa en 404, en revenant de Thèbes à Athènes avec 70 partisans résolus à renverser les Trente Tyrans.*

43 km : Retour à Ano Liossia, où vous prendrez la route d'Acharnes.
46 km : **Acharnes,** qui fut autrefois le plus important des dèmes ruraux de l'Attique puisqu'il fournit à lui seul 500 hoplites au début de la guerre du Péloponnèse. ***Aristophane,*** dans ses Acharniens (425 av. J.-C.), mit en scène les paysans d'Acharnes, pour la plupart des charbonniers du Parnès, qui durent s'abriter dans Athènes pendant que les Spartiates ravageaient l'Attique.
49,5 km : La route commence à s'élever sur les flancs du Parnès.
63,5 km : **hôtel isolé** (école hôtelière).

Xénia (fermé pour rénovation ; ☎ 2469-101) 161 ch.

66 km : Carrefour de routes, à g. pour (3 km) le **refuge du mont Parnès,** à 1 165 m d'alt., et à dr. pour (2 km) un **hôtel-casino,** également accessible depuis la plaine par un téléphérique.

Hôtel-casino Mont Parnès (☎ 2469-111 ou, à Athènes, 3229-412) 107 ch. night-club, mini-golf, casino, vue aérienne sur la plaine d'Attique, le golfe Saronique et le canal d'Eubée.

73 km : Sommet du **mont Parnès,** à 1 411 m d'alt., au-dessus d'un épais massif forestier. C'est depuis la corniche où s'élève l'hôtel-casino que vous découvrirez les plus belles ****vues.**
Plusieurs routes forestières carrossables parcourent les flancs du Parnès ; l'une d'elles permet de descendre vers le N. et de rejoindre la voie rapide Lamia-Athènes à la hauteur de Scala Oropos.

6 — **Côte Apollon et plaine de la Mésogée

Du Vieux Phalère au cap Sounion, le rivage bordant le golfe Saronique s'ourle de petites criques nichées entre des promontoires boisés, ou déroule de longs tapis de sable qui en font la plus belle côte de l'Attique. Sans doute est-ce pour cette raison qu'on lui a donné récemment le nom de côte Apollon, bien qu'elle s'achève au temple de... Poséidon, au Sounion. Mais ne chicanons pas sur l'appellation, qui souligne l'attrait et la beauté de ce littoral. Les promoteurs immobiliers, qui le savent bien, ont construit, depuis une quinzaine d'années, quantités d'hôtels et de villas, ou créé des lotissements dont on ne peut pas dire que le paysage soit embelli, bien qu'il y ait quelques réussites, telle la station balnéaire de Vouliagméni. La côte Apollon est donc aujourd'hui la banlieue maritime et résidentielle d'Athènes et vous y trouverez de nombreux hôtels et restaurants. Attention cependant, l'aéroport international d'Hellénikon est une source de vacarme, ce dont il vaut mieux que vous soyez prévenu. La zone affectée s'étend de Kalamaki à Voula, ce qui est bien dommage pour Glyfada, une coquette station balnéaire, très vivante, mais où l'atmosphère est vraiment trop bruyante. La présence de près de deux millions et demi d'habitants dans l'immense agglomération athénienne, ainsi que l'existence d'usines de toutes sortes, ne nous paraît pas non plus constituer une source de garantie quant à la pureté des eaux qui baignent les plages entre Eleusis et Glyfada, surtout lorsque la mer est agitée. Soyons nets : nous vous recommandons, pour votre bien-être, de rechercher de préférence un hôtel ou une plage au-delà de Voula, à partir de Kavouri, ce qui vous laisse tout de même de larges espaces.
Au retour vers Athènes, vous traverserez la plaine la plus fertile de l'Attique, la Mésogée, riche en nécropoles antiques et à proximité de laquelle vous visiterez le sanctuaire d'Artémis, à Brauron ♦.

Route : circuit de 130 km (146 km avec l'excursion jusqu'à Brauron ♦), par de bonnes routes que vous parcourrez en une demi-journée si le temps vous est chichement mesuré, mais plus agréablement en une journée dans l'autre cas.

☛ Sortez d'Athènes de préférence par la **léoforos Syngrou** (Pl. I, B-4) ; ce ne sera pas le moyen de gagner le plus rapidement le Sounion, mais le plus séduisant ; si cela vous importe peu, passez alors par la **rue Vouliagménis** (Pl. C-4), c'est-à-dire par la voie rapide qui mène à l'aéroport international d'Hellénikon (compagnies étrangères) ; vous rejoindrez l'itinéraire décrit ci-après à Voula (V. au km 18).
6 km : Après l'hippodrome, tournez à g. vers Glyfada en arrivant à la baie du Phalère. En prenant à dr. vous iriez au (**5** km) Pirée ♦ en passant par le (**3** km) **Nouveau Phalère** *(Néon Faliron)*, faubourg du grand emporium athénien, l'un des domaines réservés du bouzouki.

Hôtel :

¶¶ *Bianca Beach*, rues Makariou et Vénizélou (✆ 4823-065) 67 ch. night-club, sauna.

8 km : **Vieux Phalère** *(Paléo Faliron).*

Hôtels :

¶¶ *Korali*, 35, rue Poseidonos (✆ 9816-441) 89 ch. mini-golf.

¶¶ *Possidon*, 78, rue Poseidonos (✆ 9822-086) 90 ch.

¶ *Avra*, 3, rue Niréos (✆ 9814-064) 39 ch.

Restaurants :

¶¶¶ *Capri*, 52, av. Poseidonos (✆ 9816-379)

¶¶ *Al Tartuffo*, 65, av. Poseidonos (✆ 9826-560).

¶ *Hickory Grill*, à l'angle des av. Niréos et Poseidonos (✆ 9821-972).

Night-club :

¶¶¶¶ *Athinaia* (mai-oct., à partir de 21 h ; ✆ 967-125), à l'hippodrome (Voir renseignements pratiques d'Athènes ; p. 265).

9,5 km : **Kalamaki.**

Hôtels :

¶¶¶ *Saronis*, 13, Vassiléos Géorgiou (✆ 9810-365) 38 ch.

¶¶ *Rex*, 40, Vassiléos Géorgiou (✆ 9310-761) 34 ch.

¶¶ *Vénus*, 9, rue Mégistis (✆ 9810-806) 28 ch.

¶ *Galaxy*, 39, Vassiléos Géorgiou (✆ 9818-603) 44 ch.

Restaurants :

¶¶ *Saronis*, front de mer (✆ 9810-366)

¶¶ *Marida*, front de mer (✆ 9810-284)

Night-club :

¶¶¶¶ *Nériada*, Vassiléos Géorgiou (✆ 9812-004) dîner de 22 h à minuit, avec orchestre et piste de danse, puis musique grecque avec bouzouki.

11,5 km : **Aéroport d'Hellénikon** (lignes des *Olympic Airways ;* bâtiment principal dû à *Eero Saarinen*).
12 km : **Haghios Kosmas ;** centre sportif hellénique.
16 km : **Glyfada,** station balnéaire ; terrain de golf (18 trous).

Indicatif téléphonique : 01.

Hôtels :

¶¶ *Astir*, 58, Vassiléos Géorgiou (✆ 8946-461) 128 bungalows night-club ; ouv. avril-oct.

¶¶ *Atrium*, Vassiléos Géorgiou (✆ 8940-971) 56 ch.

¶¶ *Congo Palace*, Vassiléos Géorgiou (✆ 8946-711) 93 ch. night-club ; ouv. avril-oct.

¶ *Florida*, 33, rue Ioannou Métaxa (✆ 8947-215) 86 ch.

¶ *Golden Sun*, 72, rue Ioannou Métaxa (✆ 8955-218)

¶¶¶ *Palace*, 4 Vassiléos Géorgiou (✆ 8941-611) 79 ch. ouv. mars-oct.

¶¶¶ *Palmyra Beach*, 70, Vassiléos Géorgiou (✆ 8945-808) 49 ch.

¶¶ *Antonopoulos*, 1, Vas. Friderikis (✆ 8946-242) 44 ch.

¶¶ *Delfini*, 5, rue Xanthou (✆ 8953-040) 39 ch.

¶¶ *Fenix*, 1, rue Artémidos (✆ 8947-229) 139 ch. night-club.

¶¶ *Four Seasons*, 79, Vassiléos Géorgiou (✆ 8942-211) 78 ch.

¶¶ *Gripsholm*, 4, rue Karapanou (✆ 8944-911) 67 ch.

¶¶ *Ideal*, 47, Vas. Constantinou (✆ 8944-937) 40 ch.

¶¶ *London*, 38, Vas. Géorgiou (✆ 8945-634) 75 ch.

¶¶ *Regina Maris*, 11, rue Diadochou Pavlou (✆ 895-51-18) 71 ch.

¶¶ *Niki*, 47, rue Diadochou Pavlou (✆ 8946-231) 72 ch.

¶¶ *Riviera*, 2, Vassiléos Géorgiou (✆ 8952-011) 81 ch.

¶ *Glyfada*, 40, Vassiléos Géorgiou (✆ 8946-833) 52 ch.

¶ *Océanis*, 23, rue Vasilisis Friderikis (✆ 8944-038) 74 ch.

¶ *Perla*, 7, rue Chryssilidos (✆ 8944-212) 58 ch.

Restaurants :

¶¶ *Psaropoulos*, front de mer (✆ 8945-603)

¶¶ *Astéria*, front de mer (✆ 8945-675)

¶ *Antonopoulos*, bord de mer (✆ 8945-636).

¶ *Water-Wheel*, 71, Vas. Géorgiou (✆ 893-21-19).

Tavernes :

Kyra Antigoni, 54, rue Pandoras (✆ 8952-411), agréable jardin.

Night-club :

¶¶¶¶ *Dilina*, 2, Vassiléos Géorgiou (✆ 8947-321) dîner de 22 h à minuit, avec orchestre et piste de danse, puis musique grecque avec bouzouki.

Les ruines (près du restaurant Antonopoulos et de l'hôtel Astir) appartiennent à une **basilique paléochrétienne** qui aurait été bâtie pour commémorer le premier débarquement de St Paul en Grèce.

Interdit aux messieurs, sous peine de mort. — *Au pied de l'Hymette, à la lisière de Glyfada, se trouvait le dème d'Aixoni, où l'on célébrait pendant cinq jours, vers la fin d'oct., dans le sanctuaire de Déméter, les* thesmophoria, *véritables actions de grâces qui avaient lieu après les semailles d'automne en l'honneur de la déesse qui avait initié les hommes à la culture de la terre. Seules les femmes pouvaient y participer et les hommes qui y auraient assisté encouraient la peine de mort. Cette fête inspira à Aristophane sa pièce des* « Thesmophoriazoussai » *(les Thesmophories).*

18 km : **Voula** ; station balnéaire (plage de l'*O. N. H. T.*).

Hôtels :

¶¶¶ *Voula Beach*, 55, rue Alkyonidon (✆ 8958-836) 42 ch. night-club.

¶¶ *Akteon*, 49, av. Alkymonos (✆ 8958-555) 16 ch.

¶¶ *Galini*, 95, rue Alkyonidon (✆ 8959-093) 20 ch.

¶¶ *Plaza*, 17, rue Alkyonidon (✆ 8953-480) 18 ch.

¶ *Noufara*, 2, rue Métaxa (✆ 8953-450) 22 ch.

¶ *Orion*, 4, rue Métaxa (✆ 895-29-50) 26 ch.

¶ *Palma*, 7, rue Alkyonidon (✆ 895-10-20) 36 ch.

Camping :

Voula Camping, 3, rue Alkyonidon (✆ 895-16-46), 350 pers., 83 voit., 43 caravanes ; ouv. tte l'année.

Restaurant :

¶¶ *Pamela's*, près de la plage (✆ 895-21-05).

20,5 km : A dr., dans les pins, station balnéaire de **Kavouri**.

Hôtels :

¶¶¶ *Apollon Palace*, rue Haghios Nicolaou (☎ 895-14-01) 286 ch.

¶¶¶ *Kavouri* (☎ 895-84-61) 114 ch. night-club ; ouv. avril-oct.

¶¶ *Castello Beach* (☎ 895-95-33) 32 ch.

¶¶ *Pine Hill* (☎ 896-08-71) 52 ch.

23 km : **Vouliagméni,** station thermale et la plus sympathique des stations balnéaires des environs d'Athènes, surtout sur la presqu'île où des routes sinueuses desservent, à partir du port de yachting, des criques isolées, des hôtels dans les pins, dont l'Astir Palace, l'un des hôtels les plus merveilleusement situés de la Grèce.

Hôtels :

¶¶¶¶ *Astir Palace* (☎ 896-02-11) 404 ch. et bungalows night-club.

¶¶¶ *Elektra* (avril-oct. ; ☎ 896-05-37) 10 ap. meublés

¶¶¶ *Greek Coast* (mars-oct. ; ☎ 896-03-96) 55 ch. ouv. avril-oct.

¶¶¶ *Margi House* (☎ 896-20-61) 95 ch. night-club.

¶¶ *Blue Spell* (☎ 896-01-31) 38 ch. ouv. avril-nov.

¶¶ *Strand* (☎ 896-07-05) 72 ch. night-club ; ouv. avril-oct.

Restaurants :

¶¶ *Blue Spell* (☎ 804-06-76)

¶¶ *Club House* (☎ 804-06-42).

¶¶ *Moorings,* au port de plaisance (☎ 896-13-10).

¶ *Lambros,* en face du lac (☎ 804-02-50) ; taverne.

¶ *Léonidas,* rue Eolou (☎ 896-01-10) surtout agréable le soir quand on dîne sur la terrasse ; le patron, Léonidas, bien sûr, mettra sur votre table une bonne petite cuisine de taverne avec une rareté : du poisson frais qui, bien préparé, fera vos délices.

L'*Effondrée* (telle est la traduction du toponyme grec de cette station balnéaire) doit son nom à un petit bassin naturel, profondément encaissé, où sourdent des eaux chloro-sulfureuses à une température de plus de 20° ; elles sont utilisées dans les traitements des rhumatismes et des affections gynécologiques. Pour y parvenir, prenez à g. de la route du Sounion après avoir laissé la voie donnant accès à la presqu'île.

Sur l'isthme sablonneux reliant le **cap Zôster** à la terre ferme, fut découvert un **sanctuaire** consacré à Apollon Zôster comportant un petit temple datant à l'origine du VIe s. et divers bâtiments, dont ceux réservés aux prêtres et aux pèlerins. Les ruines du temple sont visibles près de la plage Akti Astir. En 1936, *M. Stravropoulos* mit au jour les restes d'un édifice du VIe s. agrandi au IVe s. ou au IIIe s., identifié avec le logis des prêtres ou une hostellerie pour les pèlerins.

27 km : **Varkiza,** station balnéaire étalée au fond d'une baie sablonneuse (plage de l'*O. N. H. T.*).

Hôtels :

¶¶ *Glaros* (☎ 897-12-17) 50 ch. ; avril-oct.

¶ *Varkiza* (☎ 896-09-27) 29 ch. ; avril-oct.

Restaurant :

¶¶ *Pamela's,* en bord de mer (☎ 8952-105).

Camping :

Beach Camping (☎ 897-36-13) 300 pers. et 150 voit.

→ **28** km : Route devant soi pour (2 km) **Vari.**

Sur le site d'**Anagyrous** a été fouillée une nécropole des VIIIe, VIIe et Ve s. av. J.-C., dont les tombes ont fourni des fragments de céramique décorée de motifs géométriques ou de figures.
De Vari, en 45 mn de marche, on atteint au N., dans l'Hymette, la **grotte de Pan**, ou grotte d'Archédémos, du nom de celui qui l'orna d'inscriptions et de sculptures. D'accès difficile, elle se compose de deux salles à stalactites qui furent consacrées aux Nymphes, à Pan et à Apollon.

40 km : **Lagonissi,** petite station balnéaire en voie de développement, mais encore bien calme, au bord d'une longue plage de sable fin.

Indicatif téléphonique : 0299.
Hôtels :
¶¶¶¶ *Xénia Lagonissi* (✆ 83-911) 357 bungalows night-club, cinéma, port de yachting, terrains de sport.
¶¶ *Var* (avril-sept. ; ✆ 83-512) 22 bungalows

44 km : **Saronis,** jeune station balnéaire.

Indicatif téléphonique : 0299.
Hôtels :
¶¶¶ *Saronic Gate* (✆ 53-711) 106 ch.
¶¶ *Delfinia* (✆ 52-449) 18 ch.

52 km : **Anavyssos** ; station balnéaire.

Indicatif téléphonique : 0299.

Hôtels :
¶¶¶ *Alexander Beach* (✆ 53-461) 105 ch. night-club ; ouv. avril-nov.
¶¶ *Apollon Beach,* sur la plage (✆ 36-493) 95 ch. ouv. avril-oct.
¶¶ *Motel Calypso* (✆ 52-274) 47 ch.
¶ *Eden Beach* (✆ 52-761) 285 ch. night-club ; ouv. avril-oct.

64 km : **Légréna.**

Indicatif téléphonique : 0292.
Hôtels :
¶¶ *Amphitrite* (✆ 391-54) 32 ch. night-club.
¶¶ *Minos* (✆ 393-21) 38 ch.

67 km : **Plage du cap Sounion,** avec une petite crique bien recluse d'où vous découvrirez, au loin, les fameuses colonnes du temple de Poséidon.

Indicatif téléphonique : 0292.
Hôtels :
¶¶¶ *Belvédère Park* (✆ 391-02) 90 ch. et bungalows night-club.
¶¶¶ *Egéon* (✆ 392-00) 44 ch.
¶¶¶ *Sounion Beach* (✆ 39-391) 264 ch. et bungalows night-club ; ouv. avril-oct.
¶¶ *Green Coast* (✆ 39-210) 102 ch. ouv. avril-oct.
¶¶ *Sun Hotel* (✆ 22-363) 266 ch. et 156 bungalows ouv. avril-oct.
¶¶ *Triton* (✆ 391-03) 40 ch.
¶ *Saron* (✆ 391-44) 17 ch.

Campings :
Sounion Camping, à 6 km vers

Laurion (✆ 393-58), 300 pers., 150 voit., 60 caravanes.

Vackchos Camping (✆ 39-262), 105 pers. et 35 voit.

Club de vacances :

Green Coast (✆ 392-10), ouv. avril-oct. Réserv. 4, rue Nikis à Athènes (✆ 323-35-61).

Peu après la route d'accès à la plage, prenez à dr. pour vous diriger vers le temple de Poséidon.

68 km : ****Cap Sounion,** bien connu des navigateurs, autrefois consacré à Poséidon, le dieu de la mer, et à Athéna, et qui prête son cadre grandiose au célèbre **temple de Poséidon** dont **les colonnes de marbre** sont peut-être **les plus belles de la Grèce.**

Visite : de 9 h en été, 10 h en hiver au coucher du soleil ; ouv. une heure plus tard le dim. ; accès payant.

Avant d'atteindre le temple, vous rencontrerez les **restes de l'enceinte** qui protégeait cette acropole que les Athéniens avaient fortifiée en 409, en pleine guerre du Péloponnèse, pour surveiller les côtes. Elle partait de la baie de Sounion, où l'on célébrait des joutes nautiques lors des petites panathénées et où se trouvait un port militaire avec un bassin de halage pour les trières.
Ce rempart était distinct de celui qui entourait le temple, mais il n'en reste plus que quelques vestiges de fondations, ainsi que des propylées ou entrée monumentale, construits au VIe s. en pôros et reconstitués en marbre au Ve s. A g., sous un appentis, vous pourrez voir quelques **fragments de sculptures** qui ornaient l'architrave du vestibule du temple.

Le ****temple de Poséidon,** qui se dresse au sommet du promontoire qui plonge à pic dans la mer, dut être **construit entre 444 et 440** par l'architecte à qui l'on doit les temples d'Héphaistos (Théséion) et d'Arès, à Athènes, et le temple de Némésis à Rhamnonte, seul le premier étant encore conservé.

Quant à celui du Sounion, il subsiste en place quinze colonnes doriques que l'absence de galbe fait paraître un peu rigides et un peu maigres, ceci pour compenser leur faible hauteur par un effet voulu d'élancement. Autre particularité, les cannelures sont réduites à seize au lieu de vingt, pour rendre les arêtes plus résistantes à l'action de l'air salin et donner plus de corps au fût.
Le temple, longtemps attribué à *Athéna Sounias,* puis enfin restitué à Poséidon à la suite de la découverte d'une inscription, en 1898, s'élevait sur l'emplacement d'un sanctuaire archaïque en tuf dont les substructions sont en partie reconnaissables sous le bâtiment du Ve s. Celui-ci était un périptère à six colonnes de façade et treize sur les côtés ; il comportait un naos central ou *cella,* un pronaos ou *vestibule* et un opisthodome à deux colonnes *in antis.* Une frise sculptée décorait l'architrave du pronaos et représentait les exploits de Thésée, des combats de Centaures et de Lapithes, des scènes de combat entre les dieux et les géants dont vous aurez pu voir quelques fragments avant d'atteindre le temple.
Sur la butte basse qui domine l'isthme au N., à 500 m, gisent les restes du **temple d'Athéna Sounias,** du VIe s., et de son mur d'enceinte.

69 km : Retour à la bifurcation de la route qui vous a permis d'accéder au temple de Poséidon.

78 km : **Laurion** *(Lavrion),* petite ville industrielle, dans un décor assez singulier de crassiers et de végétation brûlée par les émanations soufrées lors du traitement du minerai de plomb argentifère extrait dans les environs (**Port** : liaison hebdomadaire avec Kea et

Kythnos). En face, **île de Makronissos**, centre de détention après la guerre civile de 1946.

Le Laurion est peut-être le plus ancien témoignage de ce qu'il est convenu d'appeler aujourd'hui la pollution industrielle, mais les Athéniens ne durent pas s'en plaindre puisque la découverte, en 484 av. J.-C., du profond et riche gisement de Maronée (Kamariza) vint juste à temps pour permettre à Thémistocle *de faire construire, grâce aux revenus de cette mine, la flotte de deux cents trières sans laquelle les Grecs n'auraient peut-être pas vaincu les Perses à Salamine, en 480. Sous* Périclès, *enfin, l'argent du Laurion contribua efficacement à la fondation de l'empire maritime athénien.*

Le Laurion, source d'argent et trésor de la terre. — *Les affleurements de plomb argentifère du massif du Laurion, principale source de richesse des Athéniens, « un trésor que leur fournit la terre »* (Eschyle, *les Perses*), *semblent avoir été exploités de bonne heure (vers l'an 1000 pensent les géologues). Au temps où* Thémistocle *affecta le produit des fermages à la construction de la flotte, les mines rapportaient cent talents à l'Etat. Quelques Athéniens y firent de grosses fortunes. L'Etat, propriétaire, affermait les mines à des concessionnaires pour 3 ou 10 ans, moyennant un fermage de 4,16 % du produit. Pour y travailler, il y eut jusqu'à 10000 et même 20000 esclaves, achetés par les industriels sur l'Agora d'Athènes, où des ventes avaient lieu à chaque nouvelle lune. Durement traités, ils devaient vivre sans famille, afin de réduire les frais d'exploitation. Les incursions des Spartiates et l'occupation de Décélie en 413 leur permirent de décamper. Vers le début du IIe s. av. J.-C., la concurrence des mines d'or du Pangée, en Thrace, porta un coup sévère aux mines du Laurion dont les coûts d'exploitation étaient devenus trops élevés.*
Les Anciens ne recueillaient guère que l'argent, le plomb et des produits secondaires comme le cinabre et l'ocre. Aujourd'hui, on extrait surtout la calamine (zinc) et le manganèse, mais les procédés modernes ont aussi permis de tirer du plomb et de l'argent des rebuts de minerai, négligés comme trop pauvres par les Anciens, et même de leurs scories, imparfaitement traitées.

82 km : **Thorikos**, l'une des plus anciennes localités de l'Attique, fut probablement une station maritime du royaume de Crète et sûrement un important centre industriel de l'Antiquité, où se traitaient les minerais du Laurion.

∴ De la route, vous découvrirez un **théâtre antique**, très ruiné, qui, avec le « **quartier industriel** » récemment dégagé, constitue le principal édifice encore digne d'intérêt.
Des fouilles exécutées à la fin du siècle dernier et ces dernières années par une mission belge ont montré que le site fut occupé dès l'époque préachéenne (2000-1800), puis à l'époque mycénienne, puisqu'on y découvrit une nécropole avec **deux tholoi royales**, dont l'une fut bâtie peu après 1500 av. J.-C., et une enceinte. Les Athéniens eux aussi fortifièrent le site (presqu'île d'Haghios Nicolaos), car il faisait partie de la ceinture de défense des mines du Laurion et possédait lui-même deux ports et des établissements industriels, avec des laveries de minerai.

En contrebas du théâtre, la mission belge a mis au jour une **nécropole** dont les sépultures, à inhumation ou à crémation, datent principalement des époques archaïque et classique. Quant aux **installations minières**, avec les laveries et leurs bassins, vous les trouverez à l'ouest du théâtre, où vous verrez aussi l'entrée d'une galerie de la mine antique (fermée par une grille moderne).

99 km : A g. à 2 km, **Kalyvia,** où les **églises des Taxiarques, de la Soteira et de l'Evanghélismos** sont ornées de **fresques** de l'école de *Géorgios Markos.*

103 km : **Marcopoulo,** gros bourg agricole dont plusieurs églises sont décorées de **fresques** que l'on peut sans doute attribuer à *Géorgios Markos,* d'Argos. De là, il ne faudra pas manquer l'excursion à (8 km) **Brauron** ♦.

A 3 km au S.-E. de Marcopoulo, le *Service des Antiquités* a fouillé une importante nécropole qui s'étendait non loin d'un puits antique au lieu-dit **Mérenda,** près du site de l'ancienne *Myrrhinonte.* Les **tombes** mises au jour s'échelonnent du VIIIe s. (époque géométrique) au IVe s. av. J.-C. et les objets que l'on y a découverts sont exposés au musée de Brauron ♦. On exhuma également un **tronçon de voie antique** large de 3 m. C'est dans cette zone que l'archéologue grec *E. Mastrokostas* découvrit en 1972 une **coré** et un **couros,** véritables chefs-d'œuvre de l'art archaïque (au Musée National à Athènes).

A 8 km de Marcopoulo par la route directe (9 km de Brauron), **Porto Rafti** est un village de pêcheurs sur une baie creusée de calanques et parsemée d'îlots ; sur l'un d'eux, une **statue romaine** en marbre, de 3 m de haut (une figure du tombeau d'Erysichtôn ?), représente un personnage assis, populairement appelé le tailleur *(Raftis).*

Indicatif téléphonique : 0299.
Hôtels :
Korali, léof. Grézou (☎ 726-02) 16 ch.
Kyani Akti, à Ziki (☎ 722-41) 25 ch.

Sur le promontoire de **Koroni,** qui ferme la baie de Porto Rafti au S., fut mise au jour une **forteresse** édifiée hâtivement, sans doute par l'amiral *Patroclos,* envoyé au secours des Athéniens par *Ptolémée II* au moment de la guerre de Chrémonidès (265-261) qui mit aux prises Athènes, Sparte et l'Egypte ptolémaïque contre la Macédoine.

104 km : A g., à 5 km, **Koropi,** au cœur des terres argileuses très fertiles de **la Mésogée** (production de vins résinés) ; dans l'**église de la Métamorphossi** (de la Transfiguration), fresques byzantines du Xe s. Dans plusieurs autres églises de ce village, peintures attribuées à *Géorgios Markos.*

112 km : **Péania** *(ex-Liopési),* village dont le nom rappelle l'ancien dème de Péania où naquit l'orateur ***Démosthène*** (384-322) ; les **églises de la Zoodochos Pighi, Haghi Thanasis, Haghios Dimitrios et Haghios Spyridon** sont décorées de fresques attribuées à *Géorgios Markos* et à son école.

A 4 km du bourg par une nouvelle route, au flanc de l'Hymette, les amateurs de curiosités naturelles ne manqueront pas la visite de la **grotte de Koutouki** (ou Païana), l'une des plus belles de Grèce, d'une superficie de 3 800 m² et dont les riches concrétions sont mises en valeur par un habile éclairage indirect (visite en été de 9 h à 19 h ; en hiver de 10 h à 18 h).

Restaurant :
Kanakis Garden, à g. à la sortie du bourg par la route d'Athènes (le soir seulement) Ⓟ V. cinq jours à Athènes (3e journée).

120 km : **Haghia Paraskévi** ; *Centre national de Recherches nucléaires.*

A g. près de la petite église Haghia Paraskévi, une route donne accès au (**2** km) **monastère d'Haghios Ioannis Kynigos** (Saint-Jean-le-Chasseur), bâti à mi-pente de l'extrémité N. de l'Hymette. L'église, en croix grecque à coupole, date du XIIe s. Le narthex, lui aussi à coupole, fut érigé au XVIIe s. De cette époque datent également les fresques qui furent pour la plupart badigeonnées au lait de chaux.

123 km : **Cholargos,** faubourg résidentiel d'Athènes, sur l'emplacement de l'ancien dème de la famille des Akamantides, patrie de *Périclès.* Le quartier général des Forces Armées grecques y est établi.

130 km : **Athènes.**

7 — *Excursion à Marathon et à l'Amphiareion

Ce n'est pas tant l'écho très affaibli des armes des combattants de Marathon qui vous attirera dans cette promenade, pas plus que les chuchotements du devin Amphiaraos en son sanctuaire de l'Amphiareion, mais plutôt la beauté des paysages que vous découvrirez dans cette partie de l'Attique ; mais peut-être ne serez-vous pas également insensible aux attraits de quelques très belles plages, comme celles de Schinias ou d'Haghii Apostoli, face à l'île d'Eubée. C'est donc avant tout vers ces merveilles naturelles que vous guidera cet itinéraire d'une demi-journée (ou d'une journée si vous décidez d'aller visiter Rhamnonte et de vous arrêter longuement à l'Amphiareion). Aux portes d'Athènes, vous traverserez une banlieue résidentielle des plus agréables, surtout à partir de Kifissia, où des pinèdes et les vents descendus du Pentélique rafraîchissent davantage, en été, que les brises marines de la côte Apollon.

Route : 171 km (185 km avec l'excursion jusqu'à Rhamnonte) par de bonnes routes, plus ou moins larges, dans l'ensemble assez sinueuses.

Sortez d'Athènes par la route de Kifissia (Pl. I, F-1).

7 km : A dr., à **2** km, **Chalandri,** faubourg résidentiel entre l'Hymette et le Pentélique.

Indicatif téléphonique : 01.

Hôtels :

¶¶ *Alexandria City,* 137, rue Pendélis (✆ 681-28-57) 15 ch. ☎ P

¶¶ *Barbagallos,* 5, rue Pendélis (✆ 681-54-15) 32 ch. ☎ P

¶¶ *Olympic,* 1, rue Souri (✆ 681-34-30) 22 ch. ☎ P

¶ *Egyptos,* 8, rue Ghini (✆ 681-23-13) 31 ch. ☎ P

Restaurants :

¶¶ *Kalamia,* 15, rue Messolonghiou (✆ 68-05-29) P

¶ *O Costas,* 340, av. Vassiléos Géorgiou (✆ 683-340) P

11,5 km : **Amaroussion** (Maroussi), ancien dème d'Athmonon, autrefois célèbre pour son sanctuaire d'Artémis Amarysia et aujourd'hui pour ses **ateliers de céramique vernissée** (nombreux magasins le long de la route).

Hôtel :

¶ *Anagénissis*, 4, rue Vyronos (✆ 802-83-62) 10 ch.

12 km :

Route à dr. vers Mélissia et le (6 km) monastère de Pendéli (V. ci-après).
1,5 km : Entrée de Mélissia ; continuez dans la même artère.
3 km : Prenez à g. en direction de Néa Pendéli, puis encore à g. 500 m plus loin, et suivez ensuite en direction de Paléa Pendéli.
6 km : **Monastère de Pendéli**, fondé en 1578 (les bâtiments actuels sont modernes), situé dans un beau jardin fleuri et ombragé ; dans le narthex de l'église, vous verrez quelques peintures anciennes et des icônes.
Le monastère se trouve sur un contrefort du **mont Pentélique** (1 109 m), où des carrières de marbre sont exploitées depuis le VIe s. av. J.-C. Complètement défiguré par les carrières, les amoncellements de rebuts et les antennes d'un relais d'ondes hertziennes, le mont a aujourd'hui un aspect des plus rébarbatifs, tout au moins dans sa partie centrale et la plus élevée, car le versant N., que la route ci-après empruntera vers Marathon, conserve encore de belles forêts de pins.

Le marbre du Pentélique. — *L'exploitation des carrières, commencée dès 570 av. J.-C., fut surtout active sous* Périclès *et fit négliger celles de l'Hymette. Auparavant, on n'employait le marbre, dans les constructions en tuf, que pour les parties décoratives. Au Ve s., on se mit à bâtir des édifices entiers en marbre pentélique, réservant pour la sculpture le marbre de Paros, d'un grain plus gros, moins compact et plus facile à tailler au ciseau. Au contraire, le pentélique, d'un grain fin et serré, est par excellence un marbre architectural dont le poli est parfait.*
On peut reconstituer les procédés d'extraction en usage à l'époque. Après avoir égalisé au ciseau la surface du roc, les blocs étaient délimités longitudinalement par une profonde rainure rectangulaire à la scie au sable, enfin détachés à l'aide de coins de bois mouillé, enfoncés en haut. On les dégrossissait sur chantier et on les descendait, le long de la piste dallée, sur des traîneaux de bois que retenaient des câbles enroulés autour de gros pieux espacés de distance en distance et plantés dans des trous creusés de chaque côté de la piste.

14 km : **Kifissia,** au pied du mont Pentélique, à 276 m d'alt., au milieu des pins et des platanes, est en été l'un des lieux de prédilection de la haute bourgeoisie grecque, surtout dans les parages de **Kéfalari**, où se situent la plupart des hôtels. La ligne du chemin de fer du Pirée et d'Athènes en fait également un centre très recherché par une clientèle moins huppée, qui vient le temps d'une soirée y trouver la fraîcheur dans les petites tavernes des environs de la gare.
Un **musée d'histoire naturelle** est installé à Kifissia, centre d'études de la faune et de la flore de Grèce (13, rue Lévidou ; de 8 h à 13 h et de 17 h à 20 h en été, de 10 h à 17 h en hiver ; ✆ 801-58-70 ; fermé le vendredi).

Indicatif téléphonique : 01.

Hôtels :

¶¶ *Pentélikon*, 66, rue Délighiani (✆ 801-28-37) 63 ch.

¶¶ *Aperghi*, Kéfalari (✆ 801-35-37) 99 ch.

¶¶¶ *Cécil*, 7, rue Xénias (✆ 801-38-36) 79 ch.

¶¶¶ *Costis Dimitracopoulos*, 65, rue Délighiani (✆ 801-25-46) 27 ch.

¶¶¶ *Sémiramis*, 36, rue Charilaou Tricoupi (✆ 801-25-87) 42 ch.

night-club.

¶¶¶ *Théoxénia,* 2, rue Philadelphéos (☎ 801-27-51) 64 ch.

¶¶ *Nafsika,* 6, rue Pellis (☎ 801-32-55) 17 ch.

¶ *Aegli,* platia Platanou (☎ 801-25-91) 25 ch.

Restaurants et tavernes :

¶¶¶ *Blue Pine Farm,* rues Vénizélou et Tsaldari (☎ 801-29-69)

¶¶ *Bokaris,* rues Socratous et Acharnon (☎ 801-25-89)

¶ *Grigoris,* 8, rue Argyropoulou (☎ 801-46-32)

¶ *O Takis Salmatani,* rues Trifonos et Syngrou (☎ 801-53-94)

¶ *O Nikos,* 5, rue Skopélou (☎ 801-55-37).

Campings :

A Néa Kifissia :

Balkan Tourist Camping, route Athènes-Lamia (☎ 801-58-21), 500 pers., 120 voit., 30 caravanes magasins.

New European Camping, route Athènes-Lamia (☎ 801-54-02), 300 pers., 150 voit., 50 caravanes magasins.

Camping Néa Kifissia, route Athènes-Lamia (☎ 801-64-35), 200 pers., 70 voit., 20 caravanes magasins.

A Kato Kifissia :

Patricia Camping, route Athènes-Lamia (☎ 801-19-00), 300 pers., 120 voit., 40 caravanes.

15,5 km :

Route à g. pour (**10** km) **Dékélia** *(Décélie),* bourg appelé aussi **Tatoï** qui commandait une dépression d'une importance stratégique considérable pour Athènes, où passait la voie de ravitaillement venant de l'Eubée (restes d'un camp retranché, ou **Paléo Kastro**, souvenir probable de l'occupation lacédémonienne pendant la guerre du Péloponnèse). Tatoï était la résidence d'été des souverains grecs (beau parc) et c'est là que se trouve le mausolée des rois de Grèce. Base importante de l'armée de l'Air grecque. La route passe par **Varibobi,** un lieu de villégiature très recherché en été, situé sur les premières pentes du Parnès.

Hôtels :

¶¶¶¶ *Auberge Tatoï* (☎ 801-38-03) 14 ch.

¶¶ *Varibobi* (☎ 801-63-05) 32 ch.

17,5 km : **Kastri** ; hôtel isolé dans les pins.

¶¶¶ *Kastri (The American Club)* (☎ 801-39-71) 63 ch.

20 km : **Ekali,** lieu de villégiature dans les pins.

Hôtels :

¶¶ *Ariadne* (☎ 803-12-02) 6 ch.

¶ *Néon Ariadne,* 3, rue Fassideri (☎ 803-12-02) 18 ch.

21,5 km : Tournez à dr. vers Néa Makri. — **25** km : **Dionyso,** village dans une haute vallée boisée au pied du Pentélique, dont le nom rappelle le très ancien sanctuaire de Dionysos du dème d'*Icaria,* patrie de *Thespis.*

26 km : A g. à **1** km, restes insignifiants du **sanctuaire de Dionysos,** mis au jour par les fouilles de l'*Ecole américaine* en 1888. On y célébrait des fêtes importantes en l'honneur du dieu qui avait révélé la vigne au héros local, Icarios.

31,5 km : **Haghios Pétros,** église et café-restaurant-mirador d'où vous découvrirez un magnifique ***panorama** sur la plaine de

Marathon, le canal d'Eubée (ou Euripe) et le Sud de l'île d'Eubée elle-même, très montagneuse.
39,5 km : **Néa Makri**, plage très populaire sur la baie de Marathon.

Indicatif téléphonique : 0294.
Hôtels :
¶¶ *Marathon Beach* (☎ 91-255) 166 ch. night-club.
¶¶ *Zoubéri* (☎ 71-920) 128 ch. night-club.

Camping :
Néa Makri Camping, 156, av. de Marathon (☎ 92-719), 234 pers., 100 voit., 50 caravanes ; à 200 m de la mer ; ouv. avril-oct.

A la bifurcation du km **39,5**, la route de dr. conduit à (**11,5** km) **Rafina,** ancien dème d'Araphen, charmante petite marine autour d'une crique, mais dont les environs, déboisés, sont assez peu plaisants, sauf vers la plage d'Haghios Andréas.

Indicatif téléphonique : 0294.
Hôtels :
A Rafina :
¶ *Bravo* (☎ 23-489) 41 ch.
¶ *Ina Marina* (☎ 22-215) 79 ch.
A Mati (4 km) :
¶¶¶ *Mati* (☎ 71-511) 70 ch.
¶¶ *Attica Beach* (☎ 71-711) 94 ch. ; ouv. mars-nov.
¶¶ *Costa Rica* (☎ 71-103) 60 ch.
Auberges de jeunesse :
A Mati, deux auberges (Rens. à Athènes, 7, rue Mavrokordatou, ☎ 607-093 ; 26, rue Loulianou, ☎ 822-47-77).

Campings :
A Rafina :
Cococamp (☎ 23-413), 300 places, 120 voit. ; magasins, en bord de mer.
Rafina Camping (☎ 23-118), 500 pers., 160 voit. ; ouv. de mars à oct.

Bateaux : car-ferries quotidiens pour Karystos, en Eubée, Andros et Tinos ; plusieurs fois par semaine pour Kéa, Mykonos et Syros.

Environs. — **Monastère de Daou Pendéli** (5 km) ; l'église de ce monastère devenu sanatorium, fondé au XIIe ou au XIIIe s., rebâti au XVIIe s., témoigne d'influences diverses : byzantine, arméno-géorgienne, anatolienne.
A 7 km au S.-O. de Rafina, **Pikermi** est un hameau célèbre en paléontologie pour ses riches gisements fossiles néo-tertiaires explorés par *A. Gaudry.* Ils ont révélé des espèces animales apparentées à la faune primitive de l'Afrique orientale (singe, rhinocéros, girafe, hipparion, helladothérium, mastodontes, antilopes, dinothérium, le plus gros fossile connu).

A la bifurcation du km **39,5**, prenez à g. vers **Marathon** ♦, où vous visiterez le site de la célèbre bataille, les nécropoles et le nouveau musée.
42,5 km : Embranchement à dr. pour (**1** km) le **tumulus de Marathon.**
46,5 km : Embranchement à g. pour (**2,5** km) le **tumulus des Platéens** et le **musée de Marathon** ♦.
53 km : Pour vous rendre à la plage de Schinias et à Rhamnonte, tournez à dr., sinon continuez tout droit vers Marathon (V. ci-après à partir du km 73).
56 km : Première route à dr. pour **Schinias** ; pour **Rhamnonte,** continuez tout droit.

59,5 km : Deuxième route à dr. pour **Schinias** et route à g. pour (7 km) **Rhamnonte.**

Rhamnonte, le *« pays du nerprun épineux »*, patrie de l'orateur Antiphon, est célèbre pour son acropole qui surveillait l'entrée de l'Euripe et pour son sanctuaire de Némésis.

Visite : en été, de 8 h 30 à 12 h 30 et de 16 h à 18 h, dim. de 9 h à 15 h ; en hiver, de 9 h à 13 h 30 et de 16 h à 18 h ; accès payant.

Sur ce site solitaire et romantique, d'où vous découvrirez des vues superbes sur le canal d'Eubée, vous verrez donc les pauvres restes du **sanctuaire de Némésis,** qui s'étendait sur une terrasse ; ils comprennent les ruines du **temple de Thémis** (ou Petit Temple), du VIe s. av. J.-C., et celles du **temple de Némésis** (ou Grand Temple) qui aurait été construit entre 436 et 432 par l'architecte qui conçut les temples d'Héphaïstos et d'Arès à Athènes, de Poséidon, au cap Sounion. *M. Orlandos,* qui fouilla le site en 1922-1923, découvrit dans la cella la base carrée de la statue de culte, œuvre de *Phidias* d'après Pausanias, ou de son disciple *Agoracritos* selon d'autres auteurs.
Au-delà du site en direction du rivage, vous remarquerez des vestiges de la **forteresse** qui fut érigée au IVe s. av. J.-C. avec des remparts en appareil hellénique. Là se trouvent les ruines de divers bâtiments, dont un petit **temple de Dionysos Lénaios,** d'un grand édifice public (gymnase ?), d'un **théâtre** dont il subsiste la cavea ou plutôt l'emplacement de la cavea, de forme rectangulaire, de fortifications (les ruines de la terrasse supérieure représentent celles de l'acropole primitive), etc.
La ville basse occupait la petite grève triangulaire, au bord de la mer.

62,5 km : **Plage de Schinias,** long ruban de sable clair, bordé d'une pinède, fréquentée par les Grecs et très populaire.
72 km : Retour à la bifurcation du km **53**, où vous tournerez à dr.
74 km : **Marathon** ♦ (le *« champ de fenouil »*), bourg moderne sur le territoire de l'un des plus anciens dèmes de l'Attique. Continuez en direction de Kapandriti.
81 km : **Grammatiko.**
94 km : **Kapandriti,** d'où vous suivrez la route de Kalamos.

Indicatif téléphonique : 0295.
Hôtel :
Golden House, au km 30 de l'autoroute Athènes-Lamia (✆ 52-455) 15 ch.

107 km : **Kalamos,** où s'embranche à dr. une route pour (4 km) la **plage d'Haghii Apostoli.**

Indicatif téléphonique : 0295.
Hôtel :
Kalamos Beach (✆ 81-465) 181 ch.

De Kalamos, pour gagner l'Amphiareion, tournez à g. après l'église. En descendant, vous découvrirez un remarquable ***panorama sur le canal d'Eubée.***
111 km : ***Amphiareion** ou **sanctuaire d'Amphiaraos,** au fond d'un vallon, parmi les pins. La plupart des bâtiments que vous verrez datent du IVe s. av. J.-C. ; ils sont très délabrés, sauf le théâtre, relativement bien conservé ; mais le site est l'un des plus charmants

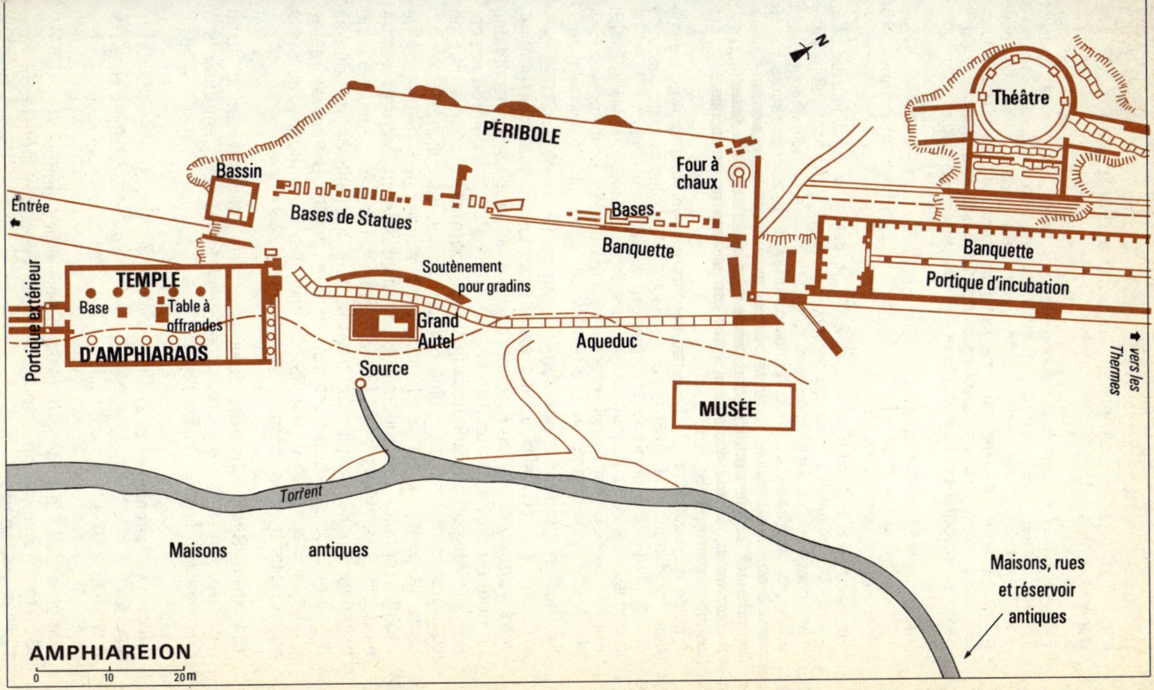
Théâtre
PÉRIBOLE
Four à chaux
Bassin
Entrée
Bases de Statues
Bases
Banquette
Banquette
Portique d'incubation
Soutènement pour gradins
TEMPLE D'AMPHIARAOS
Base
Table à offrandes
Portique extérieur
Grand Autel
Aqueduc
Source
MUSÉE
vers les Thermes
Torrent
Maisons
antiques
Maisons, rues et réservoir antiques
AMPHIAREION
0
10
20m

de toute l'Attique. En arrivant sur le champ de fouilles, vous remarquerez à dr. les ruines du **temple d'Amphiaraos**, d'ordre dorique, bâti au IVe s.

Héros et devin, Amphiaraos *faisait partie des Sept Chefs qui assiégèrent Thèbes. La légende assurait qu'il avait été englouti avec son char près de Thèbes, où il fut vénéré. Son culte passa ensuite dans le pays d'Oropos pour se fixer dans ce ravin profond, auprès d'une source réputée pour ses vertus curatives. Ainsi fut fondé l'Amphiareion, où le héros fut invoqué comme oracle et comme dieu guérisseur.*

Visite : en été, de 8 h 30 à 12 h 30 et de 16 h à 18 h ; en hiver, de 9 h à 13 h 30 et de 16 h à 18 h ; le dim. de 9 h à 15 h en été et de 10 h à 16 h 30 en hiver. Accès payant.

Au milieu de la cella se trouvait la table d'offrandes et, au fond, la base de la statue. Dix mètres au-delà du temple gisent les fondations d'un **autel** monumental où l'on sacrifiait à divers dieux et héros. A g., notez encore toute une ligne de **gradins** et, à dr., l'orifice circulaire de la **source sacrée** par où Amphiaraos, devenu dieu, aurait reparu sur terre. Ceux qui avaient été guéris en suivant les conseils de l'oracle y jetaient une pièce d'or ou d'argent. L'eau ne servait ni aux sacrifices, ni aux lustrations, mais on en buvait dans des coquilles trouvées en grand nombre.
Au pied de la colline, à g., s'étendait une terrasse avec une ligne de plus de trente piédestaux pour statues et une banquette. A la suite de cette banquette se trouvait un long **portique d'incubation**, du début du IVe s. av. J.-C., où les consultants se couchaient en attendant le songe au cours duquel devait leur être révélé le remède qui les guérirait. Une banquette de marbre reposant sur des pieds de marbre (on en a retrouvé 53) courait tout le long des murs.

Le **théâtre**, derrière le portique, pouvait contenir environ 3 000 personnes ; son acoustique était excellente. Outre quelques gradins, vous verrez encore cinq sièges en marbre à reliefs et inscriptions au nom du prêtre d'Amphiaraos et les ruines du bâtiment de scène.
Au-delà du portique se trouvaient les **thermes**, alimentés par un aqueduc, dont il ne reste plus que des ruines insignifiantes.
Dans le petit **musée** local, vous verrez quelques fragments de sculptures, des stèles funéraires, une statue d'*Amphilochos*, célèbre médecin, des reliefs byzantins découverts dans les environs, une baignoire en céramique. En traversant le ruisseau, vous pourriez parcourir le champ de ruines de la rive dr. où se trouvent les restes d'une agglomération composée de maisons, de portiques, de petits autels, tous très délabrés.

121 km : **Skala Oropos**, dans une belle situation sur le canal d'Eubée, que des ferry-boats traversent toutes les demi-heures à destination d'Erétrie (V. Eubée ♦).

Indicatif téléphonique : 0295.
Hôtels :
¶ *Alcyonis* (☏ 32-490) 91 ch. ✂ 🅿
¶ *Flisvos* (☏ 32-480) 60 ch. ✂ night-club.

Prenez ensuite la direction de Malakassa et d'Athènes.
133 km : Autoroute de Lamia à Athènes (V. carte-itinéraire 3).
171 km : **Athènes.**

A

Athos [Mont]***

Carte-itinéraire 14.
Kavalla, 156 km (d'Ouranopolis). — Thessalonique, 138 km (d'Ouranopolis).
Nome du Mont Athos.

L'Athos, qui a donné son nom à l'ensemble de la « Sainte Montagne » (Haghion Oros), est le principal sommet d'une presqu'île de 45 km de long, rattachée à la Chalcidique ♦ par une mince langue de terre de 2 km de large, où Xerxès fit creuser un canal afin que la flotte perse n'eût pas à doubler un cap redouté pour ses tempêtes. Au nord, ce sont des collines boisées, où subsiste la forêt méditerranéenne, au sud, des paysages austères et presque désertiques. Mais si partout la nature est préservée, c'est que l'Athos est aussi, est d'abord, un sanctuaire, le lieu où demeure vivante la tradition contemplative de l'orthodoxie, dans une curieuse République théocratique exclusivement peuplée de moines et d'anachorètes, dans ce « Jardin de la Vierge » — qui en est la seule présence féminine. Accès réservé à la gent masculine, donc, et accès difficile également aux trésors que renferment les monastères, fresques, icônes, manuscrits et reliquaires, que l'on découvrira le plus souvent après des marches fatigantes, mais justifiées sans aucun doute par le caractère et la beauté exceptionnels du lieu.

L'Athos dans l'histoire

Le mythe et l'histoire. — *Selon la légende, le mont Athos serait la pierre lancée contre* Poséidon *par le géant* Athos; *selon une autre tradition,* Poséidon *l'aurait séparé de la presqu'île de Pallène dans sa lutte avec le géant. Il est connu dans la littérature ancienne : déjà* Homère *le cite et* Eschyle *(Agamemnon, 285) le qualifie de « où règne Zeus ». Il fut occupé par un certain nombre de villes qui payèrent tribut aux Athéniens. Il est célèbre par la tentative de* Xerxès *qui voulut le percer, en 480, pour y faire passer sa flotte et éviter le désastre de* Mardonius *qui, en 491, perdit 300 vaisseaux et 20 000 hommes en voulant contourner le cap. Mais la profondeur du canal s'avéra insuffisante.*
On ignore quand la vie monastique y prit naissance, mais les premières fondations semblent remonter au Xe s. Athanase l'Athonite *(† v. 1 000), ami et conseiller de l'empereur* Nicéphore Phocas, *organisa les communautés (lavra) d'ermites vivant sur l'Athos. Il fonda le monastère d'Haghia Lavra (963) et, dès lors, les fondations pieuses se multiplièrent, protégées par les empereurs qui leur accordaient des privilèges.*

Centre spirituel de l'orthodoxie. — *Vers 1300, Grégoire le Sinaïte ranima à l'Athos la tradition contemplative en favorisant la prière intérieure, mais ce ne fut qu'au XVe s. que la vie monastique y atteignit son apogée. Après la prise de Constantinople par les Turcs, les moines entretinrent des rapports avec les sultans dont l'un,* Selim Ier, *fut reçu solennellement. Le mont Athos, grâce à cette habile politique, resta le centre de l'orthodoxie. Il possédait des écoles pour ses moines et l'une d'elles, celle de Vatopédi, eut, en 1753-1759, un maître illustre,* Eugène Bulgaris. *Le mont Athos resta sous le joug des Turcs jusqu'en 1830, tandis que le recrutement* *bénéficia de l'essor du monachisme russe jusqu'en 1917. Aujourd'hui, malgré un renouveau sensible de la vie cénobitique aux monastères de Grégoriou, Dionysiou et Saint-Paul, et malgré la renaissance intellectuelle du monastère de Stavronikita, les moines ne sont qu'un peu plus d'un millier (15000 au XVIe s.) et bien des monastères restent presque à l'abandon.*

Une République théocratique. — *Bien que ses habitants soient retirés du monde, l'Athos a toujours attiré l'attention des puissances extérieures : le Vatican tenta, mais toujours sans succès, d'y exercer quelque influence. En revanche, la Russie fut plus heureuse et la politique panrusse y domina de 1830 à 1890. En 1912, le mont fut occupé par l'armée hellénique; en 1913, la conférence de Londres affirma son indépendance et sa neutralité. Depuis lors sa situation a été nettement définie. Un décret du 16 septembre 1926, confirmé par la constitution de 1927, a réglé son organisation : la presqu'île fait partie de l'État hellénique qui y est représenté par un gouverneur, ayant rang de préfet et dépendant du ministère des Affaires étrangères, mais l'Athos jouit d'une certaine autonomie. Il est administré par la* Sainte Communauté *résidant à Karyès et composée de 20 représentants ou* antiprosopoi *(un par couvent), élus en janvier, et dont 4, les* épistates, *se partagent le pouvoir exécutif sous la présidence de l'un d'eux, le* protépistatis, *élu pour 5 ans. Elle a des attributions financières et exerce la justice de paix.*

Cénobites et idiorrythmes. — *Les couvents sont divisés en deux groupes : les* cénobites *(qui vit en communauté), astreints au maigre toute l'année, et les* idiorrythmes *(qui vit à sa guise) qui peuvent faire gras, jouissent d'un régime moins sévère et vivent de leurs ressources personnelles. Cet adoucissement a été introduit vers le XVIIe s. Les moines prient 8 h par jour :* litourgia *(messe),* hespérinon *(vêpres),* apodipnon *(complies),* nyctérinon *(office nocturne qui se prolonge la nuit entière),* agrypnia *(vigiles),* panygiris *(rassemblement solennel); ils sont en outre astreints à un certain nombre de génuflexions* (metania) *par jour.*

Ermites et vagabonds. — *A côté de ces deux grandes catégories, on trouve : des* anachorètes, *ermites qui vivent isolés dans des cellules parfois inaccessibles, des* sarabaïtes, *ermites en groupe de deux ou de trois vivant dans des maisons* (kelliès *ou* kalyvès) *isolées avec une chapelle particulière, et des* gyrovagues, *pauvres moines mendiants et vagabonds.*

Interdit à tout visage lisse. — *Parmi les règles les plus anciennes et les plus strictement observées est l'*abaton, *de Constantin Monomaque, dont une bulle, en 1060, interdit l'accès de la montagne « à tout femme, à toute femelle, à tout enfant, à tout eunuque, à tout visage lisse ». Malgré les discussions qu'elle suscita sous la domination turque et de récents efforts de « féministes » grecques, elle est demeurée en vigueur.*

Ce qu'il faut savoir

Le monastère athonite. — En général, le monastère est entouré d'un solide mur d'enceinte flanqué de tours. Le mur protège un espace dit *péribole* au centre duquel s'élève l'église de la communauté ou *catholicon*, cruciforme, surmontée de multiples coupoles et à double narthex : c'est l'élément principal du couvent. Tout autour, ses dépendances : la *phialè*, sorte d'abri rectangulaire où est conservée l'eau bénite; le clocher en forme de tour; la *trapéza* ou réfectoire de forme absidiale, avec plusieurs séries de tables et un *ambon* d'où un moine fait une lecture édifiante pendant le repas ; près de la place de l'higoumène (supérieur), un disque pour le pain béni, *panagiarion*. Enfin, les cellules des moines sont disposées le long des murs. Le catholicon et la trapéza sont souvent les parties les plus anciennes du monastère. L'*archontaria* est la salle des hôtes. Signalons aussi les *arsanadès*, sortes d'échelles sur la mer, ermitages occupés par les moines marins ou pêcheurs. Les *skites* sont de petits monastères rattachés à d'autres plus importants, tous ayant de nombreuses chapelles ou ermitages dans leur dépendance.

L'art à l'Athos. — Vous n'y trouverez pas d'œuvres très anciennes, en dehors des mosaïques de Vatopédi. On a rafraîchi périodiquement (surtout vers la fin du XVIIe ou le début du XIXe s.) les fresques décolorées, ce qui pourrait tromper un visiteur non averti. Deux écoles rivales se sont succédé : la première, l'**école macédonienne**, adapte heureusement le décor pictural à la disposition architecturale. Elle est représentée par le peintre *Manuel Pansélinos*, dont on identifie difficilement les œuvres (Protaton : chapelle du Prodrome), et ses élèves (monastères de Vatopédi et de Chilandari). La deuxième est l'**école crétoise**, qui s'inspire de la peinture d'icônes ; elle a été illustrée par *Théophane*, qui peignait entre 1535 (catholicon de Lavra) et 1558, et en partie par *Frangos Castellanos*, de Thèbes, qui travailla vers 1548-1560. Les monastères abritent souvent des trésors, reliquaires, icônes portatives, objets de culte, mais que les moines ne montrent qu'avec réticence : ce sont pour eux des objets sacrés, rarement des œuvres d'art.

La peinture au service de la doctrine. — La décoration peinte est ordonnée suivant un système assez uniforme pour être codifié (cf. *Guide de la peinture*, découvert et publié en 1845 par le Français *Didron*), dont le catholicon de Dochiariou offre le type complet : en général, le sommet de la coupole est occupé par le *pantocrator* (le tout-puissant) en gloire, entouré de la Vierge et du *prodrome* (St Jean-Baptiste), des prophètes et des anges. Dans les trois absides et derrière l'*iconostase*, peintures relatives à la vie du saint que l'officiant honore. Dans la conque de l'abside, la Vierge et l'Enfant ; au-dessous, le Christ. Dans l'abside de la *prothésis*, à g., la mort et la résurrection du Seigneur avec des figures de l'Ancien Testament. A dr. mêmes figures et, au milieu, le Christ et la Trinité. Au-dessus de l'autel, un enfant ou Dieu hors du sépulcre et couronné d'épines. Dans la nef et les chœurs, les grandes fêtes de l'Eglise réparties en quatre zones parallèles. Même disposition dans le narthex : les coupoles glorifient le Christ et, sur les murs, sont représentés les conciles, la vie des martyrs et le Jugement dernier. Dans le réfectoire, les fresques se rapportent à la nourriture. Mais ces principes traditionnels sont quelque peu modifiés par un souci de détails minutieux et pittoresques.

Renseignements pratiques

Formalités d'entrée. — Après que des assouplissements des conditions d'accès y aient entraîné quelques abus, le mont Athos est à nouveau très difficile d'accès. Vous devrez donc montrer patte blanche pour y pénétrer. Répétons que les femmes et les enfants (moins de 21 ans) sont rigoureusement interdits, et précisons que les hommes devront avoir la « bonne coupe » de cheveux (c'est-à-dire courts), sous peine de se voir refuser, sur place, l'autorisation de séjour dans les monastères par la Sainte Epistasie.

Les candidats à l'entrée au mont Athos — pas plus de huit étrangers par jour — devront se munir d'une **lettre d'introduction** délivrée par les services de leur ambassade à Athènes ou de leur consulat à Thessalonique (V. adresses aux renseignements pratiques de ces villes). **Ce document sera présenté à Athènes**, au ministère des Affaires étrangères, Direction des églises, rues

Zalokosta et Vasilisis Sofias (☎ 362-68-94), ou à **Thessalonique**, Bureau des Affaires politiques du ministère de la Grèce du Nord, place Dikitiriou (☎ 260-427). Après avoir reçu l'avis favorable de ce ministère, le candidat se rendra à la police des étrangers, qui remettra un laissez-passer pour 3 jours maximum.

Formalités de séjour. — Vous embarquerez à **Ouranopolis** (V. env. de Thessalonique). En débarquant à **Daphni**, présentez votre laissez-passer à la police, puis rendez-vous à **Karyès** pour obtenir le permis de séjour *(diamonitirion)* auprès de la Sainte Epistasie, moyennant le paiement d'une petite redevance (env. 20 F). **Vous logerez** soit à Daphni, dans de petites auberges très rustiques, soit encore, en présentant votre *diamonitirion,* à l'hôtel de Karyès, géré par des moines, ou dans les couvents (pas plus de trois jours). Pour passer la nuit dans un monastère, il est nécessaire d'y arriver avant le coucher du soleil, faute de quoi vous trouveriez porte close. L'hospitalité est accordée sur présentation du *diamonitirion* mais vous pourrez toujours laisser une offrande au moment de partir.
Il est recommandé d'emporter quelques provisions, l'ordinaire des moines étant des plus limités.
Vous vous déplacerez à pied ou en caïque de monastère en monastère, mais les services sont très irréguliers. A titre de référence, en été 1976, une liaison était assurée deux fois par jour entre Ouranopolis et Daphni ; tous les deux jours entre Daphni et Haghia Anna ; tous les deux jours entre Hiérissos et la Grande Lavra.
Un autobus circule entre Daphni et Karyès.
Vous noterez qu'il est interdit de fumer dans la rue principale de Karyès, de filmer, de photographier avec un flash ou un pied sur l'ensemble de l'Athos.
Le calendrier de l'Athos est en retard de 13 jours sur le nôtre.
Les personnes qui n'ont pas accès au mont Athos peuvent cependant le découvrir depuis la mer en empruntant — mais donc sans débarquer — les services de bateaux au départ de Hiérissos ou Ouranopolis - où elles peuvent séjourner (V. env. de Thessalonique).

Visite de l'Athos

Du port de **Daphni**, vous monterez à Karyès en car ou en 2 h de marche environ. Chemin faisant, vous passerez devant le **monastère de Xéropotamou** (idiorrythme) qui, selon une tradition, aurait été fondé avant le Xe s. par *Ste Irène,* ou encore par l'impératrice *Pulchérie.* Les **peintures du catholicon** datent de 1783. Faites-vous montrer la **patène dite de Ste Pulchérie,** du XIIIe s.

Egalement avant Karyès, le **monastère de Koutloumoussiou** (cénobitique), à flanc de colline et dans un cadre de verdure, est dédié à la Transfiguration du Sauveur. Il fut fondé dans les dernières années du XIIIe s. par un prince turc. Les fresques du catholicon datent de 1540.

Karyès, capitale de la communauté, est une petite bourgade groupée autour du **monastère,** avec quelques boutiques tenues par des moines. Vous y visiterez l'**église du Protaton,** qui daterait du Xe s. (les fresques furent exécutées en 1540 par le peintre *Pansélinos*) et la **chapelle du Prodromos** (St Jean-Baptiste), avec des fresques attribuées également à *Manuel Pansélinos* (1526) ; d'autres, plus récentes, sont admirables de fraîcheur et de douceur.

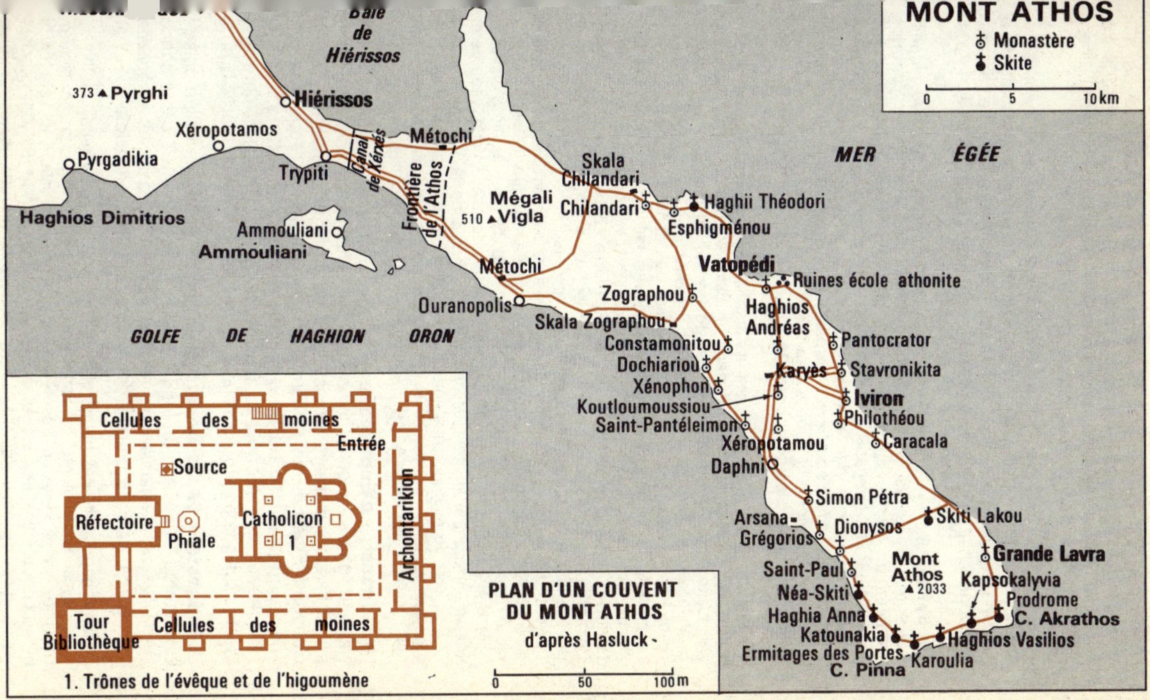

MONT ATHOS
Monastère
Skite
0
5
10 km
Baie de Hiérissos
373 ▲ Pyrghi
Hiérissos
Xéropotamos
Pyrgadikia
Trypiti
Canal de Xerxès
Métochi
Frontière de l'Athos
Haghios Dimitrios
Ammouliani
Ammouliani
Mégali
510 ▲ Vigla
Métochi
Ouranopolis
Skala Chilandari
Chilandari
Haghii Théodori
Esphigménou
Vatopédi
Ruines école athonite
Zographou
Skala Zographou
Haghios Andréas
Constamonitou
Pantocrator
Dochiariou
Karyès
Stavronikita
Xénophon
Iviron
Koutloumoussiou
Philothéou
Saint-Pantéleimon
Caracala
Xéropotamou
Daphni
Simon Pétra
Arsana
Grégorios
Dionysos
Skiti Lakou
Grande Lavra
Mont Athos
▲ 2033
Saint-Paul
Néa-Skiti
Kapsokalyvia
Prodrome
Haghia Anna
C. Akrathos
Katounakia
Haghios Vasilios
Ermitages des Portes
Karoulia
C. Pinna
MER
ÉGÉE
GOLFE
DE
HAGHION
ORON
Cellules
des
moines
Entrée
Source
Réfectoire
Phiale
Catholicon
1
Archontarikion
Tour
Bibliothèque
Cellules
des
moines
1. Trônes de l'évêque et de l'higoumène
PLAN D'UN COUVENT DU MONT ATHOS
d'après Hasluck
0
50
100 m

A environ 1 h de Karyès, la **skite d'Haghios Andréas,** le plus récent monastère de l'Athos, fut fondée grâce aux libéralités des tsars de Russie. De loin, vous la reconnaîtrez à ses clochers bulbeux verts coiffant de vastes constructions blanches.

A environ 1 h 30, le ***monastère de Vatopédi** (idiorrythme) se présente comme une vraie cité entourée de murailles crénelées, et occupe un très beau site surplombant une baie admirable. Il aurait été fondé par trois moines d'Andrinople, vers la fin du Xe s.

Le framboisier et l'enfant. — *On raconte sur son origine la légende suivante : « Les fils de l'impératrice* Théodora, Arcadius *et* Honorius, *venaient de Naples à Constantinople avec leur mère quand ils furent assaillis par une tempête. Arcadius étant tombé dans les flots fut retrouvé sous un framboisier par les ermites qui le conduisirent à Constantinople. Lorsqu'il succéda à son frère, il fit bâtir, à l'endroit où il avait été poussé par la mer, un couvent auquel il donna le nom de* Vatopaidion *(de* vatos, *framboisier, et de* paidion, *enfant). »*

L'**église** du XIe s., rouge sang, est une basilique à coupoles flanquée de deux autres églises, le vestibule extérieur *(exonarthex)* étant commun aux trois sanctuaires. Vous remarquerez les **portes de bronze**, du XVe s., qui proviennent de l'église Sainte-Sophie, à Thessalonique, ainsi que la **mosaïque de la Prière** (Déisis), au-dessus de la porte du catholicon, qui date du XIe s. Le **catholicon** fut décoré de **fresques** par des peintres de l'école macédonienne en 1312 (elles ont été restaurées). Dans la **chapelle Haghios Dimitrios**, vous noterez les **icônes de St Pierre et de St Paul**, celle de la **Panaghia Hodighitria**, dans un cadre du XIIe ou du XIIIe s. aux reliefs représentant les fêtes chrétiennes, l'iconostase, etc.
Dans le ***trésor,** vous admirerez de belles pièces d'**orfèvrerie**, dont certaines datent du Xe s., et, surtout, la **coupe de Michel Paléologue** (début du XVe s.), pièce de jaspe de 25 cm de diamètre sur un pied d'argent décoré d'émaux et dont les anses sont formées par des dragons ciselés. Vous vous ferez également montrer de très belles croix, un portrait de la Vierge attribué à St Luc, etc. Ne manquez pas non plus la visite de la **bibliothèque**, avec ses précieux volumes, en particulier un **octateuque** du XIe s. (collection des huit premiers livres de l'Ancien Testament), orné de 162 miniatures.

Le **monastère d'Esphigménou,** à environ 2 h 30 de Vatopédi, est situé au fond d'un golfe pittoresque ; il fut fondé au début du XIe s. et prit l'aspect d'une forteresse pour se protéger des pirates. *Saint Grégoire Palamas* en fut, au XIVe s., l'higoumène. Vous y verrez une **icône portative du Sauveur**, en mosaïque, du XIIe s. Dans la bibliothèque, un **ménologe** (calendrier-martyrologe des chrétiens grecs), sur parchemin pourpre, est orné de 60 miniatures (XIIe s.).

Le **monastère de Chilandari** (idiorrythme), dans une vallée boisée à 45 mn du précédent, fut fondé, selon *Bréhier,* en 1197 par le prince serbe *Stévan Nemanija,* puis reconstruit en 1299 par *Stévan Milutin,* prince serbe qui se retira à Vatopédi après son abdication.

Le **catholicon** abrite des **fresques** de la fin du XIIIe s. ou au début du XIVe s., où le cycle du baptême présente des détails d'une savoureuse facture. N'oubliez pas la visite du **trésor**, avec des icônes de valeur, et celle de la **bibliothèque**, avec des icônes serbes et russes du XIIe au XVIIe s., des manuscrits enluminés du XIIIe au XVIIIe s., un **diptyque italien** orné de miniatures recouvertes de plaques de cristal (fin du XIIIe s. ou début du XIVe s.), etc.

Vous reviendrez sur vos pas jusqu'à Vatopédi pour visiter la partie S. de l'Athos.

Le **monastère du Pantocrator** (idiorrythme), à 2 h de Vatopédi, fut fondé par *Alexis Stratigopoulos,* un général de *Michel Paléologue,* en 1270. Il occupe une singulière situation, au sommet d'un rocher dominant la côte. Dans sa **bibliothèque**, vous examinerez divers manuscrits, dont un **psautier** de la fin du XIe s., avec une miniature de l'Annonciation.

Le **monastère de Stavronikita** (cénobitique), à 1 h de marche, fut fondé en 1542 par le patriarche *Jérémie de Constantinople.* Il couronne un rocher à pic du côté de la mer et présente une belle et forte architecture. En 1546, le *moine Théophane,* qui travailla aux Météores, et son fils *Simon,* y exécutèrent les **fresques du catholicon**. Depuis quelques années, ce monastère est le centre d'un renouveau spirituel et intellectuel de l'Athos.

Le **monastère d'Iviron** (idiorrythme), à 1 h de marche, fut fondé en 979 par un général, *Jean Tornikios,* et deux moines, en l'honneur de St Jean-Baptiste. Sa tour massive, les dômes de ses églises contrastent beaucoup avec les autres parties du couvent, bâties en bois et en pierre et peintes de diverses couleurs.

Le **catholicon**, du XIe s., est décoré de **fresques** de 1592.

Dans une petite chapelle voisine, faites-vous montrer l'**icône miraculeuse de la Panaghia Portaïtissa** (très effacée), du Xe s. (?), que le *moine Gabriel* tira de la mer et qui lui aurait permis de marcher sur les eaux. La **bibliothèque** contient une **riche collection de manuscrits enluminés**; citons plus particulièrement le manuscrit no 1 (Evangile du XIe s.), le manuscrit no 5 (Tetra-Evangile du XIIIe-XIVe s.), le manuscrit no 453 (*Roman de Barlaam et de Josaphat;* début du XIIIe s.). Près de la bibliothèque se trouve le **trésor** du couvent que l'on pourra essayer de se faire ouvrir; il renferme de précieuses étoffes (*homophorion de Galaction,* du *patriarche Denys;* 1672), une belle croix sculptée de 1607, une crosse sculptée (scène de Lazare) du XVIIe s., etc.

Près du couvent se dresse un *hospice* où les moines soignaient les fous et les lépreux. De là, vous pourrez également descendre au petit port (arsana) où vivent les moines pêcheurs qui procurent du poisson frais au couvent.

Le **monastère Philothéou** (cénobitique), à 2 h de marche d'Iviron, moins imposant que d'autres, séduit par le charme de son site. Fondé avant le XIIe s., il fut entièrement rebâti après un incendie qui le détruisit en 1871, à l'exception du **catholicon**, orné de **fresques** de 1572.

Le **monastère de Caracala** (cénobitique), un peu à l'intérieur des terres, à 30 mn de marche de Philothéou, fut fondé vers le XIIe s. par un Turc et dédié aux apôtres Pierre et Paul.

La ****Grande Lavra** (idiorrythme), à 4 h de marche, est peut-être **le plus beau des monastères de l'Athos**. Il fut fondé en 963 par

St Athanase, sous *Nicéphore Phocas* et *Jean Tzimitzès,* et a l'ampleur d'un gros bourg fortifié, avec sa triple porte, ses ruelles et ses places.

Le ***catholicon,** terminé en 1004, a une forme particulière, ses proportions ramassées et ses lourdes voûtes s'expliquant par les dimensions de la coupole (6,25 m de diam.). Il servit de modèle pour les catholicons d'Iviron et de Vatopédi. Ses **fresques** furent exécutées en 1535 par le peintre crétois *Théophane.*

En face du catholicon, vous visiterez le **réfectoire** dont les ****fresques,** dues à *Frangos Castellanos* (1560), comptent **parmi les plus belles de l'Athos.** Sur le mur du fond, vous remarquerez ainsi le *Repas mystique* et, sur les murs latéraux, trois registres où sont représentées, en bas, des *images de saints,* Athanase, Euthyme, Grégoire Palamas, au milieu des *scènes de martyre* et enfin, au registre supérieur, une illustration de l'*hymne Acathiste* (littéralement : non assis), chanté, debout, en l'honneur de la Vierge. Sur le mur latéral g. figure la *vie de St Athanase l'Athonite,* le *concile de Nicée* et des *épisodes de la vie de la Vierge.* Sur le mur latéral dr., notez des *scènes de la vie de St Jean* et la *Mort du Juste* et enfin, sur le mur de la porte d'entrée, l'illustration du *Jugement dernier* (au centre, la venue du Seigneur ; à g. les élus et le Paradis ; à dr., l'Enfer).
Vous visiterez encore la **chapelle Saint-Nicolas,** ornée en 1560 de **fresques** peintes par *Frangos Castellanos,* et la **chapelle de la Trinité** (Haghia Trias), où la porte de l'iconostase date des XVe-XVIe s. Vous verrez également l'icône de Koukouzélis (vers le XIIe s.), un reliquaire dit de Nicéphore Phocas (au plus tôt du XIIe s.), une icône émaillée dite de Jean Tzimitzès, mais qui date en réalité du XIIe s. La **bibliothèque** est également très riche, avec ses cinq mille volumes et plus de deux mille manuscrits, en particulier des évangéliaires des XIe et XIIe s. Dans la salle des archives, visitez un petit **musée.**

Depuis la Grande Lavra, l'**ascension du mont Athos** représente environ 24 km de marche. Du sommet (2033 m), couronné par la chapelle de la Métamorphossis, vous découvrirez un magnifique ****panorama** sur ce singulier haut lieu de l'ascétisme orthodoxe qu'est l'Athos.

Depuis la Grande Lavra, vous contournerez ensuite l'extrémité de la presqu'île de l'Athos en passant par divers lieux de retraites de pieux anachorètes : **ermitage du Prodrome** à 1 h 30 de marche de la Grande Lavra, qui fut fondé par des moines bulgares, **ermitage de Kapsokalyvia,** à 1 h du précédent, **ermitage d'Haghios Vassilios,** à 30 mn, **ermitage de Katounakia,** à 30 mn, situé non loin des **ermitages des Portes,** accrochés à flanc de falaise, au-dessus de la mer, dont la plupart sont difficilement accessibles.
De l'ermitage de Katounakia, le chemin vous mènera vers le port de **Daphni** en passant par l'**ermitage d'Haghia Anna,** à 30 mn, lieu de retraite ascétique où l'on conserve, dans une châsse d'argent, le pied desséché de Ste Anne, puis par la **Néa Skiti,** la Nouvelle Skite (belle icône portable de l'*Annonciation* en bois sculpté).

Le **monastère de Saint-Paul** (cénobitique), fondé au XIe s. par des moines serbes et bulgares et notablement agrandi au XIXe s., se trouve dans un site admirable, accroché à la montagne.

L'ancien catholicon, construit en 1447 par le prince serbe *Georges Bankovitch* et décoré par des peintres de l'école macédonienne, est maintenant détruit. Dans la **chapelle Saint-Georges,** vous verrez des **fresques** de style crétois qui datent sans doute du XVIe s. et non de 1423 comme pourrait le laisser supposer l'inscription, probablement apocryphe.

Le **monastère de Dionysiou** (cénobitique), accessible par un chemin montueux, en 30 mn environ à partir de Saint-Paul, fut fondé en 1375 par l'empereur de Trébizonde *Alexis III* et par son épouse *Théodora* (l'acte de fondation est encore au couvent). Le site est remarquable, au sommet d'un haut rocher dominant la mer et des jardins en terrasses, et la vue s'étend fort loin sur la côte.

Dans le **catholicon**, **fresques** exécutées par le peintre crétois *Zorzis*, en 1547. Dans le **réfectoire**, ne manquez pas de contempler les **fresques** avec des scènes de martyre, de l'Apocalypse et le Jugement dernier, ainsi que l'ambon, en bois sculpté. Dans la **bibliothèque**, vous demanderez à voir un bel **évangéliaire du XIIe** s. et l'acte de fondation du monastère, véritable chef-d'œuvre de paléographie.

Le **monastère Grégoriou** (cénobitique), à 1 h 30 de marche de Dionysiou, est lui aussi situé sur un rocher dominant la mer, près d'un petit port. Il fut fondé au XIVe s. Dans le **catholicon**, vous examinerez des **peintures murales** datées de 1779.

Le ***monastère Simon Pétra** (cénobitique) fut créé au XIVe s. par un ermite du nom de *Simon* au sommet d'un rocher vertigineux, auquel un curieux pont à trois étages d'arches superposés donne accès. Ce site exceptionnel fait la célébrité du monastère, dont vous aimerez l'audace architecturale des galeries de bois surplombant le vide de plus de 200 m.

De Simon Pétra, vous reviendrez à Daphni en 1 h 30 environ.

Le **monastère de Saint-Pantéléïmon** (cénobitique), encore connu sous le nom de **Roussicon**, fondé en 1814, est le monastère russe de l'Athos.

Construit entre la mer et une colline boisée, c'est un ensemble imposant d'aspect très slave, qui put abriter jusqu'à 2500 moines (le réfectoire peut recevoir un millier de convives). En 1968, un incendie en détruisit une grande partie, mais vous pourrez encore y voir une curiosité : l'une des plus grosses cloches du monde, pesant 13 t et mesurant 8,70 m de diamètre. En outre, vous apprécierez l'émouvante beauté de ses chœurs, lors des offices.

Le **monastère Xénophon** (cénobitique), à 1 h 30, fut fondé au XIe s. au bord de la mer. Dans la **chapelle Saint-Georges**, voyez les **fresques** de l'école de *Théophane de Crète*, dans l'**ancien catholicon**, les peintures d'*Antonios* (celles du narthex ou vestibule, datées de 1545, sont anonymes) et, dans le réfectoire, une scène du Jugement dernier.

Le **monastère Dochiariou** (idiorrythme), à 45 mn, fondé au XIe s., renferme, dans le narthex de son église, des **peintures** exécutées par un artiste anonyme de l'école crétoise, en 1568.

Le **monastère Constamonitou** (cénobitique), à 1 h 30, sur un rocher, doit dater du XIe s. si l'on en croit un chrysobulle de 1037, mais plus sûrement du XIVe s. Dans le **catholicon**, **fresques** de 1443-1447.

Le **monastère Zographou** (cénobitique), à 1 h de marche, date du XIIIe s., mais fut rebâti au XIXe s. Les moines y furent longtemps en majorité bulgares. Vous vous ferez montrer l'icône miraculeuse de St Georges, de style italien, du XIe s.

Attique

Cartes-itinéraires 3 et 5.

Cet ancien territoire de la cité d'Athènes forme une presqu'île de 2650 km² (y compris le territoire d'Oropos, sur le canal d'Eubée, et les îles de Salamine et d'Egine), dont les montagnes occupent plus de 1000 km²; leurs versants sont raides et désolés, leurs sommets couverts de résineux, comme dans les massifs du Cithéron et du Parnès qui la séparent d'une façon assez imprécise de la Béotie, comme le mont Pentélique, grand pourvoyeur de marbre architectural, ou le mont Hymette, fournisseur de miel et dominant Athènes.

L'Attique, l'ancien Pédion, le grenier à céréales des Athéniens, avec des paysages qui évoquent parfois ceux des îles, n'offre à l'agriculture qu'une faible surface de son sol. L'olivier en fut l'arbre-roi : il était d'ailleurs considéré comme un don qu'avait fait Athéna à la ville d'Athènes lors de sa mémorable dispute avec Poséidon, sur l'Acropole. Mais la vigne, présent de Dionysos, était et est encore une grande ressource agricole, surtout dans la plaine intérieure de la Mésogée. Aujourd'hui, l'agriculture recule devant la poussée de l'urbanisation athénienne, mais on y trouve toujours l'élevage ovin et la culture des céréales, qui tendent à s'industrialiser. Autres ressources naturelles, les minerais étaient eux aussi exploités dès l'Antiquité. La production de minéraux est encore assez abondante, mais d'une valeur plutôt médiocre, sauf peut-être le marbre du Pentélique qui alimente une industrie de caractère purement local. Pourtant, les mines de plomb argentifère du Laurion, ce «trésor de la terre» (Eschyle), dont on tire aujourd'hui d'autres minerais, suffirent aux Athéniens pour armer la flotte qui leur assura la victoire sur les Perses à Salamine, et financer en partie leurs programmes de constructions et leur expansion politique.

C'est l'industrie qui est maintenant la principale ressource de l'Attique, appuyée sur une immigration importante qui redonne vie à des villages délaissés par les agriculteurs (Markopoulo, Aspropirgos). Cela, hélas, ne va pas sans dommage pour les sites, et la pureté tant vantée des ciels de l'Attique n'est plus qu'un souvenir, au-dessus de la région athénienne tout au moins. Le triangle industriel Athènes-Le Pirée-Eleusis regroupe les deux tiers des activités industrielles de la Grèce avec des raffineries, des constructions mécaniques, de la sidérurgie, des produits chimiques, des industries textiles et de confection, des minoteries et autres fabriques de produits alimentaires, des huileries, des savonneries, etc. A Mégare se maintient une industrie textile, tandis qu'aux mines du Laurion se sont ajoutées fonderies et usines chimiques. Enfin, on ne peut évoquer l'Attique sans rappeler le vaste courant commercial animé par le trafic du port du Pirée.

Bassæ [Temple de]**

Carte-itinéraire 7. — Andritséna, 14 km. — Pyrgos, 79 km. — Tripolis, 94 km.
Nome d'Arcadie.

L'impatience suscitée par une route difficile, au départ d'Andritséna, ne sera pas déçue quand vous arriverez dans ce **site admirable de hautes montagnes rocailleuses, parsemées de quelques chênes, en plein cœur de l'Arcadie. A 1 130 m d'altitude, dans un isolement splendide, vous découvrirez l'un des temples d'époque classique les mieux conservés de Grèce, l'un des plus prestigieux et l'un des plus beaux, qui aurait été bâti par Ictinos, le maître d'œuvre du Parthénon, en 420-417 av. J.-C.

Un ex-voto monumental. — *Le temple de Bassæ fut consacré au dieu* Apollon Epikourios *par les habitants de la ville voisine de Phigalie (V. environs d'Andritséna) pour le remercier de les avoir délivrés d'une épidémie de peste pendant la guerre du Péloponnèse, probablement celle de 420 av. J.-C., et de les protéger en ce lieu qui était leur refuge; les bronzes trouvés près du temple nous montrent qu'Apollon Epikourios était un dieu guerrier. Découvert en 1765 par le Français* Bocher, *le temple de Bassæ fut exploré en 1811-1812 par la* société des Dilettanti *qui en retira des sculptures (23 plaques de la frise intérieure, très bien conservées, et quelques métopes, très mutilées) aujourd'hui déposées au* British Museum.

Bâti en calcaire local chaudement patiné par les siècles, le marbre étant réservé aux sculptures, le temple de Bassæ mêle curieusement les trois ordres dorique, ionique et corinthien. Sa construction sur une étroite plate-forme explique son orientation et les particularités qui en résultent. Des travaux de restauration sont en cours.

Six colonnes en façade et quinze sur les côtés, doriques, entourent le vestibule *(pronaos)* et le sanctuaire *(naos).* L'intérieur de celui-ci est rythmé par des colonnes ioniques engagées formant contreforts, les deux dernières, disposées obliquement, limitant l'*adyton,* cœur du sanctuaire, que sépare aussi du naos une **colonne corinthienne** isolée, sans doute **le plus ancien spécimen de cet ordre.** Autour du **naos** (côté intérieur) courait une **frise** (au *British Museum*) représentant les combats des Grecs et des Amazones et ceux des Lapithes et des Centaures. Dans le mur E. de l'adyton s'ouvre une porte, particularité destinée peut-être à rétablir l'orientation E.-O. du sanctuaire, la lumière venant éclairer la statue du dieu placée en face.
A environ 70 m à l'O. du temple ont été repérées les fondations de quelques bâtiments d'époques archaïque et classique, dont l'un serait peut-être l'atelier des sculpteurs du temple.

Béotie

Cartes-itinéraires 3 et 4.

Entre le golfe de Corinthe et le canal d'Atalandi, qui baigne également l'île d'Eubée, la Béotie et les régions voisines de Locride et de Phocide assurent la transition entre le nord de la Grèce et l'Attique, non sans être de plus en plus marquées par l'expansion économique et industrielle de cette dernière.
La structure orographique de cet ensemble est simple, avec des massifs et des plateaux coupés de dépressions s'élargissant en plaines. Au nord, les monts de Locride, boisés, se dressent au-dessus du golfe Lamiaque, le mont Callidromos dominant de ses 1 372 m le fameux défilé des Thermopyles. Au centre, les plaines, zones d'échanges et de passage, furent propices aux grandes batailles : Platées, Leuctres, Elatée, Chéronée. Au sud, enfin, le massif de l'Hélicon (1 748 m), qui abritait le Val des Muses dans l'un de ses replis, et le mont Parnasse (2 457 m), au flanc duquel fut fondé, à Delphes, le sanctuaire panhellénique d'Apollon, voient leurs villages, qui vivaient de l'agriculture et de l'élevage, se dépeupler au profit des plaines.
Les plaines béotiennes (Elatée, Chéronée, Thèbes, ancien bassin lacustre du Copaïs) et phocidienne (plaine Sacrée d'Itéa à Amfissa), essentiellement vouées à l'agriculture malgré un climat très sec (céréales, olivier) et, autrefois, à l'élevage des chevaux (région de Thèbes), furent et sont encore à l'origine de la richesse de ces régions. C'est ainsi que la Béotie put détenir — peu de temps, il est vrai — l'hégémonie sur la Grèce, et tenir en échec les visées expansionnistes des Athéniens vers la Grèce du Nord. Aujourd'hui, l'irrigation et la mécanisation facilitent les cultures, plus variées et orientées le plus souvent vers le ravitaillement de la capitale, avec aussi une production de coton ; dans le bassin de Livadia ou l'ancien lac Copaïs, il n'est pas rare d'obtenir deux récoltes par an.
Quelques petites industries se sont décentralisées à Thèbes, dont la population a augmenté très rapidement, tout comme à Livadia, ancien centre textile réactivé ; en outre, une trentaine d'entreprises industrielles se sont installées à Skimatos, sur l'autoroute Athènes-Thessalonique.
Tout cela ne modifie pourtant que lentement l'aspect de ces régions, et l'on pourra encore y remarquer combien « les paysages se profilent en lignes nettes et vives, dont la lumière affine la beauté » (R. Clozier).

Brauron (Vraona)

Carte des environs d'Athènes p. 356. — Athènes, 35 km. — Marcopoulo, 8 km. — Sounion, 40 km.

Parmi des collines tapissées de vignes, à deux pas de la mer, le site archéologique de Brauron, dont le nom se retrouve à peine déformé dans le toponyme moderne, fut l'un des plus vénérables lieux de culte de l'Attique, celui où Iphigénie revenue de Tauride, vint finir ses jours.

Artémis Brauronia. — *Brauron est l'une des plus anciennes localités de l'Attique; un mur d'enceinte repéré sur un versant de la colline au pied de laquelle se trouve le site date en effet de l'helladique moyen. Quant à l'origine du sanctuaire consacré à* Artémis Brauronia, *il fut créé pour apaiser le courroux de la déesse à la suite de la mise à mort d'un ours qui avait tué une jeune fille d'un bourg de l'Attique. Artémis avait alors suscité une épidémie et fait savoir, par un oracle, qu'elle exigeait que les habitants de l'Attique lui consacrassent leurs filles nubiles, les* ourses ou arktoi, *qui prenaient part aux fêtes en l'honneur de la déesse, tous les cinq ans, au printemps. Selon une tradition rapportée dans l'Iphigénie en Tauride d'*Euripide *(v. 1464), la fille d'Agamemnon aurait été inhumée à Brauron.*

Indicatif téléphonique : 0294.

Hôtel :

Vraona Bay (☎ 82-591, ou, à Athènes, 862-57-32) 352 ch. et 122 bungalows

Sur la route de Marcopoulo, vous laisserez sur la g., à flanc de colline, les restes d'une **basilique paléochrétienne**, avant d'arriver à **Brauron**.

Visite du site et du musée (☎ (0299) 71-010) : en été, de 8 h 30 à 12 h 30 et de 16 h à 18 h; en hiver, de 9 h à 13 h 30 et de 16 h à 18 h; le dim., de 9 h à 15 h en été et de 10 h à 16 h 30 en hiver; fermé le mardi; accès payant.

Site archéologique. — En vous dirigeant vers la chapelle qui domine le site, vous remarquerez sur la g. les restes d'un **pont** (env. milieu du Ve s. av. J.-C.) qui enjambait un cours d'eau issu d'un lac sacré, puis les ruines du **portique sacré**, bâti dans la 2e moitié du Ve s. sur l'emplacement d'un bâtiment d'époque archaïque (VIIe et VIe s.). Sous la galerie s'ouvraient des chambres qui servaient peut-être de logement aux « ourses »; c'est là que l'on disposait également les vêtements luxueux que les femmes sur le point d'enfanter consacraient à Iphigénie.

Du **temple d'Artémis**, de style dorique, il ne reste plus que les fondations; il fut érigé au Ve s. pour remplacer le sanctuaire du début du VIe s., détruit par les Perses qui, selon *Pausanias*, emportèrent à Suse la statue de culte.

Près du temple, une série de blocs de pôros délimitaient probablement un petit **lac sacré** alimenté en eau par une source.

Au-delà des ruines du temple, une coupure du rocher forme une sorte de couloir où se trouve un **petit sanctuaire** à deux chambres construit après l'écroulement de la voûte rocheuse de la grotte qui se situait derrière. Vient ensuite un **sanctuaire à quatre compartiments**, de près de 15 m de long, qui fut ruiné par l'éboulement de la grotte où il fut bâti à l'origine. **C'est en cet endroit que l'on place le tombeau d'Iphigénie.** Le dernier bâtiment, à la sortie du couloir formé à la suite de l'effondrement de la grotte, serait la maison des prêtresses attachées au sanctuaire.

Ne manquez pas non plus de visiter la **chapelle Haghios Géorgios**, du XVe s., qui conserve quelques fresques très abîmées.

Musée. — Situé à quelques centaines de mètres au-delà du site, il rassemble non seulement les trouvailles faites à Brauron, mais aussi des vases et objets provenant de la nécropole de **Myrrhinonte**

(V. Environs d'Athènes), d'**Anavyssos** et de **Pérati**. Vous y remarquerez surtout un beau **relief votif** dit « des dieux », de la fin du Ve s., où sont représentés Zeus (assis), Léto, Apollon et Artémis. Dans la seconde salle, belles statues d'enfants parmi lesquelles des « ourses », ces fillettes consacrées à la déesse.

Après la visite du musée, vous pourriez aller voir une série de tombes mycéniennes par le premier chemin à g. sur la route principale après l'embranchement du musée.

→ A 7 km au N. de Brauron, **Loutsa** est une petite plage très fréquentée aux environs de laquelle on a découvert les restes d'un temple consacré à Artémis Tauropolos.

Céphalonie [Ile de] (Kéfallinia)*

737 km²; 36 750 habitants; nome de Zante.

Riche et fertile, avec les splendides forêts de pins couvrant les pentes aux couleurs fauves du mont Aïnos (1 620 m), avec ses fleurs et ses fruits, cette île, importante dès l'époque mycénienne, présente tous les attraits des plus beaux paysages méditerranéens. Grâce à cela et à ses magnifiques plages (aux environs de Lixourion, en particulier), Céphalonie est aujourd'hui l'un des nouveaux paradis du tourisme en Grèce, sans être pour autant encore trop fréquentée. L'île est aussi célèbre pour ses vins (Rombola) et sa cuisine (goûtez le *bacaliaropita*).

Dans le sillage d'Ulysse. — *Dans l'œuvre homérique, le nom de* Céphaloniens *(les gens de la tête, c'est-à-dire de la Montagne) désigne la population qui prit part à la guerre de Troie sous la conduite d'*Ulysse, *mais il fut plus tard restreint aux habitants de l'île de Céphalonie qui, dans l'Odyssée, portait le même nom que sa capitale,* Samos *ou* Samé. *L'exploration archéologique de Céphalonie a montré que cette terre était prospère à l'époque mycénienne.*

Souvent envahie, toujours grecque dans l'âme. — *Alliée à Corinthe contre Corcyre (Corfou), elle fut forcée de prendre le parti d'Athènes en 431 av. J.-C., pendant la guerre du Péloponnèse. Tour à tour dominée par Rome (à partir de 189 av. J.-C.), puis, au Moyen Age, par les Normands de Sicile, les Pisans (1099), divers princes italiens, les Turcs (1479), les Vénitiens (1500), les Français (1797) et les Anglais (1808), elle fut enfin rattachée à la Grèce avec les autres îles Ioniennes en 1864.*

Indicatifs téléphoniques : Argostolion, 0671 ; Sami, 0674.

O. N. H. T. : 3, pl. Vallianou (✆ 22-347).

Hôtels :

A Argostolion :

¶ *Xénia* (✆ 22-233) 24 ch.

¶ *Armonia* (✆ 22-566) 13 ch.

¶ *Phocas* (✆ 281-00) 10 ch.

¶ *Tourist* (✆ 22-510) 21 ch.

A Lassi (2 km d'Argostolion) :

¶ *Méditerranée* (avril-oct. ; ✆ 28-761 ; à Athènes, ✆ 72-29-15) 239 ch. night-club.

A Platys Yalos (3 km d'Argostolion) :

¶¶¶¶ *P. L. M. White Rocks* (avril-oct. ; ✆ 28-332) 102 ch. night-club.

A Poros (26 km de Sami) :

¶ *Iraklis* (mai-sept. ; ✆ 52-351) 5 ch.

A Sami :

¶ *Ionion* (✆ 21-235) 16 ch.

A Svoronata (11 km d'Argostolion) :

¶¶¶ *Irina,* Haghios Pelagio (✆ 41-286 ; à Athènes ✆ 361-83-83)

168 ch. P ouv. avril-oct.

Aéroport : Argostolion ; un vol quotidien pour Athènes en 55 mn.

Compagnie aérienne : *Olympic Airways*, rue Vergoti, Argostolion (☎ 28-808).

Ferry-boat : au départ de Sami services pour Patras (t.l.j.), Ithaque (3 fois par sem.).

Manifestations : Fêtes de Saint-Jérôme (Haghios Ghérassimos), patron de l'île, les 16 août et 20 octobre.

Argostolion, petite ville de près de 9 000 habitants, fondée par les Vénitiens en 1757, est la capitale de l'île ; l'agglomération actuelle a été reconstruite après un tremblement de terre en 1953. Outre son charme de petite marine méditerranéenne, elle retiendra l'attention des amateurs d'archéologie pour son **musée archéologique** où sont rassemblées les trouvailles faites dans l'île, surtout de l'époque mycénienne : bijoux, armes en bronze, etc., provenant notamment des nécropoles de **Metaxata** et **Mazaracata**. On pourra également voir un petit musée folklorique et, dans la cathédrale, quelques belles icônes.

Environs d'Argostollion. 1 — Le château de Saint-Georges et la plaine du Livatho (25 km). — Sortez par la route de Metaxata, qui traverse la plaine de *Krabé*, l'une des quatre villes qui, dans l'Antiquité, formait la tétrapolis de Céphalonie (avec *Paleis*, *Pronnaioi* et *Samé*). La double acropole de *Kranê* domine cette plaine (restes d'un fort du XIIIe s., d'un petit temple du début de l'époque classique et d'un portique romain).

5 km : **Kastro**, bourg aujourd'hui presque abandonné, sur le site de **San Giorgio** ou **Haghios Géorgios**, capitale de l'île au Moyen Age et sous les Vénitiens. Sur le versant de la colline, vous verrez encore quelques **églises, maisons et couvents en ruine**, et, au sommet, les restes de la **citadelle** avec pont-levis sur l'ancien fossé qui entourait l'enceinte et, à l'intérieur de celle-ci, des bâtiments délabrés (églises, caserne anglaise). Cette capitale qui compta jusqu'à 15 000 habitants, fut détruite par le tremblement de terre de 1636 et abandonnée au profit d'Argostolion en 1757. Près de San Giorgio, visitez également le **monastère d'Haghios Andréas** (fresques de l'école crétoise, icônes).

8 km : **Nécropole de Mazacarata**, où *Cavvadias* mit au jour de nombreuses tombes mycéniennes, dont une à coupole.

9 km : **Metaxata**, où *Lord Byron* séjourna en 1823 ; près du village, on découvrit trois tombes d'époque mycénienne taillées dans le roc et les vestiges très délabrés d'un petit temple à abside où l'on célébrait le culte des morts.

10 km : **Lakithra**, chef-lieu du Livatho, le district le plus riche de l'île. Non loin du village, on découvrit quelques tombes d'époque mycénienne. Autour des tombeaux se trouvaient des constructions, en forme de puits creusés dans le roc, que l'on rencontre dans les cimetières mycéniens de Céphalonie. Ce seraient des trésors ou *siri* servant de dépôts à céréales.

Vous reviendrez à Argostolion par la route haute.

2 — Les Katavothrès. — Il s'agit d'un **phénomène hydrogéologique remarquable**, où les eaux de la mer s'engouffrent sous terre à côté d'Argostolion pour traverser l'île de part en part et resurgir à Sami, sur la côte E. Ce phénomène a entraîné la formation de **grottes** abritant souvent des lacs et a été utilisé au siècle dernier pour actionner des moulins.

Lixourion, la seconde localité de l'île, est un petit port situé vis-à-vis d'Argostolion, de l'autre côté d'un détroit (service de bateaux très nombreux et de ferries), mais à 32 km par la route. A l'exception d'un **musée folklorique,** installé dans une vieille demeure, il ne retiendra guère l'attention, pas plus que les ruines de Paleis, à env. 3 km par la route d'Argostolion.

Sami, port assez actif où l'on débarque le plus souvent, en face de l'île d'Ithaque, près du site de l'ancienne *Samé,* capitale de l'île dans l'Antiquité (restes de l'enceinte, de deux acropoles, d'un bain du début du IIIe s. apr. J.-C. et d'un temple sur le site de l'église Haghios Géorgios).

Environs de Sami. 1 — Château d'Assos (22 km), d'époque vénitienne, dominant le pittoresque village du même nom, au milieu des vignes sur la côte O. de l'île.

2. — Grottes de Drougarati et Mélissani. — Elles appartiennent à un ensemble de grottes et de gouffres abritant souvent des lacs à proximité de la résurgence des **Katovothrès** (V. ci-dessus) et sont aménagées pour la visite (t.l.j. de 7 h à 19 h). La première, près du village de Haliotata, bénéficie d'une acoustique telle que l'on y donne parfois des concerts ; dans la seconde, près de Vlahana, le lac est à ciel ouvert.

Phiscardo, à l'extrémité N. de l'île, en face d'Ithaque, fut fondée par le Normand *Guiscard,* au XIIe s. C'est un port de pêche plein de charme, où des cyprès s'avancent jusqu'à la mer.

Chalcidique

Carte-itinéraire 14.

Large avancée de terre lançant trois presqu'îles en mer Egée, Kassandra, Sithonia (Longos) et le mont Athos, la Chalcidique est un système de failles orthogonales où les fossés d'effondrement dessinent plaines et golfes à travers les masses montagneuses. Celles-ci sont encore couvertes d'une végétation dense et bien conservée, tandis que les vallées, jamais très peuplées, n'ont guère été exploitées. Pauvre, la région est en fait restée longtemps isolée, sans profiter des avantages de sa position maritime et en n'étant desservie que très récemment par un véritable réseau routier.
Au nord, des hivers froids, un sol pauvre n'autorisant que de maigres cultures ont entraîné une émigration importante, saisonnière ou définitive, vers les régions voisines et vers Thessalonique. Ce n'est que dans les régions les plus basses que se maintient une agriculture de subsistance. En revanche, le littoral, au climat beaucoup plus tempéré, avec de belles plages dans un cadre verdoyant, est l'objet d'un important et rapide développement touristique, notamment avec la création de la station de Porto Carras (V. env. de Thessalonique).
L'histoire a peu marqué la Chalcidique, liée au sort de la Macédoine, et — avec le mont Athos, bien sûr — seuls les sites d'Olynthe, de Potidée ou de Hiérissos retiendront l'attention des amateurs d'archéologie.

Chio [Ile de] (Hios)*

858 km^2 ; 80 000 habitants ; chef-lieu du nome du même nom.

A 8 km au large de la côte turque, cette île au relief tourmenté s'enorgueillit d'être la patrie d'Homère, titre de gloire sans doute inestimable, mais qui ne suffirait probablement pas à attirer un nombre sans cesse croissant de visiteurs, si elle n'offrait la beauté de ses paysages et l'agrément de ses plages, celles de Lo et de Karfas, surtout. Vous séjournerez de préférence dans la capitale si vous désirez surtout circuler dans l'île parmi les oliviers, les amandiers, les orangers et citronniers, ou à Marmaro (Kardamyla) si les plaisirs de la mer vous attirent plus particulièrement.
Parmi toutes les excursions recommandées à partir de Chio, celle de Néa Moni ne devra pas être manquée ; mais, si vous aimez le pittoresque cachet des temps médiévaux, ne négligez pas de vous rendre à Volissos et dans la région des masticho-choria, les villages du mastic : il s'agit de cette curieuse spécialité de Chio, sorte de gomme tirée de la résine de lentisque. Mélangée à certains alcools, elle sert à faire une pâte à mâcher ou est bue dans un verre d'eau. Mais on produit également à Chio un bon petit vin.

Chio et l'Ionie. — *Sans doute peuplée par des émigrants d'origine ionienne venus de l'Eubée et qui s'imposèrent aux habitants primitifs de l'île, Chio fut tout naturellement davantage attirée par l'*Asie Mineure *que par la Grèce continentale au début de son histoire. Comme toutes les cités grecques, elle fut à l'origine gouvernée par des « rois », sous lesquels elle entra dans la confédération des douze cités d'Ionie. Les rois, détrônés, furent remplacés par des tyrans, de la famille des Basilides (les royaux), que le peuple renversa.* Les premiers, les Basilides pratiquèrent la traite des esclaves. *Très développée économiquement, l'île avait été, dès le VII*e *s. av. J.-C., dotée d'une constitution. Après la conquête de l'Asie Mineure par* Cyrus le Grand, *elle pactisa avec les Perses, mais elle tomba à leur merci après la prise de Milet, en 494, qui marqua la fin de la révolte des cités ioniennes.*

L'impérialisme athénien. — *Après les guerres Médiques qui marquèrent le début de l'hégémonie athénienne, Chio entra en 447 dans la ligue attico-délienne tout en conservant son autonomie, et y resta jusqu'en 412 av. J.-C. Après l'expédition de Sicile, elle passa dans le parti de Sparte et fut à plusieurs reprises ravagée par les Athéniens. Plus tard elle prit à nouveau le parti d'Athènes et adhéra à la deuxième confédération, formée sous l'égide d'Athènes, contre laquelle elle se révolta en 357. Elle recouvra sa liberté en 355.*

Une indépendance fragile. — *Au IV*e *s., Chio se soumit à* Alexandre. *Au III*e *s., elle conclut un pacte avec l'Etolie, alors toute-puissante, puis, devenue l'alliée des Romains, elle entra en lutte contre* Antiochos, *au début du II*e *s. avant notre ère. Ses richesses excitèrent la cupidité des légionnaires et elle fut pillée par* Verrès *puis par les troupes de* Mithridate. *Enfin, reprise par* Sylla, *elle recouvra son indépendance (86) que respectèrent les empereurs romains.*

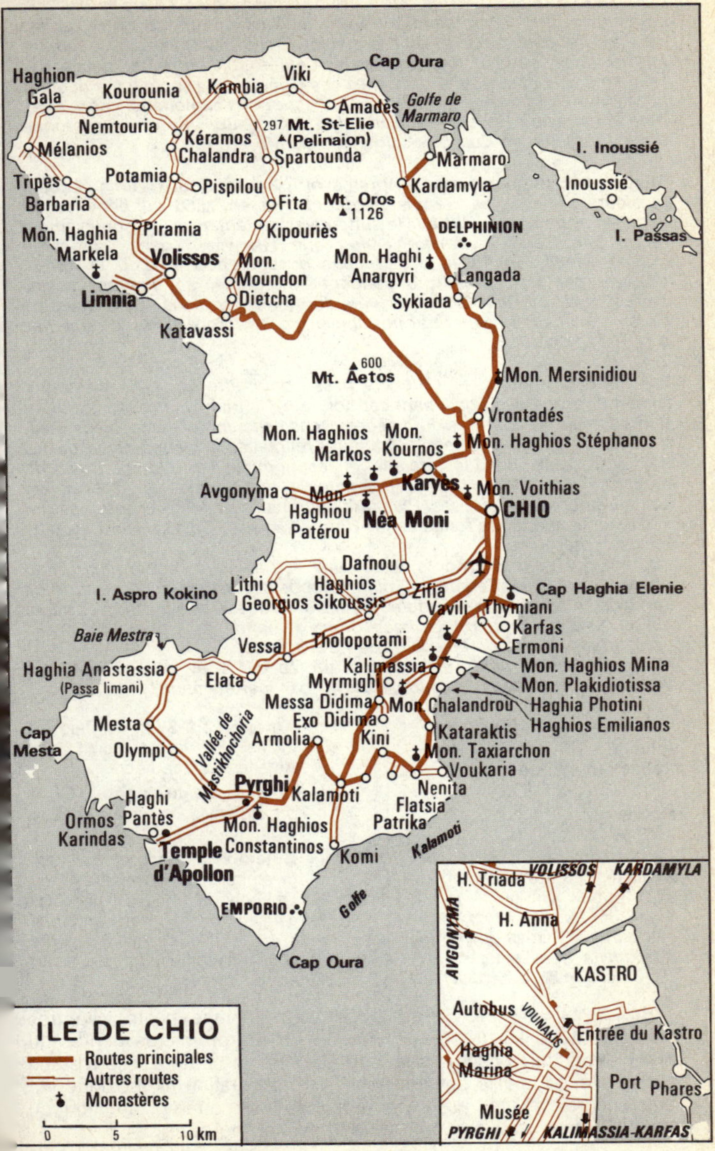
ILE DE CHIO
Routes principales
Autres routes
Monastères
0 5 10 km
Cap Oura
Haghion Gala
Kourounia
Kambia
Viki
Amadès
Golfe de Marmaro
Nemtouria
1297 Mt. St-Elie (Pelinaion)
Mélanios
Kéramos
Chalandra
Spartounda
Marmaro
I. Inoussié
Inoussié
Tripès
Potamia
Pispilou
Kardamyla
Barbaria
Fita
Mt. Oros 1126
I. Passas
Mon. Haghia Markela
Piramia
Kipouriès
DELPHINION
Volissos
Mon. Moundon
Mon. Haghi Anargyri
Langada
Limnia
Dietcha
Sykiada
Katavassi
600 Mt. Aetos
Mon. Mersinidiou
Vrontadés
Mon. Haghios Markos
Mon. Kournos
Mon. Haghios Stéphanos
Avgonyma
Mon. Haghiou Patérou
Karyès
Mon. Voithias
Néa Moni
CHIO
Dafnou
I. Aspro Kokino
Lithi
Haghios Georgios Sikoussis
Zifia
Cap Haghia Elenie
Vavili
Thymiani
Karfas
Baie Mestra
Vessa
Tholopotami
Ermoni
Haghia Anastassia (Passa limani)
Elata
Kalimassia
Mon. Haghios Mina
Myrmighi
Mon. Plakidiotissa
Messa Didima
Mon. Chalandrou
Haghia Photini
Cap Mesta
Mesta
Exo Didima
Haghios Emilianos
Armolia
Kini
Kataraktis
Olympi
Vallée de Mastikhochoria
Mon. Taxiarchon
Voukaria
Pyrghi
Kalamoti
Nenita
Haghi Pantès
Flatsia
Ormos Karindas
Mon. Haghios Constantinos
Patrika
Temple d'Apollon
Komi
Kalamoti
Golfe
EMPORIO
Cap Oura
H. Triada
VOLISSOS
KARDAMYLA
H. Anna
AVGONYMA
KASTRO
Autobus
VOUNAKIS
Entrée du Kastro
Haghia Marina
Port
Phares
Musée
PYRGHI
KALIMASSIA-KARFAS

Une colonie latine. — *Une autre période cruciale de l'histoire de Chio commença en 1172, lorsque le doge Vital Michieli chassa les Byzantins de l'île. Pendant près de quatre siècles, mais non pas sans quelques interruptions, elle fut une possession latine, soit entre les mains des Vénitiens, soit et surtout entre celles des Génois. Une société par actions, la* Mahonne, *se forma à Gênes au XIVe s. pour l'exploitation de l'île et, notamment, pour la commercialisation du* mastic, *une gomme aromatique appréciée en Europe occidentale au Moyen Age.*

Elégie pour un massacre. — *Après avoir payé tribut aux Turcs pendant plusieurs années, les Génois perdirent l'île en 1566 au bénéfice de l'empire ottoman. Il y eut par la suite diverses tentatives de soulèvement de la part de la population, bien que l'île vécût dans une semi-indépendance. En 1821, les Samiens occupèrent l'île d'où ils furent chassés par les Turcs qui, pendant cinq mois, se livrèrent à des massacres immortalisés par des vers de* Victor Hugo, *les « Massacres de Chio » (Les Orientales) et par un tableau de* Delacroix. *L'île fut rattachée à la Grèce en 1912.*

La patrie d'Homère. — *Cette île passe pour être la patrie d'*Homère *(Smyrne revendique également cet honneur), le plus illustre représentant d'une famille de chantres ou d'aèdes. Dans l'ancienne Grèce, l'aède était, à l'origine, un intermédiaire à vocation religieuse entre les dieux ou les héros divinisés, qui l'inspiraient, et les hommes. Ils étaient donc les créateurs « possédés » ou les dépositaires des hymnes qui présidaient aux cérémonies religieuses. Plus tard, la fonction se laïcisa, ce qui permit l'éclosion de l'épopée romanesque dont l'Iliade et l'Odyssée sont les plus belles expressions.*
Homère *qui, selon* Hérodote, *vécut vers 850 av. J.-C., est le plus grand poète épique grec. Cependant, comme pour* Shakespeare, *la question de son existence même a été soulevée, dès le XVIIe s. Cette position extrême est aujourd'hui abandonnée, mais on se demande dans quelle mesure il est l'auteur unique de l'Iliade et de l'Odyssée.*
Chio est aussi la patrie de Glaucos *qui, au VIIe s. av. J.-C., inventa ou introduisit en Hellade la soudure du fer par martèlement.*

Indicatifs téléphoniques : Chio, 0271 ; Kardamyla 0272.

Police touristique : 35, rue Néoriou (☎ 265-55).

Hôtels :
A Chio (ville) :
¶¶ *Chandris* (☎ 257-61) 156 ch.
¶¶ *Xénia* (☎ 235-07) 28 ch. ouv. avril-oct.
¶ *Kyma* (☎ 255-51) 59 ch.
A Marmaro (Kardamyla) :
¶¶ *Kardamyla* (mai-sept. ; ☎ 213-78) 32 ch.

Aéroport : à 3 km de Chio ; au moins un vol quotidien pour Athènes en une heure.

Compagnie aérienne : *Olympic Airways,* Prokymaïa (☎ 224-14).

Bateaux : 4 services par sem. (avec transport de voitures) pour Le Pirée, en 8 h 30 à 10 h ; 3 fois par sem. pour Mytilène en 3 h 30 à 4 h, et t.l.j. de mai à octobre, pour Tchechmeh (Turquie) en 1 h env.

Chio, la capitale de l'île (24 000 hab.), est une petite ville très animée, située sur la côte E., jusque sur les premières pentes du mont Aetos qui constitue une impressionnante barrière. Elle s'étend sur le site de la ville antique, mais son exploration méthodique n'a pas encore débuté, aussi ne retiendra-t-elle guère l'attention du visiteur, sinon pour son petit **musée archéologique**.

Du port, où il fait bon flâner lorsqu'il s'anime à l'arrivée du bateau du Pirée, vous gagnerez aisément le centre de la ville, la **place Vounakis.** Là se trouve une **ancienne mosquée** qui abritait jusqu'en 1977 le musée. Depuis cette date, les collections ont été transférées dans un nouveau bâtiment où elles sont remarquablement présentées. Vous accéderez à ce **nouveau musée archéologique** en prenant une rue perpendiculaire au front de mer, du côté S., et en parcourant environ 300 m depuis le quai.

Visite : en semaine, sauf le mardi, de 9 h à 13 h et de 16 h à 18 h ; le dim., de 10 h à 13 h et de 16 h à 18 h.

Dans le vestibule sont exposés des moulages de sculptures trouvées dans l'île ou attribuées à des artistes locaux. La **salle principale** contient à la fois des **vases et fragments de vases** (nombreux spécimens, fragmentaires mais évocateurs, de ces vases archaïques polychromes appelés « calices de Chio »), des **figurines en terre cuite** (dont l'une, d'époque hellénistique, dans une vitrine située au fond de la salle, a pu être interprétée comme un portrait d'Homère), des **sculptures** (parmi lesquelles deux beaux torses de corés qui rappellent que Chio fut au VIe s. av. J.-C. le siège d'une école de sculpture renommée), des petits objets divers et des éléments d'architecture, tels ceux du sanctuaire d'Apollon Phanaios. Deux autres salles regroupent d'une part des reliefs votifs et funéraires et des objets de bronze, d'autre part des vases et fragments de vases des époques classique et hellénistique.

Le **kastro,** visible depuis le port, est une enceinte renfermant un quartier d'habitations où les vieilles maisons génoises, réoccupées par les Turcs au XVIe s., deviennent d'année en année de plus en plus rares. Dans son état actuel, cette forteresse date en majeure partie des périodes génoise et turque, mais le site fut fortifié depuis l'époque hellénistique.

Environs de Chio. 1 — Néa Moni (15 km). — Sortez par la route d'Avgonyma. Pendant la montée sur les flancs escarpés du mont Aétos, vous découvrirez des ****panoramas d'une surprenante beauté** avant de parvenir à ce couvent, reclus au creux d'un vallon boisé, d'un calme paradisiaque. Il fut fondé entre 1042 et 1056 par l'empereur Constantin Monomaque, après la découverte miraculeuse d'une icône.
Vous y visiterez l'***église,** du XIe s., ornée de fresques et de ****mosaïques.** Les peintures (Jugement dernier) de l'exonarthex datent du début du XIVe s. Demandez à voir le réfectoire où se trouvent des bancs de pierre et une longue table de marbres polychromes.

2 — Région des mastichochoria (77 km aller et retour). — Sortez de Chio par la route de Karfas.
7,5 km : **Monastère d'Haghios Minas,** où un ossuaire renferme les ossements de nombreux habitants de Chio victimes des massacres de 1822.
24 km : **Armolia,** le premier bourg de la région du mastic, une gomme extraite du térébinthe lentisque, qui sert à parfumer un alcool et des sucreries très appréciées par les Grecs ; ruines d'un château génois du XIVe s.
30 km : **Pyrghi,** village au caractère médiéval très marqué, aux ruelles étroites, parfois couvertes, aux maisons décorées de *xysta,* enduits successifs grattés de dessins géométriques, où vous visiterez l'**église Haghii Apostoli,** du XIIe s., ornée de fresques.

A 8 km de Pyrghi, près du hameau de Haghi Pentès, ruines d'un **temple d'Apollon,** de la fin du VIe s. av. J.-C., sur le site de l'ancienne *Phanai.* Le temple fut détruit lors de l'érection d'une petite chapelle paléochrétienne et d'une basilique plus tardive. Près de Phanai eut lieu, en 412 av. J.-C., une bataille entre Chio et Athènes, qui triompha.

A 10 km de Pyrghi, au lieu-dit **Emporio**, l'*Ecole britannique* a découvert un site habité dès l'âge du bronze ancien (IIIe millénaire). Cet habitat s'étendait également sur une colline couronnée par les restes d'une forteresse byzantine qui fut détruite vers 660 apr. J.-C. par les Arabes, au moment du premier siège de Constantinople. Entre cette acropole et l'ancien port gisent des vestiges de constructions des époques archaïque (VIIe et VIe s. av. J.-C.) et classique (Ve s. av. J.-C.) ainsi que d'une basilique paléochrétienne (VIe s.), élevée sur l'emplacement d'un temple du Ve s. av. J.-C. Enfin, sur la colline du Profitis Ilias, furent découverts un **temple d'Athéna**, du VIe s. av. J.-C., et un **mégaron** qui dut être le palais du roi local, à l'époque mycénienne, à l'intérieur d'une acropole fortifiée.

40 km : **Mesta**, autre village qui a conservé le pittoresque cachet des temps médiévaux, avec des ruelles étroites et tortueuses, au pied d'un château génois.
Vous reviendrez à Chio en suivant la route de Vavii à partir de Kalamoti.

3 — Volissos (41 km). — En sortant de Chio par la route de Kardamyla, vous atteindrez l'un des plus séduisants villages de l'île, par une petite route de montagne d'où vous découvrirez des ***vues superbes.** Volissos s'étale au pied d'une haute colline où une citadelle byzantine ruinée semble monter la garde. De ce village, ne manquez pas de vous rendre jusqu'à (4,5 km) **Piramia** (où l'église renferme une remarquable **iconostase** du XVIIe s., une dentelle de bois sculpté) ou jusqu'au (5 km) **monastère d'Haghia Markéla** si, par chance, vous passez par là un 22 juillet : vous aurez ainsi l'occasion d'assister à la plus importante panégyrie de l'île, c'est-à-dire à la fête en l'honneur de Ste Marcelle.

4 — Marmaro (23 km). — Sortez de Chio par la route de Kardamyla.
6 km : Près de la **plage de Lo**, la **pierre d'Homère** ou *Dascalopétra* est probablement un très ancien lieu de culte. Non loin, sur une terrasse dominant la côte, repose *Jean Psichari* († 1929), écrivain originaire de l'île, qui enseigna à la Sorbonne et qui fut le gendre d'*Ernest Renan*.
15 km : **Langada**, non loin de la base militaire et navale de *Delphinion*, bâtie par les Athéniens en 412 av. J.-C., dont les restes furent mis au jour par une mission de l'*Ecole britannique*.
25 km : **Kardamyla**, d'où partent des bateaux pour l'**île de Psara** (41 km²), à l'O. de Chio, dénudée et rocailleuse, où furent massacrés en 1824 des résistants grecs. C'est aussi le lieu de naissance de l'*amiral Canaris*, héros de la guerre d'Indépendance. En 1962 ont été mises au jour quelques tombes mycéniennes à Archontiki.
Les amateurs de solitude pourront également se rendre sur l'**îlot d'Inoussé**, où l'attrait de quelques tavernes s'ajoute à celui des plages désertes.
23 km : **Marmaro**, gros bourg de pêcheurs au fond d'une crique. Au-delà de Naghos, vous trouverez quelques-unes des **plus belles plages de l'île**.

Chora

Carte-itinéraire 9.
Kyparissia, 45 km. — Pylos (Navarin), 17 km. — Pyrgos, 110 km.

Ce gros bourg de Messénie occidentale, localisé dans une région particulièrement riche en sites mycéniens, intéressera les amateurs d'archéologie hellénique grâce à son musée.

Accessible par la route de Kalamata, le **musée** est consacré aux découvertes réalisées dans la région. Vous y verrez des ***coupes**

en or provenant d'une tombe à tholos de Péristera, près de Kyparissia, des fragments de fresques du **palais de Nestor**, à Pylos, ainsi que des moulages de tablettes inscrites en linéaire.

Visite : en sem., sauf le mardi, de 9 h à 13 h et de 16 h à 18 h ; le dim., de 10 h à 13 h et de 16 h à 18 h.

Christianou

Carte-itinéraire 9.
Kyparissia, 29 km. — Pylos (Navarin), 61 km. — Pyrgos, 94 km.

Sous le nom de *Christianoupolis,* ce qui n'est plus aujourd'hui qu'un village fut, dès les premiers siècles du christianisme, le siège d'un évêché puis, au XIe s., d'un archevêché dont témoigne encore une vénérable **église byzantine** dédiée à la Transfiguration du Sauveur. A l'intérieur, fragments sculptés de l'iconostase.

Aux environs, près de **Filiatra**, au lieu-dit **Haghia Kyriaki**, on a découvert les restes d'une basilique à cinq nefs de la fin du Ve ou du début du VIe s. Elle fut partiellement reconstruite (la nef centrale seulement) avant la fin du VIe s. après avoir été détruite lors d'un séisme. Plus tard, une petite chapelle fut élevée sur les ruines de cette deuxième basilique. Plus tard, une petite chapelle fut élevée sur les ruines de cette deuxième basilique. A 100 m au S. se trouvait un bain du IVe s. ou de la première moitié du Ve s. apr. J.-C.

Corfou [Ile de] (Kerkyra)***

92933 habitants (Corfiotes), dont 28630 dans la capitale ; chef-lieu du nome du même nom ; archevêché grec, évêché latin.

Plus qu'une véritable introduction au monde hellénique, l'île de Corfou est plutôt une plaisante transition entre l'Italie et la Grèce. De la première, en effet, outre la douceur des paysages et la luxuriance de la végétation, elle conserve un style, une atmosphère laissée par des siècles de présence vénitienne, au temps où le Lion de Saint-Marc jouait les chiens de garde à l'entrée de l'Adriatique, domaine réservé de la Sérénissime République. Si l'on ajoute les séquelles du passage des Français et des Britanniques, on sera en droit de s'interroger sur une éventuelle grécité de Corfou... Pourtant la Grèce est là, une fois encore aux sources où se mêlent la légende et l'Histoire, dans cette Phéacie dont Ulysse fréquentait les rivages. Certes, elle n'est pas dans ce palais-mirador, l'Achilleion, la note la plus frelatée de l'hellénisme corfiote, que se fit construire une impériale héroïne de roman feuilleton, la célèbre Sissi, mais bien dans le fronton sculpté d'un temple de l'ancienne Corcyre, où une déesse capricieuse offre au visiteur son sourire de Gorgone avec une ambiguïté qui témoigne des origines complexes d'une civilisation ; elle est aussi, dans les ruelles étroites de la vieille cité murée, le dernier refuge urbain de ce qu'il y a de plus authentiquement grec sur cette île grignotée par le tourisme. Corfou n'est pas la Grèce mais elle est grecque, et a suffisamment de personnalité propre pour attirer, séduire et retenir. Longue faucille séparée de l'Epire par deux détroits entre lesquels s'épanouit une rade splendide, avec des reliefs aux lignes paisibles rarement frangés de neige (le Pantocrator culmine à 904 m), l'île de Corfou est couverte d'oliviers, de cyprès et de platanes, d'orangers et de citronniers, de lauriers, de myrtes et de lentisques, qui bénéficient d'un climat toujours tempéré par la mer. Puisse l'afflux touristique épargner encore longtemps les charmes de Corfou...

La ville dans l'histoire

Une histoire de mamelles très byzantine. — *Si le nom grec de l'île et de sa capitale,* Kerkyra, *renoue avec le passé le plus glorieux de la Grèce, Corfou serait, selon de savants exégètes, une corruption à peine déguisée du nom que la populace locale donnait à la ville à l'époque byzantine :* Stous Korfous *(les deux mamelles), interprétation abaissant, non sans quelque bon sens, la prétention des autorités officielles qui la désignaient, au XIVe s., comme la Ville des Cimes* (Polis tôn Koryfon). *Que sont les cimes, ou les mamelles, si l'on préfère ? : les deux méchantes petites collines où s'élevait la vieille citadelle. On retiendra pour mémoire que l'île est désignée dans l'épopée homérique, c'est-à-dire dans l'Odysée, sous le nom de* Schérie *(la falaise) ou de* Terre des Phéaciens.

Une fille de Corinthe. — *Corfou fut fondée vers 734 av. J.-C., au lieu-dit Paléopolis, par la ville de Corinthe, désireuse de s'assurer un point d'escale sur la route maritime de Sicile. Connue sous le nom de Corcyre (Korkyra ou Kerkyra, la queue), elle créa elle-même des colonies, à Épidamne (Durazzo, en Albanie), à Apollonia, en Epire, mais tout le monde se brouilla avec tout le monde, et Corinthe n'eut pas d'empire maritime durable.*

L'éternel conflit des générations. — *Corcyre devint très vite une puissance maritime de la mer Ionienne et de l'Adriatique, Corinthe fut-elle une mère indigne ? ou Corcyre une fille ingrate ? toujours est-il que l'inévitable dans le monde grec d'alors arriva : on en vint aux mains. La métropole, battue sur mer en 665 av. J.-C., dut se résoudre à laisser sa colonie vivre sa vie.*

L'union sacrée, mais calculée. — *Au moment des préparatifs de la seconde campagne des Perses contre la Grèce (480-479), Corcyre adhéra à l'union sacrée, mais répondit à l'appel avec une langueur calculée. Sa flotte de 50 trières sortit intacte de la sanglante mêlée de Salamine, parce qu'elle était arrivée trop tard. Elle n'en fut pas moins courtisée par Athènes et Sparte et s'offrit même le triste privilège d'être le détonateur du plus cruel conflit qui opposa les deux principales puissances grecques, celui connu sous le nom de guerre du Péloponnèse.*

Une querelle de famille explosive. — *Les démêlés de Corcyre avec Corinthe et son ancienne colonie d'Epidamne furent donc l'étincelle qui déclencha la machine infernale. Sparte, épaulée par l'or des Perses, s'appuyait sur le parti aristocratique ; Athènes, de son côté, soutenait de ses drachmes le parti démocratique dont le zèle fut si bien réchauffé que la guerre civile de 427-425 s'acheva par l'extermination de la faction rivale. Corcyre perdit quasiment son indépendance dans la pratique de ces jeux sanguinaires, passant sous la domination de Sparte ou d'Athènes, puis de diverses puissances dont Rome.*

La grande curée. — *L'entrée en scène de Venise qui, dès la fin du XIe s., disputa aux Byzantins et aux Normands la possession de l'île, inaugura une autre période capitale de l'histoire de Corfou. L'an 1204, qui vit la prise de Constantinople par les Francs, fut marqué d'une pierre particulièrement noire dans les annales byzantines. Ce fut le signal de la curée sur les territoires européens détenus par les basileis. Venise (1204), les despotes d'Epire (1210) et les Angevins (1267) furent successivement les maîtres de l'île.*

Corfou et le Lion marin. — *A la fin du XIVe s., l'empire de Constantinople n'était plus qu'une misérable peau de chagrin. La marée turque avait rompu une nouvelle fois la digue byzantine, mais cette fois-ci déferlait sur l'Europe. Elle trouva le Lion de Saint-Marc sur son chemin. Les grandes heures de Corfou avaient sonné. Devenue vénitienne en 1386, Corfou fut le* Gibraltar de l'Adriatique *pendant plus de trois siècles. Les projecteurs de l'Histoire ont surtout été braqués sur Lépante et* Don Juan d'Autriche *apparaît comme le sauveur de l'Occident face au péril turc. Cela est vrai, en partie, mais injuste pour Venise. Sans la résistance du verrou corfiote, jusqu'où les armées ottomanes, efficacement soutenues par une marine active en Adriatique, n'auraient-elles pas poussé leur action ? jusqu'à Venise ? menaçant la papauté ? Deux attaques ottomanes furent particulièrement violentes : celles de 1537 et de 1736, mais Venise conserva le dernier mot.*

Un Etat d'opérette. — *Venise étant occupée par Bonaparte, Corfou fut la proie d'une escadre russe en 1799, puis immédiatement promue au rang de capitale d'une République dorlotée par le tsar et les Turcs. Elle devint française en 1807, jusqu'en 1815, grâce à la résistance au blocus anglais du général* Donzelot. *Le Congrès de Vienne la plaça sous le protectorat de l'Angleterre qui créa ces curieux* Etats-Unis des îles Ioniennes *(Corfou et six autres îles), remis en dot en 1864 à leur candidat (heureux),* Georges de Danemark, *au Royaume des Hellènes (devenu le roi Georges Ier de Grèce). Ces liens peu durables, et maintenant assez lointains, furent cependant suffisants pour que la prédilection anglaise pour tout ce qui fut placé sous la bannière de l'Union Jack ait opportunément touché le cœur des promoteurs britanniques de tourisme, en dépit du succès fulgurant du Club Méditerranée.*

Renseignements pratiques

Indicatifs téléphoniques : Corfou, 0661 ; Nissaki, 0663 ; Paléokastritsa, 0663 ; Roda, 0663.

Police touristique : 20, rue Arséniou (✆ 235-03).

O.N.H.T. : Bureau de renseignements, Palais du Gouverneur (✆ 397-30).

Automobile et Touring Club de Grèce (ELPA) : 29, rue Donatou Dimoulitsa (✆ 295-04).

American Express : centre touristique, 11, rue Acadimias (✆ 339-75).

Hôtels :

A Corfou-ville :

¶¶¶¶ *Corfou Palace* (Pl. a, C-3), rue Democratias (✆ 394-85) 106 ch.

¶¶¶ *Cavalieri* (Pl. c, C-3), 4, rue Capodistriou (✆ 390-41) 48 ch.

¶¶ *King Alkinoos* (Pl. d, B-3), 29, rue Zafiropoulou (✆ 393-00) 61 ch.

¶¶ *Olympiakon* (Pl. e, B-3), 4, rue Doukisis Marias (✆ 305-32) 50 ch.

¶ *Arkadion*, 44, rue Capodistriou (✆ 376-72) 55 ch.

¶ *Calypso* (Pl. f, B-3), 4, rue Vraïla (✆ 307-23) 19 ch.

¶ *Ionion*, 46, rue Stratigou (✆ 399-15) 81 ch.

¶ *Hermès* (Pl. g, B-2), 12, rue Markora (☎ 392-68) 33 ch. avril-oct.

A Anemomylos :

¶¶¶ *Marina* (☎ 327-83) 102 ch.

¶¶ *Arion* (☎ 379-50) 105 ch.

A Alykes (3 km) :

¶¶ *Kerkyra Golf* (☎ 317-85) 246 ch.

A Bénitsès (13 km par Pérama ou 14 km par l'Achilleion) :

¶¶ *Potamaki* (☎ 308-89) 149 ch. mars-oct.

A Dafnila (10 km) :

¶¶¶¶ *Eva Palace* (☎ 912-86) 174 ch. avril-oct.

¶¶¶ *Robinson Club Hôtel* (☎ 357-32) 260 ch. avril-oct.

A Dassia (12,5 km par la route d'Ypsos) :

¶¶¶¶ *Castello* (☎ 932-01) 74 ch. ouv. mars-nov. ; nous vous le recommandons si vous ne tenez pas à habiter sur la plage.

¶¶¶¶ *Corfu Chandris* (☎ 338-71) 301 ch. et 30 bungalows mars-déc.

¶¶¶¶ *Dassia Chandris* (☎ 338-71) 251 ch. mars-oct.

¶ *Dassia Beach* (☎ 932-24) 54 ch.

A Ermonès (16,5 km) :

¶¶¶¶ *Hermones Beach* (☎ 942-41 ou 22-26-94 à Athènes) 272 bungalows

A Gastouri (10,5 km par la route de l'Achilleion) :

¶ *Achilleion* (☎ 305-31) 15 ch. avril-sept.

A Glyfada (14 km par Pélékas) :

¶¶¶¶ *Grand Hôtel Glyfada Beach* (☎ 942-01) 218 ch. night-club ; mars-nov. ; isolé au bord de l'une des plus belles plages de l'île.

A Gouvia (8 km par la route d'Ypsos) :

¶¶¶¶ *Corkyra Beach* (☎ 307-70) 242 bungalows night-club ; avril-oct.

¶¶¶¶ *Astir Palace* (☎ 914-81) 308 ch. avril-oct.

¶ *Galaxias* (☎ 911-20) 35 ch. avril-oct.

A Kanoni (4,5 km ; Pl. B/C-3) :

¶¶¶¶¶ *Corfu Hilton* (☎ 365-40) 274 ch. et 39 bungalows

¶¶¶ *Corfu Kanoni* (☎ 389-96) 165 ch. avril-oct.

¶¶¶ *Ariti* (☎ 388-85) 174 ch. avril-oct.

¶ *Royal* (☎ 353-43) 114 ch. night-club.

A Kontokali (6 km par la route d'Ypsos) :

¶¶¶¶ *Kontokali Palace* (☎ 387-36) 238 ch. night-club ; avril-nov.

A Moraïtika (21 km ; V. env. de Corfou 5) :

¶¶¶¶ *Miramare Beach* (☎ 301-83) 149 bungalows avril-oct. ; près de l'une des plus belles plages de l'île, très agréablement isolé, avec une pelouse magnifique.

¶¶¶ *Delfin* (☎ 303-18) 83 ch. night-club ; avril-nov. ; à la lisière d'une olivaie, au bord de la plage de Moraïtika.

A Nissaki (25 km par la route d'Ypsos et de Kassiopi) :

¶¶¶¶ *Nissaki Beach* (☎ 912-32) 239 ch. night-club ; mars-déc. ; dans un très beau site, très isolé au bord de la mer.

A Paléokastritsa (24 km) :

¶¶¶¶ *Akrotiri Beach* (☎ 412-75) 128 ch. avril-oct.

¶¶ *Océanis* (☎ 412-29) 71 ch.

¶¶ *Paléokastritsa* (☎ 412-07) 150 ch. avril-oct.

A Pérama (8,5 km par la route de l'aéroport) :

¶¶¶ *Eolos Beach* (☎ 331-32) 245 ch. avril-oct.

¶¶ *Akti* (☎ 394-45) 62 ch. avril-nov.

¶ *Aegli* (✆ 398-12) 37 ch. avril-oct.

¶ *Oasis* (✆ 381-90) 66 ch. avril-oct.

A Pyrghi (15 km par la route d'Ypsos) :

¶¶ *Emerald* (✆ 932-09) 62 ch. night-club ; avril-oct.

A Roda (41 km ; V. env. de Corfou 4) :

¶¶ *Roda Beach* (✆ 312-25) 365 ch. night-club ; avril-oct.

A Tsaki (Benitses, 14 km) :

¶¶ *Regency* (✆ 923-05) 180 ch. avril-oct.

A Ypsos (14 km ; Pl. A-2) :

¶¶ *Ypsos Beach* (✆ 932-32) 60 ch. avril-oct.

¶ *Méga* (✆ 932-08) 33 ch. avril-oct.

Sur l'île de Paxos :

¶¶ *Paxos Beach* (✆ 312-11) 27 ch. ouv. avril-oct.

Auberges de jeunesse : à Haghios Ioannis (8 km de la ville), place Georgiou Théotoki (✆ 284-08) ; à Kontakoli (7 km ; ✆ 911-02).

Club de vacances :
Club Méditerranée-Ypsos et *Club Méditerranée-Helios.* Réserv. à Paris, place de la Bourse, 2e (✆ 266-52-52), ou à Athènes, 10, rue Nikis (✆ 324-68-15) ; ouv. mai-sept.

Campings :
Kontokali Beach, à Kontokali (✆ 912-02) ; 300 pers., 100 voit., 30 caravanes ; sports nautiques ; ouv. avril-oct.
Ypsos Camping, à Ypsos (✆ 932-43) ; 100 pers., 15 voit., 5 caravanes ; sports nautiques ; ouv. avril-oct.

Restaurants :
Aucun restaurant de Corfou-ville ne se distingue plus particulièrement ; l'un des plus agréables est peut-être l'*Aigli,* situé place de l'Esplanade (✆ 308-41). Le *Rex* (rue Kapodistriou, ✆ 296-48) sert simplement des spécialités locales. Nombreuses tavernes rue Dona. Au centre ville, l'*Akteon* compense une cuisine banale par une vue remarquable. Dans l'île, *Tripa* (à Kinopiastes, 15 km du centre ville, ✆ 307-91) sert l'une des meilleures cuisines de Corfou dans un cadre agréable (réserver) ; *Yannis,* à Garitsa (✆ 310-66) propose une cuisine locale. A Paléokastritsa (et un peu à Glyfada), vous savourerez langoustes, cigales de mer et poisson frais que vous dégusterez par exemple à l'*Akti Glyfada,* en bout de plage, ou à Kassiopi.

Poste et télégraphe : *Poste centrale* (Pl. B-3), rue Mantzarou.

Aéroport : à 2 km ; plusieurs vols par jour pour Athènes (en 50 mn) ; en été, liaison directe Paris-Corfou par *Olympic Airways.*

Compagnie aérienne : *Olympic Airways,* 20, rue Capodistriou (✆ 236-94).

Bateaux : ferries 1 fois par sem. pour Patras ; une dizaine de fois par jour pour Igouménitsa ; au moins 1 fois par jour vers Paxi.

Compagnies maritimes : toutes les compagnies *(Fragline, Hellenic Mediterranean Lines, Med. Sun Lines)* ont leurs agences au port (Pl. A-1), près du Fort Neuf pour les navires assurant le service vers l'Italie (ou Igouménitsa et Patras), mais pour Igouménitsa (ferry-boat) vous irez au vieux port (Pl. B-1) ; au moins la veille de votre départ, retenez la place de votre voiture en vous faisant inscrire sur la liste d'embarquement (vous retirerez vos billets un peu avant le départ) ; pour Igouménitsa, plusieurs services par jour, en 1 h 30 à 2 h selon l'état de la mer.

Autobus : pour Kanoni, dép. pl. de l'Esplanade (Pl. C-2) ; pour Ypsos et le N. de l'île, au port (Pl. B-1) ; pour le S., pl. Théotoki (Pl. B-2).

Location de voitures : *Avis,* 9, rue Gallias (✆ 249-90), et à l'aéroport ; *Hertz, hôtel Ionion* (☎ 23-388) et à l'aéroport.

Consulats : *Belgique,* rue Capodistriou. — *France,* léoforos Alexandras.

Vos achats : rien de bien exceptionnel sinon les bijoux de *Lalaounis,* 29, rue Voulgaréos, et *Zolotas,* 5, rue Capodistriou, mais le choix offert est de très loin inférieur à ce que proposent les succursales d'Athènes et de Rhodes. C'est dans la vieille ville, particulièrement dans les rues Voulgaréos et Capodistriou, que vous trouverez les marchands de chlamydes et autres souvenirs trop souvent médiocres. **Magasin d'artisanat,** 6, rue Mantzarou.

Manifestations : le 21 mai, fête du rattachement des îles Ioniennes à la Grèce ; en juillet, ***festival de Corfou,*** à Gastouri ; du 1er août au 15 septembre, ***Kerkyraikon Chorodrama,*** danses populaires. Le 6 août, ***procession*** en barque vers Pondikonissi à partir du vieux port ; le 11 août, ***fête de la St-Spyridon*** à Corfou-ville.

Son et lumière : de début avril à fin oct., dans la vieille citadelle.

Casino : à l'*Achilleion* (11 km ; V. env. de Corfou 2) où, dans la somptueuse résidence de style italien que fit bâtir Sissi, vous jouerez à la roulette et au baccara (mise minimum à partir de 20 drachmes).

Plages : celles des environs de Corfou-ville sont très médiocres ; les plus belles sont à ***Ypsos, Ermonès, Glyfada, Haghios Gordis*** (peut-être la plus belle), ***Moraïtika,*** mais il y a beaucoup de petites criques, comme à ***Paléokastritsa.***

Sports : *Club Nautique* (Pl. C-3), place de l'Esplanade ; *Tennis club* (Pl. B-3), rue Géorgiou Kalosgourou ; golf (18 trous), à Livadi Ropa, près de la baie d'Ermonès *(Corfu Golf and Country Club) ;* location de bateaux à voile, ou à moteur, à Corfou, Gouvia et Paléokastritsa.

Visite de la ville

Deux jours dans l'île de Corfou. — *La matinée du premier jour vous aurez effectué assez rapidement la visite de la ville et de son musée archéologique pour aller déjeuner à Paléokastritsa (env. de Corfou 3). L'après-midi vous découvrirez les beaux paysages de la côte N.-E. et l'Albanie sans visa, par-dessus le détroit, en allant à Kassiopi (env. de Corfou 4).*
Le deuxième jour, soyez assez héroïque, si vous le pouvez, pour aller assister au lever du soleil sur l'îlot de Pondikonissi, à Kanoni (env. de Corfou 1) avant le déferlement des cars de touristes. Le saut hors de votre lit sera peut-être cruel, mais vous emporterez un souvenir ineffaçable de cette marine où les premiers rayons du soleil font virer du blanc à l'ocre les murs du petit couvent des Blachernes, dans une atmosphère d'une exaltante sérénité.
Après cela, vous serez ainsi à pied d'œuvre pour entreprendre le grand tour de l'île (env. de Corfou 5) en passant par l'Achilleion (que vous visiterez plus tard si vous avez suivi le conseil de partir de grand matin), la plage de Moraïtika, Haghii Déka, où vous découvrirez des paysages réellement sublimes. Vous vous baignerez et déjeunerez à la plage d'Haghios Gordios ou à celle de Glyfada avant de rentrer à Corfou-ville en passant par la plage d'Ermonès.

Où vous garer ? — *Sans trop de difficultés sur l'Esplanade (Pl. C-2) ou dans ses environs, mais perdez l'espoir de pouvoir le faire dans la vieille ville.*

A pied dans la ville. *— Vous partirez de l'Esplanade (Pl. C-2) qui sera, grâce à ses cafés, votre quartier général (mieux vaut ne pas être trop assoiffé, car l'attente est parfois assez longue; voulez-vous être rapidement servi? allez de l'autre côté, au bar Actéon, au bord de la mer); ou peut-être déjeunerez-vous au restaurant Aigli? vous croirez sans doute vous trouver chez Coconnas? ne cherchez pas plus longtemps : les arcades où se trouve votre table (si vous n'êtes pas installé sous les acacias de la place) sont une œuvre française, plus exactement napoléonienne, mais, bien sûr, la cuisine vous ramènera à la réalité : elle est méditerranéenne.*

Vous commencerez votre visite par la vieille citadelle (Pl. D-2), puis, en traversant l'Esplanade, vous entrerez dans la vieille ville par la rue Voulgaréos (Pl. C-2) en remarquant, à g., l'ancien théâtre vénitien (mairie; Pl. B-2) et en visitant, à dr., l'église Haghios Spyridon (Pl. C-1), à la lisière d'un quartier populaire, aux ruelles étroites, qui dans son architecture doit davantage à l'Italie méridionale qu'à la Grèce continentale. Par la rue N. Théotoki (Pl. B-1), qui prolonge la rue Voulgaréos, vous parviendrez à l'église Saint-François et à la cathédrale orthodoxe, simples points de repère pour vous permettre de gagner le port (Pl. A/B-1), dominé par la masse du Fort Neuf (Pl. A-1/2). Vous reviendrez à l'Esplanade par la rue Arséniou (Pl. B-1), puis vous vous rendrez au musée archéologique (Pl. C-3).

Corfou, ville de 28 630 habitants, souffrit beaucoup des bombardements de la dernière guerre; elle conserve pourtant suffisamment de caractère, au pied de ses deux forteresses, avec ses hautes maisons et ses ruelles étroites, avec l'animation de ses rues où courent les enfants et où passent des fiacres, pour avoir toujours beaucoup de charme. Et même l'architecture du XIXe s., teintée de goût français ou anglais, s'inscrit sans mal dans l'unité de cette cité vénitienne.

Vous reviendrez souvent, entre deux promenades, sur l'**Esplanade** (Pl. C-2), cœur de la vie urbaine où il fait bon savourer son ouzo. Bordée d'un côté par des maisons à arcades construites sous l'Empire au temps de l'occupation française (1807-1814) et inspirée, dit-on, de la rue de Rivoli à Paris, elle servait de champ de manœuvres aux troupes vénitiennes. Aujourd'hui, sa pelouse sert de cadre à des parties de cricket, ce qui nous rappelle que l'île fut également occupée par les Anglais.

Vieille citadelle (Pl. D-2). — Aujourd'hui école militaire, elle fut bâtie en 1550 par les Vénitiens sur un promontoire qui commande l'accès au port. A l'entrée du pont qui y conduit, remarquez la **statue du comte de Schulenburg** qui, en 1716, commandait la garnison qui résista aux Turcs.

Au S., du côté de la baie de Garitsa, se dresse l'ancien temple anglican, aujourd'hui église Haghios Géorgios, en forme de temple dorique. Au N., maintenant occupées par de grands bâtiments militaires, se trouvent d'anciennes **casernes vénitiennes** dominant le petit port de Mandraki où les Vénitiens abritaient leurs vaisseaux de guerre. Dans l'Antiquité, un temple d'Héra Akraia s'élevait à la pointe (cap Sidéro) du promontoire.

En sortant de la citadelle, vous traverserez la moitié N. de l'Esplanade pour vous diriger vers le palais royal en passant près de la petite chapelle dédiée à la **Panaghia Mandrakina,** datée de 1700. L'Esplanade est ornée de divers monuments; l'un d'eux, en forme de rotonde ionique, a été élevé en souvenir de *Sir Thomas Maitland,* premier lord haut-commissaire (1816-1824).

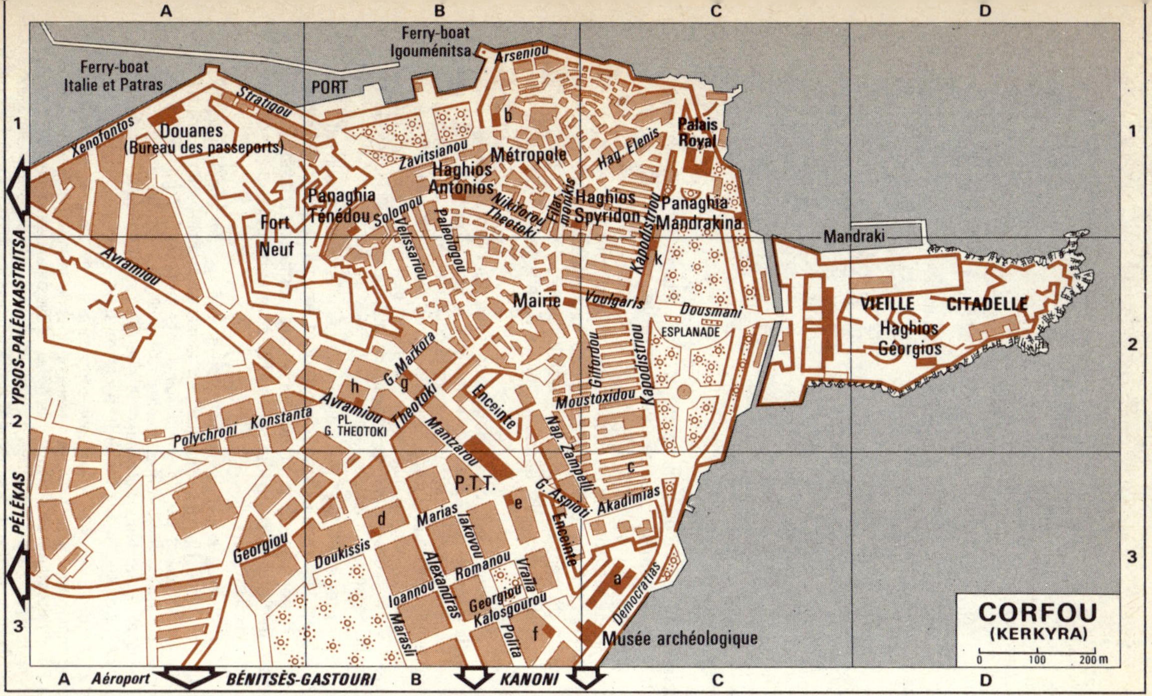
CORFOU
(KERKYRA)
0 100 200 m
Ferry-boat Italie et Patras
Ferry-boat Igouménitsa
PORT
Douanes (Bureau des passeports)
Xenofontos
Stratigou
Arseniou
Zavitsianou
Métropole
Haghios Antonios
Panaghia Ténédou
Fort Neuf
Solomou
Velissariou
Paleologou
Nikiforou Theotoki
Filar-monikis
Hag. Elenis
Haghios Spyridon
Palais Royal
Panaghia Mandrakina
Kapodistriou
Mandraki
VIEILLE CITADELLE
Haghios Géorgios
Mairie
Voulgaris
Dousmani
ESPLANADE
Avramiou
G. Markora
Theotoki
PL. G. THEOTOKI
Konstanta
Polychroni
Enceinte
Mantzarou
Guilfordou
Moustoxidou
Nap. Zampelli
G. Aspioti
Akadimias
P.T.T.
Marias
Iakovou
Georgiou
Doukissis
Alexandras
Romanou
Vraila
Ioannou
Kalosgourou
Marasli
Polita
Democratias
Musée archéologique
YPSOS-PALÉOKASTRITSA
PÉLÉKAS
Aéroport
BÉNITSÈS-GASTOURI
KANONI

Palais Royal (Pl. C-1). — Fermant l'Esplanade au N., il fut élevé en 1816 et servit de résidence aux gouverneurs anglais : *Gladstone* fut l'un d'eux. Dans l'aile O. est en cours de réaménagement la présentation d'antiquités chrétiennes et d'icônes. Par ailleurs, le palais abrite une **collection d'art sino-japonais.**

Visite : en sem., en été de 7 h 30 à 19 h 30 et, en hiver, de 9 h à 15 h 30; le dim. à partir de 10 h; fermé le mardi; accès payant.

Vous verrez des porcelaines et poteries chinoises parmi lesquelles des **figurines tombales** des VIIIe et VIIe s. av. J.-C., ainsi que des bronzes du Ve s. L'art japonais est représenté par des céramiques, des masques, des armes et des estampes. Ces collections ont été rassemblées et léguées à la ville de Corfou par *G. Manos.*

Par la rue Voulgaréos, vous gagnerez la mairie (Pl. B-2), qui n'est autre qu'un ancien théâtre vénitien bâti en 1663-1673 pour servir de lieu de réunion aux négociants corfiotes. Il fait face à la cathédrale latine élevée en 1658, mais endommagée en 1944 lors d'un bombardement. Du côté de la rue Nikiphorou Théotoki vous verrez un **monument** (1691) érigé en l'honneur de *Morosini,* vainqueur des Turcs en Morée.

Eglise Haghios Spyridon (Pl. C-1). — Elle fut construite en 1589 pour abriter les reliques de ce saint, contenues dans une châsse d'argent visible dans la sacristie de dr., véritable capharnaüm empli de chandeliers d'argent et d'icônes; les peintures de style italien de l'intérieur de l'église furent refaites en 1830.

Fort Neuf (Pl. A-1/2). — A l'E. de la ville, il fut bâti par les Vénitiens de 1576 à 1589 après le premier siège par les Turcs (1537), mais la partie supérieure est une addition anglaise, après 1815. L'entrée du côté de la place Spilia est surmontée du Lion de Saint-Marc.

En suivant la limite de la vieille ville où subsistent des tronçons de l'**ancienne enceinte**, vous gagnerez le **musée archéologique** de Corfou (Pl. C-3), qui mérite une visite, ne serait-ce que pour admirer l'un des deux frontons du temple d'Artémis. Le musée comprend plusieurs salles, réparties entre le rez-de-chaussée et, surtout, le premier étage; vous y verrez **un ensemble remarquable de sculptures et de céramique,** datant pour la plupart de l'époque archaïque, période la plus florissante de l'île dans l'Antiquité.

Visite : en été, en sem. de 7 h 30 à 19 h 30, le dim. de 10 h à 18 h; en hiver, de 9 h à 15 h 30, le dim. à partir de 10 h; fermé le mardi; accès payant.

Le ****fronton ouest du temple d'Artémis** (l'autre a disparu), exposé dans la salle VI, est l'ensemble le plus important qui nous soit parvenu de la statuaire monumentale de l'époque archaïque (il date du début du VIe s.; sa largeur est de 17 m, sa hauteur centrale de plus de 3 m).

Ce fronton, bien que fragmentaire, se laisse lire très facilement : au centre, une Gorgone colossale (hauteur 2,79 m) avec une ceinture de serpents. Pégase et Chrysaor, être divins qui naîtront du sang de la terrible Gorgone lorsqu'elle sera décapitée par Persée, sont à ses côtés, Pégase à g., Chrysaor à dr. Ce groupe est encadré par un couple de fauves, êtres hybrides qui tiennent du lion et de la panthère. A dr., Zeus, imberbe, le fait mérite d'être noté, foudroie un Titan. A g., une figure féminine (?) assise représente peut-être Gé, la déesse Terre, ou Rhéa, l'épouse de Cronos, menacée par son fils Poséidon. Plus à g., juste dans l'angle aigu du fronton, on note enfin la présence d'un personnage couché qui remplit le champ; selon l'opinion la

plus répandue, il s'agirait d'un Titan. Un autre personnage, antithétiquement disposé, garnissait l'autre angle aigu du fronton. La présence de la Gorgone, à la meilleure place du fronton, est assez surprenante. Bien que l'on doive l'identifier à Artémis, en qualité de déesse protectrice des animaux, cette anomalie trahit sans doute des préoccupations religieuses locales, en retard sur celles des autres cités grecques, où la cohorte des dieux olympiens était fortement hiérarchisée.
En 1973, on a découvert la partie g. d'un autre **fronton historié** d'époque archaïque, mais plus récent que celui du temple d'Artémis (vers la fin du VIe s. av. J.-C.) ; il est exposé dans la salle qui suit celle du grand fronton (salle VIII). Les éléments conservés représentent une **scène de banquet** : homme d'âge mûr (sans doute Dionysos) et jeune homme nu allongés sur un lit, devant une table ouvragée sous laquelle est couché un lion ; à g., un grand cratère et un gros chien. Comme celui du temple d'Artémis, ce nouveau fronton, qui appartenait peut-être au temple de Dionysos, est en calcaire.

Dans la salle VII, vous verrez encore une **lionne archaïque**, dont la date est incertaine (de 625 à 540 av. J.-C. selon les critiques), qui surmontait peut-être le tertre funéraire de Ménécratès, ou plutôt une autre tombe voisine ; des fragments d'architecture, en particulier des **antéfixes archaïques** dont l'un, fragmentaire (MR 730) représente la tête d'une Gorgone (fin du VIIe s. av. J.-C.) et provient d'un temple de l'acropole de Corcyre, ainsi que deux magnifiques offrandes votives du VIe s. av. J.-C. : une **statuette en bronze** (1602) représentant un jeune cômaste (c.-a-d. un bambocheur) courant, le rhyton à la main (vers 570), et la **tête d'un petit couros** en pôros local (vers 530).
La vitrine 19 présente treize **grandes statuettes en terre cuite** (1847-1859) de la déesse Artémis, en général armée de son arc et accompagnée de son animal favori, la biche (vers 480-470). La dernière section de la salle est occupée surtout par des sculptures classiques et post-classiques ou par des copies de telles œuvres ; on remarquera une petite statuette en marbre (152) du style de l'*Apollon de Cassel*, d'après un original en bronze de *Phidias*, un **portrait** (133), copie d'un original en bronze qui devait représenter le poète Ménandre, etc.

Environs de Corfou

1 — Paléopolis et Kanoni (9 km aller et retour). — En sortant de la ville proprement dite vous passerez près du **tombeau de Ménécratès** (V. pl. de l'île), sur le site d'une nécropole de l'ancienne *Corcyre*. C'était un tumulus entouré d'un soubassement circulaire en pierre et surmonté d'une lionne (visible au musée). Une inscription, très archaïque, en alphabet corcyréen, désigne le tombeau comme étant celui de *Ménécratès, fils de Tlasias, d'Œanthé, en Locride, proxène* (consul de sa ville) *à Corcyre, mort en mer.*
Un peu plus loin, gisent les restes du fort vénitien San Salvatore.
1 km : Peu après avoir quitté la route du front de mer, arrêtez-vous quelques instants pour aller visiter, en prenant la première rue à g., l'**église des Saints-Jason-et-Sosipater**, petite merveille de style byzantin, du XIIe s., au milieu d'un jardin fleuri, remarquable par la beauté toute simple de son architecture.
1,5 km : A dr., en face de l'entrée du **parc de Monrepos**, ancienne villa des Hauts Commissaires britanniques, vous verrez les **ruines de l'église Haghia Kerkyra** ou de **Paléopolis**, qui s'élevait sur les restes de plusieurs bâtiments, dont le plus ancien, un temple, datait du Ve s. av. J.-C. Le site fut ensuite occupé par un édifice public, assemblée (ecclésia) ou sénat (bouleutérion), du IIe ou du Ier s. av. J.-C., auquel se substitua l'église, dans la première moitié du Ve s. Détruite au VIe s., probablement lors de l'invasion des Goths ou des Vandales, cette église fut reconstruite et détruite à son tour par les Sarrasins

au XIe s. La dernière église, ruinée par les bombardements de la dernière guerre, était une construction, assez modeste, édifiée au XVIe s. avec des matériaux de remploi, qui avait succédé à une église du XIIe s. détruite par les Turcs en 1537...
A 75 m au N.-O. de l'église, on a mis au jour les restes d'un **bain romain** élevé vers la fin du Ier s. apr. J.-C., sur l'emplacement d'un atelier de céramique d'époque archaïque et d'un pâté de maisons de la période hellénistique. Ce bain fut en usage jusqu'à la fin du VIe s. Il en subsiste quelques hypocaustes et des débris de mosaïque, ainsi que des fondations.

Un chemin débouchant sur la route de Kanoni, à dr. de l'église de Paléopolis, donne accès aux ruines du **temple d'Artémis**, d'un intérêt assez limité. Pour atteindre le site du temple, tourner à g. à 300 m de la route de Kanoni, au pied d'une colline. En quelques minutes, on atteint le **couvent Haghii Théodori**. On remarque d'abord, derrière le couvent, un autel à triglyphes d'époque archaïque et, un peu plus loin, les restes insignifiants du temple.
Un peu à l'O. on peut voir un vestige du mur d'enceinte de l'ancienne *Corcyre* : un pan de mur en pierres régulières bien taillées. Il est surmonté par les restes d'une église byzantine avec deux fenêtres à arcades murées.

2,5 km : Route à g. pour **Analipsis**, hameau au sommet de la **presqu'île de Paléopolis**, site de l'ancienne *Corcyre*. La **ville antique** était située entre deux ports : le *port d'Alkinoos* (baie de Garitsa) et le *port Hyllaïque* (lagune Chalikiopoulo). L'isthme qui les reliait était fermé par un mur. Au N.-E., à l'emplacement qu'occupe **Anémomylos**, étaient situés l'agora et le quartier riche, sur le port d'Alkinoos; le quartier populaire s'étendait à l'O. sur le port Hyllaïque.
Près de **Kardaki**, au sommet de la colline, les restes d'un **grand sanctuaire** fondé dès la fin du VIIIe s. av. J.-C., c'est-à-dire dès le début de la colonisation corinthienne. Autour du temple principal, probablement consacré à Héra (il fut reconstruit à la fin du VIIe s.), se groupaient d'autres cultes : d'Aphrodite, d'Hermès et surtout d'Apollon. Le sanctuaire, incendié vers la fin du Ve s., probablement lors des luttes civiles, fut restauré au IVe s. et plusieurs fois par la suite.

4,5 km : **Kanoni**, à la pointe S. de la presqu'île de Paléopolis, d'où vous découvrirez un charmant ****paysage** fort célèbre. Au premier plan, l'îlot où s'élève le **couvent des Blachernes** est relié à la terre par une jetée, qui existait déjà à la fin du XVIIe s. ; plus à g., l'**îlot Pondikonissi** (île Souris), que certains identifient soit avec le rocher où Ulysse fut rejeté par la tempête, soit avec le vaisseau phéacien pétrifié au moment où il rentrait au port après avoir transporté Ulysse à Ithaque.

2 — L'Achilleion (circuit de 25 km). — Sortez de Corfou par la route de Bénitsès (Pl. A-3). — **6 km** : Route directe à g. pour (2,5 km) Pérama.
8 km : Laissez devant vous la route d'Haghii Déka et prenez à g.
11 km : A g. entrée du parc où se trouve l'**Achilleion**, grande villa construite en 1890 par l'architecte italien *Cardita* pour l'impératrice *Elisabeth d'Autriche* († 1898), la fameuse Sissi. La villa fut achetée en 1907 par l'empereur d'Allemagne *Guillaume II* qui y fit des séjours réguliers à partir de 1908. Elle doit son nom à la prédilection qu'eut l'impératrice d'Autriche pour Achille, le héros achéen qui fut «honoré» par une statue en bronze d'un style hyperpompier, dressée sur une terrasse d'où vous découvrirez l'un des plus beaux ****panoramas** sur Corfou. Sur une colline voisine, cimetière militaire français de la guerre 1914-1918.
Après la visite de l'Achilleion et surtout de ses jardins (une troupe folklorique y guette l'arrivée des cars de touristes), continuez sur la même route qui, par une série de lacets impressionnants, rejoint la côte E.

C. Catérina
C. Drasti
Haghios Spyridon
Péroulades
Kassiopi
Avliotès
Roda
Karoussadès
Haghios Pandéleïmon
Magoulades
Périthéa
Ninfès
Episképsis
C. Céphali
▲914
Pantocrator
Vélonadès
Nissaki
Agros
Col
▲619
Pylide
Korakiana
Payi
Pirghi
Ypsos
505
Makradès
Arakli
Tsolou
Lakonès
Dassia
Anghélokastro
Paléokastritsa
Gardélades
B. Gouvia
Liapadès
I. Lazareto
Gouvia
Kondokali
I. de Vido
Ghianadès
Potamos
C. Sidero
CORFOU (KERKYRA)
Vassilika
B. d'Ermonès
Vatos
Haghios
Yoannis
(Ferry-boat)
Igouménitsa
Glyfada
Kanoni
Louskali
Lac
Butrinto
Kalyvès
Sopikou
Pandeleimon
▲Milet
825
B. Butrinto
Vrina
C. Stylos
B. Ftelia
ALBANIE
GRÈCE

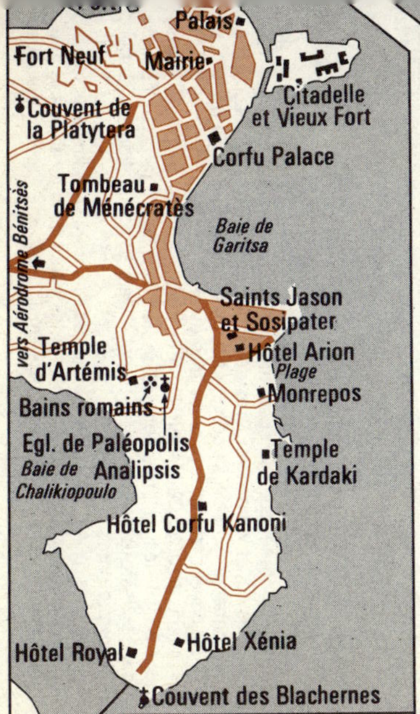

CORFOU ET PRESQU'ÎLE PALÉOPOLIS

ILE DE CORFOU

13 km : Tournez à g. en laissant à dr. la route de Bénitsès (V. env. de Corfou 5).
16,5 km : **Pérama** (hôtels), à l'entrée de la baie de Paléopolis (V. ci-dessus, 1).
25 km : Corfou.

3 — Paléokastritsa (24 km ; Pl. A-1/2). — 8 km : **Gouvia**, où les Vénitiens remisaient ou réparaient leurs galères dans des loges voûtées.
20,5 km : A dr., à 2,5 km, **Lakonès**, village typiquement corfiote (****panorama** sur la côte O. de l'île).
24 km : **Paléokastritsa**, dans la partie de l'île où l'on situe avec le plus de vraisemblance, si l'on s'en rapporte à l'*Odyssée*, la *Schérie*, la terre des Phéaciens ; c'est l'une des plages les plus connues de l'île. Au-delà du dernier restaurant la route continue jusqu'à l'entrée du **monastère de Paléokastritsa** dont le plus grand mérite est de dispenser une ***vue** magnifique depuis la terrasse qui le précède. On peut cependant y voir quelques belles icônes. De Paléokastritsa (ou de Lakonès), une ascension de 1 h 30 vous amènerait au sommet d'une haute colline couronnée par les ruines du **château Saint-Ange**, très probablement construit au XIIIe s. par le despote d'Epire, *Ange Comnène*.

4 — Ypsos et Kassiopi (14 et 35 km ; Pl. A-1/2). — Après avoir laissé (10 km) à g. la route de Paléokastritsa, vous longerez de plus ou moins près la ****côte E.** de l'île. La route, sinueuse et très étroite, dessert des plages, des criques et des villages perchés sur des hauteurs, mais toujours auprès d'une petite échelle marine.
16 km : **Ypsos**, village de pêcheurs auprès duquel, à Dasia, est installé le *Club Méditerranée*. Eglise du XIe s. avec fresques.
En suivant à g. la route tortueuse de (7 km) **Spartylas**, qui prodigue des ****vues** admirables, puis en vous rendant à (13 km) **Strénilas**, vous pourriez faire l'ascension du **mont Pantocrator** (906 m ; en 2 h env. à partir de Strénilas) qui est couronné par un monastère fondé en 1347 ; de là, vous découvrirez toute l'île, l'Epire, les lacs de Boutrinto en Albanie, etc.
La même route (sans passer toutefois par Strénilas) permet d'atteindre (25 km) **Roda**, hameau sur une immense plage de sable ; on y découvrit les restes d'un petit temple du Ve s. av. J.-C.
35 km : **Kassiopi**, petit port à la sortie du détroit de Corfou entre l'île et l'Albanie ; sur une colline près du port, ruines d'une **grande forteresse** construite par les Angevins (1267-1386). Eglise du XVIe s. avec icônes et fresques du XVIIe s.

5 — Grand tour de l'île (115 km). — Au-delà de l'Achilleion (V. ci-dessus, 2) vous laisserez (13 km) la route à g. pour Pérama. Vous longerez ensuite la côte E., d'un intérêt assez limité en cette partie, sauf le pittoresque village de pêcheurs de (14 km) **Bénitsès**.
21 km : Plage de **Moraïtika**, de sable fin.
24 km : Prenez en direction d'Haghii Déka, laissant à g. la route vers le S. de l'île et la grande plaine de **Lefkimi** ; vous découvrirez désormais des ***paysages** sur l'intérieur de l'île et sur un bassin couvert d'oliviers entre deux chaînes de collines, et vous traverserez de charmants petits villages accrochés à flanc de montagne, au sein d'une végétation exubérante, mais la route vous paraîtra bien souvent **très sinueuse et très étroite**.
34 km : Avant d'arriver à **Haghii Déka** s'offrira à vous un **fantastique *****panorama** sur les vallonnements d'un vert intense de la partie centrale de l'île qui contraste avec la traînée blanche de l'agglomération de Corfou, sertie de bleu profond.
36 km : Tournez à g. vers Haghios Gordios et encore à g. 4 km plus loin.
45 km : ***Plage d'Haghios Gordios,** l'une des plus belles de l'île, que vous découvrirez dans toute sa splendeur pendant la descente ; revenez ensuite sur vos pas.

50 km : Suivez en direction de **Sinarades**, village fleuri, aux maisons colorées.
54,5 km : Tournez à g. vers Pélékas.
56 km : **Pélékas**, dans un ***site admirable,** au sommet d'une colline couverte d'oliviers, avec des sous-bois bucoliques. Traversez le village aux maisons colorées.
58 km : Prenez à g. vers Glyfada (***vue** sur la côte pendant la descente).
60 km : **Plage de Glyfada**, bordée de dunes et d'olivettes, d'un grand agrément. Revenez sur vos pas jusqu'à la bifurcation du km 58 où vous prendrez la route de g.
64,5 km : Suivez à g. en direction de la (1,5 km) **plage d'Ermonès** où, selon *V. Bérard, **Ulysse*** aurait été jeté par la tempête. Il y aurait rencontré Nausicaa qui jouait à la balle avec ses compagnes sur les bords de la rivière dont les vasques naturelles servaient de lavoirs. Vous rebrousserez chemin pour continuer tout droit sur 2,5 km au-delà de la bifurcation du km 64,5.
70,5 km : Laissant à dr. une route pour (12 km) Corfou engagez-vous à g.
81 km : Env. 1 km après **Liapadès**, tournez à g. sur la route de Paléokastritsa, mais 500 m plus loin vous effectuerez un crochet de 6 km aller et retour vers la dr. pour monter jusqu'au village de **Lakonès**, d'où vous découvrirez une très belle ****vue** sur la côte O.
Revenez ensuite à Corfou en prenant à g. au bas de la descente de Lakonès (Paléokastritsa est à 3,5 km à dr. ; V. env. de Corfou, 3). — **115 km** : Corfou.

6 — Paxos et Antipaxos. — A 35 milles marins du port de Corfou, accessibles par caïques, cette île et cet îlot feront le bonheur des passionnés de natation et de pêche sous-marine. Plus grecs que Corfou par leurs paysages, ils sont couverts d'oliviers et de vignes : le vin d'Antipaxos est renommé, mais rare. Un seul port, **Gaïos**, avec deux rues, une taverne, et, bien sûr, sa petite église toute blanche. Antipaxos ne possède qu'un petit ancrage sur la côte E. et quelques rares maisons au milieu des vignes. A Paxos, il est possible de découvrir en bateau des **grottes marines** dont celle d'**Ypapanti** où, selon *Homère*, résidait Poséidon. Avec de la chance, vous y verrez peut-être quelques phoques.

■ Corinthe (Korinthos)

Cartes-itinéraires 5 et 6.
Athènes, 87 km. — Corinthe [Ancienne], 6 km. — Epidaure (par Loutra Elénis), 68 km. — Epidaure (par Nauplie), 90 km. — Mycènes, 43 km. — Nauplie, 60 km. — Patras, 132 km.
20 892 habitants ; archevêché orthodoxe ; chef-lieu du nome de Corinthie.

Presque entièrement reconstruite après un séisme qui la détruisit en 1928, cette ville moderne ne présente guère d'intérêt, sinon comme centre d'excursions pour la visite des sites antiques de l'isthme.

Indicatif téléphonique : 0741.

Police touristique : 33, rue Koliatsou (☎ 232-83).

Hôtels :

¶¶ *Belle Vue,* 41, rue Damaskinou (☎ 220-88) 19 ch.

¶¶ *Kypselos,* 41, rue G. Théotoki (☎ 224-51)

¶ *Ephira,* 52, rue Vassiléos Constantinou (☎ 240-21) 45 ch.

A Kalamaki (9,5 km ; V. env. 4).

¶¶ *Kalamaki Beach* (☎ 373-31) 74 ch. ouv. avril-oct.

A Loutra Elénis (12 km ; V. env. 4).

¶¶¶ *Politis* (☎ 332-50) 28 ch.

¶¶ *Belle Hélène* (☎ 332-31), sur la plage ; 24 ch.

A Almyri (4 km au-delà de Kalamaki ; belle plage) :

¶¶ *Almyri Beach* (☎ 333-01) 50 ch.

Environs de Corinthe. 1 — Corinthe [Ancienne] (6 km) ♦.

2 — Canal de Corinthe (4 km) ♦ ⊙.

3 — Isthmia (5 km). — Sortez par la route d'Athènes.
2 km : Prenez à dr. vers Epidaure (Epidavros Ancient Theatre).
5 km : **Vrysi.** A la sortie de ce petit village, vous traverserez le site de l'ancienne **Isthmia** où se trouve le **sanctuaire de Poséidon**, dieu de l'isthme, où se célébraient, au printemps tous les deux ans depuis 582 av. J.-C., la fête isthmique *(isthmia)* et les jeux les plus brillants après ceux d'Olympie. A l'origine, ces jeux avaient lieu, comme à Delphes et à Olympie, en l'honneur d'un héros et avaient un caractère essentiellement funéraire. La légende en attribuait l'institution soit à Poséidon, soit à Sisyphe, en hommage à un héros désigné sous le nom de *Palémon* (le Lutteur).

Les jeux Isthmiques. — *La version attique, souvenir du temps où Athènes exerçait l'hégémonie sur l'isthme, considérait Thésée comme le fondateur des jeux Isthmiques. Les délégués ou théores athéniens avaient droit aux places d'honneur* (proedria), *tandis que les Eléens étaient exclus. La direction* (agonothésie) *des fêtes fut exercée par Corinthe, après sa restauration par* César. *Les Romains furent admis à concourir dès 228 av. J.-C. C'est pendant les jeux et dans le stade isthmique qu'*Alexandre le Grand *fut nommé général de tous les Grecs contre les Perses, en 336 av. J.-C.* Flamininus, en 196 av. J.-C., puis Néron, *en 67 apr. J.-C., y proclamèrent l'indépendance de la Grèce. Les concours ressemblaient à ceux d'Olympie et de Delphes.*

Visite du musée et des ruines. — *Actuellement fouillé par l'Ecole américaine d'Etudes classiques et l'Université de Californie, le site de l'ancienne Isthmia révèle encore quelques détails susceptibles d'intéresser même des non-spécialistes de l'archéologie. Une partie des trouvailles faites sur le site et dans des sépultures voisines est remarquablement présentée dans un musée inauguré en 1978. Au-delà du sanctuaire, vous verrez des bains romains, contre le long rempart qui barrait l'isthme de Corinthe, puis, toujours du même côté g. de la route, un théâtre assez ruiné et la forteresse bâtie au VIe s. par l'empereur Justinien. En revenant vers votre point de départ, vous jetterez ensuite un coup d'œil sur le site du stade hellénistique et romain, de l'autre côté de la route.*

***Musée de l'Isthme.** — Il se trouve dans un bâtiment neuf à l'entrée du site, à g. de la route. Il contient les trouvailles de l'isthme et de Kenchréai, l'un des deux ports de Corinthe, situé sur le golfe Saronique.

Visite : en sem., en été de 9 h à 15 h et en hiver de 9 h à 15 h 30 ; le dim. de 10 h à 16 h en été, 16 h 30 en hiver ; fermé le mardi ; accès payant.

Dans le hall d'entrée, vous verrez quelques sculptures, dont la **stèle funéraire** d'un certain L(oukios) Kornelios Korinthos, joueur de flûte, fier de ses victoires aux différents jeux qui sont rappelées par des inscriptions placées à l'intérieur de petites couronnes.
Vous entrerez sur votre g. dans l'unique salle, très grande et divisée en deux secteurs principaux : **les trouvailles de l'isthme et celles de Kenchréai.** Parmi les premières, vous remarquerez surtout, après un ensemble de céramique allant de l'époque préhistorique à l'époque romaine tardive, le **matériel provenant du temple archaïque de Poséidon** : tuiles, céramique, ex-voto en bronze et terre cuite (dont **deux belles têtes de chevaux**, un petit taureau et surtout **quatre petites barques** offertes tout naturellement au dieu

de la mer), périrrhantérion en terre cuite corinthienne et périrrhantérion en marbre, d'époque archaïque, ce dernier reposant sur quatre caryatides alternant avec des têtes de béliers et soutenus par des lions. Viennent ensuite des objets découverts dans le sanctuaire de Poséidon jusqu'à l'époque romaine, parmi lesquels une importante collection de lampes.
Les trouvailles de Kenchréai comprennent de la céramique, des ivoires du IVe s. apr. J.-C. (dont deux belles plaques représentant deux hommes assis : philosophes ?) et surtout un ensemble unique de ***panneaux de verre en opus sectile** (sorte de mosaïque aux couleurs variées) découverts en 1964 dans des caisses à l'intérieur desquelles ils avaient dû être apportés et dont ils n'avaient jamais été extraits à cause d'un tremblement de terre destructeur survenu peu après leur débarquement, en 375 apr. J.-C. Les archéologues américains retrouvèrent 87 panneaux, dans des états de conservation très variables. Sur ceux qui ont pu être nettoyés, traités et sauvés, on remarquera des représentations de motifs floraux et végétaux, d'animaux (oiseaux, poissons), de paysages maritimes (***vue du port de Kenchréai**), et surtout de personnages (pêcheurs anonymes et portrait de Platon, contenu dans la même caisse que celui d'Homère). Les reproductions qui accompagnent les originaux exposés dans les vitrines permettent de mieux saisir les sujets et les couleurs.

Sanctuaire de Poséidon. — Ce temple, aujourd'hui réduit aux fondations, fut bâti, dans son dernier état, au Ve s. av. J.-C., sur l'emplacement d'un temple archaïque détruit par un incendie en 475 av. J.-C. Il fut réparé plusieurs fois durant l'époque romaine, puis démoli au temps de Justinien, et ses matériaux servirent à construire le rempart. L'autel du temple, plusieurs fois reconstruit, a été découvert à l'E., où se trouvent les restes de maisons romaines.
Le temple de Poséidon et son autel étaient entourés d'un mur délimitant le terrain sacré dont les dimensions ont varié au cours des âges.
Entre les ruines du temple et la route, ne manquez pas d'examiner la **ligne de départ du plus ancien stade de l'isthme**, qui fut abandonné bien avant la destruction de Corinthe, et remplacé par un nouveau stade (de l'autre côté de la route).

A vos marques. — *La ligne de départ est constituée par un pavement triangulaire, autrefois recouvert d'une couche d'argile battue. Sur cette aire, on distingue seize rainures, tracées en éventail à partir d'un puits, profond de 1 m. A chaque extrémité de ces rainures étaient plantés des cavaliers de bronze, scellés au plomb. Sur la base du triangle, aux extrémités des rainures, on remarque encore des mortaises qui ont été taillées pour l'insertion de petits poteaux verticaux. Ce dispositif servait à régler le départ des concurrents, tel qu'il a été décrit par* Aristophane *(Cavaliers, 1159). Un arbitre, placé dans le puits, pouvait avec des cordes faire tomber les barrières maintenues entre les poteaux verticaux, et donner ainsi le signal du départ aux coureurs. Les cavaliers de bronze servaient à maintenir les cordes dans les rainures. Chaque corde était fixée, à une extrémité, à une barre horizontale. L'arbitre tenait l'autre extrémité dans une main. Seize concurrents pouvaient participer à chaque course. A env. 10 m plus près de la route, une autre ligne de départ est simplement constituée de fondations de pierres calcaires, autrefois recouvertes d'une couche de ciment.*

Durant l'époque romaine, en partie sur l'emplacement de la ligne de départ du stade grec, fut élevé le **Palémonion**, temple de Palémon, sous lequel se trouvait une crypte où l'on prêtait serment sur le nom du dieu. On a retrouvé un petit passage souterrain qui sans doute conduisait à la chambre souterraine signalée par *Pausanias*. Ce temple fut probablement élevé vers la fin du Ier s. av. J.-C.

Bains romains et Hexamilion. — Derrière le sanctuaire ont été mis au jour différentes pièces de thermes romains, dallées de marbre ou de mosaïques (Tritons et Néréides dans un paysage marin, à motifs noirs et blancs, remarquablement conservés) et aux murs parfois décorés de peintures. Ces constructions furent édifiées sur le tracé d'une muraille de 40 km de long, l'Hexamilion, dont elles réutilisèrent un tronçon. Bâti entre la ville actuelle de Corinthe et Kenchréai dès le XIIIe s. avant notre ère, ce mur était renforcé tous les cent mètres par des tours et fut reconstruit souvent, la dernière fois au VIe s. apr. J.-C. par *Justinien*.

Le théâtre. — A une trentaine de mètres au N.-E. du sanctuaire de Poséidon, il fut aménagé dans la première moitié du IVe s. av. J.-C., reconstruit sur un plan plus vaste vers la fin du IVe s., puis à deux reprises au Ier s. de notre ère. La seconde reconstruction d'époque romaine eut peut-être lieu avant les jeux Isthmiques de 66, auxquels ***Néron*** assista en personne. Vous distinguerez encore plusieurs rangs de gradins et le plan de la scène. Dans le théâtre, on mit au jour une tête d'athlète, en marbre, portant la couronne en ramilles de pin, la « périssable couronne » citée par ***St Paul*** dans l'*Epître aux Corinthiens*.

La forteresse de Justinien. — Au-delà du théâtre et jusqu'au bord de la route, vous visiterez ensuite cette citadelle élevée au VIe s. par Justinien avec des matériaux enlevés aux édifices antiques de l'isthme pour renforcer l'Hexamilion.
Près de la route s'ouvre la porte S. de la forteresse byzantine, entre deux tours octogonales. Une autre porte a été dégagée au N.-E., c'est-à-dire à l'angle diamétralement opposé.

Le stade hellénistique et romain. — Presque en face de la porte S. de la forteresse de Justinien, de l'autre côté de la route, gisent les ruines du stade qui remplaça celui situé près du temple de Poséidon à partir du IVe s. av. J.-C. Il fut cité par ***St Paul***, dans l'*Epître aux Corinthiens* (9, 24), et par ***Pausanias***, qui le décrit comme étant en marbre. On a retrouvé la ligne de départ avec 18 couloirs et la double rainure où les athlètes plaçaient leurs pieds. Les spectateurs prenaient place sur de larges degrés, sans sièges, sauf à la proédrie, ajoutée durant l'époque romaine, qui fut découverte à une trentaine de mètres de la ligne de départ. Un promenoir, bordé de parapets en pierre avec des moulures sculptées, séparait en deux secteurs la partie du stade réservée à l'assistance.

4 — Kenchréai et Loutra Elénis (12 km). — Route d'Isthmia (V. ci-dessus), que prolonge une superbe **nouvelle route pour Epidaure ♦**, qui réserve de très beaux ***points de vue** sur le golfe Saronique et l'île d'Egine.
9,5 km : Plage de **Kalamaki,** près de laquelle se situent les ruines de l'ancienne *Kenchréai*, port de Corinthe sur la côte du Saronique. Les fouilles menées par l'*Ecole américaine*, en partie sous l'eau, ont permis de retrouver les éléments principaux du port antique, et, sur terre, d'importants entrepôts. Un édifice d'époque romaine, à demi englouti, était peut-être le sanctuaire consacré à Isis cité par *Pausanias* et *Apulée*.

Indicatif téléphonique : 0741.
Hôtel :
Kalamaki Beach (☎ 25-331) 74 ch. ouv. avril-oct.

12 km : **Loutra Elénis**, station balnéaire et thermale, est localisée près du site de l'antique *Solygeia* (auj. Galataki), où l'on a découvert les vestiges d'un temple du début de la période archaïque.

5 — Héraion de Perachora (32 km), V. env. de Loutraki ♦.

Corinthe [Ancienne]★★★

Cartes-itinéraires 5 et 6.
Argos, 51 km. — Athènes, 93 km. — Corinthe (ville moderne), 6 km. — Epidaure (par Loutra Elénis), 74 km. — Epidaure (par Nauplie), 88 km. — Mycènes, 41 km. — Nauplie, 58 km. — Patras, 128 km.
Nome de Corinthie.

Près du petit village de Paléa Korinthos, devenu depuis quelque temps un emporium polyglotte consacré au commerce du souvenir en tous genres, les ruines de l'Ancienne Corinthe constituent l'une des attractions majeures de l'archéologie grecque.

Le cadre naturel de l'Ancienne Corinthe, ou tout au moins de la ville basse, n'a pas l'exceptionnelle beauté de tant d'autres sites en Grèce, encore que l'Acrocorinthe, cet énorme piton rocheux qui se dresse à l'arrière-plan, ne manque pas d'impressionner, mais sans séduire ; et la visite des ruines aux heures chaudes de l'été (à éviter dans la mesure du possible), lorsque le paysage, à force d'être chauffé, prend une teinte plâtreuse, fera même apparaître ingrate cette terre qui eut pourtant, jadis, la réputation d'être accueillante à l'extrême.
Pour effacer cette impression, il faudra avoir le courage de monter au sommet de l'Acrocorinthe, et là seulement apparaîtront, en même temps qu'un prodigieux panorama, les raisons de la richesse de cette cité dans l'Antiquité. Corinthe occupait, en effet, une position stratégique de premier plan à proximité de l'isthme, véritable pont jeté entre le continent et le Péloponnèse et, très tôt, elle tira partie d'une si exceptionnelle situation, en particulier en percevant des droits de douane assez élevés sur les marchandises qui transitaient par l'isthme. Capable de lancer des flottes aussi bien vers l'Occident, par le golfe de Corinthe, que vers l'Orient, par le golfe Saronique, elle ne pouvait pas manquer de devenir une grande puissance maritime.

Des origines à l'invasion achéenne. — *Grâce à l'abondance de l'eau de source, à la fertilité de la plaine littorale, à la richesse du sol en argile et à la proximité de la mer, la région de Corinthe fut habitée dès l'époque néolithique, peut-être au Ve millénaire av. J.-C. Vers l'an 3000 av. J.-C., se produisit un nouvel apport de population et la civilisation des habitants de l'isthme évolua avec l'introduction d'armes et d'outils en bronze (premier âge du bronze ou helladique ancien). Conséquence probable d'une nouvelle migration, les villages de l'helladique ancien furent détruits vers l'an 2000 av. J.-C. et furent presque tous abandonnés pendant le IIe millénaire.*

Un brigand pour fondateur. — *Vers l'an 1000, après l'invasion dorienne, l'emplacement de l'ancienne Corinthe fut à nouveau occupé. La légende lui donnait pour fondateur le rusé Sisyphe, foudroyé par Zeus et grand-père du héros Bellérophon. Soumise aux rois d'Argos, elle acquit son indépendance grâce à la puissance des* Bacchiades *qui renversèrent la* *royauté, en 747, et fonda les colonies de Corcyre (Corfou), de Syracuse et de Potidée. En 657,* Kypsélos, *chef populaire, abattit cette aristocratie, institua une tyrannie et se consacra au développement commercial de son Etat. Son fils* Périandre, *l'un des Sept Sages de la Grèce, régna 42 ans (627-585).*

Entre Vénus et Hermès. — *A la chute de la tyrannie, Corinthe fut gouvernée par une oligarchie, mais, enrichie par le commerce, elle devint célèbre par son amour du luxe et des plaisirs. Son esprit mercantile la détournait de la guerre. Elle prit à peine part aux guerres Médiques. « En son désespoir, Corinthe envoyait ses courtisanes demander à Vénus la victoire et la liberté. » (Beulé.) Ses colonies la dédaignaient ou ne l'invoquaient qu'en cas de danger. La guerre de Corcyre (434) devint l'une des causes de la guerre du Péloponnèse (431-404). Corinthe épousa toujours le parti de Sparte contre Athènes, sa grande rivale maritime et commerciale. Cependant, en 395, elle se déclara contre Sparte avec les Grecs coalisés, ce qui provoqua la guerre de Corinthe (395-387). Elle se soumit à Philippe et reçut une garnison macédonienne (335). En 224, Aratus la délivra et la fit entrer dans la ligue achéenne dont elle devint le siège, en 196.*

La ville de Jules César. — *Ses richesses ayant excité la cupidité des Romains, Corinthe fut prise et saccagée par Mummius, en 146 av. J.-C. Ainsi, le visiteur verra-t-il, non pas tant une ville grecque, mais surtout les ruines de la colonie romaine que* Jules César *y établit en 44 av. J.-C., rendant pour trois siècles sa prospérité à la ville* (Colonia Laus Julia Corinthiensis). *C'est à Corinthe que, le 28 nov. de l'an 67 apr. J.-C.,* Néron *confirma l'affranchissement de la Grèce, déjà proclamé en 196 av. J.-C. par Flamininus aux jeux Isthmiques. Corinthe était alors le siège du proconsulat d'Achaïe. En 51-52 apr. J.-C., l'apôtre St Paul y vint prêcher le christianisme à la société la plus frivole et la plus dissolue du monde païen. Vers la fin du IIe s., Corinthe était, grâce à la générosité de l'empereur* Hadrien *et d'*Hérode Atticus, *l'une des plus belles cités de la Grèce.*
Ravagée par les Hérules en 267 apr. J.-C., Corinthe déclina et, au cours des siècles suivants, subit plusieurs pillages. Après Justinien *(VIe s.), l'histoire médiévale de Corinthe se confond avec celle de l'Acrocorinthe, une forteresse! L'*Ecole américaine d'Etudes classiques *entreprit les fouilles de Corinthe en 1896. Depuis cette date, les travaux se sont poursuivis jusqu'à nos jours.*

Hôtel :
Xénia (312-08) 5 ch.

Visite de l'Agora. — *Garez votre voiture soit dans le village, où vous aurez le plus de chance de trouver un peu d'ombre, soit près du pavillon de tourisme, de manière à pénétrer sur le site de l'agora près de la fontaine de Glauké (V. plan). En 1 h 30 à 2 h (y compris la visite du musée), vous aurez fait le tour du champ de fouilles. Vous examinerez ensuite les ruines de l'odéon et du théâtre (15 mn), avant de monter, en auto, à l'Acrocorinthe (env. 1 h). Les passionnés d'archéologie compléteront ce programme par la visite des ruines de la basilique paléochrétienne de Léchaion et du sanctuaire de Poséidon, dans les environs de Corinthe.*

Si vous aimez...
Les appellations contrôlées, *inutile d'acheter sur place des raisins (secs) de Corinthe : vous en trouverez dans le monde entier; mais, par contre, si vous passez par là au moment des vendanges (en août), ne manquez pas de goûter ces délicieux raisins, doux comme du miel.*

Déjeunez *au pavillon de tourisme, ou, mieux encore, si vous n'êtes pas trop fatigué, prenez la route d'Argos pour aller savourer à Solomos ou à Chiliomodion, à 4 et 13 km, de l'agneau rôti à la broche, sous de frais ombrages.*
Baignez-vous *à la plage de Kalamaki, à 9 km par la route d'Epidaure, via Loutra Elénis.*

Avant d'atteindre l'entrée du **champ de fouilles de l'agora**, remarquez, presque en face du pavillon de tourisme, les restes du **marché N.** construit durant l'époque impériale romaine et utilisé jusqu'à l'époque byzantin (il existe deux entrées sur le site : l'une en face du pavillon du tourisme, proche du musée et du temple d'Apollon ; l'autre dans le prolongement de la rue de Léchaion).

Visite : t.l.j. de 9 h à 15 h (15 h 30 en hiver), le dim. de 10 h à 16 h (16 h 30 en hiver) ; accès payant.

Peu après le guichet à l'entrée du site, un énorme cube rocheux est identifié avec la **fontaine de Glauké**, du nom de la fille du roi *Créon*, deuxième épouse de *Jason*, le chef des Argonautes ; elle se serait jetée à l'eau pour atténuer les atroces brûlures que lui avaient faites la robe empoisonnée, offerte par la magicienne *Médée*, première épouse délaissée de *Jason*. Cette fontaine fut en usage durant toute l'existence de la ville grecque, puis fut restaurée par les Romains.

★**Musée.** — Il renferme la plupart des pièces intéressantes découvertes lors des fouilles de l'agora de Corinthe et des sites environnants, mais rien de véritablement exceptionnel.

Visite : mêmes horaires que le site mais fermé le mardi ; accès payant (☎ (0741) 312-07).

Vestibule d'entrée. — Au-dessus de la porte d'accès à la cour, un panneau de mosaïque figurant deux griffons qui attaquent un cheval est daté de 400 av. J.-C.
Salle I (à g. du vestibule). — Antiquités préhistoriques, depuis la période néolithique, qui attestent les lointaines origines de l'occupation de l'isthme de Corinthe.
Salle II (à dr. du vestibule). — Elle renferme les plus remarquables antiquités (depuis la période archaïque jusqu'à l'époque classique) de ce musée, notamment cette belle **céramique à figures de style orientalisant** qui, aux VIIe et VIe s. av. J.-C., fut l'un des principaux articles d'exportation de Corinthe. Au fond de la salle, à g., un groupe en terre cuite d'époque archaïque représente une scène de bataille entre les Grecs et les Amazones (fin du VIe s. av. J.-C.). Vous examinerez plus particulièrement la belle **céramique attique à figures noires** des vitrines 21 à 25. Notez encore, en face de l'entrée, une tête d'éphèbe de la fin de l'époque archaïque (début du Ve s. av. J.-C.).
Salle III (à g., au fond du vestibule). — Antiquités des époques romaine, byzantine et franque. A g., en entrant, remarquez le groupe de **sept statues romaines** provenant de la basilique Julienne. La plupart d'entre elles, sinon toutes, furent consacrées par des empereurs. Celle du centre représenterait Jupiter ou Jules César déifié.
Vers le milieu du mur de g., notez plus spécialement une **tête romaine du Doryphore** (porteur de lance), copie d'une œuvre très célèbre du sculpteur argien Polyclète, et, à côté, une **mosaïque** du IIe s. apr. J.-C. représentant une scène pastorale considérée comme étant la copie d'une peinture exécutée au IVe s. av. J.-C. par Pausias, de Sicyone.
Au fond de la salle, **statues colossales** de prisonniers provenant d'un portique

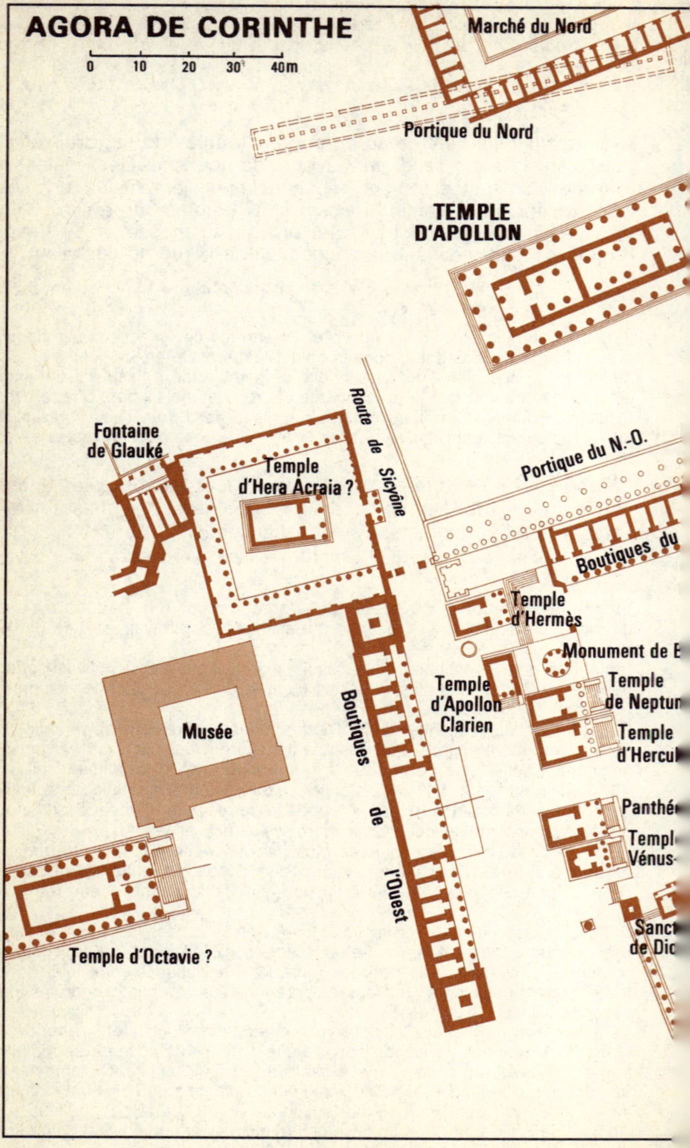
AGORA DE CORINTHE
0 10 20 30 40m
Marché du Nord
Portique du Nord
TEMPLE D'APOLLON
Route de Sicyône
Fontaine de Glauké
Temple d'Hera Acraia ?
Portique du N.-O.
Boutiques du
Temple d'Hermès
Monument de
Temple d'Apollon Clarien
Temple de Neptun
Temple d'Hercu
Musée
Boutiques de l'Ouest
Panthé
Templ Vénus
Sanct de Dio
Temple d'Octavie ?

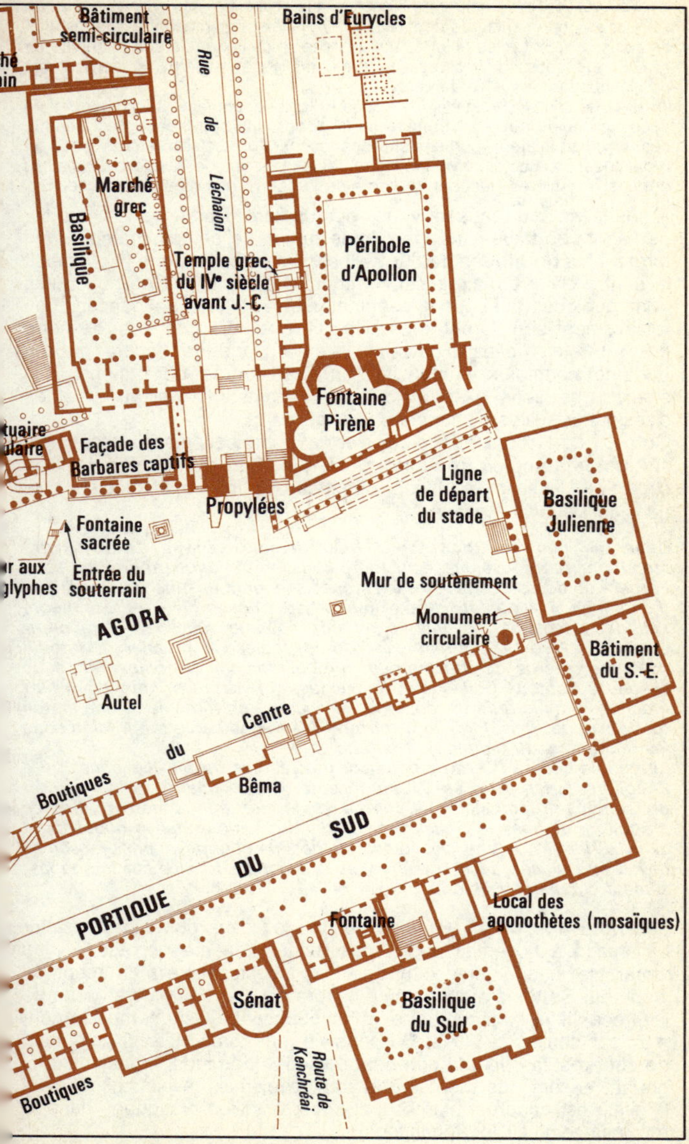

Bâtiment semi-circulaire
hé
ain
Bains d'Eurycles
Rue de Léchaion
Marché grec
Basilique
Temple grec du IVe siècle avant J.-C.
Péribole d'Apollon
Fontaine Pirène
tuaire
ulaire
Façade des Barbares captifs
Propylées
Ligne de départ du stade
Basilique Julienne
Fontaine sacrée
r aux
glyphes
Entrée du souterrain
Mur de soutènement
Monument circulaire
AGORA
Bâtiment du S.-E.
Autel
Centre du Bêma
Boutiques
SUD
DU
PORTIQUE
Local des agonothètes (mosaïques)
Fontaine
Sénat
Basilique du Sud
Route de Kenchréai
Boutiques

de l'agora. En revenant vers l'entrée, observez un sarcophage orné de sculptures, représentant le départ des Sept Chefs argiens contre Thèbes, l'un des plus fameux cycles épiques de la Grèce mycénienne ; à une extrémité du sarcophage, vous reconnaîtrez la mort d'Opheltès, étranglé par un serpent lors de l'instruction des jeux Néméens.
Jardin (depuis le vestibule). — Sous la galerie en face de la porte sont déposées des **plaques sculptées** du IIe s. apr. J.-C. du théâtre de Corinthe. Les cinq premières représentent des scènes de bataille entre Grecs et Amazones. Les quatre suivantes figurent quelques-uns des *exploits d'Héraclès* et les six dernières illustrent le thème de la guerre des dieux et des géants.

Après la visite du musée, vous vous dirigerez vers la place centrale de l'agora en traversant une rangée ruinée de petites chambres qui forment les **boutiques de l'O.** ; elles vous rappellent que l'agora était le centre civique mais aussi commercial de la cité. Ces boutiques, dont quelques-unes se présentent dans un état de conservation relativement bon, furent construites vers le début du Ier s. de notre ère. Autrefois, elles s'ouvraient sur la place de l'agora par un portique corinthien composite, où des figures de griffons, des sirènes, de lions ailés et d'êtres humains voisinaient avec les classiques feuilles d'acanthe des chapiteaux.
Côté O. de l'agora. — Vous y verrez les fondations d'une série de **six petits temples romains** ainsi que d'un monument de plan circulaire, de style corinthien, construit aux frais d'un magistrat du nom de *Babbius Philinus.*

Dans les pas de Pausanias. — *Le temple situé à l'extrême dr., mentionné par Pausanias, devait être consacré à Vénus (Aphrodite) sous l'aspect de déesse de la fortune (Tyché). Viennent ensuite les fondations d'un sanctuaire identifié avec le temple de tous les dieux ou Panthéon. Les deux temples suivants, construits sous le règne de l'empereur* Commode *(180-192), furent sans doute dédiés, le premier à Hercule (Héraclès), héros qu'affectionnait particulièrement cet empereur, et le second à Neptune (Poséidon). Pausanias, qui visita Corinthe avant leur érection, signale qu'il vit, après le Panthéon, une fontaine et une statue de bronze de Poséidon. On a retrouvé les traces de cette fontaine sous les fondations du temple de Neptune.*
Le temple situé à l'O. du monument de Babbius devait être consacré à l'Apollon clarien (d'après Claros, localité d'Asie Mineure où se trouvait un sanctuaire oraculaire). Il devait renfermer une statue de bronze d'Apollon, qu'aperçut Pausanias. Le dernier temple était probablement celui d'Hermès. L'une des deux statues mentionnées par Pausanias devait être placée dans le temple, et la seconde dressée sur le soubassement circulaire visible près de la cella.

***Temple d'Apollon.** — Vous ne pourrez sans doute pas résister davantage à la tentation de vous diriger vers ce qui est le plus vénérable et en même temps le plus spectaculaire monument de Corinthe. Ce temple qui domine l'agora est l'un des plus anciens de la Grèce : il fut construit entre 550 et 525 av. J.-C. sur l'emplacement d'un sanctuaire du VIIe s. Du péristyle, qui comportait 38 colonnes, ne sont restées debout que sept colonnes doriques, monolithiques, portant encore des morceaux d'architrave, mais le plan général de l'édifice est encore apparent grâce aux entailles pratiquées dans le roc pour recevoir les fondations.

***Rue de Léchaion.** — Cette voie qui était bordée de boutiques s'ouvrant sous des portiques corinthiens, de temples, de bâtiments publics, tel un bain, et par une fontaine monumentale, est un autre grand moment de la visite de Corinthe. Elle reliait l'agora au port de Léchaion, sur le golfe de Corinthe, qu'elle atteignait, au-delà de la porte N., entre deux Longs Murs, dispositif défensif analogue à celui qui reliait Athènes à son faubourg maritime du Pirée.

En venant de la terrasse du temple d'Apollon, vous traverserez d'abord un emplacement occupé par les fondations d'une vaste basilique romaine, sur le site d'un marché grec, puis d'une rangée de **boutiques** avant d'atteindre une large **voie dallée** qui se termine, sur la place de l'Agora, à dr., par des propylées qui, au Ier s. apr. J.-C., étaient composés d'un arc de triomphe monumental ; construits en marbre, ils étaient surmontés de deux chariots en bronze doré, dont l'un portait Phaéton et l'autre Hélios.

La **basilique** dont vous aurez remarqué les fondations fut bâtie en pôros, avec une grande salle centrale à colonnade, au Ier s. de notre ère, puis réédifiée en marbre, peut-être au IIe s., selon un plan plus vaste. Sous les restes de cet édifice gisaient les ruines considérables d'un marché grec de la fin du Ve s. av. J.-C.
De l'autre côté de la rue, vous distinguerez les vestiges d'un établissement thermal du Ve ou du VIe s., sur l'emplacement d'un bain romain datant peut-être du Ier s. apr. J.-C., que l'on peut sans doute identifier avec le **bain d'Euryclès**, mentionné par *Pausanias* comme étant le plus beau de Corinthe. Viennent ensuite des latrines publiques, puis le **péribole d'Apollon**, formé d'une cour entourée de galeries dont on a relevé quelques colonnes de style ionique. Ce bâtiment fut construit au Ier s. apr. J.-C. mais il fut restauré par la suite. *Pausanias* nous dit qu'il renfermait une statue d'Apollon et une peinture qui représentait Ulysse tuant les prétendants de Pénélope. Les fouilles récentes ont montré que la partie N. du péribole d'Apollon occupait l'emplacement d'ateliers de teinturiers où l'on a retrouvé les coquillages utilisés dans la fabrication des couleurs.

Sur une partie du site du péribole d'Apollon, du côté de la rue, vous remarquerez les fondations bien conservées d'un **petit temple grec**, du IVe s. av. J.-C., composé d'un vestibule et d'un naos carré. Le temple, probablement consacré au culte d'un héros, fut démoli durant l'époque hellénistique et remplacé par un baldaquin soutenu par quatre piliers carrés sous lequel devait être placée une statue de culte.

Place de l'Agora. — Après les propylées, vous reviendrez sur la place de l'Agora, vaste esplanade de plus de 200 m d'E. en O. et d'une largeur moyenne de 100 m env. du N. au S. durant l'époque romaine, mais sensiblement plus petite dans la ville grecque. L'agora grecque s'étendait sur une pente qui s'élevait doucement du N. au S., tandis que l'agora romaine était établie sur deux terrasses nivelées. L'agora grecque était pavée de gros galets tandis que le sol de l'agora romaine était revêtu d'un dallage de marbre.

Façade des Barbares captifs. — A la sortie des propylées, sur la place de l'Agora, dirigez-vous vers la dr. Vous verrez, gisant sur le sol, plusieurs fragments d'architecture d'une façade purement décorative, de style corinthien, dont les éléments les plus remarquables étaient constitués par au moins quatre statues colossales se dressant au second étage. Celles-ci figuraient des Barbares captifs, debout sur des bases décorées de hauts-reliefs symbolisant la victoire des armes romaines. Deux bases et des fragments des statues sont visibles au musée.

Mur aux triglyphes. — Maintenant, ouvrez bien les yeux et, au besoin en consultant le plan, recherchez un petit mur décoré d'une frise de triglyphes séparés par des métopes. Ce dispositif faisait partie d'un ensemble cultuel particulièrement intéressant, qui éclairera, d'une façon sans doute inattendue pour vous, certaines pratiques religieuses des anciens Grecs.

Observez le mur aux triglyphes : il est interrompu par un escalier donnant accès à une chambre souterraine, formée par une grille, qui abritait une **fontaine sacrée.** A l'origine, celle-ci était à ciel ouvert et elle ne semble pas avoir été couverte avant la première moitié du Ve s. av. J.-C.
L'eau de la source s'écoulait par des bouches en forme de têtes de lion en bronze, encastrées dans le mur du fond, en face de l'escalier. Le débit ne paraît pas avoir été abondant, et plusieurs indices donnent à penser qu'il se tarit à la fin du IVe s. ou au début du IIIe s. av. J.-C. L'ancienne source dut cependant être toujours considérée comme sacrée, car elle fut soigneusement murée. Un bassin, alimenté par des sources captées loin de la ville, fut construit presque au-dessus, de telle sorte que les Romains, lors du sac de la ville, en 146 av. J.-C., et au moment de la fondation de la nouvelle cité, ne soupçonnèrent même pas son existence, ce qui explique son exceptionnel état de conservation. L'eau recueillie dans cette fontaine était, sans aucun doute, réservée à des usages religieux, et la découverte, non loin de là, d'un sanctuaire où l'on devait rendre des oracles, semble confirmer ce fait.
Le sanctuaire a été dégagé à environ 10 m, sous les ruines d'une rangée de boutiques romaines. Il dut être érigé au Ve s. av. J.-C., autour d'un petit autel circulaire plus ancien, près duquel on faisait des libations avant de consulter l'oracle, et où les fidèles recevaient la réponse du dieu (Apollon ?) grâce à des artifices qui méritent de plus amples détails.

Petites supercheries et grands mystères. — *Près de l'autel se trouvait l'orifice d'un petit canal souterrain par où l'on versait des libations. L'autre extrémité du canal était constituée par une bouche encastrée dans une métope. Le canal aux libations était doublé par un souterrain juste assez grand pour permettre à un homme d'y ramper. Il aboutissait lui aussi à une métope, mobile celle-là, formant comme une porte secrète, que rien ne distinguait des autres métopes. Une seconde porte, que l'on pouvait verrouiller, devait condamner plus sûrement l'accès du souterrain aux intrus. Les profanes n'avaient d'ailleurs pas la possibilité d'approcher ce mur, ni encore moins de l'examiner de trop près, car un règlement, gravé sur une borne inscrite probablement au Ve s. av. J.-C., dont on peut voir un moulage, à quelques mètres à dr., leur interdisait l'accès du lieu sous prétexte qu'il était sacré. Pour répondre aux questions des fidèles, un prêtre se glissait dans le souterrain, en passant par la porte secrète, et rampait jusqu'à l'autre extrémité, d'où il pouvait, par un trou ménagé dans le pavement qui entourait l'autel, exprimer les oracles.*

Portique du N.-O. — Derrière les ruines des boutiques romaines, dont quelques-unes sont relativement bien conservées, vous remarquerez les vestiges d'un portique d'époque hellénistique, construit au IIIe s. av. J.-C., à colonnade extérieure dorique et colonnade intérieure ionique. Quelques colonnes sont encore en place.

Fontaine Pirène. — Revenez vers les propylées, puis dépassez-les pour aller contempler les ruines de ce qui fut l'un des plus somptueux monuments de la ville romaine : la fontaine qui abrita la source Pirène inférieure, en usage depuis la plus haute Antiquité, jusqu'à la fin du XIXe s.

En descendant dans la cour, remarquablement aménagée au IIe s. apr. J.-C. par le généreux mécène ***Hérode Atticus***, vous découvrirez six bassins de puisage qui communiquent avec un grand réservoir d'une capacité de 400 m^3 environ. Sur les parois latérales du troisième bassin à partir de la g., remarquez les quelques traces de peintures romaines qui y subsistent : elles représentaient des poissons.

Il y avait deux sources Pirène, l'une au sommet, l'autre au pied de l'Acrocorinthe. Celle d'en bas passait pour être l'exutoire de celle d'en haut. Le **grand réservoir**, encore visible, fut creusé dans le roc à l'époque grecque. L'eau y arrivait par deux canaux. Devant ce réservoir, et séparé de celui-ci par des grilles de pierre, se trouvent **trois bassins** où, à l'origine, on puisait l'eau. La voûte rocheuse était supportée par des piliers formant un portique. A une époque postérieure, celui-ci fut divisé en six chambres séparées par des cloisons que vous pouvez encore voir. Vers le IIIe s. av. J.-C., cet aménagement fut revêtu de marbre. Lorsque Corinthe fut rebâtie par les Romains, le portique et les murs de la cour devant la fontaine furent refaits en styles dorique et ionique, et un bassin, où l'eau jaillissait par plusieurs bouches, fut aménagé au centre de cette cour. Vers la fin du Ier s. apr. J.-C., les murs furent revêtus de marbre et l'ordonnance de la façade principale de la fontaine modifiée. Au IIe s., trois vastes exèdres absidiales furent ajoutées sur trois côtés, chacune d'elles abritant trois niches où prenaient place des statues qui étaient peut-être des portraits des membres de la famille d'Hérode Atticus. Les colonnes à fût lisse du portique en saillie sur la façade principale de la fontaine appartiennent à un aménagement d'époque byzantine.

Basilique Julienne. — Les ruines à l'extrémité E. de l'agora romaine sont celles d'un édifice de plan basilical, construit au temps d'Auguste, où l'on découvrit plusieurs statues des membres de la famille Julienne ou des empereurs.

Stade grec. — Devant la basilique Julienne, vous remarquerez une partie du pavement de l'agora grecque, à environ 1 m en dessous du niveau romain.

En cet endroit fut découverte une rangée de blocs de pierre calcaire en lesquels on a reconnu **la ligne de départ d'un stade grec**. Des trous creusés dans ces blocs permettaient aux athlètes d'y placer l'extrémité de leurs pieds pour donner plus de vigueur à leur départ. Non loin de là, on a mis au jour les restes d'une seconde ligne de départ, orientée différemment, mais plus ancienne. Des traces de roues laissées sur le pavement devant la ligne de départ donnent à penser que le stade servait de cadre à des courses de chars. On sait que durant la fête corinthienne de l'*Hellotia*, en l'honneur d'Athéna Hellotis, se déroulaient des courses qui faisaient partie d'un rituel du culte des morts.

Un mur curviligne supportait une terrasse où devaient prendre place les juges arbitres et quelques spectateurs privilégiés assistant aux courses.

Bêma. — L'agora inférieure était limitée au S. par deux rangées de quinze boutiques encadrant le Bêma, tribune monumentale où le gouverneur romain apparaissait au public. Ce monument a été comparé aux Rostres, tribune aux harangues de Rome, dans une inscription du IIe s. apr. J.-C. ; il est célèbre dans les annales du christianisme par le discours qu'y prononça l'***apôtre Paul*** devant le gouverneur romain *Gallion* pour soutenir sa propre défense et celle du christianisme (*Actes*, 17).

Portique du S. — Corinthe pouvait s'enorgueillir de posséder là l'une des plus vastes constructions de la Grèce antique. Ce portique qui fut bâti au IVe s., puis restauré peu avant la destruction de la ville par *Mummius*, était un curieux édifice à deux étages et deux rangées de 33 boutiques qui, pour la plupart, étaient des tavernes. Les boutiques du premier rang, sauf deux, étaient pourvues de puits de 12 m de profondeur alimentés en eau fraîche par une conduite reliée à la source Pirène. Ces puits servaient à rafraîchir les boissons et les mets.

Ce bâtiment, très exceptionnel, aurait été conçu comme **une vaste hostellerie** destinée à héberger les délégués des cités grecques au moment où Corinthe était devenue le quartier général de la Ligue panhellénique sous l'impulsion de *Philippe de Macédoine* après sa victoire de Chéronée, en 338 av. J.-C. L'étage s'étendant au-dessus des tavernes devait être occupé par des chambres où devaient loger les représentants des diverses cités grecques qui faisaient partie de cette union.
Le portique fut exactement reconstruit au moment de la fondation romaine. Puis, au Ier s. apr. J.-C., la plupart des boutiques furent démolies pour faire place à une série de bâtiments administratifs. La troisième salle à partir de la g., où vous verrez quelques vestiges d'un **pavement de mosaïque** d'époque romaine, devait servir de local de réunion aux *agonothètes* ou juges arbitres aux jeux Isthmiques. Dans le panneau central de la mosaïque, vous remarquerez un athlète victorieux portant couronne, debout devant Tyché, la déesse de la Bonne Fortune, qu'il semble remercier. Sous le hangar, on peut voir également la margelle d'un puits du portique hellénistique. Un second hangar abrite deux **pavements de mosaïque** dont l'un représente **Dionysos sur un char tué par des panthères** et conduit par un satyre tenant le thyrse ; on reconnaît également dans ce panneau deux centaures portant des vases. La seconde mosaïque figure une **Néréide** assise sur la croupe d'un centaure et **Eros** voltigeant dans les airs.

Basilique du S. — Après la série des quatre premières salles s'ouvrait un large passage au fond duquel se trouvait un escalier de marbre qui donnait accès à la basilique du S., vaste construction à cour intérieure entourée de portiques, où l'on exhuma plusieurs statues (très mutilées) d'empereurs.
Vous verrez ensuite les ruines d'une **fontaine romaine** en marbre ; le sol de cette pièce est encore couvert de dalles de marbre de diverses couleurs.

Route de Kenchréai. — Juste avant le Sénat s'ouvrait un passage auquel aboutissait une route conduisant à Kenchréai, l'un des deux ports de Corinthe, situé sur le golfe Saronique. On a dégagé un tronçon de cette voie qui, dans la première moitié du Ier s. apr. J.-C., fut revêtue de dalles de calcaire sur toute sa longueur.

Sénat. — Le plan de la chambre principale, ou salle du Conseil, affecte la forme d'un arc elliptique outrepassé. Les murs sont encore conservés sur une hauteur appréciable.

L'agora supérieure était limitée à l'O. par une série de neuf colonnes archaïques (VIe s. av. J.-C.), provenant peut-être du temple d'Apollon, qui furent remployées par les Romains pour supporter une conduite qui alimentait en eau un bassin rectangulaire. Remarquez les restes du bassin à l'extrémité N. de la colonnade.

A la sortie du champ de fouilles de l'agora, vous visiterez, à dr., un second chantier où furent mis au jour un odéon et un théâtre.

Odéon. — Construit au Ier s. de notre ère, puis à nouveau vers 175 par Hérode Atticus, cet établissement d'une capacité de 3 000 personnes, voué aux activités culturelles, fut transformé vers 225 afin de servir d'arènes pour combats de gladiateurs et d'animaux sauvages. La scène, devenue inutile, fut alors supprimée.

Théâtre. — Une rue pavée passant à l'E. de l'odéon conduit au théâtre, construit au Ve s. av. J.-C., mais qui fut entièrement reconstruit après la fondation de la colonie romaine, et, à son tour, transformé en arène où l'on donnait des spectacles nautiques.

Assez paradoxalement, l'auditorium du théâtre grec, qui pouvait contenir env. 18 000 spectateurs, est mieux conservé que celui de la période romaine. Les traces des gradins visibles sur la colline appartiennent donc au théâtre grec. Vous distinguerez encore le mur, haut de près de 3 m à l'origine, qui séparait l'auditorium de l'orchestra durant l'époque romaine, afin de protéger les spectateurs. Il était orné de peintures représentant des scènes de combats entre gladiateurs et animaux sauvages. Une **inscription** très fruste, incisée dans le plâtre du mur, nous conte l'histoire touchante et naïve de ce gladiateur, nommé *Androclès,* qui fut **sauvé par un lion**, dont il s'était fait un ami ; l'anecdote inspira *B. Shaw.*

Lorsqu'on reconstruisit le théâtre au Ier s. av. J.-C., les gradins de l'édifice grec furent ensevelis sous des remblais et des murs de soutènement rayonnants furent élevés pour supporter la cavea romaine. Ceci explique la meilleure conservation de l'auditorium grec. Le théâtre de Corinthe fut détruit en 396 apr. J.-C. lors du sac de la ville par les troupes d'*Alaric.*

Au-delà du théâtre, un autre chantier de fouilles, près du rempart, mais à l'intérieur de l'enceinte, et qui comprend un **Asclépieion** (ou sanctuaire d'Asclépios) et son annexe la **fontaine de Lerne**, ne devrait guère intéresser que les passionnés d'archéologie.

Une centaine de mètres avant le sanctuaire d'Asclépios, des fouilles récentes, mais aujourd'hui en majeure partie recouvertes, ont permis de reconnaître l'existence d'un long **portique dorique**, de 160 m de développement, construit à la fin du Ier s. apr. J.-C., qui devait appartenir à un **gymnase** cité par *Pausanias.* Dans ce secteur, il y avait également les restes d'une fontaine souterraine et diverses installations d'époque hellénistique, annexées au gymnase romain puis consacrées à un culte vers la fin de la période romaine (fin du IVe s.-début du Ve s.) ; on y découvrit en effet des milliers de lampes votives.

Asclépieion. — Dans son dernier état, ce temple fut érigé au IVe s. av. J.-C. sur le site d'un sanctuaire datant de l'époque archaïque (VIe s. av. J.-C.). Comme tous les sanctuaires consacrés au dieu-médecin, celui de Corinthe était pourvu d'un *abaton,* c'est-à-dire d'une salle où les malades passaient la nuit dans l'espoir qu'Asclépios leur indiquerait, au cours d'un songe, le remède qui soulagerait leurs maux. Cette salle était située juste au-dessus de l'aile orientale de la fontaine de Lerne ; celle-ci jouait un rôle en étroite association avec le culte rendu à Asclépios en son sanctuaire.

Fontaine de Lerne. — Elle était composée d'un vaste édifice à cour centrale entourée de portiques. Trois salles s'ouvrant sous le portique E. constituaient le trait le plus remarquable de cet ensemble : situées juste en dessous de l'abaton du sanctuaire d'Asclépios, elles formaient trois salles à manger, avec des bancs de pierre, où les patients s'étendaient devant de petites tables.

Environs de l'Ancienne Corinthe

1 — L'Acrocorinthe

L'Acrocorinthe, qui formait l'acropole ou ville haute de Corinthe, apparaît comme une immense forteresse où, depuis les Byzantins jusqu'aux Turcs, tous les occupants de l'isthme laissèrent la trace de leur passage. Le fameux temple d'Aphrodite, peuplé de ce que l'on appelait, sans doute avec un respect un peu hypocrite, des hiérodules, et qui faisait rêver la gent masculine jusqu'à Rome, n'est plus aujourd'hui, on s'en doute, qu'un souvenir, mais l'inoubliable **panorama que l'on découvrira depuis ce haut lieu sur la région de l'isthme en fait un but de promenade vivement recommandé.

Du village de Paléa Korinthos, prenez la route d'Argos.
1 km : Bifurquez à droite sur une route non asphaltée.
1,8 km : Tournez à g. après la jolie fontaine d'Aji Mustapha (XVIIIe s.).
2,8 km : A dr., sur le versant de l'Acrocorinthe, gisent les restes du **sanctuaire de Déméter et Coré** qui fut en activité du VIIe s. av. J.-C. au IVe s. de notre ère. Il s'étendait sur des terrasses desservies par un escalier monumental, entrecoupé de paliers. Il comportait un petit théâtre, dont il subsiste quelques gradins taillés dans le roc et plusieurs constructions, dont certaines étaient munies d'une salle de banquets pour repas cultuels et de pièces pavées de mosaïques.
4,8 km : Entrée de l'Acrocorinthe.

La gardienne de l'isthme. — *L'Acrocorinthe fut peut-être fortifiée sous la tyrannie des Cypsélides, dès le VIIe ou le VIe s. av. J.-C. Les vestiges antiques des fortifications datent principalement du IVe s. av. J.-C. Les remparts furent restaurés au temps de Justinien, peu avant l'invasion slave de 583-586. La garnison de l'Acrocorinthe repoussa les Bulgares en 981 en en 995. Les Byzantins ajoutèrent de nouvelles fortifications vers cette époque, notamment une partie de la deuxième enceinte de l'O. Admirablement située pour surveiller les deux golfes et commander, avec une forte garnison, l'entrée du Péloponnèse, l'Acrocorinthe était une des « entraves de la Grèce ». Elle fut maintes fois prise et reprise par tous ceux qui aspiraient à la domination du Péloponnèse.*

Le détournement d'une croisade. — *La prise de l'Acrocorinthe par les Francs fut l'une des conséquences du surprenant coup de théâtre qui vit la quatrième croisade renoncer à reprendre pied en Terre sainte pour s'emparer de Constantinople (1204), en provoquant ainsi un démembrement passager de l'empire byzantin. Cinq années de siège furent cependant nécessaires pour que les Francs s'emparent de l'Acrocorinthe, en 1210. Cette citadelle, dont les fortifications furent renforcées, devint alors un fief des* Villehardouin *auxquels succédèrent les* Angevins.
En 1358, la place fut cédée à Nicolo Acciaioli *qui la donna, en 1394, aux* Paléologue *de Mystra. Les chevaliers de Rhodes la détinrent pendant 4 ans, entre 1400 et 1404.* Mehmet II *l'enleva aux Byzantins en 1458, après 3 mois de siège. Elle passa ensuite un moment sous la domination de Venise (1687-1715) grâce à* Morosini.

En abordant l'Acrocorinthe par l'ouest, vous traverserez successivement trois enceintes. Le **premier mur** est précédé d'un fossé taillé dans le roc par les

Vénitiens qui ajoutèrent également des parapets avec embrasures pour canons sur les 2e et 3e remparts. La première porte, d'époque franque, date du XIVe s. Le **deuxième mur** est en partie byzantin, en particulier une construction à deux étages, ainsi que la courtine à dr. de la deuxième porte. La courtine à g. a pu être ajoutée au début du XVe s. par les chevaliers de Rhodes.
Le **troisième mur**, renforcé par de puissantes tours rectangulaires, ainsi que la porte sont principalement d'époque byzantine. Dans cette muraille sont encastrés des **pans de murs antiques** et d'une tour en bel appareil trapézoïdal à bossages (IVe s. av J.-C.).
A l'intérieur de la dernière enceinte, vous remarquerez les ruines d'un **donjon**, construit probablement par *Guillaume de Villehardouin*, et, au sommet du tertre le plus élevé, les substructions du fameux **temple d'Aphrodite** (Vénus), fouillé en 1926 par l'*Ecole américaine*.

Un aimable aspect du culte d'Aphrodite. — *Selon* Strabon, *le temple était tout petit et n'était à l'origine qu'un simple tabernacle de l'Astarté syrienne. Ce culte oriental était exercé en ville par une communauté d'environ mille prêtresses vouées à la hiérogamie. Leurs exigences pécuniaires avaient inspiré aux Romains l'adage bien connu : il n'est pas donné à tout le monde d'aller à Corinthe* (non licet omnibus adire Corinthum).

Près du rempart S., sur le plateau, se trouve la **source Pirène supérieure** qui jaillit dans une chambre souterraine.

2 — Léchaion

Route : 3 km, par la route de Corinthe.

Camping :
Blue Dolphin, à Haghios Gerassimos (indic. tél. : 0741 ; ☎ 257-66), 300 pers., 60 voit., 40 caravanes ; sports nautiques ; ouv. avril-oct.

Au bord de la mer, sur le site de l'antique port de *Léchaion*, vous verrez les ruines d'une **basilique du Ve s.** qui est probablement **l'une des plus vastes du monde grec.** Elle fut édifiée sur un terrain créé artificiellement au début de la période romaine sur une partie de l'ancien port de Léchaion, détruit par *Mummius* en 146 av. J.-C. Pour l'atteindre, continuer sur la route de Patras et prendre un chemin à dr. env. 200 m après la bifurcation.

Cet énorme complexe de bâtiments fut sans doute fondé à l'époque de Marcien *(450-457), ou peu après, plusieurs fois remanié ou agrandi par la suite, notamment sous le règne d'*Anastase Ier *(491-518), lorsque le dallage fut complété, et sous* Justin Ier *(518-527), lorsqu'on ajouta probablement l'atrium et la cour. Il fut détruit lors du séisme de 551.*

Vous rencontrerez d'abord une grande **cour** entourée d'un couloir continu. Vous atteindrez ensuite l'*atrium* par un couloir semi-circulaire dont les extrémités débouchaient sur un portique précédant le **vestibule** ou *narthex* de l'église. A g. de celui-ci gisent les restes d'un vaste **baptistère**, peut-être un ancien *martyrium* comprenant une antichambre, un vestiaire à quatre absides rayonnantes et un bâtiment octogonal, autrefois couvert d'une coupole, dont le plan était compliqué de niches alternativement rectangulaires et semi-circulaires. L'une d'elles renfermait l'une des deux cuves baptismales, l'autre étant située au centre. L'église proprement dite était composée de trois nefs délimitées par deux rangées de vingt-trois colonnes.

Corinthe [Canal de]

Cartes-itinéraires 5 et 6.
Ancienne Corinthe, 12 km. — Corinthe, 6 km. — Athènes, 81 km.

Cette tranchée longue de 6343 m et large de 23 m, qui fait du Péloponnèse une île, est très impressionnante vue du pont qui l'enjambe. Le spectacle sera encore plus intéressant si vous avez la chance de découvrir ce canal lors du passage d'un navire. Le canal de Corinthe matérialise depuis la fin du XIXe s. une idée vieille de plus de deux millénaires et demi : celle d'épargner un long détour (185 milles par la route du cap Matapan) aux navires allant du Pirée vers l'Adriatique.

Indicatif téléphonique : 0741.

Hôtels :

¶¶¶ *King Saron* (☎ 253-01) 152 ch. ouv. avril-oct.

¶¶ *Isthmia* (☎ 234-54) 78 ch.

Du navire sur roulettes au canal de Corinthe. — *L'idée d'épargner à la navigation les dangers des caps du Péloponnèse en faisant communiquer la mer Ionienne avec la mer Egée est très ancienne. Dès le VIIe ou le VIe s. av. J.-C. les Corinthiens avaient construit une voie pavée* (diolcos) *sur laquelle ils transportaient les navires sur des chariots entre le golfe Saronique et le golfe de Corinthe. Périandre, Démétrios Poliorcète, César, Caligula, Néron, Hadrien, Hérode Atticus songèrent à percer l'isthme. Caligula avait envoyé à Corinthe un ingénieur. Néron mit le premier le projet à exécution (67 apr. J.-C.) et inaugura les travaux avec une pelle en or; Vespasien lui envoya de Judée 6000 prisonniers juifs. Ces travaux ont disparu depuis l'ouverture de la tranchée actuelle.*
C'est le 1er mai 1882 qu'une compagnie française commença les travaux achevés par une compagnie hellénique en 1893.

Au point où le canal débouche dans le golfe de Corinthe, on a retrouvé des restes de la voie pavée construite par les Corinthiens dans l'Antiquité. Les amateurs d'archéologie y accéderont, à partir de Corinthe, en continuant au-delà de la gare. Une partie est visible entre le canal et la voie ferrée, et une autre le long du canal, de l'autre côté (bac), entre le pont de chemin de fer et l'embouchure dans le golfe de Corinthe.

Le **diolcos** était une piste composée de dalles de calcaire creusées de deux rainures parallèles distantes de 1,50 m. Les rainures servaient à guider les roues des chariots sur lesquels étaient hissés les bateaux. La largeur de la piste varie de 3,50 m à 5 m et atteint, à proximité de l'embouchure du canal, près de 10 m. Cette esplanade, dépourvue de rainures, permettait le halage des navires. Lorsque la piste décrit une courbe, deux petits murets remplacent les rainures pour faciliter la traction des chariots. Selon ***Strabon*** (VIII, 380), le diolcos de Corinthe partait de Schoinos (auj. Kalamaki) et aboutissait à Poséidonia. D'après les lettres de l'alphabet corinthien gravées dans le roc en plusieurs endroits de la piste, *M. Verdelis* date le diolcos de la fin du VIIe s. ou du début du VIe s. av. J.-C., mais il fut remanié, probablement, au Ve s. av. J.-C.

C

Cos [Ile de]★ (Kos)

290 km²; 19000 habitants; nome du Dodécanèse.

Une île complète, où les souvenirs historiques et les témoignages archéologiques se mêlent aux attraits de la nature, telle est Cos, cette île de l'archipel du Dodécanèse ♦ qui paraît amarrée au continent asiatique : seul un détroit de 3 milles nautiques l'en sépare. Est-ce pour cela que certains de ses habitants sont musulmans? Elle est surtout célèbre grâce à Hippocrate, l'initiateur de la médecine moderne, qui y naquit vers 460 av. J.-C. Mais l'île, même si Asclépios y était guérisseur, mérite d'être beaucoup plus qu'un lieu de pèlerinage pour médecins, avec ses plaines verdoyantes (vignes, tabac, céréales, oliviers) et ses collines, le charme discret et fleuri de sa petite capitale, ses très belles plages, la limpidité de la mer et la douceur de son climat.

Les enfants d'Asclépios. — *Les premiers colons grecs, des Achéens, durent venir de Thessalie ou d'Argolide dans la seconde moitié du XIVe s. av. J.-C. Quoi qu'il en soit, on notera que, dans ces deux provinces de la Grèce continentale, le culte d'*Asclépios*, le dieu guérisseur, fut particulièrement florissant. Le dieu était originaire de Trikké (Trikala), en Thessalie, et eut à Epidaure, en Argolide, son plus fameux sanctuaire. L'île fut primitivement gouvernée par des rois dont deux marchèrent contre Troie avec les Grecs coalisés. Quelques siècles après l'arrivée des Achéens, elle fut envahie par des Doriens. Aux VIIe et VIe s., Cos fit partie de l'hexapole dorienne (une confédération de six cités dorienne situées en Asie Mineure, à l'exception de Cos), qui devint pentapole après l'exclusion d'Halicarnasse. Vers la fin du VIe s., l'île fut rattachée à une satrapie perse.*

Lorsque l'Egée redevint un lac grec. — *Avec Rhodes, Cos se souleva contre les Achéménides après la victoire navale des Grecs au cap Mycale (479 av. J.-C.) et fut tributaire d'Athènes dès 477 au titre de membre de la confédération maritime présidée par Athènes contre les Perses.*
L'île voulut se dégager de son alliance avec Athènes mais, en 410 av. J.-C., Alcibiade *intervint et y laissa une garnison athénienne. Vers la fin de la guerre du Péloponnèse, elle prit le parti de Sparte mais s'affilia à la seconde ligue maritime athénienne en 378-377 av. J.-C. Peu après, le site de la capitale fut transféré de l'antique Astypaléa, dans la partie occidentale de l'île, sur l'emplacement de l'actuel chef-lieu. Alliée à Rhodes, à Chio et à Byzance, Cos essaya de se libérer de la tutelle athénienne en 357. Vers la fin du IVe s., Cos devint indépendante, noua des alliances avec l'Egypte ptolémaïque, et se battit contre Antigone en 315. Les Ptolémée aimaient beaucoup séjourner à Cos et la visitaient souvent, attirés par son climat exceptionnel.*

A la remorque des puissants. — *Après avoir subi l'influence de Rhodes, Cos fut attribuée à* Philippe de Macédoine *après la défaite de la flotte rhodienne à Ladé, en 201 av. J.-C. Elle repassa ensuite sous la tutelle rhodienne et, avec elle, participa à la guerre contre Antiochos III, aux côtés des Romains, en 190 av. J.-C. Lors de la guerre entre Rome et*

Mithridate, elle prit le parti des Romains, mais elle fut occupée par Mithridate en 88 av. J.-C., et les citoyens romains qui croyaient avoir trouvé un refuge dans l'Asclépieion furent massacrés. Par la suite, Cos vécut en bonne intelligence avec Rome. En 27-26 av. J.-C., elle fut ravagée par un violent séisme mais se releva, grâce surtout aux libéralités de l'empereur Claude, *le plus grand bienfaiteur de l'île.*
Elle fut réputée, durant l'époque romaine, pour ses tissus dont les dames romaines aimaient à se parer; ces tissus étaient d'une telle transparence que Sénèque *écrivait qu'une femme ne pouvait sans mentir assurer qu'elle n'était pas nue.*

Cos, avant-poste latin. — *L'île fit partie de l'empire byzantin jusqu'à la prise de Constantinople par les croisés en 1204. Vers le début du XIVe s., elle fut rattachée aux possessions des chevaliers de Rhodes mais souffrit, à maintes reprises, des incursions effectuées par les* Turcs, *notamment en 1457, en 1477; puis elle leur fut définitivement enlevée en 1523. Les Italiens l'arrachèrent aux Turcs en 1912 et la conservèrent jusqu'en 1948, date à laquelle elle fut rattachée à la Grèce.*

Indicatif téléphonique : 0242.

Police touristique : 9, rue Kountouristou (✆ 285-72).

O.N.H.T. : Akti Koudourioti (✆ 287-24).

Hôtels :

¶¶¶¶ *Atlantis* (✆ 28-731) 230 ch. P ouv. avril-oct.

¶¶¶¶ *P.L.M. Dimitra Beach* (✆ 285-81) 36 ch. et 89 bungalows P ouv. avril-oct.

¶¶¶ *Alexandra,* 25, Martiou (✆ 283-01) 80 ch. P night-club; mars-nov.

¶¶¶ *Caravia* (✆ 412-91) 305 ch. P avril-oct.

¶¶¶ *Continental Palace,* à Psalidi (✆ 227-37) 180 ch. P avril-oct.

¶¶¶ *Kos,* 31, Vassiléos Géorgiou; (✆ 224-80) 87 ch. P avril-oct.

¶¶¶ *Ramira Beach,* à Psalidi (✆ 284-89) 262 ch. P avril-oct.

¶¶¶ *Théoxenia,* 4, Vassiléos Géorgiou (✆ 223-10) 42 ch. P avril-oct.

¶¶ *Olympia,* Veroipoulou (✆ 228-12) 23 ch. ouv. mai-oct.

¶ *Christina,* 3, Charmilou (✆ 224-66) 21 ch. P mai-oct.

Aéroport : à 25 km; au moins un vol quotidien pour Athènes en 50 mn.

Compagnie aérienne : *Olympic Airways,* Vassiléos Pavlou (✆ 283-31).

Bateaux : nombreux services (avec transport de voitures) sur la ligne du Pirée à Rhodes, tous les jours sauf le dim. (retour, sauf le sam.) en 12 h 30 pour Le Pirée par les bateaux les plus rapides; excursions à Bodrum (Turquie).

Location de voitures : *Helen's Rent a Car,* 31 *bis,* rue Kanari (✆ 222-54).

Un jour à Cos. — *Un jour est suffisant pour visiter ce qu'il y a de plus intéressant sur l'île, mais peut-être exercera-t-elle sur vous un attrait assez fort pour vous retenir davantage. En louant une voiture, vous vous rendrez, le matin, à l'Asclépieion (à 5 km de Cos), où il faut éviter les heures chaudes en été, puis irez vous baigner à Kardaména, où vous déjeunerez de poisson frais. Revenez au chef-lieu vers 16 h, et visitez le musée, puis la Casa Romana et les deux chantiers de fouilles, celui de la zone ouest et celui de l'agora. En fin de soirée, visitez le château des chevaliers et, enfin, promenez-vous au port, rendez-vous de toute la population de la capitale, jusqu'à une heure très tardive. Vous serez probablement tenu par l'obligation de prendre au moins un repas par* *jour à votre hôtel, mais ne renoncez pas pour autant à goûter, pour une somme dérisoire, à une savoureuse spécialité : le kokoretsi (andouillette de mouton, servie rôtie à la broche), dans un des petits restaurants du port, à la terrasse, bien entendu.*

Cos, le chef-lieu, sur le site de la dernière capitale antique de l'île, est un charmant petit port, particulièrement fleuri, aux avenues plantées parfois de palmiers, qui, en été, somnole le jour à l'ombre de son château des chevaliers de Rhodes, pour se réveiller à la tombée de la nuit.

Château des chevaliers de Rhodes. — Situé au port, il fut construit principalement avec des matériaux antiques de remploi (mêmes conditions de visite que le musée. V. ci-dessous). Il est constitué de **deux enceintes** dont la première, datée du milieu du XVe s., fut restaurée par les grands maîtres *Pierre d'Aubusson* (1476-1505) et *Aimery d'Amboise* (1505-1512), ainsi que l'attestent les écussons encastrés dans la courtine. Sur le front O., du côté du port, vous verrez au-dessus d'un lion antique les armes de *Pierre d'Aubusson* surmontées du chapeau cardinalice qui lui fut accordé en 1489. La dernière enceinte, qui formait le réduit renforcé de tours rondes, fut érigée au XIVe s., et restaurée sous le grand maître *Pierre d'Aubusson.*

Platane d'Hippocrate. — En contournant un bastion avancé du château par la dr. (c'est-à-dire par le quai du port), vous atteindrez une ravissante petite place en passant au pied de la **mosquée Lontza** (XVIIIe s.), souvenir de l'occupation turque, et près d'une fontaine aux ablutions. La place est ombragée par un énorme platane, dit d'***Hippocrate,*** que soutiennent avec peine des colonnes antiques et un autel romain ; mais l'arbre n'aurait pas plus de cinq siècles... De là, vous découvrirez le site de l'agora.

Agora (officiellement, mêmes conditions de visite que le musée). — Parmi les ruines de ce champ de fouilles, dont l'agora ne forme qu'une partie, vous distinguerez les restes du **temple d'Aphrodite Pandémos**, dont il subsiste le podium et quelques tambours de colonnes cannelées et, à g., les substructions du **temple d'Héraclès**. Quant à l'agora, dont un portique est identifiable grâce à deux colonnes encore reliées par un fragment d'entablement, elle est en partie recouverte par l'**église Haghios Constantinos**, du XVe s., ornée de fresques que les Turcs recouvrirent d'un badigeon.
Plus à l'E. s'élèvent les **chapelles du Prodromos et de la Panaghia Gorgoepikos** (XVe s.) où l'on peut voir quelques fresques et une iconostase du XVIIe s.

Musée. — En longeant le champ de fouilles de l'agora vers le centre du bourg, vous parviendrez au petit musée qui abrite les découvertes réalisées sur l'île, notamment des sculptures des époques hellénistique et romaine, dont une **statue d'Hippocrate**, de la fin de la période hellénistique, mais d'après un original classique. Au centre du bâtiment, une **mosaïque** du IIe ou du IIIe s. apr. J.-C. représente Hippocrate accueillant Asclépios sur l'île de Cos.

Visite : t.l.j. sauf mardi, en été, de 8 h 30 à 12 h 30 et de 16 h à 18 h, le dim. de 9 h à 15 h ; en hiver, de 9 h à 13 h 30 et de 16 h à 18 h, le dim. de 10 h à 16 h 30 ; accès payant.

Casa Romana. — La rue débouchant au fond de la place en face du musée mène à la Casa Romana (même horaire que le musée), une demeure patricienne d'époque romaine (IIIe s. apr. J.-C.), sur le site d'une villa de la période hellénistique, qui a été reconstituée pour abriter les remarquables ***pavements de mosaïque** et les peintures que l'on y mit au jour.

Chantier de fouilles de la zone O. — La Casa Romana est localisée au cœur d'une zone archéologique où vous verrez les ruines d'un **temple de Dionysos** (de l'autre côté de la rue passant devant la Casa Romana, à dr. en sortant de celle-ci), construit durant l'époque hellénistique. Les restes les plus importants se trouvent le long de la même rue, mais à l'O. (à g. en sortant de la Casa Romana), avec un **odéon** d'époque romaine qui conserve en partie ses gradins de marbre.
Près de l'odéon, de l'autre côté de la rue, vous examinerez ensuite, protégée par un hangar, une **mosaïque romaine du rapt d'Europe** (IIIe s. apr. J.-C.), puis, le long d'une section du *cardo*, l'une des principales artères de la cité romaine, les ruines (à g.) d'un **bassin romain** et, derrière celui-ci, d'une **basilique paléochrétienne**, du Ve s., et d'un **nymphée** (à dr.). Plus loin se trouvent les ruines d'un **portique d'une palestre**, ou *xyste*, dont il subsiste 17 colonnes (primitivement, il en comptait environ 50).

De la place où se trouve le musée, la rue du 31-Mars (laisser à g. le café Aigli) mène au site du **stade** antique et aux ruines d'un **bain** d'époque hellénistique (IVe ou IIIe s. av. J.-C.).

Environs de Cos. 1 — Asclépieion (5 km ; par la route de Chorio, puis à g. à 1 km).

Visite : t.l.j., en été, de 8 h 30 à 12 h 30 et de 16 h à 18 h, le dim. de 9 h à 15 h ; en hiver, de 9 h à 13 h 30 et de 16 h à 18 h, le dim. de 10 h à 16 h 30 ; accès payant.

L'Asclépieion de Cos, sanctuaire fameux consacré à ***Asclépios*, où des malades venaient de l'Hellade entière** pour trouver la guérison de leurs maux, ne fut pas construit avant le IVe s. av. J.-C., mais agrandi à plusieurs reprises. Le **sanctuaire et ses dépendances occupent quatre terrasses** qui dominent la plaine de Cos. Vous commencerez la visite par la quatrième terrasse.

Quatrième terrasse. — A g., remarquez les restes de thermes du Ier s. apr. J.-C. et, plus à g., d'une piscine pour bains froids.

Troisième terrasse. — Cette partie de l'Asclépieion, la plus vaste et où jaillissaient **des sources** ferrugineuses et sulfureuses qui servaient au traitement des malades, peut être considérée comme **le lieu sacré de cure thérapeutique** par opposition à la zone des temples qui occupait les deux terrasses supérieures. On y accédait par une rampe à propylée d'ordre dorique, construite en marbre et en travertin à l'époque hellénistique. La cour de la troisième terrasse était bordée sur trois côtés par des portiques de style dorique où s'ouvraient différentes pièces d'époque romaine et, à l'E., un établissement thermal. Une sorte de musée médical renfermait les ex-voto offerts par les malades. Quelques chambres souterraines sont ornées de **peintures d'époque romaine.**
A dr. de l'escalier de la seconde terrasse, remarquez les ruines d'un petit *naïskos*, ou chapelle, d'ordre ionique, dédié au Ier s. apr. J.-C. par le médecin de la cour de Claude Ier, *Xénophon.*
A g. de l'escalier, une rangée de cuvettes servait au traitement des malades.

Deuxième terrasse. — L'escalier débouche en face de l'**autel monumental d'Asclépios.** A dr., deux colonnes appartiennent au **temple d'Asclépios** (temple B), d'ordre ionique, érigé entre 300 et 270 av. J.-C., où les trésors du sanctuaire étaient déposés. Dans la cella de ce temple se trouvait une fosse rectangulaire où les pèlerins déposaient une offrande votive *(pélanos)* avant de suivre la cure.

A g. de l'autel, gisent les restes d'un autre **temple** (temple C), d'ordre ionique, périptère, construit en marbre blanc, qui, avant d'être probablement consacré au culte impérial, était sans doute dédié à Apollon Délien. Il fut érigé sur l'emplacement d'un sanctuaire plus ancien, d'ordre dorique, vraisemblablement détruit au Ve s. av. J.-C. Ainsi s'explique l'orientation différente de ce temple par rapport à celui d'Asclépios. Plus à l'E. se dressait une vaste construction d'époque hellénistique, sans doute une *lesché* (club).

Première terrasse. — Elle résulte d'un agrandissement de la première moitié du IIe s. av. J.-C. Dans l'axe de l'escalier s'élevait un grand **temple** périptère dorique (temple A), en marbre blanc rehaussé de marbre noir. Sur cette terrasse furent également construits divers lieux de cure.

Un peu au S. de l'Asclépieion se trouve **la construction la plus ancienne de l'île,** composée d'une haute coupole précédée d'un corridor de 35 m de long couvert en encorbellement. Sous la coupole jaillissait une source citée sous le nom de *Bourinna* par le médecin de Néron, *Andromachos de Crète,* dans une invocation à Asclépios. En dépit de la similitude qui existe entre cette construction à coupole et les tombes à tholos mycéniennes, il est peu probable que cet édifice remonte à une aussi haute époque.

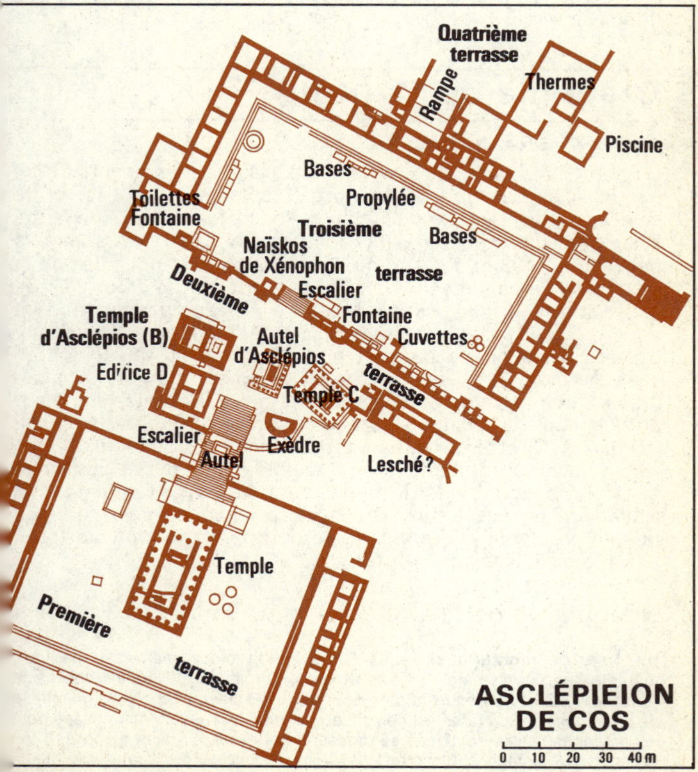

2 — Kardaména (25 km par la route de Chorio). — **9 km** : A g. à **3** km, au milieu de jardins, **Asfendiou**, village dominé par un château médiéval.
16 km : **Pyli** ; kastro byzantin restauré par les chevaliers de Rhodes ; plusieurs petites églises byzantines dont celle de la Purification de la Vierge, décorée de fresques, dans la première enceinte.
25 km : **Kardaména**, peut-être le plus joli village de l'île, le long d'une plage de sable fin qui invite à la baignade, que vous atteindrez après avoir découvert une ***vue panoramique** sur l'ensemble de l'île.
Près du village se trouvent les ruines d'un **temple d'Apollon**, l'une des divinités les plus vénérées à Cos, et d'un **théâtre** d'époque hellénistique.

3 — Kéfalos (40 km par la route de Chorio). — 24 km : **Antimachéia**, près d'une **forteresse** triangulaire construite par les chevaliers de Rhodes ; voyez également l'**église Haghia Paraskévi**. Aéroport de Cos.
A 5 km, **Mastichari** possède une belle plage de sable fin.
40 km : **Kéfalos**, avec une forteresse où vous verrez les restes, au bord de la mer, de la **basilique Haghios Stéphanos**, d'époque byzantine. Dans la **grotte d'Aspri Pétra** ont été découverts d'abondants vestiges préhistoriques.
A 2 km, au lieu-dit *Palatia*, ruines de l'antique **Astypaléa**, ancienne capitale de l'île : restes d'un **temple** hellénistique, d'un **sanctuaire** de Déméter et d'un **théâtre** du IVe s. av. J.-C.

C Crète [Ile de]*** (Kriti)

8331 km²; 456642 habitants.

Un continent : beaucoup n'hésitent pas à qualifier ainsi la Crète, risquant l'exagération pour rendre compte de sa richesse et de sa diversité. Certes, avec 250 km de long et jusqu'à 57 de large, avec ses importants reliefs montagneux dont les sommets dépassent 2400 m, il s'agit de l'une des plus grandes îles de la Méditerranée, ancrée au carrefour maritime de l'Europe, de l'Asie et de l'Afrique ; certes, l'Histoire y a vécu des temps dont nous n'avons pas encore épuisé l'héritage ; Zeus même y naquit... Mais on ne pourrait pousser trop loin la métaphore sans éveiller chez les Crétois le sentiment fier et farouche d'appartenir au monde hellène, d'être grec : Kazantzakis, Théodorakis sont des noms de Crète. Récemment encore, en 1974, la crise de Chypre ravivait cet attachement au continent, le vrai, vers quoi se tourne toute la vie d'une île qui lui donna ses dieux et sa civilisation. Visiter la Crète, c'est découvrir tout cela, non seulement un passé aux limites de la légende, mais aussi un peuple passionné, libre, fidèle, ce dont témoigne mainte tradition toujours vivante.

Géographie de la Crète

Un pays de montagnes. — La Crète est la pièce maîtresse de l'arc insulaire qui par Cythère, la Crète, Kassos, Karpathos et Rhodes établit une ligne de démarcation entre la mer Egée et la Méditerranée. Pour l'ensemble de l'île, l'ossature du relief est constituée par trois masses montagneuses dont les hautes murailles dentelées se dressent au-dessus de talus d'éboulis : les Lefka Ori (Montagnes Blanches), 2452 m, la chaîne de l'Ida (Psiloriti) qui culmine à 2456 m, le **mont Lasithiatika (Dicté)**, 2148 m. Ces montagnes calcaires sont taraudées en profondeur par le **travail de taupe des eaux souterraines** et, en surface, par des dépressions fermées dont les plus grandes sont de **hautes plaines intérieures** (plateau du Lassithi) abritant champs et villages. La côte S. tombe en corniche sur la mer. La côte N. est beaucoup plus ouverte, avec des baies ourlées de plaines ; elle a fixé le site des principaux ports : La Canée (Chania), Réthymnon, Haghios Nicolaos, Sitia et surtout Héracleion.

Un climat méditerranéen. — Cette côte N. a un **climat méditerranéen** avec pluies hivernales (Héracleion, température moyenne : 18° 6). La partie centrale jouit d'un climat montagnard. Mais la **côte S. doit être classée à part**, son climat est subdésertique ; la tranche d'eau annuelle n'est guère que de 200 mm ; il ne pleut pratiquement pas d'avril à la mi-octobre.

L'économie. — Jusqu'en 1913, date de son rattachement à la Grèce, la Crète a subi une longue dégradation économique dont témoignent les espaces couverts de broussailles et de steppes, vestiges des luttes contre les Turcs. Les Crétois se sont courageusement mis à l'œuvre ; sur les coteaux se développent les olivettes et les vignobles ; la grande **plaine de la Messara** se couvre d'immenses champs de blé, de vignes et d'oliviers ; certaines parties sont de véritables huertas ; ailleurs prévaut la polyculture méditerranéenne, car la petite exploitation domine, avec des méthodes de travail encore artisanales. On exporte de l'huile, des fruits, des légumes par les ports de la côte N. Pratiquement dénuée de sources d'énergie et sans industrie, la Crète ne peut donc compter que sur le tourisme pour réactiver son économie et enrayer une **émigration** qui, pour être moindre aujourd'hui que naguère, reste importante.

La Crète dans l'histoire

En marge de la Grèce continentale. — *Les fouilles que* sir Arthur Evans *a menées en Crète à Cnossos depuis 1900 ont révélé une civilisation très brillante à laquelle on donne indifféremment le nom de crétoise, d'égéenne ou de minoenne. Les recherches qui ont suivi ont permis de dégager les grandes lignes d'une histoire d'autant plus séduisante qu'elle s'inscrit en marge de l'histoire de la Grèce continentale et insulaire, qui a d'ailleurs été profondément marquée par l'influence crétoise.*

Avant Minos. — *Les premiers établissements humains remontent en Crète à la période néolithique. La population, encore clairsemée, habite dans des grottes, très nombreuses dans toute l'île et qui conserveront par la suite un caractère sacré, ou dans des maisons rudimentaires, construites en briques crues sur un socle de pierres. Elle vit exclusivement de l'agriculture et de l'élevage. L'outillage, fait de pierre polie ou d'os, est extrêmement simple. L'abondance des idoles féminines stéatopyges, communes à la même époque à toute la Méditerranée orientale, montre le culte d'une grande déesse mère, dispensatrice de fertilité et de fécondité, qui restera à la période suivante la divinité principale du monde égéen.*

L'invasion qui fit la Crète minoenne. — *Une date capitale est représentée, aux environs de 2700, par l'arrivée d'envahisseurs qui se fondent peu à peu avec les populations néolithiques. Ces nouveaux venus sont originaires d'Anatolie. Ils restent assez mystérieux pour nous, d'autant que leur langue est à peu près inconnue. Selon l'hypothèse la plus vraisemblable, ce sont des Proto-Indo-Européens, assez proches des* Hittites *et des* Louwites *et fortement influencés en Asie Mineure par les peuples méditerranéens primitifs. Ce qui est sûr, c'est qu'ils apportent* *une civilisation déjà évoluée. Avec eux commence en Crète l'âge du bronze, qui constitue la plus célèbre période de la grande île. On le désigne sous le nom conventionnel de* minoen. *La stratigraphie a permis d'y distinguer trois étapes successives (minoens ancien, moyen, récent), chacune d'elles se divisant en trois sous-périodes (I, II, III). La difficulté est de transformer cette chronologie relative en chronologie absolue. On y arrive grâce à des synchronismes avec les civilisations mieux connues de l'Egypte et du Moyen-Orient. Les recherches récentes, rectifiant les premières évaluations de sir Arthur Evans, aboutiraient au tableau suivant :*

Minoen ancien (MA)	*2700-2000*
Minoen moyen (MM)	*2000-1580*
Minoen récent (MR)	*1580-1100*

La Crète des palais. — *Vers 2000 apparaissent les « premiers palais », signe certain de l'avènement d'un pouvoir central fort au moins sur trois sites, à Cnossos, à Phæstos et à Mallia. Aux environs de 1700, ces palais sont détruits dans un cataclysme général, où l'on a voulu voir un tremblement de terre, mais qui doit plutôt être une invasion de Grecs venus du continent. Ce fléau est l'occasion de rebâtir les palais plus vastes et plus beaux : c'est l'époque des « seconds palais » (1700-1400), qui voit la reconstruction de Mallia, de Phæstos, de Kato Zakros, et surtout de Cnossos. Bientôt le roi de Cnossos prend le pas sur ses voisins : il détruit Mallia et force le prince de Phæstos à reconnaître sa suzeraineté. C'est le triomphe de Cnossos qui, profitant de sa position centrale, domine toute la Crète et construit un réseau de routes pour fortifier son hégémonie.*

La terre de Minos. — *L'existence d'une royauté forte est amplement démontrée par les dimensions et le luxe raffiné des palais. Cette monarchie est bureaucratique, à l'instar de celles de l'Orient. Elle connaît l'écriture : le linéaire A, représenté par une série de tablettes (en voie de déchiffrement), issu lui-même d'un système hiéroglyphique. La puissance des rois de Cnossos s'étend au loin. Il y a une véritable thalassocratie minoenne, qui couvre les îles et les côtes de l'Egée et dont Thucydide gardera encore le souvenir. L'activité économique est puissamment développée dans tous les domaines. L'agriculture et l'élevage sont prospères. L'artisanat est pratiqué aussi bien dans les ateliers palatiaux que dans les villes. Le commerce est actif, non seulement avec les îles et la Grèce, mais encore avec l'Egypte, la Syro-Phénicie, l'Asie Mineure. Les vases minoens, en particulier, se répandent dans toute la Méditerranée orientale.*

Les forces divines. — *La religion conserve des éléments fétichistes : la pierre sacrée, le pilier, la double hache (ou* labrys*), le bouclier bilobé, les arbres et animaux sacrés restent nombreux sur les représentations cultuelles en plein âge minoen. Le rôle essentiel est joué par les déesses, fortement anthropomorphisées, incarnation des forces intimes de la vie et dispensatrices à la fois de fertilité, de fécondité et de vie éternelle. Les dieux, fils ou amants de la Grande Mère, n'ont qu'une place subordonnée et sont parfois représentés encore sous la forme animale (taureau, oiseau, ...).*

Pour ces dieux, pas de temples, mais de petits sanctuaires qui sont d'abord en pleine nature (grottes, cimes des montagnes...). Puis, dans le palais, des salles sont réservées au culte : elles comportent généralement dans le fond une banquette, où s'accumulent les offrandes. Des « cornes de consécration » sacralisent tous ces lieux. Le serpent, animal chthonien par excellence, est l'objet d'une dilection particulière. Mais le taureau aussi est un animal sacré, d'où les innombrables représentations tauromachiques des grandes fresques et des arts mineurs. Cette religion a profondément influencé la religion grecque : c'est toute l'atmosphère des cultes égéens qui subsistera dans les cultes chthoniens et mystiques du monde hellénique ; c'est leur spiritualité, leur optimisme, leurs préoccupations de l'outre-tombe que l'on retrouve dans les croyances grecques.

Le naufrage d'une civilisation. — *C'est alors, en Crète, un extraordinaire apogée. Mais l'invasion y met brutalement fin. Au XVIe s. l'île est conquise par les Achéens. Un roi achéen succède au* Minos *: on a retrouvé une partie des archives palatiales, écrites en grec dans l'écriture dite* linéaire B. *Vers 1400 les palais sont détruits par un séisme et ne sont pas reconstruits, bien que la vie continue. La Crète participe à la guerre de Troie avec des contingents importants. L'influence du monde crétois sur les Grecs du continent est considérable : c'est toute une partie de l'héritage égéen que les Mycéniens transmettront à l'hellénisme.*

Une île dorienne. — *Les invasions doriennes interviennent assez tôt en Crète. Déjà un texte de l'*Odyssée *(19, 171) mentionne dans l'île des « Doriens tripartites ». On voit s'élaborer des formes sociales très voisines de celles de Sparte : une classe de guerriers, représentant les Doriens vainqueurs, réduit en servage les populations antérieures. L'activité économique reste vive. La Crète est un relais sur la route d'E. en O. : utilisant sa position centrale en Méditerranée, elle commerce avec la Syrie, les îles, l'Argolide, l'Egypte, la Sicile. Pendant tout le haut archaïsme, il y a une renaissance crétoise, sensible notamment dans le domaine de l'art : les sculpteurs crétois ou dédalides (descendants présumés du mythique* Dédale*) sont à l'origine des recommencements de la grande plastique, principalement dans le Péloponnèse. Et une religion nouvelle naît, moins oublieuse qu'ailleurs des traditions minoennes : la Grande Mère est révérée partout, tandis que des démons de la végétation, Courètes ou Corybantes, continuent leurs saltations rituelles. Mais, dès le début du VIe s., c'est le brusque arrêt de cette renaissance et l'on n'entend plus parler de la Crète pendant des siècles. Des concurrents mieux armés s'emparent des marchés, l'art disparaît et les Crétois se trouvent incapables de s'adapter aux nouvelles conditions du monde hellénique en perpétuelle évolution.*

Une longue léthargie. — *La Crète s'abandonne alors à une léthargie dont elle ne sortira plus guère. Pendant la période classique, la Crète vit en marge du monde grec et ne participe pas aux luttes, grandioses ou mesquines, qui l'agitent, pas plus aux guerres Médiques qu'aux rivalités des cités pour l'hégémonie. A l'époque hellénistique, ses mercenaires sont très recherchés pour leur bravoure.*

Au Ier s. av. J.-C., Rome intervient en Crète : C. Metellus, *qui méritera le surnom de Crétois, réduit l'île (69-67). Rattachée à la Cyrénaïque, elle forme une province, dont le gouverneur réside à Gortyne. Cette nouvelle capitale s'enrichit et s'embellit peu à peu, et ses ruines romaines montrent encore l'éclat de ce grand centre administratif.*

La Crète médiévale et moderne. — *Au Moyen Age, l'histoire de la Crète est fort confuse, tant elle suscite de convoitises en raison de sa position privilégiée. Elle appartient à l'empire byzantin, mais en 823 les Arabes s'en emparent et y demeurent plus d'un siècle, jusqu'en 961. C'est de cette première domination musulmane que date la fondation de Khandak, qui deviendra plus tard Candie. Récupérée par Byzance, elle est disputée après la quatrième croisade entre les Génois et les Vénitiens. La longue*

hégémonie de Venise (1210-1669), marquée d'abord par nombre d'exactions et de violences, s'adoucit par la suite, et l'on assiste, aux XVe-XVIIe s., à une véritable renaissance crétoise, visible surtout dans la peinture (Damaskinos, Théotokopoulos *dit* le Greco) *et dans les lettres (*Kornaros, *auteur d'un drame célèbre, l'Erotokritos).*
Les Turcs se rendent ensuite maîtres de la Crète, malgré l'héroïque résistance de Candie, qui dure 23 ans. Pendant les deux siècles (1669-1898) où ils apesantissent sur l'île une terrible domination, c'est la période la plus sombre de son histoire. Cédée momentanément à Méhémet-Ali, l'île redevient turque et cherche en vain à secouer le joug par plusieurs soulèvements, durement réprimés. La révolte de 1898, soutenue par l'Angleterre, permet la proclamation de l'autonomie de la Crète, qui est rattachée à la Grèce en 1913. En 1923 les musulmans quittent l'île, remplacés par des réfugiés grecs d'Asie Mineure. Elle connaît alors un rapide développement, dû en partie à l'essor du tourisme, consécutif aux fouilles menées par les missions étrangères. Conquise en 1941 par les Allemands, la Crète devient un centre de résistance acharnée et souffre beaucoup de l'occupation. Elle est libérée en 1944.

Pierre Lévêque

L'art minoen

Pour nous qui ne savons guère lire les textes crétois et qui ignorons à peu près tout de l'histoire événementielle de la Crète minoenne, c'est essentiellement par l'art que nous pouvons juger du très haut degré atteint par sa civilisation.
Les restes de la civilisation néolithique de la Crète sont nombreux : ce sont surtout des vases, souvent incisés, puis peints. Mais c'est à la période minoenne qu'appartiennent les documents les plus intéressants du point de vue de l'art.

Le labyrinthe crétois. — Les Grecs avaient gardé le souvenir confus des palais minoens dans **la légende du labyrinthe : Dédale, architecte de Minos,** avait construit pour son maître **un étrange palais,** aux mille salles et couloirs, où le roi emprisonna le Minotaure, né des monstrueuses amours de la reine Pasiphaé avec un taureau. Ces palais sont maintenant assez bien connus grâce aux fouilles de Phæstos, de Mallia, de Kato Zakros et surtout de Cnossos. Certes, dans le détail, leur plan est d'une extrême complexité (d'où le sens que le mot labyrinthe a pris déjà en grec), mais l'ensemble est simple.

Les palais minoens. — Ainsi, à Cnossos, **autour d'une cour centrale, s'ordonnent les appartements de réception** (en particulier la salle du trône, si évocatrice avec le trône du roi et les banquettes des conseillers), **les appartements privés, les magasins** où s'alignent de grandes jarres qui contenaient les provisions, **les salles de culte et le théâtre** qu'*Homère* évoquera encore dans l'*Iliade*. Le tout est bâti **sur plusieurs plans** (l'aile orientale est à un niveau inférieur à celui des autres ailes et de la cour) avec un lacis de couloirs, d'escaliers, de puits de lumière. Les murs sont faits de petits moellons réunis par un mortier de terre sur beau socle appareillé. La toiture est plate, soutenue par des colonnes dont la forme rappelle les piliers de bois originels. Les colonnades sont volontiers axiales, ce qui impose la porte latérale. L'éclairage est assuré par des fenêtres nombreuses et par des courettes intérieures. C'est un **édifice méditerranéen**, adapté à un climat chaud et sec, en opposition avec les châteaux forts dont les Achéens couronneront les acropoles de la Grèce.

Elégance et confort. — Dans ces palais **tout est fait pour la commodité** des habitants. On y trouve notamment des installations hydrauliques d'un extrême raffinement. Des égouts drainent l'eau des pluies torrentielles comme les eaux usées ; l'eau des sources est amenée jusque dans le palais pour les salles de bains ou les bassins. Mais **les préoccupations esthétiques ne sont pas sacrifiées** au confort : les murs, en matériaux assez grossiers, sont couverts d'un enduit de stuc très fin qui se prête à la peinture aussi bien qu'au bas-relief peint. Et de **vastes effets de perspective** sont obtenus à Cnossos, et plus encore à Phæstos, par les larges escaliers, les terrasses superposées et les échappées savamment ménagées sur le paysage.

La fresque minoenne. — Décrire l'architecture des palais ne suffit pas, car c'est laisser de côté le **luxe extraordinaire de leur décoration intérieure.** Les murs étaient couverts de **larges fresques**, exécutées à la détrempe sur un enduit de stuc encore humide. L'artiste devait travailler vite, d'où les **qualités de vie et d'entrain** si remarquables dans toutes ces œuvres. Il est possible, notamment à Cnossos, de suivre l'évolution de l'art pictural. On voit d'abord l'exubérance d'un naturalisme que rien ne laisse indifférent, ni les plantes, ni les animaux, ni les hommes : ce sont les bouquets de roseaux sur un tapis de lys blancs, les dauphins nageant au milieu des poissons de l'appartement de la reine, ou le taureau au-dessus duquel un toréador fait le saut périlleux, devant une foule grouillante et enthousiaste. Puis apparaît un véritable classicisme, qui se complaît presque exclusivement dans la représentation humaine : le meilleur exemple en est l'adorable **« Parisienne »**, avec son visage fin, dévoré par les yeux, son nez cabossé, sa bouche mutine, son long cou, sa chevelure mouvante et parée. Enfin, la peinture se stylise. Moins proche de la vie, elle produit encore d'amirables fresques, la procession hiératique des porteurs de vases et surtout l'étonnante composition des toréadors : un homme saute hardiment au-dessus d'un taureau furieux en plein élan, vers une jeune fille qui lui tend les bras, tandis qu'un autre a saisi les longues cornes de l'animal et semble tenter un rétablissement.

Le relief peint. — Un art mixte enfin, le relief plat de stuc peint, donne **de véritables chefs-d'œuvre** : le roi aux fleurs de lys ou une tête de taureau animée d'une vie prodigieuse. Assurément les peintres minoens obéissent à **de strictes conventions**, qui rappellent celles de la peinture égyptienne : couleurs spéciales qui distinguent personnages masculins et féminins, œil de face dans un visage de profil, absence d'ombres et de véritable perspective. Mais comment ne pas admirer leur **sens très vif de la couleur**, leur habileté à rendre le mouvement le plus instantané, leur goût de l'individuel ? Quelle grâce légère, quelle richesse décorative, quelle fougue et **quelle joie de vivre** ! Ce sont des qualités que la Grèce, plus ordonnée, plus intellectuelle, ignorera trop souvent.

La sculpture. — La sculpture est beaucoup **moins développée que la peinture**. La grande plastique est inconnue : en Crète, ni sculpture monumentale, ni statues de culte, mais seulement des statuettes. Ce sont essentiellement la stéatite, la faïence, l'ivoire, le bronze qui sont travaillés, ainsi que l'argile. Les **déesses aux serpents**, admirables statuettes de faïence provenant de Cnossos, en sont les œuvres les plus fameuses.

Le relief est représenté par des plaques de faïence qui servaient sans doute de panneaux décoratifs. Sur l'une, c'est une chèvre allaitant ses petits, sur une autre, un crabe si parfait que les fouilleurs de Cnossos le prirent d'abord pour un fossile : admirable exemple du talent animalier des Crétois. Trois beaux vases de stéatite d'Haghia Triada sont ornés de reliefs : hommage au roi, jeux gymniques, procession champêtre. On y trouve le même naturalisme que dans les productions de la peinture (qui semblent d'ailleurs avoir exercé une grande influence sur l'art du relief) et, au moins pour le dernier, un humour et une fantaisie qui en disent long sur le tempérament crétois.

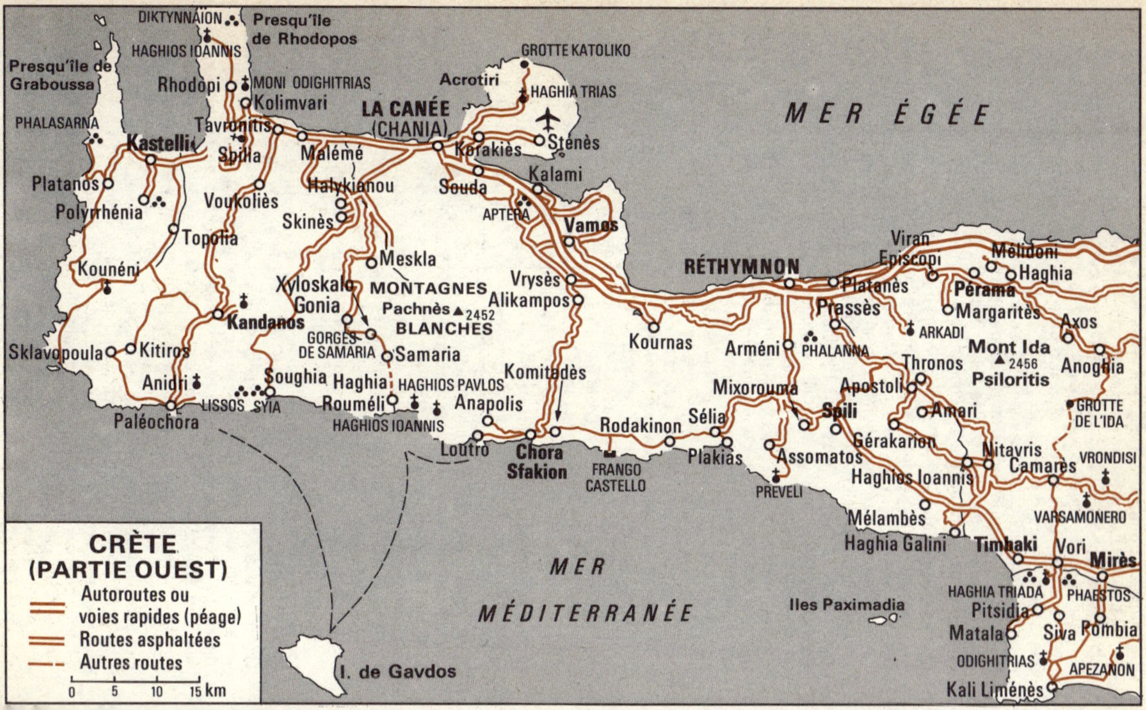
CRÈTE
(PARTIE OUEST)
Autoroutes ou
voies rapides (péage)
Routes asphaltées
Autres routes
0 5 10 15 km
MER ÉGÉE
MER MÉDITERRANÉE
DIKTYNNAION
Presqu'île de Rhodopos
HAGHIOS IOANNIS
Presqu'île de Graboussa
Rhodopi
MONI ODIGHITRIAS
Kolimvari
PHALASARNA
Kastelli
Tavronitis
Spilia
Malémé
LA CANÉE (CHANIA)
Acrotiri
GROTTE KATOLIKO
HAGHIA TRIAS
Sténès
Korakiès
Kalami
Souda
APTERA
Vamos
Platanos
Polyrrhénia
Voukoliès
Halykianou
Skinès
Topolia
Meskla
Kounéni
Xyloskalo
Gonia
MONTAGNES BLANCHES
Pachnès 2452
Kandanos
GORGES DE SAMARIA
Samaria
Sklavopoula
Kitiros
Anidri
Soughia
Haghia Rouméli
HAGHIOS PAVLOS
HAGHIOS IOANNIS
LISSOS
SYIA
Paléochora
Vrysès
Alikampos
Komitadès
Anapolis
Loutro
Chora Sfakion
FRANGO CASTELLO
Rodakinon
Kournas
RÉTHYMNON
Viran Episcopi
Platanès
Prassès
Arméni
PHALANNA
Mixorouma
Sélia
Plakias
Assomatos
PREVELI
Spili
Apostoli
Thronos
ARKADI
Mélidoni
Haghia
Pérama
Margaritès
Axos
Anoghia
Mont Ida 2456 Psiloritis
GROTTE DE L'IDA
Amari
Gérakarion
Nitavris
Camarès
VRONDISI
Haghios Ioannis
VARSAMONERO
Mélambès
Haghia Galini
Timbaki
Vori
Mirès
HAGHIA TRIADA
PHAESTOS
Pitsidia
Matala
Siva
Pombia
ODIGHITRIAS
APEZANON
Kali Liménès
Iles Paximadia
I. de Gavdos

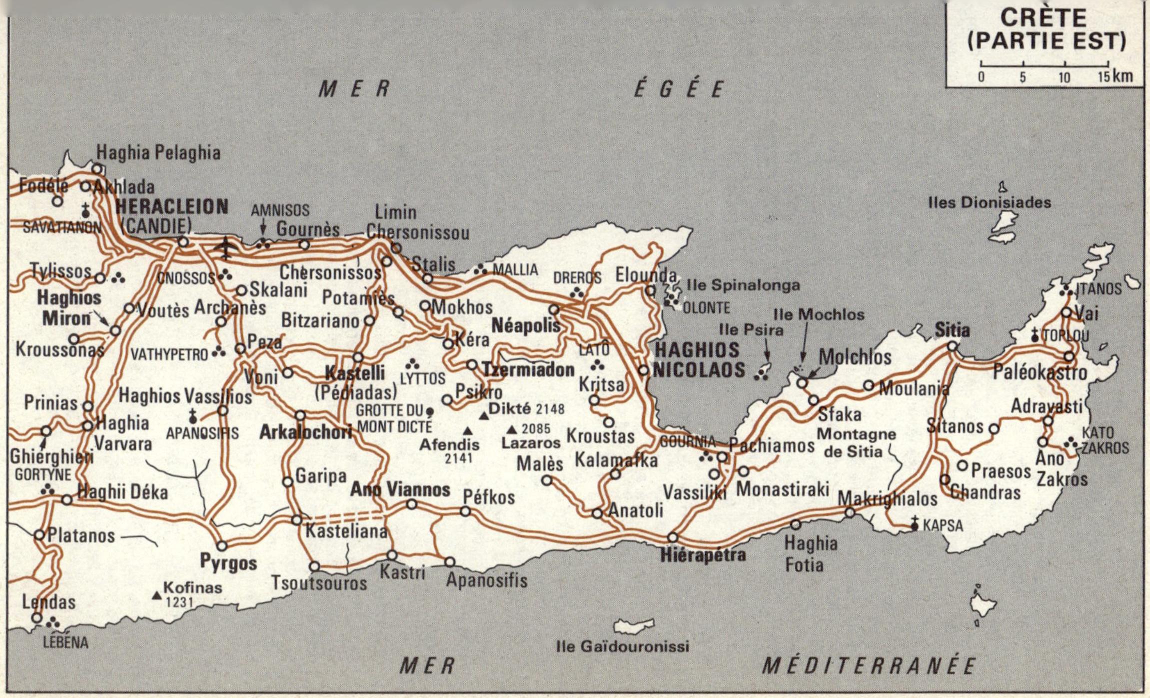
CRÈTE
(PARTIE EST)
0 5 10 15 km
MER
ÉGÉE
MER
MÉDITERRANÉE
Haghia Pelaghia
Fodélé
Akhlada
HERACLEION
(CANDIE)
SAVATIANON
AMNISOS
Gournès
Limin
Chersonissou
Stalis
MALLIA
DREROS
Elounda
Ile Spinalonga
OLONTE
Ile Mochlos
Ile Psira
Iles Dionisiades
ITANOS
Vai
TOPLOU
Sitia
Molchlos
Paléokastro
Adravasti
KATO
ZAKROS
Ano
Zakros
Sitanos
Praesos
Chandras
KAPSA
Makrighialos
Moulania
Sfaka
Montagne
de Sitia
Pachiamos
Monastiraki
Vassiliki
GOURNIA
HAGHIOS
NICOLAOS
LATÔ
Kritsa
Kroustas
Kalamafka
Malès
Anatoli
Hiérapétra
Haghia
Fotia
Ile Gaïdouronissi
Tylissos
Haghios
Miron
Kroussonas
CNOSSOS
Voutès
Archanès
Skalani
Chersonissos
Potamiès
Bitzariano
Mokhos
Néapolis
Kéra
Tzermiadon
Psikro
Dikté 2148
2085
Lazaros
Afendis
2141
GROTTE DU
MONT DICTÉ
LYTTOS
Kastelli
(Pédiadas)
Voni
Peza
VATHYPETRO
Haghios Vassilios
APANOSIFIS
Arkalochori
Garipa
Ano Viannos
Péfkos
Kasteliana
Kastri
Apanosifis
Tsoutsouros
Pyrgos
Kofinas
1231
Prinias
Haghia
Varvara
Ghierghieri
GORTYNE
Haghii Déka
Platanos
Lendas
LEBENA

L'orfèvrerie. — C'est surtout dans les arts mineurs que s'affirme le génie artistique des Crétois. La Crète, qui passa aux yeux des Grecs pour la patrie de l'ingénieux Dédale, pratiquait avec une perfection consommée le travail des métaux et des pierres précieuses. Sur les fresques, hommes et femmes portent toujours des bijoux. Les tombes ont révélé beaucoup de colliers et de pendeloques, tel cet admirable pendentif d'or de la nécropole royale de Mallia, à Chrysolakkos, où s'affrontent deux abeilles.

La marqueterie et le travail de la pierre. — La technique de l'incrustation, d'origine orientale, est parfaitement connue. On a retrouvé à Cnossos la boîte du lapidaire surpris par le séisme. Certains objets sortis de son atelier montrent ce qu'il savait réaliser : ainsi une table incrustée de soixante-douze marguerites, qui devait servir à une sorte de jeu d'échecs et où s'unissaient l'ivoire, le cristal de roche, l'or, l'argent, et une pierre bleue, le kyanos.
Quant à la glyptique, elle a produit d'innombrables sceaux, qui jouaient un grand rôle dans l'administration et les actes privés. Ils sont différents les uns des autres par leur forme, leur matière et les représentations qu'ils portent. On a pu suivre leur évolution depuis les idéogrammes primitifs, en passant par des hiéroglyphes décoratifs, jusqu'au plein naturalisme qui se plaît à l'évocation de la vie crétoise dans ses formes les plus variées : paysages, plantes, animaux (notamment animaux marins et taureaux), scènes humaines où défilent toutes les occupations de l'homme, figurations divines.

L'art du potier. — **La céramique**, le plus utilitaire des arts mineurs, **a connu un développement véritablement artistique**. Dès le minoen ancien, le tour est inventé et le potier apprend à construire un four où la température est suffisamment élevée pour donner d'heureux effets de vitrification. Le décor est fait uniquement d'éléments géométriques (lignes droites, cercles, spirales). Au minoen moyen, l'invention d'un tour à rotation lente permet d'obtenir des vases dont les parois n'ont pas plus d'épaisseur qu'une coquille d'œuf, merveille de technique. Une riche polychromie s'introduit. Les motifs restent parfois linéaires, mais sont plus souvent végétaux ou animaux. On aime à combiner les lignes et les couleurs, selon une stylisation du plus heureux effet. C'est le style dit de Camarès, d'après le lieu des premières trouvailles. Enfin le minoen récent abandonne d'abord la stylisation pour le naturalisme : des poulpes effrayants déroulent leurs tentacules au flanc des vases. Puis on retourne à un style décoratif, le « style du palais », qui sait adapter au galbe des poteries les entrelacs des motifs linéaires et végétaux auxquels il se complaît. Il n'est pas de meilleure illustration de l'extraordinaire puissance décorative des Crétois que ces humbles récipients de terre cuite.

Cet art plein de sève, de vie, d'exubérance a profondément influencé l'art mycénien. Sauf pour l'architecture, restée de tradition essentiellement nordique, les Achéens se sont très largement inspirés des chefs-d'œuvre qu'ils avaient pu admirer en Crète ou que le commerce crétois avait répandus parmi eux. L'importance historique des productions minoennes apparaît donc aussi grande que leur valeur esthétique intrinsèque.

Pierre Lévêque

Visite de la Crète

L'insularité et l'isolement de la Crète en font une entité géographique, historique et culturelle d'une telle originalité qu'il n'était pas possible de disperser les descriptions de ses villes et de ses sites selon l'ordre alphabétique. Vous les trouverez donc regroupées en six sections :

4 — Cnossos, p. 476.
5 — La Messara (Gortyne, Phæstos, Haghia Triada), p. 485.
6 — Haghios Nicolaos et ses environs, p. 496.
Si l'une des sections est entièrement réservée au site minoen de Cnossos, les autres recouvrent d'ouest en est toutes les régions de la Crète, que relie par le nord la route décrite à la carte-itinéraire 15. Très bientôt, il sera possible d'aller de Réthymnon à Sitia par le sud, via Phæstos et Hiérapétra, par une route en cours d'achèvement entre Pyrgos et Pefkos.

***Cinq jours en Crète.** — V. p. 173 le plan du « Voyage complémentaire en Crète » (une sixième journée est nécessaire pour visiter, à partir d'Haghios Nicolaos, la partie orientale de l'île).*

Si vous aimez...
La découverte des mondes nouveaux, *vous vous passionnerez pour l'art minoen qui a plongé ses racines dans les ténèbres de la préhistoire de l'Asie Mineure avant de fleurir dans ce jardin secret qu'est la Crète. Que vous ayez a priori une préférence pour la peinture, la sculpture, les arts du métal ou la céramique, élevée ici à des sommets qui lui permettent de rivaliser avec des arts réputés plus nobles, le musée archéologique d'Héracleion sera pour vous à la croisée des chemins qui vous guideront dans votre recherche du temps perdu. Quant à l'architecture palatiale, ce sera à Cnossos, mais aussi à Phæstos, Haghia Triada, Mallia et Kato Zakros que vous irez à sa rencontre.*
Les expressions mystiques, nobles et rythmées de la peinture byzantine, *vous découvrirez, sur place, les sources de cette brillante école crétoise qui, de la seconde moitié du XVe s. jusqu'au XVIIe s., se situa au confluent des traditions locales et des grands courants venus de Venise et issus de Constantinople. Il ne s'agira que des antécédents, localisés dans les monastères de Varsamonéro et de Vrondisi et dans les églises d'Avdou, Bitzariano, Potamiès, Kritsa, etc., car cette grande époque de la peinture crétoise, qui dispersa ses artistes au mont Athos, aux Météores, en Italie, en Dalmatie et même au mont Sinaï, sans oublier Tolède avec* le Greco, *est à peine représentée en Crète, tout juste au musée historique et ethnographique d'Héracleion, par quelques icônes.*
Les objets d'artisanat, *rapportez de Crète des ouvrages tissés ou crochetés, des vestes ou des tapis de laine d'un travail toujours très soigné, ou des bijoux imités de ceux du musée d'Héracleion ; et, comme dans toute la Grèce, céramique et poterie, objets d'albâtre ou d'onyx.*
Les fêtes et manifestations folkloriques, *sachez qu'en Crète plus qu'ailleurs les traditions demeurent vivaces. Une multitude de fêtes religieuses sont prétextes à processions et réjouissances, tandis que le soir on danse bien souvent dans les tavernes au son de la « lyra » ou du « laouto ».*

1 — La Canée et ses environs

La Canée (Hania ; 40 500 habitants) est, avec Réthymnon, la ville où l'on retrouve le mieux l'atmosphère de la cité vénitienne des XVIe et XVIIe s. avec ses vieilles maisons, ses remparts, ses arsenaux. L'occupation turque y a laissé un certain cachet oriental. Extrémité occidentale de l'île, la région de La Canée, dominée par le massif des Montagnes Blanches, n'est pas d'accès facile et reste particulièrement sauvage ; mais ses sites et ses paysages — comme les fameuses gorges de la Samaria — ne devraient pas décevoir les amoureux de la nature.

Une antique métropole. — *La Canée occupe l'emplacement de l'ancienne* Kydonia, *la plus puissante cité de la Crète occidentale (un complexe palatial, détruit au minoen récent III, puis restauré, est en cours de dégagement sur la colline de Castelli). Elle fut souvent en lutte contre ses rivales crétoises, Cnossos et Gortyne, notamment en 171 av. J.-C.*

La Canée et le Lion de Saint-Marc. — *Elle fut occupée par les Vénitiens qui la nommèrent* Canea *dès 1252. A la suite d'un conflit entre Venise et Gênes, celle-ci réussit à s'y maintenir de 1267 à 1290. Au XIIIe s., la ville comportait une cité murée, dite Castello, où se trouvaient la cathédrale, le palais du recteur et quelques demeures de riches Vénitiens, et un faubourg qui fut pourvu d'une enceinte entre 1320 et 1336. En 1537, la ville fut ravagée par le corsaire* Barberousse *et, dès l'année suivante, Venise envoyait en Crète son meilleur ingénieur,* Sanmicheli, *pour fortifier la ville et deux autres places de la Crète. Elle fut cependant enlevée d'assaut par les Turcs, en 1645, après 55 jours de siège.*

Le douloureux chemin vers la Libération. — *Sous l'administration turque, La Canée déclina et subit plusieurs fois des représailles à la suite des nombreuses insurrections qui secouèrent la Crète. Le 15 février 1897, des contingents internationaux débarquèrent à La Canée pour mettre fin aux luttes entre les Turcs et les partisans crétois. Le 15 novembre 1898, le prince* Georges, *nommé haut commissaire par les puissances alliées (Angleterre, France, Italie, Russie), y fit une entrée triomphale. Après le rattachement de la Crète à la Grèce, en 1912 (le rattachement fut, en réalité, officiellement proclamé le 30 mai 1913, lors de la signature du traité de Londres), La Canée resta la capitale administrative de la Crète jusqu'en 1971.*

Indicatif téléphonique : 0821.

Police touristique : 23, rue Karaïskaki (24-477).

O.N.H.T. (Office du tourisme) : 6, Akti Tobazi (26-426).

Automobile et Touring Club de Grèce (ELPA), 6, rue Vérovitch Pacha (26-059).

Hôtels :

En ville :

¶¶¶ *Kidon,* Platia Vénizélou (26-190) 108 ch.

¶¶¶ *Xénia* (24-562) 44 ch.

¶¶ *Doma,* 124, rue Vénizélou (21-772) 29 ch.

¶¶ *Lissos,* 68, Vassiléos Constantinou (24-671) 41 ch.

¶¶ *Samaria,* rues Kydonias et Zimvrakakidon (51-551) 58 ch.

¶ *Aptera Beach,* Paralia Haghion Apostolon (22-636) 45 ch. avril-oct.

¶ *Canéa,* 18, Platia 1866 (24-673) 50 ch.

¶ *Criti,* Nikiforou Foka et Kyprou (21-881) 91 ch.

Au port :

¶¶ *Porto Venetsano* (29-311) 63 ch.

A Kastelli (39 km ; env. 1) :

¶ *Castro* (22-140) 11 ch.

A Chora Sfakion (72 km ; env. 5) :

¶ *Xénia* (91-202) 12 ch.

A Malémé (17 km ; env. 1) :

¶¶¶ *Chandris Malémé Beach* (91-221) 400 ch. ouv. avril-oct.

A Omalos (44 km ; env. 3) :

¶¶ *Xénia* (93-237) 3 ch. ouv. avril-oct.

Auberge de jeunesse : école Papaioannou, rue Khatzidaki.

Aéroport : à Akrotiri, à 16 km à l'E. de La Canée. De 2 à 5 vols quotidiens pour Athènes en 45 mn.

Compagnie aérienne : *Olympic Airways,* 34, Stratigou Tzanakaki (77-701).

Bateaux : ferry-boat six fois par semaine au départ du Pirée, en 11 h par service direct.

Autobus : gare routière à l'angle des rues Kydonias et Kelaidi (☎ 23-052).

Location de voitures : *Avis*, 46, rue Karaïskaki (☎ 21-196), et à l'aéroport; *Hertz*, 21, rue Tzanakaki (☎ 20-366), et à l'aéroport.

Fêtes et manifestations : outre les nombreuses fêtes religieuses, signalons, les 5 et 6 mai, la ***fête de l'orange*** à **Skinès**, au S. de La Canée; du 20 au 27 mai, l'anniversaire de la bataille de Crète (1941) : ***Venizelia***, à **La Canée**; le 12 oct., la ***fête de la châtaigne***, à **Elos**, au S. de Kastelli.

Artisanat : exposition à l'ancienne mosquée, sur le port (☎ 22-568).

Sévèrement bombardé en 1941 au moment de l'invasion de l'île par les parachutistes allemands, le vieux quartier vénitien, tout près du port, a perdu beaucoup de son charme, et lorsque ses ruelles sont battues par des vents violents — ce qui arrive assez souvent — elles semblent engourdies dans un morne abandon. C'est pourtant dans ce quartier, et à proximité, que vous visiterez ce que La Canée compte de plus intéressant. Baignez-vous à la plage de Galatas, à 5,5 km par la route de Kastelli, où l'eau est délicieusement douce, et où vous trouverez de petits restaurants, très rustiques, où l'on sert du poisson frais.

Visite de la ville

Les **quartiers anciens** de La Canée s'ordonnent autour du **port vénitien** établi dès le XIIIe s., tandis que c'est aujourd'hui le port de Souda qui dessert la ville. Le bassin ouest est bordé par les terrasses de plusieurs petits cafés où il fait bon s'attabler le soir venu, et par un modeste **musée de la marine.** La **mosquée des Janissaires,** où sont installés les services de l'Office du tourisme, est un souvenir de l'occupation turque, comme le phare en forme de minaret qui termine le môle. Près de la mosquée, au pied de la colline de l'ancien *Castello*, vous pourrez voir sept grandes voûtes des **arsenaux** vénitiens (XVIe s.).

En suivant vers l'O. le quai Koundouriotou, vous traverserez un ancien **quartier vénitien**, où subsistent encore quelques vénérables demeures du temps où le Lion de Saint-Marc faisait la loi en mer Egée. Près de là, au bord de la mer, non loin de l'hôtel Minoa *(Xénia)*, le **bastion San Salvatore** ou **Gritti**, construit entre 1538 et 1540 sur les plans de l'ingénieur *Michele Sanmicheli*, est encore partiellement conservé, ainsi que le front O. de l'**enceinte vénitienne**, érigé entre 1540 et 1543. Ce mur se termine au S. par le **bastion San Dimitrio** (1546-1549) qui est presque intact.

Revenez à la mosquée pour gagner le centre de la ville par la **rue Halkidon**. Dans la première rue à dr. (no 43), **loggia vénitienne** avec armoiries et inscription latine. Plus loin dans la rue Halkidon, à dr., l'**église Saint-François**, basilique du XIVe s., la mieux conservée des églises latines de La Canée, abrite sous ses trois nefs le **musée archéologique**.

Visite : en été, de 9 h à 13 h et de 16 h à 18 h; en hiver, de 10 h à 16 h 30; les dim. et j. fériés, de 10 h 30 à 14 h 30; fermé le mardi; accès payant (☎ (0841) 244-18).

Le musée renferme en particulier de la **céramique minoenne** provenant d'une tombe mise au jour sur l'emplacement de l'antique Kydonia, ainsi que de beaux **sarcophages** de la fin de cette période. Vous verrez également une intéressante collection de **terres cuites** des époques archaïque, hellénique, hellénistique et romaine. Parmi les **statues**, on notera celles provenant du chantier de fouilles de l'Asclépieion de Lissos, notamment celle d'un éphèbe, ainsi qu'une petite statue en marbre d'Aphrodite trouvée à La Canée (Kydonia), une statue de rhéteur d'époque romaine, etc. Une intéressante **mosaïque** d'époque romaine représente Poséidon enlevant Amymoné.
Dans le jardin qui jouxte le musée, vous remarquerez une fontaine hexagonale turque, un portail vénitien en marbre et des inscriptions turques.

Environs de La Canée

1 — Kastelli (42 km) **et la côte O.** — Sortez par la route de Malémé.
17 km : **Malémé**; à 100 m à g. de la route, grande **tombe mycénienne** à chambre carrée couverte d'un toit de forme pyramidale, le seul exemple connu avec ce type de couverture.
25 km :

A 6 km à dr., **Rhodopi**, village près duquel se trouve, sur la côte E. de la presqu'île de Rhodopos, le **monastère fortifié de Gonia** (Moni Odighitrias), fondé en 1618. Les bâtiments actuels datent de 1662 mais ils furent restaurés en 1798 puis remaniés en 1878-1884. Vous remarquerez la porte d'entrée et surtout celle du réfectoire, de style baroque. Vous y verrez de belles **icônes** des XVIe et XVIIe s. dont l'une, représentant une **Mise en croix**, signée du peintre crétois *Paleokapas* (1re moitié XVIIe s.), est d'une belle facture. Près du monastère, les constructions modernes à arcades abritent un centre culturel pour des séminaires de théologie. Près de la pointe N. de la presqu'île de Rhodopos, également sur la côte E., des archéologues allemands mirent au jour, en 1942, les ruines d'un sanctuaire du IIe s. apr. J.-C., consacré à *Artémis Diktynna* (**Diktynnaion**), sur l'emplacement d'un sanctuaire plus ancien, d'époque hellénistique.

42 km : **Kastelli**, petite bourgade fortifiée au milieu du XVIe s. par les Vénitiens, sur l'emplacement de l'ancienne *Kissamos*. Vous y verrez encore quelques restes de cette **enceinte** restaurée par les Turcs et vous visiterez un petit **musée archéologique**. On a récemment découvert à Kastelli deux beaux pavements de mosaïque appartenant à un vaste ensemble d'habitations du IIIe s. apr. J.-C.

Au large de la pointe N. de la **presqu'île de Graboussa**, sur l'îlot de Graboussa, les Vénitiens construisirent un fort qu'ils conservèrent jusqu'en 1692. Au S. de Kastelli, on situe l'emplacement de l'antique *Polyrrhénia* avec des vestiges de fortifications helléniques et byzantines.
A l'O., maintenant en retrait dans les terres, accessibles par **Platanos**, le port de *Phalasarna* a également été reconnu. Il subsiste des restes de **remparts**, des **sculptures rupestres**, des **tombeaux**, etc.

Au-delà de Platanos, par des pistes où il est prudent d'avoir prévu essence, eau et vivres, vous pouvez gagner Amigdalokéfali puis **Kouméni**, avec deux églises byzantines décorées de fresques, ou encore le **monastère de Chryssoskalitissa**, isolé sur un îlot rocheux.

2 — De La Canée à Paléochora (77 km). — Sortez par la route de Malémé et de Kastelli (ci-dessus), que vous laisserez à dr. à 18,5 km.

58,5 km : **Kandanos**, au cœur d'une région riche en **chapelles byzantines** ornées de **fresques** (Kavalariana, Anisaraki, Kakodiki).

77 km : **Paléochora**, l'ancien *Castel Selino* des Vénitiens qui y construisirent, en 1279, un fortin sur un îlot rattaché à la côte par un banc de sable. Ce petit château fut refait en 1325, puis durant la période ottomane. Très grande et belle plage.

De Paléochora, vous pourrez atteindre, en louant une barque à moteur, le site de l'ancienne *Lissos*, en 45 mn env., et le hameau de Soughia, en 1 h 10 env. Au lieu-dit **Haghi Kyrkos** gisent les restes de l'**Asclépieion de Lissos**, comportant un temple précédé d'une avant-cour, à l'O., où se trouvait un portique d'où l'on pouvait monter vers le sanctuaire par un large escalier. L'eau de la source antique, qui est à l'origine de la construction de l'Asclépieion, passait sous le dallage pour arriver jusqu'à une fontaine. Plus au N., les archéologues grecs exhumèrent les vestiges d'un bâtiment d'époque romaine tardive, à trois chambres, dont la plus grande était pourvue d'un banc sur le côté S. Il s'agit sans doute de la demeure des prêtres ou d'un katagogeion où logeaient les malades.

Le hameau de **Soughia** est localisé près du site de l'ancienne *Syia*, membre de la Confédération des Oreioi, où se trouve, dans l'église moderne du village, un remarquable pavement de **mosaïque** d'une basilique paléochrétienne du VIe s. représentant des cerfs, des paons, des vases entrelacés de pampres, etc.

A 5 km à l'E. de Paléochora, l'**église d'Anidri** possède de belles fresques comme, plus au N., celles de **Sklavopoula** et **Kitiros**.

3 — Omalos et les gorges de Samaria (41 km; sortie par la route de Malémé; prenez à g. à 1,5 km).

13 km : **Halykianou**, charmant village où l'**église Haghios Ioannis** vous révélera ses **belles fresques** du XIVe s. Vous laissez à dr. une route que prolonge une piste, qui permet d'atteindre Soughia (V. ci-dessus, 2). A g., une autre route conduit à (7 km) **Meskla**, avec plusieurs églises byzantines ornées de fresques.

Parmi les orangers, puis les oliviers, vous atteindrez le **plateau d'Omalos** (1 050 m) puis le village du même nom, appelé aussi Gonia. De là, vous gagnerez **Xyloskalo** (pavillon de tourisme), à 4 km, à l'entrée des ****gorges de Samaria,** creusées par un torrent entre le sommet principal des Montagnes Blanches (2 452 m) à l'E., et le mont Volakias (2 116 m), à l'O., et que vous parcourrez à pied (18 km). Par endroits, le passage atteint à peine 1 m de large et, parfois, les parois verticales du ravin se dressent sur une hauteur de près de 300 m. Au milieu du parcours, village abandonné de Samaria. Les gorges se terminent sur la côte S., à **Haghia Rouméli**, que l'on peut atteindre à partir de Chora Sfakion, en bateau. Il faut compter environ 7 à 8 h de marche pour gagner Haghia Rouméli à partir de Xyloskalo, aussi vous contenterez-vous sans doute de parcourir seulement le début des gorges.

4 — Monastère d'Haghia Trias (16,5 km par le faubourg élégant de Chalépa et la route de Sténès).

6 km : à g. sur la colline de Profitis Ilias, **tombeau et monument**

de Vénizélos, par qui la Crète fut rattachée à la Grèce. Belle **vue** sur La Canée et les Montagnes Blanches.

16,5 km : **Haghia Trias** (Moni Tzagaraliou), le plus important monastère de la **presqu'île d'Acrotiri**. Il fut fondé au XVIIe s. et conserve une église Renaissance datée de 1632 dont le portail et le campanile sont d'influence vénitienne ; c'est aujourd'hui une école de théologie.

En 1 h de marche vers le N., vous pourriez aller au **monastère de Gouvernéto**, de 1548, également d'influence vénitienne. Non loin de là, nombreuses grottes.

5 — De La Canée à Réthymnon (64 km).

6 km : **Souda**, port au fond d'une baie bien abritée, qui a supplanté, depuis la fin de la guerre, le port de La Canée, trop exposé (base de l'OTAN ; photographies interdites).

17 km : **Kalami**, hameau près d'un ancien fort vénitien qui défendait l'entrée de la baie de la Sude (Souda).

A dr. de la route, non loin du village de **Mégala Chorafia**, gisent les ruines de l'antique *Aptéra* (restes d'une enceinte hellénique, d'un théâtre romain, d'un petit temple dorique et vestiges byzantins).

32 km : **Vrysès.**

A dr., à **40** km, **Chora Sfakion** (pavillon touristique) est un petit village côtier qui plaira à ceux qui recherchent une calme retraite pour passer des vacances où la mer doit jouer un rôle essentiel.

Au cœur des révoltes crétoises. — *Chora Sfakion, centre du « pays de Sfakia », protégée par cette forteresse naturelle que constituent les Montagnes Blanches, fut toujours l'un des centres les plus actifs contre l'occupation étrangère, notamment lors de la domination de la Crète par les Vénitiens et les Turcs. C'est de là que partit, le plus souvent, le signal de la révolte contre les Turcs. Le fameux* Daskaloyannis, *chef de clan immortalisé par la geste populaire, qui fut à l'origine de la révolte de la Crète en 1770, était originaire de ce district montagneux.*

Les Vénitiens y construisirent, en 1526, une petite **forteresse** qui fut remaniée par les Turcs.

A partir de Chora Sfakion, vous effectuerez de nombreuses excursions en mer, le long de la côte, notamment jusqu'à Haghia Rouméli, au débouché des gorges de Samaria (V. env. de La Canée, **3**). Vers l'E., une piste conduit (10 km) au **Frango Castello**, l'une des plus belles forteresses vénitiennes, construite en 1371 au-dessus d'une magnifique plage de sable. Tout au long de la côte, nombreuses petites églises byzantines.

42 km : **Ghiorghiopolis**, avec une belle plage, et où vous laissez à dr. la route du **lac de Kournas.**

64 km : A g., à **2** km, **Réthymnon.**

2 — Réthymnon et ses environs

Réthymnon, troisième ville de Crète avec plus de 15 000 habitants, est quelque peu écrasée sous la réputation de ses deux voisines ; pourtant, cet ancien chef-lieu de province des Vénitiens et des Turcs évoque bien le passé de la Crète, alors que sa plage, son port et ses tavernes sauront retenir les amateurs de simplicité. La cité a conservé quelques constructions vénitiennes et plusieurs églises qui furent converties au culte musulman pendant l'occupation turque ; avec leur minaret, elles donnent un aspect oriental à cette ville.

Un port vénitien. — *Réthymnon occupe l'emplacement de l'ancienne* Rhithymna *dont l'acropole était située au S. de l'agglomération moderne. Durant la période vénitienne, son port expédiait vers l'Europe et jusque dans les comptoirs portugais de l'Inde des vins dits de Malvoisie, du nom de la belle vallée voisine, Malévisiou. La ville fut pillée en 1571 par des corsaires turcs. Les Vénitiens entreprirent alors de l'entourer d'un rempart et d'élever une forteresse à la pointe d'une petite presqu'île se dressant à l'O. du port. Cette forteresse se révéla insuffisante pour contenir les assauts des Turcs qui s'en emparèrent en 1645.*

Indicatif téléphonique : 0831.

Police touristique : 52, rue Vas. Géorgiou (22-589).

Hôtels :

¶¶ *Edaeon,* 9, pl. Plastira (28-667) 75 ch.

¶¶ *Xénia,* N. Psarou (29-111) 25 ch.

¶ *Acropole,* pl. Agnostou Stratiotou (29-774)

¶ *Park,* 6, rue Igouménou Gavriel (29-958)

¶ *Valari,* 78, quai Koundourioti (29-368)

Sur la route d'Héracleion :

¶¶ *Rithymna* (à 6 km ; 29-491) 322 ch. et 80 bungalows ouv. avril-oct.

¶¶ *El Greco* (à 8 km ; 71-281) 300 ch. (parties communes)

A Arkadi (18 km ; env. 4) :

¶¶ *Arkadi* (71-227) 3 ch. ouv. mars-déc.

A Panormos (17 km ; env. 4) :

¶¶ *Lauris Bungalows* (51-266) 60 bungalows ouv. avril-oct.

Auberge de jeunesse : *Y.W.C.A.* (en été ; 29-330), quartier de Stimiou Stavrou.

Campings :
Arcadia Camping, 120, route Nationale (28-746) ; 200 pers., 70 voit., 10 caravanes sports nautiques ; ouv. tte l'année.
Elisabeth, à Myssiria (28-694) ; 900 pers., 400 voit., 100 caravanes sports nautiques ; ouv. avril-oct.
George, à 15 km sur la route de La Canée (28-598) ; 300 pers., 100 voit., 50 caravanes sports nautiques ; ouv. mars-oct.

Compagnie aérienne : *Olympic Airways,* 105, Pavlou Kountouriotou (22-257).

Autobus : gare routière, place Iroon.

Location de voitures : *Avis,* 116, rue d'Arkadi (23-146) ; *Hertz,* 76, rue Gerakari (29-553).

Manifestations : en juillet, fête du vin crétois.

Artisanat : exposition, 7, rue I. Gavrii (29-362).

☐ Venant de La Canée, vous laisserez le jardin public sur la dr. pour entrer dans la **vieille ville** par une **porte** flanquée d'un minaret.
Une ruelle, à g. après cette porte, mène à la mosquée ; beau point de vue depuis le minaret. La rue qui descend vers le port traverse un quartier où l'on peut voir encore quelques **portails vénitiens** des XVIe et XVIIe s. ainsi que des **maisons turques** aux avancées de bois. Vous remarquerez ensuite une **loggia vénitienne** du début du XVIIe s. qui devait servir de bourse aux marchands et où est amé-

nagé aujourd'hui un petit **musée archéologique** (objets minoens, classiques et hellénistiques, monnaies ; ☎ (0831) 299-75). Au bout d'une rue à g., **fontaine Arimondi**, de 1629.
Les remparts de la **citadelle**, sur une avancée rocheuse, sont bien conservés ; quant au **port**, bordé des habituelles terrasses de café, il sait être charmant dans sa simplicité.

Environs de Réthymnon

1 — Monastère de Prévéli (39 km ; sortie vers Arméni).
21 km :

Embranchement à dr. pour **Sella**, d'où une piste permet de rejoindre Chora Sfakion (V. env. de La Canée, 5) ou la très belle plage de **Plakias**.

32 km : **Assomatos** ; prendre la première route à g. à l'entrée du village.
39 km : **Moni Prévéli**, dans un site superbe, au débouché des **gorges du Mégapotamos**.

2 — Spili et Haghia Galini (61 km ; comme ci-dessus jusqu'au km 21, où l'on prendra à g.).
30 km : **Spili**, important centre agricole dans les environs duquel l'**église de Lambini** est décorée de belles **fresques** *(Pantocrator* et *Vierge au milieu des anges).*
61 km : **Haghia Galini**, port pittoresque et fréquenté d'où l'on peut visiter en bateau plusieurs **grottes marines**. Au-delà, on pourrait rejoindre **Mirès** et **la Messara** (V. section 5).

3 — Prassès (11 km par la route d'Héracleion et à dr. à **2** km), petit village d'où les amateurs d'archéologie partiront à la découverte du site de l'antique *Phalanna,* au lieu-dit *Onythé Goudélianôn* et des ruines d'une **basilique** paléochrétienne de la fin du Ve s. ou du début du VIe s., au lieu-dit *Kéra.*

Au-delà de Prassès, la région d'**Apostoli** et **Foufouras**, au pied du **mont Ida** (2 456 m) et au S.-E. de laquelle on rejoint la Messara (V. section 5), est riche en **chapelles byzantines** (à Thronos et Haghia Paraskévi, notamment).

4 — Monastère d'Arkadi (25 km par la route d'Héracleion et à dr. à 5 km). — Vous visiterez là un haut lieu de la résistance crétoise contre l'occupant turc ; les bâtiments, qui dataient presque entièrement du XVIIIe s., ont été restaurés et une partie a été transformée en hôtellerie.

Lors de l'insurrection de 1866, il fut le théâtre de violents combats entre les paysans des environs qui s'y étaient retranchés et les troupes turques qui l'enlevèrent d'assaut après deux jours de siège. De nombreux assaillants périrent en même temps que les défenseurs lorsque l'higoumène Gabriel *mit le feu à des barils de poudre.*

L'**église**, qui constitue la principale curiosité du monastère, n'a pas beaucoup souffert et le magnifique portail de style Renaissance, daté de 1587, présente encore une très belle ordonnance de colonnes corinthiennes jumelées, de pilastres, d'arcs classiques et en tiers-point, de fioritures baroques et de guirlandes.

5 — De Réthymnon à Héracleion (75 km par la voie rapide ; V. carte-itinéraire 15).
5 km : Route à dr. pour Arkadi (V. ci-dessus, 4).
10 km :

A dr., l'ancienne route d'Héracleion permet d'atteindre (5 km) **Viran Episkopi**, où une ancienne église latine s'ouvre par un portail en tiers-point du début du XVIe s. Une petite chapelle moderne s'élève sur l'emplacement d'une basilique byzantine (peut-être la cathédrale de l'évêché médiéval d'Aprion) du Xe ou du début du XIe s. Cette route traverse ensuite (4 km) **Pérama**, gros bourg agricole, puis laisse à g. (24 km) celle de la **grotte de Mélidoni** où les Turcs massacrèrent en 1814 quelque 500 Crétois. En prenant à dr. vers **Axos** (églises byzantines, artisanat), on gagnerait (35 km) **Anoghia** (V. env. d'Héracleion, 1), village de montagne entièrement reconstruit après la guerre et réputé pour son artisanat. C'est le point de départ pour les excursions au **mont Ida** et à sa **grotte** (4 à 5 h de marche). On rejoindrait enfin Héracleion par **Tylissos**.

16 km : A g., **Panormos**, où l'on a découvert les restes d'une basilique byzantine du Xe s.
22 km : Piste à g. pour **Bali**, petit port au fond d'une crique.
59 km : **Fodélé**, où serait né vers 1541 *Doménikos Théotokopoulos*, c'est-à-dire *le Greco*, dont la peinture a été influencée par les icônes de l'école crétoise (allongement des figures).
71 km : Bifurcation à g. pour (5 km) **Héracleion**.

3 — Héracleion (Iraklio) et ses environs

Héracleion, ville de 85 000 habitants, également connue sous le nom vénitien de *Candie* (la *Khandak* des Arabes), est enfermée dans une puissante enceinte vénitienne des XVIe et XVIIe s. La ville présente peu d'intérêt en elle-même, à l'exception, bien sûr, du musée archéologique où sont rassemblées de prodigieuses collections d'antiquités mises au jour en Crète.
Quant aux environs, ils seront l'occasion de découvrir quelques-uns des plus fameux sites minoens qui ont fait la fortune archéologique de la Crète.

La ville dans l'histoire

Une œuvre de la Sérénissime République. — *L'histoire de la ville avant l'occupation vénitienne est mal connue. Envahie, ainsi que toute la Crète, par les Arabes, elle fut reprise en 961 par les Byzantins qui la fortifièrent et y installèrent des familles nobles pour mieux l'occuper. L'essor de la ville date de la période vénitienne (1204-1669). Ils en firent la principale place forte de l'île ; connue sous le nom de* Candie, *elle devint la capitale de la Crète. Un représentant portant le titre de duc de Crète, désigné par le doge, y gouvernait, assisté de deux conseillers renouvelés tous les deux ou trois ans par le Grand Conseil de la Sérénissime République. Candie était, en outre, le siège d'un archevêché latin, tandis que le clergé orthodoxe dépendait directement du patriarche de Constantinople.*

L'enfant chéri de Venise. — *Pour assurer le développement de cette ville, Venise imposa aux nobles vénitiens de l'île et aux grandes familles grecques l'obligation de se faire construire une maison à Candie et de l'habiter une partie de l'année. L'occupation vénitienne ne tarda pas à entraîner une réaction de la population locale qui, en 1274, au cours d'un soulèvement, fit périr le duc de Crète et de nombreux Vénitiens. Après la prise de Constantinople par les Turcs (1453), plusieurs familles grecques s'installèrent en Crète et fomentèrent une révolte en 1458-1460. Pour faire face à la menace turque contre l'île, les Vénitiens se préoccupèrent de renforcer les remparts de la ville après 1526, surtout sous la direction de l'ingénieur Michele Sanmicheli.*

Un siège de vingt et un ans. — *La grande page d'histoire de Candie est le siège mémorable qu'elle subit de la part des Turcs, alors que toute la Crète était déjà conquise. Les assaillants apparurent sous les murs de la ville le 1er mai 1648 et, après avoir subi trois échecs dans leurs tentatives d'enlever les remparts, ils entreprirent de la bloquer du côté de la campagne. En 1660,* Louis XIV *et le duc de Savoie firent parvenir quelques renforts aux assiégés qui furent encore éprouvés par un tremblement de terre en 1664, tandis que la peste faisait des ravages dans les rangs des Turcs.*

Le Roi-Soleil au secours du Lion de Saint-Marc. — *Les Vénitiens déléguèrent leur meilleur capitaine,* Francesco Morosini, *en 1667, pour diriger la défense de la ville, tandis que le grand vizir Ahmet Köprülü prenait le commandement de l'armée turque.* Louis XIV *envoya quelques soldats en 1668, sous la direction de La Feuillade, et 6 000 hommes, en 1669, sous le commandement des ducs de Beaufort et de Navailles. Après une tentative de sortie qui se solda par un sanglant échec (le duc de Beaufort et 500 hommes périrent), le contingent français se retira le 21 août de la même année.*

Une place forte chèrement payée. — *Les défenseurs, réduits à 4 000 hommes, soutinrent encore pendant plus d'un an les assauts des Turcs qui bombardèrent la ville sans relâche. Morosini et ses soldats se retirèrent le 5 septembre 1669. Les Vénitiens avaient perdu près de 30 000 des leurs tandis que plus de 100 000 Turcs payèrent de leur vie la prise de Candie. Durant l'occupation turque, Candie prit le nom de* Mégalo Kastro *et devint le siège d'un pachalik. La ville déclina, ce dont profita La Canée pour devenir la cité la plus active.*

Renseignements pratiques

Indicatif téléphonique : 081.

Police touristique : rue Vas. Constantinou (✆ 283-190).

i *O. N. H. T.* (Office du tourisme) : 1, rue Xanthoudidou (✆ 282-096).

Automobile et Touring Club de Grèce (ELPA) : place El. Vénizélou (✆ 289-440).

American Express : 27, rue du 25-Août (✆ 22-27-63).

Hôtels :

¶¶¶ *Astoria* (Pl. b, C-2), platia Eleftherias (✆ 28-64-64) 145 ch. P

¶¶¶ *Atlantis* (Pl. c, D-2), rues Méramvelou et Hygias (✆ 28-82-41) 164 ch. P

¶¶¶ *Xénia* (Pl. k, B-1), rue Venizelou (✆ 28-40-00) 84 ch. P

¶¶ *Cosmopolite* (Pl. d, C-3), 44, rue Evans (✆ 28-33-13) 36 ch. P

¶¶ *Castro* (Pl. e, C-1), 20, rue Théotokopoulou (✆ 28-50-20) 48 ch.

¶¶ *Espéria* (Pl. f, C-2), 20, rue Idomeneus (✆ 28-82-11) 52 ch.

¶¶ *Mediterranean* (Pl. g, C-2), platia Daskaloyanni (✆ 28-93-31) 55 ch.

¶ *El Greco* (Pl. i, C-2), 4, rue Chilia Oktakossia Ikossi (✆ 28-10-71) 82 ch.

¶ *Héracleion* (Pl. p, B-2), rue Kalokairinou (✆ 28-18-81) 41 ch.

¶ *Knossos* (Pl. m, C-2), 37 rue 25 Avgoustos (✆ 28-32-47) 18 ch.

¶ *Olympic* (Pl. n, C-3), platia Korrou (✆ 28-88-61) 53 ch.

¶ *Park* (Pl. o, C-1), 5, rue Koroneou (✆ 28-39-34) 27 ch.

Environs d'Héracleion :

¶¶ *Apollonia Beach*, à Linoperamata (8 km) (✆ 22-37-66) 237 ch. ou bungalows night-club ; ouv. avril-oct.

¶¶ *Arina Sand*, à Hani Kokkini (12 km) (✆ 76-13-49) 233 ch. ou bungalows avril-oct.

¶¶ *Candia Beach*, à 20 km par la route d'Haghios Nicolaos (✆ 76-241) 197 ch. ouv. mars-nov.

¶¶ *Cnossos Beach*, à 12 km par la route d'Haghios Nicolaos (✆ 28-84-50) 100 ch. et 75 bungalows ouv. avril-oct.

¶ *Creta Beach*, à Amoudara (5 km ; ✆ 286-301) 160 bungalows ouv. mars-oct.

¶ *Zeus Beach*, à Linoperamata (8 km) (✆ 22-37-61) 246 ch. ou bungalows avril-oct.

¶ *Xénia*, à 7 km par la route d'Haghios Nicolaos (✆ 28-18-41) 41 ch. ouv. mai-oct.

¶ *América*, à 17 km par la route d'Haghios Nicolaos (✆ 76-231) 48 ch.

¶ *Amnissos (Motel)*, à 7 km par la route d'Haghios Nicolaos (✆ 28-13-32) 54 ch. ouv. mars-nov.

¶ *Galini*, à 2 km par la route d'Haghios Nicolaos (✆ 28-82-23) 37 ch.

A Archanès (15 km ; env. **4**) :

¶¶ *Dias* (✆ 75-810) 31 ch. ouv. avril-oct.

A Limin Chersonissou (24 km ; env. **7**) :

¶¶¶¶ *Creta Maris* (✆ 21-115) 500 ch. et 229 bungalows

¶¶¶ *Belvédère* (✆ 21-010) 320 ch. ouv. mars-oct.

¶¶ *Nora* (✆ 21-271) 200 ch. ouv. mars-oct.

A Mallia (35 km ; env. **7**) :

¶¶¶ *Ikaros Village* (✆ 31-267) 172 ch. et 92 bungalows

¶¶¶ *Kernos Beach* (✆ 31-392) 246 ch.

¶¶¶ *Sirene Beach* (✆ 31-321) 220 ch. (rest.) ouv. avril-oct.

¶¶ *Mallia Beach* (✆ 31-210) 52 ch. ouv. avril-oct.

A Stalis (28 km ; env. **6**) :

¶¶¶ *Anthoussa Beach* (✆ 31-380) 79 ch. ouv. avril-oct.

¶¶ *Blue Sea* (✆ 31-371) 190 bungalows ouv. mars-nov.

Auberges de jeunesse : à **Héracleion**, 24, rue Handakos (✆ 286-281), et à **Mallia** (✆ 31-355).

Camping :
Caravan, à **Limin Chersonissou** (✆ 21-025) ; 140 pers., 40 voit., 14 caravanes sports nautiques ; ouv. avril-oct.

Restaurants :
Caprice, rue Vénizélou (✆ 283-675).
New Ionia, 5, rue Evans (✆ 283-213).
Knossos, place Vénizélou (✆ 282-848).

Tavernes : avec ou sans musique, elles sont nombreuses en ville comme sur la route de

Cnossos. Rue Dédalou : *Kostas, Klimataria, Minos; Maxim,* au parc El Greco; *Psaria,* rue du 25-Août et, au port, *Ligéros; Kalithéa,* près du square de la Liberté, etc.

Poste, télégraphe, téléphone : *Poste centrale* (Pl. C-2), rue Zografou; *télégraphe et téléphone* (Pl. C-2).

Aéroport : à 4 km par la route d'Hagios Nicolaos; 5 à 8 vols quotidiens pour Athènes en 45 mn; 4 vols par sem. pour Rhodes, en 40 mn.

Compagnies aériennes : *Olympic Airways* (Pl. C-3), aérogare, place Ethnikis Anastasséos (☎ 28-88-66); *Air France,* rue du 25-Août (☎ 22-27-63).

Bateaux : au moins deux liaisons quotidiennes directes par car-ferries avec Le Pirée en 11 h et deux fois par sem. via Santorin et Paros.

Compagnie maritime : *Efthimiadis* (ferry-boats *Knossos, Minos* et *Sophia),* rue 25 Avgoustos; un service quotidien vers Le Pirée en 11 h ou 12 h 30.

Autobus : au port pour Réthymnon, La Canée et Haghios Nicolaos, Cnossos, Archanès, Mallia; **porte de La Canée** pour l'O. et le S.-O. du département; **porte Kénouria** pour le S.-E. du département.

Location de voitures : *Avis,* 58, rue du 25-Août (☎ 282-963), et à l'aéroport; *Hertz,* 44, rue du 25-Août (☎ 282-702), et à l'aéroport. A **Mallia** : *Avis,* 94, av. Vénizélou (☎ 31-238); *Hertz,* 78, av. Vénizélou (☎ 31-379).

Vos achats : de belles copies de bijoux anciens et de séduisantes créations modernes chez *Fountoulakis,* 4, pl. Elefthérias; un grand choix de « souvenirs » de toutes sortes au *Knossos Palace,* 51, léoforos Constantinou. Broderies et tissages crétois chez *Kastrinogiannaki,* en face du musée archéologique.

Visite de la ville

Deux jours à Héracleion. *— La première demi-journée sera consacrée à la visite de la ville et de son musée archéologique. Réservez la visite de ce dernier pour la fin de la matinée, en été, car vous y serez à l'abri des ardeurs du soleil.*

Vous emploierez la première partie de la matinée à parcourir le bazar (dans le triangle formé par l'avenue Constantinou, l'odhos 1866 et la place Elefthérias), à vous promener dans le quartier autour de la place Nikiforou Phoka, où vous contemplerez cette perle un peu égarée qu'est la fontaine de Morosini, et, après avoir repris votre voiture, à longer ces remparts vénitiens qui tinrent pendant plus de vingt ans les Turcs en échec.

Au cours de votre promenade, sans doute serez-vous tenté de vous attabler à la terrasse d'un café : choisissez alors de préférence la place qui entoure la fontaine de Morosini, car elle vous assurera le maximum de spectacle, surtout si l'heure n'est pas trop chaude. Mais peut-être préférez-vous ne pas perdre une seconde pour plonger dans la mer après la visite du musée. Prenez alors la route d'Haghios Nicolaos et, en suivant l'ancienne route (vous quitterez la nouvelle à 8 km), vous longerez la plage d'Amnissos, de sable fin; si vous craignez la foule, allez un peu plus loin et vous finirez bien par trouver une crique déserte ou presque, auprès d'un sympathique petit restaurant où vous vous ferez griller un poisson frais pendant votre bain.

La seconde demi-journée sera consacrée à la visite de Cnossos, à 5 km d'Héracleion (V. section 4).

La deuxième journée vous verra entreprendre, tôt le matin, l'excursion vers la Messara (V. section 5), au cours de laquelle vous visiterez Phæstos, site minoen de première grandeur, et la villa annexe d'Haghia Triada. Prenez ensuite, après Haghia Triada, la route de Dibaki, bourgade toute proche au-delà de laquelle vous trouverez une plage. Déjeunez sur place ou au restaurant du Xénia, à Phæstos, puis reprenez la route vers Héracleion. Sur le chemin du retour vous visiterez Gortyne, puis vous ferez un crochet vers Zaros et les monastères de Vrondisi et d'Haghios Phanourios, avant de revenir à Héracleion. Ainsi comprise, cette excursion ne totalisera que 180 km environ, mais la journée sera bien remplie.

Où vous garer? *— Très aisément dans les environs de la place Elefthérias, près du musée archéologique.*

Si vous aimez...
Les beaux objets, *ne négligez surtout pas de passer de longs moments au musée archéologique, où vous admirerez les vases du style de Camarès, les déesses aux serpents, l'acrobate, la fameuse « Parisienne » et beaucoup d'autres chefs-d'œuvre d'art minoen.*
Les musées un peu vieillots *où s'entassent mille choses d'un passé qui est presque d'hier, visitez alors les salles consacrées à l'ethnographie crétoise, dans le musée historique et ethnographique crétois.*
La grâce subtile de la peinture byzantine, *votre penchant vous conduira dans la cathédrale Haghios Minas, où quatre icônes sont attribuées au peintre crétois Michel Damaskinos, qui fut peut-être le premier maître du Greco (en Grèce, on préfère lui donner son véritable nom,* Doménikos Théotokopoulos*), ainsi qu'au musée historique et ethnographique crétois.*
Chiner, *rendez-vous au bazar, ou arpentez l'avenue Vassiléos Constantinou. Peut-être aurez-vous la chance de découvrir l'icône authentique qui aura échappé à la vigilance d'amateurs moins éclairés que vous, ou quelque antiquité minoenne de bon aloi, mais alors redoutez l'inspection de la douane au moment de votre départ.*

Place Elefthérias (de la Liberté ; Pl. C-2). — C'est l'un des lieux les plus animés de la ville, orné au S. des statues de Vénizélos et de Nikos Kazantzakis. Du centre de la place part la **léoforos Vassiléos Constantinou.** Cette artère, la plus vivante de la ville, est celle des antiquaires et marchands de souvenirs qui sont « sortis » du bazar. Débaptisée en 1975, son nom officiel est maintenant **Dikéosinis,** de la Justice. Vous jetterez un coup d'œil assez rapide sur d'anciennes **casernes,** construites au XVIIe s. par les Vénitiens et remaniées par les Turcs qui conservèrent intacte la porte monumentale des anciens bâtiments, au milieu de l'édifice central.

Cathédrale Haghios Minas (Pl. B-2). — En traversant le **bazar** qui mérite une flânerie —, vous atteindrez la place Haghia Ekatérini où se trouvent côte à côte la cathédrale Haghios Minas et une église plus petite et plus ancienne, également consacrée à Haghios Minas. Dans la cathédrale, vous verrez (bras dr. du transept) quatre **icônes** attribuées à *Michel Damaskinos,* peintre crétois qui travailla en Crète, dans les îles Ioniennes et à Venise. Remarquez la *Cène,* où se trahit une influence de la peinture italienne, le *Concile de Nicée,* peint en 1591, l'*Adoration des Rois mages* et la *Nativité.*

Fontaine de Morosini (Pl. C-2). — Sur la place Nikiforou Phoka, l'un des points stratégiques de la vieille ville (le nombre de cafés et

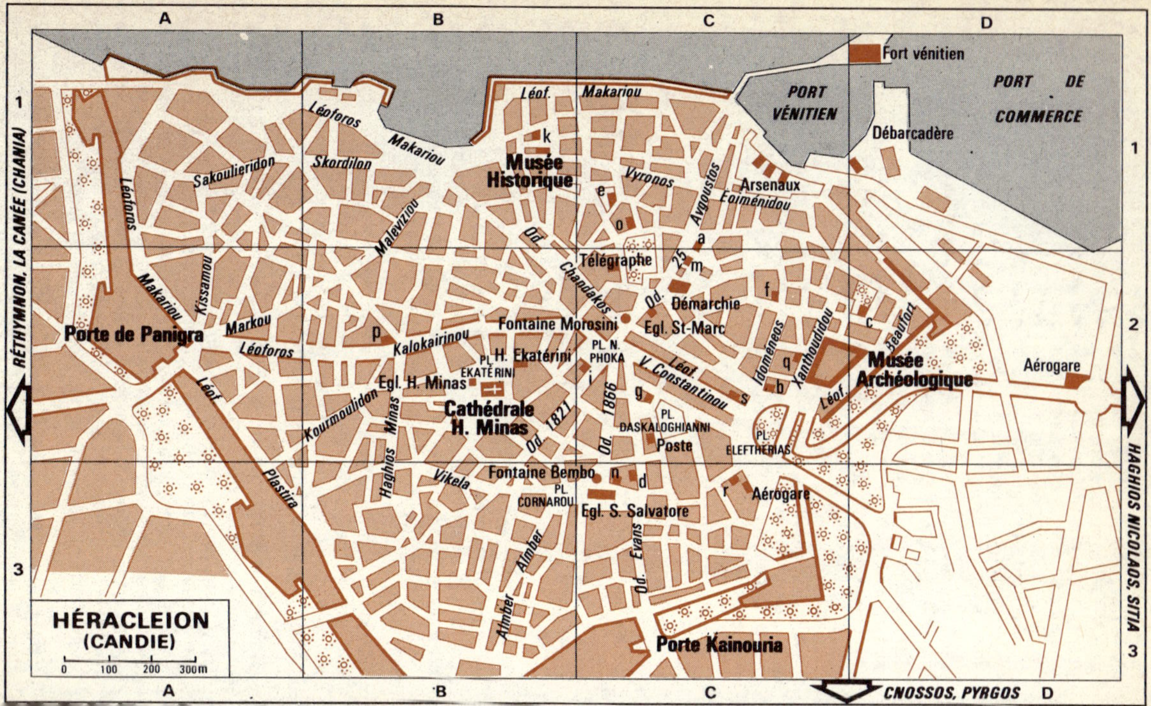
HÉRACLEION
(CANDIE)
0 100 200 300m
RÉTHYMNON, LA CANÉE (CHANIA)
HAGHIOS NICOLAOS, SITIA
CNOSSOS, PYRGOS
PORT VÉNITIEN
PORT DE COMMERCE
Fort vénitien
Débarcadère
Arsenaux
Musée Historique
Musée Archéologique
Porte de Panigra
Porte Kainouria
Cathédrale H. Minas
Egl. H. Minas
Egl. St-Marc
Egl. S. Salvatore
Fontaine Morosini
Fontaine Bembo
Télégraphe
Démarchie
Poste
Aérogare
PL. N. PHOKA
PL. H. EKATÉRINI
PL. DASKALOGHIANNI
PL. ELEFTHERIAS
PL. CORNAROU
Léof. Makariou
Léoforos Makariou
Léoforos
Léof.
Sakoulieridon
Skordilon
Malevíziou
Kissamou
Markou
Kalokairinou
Kourmoulidon
Haghios Minas
Vikela
Plastira
Almber
Od. 1821
Od. 1866
Od. Evans
Od. 25
Chandakos
Vyronos
Avgoustos
Eoiménidou
Idomeneos
Xanthoudidou
Beaufort
V. Constantinou

de marchands de souvenirs le prouve assez éloquemment), vous irez contempler la belle fontaine de Morosini, œuvre monumentale du proveditore generale *Francesco Morosini* qui l'inaugura en 1628.

Essayez de faire abstraction de ce qui entoure cette fontaine et examinez un peu les détails : ils sont charmants. Les huit bassins de la fontaine sont ornés de reliefs figurant des nymphes et des tritons qui chevauchent des dauphins, des taureaux ou des monstres marins. La vasque supérieure est soutenue par quatre lions qui rappellent ceux de l'Alhambra de Grenade ; cette partie, plus ancienne que l'autre, doit dater du XIVe s., et appartenait sans doute à une autre fontaine.

Odhos 25 Avgoustou (Pl. C-1/2). — Cette rue du 25-Août n'a rien de particulièrement remarquable, mais elle dessert un certain nombre de monuments, d'un intérêt certes limité, mais qui font partie de l'histoire de la ville.

Vous passerez ainsi devant la **basilique Haghios Markos** ou *basilique Saint-Marc* (Pl. C-2), à dr., ancienne cathédrale latine dont la façade est orientée vers la place de la Fontaine. Elle fut construite par les Vénitiens après le tremblement de terre de 1303, puis transformée en mosquée par les Turcs. Elle sert aujourd'hui de salle de conférences. A l'intérieur, vous verrez le portail vénitien du palais Ittar et des reproductions de fresques byzantines des XIIe et XIVe s.
Un peu plus bas, toujours à dr., se dresse la **Démarchie** (Pl. C-2) à l'emplacement de l'ancienne *Armeria*, du début du XVIIe s., qui, détruite pendant un bombardement en 1941, fut reconstruite pour abriter les services municipaux. Contre l'Armeria se trouve la loggia.

La **loggia**, édifice à un étage qui servait de Bourse des marchands et constituait le centre de la vie publique de la cité durant la période vénitienne, était contiguë à l'Armeria : elle disparut entièrement pendant la guerre et dut être reconstruite au même emplacement.

De l'autre côté de la rue du 25-Août, le **parc El Greco** permet une halte agréable. Près de la Démarchie, à dr. avant l'hôtel Astir (Pl. a, C-1), se trouve l'ancienne **église Saint-Tite** *(Haghios Titos)* construite au XVIe s. puis remaniée par les Turcs qui la transformèrent en mosquée. Elle a été restituée au culte orthodoxe.

Musée historique et ethnographique crétois (Pl. B-1). — Il est évident que ce musée, qui renoue avec le passé de la Crète à partir de la période byzantine et embrasse les époques vénitienne et turque, est le complément du célèbre musée archéologique.

Visite : du 1er avril au 31 oct. de 8 h 30 à 13 h et de 15 h à 18 h ; fermé le dim. après-midi ; du 1er nov. au 31 mars, les lundi, mercr. et vendr. de 8 h 30 à 13 h et de 15 h à 17 h 30 ; accès payant.

Les collections sont réparties sur trois étages, selon un double ordre chronologique et thématique : la **sculpture** (et fragments d'architecture) au rez-de-chaussée, la **peinture** (fresques et icônes) au premier étage (avec divers souvenirs historiques) et la **section ethnographique**, au deuxième étage.
Hall d'entrée. — Remarquez, à g., une **fresque** provenant de l'église vénitienne de la Madonna dei Crociferi, à Candie, et, sous la niche de l'escalier, une figure de proue d'une galère vénitienne.

Par un couloir (salle 3) où sont exposées des pierres tombales et diverses inscriptions vénitiennes en latin et en grec, gagnez la salle des antiquités paléochrétiennes et byzantines, qui s'ouvre au fond, à g.

Salle 1 (antiquités paléochrétiennes et byzantines). — Sculptures provenant de la basilique Haghios Titos à Gortyne, du VIe s., etc.

Par un portail à triple arcature provenant d'un palais vénitien de Candie, vous passerez ensuite dans la salle 2.

Salle 2 (antiquités vénitiennes). — Le long du mur de g., notez des fragments architectoniques sculptés de la loggia de Candie, construite entre 1626 et 1628. La porte à deux arches qui vient ensuite décorait autrefois une maison d'un noble vénitien de Candie (vers 1600). Au-dessus de cette porte se trouve une **frise** provenant d'une villa vénitienne des environs de Candie et un **écusson** avec lion sculpté et inscription en hébreu d'une famille israélite installée en Crète au XVIe s. Devant la porte, remarquez une fontaine d'un palais vénitien.

Salle 4. — Antiquités turques : surtout des pierres tombales et des inscriptions ; notez aussi les carreaux de faïence émaillée provenant d'une mosquée du XVIIIe s. à Candie.

Montez ensuite au premier étage.

Salle 5. — Collections diverses d'objets de culte, en bronze, des époques paléochrétienne et byzantine. Remarquez également divers **fragments de fresques** des XIVe et XVe s., provenant de petites églises crétoises.

Salle 6. — A dr., collection d'**icônes** de l'église de la Gouverniotissa Pédiados, du couvent de Potamiès (fin XVIe-début XVIIe s.). En face, **crucifix peint** de l'église de la Panaghia Gouverniotissa. Sur le mur de g., **icônes** datées de 1655 provenant du monastère de Savathiana (la Vierge au milieu des prophètes et St Pierre et St Paul) ; à dr., *Descente de Croix* et, à g., *Vierge entre deux anges* qui ornait l'église arménienne de Saint-Jean.
Vous examinerez également le contenu d'une vitrine qui renferme des **vêtements sacerdotaux** des XVIIe et XVIIIe s. provenant du monastère d'Assomati, près de Réthymnon, et une autre où sont exposées différentes pièces du trésor de ce même monastère (croix, évangiles, objets liturgiques, etc.).

Après avoir jeté un coup d'œil dans la salle 7 (documents sur la période turque), vous monterez au deuxième étage, en visitant au passage, si les gravures et la cartographie anciennes vous intéressent, la salle 8, où sont exposés des documents vénitiens concernant la Crète.

Salle 9. — Exposition consacrée au souvenir du romancier crétois *Nikos Kazantzakis* (1885-1957), l'un des créateurs de la littérature néo-hellénique.

Salle 10. — Reconstitution d'une demeure d'un paysan crétois vers 1900, avec un métier à tisser et divers objets de fabrication populaire.

Salle 11. — Collections de vêtements et de tissus des îles grecques et d'objets en bois sculpté, produits de l'artisanat local.

Port vénitien (Pl. C-1). — Défendu par un fortin marqué du Lion de Saint-Marc et cité dans un document daté de 1333, mais reconstruit entre 1523 et 1540, il était protégé à l'E. par un petit môle, de la fin du XIIIe s. Considérablement élargi récemment, il retentissait de l'activité des arsenaux dont il subsiste trois compartiments remployés dans l'édifice de la douane. Le fort a été récemment transformé et aménagé : salles de conférences en sous-sol, théâtre de plein air sur la très belle terrasse.

******Musée archéologique*** (Pl. D-2). — Sa visite est l'un des grands moments d'un voyage en Grèce et l'examen de ses collections est particulièrement recommandé avant de se rendre sur les sites minoens, ne serait-ce que pour recréer plus aisément, par la pensée, les fastes des palais de Cnossos, de Phæstos, d'Haghia Triada, de Mallia, de Kato Zakros, etc.

Le musée renferme la presque totalité des trouvailles faites en Crète par les différentes écoles et missions archéologiques (anglaise, française et italienne), les représentants des universités américaines et les archéologues grecs. Ce musée, unique au monde en son genre, présente un aperçu des plus complets sur les différentes phases de la civilisation minoenne et sur les premières étapes de la civilisation grecque, jusqu'à la période romaine.

Visite : en été, en sem. de 7 h 30 à 19 h 30, le dim. de 9 h à 18 h ; en hiver, de 9 h à 15 h 30, le dim. de 10 h à 16 h 30 ; fermé le lundi ; accès payant (✆ (081) 28-23-05).

Sous la protection d'un rescrit du sultan. — *Le musée archéologique d'Héracleion tire ses origines de la création en 1878, sous la domination ottomane, de la* « Société pour la Promotion de l'Education » *qui, à partir de 1883, s'attacha notamment à recueillir tout objet en vue de fonder un musée archéologique crétois. Un rescrit du sultan Abdülhamit II raffermit la situation de cette société vis-à-vis des autorités turques locales. Des trouvailles fortuites, ou provenant de petites fouilles, ainsi que des legs, permirent de créer un embryon de musée abrité dans une dépendance de l'église Haghios Minas.*

L'ère des grandes fouilles. — *Les travaux de sir Arthur Evans à Cnossos et des Ecoles française et italienne après la proclamation de l'autonomie de la Crète suscitèrent pour ce musée de grandes espérances qui ne furent pas déçues. De nouveaux locaux furent spécialement construits en 1904-1907 et agrandis en 1912.*

Un musée digne de la civilisation minoenne. — *Ces bâtiments étant inadéquats pour répondre à une présentation concertée des collections, et surtout trop fragiles dans un pays soumis à de fréquents tremblements de terre, il fut décidé de bâtir un nouveau musée à partir de 1937. Il était apte à résister aux séismes, mais pas aux bombardements aériens, ce qui survint en 1941, pendant l'invasion de la Crète. Les collections étaient heureusement à l'abri. Après la guerre, le musée, agrandi, rouvrit ses portes au public en 1952.*

Analyse des collections. — Elles proviennent exclusivement de Crète et ne comprennent que des antiquités depuis la période néolithique (VIe ou V^e millénaire av. J.-C.) jusqu'à l'époque romaine, c'est-à-dire jusqu'au IVe s. de notre ère. Pour les antiquités postérieures, le musée historique et ethnographique de Crète prend la relève et permet de suivre l'évolution de la Crète jusqu'au début du XXe s.

La part réservée à l'art minoen est particulièrement importante et permet d'embrasser dans son ensemble la civilisation minoenne dans son développement historique, mais beaucoup moins dans son expansion géographique. En effet, seule la Crète centrale et orientale a fait l'objet d'une exploration archéologique intensive, la Crète occidentale ayant été, jusqu'à ces dernières années, assez négligée par les fouilles grecques ou étrangères.

L'art grec, surtout la sculpture, est représenté par des collections d'un grand intérêt. Il est le reflet de l'évolution historique de la Crète après les invasions doriennes. Importantes pour la période géométrique, les collections du musée d'Héracleion deviennent capitales pour la période archaïque, car la Crète fut, à ce moment-là, l'un des plus brillants foyers dans la formation d'un art qui devait ouvrir une voie royale aux époques grecques classique et hellénistique. Conséquence d'un étrange déclin, la Crète n'est pas absente de cette extraordinaire floraison, mais ses productions ne sont alors plus significatives.

Présentation muséographique. — Elle suit un ordre chronologique et topographique très clair, avec des salles bien remplies — la Crète est très prodigue de ses œuvres d'art — mais sans excès. Des maquettes, des dessins et des photographies permettent de reconstituer graphiquement soit des objets fragmentaires, soit des cadres généraux utiles à la compréhension des collections.

Notre itinéraire. — *Il suivra la disposition chronologique des collections. Vous commencerez par la visite de la salle I, qui s'ouvre au fond du hall d'entrée, en face du portail d'accès au musée. Les pièces sont ensuite disposées en enfilade jusqu'à la salle VI, d'où vous passerez dans une autre série de pièces disposées de suite, jusqu'à la salle XIII (sarcophages minoens).*
De là, vous monterez à l'étage, où sont présentées des peintures minoennes (salles XIV à XVI) et, dans une salle spéciale (XVII), la collection Giamalakis (sculpture, céramique, glyptique... de la période grecque, etc.).
Vous reviendrez ensuite dans la salle XIII, puis dans le hall, pour terminer votre visite par les salles (XIX et XX) d'art grec (porte d'accès en face du passage faisant communiquer la salle des sarcophages minoens et le hall).

Salle I. — Dans cette salle, vous verrez surtout de la céramique depuis la période néolithique jusqu'à l'époque prépalatiale ou minoen ancien (2600-2000 av. J.-C.), c'est-à-dire de l'époque avant la construction des grands palais qui constituent l'une des caractéristiques majeures de la civilisation minoenne. Vous remarquerez également des vases de pierre, des figurines de marbre, d'ivoire ou de terre cuite représentant des divinités, des adorants, des animaux, etc., des cachets et cylindres-sceaux, des armes, des bijoux, etc. Nous attirons votre attention sur la **céramique du style « flammé »**, dit de Vassiliki **(vitrines 6 et 8)**, caractérisée par son décor original obtenu grâce à une cuisson inégale de l'argile, qui date du minoen ancien (2600-2000), sur la très remarquable **collection de vases en pierre (vitrine 7)** découverts dans des tombes de la deuxième période du minoen ancien (2400-2200) de l'île de Mochlos, dans le golfe de Mirabello, en Crète orientale, et la très intéressante **collection de sceaux (vitrine 11)**, pour la plupart trouvés dans des tombes à coupoles de la Messara (Crète centrale). La majeure partie de ces cachets est de fabrication crétoise, mais certains furent importés d'Egypte ou de Mésopotamie, tel le cylindre-sceau nº 1098, daté du temps du roi babylonien Hammourabi (XVIIIᵉ s. av. J.-C.).

Salle II. — Cette salle vous apportera **d'autres merveilles avec les premiers vases du style de Camarès**, et d'autres à la vive polychromie sur fond noirâtre. Vous noterez également de nombreuses **figurines** d'adorants, de barques sacrées, d'animaux, des compositions décoratives, des armes, des cachets, etc. Ces objets proviennent des premiers palais de Cnossos, de Mallia, de divers hauts lieux de Crète centrale et orientale et datent de la période protopalatiale ou début du minoen moyen (2000-1700). Vous examinerez, plus particulièrement, les vases de Camarès **(vitrines 22 et 23)**, aux motifs rouges et blancs sur fond sombre, style qui doit son nom à une grotte du mont Ida où l'on mit au jour les premiers exemplaires connus de ce style, et les vases en « coquille d'œuf » **(vitrine 23)**, dont les parois très minces rappellent la coque d'un œuf.

Deux autres pièces sont particulièrement intéressantes : le sanctuaire à trois colonnes, surmonté de pigeons qui attestent la présence de la divinité (vitrine 24), et la « mosaïque de la ville » (vitrine 25), panneau décoratif, probablement d'un coffre en bois, composé de petites plaques de faïence reproduisant des maisons à deux ou trois étages, à fenêtres grillagées et toits plats.

Salle III. — Les ***vases du style de Camarès,** exposés dans cette salle, **sont de véritables chefs-d'œuvre** qui retiendront plus particulièrement votre attention, mais vous ne négligerez pas d'examiner aussi le fameux **disque de Phæstos**, en terre cuite, couvert d'hiéroglyphes, divers objets cultuels, tels que des rythons ou vases à libations, etc. Tous ces objets datent de la période protopalatiale ou début du minoen moyen (2000-1700).
Parmi les **vases du style de Camarès (vitrines 30 à 37)**, ceux de la vitrine 30 proviennent précisément de la grotte du même nom, sur le versant méridional du mont Ida. Quelques vases présentent un décor floral et animal (poulpe surtout) du plus bel effet. Ces vases devaient servir aux libations offertes à la Grande Déesse minoenne dans la grotte.

Le ***disque de Phæstos** (vitrine 41) est couvert d'hiéroglyphes, imprimés dans l'argile humide à l'aide de cachets, qui se déroulent sur deux faces, de la périphérie vers le centre (1700-1600 av. J.-C.). Ce système d'écriture est peut-être étranger à la Crète. Il comprend 122 caractères hiéroglyphiques, assemblés par groupes de deux à sept signes ; une barre sépare chaque groupe accompagné d'une figure animée. Le disque a résisté jusqu'à présent à toutes les tentatives de déchiffrement.

Salle IV. — Les **collections** présentées ici, **d'une importance capitale**, proviennent des palais de Cnossos, de Mallia et de Phæstos et datent de la période néopalatiale ou fin du minoen moyen et minoen récent (1700-1400). Vous verrez des vases, dont certains, dits « **vases aux lys** », comptent parmi les plus beaux spécimens du style naturaliste en vogue au minoen récent, des rythons ou vases à libations, des figurines en faïence, en ivoire, des objets pour le culte rendu au serpent sacré, divers instruments (grandes scies, haches, chaudrons tripodes, en bronze, plateaux de balance, poids en plomb, etc.), des épées d'apparat, etc.
Les ****déesses aux serpents** (vitrine 50) prennent place parmi les plus célèbres découvertes réalisées à Cnossos. Ces deux idoles en faïence représentent probablement la déesse mère et sa fille, divinités figurées avec les attributs du monde souterrain, avec des serpents autour de la taille, sur les bras et montant jusque sur la tiare de la déesse mère, tandis que la déesse fille brandit un serpent dans chaque main.
Examinez encore cet autre chef-d'œuvre qu'est cette ****tête de taureau** (vitrine 51), du XVIe s. av. J.-C., formant un vase (rhyton) à libation ; elle est taillée dans un bloc de stéatite noire avec des incrustations de cristal de roche, de jaspe et de nacre pour les yeux. Les cornes devaient être en bois doré ; elles ont été reconstituées ainsi que le côté droit de la tête ; provient du palais de Cnossos.
L'***épée royale** (vitrine 52), provenant de Mallia, est enrichie d'une poignée de calcaire gris, recouverte d'une plaque d'or, et d'un pommeau en cristal de roche. Vous verrez également dans cette vitrine une collection d'intailles et divers tessons de vases en stéatite décorés de reliefs.
En même temps que les deux déesses aux serpents découvertes dans deux reposoirs du sanctuaire central du palais de Cnossos, on mit au jour deux ***plaques de faïence** (vitrine 55) représentant une chèvre allaitant ses petits et une vache allaitant et caressant son veau, sujets allégoriques rappelant deux avatars de la déesse mère minoenne ; notez également le symbole de la croix, en marbre, qui figure peut-être le dieu-Soleil.

Le fameux *acrobate (vitrine 50), en ivoire, trouvé à Cnossos, appartenait à un groupe chryséléphantin (en or et en ivoire) ; l'acrobate était représenté au moment précis où il effectuait un saut par-dessus le taureau, en passant entre les cornes de l'animal dont on n'a rien découvert.

Le ***jeu d'échecs** (vitrine 57), échiquier d'un jeu royal incrusté de matières précieuses : ivoire, cristal de roche, lapis-lazuli, feuilles d'argent et d'or, fut exhumé dans les ruines du palais de Cnossos.

Salle V. — Tous les divers objets présentés ici : vases, vaisselle d'argent, figurines, lampes, cachets, proviennent des fouilles du palais de Cnossos et datent de la phase finale de la période néo-palatiale (1450-1400 av. J.-C.). Parmi les objets de cette exposition, nous vous recommandons d'examiner plus particulièrement les **pièces d'archives (vitrine 69)** rédigées en linéaires A et B. Le linéaire A, système d'écriture qui procède d'une évolution du système hiéroglyphique de la période précédente, et qui, peut-être dès le milieu du XVe s. av. J.-C., subit d'amples transformations pour former le systèmes dit linéaire B. Les inscriptions en linéaire A proviennent surtout de la villa royale d'Haghia Triada, les inscriptions en linéaire B exposées dans cette vitrine sont plutôt des pièces d'archives du palais de Cnossos. Grâce aux inscriptions de Cnossos et à celles qui furent découvertes en Grèce continentale, à Mycènes, à Thèbes et surtout à Pylos, les Anglais *Michael Ventris* et *John Chadwick* sont parvenus à déchiffrer le linéaire B qui apparaît comme une langue grecque très archaïque, que l'on peut maintenant appeler du mycénien. Il semble donc que la Crète devait déjà être soumise aux Achéens dès le milieu du XVe s. av. notre ère.

Salle VI. — Toutes les pièces de cette salle ont été sélectionnées parmi les trouvailles faites dans des tombes de la région de Cnossos et de la Messara et nous reportent à la phase finale de la période néopalatiale, ainsi qu'au début de la période postpalatiale, qui vit l'installation en Crète des envahisseurs venus de la Grèce continentale (1400-1350). Les objets présentés ici ont donc valeur d'offrande, mais certains concernent plus particulièrement les cultes funéraires, tel ce modèle réduit de bâtiment à deux colonnes **(vitrine 71)**, où l'on assiste à une scène de banquet.

Salle VII. — Vous voici arrivé dans une salle qui est l'**un des sommets de votre visite** grâce à la qualité exceptionnelle de quelques-uns des objets qu'elle renferme. Datés de la période néo-palatiale (1700-1400 av. J.-C.), ils proviennent de villas, de mégarons et de grottes cultuelles de la Crète centrale. Le long du mur de dr., remarquez un petit **monument à doubles cornes**, symbole religieux au même titre que les doubles haches dont vous admirerez quelques exemplaires, d'une taille exceptionnelle, provenant d'un mégaron mis au jour à Nirou Chani, à l'E. d'Héracleion. Ces doubles haches, probablement désignées en langue minoenne sous le nom de *labrys*, devaient être dressées sur un socle et placées dans les sanctuaires comme un symbole cultuel. De labrys vient sans doute le mot labyrinthe qui devait signifier : maison aux doubles haches.

Le ****vase des moissonneurs** (vitrine 94), en réalité un vase à libations (rhyton) provenant d'Haghia Triada, est l'une des œuvres les plus célèbres de l'art minoen, en tout cas l'une des plus fréquemment représentées. Exécuté en stéatite noire, une roche assez tendre, ce récipient cultuel vous montre des paysans qui marchent en procession en portant leur outillage sur l'épaule, précédés par un groupe de musiciens et conduits par un prêtre. On y voit la représentation d'une cérémonie agraire avant les semailles d'automne.

Le ***gobelet du prince** (vitrine 95), provenant de la villa royale d'Haghia Triada, est un autre chef-d'œuvre. Il est orné de reliefs représentant un officier remettant à son chef la part d'honneur d'un butin de chasse.

Un grand ***rhyton** (vitrine 96), découvert dans les ruines du mégaron d'Haghia Triada, retiendra aussi votre attention. Il est orné de scènes de jeux athlétiques et tauromachiques en relief (vers 1600 av. J.-C.). Ici encore, ces représentations n'ont rien de profane mais, au contraire, ont un caractère religieux et cultuel. Vous remarquerez, sur le deuxième registre à partir du haut, un acrobate qui exécute un saut — combien périlleux ! — entre les cornes d'un taureau. Ces jeux tauromachiques, qui symbolisaient la capture de l'animal sacré des Crétois, avaient un caractère religieux aussi bien dans l'île que dans divers autres pays du bassin méditerranéen.

Une simple curiosité : des **lingots de cuivre (vitrine 99)**, d'un poids standard de 29 kg, constituaient une monnaie d'échange à l'époque minoenne. Certains lingots ou talents portent des inscriptions incisées en écriture crétoise ou chypriote, Chypre étant leur lieu d'origine probable.

Ne manquez pas d'examiner une **splendide *collection de bijoux (vitrine 101)**, dont certains ont inspiré les orfèvres athéniens d'aujourd'hui. Remarquez surtout les colliers avec pendentifs en forme de têtes de taureau, de lionceaux accroupis et d'amulettes en forme de cœur (Haghia Triada), un pendentif de Mallia orné de deux abeilles dévorant du miel sur les alvéoles, etc.

Salle VIII. — Tous les objets exposés ici proviennent du palais de Kato Zakros, à la pointe orientale de l'île, et appartiennent à la période néo-palatiale ou minoen récent (1700-1400 av. J.-C.). Deux pièces retiendront plus particulièrement votre attention : un ***vase en cristal de roche** (vitrine 109), taillé, le col ceint d'un anneau aux bandes d'or et anse en perles de cristal enfilées sur une tige de bronze dont l'oxydation a déterminé la coloration verdâtre des perles...

Un ***rhyton (vitrine 111)**, en pierre verte, revêtu d'or partiellement conservé et orné de légers reliefs figurant un sanctuaire de sommet, ainsi que l'indiquent les colombes voletant au-dessus, les autels (il y en a trois) et les cornes de consécration ; notez encore les quatre chèvres sur le toit et celles qui apparaissent de part et d'autre du sanctuaire.

Salle IX. — Collection d'objets divers, de la période néo-palatiale, provenant de sites de la Crète orientale : vases, figurines d'adorants, cachets (remarquez plus particulièrement ceux de la **vitrine 128**) et empreintes de sceaux, armes, outils, etc.

Nous vous invitons à examiner plus particulièrement une **amphore (vitrine 121)**, à la décoration (un poulpe) d'une belle facture naturaliste, et **une curiosité : les insectes sacrés (vitrine 123)**, objets d'une vénération particulière, sans doute parce qu'ils étaient pourvus d'une corne ou parce qu'ils étaient des parasites du blé (?), et qui appartiennent à une espèce que l'on trouve encore aujourd'hui en Crète.

Salle X. — Collection d'objets d'époque postpalatiale (ou postminoenne : 1400-1100), c'est-à-dire datant de la période qui suit la destruction du royaume minoen après l'invasion achéenne ; la civilisation achéenne est plus généralement désignée sous le nom de mycénienne, d'après le nom de la plus puissante principauté achéenne, celle de Mycènes.

De nombreuses idoles et figurines d'adorants, ainsi que des objets cultuels, montrent que les préoccupations religieuses sont toujours aussi vives. Nous recommandons à votre curiosité ces **idoles (vitrine 133)**, de grande taille, les bras levés, coiffées de symboles divers.

Salle XI. — Collections d'époques subminoenne et géométrique (1100-800 av. J.-C.) ; vers 1100 av. J.-C., après l'invasion achéenne, survinrent les guerriers doriens qui s'emparèrent de l'île, refoulant les populations indigènes, d'origine minoenne, dans les montagnes de la Crète orientale.

Les ***idoles de la déesse aux bras levés** (vitrine 148) attestent la persistance du type des grandes figurines de la période précédente ; celles-ci

proviennent de Karphi, un site précisément localisé dans une région de refuge des anciennes populations : le Lassithi. Notez aussi le **rhyton** symbolisant un char avec des têtes de taureaux.
Quelques modestes accessoires, ici des **fibules (vitrines 153)**, dont vous remarquerez surtout celle portant le nº 257, trahissent de grands changements. Ces épingles étaient, en effet, indispensables pour retenir le péplos dorien sur les épaules. Les Minoens, dont les vêtements étaient cousus, se passaient de ces articles.

Salle XII. — Durant les époques géométrique et orientalisante (800-650 av. J.-C.), la Grèce (et la Crète) connaît une sorte de Moyen Age pendant lequel se prépare une nouvelle forme de civilisation. Le pays est loin d'être fermé aux influences étrangères, ainsi qu'en témoignent les **vases de style orientalisant** que vous verrez dans plusieurs vitrines de cette salle : sphinx, chevaux ailés, lions, palmettes sont des emprunts à l'Asie, probablement à travers l'art phénicien. Les chefs-d'œuvre sont rares. Nous ne pourrons retenir ici que cette **urne (vitrine 168)** décorée d'une figure ailée entre deux sphinx, ces ***objets en bronze (vitrine 169)** de la période géométrique, parmi lesquels les fragments d'un trépied découvert dans la grotte de l'Ida sont les plus intéressants ; **ils sont illustrés de scènes** représentant le rapt d'une femme par un guerrier l'entraînant sur un bateau, des chars emplis de guerriers, une chasse au cerf, la traite des vaches, ainsi que la très intéressante série de plaques de bronze représentant des paysans porteurs d'offrandes diverses, qui provient du sanctuaire d'Hermès et Aphrodite à Symi (S. du Lassithi).

Salles XIII. — Elle renferme une **collection de sarcophages minoens** en terre cuite provenant de divers sites de la Crète.
Après la visite de la salle XIII, vous monterez au premier étage pour atteindre les salles où sont exposées les fresques des palais et des riches villas d'époque minoenne.

Salle XIV. — La plupart des **fresques** exposées ici datent de la période néo-palatiale (1700-1400 av. J.-C.) et proviennent de la Crète centrale et orientale ; elles sont la plupart du temps très fragmentaires et parfois très restaurées, souvent à l'aide d'éléments qui apparaîtront insignifiants aux yeux du profane. Quelques-unes de ces fresques sont pourtant très célèbres, tels :
La **fresque de la procession** *(34-37)*, visible à l'état de fragments, qui ornait le corridor d'entrée du palais de Cnossos. Sur plus de cinq cents personnages, il ne reste plus que des fragments représentant des groupes d'hommes et de femmes, des musiciens, des porteurs d'offrandes, des prêtres et des prêtresses. Les mieux conservés sont ceux qui figurent deux porteurs de vases et le porteur de rhyton ou vase à libations. La double procession convergeait vers une femme, reine ou déesse, drapée dans une robe d'apparat (vers 1400 av. J.-C.).
La **procession des libations** *(27)*, conduite par un joueur de lyre à sept cordes (villa royale d'Haghia Triada).
Le **prince aux Lys** *(6)*, nommé par *Evans* « le roi-prêtre » ; il porte la couronne et le collier de fleurs de lys. Cette fresque fut retrouvée à l'extrémité N. du long corridor des Processions à Cnossos.
Le **taureau chargeant** *(2)*, composition en relief (vers 1600 av. J.-C.) provenant du bastion de l'entrée nord du palais de Cnossos ; la tête en est bien conservée, à l'exception des cornes qui ont été reconstituées.
Les **dames en bleu**, dames de l'aristocratie minoenne, élégantes et pleines de vie (salle du trône du palais de Cnossos ; vers 1600 av. J.-C.).
La **tauromachie**, double saut exécuté au-dessus du dos du taureau par un acrobate, ornait une salle d'un appartement de l'aile orientale du palais de Cnossos.

Les **dauphins**, belle fresque de la chambre de la reine du palais de Cnossos (vers 1600 av. J.-C.).
Au centre de la salle, ne manquez pas d'examiner le ***sarcophage** d'Haghia Triada, trouvé dans un petit tombeau près de la villa royale (env. 1400 av. J.-C.). Il est en pierre et recouvert de **peintures représentant des scènes du culte des morts**, peut-être d'un membre de la famille royale ; remarquez : 1) *sacrifice sanglant d'un taureau* au son des doubles flûtes (procession de femmes) et sacrifice non sanglant avec offrande de fruits et de libations ; 2) *libations*, apportées par une parente du défunt, à la tête couronnée, et versées par la prêtresse entre les doubles haches au son de la lyre à sept cordes ; apparition du mort sortant du tombeau et offrandes faites par des prêtres ; 3) *char tiré par des chevaux* (char terrestre) ; 4) *char tiré par des griffons ailés* (char de l'au-delà).

Salle XV. — Elle vous révélera d'autres **fresques minoennes**, non moins célèbres, telles : le **sanctuaire tripartite** *(10)*, représentant un sanctuaire à trois colonnes devant lequel une foule est assemblée ; fresque miniature du palais de Cnossos.
La ***Parisienne** *(12)*, fragment représentant une jeune prêtresse minoenne pleine de grâce et de charme, baptisée la Parisienne par *sir A. Evans*. Cette fresque ornait le hall à six colonnes du sanctuaire du palais de Cnossos.

Salle XVI. — Vous remarquerez plus particulièrement les **fresques** : du **cueilleur de crocus** *(20)*, singe cynocéphale cueillant des fleurs de safran dans les jardins royaux du palais de Cnossos. L'**officier de la Garde Noire** *(22)* ; de la maison des Fresques à Cnossos provient cette remarquable fresque dite du Capitaine des Noirs : un officier minoen conduit un groupe de soldats noirs.

Salle XVII. — Antiquités minoennes et grecques provenant de la **collection** Giamalakis. Remarquable collection de bijoux, de cachets minoens, d'outils, d'armes, de céramique minoenne, mycénienne et grecque (époques géométrique, archaïque, etc.). Notez surtout une **statuette en bronze d'un sacrificateur** portant un bélier (époque archaïque) et un ***modèle réduit de sanctuaire** (vitrine 181), dans lequel une figurine est représentée dans l'attitude de la déesse aux bras levés.

Salle XVIII. — Collection d'objets dits d'arts mineurs, bien qu'il y ait d'**authentiques chefs-d'œuvre**, comme cette ***statuette funéraire en bronze** (près de la vitrine 201), du Ier s. av. J.-C., l'une des plus belles expressions de l'époque hellénistique dans le domaine du portrait.
Après la visite des salles du premier étage, revenez dans le hall d'entrée pour examiner les collections de sculptures grecques et gréco-romaines.

Salle XIX. — La période archaïque (700-550 av. J.-C.), nous vous l'avons déjà précisé dans l'analyse des collections du musée, fut, en Crète, d'une importance capitale dans la formation d'un art spécifiquement grec. Toutes les pièces exposées dans cette salle appartiennent à cette époque, mais nous vous invitons à examiner plus particulièrement :

Une ***frise de cavaliers** (à g.), porteurs de lance, juchés sur de grands chevaux, qui ornait la façade principale de l'un des deux temples archaïques de l'ancienne *Rhizénia* (Prinias). Cette œuvre aurait été exécutée vers 650 ou 625 av. J.-C.
Un aigle et un faucon (dans le coin à g.), sur des piédestaux ornés de volutes ioniques ; ils furent dégagés sur le site d'un autel de Zeus Thénatas à Amnissos. Notez ensuite un **torse de type dédalique** provenant d'Eleutherne (VIIe s. av. J.-C.), puis la partie inférieure d'une **statue de déesse assise** provenant de Gortyne. La porte faisant communiquer les salles N et Ξ est

conçue de manière à former une **reconstitution de l'entrée de la cella du temple de Rhizénia** avec deux déesses coiffées d'un calathos, les mains posées sur les genoux, assises chacune sur un trône reposant sur le linteau, lui-même orné d'une frise d'animaux : des cerfs à g., et des panthères, la tête de face, à dr. (vers 650-625 av. J.-C.).
Remarquez également cette **collection de «sphyrelata» (vitrine 210)**, ou idoles faites de plaques de bronze martelées et assemblées sur une âme de bois à l'aide de rivets (Apollon, Artémis et Lato, provenant du Delphinion de Dréros), ainsi qu'une splendide collection de ***boucliers votifs,** de phiales et de tympanons **(vitrines 208 et 209)**, en bronze, découverts dans la grotte de l'Ida. On sait que les courètes, commis à la garde de Zeus enfant, couvraient ses pleurs en frappant leurs tympanons ; or, précisément, une scène représentée sur un tympanon **(vitrine 209)** nous montre Zeus sur un taureau, occupé à dépecer un lion, tandis que quatre courètes, figurés sous la forme de génies assyriens ailés, font résonner leurs instruments.

Salle XX. — Cette **collection de sculptures** depuis la période classique jusqu'à la fin de la période gréco-romaine (début du IVe s. apr. J.-C.) est le point faible du musée, essentiellement parce que la Crète connut, à partir de la fin de la période archaïque, un déclin caractérisé qui se prolongea pendant de très longs siècles. La majeure partie des sculptures présentées dans cette salle datent de l'époque gréco-romaine.
Au pied du long mur de g. vous remarquerez un **torse d'Aphrodite,** copie probable d'une œuvre de *Praxitèle,* une copie en marbre du célèbre **Doryphore** (porteur de lance) de *Polyclète,* une copie d'une œuvre célèbre de *Scopas* figurant Pothos, incarnation de la langueur amoureuse, et son animal-attribut, l'oie.
Le long du mur de fond sont présentés : un **torse d'Aphrodite (159),** copie probable d'une œuvre de *Praxitèle,* une copie du sculpteur *Doidalsès* représentant une **Aphrodite au bain (43),** une colossale **statue d'Apollon lyricine (326)** découverte lors des fouilles du Pythion de Gortyne ; la tête serait d'époque hellénistique et le corps daterait de la période romaine, etc.
A dr. de l'entrée, remarquez plus particulièrement un **relief funéraire (378),** copie d'une œuvre attique du IVe s. av. J.-C., une **métope (363)** d'un temple, trouvée près de Cnossos ; elle est ornée d'un relief figurant l'un des douze travaux d'Héraclès : la mise à mort du sanglier d'Erymanthe (fin du Ve s. av. J.-C.), un **relief funéraire,** probablement d'origine attique *(145),* de la première moitié du IVe s. av. J.-C., représentant un chasseur, et enfin, au centre, deux sarcophages de marbre dont l'un provient de Mallia.

Remparts vénitiens. — Depuis la place Elefthérias (Pl. C-2), près du musée, cette promenade le long de l'enceinte devra être entreprise en voiture.

La **muraille,** construite dans son dernier état aux XVIe et XVIIe s., est renforcée par **sept puissants bastions** qui sont encore conservés, ainsi que la majeure partie de l'enceinte et de ses portes. La porte de Saint-Georges (aujourd'hui détruite), que les soldats de *la Feuillade,* puis ceux du *duc de Beaufort,* franchirent pour tenter une sortie contre les Turcs, était située près de la place Elefthérias. Sur le bastion N.-O., qui domine la mer, se situe le **tombeau de l'écrivain et poète *Nikos Kazantzakis*** (†1957).
La **porte Neuve** (l'ancienne porte de Gesù), la plus belle d'entre elles, présente, à l'extérieur, une inscription datée de 1567 et, à l'intérieur, une autre de 1587 au nom du gouverneur *Mocenigo.* La pointe du saillant que dessine l'enceinte vers le S., au-delà de la porte Neuve, était constituée par une muraille d'une puissance exceptionnelle qui pendant 21 ans défia l'assiégeant turc.

Environs d'Héracleion

1 — Tylissos (14 km). — Sortez par la route de La Canée.
5 km : Laissez à dr. la nouvelle route express pour prendre l'ancienne route.
11 km : Tournez à g.
14 km : **Tylissos**, village au pied du mont Ida, où vous visiterez les **ruines de trois villas minoennes**, construites vers 1800 av. J.-C. et qui furent en usage jusque vers 1450 av. J.-C. Sans présenter l'intérêt de Cnossos, de Phæstos, d'Haghia Triada, de Mallia, etc., les ruines de Tylissos méritent cependant d'être visitées par ceux qui auraient l'intention de connaître la Crète d'une manière approfondie.

Contemporaines des seconds palais de Cnossos et de Mallia. — *Ces trois villas sont datées du minoen moyen III au minoen récent II, c'est-à-dire de la période des seconds palais de Cnossos, Mallia, etc. Elles furent élevées sur l'emplacement de constructions plus anciennes (minoen ancien I au minoen moyen II), dont il ne subsiste plus que de rares vestiges car ceux-ci furent nivelés pour permettre la construction des trois villas dont vous verrez les restes. Après leur destruction, vers 1450 av. J.-C., de nouvelles villas, datées du minoen Récent III, furent élevées; leurs fondations furent détruites lors de la période hellénique par les nouveaux occupants du site.*

Visite : de 7 h 30 (9 h en hiver) au coucher du soleil.

La villa A présente les murs à redans caractéristiques des constructions minoennes. Vous y pénétrerez par un vestibule divisé en deux parties par deux piliers, au fond duquel s'ouvrait une porte donnant accès à l'escalier de l'étage. A g. part un corridor dallé de plaques irrégulières qui desservait l'aile S. de la villa et débouchait dans une petite **cour** (Pl. 1) servant de puits de lumière. A dr. du corridor, les **magasins** contenaient encore des jarres lorsqu'ils furent fouillés. Au fond à dr. (Pl. 2), second escalier. Au N. de la villa, trois importants magasins.

La villa B, à l'O. de la précédente, est beaucoup plus ruinée et vous pourrez en négliger la visite au profit de la **villa C,** au N. du site. Le **vestibule** a conservé une partie de son dallage, comme les salles 3, 4 et 5; à dr. s'ouvrait la **loge** du portier (Pl. 1) tandis qu'un corridor desservait l'aile S. de la villa et un escalier (Pl. 2) conduisant à l'étage. Un autre escalier (Pl. 6) se trouvait au N., non loin d'une **grande salle** (Pl. 7) dont le sol et les murs étaient recouverts d'un stucage rouge. A partir de cette pièce, un corridor conduisait à un troisième escalier (Pl. 8). La salle 9 était revêtue de stuc blanc. Enfin une vaste **salle avec cour hypèthre** (Pl. 10) terminait l'édifice contre lequel fut bâtie ultérieurement une **citerne** accessible par un escalier.
Plus au N., restes d'un édifice hellénique avec autel.

Au-delà de Tylissos, vous pourrez continuer jusqu'au village (**30** km) d'**Anoghia** situé à 700 m d'altitude sur le flanc N. de l'Ida, complètement dénudé. Anoghia compte plusieurs petits ateliers de tissage où l'on fabrique des tapis, couvertures et sacs. Pendant la dernière guerre, ce village fut un centre de résistance; le général allemand *von Kreipe,* capturé à Héracleion par des partisans crétois, y fut conduit avant d'être envoyé en Egypte depuis le petit port de Chora Sfakion. A la suite de cet enlèvement, le village fut entièrement détruit au cours d'une opération répressive.

D'Anoghia, une petite route très éprouvante conduit à (**16** km) la **grotte de l'Ida** (*Idaion Antron)* en passant par le plateau de Nida (1 600 m d'altitude) parsemé de bois de pins.
La grotte, fouillée par des archéologues italiens, fut fréquentée à une époque relativement tardive (XIe et IXe s. av. J.-C.). Devant la grotte se dressait un autel à sacrifices près duquel on a découvert des statuettes de bronze.

2 — La Messara (Gortyne, Phæstos, Haghia Triada). — V. section 5.

3 — Cnossos. — V. section 4.

☛ **4 — Archanès et Pyrgos** (51 km ; sortie par la route de Cnossos ; Pl. C/D-3).
5 km : Cnossos : V. section **4**.
9 km : Route à dr. pour (6 km) **Archanès,** bourgade de 3 900 habitants au centre d'une plaisante région viticole dominée par le **mont Jouktas** (811 m) dont une route permet d'atteindre le sommet.

Dans le village, des fouilles récentes ont permis la découverte d'un bâtiment à étage exceptionnellement bien conservé, qui pourrait être un **palais** si l'on en juge d'après la qualité de sa décoration et notamment des fresques ; mais la présence de constructions modernes sur le site en limite l'exploration. On a également découvert dans le bourg l'existence d'un petit temple. Les **églises Haghia Triada** et **Haghia Paraskévi** sont décorées de **fresques** médiévales et d'icônes (demandez la clé chez le pope, ainsi que pour l'église d'Assomatos, ci-dessous).

Les environs d'Archanès sont riches en vestiges anciens (guides sur la place principale du bourg).
A environ 2 km au N.-O. du village, à **Fourni,** on a découvert une **nécropole minoenne** avec des sépultures d'enfants, un grand édifice funéraire de plan absidial qui contenait 180 sépultures et un riche mobilier, ainsi qu'une grande tombe à tholos. Au N. de celle-ci, on a trouvé pour la première fois en Crète un **« cercle de tombes » mycénien.**
Vers le S., une très mauvaise piste conduit à (5 km) **Vathypétro.** A mi-chemin, à 1,5 km sur la g., se trouve l'**église d'Assomatos,** ornée de **fresques** du début du XIVe s., dont une remarquable Crucifixion d'une grande intensité dramatique. Sur l'une des fresques, le Christ porte une armure franque. A Vathypétro ont été dégagées les **ruines d'un mégaron** construit vers 1600-1550 av. J.-C. et détruit vers 1500, qui est l'un des plus vastes que l'on connaisse. Il comportait une cour centrale, avec un sanctuaire, des magasins dont une grande salle hypostyle, un four, des cuisines avec deux foyers en argile, un pressoir, etc.
Au flanc nord du mont Jouktas, enfin, au lieu-dit **Anémospilia,** à environ 3 km au N.-O. d'Archanès, le professeur *J. Sakellarakis* a dégagé les restes d'un édifice où les trouvailles faites sont d'une importance capitale pour la connaissance de la civilisation minoenne.

Sacrifices humains dans la Crète minoenne? — Dans l'état actuel des recherches, les fouilles récentes d'Anémospilia ont mis au jour les restes d'un édifice qui se compose de trois pièces de mêmes dimensions, juxtaposées et ouvrant au nord sur un long vestibule, le tout entouré par un péribole dont on a retrouvé plusieurs segments. Cet édifice, de plan simple et symétrique, sans parallèle connu dans l'architecture minoenne, pourrait être, selon toute apparence, **le premier temple minoen découvert.** Il ne connut qu'une phase d'utilisation, dans la première moitié du XVIIe s. av. J.-C., d'après l'abondante céramique recueillie, et il fut détruit par un tremblement de terre suivi d'un incendie.

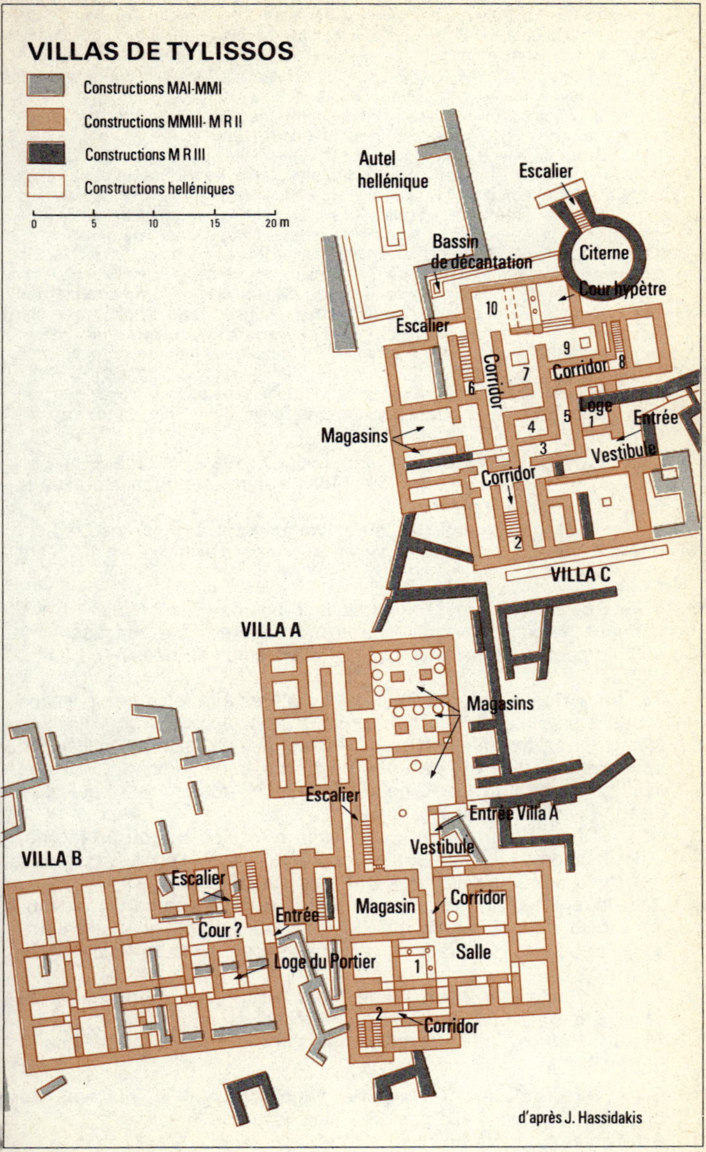
VILLAS DE TYLISSOS
Constructions MAI-MMI
Constructions MMIII- M R II
Constructions M R III
Constructions helléniques
0
5
10
15
20 m
Autel hellénique
Escalier
Bassin de décantation
Citerne
Cour hypètre
10
Escalier
9
Corridor
8
Corridor
7
6
Loge
5
1
4
Entrée
Magasins
3
Vestibule
Corridor
2
VILLA C
VILLA A
Magasins
Escalier
Entrée Villa A
Vestibule
VILLA B
Escalier
Entrée
Cour ?
Magasin
Corridor
Salle
Loge du Portier
1
2
Corridor
d'après J. Hassidakis

Le vestibule était pourvu de rayonnages en bois, sur lesquels étaient disposés des vases cultuels (dont 150 environ ont été retrouvé sur le sol) ; au centre gisait un squelette d'homme. **La pièce orientale**, destinée à un culte non sanglant, comportait une banquette à trois degrés sur laquelle on a retrouvé une vingtaine de vases *in situ*, certains d'entre eux contenant des restes végétaux. Au fond de la pièce centrale, une banquette supportait les restes d'une **statue** en terre cuite et en bois grandeur nature.
C'est dans **la pièce occidentale** qu'a été faite la découverte la plus étonnante : elle contenait **trois squelettes d'êtres humains**. Les deux premiers sont ceux d'un homme et d'une femme qui, comme le personnage retrouvé dans le vestibule, avaient été tués, d'après les conclusions d'une expertise anthropologique et médico-légale, par l'écroulement de la toiture du bâtiment, dû, selon toute vraisemblance, à un tremblement de terre. Mais **le troisième squelette appartient à un adolescent** qui, d'après les experts, était déjà mort lors de la catastrophe finale, **tué par un poignard en bronze** que l'on a retrouvé sur sa poitrine. Ce dernier squelette ne reposait pas sur le sol, comme les trois autres, mais **sur une sorte d'autel rectangulaire**. Tout semble indiquer qu'il avait été sacrifié sur l'autel par l'homme retrouvé près de lui et que le directeur de la fouille identifie comme un prêtre. Cette découverte, si elle est correctement interprétée (ce qui semble être le cas dans l'état actuel de la documentation), est donc d'une importance capitale pour l'étude de la religion minoenne.

☛ **22** km : **Haghios Vassilios** ; dans l'église, **fresques** du XIIIe s.
28 km : A dr. piste pour (4 km) **Moni Apanosifis**, monastère de la fin de l'époque vénitienne.
51 km : **Pyrgos**, dans un cadre typiquement crétois, au pied du **mont Kophinas** (1 231 m). L'église possède des fresques du début du XIVe s.

☛ **5 — Pefkos** (76 km ; sortie par la route de Cnossos). — Cette promenade, complémentaire de la précédente, vous fera découvrir de charmants villages, perchés sur des collines au-dessus de forêts d'oliviers.
33 km : **Arkalochori**, où vous vous mêlerez à la foule des paysans venus à la foire, si vous passez un samedi matin, et où vous irez voir **une grotte** qui servit de lieu de culte depuis le milieu du IIIe millénaire (elle a livré un riche trésor archéologique, avec des haches en or, une centaine d'épées, etc., toutes ces trouvailles datant du milieu du XVIe s. av. J.-C.).
66 km : **Ano Viannos**, où vous visiterez l'**église Haghia Pélaghia**, à **Plaka**, ornée de **fresques** du XIVe s., et l'**église Haghios Géorgios** dont les **peintures murales** datent de 1401.
Dans la région d'Ano Viannos, on mit au jour, à **Képhala Chondrou**, un habitat du minoen récent III, et à **Kato Symi** un **sanctuaire d'Hermès et d'Aphrodite**, sur trois terrasses, avec un petit temple et un autel.
71 km : Route à dr. pour (6 km) **Moni Arvi**, village de pêcheurs au milieu des bananiers, avec un petit monastère.
76 km : **Péfkos**, bourg au-delà duquel la route conduit à Hiérapétra (V. section 6, env. 3).

☛ **6 — D'Héracleion à Haghios Nicolaos par le plateau du Lassithi** (96 km ; sortie par Alikarnassos).
4 km : aéroport international d'Héracleion.

8 km : **Plage d'Amnisos,** du nom d'une cité minoenne mentionnée par *Homère* dans *l'Odyssée* et qui servait de port à Cnossos.
12,5 km : A dr., **Nirou Chani,** ruines d'une construction minoenne qui, selon *Evans,* aurait été la résidence d'un chef-prêtre et un centre de fabrication d'objets de culte que l'on expédiait en Grèce continentale et dans les Cyclades.
18 km : **Gournès;** jonction avec la voie rapide pour (52 km) Haghios Nicolaos (V. ci-dessous, 7).
24 km : Prendre à dr. vers (2 km) **Chersonissos,** gros village près d'un mouillage (Limin Chersonissou) qui fut le port de l'antique *Lyttos* (V. ci-dessous, 7).
31 km : A dr. route pour **Bitzariano.**

A **Bitzariano** (on dit aussi *Pighi*), vous visiterez une petite **église byzantine.** Vous y reconnaîtrez divers éléments antiques de remploi, en particulier, à l'intérieur, une colonne avec quatre chapiteaux romains à feuilles d'acanthe. Vous y verrez des **fresques** du début du XIVe s., d'un art très populaire. 2 km plus loin, **Kastelli,** village situé à faible distance des plages à l'E. d'Héracleion. Depuis Kastelli, suivez la route d'Apostoli, puis tournez à g. à 2 km. Par un chemin à g., peu après la bifurcation, vous monterez à pied, en 15 mn environ, au hameau de **Sclavérochori,** où la petite **église de la Présentation de la Vierge** vous révélera ses **peintures murales** des XIVe et XVe s. consacrées à la vie du Christ.

A 2,5 km de Kastelli, en suivant la route d'Avdou, vous atteindrez **Xidas,** près des ruines de l'antique ***Lyttos.*** Cette ville apparaît dans l'histoire de la Crète au IIIe s. av. J.-C., quand elle fut détruite par Cnossos. Elle fut encore habitée durant l'époque byzantine. On découvrit d'ailleurs, le long de l'agora antique, une vaste **basilique** paléochrétienne ornée de mosaïques sous une église plus récente. Mais aujourd'hui, Lyttos ne vous offrira plus guère que la beauté de son site, sur l'un des contreforts du mont Dicté.

34 km : Potamiès; dans ce charmant village entouré de vergers et d'orangeraies, vous visiterez, à l'entrée, le **monastère de la Panaghia Gouverniotissa,** qui aurait été fondé au Xe s., où l'église est ornée de **fresques** datant du XIIe au XVe s. ; remarquez surtout le Christ pantocrator, à la coupole, de la première moitié du XVe s.
37 km : **Avdou;** dans l'**église Haghios Antonios,** à la voûte d'une petite chambre, une série de **fresques** du XIVe s. illustre des scènes du Nouveau Testament; dans la **chapelle** du cimetière, **peintures murales** très effacées par *Manuel* et *Jean Fokas* (1445).
41 km : Prenez à dr. en direction de Kéra. La route que vous suivez continue de s'élever vers un (26,5 km) col, d'où vous découvrirez un séduisant ***panorama** sur la vallée d'Avdou, puis, peu après, sur l'étrange **plaine du Lassithi,** hérissée d'éoliennes. Cette plaine fermée, située à une altitude qui varie entre 830 et 860 m, fut de tout temps un centre de refuge de la population autochtone au moment des invasions étrangères. La partie occidentale présente un aspect des plus pittoresques avec ses petits champs où poussent des céréales, ses éoliennes qui doivent assurer l'irrigation des terres en plein été. Par contraste avec la zone O. dénudée, la partie orientale de la plaine du Lassithi est couverte d'une belle végétation arbustive.

55 km : Tzermiadon, la capitale du Lassithi, où, attablé à la terrasse d'un petit café, vous verrez défiler devant vous une population de rudes montagnards, avant de poursuivre votre route.
58 km :

Une petite route asphaltée, à dr., mène au (**10** km) *restaurant Xénia* aménagé près de l'entrée de la **grotte du mont Dicté**, en passant près du (2,5 km) **monastère de Kroustallénia**, fondé au milieu du XVIe s. et ruiné par les Turcs en 1823.
La grotte du mont Dicté (Dictéon Antron), parée par la nature de belles stalactites, est identifiée par certains auteurs avec l'**antre sacré du Dicté où Zeus naquit** et fut nourri par la chèvre Amalthée, sous la protection des courètes. Ce fut un lieu de culte à l'époque minoenne, et plus tard jusqu'à la période archaïque. La première partie de la grotte, consacrée aux sacrifices, renfermait un petit sanctuaire et un autel. Un escalier donne accès à la deuxième partie de l'antre située à 65 m plus bas et en partie inondée. On y découvrit de nombreux ex-voto des époques minoenne et mycénienne.

70 km : **Exopotami, l'un des plus jolis villages** d'une vallée qui s'abaisse vers le golfe de Mirabello.
88 km : Route d'Héracleion à Haghios Nicolaos, où vous tournerez à dr.
96 km : Haghios Nicolaos.

7 — D'Héracleion à Haghios Nicolaos par Mallia (70 km par la voie rapide; jusqu'au km 18, V. ci-dessus, 6).
27 km : A g., le mouillage de **Limin Chersonissou** occupe le site de l'ancien port de *Lyttos*.

Sur un petit promontoire s'élève la petite **église Haghios Nicolaos** (XVIIe ou XVIIIe s.), sur l'emplacement d'une basilique paléochrétienne du VIe s. dont l'abside est encore visible. Dans le narthex et la nef centrale se trouvent encore des mosaïques.
Au lieu-dit Kastri, sur une autre presqu'île, on a découvert une autre **basilique paléochrétienne** qui a conservé une partie de son pavement de mosaïque.

34 km : **Mallia**, village de développement récent près des ruines du palais (ci-dessous).

36 km : A g., ****palais de Mallia.**

Ce palais est l'un des trois grands palais crétois avec ceux de Cnossos et de Phæstos. Si l'ensemble de Mallia n'occupe pas un site comparable à ceux des palais de Cnossos et surtout de Phæstos, il ne devrait pas manquer de vous intéresser par ses proportions harmonieuses, la simplicité de son plan et maints détails originaux. Tout autour du palais s'étendait une ville minoenne que les fouilles de l'Ecole française d'Athènes font ressurgir peu à peu.

Le palais de Mallia, *contemporain des premiers palais de Cnossos et de Phæstos, date du minoen moyen I ou peut-être même du minoen ancien III (vers 2000 av. J.-C.) et fut remanié au minoen moyen III (1700-1550), pour être enfin abandonné vers 1450 av. J.-C. Les premières fouilles furent exécutées par* J. Hatzidakis; *les travaux furent repris par* l'Ecole française d'Athènes *à partir de 1921.*

Visite : du 1er mars au 30 sept., de 9 h à 13 h et de 16 h à 18 h en sem. et de 10 h 30 à 14 h 30 le dim. ; du 1er oct. à fin févr., de 10 h à 14 h 30 en sem. et de 10 h 30 à 14 h 30 le dim. Comptez environ 45 mn pour la visite du palais, ou plus si vous vous proposez de voir les champs de fouilles annexes. Les amateurs d'archéologie pourront également (sur autorisation) examiner les collections du petit musée stratigraphique local.

A dr. de la route d'accès au palais, vous remarquerez d'abord quelques vestiges de **maisons** et d'une **voie minoenne.** Plus loin, à g., gisent d'autres restes d'une construction funéraire (?) minoenne composée d'une enceinte.

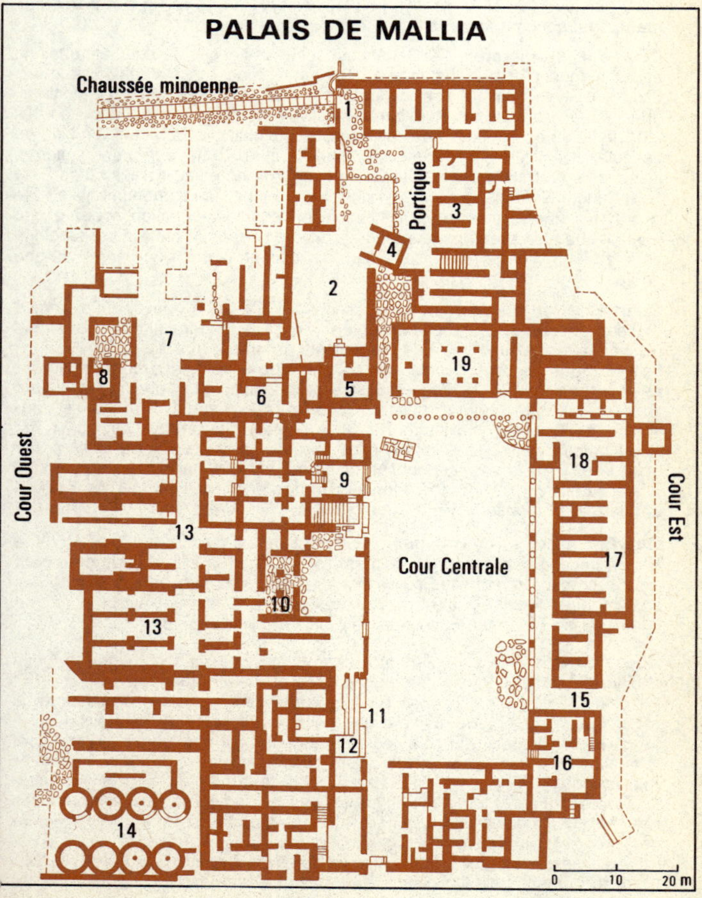

Cour O. (V. pl.). — Vous atteindrez le palais par cette vaste esplanade, qui était pavée de dalles de calcaire bleu, et parcourue par des chaussées dallées en ammouda, pierre extraite dans les carrières voisines.

Crypte hypostyle. — Avant de visiter le palais, vous vous dirigerez vers un abri moderne qui protège les restes d'une salle à colonnes souterraine, dite crypte hypostyle. Il s'agirait d'une salle de conseil, une sorte de prytanée avec plusieurs annexes. Cette crypte, dont l'aménagement semble avoir eu lieu à l'époque des premiers palais, était d'une orientation différente de celle du palais proprement dit.
A cette salle était rattachée une cour rectangulaire, dite cour aux orthostates, qui suivait la même orientation en formant ainsi un ensemble nettement distinct du palais.
On a découvert au N. de la crypte l'emplacement d'une porte, dite **porte des magasins**, donnant accès à cette cour.

Cour aux orthostates. — Cette cour, plus vaste que la cour centrale du palais, mesurait 29,10 m de large et 39,80 m de long. Elle était entourée d'une bande de stuc, d'environ 1 m de large, sur chacun de ses côtés. La moitié S. du côté O. de la cour était bordée par un portique (on a découvert les fondations de quatre bases de colonnes) à colonnade axiale. L'autre moitié de ce côté était limitée par une série d'orthostates. Cette bordure de pierres blanches se retrouve sur le côté N. de la cour et en partie sur les côtés E. et S. A l'angle N.-E. de la cour se trouvait un pylône, porte monumentale, dite **porte des nécropoles**, dont il subsiste une double fondation massive que franchit une chaussée minoenne. La chaussée partant de cette porte se dirige vers la nécropole, au N.-O. Cette cour est donnée comme une arène ou une agora.

Quartier N. du palais. — L'entrée principale (Pl. 1) se trouvait à l'extrémité d'une **chaussée dallée**, bien conservée. A dr., avant de franchir l'entrée, vous distinguerez quelques vestiges insignifiants du premier palais.
Le **vestibule d'entrée** donnait sur un **portique** à trois ailes qui bordait une **cour intérieure** (Pl. 2) d'assez vastes proportions, que l'on traversait pour accéder aux appartements royaux. Sous le corps central du portique s'ouvraient, à l'E., divers **magasins** (Pl. 3). A l'entrée du corridor conduisant à la cour centrale, petit édifice (Pl. 4) érigé après le deuxième palais, mais à une époque où celui-ci était cependant habité et peut-être consacré aux dieux.
Au-delà de la cour N. (Pl. 2) se trouvait un **dépôt d'archives**, un **trésor** (Pl. 5) et l'entrée du quartier royal.

Quartier royal. — Vous verrez d'abord les ruines du **mégaron de la reine** (Pl. 6), qui communiquait avec celui du **roi** (Pl. 7). Plus loin était situé un **bain** (Pl. 8), précédé d'une salle ou vestibule. Sous le dallage de cette pièce, les archéologues français mirent au jour des restes du premier palais et découvrirent de belles épées ouvragées (au musée d'Héracleion).

Cour centrale. — Par le corridor à demi obstrué par la construction 4, vous atteindrez la cour centrale, autrefois bordée par des portiques au N. et à l'E. Le côté O., à dr., est occupé par des **sanctuaires** ou des **constructions officielles**. Vous noterez d'abord une petite terrasse (Pl. 9) qui constituait la **loge royale**, dominant la cour, puis un **escalier** qui donnait accès à l'étage, le vestibule de la **crypte** à deux piliers quadrangulaires (Pl. 10), un **escalier monumental** (Pl. 11) et, enfin, sur une plate-forme, un **kernos** ou **table d'offrandes** (Pl. 12) munie de 34 petites cavités où l'on déposait les prémices des récoltes, liquides ou grains. De la crypte aux piliers, on pouvait atteindre deux séries de **magasins** (Pl. 13) desservis par des corridors. A l'angle S.-O. du palais se trouvait une zone contenant des **silos à grains** circulaires (Pl. 14). Le **portique** qui bordait la cour à l'E. offrait une alternance de colonnes et de piliers. A une extrémité de ce portique se trouvait l'**entrée E. du palais** (Pl. 15) limitée par quelques pièces qui constituaient le **trésor royal** (Pl. 16).

Une chaussée dallée venant de l'E. aboutissait à cette entrée ; on en a découvert les traces sur une longueur d'environ 35 m. Elle traversait d'abord une vaste esplanade dallée bordée de maisons qui formaient sans doute l'un des plus riches quartiers de la ville.

A l'entrée E. du palais s'étendaient des **magasins** (Pl. 17) composés de cellules étroites donnant sur un corridor ; dans chaque cellule, des banquettes basses portent des jarres. Remarquez le **dispositif pour l'écoulement des liquides** (rigoles et vase collecteur). On trouvait ensuite des **cuisines** (Pl. 18).

Au N. la cour était limitée par un **portique** à colonnes rondes. A dr. débouchait un **escalier** dont il ne reste plus que les vestiges de huit marches. Ensuite s'ouvrait un vestibule à pilier central dont la base est encore en place ; de ce vestibule, on passait dans une **salle hypostyle** (Pl. 19) à deux rangées de trois colonnes.

Quartier d'habitations minoennes. — Sortez du palais par la porte N. pour suivre la **chaussée minoenne** qui se dirige vers un **quartier d'habitations** situé à l'O. du palais. Vous atteindrez une rue dallée, bordée de maisons, qui coupe une autre rue. Près du carrefour, à dr., une maison a été restaurée ; la porte s'ouvre sur un vestibule dallé que prolonge un corridor partageant la maison en deux parties ; à dr. se trouvent les pièces de service et les magasins, au fond de la pièce principale et à g. le bain auquel on accède par un petit escalier.

Un peu plus loin, une fouille récente a révélé l'existence d'un vaste ensemble de la fin de la période protopalatiale (minoen moyen II), sans doute un **bâtiment public** participant à l'organisation palatiale du site et dont les caractères architecturaux annoncent des structures connues à l'époque suivante (puits de lumière, portique dallé, mégaron). L'édifice s'organisait autour d'une **grande salle lustrale** en sous-sol. Un autre bâtiment, à l'O., présente un ensemble de salles également en sous-sol dont les murs sont conservés sur une hauteur de 1,80 m. On y a découvert un poignard à manche en or et de très fins vases à reliefs (musée d'Héracleion).

Nécropole de Chrysolakkos. — En vous dirigeant ensuite vers la côte, vous passerez, à g., sur l'emplacement d'un autre **quartier d'habitations** avec deux rues dallées, puis, à dr., d'une maison de vastes proportions *(villa A)* qui était peut-être dotée d'une cour intérieure ; elle fut construite à l'époque du premier palais (minoen moyen I).

Un peu plus loin, à 500 m au N. du palais, vous atteindrez la **nécropole de Chrysolakkos**, datée de la première phase du palais. Il s'agit, sans doute, d'une nécropole royale composée d'un enclos entouré d'esplanades sur chacune des quatre faces et peut-être bordé d'un portique à l'E. A l'intérieur, l'enclos était compartimenté par des murs formant plusieurs chambres qui probablement n'avaient pas de porte, les inhumations se faisant sans doute par la partie supérieure qui devait être couverte par de larges dalles. Au centre se trouvait une chambre où devait brûler une flamme. Contre le mur E., à l'intérieur de l'enclos, s'élevaient des salles consacrées au culte des morts, mais aussi à la Grande Déesse représentée par de nombreuses idoles. Dans l'une d'elles (dans la partie centrale) devait se trouver un cylindre creux comparable, selon *P. Demargne*, à l'autel creux que *Schliemann* découvrit au-dessus de la quatrième tombe du cercle royal de l'acropole de Mycènes, et qui servait aux libations effectuées en l'honneur des défunts. Il semble que, dans son premier état, la nécropole de Chrysolakkos était formée de chambres juxtaposées qui furent isolées par le mur d'enceinte entouré d'esplanades dallées ; ce remaniement est daté du minoen moyen III.

Suite de l'itinéraire. — **52** km : Latsida; églises de la Panaghia et Haghia Paraskévi, ornées de **fresques** des XIVe et XVe s.
55 km : **Néapolis**, bourgade sans grand caractère située au centre d'une plaine fertile réputée pour ses amandiers, et qui, autrefois, nourrissait *Dréros*, une ville morte qui ne retiendra l'attention que des passionnés d'archéologie (V. env. d'Haghios Nicolaos).
62 km : Route à g. pour (8 km) **Haghios Nicolaos** (V. section 6).

4 — Cnossos

Cnossos, à 5 km d'Héracleion, est le site minoen le plus vaste et le plus suggestif que l'on ait découvert en Crète, avec son palais principal, ses somptueuses villas, ses vestiges de routes dallées. Ce prodigieux ensemble fut mis au jour grâce aux intuitions géniales de *Henri Schliemann* qui, mettant en relation légendes homériques et Histoire, venait de découvrir le site de la ville de Troie. A partir de 1900, ce fut l'un des pionniers de l'archéologie moderne, *sir Arthur Evans*, qui s'employa pendant de nombreuses années à faire ressurgir le fabuleux palais des rois les plus puissants de la Crète.

Une énigme linguistique. — *En dépit des multiples et brillantes découvertes effectuées dans toute la Crète, l'histoire de l'île à l'époque minoenne est encore mal connue. La raison est que nous ne pouvons pas lire, comme ailleurs, des documents historiques, soit qu'ils aient disparu, soit que les quelques archives qui subsistent n'aient pu être déchiffrées. Il convient de noter que seules les tablettes inscrites en « linéaire B », système d'écriture qui fit son apparition vers 1450 av. J.-C., ont été traduites ou sont en cours de déchiffrement, grâce aux remarquables travaux de M. Ventris et J. Chadwick et des « mycénologues » (le linéaire B est du « grec mycénien »). Il est d'ailleurs peu probable, dans l'état actuel de nos découvertes, que, en raison de leur petit nombre (env. 500), les tablettes en « linéaire A » et les autres inscriptions encore plus anciennes nous apportent une solution, bien qu'elles soient aussi en cours de déchiffrement.*

Les mystérieux Keftiou. — *Malgré quelques brèves mentions (la plus ancienne date de 2200 env. av. J.-C.) dans les annales de Mésopotamie ou d'Egypte, où les Crétois étaient désignés sous le nom de* Keftiou, *l'histoire de Cnossos et de toute l'île ne repose donc que sur l'étude et l'interprétation des documents que les fouilles ont révélés. Quelques découvertes d'objets, minoens en Egypte ou égyptiens en Crète, ont permis, par voie de comparaison avec la chronologie pharaonique, plus assurée, de classer approximativement dans l'échelle du temps les vestiges exhumés à Cnossos et dans l'île.*

Cnossos, puissance maritime. — *Le site de Cnossos fut habité dès l'époque néolithique et l'épaisseur des dépôts pour cette période — plus de la moitié de la totalité — atteste que cette occupation fut assez dense. Cependant, le premier palais ne fut pas construit avant l'an 2000 av. J.-C. env., probablement à la suite de l'avènement de la monarchie en Crète. Ce premier palais, très spacieux, témoigne de la puissance et de la prospérité du monarque qui règne à Cnossos, prospérité reposant sur l'exploitation de la riche plaine qui entoure la ville, mais aussi sur les* *relations commerciales nouées avec l'Egypte, la Phénicie, la Syrie et le monde mésopotamien, grâce à une marine très active.*

L'empire de Minos. — *Vers 1750, un tremblement de terre ruina, semble-t-il, le palais de Cnossos et ceux de Phæstos et de Mallia. Une cinquantaine d'années plus tard, un second palais, plus vaste et plus luxueux, recouvrit le site du premier palais et, remanié à plusieurs reprises, il devait durer pendant trois siècles env. Les relations avec les contrées avoisinantes sont plus actives que jamais : les Cyclades, la Grèce continentale, l'Egypte après l'éviction des Hyksos, le Proche-Orient constituent autant de marchés d'échanges et de débouchés pour l'industrie crétoise. Cnossos atteint son développement maximum et la ville couvre une superficie si considérable qu'elle pouvait bien compter près de 100 000 âmes. Elle ne tarda pas à imposer sa suprématie à ses rivales crétoises et, vers 1500 av. J.-C., le roi Minos ou une dynastie du même nom dominait l'île, à l'exception peut-être de Mallia, qui probablement dut se reconnaître sa vassale.*

La Crète-aux-cent-villes. — *La fin de la prospérité de la thalassocratie crétoise n'était cependant plus éloignée. Elle survint entre 1450 et 1400 av. J.-C., peut-être à la suite d'une action offensive des Achéens, et surtout à cause d'un tremblement de terre — peut-être en relation avec l'explosion du volcan de l'île de Théra (Santorin) — qui provoqua le terrible incendie au cours duquel la ville et le palais furent détruits. Le site n'en fut pas pour autant abandonné et des Achéens profitèrent de ce désastre pour venir s'installer à Cnossos, où leurs chefs régnèrent jusqu'à l'arrivée des Doriens, vers la fin du XIe s. av. J.-C. La Crète fournit d'ailleurs, après Mycènes, le plus grand nombre de vaisseaux aux Achéens lors de l'expédition dirigée par Agamemnon contre Troie. La Crète est citée par* Homère *dans l'*Iliade *et l'*Odyssée *et l'aède nous la dépeint comme une île opulente et une puissance maritime de premier ordre. L'histoire de la Crète-aux-cent-villes, selon l'épithète homérique, s'obscurcit encore davantage après l'invasion dorienne.*

Le temple des querelles intestines. — *Au IVe s. av. J.-C., Cnossos apparaît encore pour un temps comme la plus importante cité crétoise, en rivalité cette fois avec Gortyne, Lyttos et Kydonia (La Canée). Mais bientôt Cnossos et la Crète serviront de champ clos aux rivalités des puissances de la Grèce continentale et même d'Etats extérieurs, tels que l'Egypte ptolémaïque, née après le démembrement de l'empire d'Alexandre le Grand, et Rome, à partir de 189 av. J.-C. Ces interventions auront pour effet d'attiser les querelles entre les belliqueuses cités crétoises : Cnossos contre Gortyne (guerre de Lyttos, vers 220 av. J.-C.) ou les deux cités précairement réconciliées contre Kydonia (171 av. J.-C.). Rome, en la personne de* Metellus, *mit un terme à ces conflits en imposant sa loi à toute la Crète, en 69-67 av. J.-C. Le site de la ville de Cnossos fut encore occupé pendant la période romaine durant laquelle elle prit le nom de* Colonia Julia Nobilis *et, semble-t-il, au début de l'époque byzantine.*

Visite : du 1er mars au 30 sept., de 7 h 30 à 19 h 30 en sem. et de 8 h à 16 h le dim. ; du 1er oct. à fin févr., de 9 h à 17 h 30 en sem. et de 10 h à 16 h 30 le dim. ; accès payant. Comptez environ 1 h 30 pour la visite du palais. Les passionnés d'archéologie pourront également visiter un petit musée stratigraphique (sur autorisation).

Le palais. — *Les différentes ailes du palais sont groupées autour d'une cour centrale sur laquelle donnent les quartiers principaux; des cours secondaires, plus petites, et des puits de lumière éclairaient les autres parties du palais. Les différentes pièces paraissent juxtaposées sans plan*

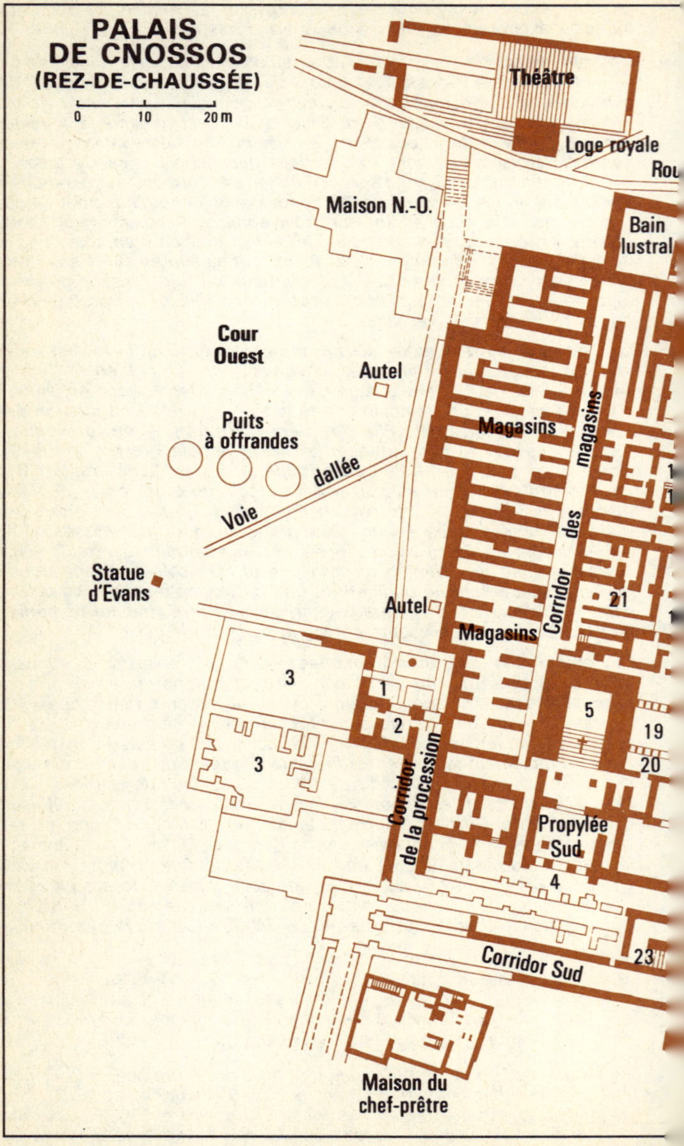
PALAIS
DE CNOSSOS
(REZ-DE-CHAUSSÉE)
0
10
20 m
Théâtre
Loge royale
Rou
Maison N.-O.
Bain
lustral
Cour
Ouest
Autel
Puits
à offrandes
Magasins
Corridor des magasins
Voie dallée
Statue
d'Evans
21
Autel
Magasins
3
1
2
5
19
20
3
Corridor
de la procession
Propylée
Sud
4
23
Corridor Sud
Maison du
chef-prêtre

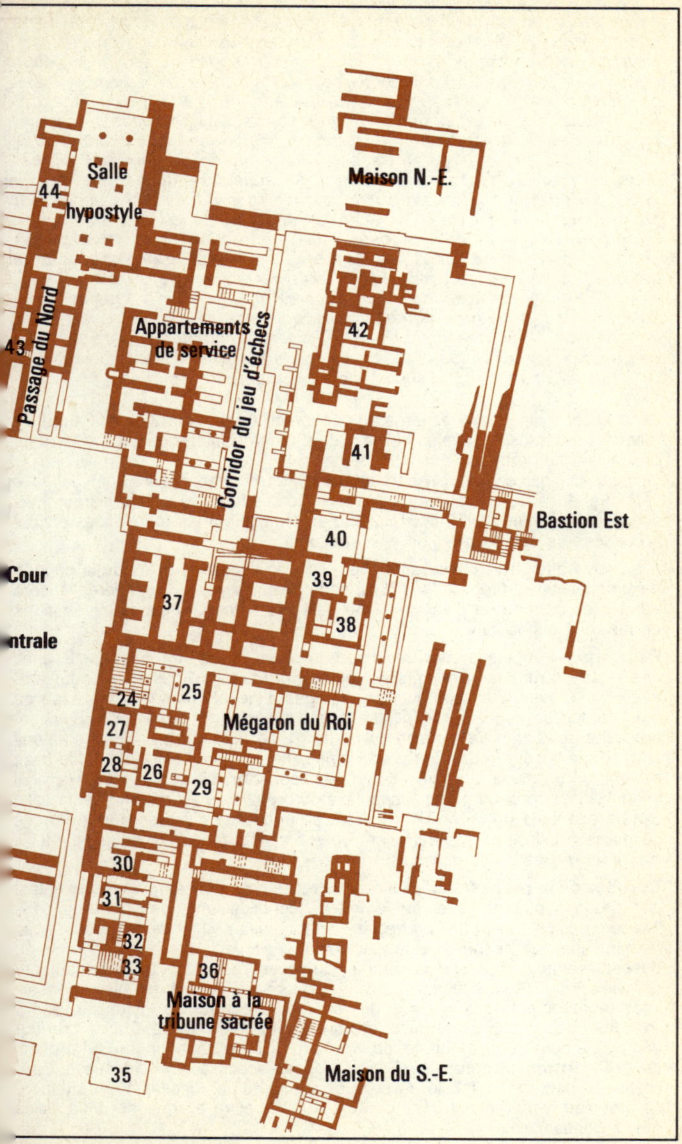

Salle
hypostyle
44
Maison N.-E.
Passage du Nord
43
Appartements
de service
Corridor du jeu d'échecs
42
41
Bastion Est
40
Cour
ntrale
39
37
38
24
25
Mégaron du Roi
27
28
26
29
30
31
32
33
36
Maison à la
tribune sacrée
35
Maison du S.-E.

apparent; des couloirs les relient les unes aux autres, à la manière du labyrinthe de la tradition hellénique. On a dénombré près de huit cents chambres, mais leur nombre devait atteindre plus de 1 300, réparties sur cinq étages, au moment de l'apogée des rois de Cnossos. Le palais n'était pas protégé par une enceinte fortifiée, mais par un mur épais, percé de plusieurs portes, dont certaines étaient très larges.
Sir Arthur Evans a réalisé une série de restaurations partielles, en ciment armé, aux endroits où les fouilles ont fourni des données suffisantes. Ces restaurations, nécessaires en raison de la fragilité des ruines exhumées mais qui peuvent parfois heurter le goût, étaient particulièrement indiquées à Cnossos où l'on a retrouvé des restes d'étages. Elles donneront aux visiteurs une idée de ce qu'était l'architecture de la Grèce minoenne, si différente de celle du continent. Les constructions étaient exécutées en maçonnerie de moellons liés au mortier de terre. De grandes poutres de bois, disposées horizontalement ou verticalement, entraient également dans la construction des demeures minoennes. Des revêtements de gypse ou des stucs peints à fresque masquaient la pauvreté des matériaux. Le sol était dallé en gypse, parfois simplement stuqué. Les colonnes étaient en bois, sur une base de pierre, et s'élargissaient vers le haut; les chapiteaux avaient la forme de galettes aplaties.

Cour O. — Vous atteindrez le palais par la cour O. (V. plan) qui était autrefois traversée par plusieurs voies dallées, dont la principale était reliée à la route conduisant au port.
La cour O., qui **servait probablement d'agora**, était entièrement dallée à l'époque du second palais, c'est-à-dire vers 1700-1400. Des cérémonies cultuelles devaient y avoir lieu, ainsi qu'en témoignent les deux bases d'autel précédées de degrés que l'on y a retrouvées.

A g., remarquez trois puits à offrandes, de plan circulaire, datés de la période du premier palais (vers 2000-1750), dans lesquels vous distinguerez encore des restes de murs et d'escaliers. Au-delà des trois puits gisent les vestiges de maisons minoennes.

Façades. — Depuis la cour O., la vue du palais devait être saisissante, avec une façade à redans et décrochements qui produisaient des jeux de lumière et d'ombre, avec une superposition d'étages d'inégale hauteur. A la base du mur de façade régnait une plinthe formant banquette sur laquelle étaient dressées de champ de grandes dalles de gypse. La porte principale s'ouvrait au S.-E. de la cour (à dr.). Par un **propylée** (Pl. 1) à une colonne, dont la base est encore en place, on atteignait un long **corridor**, dit de la procession, qui conduisait au cœur du palais. Dans l'axe du propylée s'ouvrait une petite salle carrée, dite **salle du trône** (Pl. 2). A dr. se trouvaient diverses **dépendances** du palais (Pl. 3) qui, ultérieurement, furent transformées en maisons. Au S. gisent les restes d'une maison (Pl. 4).

Corridor de la procession. — Il était autrefois orné de **fresques** représentant des groupes d'hommes et de femmes, des musiciens, des porteurs d'offrandes, des prêtres et des prêtresses, en tout plus de huit cents personnages formant une double procession qui convergeait vers une femme, reine ou déesse, vêtue d'une robe d'apparat. Quelques restes de fresques ont été déposés au musée archéologique d'Héracleion. Les figures les mieux conservées représentent deux porteurs de vases et le porteur de rhyton ou vase à libations. Ces fresques furent exécutées vers 1400 av. J.-C. Le corridor décrivait à deux reprises un coude vers la g. afin de déboucher juste en face du **grand propylée** (propylée S.) qui donnait accès à la partie publique du palais. La partie méridionale du corridor a aujourd'hui disparu. Pour atteindre ce propylée, vous devrez donc prendre à g. (V. plan) et traverser trois salles des dépendances.

Propylées S. — Vous l'atteindrez en traversant un puits de lumière (Pl. 4) aménagé, entre le corridor de la procession et le propylée, pour assurer l'éclairage de cette porte monumentale, soutenue par quatre piliers, que l'on traversait pour atteindre un large et magnifique **escalier** (Pl. 5) donnant accès au premier étage. Le propylée était orné de **fresques** (partiellement restaurées) représentant des porteurs d'offrandes, en particulier des porteurs de vases (à g.) ; notez également les cornes sacrées.

Premier étage. — Vous monterez ensuite au premier étage (désormais, suivez la visite sur le plan du premier étage, à partir de l'escalier nº 5). Cet étage fut restauré par *sir Arthur Evans* à l'aide des amorces des murs retrouvées en place. Traversez d'abord le **propylée supérieur**, puis un **vestibule** (Pl. 6) pour déboucher sur un corridor qui était éclairé à dr. par une fenêtre donnant sur un **puits de lumière** (Pl. 7). En face s'ouvre un **vestibule** (Pl. 8) d'où vous pénétrerez dans une **salle hypostyle**, appelée sanctuaire à trois colonnes, sur laquelle donnait une **chambre dite du Trésor** (Pl. 9). La salle hypostyle était bordée à g. par un long corridor supérieur le long duquel se distribuaient la plupart des pièces du premier étage. A g. se trouvait une série de **magasins** dont certains sont encore visibles, puis un grand hall à deux colonnes d'où vous passerez dans le hall du sanctuaire à deux rangées de trois colonnes. La partie N.-O. de l'étage, maintenant effondrée, comprenait entre autres un escalier (Pl. 9 *bis*) par lequel on descendait dans la cour O. et, croit-on, un escalier (Pl. 10) qui conduisait à l'étage supérieur.
Revenez ensuite dans le corridor supérieur et jetez un coup d'œil, par une fenêtre, sur la **cuisine** (Pl. 11) aménagée à l'étage inférieur. Vous pénétrerez dans une série de salles (Pl. 12) construites au-dessus de la salle du Trône. L'une d'elles renferme quelques **copies de fresques.**

Salle du Trône. — Passez par une terrasse qui formait véranda pour descendre par un petit escalier (Pl. 13) dans la salle du Trône (Pl. 14 ; revenir au plan du rez-de-chaussée), précédée d'une antichambre à plusieurs entrées ; dans celle-ci, remarquez une **vasque** et le **modèle en bois d'un trône** et, dans la salle du Trône, un siège en gypse alabastrin à dossier, dit **trône de Minos**, et un **fragment de fresque** représentant un griffon. Un escalier conduit à une petite pièce en contrebas qui devait être une **salle lustrale** (Pl. 15).

Cour centrale. — Sortez dans la cour centrale pour longer la façade de l'aile occidentale (prenez à dr.). Il est possible que **des cérémonies tauromachiques à caractère sacré** aient eu lieu dans la grande cour de ce palais, peut-être à l'imitation de la course d'Apis, course rituelle d'investiture des pharaons qui se déroulait sur le dromos des temples égyptiens.

Aile occidentale. — Vous passerez devant le grand escalier qui desservait le premier étage et, au-dessus, deux autres étages qui ont disparu, puis vous remarquerez la façade d'un petit sanctuaire dit **sanctuaire tripartite** (Pl. 16), ouvrant sur la cour par une colonnade, puis vous atteindrez l'entrée du sanctuaire débouchant sur une **antichambre** (Pl. 17) qui mène à la **chambre de la haute jarre** (encore visible), à dr., et à la **chambre du trésor de la déesse aux serpents** (Pl. 18). De là, vous reviendrez dans l'antichambre, pour faire ensuite un crochet afin de vous rendre sur l'emplacement où fut plus tard aménagé un **temple grec** consacré à Rhéa (Pl. 19) et d'examiner, à côté, une **salle de bains** minoenne (Pl. 20), où vous remarquerez une petite baignoire, des canalisations, etc. Revenez dans l'antichambre du sanctuaire tripartite pour visiter deux **cryptes** (Pl. 21) à pilier central quadrangulaire. Il semble que les symboles de la double hache profondément gravés sur ces piliers témoignent du caractère religieux de ces deux cryptes. Vous passerez ensuite dans le **corridor des magasins** qui dessert **une série de vingt-deux magasins** où l'on conservait divers produits, tels de l'huile, du vin, des grains. Il semble

PALAIS DE CNOSSOS
(Ier ÉTAGE DE L'AILE OUEST)

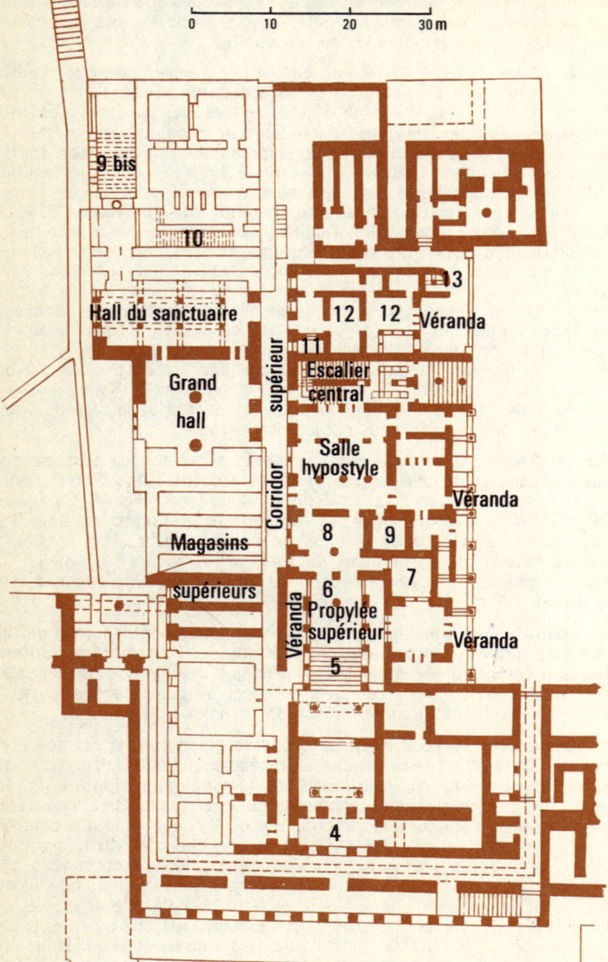

bien que ces magasins, où l'on peut voir plusieurs symboles de la double hache gravés sur les murs, dépendaient du sanctuaire. Ils étaient d'ailleurs en relation directe avec les deux cryptes et l'on découvrit, dans le corridor, des bases pyramidales pour doubles haches en bronze. Sous le dallage du couloir et des magasins, des fosses ont pu servir de cachettes pour des trésors. Dans quelques cellules, séparées les unes des autres par d'épais murs de refend, vous pourriez encore voir de nombreuses jarres (pithoi).
Plus loin, vous remarquerez la **salle des archives** aux tablettes hiéroglyphiques. Vous reviendrez ensuite dans la cour centrale en laissant à g. un ensemble de pièces (Pl. 22), vestiges probables du premier palais.

Corridor du prince aux fleurs de lys. — Vous traverserez la cour pour vous diriger vers le corridor du prince aux fleurs de lys, qui s'ouvrait sur le côté S. de la cour. Vous y verrez une **copie de la fresque du prince aux fleurs de lys**, nommé le « roi-prêtre » par *Evans;* il porte la couronne et le collier de fleurs de lys (original, très restauré, au musée d'Héracleion). A l'extrémité du corridor, à dr., un escalier (Pl. 23) donnait accès à l'étage supérieur.

Grand escalier. — Traversez à nouveau la cour en obliquant vers la dr. pour atteindre le **grand escalier** (Pl. 24) de l'aile orientale du palais, qui donnait accès aux appartements royaux. Cet escalier qui reliait cinq étages de constructions est composé, dans la partie restaurée, de plusieurs volées éclairées par un puits de lumière sur lequel elles s'ouvrent par des galeries à colonnes. Des gardes postés en faction sur les vérandas qui bordent le puits de lumière surveillaient les allées et venues dans cette partie du palais. Les vérandas étaient ornées de fresques dont quelques-unes ont été reconstituées; remarquez la **fresque des boucliers** en forme de 8 (original au musée d'Héracleion). Sortez de la véranda de la garde royale par la porte ornée de rosaces; notez la volée d'escaliers qui conduisait à l'étage supérieur et un escalier de service (Pl. 25) desservant l'étage inférieur.

Quartier royal. — Le corridor fait ensuite un coude à dr.; laissez à g. la **chambre du trésor du roi** (Pl. 26) pour jeter un coup d'œil sur la **courette des quenouilles** (Pl. 27) et pénétrez dans la **salle dite « au banc »** dans le quartier royal (Pl. 28). Puis vous passerez devant la **chambre de la reine** (Pl. 29), à g., au-dessus des appartements aménagés en sous-sol, et vous vous dirigerez vers la partie S. de l'aile E. du palais, située à un niveau inférieur de moins d'un mètre, pour aller voir une **chambrette de bains** pour enfant (Pl. 30), avec baignoire en terre cuite encore en place; derrière cette chambrette se trouve une petite pièce renfermant des jarres.

Sanctuaire des doubles haches. — Vous gagnerez ensuite le petit sanctuaire des doubles haches (Pl. 31), d'époque tardive, postérieur à la destruction du palais, où l'on découvrit des idoles, des cornes sacrées, des vases, une table à offrandes. A côté se trouve un petit **bain lustral** (Pl. 32), accessible par un escalier. Plus au S. est situé l'**escalier** du S.-E. (Pl. 33) dont il reste une volée de marches en partie reconstituées.

Au S. du palais on a également mis au jour les ruines de diverses maisons dont celle dite du « bœuf sacrifié » (Pl. 34), qui s'élevait à l'O. de la **maison dite des « blocs tombés »** (Pl. 35), et de la **maison à la tribune sacrée** dont une partie a été reconstituée. Cette maison doit son nom à l'existence d'une tribune accessible par un escalier latéral, et supportée par deux colonnes (Pl. 36). Plus à l'E. vous pourriez voir les restes de la **maison du S.-E.** protégés par une toiture en matière plastique. Au pied du corridor de la procession se trouve la **maison du chef-prêtre** où vous remarquerez un petit sanctuaire-crypte et une suite de chambres réparties sur trois étages.

Appartements de la reine. — Revenez sur vos pas jusqu'à l'escalier de service (Pl. 25) aménagé dans une partie du grand escalier qui dessert les appartements royaux. Descendez cet escalier ; au bas de celui-ci s'ouvrent à g. une porte donnant accès à l'étage inférieur de la véranda de la garde royale et, à dr., une porte conduisant aux appartements de la reine. Vous verrez successivement, en prenant à dr., les **archives aux tablettes inscrites** (Pl. 26), où l'on retrouva le fameux acrobate d'ivoire, puis le **boudoir de la reine** (Pl. 28), éclairé par la courette aux quenouilles. Le boudoir de la reine comprenait une installation sanitaire avec toilettes à siphon. Du boudoir, passez dans le **mégaron de la reine** (Pl. 29) éclairé par deux puits de lumière et sur lequel s'ouvre une **salle de bains**. Remarquez les **copies de la fresque aux dauphins** qui fut découverte dans le mégaron.

Mégaron du roi. — Franchissez la porte sous le panneau aux dauphins, pour atteindre le mégaron du roi par le **hall des doubles haches**, éclairé par un puits de lumière situé à g. Un **trône placé sous un baldaquin** (protégé par une vitrine) indique que le roi donnait parfois des audiences dans cette salle. Remarquez deux grands **boucliers en forme de 8** (copies) et les **symboles de la double hache** incisés sur un mur. En s'engageant dans le corridor à g. du baldaquin, vous reviendrez dans la véranda de la garde royale pour monter à l'étage supérieur par le grand escalier.

Appartements du roi. — Presque en face, mais un peu à dr. de la porte où débouche cet escalier, vous prendrez le **corridor à compartiments** pour pénétrer dans le **magasin des jarres à médaillons** (Pl. 37). Dirigez-vous vers la droite pour aller visiter le premier étage des appartements du roi en passant devant le **corridor du jeu d'échecs** ; remarquez, à g., un escalier que vous descendrez après avoir jeté un coup d'œil sur les appartements royaux.

Quartier domestique. — En bas de l'escalier, prenez à g. pour gagner le quartier domestique qui groupait des ateliers, des magasins, etc. Vous vous dirigerez vers l'**atelier du lapidaire** (Pl. 38) où des ouvriers taillaient des pierres précieuses pour le compte du roi ; vous passerez ensuite devant l'**atelier du potier** (Pl. 39) puis la **courette des ateliers** (Pl. 40) et le **magasin des jarres géantes** (Pl. 41), datant de l'époque du premier palais, où vous remarquerez quatre grandes jarres (pithoi). Descendez l'escalier qui passe devant ce magasin pour vous rendre au **bastion E.** qui domine la vallée. Notez le dispositif pour l'écoulement des eaux avec, de place en place, de petits bassins carrés de décantation. Remontez l'escalier et tournez à dr. après le magasin des jarres géantes ; derrière celui-ci s'étendaient des magasins (Pl. 42), aujourd'hui très ruinés.

Passage du N. — Dirigez-vous ensuite vers l'entrée N. du palais en longeant diverses salles qui composaient des appartements de service. L'entrée du N. est constituée d'une longue rampe qui se raccordait à la route du port. Ce passage est dominé par des **bastions à vérandas** dont l'une, à g., est ornée d'un **taureau peint** en relief (Pl. 43 ; copie ; l'original est au musée d'Héracleion). Le passage aboutit à une **salle hypostyle**, à onze piliers, sur laquelle débouchait à g., par un **propylée** (Pl. 44), la route du port reliée plus à l'O. à la route royale.

Bain lustral. — En vous dirigeant vers le théâtre, vous visiterez à g. un bain lustral qui a été reconstitué. Il est comparable au bain de la salle du Trône.

Théâtre. — Composée de deux volées de gradins disposés en équerre, cette construction est l'**une des parties les plus originales des palais minoens.** Peut-être exécutait-on, sur l'esplanade que bordent ces gradins, des danses sacrées ou donnait-on des spectacles de tauromachie, spectacles illustrés de brillante façon sur une fresque du palais de Cnossos. Au premier plan, remarquez les substructions de la loge royale (?).

Route minoenne. — Du théâtre, une voie dallée se raccorde à une route minoenne, restaurée par *sir Arthur Evans*, et dessert le propylée N. du palais.

Elle passe dans une tranchée où vous remarquerez à g. les ruines de plusieurs maisons, dont celle des fresques. La route date, dans son état final, de la période du dernier palais (minoen récent II; XVe s. av. J.-C.), mais, au-dessous, on a reconnu les traces de routes plus anciennes.

Alentours du palais. — A 400 m de la sortie, en suivant la route de Pyrgos (à g.), vous parviendrez aux ruines d'un viaduc; il supportait une chaussée qui desservait l'entrée S. du palais en se terminant par un escalier à plusieurs volées de marches. Environ 200 m au-delà du viaduc, un vaste bâtiment, dit le **caravansérail**, dont la salle principale était ornée de fresques (huppes et perdrix; originaux au musée d'Héracleion), était pourvu d'une installation de bains. Les voyageurs pouvaient s'arrêter dans ce bâtiment afin de se rafraîchir avant de pénétrer dans le palais royal.
En suivant le sentier qui longe la rive g. du ravin enjambé par le viaduc, vous contournerez le palais par l'E. pour aller visiter la **villa royale**, située à dr. du chemin, en contrebas. Au rez-de-chaussée se trouve une grande salle précédée d'un vestibule, avec, au fond, une niche pour un trône. Après la visite de la villa royale, continuez de longer le ravin jusqu'au village de **Makrys Teichos** où vous prendrez une petite route asphaltée à g. pour revenir sur la route d'Héracleion à Cnossos. Tournez à g. sur celle-ci pour vous rendre au **petit palais**, situé à dr. de la route. Il comprend une suite de halls et de cryptes à piliers; il comportait un petit temple, dit **sanctuaire des Fétiches**, aujourd'hui restauré, qui fut aménagé au minoen récent III (XIVe s. av. J.-C.). La ville minoenne, incomplètement fouillée, s'étendait tout autour du palais.

5 — La Messara (Gortyne, Phæstos, Haghia Triada)

Cette excursion est l'une des plus passionnantes que l'on puisse inscrire à son programme de voyage à partir d'Héracleion, parce qu'à travers la campagne, elle conduit vers les sites minoens de Phæstos et d'Haghia Triada, en passant par Gortyne (V. deux jours à Héracleion, programme de la deuxième journée).

Route : d'Héracleion à Gortyne, 45,5 km; à Phæstos, 61 km; à Haghia Triada, 61 km, par de bonnes routes (comptez 122 km aller et retour pour la visite de ces trois sites, ou 170 km aller et retour si vous effectuez le détour recommandé vers les monastères de Vrondisi et de Varsamonéro, ou, enfin, 180 km aller et retour si vous allez jusqu'à la plage de Dibaki).

Sortez par la route de La Canée (Hania; Pl. A-1/2). — **3** km : Tournez à g.
7 km :

Variante à dr. pour **Voutès, Haghios Miron** et **Asitès.** 5 km après ce village, **Prinias** (nécropole avec sépultures à incinération et sépultures de chevaux), en franchissant un col, un chemin se détache à dr. et permet d'atteindre le site de l'ancienne ***Rhizénia***, près du village de **Prinias**. Les ruines de l'antique Rhizénia se trouvent au lieu-dit *Patéla;* elles furent explorées par une mission italienne qui dégagea les vestiges de deux temples des VIIe-VIe s. av. J.-C. (le décor sculpté du plus ancien d'entre eux est l'un des joyaux de la salle XIX du musée d'Héracleion). Sur l'acropole, une petite forteresse fut élevée durant l'époque hellénistique (belle vue). Vous rejoignez l'itinéraire principal au km **28**.

20 km : **Vénérato**; un chemin de terre (à g.) mène au (1,5 km) **couvent de Paliani**, qui appartint au patriarcat de Constantinople jusqu'au XIVe s. Vous pourrez y faire l'acquisition de broderies et autres travaux d'aiguille exécutés par les nonnes.

28 km : Haghia Varvara.
30 km :

A dr., à **14** km, **Zaros**, village au-delà duquel vous pourrez atteindre (4 km) le monastère de **Vrondisi** et (7 km) le monastère d'Haghios Phanourios de **Varsamonéro**. (Cette visite est prévue en fin d'après-midi dans le programme de la deuxième journée du séjour à Héracleion.)
Monastère de Vrondisi (prenez à dr. 3 km après Zaros). — Dans l'église, vous verrez quelques **fresques** du XIVe s., mais vous remarquerez aussi, à l'entrée du monastère, **l'une des plus belles fontaines vénitiennes de Crète** (XVe s.). **Monastère d'Haghios Phanourios de Varsamonéro** (prendre la clef à la mairie du village). — Le monastère, fondé sans doute dès le XIIIe s., est en ruine, mais l'**église**, intacte, conserve des ***fresques qui comptent parmi les plus belles de la Crète**. Cette église se compose de deux nefs reliées à l'O. par une nef qui tient lieu de narthex. La nef de g., la plus ancienne, date du XIVe s. ; celle de dr. et le narthex furent ajoutés entre 1407 et 1431. Sur la voûte de la nef de g. sont représentées des **scènes de la vie de la Vierge** (XIVe s.) ; les autres fresques de cette nef figurent divers saints et furent exécutées vers la fin du XIVe s. ou le début du XVe s. Les autres nefs sont ornées de peintures murales du XVe s.
Du village de **Camarès**, à **4** km au-delà du monastère, vous pourriez atteindre, au terme d'une marche de 5 h, la fameuse **grotte de Camarès**, sur le versant S. du mont Ida, à 1 520 m d'altitude. Les archéologues, d'abord anglais, puis italiens, qui la fouillèrent, y mirent au jour quelques vestiges du minoen moyen et, en particulier, une remarquable collection de vases d'un style très caractéristique.

44 km : **Haghii Déka**, à l'entrée de la **plaine de la Messara**, la plus grande de Crète, qui semble être un petit coin d'Afrique au cœur du pays de Minos.

D'Haghii Deka à Lendas (27 km). — Si vous avez une voiture bien solide et une dose très élevée d'enthousiasme pour l'archéologie, nous vous conseillons cette excursion supplémentaire jusqu'aux ruines de l'antique *Lébéna*. Prenez la route de Phæstos et tournez à g., vers Platanos, à **1** km du village.
6 km : **Platanos**, dans la Messara, où plusieurs **tombes à tholos** antérieures à l'époque palatiale furent découvertes. Suivez maintenant la route de Plora, puis d'Apésokarion.
10 km : **Apésokarion**. Empruntez maintenant la route de Miamou et de Lendas : elle est mauvaise, mais les paysages sont fort beaux.
27 km : **Lendas**, près du site de l'antique *Lébéna*, au bord de la mer, où les habitants de Gortyne consacrèrent, au IVe s. av. J.-C., un temple à Asclépios, près de sources thermales. Le sanctuaire fut surtout florissant durant l'époque romaine. Le site fut exploré par une mission archéologique italienne puis par les savants grecs. **L'état des ruines vous décevra peut-être, mais pas la beauté du *site.**
A une bonne centaine de mètres de la petite plage qui s'étend entre deux promontoires, vous verrez les restes du **sanctuaire**, avec un **temple**. Il s'élevait sur une terrasse artificielle taillée dans le roc. Le mur du fond, adossé à la colline, est encore assez bien conservé. Au-delà du temple furent exhumés les restes d'un bâtiment d'époque hellénique, probablement un **trésor**. Cet édifice était prolongé par un **portique** précédé, à dr., d'un **escalier monumental** en marbre. Contre l'escalier s'étendait un autre portique, considéré comme un *abaton*, qui était terminé à l'E. par un nymphée. La **fontaine** qui serait à l'origine de la création du sanctuaire d'Asclépios fut retrouvée à l'E. du temple. Plus près de la plage furent creusés deux **bassins** à parois stuquées que l'on utilisait peut-être pour l'immersion complète des

malades. Encore plus près du rivage furent mises au jour les ruines d'une vaste construction, peut-être un *katagogeion* ou hôtel pour héberger les malades ; elle comprenait une rotonde de près de 12 m de diamètre qui constituait peut-être un établissement thermal.
Au pied d'une colline, petite **église d'Haghios Ioannis**, du XIe s., ornée de **fresques** du XIVe ou du XVe s.

45,5 km : **Gortyne,** ville morte dont les ruines, dispersées sous de magnifiques oliviers, vous donneront une idée de ce que put être, à l'époque romaine, une capitale provinciale, car vous y verrez la plupart des bâtiments publics et religieux que devait comporter une telle cité. Gortyne fut, en effet, le chef-lieu de la province de Crète et de Cyrénaïque.

Une cité ambitieuse. — *Le site de l'acropole abrita un modeste petit habitat dès l'époque submycénienne, mais il ne prit de l'importance qu'à partir de l'époque archaïque (fin du VIIe s. av. J.-C.). Gortyne se substitua à Phæstos comme capitale de la Messara. Son histoire n'est vraiment connue qu'à partir du IVe s. av. J.-C., époque à laquelle elle luttait avec*

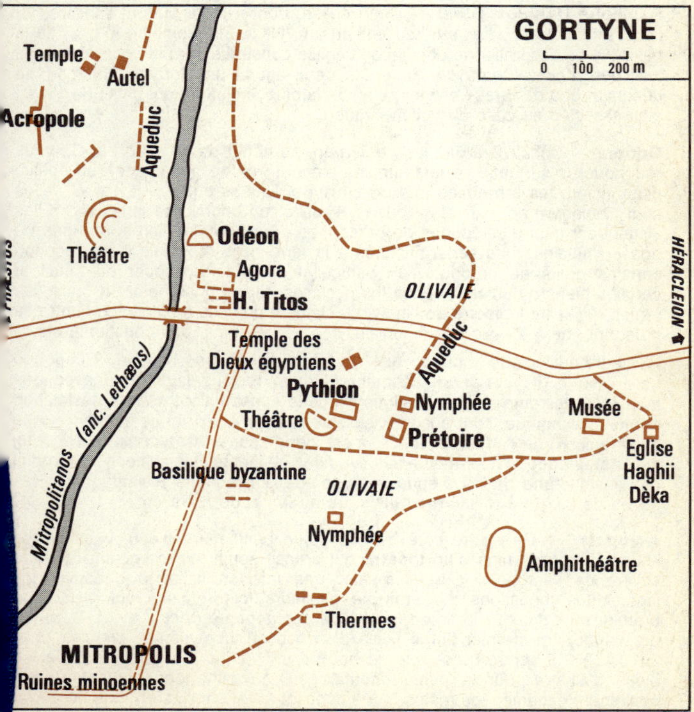

Cnossos pour acquérir la suprématie sur l'île. Elle rechercha l'alliance de la Macédoine et fit partie, au IIIe s., du koinon crétois, association qui groupait quelques-unes des principales cités de l'île. Elle prit part à la guerre de Lyttos (220 av. J.-C.), contre Cnossos. Bien que par la suite elle cherchât à se concilier les faveurs de Rome, elle donna asile au Carthaginois Hannibal *en 189.*

Enfin capitale. — *Ce que Gortyne ne put obtenir du temps de son indépendance lui fut enfin accordé sous la domination romaine. Après la conquête de l'île (69-67 av. J.-C.), les Romains en firent, en effet, la première cité de la Crète et la capitale de l'île et de la Cyrénaïque réunies en une seule province. Au IVe s.,* Constantin le Grand *détacha la Cyrénaïque de la Crète, mais Gortyne fut toujours la capitale de l'île et ainsi, dès les premiers temps du christianisme, elle devint une grande métropole religieuse. Elle déclina assez tôt sans doute au moment de l'occupation arabe qui se prolongea pendant plus de 130 ans (827-961).*

La route de la Messara coupe en deux parties le site de la ville antique. Du côté dr. (en venant d'Héracleion), vous visiterez surtout la basilique Haghios Titos et l'odéon et, du côté g., les ruines du prétoire, où une équipe d'archéologues italiens a repris les fouilles depuis 1970. Pour une visite limitée à l'essentiel, comptez environ 1 h.

Basilique Haghios Titos. — Cette église, dont il reste surtout l'abside, fut construite, selon *P. Lemerle*, au VIIe ou au VIIIe s. Elle combine le plan de la basilique paléochrétienne et celui de l'église construite sur plan cruciforme. La basilique s'élevait près de l'une des deux agorai de Gortyne, dont on ne découvrit que de rares vestiges. L'agora la plus ancienne, qui datait du VIe s., était associée au culte d'Apollon pythien.

Odéon. — Construit au temps de *Trajan*, au début du IIe s. apr. J.-C., vous remarquerez surtout, gravées sur des blocs de pierre provenant d'un édifice plus ancien, **les fameuses lois de Gortyne**. Datées du Ve s. av. J.-C., elles sont rédigées en dialecte dorien et dans un alphabet particulier. Elles distinguent quatre catégories de personnes : les hommes libres, groupés ou non en hétairies, les serfs, attachés à la terre mais auxquels il est reconnu certains droits de propriété, en particulier celui de posséder du bétail et certains biens meubles, et enfin les esclaves. Elles concernent, en outre, les règles régissant la liberté de l'individu, statuent des cas de violence contre sa personne, de la division patrimoniale, des successions, des donations, etc.

Plusieurs édifices se sont succédé sur l'emplacement de l'odéon. A l'époque hellénistique, il y avait un bâtiment de plan rectangulaire érigé avec des matériaux de remploi. Des vestiges de cette construction, dont la destination demeure inconnue, sont encore visibles entre les deux portes donnant accès à l'ambulacre de l'odéon et à l'O., à dr., de la scène (base archaïque à deux gradins). L'odéon fut lui-même bâti avec des éléments plus anciens de remploi provenant d'une tholos d'époque archaïque sur laquelle étaient gravés les textes de loi. Il fut restauré au IIIe s. ou au IVe s. de notre ère.

Acropole. — De l'autre côté du ravin d'un petit cours d'eau, vous verrez l'auditorium très ruiné d'un **théâtre** qui prenait appui sur le versant S. de la colline de l'acropole. Sur l'acropole, une mission italienne découvrit les imposantes fondations d'un **temple** plusieurs fois remanié qui, dans son premier état, date de la fin de la période géométrique (VIIe s. av. J.-C. ou fin du VIIIe s.) ; ce dernier prit la place d'un habitat submycénien (vers le Xe s. av. J.-C.). Au centre du temple se trouvait un *bothros* ou autel sacrificiel en blocs d'albâtre. Sur la pente orientale de la colline de l'acropole furent également exhumés les restes d'un imposant **autel sacrificiel**, long de 13 m.

Temple des dieux égyptiens. — De l'autre côté de la route, à 100 m, gisent les restes d'un temple consacré à Isis et Sérapis. Il est composé d'une cella et d'annexes avec bassin lustral. Sur l'architrave encore en place, une inscription atteste que le temple fut construit par *Flavia Philyra* et ses deux fils.

Pythion. — Ce sanctuaire dédié à l'Apollon pythien (V. Delphes) fut fondé durant la période archaïque (blocs portant des inscriptions remontant au moins au VIe s. av. J.-C.) sur l'emplacement d'un édifice minoen dont il existe encore quelques rares vestiges, notamment d'un mur et quelques dalles de gypse à l'intérieur du pronaos hellénistique.
Près du Pythion se trouvent les ruines d'un petit **théâtre** construit en brique, qui était en relation avec le sanctuaire d'Apollon.
Dans son dernier état, le temple date de la période hellénistique, mais il fut restauré pendant la période romaine et, à cette époque, on ajouta deux colonnades qui divisèrent la cella en trois nefs et une abside où se dressait la statue d'Apollon citharède. Devant le temple s'étend une **place dallée** avec un bassin (devant la porte) et un **autel**, bien conservé, d'époque romaine. A côté gisent les restes d'un *hérôon* de la fin du IIIe s. ou du début du IIe s. av. J.-C.

Prétoire. — Résidence du gouverneur de la province de Crète-Cyrénaïque et centre administratif de cette province, il fut construit en brique au début du IIe s. apr. J.-C., sous Trajan, puis reconstruit au IVe s., probablement après le tremblement de terre de 374. Le prétoire du IVe s. comprenait une grande salle basilicale dotée d'une façade monumentale à colonnes à laquelle correspondait un somptueux portique à deux rangées de colonnes récemment mises au jour.

Au-delà du prétoire gisent plusieurs bâtiments très ruinés : deux **nymphées** de la fin du IIe s. apr. J.-C., des **thermes** et un **amphithéâtre** du IIe s. apr. J.-C. Du prétoire, en négligeant les ruines peu intéressantes situées au S. de ce monument, vous pourriez visiter un petit **musée** bâti à la sortie du village d'**Haghii Déka** (transfert prévu sur le site de Gortyne). Il renferme quelques fragments architectoniques, des sculptures et des inscriptions. Près de là s'élève une **basilique byzantine** à trois nefs à colonnes antiques de remploi et chapiteaux à feuilles d'acanthe. Elle est consacrée aux Dix Saints (Haghii Déka), martyrisés en 260 apr. J.-C.

53 km : **Mirès,** où s'embranche à dr. une route puis une piste qui conduisent à **Moni Odighitrias,** monastère fortifié (belles icônes). Au-delà, on atteint la magnifique baie de **Kali Liménès,** hélas défigurée par des citernes de pétrole.

59 km : A g., à 2 km, ***__Phæstos__** (Festos).

Vous visiterez là les ruines d'un palais qui comptent parmi les plus impressionnantes découvertes archéologiques que l'on puisse faire en Grèce. Le palais de Phæstos était moins vaste que celui de Cnossos, mais les bâtiments furent construits avec plus de soin et avec des matériaux de meilleure qualité. En outre, ils n'ont pas fait, comme à Cnossos, l'objet de restaurations très importantes, de telle sorte que leurs vestiges paraissent plus authentiques.

Une cité homérique. — *Phæstos, citée par Homère, était l'une des plus anciennes cités de la Crète. La légende lui attribuait Minos pour fondateur. Bien plus tard, la ville fut détruite par Gortyne qui annexa son territoire. Selon* Strabon, Epiménide *était originaire de Phæstos.*

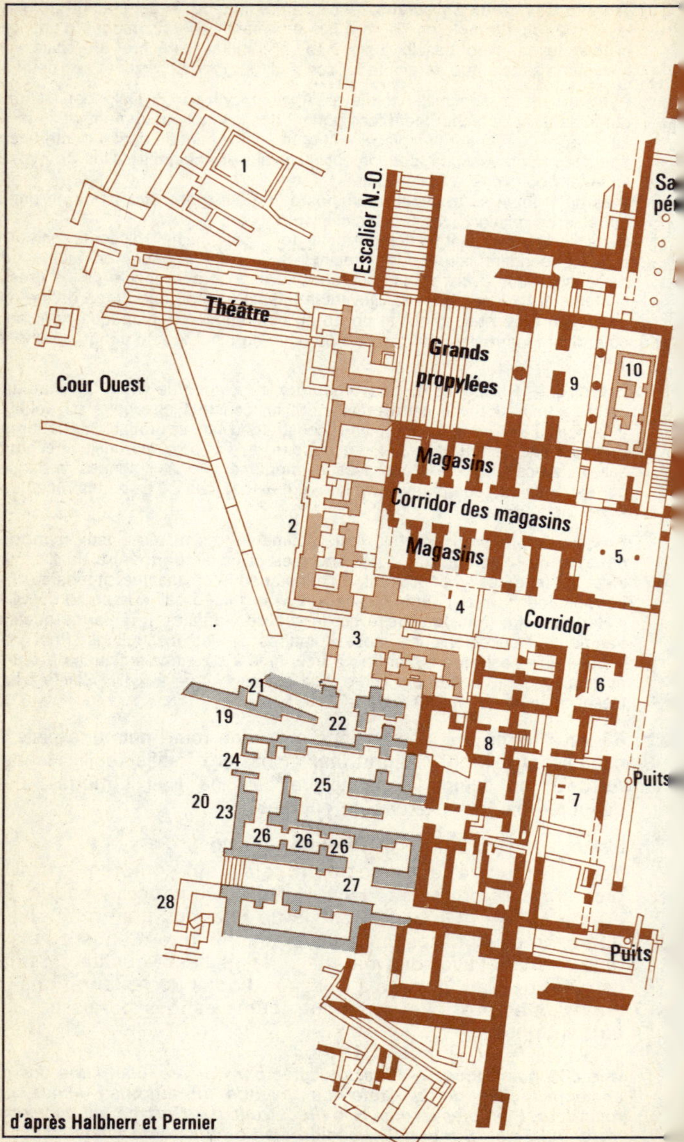

d'après Halbherr et Pernier

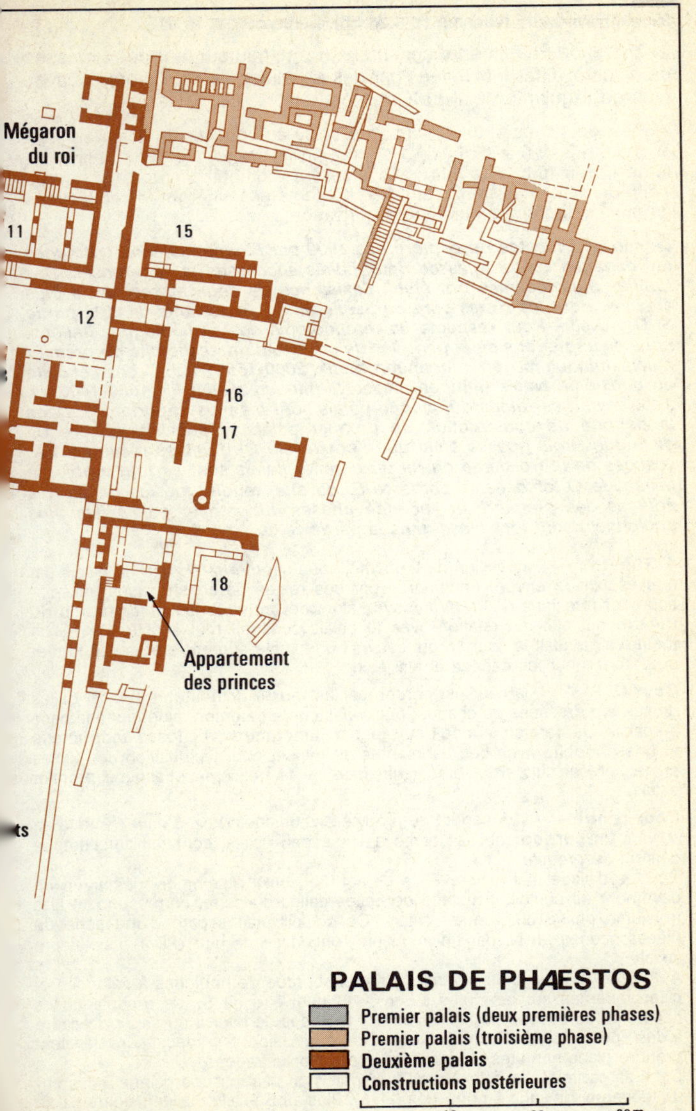

PALAIS DE PHÆSTOS

Hôtel :
Xénia, Pavillon de tourisme (☎ 228-36) 4 ch.

Le palais de Phæstos fut construit sur une hauteur, sur des terrasses de niveaux différents reliées par des escaliers. Le plan reproduit avec plus de régularité celui de Cnossos.

Visite : du 1er mars au 30 sept., de 7 h30 au coucher du soleil en sem. et de 10 h à 18 h le dim. ; du 1er oct. à fin févr., de 9 h à 15 h 30 en sem. et de 10 h à 16 h 30 le dim. ; accès payant. Comptez environ 1 h pour la visite du palais. Les amateurs d'archéologie examineront les collections du musée stratigraphique (sur autorisation).

Le site de Phæstos fut exploré dès 1900 par l'École italienne d'Athènes qui dégagea les vestiges de deux palais successifs et superposés. Des fouilles plus récentes ont établi l'existence de deux autres palais plus anciens, dont les restes sont particulièrement importants dans la partie S.-O. du site. Pour respecter la terminologie des archéologues italiens, nous distinguerons deux périodes de construction : celle dite du premier palais (minoen moyen-minoen moyen III : 2000-1650 av. J.-C. env.) et celle du deuxième palais (minoen moyen III-minoen récent II : 1650-1400 av. J.-C. env.). Les ruines du second palais sont les plus importantes. Dans la période de construction du premier palais, il convient encore de distinguer trois phases ainsi que l'ont révélé les fouillles récentes. Les vestiges de la troisième phase du premier palais sont surtout visibles à la façade O. et dans la partie N.-E. du site, tandis que les restes des édifices des première et seconde phases du premier palais (les plus anciennes) sont localisées dans la partie S.-O.

****Théâtre.** — Du pavillon de tourisme, vous aborderez la zone du palais par une esplanade encore encombrée par des restes de constructions hellénistiques et romaines (Pl. 1). Vous avez alors devant vous **les huit gradins du théâtre** qui était en relation avec le palais construit tout à côté. Devant le théâtre s'étendait la cour O. qui couvrait une vaste superficie et devait former une arène pour les danses et les jeux.

Cour O. — A g., la cour est bordée par un **mur à orthostates** (Pl. 2), dalles de calcaire dressées de champ pour constituer le parement extérieur à la base du palais. Derrière ce mur se trouvaient un **sanctuaire** avec **fosse sacrificielle** et une **chapelle** avec des banquettes de gypse, pour l'exposition des idoles et des objets cultuels. Cette partie date de la troisième phase du premier palais.

Cour centrale. — En partant du propylée, vous atteindrez la cour centrale en suivant un **corridor** qui fait partie d'un second palais, construit sur l'emplacement du premier.
Sous le dallage mal conservé de ce corridor, on a récemment découvert un pavement de couloir, constitué de belles dalles d'albâtre, correspondant à la troisième phase du premier palais. Ce couloir était séparé d'une série de pièces situées au N. par un mur ; un tronçon de ce mur (Pl. 4) est encore visible.
Autour de la vaste cour centrale, autrefois bordée de portiques à colonnes et piliers alternés sur les côtés E. et O. et peut-être au S., se groupaient les bâtiments du second palais. Comme à Cnossos, la cour a pu servir de cadre à des spectacles de tauromachie ; en cette occasion, les spectateurs devaient prendre place sous les galeries derrière les balustrades.
Dans sa partie N., la colonnade O. ouvrait, non pas sur une galerie, mais sur un mégaron, dit **salle à colonnes** (Pl. 5). Plus au S., l'aile occidentale du palais est assez ruinée ; on distingue un **reposoir** (Pl. 6), puis une **crypte** à deux

piliers quadrangulaires (Pl. 7) derrière laquelle se trouvait un **bain lustral** (Pl. 8).

Magasins. — De la cour centrale, vous pénétrerez dans la **salle aux colonnes**, revêtue de dalles de gypse alabastrin, qui, par un large corridor, communiquait avec une double rangée de magasins. Dans le dernier magasin de la série de dr., on peut voir **un ingénieux dispositif pour recueillir l'huile** qui s'écoulait des jarres. De la salle aux colonnes, gagnez l'emplacement d'une **grande salle d'apparat** (Pl. **9**), sorte de mégaron officiel, de plan crétois, qui, à l'O., s'ouvrait sur un vestibule accessible par un **escalier monumental** formant de grands propylées. Sous la partie orientale du mégaron vous verrez encore des **magasins** (Pl. **10**) datant de la troisième phase du premier palais ; ils renferment quelques jarres du minoen moyen.

Quartier royal. — Du « mégaron officiel », gagnez une vaste **salle d'apparat**, à péristyle, située dans la partie privée du palais, où se trouvaient les appartements du roi et de la reine. Vous visiterez d'abord le **mégaron de la reine** (Pl. **11**), composé d'une salle tripartite à colonnes avec puits de lumière. Un escalier donnait accès à l'étage où devait être localisée la chambre de la reine. Au S. le mégaron de la reine était bordé par une **courette** (Pl. **12**) accessible par un **corridor** (Pl. **13**).

Du mégaron de la reine, on pouvait passer dans le **mégaron du roi**, beaucoup plus vaste, qui s'ouvrait au N. par une galerie à colonnade. Du mégaron du roi, qui était également éclairé par un puits de lumière, vous vous rendrez au **bain lustral** (Pl. **14**).
Dans la partie N.-E. du palais furent découverts quelques vestiges d'appartements de service de la troisième phase du premier palais. On y exhuma en particulier, dans une cachette, le fameux disque de Phæstos (au musée d'Héracleion). Plus au S., on retrouve à nouveau des restes du second palais, notamment d'une **buanderie** (Pl. **15**), d'**ateliers** (Pl. **16**) bordés à l'E. par une **cour** (Pl. **17**) où l'on mit au jour un four pour la fonte des métaux. Près de l'angle N.-E. de la cour centrale, au S. de la zone des ateliers, s'ouvraient les **appartements des princes** (?) où l'on a reconnu une petite cour (Pl. **18**) bordée de portiques sur deux côtés.

Premiers palais. — Les murs que vous verrez dans la partie S.-O. représentent des vestiges des palais les plus anciens de la Crète. Vous remarquerez les restes d'un **bastion** (Pl. **19**) du premier palais, contre lequel on érigea un second ouvrage de défense au cours de la seconde phase palatiale. Une rampe partant de la **cour O.** (Pl. **20**) contournait le bastion et conduisait à la partie haute du palais par un **couloir** (Pl. **21**).
Ce couloir atteint une salle (Pl. **22**), de la seconde phase palatiale. Vous en sortirez par un couloir aux orthostates d'albâtre qui débouche sur la cour O. A g. de ce passage, notez un autre mur (Pl. **23**) aux dalles posées de champ. Un corridor coudé (Pl. **24**) mène à une grande salle (Pl. **25**) au fond de laquelle s'ouvrent deux séries de pièces.
Les trois salles, au S. de cet ensemble, étaient des **magasins** (Pl. **26**) et l'une d'elles, la seconde, renferme encore des jarres. Depuis le troisième magasin vous pénétrerez dans une salle (Pl. **27**) pourvue de banquettes, en communication, à l'O., avec un large corridor dallé qui devait former un atrium ou une salle d'attente. Au S. du large escalier conduisant au corridor de la salle 27, remarquez quelques restes d'une habitation (Pl. **28**) d'époque submycénienne.

→ Au-delà de Phæstos, la route s'achève au S. à **Matala**, port de pêche aux falaises creusées d'une multitude de petites grottes. Zeus, dit-on, aurait accosté ici avec Europe...
A env. 2 km au N. de Matala, sur les flancs d'une colline qui domine la mer, des fouilles récentes ont dégagé, au lieu-dit **Kommos**, les vestiges d'un

habitat minoen ainsi que d'un **sanctuaire classico-hellénistique**, avec les restes d'un temple et de plusieurs autels, construit sur des structures plus anciennes.

Suite de l'itinéraire. — **61** km : ***Haghia Triada,** où, au pied d'une petite éminence de la Messara, vous visiterez un site minoen très romantique avec ses chemins bordés de roseaux géants et ses voies pavées à la folle végétation ; la promenade archéologique dans les ruines du palais et du village **restera l'un des plus agréables souvenirs de votre voyage en Crète.**

Le **palais d'Haghia Triada,** qui fut certainement très somptueux, fut peut-être la résidence d'un vassal des princes de Phæstos. Vous rencontrerez d'abord les restes insignifiants d'une **nécropole** qui comprenait deux tombes à coupoles et, au-dessus de ces dernières, sur la colline à g., un petit caveau carré qui contenait le fameux sarcophage peint du musée d'Héracleion. Vous distinguerez ensuite les ruines d'un **village** dont la plupart des maisons, très délabrées, datent du minoen récent III (1375-1100 av. J.-C. env.) ; elles sont

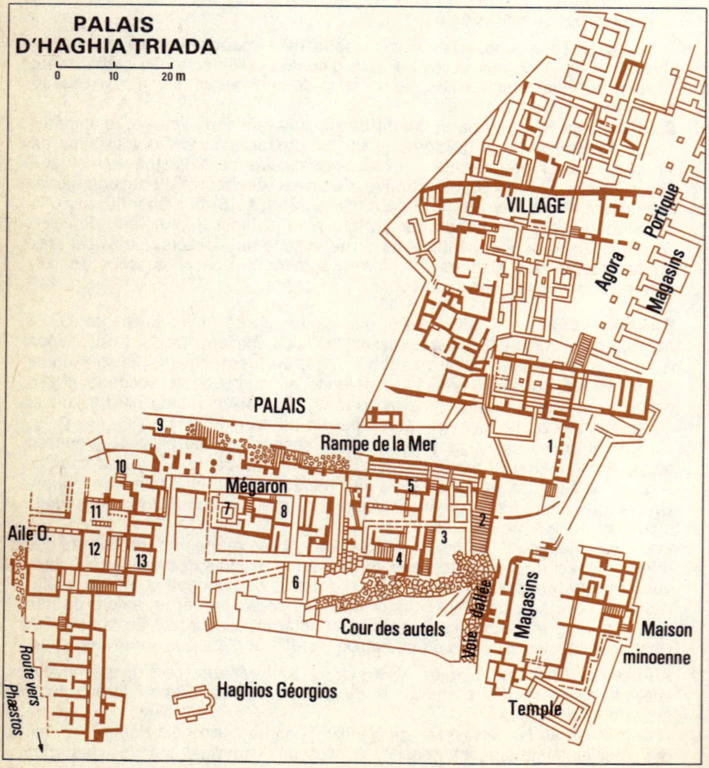

donc postérieures à la destruction du palais. Dans la partie E. du village, les archéologues italiens mirent au jour les murs d'une **agora** de la même époque comportant un portique sous lequel s'ouvraient divers magasins.

Dirigez-vous ensuite vers le **palais**, contemporain du deuxième palais de Phæstos et qui fut détruit en même temps que ce dernier. Une voie dallée, à degrés, dite **rampe de la mer**, longe la façade N. du palais dont vous remarquerez les redans caractéristiques de l'architecture minoenne. A g., à l'extrémité de la rampe, s'élevait un **portique** (Pl. **1**), contemporain du palais. A l'endroit où vous atteignez la rampe de la mer, gravissez un escalier (Pl. **2**) qui mène à une **voie dallée**; celle-ci unissait probablement Haghia Triada à Phæstos. A dr. s'étend la **cour des autels**, où l'on découvrit un autel sacrificiel près d'un dépôt d'ex-voto de l'époque mycénienne.
La voie dallée était bordée à l'E. (à g.) par un **magasin** qui faisait partie d'une maison de l'époque du palais. Un peu plus loin, toujours à g. de la voie dallée, gisent les ruines d'un **temple** construit à la fin du minoen moyen III ou au début du minoen récent I (vers 1550). Ce temple dut être détruit par un incendie en même temps que le palais, mais il fut rebâti et resta en usage durant la période mycénienne (minoen récent III).

Sur le côté dr. de la cour des autels, vous reconnaîtrez les vestiges d'un **portique** (Pl. **3**), d'époque mycénienne, construit au-dessus des restes du palais après sa destruction. Un peu plus loin, remarquez un **escalier** (Pl. **4**), qui conduisait à l'étage supérieur.
Traversez les ruines de cette partie du palais pour atteindre une pièce (Pl. **5**) qui s'ouvrait par une fenêtre sur la rampe de la mer. Remarquez ensuite les imposants murs d'un **mégaron mycénien** construit sur l'emplacement d'anciens magasins du palais (il reste encore des jarres). Cet édifice, daté du minoen récent III (1375-1100 av. J.-C. env.), était pourvu d'une petite **loggia** (Pl. **6**) du côté de la cour des autels. De la loggia, il subsiste le pavement et une base de colonne en place, ainsi qu'une banquette.
Avec son revêtement de dalles de gypse alabastrin, une salle (Pl. **7**) située à l'intérieur du périmètre couvert par le mégaron devait être particulièrement somptueuse. Près de cette pièce, un escalier donnait accès à une autre série de **magasins** (Pl. **8**) qui s'élevaient à un niveau inférieur.

Au-delà des murs du mégaron s'étendait l'**aile O. du palais**. Du côté de la rampe de la mer, un **escalier** (Pl. **9**), ajouté après la construction du palais, est adossé à la façade. Une autre volée de marches (Pl. **10**; à dr. si vous venez de la rampe de la mer), qui débouchait sur une porte, assez bien conservée (elle est en partie restaurée), donnait accès à une petite **cour**, au centre de laquelle se trouvait un bassin de pierre autrefois muni d'un jet d'eau, bordée sur deux côtés par un minuscule portique à trois colonnes. De là, vous gagnerez une petite salle qui était ornée de fresques aujourd'hui déposées au musée d'Héracleion, puis une autre pièce plus vaste (Pl. **11**), qui s'ouvre au N. sur une chambre pavée d'ardoise et pourvue d'une banquette de gypse alabastrin. Cette salle est maintenant presque entièrement ruinée. Vous atteindrez ensuite un **portique** (Pl. **12**) ruiné à deux colonnes, dont les bases sont encore en place. Ce portique donnait sur un puits de lumière ou petite cour également bordée d'un **portique**, sous lequel on passait pour parvenir dans une chambre (Pl. **13**) dont les murs sont encore partiellement revêtus de dalles de gypse alabastrin. Ces dalles sont alternées de manière à former une suite de triglyphes et de métopes. Cette salle, assez bien conservée, est protégée par une toiture. De là, passez dans la petite chambre contiguë à g. où une grande dalle de gypse, encastrée dans le sol, servait peut-être de lit, rendu plus confortable par des peaux ou des couvertures.
Au-delà de cette série de pièces, vers le rebord de la terrasse, se trouvait un groupe de **chambres de service** (cuisines).

Avant de quitter le site d'Haghia Triada, visitez la petite **chapelle Haghios Géorgios**, ornée de fresques datant du XIVe s.

→ Au-delà d'Haghia Triada, la route de la Messara continue jusqu'à (**4** km) **Timbaki**, près d'une belle plage de sable sur la côte S. De là, vous pourrez gagner (**69** km) Réthymnon (V. Section **2**), sur la route de La Canée à Héracleion et Sitia.

6 — Haghios Nicolaos et ses environs

Au fond du golfe de Mirabello, l'une des plus belles rades de Grèce, Haghios Nicolaos est sans aucun doute la plus charmante petite marine de Crète, en même temps qu'une station balnéaire très agréable, et très à la mode ; peut-être déjà trop, selon certains, qui regrettent l'évolution artificielle de ce « Saint-Tropez crétois ». C'est aussi le centre idéal des excursions dans l'E. de l'île, où la beauté — et un certain exotisme — des sites naturels, et l'archéologie, toujours présente, se disputeront votre intérêt.

Indicatif téléphonique : 0841.

Police touristique : 7, rue Omirou (✆ 22-321).

Hôtels :

¶¶¶¶ *Minos Beach,* Akt : Ilia Sotirchou (✆ 22-345) 108 bungalows

¶¶¶¶ *Mirabello* (✆ 28-400) 174 ch. et 120 bungalows ouv. avril-oct.

¶¶¶ *Hermès* (✆ 28-253) 200 ch. ouv. avril-oct.

¶¶ *Ariadne Beach,* Gargadoros (✆ 22-741) 50 ch. ouv. mars-oct.

¶¶ *Corali,* Akti Koumoundourou (✆ 28-363) 135 ch.

¶¶ *Polydoros,* Stilianou Koundourou (✆ 28-806) 7 ch.

¶¶ *Rea* (✆ 28-321) 104 ch.

¶ *Akratos,* 19, 28 Octovriou (✆ 22-721) 31 ch.

¶ *Alcestis,* 30, Stilianou Koundourou (✆ 28-171) 16 ch.

¶ *Du Lac,* 17, 28 Octovriou (✆ 22-712) 40 ch.

A Elounda (12 km ; env. **1**) :

¶¶¶¶¶ *Astir Palace Elounda Bay* (✆ 28-92-07) 112 ch. mars-oct.

¶¶¶¶ *Elounda Beach* (✆ 28-461) 156 ch. et 107 bungalows

¶ *Aristea,* à Shisma (✆ 43-01) 37 ch.

A Hiérapétra (36 km ; env. **3** ; indic. tél. : 0842) :

¶ *Atlantis* (✆ 28-555) 69 ch.

A Sitia (68 km ; env. **4** ; indic. tél. : 0843) :

¶¶¶ *Sitian Beach* (✆ 28-415) 129 ch. ouv. mars-nov.

¶ *Crystal,* 19, rue Kapetan Sifi (✆ 22-284) 41 ch.

A Zakros (108 km ; env. **4** ; indic. tél. : 0843) :

¶ *Zakros* (✆ 28-479) 15 ch.

Auberges de jeunesse : à Haghios Nicolaos, 3, rue S. Koraka (✆ 28-121) ; à Hiérapétra, 32, rue S. Samouil (✆ 22-463) ; à Sitia, 24, rue Angélaki (✆ 22-693).

Camping :

Hiérapétra Camping, à Hiérapétra (V. env. **3** ; ✆ 22-739) ; 140 pers., 45 voit., 45 caravanes ; sur la plage ouv. mai-oct.

Restaurants et tavernes : les tavernes sont nombreuses sur le port et au bord du lac *(Poséidon, Zorba, Dolfin, Dilina),* comme à Sitia ou Hiérapétra.

Poste, télégraphe, téléphone : *Poste,* rue du 28 Octovriou ; *téléphone,* rue Sfakianaki.

Compagnie aérienne : *Olympic Airways,* 30, rue R. Koundourou (✆ 22-218).

Bateaux : 1 liaison hebdomadaire avec Le Pirée via Santorin en 13 h 30.

Location de voitures : *Avis,* Akti Koundourou (✆ 28-497), et à Hiérapétra, 1, rue Kothri (✆ 28-673) ; *Hertz,* 17, place Koundourou (✆ 28-311).

Fêtes et manifestations : outre les nombreuses fêtes religieuses, signalons, la **première semaine de juin,** la *rencontre des pêcheurs* du Club Hellénique, à Haghios Nicolaos ; **fin août,** *fête du plateau du Lassithi ;* **30-31 août,** *mariage crétois* à Kritsa.

Si l'on excepte un petit musée archéologique et une église byzantine, Haghios Nicolaos n'offre rien d'autre que ses plages (vous fréquenterez de préférence celles qui sont accessibles par la route d'Elounda), ses petits cafés et son merveilleux décor de port typiquement méditerranéen, avec une animation encore toute naturelle et des plus raisonnables.
Vous circulerez le long du golfe de Mirabello jusqu'à la presqu'île de Spinalonga pour vous baigner, car cette promenade sera plutôt consacrée à la détente qu'à l'archéologie ; vous vous rendrez aussi à Kritsa et Latô — une fin d'après-midi est pour cela particulièrement recommandée — pour visiter deux églises décorées de fresques et un pittoresque petit village de montagne (ne dédaignez pas les brochettes du café situé sur la place centrale : elles sont délicieuses), ainsi qu'un site antique.
Le soir, mêlez-vous à la foule des spectateurs-acteurs qui s'attable aux terrasses des cafés et des petits restaurants, au bord du lac, par exemple.

Visite de la ville

La ville s'est développée au siècle dernier autour du *limin,* le **lac Voulisméni** que l'on disait sans fond (sa profondeur atteint 64 m). Il est relié depuis 1870 à la mer par un étroit goulet qui en fait un port des plus sûrs. Deux rues commerçantes partent du port vers la **place Vénizélou,** au cœur de la ville.

Le **musée archéologique** (✆ (0841) 224-62 ; visite : en été, de 8 h 30 à 12 h 30 et de 16 h à 18 h ; fermé le mardi) est situé sur la route d'Héracleion (rue Constantin Paléologue) et présente une intéressante collection d'objets de fouilles locales (Olonte, Sitia, Mochlos, Latô...), essentiellement d'époque minoenne et d'époque archaïque (terres cuites de Latô). Quant à l'**église** byzantine **Haghios Nicolaos,** elle se trouve à dr. après l'hôtel *Minos Beach,* sur la route d'Elounda.

Environs de Haghios Nicolaos

1 — Olonte et Dréros (22 km). — Prenez, depuis le port, la route d'Elounda, qui longera le golfe de Mirabello, sur lequel vous découvrirez quelques beaux ***paysages.** A env. 5 km du port, vous passerez, au lieu-dit *Sta Lénika,* près des restes insignifiants d'un **temple** consacré à Aphrodite et Arès, reconstruit vers la fin du IIe s. av. J.-C., qui fut l'objet d'âpres disputes entre Olonte et Latô, les deux plus importantes cités de la région.

8,5 km : **Presqu'île de Spinalonga**; près de l'agréable hôtel *Elounda Beach,* gisent, au point où la presqu'île se rattache à la côte du golfe de Mirabello, les ruines helléniques de l'ancienne *Olonte.* Avec ses rades et ses îlots protégeant son port, Olonte était une cité active liée d'amitié avec les Rhodiens. Sur l'isthme qui relie la presqu'île de Spinalonga à la côte, fut dégagée une **basilique paléochrétienne** avec un beau pavement de mosaïque.

Au-delà de l'hôtel *Elounda Beach,* vous pourrez atteindre, en longeant la baie, le hameau de (9 km) **Plaka,** en face d'un îlot où les Vénitiens construisirent une forteresse, remaniée en 1526, qui ne fut pas cédée aux Turcs avant 1715. Il en subsiste, au milieu d'impressionnants remparts, divers bâtiments délabrés, en particulier des chapelles du XVIe s.

La route traverse ensuite un plateau couvert d'amandiers ; juste après **Kastéli,** un chemin mène à ***Dréros.***

Le site de l'ancienne ville hellénique, où des fouilles furent exécutées par l'*Ecole française d'Athènes,* occupe, à g. de la route de Fourni, le sommet de la colline d'Haghios Antonios, où deux mamelons correspondent à deux acropoles. Près de la dépression entre les deux acropoles, l'**agora,** d'époque archaïque, pourvue de gradins comme dans les palais de Cnossos et de Phæstos, servait peut-être de cadre à des représentations, lors des fêtes.
Au S. de l'agora se trouvaient un temple d'époque géométrique, le **Delphinion,** consacré à Apollon, d'où proviennent les *sphyrelata* (statuettes en bronze martelé) du musée d'Héracleion, et une grande **citerne** creusée vers la fin du IIIe s. ou au début du IIe s. av. J.-C. ; elle était placée, ainsi que l'atteste une inscription, sous la protection d'Apollon delphinios. C'est de là que provient la plus ancienne loi constitutionnelle complète de Grèce (fin du VIIe s.). Au S. du Delphinion s'étendait une construction aujourd'hui très ruinée identifiée avec le prytanée.

2 — Kritsa et Latô (11 et 15 km). — Sortez par la route de Sitia que vous laisserez à g. à 1,5 km).
10,5 km : A 100 m à dr., merveilleuse petite ***église de la Panaghiai Kéra,** à trois nefs, du XIIIe s., au milieu des oliviers.

La plupart des fresques datent de la première moitié du XIVe s. Dans la nef S., scènes de la vie de sainte Anne et saint Joachim, et de l'enfance de la Vierge ; dans la nef centrale, Vie du Christ et Jugement dernier ; dans la nef N., le Paradis. Les fresques du plafond représentent l'Ascension.

11 km : **Kritsa,** gros bourg de 2500 hab. environ et important centre artisanal à flanc de colline, au milieu d'une mer d'oliviers. A la sortie par la route de Kroustas, à g. après un pont, l'**église d'Haghios Géorgios** est décorée de **fresques** du début du XIVe s. Pour accéder aux ruines de l'ancienne ***Latô,*** vous prendrez le chemin, difficilement carrossable, qui se détache à l'entrée du bourg, à dr. en venant d'Haghios Nicolaos. Après 3,5 km vous apercevrez à dr. une petite chapelle ; prenez un sentier à dr. qui conduit aux ruines, en 5 mn de marche environ. Les ruines de Latô, ville fondée dès le VIIe s. av. J.-C. et qui fut l'une des plus puissantes cités de la Crète, s'étendent sur les versants de **deux acropoles** d'où vous découvrirez une admirable ***vue** sur un paysage d'une beauté grandiose et sauvage. Latô présente un ensemble très imposant de remparts, de maisons et de boutiques édifiées sur des terrasses, dans une cuvette en forme de cratère.

Au port, vous visiterez un petit **musée** qui renferme quelques antiquités locales, la **forteresse,** qui fut remaniée par les Turcs ; vous verrez aussi une fontaine turque et un minaret, mais soyez assez sceptique lorsque l'on vous montrera une petite maison, où, selon la tradition locale, *Bonaparte* aurait passé la nuit du 26 juin 1798, au cours d'une escale, alors qu'il se rendait en Egypte.

De Hiérapétra, vous pourriez regagner (43 km) **Haghios Nicolaos** par **Anatoli** et **Kalamafka,** ou encore explorer la côte S. et ses plages solitaires en rejoignant (65 km) **Sitia** par **Makrighialos** (détour recommandé vers **Moni Kapsa,** monastère isolé au bord de la mer).

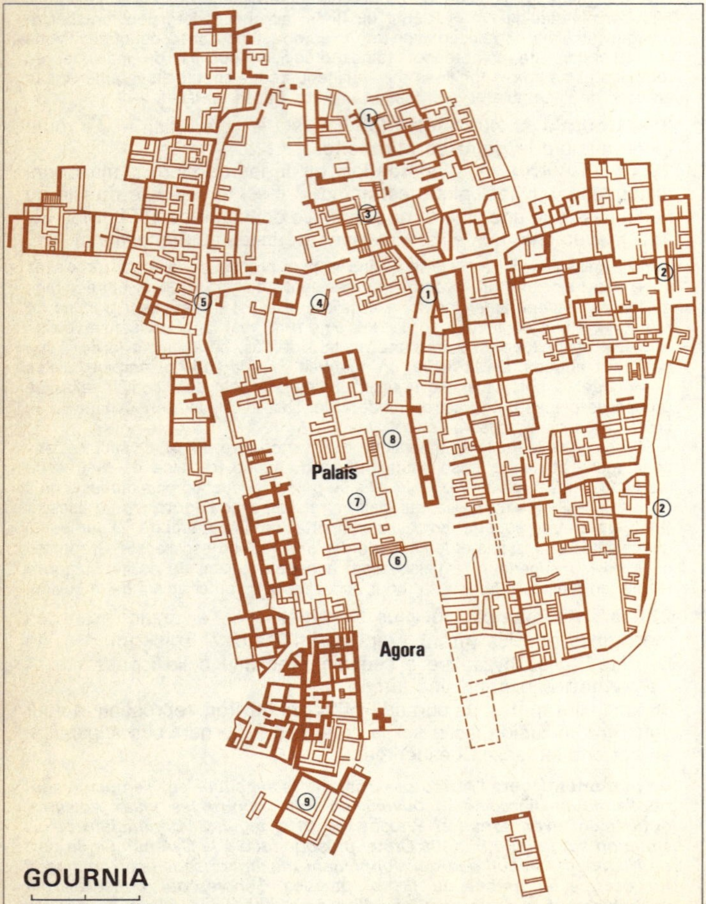

Vous pourriez aussi gagner (100 km) **Héracleion** par **Ano Viannos** (V. section 3, env. 5) ; peu avant (16 km) le village de **Myrtos**, vous passeriez alors à proximité du site du même nom où l'*Ecole britannique d'Athènes* a mis récemment au jour un important **établissement du minoen ancien** de plus de quatre-vingts pièces, avec un sanctuaire et un intéressant atelier de potier. Près de là, à **Pyrgos**, une magnifique **résidence du minoen récent** domine le site et la mer.

Au village même de Myrtos, restes d'une riche **villa romaine** avec pavements de mosaïque et thermes.

4 — Sitia (73 km) **et l'est de l'île** (jusqu'au km 22, V. ci-dessus).

22 km : **Pachiamos,** où vous laisserez à dr. la route de **Hiérapétra** (V. env. 3). La route s'élève en corniche et offre quelques-unes des plus belles ***vues** sur le **golfe de Mirabello** et **l'île de Psira** (vestiges minoens).

43 km : Route à g. pour (7 km) **Mochlos.** Sur l'**îlot** du même nom, restes de maisons et chambres sépulcrales minoennes.

73 km : **Sitia,** où vous arriverez après avoir traversé **Mouliana** et sa région, réputée pour son raisin et son vin.

Sitia, port de 6 000 hab. près de l'extrémité orientale de la Crète (1 liaison hebdomadaire avec Le Pirée), une contrée aujourd'hui déshéritée mais qui dut être autrefois prospère, ainsi qu'en témoigne le palais minoen de Kato Zakros, sera choisie comme centre d'excursions par ceux qui aiment sortir des sentiers battus (V. hôtels, p. 494).

La ville de l'un des Sept Piliers de la Sagesse. — *Sitia est identifiée avec l'ancienne* Eteia, *ville mentionnée par Stéphane de Byzance comme étant la patrie de* Myson, *l'un des Sept Sages de la Grèce. Elle fut, durant la période vénitienne, défendue par une double enceinte s'élevant au flanc de la colline surmontée par le kastro. Les défenses de la place et du kastro furent renforcées en 1631, mais elle ne tarda pas à tomber entre les mains des Turcs qui restaurèrent la forteresse.*

De son passé, Sitia ne conserve plus aucun monument. Sans l'exceptionnelle beauté des paysages que l'on peut admirer entre Haghios Nicolaos et Sitia, cette partie de la Crète serait sans doute assez peu visitée. Pourtant, cette bourgade ne manque pas de charme avec ses maisons aux couleurs vives étagées en amphithéâtre sur la colline du kastro.

A la sortie de Sitia, route à dr. pour (17 km) *Præsos* (prendre la direction de **Chandras**).

Les ruines de l'antique *Præsos,* fondée au moment de l'invasion dorienne, occupent trois collines ou acropoles près du village moderne de **Néa Præsos.** L'*Ecole britannique d'Athènes* y mit au jour, au début du siècle, une **construction mégalithique**, les restes d'un **temple** et des **tombes** des époques mycénienne et géométrique. Les vestiges minoens abondent également dans cette région.

88 km : Route à g. vers (2 km) le **monastère de Toplou,** à l'allure de forteresse, dans un site rocailleux et sauvage. Consacré à la Panaghia, il fut construit au début du XVIIe s. Une icône datée de 1771 représente le couvent à cette époque. L'église renferme un chef-d'œuvre de l'art crétois, une **peinture** de *Joannis Kornaros,* miniature de scènes bibliques (1770).

Au-delà du monastère, la piste mène à (6 km) **Vaï**, modeste hameau d'où une petite route conduit à son tour à une (3,5 km) plage à travers une **palmeraie** d'une surprenante beauté. La piste s'achève à l'extrémité N.-E. de la Crète, à *Itanos*, près du village moderne d'**Erémoupolis**, site hellénique qui comprenait deux acropoles et qui s'étendait sur un promontoire. Sur l'acropole orientale, voisine de la mer, l'*Ecole française d'Athènes* découvrit quelques vestiges attestant une occupation du site depuis la période géométrique jusqu'à l'époque hellénistique. Dans la ville basse, sur l'isthme qui réunit les deux acropoles, les archéologues français trouvèrent les ruines d'une **ville byzantine** avec **basiliques, baptistères et maisons.**

94 km : **Paléokastro,** petit hameau près duquel s'élevait une forteresse byzantine occupée plus tard par les Vénitiens pour la défense de la côte orientale de l'île.

A 2 km du village, l'Ecole britannique d'Athènes a fouillé, dans un site magnifique au bord de la mer, un important établissement habité du minoen ancien au minoen récent. Les restes d'un temple, consacré par la ville d'*Eleia* ou d'*Héleia* à Zeus Diktéen, furent également reconnus.

La route traverse ensuite des paysages quasi-désertiques pour s'achever à **Ano Zakros.** Une piste descend alors jusqu'à la mer.

119 km : **Palais de Kato Zakros.**

Près d'une charmante petite plage, au-delà de quelques plantations de bananiers, les ruines du palais minoen de Kato Zakros, mises au jour à partir de 1960 par *N. Platon,* constituent le plus vaste ensemble découvert en Crète orientale après Mallia. Ce palais et la ville minoenne voisine furent détruits vers 1450 av. J.-C. par un violent séisme, peut-être celui qui, accompagné d'éruptions volcaniques, provoqua la dislocation de l'île de Théra (Santorin). On découvrit, en effet, dans le palais, des cendres volcaniques mêlées à du soufre.

Le palais s'étendait sur une surface de 70 a et comprenait, outre les appartements royaux, des magasins et des ateliers divers. Comme à Cnossos, Mallia et Phæstos, le palais de Kato Zakros est pourvu d'une vaste **cour centrale** de 30 m de long sur 12 m de large, autour de laquelle s'ordonnaient les corps du bâtiment. Près du parking, à g., vous remarquerez les ruines d'une grande salle carrée, autrefois couverte, qui abritait un **bassin circulaire (1)**, encore visible, accessible par un escalier jusqu'à l'eau, qui sourd encore aujourd'hui. Dans ce puits, on eut la surprise de retrouver, parfaitement bien conservées dans l'eau, des olives vieilles de près de 3 500 ans, ainsi que d'autres matières d'origine végétale. Au-delà du bassin circulaire, vous verrez un **bassin carré (2)**, qui était accessible par un corridor souterrain et un escalier de quinze marches.
Egalement près du parking, mais à dr., vous pourrez voir la **cour centrale du palais (3)**, sur laquelle s'ouvrait un spacieux **mégaron royal (4)** divisé en deux parties par une colonnade axiale. Au fond du mégaron s'ouvrait, par une porte à triple baie, une autre pièce assez vaste, dite **salle des Banquets (5)**, qui était ornée d'un bandeau de spirales en relief, long de 26 m, qui prenait sans doute place sous le plafond.
Le mégaron communiquait également avec un ensemble de pièces, à l'O. (vous êtes arrivé par l'E.), comprenant un **bain lustral (6)** accessible par un escalier dont les marches sont conservées, un **trésor** (7 ; au S.-O. du bain lustral), à compartiments qui ont subsisté, etc.

Sur le côté N. de la cour se trouvait, dans la partie orientale, un large **portique** à deux colonnes, d'où l'on pouvait gagner l'**aile N. du palais,** mais aussi, en prenant à g., la **cuisine hypostyle (8).**
Sur les pentes de la colline se situaient trois ensembles de dépendances, sur des terrasses. Cette partie du palais ne fut habitée que durant la première phase palatiale, du minoen moyen III B jusqu'au minoen récent I A.

Au-dessus de la vallée a été découvert récemment un enclos funéraire, tandis que de nouvelles fouilles révélaient à l'extrémité E. d'une petite cour intérieure un puissant bâtiment contemporain de Cnossos, sans doute **le premier palais de Kato Zakros.** Des sondages effectués sous la cour centrale du grand palais ont mis en évidence l'existence d'une cour sous-jacente appartenant à ce

KATO ZAKROS

premier palais. Dans l'aile E. de celui-ci, immédiatement au S. de la **rue dallée** d'orientation E.-O. dite « rue du Port », on a notamment découvert les vestiges d'un **atelier de fonte** de métal unique pour sa période, avec son four comportant quatre conduits d'adduction d'air (?) qui ouvraient sur une chambre ovale avec trappe de visite et trou de coulée en direction de poches circulaires construites à l'extérieur. L'abandon de cet atelier date des environs de 1600 av. J.-C., époque de la construction du nouveau palais sur un remblai riche en matériel dont les éléments les plus récents ne sont pas postérieurs au minoen moyen III B.

■ **Cyclades** [Les]

Les îles de la mer Egée constituent aujourd'hui l'une des attractions touristiques majeures de la Grèce et, parmi elles, les Cyclades sont probablement les plus visitées. Tout ce qui peut plaire au touriste s'y trouve réuni, dans la conjonction si recherchée du soleil et de la mer, à quoi s'associe une douce fraîcheur.
A peine estompés d'un léger revêtement de verdure, des reliefs rougeâtres s'élèvent au-dessus du bleu de la mer, composant des paysages généralement arides ; mais sous l'allégresse de la lumière, les ports, leurs maisons blanches, les caïques peints de couleurs vives sont d'une étonnante beauté.
Le nom des Cyclades vient de ce qu'elles forment un cercle autour de l'île sacrée, Délos, qui émerge à peine de la mer. Elle évoque ainsi l'origine de tout l'archipel : l'affleurement d'un socle ancien, dorsale sous-marine entre la Grèce et l'Asie Mineure dont les îles sont les fragments saillants, débris insulaires d'un continent égéen. Elles sont tantôt formées de schistes cristallins comme à Délos, tantôt de gneiss avec de puissantes couches de calcaires marmoréens comme à Paros, parfois de calcaires entaillés de canyons comme à Naxos, ou encore de roches volcaniques comme à Milo ou à Théra. Les îles les plus prospères (Théra, Syros, Naxos, Paros) produisent et exportent du vin, des légumes et des fruits. La navigation aide à la prospérité de ces îles d'où sont sortis les grands armateurs grecs, mais le commerce et la pêche sont loin d'avoir l'importance de jadis (R. Clozier).
Quant au tourisme, il ne profite qu'à une faible partie de la population et demeure en grande partie saisonnier.

■ **Cythère** [Ile de] (Kythira)

262 km². — 10 000 habitants environ.

Un nom qui fait rêver, celui de cette île au S. du Péloponnèse pour laquelle Watteau a beaucoup fait, trop sans doute ; car comme le notait déjà Gérard de Nerval, cette terre aride, peu cultivée, mais où le miel est réputé, ne répond pas exactement à l'idée que l'on se fait de l'île où Aphrodite avait son temple, dont il ne reste d'ailleurs rien.

Indicatif téléphonique : 0733.

Logement : chez l'habitant, ou hôtel *Cythera,* très simple, à **Haghia Pélaghia** (☎ 33-321, 10 ch.).

Avion : en été, 1 vol quotidien pour Athènes, en 1 h.

Compagnie aérienne : *Olympic Airways,* Potamos Kythiron (☎ 33-201).

Bateau : 3 fois par sem. au départ du Pirée, via Monemvasia et Néapolis, pour Haghia Pélaghia (en 12, 4 ou 1 h 30) et Kapsali (en 13 h 50, 5 h 50 ou 3 h 30), puis Anticythère et Kastelli (Crète).

Près de l'escale d'**Haghia Pélaghia,** vous visiterez, à Paléopolis, **les ruines d'une cité byzantine** (Paléokastro) fondée peu avant le XIIe s. et ruinée par Barberousse (restes de murailles, de maisons, de chapelles, où sont remployés des matériaux antiques, etc.).

A mi-chemin entre Haghia Pélaghia et (**28** km) le chef-lieu de l'île, **Kythira,** vous verrez, à **Mylopotamos,** une autre cité ruinée, byzantine et vénitienne (fortifications et porte avec le Lion de Saint-Marc), ainsi que l'**église Haghios Athanasios,** dont l'iconostase est ornée d'icônes d'influence ionienne.

A 40 mn de marche se trouve la **grotte d'Haghios Sofias** (en cours d'aménagement), dont plusieurs salles avaient été transformées en chapelles (fresques, mosaïques), tandis que d'autres abritent de petits lacs.

A **Pourko,** l'**église Haghios Dimitrios** est formée de quatre petits sanctuaires décorés de **peintures murales** à partir du XIIe s.
Dans l'**église Haghios Petros,** à **Aresi,** vous verrez encore, dans le sanctuaire, des **fresques** du XVe ou du XVIe s.

Près de Kythira, site minoen de **Kastri,** abandonné dans la seconde moitié du XVe s., sur la côte S.-E. Des fouilles récentes y ont eu lieu sous les auspices de l'*Ecole britannique d'Athènes,* avec le concours de l'*Université de Pennsylvanie.*

A 1 h en barque depuis **Kapsali,** l'îlot d'Avgou abrite une belle grotte marine toute bleue. Au large de la petite île d'**Anticythère** (1 liaison hebdomadaire avec Le Pirée en 22 h ; beaucoup plus fréquentes avec Cythère), entre Cythère et la Crète, où vivent quelques pêcheurs, gît une célèbre épave antique contenant une trentaine de statues de marbre.

ÉGLISE DE DAPHNI

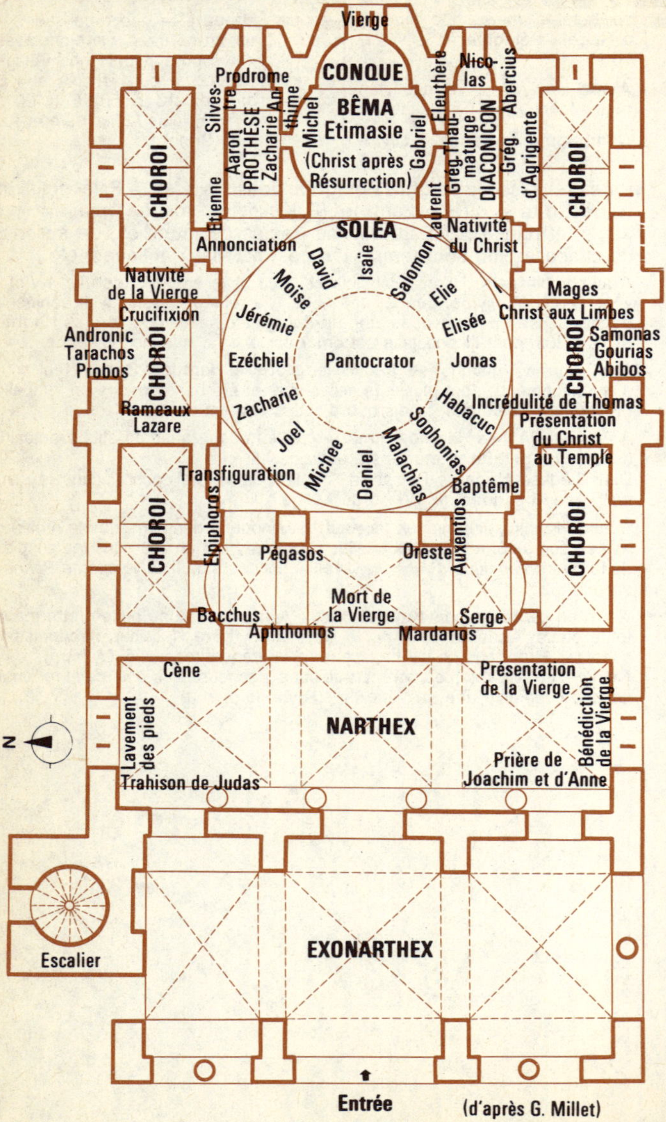

(d'après G. Millet)

D

Daphni [Monastère de]**

Cartes-itinéraires 3 et 5.
Athènes, 11 km. — Corinthe, 76 km. — Eleusis, 23 km.
Nome d'Attique.

Quelle que soit votre précipitation à vous rendre d'Athènes à Corinthe, vous ne devrez pas manquer de vous arrêter pour visiter ce monastère où les splendeurs de l'art byzantin se révéleront à vous sous la forme de mosaïques à fond d'or que le professeur Lemerle tenait pour le « chef-d'œuvre de la mosaïque du second âge d'or » (byzantin).

De Byzance à Cîteaux. — *Fondé, dans son premier état, au Ve ou au VIe s., le monastère de Daphni fut ensuite abandonné, puis restauré, peut-être vers 1080, lorsqu'une nouvelle église fut construite. Consacré à la Dormition de la Vierge, son nom de Daphni ou Daphneion lui fut attribué parce que des lauriers poussaient jadis aux alentours et rappelaient l'ancien culte d'Apollon dont le temple, situé au même endroit, fut détruit vers 395 apr. J.-C. En 1205, les croisés saccagèrent le monastère puis, en 1211, Othon de la Roche y installa des cisterciens. Les ducs de la Roche et Gauthier de Brienne y furent ensevelis. En 1458, à l'arrivée des Turcs, les cisterciens le quittèrent. Réoccupé au XVIe s. par les orthodoxes qui construisirent le cloître actuel, il fut abandonné à l'époque de la guerre d'Indépendance.*

Visite : de 9 h à 16 h ; le dim. de 9 h à 15 h ; accès payant.

Il subsiste une partie de l'enceinte carrée du monastère du Ve ou du VIe s. Elle était flanquée de tours et de contreforts en arcades, de portiques et de cellules.

L'**église** est précédée d'un *narthex* du XIe s., que les moines cisterciens reconstruisirent partiellement au XIIIe s. Ils ajoutèrent, notamment, les arcs en tiers-point de la façade. Sur le côté g. de l'église, vous remarquerez les substructions d'un grand réfectoire isolé, du XIe s., et, sur le côté dr., le **cloître cistercien**, adossé à l'église.

A l'intérieur de l'église, les surfaces sont décorées de très belles ****mosaïques à fond d'or,** de la fin du XIe s. (comme celles de Saint-Marc à Venise), dominées par l'admirable figure du Christ pantocrator, dans la coupole.
En vous aidant du plan, vous identifierez les divers sujets et personnages représentés.

Le parc près du monastère sert de cadre à la **fête du vin**, pendant une quinzaine de jours en automne (en soirée). Le billet d'entrée donne le droit de déguster gratuitement et à volonté (jusqu'à 23 h) les principaux crus de la Grèce, résinés ou non, et d'assister à des spectacles folkloriques.

L'ouverture des pots. — *Bien que les* anthestéries *aient été célébrées en l'honneur de Dionysos, dieu du vin, durant le mois d'Anthestérion (février), l'actuelle fête du vin n'est pas sans rappeler ces antiques festivités qui voyaient l'ouverture des* pithoi, *grands récipients de terre cuite où le vin était conservé depuis la récolte d'automne. Au cours des trois journées que duraient les anthestéries, il y avait un concours de buveurs : au signal donné par une trompette, il fallait vider le plus rapidement possible le contenu des pots* (choès). *Ces libations n'engendraient pas la mélancolie, aussi le deuxième jour était-il consacré à une sorte de carnaval où l'on promenait la statue du dieu sur un char en forme de navire. Mais la nature profondément religieuse du peuple grec reprenait le dessus le troisième et dernier jour, appelé* chytroi *(les marmites), consacré aux morts et aux mourants.*

D Délos [Ile de]★★★

Cette île aride des Cyclades ♦, exiguë, assoiffée, sans charmes naturels bien évidents, exerce cependant, de nos jours comme autrefois, une indiscutable séduction. Ce fut, pour les anciens Hellènes, la barque sacrée, ancrée au milieu de la mer Egée. C'est aujourd'hui, pour le visiteur, un mystère né de l'union intime d'une onde marine opalescente et de quelques arpents de terre ocre jaune, piquetés de vert, qui ont donné asile à un dieu, à son sanctuaire et à une ville dont les ruines forment peut-être l'ensemble archéologique le plus varié qui soit en Grèce.

L'Apparente ou l'île des Cailles. — *Délos, c'est-à-dire l'*Apparente, *appelée aussi* Ortygie, *l'île des Cailles, était habitée déjà à la fin du IIIe millénaire (restes d'un habitat préhistorique, très modeste, sur le sommet du Cynthe). L'habitat mycénien fut, par contre, beaucoup plus important, surtout durant l'helladique récent III (1400-1200), et Délos fut, dès cette époque, pour les habitants des îles de l'Egée, un centre religieux et un port fréquenté.*

Un berceau marin pour un dieu. — *Comme tous les lieux de la Grèce antique, l'île de Délos fut une terre dotée d'une personnalité, de sentiments, tout comme les dieux, les hommes, les animaux et les plantes, et, d'après l'*hymne à Apollon *délien, peut-être composé vers 700 av. J.-C.,* Léto *dut la solliciter alors qu'elle était en quête d'un refuge pour mettre au monde son fils Apollon. L'île accepta, non sans réticences, craignant que le futur dieu ne la méprise en raison de son aridité, et c'est ainsi que la déesse enfanta Apollon et Artémis, près d'un palmier voisin du Cynthe et du cours de l'Inopos. A cette époque (géométrique), Délos était un lieu de culte surtout fréquenté par les Ioniens.*

L'ère des âpres rivalités. — *Après la brève hégémonie naxienne (2e moitié du VIIe s.) sur l'amphictyonie des Ioniens dont Délos était le second centre religieux (après celui du cap Mycale, en Asie Mineure), Paros s'immisça à Délos (2e moitié du VIe s.), mais Athènes fit valoir sa parenté avec les Ioniens pour s'introduire dans l'amphictyonie délienne et la soumettre à son hégémonie (purification du sanctuaire, entre 540* *et 528, par* Pisistrate*). Polycrate de Samos étendit ensuite son protectorat sur Délos à laquelle il attacha par une chaîne, en signe de sujétion, Rhénée, conquise par lui (vers 525).*

L'impérialisme politico-religieux des Athéniens. — *Après les guerres Médiques, Athènes reprit avec plus de vigueur son expansion en mer Egée et imposa aux cités ioniennes la formation de la première Ligue maritime attico-ionienne fondée en 478. Chacune des cités et des îles Ioniennes devait verser un tribut destiné à assurer la défense commune. Les sommes ainsi recueillies étaient déposées dans le trésor fédéral situé à Délos, centre religieux de la Ligue, mais, pour faire face à de pressants besoins d'argent, Athènes, sous le spécieux prétexte de le mettre à l'abri, fit transporter le trésor de Délos à Athènes.*

Défense d'y naître et d'y mourir. — *En 426, les Athéniens ordonnèrent une purification complète de l'île : défense fut faite d'y naître et d'y mourir; femmes en couches et mourants étaient transportés à Rhénée. Pour écraser les dernières résistances, les Déliens furent déportés en masse en 422, mais autorisés à rentrer dans leur patrie l'année suivante. Après la défaite d'Athènes à Ægos Potamos (404), Délos fit appel à Sparte et recouvra son autonomie (vers 401), mais pour peu de temps : dès 394 env., Athènes reprit pied à Délos.*

La Confédération des insulaires. — *Vers 315, la prépondérance dans la mer Egée passe à l'Egypte. Athènes abandonne Délos qui recouvre l'indépendance (vers 314). C'est la période la plus florissante de l'histoire de l'île (314-166). Délos redevient le centre d'une Confédération des insulaires qui, vers la fin du IIIe s., tombe sous le contrôle des Lagides d'Egypte. Les riches offrandes affluent dans le sanctuaire; les décrets honorifiques décernés par les Déliens aux bienfaiteurs étrangers du temple et de l'île attestent la variété et l'importance de leurs relations diplomatiques et commerciales. Délos eut alors une constitution démocratique. Les affaires du peuple délien étaient gérées par l'archonte local, par un sénat, et par l'assemblée du peuple. Vers le milieu du IIIe s. av. J.-C., le bassin égéen tomba sous l'hégémonie de la Macédoine, et Délos fut désormais plus ou moins contrôlée par les dynastes macédoniens.*

L'ère des négociants. — *En 166, après la défaite de Persée, le Sénat de Rome, cédant aux sollicitations des négociants romains établis à Délos et désireux de frapper le commerce de Rhodes en créant un port franc dans l'île d'Apollon, rendit Délos à Athènes; toute la population indigène fut expulsée. Dès lors, l'île devint officiellement une clérouchie, soumise au régime commun des autres colonies athéniennes, sous le contrôle d'un épimélète, représentant de la métropole. En fait, les Romains en étaient les vrais maîtres. Le port de Délos, déclaré franc, situé au débouché du canal de Mykonos et au croisement des routes maritimes de la mer Egée, reçut dès la chute de Corinthe (146) un prodigieux accroissement. Si le sanctuaire continue à avoir ses fidèles, c'est, en réalité, le commerce qui fait, à cette époque, toute la puissance de l'île devenue un entrepôt cosmopolite entre l'Orient, la Grèce et l'Italie. Des commerçants et des banquiers italiens fondèrent des sociétés placées sous la protection de divers dieux (Hermès pour les hermaïstes, Apollon pour les apolloniastes, Poséidon pour les poséidoniastes). A cette époque, Délos comptait peut-être 25 000 habitants, venus des horizons les plus divers. De puissantes maisons de commerce et des guildes de marchands de Tyr, de Bérytos, d'Alexandrie d'Egypte s'organisèrent, apportant à la fois leurs cultes et leurs capitaux. Des monuments de toute sorte s'élevèrent dans la ville.*

Dans la trappe de l'oubli. — *Mais cette extraordinaire prospérité ne devait pas durer. En 88, alors qu'Athènes s'était prononcée pour Mithridate, Délos, restée fidèle aux Romains, se détacha des Athéniens. Mais bientôt (automne 88)* Archélaos et Ménophanès, *amiraux de Mithridate, surprirent Délos et la pillèrent. Reconquise vers 87 par* Sylla, *elle fut restituée aux Athéniens et se releva de ses ruines grâce aux efforts des Romains, mais elle tenta les pirates maîtres des Cyclades. En 69, Athénodôros pilla l'île, réduisant les Déliens en esclavage. La déchéance était désormais irrémédiable, car les ports italiens avaient noué des relations directes avec les échelles de la Méditerranée orientale.* Philostrate *rapporte qu'Athènes, au temps d'Hadrien, voulut la mettre en vente mais ne trouva pas d'acheteur. Au IVe s., sans doute en raison de son prestige passé, elle fut promue au rang d'évêché, groupant quelques îles des Cyclades. Cette situation prit fin au VIIIe s., après que l'île eût été ravagée à plusieurs reprises.*

Les fouilles. — *Les premières fouilles commencèrent en 1872 par le déblaiement de la caverne du Cynthe et le sommet de la montagne. L'exploration systématique de l'île, entreprise à partir de 1873 par l'Ecole française, fut poursuivie, par intermittence, jusqu'à nos jours.*

Bateaux : liaisons par caïques fréquentes depuis Mykonos ♦; une fois par jour en été avec Tinos ♦.

Visite des ruines

Visite : selon les horaires officiels, le site est ouvert de 8 h 30 à 12 h 30 en été, de 9 h à 13 h 30 en hiver, et de 16 h à 18 h toute l'année; le dim. de 9 h à 15 h en été et de 10 h à 16 h 30 en hiver; accès payant. Mais, sauf pour les passagers de croisières, il faut apporter des restrictions à ces horaires si l'on vient de Mykonos, puisque les derniers caïques y revenant quittent Délos vers 12 h 30; en outre le séjour au pavillon de tourisme est des plus aléatoires. Vous ne disposerez donc le plus souvent que de peu de temps pour visiter l'île, mais vous réussirez à tout voir en soutenant un rythme alerte dès que vous aurez posé le pied sur l'île. Vous avez donc intérêt à partir de Mykonos par le premier caïque (vers 9 h). N'oubliez pas votre chapeau, car l'ombre est rare à Délos. Evitez de vous aventurer dans les herbes, hors des sentiers, car il y a à Délos non seulement de gros lézards inoffensifs, mais aussi de redoutables vipères.

Vous visiterez sur l'île de Délos la ville antique qui est sans doute la mieux conservée et la plus suggestive de Grèce. Vous y retrouverez tous les éléments de la vie antique, en particulier, dans le cadre de l'hymne homérique à Apollon, un grand sanctuaire panhellénique, un antre et un lac sacrés, une cité maritime et commerciale avec ses ports, ses quais, ses docks, magasins et clubs de négociants, et enfin une ville de la période hellénistique qui soutient la comparaison avec Pompéi ou Timgad.

La religion est à l'origine de la fortune de Délos. Trop petite pour devenir une puissance politique, elle fut donc choisie par les Ioniens des Cyclades pour devenir le siège religieux de leur Confédération. L'existence d'une ville importante et d'un port marchand très actif sur une île aussi exiguë, dépourvue d'eau et de rade naturelle, peut paraître surprenante. Elle s'explique par les nombreux privilèges dont jouissaient les grands sanctuaires, en premier lieu l'inviolabilité. Les commerçants qui firent de Délos le premier entrepôt de la Méditerranée orientale, entre 315 et 88 av. J.-C., se placèrent donc sous la protection d'Apollon afin de garantir leurs entreprises contre les pillages. Comme tous les grands centres cultuels panhelléniques, Délos attirait un grand nombre de pèlerins et les délia, grandes fêtes religieuses qui se célébraient tous les quatre ans, se doublaient d'une importante foire où s'effectuaient de multiples transactions.

Les délia. — *La fête délienne par excellence était, sous la domination athénienne, celle des délia, que les Athéniens célébraient à Délos de quatre ans en quatre ans, au mois de mai. Ils envoyaient des délégués ou théores avec des chœurs recrutés et instruits à Athènes par le soin de déliastes, en tout une centaine de personnes, et des bœufs pour les hécatombes. Un chef ou « archithéore » dirigeait le convoi. Débarquée dans l'île, la procession se rendait au temple en chantant le prosodion, hymne dans lequel on rappelait les courses de Léto et la naissance d'Artémis et d'Apollon, et des péans en l'honneur d'Apollon. Le cortège faisait une tournée solennelle dans tout le sanctuaire. Enfin, après l'immolation des victimes, on célébrait des concours gymniques, hippiques et musicaux. On dansait aussi, devant l'autel d'Apollon, la danse sacrée de la* géranos ; *le programme se terminait par des représentations dramatiques et des banquets.*

Votre emploi du temps. — *Après la traversée depuis Mykonos (de 35 à 45 mn selon l'état de la mer), vous débarquerez à proximité immédiate du sanctuaire, près de l'agora des Compétaliastes (Pl. p. 512), près de l'ancien Port Sacré, aujourd'hui ensablé. Lorsque la mer est forte, les caïques abordent à l'anse de Gourna, près de la pointe N.-E. de l'île, d'où un sentier conduit à la région du Port Sacré, en traversant le quartier du stade (Pl. p. 512).*
A partir du débarcadère, vous suivrez l'itinéraire dans l'ordre où il est décrit, en négligeant les paragraphes imprimés en petits caractères lors d'une première visite. La première partie de la visite, jusqu'au musée, vous apparaîtra peut-être un peu rébarbative, mais elle révélera maints détails intéressants de la vie religieuse des anciens Hellènes et, à ce titre, méritera un effort de votre part. La seconde partie, en revanche, sera beaucoup plus spectaculaire avec ses quartiers d'habitations relativement bien conservées. Si vous ne voulez pas manquer le caïque du retour, vous devrez renoncer à prendre un bain sur l'île, bien que la plage de Phourni, à env. 1 km du débarcadère, soit un endroit fort agréable.

1 — Vers le sanctuaire d'Apollon

Agora des Compétaliastes (Pl. A/B-3). — Elle doit son nom aux associations d'esclaves et d'affranchis qui célébraient tous les ans les fêtes romaines des Lares compitales (divinités des carrefours). Mais d'autres confréries italiennes (celles des hermaïstes, des apolloniastes et des poséidoniastes) avaient déjà fondé, dans le courant du IIe s. av. J.-C., cette agora.

C'est la confrérie italienne des hermaïstes qui, entre 150 et 125, a élevé le naïskos ionique qui était situé près du côté méridional du portique de Philippe (ci-après). Au S. se dressait le hiéron d'Hermès et de Maïa, monument tétrastyle d'ordre dorique.

Portique de Philippe (Pl. B-3). — De l'agora, en vous dirigeant vers le sanctuaire, vous emprunterez l'avenue des Processions, c'est-à-dire le troisième chemin sur la g. à partir du débarcadère ; vous longerez ainsi les ruines du portique de Philippe (à g.), bâti par le roi ***Philippe V de Macédoine*** (220-178) vers 210 av. J.-C., et doublé, une trentaine d'années plus tard, par un **second portique**, dit de l'O., qui se dressait le long d'une rue, aujourd'hui cimentée, qui constituait un quai.

Le portique de Philippe s'ouvrait à l'E. sur une large **voie** qui reliait le port aux propylées S. du hiéron, avec seize colonnes doriques entre deux murs percés d'un attique à leur partie supérieure. Le portique de l'O. comprenait vingt-six travées doriques s'ouvrant vers le port. On ajouta au N. de la stoa de Philippe une **salle**, fermée sur trois côtés, qui communiquait avec la galerie O. par cinq travées à colonnes ioniques. On a retrouvé la dédicace de fondation : le roi des Macédoniens Philippe, fils du roi Démétrios (a consacré le portique), à Apollon.

Avenue des Processions (Pl. B-3). — Une avenue ou dromos, large de 13 m, bordée de chaque côté par un grand nombre de bases et d'exèdres, mettait en relation le port et les propylées S. (porte monumentale) du sanctuaire d'Apollon.
A dr., elle était délimitée par le **portique S.** où s'ouvraient de petites chambres qui ont pu abriter les mesures publiques.

Le portique S. fut érigé vers le milieu du IIIe s. av. J.-C. A dr., au début de l'avenue, vous verrez la base de la statue équestre d'Epigénès de Téos, un général au service d'Attale Ier, roi de Pergame, et, à l'autre extrémité du portique, le soubassement d'une base inscrite qui supporta probablement des statues de Galates, pour commémorer une victoire d'Attale Ier sur ce peuple.

Agora des Déliens (Pl. B-3). — Fermée au N. et à l'E. par un portique coudé du IIe s. av. J.-C. et au S. par un portique oblique sensiblement plus ancien (IIIe s.), cette agora, connue sous le nom d'**agora tétragone** (quadrangulaire), était autrefois dallée.

Les colonnades du portique coudé ont été élevées en 187-173 av. J.-C., mais les magasins sont peut-être plus anciens. Sur l'agora furent installés, à l'époque impériale, des **thermes** dont il ne reste plus que de rares vestiges. Au S. et à l'E., l'agora est limitée par les ruines de plusieurs maisons dont l'une, dite **maison de Kerdon** (Pl. B-3) d'après la stèle d'un naufragé trouvée à l'intérieur, serait, selon *R. Vallois,* la seule maison à péristyle sûrement attribuable au IIIe s. apr. J.-C. Près de l'angle S.-E. de l'agora, sur un carrefour triangulaire, se trouvait, depuis env. 400 av. J.-C., le *sécos du Tritopatôr* (Pl. B-3), un ancêtre mythique de la famille attique des Pyrrhakides. Près de là, on a mis au jour les ruines d'une **basilique du Ve s.**, consacrée à St Quirique (Pl. B-3).

2 — Sanctuaire d'Apollon délien

A l'extrémité de l'avenue des Processions, vous atteindrez un **propylée monumental** (Pl. **3**, B-3), par où on accédait au sanctuaire d'Apollon délien où, chaque année au printemps, le dieu revenait séjourner pendant la belle saison. Le sanctuaire se développa à partir

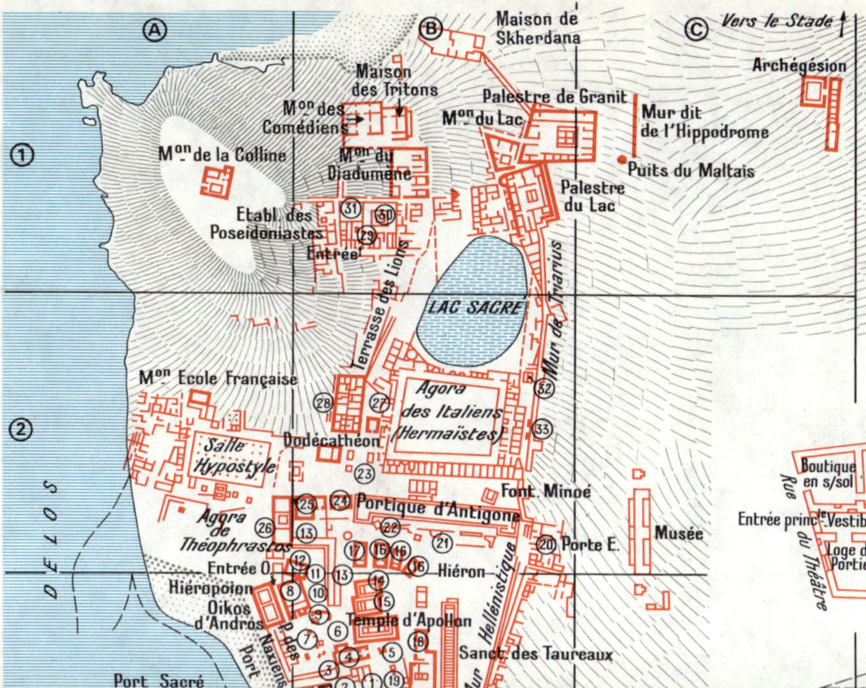

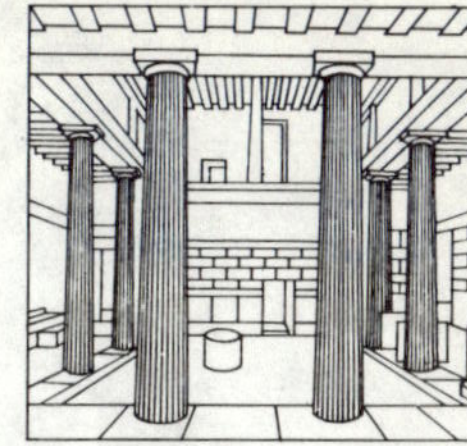

Maison dite du Trident.

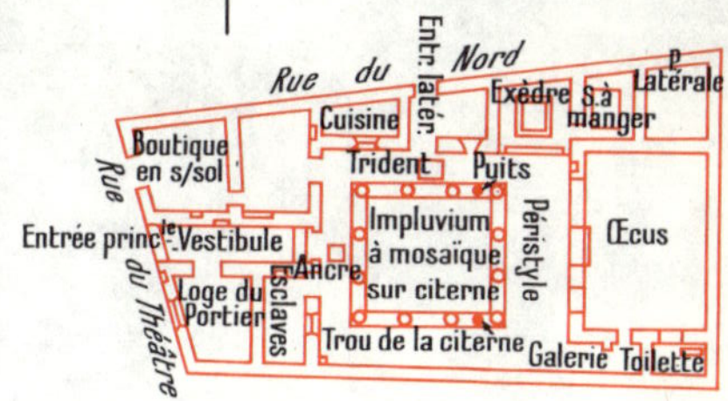

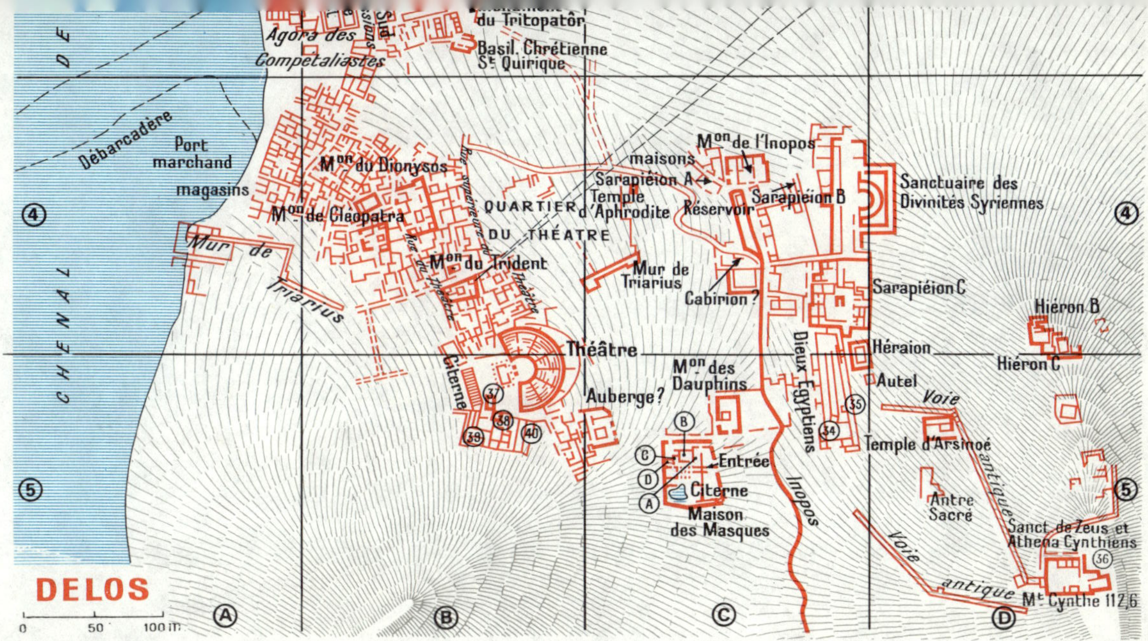

LES GUIDES BLEUS

LIBRAIRIE HACHETTE

Imp SUD-OFFSET - 94-RUNGIS

du VIIIe s. sur l'emplacement d'un **habitat de l'époque mycénienne.**

En avant de cette entrée monumentale se dresse la copie d'un Hermès Propylaios, élevé par les Amphictyons en 341-340 av. J.-C. (l'original est conservé dans les réserves du musée). A dr. de l'extrémité de l'avenue des Processions, il y avait plusieurs monuments votifs, dont un petit local (Pl. 1, B-3), identifié avec les *Ergasteria des Théandridai,* près duquel on a remis en place sur son socle une statue féminine, et la belle **exèdre** (Pl. 2, B-3) de Sotélès, en marbre.

Oikos des Naxiens (Pl. 4, B-3). — En entrant dans le sanctuaire, vous verrez, à dr., les ruines de l'oikos des Naxiens, construction du début du VIe s. J.-C., avec colonnade médiane et deux portiques, sur l'emplacement d'un oikos de la période géométrique (ou du début du VIIe s.), qui était orienté vers un bâtiment plus antique, à peine conservé, identifié par *R. Vallois* comme le plus ancien temple du sanctuaire d'Apollon qui ait été reconnu. Cette construction, appelée Γ (Pl. 5, B-3), aurait été érigée durant la période mycénienne.
Contre l'oikos des Naxiens, vous pourrez voir la **base** (Pl. 6, B-3) d'une statue colossale d'Apollon, en marbre. Elle porte une épigramme, en lettres archaïques de la fin du VIIe s. av. J.-C., qui dit : **« Je suis de la même pierre, statue et base. »** La statue, consacrée par les Naxiens, fut renversée, selon *Plutarque,* par la chute du palmier en bronze de Nicias. L'emplacement primitif de cette énorme statue, dont deux fragments sont actuellement déposés sur le temple d'Artémis, est encore controversé.

Portique des Naxiens (Pl. A-3). — Cette galerie coudée, construite vers 550-540 av. J.-C., limitait une place dallée. Dans l'angle formé par les deux ailes, on a découvert la **fondation** en granit (Pl. 7, B-3), avec cavité cylindrique, **du palmier de bronze** offert par *Nicias,* sans doute en 417 av. J.-C., qui rappelait l'arbre sous lequel Léto avait donné le jour à Apollon et à Artémis.

Sur l'un des fragments, remis en place, de l'assise inférieure de marbre, on peut lire le nom de *Nicias,* début de la dédicace. Près du portique des Naxiens se trouvent les vestiges de deux oikoi : le **Hiéropoion** (Pl. A-3), où se réunissaient les hiéropes, administrateurs du sanctuaire, daté du dernier tiers du VIe s. av. J.-C. L'**oikos d'Andros** (Pl. A-3) est de peu postérieur au Hiéropoion. Ces deux identifications sont loin d'être assurées.

Kératôn (Pl. 8, A/B-3). — Vous remarquerez ensuite les ruines d'un temple, construit par les Athéniens, qui est peut-être le Kératôn, édifice abritant l'autel de cornes bâti, suivant la légende, par Apollon, avec les cornes de ses victimes et devant lequel les théories, pendant la fête des *délia,* dansaient la **géranos** (la grue, peut-être parce que cette danse sacrée se développait comme un vol de grues ?). Les Athéniens prétendaient que Thésée, échappé du labyrinthe, l'avait dansée pour la première fois. Le Kératôn fut érigé au début de la seconde moitié du IVe s. av. J.-C.

Près du temple athénien, à l'E., vous noterez encore les vestiges d'un **édifice absidal** (Pl. 9, B-3), du Ve s. av. J.-C., mais qui fut remanié dans la seconde moitié du IVe s., ou au IIIe s. Selon certains archéologues, c'est cet édifice qui aurait renfermé l'autel de cornes (V. ci-dessus). Au S. de ce bâtiment, notez le **pilier d'Antiochos**, qui supportait la statue du souverain séleucide (223-187). Immédiatement au N. de l'autel à abside se trouvent de rares vestiges d'un temple (Pl. **10**, B-3), dit **temple G**, du VIIe s. av. J.-C., restauré durant l'époque hellénistique, bâti sur l'emplacement d'un mégaron pré-archaïque probablement mycénien.

Premier tombeau des Vierges hyperboréennes (Pl. **11**, B-2/3). — Au N.-O. du temple G, on croit avoir reconnu les restes du **Sêma, l'un des deux tombeaux des Vierges hyperboréennes**, où reposaient, à l'ombre d'un olivier, *Hyperoché* et *Laodicé*, sur lequel jeunes gens et jeunes filles venaient déposer des boucles de cheveux. Ces tombeaux remontent au mycénien récent II (vers 1400-1300 av. J.-C.), et passèrent ensuite pour contenir de saintes reliques que l'on vénérait au temps d'Hérodote.

Temple d'Artémis (Pl. **12**, B-2). — Vous vous dirigerez ensuite vers les hautes fondations de granit du temple d'Artémis, construit vers 179 av. J.-C. sur l'emplacement d'un sanctuaire qui peut dater du VIIe s. av. J.-C. D'autres localités revendiquaient l'honneur d'avoir vu la naissance d'Artémis. L'hymne d'Apollon mentionne simplement que la déesse naquit à Ortygie. Les Déliens en déduisirent que, dans des temps très anciens, leur île avait porté le nom d'Ortygie. Sur les fondations du temple sont déposés deux fragments de la statue colossale dont vous avez vu la base près de l'oikos des Naxiens.

Le temple archaïque dut prendre la place d'un **édifice mycénien** dont on a découvert quelques restes en granit à l'intérieur de la cella. *R: Vallois* a noté que l'orientation de ce bâtiment correspond à celle des murs de la bourgade primitive qui, on le sait, s'implanta en ce lieu dès l'époque mycénienne. La découverte, près de l'angle N.-E. du temple, d'une collection d'objets précieux datant depuis la période mycénienne jusqu'au VIIe s. av. J.-C. semble attester la permanence d'un culte rendu en ces lieux. Le téménos de l'Artémision était limité à l'E. et au N. par un **portique ionique** coudé (Pl. **13**, B-2), dont l'aile orientale est plus ancienne que l'aile N. qui dut être ajoutée dans la seconde moitié du IIe s. av. J.-C. Au-delà du portique, une base en pierre rose est ornée d'une **frise dorique** où alternent, sur les métopes, des rosaces et des têtes de taureaux. Une autre base, en marbre bleuâtre, porte une épigramme métrique gravée vers la fin du IIIe s. en l'honneur de *Philétairos* (en face du Pôrinos Naos, V. ci-après), fondateur de la dynastie pergaménienne.

Temples d'Apollon (Pl. B-3). — Dirigez-vous ensuite vers les ruines de trois temples, orientés vers l'O., qui furent tous trois consacrés à Apollon. Le plus ancien (Pl. **14**, B-3), du VIe s. av. J.-C., construit en pôros, avec vestibule (pronaos) et lieu saint (cella), renfermait une statue archaïque d'Apollon exécutée par les sculpteurs naxiens *Tectaios* et *Angéliôn*. Il est cité dans des inscriptions sous le nom de **Pôrinos Naos** ou de **Pôrinos Oikos**. Il abrita le trésor fédéral de la ligue créée à l'instigation d'Athènes après les guerres Médiques.

Le **temple du milieu** (Pl. **15**, B-3), de style dorique, à six colonnes de façade fut érigé, en marbre pentélique, concurremment avec le temple délien (V. ci-après), par les Athéniens, entre les années 425 et 417. Au fond du lieu saint (cella) se dressaient sept statues. Le **temple S.**, de style dorique, fut commencé à l'époque où venait de se constituer la Confédération attico-délienne présidée par Athènes (en 477 av. J.-C.). Celle-ci, par hostilité à la population délienne qui en avait entrepris la construction à ses frais, dut retarder les travaux qui ne furent pas achevés avant le IIIe s. av. J.-C. On en distingue encore quelques degrés de marbre qui reposaient sur un haut soubassement en blocs de gneiss.

Derrière le groupe des trois temples est disposée, en quart de cercle, **une série de cinq édifices** (Pl. 16 et 17, B-2). On les a appelés des trésors, par analogie avec les édifices similaires d'Olympie et de Delphes, mais il doit s'agir, en fait, d'**oikoi**. Le dernier de la série, à l'O. (Pl. 17, B-2), serait peut-être celui élevé par la ville de Karystos. Les quatre autres dateraient du deuxième quart du Ve s. av. J.-C.

La voie comprise entre ces trésors et la façade orientale de chacun des temples formait une place limitée au S.-E. par deux édifices : un **bâtiment archaïque** (Pl. 18, B-3) avec une ligne médiane de piliers (peut-être le **bouleutérion**?), puis le **prytanée** (Pl. 19, B-3) où la copie d'un hermès votif a été redressée. Le prytanée fut érigé dans la première moitié du Ve s., puis remanié à la fin du IVe s. Au S. et à l'O. du prytanée s'élevaient plusieurs **autels**, dont celui de **Zeus Polieus** et **Athéna Polias** (Pl. E, B-3).

Sanctuaire des Taureaux (Pl. B-3). — Ce bâtiment, beaucoup plus long que large, doit son nom aux motifs de sa décoration. Cet étrange édifice que la technique de construction permet de dater du début de l'époque hellénistique est d'identification incertaine : *R. Vallois* y voyait le **Pythion** ; il contenait de toute façon un navire offert en ex-voto à Apollon et il est plausible qu'il s'agisse du vaisseau du roi de Macédoine, *Antigone Gonatas*.

De ce monument, remarquable par sa forme insolite, subsistent les fondations en gneiss et granit. L'intérieur était divisé en trois parties. La première, au S., avec un pronaos à six colonnes en façade, devant lequel vous verrez une **déesse assise sur un monstre marin** et d'autres morceaux en haut-relief provenant sans doute d'une longue frise.

La seconde, au centre, avec une longue galerie et un pavement central en creux, encadré de trottoirs.

La troisième, au N., était un sanctuaire qui renfermait un autel triangulaire dont il reste les substructions en granit. La galerie et le sanctuaire communiquaient par trois baies : la baie centrale était cantonnée de deux pilastres à chapiteaux ornés d'avant-trains de taureaux agenouillés.

Sanctuaire de Dionysos (Pl. 20, B-2). — Cest **un des temples les plus curieux du sanctuaire.** Vous y verrez deux **monuments chorégiques** en forme de phallus (encore en place). La base de l'un d'eux (à dr.) est décorée de reliefs représentant d'une manière symbolique le cortège des dionysies (à dr. et à g., Dionysos avec un Silène et une Ménade, en façade, l'oiseau-phallus représente le fétiche que l'on promenait sur un char aux fêtes de Dionysos). Ce monument votif fut élevé vers 300 av. J.-C. par le chorège *Karystios.*

Portique d'Antigone (Pl. 21, B-2). — La dédicace, incomplète, nous apprend seulement qu'il fut dédié par un roi de Macédoine, fils de Démétrios. Il est probable qu'il s'agit du fils de Démétrios Poliorcète, *Antigone Gonatas*, qui dut le faire construire entre 253 et 250 av. J.-C. Devant le portique s'étendaient deux lignes parallèles de bases dont l'une portait les statues des ancêtres d'Antigone Gonatas.

Le portique comporte deux galeries encadrées à chaque extrémité par une aile saillante. Les triglyphes de la frise sont ornés, de deux en deux, de têtes de taureaux. Dans l'aile E. (à dr.) du portique, une **statue de C. Billienus,** magistrat romain, a été redressée sur sa base (fin du IIe s.-début du Ier s. av. J.-C.).

Second tombeau des Vierges hyperboréennes (Pl. 21, B-2). — A peu près dans l'axe médian du portique d'Antigone fut découvert, dans une enceinte sacrée *(abaton)* semi-circulaire, un ossuaire mycénien. Il s'agit probablement de la **Thékè,** autre tombeau des Vierges hyperboréennes, où étaient inhumées **Argè** et **Opis.**

L'ossuaire comprenait deux sépultures maçonnées qui renfermaient des squelettes et des vases mycéniens et pré-mycéniens. Tout contre l'enceinte sacrée devait se trouver un autel où, selon *Hérodote,* les femmes de l'île accomplissaient des rites singuliers en chantant un hymne très ancien, du Lycien *Olen,* dans lequel elles invoquaient les Vierges selon leur nom sacré. Les Déliennes y pratiquaient les sacrifices de certaines victimes dont les cuisses étaient brûlées et les cendres dispersées dans l'abaton. Près de là vous distinguerez les vestiges de plusieurs **exèdres** semi-circulaires en marbre dont les bras sont ornés de dauphins. La fondation d'un autel archaïque (Pl. **22,** B-2) qui se compose de deux parties, d'âge différent, est peut-être l'**autel d'Apollon Génétôr,** où l'on déposait des offrandes : blé, orge, galettes.

Dans la rue qui longe le portique à l'extérieur, un bassin rectangulaire représente la fontaine Minoé (Pl. B-2), mentionnée dans des inscriptions. La construction doit dater de la seconde moitié du VIe s. ou du début du Ve s. Les colonnes de la prostasis furent probablement dressées dans le courant du Ve ou du IVe s. av. J.-C. Plus loin, l'enclos semi-circulaire d'un **abaton** (Pl. **23,** B-2) ou lieu sacré interdit marquait l'emplacement où la foudre de Zeus Kataibatès était tombée.

Vous sortirez du sanctuaire d'Apollon pour vous diriger vers la région du lac Sacré en passant par l'agora de Théophrastos (Pl. A-2).

Chemin faisant, vous noterez à dr. les vestiges d'un **oikos** (Pl. **24,** B-2) qui aurait été construit à la fin du IVe s. ou au début du IIIe s. av. J.-C. Durant l'époque impériale romaine, on éleva, sur l'emplacement de cet édifice, un établissement de bain qui recouvrait également l'aile O. du portique d'Antigone. Un peu plus loin vous passerez devant les ruines d'un édifice qui est peut-être l'**Ekklésiastérion** (Pl. **25,** B-2). Ce bâtiment connut plusieurs états : l'édifice au début du Ve s. fut agrandi, peut-être au IVe s., vers l'E. et le S., puis on ajouta la partie O. vers le milieu du IIIe s. Deux autres remaniements eurent lieu par la suite, à la fin du IIe s., puis à l'époque impériale romaine. Vous atteindrez enfin un monument du Ve s., où l'on a longtemps eu tort de vouloir reconnaître le **Thesmophorion** (Pl. **26,** A-2) ; ce bâtiment était composé de deux cellae à quatre colonnes séparées par une cour à péristyle.

3 — Région du lac Sacré

Agora de Théophrastos (Pl. A-2). — Elle fut formée par l'épimélète *Théophrastos,* dans la seconde moitié du IIe s. av. J.-C., à l'aide de remblais. Les monuments (bases, autels, temple à podium) qui s'élèvent en bordure, au N. et à l'E. de cette agora, ne sont pas antérieurs à 166 av. J.-C.

Salle hypostyle (Pl. A-2). — Appelée **portique du Posideion**, elle fut élevée dans la dernière décennie du IIIe s. av. J.-C., pour servir de bourse ou de salle de réunion pour les marchands.

En vous dirigeant vers l'agora des Italiens (Pl. B-2), vous remarquerez le soubassement d'un temple dorique où l'on devait vénérer les douze dieux, d'où le nom de Dodékathéon (Pl. B-2). Il fut construit avant 285 av. notre ère, mais le sanctuaire était plus ancien.
Vous rencontrerez ensuite les ruines d'un temple du VIe s. av. J.-C. que l'on identifie avec le **Létôon** (Pl. **27**, B-2) où l'on vénérait la mère d'Apollon. En face se dressait un établissement (Pl. **28**, B-2) construit à l'aide d'énormes blocs de granit, avec double cour et rez-de-chaussée divisé en boutiques et ateliers. Le premier étage servait sans doute de lieu de réunion à une corporation (inconnue) si l'on en juge d'après les reliefs que l'on découvrit dans le voisinage (lares dansant, préparatifs de libation, scène de sacrifice).

Agora des Italiens (Pl. B-2). — Elle fut construite par des particuliers et des groupements (hermaïstes) afin de servir de lieu de réunion à la colonie italienne de l'île ; on peut ainsi juger de l'importance qu'elle avait acquise à la fin du IIe s. av. J.-C. Ce monument, le plus spacieux de Délos, était formé d'une cour centrale entourée de quatre portiques doriques à étage ionique.

Intérieurement, l'agora était ornée de loges ou d'exèdres avec monuments votifs, statues et mosaïques. Remarquez, du côté O., la niche de L. Orbius (mosaïque polychrome) et, au N., celle de Publius Satricanius (sous un toit moderne, mosaïque polychrome représentant un vase de bronze, une palme et une couronne). A l'extérieur s'ouvrait, sur chacun des côtés E., S. et O., une rangée de boutiques.

Lac Sacré (Pl. B-2). — Ce n'est plus aujourd'hui qu'un souvenir, mais vous reconnaîtrez sa forme elliptique grâce à un mur moderne qui l'entoure. Il est identifié avec le **lac trochoïde** qui rappelait à *Hérodote* (**II**, 170) le lac sacré de Saïs en Egypte. Il vous restera à l'imaginer peuplé des cygnes d'Apollon et des oies sacrées du sanctuaire.

Le terrain marécageux qui s'étendait au S., avant la construction de l'agora des Italiens, faisait probablement partie du domaine de Léto. Il est douteux qu'on ait placé dès l'origine la naissance d'Apollon sur les bords de ce lac, mais, de bonne heure, cette nappe d'eau fut intimement associée à la légende et au culte du dieu.

Terrasse des Lions (Pl. B-1/2). — Ce sera, si vous n'êtes pas spécialement intéressé par l'archéologie et par cette remontée aux origines du culte d'Apollon, votre première récompense. Des neuf (ou seize, ou peut-être davantage encore) **lions archaïques** (ils doivent dater de la fin du VIIe s. av. J.-C.), en marbre de Naxos, qui se dressaient, rugissant vers le lac, vous en verrez cinq aujourd'hui en place. Un sixième, emporté à la fin du XVIIe s., se trouve aujourd'hui à l'entrée de l'arsenal de Venise.

Etablissement des Poséidoniastes (Pl. B-1). — Ce vaste local servait de lieu de réunion à une confrérie d'armateurs et de négociants de Bérytos (Beyrouth) placée sous le patronage de Poséidon. Il comportait une **cour centrale** (Pl. **29**), où s'ouvraient, sous un portique, quatre chapelles (**statue de la déesse Rome** dans l'une d'elles), une **cour à péristyle** (Pl. **30**), et une **troisième cour** (Pl. **31**), pavée de mosaïque. Du côté de l'entrée, il y avait encore, au-dessus de boutiques en sous-sol, des appartements de réception.

Plus à l'O. on a mis au jour les **ruines de quatre maisons**, datées de l'époque hellénistique. Sur les chambranles en marbre blanc d'une maison à g. de la rue antique que vous aurez suivie, notez des **signes apotropaïques** (destinés à conjurer le mauvais sort). Le phallus, la massue d'Héraclès et les bonnets de Dioscures étaient considérés comme des signes particulièrement favorables pour conjurer le mauvais œil.

Maisons hellénistiques. — Tout un quartier de maisons s'étendait entre le lac Sacré et le rivage. C'est dans ce secteur que l'*Ecole française* a conduit ses plus récentes fouilles. Vous verrez ainsi les ruines de la **maison de la Colline,** la plus occidentale (Pl. A-1), avec une cour pavée de mosaïques à damiers blanc et noir, puis celles de la **maison des Comédiens** (Pl. B-1), qui était ornée d'une frise peinte en petits tableaux représentant des acteurs comiques et tragiques. Elle était dotée d'une cour à péristyle dorique surmonté d'un attique ionique. Dans la **maison des Tritons** (Pl. B-1), vous remarquerez un pavement de mosaïque représentant une femme à queue de poisson, probablement une tritonesse, tenant un gouvernail enrubanné et, au-dessus, un Eros qui volète.
En descendant vers le lac, entrez dans la **maison du Diadumène** (Pl. B-1), ainsi appelée parce que l'on y a trouvé une réplique de la célèbre œuvre de *Polyclète,* puis, à l'E. du lac, dans la **maison du Lac** (Pl. B-1).
Un grand monument construit en partie avec des blocs de granit borde la rue de l'autre côté ; c'est la **palestre de granit,** bâtie durant la période athénienne, donc après 166 av. J.-C., sur l'emplacement d'un bâtiment plus ancien.

Au-delà, un fort soutènement de granit marque peut-être la limite de l'hippodrome. Le **puits du Maltais** (Pl. C-1) se trouve entre ce mur de soutènement et les restes d'un mur de fortification construit par les équipages des navires placés sous les ordres du légat romain Triarius pour protéger Délos contre les incursions des pirates (vers 69 avant J.-C.).

Palestre du lac (Pl. C-1). — Ses ruines gisent tout près du lac Sacré. Construite en deux phases (IIIe et IIe s. av. J.-C.), elle fut ruinée en 69 av. J.-C.

Au terme de la première moitié de votre visite, peut-être éprouvez-vous déjà quelque lassitude : dirigez-vous alors vers le musée (Pl. C-2) près duquel vous pourrez faire halte au pavillon de tourisme avant d'entreprendre la partie la plus spectaculaire de votre itinéraire délien. Sinon, visitez le quartier situé entre le lac Sacré, le gymnase et le stade (environ 1 h).

Du lac au stade. — De la palestre du lac, dirigez-vous vers le musée en longeant le **mur de Triarius** (Pl. B-1/2).
Vous laisserez ainsi à g. un terrain s'étendant entre la palestre et le mur de l'**hippodrome** (Pl. C-1), où des sondages ont permis de découvrir un ensemble monumental sacré formé d'une grande cour dallée comprenant des autels stuqués et des baignoires cultuelles.
Près du mur de Triarius, vous verrez un **autel** (Pl. **32**, B-2) consacré à Apollon Génétôr (?) et un petit **temple** archaïque. L'édifice fut construit dans le dernier

quart du VIe s. av. J.-C., ainsi que l'autel, par une ou plusieurs îles des Cyclades.
Sous un bastion du mur de Triarius, on mit au jour, plus au S., un petit **temple** consacré après 166 av. J.-C. à une déesse qui, selon *P. Roussel,* doit être Artémis plutôt qu'Aphrodite Sôteira.
Une large avenue rattachait le sanctuaire au quartier du gymnase et du stade (Pl. C-1), situé au N.-E.

A dr. du chemin, au-delà du pavillon de tourisme, vous remarquerez les vestiges de deux **temples anonymes,** distants environ de 40 m. Le plus grand, à dr., était peut-être le siège d'un culte héroïque ou chthonien. Il paraît très ancien sans cependant remonter à la période archaïque. Plus loin, sur la g., s'étendent les ruines d'un grand édifice que l'on identifie avec l'**Archégésion** (Pl. C-1). On a reconnu une rangée de chambres qui doivent correspondre aux *oikoi* cités dans les comptes des hiéropes, plus spécialement la partie centrale qui doit être la plus ancienne et la principale. La partie S., plus récente, peut dater de la seconde moitié du VIe s. av. J.-C. L'oikos central comporte quatre chambres, le nombre des tribus ioniennes. A l'O., on a exhumé une grande cour dallée qui paraît être le **hiéron de l'Archégète,** c'est-à-dire d'Anios, roi mythique de Délos. Cette cour renfermait un autel de cendres en fer à cheval, dit *Escharôn.* Jusqu'à leur éviction, en 166, les Déliens défendaient jalousement l'accès du hiéron aux étrangers. On découvrit en effet deux linteaux du IVe s. av. J.-C. sur lesquels était gravée cette interdiction.
Le **gymnase,** élevé à l'époque de l'indépendance et remanié par les Athéniens, se composait d'une vaste cour à péristyle ionique bordée d'exèdres rectangulaires. Au **stade,** long de 187 m, les spectateurs s'asseyaient sur la pente, le long du côté O. A l'O., le stade était doublé d'un *xyste* (ou piste couverte) large de 9 m et long de 187 m, construit avant 200 av. J.-C., mais après le stade et le gymnase contre lequel il vient buter. A l'E. du stade vous pourrez visiter tout un **quartier de maisons** qui bordaient la rue du stade. Remarquez un autel protégé par un auvent ; les peintures, auj. détruites, représentaient, sur l'autel même, un sacrifice, des esclaves luttant, et, sur la paroi à dr., Héraclès avec sa massue, une palme et une amphore. Près de là, sur le bord de la mer, gisent les restes d'une **synagogue** construite au Ier s. av. J.-C.

▣ **Musée** (Pl. C-2). — Il renferme la plupart des antiquités découvertes sur l'île, sauf les plus remarquables qui ont été déposées au Musée National, à Athènes.

Visite : mêmes horaires que le site, mais fermé le mardi ; accès payant (☎ (0289) 222-59).

La statuaire archaïque, avec, notamment, de nombreuses œuvres du type des Apollons et des corés, est particulièrement bien représentée. Ce musée compte également d'intéressantes sculptures des époques classique et hellénistique.
Parmi les objets d'arts mineurs, il convient de signaler des ivoires mycéniens, les bronzes de l'Artémision, les trouvailles de l'Héraion, avec des figurines, des masques en terre cuite, des vases, surtout corinthiens (beaux spécimens du style orientalisant), attiques (à figures noires ou rouges) et insulaires.

4 — Les sanctuaires du Cynthe et le quartier du théâtre

Sarapieion (Pl. C/D-4). — Un sentier montant à partir de l'agora des Compétaliastes (Pl. A/B-3) vous y conduira. Chemin faisant,

vous verrez le **temple d'Aphrodite**, en marbre gris bleu (Pl. C-4), de la fin du IVe s. av. J.-C., puis la **maison de l'Hermès**. On accédait à cette maison, dont les étages étaient aménagés sur une déclivité d'environ 12 m de dénivellation, depuis une voie qui devait être le quai O. de l'Inopos, torrent presque toujours à sec et dont on trouve la mention dans l'hymne homérique à Apollon. Par un couloir (remarquez les latrines, à g. en entrant), on atteint une cour dallée et stuquée bordée sur trois côtés par des portiques soutenant une galerie supérieure (l'accès à la maison de l'Hermès était interdit par mesure de sécurité en 1980).
Continuez à monter la rue, et vous arriverez à l'**un des trois temples consacrés à Sarapis**, dont l'entrée est signalée à dr. par un seuil de marbre.

Ce sanctuaire, dit **Sarapieion A**, comportait une cour dallée où s'élevait une petite chapelle surélevée. Ce temple fut construit, comme le raconte une curieuse inscription, par le petit-fils d'un Egyptien de race sacerdotale qui, en s'établissant à Délos, y avait amené le culte de son dieu. Ce sanctuaire était le plus ancien qui ait été consacré à Sarapis dans l'île.

Vous remarquerez ensuite à g. les ruines de la **maison de l'Inopos**, dont la colonnade, faute de place, n'existe que sur deux côtés. Au-delà de la maison de l'Inopos, la rue est bordée à g. par des boutiques. Entre le troisième et le quatrième de ces locaux s'ouvre un couloir aboutissant à un escalier par lequel vous monterez au **Sarapieion B**, aujourd'hui très ruiné.

Cabirion (Pl. C-4). — Plus loin, à dr., gisent les restes d'un sanctuaire consacré aux Cabires, divinités de Samothrace.

Il se composait de deux terrasses dont la plus haute portait le temple, édifice dorique du IVe s. av. J.-C., et la plus basse les fondations d'un monument orné d'une frise de médaillons circulaires représentant les officiers et princes alliés du grand Mithridate, roi du Pont. Au S., il y avait une esplanade autrefois entourée, sur trois côtés, d'un portique qui appartenait peut-être à un sanctuaire d'Héraclès.

Terrasse des dieux étrangers. — La partie N. était affectée au **divinités syriennes** (Pl. D-4) et la partie S. au sanctuaire des **divinités égyptiennes**, dit **Sarapieion** (Pl. C/D-5).
Dans le sanctuaire des divinités syriennes, on adorait les dieux de Bambyké-Hiérapolis, Hadad, le dieu mâle et surtout sa compagne Atargatis, appelée aussi Aphrodite-la-Sainte. Les Hiérapolitains installés à Délos furent ses premiers fidèles, mais la déesse de Bambyké fit rapidement beaucoup d'adeptes dans la population grecque et romaine de l'île. Athènes, inquiète peut-être du caractère orgiastique et licencieux de ce culte, lui imposa un ministre athénien. Le sanctuaire comprenait un **théâtre sacré** limité au N., au S. et à l'E. par un grand portique qui isolait le temple d'Atargatis et garantissait les cérémonies qui s'y déroulaient contre toute indiscrétion.
Le **Sarapieion C** était, de beaucoup, le plus important des sanctuaires égyptiens de l'île. Dans la cour, un petit temple, d'une exécution fort soignée, de la première moitié du IIe s. av. J.-C., était vraisemblablement dédié à Sarapis.

A un niveau supérieur, on a reconstitué la façade de marbre du **temple d'Isis**, dédié par le peuple athénien peut-être vers 150 av. J.-C. Au fond de la cella, sur la banquette rocheuse qui lui servait de base, se dresse la **statue** de la déesse. Le petit édifice ionique contigu à g. du temple d'Isis est peut-être le **temple de Sarapis, Isis et Anubis**, consacré par le peuple athénien en 135-134 av. J.-C. A dr., au-delà d'une avant-cour, s'allongeait, entre deux portiques, une avenue bordée de petits sphinx (bases rectangulaires) et d'autels (massifs carrés de maçonnerie).

R. Vallois a distingué près de là une petite construction de granit à vestibule, dite **temple C** (Pl. **34**, C-5), qu'il a identifiée avec le **Métrôon** ou temple de la Mère des dieux. A moins de 4 m se trouvent les restes d'une fondation plus ancienne où *R. Vallois* reconnaît celle de l'**Escharôn** (Pl. **35**, C-5).

Héraion (Pl. D-4). — Sur une terrasse dominant le Sarapieion C se dressait l'Héraion ou temple d'Héra, dont le culte prit pied à Délos dès le début du VIIe s. L'épouse de Zeus avait bien jadis poursuivi de sa haine la mère d'Apollon, mais la réconciliation avait fini par s'opérer et Héra avait pu être vénérée à Délos.

Vous remarquerez les ruines du temple, qui était en marbre, avec un pronaos ou vestibule de la fin du VIe s. ou du début du Ve s. Dans les fondations de la cella du temple a été dégagée la petite chambre rectangulaire qui abritait anciennement le culte d'Héra.

Mont Cynthe (Pl. D-5). — De la terrasse de l'Héraion part la voie principale qui conduit au sommet du Cynthe.

Le long de la voie, à dr. en montant, on a mis au jour les ruines d'un sanctuaire avec temple, oikoi et portiques latéraux, qui correspond sans doute au **sanctuaire d'Agathè-Tychè** des inventaires athéniens et qui ne serait autre que le Philadelpheion de l'Indépendance, siège d'un culte d'Arsinoé, sœur et épouse de *Ptolémée II*, roi d'Egypte, qui, après sa mort, en 270 av. J.-C., fut divinisée sous le nom d'Arsinoé Philadelphe.

A dr. se trouve l'antre sacré, d'où la vue s'étend, au-delà de Rhénée, jusqu'à Syros. L'antre lui-même n'est qu'une fissure du rocher artificiellement aménagée. Il est couvert par un toit à deux versants, formé de dix énormes dalles de granit. A l'intérieur, un bloc de granit portait une statue.

Du **sommet du Cynthe** (112,60 m), où fut aménagée une terrasse qui portait le sanctuaire de Zeus et d'Athéna cynthiens, vous recevrez, comme une récompense pour cette petite ascension en plein soleil, une admirable ***vue** sur l'île, avec à vos pieds le quartier d'habitation du théâtre, et, au loin, sur les Cyclades.

Le sommet N.-O. du Cynthe fut occupé par des maisons dès le IIIe millénaire, mais le site fut abandonné par la suite jusqu'à la fin de l'époque mycénienne. Le culte de Zeus et d'Athéna cynthiens dut être célébré dès le VIIe s. av. J.-C., mais l'histoire monumentale du sanctuaire ne remonte guère au-delà du IIIe s. Les travaux durent débuter en 281 env. pour être terminés en 267. Vous distinguerez, contre le mur N., du côté de la ville, un **hestiatorion** (hôtellerie), appelé plus tard *oikos*, et un oikos, sans doute distinct de l'hestiatorion (Pl. **36**, D-5). Après 166, la terrasse principale fut agrandie par l'adjonction de deux terrasses supplémentaires sur le côté E. L'une d'elles porte un panneau de mosaïque sur lequel est inscrite une dédicace à Zeus cynthios et à Athéna cynthia.

Près de là, sur la cime S. du Cynthe, on a découvert les restes d'un petit **sanctuaire** dédié à Zeus Hypsistos et à d'autres dieux. Sur le flanc E. du Cynthe étaient situés le **hiéron des dieux d'Ascalon** et, sur une terrasse d'accès difficile, le **sanctuaire d'Artémis Locheia** dont il subsiste les fondations du temple. Au N., une voie antique menait vers d'autres sanctuaires, dits les **treize sanctuaires septentrionaux du Cynthe,** de type sémitique (à ciel ouvert).

Vous regagnerez alors le pied de l'escalier du Cynthe; laissez l'héraion à dr. et prenez le sentier de g. qui contourne la terrasse du Sarapieion et conduit à une petite place où vous visiterez la maison des Dauphins *et la* maison des Masques.

***Maison des Dauphins** (Pl. C-5). — Cette maison, ainsi que la suivante, la maison des Masques, était située le long d'une rue qui reliait le théâtre aux sanctuaires de la région du Cynthe. A l'intérieur, vous verrez des **mosaïques** dont l'une est ornée de dauphins chevauchés par des figures portant les attributs de grands dieux grecs (trident, caducée, etc.) et l'autre du signe du « Tanit », motif apotropaïque d'origine phénicienne.

****Maison des Masques** (Pl. C-5). — Pénétrez dans cette belle demeure du IIe s. av. J.-C., et remarquez, dans l'entrée, la base d'un autel domestique et, à g., la loge du portier. De l'entrée, un couloir conduit à une cour avec impluvium entourée d'un péristyle, à quatre colonnes sur chaque face, qui était surmonté d'un étage.
Ce péristyle est un bon exemple de ce péristyle rhodien, surélevé sur un côté, dont parle *Vitruve* (De archit. VI, 7, 3). Le portique N., plus haut que les trois autres, comportait quatre colonnes en granit.

La salle (A du plan) à dr. du couloir d'entrée était peut-être une salle de banquet. Elle est ornée d'une **mosaïque** représentant, dans le panneau central, Dionysos tenant le thyrse (bâton entouré de pampre et terminé par une pomme de pin) et le tympanon, et, de part et d'autre de ce motif, un centaure dans un losange. La partie inférieure du décor mural de cette pièce est conservée. Au N. (salle B du plan) s'ouvrait l'oecus (salle d'apparat) de l'habitation dont le sol est également orné d'une **mosaïque** formée d'un vaste tapis, avec cubes en trompe-l'œil, bordé, de part et d'autre, d'une bande où l'on peut voir, sur chacune, cinq masques.
Selon *J. Chamonard,* ces masques sont manifestement des masques de théâtre de la comédie nouvelle ou du drame satyrique. En se reportant à la description des quarante-quatre masques comiques décrits par *Pollux* (Onom. IV, 145 et sq.), cet auteur a reconnu, de g. à dr., dans la série à g. de la porte en entrant : le soldat fanfaron à chevelure flottante ; la courtisane coiffée de la mitra ; un personnage du drame satyrique qui n'est pas signalé par Pollux ; la femme crépue à chevelure abondante ; un des types d'intrigants.
A dr. de la porte, de g. à dr. : le barbon, maigre, aux yeux vifs, à l'air chagrin ; la fausse vierge, type de la jeune fille séduite ; le vieillard à longue barbe flottante, type du père débonnaire ; le proxénète ; le flagorneur.
A côté s'ouvre une petite salle (C du plan) dont on remarque le **décor mural** et le pavement de **mosaïque**, avec un aulète (joueur de flûte) jouant de la double flûte et un Silène, qui évoque les danses du drame satyrique *(J. Chamonard).* Le pavement en **mosaïque** de la chambre suivante (salle D) est ornementé en son centre d'une grande amphore à couvercle (quelques-unes des mosaïques avaient été déposées, en 1980, pour restauration).

Théâtre (Pl. B/C-4). — Après avoir dépassé à g. un bâtiment à nombreuses chambres, identifié avec une hôtellerie, vous visiterez ensuite le théâtre, achevé peu après 250 av. J.-C., mais qui est assez délabré. Il pouvait recevoir env. 5 500 spectateurs.

Il subsiste quelques débris des gradins inférieurs et des bases de la proédrie (sièges d'honneur) autour de l'orchestra. La scène s'élevait en arrière du proskénion, supporté par une rangée de douze colonnes doriques engagées sur parastades (métopes alternativement décorées de têtes de taureaux et de trépieds). L'étage était flanqué, en façade, de deux paraskénia, composés chacun de deux colonnes doriques seulement engagées sur parastade, beaucoup plus hautes que celles du proskénion, et la scène fut entourée d'un portique sur les trois autres côtés.

Près de là, au S.-E., une grande fondation rectangulaire supportait un **autel de Dionysos** (Pl. **37**, B-5) et un peu plus loin gisent les restes d'un petit **temple in antis** (Pl. **38**, B-5) dédié à Apollon. Le socle de la banquette qui s'étend au fond de la cella conserve les dernières lignes de la dédicace à Apollon, datée de l'épimélète Dionysos Nikonos Palléneus (110-109 av. J.-C.). Au S.-O. de ce temple on a reconnu les ruines d'un **sanctuaire** (Pl. **39**, B-5) consacré à Artémis-Hécate (?). Près du théâtre se trouve le **téménos de l'E.** (Pl. **40**, B-5) qui devait être voué au culte de Dionysos, Hermès et Pan.

Maison du Trident (Pl. B-4). — Par la rue dite du Théâtre, dallée et bordée de demeures, vous gagnerez la maison du Trident pourvue d'une cour à impluvium et entourée d'un péristyle orné d'une **mosaïque** avec motifs du trident enrubanné et de l'ancre à laquelle un dauphin est accolé. Les eaux de pluie recueillies par l'impluvium se déversaient dans une citerne aménagée sous la cour, dispositif courant à Délos. La pièce occupant l'angle N.-E. de la maison est décorée d'une mosaïque figurant une amphore panathénaïque, une palme et une couronne.

Maison de Cléopatra (Pl. B-4). — Vous y verrez, sur une même base, la **statue de Cléopatra**, athénienne, et celle de son mari, **Dioscouridès** (seconde moitié du IIe s. av. J.-C.).

***Maison du Dionysos** (Pl. B-4). — Ne manquez pas de pénétrer dans cette demeure où l'impluvium, dans la cour, est orné d'une **mosaïque** représentant Dionysos (?), thyrse en main, chevauchant une panthère.

5 — Quartier du port marchand

Ce quartier souffrira de la comparaison avec le précédent et ne devrait guère tenter que les amateurs de détails ou... de bains de mer, à la plage de Phourni, à 1 km du débarcadère.

Lorsque de l'agora des Compétaliastes vous vous dirigerez vers le S., en suivant le bord de la mer, vous longerez un groupe de **magasins** adossés au quartier du théâtre et qui s'ouvraient sur un quai en bordure de l'un des quatre bassins du port marchand. En continuant vers le S., vous rencontrerez bientôt un second groupe de magasins.

On pratiquait à Délos presque exclusivement le commerce de transit ; les marchandises venues de Tyr ou d'Alexandrie étaient bientôt réexpédiées vers l'Italie. Le marché de Délos était abondamment fourni en esclaves. Les magasins forment des îlots de maisons séparés par des rues parallèles ou perpendiculaires à la côte. A l'intérieur de chaque maison se trouvait une cour dallée entourée de vastes pièces servant d'entrepôts ou de docks.

A 1 km environ du débarcadère, vous atteindrez la **baie de Phourni** en contournant un promontoire où se trouvent les restes du **sanctuaire d'Asclépios.**

Trois constructions sont alignées côte à côte ; ce sont : un temple dorique, une grande salle en granit, avec une porte s'ouvrant à l'E., et les propylées du sanctuaire (dallage en marbre blanc).

Derrière la baie de Phourni, sur les premières pentes du Cynthe, on a dégagé les restes d'une maison comprenant trois paliers.

A env. 60 m du rivage de la baie de Phourni, au S.-E., on a reconnu les vestiges d'un petit **sanctuaire** qui date peut-être de la seconde moitié du IVe s. av. J.-C. Il comprenait un petit naïskos adossé au rocher et précédé d'une terrasse. Il s'agit peut-être du **Leucothion** mentionné dans les Comptes de l'Indépendance.

Dans le chenal qui sépare Délos de Rhénée se trouvent deux écueils déserts dits le **Petit Rhevmatiari**, au N., et le **Grand Rhevmatiari**, ancienne île d'Hécate. Au sommet de cette dernière île, on a découvert une chapelle paléochrétienne de la fin du IVe s. ou du début du Ve s. Il ne semble pas que l'*Artémision en Nêsôi* (l'Artémision dans l'île) ait été construit sur le Grand Rhevmatiari, mais plus vraisemblablement à Rhénée.

Rhénée *(Rhinia)* ou la **Grande Délos**, auj. déserte, servit de nécropole aux Déliens et de refuge pour les femmes près d'accoucher.
Le long du rivage, en bordure du chenal des Rhevmatiaria (îles du courant), se trouve une suite de tombeaux, d'autels funéraires ronds, de sarcophages avec un trou pour l'insertion d'une stèle, de nombreuses ruines de maisonnettes, probablement celles où les moribonds et les femmes enceintes étaient recueillis (la ville proprement dite était sur l'autre côté, vers Syros). En face du Grand Rhevmatiari, au bord de la mer, en contrebas de la chapelle Haghia Kyriaki, on a retrouvé la **nécropole** où les Athéniens, après la purification de Délos en 426, déposèrent les restes exhumés de l'île Sacrée.

D Delphes***

Carte-itinéraire 4.
Athènes, 162 km (par Eleusis) ou 177 km (par l'autoroute à péage). — Lamia, 89 km. — Livadia, 48 km. — Patras, 133 km. — Thèbes, 100 km.
Nome de Phocide.

Ce haut lieu de l'esprit grec vous réservera l'une des plus fortes impressions de votre vie. Son rayonnement religieux et moral fut immense dans tout le monde hellénique : on le retrouve jusqu'en Asie centrale, à près de cinq mille kilomètres, dans le royaume gréco-bactrien fondé par Alexandre le Grand. Nul ne s'étonnera que, au moins depuis Homère, les Grecs aient considéré le sanctuaire delphique, où Zeus parlait par la voix d'Apollon, comme le nombril de la terre. Mais cette méditation sur la fabuleuse destinée de l'oracle delphique s'approfondira plus encore lorsque vous contemplerez le décor prodigieux où le sanctuaire fut construit. Vu depuis la route d'Arachova, le temple d'Apollon, accroché au flanc du massif du mont Parnasse, l'une des plus majestueuses montagnes de la Grèce, donne à la fois la mesure de la faiblesse de l'homme et de sa grandeur.

Lieu prédestiné, Delphes a été choisi par le Conseil de l'Europe pour l'établissement d'un *Centre culturel européen*, siège de congrès et colloques de réflexion philosophique ou politique.

Delphes dans l'histoire

Avant le meurtre. — *Bien avant qu'Apollon ne s'approprie l'oracle par un crime, on vénérait à Delphes, au moins dès le milieu du IIe millénaire avant notre ère, à l'époque mycénienne, une vieille divinité chthonienne,* Gê, *qu'*Eschyle *appelle* Protomantis. *La déesse Terre, qui rendait des oracles, était associée avec sa fille Thémis qui, après elle, présida aux destinées du sanctuaire delphique. Ce sont les sources qui jaillissent près du site de Delphes qui ont donné son caractère sacré à ce haut lieu, appelé* Pythô, *situé sur la route directe du golfe de Corinthe à la Grèce centrale et septentrionale, L'oracle, où la divinité prophétisait par l'intermédiaire de la pythie, était localisé près d'un antre que gardait le serpent* Python, *fils de Gê.*

Le crime d'un jeune dieu. — *Aux environs de la fin du IXe s., Apollon devait supplanter la vieille déesse. On sait comment, près du pied du Parnasse, le jeune dieu tua Python à l'aide de son arc, peu de jours après sa naissance dans l'île de Délos. Apollon dut quitter Delphes pour se laver de la souillure de ce crime, mais il revint peu de temps après pour prendre possession de l'oracle. Il débarqua près de Krissa avec des Cnossiens qu'il contraignit à être les prêtres de son oracle, en prenant la forme d'un bolide étincelant pour traverser une allée de trépieds. Cet hymne homérique symbolise l'importation, à Krissa, par des marins de Cnossos, du culte d'Apollon delphinios, dieu insulaire et crétois adoré sous la forme d'un dauphin. Pythô reçut alors le nom de Delphes. La légende figurait cette dépossession des divinités terriennes par le mythe de la lutte d'Apollon delphien contre Python (hymne homérique du VIe s. av. J.-C.), que commémorait un drame sacré représenté tous les 8 ans. Le nouveau maître du sanctuaire s'appela Apollon pythien et continua à prophétiser.*

La « libération » de l'oracle. — *A l'origine,* Krissa, *ville de Phocide, était la suzeraine de Delphes. Les pèlerins abordaient en son port de* Kirrha *(aujourd'hui Itéa), mais Krissa fut une suzeraine trop rigoureuse et le clergé de Delphes suscita, vers 600 av. J.-C., une coalition d'Etats grecs pour la libération de l'oracle. Ce fut la* première guerre Sacrée, *de 600 à 590 av. J.-C. L'histoire de Delphes commence véritablement après cette guerre qui se termina par la destruction de Krissa et la consécration de son territoire à Apollon.*

L'organisation de la puissance delphique. — *Après la « libération », le sanctuaire devint le centre d'une confédération religieuse ou amphictyonie pylaeo-delphique, composée des représentants (hiéromnémons) de douze peuples grecs, en majorité thessaliens et doriens. Elle tenait ses assemblées aux Thermopyles (à Anthéla) et à Delphes avec l'intendance du sanctuaire et des jeux Pythiques qui furent désormais célébrés tous les quatre ans avec de nouvelles épreuves, notamment des courses de chars à partir de 582. Dès lors commence une période de prospérité.*

L'administration temporelle *du sanctuaire était assurée par le Collège amphictyonique, qui se réunissait à Delphes au printemps et en automne, et les autorités de la ville de Delphes, dépositaires de la fortune du dieu. Les* Amphictyons *ou* Hiéromnémons *décidaient souverainement. Le* Sénat de Delphes *exécutait, par l'intermédiaire de sa commission* *financière, les* Prytanes. *On sait, par exemple, que des souverains étrangers, tels les rois de Lydie (Asie Mineure), Gygès et Crésus (VIe s. av. J.-C.), firent de riches offrandes au sanctuaire.*

Les chefs du culte delphique étaient deux prêtres à vie assistés d'un néocore *(sacristain), de* prophètes *et de cinq* hosioi *(saints) chargés du service des consultations et de tout un personnel d'exégètes libres et d'esclaves sacrés. Aux anciennes familles sacerdotales, souvent en conflit entre elles, étaient réservés les hauts emplois du clergé.*

Les parasites d'Apollon. — *La petite ville de Delphes (env. 1 000 citoyens) qui entourait le sanctuaire vivait de l'exploitation de l'oracle et des pèlerins. Les principales industries étaient la fabrication des couteaux de sacrifice, l'hôtellerie, les métiers de sacrificateurs, ciceroni, graveurs de stèles, et le commerce des objets de piété. Cette population était réputée pour sa rapacité, sa paresse, sa vanité cruelle : les Delphiens firent, dit-on, périr* Esope *qui les avait comparés à des bâtons flottants.*

La première souscription internationale. — *Un grand malheur survint en 548 av. J.-C. : le temple fut détruit par un incendie, mais on entreprit de le reconstruire grâce au produit d'une souscription internationale. Le devis de la reconstruction se montait à 300 talents (1 800 000 fr. or) dont le quart fut mis à la charge des Delphiens. Ceux-ci firent à travers le monde grec une tournée de quêtes, mais certains princes étrangers, tel* Amasis *qui offrit 1 000 talents d'alun (poids et non numéraire), tinrent à manifester leur intérêt au sanctuaire delphique. Il s'écoula sans doute un quart de siècle entre le moment où l'on se mit à travailler à l'aménagement de la terrasse du temple et celui où la puissante famille athénienne des Alcméonides intervint (514-513).*

Apollon « médisant ». — *Au moment des invasions de* Darius *et de* Xerxès, *en 490 et 480 av. J.-C., l'oracle eut une attitude ambiguë envers la cause des Grecs que menaçaient le Perse et le Mède. Sans aucun doute par peur du pillage, il s'efforça de se concilier au moins la neutralité des envahisseurs : en un mot, il « médisa ». Il fut encore assez habile pour faire oublier aux Grecs victorieux son attitude équivoque.*

Delphes se trouva ensuite mêlée, malgré sa prudence, aux rivalités entre les Grands Etats (Sparte, Athènes, Thèbes). Par sa partialité et sa vénalité, elle perdit quelque peu son crédit mais continua à recevoir de riches offrandes.

De guerre sacrée en guerre sacrée. — *Athènes s'immisça sérieusement dans les affaires du sanctuaire delphique et* Périclès, *en 448, restitua l'oracle aux Phocidiens.* La deuxième guerre Sacrée *permit à Delphes de recouvrer son autonomie l'année suivante.*

En 357, les Amphictyons, sur l'accusation des Thébains, condamnèrent les Phocidiens au paiement d'une amende pour avoir cultivé la plaine sacrée. La résistance des Phocidiens (troisième guerre Sacrée) *se prolongea pendant dix ans (356-346).* Philomélos, *stratège des Phocidiens, pilla le trésor sacré, mais les exploits de son successeur* Onomarchos *furent arrêtés par* Philippe de Macédoine *(352). La Macédoine prit la place des Phocidiens au Conseil amphictyonique.*

En 339-338 eut lieu la quatrième guerre Sacrée *lorsque les Amphisséens cultivèrent la plaine sacrée. Par la voix d'*Eschine, *l'Amphictyonie fit appel à Philippe de Macédoine qui envahit la Grèce en 338. Cette intervention servit les desseins de Philippe qui en profita pour soumettre la Grèce après sa victoire de Chéronée (338).*

Le temps des invasions. — *A la suzeraineté macédonienne sur Delphes succéda celle des Etoliens qui, en 279 av. J.-C., repoussèrent les Gaulois.*

Un second récit merveilleux, copié sur l'ancien, mit encore au compte d'une intervention divine la protection du sanctuaire contre les Barbares. Les Etoliens furent chassés par les Romains en 191 av. J.-C. Proclamée indépendante par le Sénat, Delphes passa en fait sous la tutelle romaine. Le principe même de son existence, l'oracle, fut battu en brèche par la philosophie et l'indifférence religieuse. En 109 av. J.-C., une invasion des Gaulois et des Thraces fut repoussée par Minucius Rufus *puis, en 91, le temple fut incendié par les Maedes (Thraces). Quelques années plus tard, en 86, le sanctuaire fut pillé par* Sylla *qui l'arracha à* Mithridate.

L'oracle désenchanté. — *Les empereurs s'efforcèrent de relever le culte et le temple.* Auguste *réorganisa l'Amphictyonie mais* Néron *dépouilla le sanctuaire de 500 statues.* Hadrien, Hérode Atticus *et les Antonins provoquèrent, par leurs libéralités, une renaissance de la ville et du lieu saint.* Plutarque *exerça la prêtrise de 105 à 126 après J.-C., à une époque où l'on s'efforçait de ranimer la religion affaiblie.*
L'oracle eut bientôt ses ennemis parmi les sceptiques comme Lucien. *Delphes n'était plus le centre, l'omphalos du monde.* Constantin le Grand *enrichit sa nouvelle capitale au détriment des monuments et des trésors de Delphes. Quelques empereurs témoignèrent cependant encore de l'intérêt pour le fameux sanctuaire, notamment* Julien l'Apostat.

Les fouilles. — *L'exploration des ruines, commencée en 1838 par l'architecte français* Laurent, *reprise en 1840 par* O. Müller *et* E. Curtius, *poursuivie par l'*Ecole française *à partir de 1860, a été menée d'une manière exhaustive d'oct. 1892 à mai 1903 par la même Ecole. Les travaux reprirent activement après la Première Guerre mondiale, notamment en 1920, puis à partir de 1935 dans la région du sanctuaire. Ces travaux ont fait l'objet de publications par les soins de l'Ecole française d'Athènes.*

Renseignements pratiques

Indicatif téléphonique : 0265.

Police touristique : 27, rue Frederikis (☏ 82-220).

Hôtels :

¶¶ *Amalia,* Apollonos (☏ 82-101) 185 ch. ✂ [P]

¶¶ *Vouzas,* 1, Pavlou et Fridérikis (☏ 82-233) 60 ch. ✂ ☎ [P]

¶¶ *Xénia* (☏ 82-151) 44 ch. ✂ ☎ [P]

¶¶ *Europe* (☏ 82-353; Athènes ☏ 23-18-59) 46 ch. ✂ ☎ [P]

¶¶ *Kastalia* (☏ 82-205) 21 ch. ✂ ☎ [P] ouv. mars-oct.

¶ *Greca* (☏ 82-241) 15 ch. [P] ouv. avril-oct.

¶ *Hermès* (☏ 82-318) 24 ch. [P] ouv. mars-oct.

¶ *Parnossos* (☏ 82-321) 23 ch. ✂ [P] ouv. mars-oct.

¶ *Pythia* (☏ 82-328) 27 ch. ✂ [P]

Leto (☏ 82-302) 16 ch. ✂ [P]

Kastri (☏ 82-322) 12 ch. [P] ouv. mars-oct.

Phoebos (☏ 82-319) 20 ch. ✂ [P]

Auberge de jeunesse : 29, rue Apollonos (☏ 82-268).

Campings :

Delphi Camping, à Stavros (3 km sur la route d'Itéa ; ☏ 82-363) ; 150 pers., 60 voit. ou caravanes ✂ ouv. tte l'année.

Chrissa Camping, à 6 km (☏ 82-050), 165 pers. et 55 voit. ; ouv. tte l'année.

Visite des ruines

Vous visiterez à Delphes l'un des plus grands sanctuaires panhelléniques, avec Délos et Olympie. Le site même de ce sanctuaire lui confère une grandeur qui en impose : localisé sur une terrasse, au pied de falaises verticales de 250 à 300 m de hauteur, les fameuses roches Phædriades des Anciens, il apparaît accroché au flanc d'un contrefort du Parnasse, au-dessus d'une gorge profonde, celle du Pleistos, où plane parfois, très haut dans le ciel, l'oiseau de Zeus, l'aigle, et dont le fond est une coulée verte et argentée débouchant sur la plaine sacrée, au loin, tapissée d'oliviers centenaires. L'originalité vigoureuse de ce décor grandiose et varié, « torturé par les colères de l'Ebranleur de la Terre », réside dans le contraste avec la douceur de la plaine sacrée et la luminosité du golfe d'Itéa, que vous apercevrez au loin.

Une journée à Delphes. *— L'idéal serait de commencer par un petit déjeuner sur la terrasse de l'un des restaurants ou des hôtels établis sur le rebord de la gorge du Pleistos, d'où la vue sur la plaine sacrée et le golfe d'Itéa est saisissante.*
Commencez votre visite par la découverte du sanctuaire depuis la route d'Arachova, plus précisément depuis la Marmaria (V. 1), d'où il apparaîtra sous un jour particulièrement favorable. Le reste de la matinée sera consacré au sanctuaire proprement dit (V. 2), le plus tôt possible, car la raideur des pentes rend la visite assez pénible sous un ardent soleil.
Pour ceux qui aiment allier au plaisir de la découverte archéologique un certain art de vivre, un bain dans le golfe d'Itéa, aux eaux d'une douceur à peine croyable, sera recommandé, ainsi qu'un déjeuner dans un restaurant de ce petit port. Vous réserverez ainsi la visite du musée (V. 3) pour les heures les plus chaudes. La fin de l'après-midi sera employée soit dans une excursion jusqu'au village d'Arachova ♦, soit à réaliser une seconde visite du sanctuaire d'Apollon.

Où vous garer ? *— Sur la route d'Arachova, près du sentier descendant vers la Marmaria, ou encore près de la fontaine Castalie (V. le plan d'ensemble), pour la visite de la première partie de l'ensemble delphique. Un parking est aménagé près de l'entrée du sanctuaire d'Apollon et du musée.*

1 — Marmaria, le gymnase et la fontaine Castalie

Marmaria : c'est ainsi qu'on nomme traditionnellement — d'un terme qui désigne tout simplement, en grec, un endroit où il y a des marbres — **le sanctuaire d'Athéna.** Consacré dès l'époque mycénienne à une déesse féminine, comme l'a montré la découverte de statuettes féminines en terre cuite de cette époque lointaine (conservées au musée) dans les couches archéologiques les plus profondes, à l'emplacement des autels et de l'ancien temple d'Athéna, ce sanctuaire fut dédié, à partir de l'époque archaïque, à cette dernière déesse, qualifiée ici de *Pronaia,* c'est-à-dire « celle qui habite en avant du temple » (effectivement, ce sanctuaire se trouvait en avant de celui d'Apollon pour quiconque arrivait à Delphes depuis l'E., c'est-à-dire depuis l'Attique et la Béotie, par exemple, comme ce fut le cas pour Pausanias au IIe s. de notre ère), ou, par jeu de mot entre *Pronaia* et *Pronoia,* de « gardienne du temple », de *Providence.* Vous verrez dans ce sanctuaire la célèbre tholos, l'un des traits architecturaux les plus remarquables du paysage delphique.

A l'extrémité du sentier qui descend de la route d'Arachova, vous atteindrez, en premier lieu, les ruines de l'ancien temple d'Athéna. Au-delà du premier plan que la tholos marque de sa grâce incomparable, vous distinguerez, à distance, les colonnes et les terrasses du sanctuaire d'Apollon, au pied des impressionnantes falaises des roches Phædriades. En remontant ensuite vers la route, vous découvrirez quelques échappées sur **l'un des plus beaux ***paysages du monde**, avec la gorge du Pleistos ouverte au pied du sanctuaire d'Apollon, la plaine sacrée tapissée d'oliviers et, au loin, le golfe d'Itéa.

Ancien temple d'Athéna. — Il fut élevé à la fin du VIe s. av. J.-C. sur l'emplacement d'un sanctuaire archaïque de la fin du VIIe s., dont vous distinguerez les chapiteaux en «galette» si caractéristiques épars à l'intérieur du temple du VIe s., surtout sur le côté O.

Le second temple était un édifice dorique périptère qui dut être construit vers 510. Des éboulements s'étant produits, les Delphiens édifièrent plus à l'O. un autre temple.

A g. au bas de la descente, sur une petite terrasse située au pied d'un mur de soutènement à bossage, au N.-E. du temple, gisent les ruines de deux petits bâtiments rectangulaires qui appartenaient probablement au **téménos consacré au héros local Phylacos** (le Gardien), qui, disait-on, avait repoussé les Perses en 480 avec l'aide d'*Autonoos.*
Le premier édifice répond peut-être à l'**hérôon de Phylacos**; le second était peut-être consacré aux autres sauveurs légendaires de Delphes *(Hyperochos, Laodocos, Pyrrhos),* qui seraient intervenus contre les Gaulois en 279 av. J.-C.
Une trentaine de mètres plus à l'E., à l'extrémité d'un mur de soutènement en appareil régulier plat, on aperçoit les restes d'une porte monumentale (nombreux blocs rangés le long du sentier) qui constituait l'accès principal du sanctuaire, à travers le mur de péribole, du côté occidental.
Sur le mur de soutènement S. de la petite terrasse aux deux bâtiments rectangulaires, deux inscriptions marquent la plage des **autels d'Hygieia,** la Santé, **et d'Eileithia,** le génie féminin qui préside aux accouchements; les deux autels devaient être adossés au mur. Quelques mètres au S., **trois stèles** dressées portent encore leur inscription dédicatoire, en caractères archaïques : **à Zeus Polieus** (protecteur de la cité), **à Athéna Zostéria** (qui se ceint pour le combat) et **à Athéna Ergané** (Laborieuse).

Trésors. — Entre les ruines de l'ancien temple d'Athéna et la rotonde, vous verrez ensuite les restes d'un **trésor de style dorique,** érigé entre 490 et 460 av. J.-C., puis ceux du **trésor de Marseille,** bâtiment de style ionique construit entre 535 et 530 av. J.-C. Sa décoration rappelle celle du trésor de Siphnos.

En avant, c'est-à-dire au S. des deux trésors subsistent **deux bases rectangulaires.** La plus grande, en calcaire, portait peut-être le trophée de bronze dressé, selon *Diodore de Sicile,* par les Delphiens dans le sanctuaire d'Athéna Pronaia et consacré à Zeus et Apollon en commémoration de leur intervention miraculeuse pour mettre en déroute les Perses à proximité de Delphes, en 480 av. J.-C. L'autre, beaucoup plus petite, servait de piédestal à une statue de l'empereur Hadrien, dédiée en 125 apr. J.-C., selon l'inscription gravée sur la face antérieure de la base.

****Tholos.** — Cette rotonde en marbre, l'**une des merveilles de Delphes**, est une œuvre de style attique du 1er quart du IVe s. av. J.-C. Cette construction, dont la destination est indéterminée, était entourée d'un péristyle dorique de vingt colonnes dont trois ont été relevées. Cette colonnade encerclait une cella circulaire qui s'ouvrait au S. Au pied du mur entourant la *cella,* du côté intérieur, une banquette servait de support à dix demi-colonnes corinthiennes adossées à ce mur. Les deux métopes sculptées, très mutilées, de l'entablement du péristyle sont des moulages. Le chéneau a été également complété par deux moulages du meilleur fragment conservé.

Nouveau temple d'Athéna. — Il fut bâti vers 360 av. J.-C., quelques années après la tholos, pour remplacer l'ancien temple. Le petit édifice accolé au côté O. des fondations du temple et antérieur à celui-ci pourrait être l'atelier de chantier ayant servi pour la construction de la tholos.

Le temple d'Athéna était un monument dorique prostyle, hexastyle, comprenant un *pronaos* et un *naos,* sans opisthodome. Le mur de refend qui séparait le naos du pronaos était coupé en son milieu par une ouverture à trois baies délimitées par deux demi-colonnes ioniques adossées à un pilastre, et surmontées de chapiteaux et d'un entablement du même ordre. Les métopes de l'ordre dorique extérieur ne comportaient pas de décor sculpté. La matière de construction du temple était le calcaire fin du Parnasse, sur une fondation de conglomérat. Les éléments de l'élévation sont rangés autour du monument ; on notera la perfection du travail.

La terrasse sur laquelle s'étend le sanctuaire d'Athéna était protégée des glissements de terrains, du côté N., par un grand mur de soutènement en bel appareil régulier, encore conservé sur plusieurs mètres de hauteur. En montant sur le terre-plein qui se trouve au-dessus du mur, vous découvrirez de belles **vues** plongeantes **sur le sanctuaire** (plusieurs accès faciles, à l'E. et à l'O.). Du côté opposé, au S., celui-ci était délimité par un mur de péribole en appareil polygonal, dont plusieurs tronçons sont encore conservés (l'accès vers l'extérieur du péribole peut se faire commodément par un petit escalier, face au trésor de Marseille).

Gymnase. — Entre Marmaria et la fontaine Castalie, vous verrez, sur une terrasse aménagée près du rebord de la gorge du Pleistos et accessible depuis Marmaria par un sentier d'abord plat puis montant pendant quelques dizaines de mètres, les ruines d'un gymnase construit au IVe s. av. J.-C. (puis réparé par les Romains) pour remplacer un bâtiment d'époque archaïque.

C'est là que les athlètes s'entraînaient avant les épreuves publiques du stade et que s'exerçait la jeunesse de Delphes. Sur la terrasse supérieure se trouvaient une longue **galerie couverte**, ou xyste, large de 7 m, adossée au mur de soutènement, et une piste qui lui était parallèle. Cette piste découverte, ou paradromis, était destinée aux exercices de la course en plein air et le xyste pour s'entraîner à l'abri du soleil ou de la pluie.
Sur la terrasse inférieure était située **la palestre**, affectée aux lutteurs, qui comprenait également des salles de repos et un établissement thermal avec une piscine ronde.

La palestre proprement dite comprenait une cour centrale à péristyle et des corps de logis, dont vous distinguerez les fondations en tuf, qui abritaient les

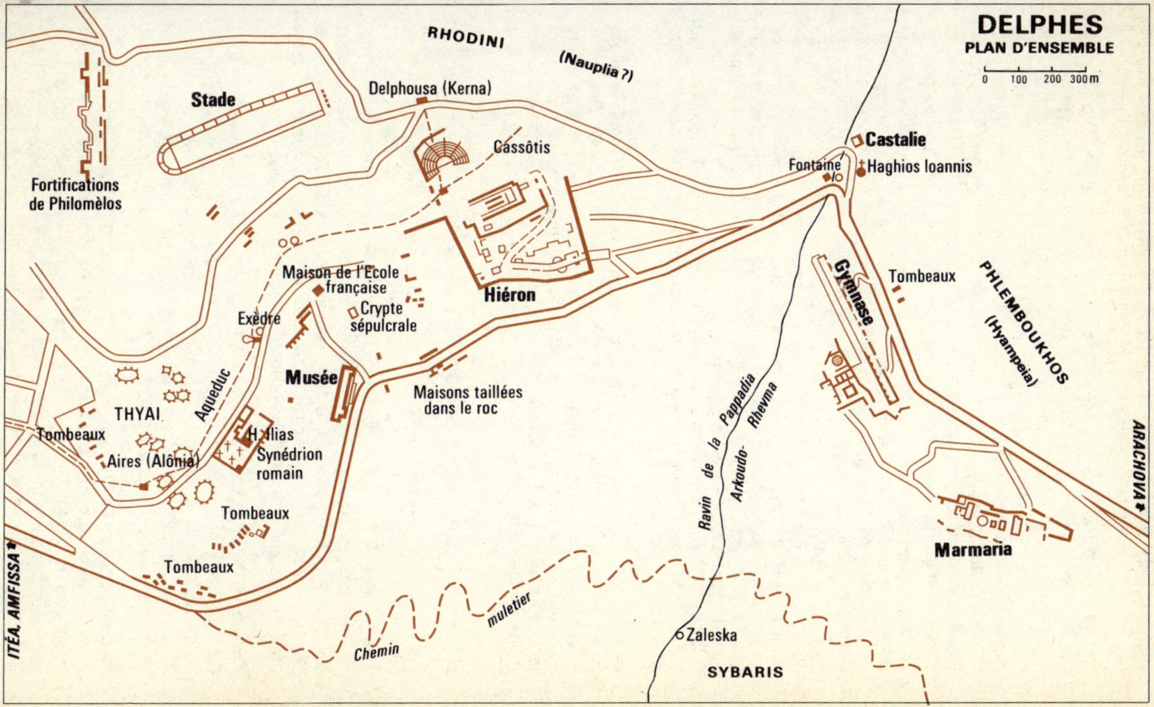
DELPHES
PLAN D'ENSEMBLE
0 100 200 300 m
RHODINI
(Nauplia ?)
Delphousa (Kerna)
Stade
Cassôtis
Castalie
Fontaine
Haghios Ioannis
Fortifications de Philomèlos
Maison de l'Ecole française
Hiéron
Crypte sépulcrale
Exèdre
Musée
Maisons taillées dans le roc
Aqueduc
THYAI
H. Ilias
Synédrion romain
Tombeaux
Aires (Alônia)
Tombeaux
Tombeaux
Gymnase
Tombeaux
PHLEMBOUKHOS
(Hyampeia)
Ravin de la Pappadia
Arkoudo-Rhevma
Marmaria
ARACHOVA
ITÉA, AMFISSA
Chemin muletier
Zaleska
SYBARIS

vestiaires, des salles d'onction et de repos, une piscine ronde, en plein air, etc. Des thermes furent ajoutés à l'extérieur à l'époque romaine.

Fontaine Castalie. — La célèbre fontaine, reconnaissable à sa paroi taillée dans le roc, est située à une cinquantaine de mètres en contre-haut de la route, au débouché d'une gorge qui sépare les Phædriades. Certaines légendes localisaient dans cette gorge le repaire du monstre Python. Quoi qu'il en soit, cet endroit dut être consacré au culte, car l'on découvrit dans les parages une partie d'une base supportant une statue de la déesse Gê, la Terre, très vieille divinité qui rendait des oracles à Delphes, bien avant Apollon.

Les Grecs n'ont vanté de Castalie que la pureté de ses ondes argentées qui servaient aux purifications et au lavage du temple d'Apollon. Les poètes latins en firent l'un des lieux de séjour favoris d'Apollon et des Muses et, comme d'Hippocrène, la célèbre source du Val des Muses, une source inspiratrice.

L'eau sourd au pied de la paroi. Elle est d'abord collectée dans un réservoir étroit, entre la base taillée du roc et une cloison de dalles verticales autrefois haute de 2,50 m. Les eaux s'échappaient de la cloison par sept bouches, en partie visibles, sans doute ornées de mufles de bronze, et tombaient dans un grand bassin rectangulaire découvert, creusé dans le roc. C'était là qu'on se purifiait avant d'entrer dans le sanctuaire.
Plus bas, au cours de recherches effectuées récemment, on a dégagé au pied même de la route actuelle un vaste bassin d'époque hellénique qui est encore en majeure partie dallé.

Le supplice d'Esope. — *Les roches Phædriades, et plus spécialement celle de dr. (à l'E.), l'ancienne Hyampeia, furent le lieu où les Delphiens pratiquaient une sorte de jugement de Dieu ou de mise à la disposition de la divinité de ceux qui l'avaient offensée. Ce fut ainsi qu'Esope aurait été condamné à être précipité du haut de la roche Hyampeia par les prêtres delphiens.*

2 — Le sanctuaire d'Apollon pythien

Visite : en été, en sem. de 8 h 30 à 12 h 30 et de 16 h à 18 h ; le dim. et les j. fériés de 10 h à 16 h ; en hiver, en sem. de 9 h à 13 h 30 et de 16 h à 18 h ; le dim. et les j. fériés de 10 h à 16 h 30 ; accès payant.

Le chemin qui donne accès au champ de ruines du sanctuaire d'Apollon pythien aboutit à une place rectangulaire dallée qui, à l'époque romaine, était bordée par des portiques et des boutiques où l'on vendait très probablement des objets de piété.

Enceinte du sanctuaire. — Suivant l'usage, le sanctuaire d'Apollon pythien était entouré d'un mur d'enceinte ou péribole, percé de plusieurs portes. Le mur est tantôt en appareil polygonal, du VIe s. av. J.-C., tantôt en appareil pseudo-régulier, comme au S. (le mur le plus près de la route), du IVe s. av. J.-C.

***Voie Sacrée.** — De la place de l'agora romaine, vous pénétrerez dans le sanctuaire par la porte principale qui est précédée de quatre marches (on n'entrait donc pas en char). La Voie Sacrée qui serpente à travers le sanctuaire commence au-delà. Large de quatre à cinq mètres, elle a conservé son tracé primitif.

De chaque côté se pressaient des monuments votifs ou des **trésors** construits par les plus opulentes cités de la Grèce pour abriter les offrandes de leurs citoyens ou de leurs collectivités. Ces édifices tendaient à manifester la piété des villes qui les faisaient bâtir, mais aussi leur puissance et leur richesse. Les emplacements les plus en vue, le long de la Voie Sacrée, ou près du temple d'Apollon, étaient évidemment les plus recherchés ; ils furent lotis très tôt. Certaines villes, telles Cyrène (en Cyrénaïque), Thèbes, etc., durent se contenter au IVe s. de sites assez modestes et mal placés.
Il faut bien admettre que la consécration des monuments votifs répondait parfois à des sentiments assez mesquins qui témoignent de la division du monde grec. ***Plutarque,*** qui au début du IIe s. apr. J.-C. fut prêtre d'Apollon pythien, fustigea ces pratiques : « Ces monuments dont le dieu est environné de toutes parts, prémices et dîmes qui sont le fruit de massacres, de guerres et de pillages, et ce temple rempli de dépouilles et de butins faits sur des Grecs, peut-on voir tout cela sans s'en indigner ? »

La foire aux vanités. — *C'est ainsi que Syracuse, après l'échec de l'expédition d'Alcibiade et de Nicias (414-413 av. J.-C.), choisit d'élever son trésor juste en face de celui des Athéniens. De leur côté, les Spartiates, après leur victoire totale sur Athènes, au terme de la longue guerre du Péloponnèse (431-404), dressèrent, au voisinage du monument commémorant le triomphe des Athéniens sur les Perses à Marathon, un ex-voto dédié à la gloire de leurs navarques (amiraux) et généraux grâce au produit de leur victoire navale d'Ægos Potamos, celle-là même qui avait provoqué la perte d'Athènes. Les Arcadiens, à leur tour, après avoir secoué le joug des Spartiates, consacrèrent par bravade, avec une partie du butin prélevé au cours du pillage du territoire lacédémonien (en 369 av. J.-C.), les statues de leurs ancêtres face au monument spartiate des Navarques.*

A dr. de la Voie Sacrée, vous remarquerez les restes de la base du **Taureau de Corcyre** (Pl. 1), œuvre en bronze exécutée vers 480 av. J.-C. par *Théopropos d'Egine,* qui fut consacré par Corcyre sur le produit d'une fructueuse pêche au thon. Venait ensuite l'**ex-voto des Arcadiens** (Pl. 2) composé d'une file de statues en bronze d'Apollon et des héros et héroïnes mythiques d'Arcadie, puis une statue (Pl. 3) du général arcadien Philopœmen (?). Derrière, se trouvait une assez grande terrasse, très allongée, avec un mur de fond en appareil régulier que l'on a longtemps interprétée comme étant l'**« ex-voto des Lacédémoniens »**, consacré par ceux-ci en 404 av. J.-C. pour commémorer leur éclatante victoire navale sur les Athéniens à Ægos Potamos. En fait, *G. Roux* a montré que cette terrasse qui date de la première moitié du IVe s., est sans rapport avec l'offrande spartiate qu'il faut situer à g. de la Voie Sacrée, en face de l'ex-voto des Arcadiens conformément au témoignage de Pausanias ; les dernières recherches permettent d'assurer qu'il s'agissait en fait d'une *stoa* qui comptait en façade douze colonnes doriques. Quant à l'ex-voto des Lacédémoniens, il comprenait 37 statues : en avant se dressaient les Dioscures, Zeus, Apollon, Artémis, Poséidon couronnant Lysandre, le devin Agias, le pilote Hermon ; les 28 autres statues figuraient les généraux et amiraux de Sparte ou des cités alliées, collaborateurs et alliés de Lysandre, d'où le nom de **monument des Navarques** que l'on donnait à cet ex-voto au temps de Plutarque. Le poète *Ion de Samos* rédigea en vers les inscriptions qui désignaient les statues de Lysandre et celle des Dioscures.

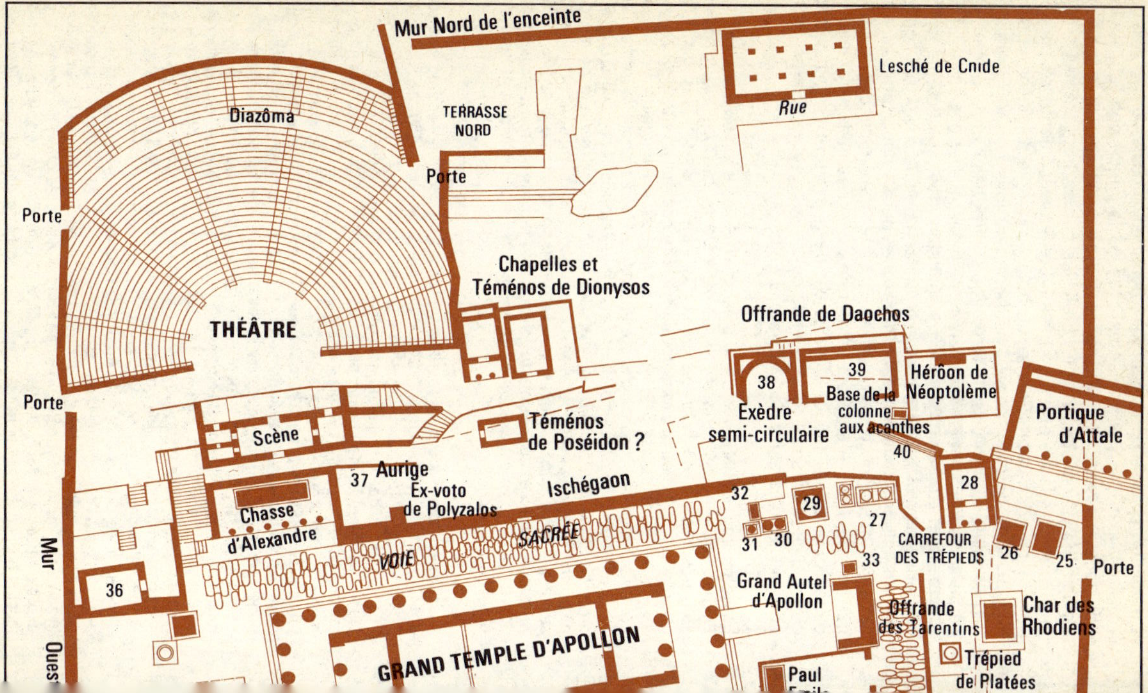

Mur Nord de l'enceinte
Lesché de Cnide
Rue
TERRASSE NORD
Porte
Portique d'Attale
Porte
Offrande de Daochos
Hérôon de Néoptolème
Base de la colonne aux acanthes
Exèdre semi-circulaire
Chapelles et Téménos de Dionysos
Téménos de Poséidon ?
Ischégaon
CARREFOUR DES TRÉPIEDS
Char des Rhodiens
Trépied de Platées
Offrande des Tarentins
Grand Autel d'Apollon
Paul
VOIE SACRÉE
GRAND TEMPLE D'APOLLON
Aurige
Ex-voto de Polyzalos
Chasse d'Alexandre
Diazôma
THÉÂTRE
Scène
Porte
Porte
Mur
Ouest
25
26
27
28
29
30
31
32
33
36
37
38
39
40

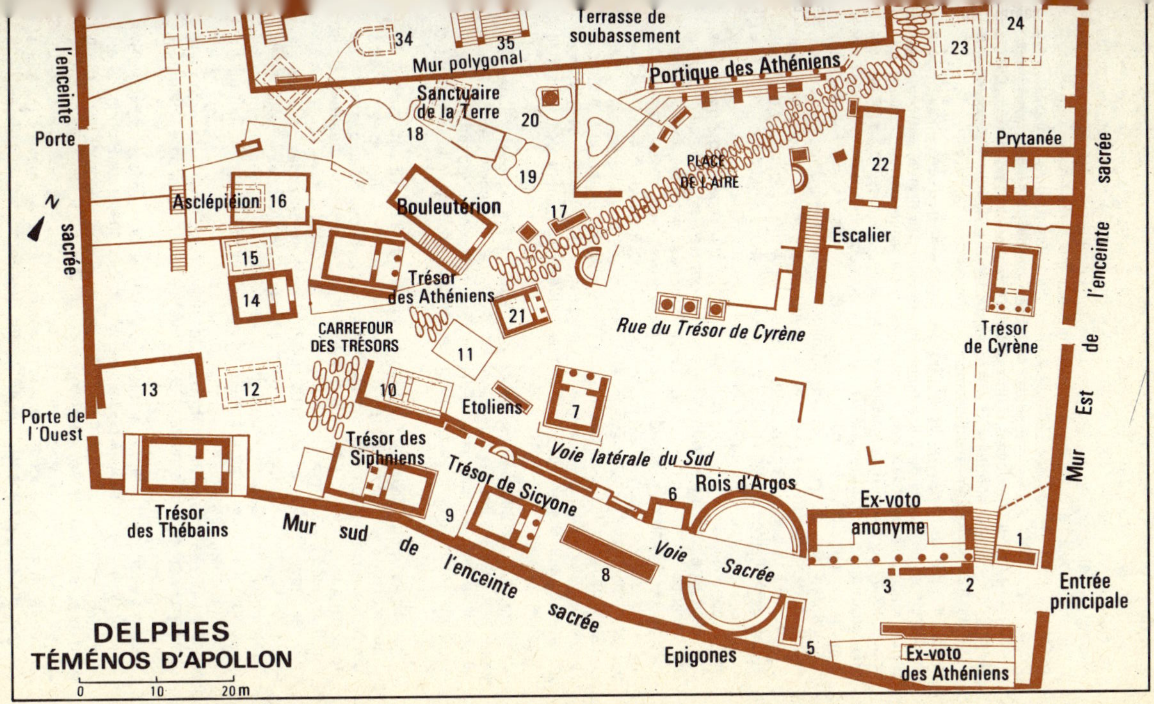

DELPHES
TÉMÉNOS D'APOLLON
0
10
20 m
N
Terrasse de soubassement
34
35
Mur polygonal
Portique des Athéniens
23
24
Sanctuaire de la Terre
18
20
19
PLACE DE L'AIRE
22
Prytanée
Asclépiéion
16
Bouleutérion
17
Escalier
15
14
Trésor des Athéniens
21
Rue du Trésor de Cyrène
Trésor de Cyrène
CARREFOUR DES TRÉSORS
11
13
12
10
Etoliens
7
Porte de l'Ouest
Trésor des Siphniens
Voie latérale du Sud
Trésor de Sicyone
6
Rois d'Argos
Ex-voto anonyme
1
Trésor des Thébains
9
Mur sud de l'enceinte sacrée
8
Voie Sacrée
3
2
Entrée principale
Epigones
5
Ex-voto des Athéniens
Mur Est de l'enceinte sacrée
Porte
l'enceinte sacrée

A g. de la Voie Sacrée, outre l'ex-voto des Lacédémoniens, complètement ruiné, il y avait l'**ex-voto des Athéniens,** érigé avec le butin de Marathon (environ 30 ans après 490) en l'honneur de Miltiade qui commandait les phalanges grecques, et, un peu plus haut, le cheval dourien (Pl. **5**), rappelant le fameux cheval de Troie, offrande des Argiens pour commémorer une victoire sur les Lacédémoniens. L'ex-voto des Athéniens, dont il ne reste plus rien sur place, supportait 16 statues (Athéna, Apollon, Miltiade, les rois et héros éponymes d'Athènes) dont les plus anciennes, nous dit Pausanias, étaient attribuées à Phidias. Les restes de la dédicace du cheval dourien sont visibles sur le soubassement du monument.

De part et d'autre de la Voie Sacrée, vous remarquerez ensuite deux fondations semi-circulaires qui supportaient **deux monuments argiens.** Celui de dr., appelé **monument des rois d'Argos,** fut élevé par les Argiens peu après 369 à l'occasion de la fondation de Messène, pour éclipser le monument des Navarques. L'exèdre dallée (12 m de diamètre intérieur) contenait dix statues, groupées dans la moitié O. de l'hémicycle, des anciens rois et reines d'Argos désignés chacun par une inscription : Danaos, Hypermestra, Lyncée, Abas, Acrisios, Danaé, Persée, Alectryon, Alcmène, Héraclès (noms écrits de dr. à g., sur la tranche verticale des dalles ; on lit aussi, sous les noms de Danaé et de Persée, la signature du sculpteur, Antiphanès d'Argos).
Quant à l'autre soubassement circulaire, à g. de la Voie Sacrée, il portait, selon une inscription récemment déchiffrée par *Cl. Vatin,* d'une part, à g., les **statues des Sept Chefs de l'expédition légendaire contre Thèbes,** d'autre part, à dr., celles de leurs successeurs, **les Sept Epigones** ; entre les deux groupes, au fond de l'hémicycle, devait prendre place le char du devin Amphiaraos. Selon *Pausanias,* ces statues étaient l'œuvre les unes d'*Hypatodôros,* les autres d'*Aristogiton,* et elles avaient été consacrées par les Argiens à la suite de leur victoire sur les Lacédémoniens à Œnoé d'Argolide, vers 456 av. J.-C. ; l'inscription déchiffrée précise que le premier des deux artistes avait sculpté les statues des Sept Chefs, tandis que l'autre était l'auteur de celles des Epigones.

A dr. de la Voie Sacrée, les niches qui viennent à la suite n'ont pas été identifiées avec certitude. La première (Pl. **6**), carrée, est couverte de décrets en l'honneur de personnages très divers. Sur une terrasse, en arrière, gisent les restes confus d'une fondation appartenant à un **trésor éolique** anonyme (Pl. **7**).

A g. de la Voie Sacrée se trouvait l'**ex-voto des Tarentins** (Pl. **8**) commémorant une victoire (après 473 av. J.-C.) sur les Messapiens. Il était composé de statues en bronze représentant des chevaux et des captives messapiennes, œuvre d'Agéladas d'Argos. Il en reste encore quatre socles, dont trois avec inscriptions.
Vous remarquerez ensuite les fondations du **trésor de Sicyone,** élevé vers la fin du VIe s. avec des blocs de remploi provenant de deux édifices bâtis par *Clisthène,* tyran de Sicyone, au début du VIe s. L'un de ces monuments était une tholos et l'autre un monoptère orné de 14 petites métopes dont quatre sont encore bien conservées (au musée).
Venait ensuite le **trésor de Siphnos,** construit vers 525 av. J.-C. grâce aux produits des mines d'or exploitées dans cette petite île. Il était orné d'une frise sculptée déposée au musée.
Entre les trésors de Sicyone et de Siphnos s'étendait une petite terrasse (Pl. **9**) où se dressaient des statues cnidiennes. En face du trésor de Siphnos, à dr. de la Voie Sacrée, vous remarquerez un mur de soutènement en calcaire, en avant des restes d'un **trésor anonyme** en tuf (Pl. **10**), où sont gravés plusieurs décrets en l'honneur de Mégariens.
A l'endroit où la Voie Sacrée décrit son premier coude, se trouvent quelques vestiges du soubassement d'un **trésor dit des Béotiens** (Pl. **12**) et, dans

l'angle S.-O. du hiéron, ceux du **trésor des Thébains**, construit après la bataille de Leuctres (371 av. J.-C.) ; en avant a été placé un omphalos. Près de là, du côté O., gisent les restes d'un petit édifice ou les bases en calcaire bleu de quelques statues consacrées par les Liparéens après une victoire navale remportée sur les Tyrrhéniens, au dire de *Pausanias* (Pl. **13**).

Les amateurs de détails pourront encore voir les **ruines de trois trésors archaïques** dont le premier (Pl. **14**) serait celui des Potidéates, le second l'ancien trésor des Athéniens ? (Pl. **15**) et le troisième (Pl. **16**) celui des Etrusques (?).

Sur les ruines de ce dernier trésor fut édifié un petit **sanctuaire d'Asclépios** dont on remarquera surtout la petite **fontaine**, bien conservée.

***Trésor des Athéniens.** — Ce bâtiment, édifié entre 490 et 485 av. J.-C. avec la dîme du butin pris à Marathon, est l'un des rares monuments du sanctuaire qui ait pu être reconstitué. Construit en marbre de Paros, il était orné de sculptures (déposées au musée) figurant les exploits d'Héraclès, mais aussi ceux du héros athénien Thésée et, en bonne place, sur la façade principale, d'une série de tableaux représentant des scènes de la guerre des Grecs contre les Amazones, symbole de la lutte victorieuse des Athéniens contre les Perses de Darius. Outre l'inscription : « **Les Athéniens à Apollon, après leur victoire sur les Mèdes en offrande commémorative de la bataille de Marathon** », gravée sur un socle de statues devant le mur S., de nombreuses inscriptions, dont la plupart sont des décrets honorifiques en faveur d'Athéniens, furent incisées à partir du IIIe s. av. J.-C. sur les murs du trésor.

Parmi les inscriptions du trésor, dont beaucoup sont ornées de couronnes, il y a des décrets relatifs à la théorie ou pythaïde athénienne, deux hymnes à Apollon accompagnés d'une notation musicale (conservés au musée), un sénatus-consulte et des décrets concernant les artistes dionysiaques.

Le bâtiment fut construit sur l'emplacement d'un édifice plus ancien, dont quelques vestiges subsistent dans une fosse à l'intérieur du trésor et dont *W. B. Dinsmoor* a proposé de placer la fondation aux environs de 580 av. J.-C., après la première guerre Sacrée.

En face du trésor des Athéniens, de l'autre côté de la Voie Sacrée, il faudrait situer l'emplacement du **trésor de Syracuse** (Pl. **11**) qui, nous dit *Pausanias*, fut érigé à la suite du désastre athénien en Sicile, c'est-à-dire à la fin du Ve s. av. J.-C.

Après le trésor des Athéniens se dressait, à g. de la Voie Sacrée, le **bouleutérion** ou **Sénat de Delphes**. En face, gisent les fondations du **trésor des Cnidiens** (Pl. **21**), érigé en marbre de Paros avant la prise de Cnide par les Perses (544 av. J.-C.). Une rue latérale se terminait près du **trésor de Cyrène**, construit entre 350 et 325 selon des rapports mathématiques très élaborés.

Sanctuaire de la Terre. — Au pied d'un soutènement, à g., se trouvait le sanctuaire de la Terre, où l'on place **le siège de l'oracle primitif** de Gê-Thémis, gardé par le serpent Python.

Mais peut-être la déesse Gê, à laquelle était associée sa fille Thémis, était-elle honorée en plusieurs endroits différents sous des épithètes diverses, et certains auteurs estiment que le principal lieu de culte devait être situé près de la source Castalie. Derrière quelques bases dressées le long de la Voie Sacrée, parmi lesquelles on découvrit la base de l'**ex-voto des Béotiens** (Pl. **17**), s'étend un cercle de gros quartiers de roches entouré d'un petit péribole irrégulier délimitant le téménos de la Terre qui comprenait une source (Pl. **18**). Une saillie du roc (Pl. **19**), fendue par une crevasse, répond au **rocher de la Sibylle** qui passait pour avoir prophétisé bien avant Apollon et peut-être avant la déesse Terre. A proximité, on montrait le rocher d'où Léto avait crié à son fils, Apollon, de tuer Python pour s'emparer de l'oracle. Sur un autre rocher s'élevait (Pl. **20**) la **colonne des Naxiens**, haute de 10 m, que surmontait un sphinx perché sur le chapiteau ionique de la colonne (sphinx et chapiteau sont exposés au musée). Cet ex-voto, en marbre de Naxos, fut consacré vers 580 av. J.-C. Une inscription gravée en 328 sur la base rappelle le droit de promantie accordé aux Naxiens.

L'Aire. — A une cinquantaine de mètres du trésor des Athéniens, la Voie Sacrée traversait une place circulaire, l'Aire, de seize mètres de diamètre, autrefois entourée de bancs et de sièges, où l'on célébrait, lors de la fête pythique, le drame sacré représentant le meurtre du serpent Python par Apollon. C'est en cet endroit que *P. Amandry* découvrit, en 1939, dans deux fosses dissimulées sous la Voie Sacrée, un riche matériel votif archaïque mis au rebut dès le Ve s. av. J.-C. (Voir au musée, la salle du Taureau).

Portique des Athéniens. — A proximité de l'Aire, à g. de la Voie Sacrée, se trouvait le portique des Athéniens construit, semble-t-il, après 478 pour abriter des trophées pris aux Perses. L'inscription gravée sur la troisième marche, en grands caractères du Ve s. av. J.-C., indique qu'il s'agit d'un butin ramassé après une expédition maritime. Selon *P. Amandry*, **le portique aurait abrité les câbles des ponts de bateaux de l'Hellespont**, construits par Xerxès pour le passage de son armée, et divers ornements de proue de navires ennemis capturés après le siège de Sestos, au printemps de 478 av. J.-C. Le butin d'autres victoires y fut exposé par la suite.

Le portique s'élevait sur un soubassement à trois degrés qui supportait huit colonnes ioniques en marbre pentélique (bases et chapiteaux en Paros), dont trois ont été partiellement relevées. Sur le mur de fond, on grava des actes publics.

En face du portique, à dr. de la Voie Sacrée, on localise le **trésor des Corinthiens** (Pl. **22**), attribué par Hérodote au tyran Cypsélos (657-627), et qui était le plus ancien édifice de ce genre. Il contenait un palmier de bronze élevé au-dessus d'un sol couvert de serpents et de grenouilles. Près de là gisent les restes de deux trésors détruits (Pl. **23** et **24**). A dr., près du trésor de Cyrène, on situe le **prytanée**.

***Mur de soutènement du temple d'Apollon.** — Avant de continuer la montée vers le temple d'Apollon, examinez le mur de soutènement de la terrasse du temple, **une merveille de précision**, construit au VIe s. av. J.-C., en appareil polygonal très soigné. Les Anciens y gravèrent plus de huit cents actes officiels concernant pour la plupart des affranchissements d'esclaves (entre 200 av. J.-C. et 100 apr. J.-C. env.).

Trépied de Platées. — Après avoir décrit un second coude, la Voie Sacrée, pavée de grosses dalles, monte vers l'entrée du temple, bordée à dr. par les ruines de monuments votifs, dont l'ex-voto de Platées, un trépied d'or disposé sur une colonne qui se dressait au-dessus d'un socle circulaire à deux assises. Il fut consacré par les

Grecs avec la dîme du butin pris sur les Perses après la bataille de Platées (479 av. J.-C.).

Le trépied reposait sur une colonne de bronze affectant la forme d'une torsade constituée par l'enroulement régulier de trois serpents, sur lesquels on grava les noms des villes grecques qui prirent part à la victoire sur Xerxès lors des batailles de Salamine et Platées. Le trépied fut enlevé par les Phocidiens entre 356 et 346 et l'empereur *Constantin* fit transporter la colonne dans sa capitale, Constantinople, sur la place de l'Hippodrome où l'on peut en voir encore quelques restes (V. **Guide Bleu Turquie**).
Près du trépied de Platées se trouvaient l'**ex-voto des Rhodiens**, avec un char du Soleil, et, plus loin, les statues (Pl. 25 et 26) de deux rois de Pergame, Eumène II et Attale Ier.

Carrefour des Trépieds. — La Voie Sacrée aboutit au carrefour des Trépieds qui était entouré de plusieurs lignes d'offrandes disparues. Les plus remarquables étaient sans doute celles de deux tyrans de Syracuse, *Gélon* et *Hiéron*, et de leurs frères, auxquelles il faut ajouter la colonne aux acanthes ou des Thyiades, aujourd'hui au musée. On sait que l'offrande de Gélon (Pl. 27), faite après sa victoire d'Himère (481 av. J.-C.) sur les Carthaginois, se composait de quatre monuments portant des trépieds et Victoires en or qui ne pesaient pas moins de 50 talents (env. 1 855 kg d'or).

A dr. de la base dédiée par *Gélon* se trouvent celle au nom de son frère Hiéron et, à g., deux autres plus petites, anépigraphes, identifiées avec les ex-voto de leurs frères, *Polyzalos* et *Thrasyboulos*.
Plus à dr., restes du **trésor de Brasidas et des Acanthiens de Chalcidique** (Pl. 28).
Près du trépied de Platées s'étend une petite plinthe percée de nombreux trous carrés où s'encastraient les épis d'or envoyés par les apolloniates.
Sur la petite esplanade devant le temple, au pied du mur de soutènement appelé **Ischégaon**, se dressaient d'autres monuments votifs : une grande base carrée (Pl. 29) qui correspond peut-être à celle de l'**Apollon Sitalcas**, un socle pour l'**ex-voto d'Aristainéta** (Pl. 30), puis la base **du palmier de l'Eurymédon** (Pl. 31). Ce palmier en bronze était surmonté d'une statue d'Athéna ; il fut consacré par les Athéniens après leur victoire sur les Perses près de l'embouchure de l'Eurymédon (Asie Mineure) en 468 av. J.-C. Prenant appui sur la base du palmier de l'Eurymédon se dresse, en arrière, le **pilier de Prusias II**, roi de Bithynie (182-149 av. J.-C.), restauré dans son intégrité (Pl. 32). Il était surmonté d'une statue équestre de ce roi, ex-voto des Etoliens, selon l'inscription dédicataire gravée tout en haut de la face S. du piédestal.

Grand autel d'Apollon. — A l'entrée du temple d'Apollon, vous remarquerez les restes de cet autel qui fut construit au Ve s. av. J.-C. par les habitants de l'île de Chio, selon l'inscription dédicataire gravée sur la corniche. Il comportait trois degrés, en calcaire gris, et un corps de marbre bleu foncé de Chio, encadré de deux assises de marbre blanc.

La date de sa consécration n'est pas connue ; on sait seulement qu'il fut élevé par Chio en reconnaissance de sa libération, soit au moment de la révolte des cités ioniennes contre les Perses (499-494), soit après la bataille de Mycale (479 av. J.-C.). L'autel est placé dans l'axe du temple, mais orienté un peu obliquement, sans doute parce qu'il fut érigé sur l'emplacement de l'autel qui se dressait antérieurement à l'incendie de 548.
Contre l'autel, on dressa au IIe s. av. J.-C. un haut pilier (Pl. 33) qui portait la statue dorée d'un roi de Pergame, Eumène II, don des Etoliens.

***Temple d'Apollon.** — Vous voici arrivé devant le bâtiment qui abritait l'**omphalos, ce centre du monde des anciens Grecs,** d'où rayonnait sur l'Hellade entière, et même quelques pays étrangers, une influence religieuse et morale dont les exercices oraculaires de la pythie ne constituait qu'un aspect très particulier. C'est dans le vestibule de ce temple qu'étaient gravées des devises des Sept Sages, telles que «**Connais-toi toi-même**», «**Rien de trop**», «**Si tu t'engages, voici le malheur**», etc., qui prônaient une morale prudente et pragmatique dont la portée fut longtemps surestimée.

Le temple, dont vous voyez les ruines, fut bâti entre 370 et 330. Il succédait au fameux temple des Alcméonides, érigé entre 514-513 et 506-505 grâce au produit d'une collecte internationale, après que l'on eût réalisé d'énormes travaux de terrassement qui nécessitèrent environ 6000 m^3 de remblais. Le temple des Alcméonides, qui fut détruit par un tremblement de terre en 373, succédait lui-même à un sanctuaire plus ancien, incendié en 548, dont l'érection était attribuée à deux architectes légendaires, *Agamédès* et *Trophônios.* **C'est à l'intérieur qu'officiait la pythie,** dans une salle spéciale où, penchée au-dessus de l'omphalos, elle respirait, croyait-on, les exhalaisons qui la faisaient entrer en transes.

Le temple du IVe s. était un dorique périptère, avec six colonnes en tuf stuqué sur les façades, quinze colonnes sur les côtés, et, en outre, deux colonnes entre les antes du pronaos et de l'opisthodome.
Les tremblements de terre et les destructions systématiques opérées par les chrétiens ont gravement endommagé ce temple dont on peut cependant restituer les principales divisions grâce aux textes anciens et à quelques morceaux d'architecture. Il s'ouvrait du côté du carrefour des Trépieds par un vestibule ou **pronaos,** qui renfermait la statue d'Homère. Au-dessus de la porte qui faisait communiquer le pronaos et la cella était fixé un epsilon couché, d'abord en bronze, puis en or (don de Livie).
Dans la **cella,** il y avait un autel consacré à Poséidon, les statues de deux Moires (la troisième était remplacée par celle de Zeus), d'Apollon moiragétès, le siège en fer de Pindare et le foyer sur lequel le prêtre d'Apollon avait tué Néoptolème.
Le temple comprenait, en outre, un **adyton,** salle souterraine qui contenait l'omphalos et le mobilier prophétique, l'**oikos,** salle d'attente des consultants, contigu à l'adyton, en enfin l'**opisthodome,** analogue au pronaos.

Une profession absorbante. — *Le sarcastique auteur grec* Lucien, *faisant parler Zeus en personne, nous révèle qu'«Apollon, avec la profession absorbante qu'il s'est choisie, est presque assourdi par les fâcheux qui viennent lui demander des oracles». Primitivement le dieu ne donnait audience qu'une seule fois par an, le 7 de Bysios, le huitième mois de l'année delphique (févr.-mars), puis en tout temps; au IIe s., une fois par mois. Dans les cas urgents (menace de guerre, afflux de visiteurs, etc.), l'oracle pouvait être consulté à tout moment, sauf en hiver, Apollon étant alors absent.*

L'oracle et ses rites de consultation. — *Quiconque voulait interroger l'oracle devait acquitter une taxe appelée* pélanos, *qui donnait au consultant le droit d'approcher le grand autel d'Apollon pour y faire accomplir le sacrifice sans lequel il lui était interdit d'entrer dans le temple. On immolait le plus souvent des chèvres. L'examen de la victime décidait si la consultation était agréée. Ainsi les prêtres guettaient-ils un tremblement de tous les membres de la bête sacrifiée au moment de l'aspersion. Lorsque le tremblement n'avait pas eu lieu, la consultation était ajournée.*

Les consultants passaient dans la salle d'attente voisine de la chambre souterraine où officiait la pythie ; un tirage au sort déterminait l'ordre de présentation (les femmes étaient exclues). Ceux qui avaient reçu des Delphiens le privilège de la promantie *passaient les premiers.*
La pythie, qui s'était purifiée avec l'eau de la fontaine Castalie, pénétrait dans le temple et procédait, au-dessus du foyer de la cella, à des fumigations de feuilles de laurier et de farine d'orge, sans doute en présence des prêtres et peut-être aussi des consultants. La pythie descendait ensuite l'escalier qui conduisait au manteion *(endroit où l'on rendait les oracles) et gagnait le lieu prophétique.*

L'omphalos et le trépied. — *Le mobilier du manteion comprenait la statue en or d'Apollon, le tombeau de Dionysos, le trépied sur lequel prenait place la pythie pour prophétiser, et enfin l'omphalos. L'omphalos était une pierre sacrée qui passait pour être tombée du ciel. On expliqua ensuite qu'elle symbolisait l'endroit où s'étaient rencontrés deux aigles lâchés par Zeus, l'un du Levant, l'autre du Couchant, marquant ainsi le centre ou nombril de la terre. Maintes fois représenté sur des vases ou des bas-reliefs, le trépied est l'accessoire caractéristique de la mantique delphique. Il était composé d'un chaudron en métal, supporté par trois pieds, sur lequel on plaçait un couvercle pour le transformer en siège sur lequel la pythie devait s'asseoir pour prophétiser. Le trépied rappelait un rite funéraire lié à la mort de Dionysos car, en effet, les Thyiades parnassiennes avaient recueilli dans un chaudron les membres du jeune dieu.*

L'« enthousiasme » de la pythie. — *Après avoir accompli un rite préliminaire au-dessus du foyer, la pythie puisait de l'eau de la source Cassôtis, puis elle montait sur le trépied, buvait l'eau et mâchait des feuilles de laurier (l'arbre sacré d'Apollon). Elle tombait ainsi en état d'enthousiasme, c'est-à-dire de possession divine, état que l'on a cru délirant mais qui était simplement un très profond et sincère recueillement, de nature apollinienne et non dionysiaque, quoique bien des commentateurs anciens s'y soient trompés, victimes de leur imagination. Il n'y a jamais eu de pythie « possédée », éructant des syllabes incompréhensibles que les prêtres auraient interprétées en hexamètres de type homérique. Ainsi le poème de Valéry* (La Pythie), *plein de significations en tant que tel, n'a certes aucune valeur historique, pas plus que les sources auxquelles le poète, fort peu naïf d'ailleurs, a puisé.*

Apollon l'Oblique. — *Inspirée par Apollon, surnommé Loxias, c'est-à-dire l'Oblique, la pythie, dans son extase, se bornait à choisir entre des réponses (positive, négative, ambiguë) préparées par les prêtres et déposées dans une coupe. Qu'importe la simplicité réelle du procédé, si chacun des participants partage la même foi ? Les consultants ne cherchaient pas à percer le mystère de leur avenir, ce qui eût déplu à Zeus, le maître de leur destin, mais ils posaient des questions très précises, par exemple sur l'opportunité d'entreprendre un voyage, une expédition pour fonder une colonie, sur les chances de succès d'une guerre, d'un mariage, d'une entreprise commerciale, etc.*

Les servantes d'Apollon. — *A l'origine, les pythies étaient choisies parmi les jeunes femmes de Delphes puis, pour être plus sûr de leur vertu, on choisit, au moins en certaines époques, des femmes qui avaient dépassé la cinquantaine. Il y en eut jusqu'à trois aux temps les plus prospères et une seule à l'époque romaine.*

●→ Entre le soubassement du temple et le grand mur d'appareil polygonal, les amateurs de détails verront encore les ruines d'un petit bâtiment (Pl. 34) et

au bas d'un escalier une fontaine qui était la célèbre **fontaine Cassôtis**, du moins dans son état du VIe s. av. J.-C. (Pl. **35**). Sur cette esplanade s'élevait encore l'**ex-voto des Messéniens de Naupacte** (non localisé), érigé après leur succès, aux côtés des Athéniens, contre les Spartiates à Sphactérie et Pylos, en 425 av. J.-C. Au S. de la rampe, en contrebas, se dressait encore le **pilier de Paul-Emile** qui commémorait la victoire de celui-ci sur le dernier roi de Macédoine, *Persée*, à Pydna, en 168 av. J.-C.
Du côté de la façade postérieure du temple gisent les restes de plusieurs bâtiments dont un **trésor** (Pl. **36**).
A l'extérieur de l'enceinte du sanctuaire subsistent les vestiges d'un long portique d'orientation sensiblement identique à celle du temple. Ce monument, traditionnellement appelé **portique O.** à cause de sa situation par rapport au sanctuaire, comportait deux rangées de colonnes : l'une, intérieure, dans l'axe de l'édifice, était d'ordre ionique ; l'autre, en façade, d'ordre dorique. Une grande inscription dédicatoire récemment découverte, gravée sur le mur de fond du portique, dans sa partie O., précise qu'il avait été construit par les Etoliens avec le produit du butin d'une victoire remportée sur les Galates, dans la première moitié du IIIe s. av. J.-C. La partie orientale du portique fut transformée en établissement de bains vers le IVe s. apr. J.-C.

Ischégaon — La Voie Sacrée, au N. du temple d'Apollon, était protégée du côté de la pente par un mur de soutènement, appelé *Ischégaon*, qui fut construit au IVe s. av. J.-C.

Sous l'escalier d'accès au théâtre, des fouilles récentes ont révélé la présence d'un escalier antique primitif, inachevé, et dont la fonction demeure mystérieuse.
Sur cet escalier débouchait à dr. une rue qui longeait le bâtiment de scène du théâtre et dominait une vaste **exèdre** rectangulaire qu'une épigramme en vers, gravée sur le mur de fond (2e assise en haut), a permis d'identifier avec le monument consacré après 320 av. J.-C. par le fils de Cratère, un lieutenant d'Alexandre le Grand qui sauva son roi pendant une chasse au lion près de Suse. Un groupe en bronze, créé par *Lysippe* et *Léocharès*, représentait Alexandre luttant contre un fauve et Cratère accourant à son secours.
Près de là, on découvrit (Pl. **37**) le célèbre aurige en bronze de l'ex-voto de Polyzalos, la fondation supposée d'un petit *sanctuaire de Poséidon* et deux trésors de tuf consacrés, croit-on, à Dionysos.
Plus loin gisent les ruines d'une **exèdre** pour statues (Pl. **38**) et, à côté, celles du **monument des Thessaliens** (Pl. **39**), construit grâce aux libéralités de Daochos II qui, de 336 à 332, représenta la Thessalie au conseil des Amphictyons. Il fit exécuter, pour les consacrer à Apollon, une série de neuf statues représentant la suite généalogique de sa famille, l'une des plus puissantes de Pharsale (base inscrite et statues sont exposées au musée).
Contigu au monument des Thessaliens se trouve le **téménos de Néoptolème**, fils d'Achille, tué et enseveli à Delphes, auquel les Thessaliens dédièrent un sanctuaire à ciel ouvert enclos par un péribole en appareil polygonal, sur le site d'un lieu de culte mycénien, près d'un village de la même époque. Près du téménos de Néoptolème se trouvent la base du **monument des Corcyréens** (Pl. **40**) et, entre les deux, la base de la colonne aux acanthes qui supportait le groupe des Thyiades (exposé au musée).
A cheval sur le mur d'enceinte du sanctuaire s'étendait la terrasse aménagée par le roi **Attale Ier de Pergame** pour commémorer sa victoire sur les Galates, en Asie Mineure, à la fin du IIIe s. av. J.-C. La terrasse était bordée au N. par un **portique** orné de peintures, à l'imitation de la *stoa poikilè* de l'Agora d'Athènes. En avant du portique s'allongeait une grande base (la plus grande des bases de Delphes : sa largeur atteignait 27 m) surmontée de statues, plus grandes que nature, rappelant probablement le combat des Pergaméniens et des Galates. A l'extrémité E. se dressait un petit bâtiment abritant proba-

blement un autel. Sur la terrasse, le long de la rue conduisant au sanctuaire, était aménagée une exèdre voûtée, pourvue de bancs pour le repos des pèlerins ; c'est là le premier exemple connu dans l'architecture grecque d'une voûte d'arêtes.

***Théâtre.** — Ce bâtiment, construit au IVe s. av. J.-C., restauré aux frais d'un roi de Pergame, *Eumène II,* en 159, puis à l'époque romaine, est l'un des lieux les plus propices à la rêverie, face au merveilleux ****panorama** que l'on découvre depuis les gradins en pierre grise du Parnasse. Les quelque cinq mille spectateurs qu'il pouvait contenir suivaient ici les fêtes delphiques, notamment celles données à l'occasion de la célébration de la victoire d'Apollon sur le serpent, ou jeux Pythiques.

Les jeux Pythiques. — *Ils eurent d'abord lieu tous les huit ans, puis, à partir de 590, tous les quatre ans, et de nouveau tous les huit ans à l'époque impériale, au début de septembre, sous la surveillance des Amphictyons. La fête consistait en sacrifices, en un drame sacré figurant la lutte du dieu contre Python, puis en concours de musique (cithare, flûte, chant) et de cantates (péans) en l'honneur du dieu exécutées dans le théâtre (on y adjoignit plus tard des représentations de tragédies et de comédies) ; en jeux gymniques dans le stade ; enfin en courses de chars, dans l'hippodrome de la plaine. Les prix étaient des couronnes de lauriers. En dehors des jeux Pythiques, les Athéniens envoyaient à Delphes une théorie spéciale ou Pythaïde et y célébraient une fête à part, avec jeux et drames.*

A l'E. du théâtre, contre le mur de péribole N. du sanctuaire se trouvent les restes de la **Leschè de Cnide** qui avait été décorée par le célèbre peintre *Polygnote.* C'était un lieu de réunion construit par les Cnidiens dans la première moitié du Ve s. av. J.-C.
Les fresques qui ornaient les quatre murs de la salle représentaient, selon le témoignage de *Pausanias, l'Ilioupersis* (la mise à sac de Troie par les Grecs victorieux) et la *Nékyia* (l'évocation des morts par Ulysse, conformément au chant XI de l'Odyssée).
Au-dessus du théâtre, le long du sentier menant au stade, on pouvait voir naguère une **fontaine** antique, appelée de nos jours Kerna ; elle a malheureusement été complètement écrasée et ensevelie par un éboulement de rochers au début de l'année 1980. Sa restauration éventuelle risque d'être longue et difficile.

Stade (accessible également en voiture par l'O. du bourg). — Sur un petit plateau artificiel, au cœur d'un bois de pins, le stade, construit au IIIe s. av. J.-C. et remanié par les Romains, pouvait contenir environ 7000 spectateurs. Devant l'entrée vous remarquerez les piliers d'un **arc de triomphe romain**, porte d'honneur par où commençait le défilé des athlètes.

La piste, large de 25,25 m à 25,65 m aux extrémités et de 28,50 m au milieu, longue de 177,55 m (1 stade pythique de 6 plèthres), est comprise entre la ligne de départ *(aphésis)* et celle d'arrivée *(terma),* toutes deux en dalles de marbre creusées de rainures où s'appuyaient les pieds des coureurs, et de trous carrés où s'emboîtaient les piquets qui les séparaient (dix-sept à dix-huit places). C'est *Hérode Atticus* qui assuma les frais de la construction des gradins en pierre calcaire. Les anciens gradins n'étaient qu'en terre, comme à Olympie. Le soutènement du talus, vers l'aval, en grande partie effondré, date du IIIe s. Une inscription d'allure archaïque, gravée sur une longue pierre

du parement extérieur (3e assise inférieure, à 15 m de l'entrée), interdit, sous peine d'une amende de 5 drachmes, de transporter en dehors du stade le vin nouveau versé en libation à certaines divinités. Cette inscription doit provenir du stade primitif, qui se trouvait sans doute dans la plaine comme l'hippodrome.
Une tribune rectangulaire avec bancs à dossier marque la place de la proédria ou présidence des jeux.

3 — Le ***musée

Les collections proviennent exclusivement de Delphes, mais ce musée local est l'un des quatre plus grands musées de Grèce. C'est grâce à sa vocation de centre religieux panhellénique que Delphes fut si richement dotée en œuvres d'art, dont certaines, telles les frises sculptées du trésor de Siphnos, sont d'une importance capitale, sans oublier le fameux aurige, l'une des œuvres maîtresses de l'art hellénique.

Visite : en été, en sem. de 9 h à 15 h et le dim. de 10 h à 16 h ; en hiver, de 9 h à 15 h30 ; fermé le mardi ; accès payant (☎ (0265) 823-13).

Dans le hall d'entrée, vous prendrez l'escalier de droite. En haut de l'escalier, vous pénétrerez dans la salle de l'omphalos.

Salle de l'omphalos. — Elle renferme l'accessoire cultuel le plus important qui ait été découvert à Delphes : un **omphalos** (8194), ou pierre sacrée, qui faisait partie du mobilier du manteion (lieu où l'on rendait les oracles).

Le légendaire tombeau du fils de la Terre et le nombril du monde. — *Exécuté en marbre, l'omphalos, qui paraît habillé d'un filet de flocons de laine, est en fait une copie d'époque romaine, mais sans doute très semblable à l'original. Selon des légendes sans fondement et contredites par la géologie du lieu, il aurait été placé au-dessus d'une crevasse d'où s'échappaient les exhalaisons délétères auxquelles on attribua longtemps l'état de délire prophétique de la pythie. Ces exhalaisons auraient été produites par le corps du serpent Python, le fils de la Terre qu'Apollon avait tué pour s'emparer de l'oracle et dont l'omphalos aurait été le monument funéraire.*
Selon une autre légende très répandue, l'omphalos aurait marqué le centre, le nombril (c'est le sens premier du mot en grec) du monde : Zeus ayant laché deux aigles des deux extrémités de la terre, les deux oiseaux volèrent l'un vers l'autre et leur point de rencontre se situa à Delphes, qui apparut ainsi comme le centre du monde.

Sur le mur, à g. de l'omphalos, la partie supérieure d'une **stèle** (2707) en marbre pentélique est couronnée d'un petit tableau sculpté représentant justement l'**omphalos delphique** entre Apollon et Athéna (vers 330 av. J.-C.).
Dans l'angle de la salle est posé **un trépied** en tiges de fer (9467) dont les pieds, en bronze, ont la forme de sabots de taureau ; il sert de support à un grand **lébès** (un chaudron) en bronze (11416) ; les deux objets, typiques d'une sorte d'offrande très en vogue dans le sanctuaire à l'époque archaïque, datent du VIIe s. av. J.-C.
Le long du mur g., remarquez encore la **frise du proscénion du théâtre** (Ier s. apr. J.-C.), où sont illustrés les exploits d'Héraclès.

Du hall de l'omphalos, en passant devant les reliefs des travaux d'Héraclès, vous pénétrerez dans une salle nouvellement aménagée, où sont exposés des petits objets principalement de l'époque archaïque.

Salle des petits objets. — Elle compte deux vitrines murales où sont exposés des **bijoux en bronze** (fibules, bracelets) trouvés à Amphissa (VIIIe-VIIe s. av. J.-C.) et des **vases** de style géométrique trouvés à Delphes (900-700 av. J.-C.), ainsi que des vases protocorinthiens et corinthiens (VIIe-VIe s. av. J.-C.) provenant de Delphes ou d'Amphissa, et cinq vitrines centrales qui abritent des **petits bronzes**, dans l'ordre chronologique en allant du fond de la salle vers la porte d'accès.

On remarquera successivement des petits bronzes de style géométrique, hommes et animaux (900-700 av. J.-C.), et des fragments de trépieds en bronze (VIIIe s.), puis de très belles ****figures d'applique** (en particulier des **griffons** et des **sirènes**) de chaudrons ou autres ustensiles (VIIIe-VIIe s.), puis des pièces archaïques (parmi lesquelles deux reliefs d'applique dont l'un montre Ulysse sous le bélier s'enfuyant de l'antre de Polyphème, l'autre le groupe d'Héraclès portant sur ses épaules le sanglier de l'Erymanthe et du roi Eurysthée se cachant, épouvanté, dans la jarre) et classiques, des **fragments de vases et ustensiles en bronze** de diverses époques, des **armes**, enfin (quatre casques et deux brassards de boucliers, décorés en relief), et autres objets votifs en bronze trouvés dans le sanctuaire d'Apollon.
Une dernière vitrine (à g. de l'entrée) contient des **vases et figurines en terre cuite** provenant d'un sanctuaire de Kirrha (VIe-IVe s. av. J.-C.) ; on remarquera une **coupe attique à figures rouges** couverte (Ve s. av. J.-C.) et un lot de vases miniatures corinthiens.

De cette salle, vous repasserez dans la salle de l'omphalos et vous pénétrerez, à g., dans la salle des boucliers de bronze.

Salle des boucliers de bronze. — Elle renferme quelques beaux spécimens de cet art du feu dans lequel les bronziers grecs acquirent, dès l'époque archaïque, une réputation qui franchit les limites de l'Hellade. Vous y verrez, outre trois boucliers (7226, 7227 et 7127) de la première moitié du VIIe s. av. J.-C. (dont les deux derniers ornés en leur centre d'une protome, c'est-à-dire d'un avant-train de lionne entourée d'animaux incisés : lions, cerfs, béliers), deux ****protomes de griffons,** l'une en bronze martelé (7739), l'autre en fonte (8396) qui étaient destinées à être fixées, à la fois comme anses et comme ornement, sur la cuve d'un grand lébès en bronze (VIIe s. av. J.-C.). De la même époque date une très belle statuette de **couros en bronze** (2527), à la coiffure typique du style dédalique, sorte de perruque pyramidale à étages superposés.
Vous remarquerez enfin, à droite de l'entrée, un **périrrhantérion** en marbre (5733), complété au plâtre ; la cuve est supportée par trois statuettes féminines (corés) disposées symétriquement autour d'une colonnette centrale (1er quart du VIe s. av. J.-C.). De telles vasques, qui servaient aux lavements de mains rituels, ont été retrouvées dans plusieurs sanctuaires grecs.

En franchissant la porte entre les boucliers, vous entrerez dans la salle du trésor de Siphnos.

Salle du trésor de Siphnos. — Vous verrez là quelques-uns des plus grands chefs-d'œuvre de la sculpture archaïque ; les ****reliefs qui ornaient le trésor de Siphnos,** bâti vers 525 av. J.-C.

A g. de la porte, le **fronton E.** vous montre la **Dispute du trépied delphique** entre Apollon (à g.) et Héraclès (à dr.).
Le héros, furieux que la pythie ait refusé de lui répondre sous prétexte qu'il ne s'était pas purifié après le meurtre d'Iphitos, tente d'emporter sur son dos le trépied mantique, dans l'idée d'aller fonder son propre oracle. Apollon s'efforce de retenir l'objet sacré, dont il empoigne l'extrémité des pieds. Derrière lui, un personnage féminin, sans doute sa sœur Artémis, semble prêcher la modération en saisissant le bras du dieu. Entre les deux rivaux se tient un personnage qui essaie de les séparer qu'on interprétait traditionnellement comme Athéna ; selon une hypothèse récente, il s'agirait plutôt d'un dieu, Zeus ou peut-être Hermès.
En dessous se trouve la ****frise E.** qui se divise en deux parties complémentaires : à dr., une scène **de combat d'hoplites** entre deux chars, lors de la guerre de Troie ; à g., une assemblée des dieux olympiens qui assistent au combat et le commentent avec passion. Les dieux sont répartis en deux groupes. Dans celui de g. on identifie généralement, de g. à dr., *Arès, Aphrodite, Artémis* et *Apollon,* partisans des Troyens, séparés des partisans des Grecs par *Zeus,* assis sur un trône devant lequel se prosternaient *Thétis* suppliante (le personnage a disparu) ; dans le groupe de dr., vous reconnaîtrez, de g. à dr., *Athéna, Héra* et, probablement, *Déméter.*
Le combat met aux prises les Troyens *Enée* et *Hector,* descendus de char, contre *Ménélas,* roi de Sparte, au bouclier orné d'une Gorgone, et (peut-être) *Ajax,* pour la possession du corps d'un guerrier mort, probablement Sarpédon. Tout à dr., le sage *Nestor* exhorte du geste les combattants.

Le long du mur latéral g., la ****frise N.** représente une gigantomachie, ou combat des dieux et des géants.
Les protagonistes sont groupés autour de trois chars qui équilibrent la composition. A g., *Héphaistos* lève et abaisse ses outres-soufflets pour déchaîner les vents contre les géants, puis viennent deux déesses combattant contre deux géants en tenue d'hoplite. Au deuxième plan, *Héraclès* lutte contre un géant ; il est précédé par la déesse *Cybèle,* sur un char attelé de lions, dont l'un dévore un géant ; viennent ensuite deux dieux en ordre de bataille : *Artémis* et *Apollon* tirant de l'arc, et un géant en fuite dont le casque porte un cimier en forme de canthare ; en face, trois géants alignés (signature d'un artiste sur un bouclier). Entre les deux groupes se trouve le cadavre du géant *Ephialte.* Vient ensuite un attelage cabré d'un deuxième char divin *(Zeus).* Au premier plan, *Héra* transperce un géant renversé. *Athéna,* reconnaissable à son égide, est aux prises avec deux adversaires. Puis se succèdent quatre groupes similaires, où un dieu en hoplite lutte contre deux géants : vous reconnaîtrez d'abord un dieu barbu, *Arès,* qui s'avance au-dessus d'un géant gisant à terre, puis un dieu coiffé d'un bonnet pointu *(Hermès)* tenant un grand coutelas, puis *Poséidon* (très fragmentaire) devant les restes d'un troisième attelage ; enfin, une divinité non identifiée devant deux adversaires dont l'un est tombé à genoux.

Sur le mur en face de l'entrée sont exposées la **frise O.** (à g.), très incomplète, qui nous montre le **Jugement de Pâris,** et la **frise S.** (à dr.), elle aussi fragmentaire, qui représente peut-être l'**enlèvement des filles de Leucippos par les Dioscures,** ainsi qu'un **défilé de chars et de cavaliers,** avec de magnifiques ***chevaux.**
Du Jugement de Pâris, qui comprenait sûrement trois groupes, ne subsistent que les deux premiers : à g., *Hermès* précède le char ailé d'*Athéna,* qui s'apprête à repartir, dépitée ; à dr., *Aphrodite,* choisie par Pâris comme la plus

belle des trois déesses, est en train de descendre de son char tout en se passant un collier autour du cou ; il ne subsiste rien du groupe d'*Héra*.

Du trésor de Siphnos proviennent aussi quelques éléments architectoniques en marbre exposés dans la salle, en particulier le **chambranle de la porte** (1184), richement décoré de palmettes, de lotus et de rosaces, et un **chapiteau campaniforme** orné d'un relief représentant deux lions en train de dévorer un cerf. Ce chapiteau prenait place au-dessus de l'une des deux caryatides qui se trouvaient, en position de colonne *in antis*, à l'entrée de la salle principale du trésor dont elles supportaient l'entablement. L'une de ces deux **caryatides**, partiellement conservée, se dresse en avant du chapiteau ; elle a l'aspect d'une jeune femme (coré) vêtue d'un chiton et d'un himation court ; sur la tête, elle porte un *pôlos* en forme de *calathos* (panier) décoré d'une scène en relief (Silènes et Ménades). A dr. du chapiteau est exposée une autre coré, très mutilée, que l'on considère aussi comme une caryatide, sans doute d'un autre trésor archaïque. Quant à la seconde caryatide du trésor de Siphnos, il se pourrait, selon une hypothèse récente, que la tête en soit la très belle ****tête en marbre de Paros** (1203) coiffée d'un *pôlos-calathos* orné d'une petite frise où l'on reconnaît Apollon citharède suivi de quatre nymphes et précédé des trois Grâces en compagnie d'Hermès jouant de la syrinx.
Vous verrez aussi dans cette salle quelques autres spécimens très fins d'architecture archaïque (deux colonnettes doriques en marbre de Paros de la 2e moitié du VIe s. ainsi que le chapiteau « éolique » en palmes du trésor de Marseille, vers 530) et surtout le chapiteau ionique et le ****sphinx ailé** qui couronnait, à plus de 10 m de haut, la colonne des Naxiens (vers 560 av. J.-C.).

Traversez la salle des boucliers de bronze en diagonale vers la dr.

Salle des couroi. — Voyez d'abord, à dr. de l'entrée, une **statuette de couros** (peut-être Apollon) en bronze (vers 530 av. J.-C.) et, à g., cinq des **métopes du Monoptère dorique de Sicyone** (vers 560 av. J.-C.), qui en comptait probablement quatorze ; celles-ci avaient été remployées dans les fondations du trésor de Sicyone, ce qui explique leurs mutilations. On reconnaît cependant, de g. à dr., un épisode de l'expédition des Argonautes (la proue de la nef *Argo*, entre deux cavaliers, les Dioscures) ; l'enlèvement d'Europe par Zeus, qui a pris l'apparence d'un taureau ; le retour d'une razzia de bœufs menée par les Dioscures (Castor et Pollux), et leurs cousins, les fils d'Aphareus (dont un seul est conservé) ; le sanglier de Calydon ; Phrixos sur le dos du bélier à la Toison d'or.
Au fond de la salle se dressent **deux grands couroi** en marbre de Paros (1er quart du VIe s. av. J.-C.), traditionnellement interprétés comme Cléobis et Biton, deux frères jumeaux originaires d'Argos qui, d'après la légende rapportée par *Hérodote*, s'endormirent à jamais dans la paix du sanctuaire d'Héra, près d'Argos, la déesse entendant ainsi les récompenser d'un acte de piété peu banal : en l'absence d'attelage disponible, ils avaient tiré à eux deux le char de leur mère, prêtresse d'Héra, entre Argos et l'Héraion, distants d'environ 7 km. En fait, *Cl. Vatin* a montré que cette interprétation reposait sur une lecture aventureuse des restes très effacés de l'inscription gravée sur l'un des socles ; la seule certitude fournie par l'inscription est que l'une des statues (et sans doute les deux) était l'œuvre du sculpteur *(Poly)médès d'Argos*. Quant aux deux jeunes gens, il vaut mieux leur rendre l'anonymat, ou revenir à la première interprétation proposée au moment de leur découverte : il pourrait s'agir des Dioscures.

Salle du taureau. — A la suite de la salle des couroi, une petite salle remarquablement présentée, avec de nombreuses indications, contient le matériel découvert en 1939 dans deux fosses **sous la Voie Sacrée**, en face du portique des Athéniens.

Il était en effet d'usage, dans l'Antiquité, d'enfouir à l'intérieur des sanctuaires les offrandes qui, pour une raison quelconque, devaient être mises au rebut. Ces deux fosses faisaient partie de l'aire sacrée du temple d'Apollon, mais la Voie Sacrée ne la traversait pas à l'époque classique ; son dallage, fait de blocs provenant de divers monuments du sanctuaire, n'est d'ailleurs pas antérieur au Ve s. de notre ère. Les plus anciens objets trouvés là datent du VIIe s. av. J.-C., les plus récents, de la fin du Ve s. av. J.-C.

Vous verrez une ***statue de taureau** reconstituée, faite de plaques d'argent partiellement dorées clouées sur un corps en bois (VIe s. av. J.-C.) ; des fragments de trois ***statues chryséléphantines** de taille humaine (têtes, mains et pieds en ivoire, cheveux et parure en or, le reste du corps en bois) ; trois **plaques d'or** montées sur bronze (griffon, Gorgone), ainsi que des rosaces et palmettes d'or provenant peut-être du trône d'une des statues ; des statuettes en bronze et en ivoire, des petits reliefs d'ivoire représentant des scènes inspirées par la mythologie (9944 : Harpyies poursuivies par les Boréades) ou par l'épopée (combats, départs de guerriers).
La salle abrite enfin un magnifique ****brûle-parfum en bronze** (7723), composé de trois parties : une péplophore supporte de sa tête et de ses mains une cuve hémisphérique en tôle martelée, que coiffait un couvercle ajouré (vers 450 av. J.-C.).

Vous repasserez ensuite par la salle des couroi puis par celle des boucliers pour prendre à dr.

Salle du trésor des Athéniens. — Là sont rassemblés les **reliefs** qui décoraient les frontons et les métopes de ce petit bâtiment d'ordre dorique élevé après la bataille de Marathon (490 av. J.-C.), avec des scènes illustrant d'une part l'amazonomachie, d'autre part les exploits d'Héraclès et de Thésée.

Des **24 métopes** exposées (le monument en comptait 30), les mieux conservées sont : 1re à g., Héraclès et Kyknos ; 1re à dr. : Héraklès bondissant pour capturer la biche aux pieds d'airain ; 2e à dr., Héraclès empoignant le lion de Némée ; face à l'entrée, les trois métopes de g. : Thésée et le Minotaure, Thésée et Antiope, Thésée et le taureau de Marathon, et la 1re à dr. : Thésée et Athéna, dont le style déjà pré-classique contraste avec celui, nettement archaïsant, de plusieurs autres métopes.

Salles du temple d'Apollon. — Dans la première des deux salles sont exposées, à g., les **sculptures du fronton O. du temple dit des Alcméonides**, construit dans la seconde moitié du VIe s. pour remplacer le temple précédent, détruit par un incendie en 548. Le sujet de ce fronton était **la gigantomachie** ; on reconnaît la déesse Athéna et un géant. On attribue ces sculptures à l'artiste athénien Anténor (vers 510 av. J.-C.).

Près du fronton, on remarquera un petit **couros** acéphale en marbre, portant un vêtement, ce qui est assez exceptionnel (fin VIe-début Ve s. av. J.-C.). La péplophore (femme vêtue d'un péplos) qui se trouve à dr. avait sans doute servi d'acrotère au trésor dorique du sanctuaire d'Athéna Pronaia (vers 470 av. J.-C.). Sur le mur opposé, on verra **un exemple de notation musicale dans l'Antiquité** : deux hymnes à Apollon, dont le texte est accompagné de signes musicaux, gravés sur des pierres d'assise de la paroi S. du trésor des Athéniens (vers 138-128 av. J.-C.).

Dans la deuxième salle sont présentées, au fond, les restes des **sculptures du fronton E. du temple des Alcméonides**, dont le sujet était **l'épiphanie d'Apollon**, c'est-à-dire son arrivée triomphale à Delphes, sur un quadrige, en compagnie de sa mère Léto et de sa sœur Artémis, en présence de divers personnages et animaux.

Les sculptures du fronton sont accompagnées d'éléments ayant appartenus à ce même temple : figures d'acrotères (dont la Niké, ou Victoire ailée, en marbre, exposée à dr.) et, à côté, fragments du chéneau, avec gargouille en forme de tête de lion. L'autre tête de lion (8198) présentée sur le mur opposé provient du chéneau du temple du IVe s. ; on notera les différences de style. A g. de cette tête de lion, on verra encore un **torse de couros en marbre** de Paros (vers 530 av. J.-C.) et une **statuette de bovin en bronze** (début du Ve s. av. J.-C.) ; à l'opposé, autre **torse de couros**, un peu plus ancien, et base de statue portant une inscription qui nous apprend qu'il s'agissait d'une offrande faite par les fils du Parien *Charopinos*, qui avaient aussi dédié une colonnette en marbre (milieu du VIe s. av. J.-C.). De part et d'autre de la porte, deux des quatre plaques inscrites (du IVe s. av. J.-C.) portent les comptes de la ville de Delphes relatifs à la reconstruction du temple entre 388 et 310 av. J.-C. Celle qui est placée au-dessus de la porte rappelle, en latin, la réparation du temple financée par l'empereur Domitien, en 84 apr. J.-C.

Vous repasserez dans la première salle du temple d'Apollon et tournerez vers la dr.

Salle des stèles funéraires. — La première partie de cette salle contient du matériel funéraire : **vases en pâte de verre et en terre cuite** (surtout des lécythes, d'époque classique), **protomes féminines** en terre cuite, petite **pyxis** (boîte) **en ivoire**, deux **hydries cinéraires en bronze** (face à l'entrée), et surtout trois **stèles en marbre**, dont celle d'un jeune athlète *apoxyomène*, c'est-à-dire en train de se racler la peau avec un strigile, accompagné de son petit serviteur (vers 460 av. J.-C.). Dans la seconde moitié de la salle, on verra, dans l'angle, un **autel rond** provenant du sanctuaire d'Athéna Pronaia et orné de reliefs représentant une gracieuse **frise de jeunes filles** en train d'attacher des bandelettes à une guirlande de feuillage (Ier s. av. J.-C.), ainsi que quelques statues fragmentaires, dont un **Apollon citharède** (1876) d'un type très connu (IIIe s. av. J.-C.) et, surtout, un ****Dionysos** (2380), récemment reconstitué, qui était la figure centrale du fronton O. du temple d'Apollon du IVe s., attribué au sculpteur athénien *Androsthénès* (vers 340-330 av. J.-C.) ; selon *Pausanias*, ce fronton représentait le dieu entouré de ses compagnes habituelles, les Ménades.

Salle de la tholos. — Elle est consacrée à des fragments architectoniques et à des sculptures provenant de la célèbre tholos du sanctuaire d'Athéna Pronaia (vers 380 av. J.-C.).

Face à l'entrée est reconstituée une partie de l'entablement dorique extérieur, avec frise (dont quatre métopes), larmier et chéneau. A g. de la porte prend place un chapiteau dorique de la colonnade extérieure et, à dr., une section de l'entablement dorique extérieur ainsi qu'une demi-colonne corinthienne, avec son chapiteau, appartenant à l'ordre intérieur du monument. A dr. et à g. de la salle sont exposés de nombreux **fragments des sculptures des métopes**, exécutées en haut-relief. Les métopes extérieures illustraient les unes **la centauromachie**, les autres **l'amazonomachie** ; mais il y avait aussi des métopes intérieures, plus petites, qui appartenaient à une frise couronnant le parement extérieur du mur circulaire de la cella ; elles représentaient probablement les travaux d'Héraclès et les exploits de Thésée.

Salle des danseuses. — Elle renferme l'un des chefs-d'œuvre de ce musée : le ****groupe des thyiades** (prêtresses de Dionysos) qui surmontait la colonne aux acanthes haute d'env. 11 m. Ce groupe de femmes dansant, exécuté au IVe s. av. J.-C., peut-être vers 330-325, est l'une des plus belles expressions de l'art classique ; il inspira à *Claude Debussy* les « Danseuses de Delphes ».

Derrière les danseuses sont exposées les **statues de l'ex-voto de Daochos II** (v. 335 av. J.-C.), personnage important originaire de Thessalie (qu'il représenta entre 336 et 332 à l'amphictyonie delphique) qui avait voulu honorer ses ancêtres et les célébrités de sa famille en leur faisant élever ces statues dans le sanctuaire. Celles-ci ont été récemment replacées sur leurs bases inscrites, qui ont été transportées du site au musée.
De dr. à g., vous reconnaîtrez *Acnonios,* ancêtre de la famille, tétrarque (gouverneur) de Thessalie au début du Ve s., représenté vêtu d'une chlamyde, ses fils ****Agias,** pancratiste célèbre plusieurs fois vainqueur aux jeux Olympiques, Néméens, Isthmiques et Pythiques dans la seconde moitié du Ve s., dont la statue — la mieux conservée de tout le groupe — semble être la copie d'un bronze de Lysippe exécuté vers 340, et *Agélaos,* vainqueur de la course aux jeux Pythiques, tous deux campés dans la nudité athlétique, *Daochos I,* fils d'Agias et grand-père de Daochos II, lui aussi tétrarque de Thessalie, drapé dans une lourde chlamyde ; *Sisyphos I,* son fils, vêtu d'une tunique, *Daochos II* lui-même, le dédicant, fils de Sisyphos I, dont ne sont conservés que les pieds, et enfin son fils *Sisyphos II,* nu, la chlamyde rejetée sur l'épaule, le bras g. s'appuyant sur une stèle hermaïque. Il manque seulement *Apollon,* dont la statue se trouvait en tête, avant celle d'Acnonios, et *Télémachos,* frère d'Agias et d'Agélaos, athlète lui aussi, qui prenait place entre ses deux frères. On appréciera la façon dont l'artiste s'est efforcé d'éviter la monotonie en variant et en alternant les attitudes et les tenues des personnages, sans pour autant rompre l'unité de l'ensemble.
Avant de quitter la salle, vous verrez la **statue en marbre d'un vieillard** (1819), sans doute un philosophe ou un prêtre, drapé dans un himation qui laisse découverts le haut du torse et l'épaule droite (vers 280 av. J.-C.).

Salle de l'aurige. — La célèbre *****statue de l'aurige de Delphes** est un des **grands moments de la visite de ce musée.** Cette statue appartenait à un quadrige de bronze consacré en souvenir du triomphe remporté dans la course de chars des jeux Pythiques par *Polyzalos,* prince grec de Sicile, qui connut le succès en 478 ou 474.

L'aurige, c'est-à-dire le conducteur du char, se tient droit pendant le défilé (le prince vainqueur était, croit-on, à son côté), les rênes dans la main dr. (le geste du bras g. devait être semblable), la tête couronnée d'un bandeau ; les yeux sont en pierres de couleur. L'attitude est encore légèrement archaïsante, mais d'une simplicité élégante et noble. Cette statue dut être exécutée peu après 474, par un sculpteur non identifié. Dans cette salle, vous remarquerez encore quelques fragments de ce groupe, avec des jambes de cheval, une queue, des rênes et le bras g. d'une figure accessoire, celle d'un enfant qui tenait les chevaux par la bouche. Un bloc de la base qui portait le groupe a conservé un fragment de la dédicace inscrite. Ne manquez pas aussi d'admirer, dans une vitrine murale, une ****petite coupe attique** à fond blanc (8190) contemporaine de l'aurige, dont le médaillon représente le dieu de Delphes, Apollon, assis, couronné de myrte, tenant de la main g. la lyre à sept cordes et, de la dr., une phiale qui lui sert à verser une libation, devant un oiseau noir qui est sans doute une corneille, dont le nom grec évoque celui d'une jeune fille, Coroné, aimée du dieu.

Salle des antiquités gréco-romaines. — Vous remarquerez d'abord l'excellente ***statue d'Antinoüs,** le favori de l'empereur Hadrien (117-138), originaire de la Bithynie, en Asie Mineure, exécutée en marbre au IIe s. de notre ère.

Près d'Antinoüs prennent place les statues en marbre d'un enfant tenant une oie (fin du IIIe s. av. J.-C.) et d'une **fillette souriant** (début du IIIe s. av. J.-C.), thèmes répandus à partir de l'époque hellénistique. Puis vient un **pilier hermaïque** érigé en commun par les Chéronéens et les Delphiens, d'après l'inscription, en l'honneur de l'écrivain *Plutarque* (46-120 apr. J.-C.), natif de Chéronée et longtemps prêtre d'Apollon à Delphes. Plus loin, une belle **tête en marbre** (1706) du début du IIe s. av. J.-C. a été identifiée par *Fr. Chamoux* comme le portrait du général et consul romain Titus Q. Flaminius, qui, en 196 av. J.-C., proclama la liberté de la Grèce et l'indépendance de ses cités par rapport à la Macédoine.
Deux vitrines contiennent des **vases** de l'helladique ancien et récent (IIIe et IIe millénaire av. J.-C.), ainsi qu'une dizaine de **figurines en terre cuite** d'époque mycénienne, provenant pour la plupart du sanctuaire d'Athéna Pronaia, ce qui atteste l'existence en cet endroit d'un lieu de culte, sans doute en l'honneur d'une divinité féminine, dès le IIe millénaire. La vitrine située du côté des fenêtres présente quelques spécimens des nombreux **objets votifs** trouvés dans l'antre corycien, qui était consacré à Pan et aux nymphes sur les flancs du Parnasse : figurines, vases et plaques en terre cuite, osselets, petits bronzes (dont un petit cheval de style géométrique).

Par l'escalier situé au fond de la salle, vous regagnerez le hall du musée.

Environs de Delphes

Si vous êtes conquis par le charme... commercial du village bâti près du sanctuaire, vous pourrez, en séjournant une ou deux journées supplémentaires à Delphes, découvrir l'un des plus beaux monastères de Grèce, celui d'Hosios Loukas, les remarquables paysages du Parnasse, etc. Si vous n'avez pas le pied alpin, ne cherchez pas à gravir cette fameuse montagne (vous en seriez cependant récompensé par un prodigieux panorama), mais empruntez plutôt une route facilement carrossable qui, d'Arachova, vous conduira à Kalyvia et même jusqu'à la grotte corycienne.

1 — La Sybaris et la gorge du Pleistos (excursion à pied de 3 à 4 h). — Le sentier part de la route à dr. en sortant du bourg vers le sanctuaire. Après une descente en lacet, il aboutit au fond du ravin puis passe devant plusieurs petites grottes, franchit le torrent pour arriver (1 h), à côté d'un gouffre très profond, à la **source Sybaris,** du nom du monstre qui hantait l'antre qui est en face. Suivant le torrent, puis (à g. pendant 150 m) un fossé d'irrigation, on retrouve un chemin (à g. pendant 60 m) qui conduit au **monastère de la Panaghia** et au **Pleistos,** d'où un sentier rejoint la route à l'E. de Marmaria.

2 — Itéa ♦ (17 km ; par la route d'Amfissa ; prenez à g. à 14 km), pour les amateurs de bains de mer.

3 — Amfissa ♦ (23 km), pittoresque petite ville dominée par un vieux château franc, que vous atteindrez après avoir traversé une immense olivaie, celle de la fameuse plaine sacrée.

4 — **Hossios Loukas ♦ (39 km ; par la route de Livadia et à dr. à 26 km), monastère dont l'église est surtout remarquable par ses mosaïques à fond d'or, parmi les plus belles que vous pourrez contempler en Grèce.

5 — Antre corycien. — Cette grotte située dans le massif du Parnasse, à 2 h 30 de marche à partir de Delphes, est maintenant accessible en voiture. A la sortie O. d'**Arachova**, prendre la route du Parnasse qui vous mènera, après un col, à un vaste plateau (cultures, hameau d'été à g. de la route) après lequel vous bifurquerez à g., au bout d'env. 10,5 km, pour prendre une route non asphaltée qui aboutit, après environ 2,5 km et au terme d'une forte montée, en dessous de l'entrée de la grotte, connue aujourd'hui sous le nom de **Saranda-Vli** (les quarante salles).

L'antre de Pan. — *L'antre corycien, c'est-à-dire l'antre en « besace », décrit et admiré par Pausanias, était consacré à Pan et aux nymphes. A dr. de l'entrée, dédicace à ces divinités par Eustratos d'Ambryssos (cité phocidienne à l'emplacement de l'actuelle Distomon) ; au-dessus, inscription en partie indéchiffrable qui mentionne Pan, les nymphes et les thyiades. C'est sur le plateau voisin que les thyiades, ou bacchantes, femmes de Delphes, célébraient tous les cinq ans, vêtues de peaux de bêtes et armées de thyrses et de torches, des orgies bachiques et des courses et danses nocturnes (*Eschyle, *Euménides, 22).*

La grotte, qui comprend une grande chambre de 60 m de long et 30 m dans sa plus grande largeur, et une autre de dimensions très réduites, a été identifiée grâce à la dédicace d'*Eustratos* il y a plus de deux siècles, et fouillée en 1970 et 1971 par l'*Ecole française*. Outre un dépôt d'époque néolithique et des restes d'époque mycénienne, la fouille a permis de recueillir un matériel archéologique extraordinairement abondant et varié (échantillons présentés dans une vitrine au musée de Delphes) : dédicaces sur pierre et sur céramique, sculptures en ronde-bosse (dont une belle statue de satyre), figurines de terre cuite (plusieurs milliers), céramique peinte, objets de métal (or, bronze, argent), monnaies, astragales (on en a compté plus de 20 000 ; quelques-uns de ces osselets portent des signes gravés). La majeure partie des offrandes date des VIe, V^e^ et IVe s. av. J.-C., quelques-unes remontent au VIIe s., d'autres appartiennent à l'époque hellénistique. Comme le sanctuaire delphique dont elle était devenue une sorte d'annexe, la grotte a connu l'apogée de sa prospérité du VIe au IIIe s. av. J.-C.

6 — Ascension du Parnasse. — L'ascension à pied jusqu'au sommet du Parnasse, recommandable surtout en juillet et août, est aujourd'hui facilitée et abrégée (une journée suffit, sauf si vous voulez assister au lever du soleil) par la route qui donne accès à la station de ski nouvellement aménagée (se renseigner à Arachova et prendre un guide). Pour gagner cette station, suivez l'itinéraire de l'antre corycien, mais au lieu de bifurquer à g. sur le plateau, poursuivez un peu et tournez à dr.

Du **sommet principal** du Parnasse (Liakoura), à 2 457 m d'altitude et à environ 8 h 30 de marche de Delphes (5 h de Kalyvia), vous identifierez, en vous munissant d'une boussole, quelques-uns des détails les plus lointains de la carte de Grèce. Au N.-O., le Tymphrestos et le Pinde ; au N., au-delà du Callidromos, l'Œta, l'Othrys, le Pélion, l'Ossa, l'Olympe neigeux.
Au N.-E., le bloc gris de l'Athos surgit de la mer. Dans le lointain se dessinent les Sporades ; plus près, les golfes de Lamia, de Volo, le canal et l'île d'Eubée. — Au S.-E., l'Hélicon, l'Attique, les Cyclades ; au S., le golfe de Corinthe, depuis l'isthme et le promontoire de Pérachora jusqu'à Naupacte (Lépante) ; les monts du Péloponnèse (Cyllène, Ménale, Aroania, Erymanthe, Panachaïkon) et, au fond, le Taygète. A l'O., au-delà de la vallée d'Amfissa, la vue est limitée par les monts de Locride et Doride (anc. Korax), avec les pics Ghiona (2 510 m) et Vardousia (2 437 m).

Diakopton

Carte-itinéraire 5. — Patras, 47 km. — Corinthe, 85 km.

Sur la côte du golfe de Corinthe, cette populaire station balnéaire est le point de départ du chemin de fer à crémaillère et de la route qui mènent au **monastère du Mégaspilaion** ♦ et à **Lalavryta** ♦ ⊙.

Clubs de vacances :

Calogria; réserv. à Athènes : *K. Arvanitis,* 36, rue Voulis (☎ 322-67-47) ; ouv. 15 mai-30 oct.

Engali-Z. Plage; rens. et réserv. à Athènes, 6, rue Ag. Constantinou (☎ 361-99-03) ; ouv. juin-sept.

Campings :

Akrata Beach, à Paralia Akratas (11 km) ; 300 pers., 60 voit., 30 caravanes ✂ sports nautiques ; ouv. 15 juil.-15 oct.

Kryonéri Camping, à Paralia Akratas (11 km ; ☎ 31-405) ; 150 pers., 40 voit., 20 caravanes ✂ sports nautiques ; ouv. avril-oct.

Dodécanèse [Le]

La province insulaire du Dodécanèse, qui comprend les îles de Rhodes, Cos, Kalymnos, Léros, Patmos, Karpathos, etc., est devenue l'un des pôles d'attraction du grand tourisme grâce à la construction de très nombreux hôtels à Rhodes et à l'établissement de relations maritimes et aériennes régulières au départ du Pirée, d'Hellénikon (aéroport d'Athènes), mais aussi, maintenant, de Mykonos et d'Héracleion, en Crète. Certaines îles, telles Astypaléa, Kalymnos, Karpathos, Cos, Nisyros et Rhodes, sont recommandées pour la beauté de leurs paysages, d'autres pour leurs monuments, antiques ou byzantins ou même francs, telles Rhodes, Patmos, Cos.

Le Dodécanèse est par excellence la Grèce d'Asie ; si par l'histoire elle est d'attache franchement hellénique, c'est par le sol une dépendance de l'Asie Mineure. Les îles du Nord, à partir de Kalymnos, sont, comme les Cyclades, des fragments du socle ancien de gneiss et de calcaires lourdement plissés, où le relief varie selon l'importance relative de ces deux éléments constitutifs. Plus au sud, de Cos à Rhodes, les îles appartiennent au système orographique du Taurus, avec des schistes cristallins et des marbres qui donnent les reliefs culminants. Rhodes, au climat chaud et humide (plus de 1 m de pluie), mérite une place à part grâce à sa luxuriante végétation qui contraste avec l'aridité des Cyclades et de la plupart des autres îles du Dodécanèse.

Dodone★

Carte-itinéraire 10. — Arta, 84 km. — Igouménitsa, 127 km. — Ioannina, 21 km.

Au cœur des âpres montagnes de l'Epire, vous visiterez, à Dodone, le plus ancien sanctuaire où les Grecs entraient en communication avec Zeus, dont ils interprétaient la pensée dans le murmure des feuilles d'un chêne sacré ou dans les plaintes d'un chaudron de bronze flagellé par un fouet de cuir. De ce passé, il subsiste un ensemble monumental, assez bien conservé, notamment un théâtre qui sert de cadre à un festival annuel (mi-août).

Un dieu disert. — *Bien que l'oracle de Dodone n'ait jamais rivalisé avec celui de Delphes, il est probablement le plus ancien de la Grèce continentale. La divinité du sanctuaire était Zeus « qui gouverne Dodone aux deux hivers ». La voix de Zeus se faisait entendre dans les feuilles du chêne sacré. On interprétait aussi le vol des colombes et le son rendu par un bassin d'airain, offert par les Corcyréens, au-dessus duquel était placée une statuette d'enfant armé d'un fouet à lanières que le vent poussait contre les parois du vase. La volonté des dieux se manifestait encore par le sort des dés ou le murmure de la fontaine miraculeuse. Les prophètes de Zeus, les* selles, *couchaient sur la terre et marchaient pieds nus car les effluves inspirateurs se dégageaient de la terre.*

Un sanctuaire à éclipses. — *Si l'oracle de Dodone paraît avoir subi une éclipse vers le Ve s., il fut à nouveau très florissant à l'époque macédonienne. Le temple, détruit lors des guerres des Ligues étolienne et achéenne (219 av. J.-C.), fut rebâti puis à nouveau incendié par les Romains en 168-167 av. J.-C. Il est cité par* Pausanias *au IIe s. mais l'oracle est inconnu de* Tite-Live *et de* Plutarque. *Par la suite, Dodone devint le siège d'un évêché et des évêques de Dodone assistèrent aux conciles des Ve et VIe s. Le site de Dodone n'a véritablement été identifié que depuis les fouilles entreprises par* Carapanos, *en 1873. Ces fouilles ont été reprises par la* Société Archéologique, *et les objets découverts sont au musée de Ioannina.*

Visite : en été, de 9 h à 13 h et de 16 h à 18 h ; en hiver, de 10 h à 16 h 30 ; les dim. et j. fériés, de 10 h 30 à 14 h 30 ; fermé le mardi ; accès payant.

Théâtre. — Cet édifice, le mieux conservé (il fut restauré), fut bâti au début du IIIe s. av. J.-C., au temps de *Pyrrhus* (292-272), ruiné par les Etoliens en 219 av. J.-C., puis reconstruit par les Epirotes et *Philippe V* (220-178) à la fin du IIIe s. C'est à cette époque que le bâtiment de scène en bois fut remplacé par des constructions en pierre et que furent construites les portes des couloirs d'accès latéraux. Il fut ensuite transformé en arène destinée aux combats de gladiateurs et aux chasses d'animaux sauvages.

Devant le mur de soutènement, renforcé par un bastion en forme de tour, vous remarquerez, sur un remblai artificiel, plusieurs rangs de gradins qui appartiennent sans doute au stade où l'on célébrait des concours gymniques pendant la fête des Naïa.

Sanctuaire de l'oracle. — Il était composé d'une maison sacrée, où l'on rendait les oracles, de plusieurs temples, petits trésors et monuments votifs. Immédiatement après le théâtre, vous rencontrerez à g. les ruines d'une vaste salle hypostyle, à trois rangées de colonnes et à gradins, le bouleutérion.

Vous verrez ensuite les vestiges de plusieurs petits édifices, trésors, monuments votifs, d'un temple hellénistique et enfin ceux de la maison sacrée, vaste édifice plusieurs fois remanié qui servait aux cérémonies de l'oracle et du culte.

L'édifice le plus ancien date du IVe s. av. J.-C., mais il fut élevé sur l'emplacement d'un petit naïskos. La construction du IVe s., en gros blocs isodomes sur orthostates, fut probablement détruite par le stratège étolien Dorimachos en 219 av. J.-C. Elle fut relevée de ses ruines, et c'est peut-être à cette époque (fin du IIe s. av. J.-C.) qu'on ajouta le propylée S. Détruit par *Paul-Emile* en 168-167, il fut à nouveau réparé et l'on érigea le bâtiment rectangulaire au N. Plus tard, à l'extrémité N. de celui-ci, on bâtit le propylée correspondant au propylée S.
Plus loin, vous remarquerez encore les vestiges de l'**ancien et du nouveau temple de Dioné**, divinité locale associée à Zeus, et enfin les ruines d'une **basilique** de la fin du VIe s., à trois absides, élevée au-dessus des restes d'une autre église, à une seule abside, construite au Ve s., en partie sur les fondations du **temple d'Héraclès**, de la fin du IIe s. av. J.-C. (?).

■ Drama

Carte-itinéraire 14. — Kavalla, 35 km. — Serrès, 70 km. — Thessalonique, 158 km.
29 690 habitants.

Située non loin de la frontière gréco-bulgare, à l'orée d'une grande plaine agricole (culture du tabac), l'ancienne *Drabescos* n'a conservé aucun vestige de son passé. Centre commerçant, elle sera pour vous une ville étape à proximité de Philippes ♦.

C'est par Thucydide et par Pausanias que la ville est citée sous le nom de Drabescos. Au Ve s. av. J.-C., les Athéniens y furent battus par le roi de Macédoine. La date de l'occupation turque, mal fixée, doit se placer vers 1371. Au début du XVIIe s., elle fut réunie à la métropole de Philippes. La ville fut occupée en 1912 par les Grecs, en 1917 par les Bulgares, et revint à la Grèce en 1918.

Indicatif téléphonique : 0521.

Hôtels :

¶¶ *Xénia,* 10, rue Eth. Amynis (✆ 23-195) 24 ch. ✂ ▥ ⊜ ☏ Ⓟ night-club.

¶ *Apollo,* 20, rue Lambrianidou (✆ 25-551) 40 ch. ▥ ⊜ ☏ Ⓟ

¶ *Emporikon,* 6, rue Eth. Amynis (✆ 22-044) 58 ch. ▥ ⊜ ☏ Ⓟ

A **Kato Nevrokopion** (à 42 km au N.-O.) se déroulent le 1er janvier d'intéressantes fêtes traditionnelles.

E

Edessa

Carte-itinéraire 13. — Florina, 72 km. — Kastoria, 136 km. — Thessalonique, 89 km.
14 960 habitants ; archevêché ; chef-lieu du nome de Pella.

Ancienne capitale de la Macédoine vivant aujourd'hui de ses filatures, Edessa sera pour vous la fête de l'eau si vous arrivez par une chaude journée d'été : elle est, en effet, parcourue par une multitude de ruisseaux qui se réunissent pour se précipiter en cascades et, dans la plaine, arrosent de bien sympathiques vergers.

Un bastion macédonien. — *On a longtemps estimé qu'Edessa devait être identifiée avec l'ancienne* Aigai *qui fut un moment la capitale de la Macédoine, avant Pella ; mais on pense actuellement que c'est plutôt Verghina qui peut légitimement prétendre à ce titre de gloire. Quoi qu'il en soit, la ville prit officiellement le nom d'Edessa durant la période romaine. L'enceinte de la ville basse, en cours de dégagement par des archéologues grecs, paraît dater du IVe s. av. J.-C., mais elle fut maintes fois restaurée, par les Romains et les Byzantins.* Pyrrhus, *lors de sa lutte contre le roi* Démétrios, *y installa son quartier général, après le partage de la Macédoine entre* Lysimaque *et lui-même. La ville resta, durant toute l'Antiquité, l'une des principales places fortes de la Macédoine occidentale. Prise par les Bulgares, elle fut reconquise par* Basile II *(1013-1027). L'armée hellénique s'en empara en octobre 1912.*

Indicatif téléphonique : 0381.

Police touristique : 31, rue Philippou (☎ 23-355).

Hôtels :

¶¶ *Xénia*, 41, rue Philippou (☎ 22-995) 20 ch. ✂ ☎ P

¶ *Olympion*, 1, rue Vassiléos Géorgiou (☎ 23-485) 34 ch. P

Cruellement éprouvée pendant l'occupation allemande — la plupart de ses églises furent incendiées —, Edessa a beaucoup perdu de son intérêt.

Dans le quartier de l'archevêché, près du rebord du plateau (prenez à dr. en ville si vous arrivez de Thessalonique), vous visiterez l'**église de la Kimissis tis Panaghias** (Dormition de la Vierge), à g. de l'archevêché ; vous y verrez une belle iconostase en bois sculpté et quelques vestiges antiques de remploi. Près de l'archevêché, ***vue** sur les chutes d'eau et le monastère de Kaisariani.

■ Pour vous rendre au **musée** (d'un intérêt limité), suivez la route de Thessalonique à Florina et tournez à g. peu après avoir laissé une école à dr. Ce musée est installé dans une ancienne mosquée et renferme surtout des sculptures funéraires, stèles, fragments architectoniques divers provenant de la région.

Non loin d'Edessa, au lieu-dit **Loggos**, on a découvert les restes de **trois basiliques paléochrétiennes**, maigres témoignages de l'importance de la ville à cette époque. Dans l'une d'elles, sols en mosaïque et chancels en marbre.

E

Egine [Ile d'] (Aighina)**

85 km²; 10 000 habitants environs.

Tous les attraits des îles grecques à un peu plus d'une heure d'Athènes : sans doute est-ce la raison du succès touristique de cette île du golfe Saronique. L'« île des pistaches » offre en effet un dépaysement complet, avec son petit port coloré — longtemps rival maritime d'Athènes —, ses plages tranquilles, ses paysages paisibles; mais vous n'y négligerez cependant pas l'archéologie et visiterez au moins le temple d'Aphaia, dans un cadre admirable.

La légende et l'archéologie. — *La légende nous dit qu'à l'origine régnait le héros* Aiakos *ou* Eaque, *fils de Zeus et d'Ægina, père de Pélée et de Télamon, grand-père d'Achille, d'Ajax, de Teucros. Il devint avec* Minos *et* Rhadamanthe *l'un des trois juges infernaux. L'île s'appelait alors* Oinoné. *De son côté, l'archéologie nous révèle qu'elle dut être habitée dès le Vᵉ millénaire av. J.-C. par des tribus venues du Péloponnèse. Au IIIᵉ millénaire, des Crétois durent y établir un comptoir commercial. Probablement dès le début du IIᵉ millénaire, Egine fut occupée par des Achéens puis des Ioniens. Mais son épanouissement fut limité par la thalassocratie minoenne. Au moment de l'invasion dorienne, l'île aurait été occupée par des Myrmidons thessaliens.*

Une miniature d'Etat. — *Vers 950 av. J.-C., Egine fut soumise par les Doriens d'Epidaure et fit partie de l'amphictyonie de l'Heptapole (des Sept Villes) avec, comme centre, le sanctuaire de Poséidon de Calaurie, sur l'île de Poros. Elle était habitée par des armateurs et des négociants et, au VIᵉ s., s'étant affranchie de la domination d'Argos, elle s'enrichit grâce au commerce et à l'industrie des métaux, des parfums, des poteries. La marine éginète étendit ses relations jusqu'en Italie, en Egypte et dans la mer Noire et fonda des colonies lointaines.*

La taie sur l'œil du Pirée. — *L'essor de la puissance maritime d'Athènes dépendait de la disparition d'Egine. Périclès comparait Egine à une taie qui aveuglait Le Pirée. La lutte fut âpre et longue et débuta avant les guerres Médiques. Celles-ci amenèrent une trêve. Mais, en 458, le duel avec Athènes recommença par deux grandes batailles navales où la flotte athénienne vainquit celle d'Egine, d'Epidaure et de Corinthe. Les Athéniens assiégèrent la ville qui dut se rendre, en 455, à de dures conditions : elle détruisit ses fortifications, livra ses vaisseaux, paya tribut. En 431, au début de la guerre du Péloponnèse, Athènes, défiante, expulsa les Eginètes et les remplaça par des Athéniens. Les Eginètes furent réintégrés par Lysandre en 404. Mais leur rôle historique était fini.*

Indicatif téléphonique : 0297.

Police touristique : rue Vas. Géorgiou (22-391).

Hôtels :

En ville :

¶¶ *Nausica,* 55, léof. N. Kazoutzakis (22-333) 34 ch. ouv. mars-oct.

¶ *Brown,* 4, Toti Chatzi (22-271) 26 ch.

¶ *Faros* (22-218) 46 ch. ouv. avril-oct.

A la plage de Moondy (6 km) :

¶¶ *Moondy Bay* (61-228) 60 ch. ouv. avril-oct.

A Haghia Marina :

¶¶¶¶ *Marisa Bay* (32-282 ; à Athènes 32-47-422) 179 ch. night-club. ; ouv. avril-oct.

¶¶ *Apollo* (32-271) 107 ch. ouv. avril-oct.

¶ *Argo* (32-266) 60 ch. ouv. avril-oct.

¶ *Galini* (32-203) 35 ch. ouv. mars-oct.

¶ *Kyriakakis* (32-222) 30 ch. ouv. mars-oct.

¶ *Oasis* (32-204) 19 ch.

A Perdica :

¶¶ *Ægina Maris* (61-341) 165 ch. ou bungalows avril-oct.

A Souvala :

¶ *Elphi* (52-045) 32 ch. ouv. avril-oct.

Camping :

Moni, sur l'île de Moni (20 mn d'Egine ; 61-242) ; réserv. à Athènes, *Touring Club Hellénique* (524-86-00) ; 120 pers. sports nautiques ; ouv. mai-sept.

Club de vacances :

Angistiri, île d'Angistiri (à l'O. d'Egine) ; réserv. à Athènes : *S.T.S. Ltd,* 1, rue Philellinon (322-79-93) ; ouv. avril-oct.

Bateaux : grand nombre de liaisons quotidiennes depuis Le Pirée et vers Poros, Hydra et Spetsae ; possibilité de minicroisière d'une journée à Egine et dans les autres îles du golfe Saronique (rens. au Pirée et dans les agences de voyages).

Votre emploi du temps à Egine. *— Si vous vous proposez de rentrer le soir à Athènes, il sera préférable de vous rendre immédiatement au temple d'Aphaia en prenant soit l'autobus d'Haghia Marina sur le quai, soit un taxi. Vous pourrez effectuer une visite du temple en 1 h, puis vous gagnerez, à pied (en 30 mn) si vous êtes venu en autobus, la jolie petite baie d'Haghia Marina, dont les eaux bleues invitent à la baignade. Vous déjeunerez sur place avant de reprendre le chemin du retour, en visitant au passage, mais seulement si vous êtes un excellent marcheur, le site de Paléochora, qui fut la ville principale de l'île au Moyen Age. En attendant le bateau du soir, vous vous promènerez dans le chef-lieu, qui occupe le site de la ville antique. Pour une visite moins précipitée, comprenant les excursions à Paléochora et à l'Oros, la plus haute montagne de l'île, vous séjournerez avec plaisir au moins deux jours à Egine.*

La ville d'Egine. — Après être passé, en entrant dans le port, devant la blanche **chapelle Haghios Nicolaos,** vous aborderez au quai bordé par les traditionnelles terrasses de cafés où se concentre la vie de la petite cité ; ici l'ouzo sera accompagné de pistaches, l'une des productions principales de l'île avec les amandes, les figues, le raisin et les olives.

Près de la cathédrale, vous gagnerez le petit **musée** local, dont les collections retracent l'histoire de l'île depuis la période néolithique jusqu'à l'époque romaine.

Visite : en été, de 8 h 30 à 12 h 30 et de 16 h à 18 h ; en hiver, de 9 h à 13 h 30 et de 16 h à 18 h ; le dim. de 9 h à 15 h en été et de 10 h à 16 h 30 en hiver (☎ (0297) 226-37).

Vous verrez d'abord des figurines et poteries mycéniennes ainsi que l'inscription découverte au temple d'Aphaia et qui en permit l'identification comme tel, puis des objets préhistoriques et de la céramique géométrique. Parmi les sculptures, le sphinx d'Egine et des fragments provenant du temple d'Aphaia.

Pour retrouver les traces de l'ancienne ville, revenez au port et continuez au-delà de l'arrêt des autobus vers Kolona. Après avoir aperçu quelques restes du *Cryptos Limin*, le port caché, qui était le port militaire des Eginètes (restes immergés de môles et de loges de trières), vous atteindrez, en 10 mn, le site du **sanctuaire d'Apollon** (longtemps identifié avec un sanctuaire d'Aphrodite), sur une butte en partie artificielle.

De ce temple, construit au début du Ve s., il ne reste plus qu'un fût de colonne sans chapiteau. Tout cet ensemble s'est lui-même superposé à un sanctuaire plus ancien, du VIIe s., dont on a retrouvé une fosse à sacrifices en maçonnerie et un logement carré composé de trois pièces, mais le culte remonte à l'époque géométrique comme l'ont montré diverses trouvailles. Plus près du rivage, vous remarquerez les traces de deux petits temples et des fondations circulaires, peut-être du **tombeau de Phokos**, et celles du *bouleutérion*. Durant l'époque hellénistique fut construit l'*Attaleion* dont on peut distinguer les empreintes près de la côte.

Environs d'Egine-ville. — 1 — Omorphi Ekklisia (2,5 km par la route d'Haghia Marina, et à g. à 2 km). — La *Belle Eglise*, dédiée aux saints Théodore en 1282, recèle à l'intérieur des **fresques** dont certaines sont en assez bon état. Vous distinguerez une Nativité, une Crucifixion et une Résurrection. Elles sont postérieures à l'époque de construction de l'église.

2 — Haghios Nectarios et Paléochora (7,5 km par la route d'Haghia Marina).

6 km : **Monastère d'Haghios Nectarios**, du XIXe s., où vécut l'archevêque *Nectarios* (1920), canonisé en 1961. Depuis cette date, le monastère est un centre de pèlerinage célèbre.

7,5 km : **Paléochora.** — Sur les pentes d'une montagne couronnée par les restes d'un château fort médiéval, vous visiterez une ville abandonnée qui fut, du Moyen Age au siècle dernier, la principale localité de l'île, avec ses blanches chapelles, ses maisons et ses monastères en ruine.

Un repaire de corsaires. — *Au IXe s., les insulaires fuyant leurs habitats des côtes, saccagés par les Sarrasins, fondèrent cette ville. Lorsque les Eginètes devinrent à leur tour des corsaires, elle fut le nid d'aigle où ils se repliaient en cas de danger. Détruite une première fois en 1537 par les Turcs commandés par le fameux* Barberousse, *puis reconstruite, elle subit le même sort lorsque les Vénitiens s'en emparèrent en 1654. Les Eginètes, sans se décourager, entreprirent de la relever de ses ruines et des voyageurs, au XVIIIe s., affirment que Paléochora comptait encore plus de 400 maisons et de nombreuses églises. Elle fut habitée jusque vers l'an 1800, époque à laquelle ses occupants revinrent vivre près des côtes.*

Une vingtaine d'églises croulantes ou restaurées, toutes blanches, paraissent accrochées sur le roc des pentes raides. Ces églises datent du XIIIe s. Certaines ont des voûtes en arcs brisés en tiers-point. Les plus anciennes sont de plan en croix grecque à coupole. Presque toutes les iconostases de ces églises sont en maçonnerie et ornées de fresques.

Au pied de la colline, à g. dans un enclos, se trouve la petite **basilique Stavros.** De cet enclos part un chemin montant, dallé de pierres ; en le suivant, vous verrez, à g., quelques chapelles en ruine, dont l'une, précédée d'une petite place dallée, est dite **Haghios Géorgios Catholicos** (Saint-Georges-le-Catholique) parce que les Vénitiens l'affectèrent au culte catholique. Le chemin, devenu plus raide, conduit à **Episcopi,** l'ancienne cathédrale d Egine, où vécut *St Denis de Zante,* dans une cellule qui existe encore au fond de la cour. Sur l'iconostase, une icône de la Panaghia du XVIe ou XVIIe s. attire l'attention.

Au-dessus de la cellule du saint, un sentier sinueux et rocailleux qui passe devant la **chapelle Haghios Nicolaos,** ornée de sculptures, conduit au **château fort.** Construit en 1654 par les Vénitiens, il tombe en décrépitude. A dr., un sentier raboteux, passant près de trois petites églises aux fresques très endommagées, conduit au **monastère d'Haghia Kyriaki** (Sainte-Dominique), qui ne fut désaffecté qu'en 1830. L'église est jumelée avec celle de la Zoodochos Pighi (Source qui donne la vie). Elles sont couvertes de **fresques,** en assez bon état, antérieures au XVIIe s.
Du monastère, un sentier sinueux dévale la colline jusqu'au chemin empierré qui serpente à son flanc, parmi une dizaine d'églises émergeant entre des tas de décombres qui furent des habitations. La première église que vous rencontrerez est celle d'**Haghios Ioannis Théologos,** construite à l'époque de l'occupation catalane (XIVe s.) ; les **fresques** sont par contre postérieures. Puis vient l'**église Haghios Nicolaos,** considérée comme étant la plus ancienne de Paléochora.
Les **fresques,** assez abîmées, de la cinquième église, sont d'une facture primitive, presque rude. Dans **Haghios Efthymios,** la septième église, les **fresques** sont du type péloponnésien. La neuvième église est consacrée à **Haghios Géorgios,** représenté sur les **fresques** en compagnie de Ste Dominique, habillée en princesse byzantine. A la dernière église, dédiée à **Haghios Stéphanos,** vous atteindrez le point de départ de cette excursion.

A 5 km au N. de Paléochora, **Souvala** est un bien modeste port et une petite station thermale desservie parfois directement depuis Le Pirée.

3 — **Temple d'Aphaia et Haghia Marina (10 km et 12 km). — Remarquablement situé au sommet d'une haute colline couverte de pins, le temple fut élevé au début du Ve s. av. J.-C. sur l'emplacement d'un temple plus ancien. Il était consacré à Aphaia, très vieille divinité indigène, célébrée par *Pindare* comme la patrone d'Egine, et fut sans doute abandonné en 431 av. J.-C. au moment de l'expulsion des Eginètes.

Visite : t.l.j. de 8 h 30 à 12 h 30 en été, de 9 h à 13 h 30 en hiver, et de 16 h à 18 h ; le dim., de 9 h à 15 h en été et de 10 h à 16 h 30 en hiver ; accès payant.

Une action de grâce après les guerres Médiques. — *L'identification de ce temple, célèbre en raison de sa situation, de sa conservation et de ses sculptures, a donné lieu à de longues discussions mais, en 1901, les archéologues allemands ont retrouvé une dédicace du VIe s. au nom d'Aphaia, apparentée à la* Britomartis *crétoise (Artémis). Des travaux exécutés en 1969 par* D. Ohly, *de la Glyptothèque de Munich, ont montré que le temple primitif, un vaste périptère, dut être construit vers 570 av. J.-C. et fut détruit vers 515-510. Le temple actuellement visible fut également consacré à Aphaia, mais comme cette déesse était peu connue en dehors d'Egine, c'est Athéna qui fut choisie pour figurer comme protectrice des Grecs dans leurs combats contre les Troyens, combats représentés sur les frontons, en particulier sur le fronton*

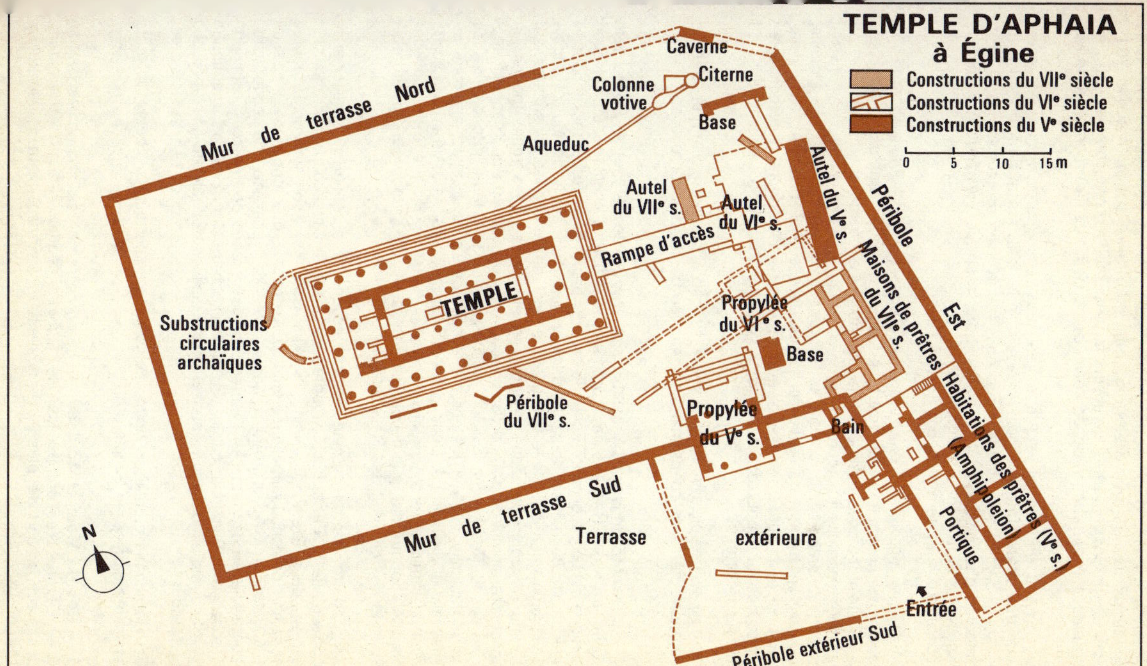

d'après Furtwängler

oriental, un peu plus récent (v. 490-480), où ils apparaissent comme symboles des guerres Médiques. Les sculptures, retrouvées dès 1811, sont à la Glyptothèque de Munich. Les fouilles ont mis au jour de nouveaux fragments déposés au musée d'Egine et au musée d'Athènes.

De la route, en montant vers le temple, vous rencontrerez d'abord les restes d'un **mur d'enceinte** (péribole extérieur), puis d'un **corps de logis** du Ve s. av. J.-C. destiné aux prêtres. Vous atteindrez ensuite une terrasse artificielle, entourée d'un mur de clôture ou **péribole intérieur**, sur laquelle s'élève le temple. La **Voie Sacrée** pénétrait dans cet enclos par un **propylée** ou entrée monumentale et se prolongeait jusqu'à l'autel.

Le **temple**, bâti en calcaire local, était d'ordre dorique et de type périptère (colonnade continue sur les quatre côtés). Du vestibule, vous pénétrerez dans le lieu saint, ou *cella*, dont les murs latéraux ont été partiellement relevés. Une double colonnade intérieure de cinq colonnes à ordres superposés divisait cette pièce en trois nefs, comme au Parthénon, et supportait la toiture. La cella, qui était la chambre de la divinité, abritait la statue d'Aphaia. Après la cella, vous verrez la partie postérieure du temple ou *opisthodome*. Tout contre les fondations du temple, dans une fosse, vous remarquerez les substructions du temple archaïque.

Au-delà du temple d'Aphaia, la route conduit à la plage d'**Haghia Marina**, escale de certaines lignes maritimes au pied de collines verdoyantes.

4 — L'Oros (6 km jusqu'à Marathon, puis env. 2 h de marche). — Cette haute colline ou **mont Haghios Ilias**, qui culmine à 532 m d'altitude, est ce piton conique qui fait reconnaître Egine de tous les points du golfe Saronique. Quand il se couvre de nuages, on peut prédire la pluie. Telle est, sans doute, l'origine de la fable selon laquelle le héros Eaque avait, après une longue sécheresse, obtenu de son père Zeus une pluie bienfaisante. Le sommet portait un sanctuaire primitif de Zeus hellanios, converti plus tard en Zeus panhellénien. Lors des fouilles, on retrouva les vestiges d'une agglomération fondée par les tribus thessaliennes qui y établirent le culte de Zeus hellanios, originaire de Thessalie et de Dodone. Durant l'époque géométrique fut érigé un sanctuaire dont on retrouva les substructions, avec un autel consacré à Zeus panhellénien. A l'époque des rois de Pergame (IIe s. av. J.-C.) tout le mont fut dédié au Père des dieux et des Hellènes.

Vous pourrez rentrer à Egine-ville en descendant le sentier qui passe par le **couvent de la Panaghia Chrysoléontissa** (de la lionne d'or), l'un des plus anciens de la Grèce, situé dans un vallon isolé. Avec son architecture râblée et sa tour-donjon, il rappelle les monastères fortifiés du mont Athos. Il date de 1600, mais son église a été agrandie en 1806. Il possède une remarquable iconostase en bois sculpté, représentant des scènes de l'Ancien Testament. L'icône de la Panaghia, qui lui a valu son nom de Chrysoléontissa, attribuée à St Luc, est exposée sur une iconostase distincte. La fête du couvent a lieu le 15 août.

Par un chemin montueux, vous atteindrez, en trois quarts d'heure, la route asphaltée d'Egine au temple d'Aphaia.

5 — Iles de Moni et Angistiri. — La première de ces bien petites îles, au S.-O. d'Egine, n'est que le séjour de campeurs pendant l'été, en pleine nature, tandis que la seconde, plus à l'O., possède un charmant petit port, Milo, et un club de vacances.

Eleusis (Elefsis)*

Carte-itinéraire 5. — Athènes, 23 km. — Corinthe, 64 km. — Daphni, 12 km. — Thèbes, 42 km.
18535 habitants ; nome d'Attique.

Cette ville industrielle (aciéries, cimenteries, pétrochimie), aujourd'hui perdue au fond de la triste banlieue d'Athènes, est l'une des plus illustres cités de la Grèce antique. Son état sacerdotal, dont l'origine est personnifiée dans la légende par le roi-prêtre Eumolpos (c'est-à-dire à la voix juste), fut longtemps rival d'Athènes. Son nom passait pour signifier l'arrivée. C'était là, en effet, d'après la tradition, que Déméter (Cérès) avait reçu l'hospitalité du roi Kéléos alors qu'elle recherchait sa fille Coré (Perséphone-Proserpine), enlevée par Hadès (Pluton). En reconnaissance, la déesse avait donné au fils du roi, Triptolème, le premier grain de blé et lui avait appris à cultiver la terre. Les célèbres mystères, fondés par Eumolpos sur l'ordre de Déméter, devaient perpétuer le souvenir de ce bienfait. Le culte des Grandes Déesses (Déméter et Coré) fit ainsi le renom d'Eleusis jusqu'à la fin du IVe s. apr. J.-C.
L'engouement que suscitent les ruines d'Eleusis sur une partie de ceux qui les visitent est un autre mystère. Elles se présentent, en effet, dans un tel état d'enchevêtrement que seul l'œil exercé du professionnel peut débrouiller cet écheveau.

Eleusis dans l'histoire

Une cité pré-achéenne. — *L'acropole qui domine la plaine thriasienne, au fond du golfe d'Eleusis, fut occupée bien avant la migration des Achéens.*
La bourgade primitive était protégée par une enceinte distincte du rempart qui entourait le sommet de la colline et qui constituait l'acropole avec le palais du roi. La tradition, préservée par Homère *dans l'hymne à Déméter, situe le palais de Kéléos en un point dominant le sanctuaire.*
Au début du Ier millénaire av. J.-C., durant la période géométrique, cette agglomération s'étendait aussi sur le versant N., en même temps que commençaient à disparaître les demeures privées construites sur le versant E.

Le triomphe d'Athéna. — *La rivalité entre Athènes et Eleusis est symbolisée par la dispute entre* Athéna *et* Poséidon *pour la possession de l'Attique. Vaincue et annexée à l'Etat athénien, au cours du VIIe s., Eleusis conserva certains privilèges, en particulier la direction des mystères. Deux fois par an avaient lieu les fêtes des Grandes Déesses, aux* Petites Eleusinies *(Anthestérion : févr.-mars) et aux* Grandes Eleusinies *(Boédromion : sept.-oct.). A l'occasion de ces dernières, les Athéniens et les Grecs de toutes nationalités venaient célébrer les mystères et se faire initier. Après une brillante période de prospérité sous* Hadrien *et* Antonin le Pieux, *Eleusis fut saccagée en 395 de notre ère par* Alaric. *Les mystères furent interdits à la fin du IVe s. sous* Théodose. *Le site a été récemment fouillé par l'Ecole américaine et par le Service archéologique grec.*

Auberge de jeunesse : 13, rue Perséphonis (☎ 554-65-47).

Visite des ruines

Visite : en sem., de 8 h à 16 h ; les dim. et j. fériés, de 10 h à 16 h ; accès payant.

••• **Le sanctuaire des Grandes Déesses,** dont l'accès était interdit, sous peine de mort, aux non-initiés, était entouré d'une haute enceinte fortifiée, double du côté de l'entrée. En dehors des portes de la ville s'étendait la plaine Rharienne, champ sacré où avait été semé le premier grain donné par Déméter ; il renfermait l'aire et l'autel de Triptolème. Elle était traversée par la Voie Sacrée, qui reliait le sanctuaire à Athènes. Près de l'entrée, vous verrez ainsi un tronçon de près de 40 m de long, récemment découvert, qui est daté de l'époque hellénistique et qui, fréquemment restauré, resta en usage jusqu'au VIe s. de notre ère.

Temple d'Artémis Propylæa et de Poséidon Pater. — Peu après l'entrée du champ de fouilles, vous atteindrez une vaste esplanade dallée, du IIe s. apr. J.-C., encombrée par les ruines des bâtiments qui l'entouraient. A dr., vous remarquerez d'abord les restes des fondations des deux autels voisins du temple d'Artémis Propylæa et de Poséidon Pater, ceux du temple dorique consacré à ces deux divinités, construit durant la période romaine en partie sur l'emplacement d'un sanctuaire plus ancien d'époque géométrique (VIIIe s. av. J.-C.). A dr. du temple se trouvent les fondations d'une structure rectangulaire, à l'intérieur de laquelle on peut voir une fosse ou *eschara* d'époque romaine, autel creux où l'on brûlait les victimes offertes en sacrifice aux divinités chthoniennes.

Le fragment de mur en arc de cercle que l'on aperçoit entre le temple et l'enceinte de l'eschara faisait partie d'une construction absidale, orientée vers l'O., qui fut en usage entre l'époque géométrique et le VIIe s. av. J.-C. Il semble que l'on se trouve en présence d'un sanctuaire. Au-delà gisent les ruines d'un portique. La grande esplanade romaine dallée, d'époque impériale, était entourée de galeries qui se développaient sur trois côtés.

Grands propylées. — Cette entrée monumentale fut construite en marbre pentélique sous *Antonin le Pieux* (138-161), à l'imitation des Propylées de l'Acropole d'Athènes. D'ordre dorique, la façade extérieure était constituée par un portique de six colonnes dont les éléments gisent sur l'esplanade. Les grands propylées coupent l'enceinte extérieure, construite au début du Ve s. av. J.-C., et restaurée par les Romains. Ils doivent occuper l'emplacement d'une porte plus ancienne. A g., vous distinguerez les ruines d'une tour (Pl. 1) rectangulaire qui renforçait l'enceinte extérieure.

Puits Callichoron. — A g. des grands propylées, remarquez, à un niveau inférieur à celui de l'esplanade, l'orifice du puits Callichoron, cité dans l'hymne homérique à Déméter et par *Euripide* et *Pausanias.* C'était autour de ce puits que, pour la première fois, les femmes d'Eleusis dansèrent et chantèrent en l'honneur de Déméter. Il existait antérieurement à la construction des grands propylées dont la marche inférieure fut échancrées afin de ne pas le recouvrir.

Derrière le puits, notez le bel appareil polygonal des assises inférieures de l'enceinte (de Cimon, Ve s. av. J.-C.).

Arc de triomphe. — Plus à g., vous remarquerez les vestiges de l'un des deux arcs de triomphe, d'ordre corinthien, dédiés par les Panhellènes aux Grandes Déesses et à l'empereur *Hadrien*, le second arc étant à l'autre extrémité de l'esplanade dallée.

Petits propylées. — Des grands propylées, on débouchait dans un vaste quartier intérieur compris entre deux enceintes, où les mystes étaient rassemblés et sans doute contrôlés avant de pénétrer dans le sanctuaire proprement dit par les petits propylées. Cet espace est actuellement encombré par les ruines de logements romains, de magasins et de divers remparts. A dr. du sentier, dans une fosse, notez un tronçon du mur **(5)** de Pisistrate (VIe s. av. J.-C.). A g. se trouve une citerne **(6)** romaine.
Les petits propylées, dont vous voyez les restes, furent bâtis sur le site d'une porte fortifiée **(7)** de l'enceinte du VIe s. av. J.-C. (du temps de Pisistrate), vers l'an 54 av. J.-C., par le proconsul *Appius Claudius Pulcher*, ami de *Cicéron*.

A g. de la Voie Sacrée s'ouvre une profonde et large tranchée où, dans un inextricable enchevêtrement, gisent les restes de constructions ou remparts qui se sont succédé en cette partie du site depuis l'époque géométrique jusqu'à la période romaine.
Ce sont, protégés par une toiture en zinc, des vestiges du mur en briques crues de Pisistrate (VIe s. av. J.-C.), des fondations **(8** et **9)** du IVe s. av. J.-C., plusieurs piliers carrés d'un grand magasin et les ruines d'une porte, aménagée sous le commandement d'une tour **(10)** de l'enceinte de Pisistrate, lorsque fut construit le rempart de Cimon. De la tour, il subsiste encore un imposant massif de briques crues protégé par un hangar. Le grand mur, assez bien conservé, au-delà de cette tour, date du temps de Périclès.

Télestérion ou sanctuaire des mystères. — Cette salle d'initiation était **le plus important des bâtiments sacrés d'Eleusis.** Le Télestérion que vous pouvez voir est pour ainsi dire la résultante de tous les édifices qui se sont succédé depuis l'époque de Pisistrate jusqu'à l'ère impériale romaine. Certes, le plan qu'affectait le Télestérion dans son dernier état, à l'époque romaine, est le plus apparent, mais les archéologues se sont attachés à remettre en place tous les éléments qu'ils purent retrouver des bâtiments qui s'élevèrent en cet endroit, depuis le temps de Pisistrate jusque sous les Romains. On verra même, dans des tranchées, **quelques vestiges du mégaron mycénien**, temple primitif qui, selon l'hymne homérique à Déméter, était situé à l'ombre du palais de Kéléos, ainsi que des restes du sanctuaire d'époque géométrique. De ceci, il résulte un extraordinaire enchevêtrement de murs, grâce auxquels on peut cependant retracer toute l'histoire de ce monument.

Un secret bien gardé. — *Le secret des mystères d'Eleusis a été bien gardé, mais le sens général de la légende de Déméter est assez clair. Sa « Passion » après le rapt de sa fille par le dieu des Enfers, la réapparition annuelle de Coré après un séjour de six mois dans l'Hadès, symbolisent le deuil de la nature après la mort de la végétation, le travail de la semence confiée à la terre et la réapparition de la plante qui renaît de* *cette mort. Les mystères devaient comporter une doctrine morale et cosmogonique et des spéculations sur les rapports de la destinée humaine avec ces phénomènes naturels, sur le problème de la vie et de la mort. Les initiés recevaient, avec la vérité, le bonheur et l'espérance. « Heureux parmi les habitants de la terre », dit l'hymne homérique à Déméter, « celui qui a contemplé ces grands spectacles ! Mais celui qui n'est pas initié est à jamais privé d'un pareil bonheur, même quand la mort l'a fait descendre dans les sombres demeures. »*

Le guide pratique de l'au-delà. — *En quoi consistaient ces révélations? On croit savoir qu'elles prenaient la forme d'un drame sacré où étaient mises en action la légende de Coré et celle de l'union de Zeus et de Déméter. Ensuite « on montrait aux mystes le voyage de l'âme dans le monde souterrain et on leur enseignait les moyens de le mener à bonne fin ». Ils recevaient de l'hiérophante des indications pratiques sur la topographie des Enfers, ses obstacles, ses monstres, avec des formules pour en triompher, et sur celle des champs Elysées, avec les formules mystiques qui devaient leur en ouvrir l'accès. Après la représentation du drame, les mystes procédaient, sous la conduite de l'hiérophante et du dadouque, à la lumière des torches, à une sorte de voyage dans la salle d'initiation, dont les différentes parties reproduisaient d'une manière conventionnelle des détails de la topographie infernale. On leur dévoilait ensuite les objets sacrés* (hiéra). *La cérémonie se complétait sans doute par une visite aux temples de Déméter, de Coré et de Pluton.*

L'itinéraire du myste. — *Tous les Athéniens devaient être initiés au moins au premier degré* (mystes). *On devenait initié au deuxième degré* (épopte) *un an après. Les fêtes éleusiniennes duraient dix jours, du 13 au 23 Boédromion (septembre-octobre). Le 13, les éphèbes se rendaient d'Athènes à Eleusis. Le 14, les objets sacrés (hiéra) étaient voilés et transférés en grande pompe d'Eleusis à l'Eleusinion d'Athènes, sur la pente de l'Acropole. Ce jour-là, la procession faisait halte près d'un pont sur le Céphise, à la limite du faubourg du Figuier sacré, à environ 6 km de l'Acropole, où avaient lieu les* géphyrismes *ou farces du pont. La population athénienne attendait là le cortège pour l'accabler de lazzi auxquels il répondait en souvenir des facéties que la vieille Baubo avait débitées à Déméter pour la dérider.*
Le 15, les mystes se rassemblaient au portique des Peintures (stoa Poecile), où l'on prononçait l'exclusion des meurtriers non purifiés et de ceux dont la voix n'était pas intelligible, c'est-à-dire, sans doute, de ceux qui ne pouvaient pas parler le grec.
Le 16, les impétrants se rendaient à la baie du Phalère, où, sur l'injonction des prêtres (« A la mer les mystes »), ils se précipitaient à l'eau en traînant un porcelet destiné au sacrifice. Les 17 et 18, les mystes faisaient retraite, jeûnaient et se purifiaient. Le 19, une procession solennelle reconduisait à Eleusis les objets sacrés, avec la statue d'Iacchos. Le 20 se passait en scènes de sacrifices et en jeûne.
Les 21, 22 et 23, on célébrait les mystères et l'on procédait, de nuit, aux initiations, sous le sceau du plus grand secret auquel on était tenu sous peine de mort. Le retour à Athènes se faisait dans l'après-midi du 23.

Dans son maximum d'extension, le Télestérion était une salle couverte de 54,15 m sur 51,80 m, adossée à l'acropole et construite sur une esplanade taillée dans le roc et aménagée sur un terre-plein artificiel.
Sur chacun des trois côtés libres s'ouvraient deux portes. Le sol, actuellement de roc et de terre battue, était peut-être recouvert d'un dallage de tuf. Six rangées de sept colonnes supportaient le plafond en bois du premier étage, à une hauteur de six mètres. Il n'en reste que des bases rondes en pierre

bleue. Sur chacun des quatre côtés régnaient huit rangs de gradins taillés dans le roc et en pierres rapportées, interrompus en face des portes. Il y avait place pour 3 000 personnes.
Sur un côté s'ouvre un grand **portique dit de Philon**, du nom de son constructeur. Il fut commencé vers 350, et achevé entre 317 et 307.
Cette façade du Télestérion ressemblait ainsi à celle d'un grand temple surbaissé. Il n'y avait pas de crypte mais un étage supérieur, de niveau avec la terrasse du fond où l'on accédait par des escaliers latéraux. C'était le **mégaron** ou **anactoron**, où étaient conservés et révélés les objets sacrés : il était recouvert d'un toit avec un lanternon *(opaion)*. La course des mystes commençait au rez-de-chaussée et se terminait dans le mégaron.

Pour tenter d'éclaircir la confusion de ces ruines, certaines données archéologiques doivent être précisées, telle l'existence des vestiges d'un **mégaron mycénien (12)**, sans doute pourvu d'une ouverture au-dessus du foyer. Ce mégaron doit être considéré comme le temple primitif, plusieurs fois reconstruit sur le même emplacement, notamment durant la période géométrique, puis archaïque, avant que ne soit érigé le **Télestérion de Pisistrate (13)** dont le plan est beaucoup plus apparent. Il se composait d'un hall carré de 27 m de côté, avec cinq rangs de cinq colonnes, précédé d'un portique (restes du dallage).
Après l'incendie de 480-479, *Cimon* rebâtit la salle en longueur (27 m sur 44 m environ), c'est-à-dire la moitié du carré actuel en largeur, avec sept rangs de trois colonnes **(14)**, ce qui l'obligea à tailler les premiers gradins du fond et du côté N.-E. *Périclès* ramena le plan général au carré, en faisant tailler et bâtir à côté du hall de Cimon une salle de même largeur, mais avec quatre rangs de deux colonnes seulement **(15)**. On ignore si les deux salles étaient réunies ou si elles restèrent séparées par un mur, l'une pour les mystes, l'autre pour les époptes. Au siècle suivant fut ajouté le portique de Philon. Les empereurs, enfin, unifièrent toute la colonnade intérieure et ajoutèrent les gradins dans le fond.

Dans une fosse devant le portique de Philon, vous verrez un tronçon du **mur de Pisistrate**, avec son couronnement en briques crues. Pour tenir compte de l'agrandissement du Télestérion, Périclès fit reporter la muraille d'enceinte plus à l'E. et au S. Plus loin se trouve une base **(17)** de monument d'époque romaine. En longeant le rempart, vous atteindrez une tour ronde **(18)** sur laquelle vous remarquerez l'arrachement du mur de Périclès, jusqu'au moment où, dans la seconde moitié du IVe s. av. J.-C., on construisit la muraille dite de Lycurgue. Dans cette partie du site vous verrez les ruines de magasins et celles du bouleutérion du IVe s.
A proximité de la porte, à l'extérieur, vous distinguerez un enclos **(19)** en bel appareil polygonal, où l'on a localisé un sanctuaire en activité depuis la fin de l'époque géométrique. Ce petit temple, parfois appelé **« la maison sacrée »**, semble avoir été aménagé dans une ancienne demeure de l'époque géométrique (VIIIe s. av. J.-C.). Lorsque plus tard la maison fut détruite, le culte subsista à la même place et l'on construisit, non loin de là, un petit temple. Le péribole fut élevé au temps de Pisistrate (VIe s.) et une petite construction qui était sans doute une chapelle fut édifiée sur les ruines de l'ancienne maison.
Peu après, dans une fosse, vous apercevrez un tronçon du **mur de Pisistrate (20)** et du **mur de Périclès (21)**, ainsi qu'un puissant massif de fondations **(9)** destinées sans doute à supporter une galerie.

■ **Musée.** — Un large escalier taillé dans le roc y donne accès, mais il s'agit là d'un anachronisme, car ces degrés desservaient une terrasse rupestre au niveau de l'étage supérieur du Télestérion.

Visite : en été, de 8 h 30 à 15 h en sem. et de 10 h à 16 h les dim. et j. fériés ; en hiver, de 9 h à 15 h 30 en sem. et de 10 h à 16 h 30 les dim. et j. fériés (☏ 554-60-19).

Les collections du musée proviennent essentiellement du sanctuaire et de ses environs, mais les plus belles sculptures ont été déposées au Musée National d'Athènes. Elles sont toutefois représentées par des moulages, tel ce fameux relief figurant Déméter offrant à Triptolème le premier grain de blé.
Certains originaux méritent, cependant, beaucoup de considération, par exemple cette **statue de Déméter** (hall d'entrée), œuvre attribuée à ***Agoracritos,*** un élève de *Phidias,* qui l'aurait exécutée vers 420 av. J.-C., ou encore une **statue d'éphèbe** (salle II) assignée à ***Lysippe,*** à côté d'une **coré archaïque** du VIe s. av. J.-C. Parmi les vases, entiers ou fragmentaires, vous remarquerez surtout, au centre de la salle I, une grande **amphore proto-attique** (milieu du VIIe s. av. J.-C.), sur laquelle vous reconnaîtrez **Ulysse aveuglant le Cyclope Polyphème** et **Persée tuant Méduse** (Athéna est représentée entre le héros et les Gorgones). Une maquette du site à diverses époques facilite grandement la compréhension de ses vestiges.

La visite de l'acropole et du chantier de fouilles à l'O. des grands propylées (V. Pl. : Prytanée et maison des Hérauts) ne devrait guère intéresser que les passionnés d'archéologie.

Acropole. — Par un escalier partant de la terrasse rupestre au pied de l'acropole, vous gagnerez une esplanade occupée par la **chapelle de la Panaghia,** sur le site d'un mégaron romain. A g. du campanile vous remarquerez les ruines d'un établissement mycénien que l'on ne put identifier, faute de preuves, avec le palais de Kéléos. Au-delà, ce petit chantier de fouilles est limité par un rempart médiéval qui défendait le sommet de l'acropole.

Prytanée et maison des Hérauts. — Pour visiter cette partie du sanctuaire, vous prendrez à g. en sortant des grands propylées. Près des vestiges d'un arc de triomphe du IIe s. apr. J.-C., vous remarquerez un tronçon du **rempart de Pisistrate** à l'appareil polygonal très caractéristiques. Sous le commandement d'une tour qui renforçait cette muraille s'ouvrait une poterne qui marque le point d'aboutissement d'une rue antique, en usage dès l'époque mycénienne, qui menait à l'acropole. Une autre porte, un peu plus loin, percée dans le mur de Pisistrate, est désignée dans les inscriptions sous le nom de **Porte vers la ville.**
Franchissez la première porte et suivez la rue qui longe un bâtiment identifié avec le **prytanée** et le local *(pompéion)* où l'on remisait les chars sacrés qui servaient à transporter à Athènes, lors des grands mystères, les objets sacrés de Déméter et la statue d'Iacchos.
Un peu plus loin, la rue antique s'infléchit vers la dr. Une rue transversale, à g., passe le long de la **maison des Hérauts,** qui faisait partie des dépendances du sanctuaire. En 2 du plan, vous verrez quelques restes de peintures d'époque romaine et, en 3 du plan, un grand pithos à demi enterré. En longeant un grand mur (4) vous atteindrez les grands propylées ; ce mur fut élevé au temps de l'empereur Valérien (253-260) et reliait les grands propylées au rocher de l'acropole.
Dans la direction opposée, le sentier moderne tracé à flanc de colline, juste au pied de l'escarpement de l'acropole, longe un tronçon de mur identifié avec le **diatéichisma,** mentionné dans une inscription datée de l'an 329-328 av. J.-C., qui séparait le sanctuaire de la ville.

☛ **Environs d'Eleusis. — Pont romain de Kato Pigadi** (2 km par la route d'Athènes). — A dr. de la route se trouvent les restes d'un grand pont romain, à quatre arches. Cet ouvrage fut probablement construit en 124 apr. J.-C. par Hadrien lorsqu'il fut initié aux mystères d'Eleusis.

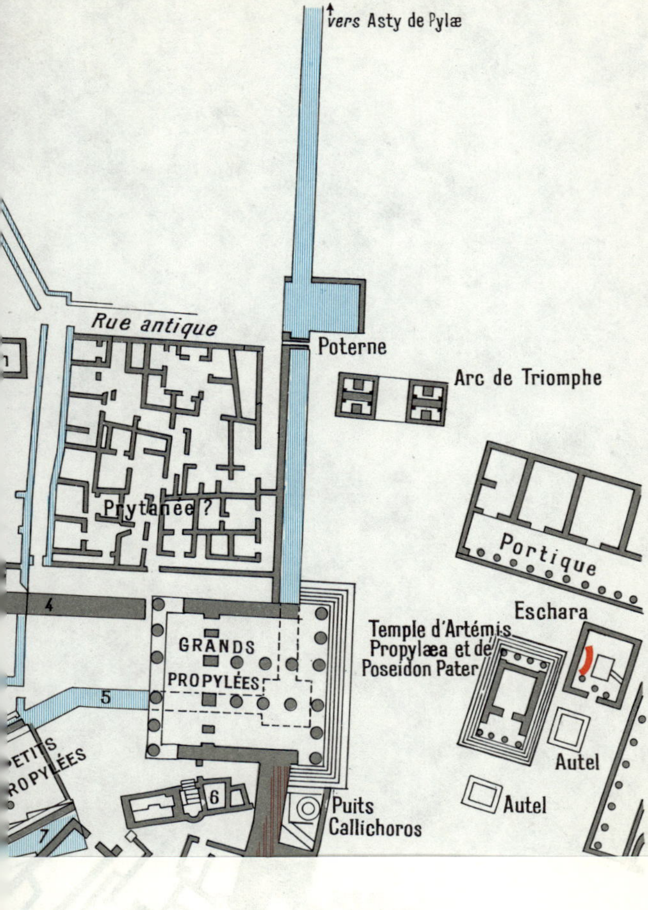

vers Asty de Pylæ
Rue antique
Poterne
Arc de Triomphe
Prytanée ?
Portique
4
GRANDS
PROPYLÉES
Eschara
Temple d'Artémis
Propylæa et de
Poseidon Pater
5
PETITS
PROPYLÉES
Autel
6
Autel
Puits
Callichoros
7

Eleuthères [Forteresse d']

Carte-itinéraire 3. — Athènes, 51 km. — Eleusis, 28 km. — Thèbes, 17 km.

A une extrémité du défilé de Kaza, la forteresse d'Eleuthères commandait une position stratégique sur la route directe d'Athènes à Thèbes. Ses ruines sont parmi les plus complètes de Grèce.

L'enceinte, renforcée de tours, date du IVe s. av. J.-C. A proximité de la citadelle, on a mis au jour les restes d'un temple et découvert ceux de deux basiliques à trois nefs, des Ve ou VIe s., sans doute sur l'emplacement de l'ancienne Eleuthères.

E

Epidaure (Epidavros)***

Attention : le site archéologique d'Epidaure ne se confond pas avec les deux bourgades qui portent ce nom : il est à 17 km de Nea Epidavros et à 22 km de Palea Epidavros.
Carte-itinéraire 6. — Argos, 42 km. — Athènes (par Loutra Elénis), 153 km. — Athènes (par Nauplie), 177 km. — Corinthe (par Loutra Elénis), 68 km. — Corinthe (par Nauplie), 90 km. — Mycènes, 55 km. — Nauplie, 30 km.
Nome d'Argolide.

Le sanctuaire d'Asclépios à Epidaure est l'un des sites les plus visités de la Grèce. Cet engouement se justifie non seulement par l'intérêt exceptionnel de son théâtre, le mieux conservé et le plus parfait des édifices de ce genre, mais encore par l'attrait qu'exerce le paysage dont la douceur devait être l'un des facteurs de la guérison que la plupart de ses visiteurs venaient y chercher dans l'Antiquité.
Le sanctuaire d'Asclépios, le plus célèbre lieu de culte consacré au dieu guérisseur — Asclépios était né, disait-on, sur une montagne, non loin de là —, connut une extraordinaire faveur au IVe s. av. J.-C., époque durant laquelle furent élevés la plupart des édifices dont vous visiterez les ruines et le théâtre, qui sert de cadre au festival d'Epidaure.

Epidaure dans l'histoire

Un dieu pour guérir les maladies. — *Des fouilles ont montré que le site fut consacré dès la plus haute Antiquité, durant l'helladique ancien, mais le culte d'Asclépios, l'Esculape des Romains, originaire de Trikka, en Thessalie, ne fut pas introduit avant le VIe s. av. J.-C.*
Pausanias *(II, 26) rapporte plusieurs versions sur l'établissement de ce culte. Suivant la plus répandue, Phlégyas, roi d'Orchomène, en Béotie, était venu à Epidaure avec l'intention de conquérir le pays. Sa fille, Coronis, qui l'accompagnait et s'était laissée séduire par Apollon, accoucha en secret d'Asclépios sur le mont Tithion. Coronis mourut en mettant son enfant au monde et Asclépios fut nourri par une chèvre. Apollon confia au centaure Chiron l'éducation de son fils. Il lui révéla les vertus secrètes des plantes sauvages. Un berger, ayant découvert le jeune enfant, s'étonna de voir briller autour de son front une éclatante auréole,*

et bientôt la légende se répandit qu'un dieu était né pour guérir les maladies et même pour ressusciter les morts, ce qui lui attira la colère de Zeus.
Au sanctuaire, qui appartenait à la ville d'Epidaure, on adjoignit un sanatorium et une station thermale. On y célébrait tous les quatre ans, neuf jours après les jeux Isthmiques, des fêtes gymniques et dramatiques en l'honneur d'Asclépios, avec concours de rhapsodes qui déclamaient, sans musique mais en les mimant, des poèmes, surtout ceux d'Homère (Platon, *Ion, 530*).

Indicatif téléphonique : 0753.
Hôtels :
Xénia II (☏ 22-005) 24 ch.
A Néa Epidavros (17 km) :
Epidaurus (☏ 31-209) 7 ch.
A Paléa Epidavros (22 km) :
Maronika (☏ 41-391) 10 ch.
Koronis (☏ 41-209) 7 ch.
Aktis (☏ 41-407) 8 ch.
Restaurant :
A Paléa Epidavros :
Douce France (avec 20 ch. ; ☏ 41-219).
Camping :
Nicolas, à Paléa Epidavros (19 km ; ☏ 41-297) ; 240 pers., 80 voit. ou caravanes ; sports nautiques ouv. tte l'année.
Manifestation : du 1er juillet au 15 août, *festival d'Epidaure,* représentations de tragédies antiques (Rens. *O. N. H. T.,* Bureau des festivals, 2, galerie Spyrou Miliou, Athènes, ☏ 322-14-59, et agences de voyages).

Visite des ruines

Visite : t.l.j., en été de 10 h à 16 h ; en hiver, de 10 h à 16 h 30 ; accès payant.

*****Théâtre.** — Célébré comme **la merveille d'Epidaure,** il est à coup sûr l'une des plus considérables de la Grèce. Il fut construit au IVe s. av. J.-C. par un architecte et sculpteur argien, *Polyclète,* dit le Jeune, pour le distinguer de son homonyme, sculpteur de grande renommée, qui vécut, lui, au Ve s. av. J.-C. Lors du festival d'Epidaure, une scène en matériaux légers est édifiée pour les besoins des représentations. L'orchestra, où prend place le chœur, comprend un cercle en terre battue, comme dans les théâtres d'époque grecque. L'auditorium, dont on a restauré l'aile gauche, peut contenir env. 14 000 spectateurs. Ce théâtre possède une acoustique exceptionnelle, et les guides locaux, pour prouver l'excellente perception des sons jusqu'aux gradins les plus éloignés, ne manquent pas d'exécuter, depuis le centre de l'orchestra, à l'endroit où se trouvait l'autel, de petites expériences que vous pourrez vous amuser à reproduire. Un chuchotement, le froissement d'un papier parviennent avec une remarquable netteté.

Temple d'Apollon Maléatas. — Voulez-vous ne négliger aucun détai archéologique ? Si la marche à travers les broussailles ne vous effraie pas, vous monterez en 15 mn (assez péniblement pendant les grosses chaleurs et en contournant le grillage derrière le théâtre) jusqu'à la cime médiane du mont Kynortion. Les amateurs d'archéologie y examineront les modestes restes du temple d'Apollon Maléatas, où les suppliants du sanctuaire d'Asclépios devaient offrir leur premier sacrifice. Le temple fut sans doute construit au IVe s. av. J.-C., à côté d'un autel préhellénique dont l'existence est connue grâce à la tradition littéraire et par la découverte de cendres provenant de sacrifices. Vous verrez encore un puissant mur de soutènement, auquel fut adossé un portique, les restes de plusieurs bâtiments romains du IIe s. apr. J.-C., notamment ceux des logements des prêtres d'Apollon. La vue sur le théâtre est superbe.

Musée. — Il est essentiellement consacré aux antiquités découvertes lors des fouilles du sanctuaire d'Asclépios.

Visite : mêmes horaires que le site mais fermé le mardi ; accès payant (✆ (0753) 220-09).

Vous y admirerez des sculptures (les plus belles sont au Musée National d'Athènes), notamment plusieurs **statues d'Asclépios et d'Hygiéia**, mais surtout des fragments d'architecture particulièrement suggestifs, tels une partie du dallage et des morceaux du **plafond à caissons sculptés de la tholos** (rotonde), l'un des édifices les plus remarquables du sanctuaire d'Asclépios, dont vous verrez un peu plus tard les ruines, et (au fond et à g. de la 3e salle) un **chapiteau corinthien** de cette même tholos, que l'on attribue au ciseau de ***Polyclète le Jeune*** ou qui aurait été dessiné par lui.
Vous serez sans doute intéressé par une collection d'instruments de chirurgie, d'époque romaine, que vous examinerez dans la première salle : elle vous rappelle que le sanctuaire d'Asclépios était aussi un centre thérapeutique et, comme tel, attirait une clientèle considérable.

Gymnase. — Après avoir examiné rapidement les restes d'un grand bâtiment de plan carré, identifié avec un *katagogeion* (hôtel), de construction hellénique, puis d'un **bain grec**, où se trouvait sans doute un lieu de culte consacré à Asclépios et Hygiéia, vous atteindrez le gymnase, qui rappelle par son plan la palestre d'Olympie, avec sa grande cour intérieure à péristyle.

A l'époque romaine, le gymnase fut transformé en odéon et sa porte monumentale (propylée) fut convertie en lieu de culte dédié à Hygiéia, avec une statue dont vous verrez encore la base.
Au-delà gisent les ruines du **portique de Cotys** et d'une petite palestre, rebâtie au IIe s. apr. J.-C. par le sénateur Antonin.

Sanctuaire. — Immédiatement après la palestre commençait le sanctuaire (hiéron) proprement dit, où étaient situés les édifices sacrés qu'entourait un mur de péribole, et qui fut transformé en forteresse par les Byzantins.
Vous rencontrerez d'abord les restes du soubassement du **temple de Thémis**, de construction hellénique, puis les ruines insignifiantes d'une petite construction romaine et enfin les vestiges du **temple d'Artémis**, construit au IVe s. av. J.-C.

Ancien abaton. — Tout près du temple se dressait un bâtiment (édifice E. du plan) que certains archéologues identifient avec l'ancien abaton, dortoir **où les malades attendaient l'apparition du dieu**, qui devait leur apporter la guérison. Un autre abaton fut érigé au IVe s. av. J.-C. et remplaça cet édifice.

Parmi les serpents sacrés. — *L'abaton était la partie la plus originale des asclépieia, ces établissements qui tenaient à la fois du temple et de l'hôpital. C'était là que le consultant, après avoir satisfait à diverses épreuves rituelles, comme le jeûne, le bain purificateur et offert un*

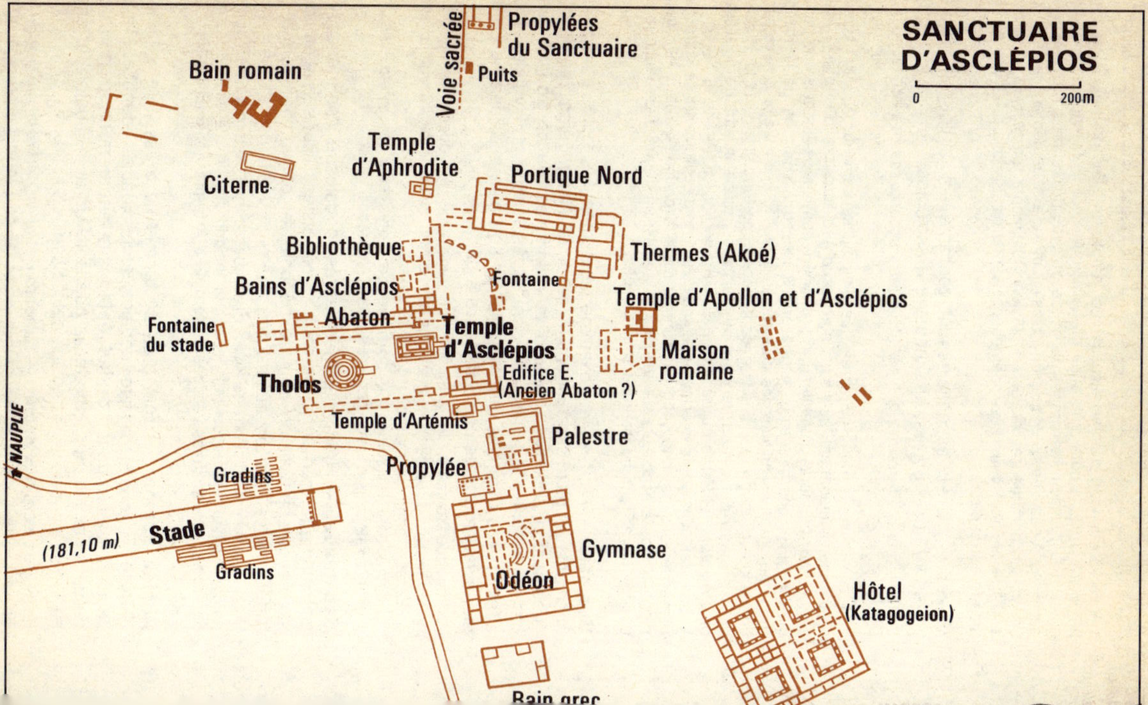
SANCTUAIRE D'ASCLÉPIOS
0
200m
Propylées du Sanctuaire
Voie sacrée
Puits
Bain romain
Temple d'Aphrodite
Citerne
Portique Nord
Bibliothèque
Thermes (Akoé)
Fontaine
Bains d'Asclépios
Temple d'Apollon et d'Asclépios
Abaton
Fontaine du stade
Temple d'Asclépios
Maison romaine
Tholos
Edifice E. (Ancien Abaton ?)
Temple d'Artémis
NAUPLIE
Palestre
Propylée
Gradins
Stade
(181,10 m)
Gradins
Gymnase
Odéon
Hôtel (Katagogeion)

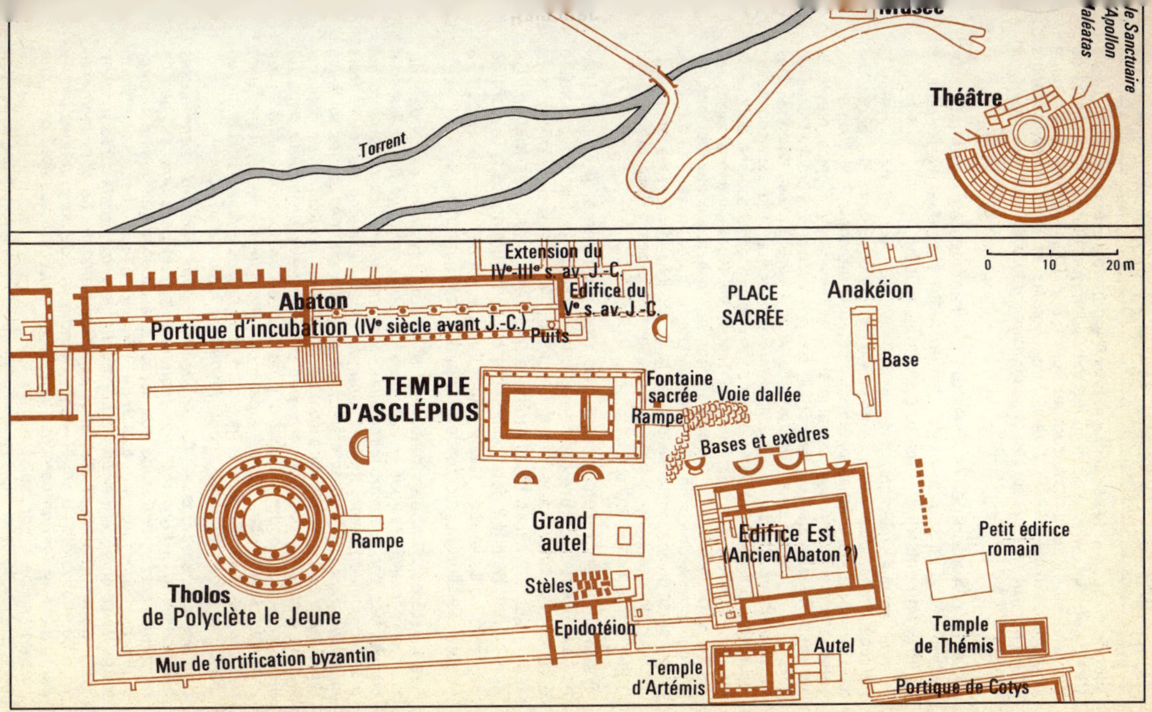
Théâtre
Torrent
Extension du
IVe-IIIe s. av. J.-C.
Edifice du
Ve s. av. J.-C.
PLACE
SACRÉE
Anakéion
0
10
20 m
Abaton
Portique d'incubation (IVe siècle avant J.-C.)
Puits
Base
TEMPLE
D'ASCLÉPIOS
Fontaine
sacrée
Voie dallée
Rampe
Bases et exèdres
Grand
autel
Edifice Est
(Ancien Abaton ?)
Petit édifice
romain
Rampe
Stèles
Tholos
de Polyclète le Jeune
Epidotéion
Temple
de Thémis
Autel
Mur de fortification byzantin
Temple
d'Artémis
Portique de Cotys

sacrifice, entamait la séquence la plus importante de son traitement, celle de l'incubation. Il passait la nuit dans l'abaton et attendait, au cours de son sommeil, l'apparition du dieu guérisseur. Bien entendu, les visions oniriques du malade lui étaient inintelligibles et les prêtres-médecins attachés au sanctuaire, les asclépiades, interprétaient les rêves et délivraient les ordonnances.

Temple d'Asclépios. — Construit par l'architecte *Théodotos*, probablement vers 380 av. J.-C., il n'en reste plus que les fondations et les fragments que vous aurez vus au musée.

D'ordre dorique, périptère, il fut entièrement bâti en tuf de Corinthe, à l'exception des sculptures, des chéneaux et des ornements des portes. Le long du mur g. de la cella, une fosse de 2,70 m de long sur 1,75 de large a pu servir à mettre en valeur la statue chryséléphantine d'Asclépios, œuvre du sculpteur *Thrasymédès de Paros*, qui, selon *Pausanias*, se trouvait dans un puits. Selon *R. Martin*, ce type de fosse paraît avoir été chose courante dans les sanctuaires consacrés aux cultes guérisseurs ou oraculaires comme un instrument indispensable des rites de consultation. Ces fosses servaient peut-être de trésors où les consultants déposaient leurs offrandes avant les sacrifices, ou même, dans les plus anciens sanctuaires, aux rites de consultation qui imposaient aux fidèles de descendre dans une fosse. Peu à peu, cet usage serait tombé en désuétude et la disparition de ces rites entraîna la suppression des fosses ; celle du temple d'Asclépios à Epidaure fut ainsi comblée à une date tardive.

Tholos. — Cette rotonde est **une des plus remarquables créations de l'architecture grecque** du IVe s. av. J.-C. Elle fut construite dans la seconde moitié de ce siècle sur les plans de ***Polyclète le Jeune*** qui surveilla tout au moins la première phase des travaux. Ce monument, désigné dans le compte de construction sous le nom de **thymélé**, c'est-à-dire l'autel, est l'un de ceux qui, en Grèce, a soulevé le plus de discussions quant à sa destination.

Les mystères d'un labyrinthe. — *Il n'en reste plus que les fondations, mais on remarquera tout de suite une curieuse particularité : elles sont constituées par six murs circulaires concentriques. Les trois murs les plus éloignés du centre étaient continus, mais, autre singularité, les trois murs les plus rapprochés étaient interrompus par des portes et reliés entre eux par des cloisons transversales. Les portes et les cloisons étaient disposées de telle sorte que pour passer d'un couloir dans un autre et se rapprocher du centre, il fallait parcourir presque entièrement celui que l'on voulait quitter. Ainsi, pour atteindre le centre, il ne fallait pas tourner moins de trois fois d'un tour presque complet. Le moyen d'accéder à ce labyrinthe depuis l'extérieur reste un mystère.*

La cage aux serpents. — *Ce dispositif a donné lieu à de nombreuses hypothèses dont l'une des plus piquantes, si l'on peut dire, est que ce labyrinthe servait de refuge aux serpents sacrés du sanctuaire. Cependant, pour reprendre l'expression de F. Robert, c'est au centre que, selon toute vraisemblance, devaient s'accomplir les actes, quels qu'ils fussent, auxquels ce monument était essentiellement destiné. Le nom même de l'édifice — thymélé ou autel — semble indiquer que les pratiques qui s'y déroulaient avaient un caractère religieux et que la tholos était pour une part un lieu de sacrifices.*

Le premier mur, à partir de l'extérieur, supportait la colonnade extérieure, le second un mur plein percé d'une porte précédée d'une rampe d'accès à l'E., et le troisième la colonnade intérieure. Les trois autres murs, outre la fonction religieuse que leur disposition peut impliquer, soutenaient le dallage de la tholos. L'ordre extérieur était composé de vingt-six colonnes doriques et l'ordre intérieur de quatorze colonnes corinthiennes, dont quelques éléments ont été reconstitués dans la dernière salle du musée. A l'intérieur on pouvait voir, nous dit *Pausanias*, des peintures de *Pausias*.

Nouvel abaton. — Au-delà de la tholos s'étendait un portique divisé en son milieu par un mur de refend ; il est désigné dans les inscriptions sous le nom d'*Enkoimétérion* (portique d'incubation) ou *abaton* (portique secret) ; au IVe s. av. J.-C., époque de sa construction, il aurait remplacé ou doublé un bâtiment plus ancien (édifice E.) auquel certains archéologues assignent la même fonction.

Bain d'Asclépios. — Erigé au IIe s. de notre ère par le sénateur *Antonin*, il s'élevait en partie sur un bâtiment du Ve s. av. J.-C.

Cette construction se composait d'une grande chambre divisée en trois parties par deux murs transversaux. Plus tard, au IVe-IIIe s. av. J.-C., on l'agrandit en lui accolant, au N., deux séries de salles. Tout cet ensemble fut ruiné jusqu'aux fondations lors de l'érection des bâtiments romains. Mais il semble que la construction du Ve s. fut élevée sur un emplacement déjà consacré au culte. Des traces de l'édifice antérieur furent, en particulier, retrouvées autour d'un puits à une extrémité (E.) de l'abaton. En effet, lorsque la chambre du Ve s. fut bâtie, à un niveau quelque peu supérieur, le puits fut doté d'une nouvelle margelle. Ce dispositif fut ensuite incorporé au portique ionique. Le puits, datant peut-être du VIe s. av. J.-C., apparaît comme le témoin de l'un des plus anciens lieux de culte du sanctuaire d'Asclépios. Il cessa, semble-t-il, d'être utilisé au moment de la construction des bâtiments du IVe s. av. J.-C., mais il fut pieusement conservé par respect envers les lieux de culte archaïques.

Propylées. — Sur le chemin des propylées, vous traverserez la **place Sacrée**, où vous remarquerez plusieurs bases et des restes d'exèdres, puis les ruines d'un groupe de constructions romaines formant un *bain*, des *temples (d'Apollon et d'Asclépios)*. Vous examinerez ensuite les restes des propylées du sanctuaire, construits en tuf au IVe s. av. J.-C. Cette porte monumentale était située sur la route d'Epidaure au sanctuaire. Le long de cette route, à cent mètres des propylées, à dr., commence la **nécropole**.

Stade. — Il fut aménagé au Ve s. av. J.-C., au creux d'un ravin naturel. Les gradins, dont quelques-uns sont conservés, étaient en partie taillés dans le roc et en partie construits en maçonnerie. Dans le talus, près de la route, se trouvait un passage voûté. Juste en face, un emplacement rectangulaire aménagé parmi les gradins représente la tribune du jury qui proclamait les vainqueurs. Les lignes de départ et d'arrivée, marquées par deux rangées de dalles, subsistent, creusées de stries.

☛ **Environs d'Epidaure.** — **Ancienne Epidaure** (*Paléa Epidavros* ; 22 km par Ligourio). — Près de ce petit port se trouve, sur une presqu'île, le site de la ville antique dont dépendait le sanctuaire d'Asclépios. Les passionnés d'antiquités y verront de nombreux tambours de colonnes doriques remployés dans un bâtiment postérieur, le théâtre récemment dégagé au flanc d'une colline et, au sommet, les restes d'une église paléochrétienne. En outre, des recherches photographiques aériennes ont révélé d'importants vestiges submergés du port antique. Des fouilles récentes ont mis au jour une vaste **nécropole**.

Epire

Cartes-itinéraires 10 et 11.

De la frontière albanaise au golfe d'Arta, de la mer Ionienne jusqu'à la chaîne du Pinde, l'Epire est une région au relief très accentué, où la prédominance des roches calcaires favorise la circulation souterraine des eaux et détermine le développement de larges dépressions fermées, tel le grand bassin de Ioannina dont un lac occupe le centre et dont les gouffres absorbent l'eau l'été et la refoulent l'hiver.
A l'E., la chaîne du Pinde, qui la sépare de la Thessalie, est une puissante montagne qui culmine à 2687 m au mont Smolikas; ses flancs sont drapés de forêts de conifères et de hêtres.
La côte est tantôt rocheuse, comme d'Igouménitsa à Parga, tantôt basse et sablonneuse, vers le golfe d'Arta. Dans cette zone littorale, le climat est de type méditerranéen humide mais, à l'intérieur, les montagnes infligent au pays un climat continental très rigoureux (de – 9° à – 12° en hiver), avec des écarts de température de plus de 20° entre l'été et l'hiver.
Avec une population de 310000 habitants, l'Epire, province albanaise rattachée à la Grèce en 1922, est une des régions les moins peuplées de la Grèce et les hauteurs calcaires, désertes, y sont livrées aux troupeaux transhumants. Seuls le riche bassin de Ioannina, avec des vignobles, des champs de céréales et les plus grasses prairies du pays, ainsi que la plaine d'Arta, avec de vastes champs irrigués et des vergers (agrumes), affichent un semblant de prospérité.

Eratini

Carte-itinéraire 4. — Naupacte, 49 km. — Delphes, 53 km.

Sur la nouvelle route côtière reliant Naupacte ♦ à Itéa ♦, Eratini est une jeune station balnéaire à proximité de **Vidavi**, identifiée avec l'ancienne ***Tolophon***, d'où l'on peut visiter une forteresse antique assez bien conservée, au lieu-dit *Marmara*, à 30 mn de marche.

Indicatif téléphonique : 0266.
Hôtel :
Delphi Beach (☎ 31-237) 180 ch. ouv. avril-oct.

Etolie

Carte-itinéraire 10.

Entre l'Acarnanie et l'entrée du golfe de Corinthe, l'Etolie est une région typiquement méditerranéenne sur la côte. Celle-ci est serrée de près par un système orographique puissant qui se relève à plus de 2000 m vers l'E., dans les monts Tymphrestos (2320 m), prolongation de la chaîne du Pinde, et dans les monts Vardousia (2437 m) et Giona (2510 m), qui la séparent de la Phocide et de la Béotie. Ce secteur montagnard est assez verdoyant, avec ses forêts de chênes, de sapins et de châtaigniers, mais les contreforts qui se projettent vers l'entrée du golfe de Corinthe sont en grande partie déboisés par la transhumance. Dans le bassin d'Agrinion, où persistent des lacs, et dans la plaine autour de Missolonghi, les parties drainées sont fertiles et couvertes de cultures variées : oliviers, vigne (raisins de Corinthe) et surtout tabac.

E

Eubée [Ile d'] (Evia)*

3775 km²; 165370 habitants.

A peine une île tant les communications avec le continent sont faciles, l'Eubée en est cependant séparée par le célèbre canal de l'Euripe que franchit un pont d'une quarantaine de mètres. Il vous conduira à Chalcis, la capitale de l'île, centre actif qui se développe rapidement. La station balnéaire et thermale de Loutra Ædipsos, les ruines de la cité d'Erétrie, seront d'autres centres d'excursions ou de séjour, mais vous ne devrez pas négliger pour autant le reste de l'île. Montagneuse et prolongeant la Grèce centrale, l'Eubée en reproduit la mosaïque de paysages, mais son climat rappelle celui de l'Attique, voisine. Trois types de régions s'y juxtaposent :

La partie N., de Chalcis à Loutra Ædipsos, est un ensemble de hautes collines forestières — une des plus aimables régions de la Grèce, hélas ravagée par le feu en 1977 — où un sol argileux, au fond de cuvettes formant des petites plaines, est propice à la polyculture méditerranéenne. Le centre érige d'arides massifs calcaires qui culminent au mont Dirphys (1743 m), pyramide dressée au-dessus de forêts de châtaigniers, de tilleuls et de conifères. La côte est creusée de calanques, sauf à l'O. où les rivières ont étalé, à leur embouchure, la plaine alluviale de Chalcis dont la fertilité est attestée par de beaux vignobles, des olivettes, des champs de céréales parsemés de figuiers et de noyers.

La partie S. est un fragment de massif ancien, pilier détaché de l'Attique. C'est un bloc de calcaire marmoréen qui s'élève à 1398 m au mont Ochi. La région est coupée de ravins, et la côte escarpée est entaillée de baies étroites. La population vit surtout de l'élevage.

L'Eubée dans l'histoire

Une colonie qui essaime à son tour. — *L'Eubée fut d'abord peuplée par des colons, thessaliens au N., thraces au centre, et dryopes au S. Lors de l'invasion des Doriens, quelques Ioniens trouvèrent refuge en Eubée, inaugurant ainsi une longue émigration dans l'île, de sorte que le pays se présentait comme ionien dès les VIIe-VIe s. av. J.-C. L'île était divisée en Etats indépendants dont les deux plus importants au VIIIe s., Erétrie et Chalcis, riches et puissants par leur commerce, fondèrent des colonies en Macédoine (le nom de Chalcidique en témoigne encore), en Sicile, en*

Italie. La seconde de ces deux villes s'allia aux Béotiens contre les Athéniens, mais, en 506 av. J.-C., Athènes s'empara de son territoire.

L'hégémonie athénienne. — *Athènes avait besoin des blés de l'Eubée et de son bétail; aussi commença-t-elle à s'immiscer dans les affaires de l'île peu après la chute des Pisistratides, en 506, et à y établir des colons (clérouques). L'île fut ballottée au gré des revers et des succès athéniens pendant environ un siècle et demi : Périclès la donna aux Athéniens en 446 av. J.-C., mais ceux-ci la perdirent vers la fin de la guerre du Péloponnèse, pour la retrouver à partir de 378, lorsque la plupart des villes de l'île furent rattachées à leur confédération maritime. Puis Thèbes exerça à son tour l'hégémonie après la bataille de Leuctres (371). La Macédoine trancha à son profit (350-349) le différend entre la Béotie et Athènes. L'Eubée fut sous la dépendance de la Macédoine jusqu'en 194, date à laquelle l'île fut, comme toute la Grèce, proclamée libre par les Romains vainqueurs des Macédoniens.*

Negroponte. — *La domination franque dura de 1205 à 1470, l'Eubée étant partagée en trois baronnies feudataires du roi de Salonique et occupée par les Carceri de Vérone, qui prirent ensuite le titre de seigneurs de Nègrepont. Les Vénitiens détenaient les ports, tandis qu'un très grand nombre de principicules francs s'installaient dans l'intérieur, multipliant sur leurs domaines les tours de guet et les donjons. En 1336, les Vénitiens étaient maîtres de l'île presque tout entière : c'est de cette époque que date le nom de Negroponte (Pont Noir), appliqué d'abord à l'Euripe par un calembour sur la forme populaire Egripo (pour Evripo), puis étendu à toute l'Eubée.*
En 1470, l'île passa aux Turcs et, en 1830, à la Grèce.

I — Chalcis (Khalkis) et le N. de l'Eubée

Ville de 36 300 habitants, capitale de l'Eubée et chef-lieu des Sporades du Nord, Chalcis est, grâce au pont qui la relie au continent, un centre économique important; mais pour le visiteur, ce sera d'abord une plaisante station balnéaire, fréquentée par les Grecs qui en apprécient la fraîcheur au cœur de l'été.

La ville dans l'histoire

La ville-clé des Thermopyles de la mer. — *Chalcis, avec ses deux ports sur l'Euripe, que* Tite-Live *surnomma les* Thermopyles de la mer, *fut l'une des plus actives cités de l'ancienne Grèce. Dotée d'une forte marine, elle essaima, dès le VIII*e *s. av. J.-C., des colonies dans les Sporades, en Thrace, même jusqu'en Sicile et en Italie. Ses métallurgistes étaient renommés pour la fabrication des armes, des vases et des trépieds qui servaient d'offrandes à déposer dans les sanctuaires ou de récompenses destinées aux vainqueurs des divers jeux célébrés en Grèce. Son nom de* Khalkis *(bronze) témoigne de l'existence de cette industrie si prisée en Hellade.*

Les temps prospères de l'indépendance. — *Localisée sur la route du commerce maritime entre la Thessalie qui exportait ses chevaux et ses céréales, la Thrace, la Macédoine (or de Thasos puis du Pangée, bois, blé), l'Attique et la Grèce centrale, Chalcis, qui produisait elle-même du blé et élevait des chevaux, fut une cité très prospère avant l'hégémonie exercée par Athènes au V*e *s. av. J.-C. Ses colonies furent nombreuses, notamment en Macédoine, où, selon* Strabon, *la Chalcidique devrait son* *nom à Chalcis. Elle réussit à s'imposer, semble-t-il, à sa rivale Erétrie au VIIe s., mais son dernier roi, Amphidamas, contemporain d'*Hésiode*, périt dans l'un des combats, et le pouvoir passa entre les mains des hippobotes (éleveurs de chevaux), c'est-à-dire de l'aristocratie, renversée par les Athéniens en 506 av. J.-C.*

Entre Latins et Turcs. — *Tombée au pouvoir des Latins en 1205, donnée en fief à Jacques d'Avesnes, qui mourut lors du siège de l'Acrocorinthe (1205-1210), Chalcis puis l'Eubée passèrent sous le contrôle de Venise jusqu'en 1470, date de l'arrivée des Turcs qui la conservèrent trois siècles et demi en dépit des tentatives de Morosini (1688).*

Renseignements pratiques

Indicatif téléphonique : 0221.

Police touristique : 2, rue Kotsou (✆ 24-662) ; à Loutra Ædipsos, 3, rue Okeanidion (✆ 22-456).

Hôtels :
A Chalcis :

¶¶¶ *Lucy*, 10, L. Voudouri (✆ 23-831) 92 ch. P

¶¶¶ *Saint Minas Beach*, à Haghios Minas (4 km par la route de Thèbes et à dr. après le pont sur l'Euripe ; ✆ 80-211) 80 ch. P

¶¶ Hilda, angle des rues Favierou et Goviou (✆ 28-111) 122 ch. P

¶¶ *John's*, 5, Anghéli Goviou (✆ 24-996) 57 ch. G P

¶¶ *Palirria*, av. Venizelos (✆ 28-001) 118 ch.

¶ *Kentrikon*, 5, Anghéli Goviou (✆ 22-375) 20 ch. P

¶ *Hara*, 21, L. Karoni (✆ 25-541) 44 ch. P

A Néa Artaki (8 km) :

¶ *Bel-Air* (Motel ; ✆ 42-263) 46 ch. P

A Loutra Ædipsos (152 km) :

¶¶¶ *Ægli* (✆ 22-216) 85 ch. P ouv. mai-oct.

¶¶¶ *Avra* (✆ 22-226) 92 ch. P ouv. mai-oct.

¶¶ *Héraklion* (✆ 22-233) 35 ch. P ouv. mai-oct.

¶¶ *Hermes*, 12, rue Ermou (✆ 22-233) 45 ch. P ouv. mai-oct.

¶¶ *Kentrikon* (✆ 22-302) 30 ch. P ouv. mai-oct.

¶¶ *Thermae Syla* (✆ 22-459) 72 ch. P ouv. mai-oct.

A Lichas (25 km de Loutra Ædipsos) :

¶¶¶¶ *Grégolimano (Club Méditerranée ;* ✆ 33-281) 330 ch. P ouv. d'avril à oct.

Visite de la ville

Si vous aimez...

La sculpture archaïque, *ne manquez pas la visite du musée local, où vous appelle le groupe sculpté de Thésée et d'Antiope.*

La baignade, le poisson frais et l'ouzo, *fréquentez la petite plage aménagée sur le canal de l'Euripe (l'eau y est particulièrement douce) et les petits restaurants sur la rive continentale, face à l'hôtel Lucy. Le soir, prenez l'apéritif, de préférence l'ouzo, en grignotant des pistaches et en contemplant le mouvement incessant d'une foule particulièrement exubérante, depuis la terrasse d'un café du côté de l'hôtel Lucy.*

La ville a beaucoup perdu de son charme depuis la destruction de l'enceinte vénitienne et la construction de nouveaux quartiers. Du duel qui opposa Venise à l'empire ottoman, le seul témoignage subsistant est le **fort turc de Karababa,** de l'autre côté de l'Euripe ;

il fut bâti en 1686 à l'époque de l'offensive de *Morosini* sur la Morée. Mais le **canal de l'Euripe,** s'il n'a rien de particulièrement spectaculaire par lui-même, mérite cependant un petit temps de réflexion : il vous donnera l'occasion d'exercer votre sagacité et peut-être de proposer une solution à une énigme naturelle. N'imitez surtout pas un Aristote de légende qui se serait jeté dans le canal parce qu'il se désespérait de ne pas comprendre.

Un canal à courant alternatif. — *L'Euripe, dont le nom signifie « courant rapide », est en effet célèbre par le curieux phénomène de ses courants alternatifs, qui changent de direction 6 à 7 fois et, à certaines périodes, jusqu'à 14 fois par jour. La durée des vives eaux, dans un sens ou dans l'autre, est en moyenne de 3 h ; leur vitesse peut atteindre 12 km à l'heure. Il semble que l'Euripe soit un seuil et une écluse entre les deux biefs du canal d'Eubée.*

Les avatars d'un pont. — *En 441 av. J.-C., les Chalcidiens et les Béotiens avaient, malgré l'opposition d'une flotte athénienne, barré l'Euripe avec une digue défendue par des tours, ne laissant qu'un étroit passage pour un seul bateau. Ce passage était couvert d'un pont de bois. Ainsi les communications de l'Eubée avec le continent n'étaient-elles plus à la merci des flottes d'Athènes, et Chalcis devenait maîtresse de la route maritime du N. Sous Justinien, le pont fixe fut remplacé par des planches mobiles. Les Turcs établirent un pont de bois qui finit par être fixe. En 1856, on lui substitua un pont de bois tournant de 10 m env. En 1896, une compagnie belge élargit le chenal, démantela le fort vénitien et construisit le pont actuel.*

Du pont, suivez la promenade le long de l'Euripe, du côté de l'hôtel Lucy, puis remontez l'avenue qui débouche près d'un débarcadère. Vous accéderez ainsi au **musée archéologique.**

Visite : en été, de 9 h à 13 h et de 16 h à 18 h ; en hiver, de 10 h à 16 h 30 ; le dim., de 10 h 30 à 14 h 30 ; fermé le mardi ; accès payant.

L'œuvre maîtresse de ce petit musée provincial est visible au fond de la salle principale : il s'agit du ****groupe de Thésée et d'Antiope,** en marbre, qui ornait la partie centrale du fronton O. du temple d'Apollon Daphnéphoros, à Erétrie. Cette sculpture figurant une scène de rapt porte la marque de l'archaïsme dans le sourire qui anime le visage du héros ; elle date de 500 av. J.-C. env.

Dans la même salle, notez encore un **relief votif** représentant une scène de sacrifice (milieu du Ve s. av. J.-C.), provenant de Larymna, un **buste d'Athéna** d'époque archaïque, avec un *gorgoneion* sur la poitrine.

Dans la salle à g. du hall d'entrée, à dr., **statue d'Antinoüs,** sous les traits de Dionysos, et **statue d'Hermès,** probablement celle signalée par Pausanias dans le gymnase de Chalcis (X, 39, 6), etc.

Dans la vieille ville, les amateurs de détails pourraient encore visiter l'**église Haghia Paraskévi,** ancienne basilique byzantine remaniée par les Francs au XIIIe et au XIVe s. (chevet de style champenois). Pour atteindre cette église, longez l'Euripe en direction du pont et tournez à g. dans la rue Tzavara (la 2e après le pont).

Environs

1 — Temple d'Artémis Aulideia (8,5 km par la route de Thèbes, mais prenez à 4 km vers Aulis). — Il ne reste plus que les fondations de ce temple du

Ve s. av. J.-C., remanié à l'époque hellénistique, puis par les Romains, mais c'est en ce lieu que la tradition place le meurtre rituel d'*Iphigénie*, sacrifiée par *Agamemnon* à la déesse Artémis afin qu'elle accorde des vents favorables à la flotte grecque rassemblée dans la baie d'Aulis avant de cingler vers Troie. A côté de la première colonne de la rangée de g., une base aurait servi de support au platane millénaire cité par *Pausanias* (IX, 19,7).

2 — De Chalcis à Loutra Ædipsos (152 km).

Cette **route, dans l'ensemble sinueuse, à travers une région encore peu visitée, est l'une des plus agréables et des plus pittoresques que l'on puisse parcourir en Grèce. Elle sera pour vous une source d'étonnements sans cesse renouvelés, grâce à ses forêts de pins, ses voûtes ombreuses formées par de magnifiques platanes, ses amples perspectives sur des paysages montagnards, ou sur la côte N. de l'Eubée, baignée par une mer d'un bleu profond où vous distinguerez, par temps clair, l'île de Skopélos.
A 35 km de Chalcis, arrêtez-vous au col d'Haghios Géorgios, où, dans une pinède, un sympathique petit restaurant est un endroit idéal pour se reposer.

Au départ de Chalcis, prenez la route de Limni.
8 km : **Artaki**; route à dr. vers **Sténi**, d'où l'on peut entreprendre l'ascension du **mont Dirphys** (1 745 m) en 2 h 30 de marche.
16 km : **Psachna**; église byzantine d'Haghia Trias Krietsoti.
66 km : **Strofylia**; route à g. pour (17 km) **Limni**, petit port avec les ruines d'un édifice paléochrétien.
109 km : A 2 km, promontoire où furent découverts les restes de l'**Artémision** ou **temple d'Artémis Proseôa** (qui regarde vers l'Orient). Ce détour sera pour vous l'occasion de découvrir un panorama sur la côte N. de l'Eubée.
137 km : **Oréi**, sur le site de l'ancienne *Histiaea-Oréos*, colonie thessalienne qualifiée de *polystaphylos* (riche en vignes) par *Homère*. D'après *Tite-Live*, Oréos avait deux acropoles; l'une d'elles est couronnée par un **kastro vénitien** sur l'emplacement d'une enceinte hellénique. Sur une place publique, **taureau de marbre** d'époque hellénistique.
142 km : A dr. à **1,5** km, **Haghio Kambos**, point de départ d'un **ferry-boat** à destination de Glifas (V. carte-itinéraire 2), 7 fois par jour; plage et petits restaurants très rustiques mais servant du poisson frais.
152 km : **Loutra Ædipsos**, importante station thermale et balnéaire sur le golfe d'Eubée, en face d'Arkitsa (**bateaux et ferry-boats**). Les eaux sulfureuses, dont les bienfaits étaient connus des Anciens — *Sylla* vint se soigner ici —, jaillissent près de la mer, au pied du **cap Therma**. Près de la **source Haghiou Anargyrou**, restes de thermes romains.

II — Erétrie et le S. de l'Eubée

Vous visiterez à Erétrie, à 22 km au S.-E. de Chalcis, les ruines de la cité la plus considérable de l'Eubée après celle-ci, qu'une mission archéologique suisse met actuellement au jour. Pour avoir participé à la révolte des cités ioniennes d'Asie Mineure en 499 av. J.-C., Darius la fit prendre en 490, juste avant la bataille de Marathon; partiellement détruite à cette occasion, elle fut bientôt reconstruite.

Indicatif téléphonique : 0221.

Hôtels :

¶¶¶ *Eretria Beach,* à Malakonta (✆ 62-411) 234 ch. night-club.

¶¶ *Holidays In Euboea,* à Magoula (✆ 62-612) 324 ch. night-club.

¶¶ *Malaconta Beach,* à Malakonta (✆ 62-511) 155 ch. night-club.

A Amarinthos (8 km) :

¶¶ *Blue Beach* (✆ 72-305) 210 ch. ouv. avril-oct.

Stephania (✆ 72-485) 80 ch.

A Karystos (106 km) :

¶¶ *Apollon Resort,* plage de Psyli Amnos (✆ 22-045) 79 ch. ouv. avril-sept.

Club de vacances :

Dreams Island, rens. et réserv. à Athènes, 51, rue Stadiou (✆ 321-48-28).

Pour atteindre le principal chantier de fouilles, quittez la rue principale en direction du N.-O. Une rue asphaltée vous conduira au petit **musée** qui abrite des sculptures, de la céramique et des objets provenant de l'ancienne Erétrie.

Théâtre. — C'est le monument antique le mieux conservé et qui vous servira de point de repère. Vous y remarquerez le passage voûté en ogive, creusé sous l'orchestra, qui reliait par des escaliers le dessous de la scène (hyposcénion) et le centre de l'orchestra ; il servait aux apparitions de personnages infernaux. Le théâtre date, comme le **gymnase** dont on voit les restes à 150 m à l'E., de la fin de l'époque classique, avec des rénovations et remaniements ultérieurs.

Secteur de la porte de l'O. — A 200 m à dr. (en tournant le dos à l'hémicycle du théâtre) s'étend, près du rempart de l'enceinte urbaine, un nouveau chantier de fouilles particulièrement intéressant pour les amateurs d'archéologie qui remarqueront, en premier lieu, à proximité immédiate du théâtre, les fondations du **temple de Dionysos,** d'ordre dorique et datant de la fin de l'époque classique, puis les vestiges imposants d'une **porte de ville,** relativement bien conservée et comportant plusieurs phases de construction, et ceux d'un puissant **bastion,** édifié pour renforcer la porte d'époque classique, qui constitue un exemple caractéristique de l'art hellénistique de la fortification.

A dr. (au N.) de cette porte, le haut **mur d'appareil polygonal,** datant en partie du VIIe s. av. J.-C., servit à canaliser un cours d'eau. Dans ce secteur se trouvait une nécropole avec de grands tombeaux en terrasses, du IVe s. J.-C. A g. (au S.) de la porte, au-delà des ruines d'un **hérôon** du VIIIe s. av. J.-C. qui fut recouvert peu après 700 av. J.-C. par une enceinte cultuelle faite de dalles de pierre disposées de manière à former un triangle équilatéral, et au-delà d'un long bâtiment du VIIe s. av. J.-C. comportant cinq pièces et qui fut peut-être un **lieu de culte** pour une confrérie noble, vous verrez les restes de l'une des maisons d'habitation exhumées en ce secteur. Construite durant la première moitié du IVe s., elle témoigne de la prospérité que connut Erétrie à ce moment-là. L'édifice subit dans les siècles suivants plusieurs remaniements.

Un peu plus loin, toujours le long du rempart, gisent les ruines d'un **second ensemble** composé d'une série de **cinq pièces,** dont l'une était aménagée

pour des banquets. Vient ensuite une seconde maison d'habitation, de la même époque que la première, construite avec plus de soin encore et qui fut dévastée, comme la précédente, en 198 av. J.-C. par les Romains et partiellement habitée par la suite.
Cette seconde maison, plus vaste que la première et dotée d'une grande cour centrale, était conçue sur une échelle monumentale qu'on ne retrouve pas à Olynthe. En face de cette maison et de l'autre côté de la rue a été dégagé un autre édifice de fonction encore inconnue.

Temple d'Apollon Daphnéphoros. — Vous atteindrez le site de ce temple en suivant, à partir du musée, la *léoforos Isidos,* artère qui mène à une place du bourg moderne où vous prendrez à dr. D'ordre dorique, périptère, il date de la fin de l'époque archaïque et comportait des frontons sculptés représentant le combat de Thésée et des Amazones (groupe de Thésée et Antiope, au musée de Chalcis). Il a succédé à un temple ionique périptère (colonnade de bois) comparable par son plan au temple d'Héra à Samos.

L'origine du culte rendu à Apollon en ce lieu remonte à la période géométrique. Des recherches récentes ont en effet permis la découverte, dans cette zone, de plusieurs édifices dont les restes furent ensevelis dans un terrassement de la première moitié du VIIe s. : long bâtiment à abside, petit édifice à abside également, où l'on a voulu reconnaître une sorte d'offrande copiant la hutte mythique de laurier (premier temple, d'après la légende, de l'Apollon de Delphes), dont la toiture était soutenue par une double colonnade sur le pourtour et trois colonnes centrales, en bois. Il s'agit là de l'un des plus anciens temples grecs connus.
Du temple d'Apollon, on se dirigera vers l'acropole, visible au loin. Au pied de celle-ci, on visitera la **« maison aux mosaïques »**, dégagée entre 1972 et 1978. Cette belle demeure du IVe s. av. J.-C., dont les pièces sont organisées autour d'une cour centrale, a été détruite au début du IIIe s. av. J.-C. par un incendie. Les décombres ont conservé le mobilier et surtout un ensemble exceptionnel de quatre mosaïques à galets, du début du IVe s. av. J.-C., figurant des scènes mythologiques (Néréide chevauchant un cheval marin, combat de griffons et d'Arimaspes), des sphinx et panthères, ainsi que des ornements végétaux et floraux. L'enceinte quadrangulaire et les sarcophages que l'on aperçoit dans l'angle N.-O. de la maison appartiennent à un tombeau du Ier s. av. J.-C.

Environs d'Erétrie. — 1 — Kymi (72 km par la route de Karystos et à g. à Lépoura). — Sur la côte E. de l'Eubée, face à l'île de Skyros ♦, **Kymi** est une jolie bourgade, près du site de l'antique *Kymé,* localisée hypothétiquement à 1 h de marche, sur l'emplacement du **monastère du Sauveur**, à proximité d'une petite forteresse vénitienne.

Bateaux : 4 fois par sem. pour Skyros, et 1 fois pour Volos, Alonissos, Skopelos, Glossa, Skiathos, Lemnos, Kavalla, Samothrace, Alexandroupolis et Mytilène. Embarquement à **Paralia Kymis** (4 km).

2 — Karystos (106 km).
34 km : Route à g. pour Kymi (V. ci-dessus).
43 km : Sur la rive d'un lac saisonnier, le village de Dystos, à 5 km, est localisé près du site de l'antique ***Dystos,*** sur un rocher isolé couronné par un **kastro vénitien. L'enceinte** de la ville (Ve s. av. J.-C.) en appareil polygonal, renforcée de 11 tours, décrit un arc de cercle autour d'une falaise. Sur des terrasses s'élevaient l'agora et des maisons du Ve s. av. J.-C.
74 km : **Styra**, tour de l'acropole de la ville antique du même nom, à (5 km) **Néa Styra**, à l'O. du village, près de la côte. A 50 mn au N.-E., à **Spitia Tou**

Drakou (les maisons du Dragon), carrières antiques de cipolin et, sur une terrasse, trois maisons de carriers en plaques de schiste.
106 km : **Karystos,** jolie petite bourgade au pied du mont Ochi, à 3 km du port (ferry-boat à destination de Rafina, en Attique, et de l'île d'Andros ♦). L'ancienne Karystos, ville des Dryopes, était célèbre pour son amiante et son marbre cipolin vert, fort apprécié des Romains.
L'acropole antique occupait le site du **kastro vénitien**, appelé **Castel Rosso** en raison de sa couleur rougeâtre, et la ville, celui de *Paléo Choro*, où se trouvent les restes d'un pont, quelques inscriptions et la métropole.

Evzoni

Carte-itinéraire 2. — Lamia, 339 km. — Larissa, 197 km. — Thessalonique, 75 km.

Indicatif téléphonique : 0343.
O. N. H. T. (✆ 51-223).

Hôtel :
Evzoni (✆ 512-09) 25 ch.

Evzòni est le principal poste frontalier avec la Yougoslavie, avec un important trafic routier.

F

Farsala (Pharsale)

Carte-itinéraire 1. — Lamia, 63 km. — Larissa, 48 km.
6 500 habitants environ.

Cette petite ville, dont le site fut habité sans interruption depuis l'époque néolithique, doit à une bataille d'être tirée de l'anonymat. C'est en effet près de Pharsale que, le 29 juin ou le 9 août 48 av. J.-C., César remporta l'une de ses plus fameuses victoires en écrasant les troupes de Pompée.

Environs de Farsala. — Paléokastro (13 km ; par la route de Larissa, puis à dr. à 3 km). — Près du village d'**Ano Dérengli**, Paléokastro représente le site d'une ville identifiée avec **Paléopharsale**, occupée dès l'helladique ancien (vers 2500 av. J.-C.) jusqu'au VIe s. av. J.-C. Dans les environs se trouvent d'autres sites antiques, notamment ceux du *Thétideion*, sanctuaire de Thétis et de Pélée (près de *Békidès*), et de *Skotoussa* (près de *Soupli)*, siège de l'oracle de Zeus Phégonaios, ancêtre, dit-on, de celui de Dodone, pris en 367 par *Alexandre de Phères* et en 191 par *Antiochos*, puis par les Romains. Plus au N. s'élève le mont Karadag (726 m), anciens **monts Cynoscéphales** (Têtes de chiens). Les **deux batailles de Cynoscéphales** (la première en 364 entre *Alexandre de Phères* et *Pélopidas* qui y trouva la mort, la deuxième entre *Flamininus*, avec 26 000 hommes et des éléphants, et *Philippe V de Macédoine* en 197) eurent lieu à l'O. de Skotoussa.

Florina

Cartes-itinéraires 1, 13 et 15. — Edessa, 82 km. — Kastoria, 106 km. — Niki, 15 km. — Thessalonique, 164 km.
12 300 habitants ; alt. 680 m ; chef-lieu de nome.

Florina, dans un cadre campagnard, offre peu d'intérêt, mais vous y trouverez une halte agréablement située.

Indicatif téléphonique : 0385.

Hôtels :

- *Lyngos* (28-322) 40 ch.
- *Tottis* (22-645) 36 ch.

En ville, vous visiterez un petit **musée** qui renferme des stèles funéraires, quelques sculptures, dont une statuette d'Artémis et une statue d'éphèbe en marbre, copie romaine d'un prototype du Ve s. av. J.-C. Les collections comportent également quelques sculptures byzantines et icônes post-byzantines.

☛ **Environs. — Lacs Mégali Prespa et Mikri Prespa.** — Ces deux lacs, la Grande et la Petite Prespa, sont situés à la frontière de la Grèce, de l'Albanie et de la Yougoslavie, dans un cadre magnifique. Si l'accès en est réglementé, vous pourrez cependant les admirer depuis le village de **Haghios Germanos** (50 km à l'O. de Florina), d'où la **vue** est superbe.

■ Folégandros [Ile de]

36 km²; 650 habitants.

L'une des plus petites îles de l'archipel des Cyclades ♦, rocheuse et dénudée, Folégandros eut le triste privilège de servir plusieurs fois de lieu d'exil politique. Les rares bateaux qui la desservent (ligne Le Pirée-Théra, trois fois par semaine et, l'été, ferry-boat Le Pirée-Rhodes) font escale à **Karavostassi**, d'où l'on gagne le bourg de (4 km) **Folégandros.**

G

Gastouni

Carte-itinéraire 9. — Patras, 66 km. — Pyrgos, 27 km.
5 000 habitants environ.

Cette grosse bourgade, ancienne résidence des princes francs d'Achaïe sous le nom de La Gastogne, est le point de départ d'une excursion jusqu'au site de l'antique *Elis*, dont une partie est destinée à disparaître sous les eaux d'un lac de barrage.

Campings :
Kourouta, à la plage de Kourouta (12 km au S. ; ☎ 22-901) ; 1 000 pers., 200 voit., 80 caravanes ✂ sports nautiques ; ouv. mai-oct.

Paradise, à la plage de Palouki (15 km au S. ; ☎ 22-721) ; 1 000 pers., 250 voit., 150 caravanes ✂ sports nautiques ; ouv. avril-oct.

Environs de Gastouni. — Elis (12 km par la route de Néa Ilis). — Entre les villages de **Paléopolis** et de **Bouchioti**, on a pu identifier, sur le site de l'ancienne Elis, quelques vestiges de l'**agora**, des **gymnases** où s'exerçaient les athlètes avant de prendre part aux jeux Olympiques, d'un théâtre, etc. Le **théâtre**, dans son dernier état, remonte à la période hellénistique et fut remanié durant l'époque romaine. Il semble qu'il résulte d'une reconstitution plus ou moins complète du théâtre grec (restauration en cours).
La zone située au N. du théâtre est couverte de tombeaux et des restes de bâtiments d'époque tardive dont une basilique paléochrétienne à pavements de mosaïque.

Ghérolimin

Carte-itinéraire 6. — Aréopolis, 25 km. — Kalamata, 103 km. — Sparte, 97 km.

Port du bout du monde, dans la sauvage région du Magne et aux abords duquel de petites églises byzantines abritent des iconostases en marbre (Bourlariori, Haghia Pélaghia), ce sera, pour les bons marcheurs, le point de départ pour une excursion jusqu'au cap Matapan.

Vous gagnerez le **cap Matapan**, l'ancien *Tænaron*, en 5 h env. (mais peut-être préférez-vous le caïque). Ce cap, souvent battu par les tempêtes, était le centre de la confédération des Eleuthéro-Laconiens, association de villes côtières qui vit le jour durant la période romaine. Ce fut en même temps, en son temple de Poséidon, le siège d'un oracle, et, à l'occasion, un point de refuge pour les pirates. Vous en retrouverez quelques vestiges dans les murs de la chapelle tôn Assomatôn, près de la baie des Kisternæs, en un lieu où a été localisé l'ancien port *Psamathos*. A l'O. se trouvait la caverne d'où Héraclès aurait tiré Cerbère des Enfers.

La **baie de Porto Cayo**, au-delà du cap, est dominée par une hauteur où gisent les restes insignifiants de la **forteresse franque de Maïna**, appelée la Grande Maigne dans les chroniques, qui fut construite en 1250 par *Guillaume de Villehardouin* et cédée aux Byzantins en 1263.
Au large du cap se trouve le **gouffre d'Inoussès**, abysse le plus profond de la Méditerranée (4 850 m).

Ghythion

Carte-itinéraire 6. — Aréopolis, 26 km. — Sparte, 46 km.

Fondation phénicienne et ancien port et arsenal de Sparte, à l'entrée du Magne, l'une des régions les plus originales de la Grèce (V. Aréopolis ♦), Ghythion est aujourd'hui une bourgade somnolente avec une plage de galets assez médiocre.

Un petit **musée**, installé au rez-de-chaussée de la mairie (dans une petite rue perpendiculaire à celle qui longe la mer), contient des inscriptions lapidaires (dont certaines de l'époque archaïque), de la céramique et quelques sculptures d'époque romaine.

Le mythe et l'histoire. — *Le bourg s'étend au pied du mont Koumaro, l'ancien Larysion, en face de l'îlot Marathonisi, relié à la terre par une chaussée et identifié avec l'îlot Kranaë, station phénicienne pour le commerce de la pourpre, qui était aussi un lieu d'asile célèbre. Pâris s'y serait réfugié après l'enlèvement d'Hélène. En face de l'îlot, dans le* Migonion, *marché ouvert aux commerçants orientaux dans un faubourg de l'ancienne ville, se trouvait un sanctuaire d'Aphrodite Migonitis, fondé par les Phéniciens (peut-être sur le site de la métropole d'Haghios Géorgios).*

Indicatif téléphonique : 0733.

Hôtels :

Belle Hélène, à Vathy Agéranou (✆ 22-867) 98 ch.

Lakonis (✆ 22-667) 74 ch.

Camping :
Gythion Beach (✆ 22-770), 210 pers. et 70 voit. ou caravanes.

Bateau : 1 liaison hebdo. avec Le Pirée en 17 h.

Au sommet du Larysion, autrefois consacré à Dionysos et aux Praxidiques, vous verrez les ruines d'un **kastro**. A la base du Larysion, à g. de la route vers Sparte, une niche avec un autel cubique taillé dans le roc (auj. Pélékito) passe pour appartenir au **sanctuaire de Zeus Térastios**. Il fut souvent identifié avec la pierre d'**autel de Zeus Kappotas**, où *Oreste* s'assit et se guérit de sa folie.
La ville antique se trouvait à 250 m, au-delà du ruisseau Sélénitsa. A g. s'élève la colline triangulaire de l'**acropole** qui porte quelques restes de murs. Au pied est creusé le **théâtre**. D'autres vestiges sont partiellement submergés.

A **9** km, au N. de la route d'Aréopolis, ruines du **château de Passava** (Passe-Avant), construit en 1254 par le maréchal de Morée *Jean de Neuilly*, restauré par les Turcs puis démantelé par les Vénitiens. Le site est identifié avec la *Las* homérique.

Gla [Ile de]

Carte-itinéraire 3. — Athènes, 121 km. — Chalcis, 72 km. — Lamia, 105 km. — Thèbes, 32 km.

Ce fut une île du **lac Kopaïs**, aujourd'hui asséché comme il l'avait été entre 2000 et 1300 av. J.-C. Ce n'est plus qu'une colline, mais elle porte les ruines d'une **résidence royale** construite vers le XVIe s. av. J.-C. au cœur d'une cité minyenne, constituant le plus grand site connu d'époque mycénienne. La piste qui conduit au pied de l'acropole en fait le tour complet.

L'***enceinte** se développe sur trois kilomètres de circuit, tout autour de l'île. Les murs, épais de 5,40 m à 5,80 m, sont impressionnants et, comme à Mycènes et à Tirynthe, sont en appareil cyclopéen.
La **porte principale**, au S., était accessible par une voie qui a été dégagée sur une longueur de 95 m. Cette porte, à couloir oblique, était flanquée de deux longues tours.

Au point culminant, vous verrez les **ruines du palais**, pas mieux conservé qu'à Mycènes ou Tirynthe, c'est-à-dire réduit aux fondations. Il était constitué de deux ailes en retour d'équerre autour d'une cour close. Une aile fut bâtie sur le rempart et l'autre sur une terrasse. Chacune avait des pièces de réception à l'une des extrémités (un grand mégaron et son vestibule desservi par un grand couloir extérieur) et les appartements privés vers le centre, soigneusement isolés et communiquant par les corridors intérieurs. Ce palais devait comporter deux étages, le second étant en briques cuites.
En relation avec le palais par une porte, se situait, au centre de l'île, une **agora** entourée d'un rempart. Cette cour, où s'élevaient deux groupes de bâtiments, était reliée avec la porte principale de l'enceinte urbaine par une rue partant d'une porte flanquée de deux tours carrées.

Environs. — Katavothres du Kopaïs. — A partir du village de **Kastro**, on peut gagner à pied ces célèbres curiosités naturelles du bassin de l'ancien lac. On atteint en 1 h 30 le **katavothre de Spitia**, à 200 m au S. duquel on a découvert les restes d'une **acropole minyenne** sur une ancienne presqu'île ; à l'O. de celle-ci, une seconde presqu'île était également couronnée d'une acropole, une digue étant jetée entre elles. Au-delà, **katavothres de Sitia**, puis (2 h) **de Vynia**, à l'entrée du **défilé de Képhalari**, où *Cratès*, ingénieur contemporain d'*Alexandre le Grand*, entreprit le percement d'un exutoire souterrain de 2400 m de long entre le lac et la vallée de Képhalari. 2 h 15 : **Mégali-Katavothra**, où le Mélas se précipite en écumant au fond d'une caverne haute de 25 m.

H

Haghii Théodori

Carte-itinéraire 5. — Athènes, 67 km. — Corinthe, 20 km.

Au débouché vers Corinthe du passage des roches Scironiennes, haute falaise d'où le brigand Sciron précipitait les voyageurs dans les flots, **Haghii Théodori,** qui occupe sans doute le site du port antique de *Crommyon,* est une longue plage de sable avec quelques petits hôtels et restaurants, mais cela ne suffit pas pour faire une véritable station balnéaire. Vous pourrez y prendre sans crainte un bain dans les eaux particulièrement tièdes du golfe Saronique : le sinistre Sciron n'est plus qu'un souvenir depuis qu'il fut tué par Thésée lors de son voyage de Trézène à Athènes, tout comme la laie de Crommyon, qui se nourrissait de chair humaine.

Indicatifs téléphonique : 0741.

Hôtels :

¶¶ *Hanikian* (✆ 67-151) 220 ch.

¶¶ *Margarita* (✆ 67-434) 12 ch. ouv. avril-sept.

¶¶ *Siagas Beach* (✆ 67-501) 101 ch. nignt-club.

Haghios Constantinos

Carte-itinéraire 3. — Athènes, 175 km. — Lamia, 47 km.

Au N. de l'église moderne de ce petit port, on a retrouvé des thermes appartenant à un ensemble beaucoup plus vaste ; ils furent en usage à l'époque paléochrétienne et au début de l'époque byzantine.

Indicatif téléphonique : 0235.

Hôtels :

¶¶¶ *Leventi* (Motel ; ✆ 31-806) 28 ch.

¶ *Acrogiali* (✆ 31-656) 15 ch. ouv. juin-sept.

Bateaux : car-ferries fréquents pour Loutra Ædipsos (Eubée). Liaisons avec Skiathos, Glossa, Skopelos, Alonissos, Lemnos, Kavalla, Samothrace et Alexandroupolis.

Hosios Loukas [Monastère d']*

Carte-itinéraire 4. — Athènes, 151 km. — Delphes, 37 km. — Livadia, 37 km. — Thèbes, 82 km.

Judicieux complément d'une excursion à Delphes, afin de découvrir la beauté et l'intérêt de la Grèce byzantine après ceux de la Grèce antique, la visite des églises du monastère de Saint-

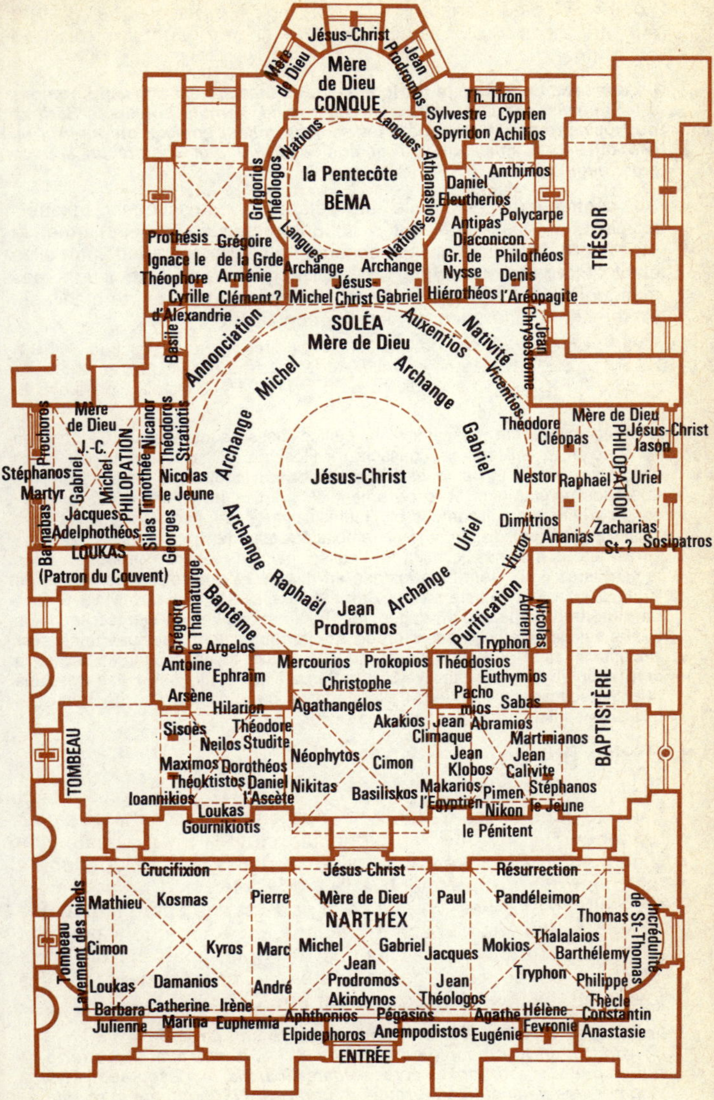

ÉGLISE D'HOSIOS LOUKAS

Luc en Phocide, dans un calme paysage d'oliviers, vous révélera surtout d'admirables mosaïques du second âge d'or de l'art byzantin.

Le tombeau de St Luc le Stiriote. — *Ce monastère est consacré non pas à l'évangéliste St Luc, mais à un saint local, l'ermite Loukas le Stiriote, ou Hosios (épithète désignant les saints ermites) Loukas, qui mourut en 946 ou 949. L'église qu'il avait édifiée devint par la suite un lieu de pèlerinage.*

Au centre d'un ensemble de bâtiments monastiques auxquels escaliers et passages voûtés apportent beaucoup de charme, le monastère d'Hosios Loukas possède trois églises, l'une d'entre elles étant aujourd'hui la crypte de l'église principale. Il ne faudra pas manquer d'aller admirer le chevet des deux autres, où se manifeste clairement la différence de date de construction.

Visite : en été, en sem. de 7 h 30 au coucher du soleil, le dim. de 10 h à 13 h et de 15 h à 19 h ; en hiver, en sem. de 9 h au coucher du soleil, le dim. de 10 h à 13 h et de 14 h 30 à 17 h. Hébergement possible au monastère.

L'église principale, ou catholicon, édifice massif construit en 1011 (ou en 1042 selon *E. Stikas*), est consacrée à Hosios Loukas. C'est sur ses murs que vous verrez les fameuses ****mosaïques,** tandis que vous **admirerez aussi** les revêtements et le pavement de **marbre polychrome**. Le plan ci-contre donne l'emplacement et l'identification des principales mosaïques ; celles qui avaient disparu furent remplacées par des peintures au XVIIe s., après les dommages causés à l'église par un séisme en 1659. Vous remarquerez également l'**iconostase** en marbre et **quatre icônes** datées de 1570, peintes par l'artiste crétois *Damaskinos.*

La plus petite église, à g., érigée vers 950, est dédiée à la Vierge Théotokos (Mère de Dieu) et elle aussi ornée de **fresques** dont quelques-unes sont anciennes, ainsi que d'un décor de céramique et de sculptures. Dans la **crypte**, qui fut l'église primitive Sainte-Barbe, vous distinguerez des **fresques** (XIe s.) récemment nettoyées ; elle abrite en outre cinq tombeaux dont celui d'Hosios Loukas, refait il y a peu en marbre.

■ Hydra [Ile de]

55 km^{2} ; 2 530 habitants.

Il y a quelque chose d'étonnant dans le destin de cette île située au débouché du golfe Saronique, autrefois — il y a à peine plus d'un siècle — repaire de corsaires et dont l'essor touristique a fait aujourd'hui une station à la mode, bien que pratiquement sans plage. Et s'il est vrai que son port est une charmante petite marine typiquement méditerranéenne, on remarquera pourtant le trait spécifique de ses hautes et nobles maisons qui s'accrochent au coteau : dans l'unité de l'envoûtement qu'elles inspirent, les îles grecques savent être diverses...

Le refuge de l'orthodoxie. — *Longue de 18 km, large de 4 à 5 km, l'île d'Hydra fut surtout peuplée à partir du XVe s. lorsqu'elle devint terre de refuge pour les orthodoxes et les soldats albanais, du despotat de Mystra, victimes des persécutions turques. A partir de 1770, date de la révolte de la Morée contre les Ottomans, de nouveaux réfugiés s'installèrent à Hydra qui devint le port principal de la Grèce insurgée. L'île étant trop pauvre* *pour nourrir toute cette population (on compta jusqu'à 20 000 hab. au lieu d'un peu moins de 4 000 actuellement), les Hydriotes se firent corsaires et recherchèrent sur mer les moyens d'existence que la terre leur refusait. En 1821, lorsque débuta la guerre d'Indépendance, les grandes familles, surtout celle des Coundouriotis, sacrifièrent leur fortune pour équiper des flottes.*

Indicatif téléphonique : 0298.

Police touristique : rue Navarchou N. Votsi (☎ 52-205).

Hôtels :

¶¶¶ *Miramare* (☎ 52-300 ; Athènes ☎ 62-00-97) 28 ch. ✂ ☎ ouv. avril-oct.

¶¶¶ *Miranda* (☎ 52-230 ; Athènes ☎ 52-29-686) 16 ch. ✂ ☎ P ouv. tte l'année.

¶¶ *Amaryllis* (☎ 52-249) 10 ch. ouv. mars-oct.

¶¶ *Hydroussa* (☎ 52-400) 36 ch. ✂ ☎ ouv. tte l'année.

¶ *Léto* (☎ 52-280 ; Athènes ☎ 971-17-95) 39 ch. ✂ ouv. avril-oct.

Bateaux : services quotidiens au départ du Pirée (deux fois en semaine et une fois le dimanche) ; en été, services d'hydroglisseurs (départ du port de Zéa) ; nombreuses croisières d'un ou quelques jours.

Au port, vous pourrez visiter quelques **vieilles demeures,** telles la **maison de Boulgaris,** la **maison de Tombazis,** la **maison Boudouris,** avec sa chapelle privée, mais surtout la **maison Coundouriotis,** Un petit **musée** abrite des documents se rapportant à la guerre d'Indépendance. Vous partagerez votre temps entre les bains de mer, la flânerie sur le port, où l'arrivée du bateau du Pirée provoque toujours de l'animation, et les excursions à travers l'île. L'une des plus intéressantes, qui est en même temps la plus courte, consiste à monter jusqu'à **Kalo Pigadi** où vous verrez de vieilles demeures du XVIIe s. et quelques minuscules chapelles.

L'excursion jusqu'à la baie **Mandraki**, autrefois défendue par deux fortins, exige environ 1 h 30 de marche.

Vous pourrez aussi monter en une heure jusqu'au **monastère du Prophète-Elie,** à 500 m d'alt. Ce monastère, situé dans une pinède, fut fondé au début du XIXe s. ; la **vue** y est fort belle.

A la pointe orientale de l'île se tient, solitaire, le **monastère de Zourvas**, que vous atteindrez en trois heures de marche.

Une excursion dans la partie occidentale de l'île vous amènera dans les parages du hameau d'**Episkopi**, en sortant d'Hydra par le coquet faubourg de Kaminia. Chemin faisant vous passerez à proximité d'un vieux pont en dos d'âne, puis par le hameau de **Vlicho** avec sa chapelle, plantée sur un écueil rouge où se brisent les vagues. Avant de parvenir à l'anse de Molo, d'où vous monterez vers Episkopi par une large vallée boisée de pins, vous remarquerez la **chapelle Haghios Kyprianos.** D'Episkopi vous reviendrez vers Hydra en passant près de la **chapelle Haghia Marina**, toute blanche parmi les pins, et par le monastère abandonné et ruiné d'Haghia Irini.

Icaria [Ile d']

267 km²; 9500 habitants.

A 145 milles du Pirée sur la route maritime de Samos, cette île de l'Egée, montagneuse et boisée, garde, bien sûr, le souvenir d'Icare et de sa chute, qui se serait produite non loin de ses côtes. Aujourd'hui, elle est l'escale de tous ceux qui aiment la nature vierge et sauvage, bien que certaines zones fertiles de l'île soient cultivées. On y produit des fruits, du miel, et un fameux « raki », forte boisson tirée de l'arbouse.

Indicatif téléphonique : 0275.

Police touristique (☎ 21-222).

Hôtels :

¶¶ *Toula*, sur la plage d'Haghios Kyrikos (☎ 21-298) 256 ch. ouv. avril-oct.

¶ *Apollo* (☎ 22-477) 39 ch. ouv. juin-oct.

¶ *Ikarion* (☎ 22-481) 32 ch. ouv. mai-oct.

Bateaux : 6 à 8 services par sem. pour et depuis Le Pirée, en 12 à 14 h, à Kyrikos ou Edvilos (sur la côte N.), dont certains par car-ferries.

Haghios Kyrikos, bâtie à flanc de colline, est une bien modeste capitale (petit musée archéologique) pour cette île qui s'enorgueillit pourtant de posséder à **Therma** des **sources radioactives** aux vertus thérapeutiques reconnues dès l'Antiquité (ruines de thermes romains).

Non loin de là, l'acropole de **Kataphygion** occupe le sommet d'une montagne nommée Kastro d'où l'on domine la côte et la mer. A **9** km d'Haghios Kyrikos, au lieu-dit *Na*, près de **Perdiki**, on peut voir les **restes d'un temple** identifié comme celui d'Artémis Tauropole.

Igouménitsa

Cartes-itinéraires 10 et 11. — Athènes, 485 km. — Ioannina, 110 km. — Kalambaka (Météores), 228 km.
Chef-lieu du nome de Thesprôtie.

A env. 80 milles nautiques du talon de la botte italienne, ce port ionien d'accès à la Grèce continentale déconcerte parfois, car en dépit de la beauté de son cadre, il ne répond en rien à ce que l'on imagine de ce pays. Patientez, et savourez le paysage pourtant typiquement balkanique que vous avez sous les yeux.

Indicatif téléphonique : 0665.
Police touristique : 17, rue Dangli (☎ 22-302).
O.N.H.T., Limin Igouménitsa (☎ 22-27).

Hôtels :
Xénia (☎ 22-282) 36 ch.
Tourist (☎ 22-406) 24 ch.

Camping :
Sole Mare, à Ladochorion (☎ 22-105) ; 100 pers., 50 voit., 20 caravanes ; sports nautiques.

Bateaux : nombreux services de car-ferries pour Corfou en 1 h 45 ; pour Patras ; pour l'Italie.

En attendant un bateau pour Corfou ou l'Italie, vous aurez peut-être la tentation de vous baigner (gagnez la plage de sable fin dite **Drépanos Beach**, à 5,5 km par la route de Ioannina et à g. à 1,5 km) ou de visiter un peu les environs, Parga, par exemple, mais il vous faudra disposer alors de 3 h.

Environs d'Igouménitsa. — 1 — Filiatès (21 km ; par la route de Ioannina et à g. à 10 km). — Près de ce village verdoyant de la très belle région au N. de la route de Ioannina, se trouve le **monastère de Giréméri** dont le catholicon est daté de 1568 (**peintures** du XVIIIe s.). Plus au N., **Kamitsani** est un ancien couvent dont l'église est décorée de fresques du XVIIIe s.

2 — Parga ♦ (49 km).

Ioannina (Jannina)*

Cartes-itinéraires 11 et 15. — Arta, 73 km. — Igouménitsa, 110 km. — Kalambaka (Météores), 126 km.
40 000 habitants ; chef-lieu de nome ; Université.

Avec son bazar à l'ambiance orientale et sa citadelle dominée par une mosquée au minaret élancé, cette ville est un souvenir de l'occupation turque dans les Balkans. Vous y visiterez surtout les monastères de l'île d'un lac romantique dont une rive est occupée par de pittoresques quartiers anciens et, dans les environs, les grottes de Pérama et les ruines de Dodone.

L'éphémère capitale d'un despote. — *L'époque de la fondation de Ioannina est inconnue. On propose souvent la date incertaine de 700. L'histoire se précise au XIe s. où la ville fut prise par Bohémond, bâtard de Robert Guiscard, qui fortifia l'acropole. En 1204, lors de la fondation du despotat indépendant d'Epire, Ioannina en devint la capitale et le resta pendant dix ans, jusqu'à l'assassinat du premier despote, Michel-Ange Comnène.*
Elle fut prise en 1345 par le kniaz Etienne Ouroch et annexée, avec tout l'Epire, au royaume de Serbie alors à son apogée.

Le tragique destin d'un pacha. — *Prise par l'armée du sultan Mourad II en 1431, Ioannina devint la capitale de l'un des trois pachas entre lesquels se partageait la souveraineté de l'Epire. Mais Ioannina ne parvint vraiment à la célébrité qu'avec* Ali de Tébélen. *Né à Tébélen (Albanie), Ali avait 40 ans quand il obtint une première charge officielle, puis le pachalik de Trikala qu'il échangea en 1788 contre celui de Ioannina. C'était alors la ville la plus peuplée de l'Albanie et de l'Epire avec 25 000 habitants, un foyer d'hellénisme, un centre commercial important. Ali ne cessa d'augmenter ses domaines et, en 1805, sous l'autorité très nominale de la Porte, Ioannina était, en fait, la capitale d'un Etat qui englobait, avec une partie de l'Albanie actuelle, la plus grande partie de* *la Grèce. Lord Byron y séjourna en 1807. Mais la puissance d'Ali inquiétait la Porte et, en 1820, il fut déclaré coupable de rébellion.*

Après plus de 15 mois de siège, Ali ne possédait plus que le kastro. Il accepta une entrevue avec le chef de l'armée assiégeante au monastère d'Haghios Pantéléïmon, dans l'île, où il se transporta avec son épouse et douze de ses fidèles. Mais, dans la soirée du 22 février 1822, une troupe ottomane se présenta au monastère. Une lutte s'engagea et Ali fut fusillé, décapité et sa tête exposée à Ioannina, puis à Constantinople.

Indicatif téléphonique : 0651.

Police touristique : 11, rue du 28-Octobre (☎ 25-673).

O. N. H. T. : 2, rue Zerva (☎ 25-086).

Hôtels :

¶¶ *Acropole,* 3, rue Vassiléos Géorgiou A (☎ 26-560) 33 ch.

¶¶ *Palladion,* 1, rue P. Scoumbourdi (☎ 25-856) 136 ch.

¶¶ *Xénia,* 33, rue Vassiléos Géorgiou (☎ 25-087) 60 ch. dans un site exceptionnel dominant toute la ville.

¶ *Egnatia,* 2, rue Avrantinou (☎ 25-667) 52 ch.

¶ *Espéria,* 3, rue Kaplani (☎ 27-682) 35 ch.

¶ *Olympic,* 2, rue Melanidi (☎ 25-888) 44 ch.

Restaurants : outre les nombreux restaurants et tavernes de la ville, *Nissaki,* sur l'île (☎ 54-871) : truites et cuisses de grenouilles...

Camping :
Camping E. H. M. (☎ 25-495) ; 30 pers., 10 voit., 5 caravanes ; ouv. avril-oct.

Aéroport : à 4 km par la route d'Igouménitsa ; au moins 1 vol quotidien pour Athènes en 1 h 15 mn.

Compagnie aérienne : *Olympic Airways,* 1, rue M. Angélou (☎ 26-518).

Location de voitures : *Hertz,* 5, rue M. Angélou (☎ 25-102).

Artisanat : exposition, 9, rue Mar. Trikoupi (☎ 32-167).

Après avoir parcouru les rues poussiéreuses mais pleines de caractère du **bazar**, vous visiterez le **nouveau musée**, dans le parc municipal, rue Averof.

Visite : en été, de 9 h (10 h le dim.) à 13 h et de 16 h à 18 h ; en hiver, de 10 h (10 h 30 le dim.) à 16 h 30 (14 h 30 le dim.) ; fermé le mardi ; accès payant.

Outre une galerie de peinture et de sculpture moderne et une petite collection de bijoux grecs des XVIIIe et XIXe s., vous verrez dans ce musée une riche **collection archéologique** : outillage paléolithique, céramique de la région d'Agrinion, trouvailles des nécropoles de Vitsa, de Nékromantéion, mais surtout de **Dodone** (statues votives, vases et tablettes oraculaires de plomb). Vous remarquerez aussi un **sarcophage** décoré d'une procession dionysiaque, des chapiteaux ioniques de Cassopée et quelques **sculptures byzantines** (beau chapiteau à deux aigles affrontés provenant de la basilique de Glykis, en Thesprotie).

Vous monterez ensuite jusqu'au **kastro** qui domine la vieille ville et, de là, vous découvrirez les remparts, restaurés au temps d'Ali Pacha, et, à vos pieds, le lac. Dans la **citadelle**, la **mosquée Aslan Aga**, fondée en 1619, abrite un petit **musée régional**.
Au pied du kastro s'étendent les promenades et des places ombragées au bord du **lac**, avec des cafés et des restaurants très

agréables à la belle saison. C'est de là que partent les vedettes qui permettent d'effectuer la **promenade** (que nous vous recommandons) **sur le lac de Ioannina et de visiter les monastères de l'île,** fondés vers le XIIIe s. Dans l'église du **monastère du Prodromos,** vous verrez des **fresques** du XVIIIe s., retouchées au XIXe s. Le **monastère de Panteleïmon,** près du précédent, fut le théâtre du meurtre d'*Ali Pacha.* Le catholicon (église) date du début du XVIe s. Le **monastère d'Haghios Nicolaos Spanos,** construit au XVIe s., est situé sur une hauteur. Dans l'église, **fresques** de 1660, où vous remarquerez, dans un angle du narthex, de g. à dr. : Platon, Apollonios, Solon, Aristote, Plutarque, Thucydide et Chiron.
Le **monastère d'Haghios Nicolaos Dilios,** le plus ancien, fut fondé au XIe s. Dans le catholicon, **fresques** (restaurées au XVIe s.) : Juda restituant l'argent de sa trahison. Dans le narthex, vies de la Théotokos et de St Nicolas (le Jugement dernier ; XVIe s.).
Dans le **monastère d'Haghios Nicolaos tôn Ghioumatôn,** **fresques** du XVIIIe s. : le Jugement dernier.

Environs de Ioannina. — 1 — *Grotte de Pérama (5 km par la route de Trikala). — Un circuit de 800 m permet de découvrir des salles hérissées de stalactites et de stalagmites formées il y a un million et demi d'années par un fleuve souterrain (visite de 8 h à 19 h ; possibilité de guides).

2 — *Dodone ♦ (21 km par la route d'Arta et à dr. à 7 km).

3 — *Monodendri et les gorges du Vicos (48 km ; par la route de Konitsa en prenant à dr. à 25 km, peu après Asfaka), V. Monodendri ♦.

Ios [Ile d']

105 km²; 1 250 habitants.

Etape habituelle sur la route maritime de Théra (Santorin), Ios est depuis quelques années le lieu d'un important afflux touristique. Pourtant, cette petite île des Cyclades, où *Homère* aurait rendu le dernier soupir, est dénudée, sèche et rocailleuse ; mais avec les maisons blanches et les moulins de sa modeste capitale, avec ses plages secrètes accessibles seulement par la mer, avec aussi ses « boîtes » à la mode et ses marchands de souvenirs, elle est peut-être la Cyclade telle qu'on la rêve à l'âge du grand tourisme en Grèce.

Indicatif téléphonique : 0286.

Hôtels :

¶¶ *Chryssi Akti* (☎ 91-255) 10 ch. ✂ 🛁 ☎ ⛵ 🅿 ouv. mai-oct.

¶¶ *Manganari* (☎ 91-215) à Manganari (accès par caïque) 41 ch. ✂

¶ *Sea Breeze* (☎ 91-285) 14 ch. 🛁 ☎ ⛵ ouv. avril-oct.

¶ *Armadoros* (☎ 91-201) 27 ch. ✂ 🅿

Bateaux : 12 liaisons par sem. depuis Le Pirée, en 9 h 15 à 19 h selon les services sur les lignes desservant Syros, Paros, Naxos et Théra.

Vous débarquerez dans une baie bien abritée dont la **chapelle Haghia Irina,** belle dans la simplicité de ses volumes, est comme le signal. Si la séduisante **plage de Milokotos** ne vous retient pas, vous gagnerez (40 mn de marche, env.) le village principal, **Ios** (Chora), étincelant de blancheur au milieu d'une campagne aride aux maigres cultures en terrasse avec quelques moulins à vent.

Malgré, dit-on, plus de 400 églises ou chapelles, les excursions dans l'île sont assez peu variées ; citons le **couvent de Pyrgos** et, à 3 h de marche aller et retour du village, les ruines du **château des Crispo** (XVe s.).

A partir de l'île d'Ios, on peut gagner en caïque **Sikinos**, petite île fort peu fréquentée. On débarque à **Alapronia** d'où l'on monte au village de **Chorio** que dominent les ruines d'un monastère. A 1 h de marche, la petite chapelle de la Panaghia occupe l'emplacement d'un temple d'Apollon pythien, du IIe s. av. J.-C.

Itéa

Carte-itinéraire 4. — **Amfissa, 15 km. — Delphes, 19 km. — Livadia, 71 km. — Naupacte, 91 km.**

A la lisière de la plaine sacrée qui s'étend au pied de Delphes, cette petite escale qui servit de port aux pèlerins d'Apollon pythien sera pour vous le lieu de détente idéal entre deux visites du célèbre sanctuaire, avec sa plage, où l'eau a une tiédeur à nulle autre pareille en Grèce, et ses petits restaurants.

Indicatif téléphonique : 0265.

Police touristique : en été, 56, rue Karaïskaki (☎ 32-222).

Hôtels :

¶¶ *Galini* (☎ 32-278) 30 ch. ✂ 🛁 ☎ P

¶¶ *Kalafati* (☎ 32-294) 37 ch. ✂ 🛁 ☎ P

¶¶ *Xénia* (☎ 32-262) 18 ch. ✂ 🛁 ☎ P night-club.

Campings :

Agiannis, à **Kirrha** (2 km ; ☎ 32-255) ; 600 pers., 280 voit., 50 caravanes ✂ sports nautiques ; ouv. mars oct.

Beachcamp, à **Kirrha** (2 km ; ☎ 32-305) ✂ commerces.

Itéa est situé près du site de l'ancien port sacré des Delphiens, *Kirrha*, localisé près du hameau de Magoula, où des fouilles de l'*Ecole française d'Athènes* ont révélé l'existence d'un habitat occupé dès l'helladique ancien.

Ithaque [Ile d'] (Ithaki)*

103 km²; 5 000 habitants.

Séparée de Céphalonie par un chenal de 2 à 4 km de large, cette île de l'archipel ionien, formée de deux massifs montagneux enserrant le golfe de Molo, est par excellence l'île de légende. C'est en effet sur cette terre ingrate que régnait Ulysse, bien que cette identification soit encore sujette à caution. En dépit d'une telle renommée, une visite d'Ithaque est encore un peu une aventure hors des sentiers battus du grand tourisme ; il est vrai que l'île, idéale pour la plongée, n'offre guère que ses admirables paysages marins à des visiteurs qui, le plus souvent, viennent y faire un pèlerinage homérique.

Une île pour les chèvres. — Homère *nous dit qu'il existait, dans l'archipel situé au débouché du golfe de Corinthe, une puissance maritime, corsaire et commerciale, très active, qui servait d'intermédiaire* *entre la côte d'Elide et de Triphylie (royaume de Nestor), celle de la Thesprôtie (Epire), l'île de Corcyre (Phéaciens), l'Italie méridionale et la Sicile. Ulysse, roi d'Ithaque, est la personnification épique de ce monde marin. D'après l'Odyssée, son royaume comprenaît des îlots et quatre îles : Ithaque, Doulichion, Samé et Zakynthos; Ithaque est basse, la dernière vers le Zophos (N.-O.); les autres sont à l'écart, vers l'aurore et le soleil. «A Ithaque, il n'y a ni larges pistes, ni prairies... C'est une île abrupte, impraticable aux chevaux, pourtant pas trop misérable, malgré sa faible largeur. Elle est bonne pour les chèvres...» (Odyssée, IV, 605; XIII, 242).*

Indicatif téléphonique : 0674.

Hôtels :

¶¶ *Mentor* (✆ 32-433) 36 ch. ✂ 𝍦 ⛽ ☎ 🅿

¶ *Odysseus* (✆ 32-381) 10 ch. ✂ 𝍦 ⛽ ☎ 🅿

Bateaux : ferry-boats 3 fois par sem. au départ de Patras via Sami (Céphalonie).

Vathy, chef-lieu et port principal de l'île, dont les maisons blanches sont bâties en amphithéâtre au fond d'une baie très profonde, sera l'endroit idéal pour partir sur les pas d'Ulysse à la recherche des sites homériques. Il est lui-même identifié avec l'ancien port de ***Phorkys,*** où Ulysse fut déposé par les Phéaciens dans la grotte des Nymphes (*Odyssée*, **III**, 96), aujourd'hui connue sous le nom de **Marmarospilia.** C'est là qu'Ulysse aurait caché ses trésors sur les conseils d'Athéna. Vous pourrez y visiter un petit **musée** d'antiquités (vases mycéniens, protogéométriques, géométriques et archaïques; stèles funéraires hellénistiques).

☛ **Excursions dans Ithaque. — 1 — Grotte des Nymphes** (Marmarospilia; 3 km). — Sortez de Vathy par la route de Stavros, puis suivez une piste à g. à 1 km. A l'extrémité de la piste, à une dizaine de mètres dans une paroi rocheuse, s'ouvre la **grotte des Nymphes** qui répond assez bien à la description de l'*Odyssée* (**XIII**, 105), mais elle est plus loin du port que ne semble l'indiquer Homère.

2 — La source Aréthuse, la roche du Corbeau et les étables d'Eumée (2 h 30 aller et retour). — Prenez la route qui se détache du port au fond de la baie. Après 1 h de marche, vous atteindrez un plateau. Peu après, la piste décrit un lacet en épingle à cheveux; 100 m après ce virage se détache, à g., un chemin donnant accès, en 20 mn, à la **source Aréthuse** (aujourd'hui **Pérapigadi**), dominée par une falaise de 40 m de haut qui est identifiée avec la **roche d'Eumée** (*Odyssée*, **XIV**, 6 et 533), est situé au-delà de l'embranchement du chemin à la source, à l'extrémité S. de l'île (*Odyssée*, **XXIV**, 150), loin de la capitale d'Ulysse (**XVII**, 25), à env. 20 km de Port Polis, de telle sorte qu'Eumée devait consacrer un jour entier pour effectuer un aller et retour. Du plateau de Marathia, vous pourrez gagner, en 40 mn, la baie de **Port Andréas,** où Télémaque aurait débarqué à son retour de Pylos, pour éviter les prétendants de Pénélope, embusqués sur l'**îlot Astéris** (*Odyssée*, **XV**, 36). De là, il remonta par l'unique chemin jusqu'aux porcheries d'Eumée.

3 — La capitale d'Ulysse (de Vathy à Stavros; 19 km; autobus). — 6 km : Vous passez au pied du **mont Aëtos**; au sommet gisent les ruines de l'ancienne ***Alalcomenæ,*** identifiées, à tort, par *Schliemann,* avec celles de la capitale homérique. Il en subsiste des restes de l'enceinte en appareil polygonal du VIIe s. av. J.-C. et quelques vestiges de la ville basse.
16 km : **Anoghi; église de la Dormition de la Vierge** (fresques du XVIIIe s.).
19 km : **Stavros**; de là, vous rayonnerez dans les environs, à la découverte

de sites antiques ou de paysages. Vous descendrez, par exemple, en 20 mn, à la **baie de Port Polis**, dont le nom rappelle celui de la capitale homérique de l'île ; de là vous remarquerez, près de la côte de Céphalonie, l'**îlot Daskalio**, identifié avec l'*îlot Astéris*, d'où les prétendants guettèrent le retour de Télémaque pour l'assassiner (***Odyssée***, **VI**, 846).

A moins d'un kilomètre au N. de Stavros, au lieu-dit **Pélikata**, l'*Ecole britannique* a mis au jour les restes d'une petite agglomération, fondée vers 2200 av. J.-C., qui fut habitée jusqu'à l'époque mycénienne. Placée entre la baie de Port Polis et celle de Port Phrikès, elle est la plus apte à être identifiée avec l'acropole d'Ulysse.

Kalamata (Kalamai)

Carte-itinéraire 8. — Aréopolis, 78 km. — Pylos, 52 km. — Sparte, 60 km. — Tripolis, 93 km.
39 462 habitants ; chef-lieu du nome de Messénie.

Kalamata voudrait être à la fois centre industriel et balnéaire. La confusion des genres ne présage rien de bon, mais il y a tout de même une bonne plage et quelques curiosités dans les environs, ainsi que d'agréables spécialités : olives réputées, figues, bananes.

Un ancien fief de Ménélas. — *Kalamata occupe probablement le site de la* Phérae *homérique qui appartenait sans doute à Ménélas, car elle figure parmi les sept villes qu'Agamemnon promet à Achille pour apaiser sa colère. Des fouilles récemment exécutées à Akovitika, à 4 km à l'O. de la ville, démontrent que le débouché sur la mer de la plaine de Messénie fut habité dès l'helladique ancien (restes d'un mégaron).*

Les singulières conséquences d'une croisade. — *En 1206, deux ans après la prise de Constantinople par la quatrième croisade, la région fut conquise sur les Byzantins par Guillaume de Champlitte, premier prince de Morée, et par son lieutenant Geoffroy Ier de Villehardouin, qu'il nomma seigneur de Kalamata en 1208. Vers 1425, elle fut rattachée aux Etats du despote de Mystra. Prise par les Turcs, elle resta entre leurs mains jusqu'en 1685, pour passer sous la domination vénitienne jusqu'en 1715.*

Indicatif téléphonique : 0721.

Police touristique : 46, rue Aristoménous (✆ 23-187).

Hôtels :

¶¶¶ *Rex,* 26, Aristoménou (✆ 22-334) 51 ch.

¶¶ *Filoxénia,* sur la plage (✆ 23-166) 118 ch.

¶¶ *Messinian Bay,* plage d'Almyros (✆ 41-251) 45 ch.

¶ *Elite,* 2, paralia Navarinou (✆ 22-434) 49 ch.

Club de vacances :
Eros Beach, à Pétalidion (29 km) ; rens. à Athènes, 71, rue Hippocrate (✆ 60-45-08) ; ouv. mai-sept.

Campings :
Patista (✆ 29-525) ; 120 pers., 40 voit., 30 caravanes ; sports nautiques ; ouv. tte l'année.
Aghia Sion, à Verga ; 120 pers., 30 voit., 20 caravanes ; sports nautiques ; ouv. mai-oct.
Fare, à Verga (✆ 23-166) ; 200 pers., 50 voit., 30 caravanes ; sports nautiques ; ouv. mai-oct.
Sea and Sun, à Verga (✆ 41-314) ; 120 pers., 40 voit. ou cara-

vanes ✂ sports nautiques ; ouv. tte l'année.

Aéroport : à 17 km par la route de Messini ; un vol quotidien pour Athènes en 45 mn.

Compagnie aérienne : *Olympic Airways*, 10, rue Demokratia (☎ 22-376).

Dans le bazar, visitez l'**église Haghii Apostoli**, de style italien (1626), avec une église byzantine du Xe s. qui lui sert de chœur. Le **kastro**, ou **château des Villehardouin**, fut construit en 1208 par les Francs sur l'emplacement de l'acropole de l'ancienne *Phérae* où les Byzantins avaient élevé une forteresse et un monastère. Il comporte un donjon, une redoute intérieure et une enceinte extérieure.

Environs de Kalamata. — 1 — Koroni (52 km par la route de Pylos et à g. à 21 km). — Ce paisible petit port étage ses maisons sur un promontoire couronné par une imposante **citadelle vénitienne et turque**, bien conservée, qui témoigne des rivalités dont la Grèce fut victime au Moyen Age et jusqu'au XVIIIe s.

La ronde des occupants. — *Koroni est sur le site de l'antique* Asiné. *Elle fut prise en 1205 par Guillaume de Champlitte et Geoffroy de Villehardouin mais, un an plus tard, les Vénitiens les en délogèrent. En 1500, les habitants se soulevèrent contre les Vénitiens et remirent le port aux Turcs. Le Génois* Andrea Doria *effectua un raid en 1532, mais les Turcs reprirent la place un an plus tard. En 1662, elle passa entre les mains des Espagnols, puis des Vénitiens, et enfin des Turcs qui, en 1770, repoussèrent les Russes.*

2 — De Kalamata à Aréopolis. — V. env. d'Aréopolis.

Kalambaka

Cartes-itinéraires 11 et 12. — **Ioannina, 126 km. — Larissa, 82 km. — Thessalonique, 261 km.**

De ce bourg qui fut l'Ægινium cité par César et par Tite-Live, vous partirez à la découverte des ***Météores ♦, cet extraordinaire amoncellement de rochers qui servit de cadre à l'une des formes les plus singulières de l'ascétisme oriental.

Indicatif téléphonique : 0432.

Police touristique : en été, 33, rue Rammidi (☎ 22-109).

Hôtels :

Divani (Motel ; ☎ 23-330) 111 ch. ✂

Xénia (☎ 22-327) 22 ch. ✂ ouv. avril-oct.

Æolikos Astir (☎ 22-325) 16 ch.

Odyssion (☎ 22-320) 21 ch. ouv. avril-oct.

Campings :

Kalambaka (☎ 22-309) ; 250 pers., 65 voit., 20 caravanes ✂ ouv. tte l'année.

Metéora, à Kastraki (☎ 22-285) ; 150 pers., 40 voit., 40 caravanes ✂ ouv. mai-oct.

Vrachos, à Kastraki (☎ 22-293) ; 400 pers., 100 voit., 100 caravanes ✂ ouv. tte l'année.

Visitez la **métropole** (près de la gare) rebâtie vers 1309 sur les fondations d'une église antérieure (pavement de mosaïque dans l'abside). Les **peintures** datent de 1573 et furent exécutées par le moine crétois *Néophyte*, fils du peintre *Théophane Batha*. Remarquez aussi le curieux **ambon** de marbre.

Kalavryta

Carte-itinéraire 5. — Ægion, 50 km. — Corinthe, 126 km. — Patras, 83 km. 2 000 habitants.

A 700 m d'altitude, ce bourg, martyr de la Résistance en 1943, fera un excellent gîte d'étape en marge de l'axe Athènes-Patras si vous avez souffert de la chaleur au cours de votre voyage.

Des enragés. — *Kalavryta est identifiée avec l'ancienne* Kynætha, *ville arcadienne à deux stades de la source* Alyssos *(qui guérit de la rage), auj.* Kalavrytiné. *Les Kynæthéens se distinguaient par l'indépendance et la sauvagerie de leur caractère et par leur irréligion. La ville, détruite en 220 par les Etoliens, se releva sous Hadrien.*

Une prairie franque. — *En 1209, le fief de Kolovrate (Kalavryta) échut à Othon de Tournay; il passa ensuite (1301) aux barons de Chalandritsa, seigneurs de la Trémoille.*

Indicatif téléphonique : 0692.

Hôtels :

¶¶ *Chelmos,* pl. Eleftherias (☎ 22-217) 19 ch.

Maria (☎ 22-296) 14 ch.

Environs de Kalavryta. — 1 — Monastère d'Hagia Lavra (7 km; par la route de Tripolis). — Fondé en 961, il fut brûlé en 1943 par les Allemands qui n'appréciaient pas du tout son rôle dans la Résistance. Reconstruit, il a perdu à peu près tout intérêt mais les chercheurs y visiteront un petit musée historique, avec des manuscrits des XIe et XIIe s.

2 — Monastère du Mégaspilaion ♦ (11 km par la route d'Athènes). — Continuez jusqu'à (36 km) Diakopton : pendant la descente, la beauté du **panorama sur le golfe de Corinthe soulèvera votre enthousiasme.

3 — Léontion (37 km par la route de Patras). — Ce site, réservé aux amateurs d'archéologie, comprend un théâtre du IVe s. av. J.-C., mal conservé.

Kalymnos [Ile de]*

109 km²; 12 000 habitants env.

Hors des circuits touristiques, cette île du Dodécanèse ♦ doit sa célébrité aux pêcheurs d'éponge qui, fidèles à cette dure activité depuis des siècles, partent à Pâques pour une campagne qui durera jusqu'à l'automne. Bien que montagneuse et pierreuse, l'île possède une petite plaine couverte de jardins et de vergers ou d'olivaies.

Indicatif téléphonique : 0243.

Hôtels :

¶ *Drosos,* à Panormos (☎ 28-918) 52 ch.

¶ *Olympic* (☎ 28-801) 42 ch.

Plaza, à Panormos (☎ 28-907) 12 ch. ouv. avril-oct.

¶ *Thermæ* (☎ 29-425) 15 ch. night-club.

Bateaux : 6 liaisons par sem. au départ du Pirée, en 11 h à 15 h, sur la ligne du Pirée à Rhodes, dont 2 par car-ferries.

Kalymnos, port aux ruelles animées et au marché haut en couleurs, est la modeste mais sympathique capitale de l'île, avec un petit **musée** où sont rassemblées les trouvailles faites dans des grottes (objets néolithiques) ou sur le site d'un sanctuaire d'Apollon délien.

Près de **Pothéa**, au N. de la capitale, se trouve la **grotte des Sept Vierges** (Hepta Parthéni) où l'on peut voir des niches votives et diverses inscriptions. De Kalymnos, une route conduit au port de (**6** km) **Vathy**, sur la côte E., d'où l'on peut gagner le village de (**9** km) **Damos**; on y a découvert une nécropole mycénienne. Une autre route partant du chef-lieu permet d'accéder à (**13** km) **Linaria** *(Myrtès)* sur la côte O., puis, à l'extrémité N. de l'île, à **Emporio**, où l'on a mis au jour une tombe à tholos mycénienne.
De Linaria, on embarque pour l'**île de Télendos** où gisent les ruines du monastère Haghios Vasiléios, d'une forteresse médiévale et d'édifices helléniques et romains.

Kaména Vourla

Carte-itinéraire 3.
Athènes, 182 km. — Chalcis, 133 km. — Lamia, 40 km. — Thèbes, 87 km.
2 130 habitants.

Fréquentée par des curistes grecs, cette station thermale est en même temps une plage fort agréable.

Indicatif téléphonique : 0235.

Police touristique : 1, rue du 25-Mars (☎ 22-425).

Hôtels :

¶¶¶ *Galini* (☎ 22-327) 131 ch. bain thermal.
¶¶ *Rhadion* (☎ 22-310) 62 ch. bain thermal; ouv. mai-oct.
¶¶ *Sissi* (☎ 22-277) 102 ch. bain thermal, night-club; ouv. mars-oct.
¶¶ *Sonia* (☎ 22-361) 20 ch. ouv. mars-oct.
¶¶ *Thronion* (☎ 22-325) 44 ch. ouv. juil.-sept.
¶ *Acti*, G. Vassiliadou (☎ 22-211) 19 ch. ouv. avril-oct.
¶ *Astéria*, 71, G. Vassiliadou (☎ 22-278) 14 ch.
¶ *Pringipikon* (☎ 22-516) 28 ch.

Campings :
Apollon (☎ 22-486) 80 pers., 60 voit. ou caravanes; sports nautiques; ouv. avril-oct.
Copellia, à Aspronerion (☎ 22-000) 200 pers., 80 voit., 35 caravanes; sports nautiques; ouv. avril-sept.
A Livanatès (35 km) :
Côte d'Azur; 80 pers., 50 voit., 50 caravanes sports nautiques; ouv. tte l'année.

Environs de Kaména Vourla. — Mendénitsa (23 km par la route de Lamia). — Près de ce village, l'ancienne *Pharigai*, vous visiterez le **château de Bodonitsa**, siège d'un marquisat durant l'époque franque, pendant plus de deux siècles à partir de 1205. La forteresse comprend deux enceintes, la première ayant été élevée sur des remparts antiques.

Karditsa

Carte-itinéraire 1. — Lamia, 87 km. — Larissa, 96 km. — Trikala, 26 km.
23 708 habitants.

Bourg commerçant de Thessalie, Karditsa ne retiendra guère l'attention, si ce n'est comme étape au cœur de la Grèce centrale.

Indicatif téléphonique : 0441.

Hôtels :

¶ *Arni* (☎ 22-161) 35 ch.
¶ *Astron* (☎ 23-551) 47 ch.
¶ *Avra* (☎ 21-523) 21 ch.

Environs. — A 11 km à l'O., **Mitropolis**, occupée par *César* avant Pharsale, conserve quelques vestiges de son acropole et, à proximité, ceux de deux petites forteresses, à **Vounési** et **Portitsa**.
A 20 km à l'O., important **lac de barrage de la Megdova** (Tavropos), dont une route permet de faire le tour (40 km).
A 38 km au S., **Loutra Smokoyon**, à proximité d'une colline couronnée par les restes d'une forteresse antique, est une station thermale où l'on soigne les affections rhumatismales et respiratoires.

Hôtel :
Tembi (☎ 208) 33 ch. ouv. juin-oct.

Karpathos [Ile de]

280 km²; 3000 habitants env.

A 280 milles nautiques du Pirée, entre la Crète et Rhodes, cette île sauvage et montagneuse est l'une des plus grandes du Dodécanèse, mais aussi l'une des plus isolées; pour cela sans doute les traditions y sont encore vivaces, et l'on y entend parfois un dialecte proche du dorien. Elle fera bien sûr le bonheur des amateurs de calme.

Indicatif téléphonique : 0245.

Hôtel :
Porphyris (☎ 22-294) 21 ch.

Compagnie aérienne : *Olympic Airways*, Paralia Karpathou (☎ 25-291); en été, de Rhodes, 1 ou 2 vols quotidiens en 40 mn.

Bateaux : un service par sem. au départ du Pirée, en 26 h par Rhodes.

Le bateau du Pirée fait escale à **Pigadia**, sur la côte E., près de l'antique capitale de l'île, dont il subsiste de rares vestiges.

A env. 10 km de Pigadia, on peut voir, à **Arkassa**, les restes d'une église byzantine qui était ornée de mosaïques. Au cours de vos promenades à l'intérieur de l'île, vous visiterez de charmants villages, bien souvent désertés par les hommes partis à la recherche de travail sur le continent. **Messochori, Olympos, Kilion**, sont parmi les plus séduisants.
A la pointe N. de Karpathos, l'**île de Saria** est surnommée l'île des Chèvres, qui y vivent à demi sauvages.

Karytaina

Carte-itinéraire 7. — Andritséna, 28 km. — Olympie, 107 km. — Pyrgos, 93 km. — Tripolis, 52 km.

L'un des plus pittoresques villages de l'Arcadie avec sa cascade de maisons qui dégringolent depuis un château franc, Karytaina, sur le rebord d'une brèche où s'engouffre l'Alphée, mérite bien quelques instants d'arrêt que vous mettrez à profit pour visiter l'église de la Panaghia, parcourir des ruelles évocatrices d'un passé médiéval, et monter jusqu'au château.

Une baronnie franque. — *Karytaina s'élève sur l'emplacement de l'antique Brenthé. En 1209, les Francs en firent la capitale d'une grande baronnie attribuée à Hugues de Bruyères, à qui l'on doit le château. En 1320, Karytaina fut rachetée par l'empereur Andronic II Paléologue.*

En bas du village se trouve l'**église de la Panaghia** (clocher franc, peintures anciennes, écusson des Albamonte), du XIe s.

Du village, un sentier permet d'accéder, en 10 mn env., à l'unique entrée du château, spécimen imposant de fortification médiévale.

Environs de Karytaina. — 1 — Dimitsana (27 km). — A partir de la route de Tripolis à Andritséna, prenez la route non asphaltée (pas de pancarte) près de la bretelle de Karytaina. En la suivant, vous découvrirez quelques-uns des **plus beaux **paysages du Péloponnèse. Dimitsana,** l'ancienne *Teuthis*, est un village de montagne en surplomb au-dessus du ravin du Lousios (vestiges médiévaux).

2 — Gortys d'Arcadie (accessible à partir de Karytaina par un chemin non asphalté mais carrossable ; env. 8 km). — Au cours de cette excursion, surtout intéressante pour les archéologues, vous verrez les restes de **deux sanctuaires d'Asclépios** dégagés par l'*Ecole française d'Athènes.*

L'Asclépieion de la rive du Gortynios fut bâti à partir du milieu du IVe s. av. J.-C., mais il demeura inachevé. Le bain fut érigé vers la fin du IVe s., puis remanié au milieu du IIIe s. av. J.-C. Près de là (au S.-E.) s'étendaient des habitations hellénistiques et romaines.

L'Asclépieion au S.-O. de l'acropole est très ruiné. Il fut construit vers la fin du Ve s. ou au début du IVe s. av. J.-C. Près de là, l'édifice dit *Bain d'Asclépios* fut construit vers la fin du IIIe s. av. J.-C. ; il était adossé à un portique que l'on peut identifier avec l'abaton.

L'enceinte de l'**acropole**, percée de trois portes, est la mieux conservée. La **forteresse** S., voisine de la précédente, couvrait un périmètre beaucoup plus restreint. Vous distinguerez encore les restes des remparts.

En remontant à pied la gorge du Gortynios, vous pourriez atteindre en environ une demi-heure de marche, sur un sentier parfois assez abrupt, un pittoresque **monastère** accroché à la paroi de la gorge, dans un paysage d'une sauvage beauté. Ce monastère (Haghios Ioannis Prodromos) est accessible aussi, à pied, depuis la route qui va de Karytaina à Dimitsana.

Kassos [Ile de]

62 km^{2} ; 1 000 habitants env.

L'une des îles les plus difficilement accessibles du Dodécanèse, Kassos sera sans doute l'une des dernières à subir les assauts du tourisme. La vie simple que vous y mènerez (chez l'habitant) ne manquera pas de charme si vous savez vous contenter d'un confort rudimentaire.

Bateaux : 1 liaison hebdomadaire avec Le Pirée en 23 h 30 et caïques au départ de Karpathos.

Vous y visiterez le **monastère d'Haghios Mamas** et un petit **musée d'art populaire**, ainsi que la **grotte de Sellaï**, ornée de stalactites, et celle d'**Hellenikomara**, entourée de murs d'appareil pélasgique.

Kastania

Carte-itinéraire 5. — Corinthe, 64 km. — Patras, 151 km. — Xylokastron, 50 km.

Un paisible centre de villégiature dans les montagnes qui dominent le golfe de Corinthe.

Indicatif téléphonique : 0747.

Hôtel :

Xénia (☎ 31-283) 6 ch.

Environs. — Fénéos (27 km). — Au lieu-dit **Pyrgos** se trouvent les ruines de l'ancienne *Phénéos* ou *Phénéa;* une partie de l'**enceinte**, en appareil polygonal, a été dégagée, ainsi que les ruines d'un *Asclépieion.*

Kastoria*

Cartes-itinéraires 13 et 15. — Florina (par Aétos), 106 km. — Kalambaka, 150 km. — Thessalonique, 214 km.
15 407 habitants ; archevêché ; chef-lieu du nome du même nom.

C'était sans doute la plus belle petite ville des Balkans avec ses vieilles maisons de bois, ses églises et chapelles, ornées de fresques. C'était... il y a une dizaine d'années. Depuis, le charme de cette cité typiquement balkanique a été anéanti, victime d'une certaine prospérité née de l'industrie de la fourrure, qui a entraîné la démolition d'un nombre considérable de vénérables demeures, remplacées par de stupides constructions de ciment. Il reste encore à Kastoria ses églises et son site exceptionnel au bord d'un lac, mais son avenir touristique est bien compromis.

Kastoria est identifiée avec l'ancienne Celethron, *citée par Tite-Live. D'après Procope (De aedif., IV, 3), la ville aurait pris un moment le nom de* Dioclétianopolis. *Depuis le début du XIXe s. env., Kastoria est un centre assez important de commerce des fourrures, en relation avec les grands marchés d'Europe et des Etats-Unis.*

Indicatif téléphonique : 0467.
Police touristique : 24, rue Grammou (☎ 22-696).
Hôtels :
¶¶ *Xénia du Lac* (☎ 225-65) 26 ch.

¶ *Orestion* (☎ 222-58) 20 ch.

Liaisons aériennes : 4 vols hebdomadaires depuis Athènes, en 1 h 30.

Kastoria ne possède pas moins de 72 églises ou chapelles parmi lesquelles vous visiterez la **chapelle des Taxiarques,** bâtie entre le XIe et le XIIIe s., et la charmante **église de la Panaghia Koubélidiki,** de la fin du XIe s. (fresques en façade et à l'intérieur), que vous atteindrez par la rue Mitropoléos. Vous verrez aussi l'**église Haghios Nicolaos tou Kasnitzi,** ornée de fresques du XIe s., qui est accessible par la rue Mitropoléos.
Plus loin encore, près de la métropole (moderne), vous visiterez l'**église Haghios Athanasios,** de 1384-1385, avec des fresques du XIVe s., et l'**église des Taxiarques,** du XIVe s., avec des fresques de l'école serbe.
Revenez jusqu'à l'église Haghios Nicolaos et suivez, à dr., la rue Valala, où vous verrez la **chapelle Saint-Pierre-et-Saint-Paul** (restes de peintures sur la façade et à l'intérieur). A dr., la rue Haghiou Mina mène à la chapelle du même nom ; un peu avant, la rue Vitsiou, à g., vous conduira à l'**église Haghios Stéphanos,** du XIe s., ornée de fresques (Crucifixion de style archaïque ; iconostase en bois sculpté des XIIIe-XIVe s.).
La rue Vitsiou conduit directement à l'église **Haghii Anargyri,** du Xe s., restaurée au XIe s., avec des peintures murales représentant la *Déisis,* à g., et la Vierge en prière entre deux anges, à dr.
De cette église, revenez vers le centre de la ville en suivant la rue Haghion Anargyron, puis la rue Athanasiou.

Promenez-vous également au bord du *lac, sur lequel Kastoria possède deux magnifiques façades ; de l'une et l'autre rives vous pourrez apercevoir encore quelques **vieilles demeures de bois** qui ont échappé à la frénésie de modernisme qui a déjà fait tant de gâchis.

Des fouilles effectuées sur la rive S. du lac ont permis de découvrir quelques vestiges d'un village préhistorique bâti sur pilotis datant d'environ 2000 av. J.-C.

A 12 km de Kastoria par la route directe de Florina, vous découvrirez un splendide ***panorama** sur le lac. Vous pourriez d'ailleurs rejoindre Florina par une route qui n'est pas toujours asphaltée mais qui traverse de magnifiques paysages. Il faudra simplement que vous vous soumettiez à un contrôle de police militaire (en principe, pure formalité), car la route, qui passe sur les confins de l'Albanie, est surveillée.

Katérini

Carte-itinéraire 2. — Larissa, 84 km. — Thessalonique, 88 km.
Chef-lieu de nome.

Gros marché agricole d'où part une route (vers Elasson) qui traverse le massif de l'Olympe.

Indicatif téléphonique : 0351.

Police touristique : 98, rue M. Alexandrou (☎ 23-440).

Hôtels :

¶¶ *Alkyone* (☎ 61-613) 35 ch. ✂ 🅿

¶¶ *Olympion* (☎ 29-892) 56 ch. ✂ 🅿

Camping :

Olympos, à Paralia Skotinas (☎ 41-487) 1 600 pers., 400 voit., 150 caravanes ✂ sports nautiques ; ouv. avril-oct.

Non loin de Katérini, à **Kitros** (V. carte-itinéraire 2), site de l'ancienne *Pydna*, où *Paul-Emile* vainquit *Persée* en 168, ouvrant par l'annexion de la Macédoine la romanisation de la Grèce.

Environs de Katérini. — Dion (13 km), par une route asphaltée directe qui part du centre de la ville en direction de (6 km) **Néa Ephésos** puis (12 km) Karitsa.

Des fouilles menées depuis 1973 par l'*Université de Thessalonique*, sous la direction du professeur *D. Pandermalis*, font ressurgir les ruines de l'antique cité macédonienne de Dion, où Alexandre le Grand vint offrir un sacrifice avant son départ (334 av. J.-C.) pour sa fantastique campagne contre les Perses, qui devait l'amener jusqu'au cœur de l'Asie.
Environ 800 m après la sortie de Karitsa, on aperçoit sur la g. de la route un petit tronçon du **rempart de la ville**, avec une tour. La cité de Dion était en effet entourée d'un rempart au dessin très régulier, de forme rectangulaire, d'environ 4 km de pourtour. Vous remarquerez à la partie inférieure de ce tronçon le premier état du mur, en gros blocs isodômes de calcaire blanchâtre, qui remonte à l'époque classique, et les remaniements postérieurs (par exemple une stèle remployée dans la tour).
Environ 200 m plus loin, à une cinquantaine de mètres à dr. de la route, vous verrez une **tombe macédonienne** voûtée de la fin du IVe ou du début du IIIe s. av. J.-C., avec dromos d'accès et façade à entablement dorique (on ne visite pas pour l'instant l'intérieur de la tombe, qui comprend une antichambre et une chambre ; la porte qui fait communiquer les deux pièces est flanquée de deux demi-colonnes ioniques plaquées contre le mur ; dans la chambre, on a trouvé un lit de marbre et, peintes sur les murs, deux frises représentant des lions).

La nécropole de Dion a livré à ce jour trois autres tombes macédoniennes plus petites, à une seule chambre.
En continuant vers le centre du village, on arrive à un carrefour ; prendre à g. une piste carrossable qui longe bientôt le rempart de la cité, visible à g. sur une longueur d'env. 300 m. A 500 m du carrefour, on atteint l'entrée du site archéologique.

Visite : de 8 h 30 à 13 h et de 16 h à 18 h ; le dim. de 10 h à 16 h.

La zone que l'on visite correspond à **la ville intra-muros**, dégagée essentiellement, pour le moment, dans son état d'époque romaine impériale. On verra plusieurs **rues dallées**, pourvues d'égouts et se coupant à angle droit, selon un tracé qui était déjà celui de la ville hellénistique et qui délimite des îlots *(insulae)* de bâtiments. La grande rue que l'on empruntera d'abord, dans l'axe de l'entrée, est bientôt bordée sur la g. par les ruines d'un grand bâtiment du milieu de l'époque hellénistique (fin IIIe-début IIe s. av. J.-C.) orné en façade de plaques de marbres (protégées par un auvent) décorées alternativement de cuirasses et de boucliers.
Dans les environs de ce bâtiment se trouvent, au bord de la rue, **des boutiques et des ateliers**. Derrière prend place un groupe d'édifices publics très importants : **thermes** d'époque romaine impériale (IIe s. apr. J.-C.) avec pavements de mosaïque, salles pour les bains chauds (reconnaissables à leurs hypocaustes dont les pilettes de brique sont encore partiellement conservées) et latrines (du côté de la grande rue) ; **place dallée**, qui était sans doute le **forum** ; **odéon**, qui servait peut-être aussi à des réunions de caractère politique.
Dans d'autres *insulae* ont été dégagées des **maisons d'habitation**, avec parfois des restes d'enduits muraux polychromes. De l'époque paléochrétienne date une **basilique** dont on a reconnu deux états superposés, l'un du IVe, l'autre du Ve s. apr. J.-C.
Une particularité remarquable de la cité de Dion est de compter un certain nombre de bâtiments importants hors les murs. C'était le cas, en particulier, de plusieurs sanctuaires et des deux théâtres de la ville.
Ressortant de la zone archéologique gardée, vous pourrez apercevoir au milieu des champs, de l'autre côté de la piste, les ruines réduites aux fondations des **sanctuaires de Déméter, d'Asclépios et de Dionysos**. Le premier est particulièrement intéressant, car on y a trouvé des offrandes votives (entre autres des terres cuites) qui remontent au début du Ve s. av. J.-C. ; le mégaron accolé au temple est la plus ancienne construction de ce type trouvée à ce jour en Macédoine. Plus au S., au milieu des arbres, gisent les ruines d'un **théâtre romain**.
En continuant pendant 250 m la piste qui vous a conduit à l'entrée du site gardé, vous verrez sur la dr., juste après un pont, en bordure d'une petite rivière qui les inonde partiellement, les **vestiges d'un sanctuaire** complexe où l'on a reconnu trois naiskoï correspondant respectivement aux temples d'Artémis (IVe s. av. J.-C.), d'Isis Lochia (époque romaine impériale) et, juste au S., d'Isis Tyché (époque hellénistique). Ce dernier édifice, de plan triconque, avait conservé sa statue de culte, que l'on a retrouvée encore sur sa base, à l'intérieur du monument ; devant l'entrée prenait place un autel sur lequel est inscrit le nom de la déesse. Quant à Isis Lochia, son nom est assuré par des inscriptions gravées sur les marches de l'escalier monumental qui conduisait au temple.
Revenant devant l'entrée de la zone gardée, vous pourrez emprunter une piste qui prend en oblique sur la g. en direction du S.-O. Vous apercevrez sur la g., au bout d'env. 250 m, l'emplacement d'un **théâtre d'époque hellénistique** dont la particularité était d'avoir des gradins en brique, et non en pierre (l'état de conservation est malheureusement médiocre).
Continuant cette piste, vous atteindrez bientôt la route asphaltée qui traverse

le village ; vous la couperez pour continuer tout droit vers le **musée** qui se trouve à env. 100 m sur la g. (ouverture prévue en 1981). Vous y verrez surtout des sculptures en marbre d'époque hellénistique et romaine, en particulier une quinzaine de statues provenant du sanctuaire d'Artémis et d'Isis, ainsi qu'un groupe trouvé dans les thermes et comprenant le dieu de la médecine, Asclépios, accompagné de sa famille (entre autres, de sa fille Hygie, la Santé ; fin du IIe s. apr. J.-C.).
Après avoir visité Dion, vous pourrez rejoindre au bout de 7 km la grande route Thessalonique-Larissa. Dans Dion, continuez tout droit la route asphaltée venant de Karitsa ; à 1 km, hameau de Platanakia ; prendre à g. une piste caillouteuse mais carrossable ; 4 km : prendre à g. ; 6 km : prendre encore à g. Vous atteindrez la grande route à environ 1 km au N. du carrefour de la route de l'Olympe et de Litochoron.
Si vous venez de Larissa et souhaitez poursuivre votre voyage vers le N., vous aurez évidemment intérêt à faire le circuit proposé en sens inverse.

■ Kavalla

Carte-itinéraire 14. — Alexandroupolis, 174 km. — Thessalonique, 164 km.
46 834 habitants ; chef-lieu de nome.

De toutes les villes grecques, Kavalla est celle dont l'aspect évoque le mieux l'Orient, surtout dans son ancien quartier musulman où s'élève l'« Imaret », le couvent bâti par Méhémet Ali, pacha d'Egypte, qui y naquit en 1769. La ville occupe un amphithéâtre de collines dont la « scène » est un port riche en spectacles pittoresques et le «balcon» un superbe aqueduc romain, le tout dominé par une forteresse byzantine.

Un ancien relais de chevaux de poste. — *Kavalla occupe le site de l'ancienne* Néapolis. *Elle passe pour avoir été une colonie de Thasos, d'Athènes ou d'Erétrie. La ville prit ensuite le nom de* Christopolis *(ou de Christople pour les Francs). Son nom actuel rappellerait, selon Heuzey, l'important relais de chevaux de poste qui y était établi. Jusqu'en 1912, la ville resta au pouvoir des Turcs. Elle redevint grecque le 9 juin 1913, pendant la deuxième guerre balkanique.*

Indicatif téléphonique : 051.

Police touristique : 9, rue Erythrou Stavrou (☎ 22-905).

ⓘ *O.N.H.T. :* 2, Fillelinon (☎ 22-24-25).

Automobile et Touring Club de Grèce : 9, rue Filikis Etairias (☎ 29-778).

Hôtels :

¶¶¶ *Tosca Beach* (☎ 22-48-66) 100 ch. ouv. mai-sept.

¶¶ *Galaxy,* 51, rue Vénizélou (☎ 22-45-21) 150 ch.

¶¶ *Oceanis,* 32, léof. Stavrou (☎ 22-10-80) 168 ch.

¶¶ *Lucy,* Kalamytsa (☎ 83-26-00) 216 ch. night-club.

¶¶ *Philippi,* 3, rue Vénizélou (☎ 22-28-56) 42 ch.

¶ *Panorama,* 32, rue Vénizélou (☎ 22-42-05) 52 ch.

Camping :
Bati, à Bati (☎ 22-71-51) 600 pers., 152 voit. ou caravanes sports nautiques ; ouv. avril-sept.

Aéroport : à 4 km ; au moins 1 vol quot. pour Athènes en 1 h 15.

Compagnie aérienne : *Olympic Airways*, immeuble Apostopoulos, av. Paraliaki (☎ 23-662).

Bateaux : ferry-boats pour Thasos, plusieurs fois par jour en 1 h 30 env.

Location de voitures : *Avis*, 1, rue Mitropolitou Chrisostornou (☎ 21-691) ; *Hertz*, 32, rue Vénizelou (☎ 28-785).

En suivant la route d'Alexandroupolis, au-delà de la place centrale, vous atteindrez l'***aqueduc romain.** En prenant à dr., peu avant l'aqueduc, vous parviendrez à l'ancien **quartier musulman** où se trouve la **maison natale de Méhémet Ali** (visite de 8 h à 20 h), construite en 1720. Dans ce quartier, vous verrez des restes de **remparts** d'époque byzantine, remaniés au XIVe s.

Sur le front de mer, à l'extrémité occidentale du port, entre la nouvelle piscine olympique et la route de Thessalonique, se trouve le **musée archéologique** où vous pourrez voir un important choix d'antiquités trouvées à Kavalla même ou dans la région.

Visite : en été, de 9 h à 13 h et de 16 h à 18 h ; en hiver, de 10 h à 16 h 30 ; le dim., de 10 h 30 à 14 h 30 ; fermé le mardi ; accès payant.

Après le hall d'entrée, vous parcourrez d'abord un couloir où sont présentés, après une carte archéologique murale de la région, des **objets en pierre et en terre cuite** (figurines, vases, tessons) de la période néolithique et de l'âge du bronze, découverts en Macédoine orientale et en Thrace (en particulier à Dikili Tach et à Sitagri).

Dans une première cour, à g., sont rassemblés des **éléments de sculpture et des inscriptions.** Au-delà se trouve la salle de *Néapolis* (nom antique de Kavalla). Vous y verrez, au fond, des restes architecturaux du temple d'Athéna Parthénos (qui était construit sur la colline actuellement couronnée par la forteresse byzantine), en particulier deux magnifiques **chapiteaux ioniques** du début du Ve s. av. J.-C. ; vous verrez en outre deux vitrines de **figurines en terre cuite** (archaïques et classiques), une vitrine de **monnaies** et plusieurs vitrines de **vases archaïques à figures noires** (de fabrication attique, corinthienne, ionienne ou thasienne, Néapolis ayant été fondée par Thasos ; parmi ces vases thasiens, on remarquera un plat fragmentaire de la fin du VIIe s. av. J.-C., avec représentation d'Apollon et d'Artémis tirant à l'arc contre un géant). Hors des vitrines sont présentés quatre **grands vases** fragmentaires mais très intéressants : amphore « mélienne » (c.-à-d. sans doute parienne) de la 2e moitié du VIIe s. av. J.-C. avec, sur le col, la scène du rapt de Thétis par Pélée ; cratère du début du VIe s. figurant la fameuse chasse au sanglier de Calydon et portant une dédicace inscrite ; haut d'un cratère attique à figures noires (v. 530-520), avec scène guerrière et décors sur le rebord et les plaquettes d'anse (Héraclès et le lion) ; embouchure d'un cratère attique à figures rouges (fin du Ve s.) avec thiase dionysiaque.

Une deuxième cour contient quelques sculptures, des reliefs parfois inscrits et des restes architecturaux. Au bout du couloir sont exposés une **métope** (mutilée) de la fin du Ve s. av. J.-C., avec combat de deux hoplites, une **statue de femme** (acéphale) du Ier s. av. J.-C. et une **mosaïque romaine** représentant l'enlèvement d'Europe (IIe s. apr. J.-C.). A g. s'ouvre la salle d'*Amphipolis*, où sont présentées les principales trouvailles faites sur ce site : **stèles funéraires** (dont l'une, qui date de la 2e moitié du IIIe s. av. J.-C., a conservé ses trois personnages peints), **reliefs, figurines** en terre cuite (dont de très belles protomes du IVe s. av. J.-C.), **vases, bijoux, éléments de parure** (parmi lesquels couronnes et diadèmes en or), **objets en verre**, datant

des époques classique et hellénistique. Au fond de la salle, à dr., a été reconstituée partiellement la **chambre funéraire d'un tombeau macédonien**, avec peintures, des environs de 250 av. J.-C.
A l'étage, de nombreuses vitrines offrent un large aperçu des trouvailles faites sur différents sites de Thrace, en particulier dans les nécropoles de Galepsos, d'Oisymé et d'Abdère ; il s'agit surtout de vases, de figurines en terre cuite et de bijoux, datant des époques archaïque, classique et hellénistique.

Environs. — 1 — Dikili Tach (15 km par la route de Philippes ♦ et à dr. à 13 km) est un très important gisement préhistorique fouillé conjointement par les services grecs et par l'*Ecole française d'Athènes*, et qui a fourni un abondant matériel (céramique, statuettes) de la période néolithique. En face, monument romain élevé par l'officier *C. Vibius*.

2 — Loutra Eleftheron (40 km). — Cette excursion vaut surtout par la belle nouvelle route côtière qui, à l'O. de Kavalla, rejoint Amphipolis ♦ en ménageant de belles vues sur la mer. **Loutra Eleftheron** est une petite station thermale (rhumatismes) promise de par sa situation à un bel avenir.

Kéa [Ile de] (Tzia)

103 km²; 1 650 habitants.

Encore appelée Kéos, cette île des Cyclades, située à l'extrémité de l'Attique, sera l'une des élues de ceux qui aiment s'écarter des sentiers battus, bien que le tourisme y gagne progressivement du terrain. Vous aimerez cependant toujours la couleur locale de Kéa, le principal bourg d'une île que découpent deux vallées couvertes de vignobles et de vergers. L'ouverture d'un musée archéologique est prévue pour un proche avenir.

Indicatif téléphonique : 0288.
Police touristique (☎ 31-300).
Hôtels :
¶¶ *I Tzia Mas* (☎ 31-305) 24 ch. ouv. mai-oct.
¶¶ *Kéa Beach* (☎ 22-144 ; Athènes ☎ 921-77-26) 80 ch. night-club ; ouv. avril-oct.
¶ *Carthea* (☎ 31-222) 35 ch.
¶ *Ioulis* (☎ 21-577) 11 ch.
Bateaux : 1 à 4 liaisons hebdomadaires avec Laurion et 6 avec Rafina.

Il y a deux belles plages sur l'île, à **Vourkari** et à **Livadi**, le port principal sur la côte N.-O., l'ancienne *Koréssia*. De ces deux localités, on peut monter jusqu'au bourg de **Kéa** (1 h 30 env. depuis Livadi). Ce chef-lieu occupe l'emplacement de l'ancienne *Ioulis* dont subsistent de rares vestiges dans le kastro. A 1 km au N.-E., vous verrez un colossal **lion antique** haut de 9 m, taillé dans le roc.

A partir du chef-lieu, vous pourrez effectuer le tour de la partie S.-E. de l'île en 6 à 8 h env. en passant par (1 h 20) **Astra**, hameau dominé par une vieille église ornée de fresques, puis par (2 h) **Hellenika** (petite église décorée de peintures) et (3 h env.) le site de l'ancienne *Karthaia*, sur un plateau aride et pierreux. L'acropole portait trois temples doriques en marbre blanc, datés de la première moitié du Vᵉ s. av. J.-C.

Sur la **presqu'île d'Haghia Irini**, en face du village de **Vourkari**, vous visiterez les ruines d'une importante cité fortifiée habitée dès l'âge du bronze ancien (IIIᵉ millénaire av. J.-C.), mais qui fut plus particulièrement florissante à l'époque minoenne. Plus tard, durant le bronze récent, les contacts furent plus étroits avec le continent, c'est-à-dire avec le monde mycénien.

Kineta Beach

Carte-itinéraire 5. — Athènes, 58 km. — Corinthe, 29 km.

Entre Athènes et Corinthe, une station balnéaire au pied des roches Scironiennes d'où le brigand Sciron précipitait les voyageurs dans les flots.

Indicatif téléphonique : 0296.

Hôtels :

¶¶¶ *Kineta Beach* (✆ 62-512; Athènes ✆ 323-36-77) 80 ch.

¶¶ *Sun,* à Palea Odos (✆ 62-243) 51 ch.

Komotini

Carte-itinéraire 14. — Alexandroupolis, 64 km. — Kavalla, 110 km. 28 800 habitants; chef-lieu du nome de Rhodope.

Dans un cadre d'une luxuriante végétation, une petite ville au caractère oriental marqué, à une vingtaine de kilomètres de la Bulgarie (mais sans possibilité d'accès).

Le noyau de la Komotini actuelle est une station paléochrétienne (IVe-Ve s.) de la via Egnatia, dont une partie de l'enceinte défensive, avec tours rondes et carrées, a été repérée au centre de la ville moderne. Dans et autour de cette station fut organisée, aux époques paléochrétienne et byzantine, une petite colonie connue sous le nom de Koumoutzéna.

Indicatif téléphonique : 0531.

Hôtels :

¶¶ *Xénia,* 43, rue Sismanoglou (✆ 22-139) 26 ch.

¶¶ *Orfeus,* 48, place Vas. Constantinou (✆ 26-701) 79 ch.

¶ *Astoria,* 28, pl. Vassiléos Constantinou (✆ 22-707) 16 ch.

Camping : *Fanarion Komotinis* (✆ 31-270) 800 pers., 110 voit., 85 caravanes sports nautiques; ouv. avril-oct.

Liaisons aériennes : 3 fois par semaine avec Athènes, en 1 h 15.

Artisanat : exposition, 15, place Vas. Georgiou (✆ 24-745).

Outre le charme d'une promenade à pied dans le **vieux quartier** où l'on verra encore plusieurs mosquées et de nombreuses boutiques à l'aspect oriental, Komotini offre à l'amateur d'archéologie l'intérêt de son **musée,** remarquablement présenté dans un bâtiment neuf, en bordure de la route d'Alexandroupolis (bd A. Siméonidi), face à un jardin public très ombragé.

Visite : en été, de 9 h à 13 h et de 16 h à 18 h; en hiver, de 10 h à 16 h 30; le dim., de 10 h 30 à 14 h 30; fermé le mardi; accès payant.

Le musée contient, dans ses trois salles, un choix remarquable d'objets découverts sur les sites de la région (que vous pourrez situer en jetant un coup d'œil sur une grande carte murale, près de l'entrée), depuis l'époque préhistorique (vases, fragments de vases, outils en pierre et en os) jusqu'à l'époque romaine. Les trouvailles des époques grecque et romaine proviennent principalement d'Abdère, de Maronée et de Mésembria.

Vous verrez de la **céramique** (vases et figurines, dont un groupe très gracieux de sept danseuses), des **monnaies**, des **bijoux**, des **objets divers en bronze** (dont une cnémide, un casque et surtout une vingtaine de fibules d'époque archaïque), des **stèles inscrites** (dont un intéressant éloge d'Isis, d'époque hellénistique) et plusieurs belles **sculptures en marbre** ou en calcaire : torse de couros et petit lion d'époque archaïque provenant de Mésembria ; partie supérieure d'une stèle funéraire avec tête de jeune fille (dernier quart du VIe s. av. J.-C.) ; stèle funéraire d'un jeune homme, sculptée sur les deux faces, de la fin du VIe s. (l'original de la partie supérieure est au Musée National d'Athènes) ; statue acéphale d'une jeune fille en péplos (2e quart du Ve s.) ; stèle funéraire fragmentaire avec jeune homme jouant de la lyre (milieu du Ve s.) ; amusant autel en forme de gros phallus portant l'inscription « autel de tous les dieux »... Vous remarquerez aussi un **sarcophage peint** provenant d'Abdère, du type dit « de Clazomènes » (fin du VIe-début du Ve s. av. J.-C.). L'ensemble le plus original du musée est constitué par une cinquantaine de **plaquettes votives** (en or et argent) trouvées en 1973 dans le sanctuaire de Déméter, à Mésembria ; certaines portent des représentations en relief liées, semble-t-il, au culte de l'île voisine, Samothrace. Mais le joyau du musée sera pour beaucoup de visiteurs le **buste en or fin**, en excellent état de conservation, **de l'empereur philosophe Marc Aurèle** (161-180 apr. J.-C.).

☛ **Environs.** — 1 — **Maximianoupolis-Mossynopolis** (5 km à l'O. par la vieille route de Xanthi, à proximité du village de **Mischos**, au pied du mont Papikion) fut, sous le premier nom, une ville romaine et paléochrétienne, puis, à partir des IXe-Xe s., une ville byzantine connue sous le second nom, prospère et fréquentée par les empereurs byzantins, avant sa ruine au XIIIe s. Vous pourrez voir les vestiges d'une partie de l'enceinte, avec tours rondes et carrées.

2 — **Maronée** (30 km, par une bonne route directe qui traverse d'abord la plaine puis devient plus accidentée en procurant de belles vues sur le mont Ismaros) offre le triple intérêt d'un village ancien *(Maronia)* avec de belles vieilles maisons et une église de type balkanique, d'un vaste **site archéologique** (entre le village et la mer, sur env. 2 km : restes du rempart, de maisons avec mosaïques, d'une porte monumentale, etc.) et d'une plage de sablle fin, au pied de pittoresques falaises ocre rouge.

Fondée au VIIe s. av. J.-C., sur les pentes S.-O. du mont Ismaros, par des colons venus de l'île de Chio, Maronée devint vite, en raison de son climat et de sa position géographique, à la fois un grand centre d'agriculture et d'élevage et un port de commerce très actif.
Au Ve s. av. J.-C., Maronée fut, avec Abdère et Aïnos, l'une des cités les plus riches de Thrace ; elle adhéra à la première confédération athénienne. Au IVe s., elle s'entoura d'une enceinte fortifiée avec tours, d'un périmètre total supérieur à 10 km, et un port artificiel fut aménagé pour la protection de la flotte de guerre et de la flotte marchande. En 350, la ville fut occupée par Philippe II de Macédoine. Pendant l'époque hellénistique, elle changea souvent de maître et déclina quelque peu, mais, durant la période romaine, elle connut une nouvelle apogée commerciale et économique. Elle fut aussi un centre important et le siège d'un échêché aux époques paléochrétienne et byzantine.

■ Konitsa

Cartes-itinéraires 11 et 15. — Igouménitsa, 154 km. — Ioannina, 64 km.

Ce gros bourg balkanique est situé au cœur d'une région où les églises peintes sont nombreuses, mais la proximité de la frontière gréco-albanaise limite les possibilités d'excursions.

Près de Konitsa (par la route de Ioannina), l'**église de la Kokkini Panaghia** (Moni Vellas) est ornée de fresques de l'époque des Paléologue.

Kozani

Cartes-itinéraires 1 et 12. — Florina, 82 km. — Larissa, 142 km. — Thessalonique, 139 km.
23 240 habitants; chef-lieu du nome du même nom.

Ville d'étape dans la plaine de l'Haliakmon, centre de chasse en saison, Kozani ne retient guère l'attention des voyageurs; pourtant elle conserve plusieurs vieilles demeures et son musée mérite une visite (bronzes, céramique; quelques sculptures; belles boiseries). L'église Haghios Nicolaos est décorée de fresques et abrite une belle iconostase en bois sculpté. Avec plus de 50 000 manuscrits rares, la bibliothèque de la ville est la seconde de Grèce après celle d'Athènes.

Indicatif téléphonique : 0461.

Hôtels :

¶¶ *Xénia* (✆ 30-886) 30 ch. night-club.

¶ *Aliakmon*, 38, rue El. Vénizélou (✆ 22-015) 85 ch.

Environs. — 1 — Aiani (20 km). — Vous y visiterez l'**église des Taxiarques** et l'église de la Panaghia, décorées de peintures du XVIe s. Dans Aiani, la basilique Haghios Dimitrios, à trois nefs, est décorée de fresques du XVe s. recouvrant des peintures du XIe s. qui apparaissent par endroits. A proximité d'Aiani, sur une montagne dominant la rive g. de l'Haliakmon, **monastère de** Zavorda, fondé au XVIe s.

2 — Siatista (23 km à l'O.). — Autrefois centre commerçant important, avec des demeures seigneuriales qui disparaissent peu à peu. A la bibliothèque municipale, petite collection d'objets de fouilles locales.

Kyllini

Carte-itinéraire 9. — Loutra Kyllini, 15 km. — Patras, 68 km. — Pyrgos, 105 km.

Pendant une attente du ferry-boat de Zante (3 services par jour), ce paisible petit port ne vous offrira guère qu'une plage assez médiocre et bien peu de souvenirs de son passé.

Le siège d'une principauté franque. — *Kyllini est identifiée avec l'ancienne* Cyllène, *base navale des Eléens. Pendant la guerre du Péloponnèse, le port servit d'escale aux navires de Sparte. Au Moyen Age, la ville forte de* Clarentza *(le* Clair-Mont *des Francs) se trouvait sur l'emplacement présumé de la ville antique et était la résidence ordinaire des Villehardouin, princes d'Achaïe, puis celle des Angevins. Clarentza fut enlevée en 1430 par le despote Constantin Dragatzès.*

Indicatif téléphonique : 0623.

Hôtel :

¶¶ *Xénia* (✆ 96-270) 80 ch.

De la cité médiévale, qui s'étendait sur le plateau près du port, peu de chose subsiste. Vous verrez des restes de l'enceinte, de portes et de tours. Les ruines les plus remarquables sont celles d'une **grande église** de même plan et de mêmes dimensions que Sainte-Sophie d'Andravida ♦.

Kyparissia

Carte-itinéraire 9. — Pylos (Navarin), 62 km. — Pyrgos, 57 km. — Tripolis, 100 km.
4 506 habitants.

Sur la côte O. du Péloponnèse, Kyparissia, l'Arkadia médiévale, est une modeste petite ville, au pied d'un château franc, dans une région où abondent les sites d'époque mycénienne.

Une baronnie franque. — *L'antique Kyparissia fut relevée par Epaminondas qui en fit le port de Messène. Au Moyen Age elle prit le nom d'*Arkadia. *Elle fut enlevée en 1205 par Guillaume de Champlitte qui l'attribua en fief à Geoffroy de Villehardouin. En 1391, elle passa entre les mains de la famille génoise des Zaccaria puis, en 1460, au pouvoir des Turcs.*

Indicatif téléphonique : 0761.

Hôtel :
Ionion, 1, rue Kalantzakou (☎ 22-511) 33 ch. P

Vous visiterez, près d'une tour où l'on voit des blocs antiques de remploi, le **château** élevé par les Francs avec deux enceintes et, au sommet de la colline, une tour d'époque byzantine.
Entre la ville et la mer, au lieu-dit **Kalamia**, vestiges d'un temple d'Apollon, quelques restes du mur d'enceinte de la ville et de maisons romaines.
Au S.-O. du port, la **source d'Haghia Lougoudis**, entourée de pierres antiques, répond à l'ancienne *Dionysias,* que Dionysos aurait fait jaillir.

Environs. — 1 — Amphigéneia (9 km à l'E.). — Près du village de Mouriatada, qui occuperait le site de l'ancienne *Amphigéneia* de Nestor, on a mis au jour des constructions cyclopéennes avec, au sommet d'une colline, un petit palais avec mégaron. A 200 m au N., tombe à tholos.

2 — Péristéria (10 km ; par la route de Pyrgos et à dr. à 4 km). — Le site de Péristéria fut l'un des principaux centres de la civilisation mycénienne dans cette partie du Péloponnèse.
On y mit au jour **trois tombes à tholos** dont l'une est bien conservée. Sur le jambage de g. de la porte, deux signes d'origine minoenne représentent une double hache et un rameau. Cette tombe mycénienne, datée du XVIe s. av. J.-C., fut utilisée jusqu'à l'époque hellénistique.

3 — Christianou (25 km par **Filiatra** et une route à g. à la sortie du village). — Vous y visiterez l'église métropole de l'ancienne *Christianoupolis,* construite au XIe s. (beaux fragments sculptés de l'iconostase).

Kythnos [Ile de]

86 km²; 1 500 habitants.

Sur la route maritime du Pirée à Milo, Kythnos, parfois appelée aussi Thermia en raison des sources qui jaillissent à Loutra, est l'une des Cyclades ♦ de plus en plus fréquentées par les touristes : l'accueil y sera toujours cordial, l'hébergement rustique, mais les plages de moins en moins désertes...

Indicatif téléphonique : 0281.
Police touristique (☎ 31-220).
Hôtels :

¶ *Xénia*, à Loutra (☎ 31-217) 46 ch. ✂ 🛁 ☎ ⛵ 🅿 bain thermal ; ouv. juin-oct.

¶ *Poséidonion*, à Méricha (☎ 31-244) 83 ch.

Bateaux : 5 liaisons hebdomadaires avec Le Pirée en 4 h, dont certaines par car-ferries.

Le bateau fait escale dans la baie d'**Haghia Irini**, près de la petite station thermale de **Loutra**, d'où une route mène au chef-lieu de l'île (5 km), dénommé **Kythnos** ou **Chora**, et bien caractéristique de l'archipel avec ses maisons blanches et bleues que dominent les moulins à vent ; vous y visiterez l'**église Saint-Saba**, construite en 1613.

→ Au départ de Loutra, vous vous rendrez en 2 h env. au château d'Orias, sur une falaise dominant la côte N. de l'île (ruines de plusieurs chapelles, de maisons et de citernes).

L

Lamia

Cartes-itinéraires 1, 2 et 3. — Athènes, 226 km. — Delphes, 89 km. — Larissa (par Farsala), 111 km. — Larissa (par l'autoroute), 142 km. — Volo, 111 km.
27 800 habitants environ ; chef-lieu du nome de Phthiotide.

Située à un important carrefour routier, Lamia est dominée par une colline couronnée par les ruines d'une forteresse franque et catalane qui fut élevée sur l'emplacement de l'ancienne acropole.

La guerre qui maintint Athènes sous le joug macédonien. — *Cette ancienne capitale de la Malide est surtout connue dans l'histoire par des épisodes de la guerre lamiaque (323-322 av. J.-C.). A la mort d'Alexandre le Grand, les Athéniens et les Etoliens voulurent secouer le joug macédonien et chasser le vice-roi Antipater. Le stratège athénien Léosthènes s'empara des Thermopyles, puis enferma Antipater dans Lamia, mais fut tué lors d'une sortie (323) ; l'armée grecque fut ensuite écrasée (322) à Krannon (Thessalie). Durant l'époque franque, Lamia appartint aux ducs d'Athènes qui l'appelaient* Gipton, *puis aux Catalans qui la connaissaient sous le nom d'*El Cito.

Indicatif téléphonique : 0231.

Police touristique : 5, rue Tsirimokou (☎ 23-281).

Hôtels :

¶ *Apollonion*, pl. Parkou (☎ 22-668) 35 ch. Ⓟ

¶ *Héléna*, 4, rue Thermopylon (☎ 25-025) 51 ch. Ⓟ

¶ *Léonidéon*, pl. Eléfthérias (☎ 22-822) 31 ch. Ⓟ

¶ *Sonia*, 10, rue Eslin (☎ 23-136) 24 ch. Ⓟ

¶ *Thermopylæ*, 36, rue Rozaki Angéli (☎ 26-419) 16 ch. Ⓟ

A Stylis (16 km à l'E. ; indic. tél. 0238) :

Stylis Beach, plage de Karavomylos (☎ 41-201 ; à Athènes ☎ 883-63-11) 154 ch. Ⓟ

Camping :

International Beach, à Mellissia (15 km sur la route de Larissa ; ☎ 22-214) 300 pers., 70 voit., 30 caravanes ✂ sur la plage ; ouv. juin-oct.

Depuis la **citadelle** ou **kastro**, vous découvrirez une vue très étendue sur la vallée du Spercheios et l'Œta, ainsi que sur cette ville qui n'offre pas de curiosités majeures.

Environs de Lamia. — 1 — Héracleia (11 km par la route d'Amfissa). — Entre la bifurcation d'une route secondaire vers les Thermopyles et le pied de la montagne (mont Œta), dont la route d'Amfissa escalade les ****vertigineuses pentes,** vous traverserez le site de l'ancienne *Héracleia,* ville fondée en 426 av. J.-C. par les Lacédémoniens qui y installèrent une colonie.

Quelques tombeaux rupestres ont été taillés dans les parois de la montagne. Cette cité était entourée d'un rempart adossé à la montagne. D'après *Yves Béquignon*, la citadelle d'Héracleia n'était autre que l'acropole de l'ancienne *Trachis*, abandonnée lorsque les Spartiates fondèrent Héracleia, dont elle était distante de 6 stades. Trachis se donnait Héraclès pour fondateur ; celui-ci aurait séjourné avant de monter sur le bûcher de l'Œta.

2 — Thermopyles ♦ (15,5 km par l'autoroute d'Athènes).

3 — De Lamia à Karpénision et Agrinion (78 et 190 km). — Cette route, difficile, éprouvante, non asphaltée sur une quarantaine de kilomètres, ne sera guère favorable aux moyennes élevées (comptez au moins 6 h de route jusqu'à Agrinion). Quant à votre vitesse, vous serez modeste, mais récompensé par la découverte de quelques-uns des plus beaux paysages accessibles en Grèce à ceux qui ne prétendent pas escalader les montagnes pour jouir du spectacle.
Pour vous délasser, prévoyez au moins une pause : un sympathique petit café sous de frais ombrages, à 73 km d'Agrinion, sera l'endroit idéal.
Vous remonterez la **vallée du Spercheios**, où l'Antiquité a laissé quelques forteresses, comme à (33 km) **Makrakomi** (au lieu-dit Kastri), l'ancienne *Macra Comé*, citée par Tite-Live, ou encore à (39 km) **Vitoli** (sur la colline de Kastrorachi, l'ancienne *Spercheia*). A Makrakomi part à g. une route pour (5 km) **Platystomon**, petite station thermale.
78 km : **Karpénision,** gros bourg montagnard sur les pentes du mont Vélouchi, l'ancien Tymphrestos, aux surprenants paysages alpestres.

Indicatif téléphonique : 0237.

Hôtels :

¶¶ *Lecadin* (✆ 22-131) 104 ch.

¶¶ *Mont-Blanc* (✆ 22-322) 37 ch.

¶ *Helvétia* (✆ 22-465) 39 ch.

De crête en crête, de chaos en chaos, vous atteindrez l'autre versant des monts Tymphrestos, puis vous franchirez l'extrémité d'un **lac de barrage**, sur l'Achéloos.
120 km : Du haut d'un promontoire, vous découvrirez un **prodigieux ***panorama** sur le lac, dans un cadre de montagnes cristallines.
190 km : Agrinion ♦.

Langadia

Carte-itinéraire 7. — Olympie, 58 km. — Pyrgos, 78 km. — Tripolis, 72 km.
17 000 habitants env.

Ce village, accroché aux flancs vertigineux d'une vallée, sera une halte obligatoire pour les nostalgiques de la Grèce romantique, celle des lithogravures du XIXᵉ s., car Langadia n'a sans doute pas beaucoup changé depuis cette époque. Vous y retrouverez cette atmosphère sereine des bourgs montagnards, où défilent des paysans attachés aux traditions ; le marché vous donnera l'occasion d'observer ces bergers et paysans qui s'obstinent à porter la fustanelle, ici d'une rusticité qui tranche avec la « coquetterie » de celle des evzones de la garde.

Indicatif téléphonique : 0795.

Hôtel :

¶ *Langadia* (✆ 43-202) 20 ch.

Camping :

Mitropoulos (✆ 21-393) 500 pers., 100 voit., 50 caravanes ouv. avril-oct.

Larissa

Cartes-itinéraires 1, 2 et 11. — Athènes (par Farsala), 333 km. — Athènes (par l'autoroute), 364 km. — Evzoni, 197 km (par l'autoroute). — Kalambaka (Météores), 82 km. — Lamia (par Farsala), 111 km. — Lamia (par l'autoroute), 142 km. — Thessalonique, 172 km. — Volo (par l'autoroute), 55 km.
72700 habitants; chef-lieu du nome du même nom.

Capitale de la Thessalie et de la... canicule en Grèce, cette ville est un gîte d'étape à une croisée de grand-routes, et rien de plus pour les touristes, si l'on excepte son musée archéologique.

La Thessalie, lieu de passage. — *La plaine thessalienne, dont Larissa est le centre, fut particulièrement attractive et, dès les temps les plus reculés, elle fut sans cesse envahie par de nouveaux peuples. Dans le courant du IIe millénaire, elle fut ainsi occupée par des Pélasges et Larissa (nom pélasgique signifiant citadelle) aurait été elle-même fondée à cette époque par le légendaire Acrisios. D'autres envahisseurs surgirent plus tard dans cette province. Après la guerre de Troie, elle fut envahie par une peuplade dorienne de la Thesprôtie épirote, les Thessaliens, qui asservirent les anciens habitants ou les contraignirent à l'émigration, tandis qu'ils constituaient l'aristocratie rurale et militaire du pays. Des principautés (dynastes) s'établirent à Larissa (Aleuades), à Krannon (Scopades), à Pharsale (famille d'Echékratidès), réunies au VIe s. Les Aleuades attirèrent à leur cour des lettrés, des savants et des artistes, tels Pindare et Hippocrate (460-370), qui vécut longtemps à Larissa et y mourut.*

Un pacte avec le Diable. — *En 480 av. J.-C., Larissa ne fit pas cause commune avec les autres cités de l'Hellade envahies par Xerxès et pactisa avec celui-ci. En 476, pour la punir, Sparte tenta sans succès une expédition contre elle. Thèbes réorganisa la confédération thessalienne en 364 mais, peu après la disparition de la tutelle thébaine, les derniers Aleuades durent prier Philippe de Macédoine de renverser la puissance de Phères. Larissa et la Thessalie passèrent sous l'autorité de la Macédoine en 334 av. J.-C. En 196 av. J.-C., les Romains firent de Larissa la capitale d'une nouvelle confédération thessalienne.*

La Grande Valachie. — *Au Moyen Age, après les invasions des Goths, des Huns, des Bulgares, la Thessalie devint, au XIIe s., le centre d'un royaume bulgaro-valaque, connu sous le nom de Grande Valachie.*
Larissa fut ensuite occupée par les Francs, les despotes d'Epire et, en 1389 par les Turcs. Ils gardèrent la Thessalie jusqu'en 1881.

Indicatif téléphonique : 041.

Police touristique : av. Vas. Sofias (☎ 22-79-00).

O.N.H.T. : 18, rue Koumoundourou (☎ 25-09-19).

Automobile et Touring Club de Grèce (ELPA) : 10, rue Patroclos (☎ 22-86-60).

Hôtels :

¶¶¶ *Divani Palace,* 19, av. Vas. Sofias (☎ 25-27-91) 77 ch.

¶¶ *Astoria,* 4, rue Protopapadaki (☎ 25-29-41) 84 ch.

¶¶ *Mélathron,* 20, rue Kouma (☎ 226-021) 45 ch.

¶¶ *Métropole,* 8, rue Roosevelt (☎ 229-911) 92 ch.

¶¶ *Xénia* (☎ 227-002) 30 ch.

¶ *Olympion,* 1, rue Mégalou Alexandrou (☎ 22-60-41) 29 ch.

¶ *Achillion,* 10, rue Kentavron (☎ 22-98-01) 45 ch.

¶ *Anessis,* 25, rue Mégalou Alexandrou (☎ 22-72-10) 56 ch.

¶ *Esperia,* 4, rue Amalias (☎ 22-25-95) 20 ch.

Location de voitures : *Hertz,* 58, av. Vas. Sofias (☎ 22-90-29).

Au centre de la ville, sur une grande place en bordure de l'agora moderne, une ancienne mosquée turque abrite le **musée archéologique.** Ses collections vous montreront l'ancienneté du peuplement de cette province, où la vallée du Pénée fut habitée au moins dès le Paléolithique, et l'importance des civilisations qui s'y épanouirent à l'époque néolithique (Gremmos Magoula, Sesklo, Dimini, etc.). Une autre section rassemble des sculptures depuis l'époque archaïque (VIe s. av. J.-C.) jusqu'à l'époque paléochrétienne.

Visite : en été, de 9 h à 13 h et de 16 h à 18 h ; en hiver, de 10 h à 16 h 30 ; le dim., de 10 h 30 à 14 h 30 ; fermé le mardi ; accès payant.

De Krannon proviennent d'intéressants fragments d'un sarcophage hellénistique orné de peintures de style archaïsant. Une **collection de stèles** du bas Empire (IIe-IVe s.) est remarquable, car elle permet de connaître les antécédents d'un sujet qui sera populaire dans l'art byzantin : celui du héros cavalier (Dioscures pour les Romains, St Georges pour les Byzantins).
Des sondages effectués sur le flanc S. de la colline d'Haghios Achilleios ont permis de localiser le **théâtre hellénistique** de la ville, malheureusement enfoui sous des constructions modernes. On a repéré cinq rangées de gradins en marbre et l'extrémité O. du bâtiment de scène, orné de demi-colonnes doriques en façade. Un plan d'expropriation et d'exploration systématique est à l'étude.

Environs de Larissa. — 1 — Magoula de Gremmos (11 km par la route de Kozani et à g. à 7,5 km). — Les fouilles ont attesté qu'il y avait là et au N. les restes d'une grande ville identifiée avec l'antique *Argoula* (l'*Argissa d'Homère*), occupée depuis le Néolithique jusqu'à l'époque impériale romaine.

2 — Gounitsa. — Au débouché du **défilé de Kalamaki,** sur la route de Kozani, l'**église** du cimetière de Gounitsa est construite avec des blocs antiques de remploi et ornée de **fresques** médiévales.

3 — Haghia et le mont Ossa (33 km ; sortir par la route de Volo et à g. à 5 km). — Chef-lieu de la province du même nom, Haghia possède un petit **musée ;** vous pourrez y voir aussi l'**église Haghii Apostoli.** Mais ce sera surtout, pour les amateurs, le point de départ de l'**ascension du mont Ossa** (1 978 m ; 10 h aller et retour ; prendre un guide à Haghia).

Lemnos [Ile de] (Limnos)*

477 km² ; 23 000 habitants.

A mi-chemin entre le mont Athos et l'Asie Mineure, Lemnos, l'île de Vulcain (Héphaistos) — c'est là que le fils difforme de Zeus et d'Héra avait établi ses forges — est devenue l'un des paradis touristiques de la mer Egée. Il a suffi pour cela de la construction d'un excellent hôtel sur une plage très attrayante, près de Myrina (ou Kastron), la capitale de l'île, sur l'emplacement de la ville antique du même nom et dominée par une imposante forteresse vénitienne.

L'île sans hommes. — *L'histoire de cette île est enrichie de nombreuses légendes qui attestent les multiples relations que Lemnos eut avec le* *continent dès la plus haute Antiquité. Nous savons, en particulier, qu'Héphaistos, chassé par Zeus et Héra à cause de ses infirmités, y établit ses forges et y épousa Aphrodite. Ayant pris les Lemniennes à témoin de ses infortunes conjugales, celles-ci blâmèrent la déesse qui se vengea en les frappant d'un fléau qui éloigna d'elles leurs époux. Les femmes de Lemnos se révoltèrent et massacrèrent tous les hommes, à l'exception de Thoas, sauvé par sa fille Hypsipyle qui devint reine. Quand les Argonautes abordèrent dans l'île, ils y furent retenus un moment et l'île se repeupla.*

L'île des Pélasges. — *Les premiers habitants connus de l'île seraient des Pélasges, qu'on identifie aux* Tyrsènes, *dont nous possédons une inscription rédigée dans une langue encore indéchiffrée. Un peu avant les guerres Médiques, Miltiade, le vainqueur de Marathon, les en délogea et les remplaça par des colons athéniens. L'île changea plusieurs fois de maître et fut soumise à la Macédoine puis à Rome. Elle fit ensuite partie de l'empire byzantin, jusqu'en 1204. Disputée par les Génois et les Vénitiens, elle fut cédée aux Turcs en 1478, qui la conservèrent jusqu'en 1920.*

Indicatif téléphonique : 0227.

Hôtels :

¶¶¶¶ *Akti Myrina* (☎ 22-681 ; Athènes ☎ 323-02-49) 125 ch. ouv. mai-oct.

¶ *Lemnos* (☎ 22-153) 29 ch.

¶ *Sevdalis* (☎ 22-691) 36 ch.

Compagnie aérienne : *Olympic Airways,* rue N. Garofalid (☎ 22-214) ; au moins 1 serv. quot. d'Athènes, en 45 mn et 2 pour Thessalonique en 40 mn.

Les visiteurs de Lemnos sont en général alléchés par la ***plage d'Haghia Varvara** (près de Myrina) : vous partagerez donc, sans doute, votre temps entre la baignade et la flânerie au port. Vous aurez probablement l'occasion de visiter le **musée archéologique de Myrina,** la capitale, mais vous partirez aussi à la découverte de l'île, en vous rendant à **Moudros,** un autre port sur une baie remarquablement abritée, ou surtout sur la côte N.-E., où vous verrez les ruines de l'ancienne **Héphaistia.**

Les archéologues italiens mirent au jour, à Héphaistia, un théâtre du Ve ou du IVe s. av. J.-C. qui fut remanié durant l'époque romaine. Au lieu-dit *Chloi,* sur un promontoire qui domine l'entrée du port, furent découverts les restes d'un **sanctuaire des Cabires,** peut-être construit par Séleucos, pendant la période hellénistique, pour éclipser un autre Cabirion célèbre, celui de Samothrace. On a dégagé une place dallée, un portique et une partie d'un temple. Près de là, ruines d'une basilique à trois nefs et tribunes, qui date de la fin de la période romaine.
Sur la côte E., à **Poliochni,** site néolithique et restes modestes d'une cité de l'âge du bronze.

A environ 18 milles (32 km) au S. de Lemnos, l'île de **Haghios Evstratios** reste à l'écart des courants de circulation égéens. Sur ses 43 km², quelques habitants vivent de la pêche et de cultures fruitières.

■ Lerne

Cartes-itinéraires 6 et 7. — Argos, 10 km. — Tripolis, 49 km. — Léonidion, 51 km.

A la sortie de Myli en venant d'Argos, Lerne est un site célèbre dans la mythologie pour le combat d'Héraclès contre l'hydre, un

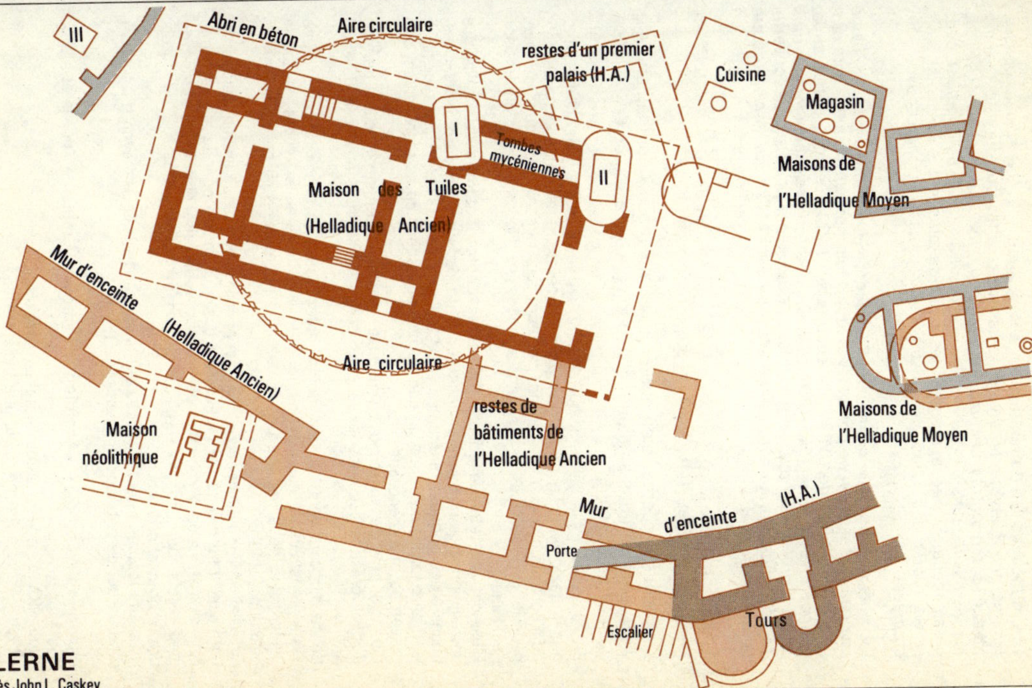

LERNE
d'après John L. Caskey

dragon à corps de serpent et à neuf têtes qui vivait dans un marais.

Les difficultés de l'architecture hydraulique. — *On admet, généralement, que le mythe de l'hydre de Lerne est la transposition épique des obstacles rencontrés par les Anciens lorsqu'ils voulurent assécher les marais pestilentiels de cette région par des travaux d'endiguement, sans cesse menacés par la montée des eaux de plusieurs sources et sans cesse repris (les têtes de l'hydre qui repoussaient après avoir été coupées).*

Le plus ancien site connu de l'Argolide. — *L'abondance des eaux favorisa l'installation de populations et le site fut effectivement habité dès l'époque néolithique (IVe-IIIe millénaires av. J.-C.), jusqu'au début de la période mycénienne (1580-1200 av. J.-C.). Des fouilles exécutées par une mission américaine dirigée par John L. Caskey ont permis la découverte de cet habitat qui fut surtout important durant l'helladique ancien (début du IIIe millénaire).*

Visite : de 9 h à 13 h et de 16 h à 18 h en été, ou de 10 h à 16 h 30 en hiver ; le dim., de 10 h 30 à 14 h 30 ; fermé le mardi.

Les ruines de Lerne, bien que réduites aux fondations, méritent une visite de la part des amateurs d'archéologie en raison de l'excellence de leur présentation.

En laissant à g. le bâtiment qui protège les vestiges les plus intéressants, remarquez d'abord les restes d'un **mur d'enceinte**, renforcé de tours, qui date de l'helladique ancien et qui fut plusieurs fois remanié au cours de cette période. On distingue ensuite, dans une fosse, quelques traces d'une maison néolithique.

Plus loin, on retrouve encore les **restes de fortifications** de l'helladique ancien ; remarquez quelques **vestiges d'un escalier**, de deux tours construites à des époques différentes, mais toujours durant l'helladique ancien, et, sous une toiture moderne, un pan de mur en briques crues représentant une portion du mur d'enceinte.

Plus loin, près de l'extrémité du rempart, fondations de deux maisons de type absidal, presque superposées, érigées durant l'helladique moyen (2000-1580 env. av. J.-C.).

En se dirigeant vers l'abri en béton, notez quelques traces de murs d'une vaste construction qui représente peut-être le premier palais, avant la construction de la **maison des Tuiles** dont les restes sont protégés sous le bâtiment.

Ce palais, érigé avec beaucoup de soin pendant l'helladique ancien, comportait un étage. Il fut ravagé par un incendie durant la même période et ses débris servirent en partie à l'aménagement d'une **vaste aire circulaire**, bordée de gros galets (par endroits visibles), où l'on excava des **bothroi, ou autels creux pour sacrifices.**

Plusieurs tombes furent creusées sur le site, à l'helladique moyen (Pl. II et III) et au début de la période mycénienne (Pl. I).

Environs de Lerne. — Léonidion (53 km ; par la route de Tripolis et à g. à 2 km).

2 km : **Kivéri**, village après lequel la route longe la mer.

19 km : **Paralia Astros**, avec une belle plage.

23 km : **Astros**, d'où l'on pourrait atteindre **Haghios Pétros** (tour du XVIIe s.) et rejoindre la route de Tripolis à Sparte.

53 km : Après une succession de criques et de plages bordées d'oliviers, la

route parvient à **Léonidion**, en retrait de la mer, au pied du **mont Parnon** (1 840 m). De là, une très mauvaise piste de montagne permet de rejoindre Sparte par **Kosmas** et les abords de **Ghéraki** (V. env. de Sparte).

■ Léros [Ile de]

64 km²; 8 000 habitants environ.

Cette île paisible, dont beaucoup d'habitants vivaient de la pêche des éponges, l'un des chaînons de l'archipel du Dodécanèse ♦, enchantera ceux qui voudront vivre de peu pendant la durée de leurs vacances : l'habitat sera rustique et les repas frugaux à souhait, mais l'accueil des habitants sera généreux et l'île plaisante avec ses vergers et ses vignobles.

Une escale de Rhodes. — *Léros est citée par Hérodote et Thucydide. Ses premiers habitants, des Cariens, furent chassés par des Crétois, puis des Ioniens colonisèrent l'île lorsqu'elle devint possession de Milet. Par la suite elle fut un repaire de pirates. Les Byzantins et les chevaliers de Rhodes se la disputèrent, mais en 1319, une flotte partie de Rhodes pour voler au secours des Génois de Chio s'en empara.*

Indicatif téléphonique : 0247.

Hôtels :

¶¶ *Alinda* (☎ 23-266) 5 ch. ✂ 🛁 🅿

¶¶ *Xenon Angelou* (☎ 22-514) 16 ch. ✂ 🛁 ouv. avril-oct.

¶ *Léros* (☎ 22-940) 19 ch. ✂ 🛁 🅿

Bateaux : 4 serv. hebdomadaires en car-ferries au départ du Pirée, en 14 h sur la ligne Le Pirée-Rhodes par Mykonos, Kalymnos et Cos.

Le bateau fait escale à **Lakki**, petit port s'abritant dans une profonde baie. Le bourg principal, **Platanos**, s'étage au flanc d'une colline couronnée par une forteresse byzantine, restaurée par les chevaliers de Rhodes. A l'entrée, **église de la Panaghia**.

→ De Lakki, on peut gagner (3 km) **Haghia Marina** et (12 km) **Parthéni** par une route, ou encore le village de (4 km) **Xérocampos**, sur le détroit qui sépare Léros de Kalymnos.

■ Leucade [Ile de] (Lefkas)*

Carte-itinéraire 10. — Agrinion, 99 km. — Arta, 72 km. — Prévéza, 21 km. 24 000 habitants.

Insulaire ou non, ce dont on discute depuis fort longtemps, ce coin de terre grecque est encore relativement peu visité malgré l'attrait et la variété de ses paysages et le charme de ses côtes, découpées et parfois ponctuées de grottes marines (côte occidentale). L'île étant montagneuse et fertile, les vignes y produisent un bon petit vin, le Santa Mavra, que vous pourrez déguster dans la quiétude du chef-lieu où la vie semble s'écouler sur un rythme des plus doux. Vous atteindrez Leucade après avoir traversé la lagune qui s'étend entre le continent et l'« île » et en franchissant un étroit chenal par un bac (service permanent du lever au coucher du soleil).

Une énigme homérique. — *L'identification de Leucade avec l'Ithaque homérique conserve encore quelques partisans mais, en dépit de l'exis-*

tence, ici comme à Céphalonie, d'une principauté mycénienne, la moderne Ithaque répond plus heureusement aux descriptions d'Homère.

Une île attirée par le continent. — *Vers 640 av. J.-C., plus d'un siècle après la colonisation de Corcyre, les Corinthiens s'installèrent dans l'île et canalisèrent l'isthme mais celui-ci s'embourba, car, en 425, la flotte péloponnésienne venant de Corcyre dut être transportée à travers l'isthme. Auguste fit recreuser le canal et relier la ville à la terre par un pont, aujourd'hui submergé par un affaissement.*
Trop rapprochée du continent, l'île ne put éviter comme les autres îles Ioniennes de subir une occupation prolongée de la part des Turcs qui, en 1467, substituèrent leur domination à celle des Francs et des Vénitiens. La République de Venise réussit cependant à y reprendre pied en 1684, et, dès lors, Leucade connut l'histoire commune aux autres îles Ioniennes.

Indicatif téléphonique : 0645.

Hôtel :
Santa Mavra (☏ 22-342) 23 ch.

Camping :
Poros Beach, Aspros Ghialos (☏ 95-298) 300 pers., 30 voit., 20 caravanes sports nautiques ; ouv. juin-sept.

Que vous ayez l'intention de séjourner dans l'île ou simplement de réaliser un rapide petit tour, vous passerez et repasserez nécessairement à **Lefkas (Leucade)**, une petite ville de 6 500 habitants, assez originale, notamment pour être située presque à fleur d'eau, face à un château franc et vénitien. Vous y visiterez l'**église Haghios Dimitrios**, qui renferme quatre tableaux attribués à *Panaghiotis Doxaras* (†1761), et l'**église Herghios Minas**, dont le plafond est décoré de peintures exécutées par *Nicolas Doxaras* (†1761). Un musée archéologique est en cours d'installation.

Tour de l'île (82 km, sans compter un détour de 52 km, aller et retour, vers Haghios Nicolaos et le Saut de Leucade). — Vous ne serez probablement pas insensible à la beauté des ***paysages** que vous découvrirez en réalisant le tour de l'île de Leucade, par des routes malheureusement assez médiocres, et en visitant des églises de campagne souvent ornées de fresques de l'école ionienne des XVIIe et XVIIIe s. surtout. Les principales étapes de votre circuit seront, en suivant au départ de Lefkas la route de Nydri :
3 km : Ruines de l'ancienne *Leucas*, d'intérêt très limité ; restes de l'enceinte en appareil polygonal de la ville basse, du théâtre et du rempart en appareil cyclopéen de l'acropole.
18 km : **Nydri**, dans un ***site** admirable. En quelques minutes, vous passerez en barque de l'autre côté de la baie, où la romantique petite demeure où séjourna l'archéologue allemand *Dörpfeld* († 1940), durant ses campagnes de fouilles à Leucade, a été transformée en **musée**.
En face de Nydri, sur l'îlot verdoyant de **Madouri**, se trouve la maison natale du poète *Valaoritis*. Quant à l'îlot de Scorpios, il fut l'une des résidences favorites de l'armateur *A. Onassis*.
26 km : **Fterno** ; dans l'**église de la Panaghia de Fao**, fresques du XVIIIe s.

A 3 km de là, à g., à **Poros, église de l'Analipsis**, ornée de peintures dont celle de la Vierge date du XVIIe s.

28 km : A dr. à 3 km, **église de la Panaghia tis Skalas**, près du **couvent d'Haghios Ioannis sto Rodaki** dont l'église est ornée de **fresques** (1re moitié du XVIIe s. pour l'Ascension, au-dessus de l'abside ; les hiérarques sont du début du XVIIIe s.).

33 km : **Marandochori** ; dans l'**église Haghios Géorgios de Bisa**, fresques de la fin du XVe s. ou du début du XVIe s.
40 km : **Vassiliki** ; petite plage au fond de la baie de Vassiliki.
47 km : **Haghios Petros.**

60 km : A g., à **21** km, **Haghios Nicolaos**, d'où un sentier conduit au (5 km) ***Saut de Leucade**, haute falaise connue dans l'Antiquité sous le nom de *Leucatas* (cap Blanc) dont les Vénitiens ont fait, par calembour, le *Ducato* (le Ducat) : elle signalait l'entrée du monde occidental et du pays des morts, non loin de l'Achéron. Sur le sommet se trouvait un temple d'Apollon (quelques restes près du phare).
De la falaise O., qui surplombe la mer de 72 m, on pratiquait le *katapontismos*, ou saut dans la mer, sorte de Jugement de Dieu imposé à certains prévenus ou pratiqué pour guérir le mal d'amour. Sappho s'y serait tuée en tentant l'épreuve qui, au temps de Strabon et de Cicéron, réussissait couramment. On en atténuait les risques en attachant des plumes au patient pour amortir sa chute et en disposant des barques et des filets pour le recueillir. Les prêtres d'Apollon exécutaient ce plongeon sans mal.
82 km : Retour à **Lefkas.**

Lidorikion

Carte-itinéraire 4. — **Andirrhion, 95 km. — Delphes, 64 km.**

Un rude bourg de montagne, plein de caractère, mais dont l'accès depuis Andirrhion est rendu très difficile par le contournement du lac de barrage du Mornos.

Hôtel :
Xénia (Motel), à **Mornos** (7 km sur la route d'Andirrhion) 4 ch.

Environs. — Kallion. — A 5 km à vol d'oiseau de Lidorikion, en direction de Naupacte, se dresse l'acropole de Kallion, entourée d'une enceinte en bel appareil hellénique. Le site, qui sera en partie submergé par les eaux du barrage en construction sur le Mornos, a été identifié, grâce à des trouvailles épigraphiques récentes, à l'antique *Kallipolis*, détruite par les Gaulois en 279 av. J.-C. La nouvelle route permettant d'accéder à ce qui subsiste du site fera un détour considérable.

Litochoron

Carte-itinéraire 2. — **Larissa, 68 km. — Thessalonique, 104 km.**

Ce petit village sera une base de départ possible pour l'ascension du mont Olympe ♦ (prenez contact avec le Club Alpin Hellénique, à Athènes ou à Thessalonique, pour l'organisation pratique de votre course), et pour profiter des plages du golfe Thermaïque.

Indicatif téléphonique : 0352.

Hôtels :
Léto (☎ 71-221) 93 ch. night-club.
Olympios Zeus (☎ 71-215) 100 ch. ouv. avril-oct.
A Leptokaria (10 km) :
Olympian Bay, sur la plage (☎ 33-111) 228 ch. et 104 bungalows ouv. mars-oct.

Auberge de jeunesse : rens. à Thessalonique, 5, rue Aristotélous (☎ 21-252).

Campings (le long de la côte, à une dizaine de km de Litochoron) :

A Plaka :
Delfini (✆ 22-419), 110 pers. et 37 voit. ✂ sports nautiques; ouv. juillet-sept.
Minerva (✆ 71-234) 250 pers., 80 voit. ou caravanes ✂ sports nautiques; ouv. avril-oct.
Olympos Beach (✆ 71-211) 800 pers., 200 voit., 50 caravanes ✂ sports nautiques; ouv. avril-oct.
Olympos Camping (✆ 41-487) 1 000 pers. et 275 voit. ✂ magasins, en bord de mer; ouv. avril-oct.
Olympios Zeus (✆ 71-215) 210 pers., 50 voit., 50 caravanes ✂ sports nautiques; ouv. avril-oct.
Sylvia (✆ 71-204) 240 pers., 80 voit. ou caravanes ✂ sports nautiques; ouv. juin-sept.
A Gritsa :
Gritsa Camping (✆ 21-210) 300 pers., 150 voit., 10 caravanes ✂ sports nautiques; ouv. mai-sept.
Evridiki (✆ 23-523) 192 pers., 64 voit. ou caravanes; sports nautiques, ouv. juin-oct.

L

Livadia

Carte-itinéraire 4. — Delphes, 48 km. — Lamia, 96 km. — Thèbes, 48 km.
16 200 habitants; chef-lieu du nome de Béotie.

Entre deux collines, dont l'une est couronnée par un château franc, cette ville fut célèbre dans l'Antiquité grâce à son oracle de Trophônios (le Nourricier), une ancienne divinité infernale assimilée à Zeus. Dans les rites de consultation, deux sources jouaient un rôle important : Mnémosyné, la source de la Mémoire, et Léthé, la source de l'Oubli. La seconde a dû couler plus abondamment que la première, car rien, ou presque, ne rappelle plus ce passé.

Une bourgade aux portes de l'Enfer. — *Pendant toute la période classique, Livadia fut une bourgade sans importance. Toute sa notoriété et sa prospérité, elle les tenait de la gorge infernale de l'Hercyna et de l'oracle de Trophônios. Au temps de Pausanias, elle était devenue la ville la plus florissante de la Béotie. Au Moyen Age, sa situation stratégique au carrefour des défilés du Parnasse attira beaucoup de monde. Au XIIIe s., elle passa entre les mains des ducs d'Athènes, puis, en 1311, au pouvoir des Catalans qui y construisirent le château fort enlevé d'assaut par les Navarrais en 1380. Prise en 1460 par les Turcs, elle souffrit beaucoup pendant la guerre d'Indépendance.*

Indicatif téléphonique : 0261.
Hôtels :
¶¶ *Levadia,* 4, place L. Katsoni (✆ 23-611) 52 ch. 🅿
¶ *Midia,* 7, rue Koutsopétalou (✆ 28-215) 14 ch. 🅿

L'oracle est muet aujourd'hui, mais, en interrogeant la terre, ceux que passionne l'histoire retrouveront les lieux où des consultants, anxieux de connaître le devenir de leurs entreprises, venaient faire parler l'oracle. Il en coûtera deux heures de patientes recherches, assez ingrates pour rebuter la plupart de nos lecteurs. En compensation, les plus gourmands d'entre eux préféreront à coup sûr savourer les délicieuses brochettes d'agneau et les confitures de cerises qui sont les deux spécialités de la ville : on les consommera dans l'un des nombreux petits cafés que compte Livadia, le temps de se persuader que la visite d'**Orchomène**, l'une des cités les plus anciennes et les plus riches de la Grèce héroïque, celle dont l'*Iliade* a vanté les trésors, mérite bien un petit détour dans les environs.

A la recherche de la Mémoire et de l'Oubli. — La **ville antique** s'étendait sur la rive dr. de l'*Hercyna*, une gorge comprise entre le mont Haghios Ilias, celui que couronne la forteresse médiévale, à l'O., et le mont Laphystion. Sur la rive g. du torrent dévalant la gorge, la **source Kria** (froide), dont les eaux sont recueillies dans un réservoir, passe pour être **Mnémosyné**, la **source de la Mémoire**, citée par *Pausanias*.
La falaise près de la source est creusée de **niches votives** et d'une chambre avec banquettes, qui peut correspondre au **sanctuaire du Bon Génie et de la Bonne Fortune**. Non loin de là jaillit une autre source qui représentait la **Léthé** ou **source de l'Oubli**.
Le **sanctuaire de Zeus** et l'**oracle de Trophônios** étaient localisés sur le mont Haghios Ilias. Du premier il ne subsiste quelques fondations au sommet. Du second, on a retrouvé de pauvres vestiges, datant du IIIe s. av. J.-C., d'un bâtiment souterrain qui abrita l'oracle.

Un consultant nommé Pausanias. — *L'oracle de Trophônios, déjà célèbre au VIe s. av. J.-C. — il fut consulté, dit-on, par le riche Crésus, roi de Lydie — attirait de nombreux pèlerins. Au IIe s. de notre ère,* Pausanias, *le plus fameux voyageur de l'époque, consulta l'oracle et se fit le reporter de ses rites. Après plusieurs jours passés dans le sanctuaire du Bon Génie et de la Bonne Fortune à se nourrir des chairs provenant de sacrifices, le consultant buvait l'eau de la Léthé, pour oublier le passé, et de la Mnémosyné, pour se rappeler ce qu'il allait voir et entendre. Puis, pendant la nuit, après avoir été oint d'huile, il était conduit sur la montagne, vers l'orifice de l'antre mantique, taillé dans le roc. On y descendait par une échelle. Au fond de ce boyau s'ouvrait un trou de la largeur du corps humain. Le consultant s'allongeait, un gâteau de miel dans chaque main, et introduisait ses jambes. Il se laissait ensuite glisser dans l'antre sacré ou adyton, où se produisait la révélation. Il était ensuite remonté par le même chemin, les pieds en avant, tout étourdi. Les prêtres l'asseyaient sur un siège dit de Mnémosyné, et l'interrogeaient sur ses impressions dont ils devaient consigner le récit sur une tablette.*

La recherche de l'oracle vous aura donc amené sur la colline où se dresse la **forteresse franque**, composée de trois enceintes qui s'étagent sur un versant du mont Haghios Ilias. Vous remarquerez que la première enceinte était défendue par un gros bastion extérieur, qui est sans doute une addition postérieure de la forteresse originale.
Du côté de la gorge, le premier mur se termine par une énorme tour et, à l'autre extrémité, par une grosse tour carrée. La deuxième enceinte, renforcée par trois tours, était, comme la précédente, défendue par une barbacane où se trouve percée la porte donnant accès au réduit.

Environs de Livadia. — 1 — Orchomène (13 km ; sortez par la route de Lamia et prenez à dr. à 6 km). — Avant de vous rendre sur le site de l'antique Orchomène, visitez le **couvent de la Dormition de la Vierge** dont l'église fut construite en 874 sur le site du temple des Charites. Son style est de transition entre le type basilical et le type cruciforme à coupole.
En face de l'église, de l'autre côté de la route, vous verrez un petit **théâtre antique** récemment découvert et dégagé par le *Service Archéologique*. Près de l'endroit où aboutit une rue cimentée qui monte derrière le théâtre, à env. 400 m de celui-ci, gisent les restes insignifiants d'un temple d'Asclépios. Au loin, sur les hauteurs rocailleuses, apparaissent quelques vestiges de l'**enceinte** de la ville haute de l'époque macédonienne (IVe-IIIe s. av. J.-C.).

En bas, dans un enclos moderne juste à l'O. du théâtre, se trouve le monument que *Pausanias* appela le **trésor de Minyas**, du nom de l'ancêtre légendaire des Minyens : il s'agit d'une tombe d'époque mycénienne à coupole ou tholos et caveau rectangulaire taillé dans le roc ; à l'intérieur, autel d'époque grecque.

Une cité homérique. — *Ce dernier monument situera pour vous, dans l'échelle du temps, les origines de cette cité qui fut la capitale des Minyens, peuple originaire de la Thessalie maritime. Orchomène fut, en effet, le foyer d'une brillante civilisation dont les légendes concernant les constructeurs Agamédès et Trophônios, ainsi que les premiers travaux d'assèchement du lac Kopaïs, attestent l'industrie. Elle étendit sa domination jusqu'à Larymna et peut-être sur Thèbes, qu'Hercule aurait affranchie de son joug. A l'époque archaïque, elle fut incorporée à la confédération béotienne au début du VIIe s. et prit le parti des Perses pendant les guerres Médiques.*

Querelles de Béotiens. — *Son aristocratie vécut en bonne intelligence avec celle de Thèbes, mais, à la fin de la guerre du Péloponnèse, la révolution démocratique de Thèbes mit les deux cités aux prises. Orchomène se déclara pour Sparte contre sa rivale, en 395 et 394. Les Thébains durent reconnaître son indépendance et, après Leuctres (371), ne l'épargnèrent que sur les instances d'Epaminondas. Mais en 364, ils la détruisirent sans merci. Relevée en 353 par les Phocidiens, elle fut détruite une deuxième fois en 349 par les Thébains puis rebâtie par Philippe et Alexandre.*

Des fouilles menées en divers points du site au cours de la dernière décennie ont permis de retrouver quelques vestiges du **palais mycénien**, avec beaucoup de céramiques et des fragments de peintures murales, ainsi que des constructions des époques archaïque, classique et hellénistique, mais pratiquement aucun de ces vestiges n'est actuellement visible.

2 — Chéronée (14 km par la route de Lamia). — Cette localité est située près du champ de bataille où *Philippe de Macédoine* vainquit, en 338 av. J.-C., une coalition de cités grecques ; cette victoire, à laquelle son fils *Alexandre* prit une part active, permit à la Macédoine de conquérir toute la Grèce. Vous y remarquerez à g. de la route, à l'entrée du village, le grand **lion de marbre** qui surmontait le tombeau collectif (polyandreion) où furent réunis, par les Thébains, les ossements des guerriers du Bataillon sacré qui trouvèrent la mort au cours de cette bataille.
Près du lion se trouve un petit **musée** qui présente des antiquités provenant de divers sites de la région, en particulier de stations préhistoriques comme Haghia Marina, Drachmani (Elatée), Orchomène, etc.

Visite : en été, de 8 h 30 à 12 h 30 et de 16 h à 18 h ; en hiver, de 9 h 30 à 13 h ; le dim., de 9 h à 15 h en été et de 10 h à 16 h 30 en hiver ; fermé le mardi ; accès payant.

Dans le jardin sont regroupées de nombreuses stèles funéraires. Dans le hall d'entrée, une pièce attire l'attention : c'est un **couros archaïque** en marbre, acéphale, provenant d'Orchomène (milieu du VIe s. av. J.-C.). Dans la salle de g. sont exposées surtout des poteries préhistoriques. Dans celle de dr., le matériel est plus varié : nombreux vases, figurines en terre cuite (hommes et animaux), bijoux, lampes (surtout romaines et paléochrétiennes), monnaies en bronze de diverses époques ; on remarquera surtout, dans les deux premières vitrines à dr., des **vases mycéniens** trouvés à Antikyra et à Orchomène, d'où proviennent également des **fragments de fresques**, puis des **vases archaïques** (corinthiens, attiques et béotiens) **et classiques** (attiques à figures rouges) provenant de la nécropole d'Abai, en Locride, des **vases de style**

géométrique, des vases **béotiens** à décor floral (au fond de la salle, à dr.) et enfin des vases **classiques** à vernis noir (parmi lesquels de nombreux canthares béotiens) ainsi que des vases hellénistiques.

En sortant du village, vous apercevrez, à g. de la route, quelques vestiges (en particulier un **théâtre** taillé dans le roc) de la **ville antique** de Chéronée où naquit et mourut *Plutarque* (46-120), dont la mémoire est honorée par une statue sur la place du village.
Sur les pentes de l'acropole, des murs entouraient les deux cimes du mont Pétrachos. L'entrée se trouvait au sommet d'une rampe taillée entre les roches. La muraille, de ce côté, est en appareil hellénique ; sur l'autre versant, l'enceinte primitive est en appareil cyclopéen.

3 — Panopeus (18 km par la route de Lamia et à g., à 16 km, route pour le village d'Haghios Vlassios). — Le village moderne se trouve au pied de l'acropole de *Panopeus*, dont le **mur d'enceinte**, en bel appareil hellénique du IVe s., est par endroits, avec ses tours, l'un des mieux conservés de Grèce.

Cette cité phocidienne auréolée de légendes et qui passait pour être la patrie d'Epeios, le constructeur du cheval de Troie, fut plusieurs fois détruite : en 480 par Xerxès, en 340 par Philippe, en 198 par Flamininus et en 86 par Sylla. Pausanias, au IIe s. de notre ère, s'étonnait de ne plus trouver là qu'une bourgade misérable.

Pour atteindre la ville antique et son rempart, qui n'apparaissent guère depuis le bas, il faut compter une grosse demi-heure de marche par des pentes assez raides, mais cette promenade loin des sentiers battus vous laissera un souvenir des plus agréables.
Depuis le village, il faut d'abord se diriger vers la g. (c.-à-d. vers l'E), de façon à monter jusqu'à une sorte de col depuis lequel on aperçoit une première **tour** de l'enceinte. Dès lors on pourra suivre le front S. de celle-ci, bien conservé sur plusieurs centaines de mètres. Il vaut aussi la peine de pénétrer dans la ville, où se trouvent de nombreux vestiges d'identification difficile (le site n'a guère été fouillé) ainsi qu'une petite église ; la **vue** que l'on découvre est admirable de tous côtés, en particulier vers le Parnasse.
A la descente, on pourra d'abord prendre du recul en gravissant une petite colline située au sud afin de découvrir l'ensemble impressionnant du **front S. de l'enceinte**. On rejoindra ensuite facilement le col atteint à la montée, et l'on redescendra vers le village à travers le maquis.

4 — Davlia (28,5 km ; par la route de Lamia et à g. à 20 km). — Petit bourg au pied du mont Parnasse, Davlia est située près de l'acropole de l'antique *Daulis*, réoccupée au Moyen Age par les Catalans qui y construisirent une forteresse dont l'enceinte fut établie sur les restes des remparts antiques. L'acropole occupe, entre deux gorges abruptes, le sommet d'un éperon que dominent la masse blanche du **couvent de Jérusalem** (à 1 h) et les larges talus du Parnasse. L'enceinte, avec ses tours carrées, est bien conservée ; l'appareil est en partie polygonal, en partie quadrangulaire.

C'est à Daulis qu'était localisée la fable de Térée à qui Philomèle et Procné firent manger son fils Itys. Daulis fut détruite en 480 par Xerxès et rasée en 346 par Philippe.

5 — Elatia (37 km ; par la route de Lamia, puis par celle d'Atalandi, à 20 km, et à g. à 27 km). — Elatia est un village situé près de l'ancienne **Elatée**, petite ville qui commandait la route entre la Grèce méridionale et la Grèce septentrionale. La stupeur qui saisit Athènes lors de la prise d'Elatée par *Philippe* en 339 av. J.-C. est décrite dans un passage célèbre de *Démosthène (Discours sur la Couronne).*

De l'acropole et de la ville antique n'émergent que de rares et pauvres vestiges ; mais si vous ne craignez pas la fatigue, nous vous conseillons de monter (à pied ou à dos de mulet) jusqu'au **sanctuaire d'Athéna Cranaia** (compter 3 h ; prendre un guide), où vous verrez, outre un beau mur d'enceinte, les fondations d'un temple dorique (chapiteaux, tambours de colonnes), et d'où vous jouirez d'une **vue** étonnante sur le Parnasse et la vallée du Céphise. La fouille du sanctuaire, où était conservée la copie des actes officiels de la confédération phocidienne, a permis de recueillir une riche documentation épigraphique.

Loutra Kaïafa

Carte-itinéraire 9. — Olympie, 44 km. — Pylos (Navarin), 95 km. — Pyrgos, 24 km.

Entre deux longues plaines côtières agricoles, une petite station balnéaire et thermale.

Indicatif téléphonique : 0625.

Police touristique (✆ 31-706).

Hôtel :

¶ *Géranion* (✆ 31-707) 46 ch. ouv. mai-oct.

Environs de Loutra Kaïafa. — Samikon (2 km par la route de Pyrgos). — De cette petite station balnéaire, les passionnés d'archéologie partiront à la découverte de l'acropole de l'ancienne *Samikon* ou *Makistos,* avec une enceinte en appareil polygonal du VIe s. av. J.-C., remaniée au Ve s. Cette ville était célèbre pour son temple de Poséidon samien, siège de l'amphictyonie des six villes minyennes de Triphylie ; il devait occuper l'un des trois tertres près du passage des lagunes jadis défendu par un mur.

Loutraki

Carte-itinéraire 5. — Athènes, 91 km. — Corinthe, 12 km.

Station thermale hellénique de loin la plus fréquentée, Loutraki ne s'anime que pendant les mois d'été. Ses eaux (29° 5) sont recommandées contre les rhumatismes. C'est aussi une station balnéaire, dans un site boisé sur le golfe de Corinthe.

Indicatif téléphonique : 0741.

Police touristique : 10, rue Géorgiou Lekka (✆ 42-258).

Hôtels :

¶¶¶ *Achillion,* 12, rue Vénizélou (✆ 42-271) 68 ch. ouv. avril-oct.
¶¶¶ *Akti,* 5, rue Lekka (✆ 42-338) 40 ch.
¶¶¶ *Apollo,* sur la plage (✆ 48-591) 276 ch. night-club.
¶¶¶ *Karellion,* 23, rue Lekka (✆ 42-347) 39 ch.
¶¶¶ *Pallas,* 19, rue Lekka (✆ 42-343) 56 ch.
¶¶¶ *Park,* 8, rue Lekka (✆ 42-270) 64 ch.
¶¶¶ *Petit Palais,* 48, rue Lekka (✆ 42-267) 43 ch. ouv. avril-oct.
¶¶¶ *Théoxénia,* 17, rue Lekka (✆ 48-166) 26 ch.
¶¶ *Beau Rivage,* 1, rue Poséidonos (✆ 42-323) 42 ch. ouv. avril-oct.
¶¶ *Contis,* 9, rue Corinthou (✆ 42-481) 37 ch.
¶¶ *Grand Hôtel,* 14, rue Vénizélou (✆ 42-348) 32 ch. ouv. avril-oct.
¶¶ *Marinos,* 1, rue Damaskinou (✆ 42-575) 51 ch.
¶¶ *Paolo,* 16, rue Corinthou (✆ 48-742) 80 ch. night-club ; ouv. avril-oct.
¶¶ *Pappas,* plage de Pefkaki (✆ 48-103) 84 ch.

Alkyonis, 11, rue Damaskinou (☎ 48-173) 27 ch.

Galaxy, rue Néraida (☎ 48-282) 39 ch.

Mitzithra, 25, rue Vénizélou (☎ 42-316) 43 ch. night-club.

Club de vacances :
Holiday Club Poseidon (☎ 42-498), ouv. avril-oct.

Camping (à Pérachora) :
Hellenic Touring Club, **Limni Iréou** (☎ 25-670) 200 pers., 50 voit., 30 caravanes ouv. mai-oct.

Environs de Loutraki. — *Héraion de Pérachora (20 km). — Vous verrez là les ruines peu spectaculaires d'un sanctuaire consacré à Héra, dont nous vous recommandons la visite, car vous découvrirez aussi bien depuis la route d'accès que sur le site même des ***paysages** agrestes et bucoliques d'une grande beauté. Vous serez sans doute tenté par un bain dans la crique qui servait autrefois de port à ce sanctuaire.
Vous remarquerez, du sentier menant au port, les restes d'un **portique** en forme de L, puis les vestiges d'un grand **autel** orné d'une frise de triglyphes et de métopes. Sur le site, on exhuma les fondations d'un bâtiment absidal, d'époque géométrique, identifié avec le premier temple d'Héra Akraia. Plus loin gisent les ruines du **temple** qui, dans le troisième quart du VIe s. av. J.-C., remplaça le précédent. L'esplanade en partie taillée près de là dans le roc fut aménagée au Ve s. pour recevoir l'**agora** (les murs en appareil polygonal du côté de la mer datent cependant du VIe s. av. J.-C.).
Plus loin, vous atteindrez l'emplacement du **temple d'Héra Liménia,** dont il ne reste plus guère que les fondations. Le péribole rectangulaire est en partie conservé. Presque au centre du temple se trouvait une fosse à sacrifices bordée de blocs de pierre, dont trois portaient des inscriptions votives de la fin du VIIe s. av. J.-C. Ces dédicaces se réfèrent à *Héra Leukolénos,* épithète uniquement attestée dans ces inscriptions.
Un **bassin sacré,** à l'O. du téménos du temple d'Héra Liménia, a pu constituer le manteion de l'Héraion de Pérachora où, selon un auteur ancien, étaient rendus des oracles.

Loutra Kyllini

Carte-itinéraire 9. — Olympie, 60 km. — Patras, 73 km. — Pyrgos, 40 km.

Station thermale (affections respiratoires et de la peau) et balnéaire, Loutra Kyllini, avec sa *plage de Golden Beach, longue de plusieurs kilomètres, se recommande à ceux qui, réprouvant le nomadisme, aimeraient se fixer le temps des vacances dans un endroit ni trop désert ni trop fréquenté.

Indicatif téléphonique : 0623.

Police touristique (☎ 41-213).

Hôtels :
Killini Golden Beach, à 6 km de Loutra Kyllini et à 4 km de Kastron (☎ 95-205 ; Athènes ☎ 322-38-88) 346 ch. night-club ; ouv. avril-oct.

Camping :
Killynia, à Vartholomio (☎ 96-270), 300 pers. bord de mer ; ouv. mai-oct.

Bateaux : 3 services quotidiens de ferries pour Zante, en 2 h env.

Environs de Loutra Kyllini. — Kastron (6 km). — Dans ce village superbement isolé au sommet d'une haute colline, vous visiterez le **château de Chlémoutsi**, construit par les Francs vers 1220-1223. *Constantin Paléologue* le conquit en 1427 et le démantela en 1430.

Son enceinte crénelée et son donjon, ses hautes tours et ses galeries voûtées comptent parmi les constructions médiévales les plus imposantes de la Morée. La tour ronde au milieu de la courtine, où se trouve percée la porte d'entrée, et le bastion à terre-plein sont d'époque turque.

Loutra Ypati

Carte-itinéraire 3. — Lamia, 18 km. — Volo, 139 km.

Cette paisible station thermale (maladies de la peau), au pied du mont Œta, où Héraclès finit ses jours en montant au bûcher, sera le gîte d'étape de tous ceux qui voudraient éviter de passer la nuit à Lamia, chaude en été.

Indicatif téléphonique : 0231.

Hôtels :

¶¶¶ *Œte* (59-525) 38 ch. ouv. mai-oct.

¶¶¶ *Pigæ* (59-524) 40 ch. ouv. juin-sept.

¶¶¶ *Xénia* (59-510) 81 ch. ouv. avril-oct.

¶ *Alfa* (59-507) 27 ch. ouv. avril-oct.

Environs de Loutra Ypati. — Ypati (6 km). — Ce village, localisé sur le site de l'ancienne *Hypata* (acropole avec quelques restes de murs antiques et médiévaux), est le point de départ pour l'ascension (en 6 h) du sommet principal de l'Œta (2166 m). En prenant un guide à Ypati, vous redescendrez par le versant E., en passant par le **bûcher d'Héraclès**, où une mission allemande découvrit les restes d'un temple dorique.

M

Macédoine

Cartes-itinéraires 1, 2, 12, 13 et 14.

La Macédoine, qui regroupe les nomes de Chalcidique, Drama, Ematheia, Florina, Kastoria, Kavalla, Kozani, Mont Athos, Pella, Piérie, Serrès et Thessalonique, et compte près de 2 000 000 d'habitants, est une vaste région à laquelle l'histoire et la géographie confèrent une grande originalité dans le cadre du monde hellénique. Avec l'Epire et la Thrace, elle forme une zone de transition entre les Balkans, auxquels la rattache la géographie, et la Grèce méditerranéenne. Les passionnés d'archéologie y visiteront des site surtout des époques hellénistique et romaine, et l'amateur d'art byzantin des églises, notamment celles de Thessalonique et de Kastoria, qui leur rappelleront que la Macédoine fut l'une des principales provinces de la Grèce byzantine. Ceux qui sont attirés par les beaux paysages ne négligeront pas la Macédoine, qui leur offrira de splendides vues agrestes dans les environs de Kastoria, et de grandioses panoramas dans les montagnes du mont Athos et de la région de Kozani.

Une Grèce balkanique. — Avec la Thessalie et la Thrace, la Macédoine constitue une marche continentale de la Grèce et annonce certains traits de l'Europe orientale : le morcellement cloisonné de la péninsule fait place à des ensembles plus vastes, où des plaines d'allure steppique s'étalent largement entre de vieux massifs tabulaires ; le climat est continental et les eaux courantes y animent le paysage. Cette Grèce septentrionale offre ainsi une image quelque peu différente de l'Hellade classique ; elle est moins riche en vestiges du passé ; elle a subi plus fortement l'occupation turque ; elle a été revivifiée par l'installation des réfugiés grecs d'Ionie après la défaite infligée par la Turquie de Kemal Atatürk (1923).

Un soubassement de roches morcelées. — La Macédoine est de même type tectonique que la Thessalie avec un soubassement de roches anciennes, morcellé et décomposé en une série de blocs soulevés et de bassins d'effondrement. Les blocs soulevés sont des hauteurs massives, souvent limitées par des failles escarpées ; ils atteignent et même dépassent 2 000 m.

Des couloirs fluviaux. — Les bassins sont de larges couloirs suivis par un fleuve, tels le bassin de Serrès, avec le Strymon, le bassin de Kastoria avec l'Haliakmon, la plaine de Thessalonique avec l'Axios (Vardar). Un trait caractéristique de ces bassins est la présence de lacs (Kastoria, Végorritis, Volvi, etc.) ; certains sont des poljés, comme le lac Végorritis, mais la plupart

sont des lacs de fossés incomplètement comblés par les alluvions des fleuves. Ceux-ci, après s'être attardés dans les plaines, s'évadent souvent par des gorges entaillant le socle ancien.
La côte est généralement plate, peu découpée, sauf dans la presqu'île de Chalcidique, qui se divise en trois péninsules dont la plus connue est celle du mont Athos (2 033 m).

Un climat continental. — Le climat est caractérisé par des étés chauds (moyenne de 23°) et des hivers rigoureux où les températures s'abaissent parfois à - 20° ; les pluies sont fréquentes, les neiges abondantes (au-dessus de 2 000 m elles durent d'octobre à mai). Quant aux plaines, verdoyantes et boueuses à la saison des pluies, elles sont en été brûlées de soleil sous des nuages de poussière que soulève le moindre souffle d'air.

Le domaine des céréales et du tabac. — Les plaines ont été transformées par des travaux de bonification et évoluent vers une culture intensive où domine la culture des céréales tandis que la zone montagneuse de Thessalonique est la principale ville de la région et son port occupe une position remarquable au débouché du sillon Morava-Axios (Vardar), tandis que sa fonction industrielle se concentre surtout dans les textiles et le tabac.

Malandrinon

Carte-itinéraire 4. — Eratini, 21 km. — Itéa, 47 km. — Lidorikion, 8 km.

Près de ce village, vous pourrez découvrir les ruines de l'ancienne *Physkeis*. Vous remarquerez d'abord la **chapelle Haghii Apostoli**, près du **rempart inférieur**, très délabré, qui semble avoir été bâtie sur le site d'un édifice antique, peut-être un temple.
A l'intérieur de l'**acropole**, défendue par un mur d'enceinte, se trouvent la **chapelle Haghios Nicolaos** et des fondations d'édifices antiques affleurant sur le sol rocheux.
Au pied de l'acropole, ruines d'une **église byzantine**, sur l'emplacement d'un temple consacré à Zeus Melichios. Au-delà du village, restes d'une **base** du Ve ou du IVe s. av. J.-C. qui a pu s'élever dans le sanctuaire d'Athéna Ilias.

Marathon

Carte des environs d'Athènes, p. 349. — Athènes, 39 km.

Ce n'est pas tant le bourg moderne de Marathon (le « champ de fenouil ») qui retiendra votre attention, que la plaine qui s'étend au sud et où se déroula la célèbre bataille. Vous y verrez plusieurs nécropoles et un nouveau musée où sont regroupées les trouvailles de la région.

La bataille. — *La bataille de Marathon eut lieu en 490 (vraisemblablement le 10 août ou, selon d'autres, le 12 sept.). La flotte perse, commandée par Datis et Artapherne, après avoir pris Erétrie, en Eubée, s'était, sur le conseil du Pisistratide Hippias, embossée dans la baie de Marathon, sur la grève entre le Soros (tumulus) et le grand marais du N., pour débarquer un corps d'armée qui devait marcher sur Athènes, Hérodote estime cette armée à 100 000 fantassins et 10 000 cavaliers. Ces chiffres très exagérés sont réduits par certains critiques modernes à environ 6 000 fantassins (pour la plupart des archers) et 800 cavaliers (sans compter les hommes non armés). Les Athéniens accoururent, sans doute par le chemin de Kifissia-Vrana. La tradition porte leur effectif à 9 000 hoplites, bientôt renforcés de 1 000 Platéens, placés sous les ordres* *du polémarque Callimaque et des 10 stratèges dont Miltiade et Aristide. Les collègues de Miltiade lui déférèrent le commandement en chef. Ils s'établirent sur un versant de la colline Agriéliki qui commandait le débouché dans la plaine et, par suite, la route d'Athènes.*

La mêlée. — *Après huit jours d'expectative, Datis, redoutant l'arrivée des renforts lacédémoniens, se décida à l'attaque. La ligne de bataille, ou phalange, des Grecs, s'étendait depuis l'église Haghios Dimitrios (aile g. : Platéens) jusqu'au marais de Vrexisa (aile dr. : polémarque Callimaque), non loin de la route moderne. Ils étaient ainsi à l'abri des mouvements tournants de la cavalerie perse qui ne put intervenir. Miltiade avait donné plus de profondeur aux ailes, ne laissant au centre qu'un mince rideau de troupes, de façon à mieux y attirer l'ennemi. La ligne perse s'avançait en face du Soros et parallèlement à la ligne grecque sur une longueur égale (détail fourni par Hérodote, et qui ne justifie guère l'énorme disproportion des effectifs qu'il indique). L'action fut très simple : Miltiade conduisit sa phalange dans la plaine et, arrivé à portée de trait des Perses, il attaqua au pas de charge. Le combat décisif fut livré auprès du Soros. « Au centre, nous raconte Hérodote, les Barbares l'emportèrent ; le leur était composé des Perses et des Saces ; vainqueurs sur ce point, ils rompirent les Athéniens et les poursuivirent... Mais, aux deux ailes, Athéniens et Platéens eurent le dessus. Ils mirent en déroute les corps qui leur étaient opposés puis, s'étant rejoints, se tournèrent contre ceux qui avaient enfoncé leur centre. La victoire des Athéniens fut complète. » (Hérodote, VI, 113.)*

La course. — *La légende veut qu'un soldat courut à perdre haleine pour annoncer aux Athéniens la nouvelle qu'ils n'osaient peut-être envisager. Il mourut à l'arrivée, mais le message de victoire avait été transmis. Le marathon, une course de grand fond (42,195 km) pratiqué sur route, a été conçu par le philologue français* Michel Bréal *(1832-1915). Disputée pour la première fois en 1896, lors des premiers jeux Olympiques modernes, elle fut remportée par le Grec* Spiridon Loüys *en 2 h 58′35″, devant un autre Grec. Une statue honore ce vainqueur à Marathon.*

Indicatif téléphonique : 0294.

Hôtel :

¶¶ *Golden Coast*, sur la plage proche de Néa Makri (☎ 55-441) 242 ch. ✂ Ⓟ ouv. avril-oct.

¶ *Marathon* (☎ 55-122), au bord de la mer, 24 ch. ✂ Ⓟ ouv. tte l'année.

Camping :

Marathon Camping (☎ 55-577), 300 pers. et 100 voit.

Le bourg de Marathon, sur le territoire de l'un des plus anciens dèmes de l'Attique, occupe le cœur de la région où s'étaient fixés les premiers Ioniens. C'est là que Thésée a triomphé du taureau qui dévastait la plaine.

Tumulus des Platéens (6 km du bourg par la route de Rafina et à dr. à 3,5 km). — Après avoir quitté la grande route, vous passerez devant un hangar, sur la dr., qui abrite un ensemble de **sépultures de l'helladique ancien**, puis à 2,4 km de la bifurcation, vous distinguerez le tumulus sur la g. C'est dans ce **tumulus des Platéens** que furent inhumés les soldats que Platées avait envoyés à Marathon pour renforcer les Athéniens ; mais vous verrez aussi, à dr. du musée, env. 100 m plus loin, une **nécropole** à quatre tumuli beaucoup plus ancienne puisqu'elle remonte à l'helladique moyen (2000-1580) et à l'époque mycénienne (1580-1100).

Cette nécropole, actuellement protégée par un vaste bâtiment à dr. du musée, se compose de quatre cercles (l'un est en dehors du hangar, un autre est simplement suggéré par un alignement de pierres). Le tumulus le plus proche de l'entrée comprend la tombe d'un cheval dont le squelette est parfaitement conservé. Plus à g., cercle plus petit, avec une seule tombe, de forme oblongue, comme un corridor.

Musée. — Il rassemble donc les découvertes faites dans la plaine de Marathon et dans ses environs qui, par l'abondance des sépultures, constituent une véritable nécropole.

Visite : en été, de 8 h 30 à 12 h 30 et de 16 à 18 h, le dim. de 9 h à 15 h ; en hiver, de 9 h à 12 h 30 et de 16 h à 18 h, le dim. de 10 h à 15 h 30 ; fermé le mardi ; accès payant.

Dans le hall d'entrée est exposé le moulage d'une statue retrouvée en mer au large de Marathon, et celui d'un beau **casque de type oriental**. Dans la première salle, **poterie néolithique**, provenant notamment de la grotte de Pan à l'O. du village moderne de Marathon ; dans la seconde, **céramique**, de l'helladique ancien à la période géométrique (nécropole de Tsépi) ; dans la salle suivante sont présentées les trouvailles des deux tumuli principaux (tumulus des Athéniens, ou de Marathon, et tumulus des Platéens), avec de la céramique à figures noires. Dans la quatrième salle, céramique et objets provenant surtout de Néa Makri, plus quelques reliefs en marbre d'époque classique. La dernière salle, enfin, rassemble divers **reliefs et statues funéraires** des périodes hellénistique, romaine, byzantine, ainsi que de la verrerie et des lampes. Sous le péristyle qui entoure le petit jardin, quelques sculptures et éléments d'architecture (chapiteaux ioniques). A g. du musée, un chemin conduit vers plusieurs **tombes mycéniennes**.

Tumulus des Athéniens (ou *de Marathon ;* 6 km du bourg par la route de Rafina et à g. à 5 km). — Il fut élevé après la bataille de 490 av. J.-C. pour recevoir les cendres des 192 Athéniens qui trouvèrent la mort dans la mêlée et furent incinérés à l'endroit même où elle eut lieu.

Des fouilles exécutées en 1890 par la Société Archéologique de Grèce ont permis de retrouver des ossements calcinés d'hommes et d'animaux sacrifiés dans le tumulus, ainsi que des tessons de vases du début du Ve s. av. J.-C. En surface, on recueillit des pointes de flèches en silex qui appartinrent aux archers éthiopiens (*Hérodote*, **VII**, 69). Des stèles de marbre, plantées sur le tumulus, rappelaient les noms des 192 morts athéniens, classés par tribus.

Environs de Marathon. — Rhamnonte (13 km ; V. environs d'Athènes, p. 372).

Mégalopolis

Cartes-itinéraires 7 et 8. — Kalamata, 58 km. — Tripolis, 35 km.

La Grande Ville et son théâtre, qui était, la chose est naturelle, le plus grand de toute la Grèce avec une capacité de 20 000 personnes, ne sont plus qu'une modeste curiosité dans les fumées d'une importante centrale thermique... En visitant les ruines, vous pourrez cependant évoquer le gigantisme d'un essai d'urbanisme, mais qui fut un échec.

La Grande Ville ou la Grande Solitude ? — *Mégalopolis fut construite en quatre ans, de 371 à 368, par Epaminondas, pour être la capitale de l'Arcadie unifiée, et était destinée à compléter, avec Messène et Manti-*

née, la barrière de places fortes qui devaient, dans l'esprit de son promoteur, contenir Sparte en Laconie. Cette ville nouvelle fut peuplée grâce à des transferts de populations amenées de quarante bourgades et cités arcadiennes. Après la mort d'Epaminondas (362), la discorde ne tarda pas à compromettre son œuvre : les paysans transportés à Mégalopolis regrettaient leurs bourgades. Plusieurs fois assiégée et détruite, la Grande Ville, devenue, suivant un poète comique, une Grande Solitude, n'était plus qu'un tas de ruines au temps de Pausanias. Pourvue d'un évêché sous les derniers empereurs, encore mentionnée au VIIe s., elle disparut avec l'invasion slave.

Les ruines sont situées à 1,5 km de la localité moderne par la route de Pyrgos.

∴ **Théâtre.** — Pour l'atteindre, prenez à g., juste avant le pont sur l'Elisson. **Ses proportions sont grandioses,** puisqu'il pouvait contenir, nous vous l'avons dit, environ 20 000 spectateurs. A l'O. (à dr. face aux gradins), la parodos était occupée par un long bâtiment, la *skénothèque,* ou magasin d'accessoires. Au IVe s., la scène était en bois et démontable ; dans l'intervalle des représentations, le matériel était déposé dans la skénothèque. A l'époque romaine, elle fut construite en pierre, avec un mur de proskénion à colonnes rondes. En arrière de la scène s'élevait un portique avancé.

Thersilion. — Aujourd'hui devenu presque un souvenir, **cet immense bâtiment,** digne par sa taille des palais perses, abritait les séances de l'Assemblée fédérale des Dix-Mille. Il communiquait avec le portique du théâtre. L'intérieur de ce grand hall, dont le dispositif rappelle celui du Télestérion d'Eleusis et qui **pouvait contenir 6 000 personnes** assises ou 10 000 debout, était aménagé comme un odéon. Le toit était supporté par des lignes de piliers formant des rectangles autour d'un carré presque central qui occupe la place de l'orchestra, où était dressée la tribune. Les membres ordinaires de l'Assemblée s'asseyaient sur les gradins circulaires de la salle.

De l'autre côté de l'Elisson s'étendait la cité municipale ou Mégalopolis proprement dite, par opposition à la cité fédérale, ou Orestia, dont vous venez d'examiner les ruines principales (il y avait encore un stade, au-delà du théâtre, et un sanctuaire d'Asclépios, en deçà, à g. du pont).

Cité municipale. — Elle était centrée sur l'agora, à g. de la route de Pyrgos, environ 200 m après le pont. Il y avait d'abord le **marché aux Parfums** *(Myropolion),* un portique aujourd'hui coupé par la route, qui avait été construit vers 250 par le tyran *Aristodémos,* puis le **sanctuaire de Zeus Soter,** bâti sur la berge de la rivière. A l'opposé, à g. d'une ligne de substructions que coupe la route et qui correspondent peut-être aux *Archeia* ou édifices administratifs, il y avait un portique à triple colonnade, long de 156 m, en lequel on reconnaît le **portique de Philippe.**

☛ **Environs de Mégalopolis. — 1 — Léondarion** (12 km de la place centrale de la bourgade moderne). — L'**église des Saints-Apôtres** de ce village situé sur la pointe N. du Taygète fut édifiée au Xe ou XIe s. Le **château franc,** qui dominait et commandait un passage vers la Laconie et la Messénie, ne présente plus que des ruines de remparts, de tours et d'églises.

2 — Lycosoura (12 km dont 7 par une piste non revêtue ; sortez par la route de Kalamata, tournez à dr. à 4 km juste après le pont sur l'Alphée, vers Issaris, puis encore à dr. 3 km plus loin). — Dans un site solitaire et bucolique, peuplé de pins, gisent les vestiges du **temple de Despoina** (petit musée, fermé le plus souvent). Le temple, construit au IVe s. av. J.-C., se composait d'un pronaos et d'une cella dont la plus grande partie était occupée par un piédestal qui supportait la statue de culte. Vous verrez encore les fondations d'un **portique** dorique devant lequel se dressaient trois autels consacrés à Déméter, à Despoina et à la Grande Mère. Le **musée** renferme les corps des colossales statues de culte du IIIe s. av. J.-C. : celles de Despoina, de Déméter, d'Artémis et du géant Anytos, œuvres du sculpteur messénien *Damophon* (les têtes de trois d'entre elles sont au Musée National d'Athènes).

Mégare

Carte-itinéraire 5. — Athènes, 45 km. — Eleusis, 22 km. — Corinthe, 42 km.

L'une des plus prestigieuses cités de l'ancienne Grèce, Mégare, d'où partirent de hardis marins qui fondèrent de riches colonies, telles Mégara Hyblaia, Sélinonte, en Sicile, Byzance, à l'entrée du Bosphore, n'a plus guère que les fantômes de sa gloire passée pour retenir l'attention quelques instants.

Un Etat tampon. — *Mégare fut occupée par les Crétois au XVIIe s. av. notre ère, puis par les Doriens lors de leur invasion. Ayant acquis son indépendance vers le VIIIe s., c'est à partir de cette époque qu'elle commence à essaimer des colonies tant en Orient qu'en Occident. Théagène, chef populaire qui devint tyran de 640 à 600, embellit la ville et construisit notamment l'aqueduc dont on voit encore les restes. Mégare eut de fréquents démêlés avec Athènes, en 570-565 notamment, surtout au sujet de Salamine. Une querelle avec Corinthe la décida à recevoir une garnison athénienne : c'est alors (459) que furent construits les Longs Murs qui joignaient la ville à son port de Nisæa. Dix ans plus tard, les Mégariens, aidés par les Péloponnésiens, chassaient les Athéniens; mais pendant la guerre du Péloponnèse, le territoire fut ravagé tous les ans, et son port bloqué. La ville tomba en décadence à partir du Ve s. apr. J.-C.*

Mégare est la patrie du poète élégiaque Théognis *(vers 570-485) et du sophiste* Euclide *(450-380), disciple de Socrate, qui fut le chef de l'école mégarienne renommée surtout pour l'étude de la dialectique.*

La place principale est probablement située sur le site de l'agora. Les restes antiques les plus intéressants sont ceux de l'**aqueduc et de la fontaine dite de Théagénès** d'après le témoignage de *Pausanias* (I, 40, 1) ; construite en fait, d'après les trouvailles archéologiques, vers le début du Ve s. av. J.-C.

Mégaspilaion

Carte-itinéraire 5. — Corinthe, 111 km. — Diakopton, 27 km. — Kalavryta, 10 km. — Patras, 74 km.

Ce monastère, l'un des plus vénérables de la Grèce, a beaucoup perdu de son intérêt pour avoir été reconstruit après l'incendie allumé par les Allemands, en 1943. Pourtant, une excursion jusqu'au monastère de la Grande Grotte (Mégaspilaion) demeure l'un des grands moments d'un voyage au Péloponnèse, essentiellement grâce à la fantastique beauté des **paysages découverts sur le golfe de Corinthe pendant la descente, par la route de Kalavryta à Diakopton (c'est évidemment dans ce sens que ces paysages se révéleront dans toute leur splendeur, pour peu que l'atmosphère soit bien dégagée).

Une impériale bergère et une icône miraculeuse. — *Les moines racontent qu'une bergère de sang impérial, nommée Euphrosyne, découvrit au VIIIe s., dans une caverne, une image de la Vierge à qui on attribua aussitôt une vertu miraculeuse. Le monastère, consacré à l'Assomption, fut achevé par Constantin Paléologue. Par suite de legs et de donations, grâce aussi au travail des moines qui défrichèrent de nombreuses terres, il acquit en Achaïe et en Elide d'immenses propriétés. Il fut éprouvé par plusieurs incendies mais l'église, reconstruite en 1641 et décorée de fresques en 1653, fut cependant épargnée.*

Dans la grotte, vous visiterez l'**église**, consacrée à la Panaghia Chrysospiliotissa, qui offre l'inimitable aspect des sanctuaires orthodoxes avec ses ex-voto, ses reliques, dont la fameuse icône miraculeuse, en cire. Cette œuvre malhabile, du VIIIe s. ou du IXe s., qui représente la Vierge et l'Enfant Jésus, fut trouvée, dit la légende, dans la grotte par Euphrosyne, et attribuée à l'évangéliste St Luc.
Ne manquez pas non plus la visite de la **grotte inférieure**, qui renferme d'énormes tonneaux (les plus gros, vieux de près de deux cents ans, contiennent 15 000 okes, soit environ 20 000 litres de vin), ainsi que **le réfectoire, la boulangerie**, le dédale de cellules ouvertes sous les galeries de la façade et **la bibliothèque**, aujourd'hui bien appauvrie.

Excursion jusqu'à la cascade du Styx (6 h 30 de course en montagne à l'aller ; prendre un guide à Kalavryta ♦). — En 4 h vous parviendrez au village de **Solos**, d'où l'on peut tenter l'ascension des monts Aroania. A partir de Solos, vous remonterez la rive dr. du torrent de Solos qui coule entre des berges de schistes noirs, verts, violets et semble sortir d'une étrange et sombre région. La **cascade du Styx** (Mavronéro) est formée de deux filets d'eau qui descendent de deux névés couronnant le double sommet de la montagne. Les poètes latins ont faussé l'idée que l'on se fait du Styx en le représentant fangeux, alors que tous les auteurs grecs en parlent comme d'une source limpide et incorruptible.

Messène*

Carte-itinéraire 8. — Kalamata, 29 km. — Pylos (Navarin), 63 km. — Tripolis, 81 km.

Voici l'un des sites les plus singuliers de la Grèce : au cœur d'une âpre région montagneuse, au pied de l'Ithômé, un petit village très rustique, Mavromati (l'Œil Noir), occupe à peu près le centre d'une ville antique encore enclose par des murailles qui passent pour être le chef-d'œuvre de la fortification militaire du IVe s. av. J.-C. Humbles maisonnettes, champs, vergers et vestiges antiques y sont étroitement mêlés, comme sur les estampes romantiques du XIXe s., mais le centre civique de cette ancienne capitale de la Messénie, assez bien conservé, rend encore plus suggestif cet ensemble de ruines animées.

En avant vers cette terre qui n'est pas encore répartie. — *Telle fut la cynique proclamation d'un roi de Sparte, Polydoros, invitant ses sujets à s'emparer de la Messénie et à se distribuer ses terres. Ce fut la première guerre de Messénie, vers la fin du VIIIe s. av. J.-C., suivie de deux autres,* *en 645-628 et en 459-450, lorsque les Messéniens tentèrent de secouer le joug de Lacédémone.*

Le retour sur la terre des ancêtres. — *Après la défaite de Sparte à Leuctres (371), Epaminondas rappela dans leur pays les Messéniens et fit bâtir une capitale nouvelle, Messène, complétant avec Mégalopolis, Mantinée, Argos, la barrière stratégique destinée à contenir Sparte. Messène fut assiégée (214) par un général de Philippe V, Démétrios de Pharos, qui périt sous ses murs, puis (202) par Nabis que le stratège achéen Philopœmen obligea à la retraite.*

Vous traverserez le village (musée où est rassemblé le produit des fouilles; actuellement fermé) pour descendre un chemin qui, à g., donne accès au quartier central de la ville antique.

★**Agora.** — Au passage, vous reconnaîtrez avec peine les restes d'un petit théâtre à demi enseveli. Un peu plus loin, une vaste terrasse porte les ruines d'un **grand temple**, peut-être l'*Hiérothy-*

sion, où se trouvaient les statues de tous les dieux reconnus par les Grecs, et la statue en bronze d'Epaminondas.

Le centre civique ou agora, un peu plus loin, formait une vaste esplanade entourée d'un **double portique** à la fin de l'époque hellénistique ou au début de l'époque romaine. Dans la zone centrale, vous reconnaîtrez les fondations d'un **temple** périptère d'époque hellénistique, consacré à Asclépios et Hygie, précédé à l'E. (du côté d'un petit théâtre) par un large autel.

Le côté oriental de l'agora était bordé par d'importants édifices comprenant, au N. (à g.), un petit **théâtre** avec orchestra dallée de marbres de couleur (les gradins ont été restaurés), une **entrée monumentale** qui s'ouvrait sur une rue et enfin, à dr., un bâtiment identifié avec le **Synédrion** (lieu de réunion de l'Assemblée messénienne lorsqu'elle siégeait en assemblée restreinte) ; lors des assemblées générales, les réunions devaient avoir lieu au théâtre voisin.

A partir du théâtre, vous remarquerez en tournant autour de l'agora, dans le sens inverse de l'horloge, une petite pièce s'ouvrant par un porche à deux piliers (au fond, partie inférieure d'un socle où était dressée une statue colossale d'époque romaine).

Un escalier monumental menait à un édifice qui était peut-être le **Sébasteion**, bâtiment consacré au culte des empereurs romains.

Sur le côté suivant (O.) s'ouvrait une **chapelle d'Artémis**, sanctuaire tripartite où, dans la pièce centrale, se dressait, sur un socle encore en place, une statue de culte (en fait, probablement un groupe), environnée d'un demi-cercle de statues de prêtresses (six d'entre elles, de la fin de l'époque hellénistique, sont au musée). Les deux salles latérales de ce sanctuaire comportaient des bancs à pattes de lion. Au-delà de la chapelle d'Artémis, on a également exhumé plusieurs autres pièces jusqu'à l'angle S.-O. de l'agora.

Sur le côté S. furent dégagés les restes d'un bâtiment à cour intérieure entourée de portiques, qui était peut-être le **prytanée**, et ceux d'un **hérôon**.

Un peu plus bas que l'agora, s'étendait le stade aujourd'hui très ruiné.

***Porte d'Arcadie.** — Revenez au village et continuez de suivre la route (à g.), sur près de 2 km, jusqu'à la porte d'Arcadie (ou de Mégalopolis), **l'un des spécimens les mieux conservés** et les plus représentatifs **de fortification grecque du IVe s. av. J.-C.**, beaucoup plus perfectionnée que celle des siècles antérieurs pour répondre aux progrès de la poliorcétique, c'est-à-dire de l'art de prendre et de défendre les villes.

La porte, à laquelle aboutissait une **voie dallée** (traces de roues de chars), se compose de deux entrées séparées par une cour ronde, à ciel ouvert, inscrite dans un massif d'appareil hellénique, sans mortier, remarquable par la perfection de sa maçonnerie, aux joints presque invisibles, sur un soubassement à deux assises de blocs énormes. L'entrée extérieure était flanquée de **deux grosses tours carrées** dont il ne subsiste que les soubassements. A partir de la porte, la muraille escalade le versant de l'Ithômé. Les escarpements qui rendaient impossible l'approche des machines de guerre suppléaient presque partout à la faible hauteur du rempart (4,57 m), hauteur cependant suffisante pour permettre aux défenseurs, armés de la longue lance dorienne, et aux gens de trait, de tenir à distance les assaillants. Le rempart est flanqué de tours, carrées ou parfois demi-rondes, à cheval sur les courtines de façon à les isoler les unes des autres.

***L'Ithômé** (env. 2 h). — A partir du village, une rude montée de 40 mn environ vous conduira jusqu'au sommet de l'Ithômé, couronné par l'ancien **couvent de Vourkano**, antérieur au XVIe s. Il occupe l'emplacement du **sanctuaire de Zeus Ithomatas**, simple autel où l'on pratiquait parfois des sacrifices humains (Aristodème y sacrifia sa fille). Le sanctuaire était un lieu d'asile pour les esclaves que le prêtre pouvait affranchir. Le sommet de l'Ithômé (l'Escarpée) portait en outre, autour du sanctuaire, l'**ancienne forteresse** qui servit de refuge aux Messéniens pendant les deux dernières guerres messéniennes. Depuis le sommet, le regard embrasse le mont Taygète, les deux plaines de Messénie, le mont Hellénitsa, le Lycée, l'Erymanthe, la côte d'Elide et l'île de Zante.
Par un sentier se détachant à g., à env. 300 m du rebord de l'acropole, du chemin suivi à l'aller, vous parviendrez, en 30 mn, à la **porte de Laconie**, construite sur un col séparant l'Ithômé du mont Eva qui était consacré à Dionysos et aux Evades Bacchantes. Près du sommet, vous remarquerez les restes d'une porte d'enceinte.
Un autre sentier, à dr., avant la porte, vous ramènera au village en 20 mn.

Environs. — Androussa (18 km ; à dr. sur la route de la moderne Messini après le village d'Eva). — Ce petit village, la *Druges* de la Chronique de Morée, était, avec Corinthe, le siège d'une capitainerie franque. On y voit encore les ruines d'un château franc et, au N., la vieille église Haghios Ghéorgios.
A 5 km d'Androussa, belle **église de la Zoodochos Pighi**, avec quelques restes de fresques.

M Météores [Les]***

Cartes-itinéraires 11 et 12. — Ioannina, 132 km. — Kalambaka, 8 km. — Larissa, 90 km.
Nome de Trikkala.

Près de Kalambaka ♦, dans un décor surréaliste de montagnes qui évoque l'univers fantastique de Jérôme Bosch, les météora monastiria, les monastères en l'air, comptent parmi les plus remarquables curiosités de la Grèce, surtout grâce à leur situation, au sommet de hauts rochers de grès durs et de conglomérats formés par l'érosion du socle marin asséché, et dressés comme des menhirs d'une taille cyclopéenne. « En les voyant ainsi planer dans les airs, on serait tenté de croire avec la légende que Dieu a bâti tout exprès pour les moines ces colonnes naturelles, sans doute pour propager l'une des formes les plus singulières de l'ascétisme oriental, et permettre au monde de voir des communautés de stylites. » (Heuzey.)

Une nouvelle Thébaïde. — *L'origine des Météores remonte au XIVe s., à l'époque troublée des guerres entre l'empereur de Serbie et l'empereur de Byzance. Le brigandage fit créer là, dans des retraites inaccessibles, de petits ermitages qui servaient de refuges. Le plus ancien fut celui de*

JEAN-LUC BERTINI/OPALE

Hommage à Jacques Lacarrière

La chute d'Icare

On ne sait si cet amoureux de la Grèce qu'était Jacques Lacarrière rejoindra l'Olympe. Mais les dieux qui y séjournent lui doivent une fière chandelle. Il a contribué à les faire connaître un peu mieux, eux, bien sûr, mais aussi les lieux qui les avaient vu naître, ces pierres dormantes de Delphes, ou ces oliviers silencieux dansant dans le vent des vallées du Péloponnèse.

C'est avec *L'Eté grec*, paru en 1976, que Jacques Lacarrière se fit connaître du grand public. Lui qui, né à Limoges en 1925, avait vécu en Grèce de 1947 à 1967, jusqu'au coup d'Etat des colonels, s'était mis en tête de devenir écrivain voyageur et de faire partager aux lecteurs les moments de songe et de beauté qui étreignent celui qui sillonne les sentiers et les maquis.

Journaliste, traducteur d'Hérodote, de Sophocle, mais aussi d'écrivains et de poètes contemporains, comme Vassilis Vassilikos, Georges Séféris ou Yannis Ritsos, Lacarrière, metteur en scène à ses heures, revenait toujours sur cette terre d'histoire. Non pas une Grèce aride et poussiéreuse, mais celle riche de tous les matins du monde, nourrie par toutes les mythologies, qui se déclinent dans son *Dictionnaire amoureux de la Grèce* (2001).

De sa fréquentation lointaine des surréalistes, il avait moins retenu l'écriture automatique que celle qui peut transmettre une émotion imprévue et subite. La quarantaine d'ouvrages qu'il a publiés, récits, carnets de route, romans, vagabondaient toujours entre érudition et moments fugaces, cherchant à réveiller en chaque lecteur le promeneur qui chemine dans les forêts ou sur les chemins de crête.

L'écrivain, qui vient de poser son sac à 79 ans, laisse derrière lui une écri[illegible]re toujours pleine d[illegible] messes et d'[illegible] ments.

SAV ÉCHANGE 24
On reconnaît facilem
les abonnés SFR !

Le meilleur endroit po

NGE 24H
ement réservée aux professionn
FR vous remplace gratuitemen
le votre choix en France métro
vous retrouvez le sourire.

pel passé avant 15h, 48h pour la Co
es 24 mois suivant l'achat du mobi

DRAFT S.A. au capital de ... RCS Paris 403 106 537 ... Willy Comm - Septembre 2005

-tu-
de pro-
enchante-
Gilles Heuré

la Panaghia Doupiani, dont les cathigoumènes avaient le titre de supérieurs de la région des Ascètes de Stagoi. L'un d'eux, Kyr Nilos, fonda en 1367 quatre autres communautés sur les rochers des environs. Entre 1356 et 1372, le cénobite Athanasios fonda le Météoron avec neuf frères astreints à une règle rigoureuse. En 1388, son disciple, le roi-ermite Joasaph, fils du roi de Serbie Syméon Ourosh, agrandit le monastère. Au XVIe s., la discorde sévissait entre les communautés qui se disputaient avec âpreté les lopins cultivables. Les couvents déclinèrent; leur nombre tomba de 24 à 4. La plupart sont inhabités; il ne reste plus que quelques caloyers répartis dans les monastères du Grand Météore, de Varlaam, d'Haghia Trias et d'Haghios Stéphanos.

Visite : tous les monastères se ressemblent et il suffit d'en visiter deux ou trois (en particulier Haghios Stéphanos, Varlaam et Météoron), mais il est intéressant de parcourir l'ensemble. Pour la visite, certains détails vestimentaires ont leur importance; ainsi, le port du short n'est pas admis, les femmes auront les bras couverts, ne porteront pas de

pantalon, mais une jupe assez longue jusqu'en dessous des genoux (on peut emprunter une jupe longue, mais, en cas d'affluence, il peut être assez long d'attendre son tour). D'excellentes routes asphaltées facilitent l'accès des monastères, au départ de Kalambaka ; il faut compter sur un trajet de 21 km aller et retour pour la visite des trois monastères principaux.
Les Météores sont bâtis sur des rochers à pic, dépourvus de chemins d'accès continus. On y montait jadis par des échelles articulées de vingt à quarante mètres de haut qui étaient relevées en cas d'alerte. L'autre moyen, original, est le filet monte-charge, mais il ne sert plus qu'à hisser les provisions. Partout ont été aménagés des escaliers.
Les monastères sont généralement fermés en milieu de journée et, par roulement, un jour par semaine.

Itinéraire guidé. — A la sortie de Kalambaka ♦ par la route de Ioannina, prenez la route à dr. avant l'hôtel *Xénia.* A dr., la hauteur de **Kastro**, l'ancienne acropole d'*Æginion,* domine Kalambaka.
2,5 km : A g., au pied d'un rocher dit **colonne de Doupiani**, une chapelle fondée probablement au XIIe s. fut l'église du premier ermitage de Stagoi. L'actuelle chapelle est antérieure au XVIe s. Sur la colonne se trouvent les restes de deux monastères (Pantocrator et Doupiani), très difficilement accessibles.

3 km : A g., **monastère d'Haghios Nicolaos Anapausas**, fondé vers 1838, agrandi en 1628, orné de **fresques** du moine *Théophane,* exécutées en 1527 (Jugement dernier ; Paradis). Peu après, toujours à g., ruines du **monastère d'Haghia Moni**, fondé en 1315, d'accès difficile.
3,5 km : Vous passez au pied du **monastère d'Haghia Rossanou**, ermitage fondé en 1388 et transformé en couvent en 1639.
6 km : A dr., à 2,5 km, monastère d'Haghia Trias, fondé en 1438, et, à 3 km, d'Haghios Stéphanos.

Haghios Stéphanos (ouv. de 8 h à 12 h et de 15 h à 18 h ; fermé le lundi), primitivement un ermitage, fut fondé en 1312 et transformé en couvent par l'empereur *Andronic III Paléologue* (1328-1341) une vingtaine d'années plus tard.
Vous y visiterez l'**église Haghios Charalambos**, avec une iconostase sculptée, la **chapelle Haghios Stéphanos**, élevée en 1798 (**fresques**), et le réfectoire.

6,5 km : A g., à 200 m, **couvent de Varlaam** (ouv. de 9 h à 13 h 30 et de 15 h 30 à 18 h), fondé en 1517 sur l'ancien ermitage de l'anachorète Varlaam (XIVe s.).

Vous y verrez surtout l'**église de Tous-les-Saints** (**fresques** peintes en 1565 par *Frangos Castellanos* de Thèbes, restaurées en 1870), le réfectoire, la bibliothèque, la remarquable **chambre des hôtes** et le jardin fortifié, ainsi que le treuil qu'utilisaient les moines.

7,5 km : Terminus de la route carrossable près du **Météoron**, ou **Grand Météore** (ouv. de 9 h à 13 h 30 et de 16 h à 17 h ; fermé le mardi), bâti par *Athanasios* et *Joasaph.*

Dans la belle ***église de la Métamorphosis** (de la Transfiguration), vous remarquerez les fresques : Nativité, Transfiguration, Mise en Croix, Résurrection. Dans l'abside (chapelle primitive), construite en 1387-1388 par Joasaph, portrait du fondateur Athanasios en costume de moine occidental. Une série d'icônes et d'objets de culte datant du XIVe s. a été récemment mise au jour par le byzantinologue yougoslave *Gojko Subotic* qui a également proposé une nouvelle datation (XIVe s.) pour les fresques de la nef. Le **réfectoire** à coupoles date de 1557 et la **chapelle du Prodromos** (St Jean-Baptiste) et d'Haghios Constantinos, du XVIIe s.

Méthoni

Cartes-itinéraires 8 et 9. — Kalamata, 58 km. — Pylos (Navarin), 10 km. — Pyrgos, 129 km.

Cette petite ville, d'origine antique, s'étend sur un promontoire dont la pointe est occupée par une forteresse vénitienne réellement impressionnante par son état de conservation et son étendue. Charmant port et belle et grande plage.

Un verrou vénitien à l'entrée de l'Adriatique. — *Passons rapidement sur le passé grec de cette antique cité messénienne, connue sous le nom de* Méthone *ou* Mothône, *qui fut attribuée aux Naupliens par les Spartiates, pour considérer immédiatement son histoire dès le Moyen Age. Sa situation, à l'entrée de la mer Ionienne, c'est-à-dire de l'Adriatique, ne pouvait pas laisser Venise insensible.*

Le doge Dominico Michieli commença par faire raser la forteresse byzantine qui se trouvait là en 1125, puis une flotte vénitienne en prit possession en 1206. Dès lors, le nom de la ville fut altéré en Modon. *En 1500, Bajazet II investit les 7000 défenseurs de la place avec une armée forte, dit-on, de 100000 hommes et 500 canons de siège. La forteresse capitula le 9 août 1500. Les chevaliers de Saint-Jean, en 1531, et Don Juan d'Autriche, en 1572, tentèrent en vain de la reprendre. Morosini s'en rendit maître le 10 juillet 1686 et les Vénitiens purent la conserver jusqu'en 1715.*

Indicatif téléphonique : 0723.

Hôtels :

Methoni Beach (☎ 31-455) 12 ch.

Alex (☎ 31-219) 20 ch.

Camping :

Ayannis (☎ 41-216), 80 pers. bord de mer ; avril-oct.

La **forteresse** est séparée de la ville par un fossé décrivant un arc de cercle à la base du promontoire. Sa contrescarpe était composée d'un passage protégé et d'un glacis qui a disparu.

La majeure partie du fossé date du XVe s. ainsi que la fausse baie et la partie centrale de la contrescarpe et du glacis. Le rempart de ce côté s'étend entre le **bastion Bembo**, du XVe s. à dr., et le **bastion Lorédan** de 1714 à g., destinés à recevoir de l'artillerie.

En prenant à g. après avoir franchi la première porte, vous passerez une seconde porte, puis une troisième, dite *Porta di Terra firma* sur les plans vénitiens, avant de déboucher à l'intérieur de la forteresse. Longez ensuite le rempart E. (à g.) renforcé par des tours et des emplacements de tir pour fusils et canons aménagés par les Turcs. Une de ces tours est ornée, sur la façade extérieure, d'un lion de Saint-Marc encadré par deux blasons des Foscarini, au-dessus d'un écusson de Michieli.

La banquette de tir se termine contre une tour carrée, très ruinée, qui date peut-être de la période romaine ou du début des temps byzantins. A l'extrémité du promontoire se dresse une haute tour près de la porte de la mer, reconstruite par les Turcs avec des éléments de remploi, notamment avec un bloc où fut sculpté un lion de Saint-Marc et le blason des Foscolo. Un pont

reliait cette entrée à la **tour Bourzi**, isolée sur un rocher, qui fut érigée par les Turcs au XVIe s.
Le rempart O., établi en haut d'une falaise, est renforcé par cinq tours. Il doit appartenir au premier programme de fortifications effectué par les Vénitiens. Vous venez ensuite buter contre un mur transversal délimitant une sorte de réduit. La porte est percée dans la cour centrale qui, avec quatre autres ouvrages semblables, renforce ce mur dressé par les Turcs au début du XVIe s. Visitez ensuite l'énorme **bastion Bembo**, construit en 1480, mais qui fut quelque peu remanié par les Turcs. Il domine un autre bastion plus ancien, que l'on pourrait visiter en suivant le passage qui débouche à dr. après la première porte percée dans le rempart N. Du bastion, observez la redoute construite à une extrémité de la contrescarpe. Un lion de Saint-Marc sculpté sur son flanc N. atteste qu'elle fut également bâtie par les Vénitiens.

A 2 km sur la route de Pylos, à g., **cimetière paléochrétien** de Saint-Onuphre dans une cavité en forme de grotte, transformée en ermitage à l'époque byzantine.

Au large de Méthoni, les petites **îles de Sapientza et Schiza** feront la joie des amateurs de pêche.

Metsovon

Carte-itinéraire 11. — Ioannina, 60 km. — Kalambaka (Météores), 70 km. — Larissa, 152 km.

Dans ce gros bourg dont l'exploitation touristique a commencé à tuer l'authenticité, magnifiquement situé à flanc de montagne en plein cœur du massif boisé du Pinde, vous partirez à la recherche du temps perdu. Mais le retrouverez-vous encore dans des ruelles tortueuses, riches en senteurs et sons d'autrefois, où les vieilles maisons de bois typiquement balkaniques se font de plus en plus rares? Peut-être aurez-vous la chance de passer par là un jour de mariage campagnard : ce sera pour vous l'occasion d'admirer la fière prestance des montagnards descendants des klephtes, bandits d'honneur qui furent l'âme de la résistance grecque à toutes les oppressions.
Un télésiège récemment installé vous permettra de pratiquer le ski, si vous venez l'hiver.

Indicatif téléphonique : 0656.

Hôtels :

¶ *Floras* (☎ 41-309) 6 ch. ■ ☎ P

¶ *Galaxy* (☎ 41-202) 10 ch. ✂ ☎ P

¶ *Olympic* (☎ 41-337) 17 ch. ✂ P

Vous visiterez l'**église Haghios Dimitrios**, l'église du **couvent Haghios Nicolaos** avec ses **fresques** byzantines, le petit **monastère de la Panaghia**, en bas du village, près du ravin, et une maison (la maison Avéroff) transformée en **musée** qui reconstitue un intérieur traditionnel de la région du Pinde.

Milo [Ile de] (Mélos)*

161 km^{2}; 4500 habitants.

L'île de la célèbre Vénus du musée du Louvre, située à 44 milles nautiques du Pirée, est l'une des plus pittoresques de l'archipel des Cyclades. L'île entière constitue un massif volcanique et la rade, l'une des plus belles et des plus sûres de l'Egée, est probablement un ancien cratère ébréché. C'est le commerce de l'obsidienne qui assura une certaine prospérité à l'île aux IIIe et IIe s. av. J.-C.

Indicatif téléphonique : 0287.

Hôtels (à Adamas) :

¶¶ *Adamas* (☎ 41-844) 10 ch.

¶¶ *Venus Village* (☎ 41-770) 33 ch. en bungalows

Compagnie aérienne : *Olympic Airways,* Adamas (☎ 41-880) ; 1 serv. quot. depuis Athènes en 1 h (4 par sem. hors saison).

Bateaux : 9 fois par sem., dont 6 par car-ferries, en 8 h 30 à 10 h depuis Le Pirée, via Sérifos, Siphnos et Kimolos, dont 1 fois directement.

Vous séjournerez probablement à **Adamas,** petite échelle typiquement méditerranéenne où font escale les bateaux du Pirée et où vous visiterez surtout les **églises Haghia Triada** et **de la Dormition de la Vierge** (dans cette dernière, remarquez la belle icône de la décollation de St Jean-Baptiste, exécutée vers 1639 par le prêtre *Emmanuel Scordili*).

A partir d'Adamas, vous circulerez dans l'île, jusqu'à (4 km) **Milos** ou **Plaka,** chef-lieu de l'île (petit **musée** archéologique), qui occupe en partie le site de l'antique *Mélès.* La nouvelle localité ne présente guère d'intérêt, aussi monterez-vous le site du théâtre antique, en vous dirigeant vers la colline du Prophitis Ilias, couronnée par une petite chapelle qui domine l'ancienne *Mélès* (restes de murs antiques).

Ils se rendirent à la discrétion des Athéniens. — *L'antique Mélès s'étendait du Prophitis Ilias jusqu'à la mer. Cette ville fut fondée vers 700 av. J.-C. et prit en quelque sorte la succession de Phylacopi (ci-après), après un hiatus long de près de quatre siècles. Mélès ne prit part aux guerres Médiques qu'au moment de la bataille de Salamine (480 av. J.-C.), où elle n'envoya que deux vaisseaux, et de celle de Platées (479 av. J.-C.). Dans les guerres qui opposèrent Athènes à Sparte, elle voulut rester neutre, ce qui déplut aux Athéniens qui, en 416, assiégèrent la place. Le dénouement fut tragique : selon Thucydide, « les habitants se rendirent à la discrétion des Athéniens. Ceux-ci tuèrent tous les hommes en âge de porter les armes et vendirent comme esclaves les femmes et les enfants ». Repeuplée avec des colons athéniens, la ville cessa dès lors de jouer un rôle important et fut abandonnée au Ve s. de notre ère.*

Visite : t.l.j. de 8 h 30 à 12 h 30 (en été), ou de 9 h à 13 h 30 (en hiver), et de 16 h à 18 h ; le dim. de 9 h à 15 h en été et de 10 h à 16 h 30 en hiver ; accès aux catacombes payant.

Près du **théâtre,** dont subsiste une partie des gradins en marbre d'époque romaine, gisent les restes d'autres constructions, notamment de **remparts,** de temples, etc. Du théâtre, vous atteindrez les **catacombes,** aménagées à partir du IIe s. apr. J.-C. par les premières communautés chrétiennes de l'île. L'entrée principale est étroite et basse (se munir de lampes de poche).
Le site de **Phylacopi** (à 30 mn de marche à partir de **Voudia,** à 13 km d'Adamas) où l'*Ecole britannique* mit au jour les restes de la première cité qui prospéra dans l'île, a, depuis la fouille, perdu tout intérêt.

La ville la plus ancienne remonte au minoen ancien (2600-2000 env. av. J.-C.); cette échelle était fréquentée par des marins phéniciens qui exportaient l'obsidienne dans laquelle on taillait des lames de couteaux, des pointes de flèche, etc. La deuxième ville est datée du minoen moyen (2000-1700 env.) et du minoen récent I et II (1600-1500) et fut détruite par un incendie. La troisième ville (1500-1100), datée en majeure partie de la période mycénienne, représente l'apogée de la civilisation cycladique de Milo.

Environs. — Iles de Kimolos et de Folégandros (accès par les lignes du Pirée et de Théra). De l'autre côté de la passe dominée par l'acropole de Phylacopi, **Kimolos** est une petite île d'un millier d'habitants où l'on peut voir les ruines d'une forteresse médiévale à Paléokastro. Dans le village de Kimolos, église du XVIIe s. et dans celle d'**Adamanta**, belle iconostase en bois doré et sculpté. A l'O. de Kimolos, îlots volcaniques des **Glaronissia** ; quant à **Antimilos**, c'est une île déserte.
Folégandros, au S.-E. de Milo, servit plusieurs fois de lieu d'exil politique.

Missolonghi

Carte-itinéraire 10. — Agrinion, 35 km. — Delphes, 175 km. — Patras, 48 km.
6 000 habitants.

L'un des symboles de l'esprit de résistance des Grecs, Missolonghi est le port où *Lord Byron*, qui s'était fait un champion de l'indépendance de la Grèce, rendit le dernier soupir (le 19 avril 1824) et où se joua l'une des plus cruelles tragédies de la guerre d'Indépendance.

On sait avec quel courage les insurgés grecs assiégés par les Turcs en 1825 et 1826 résistèrent aux assauts d'un ennemi mieux armé et plus nombreux. A bout de ressources, ils décidèrent une sortie en masse le 12 avril 1826, dans la nuit. Mille huit cents hommes seulement réussirent à s'ouvrir un passage à travers les lignes turques et à gagner les montagnes, tandis que Christos Kapsalis mettait le feu à la poudrière, dont l'explosion consomma la destruction de l'héroïque cité.

Indicatif téléphonique : 0631.

Police touristique : 11, rue A. Damaskinou (☎ 22-555).

Hôtels :
Liberty (☎ 280-50) 60 ch.

Théoxénia (☎ 224-93) 20 ch.

Artisanat : 1, rue Favrou (☎ 22-751).

Ceux qui vouent un culte à l'époque romantique verront le **musée** (dans la mairie) consacré à la guerre d'Indépendance.

Environs de Missolonghi. — 1 — Calydon (10 km par la route d'Andirrhion). — Cette ville, dont le nom évoquera en vous l'exploit de Méléagre, qui tua dans ces parages un sanglier fameux, n'est pratiquement plus aujourd'hui qu'un souvenir, en dépit des fouilles qu'y exécutèrent des archéologues danois.
A g. de la déviation d'Andirrhion gisent les restes d'un **sanctuaire d'Artémis Laphria**. Le temple le plus récent, aujourd'hui réduit aux seules fondations, date du IVe s. av. J.-C., mais il avait remplacé un temple du VIe s. (570) qui lui-même succédait à un autre temple du VIIe s. (620).
Apollon avait son temple, consacré au VIe s., sur une terrasse voisine.

2 — Pleuron (10 km ; par la route d'Arta et à dr. à 5 km). — Après un village, suivez la route au pied de la montagne, le long d'un canal ; entreprenez l'ascension (45 mn env.) à partir d'un hameau près du canal. Dans la **ville**

basse, restes d'un petit **théâtre** adossé au rempart et à une tour; l'**agora**, auj. une esplanade jonchée de ruines, est près du mur E.; sur une butte, **acropole** avec des tours carrées. Le **kastro de Kyra Irini**, à 50 mn au N., est le site de la *Nouvelle Pleuron* (enceinte en appareil hellénique avec 31 tours, d'un périmètre de 2 km).

Molyvdosképastos

Carte-itinéraire 15. — Ioannina, 79 km. — Konitsa, 27 km.

A 5 km au-delà de **Mélissopétra** et à 22 km de Konitsa par la route du pont de Mertzani, sur le Sarandapotamos, une rivière qui en cette partie de son cours sert de frontière entre la Grèce et l'Albanie, un chemin se détachant à g. mène à (5 km) **Molyvdosképastos**, un village lui aussi localisé sur les confins gréco-albanais (informez-vous à Konitsa sur les possibilités d'accès).

Dans ce bourg qui fut un moment le siège de l'archevêché de Pogoniani se trouve le **monastère de la Dormition de la Vierge**, aujourd'hui désaffecté, qui aurait été fondé au VIIe s. par l'empereur *Constantin IV* (668-685). Son **église** semble dater de la fin du XIIIe ou du début du XIVe s., c'est-à-dire d'une époque où l'archevêché de Pogoniani connut un regain de prospérité. Ce catholicon, très sombre, était décoré de **fresques** dont il subsiste quelques fragments (XVIe s.); le narthex date également du XVIe s.
Dans le village, vous pourrez encore voir l'**église Haghios Dimitrios**, du XIe s., qui est assez délabrée, et surtout l'**église Haghii Apostoli**, ancienne cathédrale de Poponiani qui, selon *Donald Nicol* (V. Annual of the British School at Athens, 1953, p. 141 et sq.), aurait été construite au XIIIe ou au XIVe s. (à l'intérieur, **fresques** bien conservées du XVIIIe s.).

Monemvasia*

Carte-itinéraire 6. — Ghythion, 95 km. — Sparte, 97 km.

Sans que l'on s'en doute, le nom de cette bourgade où naquit le poète *Yannis Ritsos*, pittoresquement située sur un promontoire transformé en îlot, pourrait être le titre d'une chanson à boire. S'il pouvait encore parler, un certain duc de Clarence serait intarrissable sur le sujet et vous dirait que cette localité a donné, par corruption, son nom à l'un des plus célèbres crus du Moyen Age, celui de Malvoisie. N'y allez pas aujourd'hui à la rencontre d'agapes inoubliables, car les fameux vignobles ont disparu, mais plutôt pour découvrir l'un des coins les moins connus mais aussi les plus séduisants de Grèce.

De Minos au grand Turc. — *L'ex-presqu'île où s'étend la bourgade s'appelait* Minoa, *nom qui semble la désigner comme une ancienne station navale de Minos. Après l'arrivée des Slaves, elle servit de refuge aux Grecs de Laconie et devint une place forte et un port. En 1147, Monemvasia repoussa une attaque des Normands de Sicile mais, en 1249, Guillaume de Villehardouin la réduisit par la famine, après un siège de trois ans; il dut la rendre à l'empereur de Byzance pour sa rançon en 1263. Elle passa ensuite au pape (1460-1464), aux Vénitiens (1464-1540 et 1690-1715) et aux Turcs, jusqu'en 1823.*

Indicatif téléphonique : 0732.
Hôtel :
Monemvasia (☎ 61-381) 9 ch.

Bateaux : 3 liaisons hebdo avec Le Pirée en 6 h.

La ville est protégée par un rempart partant du pied du promontoire et allant jusqu'au rivage. Ce rempart aurait été construit par les Turcs, au XVIe s., probablement sur le tracé de l'enceinte byzantine.

Dans la ville basse, vous visiterez surtout les **églises Haghios Stéphanos de Crète** (XVIe s.), de style italo-byzantin (voir l'icône du Christ Elkoménos, littéralement : traîné sur la croix), **Haghia Anna**, une basilique du XIVe s. restaurée en 1697 par les Vénitiens, et de nombreuses maisons anciennes. De la ville haute, un chemin conduit à la **citadelle** aménagée au sommet du promontoire qui domine la ville. Vous y verrez surtout l'**église Haghia Sophia**, fondée par *Andronic II* (1287-1328) sur le plan de la basilique de Daphni (**fresques** représentant des saints martyrs).

Environs. — Néapolis (61 km). Presque à la pointe S.-E. du Péloponnèse, cette petite bourgade est située sur l'emplacement de l'ancienne *Boiai*. Une petite collection archéologique est rassemblée à la mairie.

Monodendri*

Carte-itinéraire 15. — Ioannina, 48 km. — Konitsa, 68 km.

Par une pittoresque petite route de montagne, vous vous élèverez sur le versant occidental de la chaîne du Pinde pour atteindre ce **village qui garde toute son authenticité** avec ses maisons couvertes de pierres grises. De la place du village, vous prendrez en direction de Vicos. La route aboutit à l'entrée d'un **monastère**. Vous en traverserez la cour pour gagner une plate-forme d'où vous découvrirez une **vue magnifique sur les gorges du Vicos.**

M Mycènes (Mykinai)***

Carte-itinéraire 6. — Argos, 13 km. — Athènes, 90 km. — Corinthe, 43 km. — Nauplie, 25 km. — Nome d'Argolide.

Voici l'un des rares sites au monde où le visiteur le moins informé aura cependant l'impression de se trouver en pays familier, où les choses et les gens surtout provoqueront le retour en foule de souvenirs lointains. Ne cherchez pas plus longtemps, vous êtes au centre névralgique de la Grèce héroïque, dont se sont nourris tant de dramaturges. Le point focal de cette épopée est là, devant vous, sous la forme d'une colline rocailleuse où se trouvait l'Acropole, hantée par les souvenirs sinistres de la famille des Atrides, « dont les forfaits ont défrayé deux mille ans de tragédie » (Ed. About). Aux souvenirs qui s'attachent à Agamemnon, le chef de la coalition achéenne contre Troie, à Clytemnestre, son épouse, qui le fit assassiner par son amant Egisthe, au crime d'honneur perpétré par Oreste contre sa propre mère, s'ajoute l'exceptionnel intérêt présenté par quelques monuments qui, malgré trois mille ans d'existence, se classent parmi les plus grandes merveilles architecturales ou archéologiques du monde : la porte des Lions, le trésor d'Atrée, l'enceinte cyclopéenne.

Avant l'invasion achéenne. — *Comme pour la plupart des autres cités de la Grèce héroïque, le passé le plus lointain de Mycènes est auréolé* *par la magie du mythe. D'après la tradition, les* Pélasges, *considérés comme des autochtones, furent d'abord soumis par* Danaos, *qui serait venu d'Egypte. Le royaume de Danaos fut partagé entre ses descendants :* Acrisios *s'installa à Argos, son frère* Prœtos *fonda Tirynthe avec l'aide des Cyclopes tandis que* Persée, *petit-fils d'Acrisios, jeté à la mer, revint après de longues expéditions en Asie et fonda Mycènes. La dynastie des Perséides disparut quand les Achéens, sous la conduite des Pélopides, venus d'Elide, s'installèrent dans le Peloponnèse. Sans pouvoir éclairer tous ces détails légendaires, la recherche archéologique permet toutefois d'affirmer que la colline de l'Acropole fut occupée dès le début de l'âge du bronze, vers 3000-2800 av. J.-C.*

Mycènes, la cité éponyme de toute une civilisation. — *Archéologiquement parlant, l'arrivée des Achéens est située vers l'an 2000 av. J.-C., au début du bronze moyen qui prendra fin en 1600 av. J.-C. env. Dès cette époque, Mycènes devint la capitale d'un puissant royaume dont les princes étaient apparentés avec les autres souverains de la Phthiotide et de la Laconie, et ce fut pour les archéologues le moyen de reconnaître sa primauté que d'attribuer son nom à la civilisation qui s'épanouit sur une bonne partie de la Grèce continentale au IIe millénaire av. J.-C.*

Mycènes la « polychrysos ». — *Ainsi que l'attestent les nombreux objets précieux découverts dans les tombes à fosse des deux cercles royaux, Mycènes devait être une cité déjà très prospère vers la fin du bronze moyen (1600 av. J.-C. env.), en justifiant ainsi l'épithète homérique de riche en or* (polychrysos). *Des relations très étroites avaient été nouées avec la Crète dont l'influence se manifeste dans les trouvailles faites dans les tombeaux. Peu après le milieu du XIVe s. av. J.-C., la citadelle fut agrandie et protégée par le mur d'appareil cyclopéen. Mycènes était la plus puissante des principautés achéennes et son influence s'étendait jusqu'en Syrie, en Palestine et en Egypte.*

La cité homérique. — *La puissance de Mycènes semble s'être accrue au XIIIe s.* Agamemnon, *roi de Mycènes, fut le leader incontesté de la coalition des Achéens contre Troie. Il régnait, nous dit* Homère, *sur l'Argolide et sur beaucoup d'îles. Durant l'absence et après le retour d'Agamemnon, des crimes et des désordres ensanglantèrent la maison des Atrides.* Egisthe *et* Clytemnestre *assassinèrent Agamemnon,* Oreste *tua sa mère et dut quitter le royaume paternel. Vers cette époque, la ville basse fut incendiée, probablement au cours d'une guerre civile ou au moment d'une crise dynastique, car la ville royale, protégée par les puissantes murailles cyclopéennes, ne semble pas avoir souffert de ces désordres. L'invasion dorienne mit fin au royaume de Mycènes vers la fin du XIIe s., et la citadelle et la ville furent incendiées.*
A l'époque historique, Mycènes, comme sa voisine Tirynthe, ne fut plus qu'une bourgade. Hostile à la domination d'Argos, elle fut détruite par les Argiens vers 468 av. J.-C. Au IIIe s. av. notre ère, les Argiens y fondèrent une petite ville fortifiée. Au IIe s. apr. J.-C., Pausanias n'en vit plus que des ruines.

Indicatif téléphonique : 0751.

Hôtels :

¶ *Petite Planète* (✆ 66-240) 13 ch.

¶ *Agamemnon* (✆ 66-222) 8 ch.

Camping :
Mycena Camping (✆ 66-247) ; 60 pers., 15 voit., 5 caravanes ; ouv. mai-oct.

Visite : de 7 h 30 à 19 h 30 en sem. et de 10 h à 18 h les dim. et j. fériés en été ; en hiver, de 9 h à 17 h 30 ou de 10 h à 16 h 30 ; accès payant.

Votre itinéraire. *— Du parking situé à l'extrémité de la route d'accès à Mycènes vous gagnerez d'abord l'acropole (V. Plan), puis en repassant par la porte des Lions, le second cercle royal et la tombe de Clytemnestre. En redescendant la route empruntée pour arriver à l'Acropole, vous examinerez ensuite, à g., les ruines de diverses demeures de la ville basse avant de parvenir, à dr., à 500 m du parking, au trésor d'Atrée. Vous remonterez enfin au parking en ayant ainsi visité l'essentiel.*

L'acropole

****Porte des Lions.** — En haut d'une rampe, s'ouvre, entre deux puissants bastions, cette fameuse porte des Lions, « digne de servir de porte d'honneur à la plastique grecque monumentale » *(Ch. Picard),* qui marque l'entrée du palais sanglant des Atrides. Dans le triangle de décharge au-dessus du linteau, colossal monolithe, vous remarquerez un **motif sculpté**, d'origine crétoise, représentant deux fauves qui s'affrontent de part et d'autre d'un pilier sacré reposant sur un autel.

Le cadre de la porte, un peu évasé en bas, est formé de quatre monolithes. Sur le seuil de la porte, notez un évidement carré qui devait servir à fixer les vantaux.

***Enceinte cyclopéenne.** — Cette porte est percée dans un puissant rempart, dont l'épaisseur varie de 3 à 8 m, qui fut construit à partir de 1350-1330 av. J.-C. Vous pourrez en fait distinguer **trois types de maçonnerie** dont le plus ancien est constitué d'énormes blocs de calcaire grossièrement équarris et calés par de petites pierres et de l'argile. La porte des Lions et la poterne du N. furent élevées un peu plus tard à l'aide de gros blocs soigneusement appareillés en assises plus ou moins régulières. Quelques parties furent refaites au IIIe s. av. J.-C. en appareil polygonal très serré, notamment à l'angle aigu à g. de la porte des Lions et au milieu du côté S.-O. (près de la maison de Tsountas), où le mur atteint 17 m de hauteur.

***Cercle royal de l'acropole.** — Au-delà de la porte des Lions, vous traverserez un passage qui devait être couvert et fermé par une seconde porte, aujourd'hui disparue. A g., vous remarquerez une niche exiguë qui servait de loge au portier. A dr. se trouvaient des corps de logis, un grenier à céréales, et surtout des **tombes royales**, protégées par un **enclos circulaire** de 26,50 m de diamètre, encore bien conservé. Il est formé par deux rangées de dalles hautes de 1,50 m env., dressées et enfoncées en terre. Cet enclos, plus récent que les six tombes qu'il renferme, fut probablement construit lorsque l'ancien cimetière royal fut incorporé au périmètre fortifié, au moment de l'érection de la porte des Lions.

Les six tombes royales, mises au jour en 1876 par *Schliemann,* contenaient 19 squelettes et les trésors qui avaient été déposés en offrande aux morts. Ces tombes furent creusées (1600-1500 env. av. J.-C. selon *A.J.B. Wace*) dans un vaste cimetière dont on a découvert des vestiges à l'extérieur de l'enceinte, près de la porte des Lions. Pendant plus de cent ans, les rois de Mycènes et leur famille y furent inhumés.

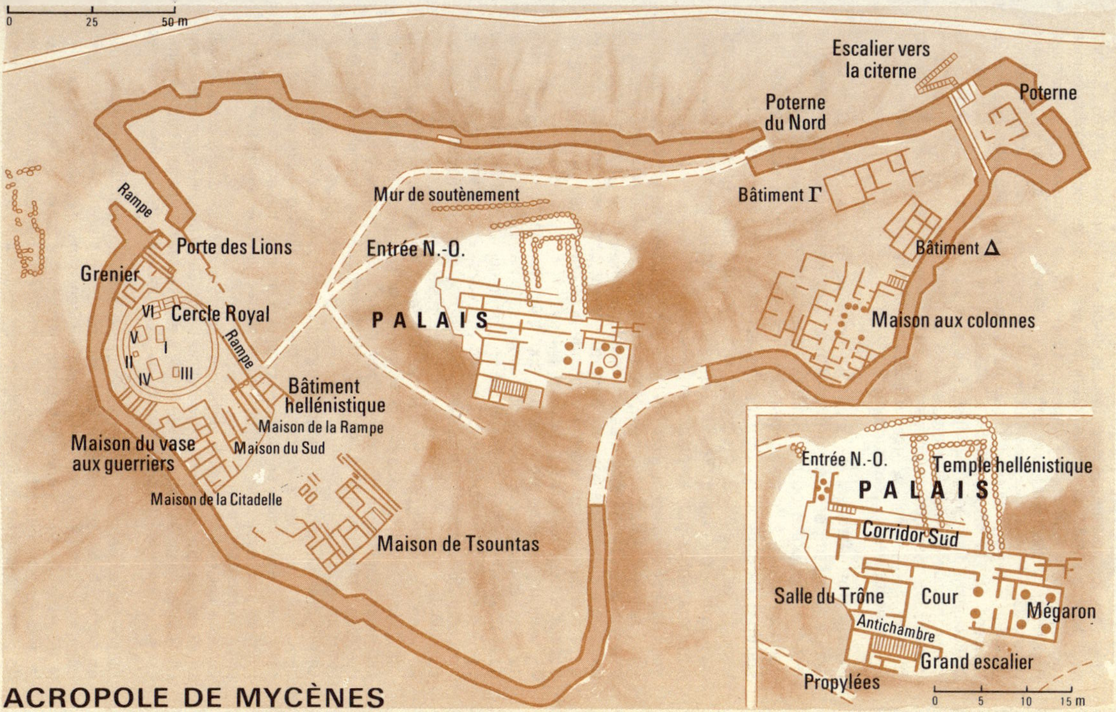

ACROPOLE DE MYCÈNES

Le **quartier d'habitations** au-delà du cercle des tombes sera pour vous, si vous n'êtes pas un archéologue très attentif, le plus aimable des casse-têtes, grâce à la complexité de ses niveaux et de ses murs enchevêtrés. Sachez qu'il y eut là un **cimetière préhistorique**, des **maisons mycéniennes (maisons de la Rampe, du Vase aux Guerriers, de Tsountas)**, plusieurs fois rebâties ou restaurées, dont certaines comportaient un étage, et qui furent occupées jusqu'à l'invasion dorienne, à la fin d'une période dite helladique récent III C (vers 1100 av. J.-C.). Dans la **maison de la Citadelle**, des fouilles récentes ont en fait révélé deux édifices dont l'un avec une pièce encore partiellement décorée d'une fresque. L'autre était un **temple** prolongé par la **chambre aux idoles**, étranges statues de terre cuite d'un type jusqu'alors inconnu sur le continent (présentées au musée de Nauplie ♦). A la fin du IIIe s. av. J.-C., enfin, les Argiens ajoutèrent encore à la complexité de cet îlot en érigeant diverses constructions.

Palais des Atrides. — En face de la porte des Lions, une large rampe, contemporaine du grand mur cyclopéen construit postérieurement à la porte pour maintenir la terrasse à g., supportait la voie donnant accès à l'escalier principal menant au palais des Atrides. Au sommet de l'escalier, une rampe en pente douce permettait d'atteindre l'**entrée N.-O. du palais** qui occupait une série de terrasses au sommet de l'acropole. De ce palais, construit au XIVe s. av. J.-C., n'apparaît plus que le plan d'ensemble.

Vous pénétrerez d'abord dans une grande **cour** pavée de galets où s'ouvrait, à dr., la porte N.-O., composée, mais ce n'est plus là qu'un souvenir, d'un propylon à double portique d'une colonne chacun. Au-delà s'étendait une cour rectangulaire, autrefois couverte d'un revêtement de ciment, où commence (à g.) le corridor donnant accès à la grande cour centrale du palais, le long de laquelle s'ordonnaient les principales pièces.

Il y avait un **escalier monumental** dont subsiste encore une volée, la salle du trône, et un portique sous lequel s'ouvrait le vestibule du mégaron. Le sol de la cour est revêtu d'un pavement en ciment qui fut ultérieurement couvert par une couche de stuc peint. Par endroits vous remarquerez les traces de l'incendie qui détruisit le palais et, au pied des murs, quelques vestiges de stuc peint.

La **salle du trône**, où les rois de Mycènes donnaient leurs audiences officielles, étaient précédée d'un vestibule qui communiquait avec le palier supérieur (aujourd'hui disparu) du grand escalier. Il semble que cette partie du palais, datant du XIVe s. av. J.-C., fut détruite par un incendie et dut être reconstruite.

Le portique du **mégaron** était pavé de dalles de gypse probablement importé de Crète. Vous verrez encore deux bases circulaires qui supportaient des colonnes, sans doute en bois. A chaque extrémité du porche, dans l'alignement des bases de colonnes, vous remarquerez le soubassement d'un pilier en maçonnerie.

Entre la colonne et le pilier de dr., il y avait une base décorée qui devait supporter un grand trépied, un autel ou une table d'offrandes, probablement en bronze. Juste à côté de cette base, à dr., il y avait un bassin peu profond, excavé dans une dalle de gypse, où l'on pouvait sans doute verser des libations.

Du porche, on pénétrait dans le vestibule par une porte dont le seuil est encore en place. Le sol était revêtu d'une couche de stuc peint avec, au pied des murs, une bordure de dalles de gypse. L'incendie qui détruisit le vestibule et le mégaron n'a pas permis de découvrir la moindre trace du décor peint sur le stuc. Au centre du mégaron, dont le sol est revêtu de stuc et d'une bordure de gypse, se trouvait un foyer circulaire surélevé, encadré par quatre colonnes

de bois dont subsistent les bases en pierre. Les murs étaient également décorés de fresques dont quelques restes ont été recueillis.
Du porche, une porte donnait accès à un vestibule où furent trouvés des fragments de bois carbonisé provenant d'un escalier qui menait à une salle située à un niveau supérieur d'env. 1,50 m. De ce vestibule, on pouvait également atteindre une grande chambre se trouvant au fond. A l'extrémité de celle-ci, il y avait sans doute un escalier conduisant à une terrasse et peut-être à l'étage du mégaron.

Temple du palais. — Au sommet de l'acropole, on verra les fondations d'un **temple dorique** du VIe s. av. J.-C. construit sur l'emplacement du temple mycénien du palais. Plusieurs temples se sont succédé en cet endroit depuis le Xe s. av. J.-C. jusqu'à l'époque romaine. Des fouilles ont montré que la terrasse fut agrandie au moins deux fois en direction du N., ce qui correspondrait à deux agrandissements successifs du temple, probablement consacré à Athéna.

Citerne souterraine. — En vous dirigeant vers le réduit à l'extrémité orientale de l'acropole (V. Pl.) vous traverserez un chantier de fouilles où gisent les restes informes de plusieurs constructions mycéniennes, dont la **maison aux Colonnes** est la plus vaste. Il s'agit en fait de la partie centrale de l'aile E. du palais, entourée de magasins, d'ateliers, etc. Plus loin, vous couperez la ligne de fondation d'un mur de soutènement qui constituait le mur extérieur de la citadelle, au XIVe s. av. J.-C., avant la construction (XIIIe s. av. J.-C.) d'un saillant dans lequel se trouve englobée l'entrée d'un **passage souterrain**, à g., où est aménagé un escalier (assez pénible à descendre et plus encore à gravir ; se munir d'une lampe). Le souterrain, voûté en encorbellement, passe sous le front N. du rempart en suivant une fissure naturelle du rocher pour atteindre une **citerne** secrète, alimentée par la source Perseia, à 12 m de profondeur. Ce travail colossal, exécuté au XIIIe s. av. J.-C., avait pour but d'assurer le ravitaillement en eau de la citadelle en cas de siège. Une étroite poterne était percée sous la muraille du réduit près de l'entrée de la citerne souterraine.

De retour à l'air libre, revenez sur vos pas jusqu'à la porte des Lions, en négligeant la partie N.-O. de l'acropole (à dr.), encombrée par les ruines de la bourgade hellénistique.

Les tombeaux et la ville basse

***Tombeau de Clytemnestre.** — En négligeant, à dr. après la rampe d'accès à l'acropole, le tombeau des Lions, construit entre 1460 et 1400 av. J.-C. et mal conservé, vous vous dirigerez vers le tombeau dit de Clytemnestre, à g. avant la route. Il fut bâti vers l'an 1300 av. J.-C. pour abriter les dépouilles mortelles d'un ou plusieurs membres de la famille royale. Précédé d'un corridor, il s'ouvre par une porte surmontée de trois énormes linteaux. La **chambre funéraire**, haute de 12,95 m sous la clé, se présente, après restauration, en très bon état. Un tombeau où fut inhumée une femme se trouvait dans le corridor.

Près de là, vous remarquerez, plus près de la route, les restes du **second cercle royal** (XVIIe s. av. J.-C.), en partie détruit lors de la construction du tombeau de Clytemnestre. Il renfermait huit tombes à fosse, du même type

que celle du cercle royal de l'acropole, où l'on exhuma un important mobilier funéraire.
Le flanc de la colline où se trouve le tombeau de Clytemnestre a été entaillé de manière à former une ligne de gradins pour le théâtre hellénistique. Vous en distinguerez quelques rangs en travers du corridor. A quelques mètres en direction de l'acropole, vous verrez un autre tombeau à coupole, dit **tombeau d'Egisthe,** bâti entre 1510 et 1460 env., mais moins bien conservé que le précédent.
En remontant vers la route qui donne accès à l'entrée de l'acropole, gisent les restes d'une fontaine que l'on doit identifier avec la **fontaine Perseia** mentionnée par *Pausanias.* Le monument se composait de deux bassins adossés à un mur datant du début de l'époque classique.

Ville basse. — En suivant la route en direction du village, vous remarquerez, à g., peu après le second cercle royal, les restes de **maisons mycéniennes,** réduites aux fondations.

Il y a la **maison des Boucliers** (on y découvrit un grand nombre d'ornements en forme de boucliers bilobés), la **maison du Marchand d'huile,** vaste édifice construit au XIIIe s. av. J.-C., sur une terrasse cyclopéenne (un magasin renfermait trente vases à étrier dont beaucoup avaient conservé leur bouchon d'argile estampé), la **maison des Sphinx,** également du XIIIe s. (on y mit au jour de très belles figurines d'ivoire, dont une plaque représentant deux sphinx affrontés, et une collection de soixante-deux colonnettes mycéniennes en ivoire, modèles réduits de la colonne-déesse de la porte des Lions). L'existence de ces trois maisons en dehors de la citadelle montre qu'au XIIIe s. av. J.-C. Mycènes ne redoutait aucune invasion. Leur destruction a pu survenir au cours d'une guerre civile, bien avant l'anéantissement de Mycènes par les Doriens.

****Trésor d'Atrée.** — A environ 500 m de l'acropole vous visiterez **la plus fastueuse des sépultures mycéniennes,** connue sous le nom de trésor d'Atrée ou de **tombeau d'Agamemnon,** située à quelques mètres à dr. de la route.

Le trésor d'Atrée est l'un des plus remarquables monuments de l'âge du bronze en Grèce continentale et **le plus bel exemple d'architecture mycénienne.** Il fut construit vers l'an 1330 av. J.-C. sur l'emplacement d'un bâtiment plus ancien. Il comporte un vaste corridor, taillé dans le roc, conduisant à une porte monumentale couverte par un linteau formé de deux blocs énormes dont la pièce inférieure ne pèse pas moins de 120 t.
Le seuil de la porte, en conglomérat rouge, est encore en place. D'après les descriptions homériques de la demeure mycénienne, on peut supposer qu'il était recouvert par un châssis de bois ou de bronze. Un encadrement de bois, maintenu par des clous de bronze qui ont laissé des traces sur les jambages de la porte, entourait cette ouverture. Vous pénétrerez dans une salle circulaire *(tholos)* en forme de ruche, haute de 13,20 m sur 14,50 m de diamètre. La coupole est formée par 33 assises annulaires d'inégale hauteur, disposées en encorbellement, ravalées au ciseau de bronze suivant une courbe parabolique. Le sommet est bouché par une dalle ronde formant clé de voûte. La partie supérieure du dôme est revêtue extérieurement d'une couche d'argile jaune pour assurer l'étanchéité.
A dr., un passage surmonté d'un triangle de décharge conduit à une chambre annexe, autrefois fermée par une porte, où se trouve une fosse excavée dans le roc.

Outre les tombes à tholos décrites ci-dessus, il existe encore cinq autres tombeaux situés dans les environs immédiats de l'acropole. A env. 250 m au-delà du trésor d'Atrée, la **tombe dite de la Panaghia** fut construite entre 1460 et 1400 av. J.-C. Un peu plus à l'O., se trouve la **tombe d'Epano Phournos**, très ruinée, qui fut bâtie entre 1510 et 1460. D'Epano Phournos, un sentier conduit **à Epano Pigadi**, au S.-O., d'où un second sentier, se dirigeant au N., permet d'atteindre trois autres tombes à coupole. La première, qui semble être également la plus ancienne, est appelée **tombe cyclopéenne**. La façade est construite à l'aide de blocs de calcaire et de conglomérat dans un style cyclopéen, ainsi que la tholos. Le linteau, très court, n'est pas surmonté d'un triangle de décharge.

A dr. du sentier, la **tombe des Génies**, très bien conservée, fut construite vers 1400 av. J.-C. Un peu plus loin, se trouve enfin la **tombe de Kato Phournos**, construite entre 1460 et 1400 av. J.-C.

Signalons encore la découverte récente, à 1 km au N. de l'acropole, des fondations d'un petit **temple d'Enyalios**, au lieu-dit *Aspra Chômata*. Il fut rebâti au IIIe s. av. J.-C. par les Argiens, mais son origine remonte peut-être au début du XVIe s.

M

Mykonos [Ile de]***

75 km²; 3500 habitants; nome des Cyclades.

Granitique et aride, exiguë, faiblement peuplée, Mykonos est pourtant devenue l'île vedette des Cyclades, et son nom seul personnifie tout le charme des îles grecques. Sans doute le doit-elle en partie à la proximité de Délos, perle archéologique de l'Egée; mais ce serait faire bon marché de ses propres atouts, de sa beauté singulière, que de voir là l'unique raison de son immense succès. Avec son inégalable lumière d'or sur fond d'azur qui rehausse l'éclat immaculé de ses demeures, si souvent blanchies à la chaux qu'elles ont acquis une étonnante douceur de contours, avec son labyrinthe de ruelles impeccables où toutes choses, maisonnettes de pêcheurs, humbles chapelles innombrables, cyprès, oliviers, coins et recoins, arcs et moulins à vent ont trouvé leur place et leur forme après des lustres et des lustres d'exercice de la fantaisie populaire, Mykonos est le type le plus parfait de ces îles où tout concourt à la rupture avec l'habituel quotidien. Cet état de rupture engendre, certes, de surprenants comportements chez quelques visiteurs, et les détracteurs de Mykonos ne manquent pas de le souligner; mais n'est-ce pas là une des conditions de la fête permanente qui constitue le secret de vacances réussies?

Un projectile de la guerre des dieux et des géants. — *D'après la légende, Mykonos serait le quartier de roc avec lequel Poséidon aurait anéanti les géants. Les Ioniens s'y installèrent vers le début du Ier millénaire av. J.-C. Durant la période franque, elle appartint aux ducs de Naxos, puis fut rattachée au monastère vénitien de Tinos. En 1821, dès le début de la guerre d'Indépendance contre les Turcs, les Mykoniotes, excellents marins, se distinguèrent dans la flotte de Tombasis. En 1822, l'héroïne Manto Mavroghénous et les Mykoniotes repoussèrent une attaque des Turcs.*

Indicatif téléphonique : 0289.

Police touristique : place du Débarcadère (✆ 22-482).

Hôtels :

¶¶ *Ano Mera* (✆ 71-215) 67 ch. ✂ ■ ⛀ ☎ ▭ P night-club ; ouv. avril-oct.

¶¶ *Léto* (✆ 22-207) 25 ch. ✂ ▥ ⛀ P

¶¶ *Alkistis*, plage d'Haghios Stéphanos, à 3 km (✆ 22-332) 102 ch. ✂ ▥ ⛀ ☎ ⛴ P ouv. avril-oct.

¶¶ *Aphrodite*, plage de Kalafati, à 12 km (✆ 71-367) 95 ch. ✂ ▥ ⛀ ☎ ▭ ⛴ P night-club ; ouv. avril-oct.

¶¶ *Kouneni* (✆ 22-301) 19 ch. ▥ ⛀ ☎ ouv. avril-oct.

¶¶ *Rhénia* (✆ 22-300) 37 ch. ⛀ ☎ P ouv. avril-oct.

¶ *Manto* (✆ 22-330) ▥ ⛀ ⛴ P

¶ *Mykonos Beach*, plage de Mégali Amnos (✆ 22-572) 16 ch. ✂ ▥ ⛀ ☎ ⛴ ouv. avril-oct.

Le logement chez l'habitant est facile à Mykonos : s'adresser à la police touristique.

✈ **Compagnie aérienne :** *Olympic Airways* (✆ 22-490) ; d'Athènes, 2 vols en saison en 45 mn.

⛴ **Bateaux :** nombreux serv. quot. directs ou avec escales à Syros et Tinos, en 5 à 9 h selon services. Caïques pour Délos.

Le jour où vous n'irez pas à Délos ♦, vous partagerez votre temps entre la plage et les sports nautiques, le café et la table (si vous les choisissez bien, c'est-à-dire sur les quais du port, ce sera presque un théâtre !), le shopping, la promenade au hasard dans les ruelles de la bourgade (V. cependant, ci-après, quelques suggestions de visite) ou à l'intérieur de l'île, ou encore les excursions en bateau le long des côtes ou vers des îlots plus ou moins lointains.

Négligez la plage près de l'hôtel Xénia, trop peu moelleuse avec ses gravillons, et celle de Mégali Amnos, et allez plutôt à (2 km) la baie

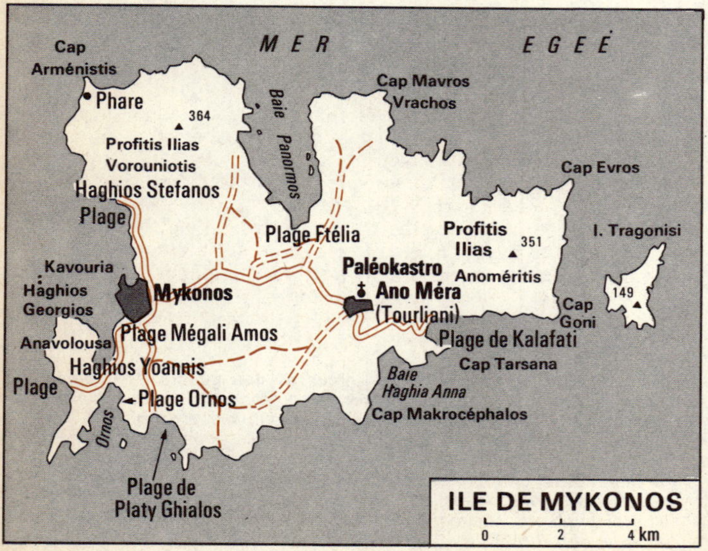

d'Ornos, à (3 km) la plage d'Haghios Stéphanos (le meilleur sable), à (3 km) la petite plage de Platy Ghialos (ou de Xylokératia), à (10 km) la plage de Psirou, ou enfin à celle (14 km) d'Elia, soit en bateau (les deux premières), soit en autobus ou en taxi (départ près du port).

Dans la bourgade et ses environs se dressent de très nombreuses chapelles (plus de 365, dit-on), construites, en général, par des marins de l'île avec les produits de leurs pêches ou de leurs pirateries, afin d'obtenir protection contre les périls de la mer. Vous visiterez en particulier l'**église Paraportiani** (montez l'escalier en direction de l'Auberge de Jeunesse), beau volume architectural formé de quatre chapelles situées à des niveaux différents et orientées selon les quatre points cardinaux. Près de l'église se situe un petit **musée ethnographique**. Dans ce même quartier vous verrez de vieilles maisons, dont l'une, celle du capitaine Malouchos, date du XVIIe s. Au pied de la colline de Kato Myli, couronnée par de pittoresques **moulins à vent**, vous visiterez quelques églises, dont la **métropole** et l'**église catholique** ornée, au-dessus de la porte, de l'écusson des Ghizzi.

Près de l'hôtel Leto se trouve le **musée d'antiquités** qui renferme surtout des objets provenant des fouilles de la nécropole de Rhénée ou Grande Délos, où les Athéniens transférèrent les restes de ceux qui avaient été inhumés dans l'île sacrée (Délos), avant la purification de 426 av. J.-C. Vous remarquerez une grande amphore, du VIIe s. av. J.-C., ornée de motifs en reliefs avec, sur le col, le fameux cheval de Troie et, sur la panse, des scènes inspirées par le sac de Troie, chacune figurant sur un panneau rectangulaire formant métope.

En louant un taxi (les tarifs sont affichés sur le parking, près de l'hôtel Délos), vous vous rendrez jusqu'au **monastère de Paléokastro**, près du château vénitien de **Darga**, ou, en prenant un bateau à moteur, jusqu'à l'**îlot de Tragonissi**, qui sert de refuge à des phoques, mais, bien entendu, vous réserverez une matinée entière pour la visite de Délos.

M

Mystra***

Carte-itinéraire 6. — Kalamata, 65 km. — Sparte, 5 km. — Tripolis, 68 km. Nome de Laconie.

Ville fantôme qui fut la capitale de la Morée byzantine, turque et vénitienne, Mystra est une évocation saisissante d'une cité byzantine des XIVe et XVe s., où la grâce des églises (souvent ornées d'admirables peintures) tranche avec la rugosité des demeures et palais étagés sur une pente abrupte, et plus encore avec la rudesse des fortifications médiévales — les plus anciennes sont l'œuvre des Francs — qui reflètent parfaitement l'incertitude politique que connut la Grèce au sortir du Moyen Age. Cette haute colline, avec ses monastères et ses églises, ses spectres de maisons, ses chemins tortueux et leurs délicieuses senteurs de figuiers, restera l'une de vos plus fortes impressions de voyage en Grèce.

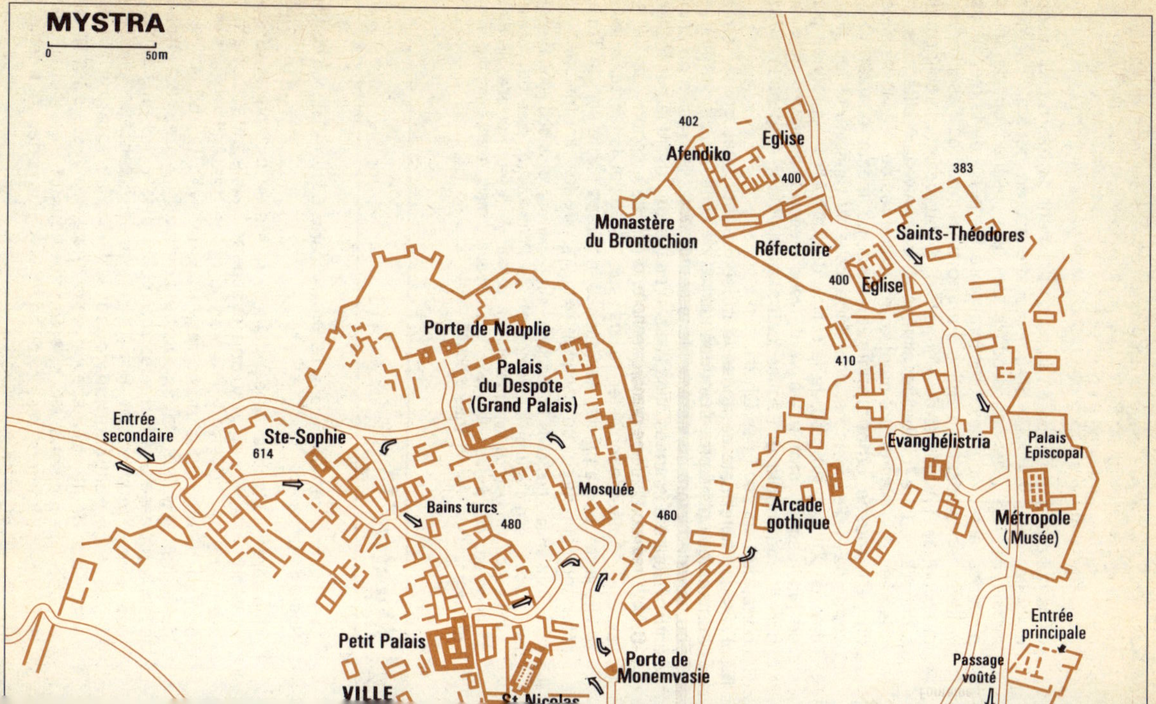

MYSTRA
0
50m
402
Eglise
Afendiko
400
383
Monastère
du Brontochion
Saints-Théodores
Réfectoire
400
Eglise
Porte de Nauplie
410
Palais
du Despote
(Grand Palais)
Entrée
secondaire
Ste-Sophie
614
Evanghélistria
Palais
Episcopal
Mosquée
Bains turcs
480
460
Arcade
gothique
Métropole
(Musée)
Entrée
principale
Petit Palais
Porte de
Monemvasie
Passage
voûté
VILLE

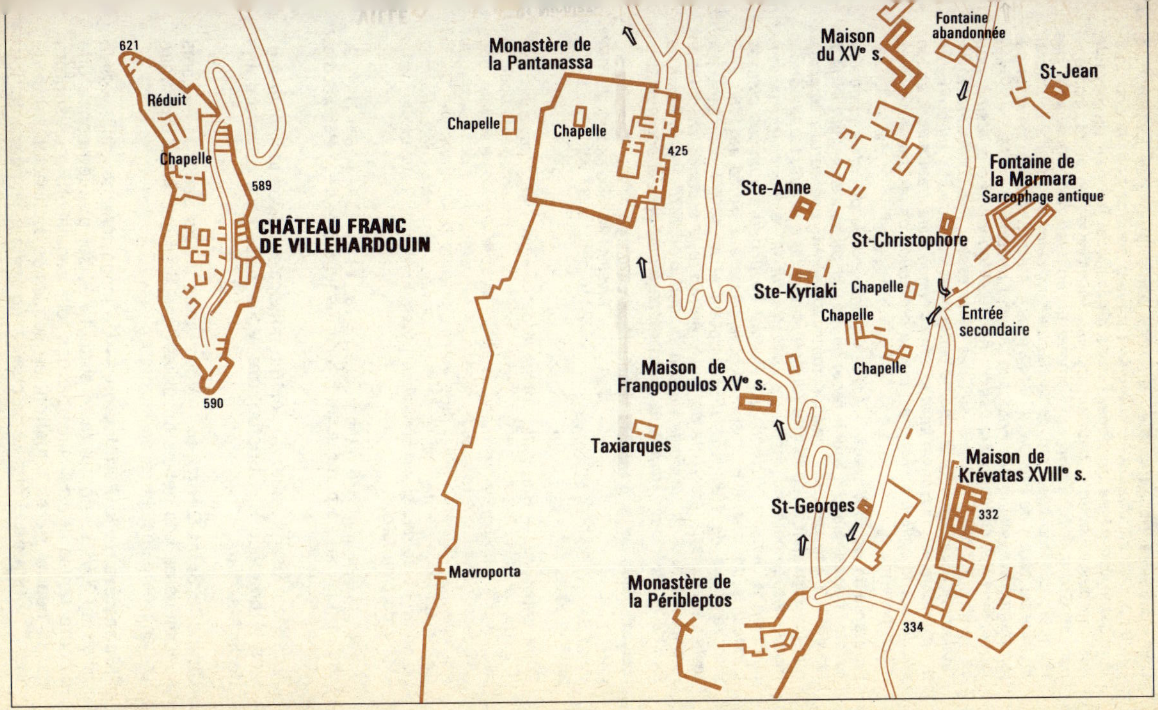
621
Réduit
Chapelle
589
590
CHÂTEAU FRANC
DE VILLEHARDOUIN
Chapelle
Monastère de
la Pantanassa
Chapelle
425
Mavroporta
Taxiarques
Maison de
Frangopoulos XVe s.
Monastère de
la Péribleptos
Ste-Anne
Ste-Kyriaki
Chapelle
Chapelle
Chapelle
St-Georges
Maison
du XVe s.
St-Christophore
Fontaine
abandonnée
St-Jean
Fontaine de
la Marmara
Sarcophage antique
Entrée
secondaire
Maison de
Krévatas XVIIIe s.
332
334

Une maîtresse inconstante. — *En 1249, après la prise de Monemvasie, Guillaume de Villehardouin, cherchant un lieu propice pour la construction d'une forteresse destinée à contenir les « Esclavons » du Taygète, jeta son dévolu sur une hauteur appelée Mezithra ou Myzithra (fromage) par les Grecs. Il bâtit sur son sommet un château fort imprenable; les Francs changèrent le nom de la hauteur en celui de Mystra qui aurait signifié en patois de France la « Maîtresse ». Mais le château ne resta pas longtemps aux mains des Français. Devenu prisonnier de Michel Paléologue, en 1259, Guillaume le céda, ainsi que Monemvasie et Maïna, pour sa rançon (1263). Appuyés sur ces forteresses, les Byzantins furent finalement écrasés en 1265. Quand Guillaume, vainqueur, voulut hiverner à Lakédémonia, il trouva la ville abandonnée; les habitants s'étaient établis sur la colline de Mystra, sous la protection de la forteresse cédée à l'empereur.*

La merveille de la Morée. — *Après un demi-siècle de luttes contre les barons francs, les Byzantins reconquirent la plus grande partie de la Morée. A partir de 1349, ces territoires formèrent une sorte d'apanage que gouvernaient, avec le titre tout personnel de despote, les fils ou les frères des empereurs. Au XVe s., Mystra fut la résidence du célèbre philosophe Gémiste Pléthon, qui y attira beaucoup d'hommes cultivés. L'industrie de la soie y prospérait. Elle passa aux Turcs en 1460, puis aux Vénitiens de 1687 à 1715; comptant alors 42000 habitants, elle restait toujours la merveille de la Morée. Sous la seconde domination turque, elle déclina : la vieille ville fut incendiée en 1770 par les Albanais, lors de la révolte du Magne, et, depuis lors, à peu près abandonnée.*

Indicatif téléphonique : 0731.

Hôtel :

¶¶ *Vyzantion* (✆ 93-309) 22 ch. ✂

Camping :

Mystras (à Sklaviki; ✆ 22-724) 110 pers. et 37 voit.

Votre itinéraire. — *Une visite complète de la ville exigera environ 3 h à 3 h 30, plus 1 h pour le château; vous serez récompensé par la découverte d'un panorama qui vous aidera à reprendre votre souffle, que ce soit sur la ville, à vos pieds, ou sur le Taygète qui est peut-être (que les dieux de l'Olympe nous pardonnent) la plus belle montagne de la Grèce. En été, commencez tôt le matin la visite de cette cité endormie, ou en fin de soirée, sinon la chaleur gâtera votre plaisir. Visitez en vous aidant du plan fléché.*

Visite : t.l.j. de 9 h à 15 h (15 h 30 en hiver) et de 10 h à 16 h (16 h 30 en hiver) le dim.; à partir de 10 h pour le monastère de la Péribleptos; accès payant.

Après le passage voûté de l'entrée principale, suivez le sentier à g. vers la **chapelle St-Christophore**. Vous laisserez à g. la **fontaine de la Marmara**.

Chapelle Saint-Georges. — Vous voyez là l'un des plus élégants spécimens de ces petites chapelles funéraires que firent construire les familles patriciennes de Mystra.

***Monastère de la Péribleptos.** — Ce monastère, construit vers le milieu du XIVe s., dont il reste surtout l'église, plaquée contre une paroi rocheuse et dissimulée par une folle végétation, **vous séduira par la beauté de sa situation**, de ses lignes architecturales et de ses ****fresques.** Vous remarquerez également la puissante tour crénelée, réminiscence d'architecture italienne, qui se dresse au-dessus du réfectoire.

Les peintures, exécutées sous le règne de *Manuel Cantacuzène* (1340-1380), **sont les plus belles de celles que vous verrez à Mystra** avec leur richesse de tons, leur dessin élégant et leur composition savamment rythmée. Au-dessus de la porte d'entrée, remarquez l'admirable composition de **la Dormition**, le plus beau fleuron d'un registre de scènes consacrées à la vie de la Vierge, qui entoure presque toute l'église.

A g. de la porte, dans la prothèse, petite chapelle absidale à g. de l'abside centrale, apparaît la divine **Liturgie**, c'est-à-dire la procession eucharistique célébrée par le Christ et par des anges qui courent d'un mouvement hardi. Dans le sanctuaire central figurent la **Vierge**, à la conque, l'**Ascension**, à la voûte, et la **Communion**, le **Sacrifice d'Isaac** et les **Trois Hébreux dans la fournaise** sur les murs latéraux.

Dans le diaconicon (à g.), **Christ endormi** à la conque, le **Reniement de St-Pierre** (voûte de g.), et **Montée au Calvaire** et **Crucifixion** (voûte de dr.). A la calotte de la coupole trône un grandiose **christ en majesté** (pantocrator) ; en dessous, les **douze apôtres et la Vierge**, puis les **prophètes**. Aux voûtes encadrant la travée de la coupole, scènes de la vie du Christ ; **Nativité, Baptême, Transfiguration, la Cène, l'Entrée à Jérusalem, la Pentecôte** et **l'Incrédulité de St Thomas**. Au mur à l'opposé du sanctuaire, peinture représentant les **deux fondateurs** tenant une maquette de l'église et, au-dessus, scène de la **Descente aux Enfers**.

***Couvent de la Pantanassa.** — Chemin faisant, vous remarquerez la façade de la **maison Frangopoulos**, du XVᵉ s., avant d'atteindre ce couvent où vaquent quelques religieuses que ne troublera guère votre présence si vous conservez une tenue correcte. Ce monastère fut consacré à la reine du Monde (Pantanassa) en 1428 par *Jean Frangopoulos*, ministre du despote *Constantin Dragatsès* (1443-1448).

Extérieurement, l'**église** est intéressante, avec son clocher où l'on perçoit des influences gothiques, et avec son abside. Elle est construite sur le plan du Brontochion, selon des proportions plus élancées. La galerie qui en longe le flanc E. vous séduira par les **vues** qu'elle ménage sur la plaine de Sparte.

A l'intérieur, les **peintures** inférieures sont postérieures à la construction de l'église, sauf le très beau **portrait de Manuel Chatzikis** (1445) dans le narthex. Montez à la tribune pour examiner les peintures (XVᵉ s.), d'une belle facture. Remarquez l'heureuse combinaison des lignes architecturales, des ornements peints et des figures. A signaler encore les **Rameaux**, avec de nombreux enfants jouant, l'**Annonciation, la Présentation, la Résurrection de Lazare, la Transfiguration, les Septante**. Remarquez, dans les bas-côtés, **« l'Hymne acathiste »**.

Porte de Monemvasia. — Percée dans la seconde enceinte, datée du XIIIᵉ s., elle donne accès à la **ville haute**, où d'aristocratiques demeures se pressaient autour du palais du despote.

Palais du despote. — C'est une ruine immense, à l'aspect fantastique mais rébarbatif, avec ses grands murs de moellons, béant de toutes leurs fenêtres.

Sa situation, sur le rebord d'une terrasse dominant la vallée de l'Eurotas, est des plus remarquables, mais c'est là, aujourd'hui, où réside le seul intérêt de

ce palais, probablement fondé par *Guillaume de Villehardouin* (le corps de logis à fenêtres en tiers-point, à dr. depuis la grand-place) et agrandi par *Manuel Cantacuzène* (1340-1380 ; l'aile g. de la précédente) et par les *Paléologue* (1383-1460 ; l'aile en retour d'équerre).
Derrière le palais, la **porte de Nauplie,** flanquée de deux tours, est l'un des plus impressionnants ouvrages d'architecture militaire de la ville basse.

Eglise Sainte-Sophie. — Peut-être bâtie pour servir de lieu de sépulture au premier despote de Mystra, *Manuel Cantacuzène,* en 1350, cette église (restaurée) conserve quelques **peintures murales,** surtout dans deux petites chapelles (la première s'ouvre à g. du portique d'accès, la seconde à dr. de la triple abside, à l'intérieur du naos).

Les peintures sauvegardées de l'église représentent un **christ en majesté** dans la conque de l'abside et l'*Ascension* sur la voûte du sanctuaire.
Dans la première chapelle, vous verrez l'**Annonciation, la Passion du Christ, la Dormition de la Vierge et la Résurrection,** sur les murs, ainsi que le **Christ entouré des Puissances célestes,** sur la calotte de la coupole. Dans l'autre chapelle, on a découvert, sous un badigeon, des fresques représentant la **Vierge en prière,** une figure du **Christ** et la **Nativité de la Vierge.**

Château franc. — En 30 mn d'une très rude montée, vous accèderez à cette impressionnante forteresse franque, œuvre de *Guillaume de Villehardouin,* mais qui fut restaurée par les despotes de Mystra et les Turcs. La porte s'ouvre sous la protection d'une haute tour construite, comme la porte, par les Byzantins. L'enceinte extérieure se termine par une plate-forme établie au-dessus d'une citerne et d'un bastion circulaire. Le réduit est dominé par un grand donjon, assez ruiné, érigé par les Francs au-dessus d'une citerne.

Eglise Saint-Nicolas. — Ce spacieux monument d'époque turque (XVIIe s.) est orné de **peintures murales** du XVIIIe s., d'un style populaire assez grossier.

Eglise de l'Evanghélistria. — Après être à nouveau passé par la porte de Monemvasia, vous atteindrez cette belle église de la fin du XIVe s., qui conserve encore quelques **fresques** de la même époque.

Eglise des Saints-Théodores. — Construite avant 1296, sur le plan de la basilique de Daphni, mais en plus petit, cette église abrite des **peintures murales** très effacées ; remarquez l'**Ange de l'Annonciation,** à g. de l'entrée du sanctuaire. Dans la chapelle de g., l'empereur *Manuel Paléologue* est représenté à genoux devant la Théotokos. Dans la chapelle de dr., scènes de la **Vie de la Vierge.**

***Monastère du Brontochion.** — L'église, dite *Afendiko,* qui faisait partie du monastère, fut érigée peu avant 1311. A l'intérieur, vous remarquerez les proportions classiques, la pureté des lignes architecturales et l'ornementation sculptée, mais surtout les **peintures murales.**

Narthex : à dr., **Miracles du Christ ;** chapelles à l'extrémité dr. du narthex : **portrait de Théodore Ier Paléologue** en despote et en moine, **groupe de saints ;** à l'extrémité g. : salles où des *chrysobulles* sont peints sur le mur ; à la voûte, **ange portant le médaillon du Christ.** — Côté g. de l'église : chapelle avec tombeaux. Fresque de la **Dormition de la Vierge,** découverte récemment. Dans la nef centrale, les religieuses de la Pantanassa ont découvert plusieurs fresques.

***Métropole.** — Des inscriptions précisent que cette église-cathédrale, consacrée à St Démètre, fut construite en 1309 par le métropolite *Nicéphore Moschopoulos,* mais il semble, en fait, qu'elle ait été bâtie dès le XIIe ou le début du XIIIe s. Primitivement de plan basilical, on ajouta au XVe s. un étage. Les peintures de la grande nef furent ainsi détériorées en partie. De nombreux marbres sculptés des IXe-XIe s. y ont été remployés.

Les **peintures** les plus anciennes et les plus intéressantes sont dans les bas-côtés : au N. (nef g.), **Supplice et Ensevelissement de St Démètre, Hydropique et Lépreux**; au S. (nef dr.), près du sanctuaire, **Adolescence de la Vierge, Miracles du Christ en Galilée,** etc., peintures d'un réalisme sobre et vigoureux qu'on peut dater du XIVe s. Dans le narthex, **Jugement dernier** (début du XIVe s.). Vous y visiterez également un petit **musée** (mêmes horaires que le site, mais fermé le mardi) : fragments décoratifs ramassés dans les ruines, fragments de linteau avec le monogramme et les armes d'Isabelle de Lusignan, inscriptions, etc.

En revenant vers la porte de la Marmara, vous passerez devant l'**église Saint-Jean** (peintures du XVe s. dont une Crucifixion) et l'**église Saint-Christophore,** ornée de fresques du XVe s.

■ Mytilène [Ile de] (Mytillni ou Lesbos)

1 614 km^{2}; 95 000 habitants; chef-lieu du nome de Lesbos.

Terre montagneuse, creusée de deux golfes très profonds — deux magnifiques plans d'eau —, l'île de Mytilène, l'ancienne Lesbos, est la plus grande de l'Egée du Nord. Elle ne connaît pas encore auprès des touristes le succès que devrait lui valoir la beauté de ses rivages et de ses sites, comme celui de Molyvos, alors que ses dimensions et la variété de ses paysages, montagnes couvertes de pins ou vallées tapissées d'oliviers, rivages magnifiques, sont une garantie contre la monotonie que l'on peut redouter dans une île.

L'île de Sappho. — *L'histoire de l'île se confond avec celle de sa capitale. Mytilène, l'ancienne* Lesbos, *était un des centres de la population éolienne qui, vers le X*^{e} *s. av. J.-C., se répandit sur la côte d'Asie Mineure, en face de l'île. Au VI*^{e} *s. av. J.-C., sous la tyrannie de* Pittacos *— un tyran qui jouissait sans doute d'un dédoublement de la personnalité, car ce fut l'un des Sept Sages de la Grèce — vécurent deux des plus grands poètes de la période archaïque,* Alcée *et* Sappho. *Admirée presque à l'égal d'Homère, Sappho exerça un ascendant érotico-spirituel très particulier sur les jeunes filles confiées à son enseignement. Dans un monde où l'homosexualité était presque exclusivement masculine, la chose fit peut-être scandale, mais ce n'était là, sans doute, que la réponse de la bergère au berger qui la délaissait...*
Soumise aux Perses puis libérée, l'île entra au Ve *s. av. J.-C. dans la confédération maritime présidée par Athènes, mais elle chercha, en 428 et en 412, à s'en détacher et fut durement châtiée. Au IV*^{e} *s., elle passa sous la domination des Macédoniens. Occupée en 88-79 par* Mithridate, *elle fit bientôt partie de la province romaine d'Asie. Sous les empereurs*

byzantins, son histoire fut troublée par les invasions des Arabes, des Turcs, des Vénitiens et des Génois. A la fin du XVe s., elle tomba sous le joug ottoman dont elle ne fut délivrée qu'en 1912.

Indicatif téléphonique : 0251.

Police touristique : place de la Douane (☎ 22-776).

Hôtels :

¶¶ *Blue Sea* (☎ 28-383) 56 ch. ✂ 🅿 night-club.
¶¶ *Lesviou* (☎ 22-038) 38 ch. ✂ 🅿
¶¶ *Xénia*, à 2 km (☎ 22-713) 74 ch. ✂ 🅿 night-club.
¶ *Rex* (☎ 28-523) 16 ch. 🅿
¶ *Sappho* (☎ 28-415) 31 ch. 🅿

A Mithymna-Molyvos (indic. tél. : 0253) :

¶¶ *Delfinia*, sur la plage (☎ 22-627) 50 ch. ✂ 🅿 ouv. juin-sept.

A Thermi :

¶¶ *Blue Beach* (☎ 21-290) 6 bungalows 🅿 ouv. juin-sept.
¶¶ *Votsala*, sur la plage (☎ 71-231) 47 ch. ✂ 🅿 ouv. mai-oct.

Compagnie aérienne : *Olympic Airways*, 13, rue Smyrnis (☎ 22-820) ; depuis Athènes, 2 vols quot. en 45 mn.

Bateaux : au départ du Pirée, 5 services par sem. en 13 h 30 ou 14 h 45 ; liaisons avec Thessalonique, Kavalla et la Turquie.

Location de voitures : *Zafiriou Nicolaos*, 4, rue Samou (☎ 25-738).

Deux jours à Mytilène. *— Vous séjournerez à Mytilène, la capitale, ou à Molyvos, le plus beau village de l'île, deux localités où vous pourrez profiter de la mer. Le premier jour, parcourez le circuit Mytilène-Molyvos-Mytilène par le golfe de Yéra (baignez-vous et déjeunez à Molyvos si vous partez de Mytilène, ou prenez un bain à la plage de Yéra et déjeunez à Mytilène si vous partez de Molyvos), soit 143 km (environ 3 h 30 de route sans les arrêts), sans compter un détour recommandé (26 km aller et retour) vers Haghiassos. Le deuxième jour, effectuez l'excursion de Sygri et d'Eressos (plage et petits restaurants à Skala Eressou), soit 201 km au départ de Mytilène ou 149 km au départ de Molyvos (dans ce cas, rejoignez à Kaloni l'itinéraire à partir de Mytilène).*

Mytilène, le centre principal, occupe l'emplacement de la ville antique, au pied de collines et sur un isthme qui la rattache au **kastro génois,** construit par la famille des *Gateluzzi,* en 1373, sur le site d'un château byzantin, et remanié par les Turcs (vue sur la côte turque).

Visite : t.l.j., sauf le mardi, de 8 h 30 à 12 h 30 en été ; de 9 h à 13 h 3 en hiver, et de 16 h à 18 h ; le dim. de 9 h à 15 h en été et de 10 h 16 h 30 en hiver.

▣ Dans le **musée archéologique,** près du port, vous remarquerez surtout des mosaïques du IVe s. apr. J.-C. provenant d'une villa romaine, où sont illustrées des comédies de Ménandre : les Epitrépontes, la Messénienne et Phasma ; d'autres panneaux représentent Ménandre, Socrate avec ses disciples Simmias et Kébès, habillés en comédiens, et divers autres personnages (ces mosaïques, mises en réserve en 1978, doivent être réexposées d'ici peu dans de meilleures conditions). Vous y verrez aussi deux beaux chapiteaux de style éolien, des icônes et poteries byzantines, des coffres en bois sculpté.

Du théâtre antique mis au jour au flanc de la colline qui domine la ville à l'E., il subsiste une partie des gradins et les ruines insignifiantes du bâtiment de scène. La vue est splendide sur le kastro.

A 4 km au S. de Mytilène par la route de l'aéroport et du cap Maléa, à **Varia**, s'embranche une piste pour (1,6 km) **Akrotiri**. Là, un petit musée est consacré au peintre naïf *Theophilos*.

Environs. — 1 — Mytilène-Molyvos-Mytilène par le golfe de Yéra (143 km ; 40 km non asphaltés, très difficiles entre Mandamados et Molyvos). — Au départ de Mytilène, prenez la route de Pamphyla.

4 km : Route à g. pour (2 km) **Moria**, petit village à l'O. duquel il ne faut pas manquer d'aller voir les ruines grandioses d'un **aqueduc romain** qui enjambe un riant vallon tapissé de verdure et de lauriers-roses. Les nombreuses arches de l'étage s'élèvent encore haut dans le ciel, et le monument peut, par son ampleur et son état de conservation, soutenir la comparaison avec le pont du Gard. En continuant de suivre la piste, carrossable, qui mène à l'aqueduc, on pourrait rejoindre (env. 3 km) la route de Mytilène à Kaloni.

12 km : **Thermi**, station thermale (eaux salines et ferrugineuses) sur la côte orientale de l'île, près d'un site préhistorique fouillé par l'*Ecole britannique d'Athènes*.

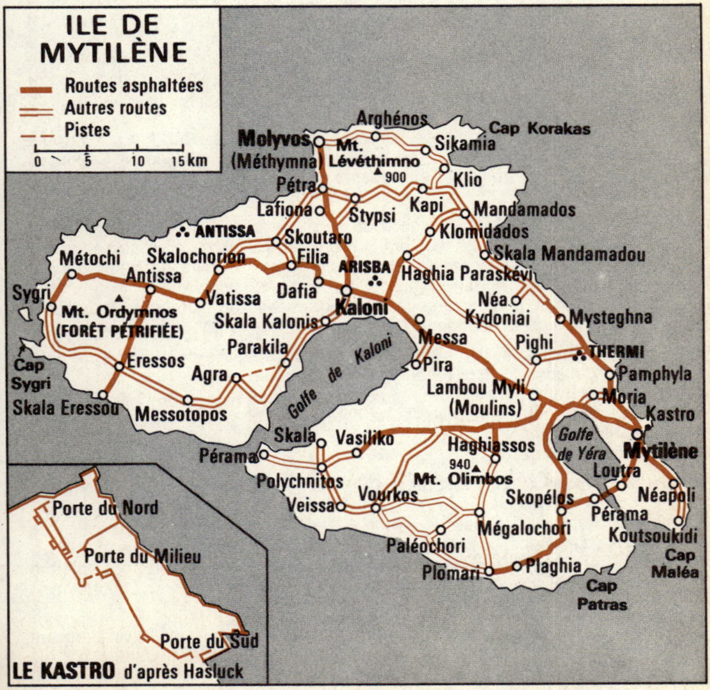

Cet établissement semble avoir été occupé depuis le début de l'âge du bronze jusqu'à une période que l'on peut mettre en relation avec Troie II, c'est-à-dire de 3400 à 2000 av. J.-C. Le site fut colonisé par des populations venues d'Asie Mineure à une époque où celle-ci était occupée par une race apparemment homogène si l'on en juge d'après le type de poterie noire que l'on a découvert dans divers sites d'Anatolie. C'est à cette peuplade que l'on attribue la fondation de la première ville de Troie (vers 2750 av. J.-C.). L'établissement découvert près de Thermi était cependant soumis à des influences cycladiques sans doute beaucoup plus intenses que celles venues d'Asie Mineure. Les seules véritables fortifications mises au jour appartiennent à la cinquième et dernière cité (2400-2000 env. av. J.-C.). A une date plus tardive, vers 1400 av. J.-C., Thermi fut réoccupée. Cette installation a été probablement détruite à l'époque où Troie fut ruinée.

37 km : **Mandamados**; à 800 m au N., l'église des Taxiarques abrite une très belle icône sculptée de saint Michel. Après Pâques, on sacrifie des taureaux lors d'une fête traditionnelle d'origine païenne, tout comme à Haghia Paraskévi, au S.-O.

61 km : **Molyvos**, l'ancienne *Méthymna*, la ville de Daphnis et Chloé, est une charmante bourgade pleine de couleur près d'une longue plage magnifique et un petit port au pied d'une colline couronnée par un kastro génois (vue). De son passé hellénistique et romain, il subsiste quelques sculptures déposées dans un petit **musée**. Le village lui-même, étagé au pied du kastro, est extrêmement pittoresque.

68 km : **Pétra**, hameau de pêcheurs au pied d'un rocher surmonté par l'église de la Panaghia Glykofiloussa. Comme à Molyvos, quelques maisons patriciennes conservent un beau décor intérieur peint. L'église Haghios Nicolaos (XVIe s.) est ornée d'icônes et de fresques.

83 km : **Kaloni**, gros bourg à 2 km de son port (Skala) ; à 5 km sur la route de Filia, vous visiterez le **monastère de Limonos**, consacré à St Ignace (orfèvrerie religieuse, icônes, manuscrits anciens, etc.).

100 km :

A dr., à 13 km, **Haghiassos**, situé au flanc du mont Olimbos (Olympe), est l'un des plus jolis villages de l'intérieur de l'île, renommé pour ses poteries; de là, vous découvrirez des vues splendides sur le golfe de Yéra; vous y verrez l'**église de la Panaghia**, qui renferme de nombreuses icônes (son **trésor**, l'un des plus riches de l'île, comprend de l'orfèvrerie religieuse, quelques manuscrits enluminés, etc.).

115 km : Prenez à dr. la route de **Plomari** (seconde ville de l'île, célèbre pour son ouzo), puis à g., vers Pérama, **13** km plus loin.

133 km : **Pérama**, hameau à l'entrée du goulet qui relie le golfe de Yéra à la mer; traversée du goulet. De l'autre côté, plage de Yéra. A g., **église de la Panaghia Kondozodia.**

143 km : **Mytilène.**

2 — Excursion à Sygri et Eressos (201 km, ou **149** km à partir de Molyvos). — Sortez de Mytilène par la route de Kaloni.

38 km : **Kaloni** (V. ci-dessus au km 83), où vous prendrez en direction de Molyvos (Méthymna), puis à g., vers Antissa, peu après.

66 km : **Antissa**, où le **monastère d'Haghios Ioannis Théologos** renferme des icônes (dans la sacristie), ainsi que des broderies, de l'orfèvrerie religieuse, etc.

A environ 7 km au N.-E. du village se trouve l'acropole de la ville antique d'**Antissa** ou d'**Artissa**, près d'une forteresse médiévale construite par les Génois. Le château s'élève sur un promontoire rocheux isolé de l'île par un fossé également creusé par les Génois.

81 km : **Sygri** est un petit village à partir duquel une longue marche (3 ou 4 km) vous conduira vers des troncs d'arbres pétrifiés ensevelis il y a des millions d'années sous des cendres volcaniques ; les eaux de pluie mirent au jour ces fossiles végétaux en lesquels on pense pouvoir reconnaître des chênes, des cèdres et des platanes.
66 km : **Eressos**, où l'on découvrit une **basilique** consacrée à Haghios Dimitrios, qui fut bâtie au VIe s., et une autre **basilique**, du Ve s., dite d'Haghios Andréas, de type syriaque.
Skala Eressou, à 3 km, sur la côte S. de l'île, est une petite station balnéaire (restaurants) dotée d'une plage de sable. Un petit **musée** (mêmes horaires que le musée de Mytilène) abrite des sculptures hellénistiques, romaines et paléochrétiennes, ainsi que des pavements de mosaïque provenant d'Eressos.

D'Eressos, revenez de préférence à (163 km) Kaloni par la route d'Agra, d'où vous découvrirez les plus beaux points de vue sur le golfe de Kaloni.
201 km : **Mytilène.**

N

Naupacte (Nafpaktos)

Carte-itinéraire 4. — Delphes, 110 km par la route côtière, 130 km par Lidorikion. — Missolonghi, 48 km. — Patras, 23 km.
8 400 habitants.

Derrière le nom (l'arsenal) de cette petite ville à l'entrée du golfe de Corinthe se cache un autre nom qui est celui de l'une de ces batailles dont on dit qu'elles firent le monde, celle de Lépante. La ville est couronnée par une imposante citadelle vénitienne dont les remparts descendent jusqu'à la côte pour enserrer un petit port plein de charme.

Un pion sur l'échiquier de la guerre du Péloponnèse. — *Ville des Locriens Ozoles, dans une position stratégique à l'entrée du golfe de Corinthe, Naupacte fut prise en 455 par les Athéniens qui y établirent les Messéniens expulsés de leur pays par les Spartiates. Contrôlée par Athènes, Naupacte joua un rôle de premier plan pendant la guerre du Péloponnèse, surtout pendant l'expédition athénienne en Sicile. A la fin de la guerre du Péloponnèse, la ville fut remise aux Locriens et les Messéniens furent expulsés. Elle fut occupée par les Vénitiens en 1407, prise par les Turcs en 1499, mais elle repassa sous l'autorité de Venise de 1687 à 1700.*

Lépante, où fut le père de Don Quichotte de la Manche. — *La célèbre bataille, dite de Lépante (7 oct. 1571), où la flotte de la Sainte Ligue (galères pontificales, de Venise, d'Espagne, de Gênes, de Savoie, des chevaliers de Malte), commandée par Don Juan d'Autriche, anéantit une flotte turque de 200 galères et où Cervantès perdit l'usage de la main gauche, eut lieu beaucoup plus à l'O., à l'entrée du golfe de Patras, sous l'île d'Oxia. Lépante était le port d'où l'amiral turc avait appareillé pour livrer bataille. Crillon, le « brave Crillon » d'Henri IV, prit part au combat sur une des galères de Malte.*

Indicatif téléphonique : 0634.

Hôtels :

¶¶ *Amaryllis*, 3, pl. Limenos (✆ 27-237) 18 ch.

¶ *Akti* (✆ 28-464) 57 ch.

Camping :
Andirrhion, à 10 km O. (✆ 28-860), 120 pers. et 35 voit. ; ouv. mai-sept.

Naupacte n'est aujourd'hui qu'une station balnéaire (plage de gravier assez médiocre) où vous pourrez passer quelques heures paisibles. La visite de la **citadelle**, où se mêlent les vestiges du rempart antique, est une agréable promenade sous les pins. C'est là que vous évoquerez le passé de Naupacte-Lépante, tout en contemplant le golfe de Corinthe et les montagnes du Péloponnèse.

Environs de Naupacte. — 1 — Helléniko de Velvina (8,5 km ; tourner à dr. après 6 km sur la route d'Agrinion). — Près du village de Velvina, ruines d'une **ancienne acropole** avec, sur la plus haute terrasse, l'emplacement d'un temple. A l'E., sur une autre terrasse, vestiges d'un **temple** et d'un **portique hellénistiques**.

2 — Paralia Sergoula (23 km ; prenez la route de Delphes, puis à dr. vers Monastirakion, à 6 km). — Près de Paralia Sergoula, paisible hameau de pêcheurs sur le golfe de Corinthe, vous atteindrez, à pied en 40 mn, au lieu-dit *Glypha*, les ruines d'une ville antique éparpillées sur un promontoire entre deux petites baies. L'enceinte inférieure, mal conservée, existait peut-être dès l'Antiquité. L'enceinte supérieure est mieux préservée et bâtie très soigneusement en appareil polygonal ou pseudo-isodome.

3 — Andirrhion (10 km O.) : bacs toutes les 15 mn pour Rhion, et le Péloponnèse.

N

Nauplie (Nafplion)*

Cartes-itinéraires 6 et 7. — Argos, 12 km. — Corinthe (par Argos), 60 km. — Corinthe (par Loutra Elenis), 80 km. — Epidaure, 30 km. — Mycènes, 25 km. — Tirynthe, 5 km. — Tripolis, 73 km.
9300 habitants; chef-lieu du nome d'Argolide.

Dans un site admirable, au fond du golfe Argolique, au pied d'un éperon rocheux couronné par une impressionnante citadelle vénitienne, Nauplie est l'une des plus séduisantes petites villes de Grèce. Le charme de la cité, de ses ruelles et de son port, la qualité de ses hôtels et la proximité de sites comme Epidaure ou Mycènes en font un lieu de séjour idéal ; et si Nauplie n'est pas vraiment une station balnéaire, la superbe plage récemment aménagée à Karathona est un atout de plus pour qu'elle soit cependant l'une de ces localités privilégiées qui semblent n'avoir été créées que pour la joie des vacances.

La guerre de Troie aurait-elle pu avoir lieu sans Palamède ? — *Nauplie, dont le nom signifie Station Navale, fut sans doute un point d'escale fondé par des navigateurs orientaux, représentés dans la légende par Palamède qui, pour distraire les Achéens, lors du siège de Troie, leur aurait donné les jeux de dés et d'échec. D'abord indépendante et affiliée à l'Amphictyonie maritime de Calaurie, Nauplie tomba vers 628 av. J.-C. au pouvoir d'Argos qui en fit son port et un arsenal. Au temps de Strabon et de Pausanias, elle était abandonnée.*

Cette autre Naples. — *Nauplie resta au pouvoir des Byzantins jusqu'en 1210, lorsque les Francs s'en emparèrent ainsi que d'Argos, prise en 1212 ; elle devint un fief d'Othon de La Roche. En 1377, elle fut placée par ses derniers seigneurs francs sous la protection des Vénitiens, qui l'appelèrent* Napoli de Romanie, *et la fortifièrent soigneusement. Elle le fut si bien que les Turcs ne purent l'occuper en 1500 ni en 1537. Finalement, la ville leur fut cédée en 1540, lors de la signature du traité de paix entre le sultan et Venise. Aux XVIe et XVIIe s. Nauplie fut la capitale de la Morée sous la domination turque. Morosini la leur enleva en 1686 et la garnison vénitienne s'y maintint jusqu'en 1715.*

La première capitale de la Grèce moderne. — *Dès le début de la guerre d'Indépendance, les insurgés grecs parvinrent à la reprendre aux Turcs. Alors qu'elle était la capitale de la Grèce libérée depuis 1829, Nauplie accueillit, le 5 février 1833, le prince Othon de Bavière qui fut sacré roi de Grèce et quitta la ville pour Athènes en 1834.*

Indicatif téléphonique : 0752.

Police touristique : rue Sidirias Mérarchias (27-776).

Hôtels :

¶¶¶¶ *Xénia Palace,* Acronauplia (28-981) 54 ch.

¶¶¶ *Amphitryon,* Akti Miaouli (27-366) 48 ch.

¶¶¶ *Xénia,* Acronauplia (28-991) 58 ch.

¶¶ *Agamemnon,* 3, Akti Miaouli (28-021) 40 ch.

¶ *Alkyon,* 43, av. d'Argos (27-714) 18 ch.

¶ *Diozkouri,* rue Zigomala (28-644) 51 ch.

¶ *Nafplia,* 11, rue Navarinou (28-167) 41 ch.

¶ *Rex,* 17, rue Bouboulinas (28-094) 51 ch.

¶ *Victoria,* 3, rue Spiliadou (27-420) 36 ch.

Auberge de jeunesse : quartier de Néou Vyzantiou (27-754).

Camping :
Nafplion Camping, route d'Argos (28-030) 400 pers., 150 voit., 50 caravanes ; ouv. avril-sept.

Compagnie aérienne : *Olympic Airways,* 2, av. Bouboulinas (27-456).

Location de voitures : *Avis,* 5, place Filellinou (23-629).

Nauplie doit beaucoup à la proximité de sites aussi fameux que Tirynthe, Mycènes et Epidaure, mais elle mérite d'être appréciée pour elle-même, comme un petit port au charme très méditerranéen. Au retour d'une excursion dans les environs, en fin d'après-midi, en 1 h ou à peine plus, vous aurez épuisé les curiosités monumentales de Nauplie, surtout la citadelle Palamède. Il vous restera donc assez de temps pour musarder dans les pittoresques ruelles à la recherche de « souvenirs », puis pour vous attabler à la terrasse d'un café, au port bien sûr, en contemplant un beau coucher de soleil, et peut-être pour dîner de poissons frais. Si la mer vous attire, vous irez à la petite plage au-delà de l'hôtel Amphitryon, ou à celle d'Arvanitia, au pied de l'hôtel Xénia. Mais si vous souhaitez disposer de plus d'espace, gagnez, par la route de la citadelle Palamède, la splendide plage de Karathona, magnifiquement aménagée à 4 km de la ville par l'O.N.H.T.

Citadelle d'Acronauplia. — Quel que soit votre itinéraire d'accès vous aborderez la vieille ville en passant par la **place Nikitara,** une sorte d'immense caravansérail pour autocars, d'où vous découvrirez la citadelle d'Acronauplia, cette forteresse établie au pied de la citadelle Palamède, à la pointe du promontoire qui fend les eaux du golfe argolique comme la proue d'une trière.

Vous verrez d'abord le **bastion de Grimani,** construit en 1706 par les Vénitiens, dominé par un puissant ouvrage à deux tours, mais élevé à la fin du XVe et au début du XVIe s.

Cet ouvrage fait partie d'une **enceinte** érigée par les Vénitiens à l'E. d'une autre dressée par les Francs pendant le siège de 1205-1210. A l'extrémité du promontoire se trouvent les vestiges d'une autre enceinte, construite par les Byzantins avant la conquête franque, directement sur les fondations de fortifications d'époque classique. Sous le gouvernement de *Daniel Dolfin* (1701-1704) fut bâti un **demi-bastion** qui renforça les défenses du front N.

du château byzantin. L'**entrée monumentale**, aménagée contre ce demi-bastion, fut ajoutée par les Vénitiens en 1713.

Vieille ville et musée. — En vous enfonçant dans la vieille ville, vous gagnerez, en suivant la rue Vasiléos Constantinou, le **musée archéologique**, installé au premier étage d'une caserne vénitienne.

Visite : en été, de 8 h 30 à 12 h 30 et de 16 h à 18 h; en hiver, de 9 h à 13 h 30 et de 16 h à 18 h; les dim. de 9 h à 15 h en été et de 10 h à 16 h 30; fermé le mardi; accès payant.

Dans la grande salle de ce musée sont rassemblées des trouvailles faites dans toute l'Argolide. Vous y verrez des **poteries néolithiques** provenant d'Asiné et de Berbati, de la **céramique** des périodes de l'helladique ancien et récent, ainsi que des bijoux et fragments de fresques mycéniens.

La série d'***idoles** en terre cuite provenant de Mycènes retiendra votre attention : ce sont d'étranges statues ou vases anthropomorphes découverts dans une maison de la citadelle et d'un type jusqu'alors inconnu sur le continent. Au fond de la salle enfin, vous admirerez ***la plus ancienne cuirasse connue,** du XVe s. av. J.-C., trouvée à Dendra (V. env. d'Argos) et formée de bandes de bronzes superposées; on a placé au-dessus un **casque** de même époque fait de dents de sanglier, selon un type décrit par *Homère* dans l'*Odyssée.*

Dans un angle de la place Syndagma, sur laquelle donne le musée, l'ancienne **mosquée Vouleftiko** abrita la première Assemblée de la Grèce libérée. A g. du musée, de petites ruelles, qui se terminent généralement par des escaliers, mènent au pied de la citadelle Acronauplia; sur votre dr., d'autres ruelles conduisent au port, d'où vous apercevrez l'**îlot Bourzi** qui porte un vieux fort vénitien (XVe s.). Dans une petite rue donnant sur le quai Bouboulinas, intéressant **musée d'art populaire** (t.l.j. de 9 h à 13 h et de 17 h à 20 h).

***Citadelle Palamède.** — Si vous voulez accéder à cette citadelle par l'impressionnant escalier de 857 marches, vous entreprendrez cette montée en partant de la place Nikitara (l'entrée est à g., après le début de la rue menant à l'hôtel Xénia). Vous vous élèverez ainsi de 216 m, en découvrant le somptueux décor marin qui environne Nauplie, mais peut-être préférerez-vous suivre la route qui, 100 m avant la bifurcation d'Epidaure, se détache à dr. et mène à (3 km) la citadelle.

La route de la forteresse Palamède traverse d'abord le faubourg de Pronia où se trouve, juchée sur un rocher, parmi les cyprès, l'**église de l'Evanghélistria.** Sur la place de Pronia, l'Assemblée se réunit en 1832 et confirma l'élection du prince *Othon* au titre de roi des Hellènes. Près de là, sur l'ordre du roi *Louis Ier de Bavière, Siegel* sculpta un **lion colossal** en hommage aux soldats bavarois morts en Grèce en 1833-1834.

La **citadelle Palamède** fut érigée par les Vénitiens, de 1711 à 1714, sous le gouverneur *Agustino Sagredo,* sous la direction du colonel français *La Salle.* Elle communiquait avec la citadelle de l'Acronauplia par un passage secret et comporte sept forts isolés portant pour la plupart des noms de guerriers antiques (Thémistocle, Miltiade, Achille, Phocion, Epaminondas, Léonidas, la Chefferie).

Visite : t.l.j. de 10 h à 16 h (16 h 30 en hiver); accès payant.

Environs de Nauplie. — 1 — Haghia Moni (3,5 km; par la route d'Epidaure et à dr. à 1,5 km). — Ce petit couvent, havre de paix au sein d'une exquise végétation méditerranéenne, fut fondé en 1144. Son église (1149), typiquement byzantine, s'élève près d'une source identifiée avec la *Canathos*, source sacrée où — en vertu d'un curieux privilège — la déesse Héra prenait chaque année un bain qui lui rendait la virginité.

2 — ***Tyrinthe ♦ (5 km) et ***Argos ♦** (12 km).

3 — Tolon (12 km ; par la route d'Epidaure et à dr. à **4** km). — Une station balnéaire modeste, avec de petits restaurants où, les pieds dans l'eau, vous déjeunerez de poissons frais.

Indicatif téléphonique : 0752.

Hôtels :

¶¶ *Dolfin* (✆ 59-192) 22 ch. ouv. mars-oct.

¶¶ *Solon* (✆ 59-204) 28 ch. ouv. mars-oct.

¶ *Epidavria* (✆ 59-219) 26 ch.

¶ *Minoa* (✆ 59-207) 44 ch.

Campings :

Lido (✆ 594-89) 150 pers., 40 voit.
40 caravanes sports nautiques ; ouv. mars-15 nov.

Stars (✆ 59-226) 290 pers., 95 voit. ou caravanes ; sports nautiques ; ouv. avril-oct.

Swiss Camping (✆ 59-223) 110 pers., 35 voit. ou caravanes sports nautiques ; ouv. tte l'année.

Tolon Camping (✆ 59-633) 35 pers., 10 voit., 5 caravanes ; sports nautiques ; ouv. tte l'année.

Sunset (✆ 595-66) 500 pers., 150 voit., 70 caravanes ; à 150 m de la plage.

Environ **1** km avant Tolon, une petite route à g. mènera les amateurs de sites antiques à l'acropole d'**Asiné**, qui couronnait un promontoire au bord de la mer. De l'ancienne Asiné, mentionnée par *Homère* dans l'*Iliade* (**II**, 560) et fouillée par une mission suédoise, il reste quelques tronçons de l'imposante enceinte en appareil polygonal de l'acropole. Sur une hauteur faisant face à l'acropole, fut découverte une nécropole mycénienne avec des tombeaux à corridor taillé dans le rocher. Asiné a inspiré un beau poème à *Séféris*.

4 — Circuit dans la péninsule argolique (205 km par des routes en majeure partie asphaltées à l'exception d'un tronçon de 20 km env., entre Galatas et Thermissia, qui sera assez médiocre et très poussiéreux, et d'une piste très difficile après Kosta pour rejoindre Drepanon ; on peut lui préférer la route intérieure empruntée à l'aller).

Cette excursion d'une longue journée à partir de Nauplie intéressera plus particulièrement ceux qui recherchent les sentiers peu battus du tourisme. Outre la visite d'un site antique de première grandeur, tel qu'Epidaure, vous aurez l'occasion de découvrir au cours de cette excursion de remarquables paysages marins rendus encore plus attrayants par la présence de vastes pinèdes et de pittoresques petites bourgades de pêcheurs.

Quittez Nauplie par la route d'Epidaure.

14,5 km : Une cinquantaine de mètres avant de franchir un ravin sur un pont moderne, vous remarquerez à g. un **pont mycénien**, en appareil pseudo-cyclopéen. La chaussée qui franchissait ce torrent sur cet ouvrage conduisait à l'**acropole de Kasarmi**, à g.

En 15 mn vous monterez à pied jusqu'à la **porte principale de l'enceinte**, précédée d'une rampe et défendue par une tour ronde. Le mur, d'appareil polygonal du Ve s. av. J.-C., était renforcé par des tours rondes. Sur les fondations de certaines d'entre elles, des bastions furent élevés à l'époque franque. La forteresse fut construite au Ve s. av. J.-C. par les Argiens pour surveiller la route d'Epidaure. Sur le versant orienté vers la route, un peu à g., s'étendait une **ville antique**, parfois identifiée avec la cité de *Lissa*,

mentionnée par *Pausanias* (II, 25, 10), mais la présence près de l'acropole d'une **tombe à tholos**, du XVe s. av. J.-C., montre que le site fut habité dès l'époque mycénienne.
16 km : A dr., la butte de **Kastraki** est couronnée par les ruines d'une autre acropole. Vous atteindrez le sommet en **15** mn environ, par la dr. (versant E.) où vous rejoindrez le **chemin antique** qui aboutit à l'entrée principale. Les murs ont été exécutés en bel appareil polygonal renforcés par des tours rondes ou carrées. Cette forteresse, dont on ignore le nom, est contemporaine de celle de Kasarmi.
24,5 km : **Eglise Haghia Marina**, à g., où l'on reconnaît des fragments d'un édifice ionique; elle fut élevée sur l'emplacement d'un temple consacré à Athéna. Près de l'église, restes d'une **pyramide**, probablement construite au IVe s. av. J.-C., qui était peut-être un fortin, restauré plusieurs fois et qui resta en usage jusqu'au Ve s. de notre ère.
25 km : **Ligourio**, où vous laisserez à g. une route pour Corinthe par Loutra Elénis.
28 km : A g. à **2** km, ***__Epidaure__ ♦.
42 km : Laissez à dr. la route de Kranidion.
73 km :

A g., à **12** km, **Méthana,** paisible petit port et station thermale que vous atteindrez en suivant l'**une des plus belles *routes du circuit**.

Indicatif téléphonique : 0298.
Police touristique : 54, av. Vas. Constantinou (☎ 92-463).
Hôtels :
¶¶ *Gionis* (☎ 92-321) 52 ch.
¶¶ *Pigæ* (☎ 92-258) 27 ch. ouv. juin-oct.
¶ *American* (☎ 92-285) 31 ch. ouv. mai-oct.
¶ *Méthanion* (☎ 92-227) 30 ch.

Près du port (escale de certaines lignes Le Pirée-Hydra-Spetsæ) se trouvent les restes d'une **forteresse hellénique**, construite en appareil trapézoïdal et polygonal, du IVe s. av. J.-C.

76 km : A dr., à **3** km, **Trizin** est un pittoresque village situé au flanc de la montagne, probablement sur le site de l'ancienne *Trézène.*

Trézène était une très ancienne colonie ionienne apparentée à Athènes, au point que les cultes et les traditions des deux villes se confondaient. C'est à Trézène que Thésée était né et qu'était localisée la légende de Phèdre et d'Hyppolyte. Au moment de l'invasion perse de 480-479 av. J.-C., Trézène donna asile aux femmes et aux enfants d'Athènes, mais, par la suite, elle se rapprocha de Sparte par haine d'Argos. Sous les Francs, elle fut le siège de la baronnie de Trézénie ou de Damalet.

Au centre du village, vous trouverez un sentier à dr. qui mène, en 20 à 25 mn, à l'emplacement du sanctuaire d'Hippolyte. Après 10 mn de marche, vous laisserez un sentier à dr., 200 m plus loin ; restes de l'**enceinte** urbaine dont une **tour** hellénique rectangulaire. L'appareil plus petit des assises supérieures trahit une réfection franque.
De là, vous monterez en 15 mn au **pont du Diable** (Géphyra tou Diavolou), pont naturel qui enjambe le ravin profond où s'écoule le Géphyraeon.
De la tour, un sentier permet de monter également, en 30 mn environ, à la terrasse du **sanctuaire de Pan**, cité par *Pausanias* (II, 32). Le plateau très restreint que l'on trouve au sommet de l'acropole, portait sans doute le **temple d'Athéna Sthéniade.**
En contrebas de la tour, à dr. du chemin, dans un champ, se trouvent les

fondations, assez considérables mais délabrées et incomplètes, d'un **temple** puis d'un grand **bain** d'époque byzantine.
Après la tour, traversez à gué le Géphyraeon, l'ancien Chrysoroas. Peu après, vous passerez à proximité d'une ferme, dite de la Kokkinia, qui s'élèverait sur l'emplacement — controversé — du **temple d'Aphrodite Kataskopia**, d'où Phèdre regardait les exercices d'Hippolyte. La dépression dans le flanc du plateau où se trouve la ferme correspondrait au site du **stade**.
Vous parviendrez ensuite sur un champ de ruines occupé par les restes d'un bâtiment de plan carré de 31 m de côté, et identifié avec un **réfectoire sacré** (selon *Ph.-E. Legrand*), qui doit dater de 250 à 200 av. J.-C.
Plus loin, les ruines de l'église byzantine dite **Episkopia**, du XIIe s., qui a succédé à une église plus petite du IXe s., marqueraient l'emplacement véritable, d'après *Ph.-E. Legrand*, du temple d'Aphrodite Kataskopia. Au pied même des collines qui limitent la terrasse où se trouve l'église, gisent les fondations en tuf d'un **temple** de 20,60 m sur 9,60 m, celui peut-être qui était consacré à Hippolyte.
Près de l'église gisent des substructions que le même archéologue identifie avec le **tombeau de Phèdre** ou le **monument d'Hippolyte**.
Le monument d'Hippolyte, qui comportait un tertre, était situé près de la tombe de Phèdre et du myrte aux feuilles trouées qu'on localise près du temple d'Aphrodite Kataskopia.

83 km : **Galatas**, faubourg continental de l'***île de Poros** ♦, de l'autre côté d'un goulet à une extrémité d'une rade aux rives bordées de pins, dans un cadre naturel d'une grande beauté.

102 km : **Thermissia**, après avoir longé **Hydra Beach**, vis-à-vis de l'île d'Hydra, l'une des plages les plus tranquilles du continent qui mériterait, grâce à ses installations hôtelières, mieux qu'un bref passage.
114 km : **Ermioni,** paisible port de pêche et station balnéaire, sur le site d'une petite ville antique.

Indicatif téléphonique : 0754.
Hôtels :
¶¶¶ *Kappa Club*, à Plépi (10 km; ☎ 41-206) 145 ch. ouv. avril-oct.
¶¶ *Costa Perla* (☎ 31-255) 299 bungalows; rens. à Athènes, 11, rue Voukourestiou (☎ 624-654) ouv. avril-oct.
¶¶ *Léna-Mary Beach* (☎ 31-450) 120 ch. ouv. avril-oct.
¶¶ *Scarlet Beach*, à Pétrothalassa (4 km; ☎ 31-430) 210 ch. et 212 bungalows ouv. avril-oct.

Devant l'école fut découvert un vaste ensemble d'époque paléochrétienne (VIe s.) comprenant une grande **basilique** à trois nefs, un groupe de bâtiments accolés au côté N. de la basilique, avec une grande salle terminée par une abside, que l'on pense pouvoir identifier avec le baptistère, une salle peut-être utilisée pour les exorcismes, une autre pour le chrême, etc., et plusieurs pièces composant probablement la demeure de l'évêque.
123 km : **Kranidion.**

A 7 km, **Porto Chelli** (ou Porto Helli) et, à 12 km, **Kosta** sont deux autres stations balnéaires, très fréquentées dès le mois de juin, en face de l'île de Spetsæ ♦.

Indicatif téléphonique : 0754.

Hôtels :
A Porto Chelli :
¶¶¶ *Minitsa Beach*, à Minitsa (☎ 51-401) 258 ch.
¶¶¶ *P.L.M. Galounis* (☎ 51-490) rens. en France dans les hôtels *P.L.M.* (à Paris, ☎ 588-73-46), à Athènes, 71, av. Akademias (☎ 361-51-81) 220 ch. ouv. juin-oct.

¶¶ *Apollo Beach* (51-209) 151 ch. ouv. avril-oct.

¶¶ *Galaxy*, à Tzemi (51-271) 171 ch. ouv. avril-oct.

¶¶ *Giouli* (51-217) 163 ch. ouv. avril-sept.

¶¶ *Saladi Beach*, à Saladi (25 km ; 21-601) 328 ch. et 76 bungalows ouv. avril-oct.

¶¶ *Thermissia* (51-265) 168 ch.

¶¶ *Ververonda* (51-343) 246 ch. ouv. avril-oct.

A Kosta :

¶¶ *Cap d'Or* (51-360) 107 ch. night-club ; ouv. avril-oct.

¶¶ *Lido* (51-395) 40 ch.

¶ *Galazia Akti* (51-355) 16 ch. ouv. avril-oct.

Bateaux : en saison, ligne d'hydroglisseurs pour Spetsæ, Hydra, Poros, Le Pirée (port de Zéa) plusieurs fois par jour.

Des fouilles exécutées en face du port de Porto Chelli ont montré que le site, identifié avec l'antique ***Halieis***, fut en fait habité dès l'époque néolithique et jusqu'à la fin de l'helladique ancien II (l'acropole), mais les restes les plus anciens de constructions, du VIIe s. av. J.-C., attestent que le site fut à nouveau habité dès l'époque archaïque, jusqu'à la destruction de la ville, dans le dernier quart du IVe s. av. J.-C. Au sommet de l'**acropole** furent dégagés un **sanctuaire**, probablement consacré à Héra, et les fondations d'une **tour** du Ve s. av. J.-C., reconstruite selon un plan circulaire au IVe s.

Sur un versant de la colline, l'*Université de Pennsylvanie* mit au jour, à l'intérieur de l'enceinte, un **quartier industriel** avec un atelier pour la fabrication de la pourpre. Plus bas, près du rempart E., on découvrit les restes d'un bâtiment rectangulaire, peut-être le *bouleutérion* ou **sénat**, et d'autres édifices. Du côté O. de la ville, près de la côte, restes de **maisons** bordant une rue, en partie englouties dans la mer. Submergés également, importants vestiges d'un temple d'Apollon.

Non loin de Porto Chelli, sur le rivage, s'ouvre la **caverne Franchti**, important gisement préhistorique exploré par l'*Université d'Indiana* et qui fut utilisée comme lieu de culte jusqu'au IIe s. apr. J.-C.

159 km : Si une très mauvaise piste ne vous effraie pas, prenez à g. vers **Drépanon** (plage ; petit fortin vénitien sur le rivage) ; sinon, rejoignez la route empruntée à l'aller pour la quitter ensuite à g.

Indicatif téléphonique : 0752.

Hôtel :

¶ *Plaka* (59-420) 120 ch. ouv. mars-oct.

Campings :

Candia Beach, à **Iria** (91-351) 100 pers., 35 voit., 20 caravanes ; sports nautiques ; ouv. juin-oct.

Iria Beach, à **Paralia Iria** (91-253) 200 pers., 70 voit., 30 caravanes ; sports nautiques ; ouv. avril-oct.

Plaka Beach (92-294) 200 pers., 140 voit., 40 caravanes sports nautiques ; ouv. tte l'année.

Scala, à **Kandia** (91-366) 200 pers., 50 voit., 20 caravanes ; sports nautiques ; ouv. mai-oct.

199 km : A g., plage de Tolon (V. ci-dessus 3).
205 km : **Nauplie.**

Naxos [Ile de]★

442 km²; 20 000 habitants.

Surprenante île que Naxos, la plus grande des Cyclades ♦, où l'on parvient à oublier la mer tant sont fertiles et riantes les vallées intérieures, paysages rares dans l'archipel égéen. L'île d'Ariane qui enchanta Byron fera le bonheur de ceux qui aiment joindre aux plaisirs de la mer ceux de la campagne, parsemée ici de petites églises byzantines décorées de fresques. L'île produit un excellent vin blanc et une liqueur de citron.
Malheureusement, l'afflux touristique grandissant, sensible dès le printemps, ...

Ariane, ma sœur! de quel amour blessée / Vous mourûtes aux bords où vous fûtes laissée! — *Ces vers de Racine vous remettront sans doute en mémoire le destin malheureux d'Ariane, abandonnée par Thésée sur une plage de Naxos, à son retour de Crète où il était allé délivrer Athènes du tribut payé au Minotaure.*

L'île de Dionysos. — *La ville moderne de Naxos s'étend non loin, ou peut-être sur l'emplacement même d'une cité mycénienne. Connue dès la plus haute Antiquité pour sa fertilité, Naxos fut appelée* Dionysia *car elle produisait en abondance d'excellents vins. Soumise aux Athéniens, elle reçut de nombreux colons venus de l'Attique. Après la prise de Constantinople (1204) par les Francs, Naxos et les Cyclades devinrent la propriété de Venise qui envoya Marc Sanudo conquérir l'île (1220). Les Turcs occupèrent Naxos en 1566 mais, comme la plupart des autres îles des Cyclades, elle connut une relative autonomie.*

Indicatif téléphonique : 0285.

Hôtels :

¶¶ *Ariadne* (☎ 22-452) 24 ch. ✂ ⛁ ☎ P ouv. mai-sept.

¶ *Apollo* (☎ 22-468) 19 ch. ⛁ P

¶ *Coronis* (☎ 22-297) 32 ch. ✂ ⛁ ☎ P

¶ *Hermès* (☎ 22-220) 19 ch. ⛁ P

Bateaux : au départ du Pirée, 11 serv. par sem. en 8 h 30 ou 9 h 40, sur la ligne Syros-Paros-los et Théra.

Naxos, la capitale, est une pittoresque petite cité maritime où Venise a laissé plus d'une empreinte. En arrivant au port, vous aurez remarqué, solitaire sur son îlot, la petite **chapelle de la Myrtidiotissa**. Tout près du port, sur un îlot, vous verrez les ruines d'un temple sans doute construit au VIe s. av. J.-C., sous le tyran Lygdamis, et qui fut peut-être consacré à Apollon bien qu'il soit traditionnellement appelé **temple de Dionysos**.
En ville, par de petites venelles, vous vous élèverez vers le sommet de la colline, jadis couronnée par un château vénitien, en remarquant au passage les restes de quelques demeures seigneuriales vénitiennes ornées d'armoiries sculptées. Dans l'ancien **collège français**, fondé en 1637 pour recevoir à la fois des orthodoxes et des catholiques, est aménagé un **musée archéologique** présentant les découvertes faites dans l'île. Vous y verrez notamment des petites figurines de marbre, idoles cycladiques de l'âge du bronze, période où l'île était florissante. A l'extérieur du musée, mosaïque hellénistique.

La tour principale du **château vénitien** est encore enclavée dans le **palais Barozzi**, très délabré. Sur une place se dresse la **cathédrale latine**, dédiée à la Vierge, qui fut fondée au XIIIe s. Au port, près du rivage, la petite **église Saint-Antoine-l'Ermite** fut bâtie par les chevaliers de Rhodes qui, au XVe s., possédaient dans l'île une importante commanderie.

De Naxos à Apollona (48 km ; autobus). — Ce sera la plus intéressante excursion que vous puissiez faire dans l'île de Naxos en une journée et parmi des paysages magnifiques.
Sur la route de Chalki, vous passerez près de l'**église Haghios Mamas**, l'une des plus anciennes de l'île, bâtie au IXe s., avec coupole et narthex voûté, puis vous laisserez sur la g., environ 2 km au-delà, les villages de **Kato Sangri** (tour vénitienne) et **Ano Sangri** (ancien couvent des Taxiarques).
15 km : **Chalki**, curieux petit village où se dressent plusieurs tours dans lesquelles les habitants se réfugiaient au moment des incursions des pirates sarrasins. Voir aussi l'**église d'Haghii Apostoli**, d'époque post-byzantine.

Sur la route de Chalki à (5 km) **Moni** se trouve l'**église de la Panaghia Damiotissa**, décorée de deux couches de peintures murales, superposées, dont la plus ancienne date du XIIe s. Au-delà de Moni, on peut gagner à pied **Mélanès**, dans un vallon verdoyant, dominé par une tour. Non loin gît, inachevé, le **couros de Flério** (un second se trouve un peu plus loin).
Chalki est également le point de départ pour la visite du château dit **Apano Kastro**, construit par *Marc Sanudo II* (1244-1263), que vous atteindrez en 1 h env., en passant par la chapelle d'Haghios Géorgios Diossoritis et par celle d'Haghios Stéphanos, toutes deux avec des fresques. Autour du château, qui comprenait trois enceintes renforcées de tours, vous distinguerez les ruines de diverses maisons et églises.

19 km : **Filoti**, village d'où l'on peut entreprendre l'ascension du **mont Ozia**, point culminant de l'île (1 003 m).
26 km : **Apeiranthos**, village qui fut le plus important de l'intérieur de l'île. L'**église byzantine d'Haghios Ioannis Théologos**, dans les environs, est décorée de peintures murales dont la dernière couche date de 1309. Le village est réputé pour ses travaux de tissage.
48 km : **Apollona**, petit village de pêcheurs, sur la côte N., à l'emplacement d'une cité antique où se dressait un temple consacré à Apollon. Du village, la **vue** est magnifique sur la côte que surplombent des falaises colorées. A quelques minutes de marche, dans une carrière de marbre, une **statue colossale** à peine ébauchée mesure plus de 10 m de long.

Le reste de l'île, couvert de citronniers, d'orangers, d'oliviers et de figuiers, ne manque certes pas d'intérêt, mais il sera réservé le plus souvent aux bons marcheurs, les pistes même étant rares dans le S. Des plages aussi nombreuses que belles, surtout sur la côte S.-O., isolées le plus souvent mais accessibles par bateau, complètent les atouts de Naxos.
Au départ de Naxos, on peut rejoindre en caïque un chapelet de petites îles encore inconnues des circuits touristiques : **Iraklia, Schinoussa, Koufonissia** et **Donoussa**. Le logement s'y fait chez l'habitant et, bien souvent, l'âne est le seul moyen de transport ; et les plages sont encore parfois désertes...

Nékromanteion*

Carte-itinéraire 10. — Arta, 73 km. — Igouménitsa, 59 km. — Prévéza, 53 km.

Ce nom chargé de mystère est celui d'un fameux sanctuaire, où l'on rendait des oracles, et qui, selon les Anciens, était placé à

l'entrée de l'Hadès, c'est-à-dire des Enfers, aux rives de l'Achéron.

Du village de **Mésopotamos**, qui occupe le site de l'antique **Ephyre de Thesprôtie**, citée dans l'*Odyssée*, vous verrez les murs, sombres et imposants, de ce **sanctuaire** bâti au début du IIIe s. sur un lieu de culte datant peut-être de l'époque mycénienne et détruit en 168 ou 167 av. J.-C.

Visite : en été, de 9 h à 13 h et de 16 h à 18 h ; en hiver, de 10 h à 16 h 30 ; les dim. de 10 h 30 à 14 h 30 ; fermé le mardi ; accès payant.

En franchissant la porte d'accès au site, vous traverserez un passage, bordé à g. par trois chambres, pourvues de foyers, où les pèlerins étaient sans doute soumis à un régime alimentaire spécial avant de pénétrer dans le sanctuaire. Ils consommaient la chair des animaux sacrifiés (chèvres, bovins, porcs), mais aussi de sanglier, ainsi que des fèves et des coquillages marins. Il est probable qu'ils étaient soumis à l'action de stupéfiants, ce qui les mettait en condition pour parcourir la partie la plus sacrée du sanctuaire. Un bain servait à la purification de l'âme et du corps.

A l'extrémité du passage, notez, à g., un grand *lébès* ou **vase sur pied** et, à dr., un **tas de pierres**, dans un coin : elles furent lancées par les pèlerins, avant de pénétrer dans le nékromanteion, pour conjurer le mauvais sort. Ne renouez pas avec cet ancien usage, mais entrez dans un **second passage** où l'on brûlait, dans de petits foyers, les chairs des animaux sacrifiés. Bientôt, ce passage est coupé de murs de refend percés de portes voûtées en plein cintre, et vous apparaîtra comme un **petit labyrinthe** bien anodin ; pourtant ce chemin tortueux symbolisait les pérégrinations de l'âme dans l'Erèbe, avant qu'elles ne parviennent au royaume des morts.

Un nouveau coude, une nouvelle porte, et vous pénétrerez enfin dans le **sanctuaire** où l'on rendait les oracles, une construction à trois travées, aux murs impressionnants, que domine aujourd'hui une chapelle. Vous entrerez d'abord dans la travée centrale, au-dessus d'une **crypte** sombre et basse, creusée dans le roc, identifiée avec la demeure de Perséphone et d'Aïdoneus, souverain des Enfers.

Cette travée centrale a conservé son **dallage** de plaques de pôros reposant sur les quinze arcs de la salle inférieure. On y offrait les libations à Perséphone et Aïdoneus, tandis que les offrandes aux âmes des morts étaient déposées dans les chambres latérales. Au fond et à dr. de la travée centrale, un escalier conduisait à l'étage supérieur, où se trouvaient, sans doute, des machines destinées à faire descendre les « idoles » des morts lors des pèlerinages.

Dans les salles latérales, on mit au jour des *pithoi* et des amphores qui contenaient les offrandes, principalement des liquides et des céréales.

Némée (Néméa)

Carte-itinéraire 6. — Argos, 24 km. — Corinthe, 36 km. — Mycènes, 19 km. — Nauplie, 36 km.

Souvenir du temps où les forêts de Grèce étaient encore peuplées de fauves (sans doute jusqu'à la période archaïque), Némée est demeurée célèbre dans les annales mythologiques par la victoire d'Héraclès — ce fut l'un de ses fameux travaux — sur un lion qui semait l'épouvante dans la région. On y célébrait, tous les deux ans, sous la présidence de Cléonæ, puis d'Argos, l'une des quatre grandes fêtes panhelléniques, les jeux Néméens.

Des jeux nés d'une tragique négligence. — *Selon la tradition, c'est sur les conseils du devin Amphiaraos qu'auraient été fondés, en 1251 av. J.-C., les jeux Néméens, en souvenir de la mort du jeune Opheltès, fils* *du roi du lieu, mort étouffé par un serpent tandis que sa nourrice l'avait quitté un instant pour conduire les Sept marchant contre Thèbes vers une source où se désaltérer. La légende signifiait ainsi le caractère funéraire des jeux. Après une période de déclin, ils furent restaurés en 573, et leurs vainqueurs célébrés par Pindare. Pendant la 1re moitié du IVe s., les jeux de Némée furent transférés à Argos et le site connut une totale désaffection. Mais il redevint prospère, avec le retour des jeux, dès les environs de 350, et resta important pendant plusieurs siècles. Aujourd'hui, c'est l'Université de Californie qui poursuit les fouilles du sanctuaire et de ses abords.*

Arrivant de la route Corinthe-Argos et découvrant les restes du temple de Zeus au fond d'une vallée, vous vous arrêterez d'abord au stade, dont la piste, de terre battue, a déjà été dégagée sur une longueur d'environ 100 m, au pied d'une colline, à g. de la route moderne.

La piste est bordée, en bas du talus où se pressaient les spectateurs, d'un caniveau de pierre. Du côté de la *sphendoné* (c.-à-d. de l'extrémité courbe du stade, au S.), ce caniveau est pourvu, dans l'axe du stade, de deux cuvettes de décantation, à l'endroit où arrivait l'eau venue d'une source située à l'E., sur la pente de la colline (on a retrouvé des tronçons de canalisations en terre cuite). Sous-tendant l'arc de cercle de la sphendoné, la **ligne de départ** S. est intégralement conservée ; il y avait treize couloirs de course. L'aménagement primitif du stade remonte, selon les dernières estimations des archéologues américains, au dernier tiers du IVe s. av. J.-C. Sur le long côté O. de la piste débouche une **galerie voûtée**, découverte en 1977 et maintenant entièrement déblayée ; large de 2,10 m et haute en son centre de 2,48 m, elle a une longueur de 36,35 m. Son creusement est contemporain de l'aménagement du stade, vers 320 av. J.-C. Les voussoirs inférieurs sont couverts de graffiti, parmi lesquels une cinquantaine d'acclamations vantant la beauté de tel ou tel jeune homme (début de l'époque hellénistique). Cette galerie constituait la voie d'accès au stade pour les concurrents et les personnages officiels, et l'on peut d'ores et déjà supposer qu'elle était reliée au sanctuaire de Zeus par une voie sacrée.
Au début du Ier s., puis de nouveau pendant la seconde moitié du VIe s. apr. J.-C., la galerie servit d'abri, comme l'ont montré des trouvailles de monnaies de bronze de ces deux époques.

Après la visite du stade, vous reprendrez la route goudronnée et le premier chemin à dr. vous conduira au **sanctuaire de Zeus**, en vous faisant passer près du **musée** (en cours d'aménagement). Vous apercevrez d'abord, à g., les restes de **thermes** qui datent sans doute de l'époque hellénistique (les ruines sont enfermées à l'intérieur d'un bâtiment moderne qui, en attendant l'ouverture du nouveau musée, sert de dépôt lapidaire).

A l'O. de ces thermes est apparu, en 1979, l'angle d'un vaste édifice qui se superpose à un bâtiment plus ancien, et dont la construction date de la fin du IVe ou du début du IIIe s. av. J.-C. (peut-être une palestre). Immédiatement à l'E. des thermes s'élevait un long **édifice d'époque classique** qui était sans doute, plutôt qu'un gymnase, une hôtellerie, surtout fréquentée lors des jeux Néméens ; sur une partie de cet édifice fut construite, au Ve s. de notre ère, une **basilique chrétienne** à trois nefs, avec narthex et baptistère.
Entre l'hôtellerie (?) et le temple, il y avait une esplanade plantée de cyprès,

selon *Pausanias*, en bordure S. de laquelle des fouilles récentes ont dégagé les vestiges de neuf petits bâtiments rectangulaires, tous orientés vers le N. (c-à-d. vers le temple) et construits dans le 1er quart du Ve s. av. J.-C. ; il s'agissait probablement de **trésors ou d'oïkoi**, comme on en rencontre dans d'autres grands sanctuaires (par exemple Délos ou Olympie) ; des indications épigraphiques attestent que l'un de ces oïkoi avait été bâti par les Rhodiens, un autre par les habitants d'Epidaure.

Le temple, dont trois colonnes ont été relevées et dont les tambours de plusieurs autres gisent côte à côte, tels qu'ils se sont effondrés, date du 3e quart du IVe s. av. J.-C. C'est un édifice périptère, à 6 × 12 colonnes, de style dorique, aménagé sur les ruines d'un temple antérieur, construit au début du VIe et détruit vers la fin du Ve s. av. J.-C. L'intérieur du temple comprenait deux parties : un *pronaos*, à l'entrée duquel se dressaient deux colonnes doriques *in antis* (qui ont été relevées), et une assez longue *cella*, dont la nef centrale était bordée d'une colonnade à étage : les colonnes inférieures, d'ordre corinthien, étaient surmontées de demi-colonnes ioniques accolées à des pilastres quadrangulaires ; au fond de la cella, un escalier menait à un petit *adyton* souterrain.

A une quinzaine de mètres à l'E. de la façade orientale du temple se trouvait un grand **autel** très allongé (env. 40 m de long), construit au début de l'époque classique et remanié au IIe s. apr. J.-C. Du côté O., on a repéré les vestiges d'un long mur d'orientation N.-S., de construction assez sommaire et plus ancien que le temple, qui correspond peut-être à un tronçon de l'enclos de pierres qui, selon **Pausanias**, entourait la tombe d'Opheltès. De fait, on a découvert en 1979, à l'O. des oïkoi, le soubassement d'une construction circulaire de 5 m de diamètre, élevée pendant le 2e quart du Ve s. av. J.-C. avec des blocs provenant d'un monument rond plus ancien, peut-être la tombe d'Opheltès.

A 2 km au S. du village moderne de Néméa, **ermitage** byzantin de **Polyphengos**, orné de fresques du XIIe s.

Environs de Némée. — Phlionte (env. 4 km par une route directe qui part du village de Néméa). — A dr. de la route, l'acropole de l'ancienne Phlionte était entourée d'un mur d'enceinte en appareil polygonal. Un théâtre (mal conservé) y a été dégagé.

En revenant vers Némée, on pourra prendre à dr., si l'on ne redoute pas les chemins cahoteux, une route de montagne qui, d'abord asphaltée, s'élève ensuite sous la forme d'une piste carrossable jusqu'à un col, pour redescendre vers (env. 25 km) **Stymphale** ♦, en procurant des vues magnifiques sur des paysages grandioses.

Nicopolis*

Carte-itinéraire 10. — Arta, 43 km. — Igouménitsa, 88 km. — Prévéza, 8 km.

Au jeu de la bataille navale, Octave vainquit Antoine au large d'Actium, en 31 av. J.-C. Ce fut un peu plus tard, pour Auguste, un motif suffisant pour fonder une ville nouvelle destinée à commémorer ce succès. Ce sont les ruines éparpillées de cette ville romaine, puis byzantine, que vous visiterez en ce lieu.

En venant d'Arta, vous remarquerez d'abord à dr. un imposant **théâtre**, construit en brique. Les gradins ont disparu mais les assises de béton sur lesquelles ils reposaient subsistent.

Après avoir laissé à dr. la route d'Igouménitsa, vous couperez le **rempart** de la ville byzantine, encore assez bien conservé. Un peu plus loin, à g., se trouve

la **basilique paléochrétienne d'Alkysôn**, vaste église du début du VIe s. qui était probablement la métropole.
Un peu plus loin, à dr. de la route de Prévéza, vous remarquerez une grande **fontaine** ruinée qui se trouve près d'une seconde basilique paléochrétienne, de la seconde moitié du Ve s., dite **basilique de Doumétios**, du nom de deux évêques, *Doumétios I* et *II*, qui contribuèrent à sa construction. Vous y verrez de très intéressantes **mosaïques** du Ve s. Un petit **musée** a été édifié non loin de la basilique pour présenter les trouvailles locales, surtout des sculptures.
Au-delà de la basilique, on a découvert les restes d'un bâtiment romain, baptisé «**palais épiscopal**», qui comportait une cour à portiques ornés de pavements en **mosaïque** dont quelques-uns furent refaits au Ve ou au VIe s.
Nicopolis comptait au moins deux autres **basiliques**; l'une, au N., date de la fin du VIe s. ou du début du VIIe s., l'autre, au S., de la fin du Ve ou du début du VIe s. (mosaïques).
A peu près au centre de la ville romaine gisent les restes d'un **odéon**.

Environs de Nicopolis. — 1 — Prévéza ♦ (7 km).

2 — Kassopé (21 km; par la route d'Igouménitsa et à dr. à 15 km vers Zalongon). — Fondée au début du IVe s. av. J.-C., la ville est construite sur plan hippodaméen et entourée d'une enceinte polygonale. Elle fut détruite par les Romains vraisemblablement en 167 av. J.-C., mais survécut jusqu'à la fin du Ier s. av. J.-C., quand ses habitants furent contraints d'aller s'installer dans la cité nouvellement fondée de Nicopolis.

Des fouilles anciennes ont mis au jour, au centre de l'agglomération, plusieurs bâtiments disposés autour d'une agora : à l'E., un **petit théâtre**; à l'O., un **portique** dorique du IIIe s. av. J.-C.; au N., un autre portique similaire et, derrière lui, un bâtiment carré de 100 pieds de côté, probablement un *katagogeion*, ou hôtel public, érigé, selon les dernières estimations, dans la seconde moitié du IIIe s. av. J.-C., au-dessus des ruines d'un bâtiment plus ancien (peut-être déjà un édifice public, du IVe s. av. J.-C.). Dans toutes les pièces fouillées on a trouvé des bases de tables en pierre et, dans certaines d'entre elles, des foyers qui appartiennent au deuxième état du bâtiment.
En 1977, on a commencé à fouiller le secteur situé immédiatement au N. du *katagogeion*. On verra, au-delà d'une **ruelle dallée**, les restes d'une **grande maison** qui occupait la moitié de l'insula où elle était insérée. Le soubassement des murs, conservés jusqu'à une hauteur maximale de 1,70 m, est en blocs polygonaux de calcaire rigoureusement appareillés tandis que les parties hautes devaient être en brique. Le dégagement d'autres maisons est en cours.

■ Nisyros [Ile de]

43 km^{2}; 2000 habitants env.

La vraie solitude sur une terre volcanique mais verdoyante : Nisyros, île presque ronde du Dodécanèse, n'offre guère les attraits du grand tourisme. C'est lors de la guerre fameuse des dieux et des géants que Poséidon aurait détaché de Cos un rocher, le lançant pour écraser Polybotès et formant ainsi cette île. En son centre, les pentes d'un cratère de 4 km de diamètre ne sont plus beaucoup cultivées, bien que l'île demeure réputée pour ses figues et ses amandes.

Bateaux : 2 liaisons hebdomadaires avec Le Pirée via Astypaléa et Kalymnos et avec Rhodes via Tilos et Symi.

Le chef-lieu de l'île est **Mandraki**, avec les ruines d'un château médiéval et dont les maisons sont comme des cubes blancs ou gris posés sur le basalte noir, à l'emplacement de l'ancienne *Nisyros*. Deux autres villages : **Emborio et Nikia**, ce dernier accroché au bord même du cratère (très belle vue). Au lieu-dit **Stéphanos**, des phénomènes volcaniques peuvent s'observer à la surface d'un lac de boue, tandis que la pierre ponce est exploitée sur l'**îlot de Yali**, au N. de Nisyros.

O

Olympe [Mont]**

Cartes-itinéraires 1 et 2.

Le massif de l'Olympe, montagne sacrée et séjour des dieux où régnait Zeus, entre la terre et Ouranos, la voûte d'airain qui limitait l'univers des Grecs en hauteur, est le système orographique le plus élevé de la Grèce (2917 m). « C'est tout un massif, aride ou boisé, allongé ou précipitueux, plissé, déchiré par les révolutions anciennes; tout un monde de contrastes, d'ombres et de lumières. » (M. Kurz.)

Les courses en montagne dans ce massif sont, en général, effectuées à partir de Litochoron ♦. L'époque la plus favorable est le mois de juillet.
Les principaux sommets sont, du S. au N. : le **Serai** (2704 m) ; le **Kaloghéros** (2701 m) ; le **Palimanastri** (2815 m) ; le groupe central est constitué par le **Skolion** (2917 m), la **Skala** (2866 m) et l'**Olymbos** ou **Trône de Zeus** (2917 m) ; enfin, séparés du groupe central par le col dit Porta (2685 m), la **Toumba** (2785 m) et le **Prophitis Ilias** (2786 m), d'où l'arête dite Pétrostrounga s'abaisse progressivement jusqu'à la vallée du Varkos.
Une route de montagne, non asphaltée mais facilement carrossable à la belle saison, part de Leptokarya (V. carte-itinéraire 2) et rejoint (57 km) à **Elasson** (V. carte-itinéraire 1) la route de Niki à Larissa, en passant par (25 km) **Karya**, village entouré de forêts de chênes et de sapins, à 850 m d'altitude. A 2 h de marche se trouve le **monastère d'Haghia Triada** (peintures murales) et, à 3 h, le **plateau de Bara**, à 2350 m environ, tremplin vers le sommet principal de l'Olympe (2917 m). L'ascension se fait généralement à partir du refuge du Club Alpin Hellénique (se renseigner à Athènes au siège du Club, 7, rue Karagéorgi Servias ; ☎ 23-18-67) ; ce refuge, situé à 2200 m d'altitude, est accessible par une route nouvellement tracée.
Une autre route, au départ de Katérini (V. carte-itinéraire 2), rejoint également (65 km) Elasson par la partie N. du massif.

O

Olympie (Olymbia)***

Cartes-itinéraire 7 et 9. — Athènes, 324 km. — Patras, 113 km. — Pylos (Navarin), 139 km. — Pyrgos, 20 km. — Sparte, 193 km. — Tripolis, 130 km.
Nome d'Elide.

Dans un paysage qui contraste avec l'originalité du site de Delphes par la tiédeur de son atmosphère, par le calme de sa vallée où miroite le lit de l'Alphée, et par le décor chatoyant et

finement teinté de ses coteaux et de ses vallons boisés, se trouve l'un des sites antiques les plus prestigieux de l'ancienne Grèce. Cette nature apaisée, dont la douceur, a-t-on dit, était favorable aux réconciliations de la race grecque, entoure le grand sanctuaire panhellénique d'un cadre harmonieux.
Ce sanctuaire, dont vous visiterez les ruines très évocatrices, servait donc de cadre aux jeux Olympiques, cette fête dont l'importance, aux yeux des Hellènes, était si considérable que sa périodicité, l'olympiade, un intervalle de quatre ans, fut reconnue comme la seule chronologie valable dans toute la Grèce à partir de l'institution officielle des jeux, en 776 av. J.-C.

Olympie dans l'histoire

La laborieuse mise en place du panthéon olympique. — *Les peuples qui se succédèrent sur l'Altis apportèrent avec eux leurs dieux et laissèrent leurs traces dans la légende. Le culte de Zeus, qui domine à Olympie à partir de l'époque classique, semble avoir été précédé par celui d'une divinité féminine : Gaia (Gê, la Terre). On adorait aussi d'autres déesses d'origine chthonienne. Le mont Kronion lui-même, comme son nom l'indique, était consacré à un dieu d'origine crétoise. Sous les Achéens, Kronos fut détrôné par Zeus et Héra fut substituée à la déesse mère minoenne. C'est alors que surgit l'Oriental Pélops qui l'emporta sur l'Etolien Œnomaos.*

Elis, suzeraine d'Olympie. — *Une tradition veut que Pise ait assumé l'administration des temples et la présidence des jeux, au nom de la confédération des seize villes d'Elide. Mais Elis, jalouse de cette prééminence, la lui aurait disputée et remporté ainsi un succès décisif sur sa rivale en 576. Après 471, Elis, capitale de la confédération, aurait été reconnue suzeraine d'Olympie, sous le protectorat de Sparte, contre les convoitises des Arcadiens. Les démêlés d'Elis avec ses voisins et même avec Sparte, au cours des Ve et IVe s., n'empêchent pas la célébration régulière des fêtes sous l'administration éléenne. En 364, les Arcadiens envahissent et pillent l'Altis et président les jeux mais, dès 360, les Eléens redeviennent maîtres d'Olympie.*

Olympie, musée du monde grec. — *La cité religieuse se constitua peu à peu grâce à la générosité d'une clientèle de villes et de princes et grâce à l'habileté de ses administrateurs. Les fêtes périodiques qui accompagnaient la célébration des cultes firent de cet endroit le rendez-vous de tout le monde grec. Là, à la faveur de la trêve sacrée, les différents peuples de race grecque oubliaient un instant leurs discordes et l'hellénisme prenait conscience de son unité. Le sanctuaire olympique, enrichi par la dévotion des fidèles et la vanité des lauréats, devint un véritable musée où chaque peuple grec retrouvait les souvenirs et les archives de son histoire, et même un centre diplomatique où s'arrangeaient les affaires des particuliers et des Etats. La célébrité des concours, la solennité de la foire tenue dans le voisinage des temples, maintinrent jusqu'au déclin du monde païen la tradition du pèlerinage olympique et en firent un congrès cosmopolite d'amateurs et de curieux.*

Zeus n'est plus honoré que par hasard. — *Au IIe s. av. J.-C. apparaissent les Romains. Le déclin d'Olympie est alors incontestable, mais la prospérité revient avec les César. Après Hadrien, au IIIe et au IVe s. apr. J.-C., Olympie n'a plus ni rôle politique, ni rôle religieux. La foule accourt aux fêtes, curieuse, mais sceptique et irrespectueuse. « On ne t'offre plus* *de sacrifices, dit* Lucien *à Zeus, on ne couronne plus tes statues, si ce n'est par hasard. » Cependant la fête quinquennale est célébrée jusqu'en 393. A cette date, l'édit de Théodose Ier interdisant les fêtes païennes interrompt la vie depuis longtemps languissante du sanctuaire. En 426, Théodose II ordonne la destruction des temples, et celui de Zeus n'est pas épargné. Une ville byzantine s'éleva sur les ruines de l'Altis, puis un hameau de bergers étendit ses cabanes entre le temple de Zeus et le stade.*

Les fouilles. — *Un savant français, Montfaucon, dès 1723, et le cardinal Quirini, archevêque de Corfou, puis Winckelmann et Richard Chandler, qui fit quelques sondages, s'intéressèrent à l'exploration d'Olympie. Les premières fouilles furent faites en mai 1829 par les membres de la Commission de Morée, Blouet et Dubois. Le savant historien Ernst Curtius reprit en Allemagne l'idée de fouilles plus complètes, gagna à cette cause son élève le prince impérial Frédéric (empereur Frédéric III) ainsi que l'empereur Guillaume Ier. En 1875, un traité ratifié par la Chambre grecque autorisait l'Allemagne à faire les dépenses des fouilles. Les travaux durèrent jusqu'en 1881. Ils reprirent en 1936-1941, puis à partir de 1952.*

Indicatif téléphonique : 0624.

Hôtels :

¶¶ *S.P.A.P.* (☎ 22-514), 51 ch. ✂ 🛁 ☎ 🅿

¶¶ *Apollo* (☎ 22-522) 33 ch. ✂ ☎ 🅿 ouv. avril-oct.

¶¶ *Néda* (☎ 22-563) 43 ch. ✂ 🛁 ☎ 🅿 night-club.

¶¶ *Néon Olympia* (☎ 22-506) 31 ch. ✂ 🛁 ☎ ouv. mars-oct.

¶¶ *Xénia* (☎ 22-510) 36 ch. ✂ 🛁 ☎ 🅿 ouv. mars-oct.

¶ *Xénios Zeus* (Motel ; ☎ 22-551) 36 ch. ✂ 🛁 ☎ 🅿 ouv. avril-oct.

¶ *Ilis* (☎ 22-547) 39 ch. ✂ 🛁 ☎ 🅿

Auberge de jeunesse : 18, rue Praxitélous Kondyli (☎ 21-580).

⛺ **Camping :**
Olympia Camping (☎ 22-745) 200 pers., 73 voit. ou caravanes.

Visite des ruines

Une demi-journée à Olympie. — *Réservez la visite des musées pour les heures les plus chaudes. Pour vous délasser, vous monterez jusqu'à l'hôtel S.P.A.P., près de l'ancien musée : de sa terrasse fleurie, vous pourrez, tout en vous rafraîchissant, contempler le doux paysage olympique. Pour déjeuner (ou dîner si vous n'êtes pas retenu par la demi-pension), vous n'aurez que l'embarras du choix au village, mais hélas dans la médiocrité.*

Une journée à Olympie. — *Visitez le matin, de bonne heure, le sanctuaire olympique, puis prenez la route, jusqu'à la mer, de préférence à Katakolon (à 36 km, par Pyrgos), où vous attend une longue et belle plage de sable fin. Déjeunez de poisson frais sur place, puis revenez à Olympie où vous visiterez les musées et peut-être à nouveau le sanctuaire de l'Altis, sans guide à la main, pour la poésie du site.*

Le sanctuaire olympique

L'ensemble des édifices situés dans ce coin de l'antique Pisatide, au pied du mont Kronion, et désigné sous le nom général d'Olympie, ne constituait pas une ville. C'était un vaste sanctuaire où les temples et les autels de diverses divinités se

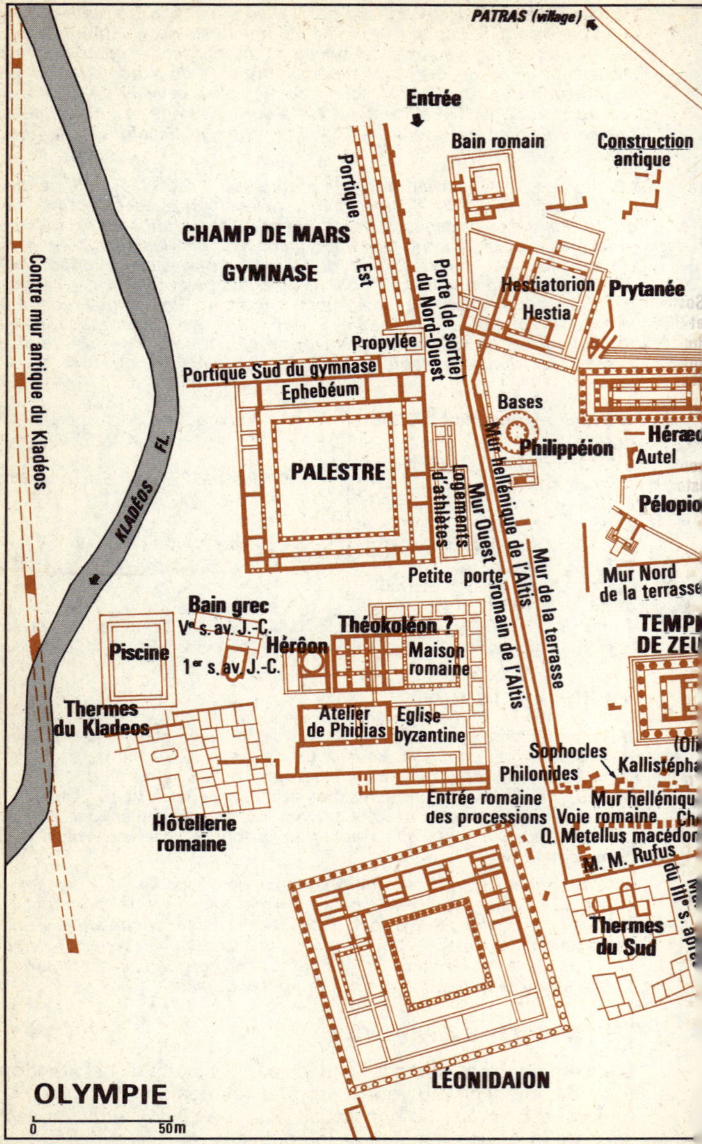

PATRAS (village)
Entrée
Bain romain
Construction antique
Portique Est
CHAMP DE MARS
GYMNASE
Porte (de sortie) du Nord-Ouest
Hestiatorion
Prytanée
Hestia
Propylée
Portique Sud du gymnase
Ephebéum
Bases
Philippéion
Autel
PALESTRE
Logements d'athlètes
Mur Ouest romain de l'Altis
Mur hellénique de l'Altis
Mur de la terrasse
Pélopio
Mur Nord de la terrasse
Contre mur antique du Kladéos
KLADÉOS FL.
Petite porte
Bain grec
Ve s. av. J.-C.
1er s. av. J.-C.
Théokoléon ?
Hérôon
Maison romaine
Piscine
TEMP DE ZEU
Thermes du Kladeos
Atelier de Phidias
Eglise byzantine
Sophocles
Philonides
Kallistépha
Entrée romaine des processions
Mur helléniqu
Voie romaine
Q. Metellus macédon
M. M. Rufus
Hôtellerie romaine
Thermes du Sud
LÉONIDAION
OLYMPIE
0
50m

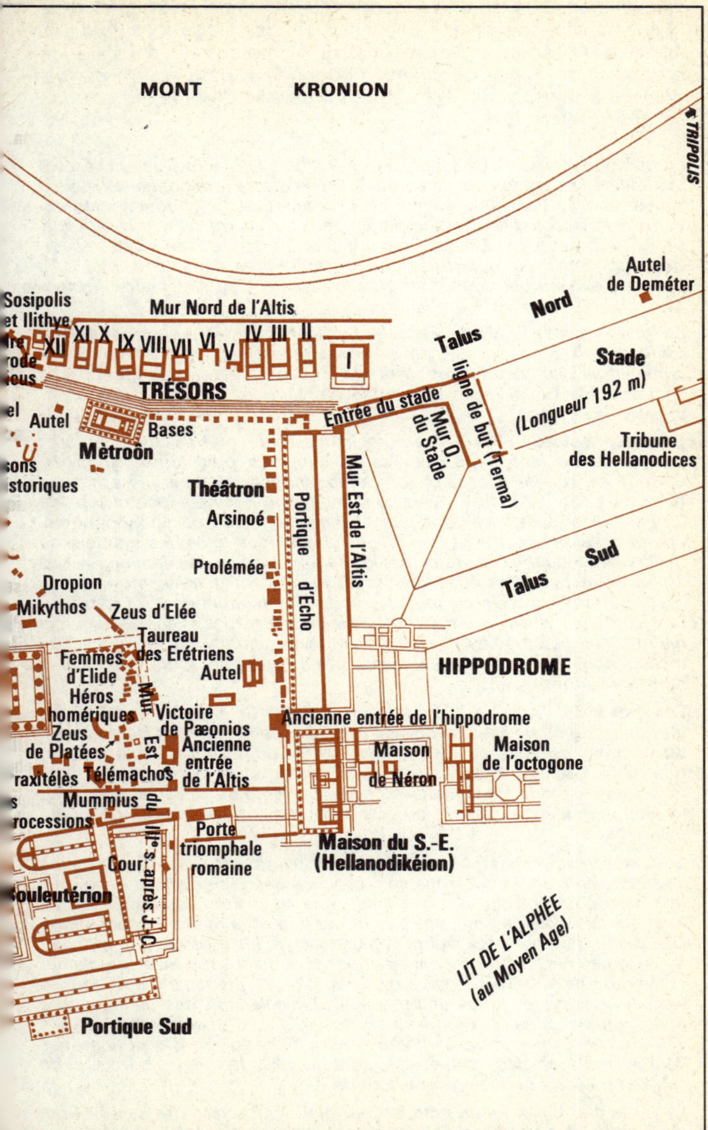

MONT KRONION
TRIPOLIS
Autel de Deméter
Nord
Talus
Stade
(Longueur 192 m)
Tribune des Hellanodices
ligne de but (Terma)
Mur O. du Stade
Entrée du stade
Mur Nord de l'Altis
Sosipolis et Ilithye
XII XI X IX VIII VII VI V IV III II I
TRÉSORS
Autel
Bases
Mètroôn
Théâtron
Arsinoé
Ptolémée
Portique d'Echo
Mur Est de l'Altis
Talus
Sud
HIPPODROME
Dropion
Mikythos
Zeus d'Elée
Taureau des Erétriens
Femmes d'Elide
Héros homériques
Autel
Victoire de Pæonios
Zeus de Platées
Ancienne entrée de l'Altis
Télémachos
Mummius
Mur Est du IIe s. après J.-C.
Ancienne entrée de l'hippodrome
Maison de Néron
Maison de l'octogone
Porte triomphale romaine
Cour
Maison du S.-E. (Hellanodikéion)
LIT DE L'ALPHÉE (au Moyen Age)
Portique Sud

trouvaient réunis sous la suzeraineté spirituelle de Zeus et sous la suzeraineté temporelle des villes de Pise d'abord, puis d'Elis après 471 av. J.-C. Du sanctuaire olympique, il subsiste un ensemble de ruines de diverses époques qui apparaîtra parfois décevant, mais son cadre naturel, ombragé de pins, lui confère un charme très réel.

La cité des dieux. — *Le sanctuaire de l'Altis était exclusivement réservé aux dieux. Les logements des prêtres et des divers fonctionnaires étaient situés hors de l'enceinte sacrée. « En principe, les monuments, les ex-voto et le trésor d'Olympie appartenaient au maître de l'Altis, à Zeus. Dans la pratique, les Eléens, compatriotes du dieu et ses légataires ici-bas, disposaient de toutes les richesses enfermées dans l'enceinte. Mais ils n'en devaient user que pour l'embellissement du sanctuaire. » (Monceaux.)*

Le gérant des revenus de Zeus. — *Le* Sénat olympique, *qui siégeait au bouleutérion et se recrutait dans l'aristocratie éléenne, jouait ce rôle. Il administrait les sanctuaires avec le concours d'un* bolographe, *ou secrétaire du Sénat, et avait autorité sur tous les fonctionnaires olympiques.*

Le personnel de l'Altis. — *Les magistrats et les prêtres, recrutés dans les premières familles d'Elis, étaient nommés pour une olympiade. Chaque sanctuaire possédait son personnel spécial, mais il y avait une hiérarchie. En tête, trois* théokoles *ou grands prêtres par olympiade dirigeaient les sacrifices principaux. Il y avait encore trois* spondophores, *chargés d'aller à l'étranger annoncer la date des fêtes, les* manteis *ou devins descendants de deux vieilles familles d'Elis, les lamides et les Klytiades, qui rendaient les oracles et jouissaient dans le monde grec d'une autorité exceptionnelle. Les inscriptions mentionnent un sacrificateur quotidien, des joueurs de flûte, des danseurs, des exégètes, à la fois maîtres des cérémonies et interprètes des légendes, un architecte, un médecin, un chef de cuisine, un* xyleus *(bûcheron) qui fournissait le bois pour les sacrifices, etc.*

Les fêtes de l'Altis. — *Des fêtes rompaient la monotonie de la vie liturgique, comme celles de Kronos et de Gê, de Pélops et d'Hippodamie, du démon Sosipolis, où les femmes étaient admises par exception, et d'Héra, à laquelle elles participaient seules et célébraient des jeux gymniques dans le stade, mais la plus importante de ces solennités était la fête quinquennale de Zeus, que rehaussaient les grands concours olympiques.*

Les fêtes quinquennales. — *Elles avaient lieu tous les 4 ans ou chaque 5e année, en comptant à la manière grecque deux fois l'année de la fête, terminale d'une olympiade et initiale de la suivante. Elles tombaient au moment de la pleine lune, entre la fin de juin et le début de septembre. Les* spondophores *et les ambassadeurs sacrés, les* théores, *qui partaient dans toutes les directions pour annoncer la date précise et proclamer l'ouverture de la trêve sacrée (à partir du IVe s.), défendaient aux troupes armées d'entrer en Elide et proclamait l'inviolabilité des pèlerins. Les fêtes duraient 5 jours, du 12 au 16 du mois. Les députés officiels des villes et des Etats étaient les hôtes publics d'Olympie. Il y avait aussi des délégations spéciales, ou théories, dont les villes faisaient les frais, et de simples pèlerins qui campaient hors de l'Altis.*

Le rituel des fêtes. — *Le premier jour était consacré à des sacrifices et libations à Zeus olympien, à Zeus chasse-mouches, à Hestia, au tombeau* *de Pélops. Puis, du deuxième au quatrième jour, avaient lieu les jeux et concours qui commençaient par une procession. Le troisième, on offrait un sacrifice à Zeus, puis une procession passait devant sa statue; alors commençaient les luttes athlétiques. Les fêtes se terminaient par la procession des vainqueurs et leur banquet au prytanée le cinquième jour. La présidence des jeux* (agonothésie) *appartenait aux Eléens depuis 572.*

Les jeux Olympiques. — *Dix mois avant les fêtes, les magistrats d'Elis désignaient un jury de dix membres, ou* hellanodices, *qui habitaient à Elis où ils pouvaient suivre et connaître les concurrents et les former à l'observation du règlement des jeux. Les concurrents devaient être hellènes et libres; les esclaves étaient exclus, mais non les Romains. Ils ne concouraient qu'après s'être longtemps entraînés au gymnase d'Elis et amenaient à Olympie leurs entraîneurs* (aliptes). *Ils juraient au bouleutérion, sur l'autel de Zeus Horkios, de se conformer loyalement aux règles des concours : ce serment engageait la famille et même la ville natale du concurrent.*

Les épreuves olympiques. — *Les concours varièrent en nombre et en nature; ils comportaient 13 ou 15 épreuves suivant les époques.* Pindare *rattache leurs origines aux jeux funèbres célébrés près du tombeau de Pélops. En général, ils commençaient dès le lever du soleil par la course à pied simple* (dromos), *double* (dolichos) *ou sextuple; on rejetait à la fin la course armée* (hoplitodromos), *c'est-à-dire avec la tenue de guerre. Ils continuaient par la lutte à main plate, le pugilat, le pancrace et le pentathle, qui comportait les exercices du disque et du javelot, de la course, du saut et de la lutte.*
A l'hippodrome avaient lieu les courses de chars à 4 chevaux ou quadriges, les plus anciennes; de chars à 2 chevaux ou biges, de mules et de chevaux montés. On distinguait des concours d'adultes et d'adolescents. Des concerts, des lectures, des récitations, des déclamations avaient lieu en divers endroits pour l'agrément de la foule; Hérodote *lut à Olympie des fragments de son histoire; des sophistes, des rhéteurs et des savants plus ou moins célèbres faisaient des conférences. Des artistes exposaient leurs œuvres. Néron inaugura les concours musicaux, poétiques et dramatiques (67 apr. J.-C.).*

Les lauréats olympiques. — *Après chaque concours, le héraut proclamait le vainqueur* (olympionique), *à qui les hellanodices remettaient une palme. Le dernier jour, on délivrait à tous une couronne faite avec une branche de l'olivier* kallistéphanos, *quelquefois des objets précieux et des primes en argent. Puis la fête se terminait par le défilé et le banquet des olympioniques. Ceux-ci rentraient triomphalement dans leur patrie, célébraient un banquet solennel où l'on exécutait, en musique, une cantate en leur honneur composée par un poète lyrique en renom. Leur célébrité devenait sans égale quand elle était chantée par un* Simonide *ou un* Pindare *et leur gloire s'étendait à leur famille et à leur cité qui consacraient leurs statues dans l'Altis.*

Visite : t.l.j. de 9 h à 15 h (15 h 30 en hiver); le dim. de 10 h à 16 h (16 h 30 en hiver); accès payant.

Portiques du Gymnase. — Peu après avoir pénétré sur le site, vous longerez sur votre dr. le portique ruiné (ou xyste) d'un gymnase d'époque hellénistique. Il se composait de deux longs portiques bordant une vaste place ou **champ de Mars**. Le portique E. servait aux exercices de courses lorsqu'il faisait mauvais temps.

Ce portique se compose d'une **galerie double**, à colonnade médiane et à colonnade latérale toutes deux doriques. Il abritait une piste de 192,27 m, soit exactement un stade olympique.
Le portique S. était une simple galerie à colonnade dorique. A une extrémité du portique, remarquez un **four** du IIIe s. apr. J.-C. protégé par une toiture. A la jonction des deux portiques, un **propylée** donnait accès de la rue dans le champ d'exercices. C'est une construction très soignée du IIe ou du Ier s. av. J.-C. Le gymnase contenait la liste officielle des olympioniques (vainqueurs olympiques) et des olympiades, et de nombreuses statues d'athlètes.

Palestre. — Cet édifice bâti à la fin du IIIe s. av. J.-C. était la partie du gymnase destinée aux exercices des lutteurs. Il était doté de chambres spéciales où les athlètes pouvaient s'oindre d'huile et se baigner. Le gymnase proprement dit se compose des grandes galeries *(xystes)* et des pistes *(dromoi)* pour les courses à pied, avec une vaste cour pour les jeux. Dans la palestre et dans le gymnase d'Olympie, les lutteurs et coureurs achevaient, pendant le dernier mois, sous l'œil des hellanodices, la période d'entraînement et d'initiation réglementaire qui avait duré neuf mois au gymnase d'Elis. Elle pouvait même être accomplie, les dix mois durant, uniquement à Olympie.

La palestre d'Olympie répond exactement à la palestre type de *Vitruve*, et lui a sans doute servi de modèle. Elle comportait une **cour centrale** à péristyle bordée d'un **portique** quadruple à colonnes doriques. Cette cour servait aux exercices gymniques de la lutte, du pugilat, du saut. Elle était munie, vers le côté N., d'un dallage en briques striées, long de 24,20 m, large de 5,44 m, destiné sans doute à empêcher les pieds nus des pugilistes de glisser ; il pouvait aussi servir de pistes d'élan aux sauteurs.
Les galeries du péristyle desservaient des pièces fermées ou des salles ouvertes *(exèdres)* dont quelques-unes, garnies de bancs, communiquaient avec le portique par des colonnades ioniques aux chapiteaux variés. Dans l'exèdre centrale de l'aile N. on reconnaît l'*ephebeum* de Vitruve, contigu à g. et à dr. à l'*elaeothesium* (salle d'onction) et au *conisterium* (où l'on se frottait de sable). La chambre fermée de l'angle oriental, avec son bassin, représente la *frigida lavatio* ou bain froid, ainsi que celle de l'angle occidental. Le vestiaire ou *apodyterium* doit être la chambre fermée située après l'entrée S.-O. Les autres pièces ouvertes servaient à des exercices à couvert, de refuges pour les oisifs et les spectateurs et de salles de conférences.

Théokoléon. — Dans cet édifice du IVe s. av. J.-C., où fut érigée, durant la période romaine, une maison à cour centrale, étaient logés les prêtres, *théokoles* (grands prêtres) et devins.

Hérôon. — Tout contre le théokoléon furent découvertes les ruines d'un bâtiment du VIe s. av. J.-C. que des dédicaces désignent comme un hérôon, ou chapelle d'un mort héroïsé. On exhuma dans une pièce un petit autel en terre cuite mêlée de cendres, de charbon et d'ossements brûlés provenant de sacrifices.

Près du lit du Kladéos (V. Plan) se trouvent les restes de plusieurs **installations thermales**, échelonnées depuis la période classique (Ve s. av. J.-C.) jusqu'à l'époque romaine. La partie la plus ancienne du premier bain date du Ve s. av. J.-C., mais cette construction fut remaniée au Ier s. av. J.-C. Les thermes du Kladéos, d'époque romaine, comportaient une grande piscine dont vous verrez quelques restes. Au S. de cet ensemble, les archéologues allemands mirent au jour les vestiges d'un grand édifice, daté du IIe s. apr. J.-C., qui devait être une hôtellerie semblable au léonidaion (V. ci-après).

Atelier de Phidias. — Le génial sculpteur athénien reçut d'Olympie la commande d'une statue chryséléphantine (en or et en ivoire) destinée à la cella du temple de Zeus. Ce local, dont vous voyez les ruines, fut par conséquent édifié au Ve s. av. J.-C., précisément sur le plan de la cella, grandeur nature, pour lui permettre de juger de l'effet que produirait son œuvre vue du sol et des galeries latérales. En aménageant une église sur le même site, les Byzantins en bouleversèrent le plan.

Près de cet atelier se trouvaient d'autres locaux où les artistes et artisans qui secondaient le maître fabriquaient les pièces de la statue. Plus tard, l'atelier dut servir de magasin (pompéion) où l'on conservait des costumes, des vases, de l'huile, de l'encens, etc., et de local aux *phædryntes* (fonctionnaires chargés de l'entretien de la statue) et aux prêtres.

Léonidaion. — Ce vaste édifice, réduit aux fondations, fut élevé vers la fin du IVe s. av. J.-C. par le Naxien *Léonidas* et servait d'hôtellerie où logeaient les invités de marque. Il fut agrandi à deux reprises à l'époque romaine (vers 174 et au IIIe s. apr. J.-C.).

Au centre se trouve un *atrium* dont l'*impluvium* était aménagé en bassin et en pelouses ; il était bordé par un péristyle dorique de 44 colonnes. Tout autour étaient répartis les appartements, pièces fermées ou précédées de colonnades. Enfin, une ceinture de galeries extérieures développait une quadruple ligne de 138 colonnes ioniques. Ce promenoir, en communication immédiate avec l'extérieur, constituait une décoration architecturale pleine de grandeur.

Thermes du S. — Cet ensemble du IIIe s. apr. J.-C., très mal conservé, est situé dans une région bouleversée par la construction, à cette époque, d'un mur de défense. Il y a ainsi un pan de mur en pôros du Ve s. av. J.-C., conservé sur plusieurs assises, qui s'infléchissait vers le S. Il doit s'agir d'un mur de soutènement délimitant un tertre de forme irrégulière, que l'on doit peut-être identifier avec l'hippodameion.

Bouleutérion. — Ce bâtiment, complété à différentes époques (du VIe au IIe s. av. J.-C.), était le palais du Sénat olympique, où les concurrents prêtaient serment d'observer les règlements des épreuves devant les hellanodices ou membres du jury.

Il se composait d'un grand portique ionique en façade, à l'E., et d'une aire centrale carrée flanquée de deux longues ailes terminées en abside. L'aire carrée à ciel ouvert qui tient le milieu du bâtiment (IIIe ou IIe s. av. J.-C.), était l'**enceinte de Zeus Horkios**, dont la statue occupait le centre. L'aile N. (VIe s.) est moins bien conservée que l'aile S., plus récente d'un siècle. Les deux ailes communiquaient avec le portique de façade (du IIIe ou IIe s. av. J.-C.). A l'époque post-romaine, on ajouta au portique de façade une cour trapézoïdale avec péristyle dorique grossier. L'autel situé au milieu de la galerie E. de cette cour est peut-être celui de Zeus Agoraios.
Au-delà du bouleutérion s'étend le portique S., du IVe s. av. J.-C., remanié à l'époque romaine.
Le bouleutérion est établi en bordure du **mur romain de l'Altis** qui, à cette époque, délimitait la partie où se trouvaient les sanctuaires. Le mur de clôture ou péribole de la période hellénique était plus réduit (V. Plan).
De ce côté, dans la partie comprise entre les murs romain et hellénique, la

voie romaine des processions est jalonnée de **bases** pour stèles, dont celles du consul *Q. Cæcilius Metellus Macedonicus*, consacrée vers 143 av. J.-C., de la statue équestre de *Mummius* et des dix légats romains (146 av. J.-C.), avant l'arc de triomphe construit par *Néron* en 67 apr. J.-C.

Temple de Zeus. — La demeure du dieu souverain d'Olympie n'est plus qu'un chaos cyclopéen de blocs énormes, de tambours de colonnes d'une taille colossale qui recouvrent le gigantesque soubassement de l'édifice. Tel est aujourd'hui l'état de ce temple dorique, qui était le plus riche et le plus vaste de l'Altis.

Il fut érigé de 468 à 457 av. J.-C., par l'architecte éléen Libon, *avec le butin pris par les Eléens sur les Pisates, en 468, mais il fut peut-être remanié peu après pour l'installation de la colossale statue de culte, exécutée par* Phidias, *puis vers le milieu du IVe s. av. J.-C. (en 337 ?).*

Le temple était entouré d'une **galerie** à 13 colonnes de côté et 6 de façade. Les tambours et les chapiteaux sont en pierre coquillière revêtue de fin stuc blanc, en poussière de marbre. Remarquez le tailloir énorme des chapiteaux épars. De grandes compositions sculpturales miraculeusement conservées (elles sont actuellement dans les musées) remplissaient les frontons. En guise d'acrotère central, le fronton E. portait une Victoire dorée sur la base de laquelle était fixé un bouclier d'or offert en 456 par les Lacédémoniens en souvenir de leur victoire de Tanagra. Des bassins dorés, sur trépieds, formaient les acrotères des extrémités. Les acrotères du fronton O. devaient être analogues : tous avaient pour auteur *Pæonios.*
Les entrecolonnements étaient garnis de statues de bronze et d'ex-voto dont on voit encore les trous de scellement.
Du péristyle, vous entrerez dans le **vestibule** ou pronaos. Divers ex-voto (traces des bases) s'y trouvaient, entre autres les chevaux de Kyniska et le groupe d'Iphitos, organisateur de la Trêve sacrée, couronné par Ekécheiria (la Trêve).
Une entrée, fermée par une porte en bronze à deux battants, conduisait dans le lieu saint ou cella. Là se dressait, dans la nef centrale, au-delà des cinquièmes colonnes, la fameuse statue d'or et d'ivoire du dieu. En avant était creusé un **bassin carré**, dallé de plaques de marbre bleu et encadré d'un rebord en marbre pentélique, qui aurait servi, d'après *Pausanias,* à recueillir l'huile dont la statue était enduite.

Le maître de l'Altis. — *La statue de Zeus à laquelle travaillèrent Phidias et ses collaborateurs Panainos, le peintre, et Colotès, le ciseleur, avait 12 à 13 m de haut. Le dieu était assis tenant une Victoire chryséléphantine dans sa main dr. et dans sa main g. un sceptre surmonté d'un aigle. Le trône en ébène et en bronze était plaqué d'ivoire et d'or, rehaussé de pierres précieuses et de peintures. Les parties nues, c'est-à-dire les pieds, le ventre et le torse, avec la tête, étaient d'ivoire. L'himation, qui descendait d'une épaule, retombait sur les cuisses et recouvrait les jambes, était constellé de gemmes de même que la barbe et les cheveux. La statue, probablement postérieure à celle d'Athéna au Parthénon, fut sans doute exécutée par Phidias entre 438 et 430. Des fonctionnaires spéciaux, appelés* phædryntes, *avaient la charge d'enduire le colosse avec de l'huile. La statue fut enlevée sous Théodose II et emportée à Constantinople où elle fut détruite dans un incendie en 475 apr. J.-C.*

Devant la rampe d'accès du temple étaient dressées de nombreuses statues dont vous verrez encore quelques bases. Parmi celles-ci se trouve le **piédestal triangulaire de la Victoire de Pæonios.** Par la qualité et la diversité des œuvres ici réunies, ce petit coin de l'Altis apparaissait comme un musée de plein air. On y trouvait des œuvres d'artistes célèbres, tels *Pæonios*, *Calamis* (char d'Hiéron), *Glaucias d'Egine* (char de Gélon), *Onatas d'Egine* (char d'Hiéron, en collaboration avec *Calamis*, et les héros homériques), *Dionysios d'Argos* (groupe de Mikythos), etc.

Hellanodikeion. — Ce monument, dont les substructions sont en partie recouvertes par la maison de Néron, présentait une disposition générale qui devait rappeler, en de moindres dimensions, celle du léonidaion. c'était sûrement une résidence officielle, peut-être celle des hellanodices (présidents des fêtes).

Au-delà des restes de la vaste **villa** que *Néron* se fit bâtir pour y loger pendant ses séjours à Olympie, gisent les ruines de la **maison de l'Octogone**, construction romaine d'époque antonine (IIe s. apr. J.-C.), près d'un lieu de culte consacré à Artémis dès le milieu du Ve s. av. J.-C.

Hippodrome. — Sur le côté E. (près d'un autel de Zeus Moiragétas?) débouchait l'entrée de l'hippodrome que les crues de l'Alphée ont emporté.

Un manuscrit de Constantinople nous apprend qu'il mesurait 690 m de long et 320 de large. Derrière la maison de Néron était disposé un ingénieux système de barrière à stalles où les chars prenaient place avant de se mettre en ligne. La borne extrême que contournaient les attelages était l'autel du démon Taraxippos qui passait pour effrayer les chevaux depuis que ceux d'Œnomaos s'étaient emballés à cet endroit.

Portique d'Echo. — Entre l'entrée de l'hippodrome et celle du stade, s'étendait le portique d'Echo, ou Pœcile, qui s'ouvrait directement sur l'Altis. La première de ces dénominations fait allusion au fait que la voix s'y répétait sept fois, et la seconde aux peintures qui ornaient le mur du fond. Il fut élevé dans la seconde moitié du IVe s. av. J.-C., en partie sur l'emplacement de la ligne d'arrivée du stade de l'époque classique ancienne (vers 450 av. J.-C.). Le stade s'ouvrait donc vers le sanctuaire, dans lequel il pénétrait profondément, attestant ainsi la relation étroite qui existait entre les jeux Olympiques et le culte à cette époque.

Stade. — Vous pénétrerez sur le stade où se célébraient les jeux Olympiques par un passage, transformé en tunnel voûté au Ier s. apr. J.-C., qu'empruntaient les concurrents et les membres du jury. La totalité de la piste est dégagée ; vous verrez la ligne d'arrivée *(terma)* et le seuil de départ *(aphésis)*, à l'opposé. Le stade pouvait contenir environ 20000 spectateurs. Pendant toute l'Antiquité, la piste ne fut entourée que d'un talus de terre où le public prenait place. A la fin de l'époque romaine, le talus S. (à dr.) fut aménagé en gradins. Lors des fouilles, les archéologues allemands y mirent au jour les fondations d'une tribune en bois qui est certainement la tribune *(cathédra)* des hellanodices, en face de l'autel de Déméter Chamyné.

Lors de fouilles stratigraphiques, on a distingué cinq époques dans l'aménagement du stade, depuis la période archaïque jusqu'à la fin des temps romains. La piste de l'époque classique ancienne (vers 450 av. J.-C.) était plus au S., à un niveau plus élevé, et s'avançait plus à l'O., en direction du sanctuaire.

Le seuil de départ était constitué par une bande en calcaire blanc, large de 0,48 m, et percée de trous carrés où s'emboîtaient des poteaux entre lesquels se plaçaient 20 coureurs. Ceux-ci, pour s'élancer, calaient leurs pieds dans des rainures triangulaires creusées dans le dallage. Le seuil d'arrivée présentant des dispositions analogues pouvait servir, lui aussi, de point de départ, pour les courses doubles ou sextuples par exemple. L'intervalle entre ces deux lignes est de 192,27 m, longueur du stade olympique. D'après la légende, celle-ci avait été déterminée par Héraclès lorsqu'il traça le côté de l'Altis en posant 600 fois ses pieds l'un devant l'autre.

Trésors. — Une terrasse au pied du mont Kronion était occupée par des trésors, sortes de petites chapelles consacrées aux VIe et Ve s. av. J.-C. par différentes cités grecques.
En contrebas de la terrasse s'alignent les **bases des Zanes**, ou statues en bronze de Zeus que les Eléens faisaient exécuter avec le produit des amendes infligées par les hellanodices.

Infractions à l'idéal olympique. — *D'après Pausanias, les six premiers Zanes avaient dû être payés par le Thessalien Eupolos qui avait corrompu ses concurrents au pugilat (98e olympiade, 388 av. J.-C.). Deux autres avaient été édifiés avec le produit d'une grosse amende infligée aux Athéniens rendus responsables de la tricherie d'un de leurs compatriotes, Callippos (342 av. J.-C.).*

Les trésors sont aujourd'hui réduits aux fondations, mais la plupart ont pu être identifiés (les chiffres romains renvoient au plan).
I. **Trésor de Géla**, bâti peu avant 600, le plus ancien de tous, et agrandi d'un péristyle dorique, vers 491.
II. **Trésor de Mégare**, qui devait être le plus riche pour la décoration extérieure et la magnificence de ses ex-voto (2e moitié du VIe s.).
III. **Trésor de Métaponte**, dont on a retrouvé de jolis fragments décoratifs en terre cuite.
IV. **Trésor de Sélinonte**, antérieur à l'année 409, mais postérieur (2e moitié VIe s.) à ses deux voisins, qui rappelait le style des temples de Sélinonte.
V. Cet édifice a été identifié par *Dörpfeld,* non sans vraisemblance, comme l'**autel de Gê**.
VI. **Trésor de Cyrène** (vers 550 env.).
VII. **Trésor de Sybaris.**
VIII. **Trésor de Byzance.**
IX. **Trésor d'Epidamne**, dont la colonne dorique présente un type particulier.
X et XI. Ces deux édifices avaient disparu à l'époque romaine.
XII. **Trésor de Sicyone**, dont on a retrouvé l'inscription, élevé entre 480 et 470. Il renfermait, entre des châsses en bronze consacrées par Myron après sa victoire à la course de chars, l'épée de Pélops, etc.

Au pied de la terrasse des Trésors se dressait le **Métrôon** (temple de la Mère des dieux ou de Rhéa-Cybèle). Il fut converti en temple d'Auguste et des empereurs romains dont les statues se trouvaient dans la cella.
Au-delà du Métrôon, *Dörpfeld* a découvert un établissement préhistorique de six maisons terminées en abside. Il reste encore les vestiges de deux d'entre elles, en face des ruines de l'**exèdre d'Hérode Atticus**, ce riche citoyen athénien qui fut aussi un bienfaiteur de l'Altis. Cette exèdre, construite entre 157 et 160 apr. J.-C., comportait un grand bassin rectangulaire flanqué de petites rotondes, qui abritaient une vasque, dont une a subsisté. Quinze niches rondes ou carrées renfermaient des statues, dont des effigies impériales consacrées par *Hérode Atticus,* et quinze statues d'Hérode et de membres de sa famille, consacrées par les Eléens. L'exèdre, par ses dimensions, devait être le plus haut monument de l'Altis après le temple de Zeus.

Héraion. — Ce temple d'Héra, un des plus anciens temples doriques connus, fut élevé par les habitants de Scillonte à la fin du VIIe s. ou au début du VIe s. av. J.-C. Dans la cella, on retrouva la base et la copie (ou l'original, la question est très controversée) de l'**Hermès de Praxitèle** exposée au musée.

Trois temples se seraient succédé à cet endroit. Le premier en date occupait l'étendue de la cella du temple actuel. Il fut remplacé par un autre temple plus vaste avec des colonnes en bois. Enfin l'édifice actuel aurait été élevé. *Pausanias* mentionne l'existence de plusieurs colonnes primitives en bois de chêne. On les remplaça à diverses époques par des colonnes de pierre, sans souci de la symétrie ni de l'uniformité. Aussi les chapiteaux sont-ils de formes très variées, depuis le chapiteau archaïque en bourrelet des VIIe et VIe s. jusqu'au chapiteau romain à échine droite, en passant par le chapiteau au galbe sobre du Ve s.
L'autel d'Héra doit être identifié non pas avec les restes du grand autel rectangulaire, au S., mais avec les fondations de conglomérat situées devant l'exèdre d'Hérode Atticus : il serait contemporain du deuxième temple.

Pélopion. — Vous verrez là les restes d'une enceinte entourant un petit tertre, mais cet enclos, consaré par les Achéens de Pise à Pélops, était l'un des plus vénérables et des plus anciens monuments de l'Altis. Au centre se trouvaient l'autel consacré au héros, sa statue et une fosse où l'on immolait des béliers noirs.

Dans les parages du Pélopion devait être situé l'**autel de Zeus**, de forme circulaire, entouré d'un mur de pierre, où l'on égorgeait les victimes. La plateforme de l'autel supportait une sorte de terrasse constituée par les cendres accumulées des victimes, cendres que l'on pétrissait une fois l'an avec les eaux de l'Alphée.

Philippeion. — La construction de ce bâtiment à péristyle ionique et de plan circulaire, dont il ne reste plus que les fondations, fut entreprise par *Philippe II de Macédoine,* peu après la bataille de Chéronée (338 av. J.-C.), et, sans doute, terminée par *Alexandre le Grand.* Le centre de la cella était occupé par une grande base qui supportait cinq statues en or et en ivoire, sculptées par *Léocharès,* de Philippe, d'Amyntas, son père, d'Eurydice, sa mère, d'Alexandre et d'Olympias, femme de Philippe.

Prytanée. — Avant de quitter le champ de fouilles, vous verrez les ruines de cet édifice du Ve s. av. J.-C., plusieurs fois remanié, qui constituait le centre politique de tout le sanctuaire et le foyer des Eléens. Il contenait la **chapelle d'Hestia** avec le foyer public où le feu brûlait jour et nuit, l'*hestiatorion,* vaste salle à manger où les hôtes publics et les vainqueurs olympiques étaient nourris pendant les fêtes, et où les prêtres et les fonctionnaires prenaient leurs repas en temps ordinaire.

Les musées

******Ancien musée.*** — En attendant le transfert total des collections dans le nouveau musée (à 1,5 km par la route de Tripolis), c'est dans l'ancien musée, situé sur le chemin d'accès à l'hôtel S. P. A. P., que vous verrez les frontons du temple de Zeus, ou plus exactement leurs moulages, les originaux étant en cours de restauration (1980) avant leur installation dans le nouveau musée.

Visite : mêmes horaires que le site, mais fermé le mardi (☎ (0624) 225-79 ou 227-42).

Salle des Frontons. — La longueur de cette salle est égale à la largeur du temple de Zeus. On a disposé, contre les murs latéraux, les moulages des fragments des deux frontons du temple.

*****Fronton oriental** (à g.). — Cet ensemble sculpté, monumental, qui met en scène les préparatifs d'une course de chars entre Pélos et Œnomaos, est la transposition plastique d'une légende locale, en quelque sorte placée sous le patronage de Zeus, qui occupe la meilleure place, au centre du fronton.

Une légende qui est la première entorse à l'idéal olympique. — *Œnomaos, roi étolien de Pise, savait, par oracle, qu'il serait tué par son gendre. Aussi imposait-il aux prétendants de sa fille Hippodamie une épreuve terrible : un concours de chars avec lui-même, à condition que le vaincu perdrait la vie. Comme il possédait une paire de juments douées d'une vitesse extraordinaire, le résultat lui avait toujours été favorable : treize prétendants avaient payé leur audace de leur vie lorsque Pélops, chef des Achéens, se présenta. Il séduisit le cocher d'Œnomaos, Myrtilos, qui s'arrangea pour que, durant la course, une roue du char de son maître se détachât du moyeu. D'après une autre légende, il ensorcela par un maléfice les chevaux d'Œnomaos qui s'emportèrent dans un ravin. Pélops, vainqueur, perça le roi étolien de sa lance et conquit à la fois Hippodamie et le royaume de Pise.*

La répartition des figures de ce fronton donne lieu à plusieurs hypothèses. Au milieu est placé **Zeus**, le torse nu, l'himation tombant sur les hanches et enveloppant les jambes. A sa g. (à dr.) se tient **Œnomaos**, reconnaissable à sa figure barbue et à sa poitrine développée qui indiquent un homme dans toute la force de l'âge. A son côté g. se tient sa femme **Stéropé**, vêtue du chiton talaire rabattu sur la poitrine, puis une **servante**, agenouillée devant les **chevaux du quadrige**. Derrière eux, un vieillard assis, sans doute un **devin**, puis un **adolescent accroupi**, esclave aussi, enfin la figure allégorique du **Kladéos** couché, au fin profil.
A dr. de Zeus (à g.) est **Pélops**, casqué, la figure imberbe, le corps nu, sauf la poitrine qui devait être revêtue d'une cuirasse de bronze. Ensuite **Hippodamie**, vêtue du péplos talaire, les deux bras croisés dans une attitude pensive, puis un **serviteur** devant le **quadrige**, puis le **cocher d'Œnomaos** (?) et un **devin** (?) et enfin, dans l'angle, la figure couchée de l'**Alphée**.

*****Fronton occidental** (à dr.). — Saisissant contraste avec son vis-à-vis, ce fronton, qui représente le **combat des Lapithes et des Centaures** aux noces de Pirithoos (une autre légende), n'est que mouvement et fureur sous le regard, d'un calme olympien, du dieu qui préside la scène, Apollon.

Où les Centaures saouz, au bourg Atracien / Voulurent, chauds de rains, faire nopces de chien *(Math. Régnier). — La scène des noces de Pirithoos était la légende des envahisseurs thessaliens de l'Elide. Pirithoos, l'ami de Thésée, épousa Déidamie, fille d'Atrax, roi des Lapithes. Les Centaures, invités à la noce comme parents des Lapithes (les deux races se donnaient un ancêtre commun, Apollon), s'enivrèrent ; leur chef Eurytion voulut enlever les femmes et les jeunes garçons. Une mêlée terrible s'engagea, et, grâce à l'aide prêtée par Thésée et par Kæneus, les perturbateurs furent expulsés de la salle du festin.*

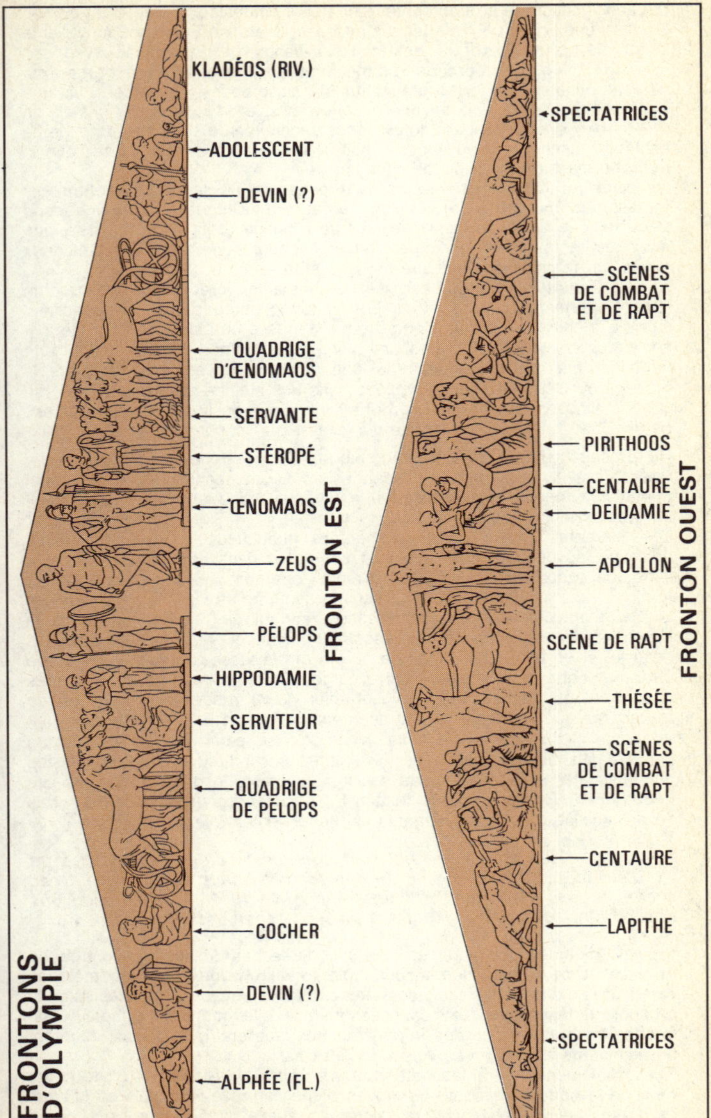
FRONTONS D'OLYMPIE
FRONTON EST
KLADÉOS (RIV.)
ADOLESCENT
DEVIN (?)
QUADRIGE D'ŒNOMAOS
SERVANTE
STÉROPÉ
ŒNOMAOS
ZEUS
PÉLOPS
HIPPODAMIE
SERVITEUR
QUADRIGE DE PÉLOPS
COCHER
DEVIN (?)
ALPHÉE (FL.)
FRONTON OUEST
SPECTATRICES
SCÈNES DE COMBAT ET DE RAPT
PIRITHOOS
CENTAURE
DEIDAMIE
APOLLON
SCÈNE DE RAPT
THÉSÉE
SCÈNES DE COMBAT ET DE RAPT
CENTAURE
LAPITHE
SPECTATRICES

La reconstitution de ce fronton est tout autant contestée que celle du fronton E. A dr., une scène de rapt met aux prises le **Centaure Eurytion**, qui violente **Déidamie**, avec **Pirithoos** (restes insignifiants) qui le frappait avec son couteau. Plus à dr., un groupe très mutilé représenterait un jeune **garçon** qui se débat, entraîné par un **Centaure** qui s'abaisse pour le renverser. Puis une **Lapithe** agenouillée, à la tunique déchirée, essaie de faire lâcher prise à un **Centaure** abattu qu'un **Lapithe** à genoux transperce de son épée. Une **vieille esclave**, penchée sur un coussin, suit la scène avec curiosité, ainsi que la **nymphe** thessalienne allongée dans l'angle.

La partie g. est symétrique de la précédente. A la dr. d'**Apollon** est représentée une scène de rapt : un **Centaure** a saisi à la ceinture une jeune **Lapithe**, une amie de Déidamie ; un personnage, dont il ne subsiste que quelques fragments, devait figurer **Thésée** frappant d'une hache avec ses deux mains, car le crâne du Centaure est déjà entaillé.

Suit un **Centaure** qui a dû fléchir ses jambes antérieures sous l'étreinte d'un jeune **Lapithe** dont il mord le bras. Ensuite, une jeune **Lapithe** est agenouillée, saisie à la chevelure par un **Centaure** que terrasse un **Lapithe** pesant de tout son corps sur la tête du ravisseur. Enfin, deux femmes couchées, dont une vieille femme que le costume désigne comme une **esclave**, peut-être la nourrice de Déidamie, qui se soulève dans une attitude épouvantée, sur son lit de festin. Derrière elle, une **nymphe** allonge son buste aux formes pleines ; ce devait être une divinité fluviale qui localisait la scène en Thessalie.

Cette sculpture provinciale a beaucoup surpris les archéologues. Les uns y voient l'œuvre d'une école péloponnésienne, une manifestation de l'esprit dorien ; les autres y reconnaissent une influence attico-ionienne. Pour la date, on propose entre 470 et 456.

Les différentes scènes sont mouvementées, tumultueuses. Une fureur brutale déchaîne les personnages, tordus et entrelacés dans des attitudes forcées, sans que la douleur soit traduite autrement que par quelques rides sur leurs fronts. La recherche de la variété dans la symétrie n'empêche pas bien des lourdeurs encore, des invraisemblances, surtout des négligences dans la facture de certains détails comme les draperies, à côté de morceaux d'un très beau jet et de têtes admirables de pureté ou de vigueur bestiale. Il y a une étroite parenté entre le style mâle et large, la facture brusque et hâtive des deux frontons traités plutôt en haut-relief qu'en ronde-bosse. On estime aujourd'hui que le fronton O. est antérieur au fronton E. Il semble qu'il y ait eu un artiste, auteur de la composition, qui se serait inspiré de quelque peinture attique ; l'exécution des sculptures serait l'œuvre de cinq artistes différents. En réalité, l'auteur de ces frontons reste inconnu. *Pausanias* cite deux noms : *Pæonios* pour le fronton E., *Alcamène* pour celui de l'O., mais l'exactitude de ces renseignements est généralement niée.

Jusqu'en 1979, cette salle contenait aussi les métopes intérieures du temple de Zeus. Celles-ci ont été déménagées, mais elles n'étaient pas encore exposées au nouveau musée à la fin de 1980. Nous les décrivons donc selon l'ordre où elles étaient placées dans l'ancien musée.

Ces 12 métopes sculptées, qui étaient situées au-dessus de l'entrée du pronaos et de l'opisthodome du temple (6 de chaque côté ; les métopes extérieures n'étaient pas sculptées) présentent les travaux d'Héraclès selon la chronologie légendaire. De facture très inégale, elles montrent la même main que les frontons et, d'un dessin généralement sobre et harmonieux, dénotent un archaïsme très mûr déjà voisin de l'art classique.

Successivement : **Héraclès nettoyant les écuries d'Augias**. A g., le héros défonce la porte sans doute au moyen d'une barre de fer tandis qu'Athéna, casquée, vêtue du chiton talaire, la main g. sur le bord de son bouclier, lui donne des indications de sa main dr. qui tenait sans doute une lance.

Héraclès et Cerbère : à g., une des trois têtes du monstre sort d'une ouverture, l'entrée de l'Enfer. Héraclès qui l'avait attaché par le cou, tire sur la corde pour l'amener à la lumière.
Après le fronton E. : **Héraclès recevant les pommes des Hespérides.** Héraclès est au milieu, portant sur ses épaules un coussin sur lequel est posé le globe céleste qu'il maintient de ses bras nerveux. Derrière lui, Athéna l'aide à supporter son fardeau. Devant le héros, le rusé Atlas étale six pommes d'or qu'il est allé chercher, mais Héraclès, qui supporte le ciel, ne peut les saisir encore.

****Statue de Victoire.** — Sur un piédestal triangulaire se dresse, aérienne, cette Victoire qui était un ex-voto consacré à Zeus olympien — l'inscription nous le dit — par les Messéniens et les Naupactiens avec la dîme du butin réalisé lors d'opérations contre les Spartiates, en Laconie, après la défaite que leur avaient infligée les Athéniens sur l'îlot de Sphactérie, en 425 av. J.-C. Cette œuvre magistrale fut exécutée par ***Pæonios de Mendé*** (en Thrace) et l'inscription nous précise que l'artiste a remporté le prix au concours institué pour l'exécution des acrotères du temple, c'est-à-dire de la Niké et des trépieds qui surmontaient le faîte et les angles du fronton E.

Avant le fronton O. se trouvait une autre métope : **Héraclès et le taureau crétois** (original au Louvre, sauf la tête et les pattes postérieures). Le héros tire de toute sa force avec le bras droit sur une corde qu'il a passée à la patte de l'animal, tandis que de la main gauche il essaie de saisir l'animal aux naseaux.
Après le fronton O., deux autres métopes : **Héraclès apportant à Athéna les oiseaux du lac Stymphale** (Athéna, tête et bras droit d'Héraclès au musée du Louvre). La déesse, identifiable grâce à son égide, est assise à g. sur un rocher. Elle se tourne vers le héros qui présente à sa protectrice la dîme de sa chasse.
Héraclès et le lion de Némée. Le lion est à terre (original au Louvre). La main gauche tenait la massue, instrument de son triomphe.

Il faut voir encore dans l'ancien musée la vitrine contenant des objets trouvés dans l'atelier de Phidias (outils, moules, fragments d'ivoire et fond du gobelet marqué au nom de l'artiste).

*****Nouveau musée.** — Un bâtiment aux vastes proportions, un peu à l'écart de la route de Tripolis et hors de vue depuis l'Altis, tel est le nouveau musée d'Olympie où sont exposés tous les trésors autrefois visibles sur la colline boisée de Drouva, dans un bâtiment devenu trop petit. Il renferme d'ores et déjà la majeure partie des collections, en attendant de recevoir les frontons du temple de Zeus.

Visite : mêmes conditions que pour l'ancien musée (☎ (0624) 225-79 ou 227-42).

Les collections sont présentées d'une façon très claire, sans surcharge, par ordre chronologique (vous commencerez par la salle à g. en entrant dans le vestibule). Les salles ne sont pas numérotées, mais leur disposition est sans complication : elles sont en enfilade, autour d'un grand salon central, où prendront place les frontons du temple de Zeus.

1re salle. — Autour d'un cheval de bronze de la période géométrique, objets datant surtout des époques mycénienne (notez un curieux **casque** fait de défenses de sanglier, tel qu'il fut décrit par Homère) et géométrique (IXe et VIIIe s. av. J.-C.), en particulier le pied d'un trépied de bronze où une scène figure Apollon et Héraclès se disputant le trépied prophétique, des figurines d'argile et de bronze, etc.

2e salle. — *Collection de bronzes de la fin de l'époque géométrique et de la période archaïque, casques, armures, boucliers. Une **plaque ornée de reliefs** en registres est plus spécialement insolite : il s'agit d'un ouvrage oriental du VIIIe s. av. J.-C. (?). Vous remarquerez aussi une **figure ailée** en bronze martelé, aux yeux incrustés.

3e salle. — Sculptures, terres cuites, bronzes et céramique à figures noires, d'époque archaïque ; reconstitution du **fronton du trésor de Mégare.**

4e salle. — C'est dans l'alcôve au fond de cette salle que sera placée la ****Victoire** visible encore à l'ancien musée. A g. en entrant, ne manquez pas d'examiner le groupe en terre cuite de ****Zeus enlevant Ganymède.** Sur le manteau du dieu, notez des Pégases peints. Ce groupe, de la fin de l'époque archaïque, n'était pas une figure d'acrotère, mais plutôt une offrande indépendante. Une curiosité : **un casque consacré par Miltiade** (inscription), le vainqueur de Marathon, probablement dans la décennie qui précède sa victoire sur les Perses (490 av. J.-C.). Notez également un casque mède doré, partie du butin amassé au détriment des Perses lors des guerres Médiques et qui fut consacré à Zeus.

5e salle. — Sculptures de la fin de l'époque classique et de l'époque hellénistique.

Au fond de cette salle s'ouvre le passage conduisant à la salle de l'Hermès, tandis que le circuit de visite se poursuit à dr.

Salle de l'Hermès. — Au centre de cette salle se trouve la fameuse statue de l'*****Hermès dit de Praxitèle,** en marbre de Paros, découverte dans la cella du temple d'Héra. L'attribution de cette statue au grand sculpteur est cependant controversée par certains qui la considèrent, sans doute à juste titre, comme une copie d'époque romaine.

Le nom de l'artiste ne nous est révélé que par le témoignage sommaire de Pausanias, historien et géographe du IIe s. apr. J.-C. : « Il y a dans l'Héraion, entre autres ex-voto, un Hermès de marbre portant Dionysos enfant ; c'est l'œuvre de Praxitèle. » Cette statue symboliserait un traité d'alliance entre l'Arcadie (Hermès) et l'Elide (Dionysos), mais rien n'est moins sûr.

Le groupe s'explique ainsi : Hermès, messager des dieux, a reçu de Zeus la mission de soustraire à la jalousie d'Héra le petit Dionysos, né des amours de Zeus et de Sémélé. Il doit le porter aux nymphes chargées de l'élever en secret. Il s'est arrêté en chemin, près d'un arbre, tenant l'enfant sur son bras et l'amusant avec une grappe de raisin.
Le marbre a conservé tout son poli, seulement moucheté par de légères incrustations brunâtres. L'Hermès est un éphèbe robuste qui s'est entraîné dans les palestres argiennes. Il paraît presque humilié par l'office de nurse dont les dieux l'ont chargé. « Il regarde au loin la route, distraitement ; sa lèvre inférieure, qui s'avance, profère un peu de dédain ; les yeux, hautains, sourient avec tristesse..., la paupière inférieure est amortie, comme effacée ; l'expression un peu voilée du regard s'accroît de quelque mystère. » *(Ch. Picard.)*
Cette œuvre, à laquelle les Anciens ne semblent pas avoir prêté une attention particulière, n'était nouvelle ni par le motif, ni par l'attitude. Elle est d'une exécution irréprochable et l'on dirait même que le marbre est trop bien travaillé. Si le petit Dionysos est sacrifié — car les artistes ne s'intéressent pas encore à l'enfance —, en revanche la minutie avec laquelle est traité le dos, la recherche dans les plis de la draperie qui doivent dissimuler le support, tout

cela justifierait le jugement d'un voyageur dédaigneux : « Il est pommadé » *(M. Barrès.)*
On notera sur les lèvres et dans les cheveux des traces de polychromie. Si choquant que cela puisse nous paraître, il faut se souvenir que, parmi ses œuvres, *Praxitèle* préférait celles que le peintre *Nicias* avait colorées.

6e, 7e, 8e salles. — Elles abritent de la céramique et des sculptures de la fin de la période classique et des époques hellénistique et romaine, ainsi que des inscriptions, bronzes, accessoires relatifs aux jeux Olympiques antiques. Dans la **salle 7**, en particulier, sont regroupées les **statues** provenant **du nymphée d'Hérode Atticus.**

A proximité du nouveau musée, sur la colline, ont été mises au jour une **acropole mycénienne** avec tombes à chambre et des sépultures romaines et paléochrétiennes.

Dans le bourg moderne d'Olympie, vous pourrez visiter un **musée des jeux Olympiques**, créé par le *Comité International Olympique.* Il retrace l'histoire des jeux modernes depuis leur rétablissement en 1894 en Grèce, à l'aide de médailles, photographies, timbres et souvenirs divers (visite de 8 h à 19 h 30 en été et de 9 h à 15 h 30 en hiver ; de 10 h à 18 h ou 16 h 30 le dim.).

Environs d'Olympie. — Kresténa (12 km). — Au S. d'Olympie, les abords de ce village ont révélé plusieurs sites archéologiques de modeste importance : à 2 km sur la route de Pyrgos, une piste à dr. conduit à **Makrysia**, peut-être situé près de l'ancienne *Scillonte*, et où l'on a découvert les restes d'un grand **temple dorique périptère**, sur une terrasse. Sur le plateau de **Babès**, *N. Yalouris* a également découvert un autre **petit temple dorique** du Ve s. av. J.-C., sur la butte Arnokatarachon ; au pied de ce temple, **vestiges de maisons** attestant l'existence d'une ville dont le nom est inconnu mais dont les origines remontent à l'époque géométrique.
Près de Kresténa encore, ruines du **monastère gothique de N.-D.-d'Issova** (Palatia), construit par les Francs et incendié par les Grecs en 1264.

P

Parga

Carte-itinéraire 10. — Arta, 91 km. — Igouménitsa, 49 km. — Prévéza, 57 km.

Sur une côte dont vous apprécierez la grandiose beauté lors du trajet d'accès par la route, Parga, un gros village de pêcheurs blotti contre l'épaule d'une colline couronnée par les ruines d'une forteresse vénitienne (1572), est un petit paradis, sans doute pour peu de temps encore.

Indicatif téléphonique : 0684.

Hôtels :

¶¶ *Lichnou Beach* (☎ 31-257) 84 ch. ✂ (■) ▥ ⛫ ☎ ❀ ▭ ≋ ✈ 🅿 night-club.

¶¶ *Parga Beach* (☎ 31-410) 80 bungalows ✂ ▥ ⛫ ☎ ≋ 🅿 ouv. avril-oct.

¶ *Avra* (☎ 31-205) 18 ch. ✂ ⛫ ≋ 🅿 ouv. avril-oct.

Club de vacances :

Hellas Bungalows; réserv. à Athènes, *Ghiolman Greek Holidays,* 1, rue Filellinon (☎ 323-03-30) ; ouv. mai-sept.

Paros [Ile de]*

195 km²; 7 500 habitants.

L'île du plus beau marbre qui soit au monde est l'une des plus attrayantes des Cyclades ♦ et son chef-lieu, Paros ou Parikia, est une charmante petite bourgade dont les maisons, blanches et pimpantes, souvent ornées de fleurs, sont situées selon la plus grande fantaisie le long de ruelles tortueuses; mais un très important afflux touristique, surtout germano-britannique, est la rançon du succès....

Indicatif téléphonique : 0284.

Police touristique : en été (☎ 21-560).

Hôtels :

¶¶ *Xénia* (☎ 21-394) 23 ch. ✂ ▥ ⛫ ☎ ≋ 🅿 ouv. avril-oct.

¶ *Paros* (☎ 21-319) 12 ch. ▥ ⛫ ☎ ≋ 🅿 ouv. avril-oct.

A Marpissa :

¶¶ *Xénon Marpissis* (☎ 41-288) 10 ch. ✂ ▥ ⛫ ☎ ≋ 🅿 ouv. juin-sept.

A Naoussa :

¶¶ *Hippocampus* (☎ 51-223) 49 ch. ✂ ▥ ⛫ ☎ ≋ 🅿 ouv. avril-oct.

¶¶ *Naoussa* (☎ 51-207) 10 ch. ✂ ▥ ⛫ ☎ ≋ 🅿 ouv. avril-oct.

¶ *Piperi* (☎ 51-295) 8 appts.

Bateaux : nombreux services hebdomadaires au départ du Pirée en 6 h 20 via Syros et vers Théra (Santorin) et la Crète.

***Une journée à Paros.** — Si vous avez l'esprit migrateur, vous arriverez peut-être à vous arracher, au terme d'une journée, au charme subtil de Paros, après avoir visité sa petite capitale, pris un bain à la plage de Krias (allez-y par bateau, car elle est de l'autre côté de la rade), déjeuné dans un petit restaurant du port et circulé dans l'île, par exemple, jusqu'au vallon de Pétaloudès, ou effectué le tour de l'île.*

Visitez, près du port, la vénérable **église de la Panaghia Hekatondapyliani** (Katopoliani), la Tour-Sainte aux cent portes, que domine sa coupole et qui fut bâtie dès le VIe s., ainsi qu'en témoigne sa façade, mais qui doit beaucoup à une restauration du Xe s. (fresques, icônes).

Dans le petit **musée** qui dépend de l'église, une inscription vous remettra en mémoire le poète *Archiloque*, un enfant du pays, qui, au VIIe s. av. J.-C., ravissait ses contemporains avec ses iambes doux-amers, pleins d'ironie lyrique, ses hymnes et ses élégies... poète, mais aussi aventurier — il fut un mercenaire — qui mourut dans un obscur combat, à Paros, contre les gens de Naxos.
Le **marbre de Paros**, également dans ce musée, est une autre curiosité : il s'agit d'un fragment de table chronologique qui nous donne la date apocryphe de la naissance d'Homère. Cette chronologie couvre une période de 1 318 ans, depuis Cécrops jusqu'à 263 av. J.-C. ; un autre fragment est conservé à Oxford.

En suivant la rue principale, parallèle à la promenade le long de la mer, vous découvrirez les restes d'un vieux **kastro** franc, bâti en partie avec des blocs antiques d'un temple d'Héra. Allez aussi jusqu'à l'hôtel *Xénia*, d'où vous verrez quelques **moulins à vent**, sans doute moins célèbres que ceux de Mykonos, mais tout aussi élégants.
Au N. de la ville, sur le **mont Koumados**, on a mis au jour les restes très délabrés d'un **sanctuaire d'Aphrodite** ; près de là se trouvent également les ruines d'un **sanctuaire d'Apollon délien**, limité par un mur de péribole d'époque archaïque et comprenant un temple d'Artémis. Au S. de la ville, restes d'un **Asclépieion** et d'un **Pythion**.

Environs de Paros. — 1 — Vallon de Pétaloudès (env. 3 h 30 de marche, aller et retour). — Pour atteindre ce vallon, hanté en été par des myriades de papillons, quittez la route côtière pour prendre un chemin muletier, à g. près de l'hôtel *Xénia*. Par une petite vallée très verdoyante, vous accéderez, en 1 h 30, au **couvent de Christos tou Dassous**, puis, à 20 mn de là, au vallon de Pétaloudès, planté d'arbousiers, de noyers et d'arbres fruitiers divers.

2 — Le tour de l'île (env. 50 km). — Ce sera, en réalité, un circuit à travers la partie N. de l'île, que vous ferez en taxi, en 2 h 30 à 3 h, en passant par les carrières antiques, où un petit relief consacré aux nymphes marque l'entrée de la grotte formée par les tailleurs de marbre.
Vous verrez également (14 km) **Lefkes**, le plus beau village de l'île, sur un amphithéâtre de collines découpées en terrasses, puis (35 km) **Naoussa**, charmant petit village de pêcheurs ; près du bassin du port subsiste une tour ronde, dernier vestige d'un château des ducs vénitiens de Naxos.
A 1 h de marche de Naoussa, le **monastère de la Zoodochos Pighi**, encore appelé Moni Laggovarda, fut fondé au XVIIe s. L'église est datée de 1657 **(fresques)** mais le couvent fut restauré vers le milieu du XIXe s.

3 — Antiparos. — A l'O. de Paros, cette petite île accessible par caïque est surtout renommée pour sa **grotte**, immense salle souterraine à 70 m de profondeur (visite le matin). Sur l'**îlot Saliagos**, entre Paros et Antiparos, on a mis au jour les restes d'un important **habitat** d'époque **néolithique**.

Patmos [Ile de]★★

33,6 km²; 2 400 habitants.

Ce petit coin de terre de l'archipel du Dodécanèse ♦, à peine peuplé, aride, presque sans ressources, est pourtant l'un des plus célèbres au monde. C'est la terre de l'Apocalypse, le lieu de retraite où St Jean l'Evangéliste écrivit cet ouvrage prophétique dont tout le monde a entendu parler, souvent sans l'avoir lu. C'est aussi un lieu de pèlerinage, non seulement pour les chrétiens qui y visiteront un vénérable monastère byzantin et la grotte de l'Apocalypse, mais aussi pour ceux qui aiment la beauté, car cette île est belle (il faudrait avoir le courage, pour s'en convaincre définitivement, de gravir le mont Profitis Ilias, immédiatement au S. du monastère).

Une terre d'exil. — *Patmos fut mentionnée dès le Ve s. av. J.-C. par Thucydide. La capitale antique, dont il subsiste quelques vestiges de fortifications des VIe-IVe s. av. J.-C., était localisée près de Skala, au sommet de la colline de Kastelli. Très pauvre, elle servit surtout, à l'époque romaine, de lieu de relégation pour les condamnés politiques, et c'est ainsi que l'apôtre y fut déporté, entre 81 et 95, jusqu'en 96. Son séjour donna naissance à des légendes : ce serait là, par exemple, qu'il aurait transformé en rocher le magicien Kynops.*

Sous la protection de la papauté. — *En 1088, l'empereur Alexis Comnène fit don de l'île à St Christodule qui fonda, sur l'emplacement d'un autel consacré à Artémis, un monastère connu sous le vocable de Haghios Ioannis Théologos. Les Vénitiens arrachèrent Patmos à la souveraineté des Byzantins en 1207. Après la chute de Constantinople, le pape Pie II prit, en 1461, l'île et le monastère sous sa protection, en brandissant la menace d'excommunication contre ceux qui seraient tentés de la piller. Les Turcs ne durent pas prendre au tragique les foudres pontificales, mais, néanmoins, le monastère fut respecté et l'île connut même une certaine prospérité grâce à d'entreprenants armateurs qui comblèrent le saint monastère de dons somptueux*

Indicatif téléphonique : 0247.

Hôtels :

¶¶ *Patmion* (☎ 31-313) 21 ch. ✂ ▥ ⛰ ☎ ⛱ Ⓟ ouv. avril-oct.

¶¶ *Xénia* (☎ 31-219) 35 ch. ✂ ▥ ⛰ ☎ ⛱ Ⓟ ouv. avril-oct.

¶ *Astoria* (☎ 31-205) 14 ch. Ⓟ

Bateaux : depuis Le Pirée, 4 serv. par sem. en 10 h ; au départ de Rhodes, 2 serv. par sem. en 9 h par Cos et Kalymnos.

Vos loisirs sur l'île de Patmos seront très larges ou très restreints, selon que vous emprunterez les bateaux des lignes qu'il est convenu de qualifier de régulières ou, au contraire, ceux des croisières organisées. Dans les deux cas vous visiterez le célèbre monastère et, dans le premier seulement, vous aurez la possibilité de vous baigner (de préférence à la plage de Grikou, à 5 km de Skala) et de fréquenter les petits restaurants du port (par exemple sous les platanes de la terrasse de l'Unica) ou les tavernes.

De **Skala**, ce petit port où vous aurez débarqué, vous monterez, en taxi ou en autobus, jusqu'au (4 km) monastère Haghios Ioannis Théologos, et au gros bourg de **Chora**, l'un des plus étranges villages des îles grecques au charme encore un peu médiéval et que domine le monastère.

Chemin faisant, vous passerez à proximité (2 km) de la **grotte Haghia Anna**, où vécut St Jean. Cette grotte est comprise dans un petit monastère qui l'abrite. On montre l'endroit, cerclé de métal, où l'apôtre posait sa tête pour dormir ; à dr. le rocher forme comme un pupitre naturel sur lequel le « disciple » de St Jean, *Prochoros,* aurait écrit sous la dictée de l'apôtre.

Le ****monastère Haghios Ioannis Théologos,** qui domine Chora, a conservé, en dépit des restaurations, son aspect de forteresse médiévale.

Visite : en été, de 8 h 30 à 12 h 30 et de 16 h à 18 h, le dim. de 9 h à 15 h ; en hiver, de 9 h à 13 h 30 et de 16 h à 18 h, le dim. de 10 h à 16 h 30 ; accès payant.

Vous y visiterez le **catholicon**, précédé d'un narthex décoré de **fresques** (histoire des évangélistes, le Jugement dernier) ; l'église proprement dite est ornée de fresques à fond d'or illustrant la vie de St Jean. A dr. s'ouvre la **chapelle de la Panaghia,** avec des fresques de 1745 et une iconostase du début du XVIIe s. A g. se trouve le **trésor.**

Vous visiterez également la **salle des hôtes,** le **réfectoire** décoré de fresques (XIVe s. ?) et surtout les salles aménagées en **musée**, où vous admirerez, outre des objets de culte, des vêtements sacerdotaux, des icônes et des documents divers, une partie des trésors de la **bibliothèque** du monastère, qui renferme plusieurs centaines de **manuscrits** des époques byzantine, franque et turque, ainsi que de nombreux ouvrages imprimés.

■ Patras (Patrai)

Cartes-itinéraires 4, 5, 9 et 10. — Athènes, 219 km. — Corinthe, 132 km. — Delphes, 153 km. — Igouménitsa, 286 km. — Olympie, 113 km. — Pylos (Navarin), 212 km.
120 000 habitants ; évêché ; chef-lieu du nome d'Achaïe.

Cet important port, qui tend à supplanter Le Pirée pour le trafic passagers grâce au développement des relations maritimes avec les ports italiens de l'Adriatique, est une ville d'un intérêt très relatif pour le touriste. Elle ne sera guère qu'un lieu de passage, ce qui explique sans doute la médiocrité qualitative de ses ressources hôtelières.

Une autre Tripolis. — Patræ *(Patras est le nom français à l'accusatif) fut formée par la réunion de trois localités rurales :* Aroé *(l'Agricole), résidence du roi indigène Eumélos (le riche en troupeaux), peuplée dès la plus haute Antiquité par une colonie ionienne conduite par Triptolème,* Antheia *(la Fleurie) et* Mésatis *(la Ville du milieu). Après l'invasion dorienne, une colonie achéenne de Laconie vint s'y installer et Patræ se rapprocha d'Athènes et d'Argos. Auguste y fonda une colonie militaire, appelée* Aroé Patrensis, *qui devint très prospère par le commerce et l'industrie du byssos (coton ?). St André y prêcha le christianisme, et, d'après la légende, y aurait été crucifié et enterré.*
Sous les Byzantins, du VIIIe au Xe s., elle se peupla de réfugiés chassés de l'intérieur par l'invasion slave. Au XIIIe s., après la conquête franque, Patras devint le fief de Guillaume Aleman, un chevalier provençal, et le siège d'un archevêché latin. Les Vénitiens s'en emparèrent en 1408 et la conservèrent jusqu'en 1430. Prise par les Turcs en 1460, Venise la contrôla à nouveau entre 1687 et 1715.

Indicatif téléphonique : 061.
Police touristique : place III Symmachou (☎ 20-29-02) et, pour les environs, 52, rues Gounari et Ypsilantou (☎ 32-55-61).
O.N.H.T. : à Glyfada (☎ 42-03-04).
Automobile et Touring Club de Grèce (ELPA) : 32, place Géorgiou A. (☎ 27-69-20).

Hôtels :

¶¶¶ *Astir*, 16, rue Haghiou Andréou (☎ 27-75-02) 120 ch.

¶¶¶ *Moreas* (☎ 42-45-41) 70 ch.

¶¶ *Achaïa Beach*, à 3 km, à Paralia Proastiou (☎ 99-18-01) 87 ch. night-club.

¶¶ *Florida*, à 8 km, à Psathopyrgos (☎ 93-12-29) 82 ch. ouv. mars-oct.

¶¶ *Galaxy*, 9, rue Haghios Nicolaos (☎ 27-88-15) 55 ch.

¶¶ *Majestic*, 67, rue Haghiou Andréou (☎ 27-20-02) 73 ch.

¶ *Acropole*, 32, rue Haghiou Andreou (☎ 27-98-09) 33 ch.

¶ *Delphini*, 102, Hérôon Polytechniou-Terpsithea (☎ 42-10-01) 71 ch.

¶ *Méditerranée*, 18, rue Haghios Nicolaos (☎ 27-96-02) 93 ch.

¶ *Métropolis*, pl. Trion Symmachon (☎ 27-55-35) 22 ch.

A Rhion (17 km à l'E.) :

¶¶¶ *Averof Grand Hôtel* (☎ 99-21-02) 267 ch.

A Lakopétra (30 km au S.-O.) :

¶¶ *Ionian Beach Bungalows* (☎ 51-300) 79 bungalows ouv. avril-oct.

A Metochi (40 km au S.-O.) :

¶¶ *Kalogria Beach* (☎ 31-276) 96 ch. et 253 bungalows ouv. mai-oct.

Restaurants :
Apostolis, au coin des rues Londou et Roufou (☎ 27-32-44).
Daphnes à *Bozaitika* (env. 4 km de Patras ; ☎ 42-10-08), près de la mer, au milieu d'un joli jardin ; bonne cuisine, prix raisonnables.
Eva, à 4 km de Patras sur la route de Pyrgos (☎ 32-93-97) ; fruits de mer et poissons.
Evanghelatos, Aghiou Nikolaou (☎ 27-77-72), un des plus vieux et plus connus restaurants de Patras.
Koukos, à *Koukouli*, environ 2 km du centre ville (☎ 32-50-77).

Club de vacances :
Kalogria, à Metochi (40 km de Patras) ; réserv. à Athènes : *K. Arvanitis*, 36, rue Voulis (☎ 322-67-47).

Campings :
Kato Achaïa, 23 km au S.-O. de Patras (☎ 22-400) 300 pers., 150 voit., 70 caravanes ; sports nautiques ; ouv. tte l'année.
Patron Camping, au S.-O. de Patras (☎ 42-41-31) 800 pers., 250 voit., 50 caravanes sports nautiques ; ouv. tte l'année.
Rio Castle Camping, à Paralia Rhion (☎ 42-93-23) 50 pers., 20 voit., 5 caravanes sports nautiques ; ouv. mai-oct.

Compagnie aérienne : *Olympic Airways*, 71, rue Othonos (☎ 27-90-70).

Bateaux : ferries pour Igouménitsa, Corfou et l'Italie ; liaison quotidienne avec Céphalonie ; 3 fois par sem. avec Ithaque ; 1 fois par sem. avec Paxi.
Bac entre Rhion et Antirhion.

Chemin de fer : gare de la ligne du Péloponnèse, av. Othonos et Amalias (☎ 27-78-70).

Autobus : gare routière des lignes Athènes-Patras-Pyrgos, angle des rues Hag. Nicolaou et Hag. Andréou.

Location de voitures : *Avis*, 11, av. Othonos et Amalias (☎ 27-55-47) ; *Hertz*, 5, rue Kolokotroni (☎ 22-09-90).

Artisanat : exposition 40, place Georgiou A. (☎ 27-27-73).

Manifestations : 3 semaines précédant le carême orthodoxe, carnaval ; extraordinaire animation dans la ville.

Les amateurs d'archéologie visiteront (en 2 h) le musée archéologique, un odéon romain et le kastro. Pour tuer le temps avant de vous embarquer, vous flânerez dans le quartier du port, particulièrement animé en été, où les terrasses de café sont accueillantes, mais pour vous restaurer convenablement vous prendrez plutôt la route d'Olympie, jalonnée de petites tavernes.

Musée archéologique. — La rue Haghios Nicolaos, qui débouche sur le port, vous conduira au musée, à 500 m, si vous prenez soin de tourner à g. dans la deuxième artère (rue Maizonos).

Visite : en été, de 9 h à 13 h et de 16 h à 18 h ; en hiver, de 10 h à 16 h 30 ; le dim. de 10 h 30 à 14 h 30 ; fermé le mardi ; accès payant.

Ce musée renferme des objets mycéniens, des sculptures, notamment des fragments d'une *gigantomachie* (combat des dieux et des géants), provenant du temple de Mazi (consacré à Athéna Skillountia?), une tête de *coré* d'époque archaïque (VIe s. av. J.-C.), des sculptures romaines découvertes à Patras, des mosaïques, etc.

Kastro. — Par la rue Haghios Nicolaos, vous monterez au kastro, qui se compose d'une enceinte extérieure et d'un réduit.

La porte principale s'ouvre dans une **grande tour** d'époque turque. Dans la courtine N. (à g.), on retrouve encore quelques vestiges de l'époque byzantine, antérieure à la conquête et peut-être même au siège que soutint la citadelle en 805 contre les Slaves. Cette muraille contient de nombreux fragments antiques de remploi, ainsi que certaines parties du réduit. Celui-ci, au sommet de l'**ancienne acropole** *(Aroé)*, fut renforcé par les *Paléologue* (1430-1460) qui érigèrent un bastion à l'angle saillant du réduit. Un gros **bastion à pans obliques** fut élevé par les Vénitiens au début du XVe s. ou peut-être par les Turcs peu après la prise de la ville, en 1460.

Odéon romain. — Pour accéder au kastro, vous aurez laissé à dr. la rue Haghios Géorgios, à l'extrémité de la rue Haghios Nicolaos. Suivez-la et, à 300 m, vous parviendrez au site de l'odéon, autrefois situé près de l'agora. Il fut construit durant l'époque romaine et détruit au IIIe s. apr. J.-C. Le mur de scène a été remis dans son état primitif, avec ses niches et ses portes.

Aux abords de l'odéon, des fouilles récentes ont mis au jour des restes d'édifices antérieurs et des tombes à ciste d'époque tardive. On a placé là des **mosaïques** trouvées en ville, d'époques romaine et paléochrétienne. Au-delà de l'odéon, la **place Psila Alonia**, elle aussi fouillée récemment, a révélé l'existence, à son emplacement, d'un important **ensemble romain**, sans doute la villa d'un riche notable, ainsi que d'ateliers et autres édifices.

Environs de Patras. — 1 — Rhion (10 km par la route de Corinthe). — Près de l'embarcadère se trouvent les ruines du **château de Morée**, forteresse construite par le sultan *Bajazet II* avant sa campagne de Morée, en 1499, à l'entrée du golfe de Corinthe, large de 2 km.

2 — Mur des Dyméens (33 km ; par la route d'Olympie, puis à dr. vers Araxos, à 20 km, dans Kato Achaïa). — De **Kato Achaïa**, chef-lieu du dème de Dymé, ville fondée par les Egéens, qui fut par la suite le siège d'une importante colonie romaine installée sous Auguste, la route d'Araxos traverse une région marécageuse formée par les alluvions du Larisos.

Près d'**Araxos** se situe l'acropole préhistorique de *Kastro tis Kalourias*, qui fut occupée depuis l'époque néolithique. On y mit au jour des fortifications identifiées avec le *Teichos Dymaion*, le **mur des Dyméens** de *Polybe* qui, selon cet auteur, dépassait 12 m de hauteur. Sur les côtés non protégés par la mer se dressait un puissant rempart, en appareil cyclopéen de 5 m d'épaisseur, construit à une époque encore indéterminée, mais qui fut restauré durant l'Antiquité. La porte principale était percée sous la protection d'une tour. Une entrée secondaire fut aménagée au milieu du grand côté ; cette porte, murée à l'époque byzantine, était probablement couverte par un arc brisé formé par un encorbellement.

■ Pella*

Carte-itinéraire 13. — Edessa, 49 km. — Thessalonique, 40 km. — Verria, 54 km.

A proximité immédiate de la route de Thessalonique, vous verrez les ruines de bâtiments, plus impressionnants par l'ampleur et la rigueur de leur plan que par leur état de conservation, qui appartinrent à l'ancienne Pella. Le musée des fouilles abrite de remarquables mosaïques d'époque hellénistique.

Une ancienne capitale de la Macédoine. — *Durant la période classique, le nom de Pella est tout juste mentionné par* Hérodote *(VII, 123) et* Thucydide *(II, 99, 4 et 100, 4). Vers la fin du Ve s. av. J.-C., elle devint la capitale de la Macédoine lorsque le roi Archélaos, abandonnant* Aigai *(Edessa ou Verghina ?), se fit construire un palais où il attira quelques-uns des auteurs et artistes les plus fameux de son temps, tel* Euripide *(480-406/5), qui y vécut les dernières années de sa vie, et le peintre* Zeuxis *(464-398). Au temps de* Xénophon, *Pella est citée comme étant la plus grande ville de Macédoine. Cependant, même à l'époque où la Macédoine détint la suprématie, c'est-à-dire sous Philippe II (360-336), Alexandre le Grand (336-323), Démétrios Poliorcète (295-283) et Antigone Gonatas (278-240), Pella est à peine citée.*

La description de Tite-Live. — *Selon l'historien Tite-Live, la ville comprenait une cité défendue par une enceinte et une forteresse érigée sur l'île de Phacos, éminence naturelle dominant les marécages qui entouraient Pella, où les rois de Macédoine entreposaient leur trésor. Les fouilles ont corroboré en partie les renseignements de l'historien romain concernant l'île de Phacos, où les archéologues grecs mirent au jour quelques fragments de puissants murs d'époque classique et hellénistique. Pella comprenait, semble-t-il, deux acropoles. L'une d'elles est identifiée avec l'actuel village de* Paléa Pella *et l'autre est située un peu plus à l'O., en un lieu où les services archéologiques grecs ont ouvert un chantier de fouilles. Les bâtiments dont on a mis au jour les restes, près de la route de Thessalonique à Edessa, devaient être localisés dans les quartiers du centre de la ville.*

Visite : t.l.j., en été de 8 h 30 à 12 h 30 et de 16 h à 18 h, le dim. de 9 h à 15 h ; en hiver, de 9 h à 13 h 30 et de 16 h à 18 h, le dim. de 10 h à 16 h 30 ; accès payant ; musée fermé le mardi (☎ (0382) 312-78).

Vous verrez les fondations d'un bâtiment construit vers 300 av. J.-C. environ, sans doute pour abriter des services d'Etat. Il est circonscrit par des rues se coupant à angle droit : Pella apparaît donc comme une ville construite selon un plan hippodaméen (du nom de l'architecte *Hippodamos*, de Milet, qui, au Ve s. av. J.-C., préconisa le premier ce plan de ville en damier pour les nouvelles cités).

Dans sa partie centrale, ce bâtiment comprend une grande cour bordée de portiques, dont il subsiste plusieurs colonnes, redressées. Les pièces principales avaient le sol orné de **mosaïques**, les unes géométriques (visibles en place), les autres à décor figuré (exposées au musée). Quelques dizaines de mètres à l'O., vous pourrez voir un autre bâtiment dont les beaux pavements en mosaïque (IIIe s. av. J.-C.) ont été remis en place : grande composition avec l'enlèvement d'Hélène par Thésée (les noms des personnages sont inscrits), chasse au cerf (signée par Gnôsis), combat entre Grecs et Amazones.

A g. de la route, vous visiterez le musée des fouilles, où vous remarquerez surtout les ***pavements en mosaïque** de galets polychromes, de la haute époque hellénistique.

Vous remarquerez un griffon dévorant un cerf, un couple de centaures et surtout deux compositions représentant Dionysos assis sur une panthère, et une scène de chasse au lion (Cratère sauvant Alexandre le Grand lors d'une chasse au lion près de Suse?), ainsi que diverses sculptures, dont un chien de marbre (époque hellénistique), une statuette en bronze de Poséidon, réplique hellénistique du type du Poséidon du Latran (de Lysippe), etc.
A g. de la route se situent d'autres ruines : **maison hellénistique** le long d'une large rue, petite **tholos**, ornée d'un sol en mosaïque (griffon) au moment de la découverte, grand bâtiment de plan circulaire, etc.
Par la route de Paléa Pella, les amateurs d'archéologie atteindront d'autres chantiers de fouilles, notamment celui où les archéologues *Ch. Makaronas* et *Ph. Petsas* mirent au jour un mur à orthostates dont l'épaisseur et l'appareil soigné donnent à penser qu'il s'agit d'une construction royale, peut-être du palais lui-même (dans le village, suivre les pancartes indiquant la direction « acropole »).

Péloponnèse [Le]

Cartes-itinéraires 5, 6, 7, 8 et 9.

La diversité physique de cette péninsule, avec ses petites plaines cloisonnées dans les replis d'un système orographique particulièrement tourmenté, justifie en quelque sorte tous les particularismes dont se réclamèrent les cités-États de l'ancienne Grèce pour s'opposer les unes aux autres. Quel dénominateur commun pouvait-il exister entre l'austère Laconie, impressionnante forteresse naturelle où Sparte forgea sa puissance, et la riche Argolide, le berceau de la première civilisation grecque, celle dont Mycènes sera la cité éponyme pour les archéologues modernes? Ou encore entre les verdoyantes contrées de Triphylie, de Pisatide, d'Elide, et l'Arcadie « envieuse », celle des brigands dans les âpres montagnes d'Andritséna et du mont Erymanthe, curieusement accouplée à l'Arcadie « heureuse », celle des poètes, qu'il faudrait localiser dans la plaine de Tégée (auj. Tripolis)? Chaque vallée, chaque montagne, chaque cap, recèle pour ainsi dire un microclimat naturel et historique. Telle est donc cette terre qui contribua le plus, avec Athènes, à ce qu'il est convenu d'appeler le miracle grec.

L'île de Pélops. — Le Péloponnèse (littéralement l'île de Pélops) est cette presqu'île rattachée à la péninsule balkanique par l'isthme de Mégare qui, vers Corinthe, se rétrécit à 6 km de largeur, étranglement qui a permis le creusement du canal de Corinthe. **La mer a modelé les contours** de cette presqu'île avec de grands golfes (Corinthe, Nauplie, Laconie, Messénie) qui lui confèrent une forme d'ensemble en feuille de platane *(Strabon).*

Un condensé de la Grèce. — Le relief est un raccourci de celui de la Grèce entière. L'O., avec la Messénie et l'Elide, a le style morphologique de l'Epire. L'Achaïe, l'Arcadie, la Messénie orientale, la Laconie, l'Argolide ont la structure et le relief morcelé de la Grèce centrale et septentrionale : l'ensemble s'ordonne en une série de massifs calcaires séparés par des fossés d'effondrement, orientés N.-S.

Un climat différencié. — Le climat est méditerranéen, mais ne va pas sans nuances. A l'intérieur, il manifeste une certaine rudesse qui élimine la culture de l'olivier. A l'E., l'Argolide a la même atmosphère que l'Attique. Au S., les plaines de Messénie et de Laconie sont assez chaudes et humides pour voir mûrir les bananiers. La façade occidentale est abordée par des vents d'O. chargés d'humidité.

Les dissonances économiques. — L'Arcadie, dans son labyrinthe de montagnes aux longs hivers, est une région d'économie archaïque où le noyer remplace l'olivier et où le maïs est cultivé dans les poljés. L'Argolide pratique la polyculture méditerranéenne avec des céréales, du tabac, la vigne, l'olivier et des légumes maraîchers. La Messénie et la Laconie sont un foisonnement d'oliviers, de citronniers, d'orangers, de vigne, de champs de blé et de maïs. La façade occidentale, la plus peuplée des terroirs du Péloponnèse, est aussi la plus riche avec des cultures modernes irriguées (vigne, oliviers, céréales) et un grand port, Patras, troisième ville de Grèce. Mais l'ensemble du Péloponnèse n'échappe pas au dépeuplement, amorcé par l'exode rural des zones montagneuses et qui touche même aujourd'hui les vallées ; les activités touristiques, trop ponctuelles et saisonnières, ne peuvent relayer l'économie ancienne et les industries ne trouvent guère d'incitation à s'implanter, excepté dans la zone urbaine et portuaire de Patras.

■ **Philippes** (Filippi)**

Carte-itinéraire 14. — Alexandroupolis, 189 km. — Kavalla, 15 km. — Thessalonique, 169 km.

Cette ville est surtout connue par la bataille que s'y livrèrent, en 42 av. J.-C., les deux armées romaines commandées d'une part par Brutus et Cassius, les meurtriers de Jules César, d'autre part par Octave et Antoine qui remportèrent la victoire. Cette rencontre décida du sort de la République romaine. Les vaincus se donnèrent la mort et les vainqueurs, en envoyant à Philippes d'importantes colonies civiles et militaires, contribuèrent à la fortune de la ville. L'apôtre Paul fit à Philippes sa première prédication évangélique sur le sol européen (Actes, XVI, 9-40).

Une cité de soldats laboureurs. — *Sous la conduite du banni athénien Callistrate, les habitants de Thasos fondèrent, sous le nom de* Krénides, *le premier établissement un peu avant l'avènement de* Philippe II *(356-336). En 356, la ville reçut son nom du roi de Macédoine, Philippe II. Cette région était très riche grâce au produit des mines d'or du Pangée où, selon une tradition citée par Pline, le roi* Cadmos, *fondateur de Thèbes, aurait découvert et fondu pour la première fois le précieux métal. A l'époque romaine, la ville fut le siège d'une colonie à caractère essentiellement agricole et militaire. Après la bataille de 42 av. J.-C. qui eut lieu dans la plaine comprise entre les marais et les escarpements de la montagne, Philippes y reçut de nouveaux colons.*

Après le passage de St Paul et surtout après l'avènement de Constantin, le christianisme prit un rapide essor dans cette ville qui, dès le Ve s., possédait une importante basilique. Au Xe s., sous Léon le Sage, elle était le siège d'une métropole byzantine. Citée vers le milieu du XIIe s. par le géographe arabe Idrisi, Philippes déclina au siècle suivant au moment de l'arrivée des Francs. L'Ecole française d'Athènes y effectua, ainsi que les services archéologiques grecs, plusieurs campagnes de fouilles qui viennent de reprendre ces dernières années.

En 1 h environ, vous visiterez les ruines, parfois impressionnantes, d'une cité romaine et byzantine relativement modeste, mais qui était pourvue d'un vaste forum et d'un théâtre, cadre du festival de Philippes et Thasos, entre le 15 juillet et fin août. Philippes devait l'essentiel de son importance à la via Egnatia, cette artère de plus d'un millier de milles romains (env. 1 500 km) qui reliait Dyrrachium (auj. Durazzo ou Dürrës en Albanie) à Byzance. Parking aménagé près du théâtre.

Visite : t.l.j., en été de 8 h 30 à 12 h 30 et de 16 h à 18 h, le dim. de 9 h à 15 h ; en hiver de 9 h à 13 h 30 et de 16 h à 18 h, le dim. de 10 h à 16 h 30 ; accès payant ; musée fermé le mardi (☎ (051) 51-62-51).

Théâtre. — Adossé à la pente de l'acropole et aux remparts, il remonte au IVe s. av. J.-C. De cette période il ne reste plus rien, car il fut profondément remanié durant la période romaine. Au IIIe s. apr. J.-C., il fut aménagé pour permettre des combats de gladiateurs et des chasses d'animaux sauvages. De cette période datent les trois bas-reliefs (Pl. **8**) représentant Némésis, déesse protectrice des jeux de l'arène, Mars et Niké.

Le rempart qui jouxte le théâtre et monte jusqu'au sommet de l'acropole fut élevé par les Byzantins au Xe s., le plus souvent sur les fondations du mur construit par Philippe II en 356 av. J.-C. Une des portes principales de la ville, percée dans ce rempart, est visible à proximité du théâtre, en contrebas de l'autre côté de la grand-route. Le donjon qui se dresse au sommet de l'acropole, presque au milieu du réduit, fut bâti par les Byzantins.
Le rempart macédoniens était renforcé par des tours quadrangulaires, à peu près régulièrement disposées en saillie, et par des dents de crémaillère. Le rempart hellénistique descendait la pente S. de l'acropole pour envelopper la ville. Son tracé, visible tout au long, peut être suivi dans la plaine par les chemins ruraux.

Du théâtre, un chemin mène directement à la basilique A.

Basilique A. — Elle date de la fin du Ve s. apr. J.-C. et est située sur une terrasse qui domine la route moderne.

Elle était précédée d'un *atrium* d'où l'on passait dans le *narthex* qui communiquait avec un vestibule et le *baptistère.* Dans le *naos,* un escalier conduisait au dépôt des reliques, en dessous de l'autel. A l'O. de la basilique A, près du musée, se trouve une autre église paléochrétienne, également datée de la fin du Ve s., qui comportait, elle aussi, trois nefs.
Près de l'angle S.-O. de l'atrium de la basilique A, un passage coudé conduisait à une **citerne romaine** (Pl. 5). La tradition locale plaçait en cet endroit la prison où *saint Paul* fut incarcéré. En haut de l'escalier, remarquez à g. les vestiges d'un édifice macédonien, sans doute un hérôon, que les Romains transformèrent en citerne.

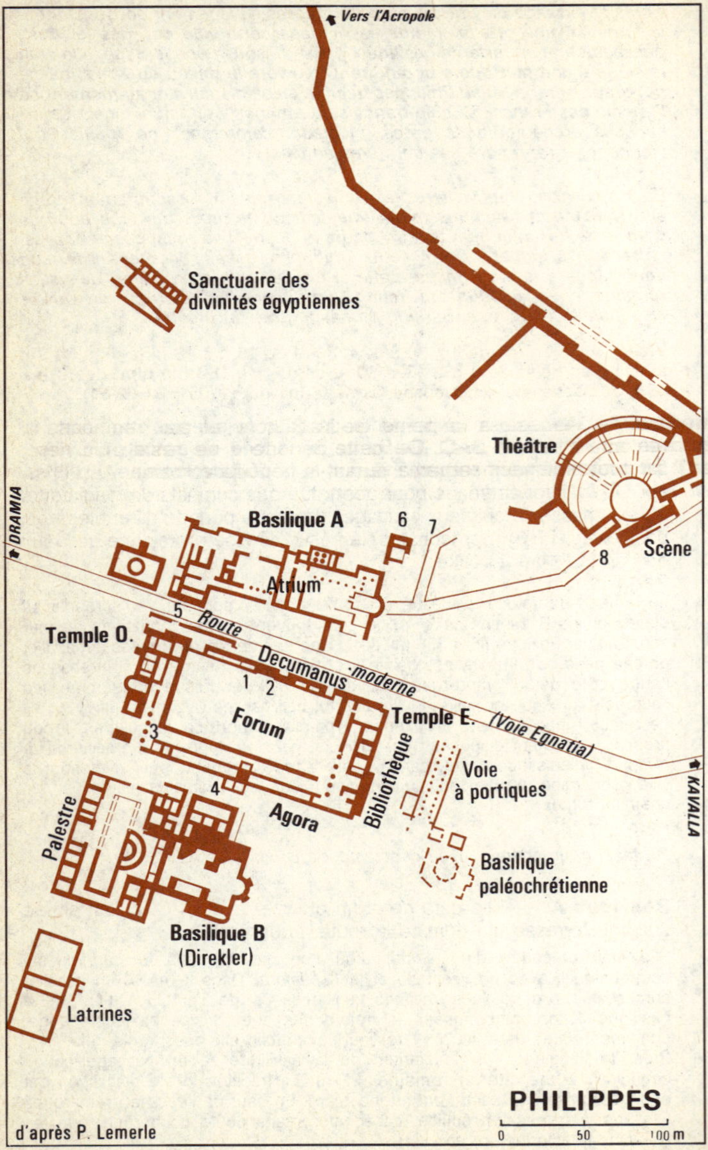
Vers l'Acropole
Sanctuaire des divinités égyptiennes
Théâtre
DRAMIA
Basilique A
6
7
Atrium
Scène
8
5
Route
Temple O.
Decumanus
moderne
1
2
Forum
3
Temple E.
(Voie Egnatia)
Bibliothèque
Voie à portiques
KAVALLA
4
Agora
Palestre
Basilique paléochrétienne
Basilique B (Direkler)
Latrines
PHILIPPES
0
50
100 m
d'après P. Lemerle

Sanctuaires rupestres. — En gravissant le talus qui domine la basilique A, vous verrez à la base du rocher une série de petits **sanctuaires rupestres**. De l'un d'eux subsistent encore trois grandes niches (Pl. 6) et une banquette. A dr., plusieurs **inscriptions latines** (Pl. 7) sont gravées sur la roche. Exécutées au IIe et au IIIe s. de notre ère, elles donnent la liste des membres d'un collège religieux, à caractère funéraire, et la liste des souscripteurs qui contribuèrent à la construction et à l'ornementation du temple de ce collège, consacré à Silvain.

Reliefs rupestres. — Les quelque **180 reliefs et inscriptions rupestres** gravés sur les flancs S. et S.-O. de l'acropole de Philippes sont assurément l'une des curiosités notables du site. Ils sont groupés en grand nombre au-dessus du théâtre, à l'extérieur du grillage qui entoure les ruines, mais on en trouve aussi au-dessus du musée, le long du chemin qui conduit au sommet de l'acropole, et qui passe à proximité du sanctuaire des divinités égyptiennes, enfin à l'extrémité O. de la ville, 1 km plus loin, au-dessus du **monastère de Ste-Lydia**. Plus de la moitié des reliefs représentent **Diane chasseresse**, armée d'un arc, accompagnée d'un chien et lancée à la poursuite d'un cerf ou d'une biche. Il arrive que la déesse brandisse de la main droite une courte lance et qu'elle tienne dans la main gauche un rameau. Les nombreuses offrandes à la chasseresse témoignent de l'ancienne vénération dont la déesse jouissait dans la région et qui s'était prolongée jusqu'à l'époque impériale. On estime en effet que la plupart des reliefs rupestres datent du IIe ou même du IIIe s. apr. J.-C. A côté des représentations de Diane, on aperçoit souvent la figure d'une femme, drapée dans un long vêtement, déesse, prêtresse ou simple fidèle. Parmi les autres divinités dont l'image est gravée sur les rochers, mentionnons **le Héros-Cavalier**, dieu d'origine thrace, **Jupiter**, **Minerve**, **Cybèle**, etc. On a découvert récemment, au sommet de l'acropole, à une vingtaine de mètres au S. du bastion inférieur de la forteresse byzantine, plusieurs **dessins** (bateau, char), remontant sans doute au milieu du Ier millénaire avant J.-C.

***Forum.** — Situé de l'autre côté (c.-à-d. au S.) de la route moderne, ce grand ensemble, formé d'une vaste place dallée de marbre et bordée de portiques sur trois côtés, fut construit probablement sous *Marc Aurèle* (161-180) et remanié à l'époque paléochrétienne. Au centre de la ville, il était encadré par les façades symétriques de deux temples.

Avant de parvenir sur la place, remarquez les ornières laissées par les roues des chars dans le pavement du *decumanus* qui formait le **tronçon urbain de la Via Egnatia.**

Le decumanus a été exhumé tout au long du côté N. du forum, sur 100 m environ. A l'O., au sortir du forum, il passait sous une porte monumentale dont il subsiste les piliers.

Le long du decumanus, sur le forum, vous remarquerez encore les vestiges de la **tribune aux harangues** (Pl. 1) et d'un **édifice ionique** (Pl. 2). Du **temple O.**, il reste de nombreux fragments architectoniques épars sur le sol. Près de l'angle S.-O. se trouve une **table de mesures** en marbre, creusée

de cinq cupules (Pl. **3**). Non loin, vous verrez, sur le stylobate du portique S., de petits trous creusés par des oisifs afin de jouer aux billes, et, ailleurs, sur les dalles de la place, des cercles pour jeux de dés.
Les nombreux éléments architectoniques du **temple E.** ont été disposés en ordre. Non loin de là gisent également les fragments d'un entablement d'une **bibliothèque** qui s'ouvrait sur le portique E. Le côté S. du forum était bordé de boutiques ouvrant en contrebas sur une rue au-delà de laquelle on parvient au **marché**, en partie recouvert par la basilique B. On y accède par un chemin aménagé au milieu du côté g. du forum.
Sur le dallage du **hall** du marché, vous remarquerez, gravés dans les dalles, plusieurs jeux, par exemple des cercles coupés (Pl. **4**) en secteurs égaux par quatre diamètres et qui servaient au jeu de la marelle assise cité par ***Ovide*** dans l'*Art d'aimer* (III, v. 365-366).

Basilique B. — Cet édifice, qui se signale à l'attention par de hauts piliers, fut construit au VIe s. Il semble qu'il ne fut pas achevé, à la suite de l'effondrement de la coupole. Dans cette église, les Bulgares firent graver, en 837, une **inscription** en langue grecque (conservée au musée), pour relater une expédition contre les Smolianes, peuplade slave qui occupait la région comprise entre le Strymon et le Nestos.

Cette basilique se composait d'un *narthex* s'ouvrant sur un espace qui devait être l'atrium, d'un *naos* à trois nefs flanqué en son extrémité orientale par deux petites constructions à abside ; celle du N. comprenait un *baptistère* et un *chrismarion,* où se trouvait le trône de l'évêque, qui servait à la préparation et au cérémonial du baptême. Les deux pièces du S. formaient sans doute le *diaconicon,* où l'on abritait les offrandes des fidèles, remises aux diacres pour la communauté ou pour la célébration de la messe.

Palestre. — Bâtie au IIe s. apr. J.-C., elle fut arasée et en partie recouverte lors de la construction de la basilique. Remarquez surtout les vestiges d'un **petit odéon** à gradins, destiné aux lectures publiques. Près de là, au S., de grandes **latrines** sont exceptionnellement bien conservées.

Basilique paléochrétienne. — Avant le forum, vous verrez depuis la route les restes de l'une des quatre grandes basiliques paléochrétiennes mises au jour à Philippes. On y parvenait en suivant une **voie à portiques** qui s'ouvrait sur la via Egnatia par un propylon à trois baies. A g. se trouvent les restes peu intéressants d'un petit bain, ou loutrôn, qui formait une annexe de l'église.

Avant d'atteindre la cour qui précède la basilique, on traversait une salle rectangulaire, qui formait une sorte de propylée. A g., vous trouverez ensuite un ensemble de pièces dont la première était une **fontaine monumentale** (phialè) à ciel ouvert, dont le centre était occupé par un bassin. Près de la phialè se trouvait le **baptistère**, au sol pavé de dalles de marbre. Les fonts baptismaux, en forme de croix de Malte, étaient également revêtus de marbre. Au-delà de la fontaine s'étend la **basilique** ; elle comprenait un *narthex* et le *naos* proprement dit, de plan asymétrique, de façon à tenir hors du sanctuaire un bâtiment circulaire, autrefois couvert d'une coupole et dont l'usage reste inconnu. L'église comprenait une abside à chaque angle et un **octogone** central entouré d'un portique à étage, sauf à l'E. où se trouvait le chœur. Au VIe s., l'édifice fut remanié et l'on ajouta le *synthronon,* c'est-à-dire les degrés où prenait place le clergé. A l'emplacement de l'octogone, on a mis au jour une **mosaïque** d'une basilique à trois nefs plus ancienne.

A l'extérieur de l'octogone, du côté du baptistère, une **tombe macédonienne** du IIIe s. av. J.-C. a été découverte. Au-delà de la basilique, vers la g., gisent les restes d'un **palais épiscopal**, dont une vingtaine de pièces sont aujourd'hui dégagées.

Les fouilles de ce secteur, que poursuit chaque année l'Université de Thessalonique, sont actuellement (1980) fermées au public.

Musée. — Il renferme la plupart des trouvailles faites sur le site archéologique (antiquités hellénistiques, romaines et paléochrétiennes), mais aussi les poteries et objets néolithiques provenant de **Dikili-Tash** et de **Sitagri**.

Visite : en été, de 9 h à 13 h et de 16 h à 18 h; en hiver, de 10 h à 16 h 30; le dim. de 10 h 30 à 14 h 30; fermé le mardi; accès payant.

Environs de Philippes. — 1 — **Krénidès** (1 km avant Philippes en venant de Kavala). Vers le milieu du village, à env. 100 m de la grand-route (à g. quand on vient de Philippes), le long de la rue du 28-Octobre, on peut voir les vestiges d'une assez grande **église paléochrétienne.**

2 — **Dikili Tach** (à 1 km à l'E. de Krénidès) : V. env. de Kavala, 1.

P Pirée [Le] (Piréefs)*

Cartes-itinéraires 3 et 5. — Athènes, 10 km. — Corinthe, 87 km. — Patras, 219 km. — Thessalonique, 542 km.
190 000 habitants; nome d'Attique.

Le port grec le plus important présente un trait de civilisation typiquement méditerranéen, beaucoup plus rarement observé sur d'autres rivages : la ville s'ouvre généreusement vers la mer et vers son port. Cette compénétration produit d'heureux résultats dont le cosmopolitisme est l'un des plus séduisants, car Le Pirée est un port des plus actifs; l'éclatement de la Grèce en d'innombrables îles l'explique en partie, l'industrialisation du triangle Athènes-Le Pirée-Eleusis et la puissance de la marine grecque (parfois sous pavillon de complaisance) font le reste. Pour ceux qui recherchent la couleur locale, Le Pirée sera donc un théâtre d'observation privilégié.

Est-il aucun peuple capable de s'enrichir comme les Athéniens ? — *Le créateur de la marine athénienne et des ports du Pirée fut* Thémistocle *dont l'œuvre fut complétée, sous* Cimon *et sous* Périclès, *par la construction des Longs Murs, qui reliaient Athènes à son port, et par celle de la ville sur des plans d'Hippodamos de Milet. L'essentiel de l'activité économique d'Athènes, qui aux Ve et IVe s. av. J.-C. eut un caractère d'hégémonie, était entre les mains des emporoï ou négociants du Pirée et le port d'Athènes connut, à cette époque, une extraordinaire prospérité qui permit à* Xénophon *de se demander s'il existait, dans toute la Grèce et chez les Barbares, un peuple plus doué que l'Athénien dans l'art de s'enrichir.*

Sans Le Pirée, Athènes est condamnée à l'asphyxie. — *La possession du Pirée assurait celle d'Athènes : c'est pourquoi* Lysandre *avait démoli l'enceinte du Pirée et une partie des Longs Murs en 404, et que le* *gouvernement aristocratique des Trente livra à Sparte les loges des vaisseaux pour 30 talents (elles en avaient coûté 1 000).* Conon, *vainqueur de la flotte spartiate à Cnide, en 394, restaura les remparts et arsenaux du Pirée.* Lycurgue *compléta cette œuvre par l'achèvement d'une skeuothèque (arsenal des agrès), bâtie par l'architecte Philon de 346 à 329, située près du port de Zéa (Pacha Limani). Sous la domination macédonienne, la forteresse de Mounichie fut occupée par les successeurs d'Alexandre, de 322 à 229 av. J.-C. En 86, Sylla anéantit Le Pirée; Strabon le décrit comme un petit village sans importance. Il le resta jusqu'en 1835.*

Indicatif téléphonique : 01.

Police touristique : Akti Miaouli (☎ 452-36-70).

O.N.H.T., 105, Vas. Sofias (☎ 412-14-00).

American Express : 26, Akti Poseidonos (☎ 417-24-69).

Hôtels :

¶¶¶ *Cavo d'Oro*, léoforos Vasiléos Pavlou (☎ 411-37-42)

¶¶¶ *Diogenis*, 27, léof. Vas. Georgiou (☎ 412-54-71) 78 ch.

¶¶ *Bianca Beach*, rues Makarion et El. Vénizébon (☎ 482-30-65) 50 ch.

¶¶ *Homiridion*, 32, rue Charilaou Tricoupi (☎ 451-98-11) 59 ch. night-club.

¶¶ *Noufara*, 45, rue Vasiléos Constantinou (☎ 411-55-41) 48 ch.

¶¶ *Triton*, 8, rue Tsamadou (☎ 417-34-57) 56 ch.

¶ *Anemoni*, 65, rue Evripidiou (☎ 411-17-68) 45 ch.

¶ *Capitol*, rue Charilaou Tricoupi (☎ 452-49-11) 56 ch.

¶ *Scorpios*, 156, Akti Themistocleous (☎ 451-21-74)

Restaurants et tavernes :

¶¶ *Freattys*, marine de Zéa (☎ 451-95-12), face au port des yachts.

¶ *Panthéon*, 149, rue Koundouriotou (☎ 417-77-68).

Vasilénas, 72, rue Vitolion Aitolikou (☎ 461-24-57); le soir seulement.

A Microlimano :

¶¶ *Aglamair* (☎ 411-55-14); moderne, très élégant.

¶¶ *Kanaris* (☎ 417-51-90); c'est le roi du poisson, mais ne manquez pas de goûter aux crevettes.

¶¶ *Papakia*, 8, rue Karageorgi Servias (☎ 417-25-86); cadre luxueux, cuisines grecque et française.

Et encore, pour les poissons et fruits de mer, quai Koumoundourou : *Kuyu, Prosina Trehandiria, Zephyros, Zorba.*

A Kastella :

¶ *Panorama;* bonne cuisine mais surtout vue splendide sur la baie.

Poste centrale : rue Tsamadou.

Compagnie aérienne : *Olympic Airways*, 27, Akti Miaouli (☎ 452-09-68).

Compagnies maritimes : *Adriatica*, 19, Akti Miaouli (☎ 417-15-51); *Blue Aegean Sea Lines* et *D.F.D.S. Seaways*, 14, rue Xenofontos, Athènes (☎ 323-42-92); *Ceres Flying Hydrowans*, 21, Akti Miaouli (☎ 417-25-46); *Chandris Lines*, 1, rue Kanari (☎ 452-07-15); *Nouvelle Compagnie de Paquebots-Compagnie Française de Navigation*, 39, Akti Miaouli (☎ 452-01-26); *Türkiye Denizcilik Bankasi*, 17, Akti Miaouli (☎ 417-81-17); *Eftkymiadis Lines*, 10, Akti Kondili (☎ 412-52-71); *Epirotiki*, 87, Akti Miaouli (☎ 452-66-41); *Fragline*, 5, rue Filéllinon (☎ 451-05-00); *Helit*, 10, Akti Kondili (☎ 412-52-71); *Hellenic Mediterranean Lines*, gare du chemin de fer électrique (☎ 417-43-41); *Karageorgis Lines*, 10, Akti Kondili (☎ 417-30-01); *«K» Lines*, 33, Akti Miaouli (☎ 452-22-33); *Med. Sun Lines*, 5, rue Sachtouri (☎ 452-47-28); *Townsend Thoresen*, 1, rue Novarinou (☎ 412-21-71); *Trans Tirreno Express*, 71, Akti Miaouli (☎ 451-21-09).

Chemin de fer (Pl. B-1) : pour la Grèce du N., rue Phanostratos ; pour le Péloponnèse, Akti Kalimassiou.

Métro : ligne Le Pirée-Athènes-Kifissia, Akti Kondili.

Autobus : deux lignes pour Athènes (place Syndagma ou Omonia) ; pour la côte Apollon, départ rues Klissovis et Hatzikiriakou ; pour les banlieues N. et E. d'Athènes, départ rue G. Theotoki.

Location de voitures : *Avis*, 71, Akti Miaouli (☎ 452-06-39) ; *Hertz*, 66, rue Vas. Constantinou (☎ 452-66-00).

Le port. — Il a pris une énorme extension, surtout depuis la fin de la dernière guerre. Sans compter les annexes du port d'Héraclès (déchargement de charbon et de marchandises de l'intérieur, chargement de minerais) et plusieurs autres rades, vers Eleusis, affectées à la zone industrielle du triangle Athènes-Le Pirée-Eleusis (constructions navales, métallurgie, produits chimiques, verreries, filatures, distilleries, minoteries, savonneries, etc.), le port principal se divise en trois parties :

Le **Limin Alon**, l'ancien *Kôphos Limin*, un arrière-bassin où jettent l'ancre les navires chargés de marchandises destinées à l'intérieur.

Le **grand port**, le *Kantharos* des Anciens et *Porto Leone* ou *Draco* du Moyen Age, dont les quais sont en partie occupés par les caboteurs et, près de la douane, par les paquebots. Le quai E. correspond à l'*emporion* du port antique.

L'**avant-port**, enfin, abrite des chantiers navals, les cales sèches et les installations de la marine de guerre.

A l'E., **Pacha Limani** est le port de plaisance, récemment agrandi par la **marina de Zéa** (embarquement des hydroglisseurs pour les îles du golfe Saronique) et que complète la petite anse de **Microlimano**.

Quelques chiffres. — Le port principal, d'une superficie de 111 ha et d'une profondeur de 3 à 27 m, a enregistré, en 1972, un mouvement de 22 212 navires, dont environ un quart en provenance ou à destination de l'étranger ; 5 046 892 passagers y ont transité, dont 649 572 de l'étranger, et 11 828 131 t de marchandises y ont été chargées ou déchargées.

Vous considérerez Le Pirée pour ce qu'il est en réalité : un faubourg d'Athènes. Vous n'y résiderez probablement pas, mais vous serez sans doute tenté d'y aller plusieurs fois. Sachez qu'une demi-journée suffit pour visiter Le Pirée. Une matinée sera particulièrement recommandée : vous pourrez ainsi déjeuner à Pacha Limani ou à Microlimano, de poisson surtout.

Où vous garer ? *— Ce ne sera pas facile, sauf si vous venez tôt le matin, du côté de Pacha Limani (Pl. C-2) ou de l'Akté.*

A pied dans la ville. *— Gagnez Pacha Limani (Pl. C-2) en faisant, en voiture, le tour de l'Akté dont le centre est occupé par le quartier populaire de Péraïki (Pl. B-3). De Pacha Limani, vous atteindrez à pied le port central par la rue Tricoupi (Pl. B-2), puis reviendrez par la rue Ralli (Pl. C-2), après avoir fait un détour vers la place Karaïskakis (Pl. B-1) et la porte de l'Asty (Pl. C-1) si vous êtes friand d'archéologie. De Pacha Limani, complétez votre visite par le Microlimano (Pl. D-2), que surplombe le quartier populaire de Kastella (Pl. C-2).*

L'Akté. — Une promenade sur le pourtour de cette presqu'île vous permettra de découvrir quelques beaux ***points de vue** sur le port et sur la côte en même temps que des restes de l'enceinte de Conon, construite entre 394 et 391 av. J.-C. Le mur attribué à *Thémistocle* coupait la presqu'île transversalement en suivant les crêtes (V. le plan).

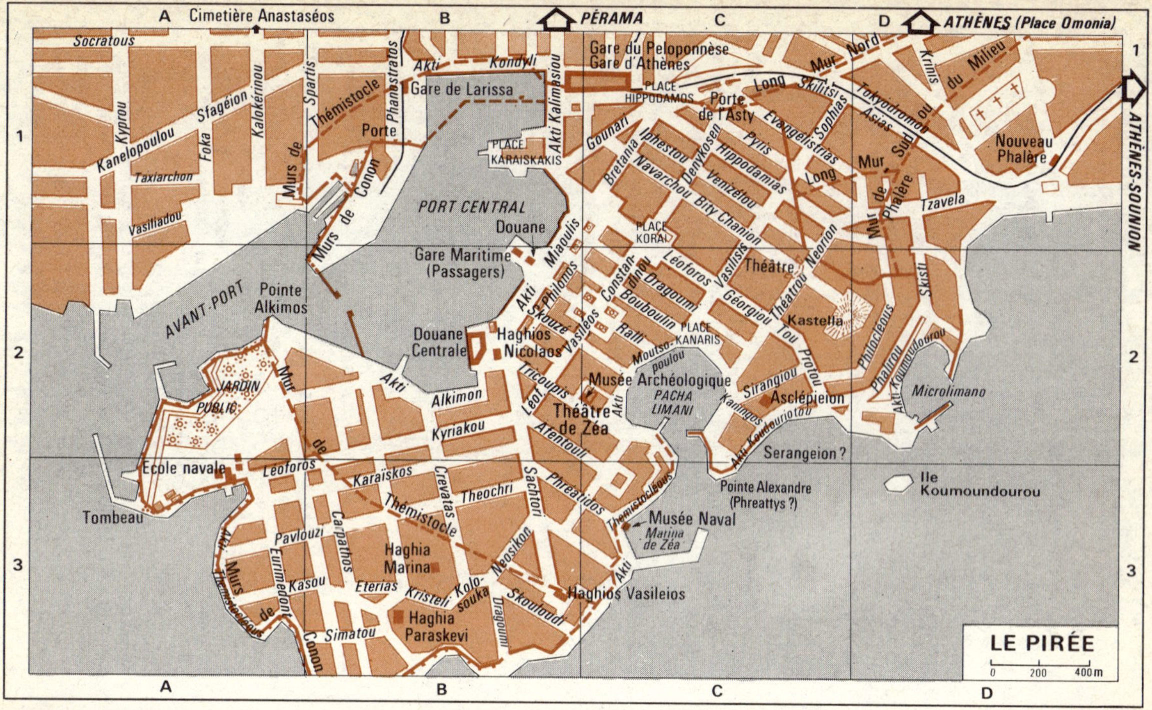
LE PIRÉE
Cimetière Anastaséos
PÉRAMA
ATHÈNES (Place Omonia)
ATHÈNES-SOUNION
Gare du Péloponnèse
Gare d'Athènes
Gare de Larissa
PLACE HIPPODAMOS
Porte de l'Asty
PLACE KARAISKAKIS
PORT CENTRAL
Douane
Gare Maritime (Passagers)
AVANT-PORT
Pointe Alkimos
Douane Centrale
Haghios Nicolaos
PLACE KORAI
PLACE KANARIS
Musée Archéologique
PACHA LIMANI
Théâtre de Zéa
Théâtre
Kastella
Asclépieion
Microlimano
Serangeion ?
Pointe Alexandre (Phreattys ?)
Ile Koumoundourou
Musée Naval
Marina de Zéa
Haghios Vasileios
Haghia Marina
Haghia Paraskevi
JARDIN PUBLIC
Ecole navale
Tombeau
Nouveau Phalère
Porte
Murs de Conon
Murs de Thémistocle
Mur Nord
Mur Sud ou du Milieu
Mur de Phalère
Long
Socratous
Kyprou
Kanelopoulou
Sfagéion
Kalokérinou
Foka
Taxiarchon
Vasiliadou
Spartis
Thémistocle
Phanostratos
Akti Kondyli
Akti Kalimasiou
Gounari
Bretania
Iphestou
Navarchou
Denykosen
Hippodamias
Venizélou
Bity Chanion
Pyris
Evangelistrias
Skilitsi
Sophias
Tokyokromou
Asias
Krinis
Tzavela
Skisti
Miaoulis
Akti Philonos
Skouzé
Vasiléos
Constantinou
Dragoumi
Bouboulin
Ralli
Léoforos Vasilisis
Géorgiou
Théatrou
Neorion
Tou Protou
Moutsopoulou
Tricoupis
Leof
Akti
Sirangiou
Kaningos
Akti Koumouriotou
Phalirou
Akti Koumoundourou
Philocléous
Alkimon
Kyriakou
Afentouli
Léoforos
Karaïskos
Crevatas
Theochri
Sachtori
Phréatidos
Themistocléous
Neosikon
Kolo-souka
Kristeli
Eterias
Dragoumi
Skouloudi
Carpathos
Pavlouzi
Kasou
Eurimedont
Simatou
Conon
Murs de Thémistocleous
0 200 400 m
A B C D
1 2 3

Marina de Zéa et Pacha Limani (Pl. C-2/3). — Ce port de yachting occupe l'emplacement de l'**ancien port de Zéa**, où les Athéniens abritaient une grande partie de leur flotte de guerre.

Ce port, mentionné dans les inventaires de la marine athénienne, était le plus important des 3 bassins à trières : il pouvait en contenir 196, dans des loges de halage dont les ruines ont été en partie reconnues.
La skeuothèque de Philon se trouvait au N.-E. du bassin, sur la place Kanaris. La pointe Alexandra (Pl. C-3), qui ferme le port à l'E., est peut-être la Phreattys, *où se tenait un tribunal criminel, chargé de juger les meurtriers qui avaient franchi la frontière; l'accusé se présentait sur un bateau devant le tribunal siégeant sur la côte.*

Musée naval (Pl. C-3). — Situé au fond de la marina de Zéa, en contrebas du quai Thémistocléous, il est consacré à l'histoire de la marine grecque depuis l'Antiquité jusqu'à nos jours.

Visite : t.l.j. sauf le lundi; en été, de 9 h à 13 h, le dim. de 10 h à 13 h et de 18 h à 21 h; en hiver, de 8 h 30 à 13 h 30, le dim. de 10 h à 13 h et de 17 h à 20 h; fermé le lundi; accès payant (☎ 451-68-22).

Musée archéologique (Pl. B/C-2). — Situé rue Charilaou Tricoupi, il renferme des collections de bas-reliefs funéraires (sur une série de reliefs du IIe s. apr. J.-C. figurent des copies de scènes que Phidias avait sculptées sur le bouclier de l'Athéna Parthénos), de la céramique à figures noires (VIe s. av. J.-C.), à figures rouges (Ve s. av. J.-C.), des sculptures classiques, hellénistiques et romaines, etc.

Visite : actuellement fermé pour réorganisation.

Théâtre de Zéa (PL. B-C/2). — De cette construction d'époque hellénistique (IIe s. av. J.-C.), à côté du musée archéologique et à deux pas de l'ancien port de Zéa, il ne reste plus que de rares vestiges.

Place Karaïskaki (Pl. B-1). — Entre l'arrière-bassin *(Limin Alon)* et le *Kantharos* (le gobelet, en raison de sa forme), la place Karaïskaki est située sur l'emplacement d'un ancien môle, le *Chôma,* sur lequel se réunissait le Conseil des Cinq-Cents, à la veille des expéditions navales.

Porte de l'Asty (Pl. C-1). — Accessible par la rue Skylitsi, à partir de la place Hippodamos (Pl. C-1), elle dressait ses deux tours à l'extrémité de la route d'Athènes. Elle avait été construite par *Thémistocle,* puis remaniée par *Conon* en 394 et par *Lycurgue* en 337.
Au-delà se trouvait l'amorce du **Long Mur du N.** au sommet d'un éperon rocheux que surmontent les restes d'un **sanctuaire** antique et une autre **porte**, en partie visible, avec cour intérieure, où aboutissait la route comprise entre les deux murs (mur du N. et mur du Milieu).
D'autres vestiges de remparts sont visibles au pied de la colline de Mounichie que l'enceinte escaladait pour en suivre la crête. Vous y parviendrez en suivant la rue Pylis (Pl. C-1), qui passe devant la porte de l'Asty avant d'atteindre la rue Kodrou (fondations de murs, de tours).

Sérangeion. — En vous rendant de Pacha Limani à Microlimano, vous monterez sur une falaise très crevassée, identifiée avec le Sérangeion (Pl. C-2), les crevasses, où l'on découvrit les ruines de thermes dits *grotte de Zénon* (Spilia Zinonos).

Microlimano (Pl. D-2). — Cette marine, l'un des coins les plus pittoresques du Pirée, au bassin encombré de navires de plaisance et de bateaux de pêche, occupe elle aussi un port antique, entouré au IVe s. av. J.-C. par une série de 82 loges de trières, dont quelques traces sont encore visibles par eau calme au S. et au N.

De là, vous monterez sur la **colline de Mounichie** (auj. **Kastella**; Pl. C-2), quartier populaire où vous saisirez maintes scènes de la vie quotidienne ; l'ascension vous paraîtra peut-être assez ardue, mais vous en serez récompensé par un ***panorama** sur Le Pirée et le golfe Saronique.
Les restes d'un théâtre, découverts en 1880, ont été enfouis sous des constructions et des monceaux de terre. Vous ne risquez pas ainsi de le confondre avec le vaste théâtre de 2000 places, le *Skylitsion*, bâti par la municipalité sur le modèle des théâtres antiques.

Platamon

Carte-itinéraire 2. — Larissa, 48 km. — Katérini, 36 km.

Au pied du massif de l'Olympe, une petite station balnéaire près d'une forteresse médiévale.

Indicatif téléphonique : 0352.

Hôtels :

¶¶ *Maxim* (41-305) 74 ch.

¶¶ *Platamon Beach* (41-485) 187 ch.

¶¶ *Xénia* (motel; 41-204) 4 ch.

Campings :
Hellas Camping (41-490) 700 pers., 200 voit., 40 caravanes sports nautiques ; ouv. mai-oct.
Platamon (41-301) 260 pers., 88 voit. ou caravanes sports nautiques ; ouv. mai-oct.
Arion, à Panteleimon ; 13000 m²

Poros [Ile de]

33 km²; 4500 habitants.

Sur une carte, cette île apparaît comme une simple excroissance de l'Argolide tant le goulet qui l'en sépare est étroit. De formation volcanique, l'île est rattachée par un isthme à Calavria (Calaurie), ancien îlot à la végétation beaucoup plus riche. Si Poros, à proximité d'Athènes, est avant tout un centre de villégiature très agréable — mais où l'affluence rend la baignade quasiment impossible dès le mois de juin —, les amateurs d'archéologie pourront cependant satisfaire leur passion en visitant sur l'île le sanctuaire de Poséidon et, sur le continent, le site de l'ancienne Trézène (V. env. de Nauplie).

Indicatif téléphonique : 0298.

Police touristique : en été, 30, rue Dimosthénous (22-462).

Hôtels :

¶¶ *Latsi* (22-392) 39 ch.

¶¶ *Néon Ægli*, à Askeli (22-372) 44 ch. ouv. avril-nov.

¶¶ *Poros*, plage de Néorion (222-16) 77 ch.

¶¶ *Sirène* (22-741) 120 ch. ouv. avril-oct.

¶¶ *Stella Maris*, plage de Galatas (22-562) 93 ch. et 35 bungalows ouv. avril-oct.

¶ *Chryssi Avgi* (22-277) 77 ch. ouv mars-oct.

¶ *Galatia*, à Galatas (22-227) 25 ch.

Bateaux : services quotidiens fréquents sur les lignes Le Pirée-îles du golfe Saronique.

Doucement étagé au-dessus du port où somnole le très vieux cuirassé *Averoff* (visites possibles), avec ses maisons blanches aux volets bleus se détachant entre mer et ciel, le bourg de Poros n'offre rien d'autre au visiteur que son charme, mais cela suffit pour y justifier un séjour.

Environs de Poros. — Sanctuaire de Poséidon (5 km, en passant par le couvent de la Panaghia, accessible en taxi). — De ce couvent (voyez l'iconostase, en bois doré, de style italianisant), localisé dans un site charmant, près d'une source, vous monterez, en 40 mn, jusqu'au site du sanctuaire, le **Poséidonion**, qui formait le centre d'une amphictyonie maritime (Hermione, Epidaure, Nauplie, Prasie, Egine, Athènes, Orchomène) et un asile pour les naufragés et les réfugiés. *Démosthène,* poursuivi par les soldats d'Antipater, s'y empoisonna en 322 av. J.-C. Le temple, très ruiné, est du VIe s. av. J.-C. La **vue** depuis ce site est fort belle.
Néorion, accessible en bateau ou à pied, est à proximité de nombreuses criques et plages des plus agréables.

Porto Gherméno

Athènes, 70 km. — Thèbes, 43 km.

Cette petite marine, recluse au fond d'une crique du golfe de Corinthe, au pied du **mont Cithéron**, qui évoque la légende de l'abandon d'Œdipe par son père, Laïos, après que l'oracle de Delphes lui eut révélé que de son union avec Jocaste lui naîtrait un fils qui le tuerait, sera le but d'une promenade pour ceux qui aiment sortir des sentiers battus. Ils y verront les **ruines de l'acropole fortifiée d'Ægosthénai** à g. de la route, avant d'atteindre Porto Gherméno ; les ruines de l'**enceinte urbaine** et de l'**acropole de la ville antique**, du IVe s. av. J.-C., sont remarquablement conservées, avec en particulier plusieurs tours qui s'élèvent encore à une dizaine de mètres de hauteur.

Indicatif téléphonique : 0263.

Hôtels :
¶¶ *Aktéon,* à Villia (17 km ; ☎ 22-226) 26 ch. ouv. avril-oct.
¶ *Ægosthénion* (☎ 41-226) 80 ch. ouv. avril-oct.

Prévéza

Carte-itinéraire 10. — Agrinion, 99 km. — Arta, 51 km. — Igouménitsa, 96 km. — Nicopolis, 8 km.
11 500 habitants.

Ce petit port, gardien de l'entrée du golfe d'Arta, ainsi qu'en témoigne sa forteresse vénitienne, voit actuellement sa sérénité compromise par la construction d'un réseau routier moderne qui le reliera directement à Igouménitsa et à Amphilochia.
Mais Prévéza, l'ancienne *Bérénicia,* n'a-t-elle pas l'habitude des tumultes, elle qui fut le témoin de la bataille d'Actium ?

En hommage à Bérénice. — *Pyrrhus, roi d'Epire, le célèbre « vainqueur à la Pyrrhus », construisit cette ville vers 290 av. J.-C. en l'honneur de sa belle-mère Bérénice, femme du roi d'Egypte Ptolémée. Occupée par les Vénitiens en 1499, elle fut perdue et reprise plusieurs fois par ceux-ci* *avant de passer sous la domination française en même temps que les îles Ioniennes, en vertu du traité de Campo Formio (1797). Elle fut ensuite détenue par le fameux Ali Pacha, puis par les Turcs, jusqu'en 1912.*

Indicatif téléphonique : 0682.

Hôtels :

Aktaeon, 1, rue Kolovou (☎ 22-258) 17 ch.

Métropolis, 1, rue Parthénagogiou (☎ 22-235) 16 ch.

Campings :

Bel Mare (☎ 221-92) 105 pers., 35 voit. ou caravanes ; sports nautiques ; ouv. mai-oct.

Indian Village (☎ 271-85) 100 pers., 20 voit., 10 caravanes ; sports nautiques ; ouv. mai-oct.

Bateaux : bac pour Action.

Artisanat : exposition à la bibliothèque municipale, sur le port.

Vous monterez sur le bastion principal du **Fort-Vénitien**, près de l'embarcadère du ferry-boat qui assure la traversée de l'entrée du golfe d'Arta. De là, en découvrant le golfe et l'arrière-pays, vous revivrez quelques-unes des péripéties de la célèbre **bataille d'Actium** qui, en 31 av. J.-C., fut l'épilogue de la guerre civile entre Octave et Antoine. Actium était un port situé non loin de ce fortin vénitien que vous découvrirez de l'autre côté du détroit, près du **temple d'Apollon Actios**. Des travaux de renflouement des navires ayant participé à la bataille, dont certains sont parfaitement conservés, ont été décidés.

Les adversaires poussent leurs pions. — *Antoine, qui en automne 32 avait son quartier général à Patras, envoya sa flotte à Actium. Agrippa, qui avait préparé le passage d'Octave depuis Brindisi, fit passer ses troupes à Corcyre, puis les jeta sur le golfe d'Ambracie par le N. Elles prirent position à Michalitsi, au N. de Nicopolis ; la flotte se mit à l'ancre dans la baie de Gomaros à l'O. Antoine accourut de Patras et plaça son camp dans le voisinage du temple d'Apollon, puis vint s'installer au N.-O. de Prévéza, avec ses troupes, et offrit sans succès la bataille à Agrippa. Sa cavalerie qu'il avait envoyée contourner le golfe d'Ambracie fut mise en déroute par Octave auprès du fleuve Louros. L'armée d'Antoine, dans une région marécageuse, souffrait des fièvres, quand, par un raid audacieux, Agrippa s'empara de Leucas, poussant même une pointe jusqu'à Corinthe.*

Echec et mat. — *La position d'Antoine devenait critique et il songea à la retraite. Ramenant son camp près d'Actium, il prit l'initiative de regagner Athènes. Sa flotte s'étant rangée devant l'entrée du golfe, il se tint sur la rive, avec l'espoir d'attirer son adversaire sur les gros vaisseaux dont il disposait et de le cerner ensuite avec les plus mobiles. Agrippa, qui devina la manœuvre, se tint éloigné. Après une longue attente, Antoine gagna la haute mer où la flotte d'Octave, après avoir reculé encore, le déborda grâce à sa supériorité en vaisseaux légers. Pendant le combat Cléopâtre s'échappa et Antoine la suivit, tandis que le reste de sa flotte était anéanti.*

Ptolémaïs

Carte-itinéraire 1. — **Florina, 80 km.** — **Kozani, 28 km.**

Au S. d'une belle région de lacs (Pétra, Végorritis, Chimaditis) et près d'une importante centrale électrique, Ptolémaïs est une petite cité ancienne aux environs de laquelle ont été découverts plusieurs habitats préhistoriques.

Indicatif téléphonique : 0463.

Hôtel :

¶ *George*, 3, rue Pavlou Méla (☎ 248-45)

Pylos (Navarin)*

Cartes-itinéraires 8 et 9. — Kalamata, 52 km. — Patras, 212 km. — Pyrgos, 119 km. — Tripolis, 137 km.
3 000 habitants.

Cette paisible bourgade au bord de l'une des plus belles rades de Grèce, celle de Navarin, est l'une des plus charmantes marines du Péloponnèse où, à l'écart des routes encombrées par le grand tourisme, vous trouverez l'ambiance des plages familiales grecques.

Le château des Avars. — *Le nom de Navarino, transmis aux marines européennes par les Vénitiens, et aujourd'hui tombé en désuétude dans le pays, dérive de Tôn Avarinon (château des Avars); c'est ainsi que les Byzantins désignèrent l'acropole de Pylos après l'invasion slave. En 1573, les Turcs y bâtirent la citadelle appelée Néo Kastro (château neuf) pour la distinguer du Vieux Château de Pylos. Les Vénitiens la leur prirent en 1686 et la gardèrent jusqu'en 1715. En 1825, Ibrahim Pacha s'y installa avec ses troupes turco-égyptiennes. Ses excès provoquèrent l'intervention de l'Europe, et le fameux épisode de la bataille de Navarin.*

La bataille de Navarin : un malentendu déplorable. — *D'après la convention de Londres (juin 1827), la France, l'Angleterre et la Russie avaient décidé d'entrer en relations officielles avec la Grèce insurgée et d'imposer un armistice aux belligérants. La Turquie le repoussa. Les escadres alliées commandées par les amiraux Codrington, de Rigny, de Heydden, entrèrent le 20 octobre 1827 dans la rade de Navarin où se trouvait une flotte turco-égyptienne. Les amiraux se proposaient, « sans hostilité ou effusion de sang », d'intimider Ibrahim, de l'obliger à éloigner sa flotte et à cesser de ravager la Messénie. Quelques coups de feu tirés par les Turcs provoquèrent une conflagration générale. A la tombée de la nuit, la flotte ottomane, réduite à 29 petits vaisseaux, avait perdu 6 000 hommes. Cette victoire inattendue fut mal accueillie par la diplomatie anglo-russe et qualifiée de malentendu déplorable par le roi d'Angleterre. La Grèce, dès lors, était libre.*

Indicatif téléphonique : 0723.

Hôtels :

¶¶ *Kastro* (☎ 22-264) 11 ch.

¶¶ *Nestor* (☎ 22-226) 16 ch.

Pylos-Navarin n'offre pas de monuments antiques mais sera surtout considérée comme un centre d'excursions vers le palais de Nestor (à Pylos ♦), le château vénitien de Méthoni ♦, ou en mer, dans la baie de Navarin (V. ci-après). Près du port, la place principale offre, sous de frais ombrages, de sympathiques petits cafés et restaurants.

Près du port, vous visiterez le **Néo Kastro**, une forteresse turque construite en 1573, d'où vous découvrirez la rade de Navarin, et, en ville, un petit musée où des lithographies françaises commémorent la célèbre bataille de Navarin.

***Excursion dans la baie de Navarin.** — Depuis le port, embarquez à bord d'un caïque ou d'un canot à moteur pour parcourir (en 4 à 5 h) la rade de Navarin, qui offre l'un des meilleurs mouillages du monde.

Du côté du large, la baie est fermée par l'**île de Sphactérie** *(Sfaktiria)*, longue jetée naturelle qui présente du côté de la rade d'admirables falaises.
Sur cette île se trouvent le **tombeau du chef de bataillon Maillet**, officier français tué en duel à Navarin en 1833, le **tombeau du prince Paul-Marie Bonaparte**, tué à bord de la frégate « Hellas », en 1827, près de Spetsæ (l'urne contenant ses cendres est à Athènes), le **monument des marins russes**, etc.
Près de la pointe N. de l'île les restes d'un **fortin antique**, sur le mont d'Haghios Ilias, témoignent encore d'un épisode tragique de la guerre du Péloponnèse lorsque 420 Spartiates, cernés par les Athéniens en 425 av. J.-C., résistèrent pendant 72 jours autour de deux puits d'eau saumâtre. Après une résistance désespérée, 292 survivants finirent par se rendre.
De l'autre côté de la **passe de Sykia**, qui sépare la pointe N. de Sphactérie du continent, se dresse un promontoire couronné par les restes de l'**acropole de Pylos**, une petite place côtière qui ne prit de l'importance qu'au moment de la guerre du Péloponnèse, et par les ruines d'un **château franc** bâti en 1278 et parfois désigné sous le nom de **Paléo-Kastro**.
Du rivage, vous monterez en 30 mn env. jusqu'à l'entrée du château dont les murs crénelés, flanqués de tours rondes et carrées, reposent par endroits sur des assises en appareil trapézoïdal de l'acropole antique, dont les murs furent rebâtis par *Epaminondas*.
Près du château, vous explorerez la **grotte de Nestor**, qui communique par un orifice supérieur avec le kastro. La grande salle est remplie de stalactites affectant des formes d'animaux et de peaux suspendues, d'où la légende d'après laquelle Nélée et Nestor y enfermaient leurs troupeaux. On y reconnaît aussi la caverne pylienne de l'hymne homérique où Hermès aurait caché les bœufs qu'il avait volés à Apollon et suspendu les peaux de ceux qu'il avait égorgés. En revenant au port, vous passerez à proximité de l'**îlot Chélonaki** (la Tortue) ou Marathonisi, où se trouvent les **tombeaux des marins anglais**.

■ **Pylos** [Palais de Nestor]

Carte-itinéraire 9. — Kalamata, 60 km. — Kyparissia, 48 km. — Pylos (Navarin), 18 km.

Bien que pratiquement réduit aux fondations, le palais de Nestor prend place parmi les grandes curiosités archéologiques de la Grèce mycénienne. Il ne peut certes pas rivaliser avec Mycènes et Tirynthe, dont il ne possède pas les impressionnants remparts cyclopéens, mais la netteté du plan des bâtiments mis au jour par l'Université de Cincinnati, qui furent construits entre 1300 et 1200 av. J.-C., et les souvenirs qui s'attachent au nom de ce roi Nestor, qui avec 90 vaisseaux participa à la guerre de Troie, vous inciteront à vous arrêter pour le visiter (en 30 mn environ).

Le royaume de Nestor. — *Selon la tradition, la Messénie occidentale était, à l'époque mycénienne, gouvernée par les Néléides, famille originaire d'Iôlkos, près de l'actuelle Volo. Nestor, le successeur de Nélée, fit de Pylos l'une des plus riches cités du monde mycénien. Après la prise de Troie, Nestor revint à Pylos où il régna encore quelques années. Après sa mort, ses descendants gouvernèrent pendant deux générations avant que Pylos ne soit brusquement détruite par les Doriens (vers 1200-1190 av. J.-C. ?).*

Le mycénien, ancêtre du grec. — *La découverte, dans les ruines du palais de Nestor, de nombreuses tablettes inscrites (en linéaire B), en* *complétant le matériel épigraphique exhumé à Cnossos et, plus récemment, à Mycènes, a rendu possible le déchiffrement, par M. Ventris et J. Chadwick, de cette langue qui apparaît comme l'ancêtre direct du grec.*

Visite : en été, en sem. de 7 h 30 à 19 h 30 et le dim. de 10 h à 18 h; en hiver, en sem. de 9 h à 18 h 30 et le dim. de 10 h à 16 h 30; accès payant.

Palais principal. — Vous pénétrerez dans le palais par un **propylon (1)** à colonne axiale. A g. se trouvent deux **dépôts d'archives (2)** où l'on découvrit plus de 600 tablettes inscrites en linéaire B. A dr. s'ouvre une **salle (3)** qui devait être réservée au corps de garde. Au fond de la **cour (4)**, un **portique (5)**, prolongé par un **vestibule (6)**, donnait accès à la **grande salle du mégaron (7)**; à dr. de la cour s'ouvraient d'autres séries de pièces, notamment un **portique (8)** à deux colonnes d'où partait un long **corridor (9)**. A dr., une cage d'escalier **(10)** desservait l'étage ou le toit en terrasse.
Dans l'angle N.-E. du palais était probablement situé l'**appartement de la reine** avec une **grande salle (11)** pourvue d'un foyer circulaire, **boudoir (12)** et **cabinet de toilette (13)**. De la grande salle, on pouvait pénétrer dans une **cour (14)** fermée qui devait être réservée à l'usage de la reine.
La première porte que l'on rencontre en suivant le long corridor donnait accès à une série de **chambres (15)** qui devaient servir de salles d'attente où ceux qui allaient être reçus au palais pouvaient se rafraîchir. Dans l'une de ces salles, on retrouva deux bancs recouverts de stuc peint et, dans une autre, une grande quantité de coupes. En face de ces chambres s'ouvrait une **salle de bains (16)** avec baignoire. Tout à côté s'étendait une autre **cour** fermée **(17)**.
Plus loin, dans le corridor, vous laisserez à dr. un **escalier (18)** dont il reste encore huit marches; il donnait accès à l'étage. Vous rencontrerez ensuite une série de **magasins (19)**. Dans l'autre aile du palais, on mit au jour d'autres **offices (20)** dont l'un renfermait les débris de plus de trois mille coupes.

Second palais. — Au S.-O. du palais principal, on visitera les ruines d'un autre palais (helladique récent III A), plus ancien que le précédent (helladique

PALAIS DE PYLOS

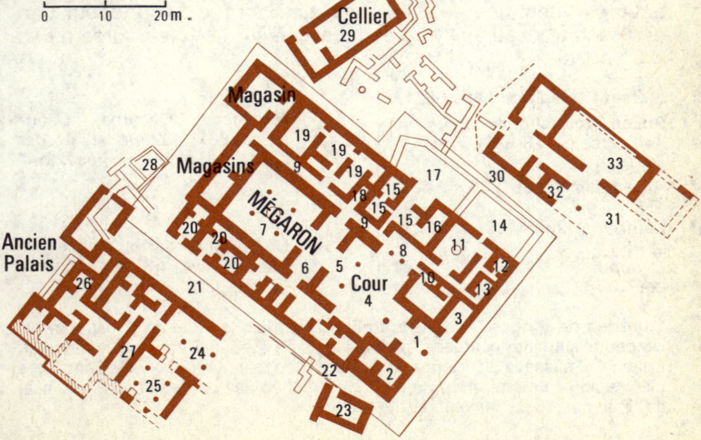

récent III B) dont il fut séparé, après l'érection de ce dernier, par une **cour (21)** autrefois pavée de stuc ou, dans un premier état, de grandes dalles de pierre. Plus à l'O. de la cour s'étendait une **rampe (22)** aménagée entre la **salle aux archives (2)** et un **office (23)** où l'on dégagea une grande quantité de vaisselle.
Ce deuxième palais était composé de **deux grandes salles** dont l'une **(24)** s'ouvrait par un portique à deux colonnes cannelées. Les murs de cette pièce, dite « salle d'Etat », étaient recouverts de stuc peint. Une peinture de cette salle ou d'une salle située au-dessus représentait une scène de carnage où des vaincus étaient précipités du haut des remparts d'une citadelle ou d'une ville enlevée d'assaut.
De cette salle, on pouvait pénétrer dans une grande **chambre carrée (25)** où était peut-être dressé le trône. Plus à l'O. se trouvaient diverses dépendances, offices, **salles de bains (26)** et un **escalier (27)** d'accès à l'étage.

Dépendances du palais principal. — Contournez le palais principal par la g. en remarquant au passage les restes d'une **maison** ou d'un **magasin (28)** contemporain du dernier état du palais et d'un vaste **cellier (29)** précédé d'un vestibule. On y découvrit une grande quantité de jarres dressées dans des trous creusés dans le sol. Ce bâtiment était probablement surmonté d'un étage où logeait peut-être l'intendant. Plus à l'O. s'élevait un vaste bâtiment accessible par une **rampe (30)**. Il s'agit peut-être de locaux administratifs ou de la caserne des gardes du palais. Il était composé d'une **cour (31)** avec un autel situé en face d'un petit **sanctuaire (32)**. Dans une salle plus au N. **(33)** on mit au jour une cinquantaine de tablettes inscrites. Tout autour du palais, on a mis également au jour de nombreuses tombes à coupole. La plus proche est localisée à 80 m au N.-E. du site du palais. Elle appartient au type reconnu à Mycènes.
Les principales trouvailles faites lors des fouilles du palais et des tombes sont exposées au **musée de Chora** ♦ (à 3 km sur la route de Kyparissia).

■ Pyrgos

Cartes-itinéraires 7 et 9. — Olympie, 20 km. — Patras, 93 km. — Pylos (Navarin), 119 km.
20 000 habitants.

Cette grosse bourgade, inintéressante et à l'aspect assez rébarbatif, est identifiée avec l'antique Létrinoi (ou Lédrinoi sur une dédicace trouvée à Olympie), localisée sur la Voie Sacrée d'Elis à Olympie.

Indicatif téléphonique : 0621.

Police touristique : 4, rue Karkavitsa (✆ 23-685).

Hôtels :

¶ *Alcestis* (✆ 23-661) 30 ch. 🅿

¶ *Létrina* (✆ 23-644) 51 ch. 🅿

¶ *Olympos* (✆ 23-650) 37 ch. 🅿

A Skafidia :

¶¶¶ *Miramare Olympia Beach* (✆ 23-601) 332 ch. 🅿 night-club ; ouv. avril-oct.

Compagnie aérienne : *Olympic Airways*, 13, rue Achiléos (✆ 22-200).

☛ **Environs de Pyrgos. — 1 — Epitalion** (7 km par la route de Kyparissia). — Un peu avant cette bourgade, parfois identifiée avec la *Thryoessa* homérique, à laquelle succéda l'ancienne *Epitalion*, citée par Xénophon, les amateurs d'archéologie verront, près du pont sur l'Alphée, les ruines d'un bain romain du IIe s. apr. J.-C., remanié au IVe s.

2 — Phéia. — A **Katakolon** (13 km ; plage) ont été repérés les restes submergés du port antique de ***Phéia,*** au pied du **Pondiko Kastro,** l'ancien Beauvoir des *Villehardouin,* dont les fondations sont celles de l'acropole du port antique. Celui-ci était le seul port de la côte de l'Elide et le seul accès maritime au sanctuaire d'Olympie. Il est évoqué dans l'*Iliade* et dans l'*Odyssée.*

R

Rhodes [Ile de] (Rhodos)***

1 400 km²; 58 950 habitants; chef-lieu du nome du Dodécanèse.

L'île des Roses, la perle du Dodécanèse ♦, est devenue depuis les années 60 un « paradis touristique » qui ne cesse de prendre de l'extension. Toutes les conditions se trouvaient réunies, écrivions-nous il y a quelque temps, pour faire de Rhodes l'un des grands pôles d'attraction du tourisme en Méditerranée orientale : la beauté de ses monuments, son climat d'une grande douceur, son aspect typiquement levantin. Les résultats dépassent toute espérance et, au plus fort de l'été, la capitale de cette île chantée par Pindare devient une tour de Babel où la proportion des autochtones est nettement minoritaire. Que les âmes sensibles, dûment averties, se rassurent un peu : l'île est toujours aussi fleurie, les monuments des chevaliers de Rhodes toujours aussi impressionnants, la campagne et les plages toujours aussi séduisantes, mais ce sont désormais des plaisirs qu'il faut partager.
La capitale, qui accapare la presque totalité de la capacité hôtelière de l'île, est une ville de plus de 30 000 habitants, composée de deux parties bien distinctes : la cité nouvelle, bâtie hors de l'enceinte, à partir de 1912, et la cité médiévale, corsetée par des remparts élevés par les chevaliers de Saint-Jean. Le port central, très actif, enserré par de hauts murs comme par de gigantesques pinces, apparaît comme le prolongement maritime de la vieille cité. La végétation méditerranéenne, qui s'épanouit avec une folle exhubérance dans les anciens fossés et en divers quartiers de la ville extra-muros, est l'un des enchantements de Rhodes, qui sauve de la médiocrité plus d'une construction moderne.
La vieille cité murée conserve, imprimé dans la pierre, un peu du souffle épique des croisade, et sa rue des Chevaliers, dans la partie la plus vénérable, le Collachium ou quartier des Chevaliers, est, bien que très restaurée, l'un des témoignages les plus remarquables de la splendeur gothique. C'est de la mer qu'il faudrait découvrir la vieille ville hérissée de tours, de tourelles, de minarets effilés qui pointent au-dessus des puissants créneaux de l'enceinte. A qui arrive par avion, nous ne saurions trop recommander de s'offrir malgré tout ce spectacle en prenant un bateau dans le port du Mandraki.

Rhodes dans l'histoire

L'île née des amours d'Hélios et d'une nymphe. — *Dans l'Antiquité, l'île a porté différents noms : celui de Rhodes est d'étymologie incertaine, mais ne dérive probablement pas du mot grec rhodon, rose. Dans l'une de ses odes, Pindare a chanté la naissance de Rhodes, issue des amours d'Hélios, le Soleil, avec la nymphe Rhoda. A l'époque préhistorique, l'île fut habitée par des émigrés venus de Crète et du continent, comme le prouvent, notamment, les nécropoles découvertes à Ialysos, à Camiros, où l'on a mis au jour de la céramique attestant une influence créto-mycénienne. Avant la guerre de Troie, l'île fut envahie par des colons venus d'Attique et du Péloponnèse.*

Une île dorienne. — *Un peu plus tard, vers l'an 1100 av. J.-C., les Doriens s'y installèrent et fondèrent les trois villes de* Ialysos, Lindos *et* Camiros *sur lesquelles Zeus répandit d'immenses richesses (*Homère, *Iliade, II, 670). Ces trois villes devaient faire partie de l'Hexapole dorienne qui groupait en outre les cités d'Halicarnasse (Bodrum), de Cnide, situées en Asie Mineure, et de Cos. Les trois cités parvinrent à une haute prospérité, grâce au commerce, et fondèrent des colonies tant dans les îles voisines que sur les côtes d'Asie et d'Europe.*

Quand les tyrans étaient des sages. — *Au VIe s., elles furent gouvernées par des « tyrans », dont le plus célèbre fut Cléobule, tyran de Lindos, un des Sept Sages de la Grèce, puis, jusqu'au commencement du Ve s., furent soumises aux Perses. En 477, les Rhodiens prirent part à la première confédération, formée par Athènes.*

Une île, une ville. — *En 408, les trois cités de l'île décidèrent de créer, à l'extrémité N.-E., un nouveau centre politique, religieux et commercial : la ville de Rhodes dont le plan fut tracé selon les principes d'Hippodamos de Milet, le plus célèbre architecte de l'époque. La nouvelle cité, grâce à sa situation, devint bientôt florissante et fut mêlée à tous les événements de ce temps.*

La politique du pendule. — *Dotée d'abord d'un gouvernement oligarchique elle subit l'influence de Sparte jusqu'en 396. Elle se donna ensuite une constitution démocratique et se tourna du côté d'Athènes qu'elle aida, avec le secours de la flotte des Perses, à vaincre celle de Sparte dans les eaux de Cnide (394). En 377, elle entra dans la deuxième confédération des îles, formée par Athènes, mais elle en sortit en 356, à l'instigation de* Mausole, *satrape de Carie, qui lui imposa une garnison. Alliés des Perses, les Rhodiens prirent part à la défense de Tyr assiégée par* Alexandre *et, en 332, ils durent recevoir une garnison macédonienne. Après la mort du grand conquérant et le partage de son empire, ils prirent parti, à cause de leurs intérêts commerciaux, pour les Ptolémées d'Egypte contre Antigone, dont le fils* Démétrios Poliorcète *vint les assiéger par terre et par mer (305). Le siège dura un an et Démétrios fut obligé de se retirer.*

Le temps du colosse de Rhodes. — *Ce succès accrut considérablement le prestige de Rhodes et c'est de cette époque que datent ses premières relations avec Rome. Elle arrive alors à l'apogée de sa splendeur : son port est le centre des transactions commerciales entre l'Italie, la Grèce, la Macédoine, l'Asie, l'Afrique ; sa domination s'étend sur une partie de la mer Egée ; sa monnaie a cours partout ; son droit commercial fait loi pour tous, si bien que trois siècles plus tard* Auguste *l'adoptera pour tout l'Empire. Peuplée de 60 à 80 000 habitants, la cité se développait et* *s'embellissait de temples, d'écoles, de théâtres, de statues;* Lysippe *y sculptait le char du Soleil;* Charès de Lindos *y élevait le fameux colosse de Rhodes, l'une des sept merveilles du monde antique;* Pline, *au* Ier *s. de notre ère, alors que la ville avait été en grande partie dépouillée de ses trésors, y comptait encore 2000 statues, dont 100 colossales. En même temps, ses habitants cultivaient avec ardeur l'athlétisme, la musique, l'éloquence : Eschine y fondait une école de rhéteurs que devaient fréquenter plus tard* Caton, Cicéron, César, Cassius, M. Brutus, Lucrèce.

L'heure des choix. — *Au moment de l'expansion de la Macédoine, sous le règne de Philippe V, Rhodes prit le parti de Rome et de Pergame. Lorsque Rome entra en conflit avec Antiochos, en 191-190 av. J.-C., Rhodes prit une fois de plus le parti des Romains et reçut une partie de la Lycie et de la Carie pour prix de ses services. Cette politique lui réussit assez peu car elle ne tarda pas à se brouiller avec Rome et à chercher des alliances ou tout au moins à donner son amitié au roi de Macédoine, Persée, mais sa chute, en 168 av. J.-C., devait avoir de lourdes conséquences pour Rhodes. Les Romains n'oublièrent pas cet affront et, en favorisant le port franc de Délos, ils portèrent un coup sévère à l'économie rhodienne. Pourtant, l'île fut une fois de plus fidèle à Rome lors de la guerre contre* Mithridate *qui l'assiégea vraiment et, à la paix de Dardanie,* Sylla *lui rendit les territoires d'Asie qu'elle avait perdus. Enfin, elle prit parti pour* Pompée, *puis pour* Antoine, *et* Crassus *s'en rendit maître.*

Auguste *lui confirma le titre de «cité alliée» et, finalement,* Vespasien *l'incorpora à l'Empire. Rattachée à la province d'Asie, elle devint sous* Dioclétien *le chef-lieu de la province des Iles.* St Paul *la visita au cours de son deuxième ou troisième voyage et, très tôt, elle fut le siège d'un évêché.*

Lors de la division de l'Empire en 395, Rhodes fit naturellement partie de l'Empire d'Orient et en suivit les destinées. A partir de 653, elle fut plusieurs fois saccagée par les Arabes, notamment en 654 et en 807, sans cesser toutefois d'appartenir aux empereurs byzantins.

Rhodes à l'heure des croisades. — *A l'époque des croisades, les vaisseaux chrétiens firent plusieurs fois escale dans les ports de Rhodes. Enfin, lorsque les chefs de la quatrième croisade eurent fondé (1204) l'empire latin de Constantinople, le gouverneur grec de Rhodes, Léon Gabalas, se rendit indépendant. En 1248, les Génois devinrent maîtres de l'île, où ils accueillirent vers 1306 les chevaliers de Saint-Jean-de-Jérusalem. Les chevaliers ne tardèrent pas à demander à l'empereur de leur céder l'île en fief; leur demande ayant été repoussée, ils s'emparèrent de Rhodes en 1309 et s'y maintinrent plus de deux siècles.*

Les chevaliers de Saint-Jean. — *L'ordre des chevaliers de Saint-Jean avait été fondé au* XIe *s. à Jérusalem par des marchands d'Amalfi. Il eut d'abord un but purement religieux : l'assistance aux pèlerins, mais à l'époque des croisades les chevaliers s'organisèrent militairement pour la défense de la Terre sainte. En 1291, contraints de se retirer de Saint-Jean-d'Acre, ils se réfugièrent à Chypre, puis à Rhodes. Ils étaient divisés en trois classes : les* chevaliers militaires, *les* frères servants, *les* chapelains, *et en sept groupes ou* «langue» : *Provence, Auvergne, France, Italie, Espagne (subdivisée plus tard en Aragon et Castille), Angleterre et Allemagne. Chaque «langue» avait à sa tête un* bailli *ou* «pilier» *et les baillis sous la présidence du* grand maître, *élu à vie par les chevaliers, formaient le chapitre de l'ordre. Les grands maîtres les plus célèbres ont été* Foulques de Villaret, *qui installa l'ordre à Rhodes,* Pierre d'Aubusson, *qui défendit heureusement la ville assiégée par*

Mehmet II et qui fut fait cardinal par Innocent VIII, Villiers de l'Isle-Adam, *qui dut céder l'île aux Turcs et se retira en Italie.*

Une épine au flanc de l'empire ottoman. — *Devenus maîtres de Rhodes, les chevaliers de Saint-Jean organisèrent une flotte importante et favorisèrent le commerce. Bientôt, Clément V leur attribua une partie des biens de l'ordre des Templiers dissous en 1312. Pendant deux siècles, ils durent résister aux Turcs ; ils contribuèrent à la prise, puis à la défense de Smyrne et subirent victorieusement deux sièges principaux : en 1444, contre le sultan d'Egypte et en 1480 contre Mehmet II. Enfin, en 1522, Süleyman II résolut de s'emparer de Rhodes. Il vint mettre le siège devant la ville, avec une armée de 100 000 hommes dit-on. Les chevaliers n'étaient que 650, aidés de 200 marins génois, de 50 Vénitiens, de 400 Candiotes et de 6 000 hab. de l'île. Le pape Adrien VI adjura vainement les princes chrétiens d'aller au secours des assiégés. Après six mois de siège, ils furent réduits à capituler : le 1er janvier 1523, Villiers de l'Isle-Adam s'embarqua avec les 180 chevaliers survivants et quitta l'île.*

Une fausse libération. — *En 1912, l'Italie arracha l'île aux Turcs. Les habitants de Rhodes et tous les Dodécanésiens avaient cru voir dans cet événement le commencement de leur libération. Ils résistèrent de toutes leurs forces à l'occupation italienne, quand celle-ci prétendit s'implanter définitivement dans l'île. Rhodes fut rattachée à la Grèce en 1948.*

Renseignements pratiques

Indicatif téléphonique : 0241.

Police touristique : 31, rue A. Papagou (✆ 27-423).

O. N. H. T., à l'angle des rues Makariou et Papagou (Pl. 1, z, en C-2 ; ✆ 23-255).

Automobile et Touring Club de Grèce (ELPA) : même adresse (✆ 25-066).

American Express : 41, Vas. Sofias (✆ 230-00).

Hôtels :

¶¶¶¶ *Grand Hôtel Astir Palace* (Pl. I, a, B-1), Akti Miaouli (✆ 26-284) 380 ch. night-club.

¶¶¶¶ *Miramare Beach*, à 6 km par la route de Camiros (✆ 24-251) 167 ch. night-club ; ouv. mars-nov.

¶¶¶¶ *Olympic Palace*, Ixia, sur la route de Camiros (✆ 28-755) 298 ch. night-club ; ouv. mars-nov.

¶¶¶¶ *Rodos Palace*, à Ixia (3 km par la route de Camiros ; ✆ 25-222) 391 ch.

¶¶¶ *Avra Beach*, à Ixia (3 km par la route de Camiros ; ✆ 25-284) 125 ch. et 61 bungalows ouv. avril-oct.

¶¶¶ *Bel Air*, à Ixia (4 km par la route de Camiros ; ✆ 23-731) 159 ch. ouv. avril-oct.

¶¶¶ *Belvédère* (Pl. I, c, A-3), Akti Kanari (✆ 24-471) 178 ch. ouv. mars-nov.

¶¶¶ *Blue Sky* (Pl. I, d, A-2), pl. Psaropoulas (✆ 24-091) 182 ch. ouv. mars-nov.

¶¶¶ *Caïron Palace* (Pl. I, e, C-2), 28, rue Makariou (✆ 27-600) 111 ch. ouv. avril-oct.

¶¶¶ *Camiros*, rue du 25-Mars (✆ 24-681) 48 ch. ouv. mars-nov.

¶¶¶ *Chevaliers Palace*, 3, rue Griva (✆ 227-81) 133 ch. night-club.

¶¶¶ *Dionysos*, à Faneromeni (✆ 23-021) 279 ch. night-club ; ouv. mars-nov.

¶¶¶ *Doretta Beach*, à 18 km de la

ville (41-441) 300 ch. night-club ; ouv. avril-oct.

¶¶¶ *Eden Roc,* à 6 km par la route de Rhodini (23-851) 380 ch. night-club ; ouv. avril-nov.

¶¶¶ *Elafos Elafina,* à Profitis Ilias (21-221) 65 ch. ouv. avril-oct.

¶¶¶ *Electra Palace,* plage de Trianta (92-521) 220 ch. ouv. mars-nov.

¶¶¶ *Faliraki Beach,* plage de Faliraki (85-301) 294 ch. night-club ; ouv. avril-oct.

¶¶¶ *Golden Beach,* à 8 km par la route de Camiros (92-411) 221 ch. night-club ; ouv. mars-oct.

¶¶¶ *Hibiscos* (Pl. I, f, B-1), rue de Cos (24-421) 172 ch.

¶¶¶ *Impérial* (Pl. I, g, B-1), 23, rue Vasiléos Constantinou (22-431) 74 ch. ouv. mars-oct.

¶¶¶ *Lindos Bay,* plage de Vlyha, à Lindos (31-212) 192 ch. ouv. mars-oct.

¶¶¶ *Mediterranean* (Pl. I, h, B-1), 35, rue de Cos (24-661) 154 ch.

¶¶¶ *Metropolitan Capsis,* à 4 km par la route de Camiros (25-015) 645 ch. night-club.

¶¶¶ *Océanis,* à 4 km par la route de Camiros (24-881) 240 ch. night-club ; ouv. mars-nov.

¶¶¶ *Paradise,* Reni Kaskinou (29-220) 202 ch. ouv. mars-oct.

¶¶¶ *Park* (Pl. I, i, B-3), 24, rue Rhiga Féréou (24-611) 84 ch. night-club.

¶¶¶ *Regina* (Pl. I, e, C-2), 20, rue Makariou (22-171) 82 ch.

¶¶¶ *Riviera* (22-581) 63 ch. ouv. avril-oct.

¶¶¶ *Rodos Bay,* à 5 km par la route de Camiros (23-662) 300 ch. et 35 bungalows night-club ; ouv. avril-oct.

¶¶¶ *Siravast* (Pl. I, k, B-1 ; 23-551) 92 ch. ouv. mars-nov.

¶¶¶ *Sunwing* (28-600) 170 ch. ouv. avril-oct.

¶¶ *Acandia* (Pl. I, m, B-2), 6, rue Vasilopédos Marias (22-251) 82 ch. ouv. avril-oct.

¶¶ *Aglaia,* 35, rue Amerikis (22-061) 158 ch. ouv. mars-nov.

¶¶ *Alexia* (Pl. I, n, B-2), 54, rue Orfanidou (24-061) 135 ch. ouv. mars-nov.

¶¶ *Amphitryon,* 10, rue A. Diakou (20-121) 101 ch. night-club ; ouv. avril-oct.

¶¶ *Angéla* (Pl. I, o, B-2), 7, rue 28 Octovriou (24-014) 64 ch. ouv. mars-oct.

¶¶ *Athina* (Pl. I, p, B-2), rue Léontos (22-631) 142 ch. ouv. mars-oct.

¶¶ *Cactus,* 14, rue de Cos (26-088) 177 ch.

¶¶ *Constantinos* (Pl. I, q, C-2), 65, rue Amérikis (22-971) 65 ch.

¶¶ *Despo* (Pl. I, r, C-2), 40, rue Vasilisis Sophias (22-571) 64 ch.

¶¶ *Europa* (Pl. I, s, B-2), 94, rue 28 Octovriou (24-810) 80 ch. ouv. mars-oct.

¶¶ *Léto,* à Trianta (23-511) 97 ch. ouv. avril-oct.

¶¶ *Manoussos* (Pl. I, u, B-2 ; 22-741) 120 ch.

¶¶ *Olympic* (Pl. I, v, B-1), 12, pl. Vasiléos Pavlou (24-311) 46 ch.

¶¶ *Plaza* (Pl. w, C-2), rue Iérou Lochou (22-501) 130 ch.

¶¶ *Solemar,* à 6 km par la route de Camiros (22-941) 54 ch. ouv. avril-oct.

¶ *Achilion* (Pl. I, x, B-1), 14, pl. Vasiléos Pavlou (24-604) 53 ch. ouv. mars-oct.

¶ *Adonis* (Pl. I, y, C-2), 7, rue Vasiléos Constantinou (27-791)

53 ch. ouv. mars-nov.

¶ *Africa* (Pl. I, z, B-2), 63, rue Diakou (☎ 24-645) 75 ch. ouv. avril-oct.

¶ *Als* (Pl. I, i, B-1), pl. Vasiléos Pavlou (☎ 22-481) 44 ch. ouv. mars-oct.

¶ *Carina* (Pl. I, c, B-2), 12, rue Griva (☎ 22-381) 50 ch. ouv. mars-oct.

¶ *Isabella* (Pl. I, t, B-2), 12, rue Amochostou (☎ 22-651) 42 ch. ouv. mars-oct.

¶ *Marie* (Pl. I, d, B-1), 7, rue Kastélorizou (☎ 22-751) 58 ch. ouv. mars-nov.

¶ *Soleil* (Pl. I, a, B-3), 2, rue Vasilisis Frédérikis (☎ 24-190) 93 ch. ouv. juin-sept.

Restaurants et tavernes :

¶¶¶ *Kon-Tiki,* un radeau amarré dans le port du Mandraki (Pl. I, C-2 ; ☎ 22-411) ; bouzouki, le soir seulement.

¶¶¶ *Piccolo,* 9, rue Kastellorizo (☎ 20-374) ; cuisine grecque et internationale, musiciens le soir.

¶¶ *Maison Fleurie,* rue Riga Fereou (☎ 25-340) ; jardin, pianiste le soir.

¶¶ *Casa Castellana,* rue Aristotélou (☎ 28-803) ; dans la vieille ville, jardin clos par les remparts.

¶¶ *Loukoulos,* 13, rue Amérikis ; un restaurant vraiment grec.

¶ *Alexis,* rue Socrate ; pour le poisson.

¶ *Anexi,* à Trianta (6 km) ; clientèle grecque.

¶ *Fotis,* dans la vieille ville, derrière la rue Socrate.

¶ *Manolis,* dans la vieille ville, rue Socrate.

¶ *Pythagore,* dans la rue du même nom.

¶ *Roumelli,* nouveau marché, pour ses viandes rôties.

A Treis (10 km par la route de Camiros et à g. à 7 km) :

¶ *Recep,* taverne ouv. le soir seulement.

A Lindos (56 km) :

¶ *Triton,* sur la plage.

¶ *Lindos Beach.*

Banques : *Banque Nationale de Grèce,* à Mandraki et place de Chypre ; *Credit Bank,* place de Chypre.

Poste et téléphone : poste centrale, place Eleftheria (Pl. I, C-2), à Mandraki ; téléphones, angle des rues Amérikis et du 25-Mars.

Aéroport : à 18 km par la route de Camiros ; très nombreux vols, sur les lignes intérieures, pour Athènes, Héracleion (Crète) et, en été, Cos, Karpathos.

Compagnies aériennes : *B.E.A.* et *Cyprus Airways,* pl. Kyprou ; *Olympic Airways,* rue Iérou Lochou (☎ 24-571).

Bateaux : t.l.j. au départ du Pirée, en 11 h à 24 h selon les bateaux et les escales (Astypaléa, Patmos, Léros, Kalymnos, Tilos, Cos, Symi, etc.). 1 fois par sem. ligne prolongée jusqu'à Castellorizo.

Compagnies maritimes : *Epirotiki,* 41, rue Vasilisis Sophias ; *Kavounidès,* rue 25 Martiou ; *Nomikos,* pl. Kyprou ; *Panormitis,* rue Kirmichalis ; *Typaldos,* rue Ethélondon.

Autobus : *K.T.E.L.* (localités de la côte E.) et *R.O.D.A.* (localités de la côte O.), rue Avéroff, près de la Néa Agora (Pl. I, C-3).

Location de voitures : *Avis,* 9, rue Gallia (☎ 24-990) et à l'aéroport ; *Hertz,* 10, rue Griva (Grand Hôtel ; ☎ 25-888) et à l'aéroport.

Vos achats : *Lalaounis,* porte de la Liberté (Pl. II, D-1), présente, dans un cadre médiéval, un choix assez restreint mais de très grande qualité des productions de ce maître orfèvre (surtout des bijoux modernes et quelques bijoux inspirés de l'Antiquité) ; nombreux **fourreurs** dans la ville moderne ; argenterie, cuivres, étains, céramique (pas toujours ancienne) chez les **antiquaires** de la **rue Socratous** (Pl. II, C-2) ; les produits importés de l'étranger et qui n'ont pas transité par Le Pirée sont détaxés, notamment les alcools.

Artisanat : place Vas. Georgiou (☎ 20-050).

Manifestations : *Spectacle son et lumière,* en avril-oct., en anglais, allemand, grec et français, au pied du rempart, du côté du palais des grands maîtres (Pl. II, B/C-1). *Danses folkloriques* dans la vieille ville du 15 juin au 15 sept. ou au théâtre Rodini en dehors de cette période. *Fête du vin,* en juillet et août , parc Rodini : dégustation, musique, danses. Nombreuses fêtes religieuses dans toute l'île suivant le calendrier liturgique.

Plages : *Club Nautique* (Pl. I, C-1) ; *Akti Kanari* (Pl. I, A-2/3) ; entre Rhodes et (8 km) Trianda (par la route de Camiros) ; *Faliraki,* à 15 km par la route de Lindos ; à *Lindos,* à 55 km de Rhodes-ville, etc. En règle générale, les plages de la côte O. sont de gravier et ventées ; elles sont beaucoup plus belles sur la côte E., de sable, moins fréquentées, et la mer y est plus calme.

Promenade en mer : s'adresser au port du Mandraki (Pl. I, C-2).

Visite de la ville

Deux jours à Rhodes. *— C'est là, bien entendu, un minimum, mais gageons que plus d'un visiteur sera tenté de séjourner plus longuement sur cette île.*

Première journée. — Traversant sans trop vous attarder la partie néo-gothique de la ville nouvelle qui avoisine le port du Mandraki, vous consacrerez une demi-journée à la visite, à pied, de la cité médiévale (V. 1 ; la nuit tombée, vous assisterez, depuis les jardins du boulevard du Palais — Pl. II en B/C-1 —, à un spectacle son et lumière qui prêtera au prestigieux décor de cette partie de l'enceinte la féerie de ses éclairages étudiés). L'après-midi (du jeudi ou du samedi), vous effectuerez le circuit des remparts (V. 2) en vous présentant, un peu avant 17 h (faites-vous confirmer l'horaire), dans la cour du palais des grands maîtres (Pl. II, B-1) ou, à défaut, l'excursion jusqu'au mont Philérimos et au vallon de Pétaloudès (aller et retour environ 3 h) animé (de juin à septembre seulement) par des milliers de papillons rouges et or, pour peu que vous les incitiez à prendre leur vol par quelque bruit.

En fin d'après-midi visitez la ville antique (4 km aller et retour) et rendez-vous sur le mont Smith (V. 3), au coucher du soleil.

Le soir, dînez dans une taverne, au besoin après le spectacle son et lumière, dans une cour fleurant le jasmin.

Deuxième journée. — Partez très tôt (vers 7 h) à la découverte de deux des principaux sites antiques de l'île en dehors de la capitale : Camiros et Lindos. Entre Camiros et Lindos, vous traverserez le massif boisé du Prophitis Ilias (798 m d'alt.), d'où vous découvrirez quelques-uns des plus beaux paysages de l'île. Vous rejoindrez ensuite la route de Rhodes à Lindos, que vous gagnerez immédiatement. Arrivé là, vous découvrirez l'avantage du départ matinal en vous offrant un bain à la plage du Grand Port, avant de déjeuner (à la plage), assez tardivement il est vrai.

L'après-midi, visitez tranquillement l'acropole et promenez-vous dans ce village de Lindos où l'architecture du temps des chevaliers de Saint-Jean, mêlée d'éléments byzantins, avec une pointe d'influence arabe, a inspiré les maîtres maçons des siècles suivants. Avant de rentrer à Rhodes, laissez-vous tenter par quelque plat de Lindos (mais c'est à Rhodes, chez les antiquaires de la rue Socratous — Pl. II, C-2 —, que les amateurs éclairés iront débusquer les spécimens anciens). Sur le chemin du retour, arrêtez-vous à Archanghélos, où les cordonniers confectionnent ces bottes aux couleurs vives que vous aurez peut-être remarquées aux pieds de quelques paysannes venues au marché de Rhodes. Ainsi compris, ce circuit de 166 km vous prendra toute la journée, un programme plus ambitieux, vers la moitié sud de l'île, requérant deux jours.

A pied dans la ville. *— Ralliez la Néa Agora (Pl. I, C-3), le Nouveau Marché, l'ancien Foro Italico, point de rencontre des citadins, des touristes et des villageois des environs avec ses cafés et ses petits restaurants (Astoria, Ivireus), mais aussi, bien entendu, ses échoppes. Là, vous serez tout près du port du Mandraki (Pl. I, C-2), véritable bourse aux excursions en mer : vous y louerez, à l'heure, à la journée, à la semaine, un bateau selon vos goûts et vos moyens pour circuler vers les îles voisines ou croiser au large des côtes de l'île de Rhodes ou de la Turquie. Vous ne déciderez probablement pas le Kon-Tiki à lever l'ancre : il n'est pas fait pour cela, mais vous y dînerez en écoutant du bouzouki ou en rêvant au colosse de Rhodes.*
Vous entrerez dans la cité murée par la porte de la Liberté (Pl. I, D-3 — II, D-1) et, en quelques pas, vous ferez un saut de plusieurs siècles dans un passé héroïque, celui des chevaliers de Saint-Jean, revu (restauré) par les Italiens durant leur occupation de l'île et corrigé par les nombreux marchands de souvenirs et d'articles détaxés (le Dodécanèse bénéficie de privilèges fiscaux et de taxes réduites sur les produits directement importés de l'étranger). Vous aurez tôt fait de découvrir que toutes les boutiques n'ont pas l'élégance de celle de Lalaounis, pas plus que les milliers de souvenirs offerts à votre convoitise n'ont le raffinement de ses bijoux, qu'ils soient inspirés de l'Antiquité ou qu'ils soient le fruit d'un talent très personnel. Après la visite du musée archéologique, vous quitterez sans regret le flot des touristes qui se laisse docilement canaliser par les marchands de chlamydes et autres pacotilles, et vous vous engagerez dans l'admirable rue des Chevaliers (Pl. II, C-2) ou odhos Hippoton ; hardiment, car elle est presque toujours déserte, sans doute parce que, protégée, elle ne présente pas cet aspect de fête foraine qui attire ceux — et ils sont légion — qui n'aiment pas le dépaysement. Après la visite de l'imposant palais des grands maîtres (Pl. II, B-1), vous vous dirigerez vers le port en passant par la place Suleyman (Pl. II, B-2) et la rue Socratous (Pl. II, C-2) où vous réintégrerez le « circuit commercial ». La porte de la Marine (Pl. II, D-2) vous permettra d'accéder au port central, enserré par de hauts murs comme par de gigantesques pinces. En prenant à g., vous reviendrez vers la Néa Agora en longeant le port de commerce.

1 — La cité médiévale

Plus ou moins restaurés, sinon même parfois reconstruits, les édifices de la cité médiévale de Rhodes vous replongeront dans ce Moyen Age où la chrétienté repoussait les limites de l'Occident, marquant de son architecture hospitalière ses avancées militaires. Mais les collections du musée archéologique vous rappelleront que vous êtes en Grèce, en évoquant le passé antique de l'île.

Port du Mandraki (Pl. I, C-2). — Très pittoresque avec ses bateaux multicolores et ses moulins, il fut aménagé dès l'Antiquité. A l'extrémité du môle, où se dressent les pittoresques moulins,

A
B
C
1
2
3
4
Aquarium
Lérou
Odhos
Dodécanissou
Calymnou
V. Constandinou
Mosquée Murat Reïs
Club Nautiqu
PL. Coundouriotou
Théâtre
Anc. Palais du Gouver
Cazouli
Orfanidou
Léontos
Griva
Mofat
A. Rodiou
Amalias
Demarchie
Eglise St-Jean
Dilibéraki
Taxiarchou
Kaliga
PTT
Ikossiocto
Octovriou
Ikiossipendé Martou
Palais de Jus
Banque de Grèce
Kanari
Helvetias
Fanouraki
Vénizélou
Amérikis
Nikis
Makariou
Galljas
Consulat de France
Hôpital de la Reine Olga
Villa Royale
Néa Agora
Akti
Ethnarchou
« Son et Lumière »
Papalouka
Vénizélou
Porte d'Amboise
Palais des Grands Ma
CAMIROS
Voriou
Ipirou
Riga
Féréou
Hippoton
Musé
Vas. Frédérikis
Tour St-Georges
Socratou
Mont Smith (Acropole)
Temple de Zeus
Yoannou
Vas
Tour d'Espagne
Hippodamou
Homiro
Diagoridon
Tour Ste-Marie
Hérodotou
Théâtre antique
Porte St-Athanase
Haghiou
Komminon
Frédérikis
Temple d'Apollon
Stade antique
Iraklion
Cathédrale
LINDOS
a
b
c
d
e
f
g
h
i
k
m
n
o
p
q
r
s
t
u
v
w
x
y
z

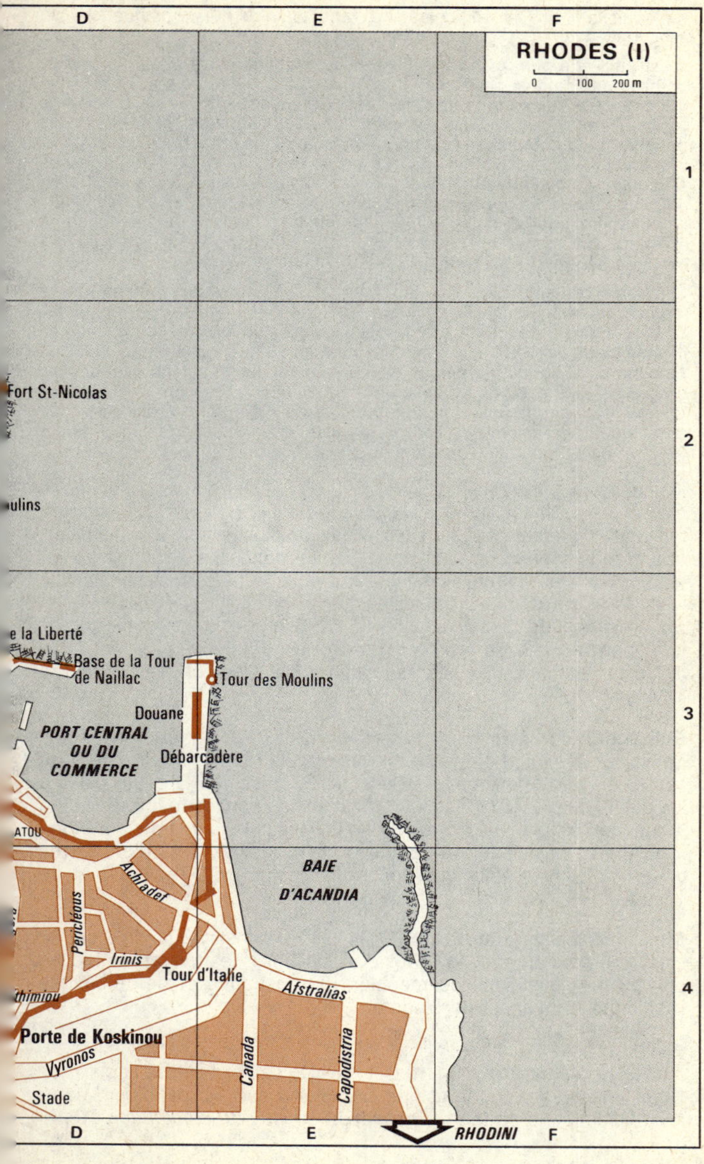
D
E
F
RHODES (I)
0
100
200 m
1
2
3
4
Fort St-Nicolas
ulins
e la Liberté
Base de la Tour
de Naillac
Tour des Moulins
Douane
PORT CENTRAL
OU DU
COMMERCE
Débarcadère
ATOU
BAIE
D'ACANDIA
Achladef
Pericléous
Irinis
Tour d'Italie
Afstralias
thimiou
Porte de Koskinou
Vyronos
Canada
Capodistria
Stade
D
E
RHODINI
F

s'élevait la tour Saint-Nicolas, ouvrage avancé qui constituait la clé des défenses N. de la cité des Chevaliers.

C'est peut-être sur ce môle, à l'entrée du port, que se trouvait le célèbre **colosse de Rhodes**, gigantesque statue dédiée à Hélios, le dieu solaire. On sait que cette statue de bronze, haute de 70 coudées (31 m env.), célébrée par les Anciens comme l'une des sept merveilles du monde, sortit des mains de ***Charès de Lindos***, disciple de *Lysippe*, et de ses fondeurs, entre 304 et 292 av. J.-C. L'opération fut financée par la vente du matériel de siège que *Démétrios Poliorcète* avait amené à Rhodes pour réduire la place en 305 av. J.-C. Le colosse fut renversé par un tremblement de terre, en 227 av. J.-C., et, en application d'un oracle de Delphes, il ne fut pas relevé. Lors de l'invasion arabe de 654, ses débris furent vendus à un juif d'Emèse, en Syrie, où leur transport nécessita neuf cents chameaux.

Le quartier à l'entrée du port du Mandraki est le fruit de la mégalomanie fasciste, durant l'occupation italienne de Rhodes. D'aspect monumental, certainement un peu trop, car il paraît toujours un peu vide, il comprend l'**église Saint-Jean** (Pl. I, C-2) reconstruite en 1925 d'après des dessins de *Rottiers* et de *Flandin*, le **palais du gouverneur**, dont l'ordonnance rappelle un peu celle du palais des Doges, etc.
Un peu plus loin, la petite **mosquée de Murat Reïs** (Pl. I, C-1/2), dans un cimetière turc au charme romantique, occupe l'emplacement de l'église Saint-Antoine, détruite par les Turcs lors du siège de 1480.

Porte de la Liberté (Pl. I, D-3 ; II, D-1). — Percée dans l'enceinte médiévale par les Italiens, en 1924, elle donne accès au **Collachium**, qui était le quartier habité par les chevaliers. Là se trouvaient le palais des grands maîtres, la cathédrale Sainte-Marie, les « auberges » ou résidences de chaque « langue » qui pour la plupart s'alignaient le long de la rue dite des Chevaliers.
Sur la **place de Symi**, à la sortie de la porte, vous remarquerez quelques vestiges du **temple d'Aphrodite** (Pl. II, D-1), du IIIe s. av. J.-C., et des tas de boulets qui avaient été préparés pour défendre la ville en 1522.

Palais de l'Arméria (Pl. II, Infirmerie, C-1). — Il porte les armoiries de *Roger de Pins*, l'un des premiers grands maîtres (1355-1365), et abritait en réalité le premier hôpital de Rhodes. Sur la petite place à l'angle de ce palais, la fontaine est un ancien baptistère chrétien d'un village de l'île, placé là par les Italiens. Dans le bâtiment de la *Banque Ionienne* est installée une **galerie d'art moderne**, avec des œuvres d'artistes locaux (visite en sem. sauf le lundi de 9 h à 13 h et de 16 h à 19 h).

Musée des arts décoratifs (Pl. II, D-1). — Installé dans ce qui fut sans doute un arsenal des chevaliers de Saint-Jean, il rassemble les plus belles collections de meubles, de costumes et de céramique rhodienne (provenant de Lindos).

Visite : les lundi, mercr. et vendr. de 9 h à 13 h ; entrée payante.

Auberge d'Auvergne (Pl. II, D-1). — De l'autre côté de la place de Symi, elle présente une galerie couverte à escalier extérieur ; notez au-dessus d'une porte une inscription de *Guy de Blanchefort* (1512-1513).

Par un passage voûté aménagé en dessous de l'auberge d'Auvergne, vous atteindrez l'**église Sainte-Marie** (Pl. II, D-1) d'origine byzantine (XIIe s.), que les chevaliers consacrèrent au culte latin au XVe s. pour en faire leur cathédrale, puis transformée en mosquée par les Turcs (la *mosquée rouge*, en souvenir des massacres perpétrés contre les chrétiens).

▣ **Hôpital des Chevaliers** (musée archéologique ; Pl. II, C-2). — La construction de ce bel et imposant édifice fut entreprise sur les instances du grand maître *Antoine Fluvian* (1421-1437), trois ans après sa mort, c'est-à-dire en 1440, et ne fut pas achevée avant 1489, sous le gouvernement du grand maître *Pierre d'Aubusson* (1476-1505). Au-dessus de l'entrée, remarquez un bas-relief orné de deux anges soutenant l'écu de l'ordre, et le chevet, en faible saillie, de la chapelle de l'hôpital.

Visite : du 16 mars au 15 oct., de 7 h 30 à 19 h 30 ; du 16 oct. au 15 mars, de 9 h à 15 h 30 ; le dim. de 10 h à 18 h ou 16 h 30 en hiver ; fermé le mardi ; accès payant.

Vous pénétrerez d'abord dans une cour entourée d'un **portique** que surmonte une **galerie voûtée d'ogives**. Le rez-de-chaussée était occupé par des magasins. Un escalier conduit à l'étage où étaient groupés les services hospitaliers dirigés par le bailli de la langue de France.

Au milieu de la galerie à g. en haut de l'escalier s'ouvre la **grande salle** de l'hôpital qui pouvait contenir une centaine de lits. Elle est divisée en deux nefs par une rangée de piliers octogonaux, à chapiteaux ornés de l'écusson du grand maître *Pierre d'Aubusson*.

En face de l'entrée, notez l'arc de tête, délicatement sculpté, de la petite chapelle en saillie à l'extérieur, au-dessus du porche. On a placé dans la grande salle diverses **pierres tombales** de chevaliers. Vous y verrez un sarcophage de marbre, de l'époque classique, qui servit de tombeau au grand maître *Pierre de Corneillan* (1354-1355).

Les collections les plus intéressantes du musée archéologique sont réparties dans les autres salles de l'étage. Parmi celles-ci, le **réfectoire** est une vaste pièce dont la voûte est renforcée par deux arcs.

Le fonds du musée est constituée uniquement par des antiquités découvertes dans le Dodécanèse, notamment dans la nécropole de Ialysos (VIIIe au IVe s. av. J.-C.).

Quelques pièces retiendront plus particulièrement votre attention : un **périrrhantérion** (vasque à eau lustrale) d'époque archaïque (fin du VIIe s. av. J.-C.), provenant de Camiros, où trois femmes, sans doute des prêtresses, debout sur un lion, supportent la cuve, ou encore un **couros** du troisième quart du VIe s. av. J.-C., la belle **stèle funéraire de Krito et Timarista**, œuvre classique de la fin du Ve s. av. J.-C.

Aphrodite est particulièrement bien représentée, avec la fameuse **Aphrodite pudique**, œuvre grandeur nature, en marbre, du IIIe s. av. J.-C., l'**Aphrodite (?) au pied posé sur un rocher**, qui paraît dater de la fin du IIe s. av. J.-C., et l'**Aphrodite de Rhodes**, un genou à terre, relevant sa chevelure, œuvre du début du Ier s. av. J.-C.

Dans les trois salles de l'aile N., **céramique** mycénienne, attique et rhodienne. Au fond du second jardin doit ouvrir prochainement un **musée byzantin**, tandis que la maison turque voisine abritera un **musée musulman**.

☐ ****Rue des Chevaliers** (Pl. II, C-2). — Cette rue, pavée de galets, évoque fidèlement l'aspect architectural de cette importante artère au XVe s. et constitue l'une des principales curiosités de Rhodes.

A
B
C
1
2
3
4
Venizélou
Boul. de France
JARDIN
Boul. du Palais
« Son et Lumière »
Tour St-Pierre
Temple de Dionysos
Banque Ionienn
Porte d'Amboise
Palais des Grands Maîtres
Haghios Dimitrios
Infirme
COLLACHIUM
Boul. d'Allemagne
Porte St-Antoine
Loge de St-Jean
Aub. de Provence
Aub. de France
Aub. d'I
PL. DU PALAIS
Rue des Cheva
Eglise St-Jean
Auberge d'Espagne
Dép. aub. d'Espagne
Hôp de Cheva (Mu
Boul.
Athinon
Tour de l'Horloge
Hurmali Medresesi
PL. SULEYMAN
Tour St-Georges
Od. Apollonion
Mosquée de Soliman
Casernes
Socratous
Agha Djami
Tekkèdji Djami
Mustafa Djami
Boul. d'Auvergne
Hippodamou
Kavakli Mestchiti
Tour d'Espagne
Péial ed Din Djami
Athinon
Boul. d'Espagne
Abdul Djélil Djami
Odhos
R Pacha
Homirou
Borouzan Mestchit
Haghios Athanasios
Hérodotou
Tour Ste-Marie
Porte St-Athanase
Boul. d'Anglet
Komninon
Athinon

D
E
F
Porte St-Paul
Tour de Naillac
Porte de l'Arsenal
Tour des Moulins
1
PORT DU COMMERCE
Débarcadère
Musée des Arts Décoratifs
Eglise Ste-Marie
Môle des Moulins
Auberge d'Angleterre
Porte de la Marine
Tribunal de Commerce
Ermou
2
Porte Ste-Catherine
Eglise Ste-Marie de la Victoire
PL. HIPPOCRATOU
Haghios Pentéléïmon
BAZAR
Aristotélou
Archevêché
PL. DES MARTYRS JUIFS
Pindarou
Hospice Ste-Catherine
Ste-Marie du Bourg
Achladef
Pythagora
Boul. d'Italie
3
Periclèous
Dolapli Mestchiti
Ilk Mihrap Djami
Tour d'Italie
Tour
Tour
Tour
Boul. de Provence
Porte de Koskinou
4
Vyronos
RHODES (II) VILLE MURÉE ET COLLACHIUM
0 50 100 m
D
E
F

Rectiligne, elle suit probablement le tracé d'une voie de la ville antique dont on a retrouvé maints vestiges. Bordée par quelques-uns des plus beaux bâtiments civils du Collachium — pour la plupart des auberges —, la rue des Chevaliers est, en pleine Méditerranée orientale, un bien étonnant **ensemble du style gothique le plus pur**.

Vous remarquerez d'abord, à dr., l'**auberge de la langue d'Italie** (Pl. II, C-1), puis l'**auberge de la langue de France** (Pl. II, C-1). C'est la plus vaste et la plus belle de ces auberges où étaient logés les chevaliers de la nation qui l'avait fait construire. Au-dessus de la porte, une inscription datée de 1492 porte le nom du grand prieur *Aimery d'Amboise* qui devait être grand maître de l'ordre en 1505-1512.
Plus loin, vous passerez devant la **chapelle de France**, à dr., ornée d'une niche (Vierge à l'Enfant) surmontée d'un dais ; parmi les écussons qui décorent la façade, se trouve celui du grand maître *Raymond Béranger* (1365-1374) qui dut la faire construire. Vient ensuite la **maison du chapelain de la langue de France**. Ensuite, l'**auberge de la langue d'Espagne** (Pl. II, C-2), à g., est reliée par un arc à l'**auberge de Provence**.
A l'extrémité de la rue des Chevaliers vous atteindrez enfin la **loge de Saint-Jean** (Pl. II, B-1), portique à deux ailes, dont le long côté, situé dans le prolongement de la rue, servait en quelque sorte d'entrée monumentale au palais des grands maîtres. Cette loge, reconstruite en majeure partie, devait supporter un étage, si l'on en juge d'après les dessins de *Rottiers* et de *Flandin*.

□ **Palais des grands maîtres** (Pl. II, B-1). — A peu près complètement détruite par l'explosion d'une poudrière en 1856, cette imposante construction, qui constituait une forteresse en même temps qu'un palais, fut rebâtie par les Italiens avant la dernière guerre, dans le style de la fin du XIVe s. Elle paraît donc bien neuve, et même assez hollywoodienne dans certains aspects intérieurs ; il est vrai que ce palais fut reconstruit pour servir, le cas échéant, de résidence au roi *Victor-Emmanuel III* et à *Mussolini*.
Il sera donc préférable de ne pas étudier ce palais dans une thèse sur l'architecture militaire de la fin du Moyen Age, mais il mérite certainement votre visite, ne serait-ce que pour l'intérêt présenté par les pavements de mosaïque romains et paléochrétiens, pour la plupart apportés de Cos et répartis dans les salles.

Visite : en sem., sauf le lundi, de 9 h à 13 h et de 16 h à 18 h du 16 mars au 15 oct., ou de 9 h à 17 h 30 du 16 oct. au 15 mars ; le dim. de 10 h à 16 h 30 ; entrée payante.

Par une majestueuse entrée flanquée de deux **tours crénelées**, vous pénétrerez dans un grand hall, puis dans une **cour à arcades**, dallée de marbre, sous laquelle dix silos permettaient d'approvisionner les défenseurs en céréales pendant les sièges. Sous le palais se trouvaient en outre trois étages de magasins où l'on entreposait des vivres et des munitions.
Du grand hall, un escalier mène à l'étage où vous visiterez une série de grandes salles dont l'une, à deux colonnes, servait peut-être de salle de délibérations au Conseil de l'ordre.

Rue Socratous (Pl. II, C-2). — Après la lourde **tour de l'Horloge** (Pl. II, B-2), construite après le tremblement de terre de 1851 sur l'emplacement de la tour de la Garde qui renforçait l'angle S.-O. de l'enceinte du « Collachium », vous suivrez la rue Socratous, qui correspond probablement à une voie antique.

A l'entrée de cette rue, à g., se dresse la **mosquée de Soliman** (Pl. II, B-2), fondée peu après le siège de 1522, peut-être sur le site de l'église des Saints-Apôtres, et reconstruite au XIXe s. Plus loin, l'**Agha Djami** (Pl. II, C-2), la mosquée de l'Agha (commandant de garnison), rompt l'alignement des boutiques des marchands de souvenirs.

En suivant la ruelle qui débouche à dr. à la hauteur de la mosquée de l'Agha, vous pourriez atteindre une ancienne église transformée en mosquée connue sous le nom de **Kavakli Mestchiti** (Pl. II, C-3), dans le quartier turc. Une autre église byzantine, également convertie en mosquée, est connue sous le nom de **Démirli Djami** (Pl. II, C-3).
Plus loin, la **Péial ed Din Djami** (Pl. II, C-3) est une ancienne église byzantine ornée de fresques, aujourd'hui endommagées, tandis que l'**Abdul Djelil Djami** (Pl. II, B-3) est une ancienne église du XVe s. s'élevant dans une cour entourée de galeries.

A l'extrémité de la rue Socratous, le **tribunal de Commerce** (Pl. II, D-2) est un bel édifice du XVIe s. Au rez-de-chaussée, à dr. d'un large escalier, s'ouvre, sous une galerie, une loge voûtée d'ogives. Sur la façade, remarquez les armes de *Pierre d'Aubusson* et celles de l'ordre réunies dans un même écusson (daté de 1507) soutenu par deux sauvages, ainsi qu'une fenêtre à croisée de marbre ornée de fleurs de lys. Au-dessus de la porte d'entrée, sur le linteau de marbre, un ange tient l'écusson de l'ordre, à g., et celui d'*Aimery d'Amboise* (1505-1512), à dr.

Avant de gagner le port, les amateurs de couleur orientale et d'architecture gothique seront bien avisés de suivre la **rue Aristotélou** (Pl. II, D-2), rue très animée et bordée d'échoppes de chaudronniers. A g. sur la **place des Martyrs-Juifs** (Pl. II, E-3), ils remarqueront une belle demeure du XVe s., dite l'**Archevêché**, qui dut être la résidence de l'archevêque latin ou du métropolite grec. Le nom actuel de la place est un hommage aux 2000 déportés de la communauté israélite de Rhodes.
A partir de cette place, vous pourrez aller visiter une ancienne église byzantine bâtie sur plan en croix grecque, transformée en mosquée connue sous le nom de **Dolapli Mestchiti** (Pl. II, D-3), et l'**Ilk Mihrap Djami** (Pl. II, E-3), la mosquée du Premier Mihrab, qui est également une ancienne église.
Par la rue Pindarou, vous atteindrez l'abside de l'**église Sainte-Marie-du-Bourg** (Pl. II, E-3), construite au début du XVe s., les ruines de l'**hospice Sainte-Catherine** (Pl. II, E-3), fondé vers la fin du XIVe s. par l'amiral *Domenico d'Allemagna,* bailli de la langue d'Italie, mais qui fut reconstruit en 1516. Les visiteurs de marque de l'ordre y logeaient pendant leur séjour. Près de là se trouvent l'**église** byzantine **Haghios Pantéleïmon** (Pl. II, F-2) et les ruines de l'**église Sainte-Marie-de-la-Victoire** (Pl. II, F-2), édifiée peu après le siège de 1480 en souvenir de la résistance de la garnison contre les assauts des Turcs. Non loin de cette église s'ouvre la **porte Sainte-Catherine** (Pl. II, E/F-2), par laquelle vous passerez sur le quai du port de commerce, juste en face du **môle des Moulins** qui repose sur des fondations médiévales et antiques. Tous les moulins, sauf un, ont disparu. De là, vous parviendrez à la porte de la Marine (V. ci-après) en longeant le port, mais la circulation automobile rend peu plaisante cette partie de la promenade.

Porte de la Marine (Pl. II, D-2). — Construite par *Pierre d'Aubusson* en 1478, elle est flanquée par deux belles tours crénelées à mâchicoulis. Au-dessus de la porte remarquez un **bas-relief**, surmonté d'un dais, qui représente la Vierge et l'Enfant, St Pierre à g. et St Jean-Baptiste à dr. Au-dessus du relief fut appliqué, entre les blasons de l'ordre et de Pierre d'Aubusson, l'écu de France couronné.

Porte Saint-Paul (Pl. II, D-1). — En longeant le rempart maritime du côté du port central, dit **port du Commerce**, vous remarquerez la **tour Saint-Paul**, l'ancienne tour du Trébuc, qui changea de nom vers 1477 lorsqu'elle fut remaniée par le grand maître *Pierre d'Aubusson.*

A l'extrémité du môle de g. se dressait la **tour de Naillac**, dite encore tour des Arabes car, selon *Biliotti*, les chevaliers employèrent de nombreux Arabes lors des travaux de construction de cette tour qui fut abattue par le tremblement de terre de 1863. Sur chacune de ses faces on pouvait voir un écusson du grand maître *Philibert de Naillac* (1396-1421); ceux-ci ont été déposés au musée.

2 — Les remparts de la cité médiévale***

Cette promenade sur le chemin de ronde de l'enceinte de la vieille cité des chevaliers de Saint-Jean vous rappellera peut-être la cité de Carcassonne, mais vous serez ravi par maintes touches d'orientalisme et par l'exubérance presque tropicale de la végétation qui pare de couleurs vives les anciens fossés.

Visite : les lundi et sam., de 16 h à 18 h (du 16 mars au 15 oct.) ou de 15 h à 17 h (du 16 oct. au 15 mars), mais soyez prudent et faites-vous confirmer l'horaire. Rendez-vous un peu avant dans la cour du palais des grands maîtres (Pl. II, B-1), d'où vous partirez pour une visite partielle, sous la conduite d'un guide; accès payant.

L'enceinte extérieure de Rhodes se développe sur un circuit d'environ 4 km de longueur. Elle remplaça l'enceinte byzantine et fut construite dès le début du XIVe s. et sans cesse remaniée jusqu'à la veille du siège de 1522. A l'origine, les fortifications comportaient un rempart épais de 2,10 m portant un parapet de 45 cm d'épaisseur. Sur une partie du boulevard d'Allemagne et jusqu'au boulevard d'Italie, une fausse braie était aménagée au pied du rempart. Les tours, rectangulaires ou circulaires, était alors indépendantes du mur d'enceinte et renforçaient la fausse braie. Au pied de la courtine principale ou de la fausse braie se développait un fossé avec mur d'escarpe et mur de contrescarpe qui retenait les terres d'un talus formant glacis. Ces dispositions originales furent amplement remaniées par la suite. Sous le magistère d'Orsini (1467-1476), les tours des fronts O. et S. furent réunies à la courtine principale, ainsi que les terre-pleins qui les protégeaient à la base, terre-pleins également pourvus de parapets et d'emplacements de tir pour canons qui devaient permettre de battre les fossés. Pierre d'Aubusson, qui devint grand maître de l'ordre en 1476, se distingua particulièrement dans la consolidation et le renforcement de l'enceinte et plus de cinquante écussons enchâssés dans le parement extérieur du rempart attestent ses activités. Ces travaux prirent plus d'ampleur après le siège de 1480 et le tremblement de terre de 1481 : il fit porter l'épaisseur du rempart de 2,10 m à 5,28 m, construire en avant de la courtine, sur les fronts O. et S., plus menacés, des plates-formes d'artillerie, ce qui eut *pour effet de créer, en certains points du périmètre fortifié, un deuxième fossé, notamment le long des boulevards d'Espagne, d'Angleterre et d'Italie. Le premier fossé fut également élargi, parfois jusqu'à vingt mètres. Enfin, le nombre des portes fut réduit et leur accès rendu plus difficile à l'ennemi. Les travaux se poursuivirent sous les grands maîtres Aimery d'Amboise et Fabrizio del Carretto. C'est ainsi qu'au début du XVIe s. le rempart atteignit 12 m d'épaisseur avec un parapet de 4 m pourvu d'embrasures permettant des tirs d'artillerie sous divers angles. La porte d'Amboise, la plus imposante de toutes, fut érigée en 1512 sous le magistère d'Aimery d'Amboise.*

Du palais des grands maîtres, vous gagnerez la **porte Saint-Antoine** (Pl. II, B-1), surmontée de deux tourelles qui, avant l'érection de la porte d'Amboise, formait l'une des portes ouvrant sur la campagne. Vous monterez sur le premier terre-plein dans lequel est percée la **porte d'Amboise** (Pl. II, A-1), la plus impressionnante des portes de la ville, construite en 1512. Elle est flanquée de **deux tours** prenant appui contre le mur d'escarpe. Sur le parement extérieur de la courtine se trouvent les écussons de l'ordre et d'Aimery d'Amboise. Notez également, sur un bastion pentagonal renforçant les défenses du côté du palais, les armes du grand maître Fabrizio del Carretto (1513-1521).

De la porte d'Amboise à la **tour Saint-Georges** (Pl. II, A-2) s'étendait le poste de combat de la langue d'Allemagne. Peu après la porte d'Amboise, remarquez la fausse braie qui domine le fossé. La tour Saint-Georges était renforcée par un **bastion en éperon** dans lequel on avait aménagé des magasins à munitions. Vous y distinguerez un bas-relief représentant St Georges terrassant le dragon et, en dessous, les armes du grand maître Antoine Fluvian (1421-1437) encadrant celles du pape Martin V et de l'ordre.

La **tour d'Espagne** (Pl. II, A-3), de plan circulaire, est entourée d'un terre-plein polygonal pourvu de canonnières basses d'où l'on pouvait battre le fossé. Le boulevard de la Langue-d'Espagne se terminait à la tour circulaire désignée sous le nom de **tour Sainte-Marie** (Pl. II, B-4), datée de 1441 ; cette tour est renforcée par un **bastion polygonal** pourvu d'embrasures pour tirs d'artillerie. La prise du boulevard de la Langue-d'Espagne, l'un des points faibles de l'enceinte, entraîna la défaite des chevaliers lors du siège de 1552. Entre la tour Sainte-Marie et la porte de Koskinou s'étendait le boulevard de la Langue-d'Angleterre.
Sous la protection de la tour Sainte-Marie s'ouvrait la **porte Saint-Athanase**, ornée d'un écusson du grand maître d'Aubusson.

La **porte de Koskinou** (Pl. II, D-4) est encore appelée porte de Saint-Jean parce qu'elle est ornée d'un relief représentant St Jean-Baptiste. Au-dessus de la porte, remarquez les armes de Pierre d'Aubusson disposées au temps où il n'était pas encore cardinal, c'est-à-dire entre le siège de 1480 et 1489. A côté des armes du grand maître se trouvent celles de l'ordre.

Entre la porte de Koskinou et la tour d'Italie s'étendait le boulevard de la Langue-de-Provence. Cette partie de l'enceinte est renforcée par une série de tours anonymes; sur les tours, vous remarquerez les armes du grand maître Pierre d'Aubusson, ainsi que sur la contrescarpe, tandis que celles de Jean de Lastic (1437-1454) et de Jacques de Milly (1454-1461) figurent sur la fausse braie et la courtine. La **tour d'Italie** (Pl. II, F-3) était protégée par un énorme terre-plein circulaire, de 15 m de diamètre, qui constituait une redoutable défense avec embrasures pour permettre les tirs d'artillerie. Des canonnières étaient aménagées à la base pour permettre aux défenseurs de battre les fossés. Sur le terre-plein, vous verrez les armes de Fabrizio del Carretto et, sur la tour et la courtine, des boulets encastrés sans doute après le siège de 1522 par les Turcs. Sous la protection de la tour s'ouvrait la porte d'Italie qui fut murée après le siège de 1480. Le boulevard de la Langue-d'Italie partait de la tour du même nom et se terminait un peu au N. après avoir longé un moment la baie d'Acandia.

3 — La ville antique et le mont Smith

Vous entreprendrez cette promenade de 4 km aller et retour un peu avant le coucher du soleil, mais la visite du site antique se révélera assez décevante, car les monuments sont trop dégradés ou trop restaurés.

La ville antique, construite à partir de 408 av. J.-C., s'étendait depuis la hauteur de l'**acropole (mont Smith**; Pl. I, A-3) jusqu'à la pointe N. de l'île et, à l'E., jusqu'à l'emplacement qu'occupa plus tard la ville murée des chevaliers.

Visite ; en été, de 7 h 30 à 19 h 30 et le dim. de 10 h à 18 h ; en hiver, de 9 h à 15 h 30 et le dim. de 10 h à 16 h 30.

Théâtre (Pl. I, A-4). — Entièrement reconstruit par les Italiens avant la dernière guerre, il doublait, en quelque sorte, un autre théâtre, beaucoup plus vaste, qui selon *Diodore de Sicile* était situé près du port, peut-être sur le site de la place de Symi.

Stade (Pl. I, A-4). — Il fut construit au IIe s. av. J.-C. et restauré par les Italiens ; les gradins de la sphendoné (partie semi-circulaire) sont antiques, les autres sont modernes.

Temple d'Apollon (Pl. I, A-4). — Accessible par un large escalier, ce temple, consacré à Apollon pythien, fut érigé en style dorique, mais il n'en reste plus que quelques colonnes. La **vue** que vous découvrirez sur la ville moderne et la cité murée vous récompensera de votre peine, mais vous préférerez cependant le panorama que vous découvrirez depuis le mont Smith.

Mont Smith (Pl. I. A-3). — Identifié avec l'ancienne acropole, il doit son nom à l'amiral anglais *Smith* qui établit son quartier général à Rhodes en 1802, alors que la flotte anglaise surveillait les approches de la mer de Marmara.
Sur l'acropole se dressaient les temples de Zeus et d'Athéna Polias dont on a retrouvé quelques restes en 1927 et 1929.
Du sommet, vous découvrirez une ***vue** particulièrement séduisante sur la ville et les collines boisées de la partie N. de l'île, et l'embrasement de la mer, au moment où le soleil disparaît à l'horizon, est un spectacle fascinant.

Environs : l'île de Rhodes

Même lors d'un séjour de courte durée à Rhodes, on ne peut négliger les excursions à l'intérieur de l'île. Certes, les villages les plus typiques, les paysages les plus caractéristiques, les sites antiques et les chapelles byzantines ne manquent ni d'attraits ni de charme ; mais la découverte de l'île, au sud notamment, permet surtout d'échapper au flot touristique et de rencontrer sans doute l'authenticité de cette terre, l'une des plus belles îles grecques.

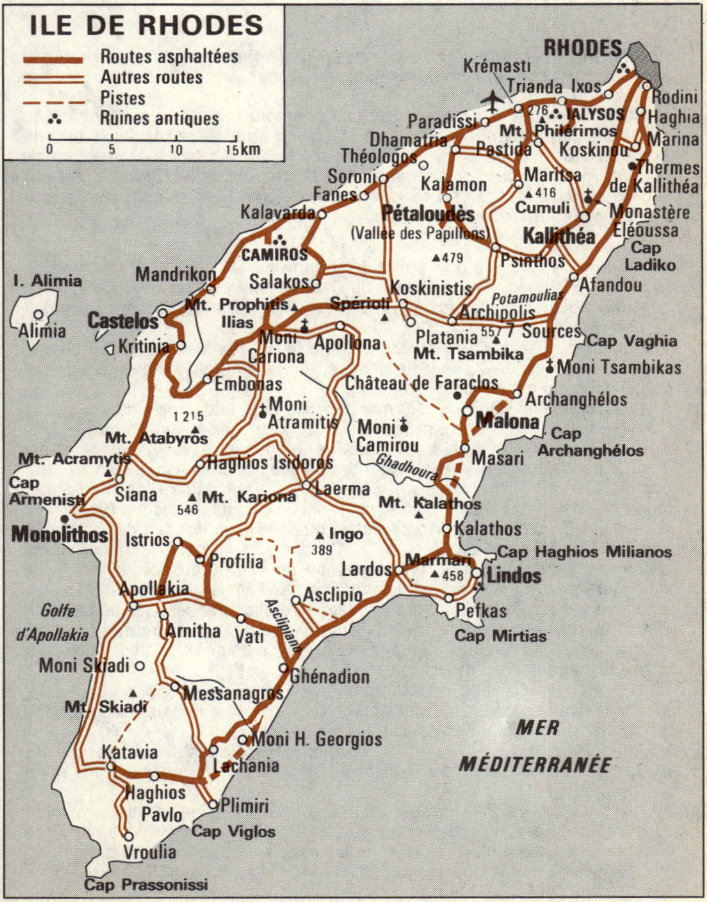

1 — Parc de Rhodini et Kallithéa (10 km ; sortir par la rue Afstralias). — Le parc de Rhodini, aux portes de la ville, est un agréable lieu de promenade et de détente, toujours fleuri, avec un petit zoo. De là, on peut visiter le tombeau dit des Ptolémées, d'époque hellénistique.
10 km : **Kallithéa**, station thermale aménagée pendant l'occupation italienne dans un joli site (affections du système digestif).

2 — Mont Philérimos et vallon de Pétaloudès (60 km aller et retour). — Sortez par la route de Camiros (Pl. I, A-3).
8 km : **Trianda**; prenez à g. vers Philérimos (Filérimos).
15 km : Sommet du **mont Philérimos** qui portait autrefois l'acropole de l'antique **Ialysos**, l'une des trois cités doriennes, qui se donnait pour fondateur mythique un personnage dont la ville prit le nom.

Le site fut sans doute occupé par des Phéniciens ou par des populations autochtones qui entretenaient des relations avec les thalassocraties phéniciennes.
Cet établissement dut recevoir des colons achéens et cette migration se perpétua dans le nom, Archaia, que portait l'acropole. Après l'invasion dorienne au Xe s. av. J.-C., le site de la ville fut déplacé en direction de la côte, vers le village de Krémasti. Elle déclina considérablement à partir de 408 av. J.-C. lorsque fut fondée la ville de Rhodes à qui elle dut fournir le plus grand nombre d'habitants.

Négligeant les **restes d'une église byzantine** du XIe s., à dr. du parking au terminus de la route, puis le chemin du Calvaire aménagé par les Italiens avant la dernière guerre, également à dr., vous gravirez l'escalier menant au sommet de l'acropole.
En haut, à g., gisent les fondations du **temple d'Athéna et de Zeus Polieus,** érigé au IVe s. av. J.-C., en style dorique, sur le site d'un sanctuaire qui était probablement d'origine phénicienne.
A g., la **chapelle Haghios Géorgios**, souterraine, est ornée de **peintures** murales des XIVe et XVe s., mais retouchées avant la dernière guerre.
A dr., vous remarquerez un **baptistère** d'époque paléochrétienne avant d'entrer dans l'**église N-D.-de-Philérimos,** bâtie sur un site consacré au culte depuis le IIe millénaire av. J.-C. Cette église faisait partie d'un monastère, fondé par les chevaliers de Saint-Jean, dont il subsiste un cloître. En prenant le sentier à g. au bas de l'escalier partant du parking, vous vous dirigerez vers une **fontaine dorique** du IVe s. av. J.-C., que l'on ne peut que difficilement apercevoir derrière sa grille, en découvrant de **somptueux paysages.** Vous apprécierez en même temps l'importance stratégique du mont Philérimos, reconnue par les Byzantins qui s'y retranchèrent lorsque les Génois firent en 1248 une incursion dans l'île, puis à nouveau lors de l'invasion de Rhodes par les chevaliers de Saint-Jean. Le sultan *Soliman le Magnifique* s'y installa pour diriger le siège contre Rhodes en 1522.
22 km : Retour à Trianda, où vous prendrez à g.
27,5 km : **Koufa**; dans la **chapelle Haghios Ioannis**, à g., **peintures murales** médiévales (prendre la clef au café près de la route).
30 km : **Paradissi**; à g., dans la **chapelle Haghios Markos**, fresque de St Georges, d'une facture très byzantine. Dans le village, prenez à g. la route de Kalamon.
36 km : **Vallon de Pétaloudès**. Du pavillon de tourisme, continuez à pied dans ce verdoyant bocage où des milliers de papillons ont élu domicile (de juin à la mi-septembre), mais vous ne les découvrirez qu'en troublant un peu leur tranquillité : sifflez ou frappez dans vos mains, et vous les verrez alors se détacher des buissons et des arbustes ou des rochers, où ils se

confondent, pour prendre leur vol. En dehors de la période où apparaissent ces gracieux lépidoptères, l'endroit ne manque pas de charme.

3 — Camiros et Lindos (circuit de **166** km avec des tronçons de très mauvaises pistes au centre de l'île).

Cette longue promenade à travers les campagnes verdoyantes de la moitié N. de l'île vous amènera à découvrir les deux principaux sites archéologiques de Rhodes, Camiros et Lindos, ainsi que les merveilleux paysages forestiers du mont Prophitis Ilias. Un tel programme exige un départ assez matinal (vers 7 h ; V. la seconde journée du plan de séjour à Rhodes), à moins que vous ne préfériez le scinder en deux journées (excursion à Camiros et au mont Prophitis Ilias d'une part, et Lindos d'autre part), ce qui serait d'ailleurs une nécessité si vous ne pouviez pas disposer d'une voiture robuste ou au cas où votre humeur vous entraînerait à vagabonder en dehors de ce circuit, notamment dans la partie S. de l'île, en suivant la route de Camiros à Lindos par Katavia et Messanagros. Dans ce second cas, vous prendrez l'itinéraire par la fin, en sens inverse, de Rhodes à Lindos.

Sortez de la ville de Rhodes par la route de Camiros (V. ci-dessus 1, jusqu'à Paradissi, en négligeant le détour vers Philérimos).
24 km : **Soroni** ; le 30 juillet, grande **panégyrie** (fête religieuse, mais avec quelques événements profanes, telles des courses d'ânes et de chevaux, en l'honneur du saint local, Haghios Soulas).
30 km : **Kalavarda** ; laissez à g. la route de Salakos qui, plus tard, vous mènera au mont Prophitis Ilias.
34 km : **Camiros**, où vous visiterez, dans une vallée, les ruines d'une partie de la cité d'époque hellénistique de l'une des trois villes antiques de l'île qui s'unirent vers la fin du Ve s. av. J.-C. pour former une nouvelle capitale, Rhodes. Aucune acropole ne domine le champ de ruines, ce qui confirme les récits des auteurs anciens selon lesquels Camiros n'était pas une ville fortifiée. Les fouilles, exécutées par des archéologues italiens, ont cependant permis de découvrir ses temples et ses maisons.

Visite : du 16 mars au 15 oct., de 9 h à 13 h et de 16 h à 18 h ; le dim. de 10 h 30 à 14 h 30 ; le reste de l'année, de 9 h à 17 h 30 et, le dim., de 10 h à 16 h 30 ; entrée payante.

A une centaine de mètres du terminus de la route s'étend un vaste téménos délimitant une aire sacrée où s'élevait un **temple dorique** du IIIe s. av. J.-C., dont il subsiste quelques colonnes. En contrebas, du côté de la mer, vous remarquerez les restes d'une **exèdre** semi-circulaire et une **aire sacrificielle**, avec un grand **autel** et neuf plus petits. De là, un escalier donne accès à une rue traversant un vaste **quartier d'habitations privées**.
A g. en montant la rue, plusieurs colonnes redressées signalent une **maison hellénistique** à péristyle. Vous atteindrez ensuite un long **portique dorique** du IIIe s. av. J.-C., bâti le long de l'**agora**, au-dessus d'une citerne du VIe ou du Ve s. av. J.-C. Six colonnes ont été redressées avec leur entablement. Au-delà gisent quelques vestiges du **temple d'Athéna Camiria**, du VIe ou du Ve s., qui fut restauré durant l'époque hellénistique.

De Camiros à Lindos par Katavia et Messanagros.
Cette excursion de **135** km (5 à 6 h) dans la partie S. de l'île vous entraînera hors des sentiers battus, sur des routes non asphaltées, parfois scabreuses, comme entre Katavia et Messanagros, mais qui vous permettront de découvrir quelques-unes des merveilles cachées de Rhodes, tels le château de Monolithos et le panorama que vous découvrirez entre Katavia et Messanagros.
Au-delà de Camiros, continuez sur la même route, vers Mandriko.
13,5 km : **Camiros Skala**, ancien port de *Kritinia*, fondé par des marins crétois

durant l'époque minoenne, aujourd'hui simple hameau de pêcheurs mais surtout l'un des rares endroits de l'île où vous pourrez savourer du poisson frais, dans l'une des deux tavernes.

15 km : **Castello de Camiros**, château reconstruit au début du XVIe s. par les chevaliers de Saint-Jean sur un éperon rocheux qui commande une vue impressionnante sur la côte. Très ruiné, ce château arbore encore les écussons des grands maîtres : *Aimery d'Amboise* et *Fabrizio del Carretto*.

18 km : **Kritinia.** — 26 km : **Embona**, l'un des plus pittoresques villages rhodiens, sur un escarpement, d'où vous partirez à la conquête (mais pas sans guide recruté au village) du **mont Atabyros** (1 215 m), le plus haut sommet de l'île, où les Anciens avaient consacré un temple à Zeus, à l'époque hellénistique (compter au moins 6 h aller et retour).

42 km : **Haghios Isidoros.** Un peu avant l'entrée dans ce village, une route à g. pour (11 km) **Laerna** et (30 km) **Lindos** par (23 km) **Lardos** sera une bonne occasion pour corriger le tir au cas où vous vous repentiriez déjà d'avoir entrepris cette longue excursion à travers la partie S. de l'île. Vous vous consoleriez alors en allant visiter, à partir de Laerna, le **monastère de Thari.** Vous prendrez la route de Profilia et, à 2 km, vous tournerez à g. sur une piste assez médiocre, mais longue de 2 km seulement, qui vous mènera à ce monastère niché au creux d'un vallon, probablement depuis le IXe s. **L'église,** à coupole, vous intéressera plus particulièrement avec ses ***peintures murales** dans la nef, l'abside et la coupole, par endroits en quatre couches superposées, dont les plus anciennes dateraient du XIe s. Les fresques de la nef et de la croisée furent exécutées au XVIIe s., celles de la coupole aux XIIIe et XVIe s. (ces dernières seront déposées pour dégager les plus anciennes) et, enfin, celles de l'abside, en trois couches, aux XIe, XIIIe et XVIe s.

55 km : **Monolithos,** petit village haut perché sur les flancs du mont Acramytis d'où une route mène au (2 km) **castello de Monolithos** du XVe s., un peu plus bas, mais dans un ****site extraordinaire,** sur un rocher escarpé, véritable nid d'aigle d'où ses défenseurs, les chevaliers de Saint-Jean, surveillaient la mer.

67 km : **Apollakia**, où vous prendrez la route côtière vers Katavia.
74 km : A g. route pour le (7 km) **monastère de Skiadi,** auj. désaffecté, fondé à l'époque byzantine, mais restauré au XVIIIe s. L'église, délabrée, conserve encore quelques fresques, notamment à la coupole. Un couple de paysans, commis à la garde de ce monastère en attendant une éventuelle restauration, sera heureux de vous accorder l'hospitalité pour la nuit dans ce lieu paisible et bucolique.

83 km : **Katavia,** village réputé pour ses tissages, d'où vous vous engagerez sur une route très sinueuse et étroite, tracée sur une arête du **mont Skiadi** (663 m), d'où vous découvrirez des ****vues** superbes sur toute la partie S. de l'île.
96 km : **Messanagros.** — 106 km : **La Chania,** dans la plaine côtière à l'E. de l'île, que vous suivrez désormais.
128 km : **Lardos**; à g. à l'entrée du village, route pour (5 km) le **monastère Ipséni,** étincelant de blancheur au creux d'un vallon.
132 km : Route de Rhodes à Lindos, où vous prendrez à dr.
135 km : **Lindos** (V. ci-après au km 111).

Suite de la route principale. — De (34 km) Camiros, vous reviendrez à (38 km) **Kalavarda** (V. ci-dessus au km 30), où vous prendrez en direction de (46 km) Salakos.
53 km : Tournez à g. vers le Prophitis Ilias. La route continue de s'élever vers le (58 km) sommet du **Prophitis Ilias** (798 m), parmi des forêts de pins, région sans doute considérée comme une Suisse rhodienne si l'on en juge d'après le style de plusieurs constructions de l'endroit : des chalets !

64 km : **Eglise Haghios Nicolaos Foundoukli,** décorée de fresques des XIIIe et XVe s., mais très restaurées. — 67 km : **Eléoussa.**
82 km : Route de Rhodes à Lindos (tournez à dr.). — 89 km : **Archanghélos,** pittoresque village de 2500 hab., aux maisons cubiques, dominé par un château construit par les chevaliers de Rhodes.
95 km : **Malona**; à g. à l'entrée, piste pour (4 km) le **château de Faraclos,** l'un des plus puissants qui aient été construits par les chevaliers de Saint-Jean.
111 km : ***Lindos,** jolie petite bourgade occupant le site de l'une des trois anciennes villes doriennes de l'île; elle est dominée par la colline escarpée de l'acropole, délimitée par deux petites anses où s'abritaient deux ports.

Au Moyen Age, Lindos fut érigée en châtellenie par les Chevaliers et pourvue d'un puissant château avec un poste de douze chevaliers et une garnison grecque. La ville possédait des faïenceries célèbres dont les plats étaient très estimés en Europe occidentale.

Le village, aux rues montantes et étroites, est très pittoresque : beaucoup de maisons du XVe s. sont encore presque intactes avec leur décoration gothique. Après avoir traversé le village, vous monterez au **château**; une double lunette en protège les approches; un long escalier monte à la porte principale; à g., un second escalier parallèle conduisait directement à une porte supérieure. En bas du grand escalier, la paroi du rocher est taillée en *exèdre;* à dr., un grand **relief** figure la poupe d'un navire avec son gouvernail latéral, et le siège du pilote; le pont, saillant de 1 m, servait de base à la statue d'un prêtre de Neptune nommé Hagésandros, fils de Mikion. A dr. du relief subsistent quelques degrés de l'escalier antique de l'acropole. En haut de l'escalier, vous visiterez les ruines du château des Chevaliers, jonché de matériaux provenant de constructions antiques et médiévales. Vous distinguerez ensuite les ruines de l'église byzantine Saint-Jean, qui était contiguë au château.
Le **sanctuaire d'Athéna Lindia,** du milieu du IVe s. av. J.-C., fouillé par une mission danoise et partiellement restauré par les archéologues italiens, occupe la majeure partie du plateau de l'acropole. On y accédait par des propylées monumentaux, avec escalier central et portique à deux ailes en retour dont on a relevé quelques colonnes; ce portique de style dorique fut construit vers 200 av. J.-C. (Visite : en été, de 7 h 30 à 19 h 30, le dim. de 10 h à 18 h; en hiver de 9 h à 15 h 30, le dim. de 10 h à 16 h 30).
Le **mont Krana,** qui fait face au château, est creusé de **tombeaux** dont l'un présente une façade de temple dorique à douze colonnes (un autre tombeau, en forme de tumulus maçonné, appelé **tombeau de Cléobule,** s'élève sur le **cap d'Haghios Milianos,** à 15 mn au N. de Lindos; la chambre sépulcrale est précédée d'un corridor).
De la place centrale du village, vous accéderez au théâtre en vous dirigeant vers l'**église de la Panaghia,** d'époque byzantine tardive (à l'intérieur, **fresques** de 1779, icônes), puis en prenant à dr. dans une ruelle étroite. Assez bien conservé, ce **théâtre** antique est adossé à l'acropole.

De Lindos à Camiros par Messanagros et Kativia, V. p. 754 en sens inverse à partir du km 135.

Suite de la route principale. — De Lindos, vous referez en sens inverse une partie du chemin (du km 111 au km 82) pour continuer vers Rhodes.

140 km : Laissez à g., peu après Kolymbia, la route vers le mont Prophitis Ilias et Camiros (V. ci-dessus en sens inverse à partir du km 82).
152 km : A dr., à 1 km, **plage de Faliraki** (sable fin; petits restaurants sur la plage, très populaire).
160 km : A dr. (2 km), **Koskinou,** plaisant village, abondamment fleuri, et (à 6,5 km) **Kallithéa** (V. 1).
166 km : **Rhodes** (V. Pl. I, C-4).

4 — Ile de Castellorizo (liaison une fois par semaine du Pirée ou de Rhodes). — La plus orientale des terres grecques, très à l'E. de Rhodes, cette petite île est située à un mille et demi des côtes turques, face au port de Kas (V. Guide Bleu Turquie). L'île est en fait un énorme rocher dominé par un château médiéval construit par le Rhodien *Nicagoras* et restauré par les Chevaliers de Rhodes.

L'île fut occupée dès l'époque préhistorique; il y eut également un établissement mycénien dont on exhuma quelques tombes. Elle fut ensuite colonisée par les Doriens qui y vénéraient l'Apollon lycien (le temple était sur le continent). Après avoir fait partie des Etats des Chevaliers de Rhodes, l'île subit l'occupation turque puis participa à la guerre d'Indépendance.

Le petit **port fortifié** et la **citadelle des Chevaliers de Rhodes** sont intéressants à visiter; la citadelle de Paléokastro, ruinée, s'élevait sur l'emplacement d'une acropole antique.

S

Salamine [Ile de]

93,2 km²; 17 800 habitants.

Pour ainsi dire dans la banlieue du Pirée, voici une île qui, avec la bourgade de Marathon, symbolise la Grèce héroïque, celle des guerres Médiques. Salamine, aujourd'hui annexée au triangle industrialisé Le Pirée-Eleusis-Athènes, n'a plus pour seule richesse touristique que ce fait d'armes glorieux. Le bac qui de Pérama, sur le continent, dessert Paloukia, sur la côte orientale de l'île, franchit le détroit où eut lieu, en 480 av. J.-C., la fameuse bataille.

L'île d'Ajax. — *Salamine fut peut-être une station phénicienne. Beaucoup plus tard, elle tomba sous la dépendance de sa voisine Egine, mais elle participa à la guerre de Troie avec un roi autonome,* Ajax, *fils de Télamon. En 632 elle fut disputée par Mégare et par Athènes puis définitivement acquise à Athènes par Solon en 612; l'île fut considérée comme une clérouchie (colonie) d'Athènes. A partir de 318, elle passa sous la domination macédonienne. Ce n'est qu'en 229 qu'Aratos la rendit aux Athéniens qui en chassèrent les Salaminiens et y installèrent de nouveaux colons.*

Indicatif téléphonique : 01.

Police touristique : en été, 2, rue Karaïskaki (☎ 465-11-00).

Bateaux : ferry-boats (très nombreux) depuis Pérama (à 18 km d'Athènes; sortir par la route du Pirée et, à dr., à 7 km) et bateaux (fréquents) depuis Le Pirée (départ quai Kalimasiou; Pl. B-1).

Pendant la traversée (20 mn) de **Pérama à Paloukia**, vous découvrirez un ample panorama sur les côtes de l'Attique, les vallons et les rives de la baie d'Ambélaki, sur l'île de Salamine, à g., et vous aurez peut-être également le temps, en traversant les lieux où se déroula la **bataille de Salamine**, d'avoir quelques pensées pour ces hommes qui, voici plus de 2 500 ans, s'affrontèrent dans ce détroit, les uns entraînés par un roi — un dieu pour son peuple — maître d'un empire immense, pour venger l'incroyable accident de Marathon, les autres luttant pour leur liberté. Peut-être aurez-vous aussi le temps de songer que, sans Marathon et Salamine (victoire complétée par celle de Platées), il n'y aurait jamais eu de miracle grec.

La tragédie de Salamine vue par un dramaturge. — *La bataille a été racontée par* Eschyle, *témoin oculaire, dans sa tragédie des Perses,* *représentée en mars 472, et par* Hérodote *qui combine sans beaucoup d'ordre les versions ionienne et athénienne. Voici comment on pourrait reconstituer le combat en tenant compte aussi de* Diodore de Sicile.

Quant le Perse campait sur l'Acropole. — *Les Perses avaient occupé l'Attique, Athènes et l'Acropole : leur flotte, estimée par Eschyle et Hérodote à 1 207 navires (chiffre qu'on doit réduire au moins de moitié), était ancrée dans la baie de Phalère. La flotte grecque, forte de 378 trières dont 200 athéniennes, se tenait au fond de la baie d'Ambélaki.*

Pris dans une nasse. — *Après une vive discussion,* Eurybiade *et les chefs péloponnésiens s'étaient, sur les instances de* Thémistocle, *résignés à rester et à combattre.* Xerxès, *de son côté, avait décidé l'offensive. La veille de la bataille, à la tombée du jour, la flotte perse exécuta un premier mouvement : elle quitta la baie du Phalère et se déploya, en face de la baie de Salamine, le long de la côte attique que l'armée de terre occupait. Mais, dans la nuit, Xerxès fit exécuter à sa flotte un second mouvement : les navires les mieux armés fermèrent l'issue N. du détroit tandis que les plus lents constituèrent au S., entre le cap Varvari, l'île de Psittalia et la citadelle du Pirée, une ligne de barrage destinée à couper éventuellement la retraite à la flotte grecque.*

Pleurez, Perses, en apprenant ce malheur. — *Le lendemain matin, les Grecs, avertis de l'investissement de leur flotte, mirent leurs vaisseaux à l'eau et les déployèrent en ligne, face au barrage N. constitué par la partie la plus puissante de la flotte perse. A la suite de ce mouvement, les Athéniens se trouvèrent avec leur flotte en bordure de Salamine ; les Péloponnésiens, qui en formaient l'aile dr., étaient opposés aux Ioniens ; les Athéniens, à l'aile g., avaient en face les Phéniciens, à l'O. La ligne perse attaqua les Grecs en voie de formation et les fit d'abord reculer. Mais les Grecs revinrent à la charge ; les Athéniens rabattirent les Phéniciens sur la côte attique près de Xerxès et se trouvèrent, par un mouvement tournant, prendre à dos les Ioniens qu'ils chassèrent devant eux. La débâcle de la ligne N. des Perses entraîna celle du barrage S. Le soir, le reste de la flotte perse, réduite à 300 vaisseaux, rallia le Phalère ; les Grecs rejoignirent le port de Salamine. Les 600 guerriers nobles, abandonnés à Psittalia, furent massacrés par les hoplites d'*Aristide.

La fuite au gré du vent. — *Xerxès, décidé à fuir, détourna pendant le jour suivant l'attention des Grecs en simulant la construction d'un pont de bateaux entre le cap Amphialé, l'îlot Haghios Géorgios et Salamine, ce qui permit à la flotte du Phalère de s'échapper la nuit suivante. Le roi regagna l'Asie par terre avec son armée, laissant Mardonios en Grèce avec 300 000 hommes. Imaginez un instant l'allégresse d'un adolescent d'une quinzaine d'années, un certain* Sophocle, *qui, lyre en main, put conduire le chœur d'enfants et chanter le péan de la victoire.*

Revenez sur terre en débarquant à **Paloukia** (au N., importante base navale), à l'entrée N. de la baie d'Ambélaki, et de là partez à la découverte de cette île.

Les amateurs de sites archéologiques prendront à g. vers (1,5 km) **Kamatéro**, qui se trouve au pied de l'acropole de **Salamis**, la deuxième capitale de l'île, contemporaine de la domination athénienne (vestiges de la construction du port, sous les eaux, près de la chapelle Haghios Dimitrios), ou encore à dr., vers (2,5 km) deux terrasses antiques avec murs d'appareil polygonal, au-delà de l'Arsenal, que l'on a voulu identifier avec le **sanctuaire d'Athéna Skiras et d'Enyalios**, fondé par *Solon*.

En suivant tout droit, les amateurs d'art religieux post-byzantin se rendront à (3,5 km) **Salamis (église de la Panaghia tou Katharou**, avec des icônes de

Géorgios Markou sur l'iconostase, et, dans une chapelle toute proche, une icône de *Poulakis*, de l'école crétoise du XVIIe s.) ou encore au (9,5 km) **couvent de Phanéromèni** (de l'Apparition de la Vierge), érigé en 1661, dont l'église renferme des **fresques** exécutées par *Géorgios d'Argos* et ses élèves *Vénizélos, Kypriotos* et son frère *Antoine* en 1735.
Au S. du couvent, vestiges d'un mur antique de plus de 1 500 m de long, tronçon de l'enceinte de *Boudoron*, avant-poste athénien lors de la guerre du Péloponnèse.
A 1,5 km du couvent, un bac vous permettra de revenir sur le continent, près de (7,5 km) Mégare ♦.

■ Samos [Ile de]

491 km²; 41 700 habitants environ.

L'île grecque la plus rapprochée du continent asiatique — à peine plus de 2 km —, Samos mériterait de reprendre son nom primitif de Stéphané, qu'elle devait à l'abondance de ses fleurs et de sa végétation. Encore à l'écart des sentiers battus par le grand tourisme, cette île, réputée pour ses vins liquoreux ou secs, devrait être l'une des favorites de ceux sur qui les longues plages désertes, les amples paysages montagneux et forestiers et les villages qui ont conservé le cachet des temps anciens exercent leur séduction.

Une terre de la diaspora ionienne. — *L'île semble avoir été habitée par des Pélasges qui établirent le culte d'Héra. Proclès conduisant des Ioniens s'y installa vers le XIe s. av. J.-C. Ses descendants conservèrent le pouvoir jusque vers 680 av. J.-C. Après la mort d'Amphicrate, le dernier des héritiers de Proclès, Samos se déclara libre et se donna un régime démocratique. Sous la tyrannie de* Polycrate, *Samos fut l'une des principales cités de l'Ionie. Alliée à Corinthe, elle fonda des colonies, surtout en Propontide (mer de Marmara). Les Samiens étaient renommés à l'époque archaïque comme métallurgistes et comme orfèvres ; (fonte du bronze en creux), comme ingénieurs et architectes* (Rhoikos *et* Théodoros) ; *enfin leur école de sculpture était réputée ; le plus illustre de ses enfants fut cependant* Pythagore, *un philosophe du VIe s. av. J.-C. qui était également un grand mathématicien, ainsi qu'en témoignent le fameux théorème de l'hypoténuse et la table de multiplication, une autre de ses inventions.*

Un tyran à la chance insolente. — *Samos atteignit sa plus grande prospérité sous le tyran Polycrate, « homme d'Etat génial et brigand débauché », « célèbre par sa chance insolente et sa fabuleuse richesse »* (Glotz), *qui aurait pris le pouvoir vers 532 av. J.-C. Mais peut-être la tyrannie était-elle instituée à Samos depuis 560 av. J.-C. environ par le père de Polycrate, Æakès. On connaît l'histoire racontée par* Hérodote *(III, 41) de l'anneau d'or au chaton d'émeraude que, inquiet de sa prospérité croissante, Polycrate jeta à la mer pour conjurer le sort, et qu'on retrouva dans le ventre d'un poisson servi sur sa table. Allié au roi d'Egypte Amasis, il domina l'Egée ; il tint une cour somptueuse, avec ses poètes favoris (dont* Anacréon de Téos). *A la tête d'une flotte de cent vaisseaux, il s'empara de plusieurs îles voisines et battit les Lesbiens alliés aux Milésiens. Mais, en 522, attiré dans un guet-apens par le satrape Oroités, il fut fait prisonnier et mis en croix après avoir été écorché vif.*

Entre Athènes et Sparte. — *Conquise par les Perses, Samos prit part à la révolte des cités ioniennes, fit partie de la ligue attico-délienne puis,* *après une révolte, fut assiégée et prise par les Athéniens (439 av. J.-C.) qui y installèrent un régime démocratique. A la fin de la guerre du Péloponnèse, elle tomba sous l'influence de Sparte, fut reprise par Athènes qui, en 366, y envoya des colons.*

Entre la carotte et le bâton romains. — *Autonome de 322 à 205 av. J.-C., mais soumise à l'influence des successeurs d'Alexandre le Grand (surtout des Ptolémées), elle fut conquise par Philippe V de Macédoine, puis donnée par les Romains aux rois de Pergame, et enfin rattachée à la province d'Asie en 129. Pillée en 92 av. J.-C. par Licinius Verrès, elle retrouva sa prospérité durant la préture en Asie de* Quintus Cicéron *(62 av. J.-C.), mais fut pillée à nouveau en 39 par* Antoine. Auguste *lui rendit des libertés que Vespasien restreignit.*

Aller à Samos ou aller à la mort. — *Samos déclina à l'époque byzantine et, envahie par les Turcs en 1453, elle se dépeupla, mais connut une renaissance au XVIIe s. En 1821, un soulèvement y éclata et les Samiens tinrent victorieusement tête aux Turcs pour lesquels « aller à Samos » était devenu un proverbe signifiant « aller à la mort ». Une remarquable suite de succès valut à Samos d'obtenir en 1832 une administration particulière, avec un prince choisi par la Porte parmi les chrétiens de l'île, et une Chambre. En 1912, la flotte turque fut chassée après un bombardement inoffensif exécuté par deux navires italiens, et le rattachement à la Grèce fut proclamé.*

Indicatif téléphonique : 0273.
Hôtels :
A Vathi :
¶¶ *Xénia,* 23, rue Themistokli Sofouli (✆ 27-463) 29 ch. ✂ ▥ ■ ⌂ ☎ Ⓟ
¶ *Samos,* 6, rue Themistokli Sofouli (✆ 28-377) 83 ch. ✂ ▥ ■ ⊞ ⌂ ☎ Ⓟ
A Karlovassi :
¶¶ *Mérope* (✆ 32-650) 80 ch. ✂ ▥ ⌂ ☎ Ⓟ
A Pythagorion :
¶¶ *Dorissa Bay* (✆ 61-360) 176 ch. ✂ ■ ⊞ ⊞ ⌂ ☎ ✿ ▭ ≙ ⚲ ouv. avril-oct.

Auberge de jeunesse : à Vathi (✆ 27-751).

Compagnie aérienne : *Olympic Airways,* 23, rue Themistokli Sofouli (✆ 27-237) ; depuis Athènes, au moins un vol quot. en 1 h.

Bateaux : 6 fois par sem. en 10 à 14 h 30 pour Karlovassi, et en 11 h 30 à 14 h 10 pour Vathy. Les bateaux font escale à Icaria. Liaisons avec la Turquie (Kusadasi).

Votre séjour à Samos. — *Vous n'irez probablement pas à Samos pour y passer une seule journée, mais il ne vous en faudrait pas plus pour faire le tour de l'île et voir l'essentiel. Vous résiderez à Vathy ou, si la proximité d'une plage vous paraît indispensable, à Pythagorion (anciennement Tigani) sur le site de l'antique capitale, où l'animation nocturne est un peu plus importante.*
Après la visite du musée de Vathy, prenez la pittoresque route côtière en direction de Karlovassi, puis suivez la route de Marathokambos, le plus beau village de l'île. De là, continuez jusqu'à la plage de Marathokambos, si vous aimez les vastes plages désertes (il y a deux autres très belles plages à Tsamadou et Kokkari), puis reprenez la route du circuit pour aller déjeuner au port de Pythagorion. L'après-midi, vous visiterez les ruines de l'antique capitale de l'île, puis l'Héraion. En fin d'après-midi, revenez à Vathy.
Réparti sur deux petites journées, ce programme vous amènera à visiter

Vathy, Pythagorion et l'Héraion le premier jour, et à effectuer le tour de l'île le second jour.
Si vous en avez l'occasion, ne manquez pas l'excursion jusqu'à Kusadasi (prononcez Kouchadasseu), petit port turc situé à 17 km des ruines de l'antique Ephèse (services de bateaux Vathy-Kusadasi, l'aller et retour étant possible dans la journée).

Vathy, la capitale de l'île, est une paisible bourgade sur de vertes collines encadrant une baie profonde, où s'abrite un port tiré de sa léthargie lors de l'arrivée des bateaux venant du Pirée ; la plage près du port étant interdite (eau polluée), vous irez vous baigner à 1 km au-delà du port, route du phare (plage aménagée, bar-rest). Derrière l'hôtel *Xénia,* à côté de la poste, le **musée archéologique** renferme des antiquités d'époque archaïque, notamment des sculptures, des figurines de bronze (dont de nombreuses appliques de chaudron) et d'ivoire (vous remarquerez plus particulièrement un petit relief du VIIe s. av. J.-C. : Persée tuant Méduse).

Visite : en sem., sauf le mardi, de 9 h à 13 h et de 16 h à 18 h ; le dim. de 10 h 30 à 14 h 30 ; accès payant.

Environs de Vathy. — 1 — Monastère de la Zoodochos Pighi (6 km par la route de Kamara). — De ce monastère, au sommet d'une colline, vous découvrirez un vaste panorama sur le détroit de Samos, le cap Mycale et la côte turque.

2 — Pythagorion (14 km), V. au km 73 du tour de l'île.

3 — Héraion (22 km), V. à partir du km 70,5 du tour de l'île.

4 — Le tour de l'île (86 km ; routes dans l'ensemble très sinueuses). — Au départ de Vathy prenez la route de Karlovassi, le long de la côte N. de l'île, le plus souvent bordée de pinèdes.
32 km : **Karlovassi**, petit port de 5 000 habitants env. régulièrement desservi par les navires effectuant la liaison entre Le Pirée et Vathy-Samos. L'arrière-pays de Karlovassi est riche en vignobles qui contribuent au renom de Samos dans le monde entier.
40 km : Haghios Théodoros :

A dr., à 6 km, **Marathokambos** est un charmant village très coloré, dans un ***site admirable,** une sorte de balcon qui domine la côte S. de l'île, avec une longue plage, à 4 km.

Entre Haghios Théodoros et (50 km) Koutsi, la route, tracée dans des pinèdes, est l'une des plus attrayantes de l'île.
70,5 km :

A g. à 2 km, **Mytilini** possède un petit **musée paléontologique**.
A dr. à 5,5 km par la route de l'aéroport, l'**Héraion**, le grand sanctuaire de l'Héra samienne, situé près de la côte.

Un sanctuaire qui fut un musée de plein air. — *Un établissement comprenant un lieu de sacrifices que l'on a pu dater du IIe millénaire av. J.-C. se développa sur le site de l'Héraion dès la période préhistorique. Cet habitat fut particulièrement florissant durant l'époque mycénienne. Il ne reste plus guère que les fondations des monuments qui, surtout à partir de l'époque archaïque, se pressaient en grand nombre dans le sanctuaire où s'entassaient maints ex-voto consacrés à la déesse par des navigateurs enrichis au cours de lointains voyages. En devenant un véritable musée, l'Héraion favorisa l'éclosion d'une pléiade d'artistes qui surent imprimer un cachet particulier à l'art samien.*

Vous atteindrez le site par le **grand temple**, probablement fondé vers le milieu du VIe s. par *Rhoikos*, l'un des plus célèbres artistes samiens, auquel certains auteurs associent également l'architecte *Théodoros*. Ce temple fut conçu selon une échelle grandiose, bien à la mesure de la personnalité des tyrans de Samos, *Æakès* et *Polycrate*. Il fut détruit par un incendie peu après son érection, sans doute lors de l'invasion de l'île par les Spartiates, en 525-524 av. J.-C., et reconstruit selon des proportions encore plus considérables. Les bases des colonnes du vieux temple furent remployées dans les fondations de ce nouveau temple, probablement avant la mort de *Polycrate*, en 522 av. J.-C. Les travaux furent interrompus par suite des troubles politiques qui éclatèrent à Samos après le supplice du tyran et ne furent pas achevés avant les périodes hellénistique et romaine.
Devant le temple, vous identifierez les vestiges de petits **thermes** et d'un **temple romain** du IIe s. apr. J.-C., à g., d'une construction tardive et d'un **temple périptère** d'époque romaine, à dr. Immédiatement après gisent les restes du **grand autel**, dit de *Rhoikos*, qui fut remanié à l'époque romaine. Il fut érigé sur l'emplacement d'un lieu de culte du IIe millénaire av. J.-C., où l'on pratiquait des sacrifices, et par-dessus un autel plus récent qui fut remis en état à l'époque géométrique.
Près de l'angle g. de l'autel, notez une petite abside d'une **basilique paléochrétienne** et, à côté, une grande base ronde.
Sur la partie du site, à g. de cet ensemble de ruines, remarquez, à partir du grand temple, les fondations d'un petit **temple d'Aphrodite**, d'un **temple à podium**, tardif, et d'un **temple d'Hermès**. Plus à g. on procède au dégagement d'une maison romaine. Plus près du grand temple, à quelques mètres du long côté dr. (vers l'entrée du site), se trouvent les vestiges d'un **portique hellénistique**, dans le prolongement d'**un portique archaïque** sous lequel on mit au jour divers éléments du grand temple qui furent enterrés après l'incendie du sanctuaire. Le portique daterait donc de la fin de la période archaïque. Entre le temple et le portique, on a exhumé divers vestiges d'époque préhistorique, avec quatre mégarons dont l'un était précédé d'une cour dallée sur laquelle s'ouvraient des magasins.

71 km : Vous traverserez l'**ancienne Samos**, dont le village de Pythagorion n'occupe qu'une partie. Vous pourrez entreprendre dès maintenant la visite de la zone archéologique, à partir du parking à g. de la route, ou au contraire à partir du village, telle qu'elle est décrite ci-après.
72 km : **Pythagorion** (anc. *Tigani*), petit port établi en squatter sur un coin de la capitale antique de l'île. Le bassin de pêche est protégé par un môle qui repose sur des fondations du temps de Polycrate.
En prenant à g., lorsque vous atteindrez le port, vous visiterez, à 200 m, le petit **musée archéologique** où ont été déposées quelques trouvailles provenant de l'ancienne Samos et de l'Héraion.

Visite : en été, de 9 h à 13 h et de 16 h à 18 h ; en hiver, de 10 h à 16 h 30 ; le dim. de 10 h 30 à 14 h 30 ; fermé le mardi ; accès payant.

Vous remarquerez les trois **statues archaïques** du milieu du VIe s. av. J.-C., appartenant au groupe du sculpteur *Généleôs* (inscription), trouvées lors des fouilles de l'Héraion, et des statues de femmes d'époque hellénistique. C'est de l'ancienne Samos que proviennent la statue d'Æakès et de nombreux restes de sculpture et d'architecture d'époque romaine.
En revenant un peu sur vos pas pour longer vers la dr. le bassin du port, vous irez voir, à environ 300 m, le **château des Logothètes** ou **kastro**, construit au début du XIXe s. sur une colline qui devait former la plus ancienne acropole de Samos, occupée dès l'époque préhistorique. Dans la cour du château se trouvent deux portiques d'un édifice romain de l'époque impériale et des restes d'églises paléochrétiennes.

Pour visiter le **site antique**, suivez la route de Vathy pendant 300 m à partir du carrefour central, puis tournez à g. sur le chemin de la **chapelle de la Panaghia Spiliani**, aménagée dans une grotte, à 600 m de la route. Chemin faisant, vous remarquerez quelques restes de l'**enceinte**.
Une centaine de mètres au-delà de la chapelle gisent les restes d'un **théâtre**, d'où vous parviendrez à l'entrée du **tunnel d'Eupalinos** (à 250 m), foré sous la direction d'*Eupalinos de Mégare*, durant la tyrannie de *Polycrate* au VIe s. av. J.-C. Selon une estimation moderne, les travaux auraient duré une quinzaine d'années ; ils auraient été entrepris sous *Æakès*, le père de *Polycrate*, pour être achevés par le célèbre tyran avant le siège de 525-524 av. J.-C. par les Spartiates. Ce tunnel devait assurer le ravitaillement de la ville en eau et procurer une sortie en cas d'urgence, car on sait que *Méandrios* l'emprunta lorsque *Darius* s'empara de Samos.
Pour parcourir le tunnel, vous aurez pris soin de vous munir de lampes de poche ; méfiez-vous de certains passages très glissants. Le tunnel renferme, à g., un étroit sentier ; parallèlement à lui court, à dr., une tranchée qui renfermait des canalisations. Environ 15 mn après l'entrée, vous rencontrerez les ruines d'une **chapelle byzantine** au milieu de stalactites. Un peu plus loin, le plafond s'abaisse de plus en plus. Depuis les travaux récemment entrepris par l'*Institut allemand d'Athènes*, il est possible de parcourir le tunnel dans toute sa longueur, mais une autorisation spéciale est nécessaire (se renseigner à Vathy).

Une centaine de mètres au-delà de l'entrée du tunnel vous parviendrez à un tronçon de l'**enceinte**. De là, descendez vers la route menant à Karlovassi, que vous atteindrez (en traversant une ancienne **nécropole**) près du parking signalé au km 71, ci-dessus. Tournez à g. vers Pythagorion, à 1,5 km. Chemin faisant, vous remarquerez, à dr., des **thermes** avec portique, d'époque impériale romaine tardive, mis au jour par l'*Institut allemand d'Athènes*.
82 km : A 6 km à dr., plage d'Aliki, déserte, mais de galets.
86 km : Retour à Vathy

S Samothrace [Ile de] (Samothraki)*

180 km²; 3500 habitants env. ; nome d'Evros.

A une quarantaine de kilomètres au large d'Alexandroupolis ♦, cette île, dépourvue de port naturel, est connue de nos jours surtout grâce à la célèbre Victoire ailée qui accueille les visiteurs du musée du Louvre. L'île de Samothrace était renommée dans l'Antiquité pour son sanctuaire des Cabires, lieu de culte à mystères. Il faut rechercher dans un passé enrichi de légendes les origines du sanctuaire des Grands Dieux qui, surtout durant l'époque hellénistique, devait être l'un des plus grands centres panhelléniques où le peuple grec, oubliant ses querelles, venait sacrifier à ses dieux et à ses héros. A Samothrace comme à Eleusis, le secret des mystères a été bien gardé. Les textes anciens suffisent à peine à nous donner une vague idée du cérémonial qui présidait à l'initiation des élus. Les fouilles exécutées par l'Université de New York, sous les auspices de l'Ecole américaine d'Etudes classiques, en nous donnant de très utiles précisions sur la topographie des lieux saints, ont relancé l'intérêt que l'on portait depuis longtemps au sanctuaire des Cabires. Grâce à ces travaux, les ruines du sanctuaire, bien que très délabrées, éveilleront maintes réminiscences d'un passé mort depuis plus de quinze siècles.

Aux sources de la légende. — *Quelques récits mythiques, rapportés par des auteurs anciens, contaient la merveilleuse aventure de Dardanos, parti de Samothrace sur un radeau qui le conduisit vers l'Asie où il fonda le royaume de Troie. Le frère de Dardanos, Aétion ou lasion, passait pour être l'initiateur des mystères de Samothrace après que Zeus lui eut révélé les rites mystiques qui présidaient à leur déroulement. lasion, comme Kéléos à Eleusis, avait été assez habile pour gagner l'estime de Déméter qui lui avait fait don de l'épi de blé.*
Selon une autre légende, le Phénicien Cadmos, *parti à la recherche de sa sœur Europe, y avait rencontré Harmonie lors de son initiation aux mystères. Le couple s'était aimé, et le rapt d'Harmonie, suivi de leur mariage mystique, rappelait l'enlèvement de Perséphone par Hadès à Eleusis.*

Un « melting pot » religieux. — *Le panthéon samothracien était très complexe et varia au cours des âges, surtout après l'établissement des colons grecs, vers 700 av. J.-C. Les fouilles ont confirmé les lointaines racines préhelléniques des mystères, racines déjà entrevues dans les légendes. Il semble que l'on trouve, à l'origine, une grande déesse mère, Axiéros. La découverte d'autels rupestres, comparables à ceux de Phrygie, donne à penser que cette divinité était probablement l'avatar local de Cybèle, la déesse mère phrygienne, parfois identifiée avec Rhéa. Selon certaines sources, les cabires personnifiaient les corybantes de Cybèle ou les courètes de Rhéa, ou bien encore les deux héros samothraciens Dardanos et lasion. Le panthéon comprenait encore deux divinités chthoniennes, Axiokersos et Axiokersa, qui devaient être vénérées selon des rites distincts.*

Les mystères de Samothrace. — *D'après* Plutarque, *nous pouvons penser que les fêtes des Grands Dieux étaient célébrées tous les ans à la fin du mois de juillet ou au début du mois d'août. Les renseignements littéraires concernant les rites d'initiation aux mystères sont rares et controversés. Après plusieurs campagnes de fouilles, il apparaît que, dès l'époque archaïque, deux complexes religieux eurent une importance prépondérante : l'Anactoron, où les élus recevaient sans doute une première initiation, et l'ensemble désigné sous le nom de « Nouveau Temple », où les mystes (initiés au premier degré) pouvaient devenir époptes (initiés au second degré).*

Prospérité et oubli. — *Le sanctuaire des Grands Dieux semble avoir connu une grande prospérité durant l'époque hellénistique. La plupart des installations cultuelles furent renouvelées par les rois de Macédoine et les Ptolémées d'Egypte. Les lieux de culte restèrent en activité sous la protection des Romains. Après la proscription du paganisme, à la fin du IVe s. apr. J.-C., l'île tomba en léthargie et ses temples furent détruits quelques siècles plus tard par des tremblements de terre.*

Les fouilles. — *Commencées par la mission française Deville et Coquart, en 1856, et poursuivies par Champoiseau, qui découvrit en 1863 la fameuse Victoire conservée au Louvre, les fouilles furent reprises par deux missions autrichiennes en 1873 et 1875 (Conze). Quelques recherches furent menées ensuite en collaboration par l'Ecole française d'Athènes et l'Université de Prague. En 1938 débuta l'exploration systématique par l'Université de New York. Les fouilles reprirent après la guerre de 1939-1945.*

Indicatif téléphonique : 0551.

Hôtel :
¶¶ *Xénia* (✆ 41-230) 7 ch. ✂ ⛾ ☎ Ⓟ ouv. avril-sept.

Bateaux : depuis Kavalla et Alexandroupolis, 2 serv. par sem. (retour le lendemain) ; car-ferry depuis Alexandroupolis 3 fois par sem. l'hiver, 1 fois par jour l'été.

L'excursion à Samothrace est une excursion « sérieuse » ; elle ne se révélera donc intéressante que pour ceux qui ont le don de faire revivre les ruines et d'imaginer leur splendeur défunte. Il faudra compter environ 5 h pour se rendre de Kamariotissa jusqu'au sanctuaire, pour le visiter, et revenir au point de départ. Mais si vous aimez les sites sauvages et boisés, vous vous laisserez sans doute entraîner à flâner pendant plusieurs heures au milieu des ruines et d'une belle végétation méditerranéenne. Vous pourrez alors loger à l'hôtel Xénia ou chez l'habitant, dans l'une des maisons rustiques du petit village.

Du port de **Kamariotissa,** vous vous rendrez à (3 km) **Samothraki,** petit village situé à proximité des ruines du **sanctuaire des Grands Dieux.**

Visite : t.l.j., de 9 h à 15 h (15 h 30 en hiver) ; le dim. de 10 h à 16 h (16 h 30 en hiver) ; accès payant.

A env. 100 m de l'hôtel Xénia, vous rencontrerez d'abord le musée, dont vous pourrez réserver la visite pour les heures les plus chaudes de la journée. A l'E. du musée, vous prendrez un sentier tortueux qui vous conduira à l'entrée de la zone archéologique (env. 100 m). A l'intérieur de celle-ci, le sentier continue jusqu'au cœur du sanctuaire, mais vous monterez plutôt d'abord, en suivant un petit sentier qui se détache à dr., vers la partie occidentale du site.

Bâtiment de la Milésienne et Ruinenviereck. — Vous rencontrerez aussitôt sur la terrasse qui fait face à celle de l'Arsinoéion, près d'une fortification byzantine (dite *Ruinenviereck*), un édifice dégagé par une mission franco-tchécoslovaque en 1923 et désigné sous le nom de Bâtiment de la Milésienne, d'après la dédicace d'une Milésienne (femme de Milet, en Asie Mineure), que l'on retrouva parmi les ruines. Cet édifice, construit dans la seconde moitié du IIIe s. av. J.-C., était précédé d'une structure rectangulaire, massive, qui était sans doute un autel monumental.
A l'O. du Bâtiment de la Milésienne, sous les ruines de la fortification, on a mis au jour les fondations d'un édifice de grandes dimensions (35,64 m × 24,60 m), sanctuaire ou local d'initiation, daté par *F. Chapouthier* du milieu du IIIe s. av. J.-C. Sous la partie la plus éloignée du Ruinenviereck furent découvertes les fondations de trois petits trésors d'époque hellénistique, orientés vers une voie.

Portique et niche de la Victoire. — En suivant le sentier qui monte en zigzaguant vers le S., vous atteindrez les ruines d'un long portique à colonnade extérieure dorique et colonnade intérieure ionique, élevé vers la fin de la période hellénistique, et enfin les restes de **la niche qui renfermait la Victoire du Louvre,** ex-voto de *Démétrios Poliorcète* après sa victoire navale de Salamine. Elle fut construite vers la fin du IIIe s. ou le début du IIe s. av. J.-C. La célèbre statue était dressée dans un bassin sur une base figurant la proue d'un navire. En contrebas se trouvait le théâtre.

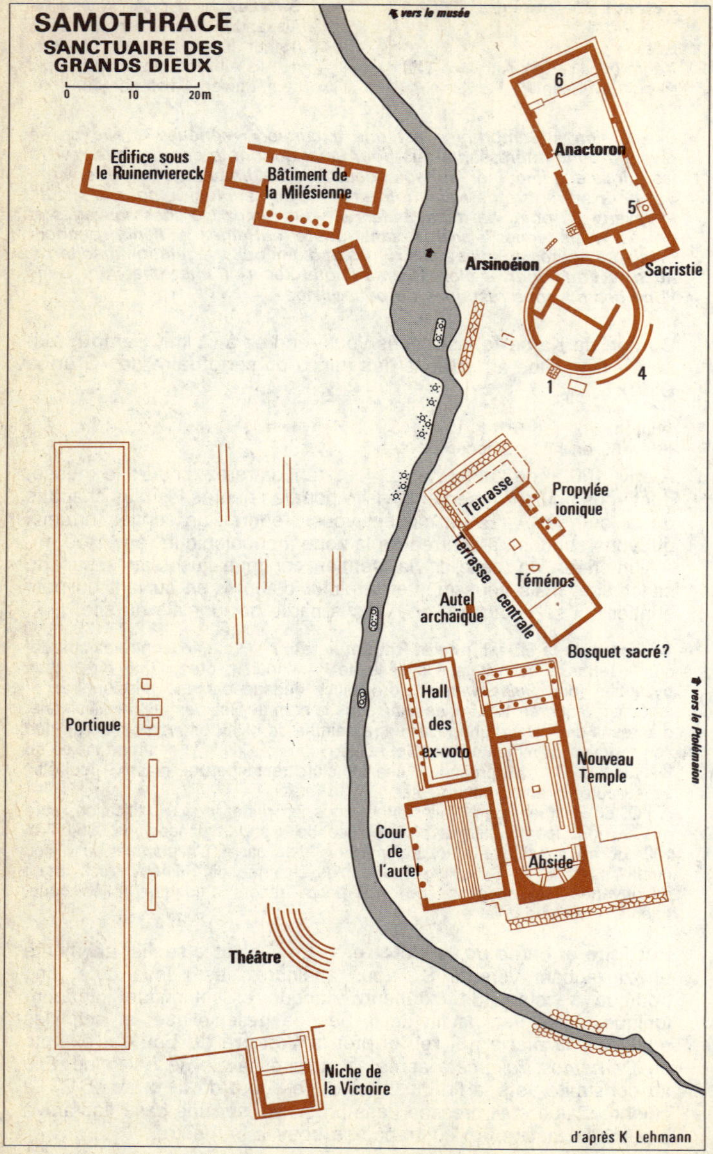

SAMOTHRACE
SANCTUAIRE DES GRANDS DIEUX
0
10
20m
vers le musée
Edifice sous le Ruinenviereck
Bâtiment de la Milésienne
6
Anactoron
5
Arsinoéion
Sacristie
1
4
Terrasse
Propylée ionique
Terrasse centrale
Téménos
Autel archaïque
Bosquet sacré?
vers le Ptolémaion
Portique
Hall des ex-voto
Nouveau Temple
Cour de l'autel
Abside
Théâtre
Niche de la Victoire
d'après K Lehmann

Théâtre. — Erigé au IIe s. av. J.-C., il prêtait son cadre à des représentations de drames sacrés ; peut-être y mettait-on en scène le mariage mystique de Cadmos et d'Harmonie.
Il n'en reste plus que quelques éléments de gradins enfouis sous les broussailles. Il ne comporta jamais, semble-t-il, de bâtiment de scène permanent, mais plutôt des aménagements en bois dressés au moment des fêtes.

Nouveau Temple. — De l'autre côté du ravin gisent les vestiges de plusieurs bâtiments : une **cour dite de l'autel**, dédiée aux Grands Dieux (entre 340 et 330) par *Arrhidaios*, un **hall des ex-voto**, où étaient exposées les offrandes présentées aux Grands Dieux, et un ensemble cultuel désigné sous le nom de **Nouveau Temple**.

Le **bâtiment de la cour de l'autel**, dont il subsiste encore des fondations et divers blocs des superstructures, était orienté vers le ravin. Selon *K. Lehmann*, il est possible que la cour ait servi de cadre à des représentations théâtrales qui faisaient partie du cérémonial d'initiation.
Les fondations du **hall des ex-voto** sont assez bien conservées. Il dut être construit au VIe s. av. J.-C., puis remanié plusieurs fois par la suite, notamment au Ve s., puis durant les époques hellénistique et romaine. Il resta en usage jusqu'à la fin du paganisme.
Le Nouveau Temple n'était pas à proprement parler un temple, mais un lieu de culte où les élus devaient sans doute recevoir le second degré d'initiation (époptie). Il n'était donc accessible qu'aux initiés au premier degré (mystes) ou aux époptes, si l'on se réfère à un texte de loi sacrée découvert lors des fouilles. A l'intérieur de ce bâtiment complexe se trouvaient deux **fosses à sacrifices** *(escharai)* et, protégé par une abside, un *bothros*, autel creux dans lequel les prêtres versaient des libations. La communauté devait prendre place sur des bancs disposés près des longs murs de la *cella*. Le bâtiment, dont on peut encore voir les fondations et l'assise de réglage, en marbre, ainsi que de nombreux éléments des superstructures, fut construit vers 320 av. J.-C. sur l'emplacement d'installations cultuelles plus anciennes. Cinq colonnes d'ordre dorique et un élément de l'architrave ont été relevés, dans l'angle N.-E.
Les fouilles effectuées dans l'abside hellénistique ont révélé l'existence d'un **sanctuaire de la fin de l'époque archaïque**, élevé vers 500 av. J.-C., qui fut lui-même reconstruit vers l'an 400 av. J.-C., par conséquent un peu moins d'un siècle avant l'édifice hellénistique dont vous avez pu voir les ruines. Le Nouveau Temple fut lui-même plusieurs fois restauré, notamment à l'époque impériale romaine.
Tout autour du Nouveau Temple, le sol est jonché de débris d'antiques constructions, d'autels, etc. Ainsi, les archéologues américains mirent au jour, au N. de la cella, à l'extérieur des fondations, un curieux assemblage de pierres, formé de deux pierres sacrées flanquant une torche qui devait être plantée dans l'évidement carré d'un bloc de calcaire. Ce dispositif, plusieurs fois remanié, jouait sans doute un rôle dans le rituel d'initiation.

Ptolémaion. — Au-delà d'un tertre où gisait une des nécropoles et au-delà d'un second ravin, à l'E., vous reconnaîtrez les soubassements massifs du Ptolémaion, faits de blocs de poros bien appareillés. Cet édifice, élevé par *Ptolémée Philadelphe* vers 280 av. J.-C., a son massif de fondation traversé en oblique par un canal voûté, intégralement conservé, qui devait donner passage aux eaux du torrent voisin en cas de crues. Le Ptolémaion servait de propylées au sanctuaire. On a utilisé pour sa construction des matériaux provenant d'un édifice du VIe ou du Ve s. av. J.-C.

Remparts. — Au-delà du Ptolémaion, à l'E., on atteint très vite le rempart qui, flanqué de tours carrées, escalade les pentes escarpées, s'élevant jusqu'à une arête rocheuse très découpée.

Construction circulaire. — A l'O. du Ptolémaion, remarquez une terrasse basse, arrondie, qui comprend une **aire dallée**, surbaissée, autrefois accessible par cinq marches de marbre (trois sont en place), également circulaires. Au centre devait se trouver un autel, peut-être l'autel rond visible dans le hall du musée.
Cet aménagement, énigmatique, daterait de la fin du Ve ou du début du IVe s. av. J.-C., mais il fut plusieurs fois remanié, notamment lors de l'adjonction de degrés supplémentaires derrière l'emmarchement initial, et par la construction, au IVe s. av. J.-C., d'un édifice qui lui-même fut remplacé par un bâtiment dorique au nom de **Philippe III Arrhidaios** et d'**Alexandre IV** (entre 323 et 316 av. J.-C.). De ce dernier monument, qui devait former une annexe, vous verrez encore de solides fondations.

Terrasse centrale. — La région comprise entre le Nouveau Temple et l'Arsinoéion (V. Pl.) semble avoir joué également un rôle important dans les cultes samothraciens. La plupart des ruines actuellement visibles appartiennent à un **enclos** *(téménos)*, entouré de murs et pourvu d'un propylée, de style ionique, qui était orné d'une frise représentant des danseuses (au musée). Cet ensemble, désigné sous le nom de « Terrasse centrale », dut être érigé vers l'an 340 av. J.-C. La partie N. de la terrasse est soutenue par de puissantes fondations faites de gros blocs de calcaire réguliers.

On sait qu'il y eut là des sacrifices, donc des installations destinées à les recevoir, dès le VIIIe s. av. J.-C. Celles-ci furent plusieurs fois reconstruites, l'enclos hellénistique étant le dernier en date.
L'entrée (propylée) de l'enclos, dont il subsiste en partie les fondations, était orientée vers l'Arsinoéion. La frise des danseuses était placée sous le portique du propylée. A l'intérieur, l'enclos devait être partiellement dallé de marbre. Il renfermait une *eschara*, le groupe d'Aphrodite et de Pothos, sculpté par Scopas, et peut-être aussi un *bothros*.

Quelques lueurs sur les mystères de Samothrace. — *Selon K. Lehmann, il est possible que le téménos ait servi de cadre au festival public au cours duquel étaient représentés la recherche d'Harmonie dans le monde souterrain et son mariage sacré avec Cadmos. Si l'on en croit les auteurs anciens, un chœur de danseuses devait apporter son concours à cette évocation qui symbolisait le deuil de la nature pendant la saison hivernale, le travail de la semence confiée à la terre et, par le mariage mystique d'Harmonie et de Cadmos, la possibilité du renouveau de la végétation au printemps. Or, précisément, nous savons que le propylée du téménos était orné d'une frise figurant un chœur de danseuses. La facture archaïque de ces reliefs, étonnante pour l'époque, rappelait sans doute l'antique origine du rite célébré dans cette enceinte. Au temps d'Alexandre le Grand, le cérémonial devait débuter par des sacrifices sur une terrasse contiguë au téménos, puis se poursuivre à l'intérieur de l'enceinte par des offrandes sur le foyer sacré, probablement devant des statues d'Aphrodite et de Pothos qui, selon Pline, étaient l'objet d'une vénération spéciale au cours de la fête des Grands Dieux. Les évolutions du chœur des danseuses, rythmées par les timbres des tympanons, des* *flûtes, des cithares et d'autres instruments, devaient avoir lieu dans cette enceinte pendant l'accomplissement des rites autour des autels et des foyers.*

Arsinoéion. — Cette vaste rotonde (plus de 20 m de diamètre) reposait sur d'impressionnantes **fondations** en blocs de poros très bien appareillés et parfaitement conservés. Datée de la seconde décennie du IIIe s. av. J.-C., elle était décorée de bucrânes et de rosettes ; elle fut élevée par *Arsinoé Philadelphe* sur l'emplacement d'antiques lieux de culte, aux origines préhelléniques, dont vous distinguerez encore quelques restes à l'intérieur et autour des fondations.

Il ne fait aucun doute que l'Arsinoéion eut une fonction importante dans le déroulement des cultes. La découverte d'un **puits à sacrifices** (Pl. 1), à dr. de l'entrée de l'Arsinoéion, dont il est contemporain, tend à prouver que cet édifice ne fut que le successeur, d'un type plus monumental, d'installations plus anciennes.
D'après *Lehmann*, on peut résumer ainsi l'évolution des installations cultuelles sur le site : vers la fin de l'âge du bronze ou au début de l'âge du fer, fut aménagée, sur l'emplacement du futur Arsinoéion, une **terrasse** maintenue par un **mur cyclopéen** encore conservé sur une longueur d'environ 10 m. Au VIIe s. av. J.-C. fut construite une **double enceinte** dont le caractère religieux est apparent. L'enceinte N. renfermant un vieil autel rupestre préhellénique était en quelque sorte l'adyton de ce sanctuaire à ciel ouvert. L'enceinte S. devait être, elle aussi, réservée à la pratique du culte, car on y découvrit un **puits à sacrifices** daté du VIIe s. av. J.-C. Il devait être consacré aux divinités chthoniennes Axiokersos et Axiokersa. Cette double enceinte fut remplacée, au VIe s., par une autre structure qui dura deux ou trois siècles. Au IIIe s. av. J.-C., au moment où fut élevé l'Arsinoéion, les installations cultuelles du VIe s. furent noyées dans la masse du remblai qui constituait l'assiette de la rotonde. Des sondages effectués en 1974 permettent de mettre en doute le caractère très ancien des installations antérieures à l'Arsinoéion qui, selon *J. Mac Credie*, ne dateraient que du IVe s. av. J.-C.

Anactoron. — Il tenait sans doute lieu de hall d'initiation au premier degré pour les non-initiés ; dans la « **Sacristie** » on mit au jour plusieurs inscriptions datant du Ier s. av. J.-C. au IIIe s. de notre ère, avec des listes d'initiés au premier degré (mystes). Là encore, les ruines actuellement visibles appartiennent à des édifices de la période hellénistique ou de l'époque romaine qui remplacèrent des bâtiments plus anciens.

Les fouilles exécutées sur l'emplacement de la « **Sacristie** », que l'on a crue longtemps hellénistique mais qui date en fait du début du Ier s. de notre ère, ont attesté l'existence de constructions plus anciennes dont la première remonterait à la période géométrique, avant l'arrivée des colons grecs dans l'île. Ce bâtiment fut détruit par un incendie et remplacé, au VIIIe ou au VIIe s., peut-être au moment de l'immigration grecque, par une autre structure. A celle-ci aurait été substitué, au début de la période archaïque, un autre édifice. On trouve ensuite une nouvelle installation, datée du IIIe s. av. J.-C. env., dite **Proto-Anactoron**, dont il reste plusieurs vestiges, notamment un fragment de mur en appareil polygonal. Le bâtiment du Ier s. de notre ère resta en usage jusqu'à la fin du paganisme mais il fut restauré à une époque assez tardive (IVe s. apr. J.-C.).

L'**Anactoron,** mentionné par *St Hippolyte,* où se dressaient deux fameuses **statues des cabires**, comportait un hall central et deux parties surélevées. A

l'époque hellénistique, on aménagea, dans la partie S., un puits à sacrifices (Pl. 5). Les élus devaient probablement prendre place sur cette plate-forme pour suivre les scènes des sacrifices du rituel d'initiation.
Lors des fouilles du hall central de l'Anactoron, les archéologues américains mirent au jour les traces d'une **plate-forme circulaire** qui, en brûlant, décomposa les pierres qui lui servaient de soubassement. Nous savons, d'après un compte rendu d'initiation aux mystères égyptiens, que les mystes étaient présentés à la communauté, juste après leur initiation, sur une plate-forme circulaire en bois, dressée au centre du hall. Ainsi peut-être devons-nous considérer le podium qui, en se consumant, laissa imprimée sa trace dans le hall de l'Anactoron, comme la réplique de cette estrade utilisée dans les mystères égyptiens pour la présentation des nouveaux mystes. La plate-forme N. représentait sans doute l'*adyton* (Pl. 6) ou lieu très saint, où se terminait probablement l'initiation des mystes par la présentation de quelques objets sacrés. Une inscription du IIe ou du IIIe s. apr. J.-C. atteste que cette partie de l'Anactoron était rigoureusement interdite à ceux à qui la révélation des mystères était refusée.

Musée (mêmes conditions de visite que le site, mais fermé le mardi). — A une centaine de mètres du sanctuaire des Grands Dieux, sur l'emplacement d'une **église** élevée au VIIe s. au temps d'Héraclius, il abrite les trouvailles faites au cours des fouilles. Il comprend les **reconstitutions** partielles **de divers bâtiments**, notamment du Nouveau Temple, de l'Arsinoéion, de l'Anactoron, des inscriptions, des sculptures, de la céramique, etc., en quatre salles.
Vous remarquerez surtout deux **sculptures** en marbre de Thasos (salle B), exécutées probablement par un artiste thasien vers 460-450 av. J.-C. L'une d'elles représente le **devin aveugle Tirésias** qui émerge du monde souterrain (les yeux furent retaillés au XIXe s.). Cette statue fut longtemps considérée comme le portrait d'Aristote et des sculptures du même type servirent même de modèles aux sculpteurs de la Renaissance. L'autre sculpture représente **Perséphone**, vêtue d'un péplos.
De part et d'autre de la porte conduisant à la salle C., voyez la **frise des danseuses** (vers 340 av. J.-C.) ; remarquez les joueuses de cithare, de tympanon et de flûte.

Au-delà du Ptolémaion subsistent des tronçons de la **muraille de la ville** antique (IVe ou IIIe s. av. J.-C.), faite de blocs polygonaux. Sur la hauteur, ruines du **château des Gateluzi**, construit en 1431-1434.
Plus loin encore se trouvent les restes d'un **aqueduc romain**. Au-delà de ruines médiévales, vous verrez les vestiges d'une **église** du Ve s. détruite durant l'époque byzantine, puis ceux d'une **fontaine romaine**.
Du village de Samothraki, l'ascension du **pic de Samothrace** (*Phengari*, 1 600 m) exige de 5 h à 6 h. Selon l'*Iliade*, c'est là que Poséidon monta pour contempler les combats qui se livraient sous les murs de Troie. Par temps clair, vous découvrirez un vaste panorama sur la côte thrace, la Chersonèse, les îles de Thasos et de Lemnos, le mont Athos et l'Ida troyen.

Sérifos [Ile de]

70 km^2 ; 1 500 habitants.

Cette petite île escarpée de l'archipel des Cyclades, dont le nom signifie « dénudée », a longtemps été considérée comme un lieu de retraite. Avec ses villages perchés, ses sentiers montueux,

c'était même un lieu de retraite idéal pour ceux qui se sentaient l'âme en rupture de société; mais l'île est de plus en plus fréquentée : il faut se hâter de profiter encore de son calme relatif.

Indicatif téléphonique : 0281.

Hôtel :

¶¶ *Perséus* (☎ 51-273) 10 ch. ouv. juin-sept.

Bateaux : depuis Le Pirée, 10 serv. par sem. en 5 h ou 6 h 15.

A 12 km de l'escale de **Méga Livadi**, **Chora** ou **Sérifos**, le chef-lieu de l'île, est une assez modeste bourgade blottie contre un piton rocheux autrefois défendu par un kastro vénitien.

A 2 ou 3 h de marche, vous visiterez le **couvent des Taxiarques**, construit vers 1600, dont le catholicon est orné de **fresques** très abîmées exécutées au début du XVIIIe s. (manuscrits byzantins à la bibliothèque).
Au hameau de **Panaghia**, église byzantine du Xe s.

Serrès (Séré ou Serrai)

Carte-itinéraire 14. — Kavalla, 105 km. — Thessalonique, 88 km.
39 890 habitants.

Cette ville macédonienne, ancienne place forte byzantine, fut trop sévèrement ravagée pendant les guerres balkaniques du tournant du siècle, et plus récemment encore, pour avoir conservé quelque intérêt. Ce sera un gîte d'étape sur la route de Thessalonique à Sofia.

Les prairies des juments du char du Soleil. — *Serrès est une ville d'origine préhellénique : « Xerxès, marchant contre la Grèce, laissa dans la plaine de Siris, sous la garde des Siropaionès, les juments sacrées du char du Soleil ». Au Xe s., les Bulgares ayant conquis l'hinterland de la péninsule balkanique, Serrès servit de fort d'arrêt aux empereurs byzantins. Lors de la lutte de Basile II contre le tsar Samuel, c'est dans la région de Serrès, au défilé du Strymon, que le sort de la lutte se décida. La ville fut occupée par les Turcs en 1368. Elle resta entre leurs mains jusqu'en 1913, époque à laquelle y entrèrent les Bulgares qui l'incendièrent. Serrès devint grecque par le traité de Bucarest (10 août 1913) après la deuxième guerre balkanique.*

Indicatif téléphonique : 0321.

Police touristique : 9, rue P. Chrystophorou (☎ 22-001).

Hôtels :

¶¶ *Xénia*, rue Haghias Sophias (☎ 22-931) 32 ch.

¶ *Galaxy*, 24, rue Mérarchias (☎ 23-289) 37 ch.

¶ *Park*, pl. Elefthérias (☎ 22-133) 64 ch.

Artisanat : exposition 9, rue Vas. Constantinou.

Près du centre, la **métropole** présente la particularité d'être pourvue, au fond de l'abside, d'un synthronon à triple degré, comme dans les églises paléochrétiennes. De la décoration, il ne reste plus que de rares fragments de **fresques**. Certaines **mosaïques** ont disparu dans l'incendie de la basilique par les Bulgares.
Les amateurs d'archéologie pourront voir un **petit musée** installé en bordure de la place centrale dans un vieux bâtiment turc à coupoles. Il contient des antiquités trouvées dans la région (surtout sculptures et céramiques).

Vous découvrirez un panorama sur la ville en montant au (2,5 km) **kastro**, très ruiné, qui date du XIVe s. Pour y parvenir, prenez la route de Drama, tournez à g. vers Chrysophi avant un pont, puis encore à g. à 1 500 m.

Environs. — Nigrita. — A 22 km au S. de Serrès, c'est **une station thermale** réputée pour le traitement des affections du système digestif, au cœur d'une région riche en sources minérales.

Sicyone (Sikion)

Carte-itinéraire 5. — Corinthe, 33 km. — Kiaton, 6 km. — Patras, 111 km.

La Ville des Courges — tel est le nom de cette cité —, fondée au IIe millénaire par les Ioniens, puis conquise par les Doriens au XIIe s. av. J.-C., eut quelque renom en Grèce, à l'époque archaïque, grâce à une école de peinture et de sculpture. Le petit musée que vous y visiterez n'a, malheureusement, rien retenu de cet héritage, mais le site, d'où vous découvrirez la nappe bleue du golfe de Corinthe, présente un certain intérêt.

Une tyrannie éclairée. — *Sous la pacifique tyrannie des Orthagorides, d'Orthagoras à Clisthène, Sicyone rayonna d'un vif éclat dans le monde des arts avec son école de peinture à la cire (Eupompos, Pamphilos, Pausias) et ses sculpteurs (Aristoclès, Kléoitas, Canachos). Après Clisthène, les luttes de l'aristocratie et des forces démocratiques ensanglantèrent la cité qui ne prit qu'une faible part aux guerres Médiques. Soumise en 368 à Epaminondas, détruite en 303 par Démétrios Poliorcète, elle fut rebâtie et prit le nom de* Démétrias. *Aratos, né à Sicyone, releva sa patrie en la faisant entrer dans la Ligue achéenne (251 av. J.-C.). D'abord favorisée par les Romains au détriment de Corinthe, elle ne tarda pas à décliner et, en 23 apr. J.-C., un tremblement de terre consomma sa ruine.*

Vous visiterez d'abord le **musée**, aménagé dans un **bain romain** partiellement reconstitué. Il renferme des vases, à partir du VIIe s. av. J.-C., des pavements de mosaïque du IVe s. av. J.-C. (figure d'Ethiopien nu ; animaux réels ou fantastiques), des figurines de terre cuite (depuis la période archaïque jusqu'à l'époque romaine) et diverses sculptures dont une **tête en marbre d'Apollon** d'une technique praxitélienne.

Visite : en été, de 9 h à 13 h et de 16 h à 18 h ; en hiver, de 10 h à 16 h 30 ; le dim. de 10 h 30 à 14 h 30 ; fermé le mardi ; accès payant.

En face du musée, de l'autre côté de la route, gisent les restes du **temple d'Artémis**, d'époque hellénistique, dont les proportions très allongées, propres aux temples archaïques, font penser qu'il fut reconstruit sur le plan d'un temple plus ancien qui devait exister sur l'acropole.
Au-delà se trouvent les restes du **Sénat**, d'époque hellénistique, transformé en bain à l'époque romaine, et d'un long portique.
A environ 200 m du musée, à g. de la route qui monte vers la colline, vous visiterez les ruines du **gymnase**. Il s'étendait sur deux terrasses retenues par de puissants murs de soutènement. La partie la plus ancienne, sur la terrasse inférieure, date de la période hellénistique. Vous remarquerez surtout, contre le mur de soutènement de la terrasse supérieure, de part et d'autre d'un escalier, deux **fontaines** dont les bassins sont partiellement conservés.

La partie supérieure du gymnase fut construite au IIIe s. apr. J.-C. ; elle était reliée au gymnase hellénistique par trois escaliers.
Revenez vers la route, que vous traverserez pour aller visiter les restes du **théâtre**, aménagé à flanc de colline, au pied de l'acropole de la ville hellénistique. Au milieu de la scène, un escalier donnait accès à un passage souterrain aboutissant au milieu de l'orchestra, pour les apparitions infernales. Les bâtiments de la scène ont été dégagés, ainsi que les sièges de la proédrie et un secteur de gradins.
A côté du théâtre, dans un ravin, était aménagé le **stade** dont les talus étaient terminés par deux murs en appareil polygonal.

■ **Siphnos** [Ile de]

74 km²; 2000 habitants.

Voici une île de l'archipel des Cyclades qui fut assez riche dans l'Antiquité pour consacrer, avec une partie du produit de ses mines d'or, un magnifique trésor près du temple d'Apollon, à Delphes. Si cette exceptionnelle prospérité n'est plus qu'un souvenir, l'île n'en demeure pas moins aujourd'hui riante, couverte d'oliveraies et recélant une des plus belles plages de l'archipel, à Platis Yalos; elle ne devrait donc pas décevoir ceux qui aiment être les premiers témoins d'un développement touristique naissant. Vous y achèterez des anaphia, couvertures de laine battues dans la mer pour leur donner un aspect pelucheux, de la broderie et de la poterie.

Indicatif téléphonique : 0284.
Hôtels :
A Artemon :
¶ *Artemon* (☎ 31-303) 24 ch. ✂ ⛟ ☎ Ⓟ ouv. avril-oct.
A Platis Yalos :
¶¶ *Platis Yalos* (☎ 31-224) 22 ch. ✂ ☎ ouv juin-sept.
Bateaux : du Pirée, très nombreuses liaisons hebdo. en 6 h 20 ou 7 h 35, certaines via Sérifos, sur la ligne de Milo.

Les bateaux font escale à **Kamarès**, petite agglomération à l'architecture caractéristique des îles, à 5 km d'**Apollonia**, le chef-lieu, où vous visiterez **l'église Haghios Sotir**, avec des fresques et une belle iconostase.

→ A 1 h 30 de marche, sur la côte orientale, **Kastro**, ancienne capitale de l'île, étage ses maisons au pied d'un ancien château vénitien. Sur la pente N.-O. de la colline, on a mis au jour quelques vestiges d'un **mur** en marbre du IVe s. av. J.-C. qui défendait l'**acropole antique**, ainsi que les ruines de maisons de l'époque géométrique. Au sommet, la **chapelle de la Panaghia Géraniofora** s'élève sur les ruines d'un temple qui date peut-être du VIIe s. av. J.-C. A 2 km d'Apollonia, **Artémon** est un charmant hameau environné de moulins à vent. Sur toute l'île, nombreuses tours antiques et plusieurs couvents byzantins ruinés.

■ **Skiathos** [Ile de]★★★

61 km²; 3900 habitants.

Verte et boisée, cette petite île des Sporades du Nord est depuis peu fort à la mode, tant auprès des Grecs que des étrangers. Ne dit-on pas qu'elle possède la plus belle plage de tout le pays, celle de Koukounariès? Quoi qu'il en soit, vous en trouverez aussi d'autres moins fréquentées, parfois encore désertes. Mais il faut reconnaître que celle-ci est bien séduisante, avec son sable pailleté d'or et sa somptueuse pinède, tout comme l'île est des plus agréables avec la végétation de ses douces collines couvertes de pins, de platanes, de chênes-kermès et d'arbousiers.

Indicatif téléphonique : 0424.

Police touristique : en été, rue Antoniou Riga (✆ 423-92).

Hôtels :

¶¶¶¶ *Skiathos Palace,* à Koukounariès (✆ 422-42) 201 ch. night-club.

¶¶¶ *Espérides,* à Akladia (✆ 422-45) 162 ch. night-club ; ouv. avril-oct.

¶¶¶ *Nostos,* à Tzaméria (✆ 425-20) 104 ch. ouv. mai-oct.

¶¶ *Alkyon,* à Ammoudia (✆ 429-81) 80 ch. night-club.

¶¶ *Xénia,* à Koukounariès (✆ 420-41) 32 ch. ouv. mai-oct.

¶ *Akti* (✆ 420-24) 11 ch.

¶ *Koukounariès* (✆ 420-48 ; Athènes ✆ 324-59-63) 15 ch. ouv. avril-oct.

Camping :
Skiatos Camping, à Kolios, sur la route de Koukounariès (✆ 426-68).

Compagnie aérienne : *Olympic Airways,* rue Papadiamanti (✆ 422-00) ; depuis Athènes, au moins un vol quot. en 35 mn.

Bateaux ; depuis Volo serv. quot. ; liaisons avec Haghios Constantinos.

Skiathos n'est pas faite pour les amateurs de sites archéologiques, mais pour ceux qui trouvent la joie de vivre au bord de la mer, sur des plages ensoleillées, dans la pratique des sports nautiques, dans une vie paisible où la promenade et l'ouzo du soir, à la terrasse d'un café du port, tiennent un rôle important. Pour les itinérants, Skiathos pourra constituer une bienfaisante rupture de rythme.

Avec ses maisons blanches, ses toits de tuiles roses, son dédale de ruelles et d'escaliers, sa marine où, peu à peu, les yachts remplacent les caïques, la petite capitale de l'île a beaucoup de charme.

Près du port, vous pourrez visiter la **maison d'Alexandre Papadiamantis** (1815-1912), l'un des meilleurs nouvellistes grecs, qui fit revivre dans ses œuvres le passé de son île avant et après 1825.

La principale route de l'île, reliant Skiathos à Koukounariès, n'a que 13 km et permet d'accéder à de nombreuses criques et plages qui s'échelonnent le long de la côte S.

En 1 h 30 de bateau (ou en 2 h 30 de marche) vous pourrez atteindre le **kastro,** site de l'ancienne ville jusqu'en 1825, véritable forteresse médiévale occupant un promontoire. Ce n'est plus qu'un monceau de pierres où se distinguent seulement la porte bastionnée, d'anciens bains turcs, des murs ruinés de maisons et quelques **églises** dont celle du Christ est la mieux conservée (fresques murales représentant des martyrs, des saints, etc. ; lustre avec les icônes des prophètes et des apôtres).

Vous ne manquerez pas l'excursion jusqu'à la ****plage de Koukounariès** (en 15 mn en taxi ou en autobus depuis le port, ou bien encore en 1 h de bateau), de 1 km de long et bordée d'une superbe pinède justement célèbre. Beaucoup plus calmes, les plages de **Haghios Elenis,** de **Mandraki** et de **Gournès** sont facilement accessibles à pied depuis Koukounariès. La plage de **Lalaria** est également fort belle, mais de galets, avec son étrange rocher de **Tripia Petra** (la Pierre trouée). On l'atteint en bateau.

Skopélos [Ile de]*

96 km²; 4500 habitants.

Proche de Skiathos, l'ile est l'une des plus intéressantes des Sporades du Nord, surtout pour l'aspect singulier de son village principal, Skopélos, pittoresque bourgade de maisonnettes et de chapelles blanches. Elle compte près de 360 petites chapelles dont la plupart sont enfouies au milieu d'une végétation composée d'oliviers, de platanes, de pins, d'amandiers et de pruniers. Les prunes de Skopélos passent d'ailleurs pour être les meilleures du monde...

Indicatif téléphonique : 0424.
Police touristique (✆ 212-35).
Hôtels :
¶¶ *Amalia* (✆ 226-88) 50 ch.
¶¶ *Denise* (✆ 226-78) 25 ch.
¶¶ *Skopelos Village*, bungalows
¶ *Aelos* (✆ 222-33) 43 ch. ouv. mai-oct.
¶ *Avra*, à Loutraki (✆ 335-50)

Bateaux : services depuis Haghios Constantinos, Volo, Skiathos, Skiros, Alonissos (rens. ✆ 211-18).

Le bourg de Skopélos, ou Chora, aux toits de tuiles ou de pierres plates doucement pentus s'étageant au-dessus du port, constitue l'une des plus agréables marines de la mer Egée. On y compte, paraît-il, plus de 132 chapelles et de 12 couvents. Vous verrez surtout l'église de la Zoodochos, dont l'icône miraculeuse aurait été peinte par saint Luc, et celle de Saint-Michel, d'une architecture originale.

L'île est traversée par une route de 63 km reliant le chef-lieu au port de Loutraki, situé au N.-O, à travers de superbes paysages. Skopélos est probablement la seule des Sporades à posséder quelques vestiges du passé : les archéologues ont mis au jour, en 1927, dans la crique qui porte aujourd'hui son nom, la tombe du roi Staphylos, fondateur de cette ancienne colonnie crétoise (les objets découverts sont conservés au musée de Volo).
Certains couvents peuvent être visités; ceux de la **Métamorphosis**, de **Prodromos**, de **Haghios Varvara** et d'**Evangelistria** sont facilement accessibles à pied depuis Skopélos. Les plages et criques se succèdent principalement le long des côtes S. et O. Elles sont desservies très irrégulièrement par le bus de Loutraki (départ du port). On peut y accéder aussi par bateau. **Staphylos** et **Velanio** sont à 5 km, **Agnodas** à 8, **Panormos** à 16, et la plus étonnante et la plus belle, **Milia**, à 19 km de Skiathos. Signalons aussi la plage de **Sares**, accessible seulement en bateau, à 7 mn du port.

Au N.-O. de l'île, la charmante bourgade de **Glossa** est formée de deux agglomérations dont l'une s'étend sur une hauteur et l'autre, en contrebas, près du mouillage. Glossa serait une ancienne place maritime crétoise.

Skyros [Ile de]*

210 km²; 2500 habitants.

A 23 milles marins de Kymi (Eubée ♦), Skyros, la plus grande des Sporades du Nord, est encore peu touchée par le développement touristique des îles grecques. Sans vestiges archéologiques importants, elle offre les charmes d'une nature préservée à ceux qui veulent vouer leurs vacances à la mer.

Un refuge et un tombeau pour deux héros. — *A Skyros, deux héros mythologiques connurent un destin contraire : Achille, enfant, y trouva asile et protection auprès des filles du roi de l'île, sur les instances de sa mère, mais Thésée y fut assassiné par le même roi, Lycomède. En 470 av. J.-C., Cimon, qui avait conquis l'île et réduit en esclavage ses habitants, put rapatrier à Athènes les ossements du fameux héros.*

Indicatif téléphonique : 0222.

Hôtel :

¶¶ *Xénia* (☎ 91-209) 22 ch. ✂ ☎ ⛱ P ouv. avril-oct.

Bateaux : au départ de Kymi (Eubée) 3 fois par sem. (avec transport de voitures).

Skyros est justement réputée pour sa fidélité aux **traditions** populaires et pour son **artisanat** que vous découvrirez en parcourant les ruelles de sa petite capitale et en pénétrant dans quelques demeures où l'on garde pieusement le **mobilier à panneaux sculptés** de motifs d'inspiration byzantine. Outre ces meubles, broderie, céramique et vannerie constituent la production artisanale d'une île où il ne faudra pas manquer de déguster crabes et langoustes.

Skyros, le chef-lieu de l'île, est un gros bourg bâti en amphithéâtre au pied d'une acropole (kastro), d'où il gagne à être vu, avec ses cascades de maisonnettes, des cubes blanchis à la chaux dont les toits en terrasses dessinent une étonnante mosaïque de formes et de couleurs.

Promenez-vous, selon votre fantaisie, dans les ruelles étroites, montueuses et tortueuses de ce village, et ne craignez pas de faire appel à la gentillesse de ses habitants en leur demandant l'autorisation de jeter un coup d'œil à l'intérieur. Cela en vaut la peine : aux places traditionnelles, vous trouverez de grands coffres, des tables basses, de petites chaises avec des gravures sur bois dont le dessin naïf est très habile. Quelques maisons possèdent de belles collections de vieilles assiettes et faïences communes de Skyros ou de Rhodes.

Les passionnés d'archéologie se rendront au **musée** (à la mairie), où les attendent des collections de céramique, de sculpture et d'art populaire, tandis que les amateurs de fresques post-byzantines visiteront l'**église de la Panaghia Kitsou.**

Sur le **kastro**, vous verrez quelques vestiges de remparts anciens dans les substructions du mur d'enceinte vénitien ; à remarquer un lion de Saint-Marc au-dessus de la porte d'entrée.

Louez une embarcation à moteur ou à voile pour effectuer des promenades en mer ou le long des côtes de l'île (s'informer à l'hôtel Xénia) ; principales excursions : **falaises de Diatrypiti, grotte de Pentakali, grottes bleues de Limmionari,** anses de **Tris Boukés** (tombeau du poète *Rupert Brooke ;* 1887-1915) et **d'Achilli.**

Le **monastère Olympiani** (Olymbiani), au pied du mont Olympos (370 m à env. 8 km de Skyros), est également un but d'excursion.

S

Sparte (Sparti)

Carte-itinéraire 6. — Athènes, 259 km. — Corinthe, 172 km. — Kalamata, 60 km. — Nauplie, 136 km. — Mystra, 5 km. — Olympie, 193 km. — Tripolis, 63 km.
11 900 habitants; chef-lieu du nome de Laconie.

Sparte est une agglomération moderne dépourvue de caractère. La visite de la ville antique est également bien décevante car Sparte, à partir du VIe s. av. J.-C., vécut sous le signe d'une austérité absolue, négligeant de construire les somptueux monuments, religieux ou civils, qui partout ailleurs en Grèce contribuaient au prestige des cités-Etats. La plupart des vestiges datent d'ailleurs surtout des périodes hellénistique et romaine. Il est impossible de ne pas se rappeler la prédiction de l'historien athénien Thucydide : « Si quelque jour Lacédémone était dévastée, et qu'il n'en restât que les sanctuaires et les fondations des édifices publics, la postérité, dans un avenir éloigné, aurait peine à croire que sa puissance ait répondu à sa renommée. »

Lacédémone, un Etat foncièrement totalitaire. — *Le totalitarisme fut le revers de la médaille de l'image idéalisée des cités grecques. Athènes elle-même, qui, par la bouche d'Aristote, justifiait l'esclavage par sa nécessité économique, et qui condamna Socrate à boire la ciguë, ne put y échapper totalement. Lacédémone fut le théâtre de l'une des plus singulières expériences politiques de l'Antiquité, expérience qui devait contribuer à rendre impossible l'unité de l'Hellade. Elle commença au IXe s., quelque temps après la conquête dorienne, par la réunion (synœcisme) des habitants de quatre villages et, surtout, après que le législateur Lycurgue (fin IXe s. ?), mi-historique, mi-légendaire, eut jeté les bases d'un État oligarchique et militaire qui devait rester figé pendant des siècles, au point de devenir anachronique vers la fin de son existence.*
A la tête de l'Etat, en temps de guerre, se trouvaient deux rois à vie, dont l'un était issu, semble-t-il, d'une vieille famille achéenne qui réussit à s'imposer au conquérant dorien. En temps de paix, le pouvoir était détenu par un Sénat (gérousia) aristocratique de 28 membres et (à partir de 756 env.) par un comité exécutif de cinq magistrats ou éphores.

Les mangeurs de brouet. — *La société spartiate était divisée en trois classes. Au sommet, on trouve les Spartiates, issus des conquérants doriens, citoyens de plein droit, dont chacun avait l'usufruit héréditaire d'un domaine national inaliénable, situé dans la banlieue de Sparte, et dont il vivait sans le cultiver lui-même. Ils recevaient, depuis l'âge le plus tendre, une forte éducation militaire, et ils étaient soumis à une rude discipline. C'est ainsi qu'ils devaient prendre chaque jour un repas en commun* (syssitie) *où leur plat favori était le fameux brouet noir, un ragoût préparé avec de la viande de porc, du sang, du vinaigre et du sel.*

Les crypties, des chasses à l'homme. — *A la base de l'échelle sociale lacédémonienne, les* hilotes, *population achéenne asservie par la conquête, étaient des serfs sans droits civiques qui cultivaient les lotissements des Spartiates à qui ils payaient un fermage légal. Ils étaient* *maintenus dans un perpétuel état d'asservissement et de terreur, fréquemment entretenu par les* crypties, *massacres secrets qui servaient d'épreuves rituelles aux adolescents.*

La classe moyenne. — *Les Spartiates devant se consacrer uniquement au métier des armes ou au service de l'Etat, les hilotes étant rivés à la glèbe, une troisième classe, celle des* périèques, *anciens indigènes non doriens ou doriens déchus, pouvait s'adonner aux indispensables activités commerciales ou artisanales. Citoyens restés libres, ils étaient cependant admis dans l'armée, mais non dans l'assemblée.*

L'ennemi des démocraties. — *Cette forte constitution fit de Sparte le premier Etat aristocratique et militaire de la Grèce, maître du Péloponnèse et ennemi des démocraties. Au moment des guerres Médiques, elle dominait tout le Péloponnèse, sauf* Argos, *mais son égoïsme rendit son rôle moins brillant que celui d'Athènes. La guerre du Péloponnèse (431-404) mit aux prises les deux rivales. Victorieuse, l'austère cité de Lycurgue se laissa corrompre par le butin de Lysandre et par l'or perse. L'orgueil d'Agésilas (398-358) et les excès d'une politique brutale soulevèrent contre elle la Grèce qui se vit enfin libérée par la victoire de Thèbes à Leuctres (371). Epaminondas ravagea la Laconie (369), fit voir pour la première fois aux filles de Sparte la fumée d'un camp ennemi et organisa avec méthode l'isolement de Sparte. La Ligue achéenne poursuivit l'œuvre de Thèbes. En vain, Cléomène III (235-219) essaya de restaurer les lois de Lycurgue et l'hégémonie perdue. Ecrasée à Sellasie (221) par Aratos et Antigone Doson, Sparte fut dépouillée de ses provinces avancées. Inféodée à la Macédoine, elle se releva un instant sous les tyrans Machanidas (207 av. J.-C.) et Nabis (195-192 av. J.-C.). Les Romains la soumirent (146 av. J.-C.), et n'accordèrent l'autonomie qu'à la confédération des Eleuthéro-Laconiens, composée de villes côtières.*

Des barons, des despotes. — *Prise et détruite en 396 par Alaric, elle subit, au IXe s., les incursions des Slaves; sa population émigra dans le Magne. Les Byzantins la repeuplèrent et lui donnèrent le nom de* Lakédémonia. *En 1248, les Français, sous Guillaume II de Villehardouin, s'en emparèrent, puis l'abandonnèrent pour s'installer à Mystra. En 1261, Guillaume dut céder pour sa rançon Mystra, Monemvasie et Maïna à Michel Paléologue. Pendant deux siècles, le pays fut gouverné par des despotes de la famille des Paléologue. En 1460, il tomba au pouvoir de Mahomet II, des Vénitiens en 1669, et fut repris par les Turcs en 1715.*

Indicatif téléphonique : 0731.

Police touristique : 8, rue Chilonos (☎ 287-01).

Hôtels :

¶¶¶ *Xénia* (☎ 265-24) 33 ch. ✂ ▥ ⊟ ☎ 🅿

¶¶ *Lida,* rue Ananiou (☎ 236-01) 40 ch. ▥ ⊟ ☎

¶¶ *Ménélaion,* 65, rue C. Paléologou (☎ 221-61) 48 ch. ✂ ▥ ⊟ 🅿

¶ *Apollo,* 14, rue Thermopylon (☎ 224-91) 44 ch. ▥ ⊟ ☎ 🅿

¶ *Dioskouri,* 96, rue Lykourgou (☎ 284-84) 35 ch. ✂ ▥ ⊟ ☎ 🅿

¶ *Lakonia,* 61, rue C. Paléologou (☎ 289-51) 30 ch. ▥ ▦ ⊟ ☎ 🅿

*Sans la présence de Mystra ♦, il est probable que Sparte serait assez peu visitée. Mais pourtant le **paysage ne manque pas de grandeur, avec surtout le Taygète, dentelé de cimes claires, déchiqueté de crevasses et de ravinements, et flanqué d'imposants contreforts abrupts et de nids d'aigles dont l'un, couronné par le château franc des Villehardouin, est couvert par les ruines de l'ancienne Mystra. A Sparte, vous* *visiterez le musée; les fouilles de la ville antique ne sont guère évocatrices, mais intéresseront cependant les amateurs de sites archéologiques qui la parcourront en 1 h environ.*

Musée. — La rue principale, qui prolonge la route de Tripolis, coupe la rue de l'Eurotas (prononcer Evrotas) à peu près au centre de la ville. A 100 m à g. du carrefour, dans un délicieux jardin, se situe le musée archéologique, plus particulièrement intéressant pour ses collections d'antiquités de la période archaïque : sculptures, figurines de bronze, de plomb et de terre cuite, céramique.

Visite : t.l.j. sauf le mardi, en été de 8 h 30 à 12 h 30 et de 16 h à 18 h, le dim. de 9 h à 15 h; en hiver de 9 h à 13 h 30 et de 16 h à 18 h, le dim. de 10 h à 16 h 30; accès payant.

Dans le hall d'entrée, vous verrez de curieuses **stèles votives**, ornées d'une faucille en fer, qui étaient dédiées à Artémis Orthia.
Dans la première salle à dr., vous remarquerez une curieuse **stèle** en forme de pyramide, de la période archaïque, où sont représentés Agamemnon et Clytemnestre, Ménélas et Hélène avec les serpents, images des Dioscures.
Dans la troisième salle, vous admirerez surtout le **torse dit de Léonidas**, œuvre de style sévère (Ve s. av. J.-C.) qui faisait partie d'un groupe dont il subsiste également deux fragments d'un bouclier qui appartenait au guerrier opposé à Léonidas.
Dans la première salle à g., notez dans une vitrine à dr. des figurines de plomb et des masques votifs en terre cuite, d'époque archaïque, provenant du sanctuaire d'Artémis Orthia, mais surtout, dans une vitrine à g., des **figurines de bronze**, d'époque archaïque, chefs-d'œuvre des bronziers laconiens, dont un couros et un hoplite doryphore (porteur de lance).
Dans la dernière salle, vous verrez quelques mosaïques d'époque romaine, dont un très beau portrait d'Alcibiade.

Ville antique. — Pour visiter les ruines de l'antique Sparte, sortez de la ville par la route de Tripolis et prenez tout droit au point où la route s'infléchit vers la dr. A 300 m de là, le soi-disant tombeau de Léonidas (V. plan) est en réalité un petit **temple hellénistique** avec pronaos et cella. Le vrai tombeau du héros était situé en face du théâtre. En revenant sur vos pas, vous trouverez, près du stade moderne, un chemin qui donne accès, à travers une olivaie, à la porte S. de l'acropole.

L'**acropole** formait un plateau irrégulier entouré d'une enceinte construite en 268 et en 386 après les invasions des Hérules et des Goths, et complétée, notamment à l'E., après celle des Slaves, au IXe s.
Au-delà des ruines de cette porte, vous remarquerez les restes d'un **portique romain**, dont le mur de fond est creusé de 25 exèdres pourvues de niches. En suivant un chemin à g., vous verrez un mur de soutènement du Ve s. av. J.-C., en demi-cercle, qui formait un podium avec un puits sacrificiel ou *bothros* consacré probablement à une divinité chthonienne.
Près de ce mur, ruines d'une **église byzantine** du Xe s., agrandie au XIe s. La construction qui se trouve devant l'entrée de l'église est une **chapelle** (XIe s.), englobant le tombeau de St Nicon et la myrothèque.
Pour atteindre le site du théâtre, continuez au-delà du mur semi-circulaire en longeant à distance le rempart. Ce **théâtre**, creusé dans le talus de l'acropole orienté vers la ville moderne, date du IIe ou du Ier s. av. J.-C. Il a perdu ses gradins de marbre blanc qui ont contribué à la construction de Mystra. La scène représente un ensemble complexe de matériaux : restes de construc-

tions de l'époque d'Auguste, d'un proscenium romain, d'une partie de la scène transformée en une pièce indépendante au IVe s. de notre ère et de la forteresse byzantine.

Derrière le théâtre gisent les restes du **temple d'Athéna Chalciœcos** (« à la demeure de bronze »). Les parois étaient revêtues de plaques de bronze sculptées par le Lacédémonien *Gitiadas*. Le roi *Pausanias*, convaincu de trahison, s'y réfugia en 477 ; il fut emmuré et on l'en retira presque mort d'inanition.

A env. **1** km de l'acropole, à 100 m en aval du pont qu'emprunte la route de Tripolis pour franchir l'Eurotas, se trouvent les ruines d'un **pont byzantin** à trois arches qui occupe l'emplacement du pont antique Babyka, par où passait la route de Tégée.

En longeant la rive dr. de l'Eurotas, vers l'aval, vous rencontrerez un tronçon de l'**enceinte urbaine**, puis les restes d'un **grand autel** et ceux d'un *hérôon*

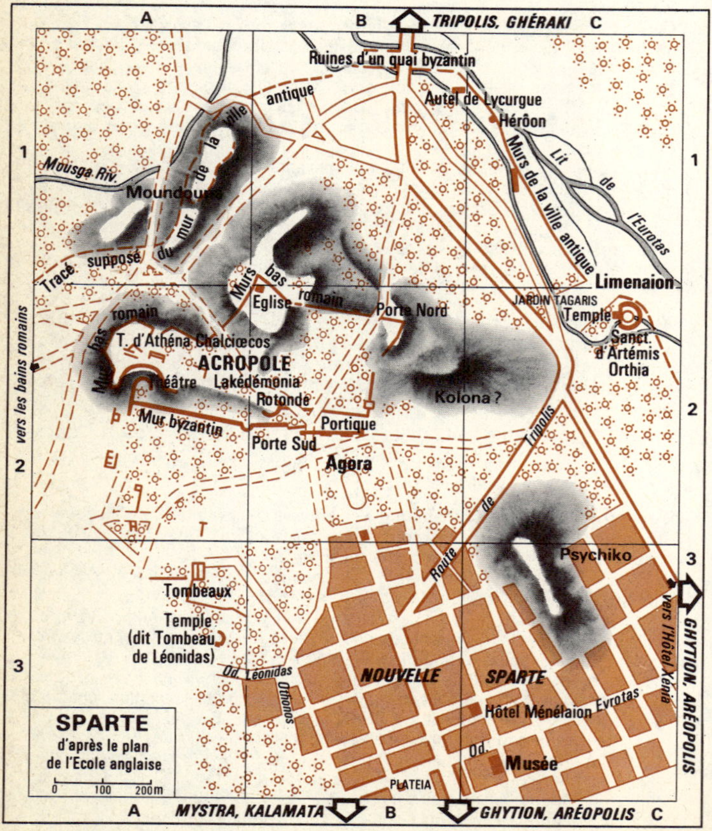

avant de parvenir, à env. 700 m du pont, sur l'emplacement de l'ancien Limnaion ou **sanctuaire d'Artémis Orthia.**

Il se composait d'un petit temple du IIe s. av. J.-C. bâti sur le site d'un temple archaïque (VIe s.), dont les ex-voto remplissaient les couches inférieures, et d'un amphithéâtre romain en fer à cheval qui encadrait la moitié du temple comme une scène. On y célébrait à l'origine une cérémonie de fustigation rituelle que les Spartiates transformèrent en un concours d'endurance pour les jeunes gens. On y exécutait aussi des danses avec masques qu'on offrait à la déesse.

Environs

A l'exception de l'excursion de ***Mystra ♦, les environs immédiats de Sparte offrent quelques promenades archéologiques qui ne présentent d'intérêt que pour les spécialistes (V. ci-après 1 et 2). Certaines excursions plus lointaines, à Chrysapha et à Ghéraki par exemple, seront recommandées aux amateurs d'art byzantin et post-byzantin.

1 — Le Ménélaion (5 km ; sortie par la route de Tripolis, puis à dr. à 2 km vers Ghéraki). — 4,5 km : à 500 m à g. (chemin) se situe le **Ménélaion**, près de la chapelle Haghios Ilias. Les restes du Ménélaion ou héroôn de Ménélas et d'Hélène divinisés ont été reconnus sur le sommet de la colline.

Il y avait là une plate-forme sur laquelle s'élevait un petit temple dont la construction doit remonter au Ve s. Mais cet édifice a succédé à un autre édifice plus ancien. Les fouilles ont été reprises récemment par l'*Ecole britannique d'Athènes.*

2 — Amyklai et l'Amyklaion (6,5 km par la route de Gythion et à g. à 4,5 km). — Près du hameau de Tsaousi se trouve le site de l'ancienne *Amyklai*, capitale des Achéens de Laconie (Ménélas et Hélène), qui resta le siège d'une dynastie d'origine achéenne, indépendante des Héraclides de Sparte, jusqu'à la première guerre de Messénie (743-724).

Le **sanctuaire de Zeus-Agamemnon et d'Alexandra-Cassandre**, signalé par Pausanias, était peut-être situé sur l'emplacement de l'église Haghia Paraskévi. Des fouilles exécutées en 1961 n'ont donné aucun résultat.

Sur la colline d'Haghia Kyriaki se situait l'**Amyklaion** ou sanctuaire d'Apollon amycléen. C'était le tombeau d'Hyakinthos, fils d'Amyclas. Au-dessus du tombeau, il y avait une statue archaïque d'Apollon haute de 30 coudées (13 à 14 m), montée sur un trône monumental en or et en ivoire, orné de bas-reliefs par *Bathyclès de Magnésie.*

3 — Chrysapha (20 km ; prenez la route de Tripolis, puis celle de Ghéraki, à 2 km, et immédiatement après à g.). — Vous y visiterez l'**église de la Chrysaphiotissa** (1290), ornée de fresques, l'**église de Tous-les-Saints** (1367-1368), avec des fresques de la Transfiguration, les **églises de la Dormition** (XVIIe s.) et **Saint-Démètre** (1641).

4 — Ghiannitsa (28 km par la route de Kalamata). — Chemin faisant, vous remarquerez, à g. à 9 km de Sparte, un mamelon rocheux identifié avec le Caiadas, d'où les Spartiates précipitaient les enfants contrefaits.

A g. de la route de Kalamata, **Ghiannitsa** est un petit village où se trouve une **église** avec une belle **iconostase** datée de 1767. Au-dessus du village, autour de la chapelle Haghios Taxiarchis, on a repéré une acropole avec mur cyclopéen identifiée par certains avec l'*Iré* homérique.

5 — Longanikos (37 km au N.-O.). — Ce village, au pied du mont Kelmos, est couronné par les ruines pélasgiques de l'ancienne *Ægis* et du château *Kelmos*, construit par les Francs.

6 — Ghéraki (41 km ; par la route de Tripolis et à dr. à 2 km). — Ce gros village, l'ancienne *Géronthræ*, occupe une haute colline où vous verrez les ruines d'un **château franc**, construit en 1254 par *Guy de Névelet*, baron de Tsaconie, et de nombreuses églises médiévales. Dans le bourg vous visiterez l'**église de l'Evanghélismos**, avec des fresques assez effacées.

Pour atteindre le **château franc**, suivez la route d'Haghios Dimitrios, laissez à g. l'**église** du cimetière (fresques) puis, 500 m plus loin, prenez à g. un chemin non carrossable. En 45 mn environ, vous monterez jusqu'au château. Vous rencontrerez d'abord une petite **chapelle**, avec quelques fresques, puis l'**église Haghia Paraskévi** (XIIe s.). Notez ensuite une petite **chapelle** ornée de fresques. Près de l'entrée de la forteresse, en contrebas, se trouve une église à nef unique et narthex ajouté plus tard (quelques peintures).

A l'intérieur de l'enceinte, visitez l'**église Haghios Géorgios**, la mieux préservée ; construite sur plan basilical à trois nefs au XIIIe s., elle renferme quelques fresques et une iconostase avec une icône de St Georges.

Sur le prolongement de l'éperon rocheux se trouvent encore trois **églises** dont la plus méridionale, décorée de fresques (Josué attaquant une cité des Amorrhéens), doit dater de la première moitié du XIVe s.

Spetsæ [Ile de]*

22 km² ; 3 500 habitants.

Très fréquentée par la « bonne société » grecque, surtout athénienne, et un peu par les étrangers, cette île avenante, à l'entrée du golfe d'Argolide, l'ancienne Pityoussa (plantée de pins), prétend retenir ses visiteurs davantage par son charme égéen, fait de plages, de l'odeur balsamique des pins, d'un port très coloré, de tavernes et de notes de guitare, que par des sites archéologiques.

Indicatif téléphonique : 0298.

Police touristique : en été, place Dapias (722-05).

Hôtels :

¶¶¶ *Poséidonion* (722-08) 55 ch.

¶¶¶ *Kastelli* (723-11) 72 ch.

¶¶¶ *Spetsæ* (726-02) 77 ch.

¶¶ *Roumanis* (722-44) 35 ch.

¶ *Ilios* (724-88) 27 ch.

¶ *Mirtoon* (725-55) 39 ch. ouv. mars-oct.

¶ *Star* (722-14) 38 ch.

Compagnie aérienne : *Olympic Airways*, hôtel Star (722-14).

Bateaux : depuis Le Pirée, 2 serv. quot. en sem. et un serv. le dim. ; hydroglisseurs au départ du port de Zéa ; liaisons régulières avec Kosta, sur le continent.

Au XIXe s., plusieurs familles spetsiotes d'armateurs connurent une certaine richesse, ainsi qu'en témoignent quelques vieilles demeures, aux plafonds en bois sculpté. L'une d'elles, la **maison Mexis**, a été transformée en **musée**. En haut de la ville, vous visiterez surtout l'**église Haghia Triada**, bâtie en 1793, qui renferme une iconostase en bois sculpté.

Spetsæ est assez paisible et le fiacre y est presque roi. Vous en profiterez pour découvrir quelques-uns des plus beaux sites de l'île. Sur le chemin d'**Haghia Marina**, bien agréable avec ses tavernes et cafés de plein air, vous vous arrêterez quelques instants, près du phare, pour visiter la petite **chapelle de la Vierge d'Armata**, bâtie pour commémorer une victoire remportée par

les Spetsiotes, les Hydriotes et les Psariotes lors d'une bataille navale contre les Turcs, le 8 septembre 1822. A l'intérieur, une immense toile, peinte par *Coutzis*, retrace les péripéties de ce combat.
Sur le chemin de **Brélou** vous passerez par les parages de **Paradissos**, au nom si évocateur. Le paysage devient grandiose près de Brélou, d'où vous découvrirez, depuis la route taillée en corniche, un vaste ***panorama** sur la côte N. de l'île et le détroit qui la sépare du continent.

Stratos

Carte-itinéraire 10. — Agrinion, 10 km. — Arta, 74 km. — Prévéza, 89 km.

Des remparts du Ve s. av. J.-C., bien conservés, devant lesquels les Spartiates essuyèrent un échec durant la guerre du Péloponnèse, en 429 av. J.-C., voilà ce que vous découvrirez en visitant ce site archéologique, localisé sur la rive dr. de l'Achéloos, un fleuve divinisé contre lequel lutta Héraclès.

Des remparts à l'épreuve des sièges. — *Stratos n'acquit de l'importance qu'au Ve s. lorsque l'enceinte fut construite. Trois ans après l'échec du Spartiate Cnémos (429), Eurylochos passa sous ses murs sans oser l'attaquer. Agésilas, en 391, fit plusieurs tentatives infructueuses. Stratos fut attribuée aux Etoliens en 263. Plus tard les Romains la protégèrent contre les entreprises du fils de Philippe V de Macédoine. Pillée en 57-56 par les Dolopes, la ville perdit toute importance.*
Le site a été exploré par l'Ecole française d'Athènes en 1892, 1910-1911 et 1924.

Les défenses de la ville prennent appui sur quatre collines reliées par des murs en appareil pseudo-isodome. L'**entrée principale** était au S., à distance de la route, env. 200 m après le pavillon de tourisme (en venant d'Agrinion). Encore assez bien conservée, elle comportait une cour intérieure dont l'intérêt défensif est évident.
Près du village, à g., vous pourrez voir quelques restes épars de l'**agora**. De l'autre côté, au-delà d'un rempart en appareil pseudo-isodome qui séparait la ville en deux parties, se trouve le **théâtre**, d'époque macédonienne, encore enfoui, mais dont la cavea est apparente.
Le **temple de Zeus**, le monument le mieux connu de cette cité, occupait une terrasse maintenue par des murs de soutènement, à l'O. de la ville. Fait assez curieux, il était placé sur le tracé de l'enceinte. L'inscription du IIe s. av. J.-C., qui permit de l'identifier, concernait un acte d'affranchissement d'esclaves sous forme de consécration à une divinité. De ce temple dorique, périptère, construit en calcaire local, subsistent d'importants vestiges (seconde moitié du IVe s. av. J.-C.).

Stymfalia

Carte-itinéraire 5. — Corinthe, 50 km. — Kiaton, 25 km.

Ce village, aujourd'hui bien modeste, s'est en réalité fait un nom, celui de Stymphale, grâce à la mythologie. Le lac homonyme fut en effet dans l'Antiquité le théâtre de l'un des douze exploits d'Héraclès.

A la sortie du village, par la route de Kastania, vous verrez, à g., les restes d'une **église** franque qui doit dater du XIIIe s.
Sur les bords mêmes du **lac Stymphale** s'étendait la ville antique, fondée, selon la légende, par Stymphalos, fils d'Elatos et petit-fils d'Arcas. Elle est surtout connue par les oiseaux fabuleux dont Héraclès délivra la vallée et dont

Pausanias vit les images en bois sculpté au plafond du temple d'Artémis stymphalia. Ce mythe d'Héraclès semble devoir s'expliquer par les émanations délétères qui désolaient cette région marécageuse avant la construction de digues et de canaux.
La ville antique comprenait une **acropole** sur une colline peu élevée qui s'avance comme un promontoire dans la plaine souvent inondée. On y a reconnu un temple consacré à Athéna Polias, une palestre, etc.

■ Symi [Ile de]

67 km²; 3000 habitants.

Cette petite terre aride du Dodécanèse brûlée par le soleil (on y a construit un four solaire), autrefois réputée pour ses chantiers navals et dont la population s'adonnait encore il y a peu à la pêche et à la cueillette sous-marine des éponges, vous garantira des vacances hors du commun, dans un cadre d'une beauté encore sauvage.

Indicatif téléphonique : 0241.
Hôtel :
¶¶ *Niréus* (☎ 71-386) 6 ch.

Bateaux : depuis Le Pirée deux fois par sem. sur la ligne Le Pirée-Rhodes en 1 jour, et en 2 h depuis Rhodes.

Symi, le bourg principal de l'île, s'étage au pied d'un vieux château des chevaliers de Rhodes, où vous visiterez l'**église de la Panaghia** qui conserve quelques peintures murales, et les maigres restes d'un temple d'Athéna. Le quartier haut, **Chora**, occupe en partie le site de l'acropole antique, du temps où Symi jouait un petit rôle dans l'hexapole dorienne.

Baignez-vous à **Emborio**, à 2 km du chef-lieu, où l'on a découvert les restes d'une basilique byzantine, ou encore dans la **baie de Pedhi**, à 2 km.
En louant un mulet et en vous assurant les services d'un guide, gagnez (en 4 h), la **baie de Panormitis** (petits restaurants) où vous verrez le **monastère de Saint-Michel**, fondé au XVIIIe s. (pèlerinage le 8 nov.).

■ Syros [Ile de]

86 km²; 30000 habitants; chef-lieu du nome des Cyclades; archevêché orthodoxe; évêché catholique.

Cette île catholique des Cyclades doit son importance à son port, Syros ou Ermoupolis, qui en est le chef-lieu. Importante (18000 habitants), la ville étage ses maisons blanches et ses édifices publics du siècle dernier sur deux hauteurs que le soir illumine de mille feux. Couverte de vergers et de vignobles, l'île possède de très agréables plages.

La ville occupe l'emplacement de la cité antique dont il ne reste plus rien. La Haute-Ville (Ano Syros) fut fondée au XIIIe s. par les Vénitiens; elle forme encore le quartier catholique où, sous Louis XIII, qui avait pris l'île sous sa protection, s'installèrent les capucins puis, sous Louis XV, les jésuites et enfin les lazaristes. En 1821, les habitants de Psara et de Chio, chassés de leurs îles par les Turcs, se réfugièrent à Syros où ils fondèrent la ville maritime (Ermoupolis) et le quartier de Vrontado. Dès cette époque, elle devint l'entrepôt central de l'archipel des Cyclades.

Indicatif téléphonique : 0281.

Hôtels :

¶¶ *Hermès,* pl. Kanari (☎ 285-10) 28 ch.

¶ *Cycladikon,* pl. Miaoulis (☎ 222-80) 20 ch.

¶ *Europe,* 74, rue Proéou (☎ 287-71) 28 ch.

¶ *Nissaki,* rue Papadam (☎ 282-00) 42 ch.

¶ *Domenica,* à Vari (☎ 612-17), 22 ch.

Bateaux : depuis Le Pirée nombreux serv. quot. en 4 h 40.

Syros est la plaque tournante du trafic maritime entre Le Pirée et les Cyclades ♦, et ainsi peut-être aurez-vous l'occasion de la visiter au cours d'une escale entre deux îles. En ce cas, mêlez-vous, à la tombée du jour, à la ronde des Syriotes, sur la place Miaoulis, dans le quartier d'Ermoupolis, qui devient une ruche bourdonnante. Vous y trouverez, ainsi que sur le port, de nombreux petits cafés et restaurants où vous ferez l'acquisition de loukoumes et autres friandises locales.

Du quai, toujours animé (à l'O., marché au poisson), la rue Vénizélou (ou Ermou) conduit à la place principale de la ville, la **place Miaoulis,** à arcades, que bordent le palais de justice et la mairie. A g. petit musée d'antiquités locales.

Il est également recommandé de flâner dans les ruelles de **Vrontado** et **d'Ano Syros,** la quartier catholique qui occupe une colline couronnée par la cathédrale Saint-Georges. Vous y monterez, en 1 h env., en suivant des rues en escaliers qui rendent l'ascension assez pénible (le mieux est encore de se faire conduire en taxi et de descendre à pied).

Vous gagnerez en taxi la belle plage de (7 km) **Kini,** en passant par (6 km) **Episkopion,** ou encore (14 km) *Finikas,* au fond d'une anse, et **Poséidonia** (Della Grazia), avec une vaste plage, où vous déjeunerez dans de sympathiques petites tavernes.

A la pointe S. de l'île, **Mégas Yalos** est une petite bourgade dans un joli cadre verdoyant.

T

Tanagra

Carte-itinéraire 3. — Thèbes, 24 km. — Chalcis, 29 km. — Athènes, 68 km.

Un lieu, mais surtout un nom désignant, parfois abusivement, beaucoup de terres cuites, grecques ou non. Si les restes de la ville antique sont insignifiants, les trouvailles faites dans une nécropole mycénienne sont exceptionnelles (au musée de Thèbes ♦).

C'est à l'E. du village moderne qu'est située la nécropole, formée de tombes à chambre taillées dans le rocher qui ont livré une trentaine de ***sarcophages** en terre cuite, pour la plupart décorés de scènes de processions féminines. On a découvert également de la céramique de l'helladique récent, des armes et ustensiles de bronze.

Tempé [Vallée de] (Tembi)*

Carte-itinéraire 2. — Katérini, 47 km. — Larissa, 27 km. — Thessalonique, 135 km.

Cette cluse étroite, longue de 10 km, entre l'Ossa et l'Olympe ♦, par où le Pénée s'échappe de la plaine thessalienne vers la mer, fut célébrée par les Anciens pour ses beautés naturelles et sa fraîcheur. Ils en attribuaient la formation soit à Poséidon Pétraios (c'est-à-dire aux eaux) qui aurait fendu la montagne, soit à un tremblement de terre.

Vous y suivrez les traces des processions qui, tous les huit ans, venaient de Delphes pour y cueillir des lauriers, près du sanctuaire d'Apollon, à l'endroit où le dieu s'était purifié après le meurtre de Python, le gardien de l'oracle delphique.

Une entrée de la Grèce. — *Les géologues reconnaissent dans cette gorge un ravin de fracture, complété, pendant la période quaternaire, par le travail d'un torrent du Pélion qui, en remontant peu à peu au niveau de l'ancien lac Larisséen, l'aurait capté. Les eaux du lac, puis celles du Pénée auraient ensuite régularisé la brèche.*

☛ En venant de Larissa, le village de **Tembi** marque l'une des entrées de ce défilé. A g., près d'un petit monument funéraire turc, une route mène à (9 km) **Goni**, sur le site de l'ancienne *Gonnos*, connue d'*Hérodote*, qui commandait la passe de Macédoine et qui joua un rôle important lors de la guerre de Persée (171 av. J.-C.). Elle conserve en partie le rempart élevé par *Philippe II de Macédoine* au IVe s. av. J.-C.

Si vous n'êtes pas préoccupé par votre moyenne, ne manquez pas de monter, à partir de Tembi, jusqu'à (5 km) **Ambélakia**, joli bourg qui connut une certaine prospérité au XVIIe s., grâce à ses manufactures de cotonnades et de soieries, et qui en conserve le souvenir. Ce sera pour vous l'occasion de découvrir également un beau panorama sur la vallée de Tempé.

A 4,5 km de Tembi en direction de Thessalonique, vous remarquerez les frais ombrages qui marquent la **source d'Aphrodite** (ou de Vénus, ainsi que l'indique une pancarte reniant l'origine grecque de cette aimable déesse). A 8 km de Tembi, une entaille dans un rocher, à dr., porte l'**inscription latine** aujourd'hui illisible et presque introuvable, rappelant que Cassius, proconsul et légat de César, avait fortifié le défilé de Tempé.
La **source de Daphni** (ou d'Apollon), à 9 km de Tembi, jaillit dans le site le plus ombragé et le plus frais de la gorge, près de la sortie en direction de Thessalonique.

T

Thasos [Ile de]*

398 km²; 12000 habitants; nome de Kavalla.

Au large de la Thrace, mais presque amarrée au continent, l'île de Thasos, un massif de marbres et de schistes avec une couronne de petites plaines couvertes de pins et de cultures, fut en quelque sorte un avant-poste de la civilisation hellénique aux confins du monde barbare. Elle connut, du VIe s. jusqu'au milieu du IVe s. av. J.-C., une prospérité et un régime politique peu communs dans cette partie de la Grèce.
Vous en retrouverez un témoignage dans les ruines de la cité antique offrant un reflet de cette prospérité qui reposait surtout sur l'exportation des vins et du marbre produits dans l'île. Il serait sans doute excessif d'attribuer à ce lointain passé cette aimable atmosphère égéenne qui imprègne toute cette île, mais vous trouverez là une douceur de vivre que la côte thrace dispense avec moins de générosité; peut-être n'est-ce là qu'un phénomène d'insularité.

La ruée vers l'or. — *Probablement attirés par les riches placers d'or et d'argent du Pangée, les Pariens s'installèrent dans l'île, qui devint le centre de leurs expéditions sur le continent dès la première moitié du VIIe s. Hérodote prétend avoir vu des mines d'or sur l'île, assertion que des découvertes récentes semblent confirmer. Quoi qu'il en soit, les richesses agricoles (huile et vin) et minérales de Thasos, les fructueuses relations que les marins thasiens nouèrent avec les Barbares de la côte, avec l'Egypte et la Phénicle, ne tardèrent pas à faire naître une florissante civilisation insulaire.*

Le pendule thasien entre Athènes et Sparte. — *Au VIe s. la ville de Thasos devint très prospère au point de tenter, au début du Ve s., l'aventurier Histiée, de Milet, en Asie Mineure, dont le coup de main échoua. Pour parer à toute nouvelle éventualité, les Thasiens construisirent, vers 494, leur admirable rempart de marbre, mais en 491 av. J.-C., les Perses occupèrent l'île et Darius le fit démanteler. Après les guerres Médiques, Athènes essaya d'imposer son hégémonie sur l'île. Dès 465, Thasos voulut se retirer de la confédération délienne et ne fut soumise par la flotte de Cimon qu'en 463. Thasos subit ensuite les vicissitudes de la lutte entre Athènes et Sparte, passant au moins six fois d'un parti à l'autre.*

Un cellier pour les Romains. — *Au IIIe s. av. J.-C., elle échappa certainement à la souveraineté macédonienne puisqu'elle fut pillée par Philippe. Rome, après sa victoire, favorisa Thasos qui avait adopté une attitude hostile à la Macédoine. L'île soutint encore le parti des Romains au cours de la guerre contre Mithridate. L'Etat de Thasos fut reconstitué et, plus important que par le passé, s'étendit jusqu'aux Sporades. Toutes ces crises ne semblent pas avoir affecté la prospérité de l'île dont les commerçants furent, aux IIe et Ier s. av. J.-C., les principaux intermédiaires entre la Thrace et le monde grec. Sous l'Empire, les produits thasiens, notamment le vin et le marbre, jouissaient d'une grande réputation.*

La noria des occupants. — *Prospère au temps de l'empire byzantin, l'île dépendit ensuite de diverses principautés franques. Au XVe s., elle passa sous la tutelle des Gateluzi, princes génois d'Ainos et de Samothrace, puis sous l'autorité des Turcs. En 1813, elle fut attribuée en fief à la maison de Méhémet Ali, originaire de Kavalla, qui la détint jusqu'à la fin de l'occupation turque.*

Indicatif téléphonique : 0593.

Police touristique : en été (✆ 21-222).

Hôtels :

A Liménas :

¶¶ *Timoléon* (✆ 22-177) 30 ch. ouv. mars-nov.

¶¶ *Xénia* (✆ 22-105) 27 ch. ouv. avril-oct.

¶ *Angelika* (✆ 223-87) 26 ch.

¶ *Glyfada* (3 km à l'O. ; ✆ 22-164) 54 ch. ouv. avril-oct.

¶ *Lido* (✆ 22-139) 18 ch.

A Makryammos (2 km à l'E.) :

¶¶¶ *Makriammos Thassou* (✆ 221-01 ; Athènes ✆ 216-429) 206 ch. night-club ; ouv. avril-oct.

Camping :

Ioannidis Camping, à Rachoni, 10 km à l'O. de Liménas (✆ 71-377) 700 pers., 500 voit., 200 caravanes ; sports nautiques ; ouv. mai-oct.

Bateaux : au départ de Kavalla et de Kéramoti (V. carte-itinéraire 14) nombreux serv. quot. de ferry-boats en 1 h 30 ou 40 mn.

Manifestation : entre le 15 juillet et la fin août *festival de théâtre antique*.

Une journée à Thasos. — *Ce sera suffisant pour visiter le site de la ville antique et pour effectuer le tour de l'île, mais sans doute bien trop court pour savourer la douceur de vivre que dispense Thasos à tous ceux qui ne la traversent pas mais prennent le temps d'y séjourner.*
Dans l'hypothèse où vous arriveriez par un des premiers bateaux du matin, vous visiterez la ville antique (surtout l'agora, le musée, les portes du Silène, de Zeus et d'Héra, ainsi que le théâtre) de manière à pouvoir vous rendre à la plage de Makry Ammos vers midi. Revenez ensuite déjeuner à Thasos, dans un des petits restaurants du port, avant d'effectuer la promenade du tour de l'île.

1 — Les monuments de la ville basse

Port de guerre (V. Pl.). — L'actuel port de pêche occupe l'ancien port de guerre des Thasiens, dont il ne reste plus que de rares vestiges, telles les fondations d'une grosse tour ronde (V. Pl. 1), visibles dans l'eau.

Porte au Char (V. Pl.). — Fait unique en Grèce, les portes de la ville étaient ornées de reliefs, contemporains de l'enceinte. C'est ainsi que vous reconnaitrez, sur cette porte, une déesse (Artémis ?) sur son char dont les chevaux sont tenus en bride par Hermès (?).

Porte du Cortège divin (V. Pl.). — Ici, la porte est décorée d'un groupe très mutilé de quatre personnages (cortège divin où seul Hermès est identifiable).

Immédiatement en arrière de cette porte, à l'intérieur du rempart, on reconnaîtra les vestiges d'un **quartier d'habitations** divisé par deux rues en quatre *insulae* irrégulières, et occupé au moins du VIe s. av. J.-C. au IVe s. apr. J.-C. Du premier état datent quelques beaux murs en appareil polygonal.

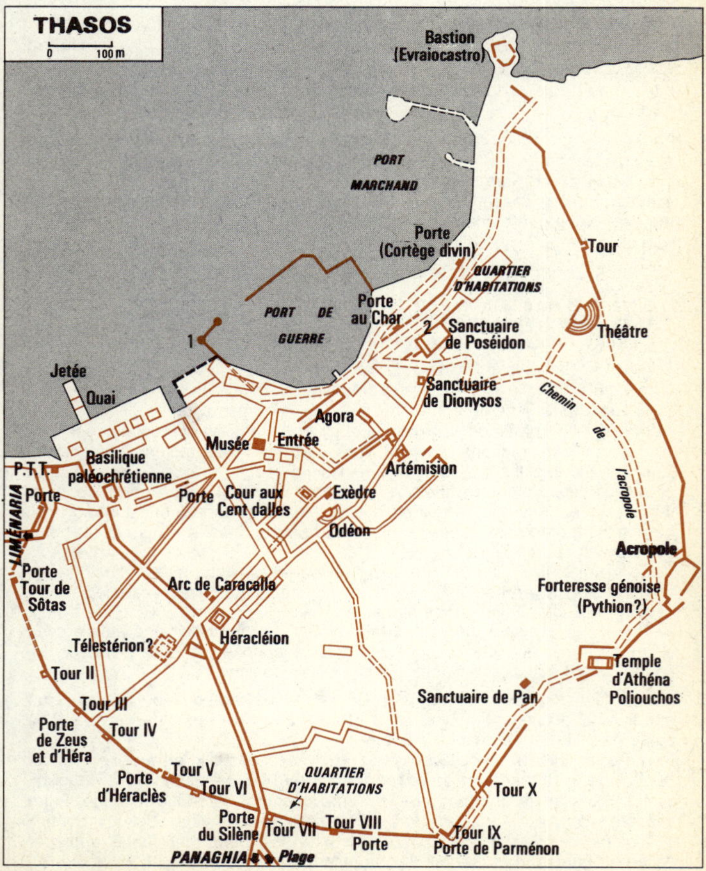

Cette porte s'ouvrait sur le **port marchand**, à l'abri du promontoire d'Evraiocastro (V. Pl.), défendu par un bastion de l'enceinte (deux colonnes appartiennent à une basilique paléochrétienne sur le site d'un sanctuaire qui a produit de nombreuses figurines).

∴ **Sanctuaire de Poséidon** (V. Pl.). — Ses ruines ne méritent qu'un rapide coup d'œil. A la porte du sanctuaire (Pl. 2) se trouvaient deux bases avec inscriptions du IVe s. av. J.-C. et, un peu en avant, un **autel** consacré à Héra Epiliménia (Protectrice des ports) où était gravée une loi sacrée interdisant le sacrifice des chèvres sur cet autel.

Sanctuaire de Dionysos (V. Pl.). — C'est en contrebas d'une petite place, au pied du chemin qui mène vers le théâtre et l'acropole, que vous découvrirez les restes de ce sanctuaire, cité à la fin du Ve s. av. J.-C. par *Hippocrate* dans son Traité des épidémies. L'installation du sanctuaire de Dionysos, qui était avec Héraclès le gardien de la cité thasienne, remonte aux premiers temps de la colonisation parienne.

Parmi les constructions que comportait le sanctuaire, il y avait deux monuments à exèdres dont l'un — celui qui est actuellement visible — était un monument chorégique du IIIe s. av. J.-C. où étaient gravés les noms des vainqueurs d'un concours scénique, chaque nom figurant sous la statue qui représentait le genre littéraire dans lequel il avait triomphé.

∴ ★**Agora** (V. Pl.). — Bien que très ruinée, cette vaste place publique, autrefois encombrée de monuments de toutes sortes, sera l'un des meilleurs moments de votre visite, surtout si vous manifestez un intérêt particulier pour l'archéologie. L'entrée principale se trouve à proximité immédiate du musée.

Depuis le terre-plein jouxtant la rue moderne, on aura une **belle vue** d'ensemble sur le site de l'agora (surtout l'après-midi). On se trouve dans une large **rue** aboutissant, en son extrémité S.-E., à un **propylée** (V. Pl. agora) qui a conservé une partie de son dallage. A dr. de la rue, on aperçoit les vestiges confus de constructions enchevêtrées qui sont les restes d'un habitat paléochrétien établi sur un édifice à magasin d'époque romaine. Dans l'axe du propylée s'étendent les ruines du **portique S.-O.** (V. Pl. agora), de style dorique, qui comportait 33 colonnes en façade. Il aurait été construit au Ier s. de notre ère grâce aux libéralités de deux notables thasiens, qui étaient peut-être de riches armateurs.
Cette galerie était surtout un lieu de passage ainsi que l'attestent les nombreuses ouvertures qui la faisaient communiquer avec l'extérieur. Vers l'extrémité E. du portique, à peu près dans l'axe du grand autel (V. ci-dessous), se trouvait un **passage monumental** ouvrant sur l'agora par une **baie** à deux colonnes ioniques entre pilastres et, du côté opposé, par une **porte** (V. Pl. agora) dont il subsiste les deux pieds-droits monolithes.

Devant le portique du S.-O. s'étendait une sorte d'avenue bordée par cinq **exèdres** (V. Pl. agora) qui devaient être ornées chacune d'une statue (à la partie postérieure de chaque monument).
Derrière les exèdres, vous verrez deux grandes **bases d'autels.** Le premier (V. Pl. agora, **2**) était probablement orienté vers l'E. Le second (V. Pl. agora, **3**) était sans doute un autel bas, vraisemblablement d'époque romaine. Entre ces deux autels, de petits murs délimitaient deux enclos contigus dont la destination demeure incertaine. L'un d'eux (V. Pl. agora, **4**) entourait une cour dallée de gneiss. Près de ces enclos gisent quelques bases (V. Pl. agora, **5**).

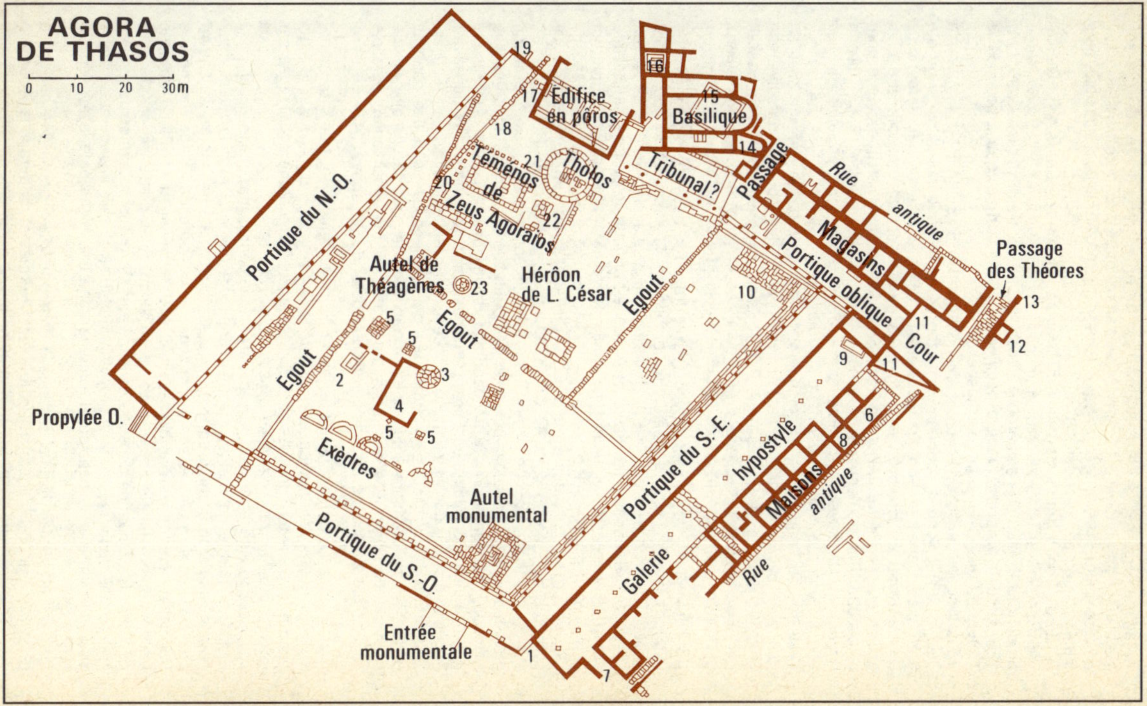
AGORA
DE THASOS
0
10
20
30m
Portique du N.-O.
Propylée O.
19
17
Edifice
en pôros
18
Téménos
de
Zeus Agoraios
21
20
22
Tholos
16
15
Basilique
14
Tribunal?
Passage
Rue
antique
Magasins
Portique oblique
Passage
des Théores
13
12
11
Cour
11
10
9
Autel de
Théagènes
23
Hérôon
de L. César
Egout
Egout
Egout
5
5
2
3
4
5
5
Exèdres
Autel
monumental
Portique du S.-O.
Entrée
monumentale
1
7
Portique du S.-E.
hypostyle
Maisons
antique
6
8
Galerie
Rue

A l'extrémité E. de l'avenue aux exèdres fut érigé, sans doute au IIIe s. av. J.-C., un grand **autel** (V. Pl. agora) en marbre, qui est aujourd'hui très ruiné. En face débouchait, sous le portique, le passage qui reliait l'agora aux quartiers s'étendant au S. (V. ci-dessus).
A l'E. de l'entrée monumentale (V. Pl. agora) se trouvait une salle absidale, probablement affectée au culte impérial. On y découvrit, en effet, une statue en marbre thasien de l'empereur Hadrien, qui fut peut-être dressée vers 124-125, lorsqu'il visita la Thrace et les îles du N. de la mer Egée à partir de la Troade ou de l'Hellespont (au musée).
Vous longerez ensuite les ruines du **portique du S.-E.** (V. Pl. agora), vaste galerie à 31 colonnes doriques en façade dont quelques exemplaires ont été redressés. Devant ce portique, peut-être construit au Ier s. de notre ère, notez un **caniveau en marbre**, avec cuvettes de décantation, qui doit être plus ancien que la galerie. Le portique du S.-E. était doublé par une galerie dont le plafond était soutenu par une colonnade axiale de seize piliers (galerie hypostyle). Derrière celui-ci s'étend un **groupe de maisons**, en ruine, qui était bordé d'une rue pourvue d'un égout souterrain.
Cette rue se trouve dans le prolongement de la voie dallée romaine mise au jour près de la « Cour aux cent dalles » (V. Pl.), et qui se poursuivait en direction de l'arc de Caracalla (V. Pl.). A l'autre extrémité, cette voie passait par le passage des Théores (V. Pl. agora). Le prolongement de cette voie a été reconnu sur les premières pentes conduisant à l'acropole.

A l'extrémité N. de la galerie hypostyle se trouve la **base du monument de Glaucos** (V. Pl. agora, **9**), général et compagnon du poète *Archiloque,* qui fut érigé vers la fin du VIIe s. av. J.-C. Il s'agit du plus ancien vestige découvert sur l'agora. Sur cette base devait être dressée une statue ou une stèle peinte devant laquelle on célébrait sans doute les rites d'un culte héroïque en déposant des offrandes.
L'extrémité N. du portique du S.-E. venait buter contre un autre édifice, dit **portique oblique** ou du N.-E. (V. Pl. agora), sans doute du IIe s. av. J.-C., qui était de style dorique. Il était adossé à un édifice plus ancien, construit probablement en plusieurs périodes, et qui abritait des magasins. Devant le portique, remarquez encore un **caniveau de marbre**, apparent sur presque toute sa longueur. Notez également une **base en forme de proue de navire** (V. Pl. agora, **10**) au centre d'une grande exèdre rectangulaire.
Le **bâtiment aux magasins** comporte deux rangées de boutiques dans sa partie O. Une première série de six locaux s'ouvre sous le portique et une seconde, de cinq boutiques, donnait sur la rue antique sensiblement parallèle au portique. Ces onze magasins semblent dater du IVe s. av. J.-C.

Dans l'angle O. de l'agora, à l'extrémité E. du portique N.-E., un mur, percé de deux portes (V. Pl. agora, **11**), fut dressé au Ier s. apr. J.-C. (noter le seuil encore en place de l'une des portes). Il séparait l'agora d'une cour longée par une voie dallée à proximité du passage des Théores.
Le **passage des Théores**, de caractère monumental, était délimité par deux murs de marbre de part et d'autre d'une voie dallée. On y découvrit deux grands **reliefs** du 2e quart du Ve s. av. J.-C., qui ont été transportés au Louvre en 1863, et de nombreuses inscriptions, en majorité des listes de théores (magistrats envoyés en ambassade soit pour représenter un Etat grec dans les grands jeux panhelléniques, soit pour consulter un oracle, ou encore pour déposer des offrandes dans les sanctuaires). Ce passage, contemporain des reliefs, était donc une sorte de propylon monumental, religieusement consacré ainsi que l'atteste le petit **autel** exhumé dans une niche aménagée dans le mur E.
Le relief des trois Charites, rapporté à Paris par *Miller,* devait être disposé à g. de la niche (V. Pl. agora, **12**) et le relief d'Hermès et du personnage féminin à dr. Quant à celui d'Apollon et des nymphes, il devait prendre place en face

de la niche, sur le mur O. (à g.). Ces reliefs sont datés de 470 à 460 av. J.-C. C'est seulement un siècle plus tard que l'on grava, sur les murs du passage, un catalogue récapitulatif des théores thasiens. Sur la plaque du relief d'Hermès fut gravée une loi sacrée précisant les conditions des sacrifices que l'on pouvait y offrir : « Aux Charites, ni caprin, ni porcin. » Une autre, inscrite sur le relief d'Apollon, précisait : « Aux nymphes et à Apollon nymphagète, ni caprin, ni porcin ; on ne chante pas le péan. »

Au-delà du passage des Théores, la rue s'élargit en une petite place encore incomplètement fouillée. Dans l'angle E. de l'espace dégagé s'ouvre un grand puits public rectangulaire, profond de plusieurs mètres et divisé en quatre compartiments par trois grosses poutres de gneiss formant entretoises vers le milieu de la hauteur de la paroi. Au-dessus de ce secteur se trouve le **téménos d'Artémis Polo**, ou Artémision (V. Pl.), mentionné au Ve s. av. J.-C. par *Hippocrate* et où l'on célébrait, dès la fondation de la colonie, le culte de la déesse. Dans l'état actuel des fouilles, qui ont repris en 1975, on distingue une terrasse inférieure, en cours d'exploration, et une terrasse supérieure entourée par un mur d'enceinte, visible surtout du côté N.-E. On a retrouvé très peu de vestiges architecturaux, mais de nombreux objets votifs (surtout des figurines de terre cuite et des vases ; un choix en est exposé au musée).

En 1977, on a mis au jour sur la terrasse inférieure, près de l'angle N. de la terrasse supérieure, les restes d'un **autel monumental** (près de 10 m de long) datant du début du Ve s. av. J.-C.

L'extension de la fouille située au N.-O. de l'autel a permis le dégagement partiel de deux **rues** à peu près orthogonales, dont l'une bien dallée, qui bordent un bâtiment — sans doute une villa — de la basse époque romaine, détruite au début du VIIe s. de notre ère au moment des invasions slaves.

En revenant vers la petite place au puits rectangulaire, on verra un grand **escalier à plusieurs degrés**, découvert en 1979, qui constituait sans doute l'un des accès à la terrasse inférieure de l'Artemision.

Vous reviendrez vers le secteur N.-E. de l'Agora. Après le portique oblique, on rencontre un édifice public, peut-être un **tribunal** (V. Pl. Agora), qui fut élevé vers le milieu du IVe s. av. J.-C. sur l'emplacement de bâtiments plus anciens. Derrière ces ruines gisent les restes d'une **basilique paléochrétienne**, sur le site d'une autre construction caractérisée par une cour à péristyle.

Devant le tribunal s'alignaient des **bases** qui supportaient des offrandes ou des statues honorifiques. Dans la nef g. de la basilique paléochrétienne fut mis au jour un **puits** (Pl. agora, **15**) qui fut sans doute aménagé en même temps que le bâtiment antique sous-jacent. Sous une annexe du narthex (Pl. agora, **16**) de l'église se trouvait un hypogée à trois caveaux. Celui du centre renfermait une inscription en l'honneur d'*Akakios*, martyr. Cet *Akakios* serait peut-être un soldat cappadocien, décapité en 303 à Byzance.

Vous négligerez les bâtiments très ruinés qui formaient l'angle N.-O. de l'agora. Vous remarquerez cependant, mais sur la place, les restes du **téménos de Zeus Agoraios** (V. Pl. agora) qui comprenait un petit temple, un autel et diverses installations cultuelles pour libations. Un petit sanctuaire fut élevé dans cette partie de l'agora dès l'époque archaïque. Cette installation fut renouvelée vers le début du IVe s. av. J.-C. La plupart des ruines actuellement visibles datent de cette période, à l'exception de la **tholos**, ou bâtiment circulaire pourvu d'un autel, qui fut érigé vers la fin du IIIe ou le début du IIe s. av. J.-C. On a parfois voulu reconnaître en cette construction circulaire un **hérôon de Télésiclès**, le fondateur de la colonie parienne de Thasos, mais cette identification est loin d'être assurée.

Le bâtiment dit **édifice en pôros** (V. Pl. agora), datant du IIIe ou du IIe s. av. J.-C., devait abriter divers services administratifs de la ville. Il fut superposé à une construction plus ancienne.

Au S.-E. du téménos de Zeus Agoraios, vous verrez les fondations rectangulaires, précédées de deux bases, d'un autel dédié à *Caius* et *Lucius César* (V. Pl. agora), fils adoptifs d'*Auguste*, morts l'un en l'an 2, l'autre en l'an 4 de notre ère. Au S.-O. du téménos apparaît une **base circulaire** à degrés de marbre (Pl. agora, 23) où l'on brûlait les chairs des animaux offerts aux dieux. Sur cet autel dont il reste quelques blocs, notez un anneau en fer auquel on attachait les victimes.
On honorait là un des plus glorieux Thasiens de tous les temps, l'athlète *Théagénès*. Le monument (V. Pl. agora) a été identifié grâce à un tronc d'offrandes cylindrique qui portait une inscription du IIe s. av. J.-C. Ces fondations semblent dater de la fin du IVe s. ou du début du IIIe s. av. J.-C.

Une offrande tarifiée. — *Cette inscription mentionnait, entre autres choses, le montant de l'offrande minimum (une obole) que les fidèles devaient déposer dans le tronc pour les sacrifices en l'honneur de Théagénès.*
Une autre inscription conseillait aux fidèles désirant obtenir une faveur pour leur femme ou leurs enfants de présenter une offrande au héros. Il semble que les fidèles venaient chercher auprès de l'autel un remède ou une protection contre les fièvres qui, d'après Hippocrate et son Traité des épidémies, sévissaient à l'état endémique dans l'île.

La carrière exemplaire d'un lauréat olympique. — *La personnalité de ce Théagénès est assez curieuse, et l'histoire du culte qu'on lui rendait à Thasos illustre éloquemment l'immense prestige dont jouissaient, dans les cités grecques, les athlètes victorieux dans les grandes compétitions panhelléniques. Théagénès fut donc un athlète qui remporta de nombreuses victoires aux jeux Olympiques et aux jeux Pythiques (Delphes), surtout en 480 et 476 av. J.-C. Peu de temps après ses exploits, les Thasiens durent décider de lui élever un monument sur leur agora, car l'un des anciens rivaux de Théagénès fut, disait-on, écrasé par la chute de la statue qu'il était venu insulter. On ne manqua pas d'y voir une manifestation de la puissance de l'athlète.*

La « béatification » du héros olympique. — *Plus tard, afin de justifier le culte dont Théagénès fut honoré, se propagea une légende tendant à accréditer son pouvoir surnaturel. On raconta que sa statue ayant été jetée à la mer, une épidémie s'abattit sur Thasos. Pour conjurer le sort, les Thasiens résolurent d'envoyer, à deux reprises, une ambassade à Delphes pour y interroger la Pythie. En exécution de l'oracle, la statue de Théagénès réintégra son socle sur l'agora, après avoir été miraculeusement repêchée. Dès lors, l'épidémie cessa de ravager l'île qui recouvra toute sa prospérité. Aussi Pausanias put-il écrire, au IIe s. de notre ère, que Théagénès était considéré comme le héros bienfaiteur de la ville.*

Libertés avec l'histoire. — *Poussant plus loin la recherche des justifications, les Thasiens vénérèrent un moment en lui le fondateur de la colonie, en réalité établie par Télésiclès au VIIe s. av. J.-C. On voulut également l'identifier à l'Héraclès thasien pour lui rendre le culte réservé aux héros sans qu'on lui eût cependant réservé les honneurs de la sépulture. On l'éleva donc à la dignité de fils de l'Héraclès thasien.*
Il est à noter que, sur l'inscription, le nom du héros est suivi à deux reprises d'une lacune où l'on devine les traces d'un mot martelé. Peut-être ce mot établissait-il sa qualité usurpée de fondateur de la colonie de Thasos, mot que l'on fit disparaître lorsque l'on restitua à Télésiclès les honneurs qui lui étaient dus.

Le long **portique du N.-O.** (V. Pl. agora), de style dorique, qui comportait 35 colonnes en façade, fut construit au IIIe s. av. J.-C. sur l'emplacement d'un bâtiment plus ancien, d'époque archaïque.

En avant de la partie médiane du portique, on exhuma une **série de bases** honorifiques. Ainsi, sur une longueur de 30 m env., se pressaient au moins 13 bases dont l'alignement n'est pas exactement le même que celui du portique.
Des fouilles récentes ont maintenant dégagé l'espace situé en arrière du portique. Une exèdre semi-circulaire s'adosse au mur N.-O. de celui-ci ; flanquée de deux podiums dont l'un sert de support à cinq bases, cette exèdre s'ouvre sur une petite place encore en partie dallée et bordée d'un péristyle sur trois côtés. L'ensemble date du Ier s. de notre ère. Au N.-O. de la place, au-delà d'un fossé, a été mis au jour un tronçon de l'enceinte byzantine du XIVe s. ainsi que les vestiges d'un bâtiment paléochrétien.

Après être ressorti de l'agora, à dr. de l'entrée du musée, de part et d'autre de la rue venant du centre du village, on remarquera les ruines bien conservées d'un segment du **rempart** datant du IVe s. av. J.-C., qui forme un dispositif défensif original. A l'extrémité de la voie reliant l'agora à la mer, une poterne, située sous la rue moderne, était précédée d'une esplanade dallée. Au S. de celle-ci, le rempart est renforcé par deux casemates, aveugles au rez-de-chaussée, et un bastion pourvu de deux meurtrières en biseau qui contrôlent les abords S. et O. Un escalier de marbre menait à l'étage, où était disposés des engins balistiques. Au N. de la rue, un autre escalier, celui-ci en gneiss, conduisait à la courtine qui dominait le port, fermé par deux môles fortifiés.

▣ **Musée** (V. Pl.). — Situé en dehors de l'agora, il renferme des collections de sculptures depuis l'époque archaïque, des stèles, des terres cuites en relief ou peintes d'époque archaïque, de la céramique, etc., provenant des fouilles de Thasos.

Visite : en été, de 9 h à 13 h et de 16 h à 18 h ; en hiver, de 10 h à 16 h 30 ; le dim. de 10 h 30 à 14 h 30 ; fermé le mardi ; accès payant.

Vous remarquerez surtout le **Couros porteur de bélier** (salle I), colossale statue d'époque archaïque découverte dans un mur de soutènement de l'acropole où elle fut remployée comme matériau de construction. La statue est inachevée, sans doute à cause d'une fissure qui se produisit dans le marbre : le visage du dieu est à peine ébauché, les cheveux sont terminés. Il est nu, tenant contre sa poitrine un bélier de sacrifice.
Dans la même salle, une sculpture représentant un **avant-corps de Pégase** (fin du VIe s. ou début du Ve s. av. J.-C.), le fameux cheval ailé qui naquit du sang de Méduse lorsque Persée lui eut tranché la tête, et les éléments de décoration architecturale en **terre cuite** (540-525 av. J.-C.) provenant du sanctuaire d'Héraclès retiendront également votre attention.
On ne manquera pas de faire un crochet par la salle de dr., où se trouve réuni un riche ensemble de **sculptures en marbre** thasien s'échelonnant de l'époque classique à l'époque romaine. On remarquera en particulier une très belle **tête de Dionysos** datant sans doute du milieu du IVe s. av. J.-C. Dans la salle du fond sont exposées principalement des antiquités découvertes lors des fouilles de l'Artémision et du sanctuaire d'Athéna Poliouchos. Vous verrez surtout des petites **têtes de lions** en ivoire (probablement exécutées en Phénicie ou en Syrie du N., sans doute dans le courant du deuxième quart du VIIe s. av. J.-C.) et un magnifique **support de miroir** en bronze, en forme de statuette féminine à jupe étroite, bras levés (de fabrication péloponnésienne), ainsi que des pièces de céramique et des figurines de terre cuite (du VIIe au IIe s. av. notre ère).
En provenance du champ de fouilles de l'Artémision, il faut signaler aussi des fragments de **corés archaïques** de style ionien, en terre cuite, d'un grand intérêt. L'une d'elles, plus grande que nature et malheureusement très

incomplète, doit dater du VIIe s. av. J.-C. et constitue l'une des œuvres les plus anciennes de la plastique hellénique (très mutilées, ces statues ne sont pas encore exposées).

Entre le musée et la porte du Silène (V. Pl.), vous aurez l'occasion de traverser un champ de fouilles qui ne se révélera intéressant que pour les amateurs d'archéologie, à qui seront réservés les développements ci-après.

De l'angle S. de l'agora (V. Pl.) partait une voie, large de 5,50 m à 5,70 m, dallée de grands blocs de marbre d'époque romaine. Le long de celle-ci, l'*Ecole française d'Athènes* dégagea les ruines de l'**exèdre de Limendas** (V. Pl), à g., et, à dr., celles de la **cour aux cent dalles** (V. Pl.) et d'un bâtiment de l'époque d'Hadrien, au N. Remarquez ensuite, au-delà de l'exèdre, les vestiges d'un odéon (V. Pl.). Beaucoup plus loin vers le S.-O. gisent les restes de l'**arc de Caracalla** (V. Pl.).
Cette rue desservait l'**Héracleion** (V. Pl.) ou sanctuaire d'Héraclès, fondé au VIe s. av. J.-C. Des anciennes installations cultuelles, vous ne distinguerez plus guère que les **fondations d'un temple**, quelques **vestiges d'un autel** précédé d'une cour dallée de gneiss, les restes d'un escalier, etc., à g. de la route, et les **ruines d'un édifice archaïque**, à dr.

Le jardin d'Héraclés. — *On a découvert sur un bloc de la façade d'un bâtiment (lesché) une inscription concernant le bail locatif de plusieurs terrains dont l'un est le* jardin d'Héraclès. *Ces propriétés étaient situées près de la porte d'Héraclès et de Dionysos, où l'on a précisément trouvé une autre inscription. Celle-ci nous apprend que le prêtre d'Asclépios devait veiller à la propreté du jardin sacré d'Héraclès. Grâce à l'inscription, nous savons que ce jardin devait être planté de dix figuiers, de dix plants de myrte, de plusieurs noisetiers; il devait être le jardin des Bienheureux où Héraclès, quittant ses armes, présidait à des banquets.*

Porte du Silène (V. Pl.). — Percée dans le rempart de ville, élevé en blocs de marbre vers 500-490 av. J.-C., cette porte est ornée, à g., d'un bas-relief colossal de la fin du VIe s. av. J.-C. représentant un Silène nu, ithyphallique, tenant un canthare (coupe). Elle était défendue par une **tour** appliquée contre le mur à l'époque hellénistique et pourvue de deux embrasures pour machine de guerre.
Des fouilles récentes ont mis au jour, en arrière de la porte, un important **quartier d'habitation** où l'on reconnaît, de part et d'autre de la rue, un ensemble de constructions mitoyennes présentant plusieurs états successifs, entre le VIe et le IVe s. av. J.-C. Par un heureux hasard, les niveaux grecs n'ont été ici perturbés par aucun bâtiment d'époque romaine.

En remontant vers l'acropole, vous pourriez encore voir une autre porte, qui a conservé son linteau, puis, après un coude, un grand bloc du mur d'enceinte, signé par l'ouvrier qui le tailla vers 500 av. J.-C. : « Parménon m'a fait ».

De la porte du Silène, en suivant le rempart vers l'O., vous en découvrirez la masse imposante et le bel appareil de construction (dégagé sur de nombreuses assises en 1978). Vous remarquerez les ruines d'une autre **tour**, avec embrasures, puis une porte qu'ornaient jadis deux bas-reliefs figurant l'un Dionysos (perdu) et l'autre Héraclès (au musée d'Istanbul). D'après une inscription métrique du Ve s. av. J.-C., encore en place, sur le montant g. du passage (quand on regarde vers l'extérieur de la ville), ces deux divinités étaient les protecteurs particuliers de la ville.

Porte de Zeus et d'Héra (V. Pl.). — Probablement érigée avant l'invasion perse et détruite lors de l'expédition de *Xerxès,* vers 480 av. J.-C. (puis reconstruite peu après), cette porte est ornée d'un **bas-relief** de style archaïsant, exécuté, semble-t-il, dans le dernier quart du Ve s. av. J.-C. Cette sculpture, très effacée, représenterait la déesse Héra et Iris, la messagère des dieux.

Dans le courant de la seconde moitié du Ve s. av. J.-C., le dispositif de cette porte fut remanié, et c'est à cette époque que durent être ajoutés les piliers sculptés. Dans la première moitié du IVe s. avant notre ère, sous l'archontat de *Pythippos,* fut élevé le bastion qui précède la porte proprement dite.
Après la porte de Zeus et d'Héra, le rempart rejoint le port en longeant à distance le rivage de la mer. Dans les environs de la porte de Zeus et d'Héra partait une allée bordée de grands sarcophages romains dont il ne reste plus qu'un seul exemplaire. Ce cimetière succédait à une nécropole plus ancienne où se trouvait un hérôon.

Sur le chemin du port, vous passerez près des ruines d'une **basilique paléochrétienne** (V. Pl.) qui daterait du début du VIe s. Près de là a été reconnu, lors de sondages, un important ensemble architectural dont l'essentiel date du IVe ou du Ve s. apr. J.-C. : cour dallée entourée de portiques, mosaïque avec amours luttant (au musée).

2 — L'acropole

Théâtre (V. Pl.). — Depuis la jetée moderne, longez le port de pêche, traversez une place et, laissant à dr. le site de l'agora, prenez le chemin de l'acropole qui s'élève en lacets. Après quelques minutes de marche, prenez un sentier à g. pour atteindre le théâtre, d'époque hellénique, dont on a dégagé les gradins et les restes du bâtiment de scène. Durant l'époque romaine, l'orchestra fut remaniée pour permettre de donner des combats de gladiateurs et des chasses d'animaux sauvages.

Au cours des travaux de déblaiement, on mit au jour quelques blocs attribués au bâtiment de scène du IIIe s. av. J.-C. Dès la fin du VIIe s. ou le début du VIe s. av. J.-C., les pentes situées en dessous du théâtre furent occupées par un quartier de maisons qui fut détruit vers 500 av. J.-C.

Acropole (V. Pl.). — En 20 mn, vous monterez au sommet de l'acropole, maintenant occupé par une **forteresse médiévale** construite par les Génois, bien entendu avec des éléments antiques de remploi. Le **panorama** que vous découvrirez sur la ville, le port et le détroit justifiera surtout cette ascension.

Au-delà de l'acropole, le rempart poursuit sa course vers le S.-O. jusqu'à une haute terrasse qui porte les soubassements d'un **temple d'Athéna Poliouchos** (V. Pl.). La terrasse et le temple furent édifiés au Ve s. av. J.-C. sur l'emplacement d'une chapelle archaïque élevée sur une plate-forme. Un propylon situé sur la terrasse du Ve s. devait mettre en relation le temple d'Athéna et le **hiéron d'Apollon pythien**, qu'il faut sans doute rechercher sur l'emplacement de la forteresse génoise.
Le sentier descend ensuite vers un petit col où gisent les ruines d'un **sanctuaire de Pan** (V. Pl.), avec un bas-relief rupestre du dieu jouant de la syrinx devant les chèvres. Vous pouvez redescendre, en suivant d'abord le rempart puis en pénétrant dans l'enceinte à la porte de Parménon, soit vers l'Odéon, soit vers la porte du Silène.

3 — Le tour de l'île

Une excellente route asphaltée, tracée le plus souvent à faible distance du rivage, vous permettra de découvrir cette admirable campagne thasienne boisée, où le pin est l'arbre roi qui descend parfois jusqu'à la mer.

Sortez par la route de Prinos et de Liménaria (V. Pl.).

3 km : **Glyfada; plage et hôtel.** — **4** km : **Papalimani**; plage et restaurant.

3 km : **Rachoni**; camping.

14 km : **Skala de Prinos**; ferry-boat pour Kavalla.

15 km : **Prinos.** Une piste forestière qui s'embranche à g. dans le village conduit à travers la forêt et la montagne jusqu'à (env. 20 km) **Mariès,** en passant par le pittoresque vieux village de **Kazaviti.**

35 km : **Skala de Mariès,** petit port d'où une route asphaltée conduit à (8 km) **Mariès,** gros village calme et fleuri.

42 km : **Liménaria,** port actif dans un site agréable; belles plages à proximité.

47 km : **Potos.** Laissez à g. une route asphaltée pour (8 km) **Théologos,** gros village dont les vieilles maisons s'étirent le long d'une rue unique.

52 km : **Presqu'île d'Aliki,** où un **sanctuaire** double fut dédié sans doute aux Dioscures dès le VIIe s. av. J.-C.

Ce sanctuaire, qui resta en activité jusqu'à la fin de l'époque romaine impériale, s'élevait sur une terrasse accessible par deux portiques, l'un de style ionique de la fin du VIe s. av. J.-C., l'autre, d'ordre dorique, de la première moitié du Ve s.

Au-dessus de l'isthme, vous remarquerez les ruines de deux **basiliques paléochrétiennes** bâties côte à côte et qui furent remaniées jusqu'à la fin du Ve s. La basilique N., plus petite, s'ouvrait sur une cour ou atrium entourée de portiques, où ont été trouvées de nombreuses tombes; en 1976, on a mis au jour, sous cette basilique, l'abside et l'angle S.-E. d'une chapelle antérieure. La basilique S., plus importante, avait reçu, dans son dernier état, des tribunes. La liturgie baptismale explique peut-être la présence de deux cuves utilisées successivement.

Une partie de la presqu'île a été largement exploitée comme **carrière de marbre.** L'extraction, favorisée par la facilité de l'évacuation et par les qualités particulières du matériau, a duré de l'époque archaïque jusqu'à la fin du VIe s. de notre ère. La pointe S.-O. a entièrement disparu sous le pic des carriers, mais vous verrez cependant encore, surplombant la mer, d'importantes parois d'un marbre scintillant où se discernent les traces d'outils. Des fragments de colonnes et plusieurs blocs dégrossis sont visibles sur le flanc des carrières, dans un cadre d'une éblouissante blancheur.

70 km : **Kinyra,** hameau surplombant la mer, face à une petite île.

78 km : **Skala de Potamia**; quelques maisons et restaurants à l'extrémité S. d'une **magnifique plage de sable** (Chryssi Ammoudia), longue de 4 km.

80 km : embranchement à g. pour (2 km) **Potamia**; du village, belle vue sur une vallée ouverte sur la mer.

84 km : **Panaghia,** ancienne capitale de l'île, avec de belles demeures de style macédonien. A la sortie du village, route à dr.

pour (6 km) **Avlakia**, à l'extrémité N. de la plage de Chryssi Ammoudia.
92 km : à l'entrée de Liménas, route à dr. pour (1 km) **Makry Ammos** (hôtel et plage privée).
93 km : **Liménas ou Thasos.**

T

Thèbes (Thivé)

Cartes-itinéraires 3 et 4. — Athènes (par Eleusis), 69 km. — Athènes (par l'autoroute), 84 km. — Chalcis, 35 km. — Delphes, 93 km. — Lamia (par Livadia), 162 km. — Lamia (par l'autoroute et les Thermopyles), 133 km. — Livadia, 45 km.
15970 habitants; nome de Béotie.

Thèbes fut, dès les temps héroïques qui suivirent sa fondation, le théâtre d'innombrables légendes dramatiques dont les péripéties inspirèrent quelques-uns des plus fameux auteurs tragiques grecs, tels Eschyle (les Sept contre Thèbes), Sophocle (Œdipe roi, Antigone), Euripide (les Phéniciennes). Cette ville aux sources de la tragédie grecque eut aussi une brillante existence historique, dont il ne reste plus rien, sinon dans son musée, car après l'éphémère hégémonie thébaine sur la Grèce, au IVe s. av. J.-C., elle fut surtout célèbre par ses malheurs.

Le meurtre d'Œdipe, une fatalité! — *Thèbes, fondée par le légendaire* Cadmos, *un roi phénicien, fut gouvernée d'abord par les Labdacides, issus du même Cadmos, mais le malheur s'abattit sur elle sans tarder. On sait comment* Laïos, *successeur de Labdacos, fut tué par son fils* Œdipe *qui ne le connaissait pas. Bientôt apparut aux portes de Thèbes un sphinx cruel qui dévorait les passants incapables de résoudre les énigmes qu'il leur posait. Créon, le successeur de Laïos, promit alors la main de sa sœur* Jocaste, *la mère d'Œdipe, à celui qui débarrasserait la contrée de ce fléau. Œdipe devint donc, à son insu, l'époux de sa mère, ce qui attira sur Thèbes la colère des dieux et de nouveaux malheurs.*

Les Sept contre Thèbes. — Polynice *et* Etéocle *se livrèrent une lutte fratricide pour recueillir l'héritage d'Œdipe, leur père. C'est à cette époque (XIIIe s. ?) que se place le siège de Thèbes, la ville aux sept portes, par les Sept Chefs argiens qui soutenaient la cause de Polynice. Les fils des Sept Chefs d'Argos réussirent là où leurs pères avaient échoué, en détruisant la malheureuse Thèbes qui, cependant, devint la capitale de la Béotie 60 ans après la guerre de Troie.*

Thèbes, la ville qui « médisa ». — *Au VIIe s., elle était la capitale d'une confédération de bourgades dont les liens furent toujours très lâches. Elle entra en rivalité avec sa voisine Orchomène, mais ne put pas unifier la Béotie. Par haine d'Athènes, Thèbes s'allia aux Perses pendant les guerres Médiques et partagea leur défaite à la bataille de Platées, en 479 av. J.-C. Elle battit les Athéniens à Tanagra, en 457 avec l'aide de Sparte, puis seule à Coronée, en 447. L'orgueilleuse Sparte, après sa pénible victoire sur Athènes, voulut imposer sa domination sur toute la Grèce et, par trahison, l'un des siens, Phoibidas, occupa l'acropole de Thèbes en 382 av. J.-C.*

La brève hégémonie thébaine. — Epaminondas *et* Pélopidas *ne tardèrent pas à secouer le joug lacédémonien et à chasser de la Cadmée* *le gouvernement aristocratique que soutenait Sparte. A eux deux ils devaient réaliser l'unité de la Béotie et ravir pendant quelques années la suprématie à Sparte, grâce à la victoire de Leuctres (371) avec, pour fer de lance, le fameux bataillon sacré, troupe d'élite de 300 hoplites, souvent liés par des « amitiés particulières » qui, paraît-il, renforçaient la valeur combative de l'ensemble. Epaminondas envahit le Péloponnèse pour voler au secours de l'Arcadie et de la Messénie, mais au cours d'une seconde expédition il trouva la mort en 362 près de Mantinée et l'hégémonie thébaine prit fin.*

La lourde main d'Alexandre. — *A la mort de* Philippe II de Macédoine *(336), Thèbes tenta de recouvrer son indépendance, croyant sans doute exploiter l'inexpérience supposée de son successeur, le jeune* Alexandre, *qui n'était pas encore le Grand. Mal lui en prit, car Alexandre réoccupa la Cadmée et exerça contre elle de terribles représailles. La ville fut détruite et seule la maison de Pindare fut épargnée. Six mille de ses habitants furent massacrés et plus de trente mille asservis tandis que le territoire thébain fut partagé entre d'autres cités. Vingt ans plus tard, Thèbes fut restaurée par Cassandre. En 293 et en 290, la Cadmée fut enlevée par* Démétrios Poliorcète, *puis Mummius, Mithridate et Sylla achevèrent de la ruiner.*

Au Moyen Age, Thèbes se repeupla et les industries de la soie et de la teinture lui valurent un regain de prospérité. Prise en 1205 par Boniface III de Montferrat, elle fut attribuée en même temps que l'Attique à Othon de la Roche. Thèbes, promue au rang de capitale du duché d'Athènes, passa ensuite par mariage au pouvoir des seigneurs de Saint-Omer. Nicolas II de Saint-Omer (1258-1294) construisit le château fort de la Cadmée, dont il reste une grande tour. Sous la domination turque, Thèbes ne fut plus qu'une bourgade misérable.

Indicatif téléphonique : 0262.

Hôtels :

¶¶ *Dionyssion Mélathron,* 7, rue I. Métaxa (☎ 27-855) 30 ch.

¶¶ *Motel Iliki,* à 4 km sur la voie rapide Athènes-Lamia (V. carte-itinéraire 3) 8 ch.

A la sortie de la ville par la route de Livadia, près d'une **tour franque** construite au XIIIe s. par *Nicolas II de Saint-Omer* et qui faisait partie d'une forteresse détruite par les Catalans en 1311, vous visiterez le ***musée archéologique** où sont rassemblées les antiquités rescapées du grand naufrage de la ville, ou provenant de la Béotie.

Visite : en été, de 8 h 30 à 12 h 30 et de 16 h à 18 h, le dim. de 9 h à 15 h ; en hiver, de 9 h à 13 h 30 et de 16 h à 18 h, le dim. de 10 h à 16 h 30 ; fermé le mardi ; accès payant.

Parmi les collections, la **sculpture de l'époque archaïque** est plus particulièrement bien représentée, notamment avec des œuvres typiquement béotiennes provenant du sanctuaire du Ptoïon, dans les environs de Thèbes. Vous remarquerez ainsi la statue de **couros** (no 3), du VIe s. av. J.-C., au centre de la première salle. Dans la seconde salle, vous examinerez plus particulièrement une collection, unique en Grèce, de cylindres-sceaux en lapis-lazuli, d'origine orientale, et dont la présence à Thèbes demeure énigmatique. Vous verrez aussi de nombreux **vases**, attiques et béotiens, la plupart à figures noires, provenant de la nécropole de **Rhitsona** (l'antique *Mykalessos,* entre Thèbes et l'Euripe) et datant les uns de la 2e moitié du VIe s., les autres de la 1re moitié du Ve s. av. J.-C. Une série de **stèles** d'époque classique, en provenance de Thespies et de Tanagra et qu'il est d'ailleurs impossible de classer parmi les œuvres sculptées, puisqu'elles sont ornées de figures incisées, retiendra votre attention dans la troisième salle. Il s'agit de stèles funéraires, en pierre noire, qui représentent des guerriers béotiens, cités par leur nom, dont un certain Saugénès (stèle nº 56), tué à la bataille de Tanagra en 424 av. J.-C.

Nous vous recommandons également d'examiner, dans la quatrième salle, la très riche ****collection de sarcophages** peints d'époque mycénienne, du XIIIe s. av. J.-C., unique en Grèce continentale, où sont représentés des thèmes funéraires, avec des scènes de déploration, où des pleureuses font les gestes rituels de lamentation, de déposition du corps, etc. Ils proviennent d'une nécropole près de Tanagra.

Le musée présente également quelques fragments d'architecture et de sculpture, de la céramique, des figurines en terre cuite et, dans la cour, des mosaïques.

La **visite de la ville**, où subsistent, à côté d'éléments d'architecture médiévale, quelques vestiges antiques qui aident à se faire une idée de la topographie de l'ancienne Thèbes, n'intéressera que les spécialistes. Au point culminant de la ville, qui formait l'acropole (la Cadmée), se trouvait le palais de Cadmos. Quelques restes du mégaron et de salles annexes furent découverts en plein centre de Thèbes, près de la rue Pindarou. Cet édifice, daté de l'helladique récent II (1450-1350 env. av. J.-C.), fut incendié durant l'helladique récent III (1350-1150 env. av. J.-C.).

La route directe d'Athènes à Thèbes entre en ville près de l'emplacement de l'ancienne **porte d'Onka** (ou Hypsistai), près de laquelle était situé le sanctuaire d'Athéna Onka, où Cadmos, vainqueur du dragon, avait immolé une vache à Athéna. A g. de la route s'allongeait un aqueduc à arcades construit par les Francs. L'aqueduc primitif était attribué à Cadmos. Il conduisait vers la ville les eaux de trois sources qui alimentent une rivière, la Plakiôtissa, l'ancienne Dircé, « la plus nourrissante des sources que font jaillir Poséidon qui ceint la terre et les enfants de Téthys ». L'une des sources avait jailli à l'endroit où se termina le supplice de Dircé qui fut attachée aux cornes d'un taureau par Amphion et Zéthos, fils d'Antiope, vengeant ainsi leur mère qu'elle avait maltraitée. La rivière passe à proximité de la source Paraporti, l'ancienne **source d'Arès** ou Areios, appelée aussi source Dircé. Elle jaillissait d'une petite grotte et s'épanchait par huit bouches dans un bassin de pierre. La tradition faisait de cette grotte le repaire du dragon d'Arès tué par Cadmos. Amphion jeta dans cette source les cendres de Dircé et c'est là que le roi Ménécée s'était précipité du haut de l'acropole, victime expiatoire pour apaiser le courroux d'Arès, qui, après le meurtre de son dragon, avait suscité le siège de Thèbes (*Euripide*, Phéniciennes, 931 et sq.).

La route de Leuctres, par Ambélosialesi, sort de l'enceinte près de l'endroit où gisent les ruines d'une ancienne porte. Une autre route sortant par la **porte Neïstæ** traversait ensuite le faubourg où Etéocle et Polynice s'étaient entretués et une nécropole où Antigone avait placé le corps de Polynice sur le bûcher préparé pour Etéocle.

La rue Dirkis (Dircé) mène au vallon de l'ancien Isménos où se trouvent, à dr., de rares vestiges de la **porte Electræ**. Elle était flanquée de deux tours circulaires (les fondations de l'une d'entre elles sont encore visibles). La route qui sortait par cette porte traversait un important faubourg où se trouvait le vaste **Héracleion**, marqué par la **chapelle Haghios Nicolaos** (linteau byzantin à l'intérieur) et près duquel étaient situés la maison d'Amphitryon et l'hérôon d'Alcmène. Près de là, on montrait le champ où, sur les conseils d'Athéna, Cadmos avait semé les dents du dragon.

Au-delà de la porte en direction du cimetière gisent, à g., les maigres restes de l'**Isménion** ou temple d'Apollon Isménios, où était célébrée la fête des Daphnéphories. L'oracle de l'Isménion, mentionné par *Hérodote* (VIII, 133-

135), fut consulté par Mardonios, par l'intermédiaire d'un Thébain, durant l'hiver de 480-479 av. J.-C.
A dr. de la route de Chalcis, peu après une tour franque, se trouvait la **porte Prœtides**, près de laquelle on découvrit quelques restes de l'ancien mur en appareil polygonal de la Cadmée. A proximité de cette porte s'élevaient le **temple de Dionysos** et la maison de Lycos.
Un peu plus loin, à dr. de la route de Chalcis, jaillit la source d'Haghii Théodori, l'ancienne source Œdipodeia, où Œdipe se lava du sang de son père. A g. de la route de Livadia, juste après le musée, une butte marque l'emplacement du **tombeau d'Amphion**.

Environs de Thèbes. — 1 — Platées (17 km par la route directe d'Athènes puis à dr. à 12 km). — Ce bourg béotien est surtout célèbre pour avoir été le lieu de la dernière grande bataille livrée sur le sol grec au cours des guerres Médiques, en 479 av. J.-C. La défaite des Perses, commandés par le général *Mardonios*, face aux confédérés grecs (moins les Béotiens, les Thessaliens, les Locriens et les Maliens, qui combattirent aux côtés des envahisseurs), marqua l'échec définitif de la campagne de *Xerxès* comme l'Hellade. C'est en souvenir de cette bataille que furent institués les éleuthéria qui se célébraient tous les quatre ans à Platées.
De l'antique Platées, il ne reste plus, sur un contrefort du mont Cithéron, que les vestiges de l'enceinte fortifiée, les substructions d'un temple, peut-être l'Héraion, et celles d'une vaste construction qui est peut-être l'hôtel ou katagôgion construit par les Thébains pour abriter les visiteurs du temple après la destruction de la ville.

2 — Leuctres (*Lefktra ;* 18 km par la route directe d'Athènes et à dr. à 2 km). — Vous y verrez la reconstitution du trophée élevé par les Thébains pour commémorer la victoire qu'*Epaminondas* remporta sur les Spartiates en 371 av. J.-C., donnant ainsi à Thèbes l'hégémonie sur la Grèce. Environ 3 km avant d'atteindre Lefktra, vous passerez près des ruines d'une enceinte carrée, de 500 m environ de côté, en appareil polygonal, qui est sans doute l'*Eutrésis* homérique, ville fondée par Amphion et Zéthos. Le site fut habité dès le IIe millénaire av. J.-C.

3 — Le Cabirion (8,5 km) et le **val des Muses** (31 km). — Sortez de Thèbes par la route de Livadia.
4,5 km : Laisser à g. une route pour **Léontarion** et **Prodromos**, que l'on pourra emprunter au retour, si l'on revient vers Thèbes.
7 km : prendre à g. une piste carrossable ; à 0,5 km du carrefour, prendre à g. ; 200 m plus loin, aller tout droit en suivant la piste qui gravit peu à peu la colline. A env. 1,5 km de la grand-route, vous atteignez, sur la dr., les **ruines du Cabirion** ou sanctuaire des cabires, lieu de culte où l'on rendait des oracles. On y a découvert un théâtre hellénistique et romain devant la façade du temple qui occupe en quelque sorte la position de la scène, et les vestiges d'un portique de 40 m de long.
Au-delà du Cabirion, la piste continue vers le S. ; après avoir gravi entièrement la colline, on peut rejoindre par une forte descente la route asphaltée de Thèbes à Prodromos (V. ci-dessous). Revenez cependant plutôt à la route Thèbes-Livadia.
12 km : Route à g. pour (3 km) **Vagia**, (7 km) **Louterion**, (8 km) **Thespiai**. La route s'élève au milieu des collines, procurant de beaux points de vue.
20 km : Traverser entièrement le village de **Thespiai**, en prenant à g. à la sortie de Loutérion. Ce village se trouve près du site de l'ancienne *Thespies*, qui s'étendait dans la plaine. Il ne reste plus rien du temple des Muses cité par *Pausanias*.
21 km : Au bas d'une forte descente, prendre à dr. vers **Panaghia**.
23 km : Prendre à dr., en laissant sur la g. la route de Néochorion (de même 600 m plus loin).

25 km : **Panaghia.** Vous abandonnerez la route asphaltée pour prendre, dans le village, une piste carrossable qui s'embranche juste à g. de l'église.
26 km : Suivre la piste en allant tout droit.
27 km : Carrefour où vous prendrez à g., en laissant sur la colline de dr. une tour connue comme **Paléo Pyrgos** (acropole de *Kéressos*). A env. 1 km plus loin vers l'O., on localise l'acropole d'**Ascra**, patrie du poète Hésiode (VIIe s. av. J.-C.) et, d'après lui, « bourg maudit, méchant l'hiver, dur l'été, jamais agréable ». Cette haute acropole pyramidale, bien visible depuis la route, est couronnée par une petite tour. — 500 m plus loin, prendre à g. en passant sur un pont.
29 km : prendre la piste de g.
30 km : A dr., sur la hauteur, église moderne.
31 km : Après une forte montée, la piste franchit à gué un ruisseau, l'antique *Permessos.* On a atteint le **val des Muses**, aujourd'hui malheureusement très déboisé, mais qui autrefois était, avec ses bois et ses sources, consacré aux muses qui y avaient leur sanctuaire (Mouseion) au milieu d'un bois sacré (alsos).

Un berceau de la poésie. — *Le culte des muses, d'abord divinités des monts et des hautes sources, est d'origine pastorale. Il naquit en Piérie, dans la région thrace de l'Olympe, du fleuve Hélicon, du mont Piéros et de la source Libéthron où la légende plaçait le berceau des poètes Linos, Orphée, Musée, Thamyris, Olen, etc. Une colonie thrace vint se fixer à Ascra et adapta aux monts voisins le culte et les noms de son pays. Le sanctuaire de l'Hélicon béotien devint, lui aussi, un foyer d'inspiration poétique, illustré par Hésiode. Les jeux Mouseia, célébrés tous les quatre ans dans le bois sacré, consistaient en concours de musique, de chant, de poésie lyrique, puis de drames.*

Le plus vieux musée du monde. — *Des groupes de statues des muses par* Céphisodote, Strongylion, Olympiosthénès, *de Dionysos par* Myron *et par* Lysippe *des grands poètes lyriques, et des ex-voto faisaient du sanctuaire un musée d'objets d'art. Il fut pillé par Constantin.*

On gagnera le site archéologique en prenant un sentier vers l'aval, sur la rive dr. du Permessos. En 10 mn env., on arrivera à une sorte d'esplanade herbeuse où l'on verra les restes d'un **autel monumental** datant sans doute du IIIe s. av. J.-C. Le sanctuaire comprenait aussi, en amont, un vaste portique ionique, long de 96,70 m et profond de 10 m, ainsi qu'un théâtre où l'on donnait les concerts des Mouseia ; il ne reste malheureusement aucune trace visible de ces deux monuments, enfouis sous la terre et les broussailles.
La fontaine Aganippé, consacrée aux muses, doit être recherchée dans le ravin d'un autre ruisseau, affluent du Permessos, plus au S. Quant à la fameuse **Hippocrène** (source du Cheval) des poètes, elle est généralement identifiée avec la source de **Krio Pigadi** (le Puits froid), à 2 h 30 de marche d'Haghio Nicolaos en direction du **sommet de l'Hélicon.**

Au-delà du ruisseau où l'on s'est arrêté, la piste, en forte pente, continue de monter vers un col, au pied de l'Hélicon, procurant des **vues magnifiques** sur le val des Muses, les acropoles d'Ascra et de Kéressos et les montagnes environnantes.

Pour revenir vers Thèbes, on reprendra le même chemin jusqu'au **km 21** (carrefour vers Panaghia). Là, on tournera à dr. Au bout de 500 m, on rejoint la route asphaltée de Thèbes à Prodromos.
Si vous souhaitez retourner vers (28 km) **Thèbes**, vous prendrez cette route à g., qui rejoint ensuite la grand-route de Livadia à Thèbes. Si vous désirez parcourir encore quelques routes de Béotie, fort peu fréquentées et très pittoresques, vous prendrez à dr. vers **Korini** et **Prodromos**, où vous pourrez

voir quelques vestiges antiques (restes de murs) et même atteindre la mer au bout d'env. 30 km, sur le golfe de Corinthe.

4 — Le Ptoïon (31 km par l'autoroute vers Lamia et à dr., vers Akrefnion, à 26 km). — Depuis **Akrefnion**, petit village situé sur l'emplacement de l'antique *Akræphnion* (reste du rempart du IVe s. av. J.-C.), vous suivrez la piste de **Kokkino** jusqu'à la **fontaine de Perdiko Vrysi**, au pied du **mont Pélaghia**, l'ancien *Ptôon*, où se trouve le Ptoïon ou sanctuaire d'Apollon Ptoïos.
Le Ptoïon était le siège d'un ancien oracle « infaillible », qui prophétisait au nom du dieu local de la montagne, identifié de bonne heure avec Apollon. Les fouilles furent exécutées par l'*Ecole française d'Athènes* à partir de 1885.
A l'origine de l'oracle se trouvait la source. Elle est située tout en haut du sanctuaire et ne doit pas être confondue avec la fontaine inférieure (anc. Perdiko Vrysi), aujourd'hui tarie. Les ruines du sanctuaire s'étagent sur **trois terrasses** depuis la fontaine jusqu'à la source.
Sur la terrasse inférieure, une vaste citerne à six compartiments recueillait les eaux de la source supérieure et, à son tour, alimentait un établissement, où l'on rendait les oracles.
En haut de la citerne s'étendait la terrasse moyenne, occupée par deux longs portiques parallèles que sépare une voie dallée.
La terrasse supérieure portait les édifices sacrés, c'est-à-dire un temple d'ordre dorique, refait au IIIe s. av. J.-C. sur les ruines d'un temple du VIIe s., un caveau de source, taillé dans le roc, qui était sans doute la source sacrée, siège de l'oracle primitif, et une esplanade avec des autels et des bases.
Sur la hauteur de **Kastraki**, près du village d'Akrefnion, on a mis au jour les substructions d'un **temple** consacré probablement à une divinité courotrophe (porteuse d'enfant), mère du héros Ptoïos, qui, selon *P. Guillon*, pourrait être Gê-Déméter ou Gê-Europè. Au pied de ce sanctuaire s'étendait une esplanade dédiée au héros Ptoïos, dont le culte semble s'être installé en cet endroit à l'aube du VIe s., ou même à la fin du VIIe s. av. J.-C., sous la protection d'Akræphnion. On y dégagea les restes de deux autels d'époques différentes et les soubassements de deux édifices dont l'un était construit en appareil polygonal ancien. On retrouva aussi 28 bases de trépieds disposées en deux rangées. Ces offrandes auraient été faites entre le milieu du VIe s. et la fin du troisième quart du Ve s. av. J.-C., c'est-à-dire pendant les deux époques où Akræphnion jouit d'une relative autonomie (vers 550-480 et 456-446).

T Théra [Ile de] (Santorin)**

76 km^{2} ; 13000 habitants environ.

La mise au jour récente, sur son sol, d'une ville contemporaine des palais crétois a fait de Théra une île-vedette parmi les Cyclades ♦. Les raisons pour visiter cette terre singulière ne manquaient déjà pas, mais jugez plutôt : Théra est le produit d'une tragédie cosmique que la découverte de cette ville enfouie sous des masses de cendres volcaniques permet de situer vers la fin du XVIe s. av. J.-C. Cette tragédie fut une terrifiante explosion volcanique qui fractura et disloqua l'île en soulevant des vagues que certains auteurs estiment à plus de 200 m de hauteur.
La rade bien fermée, aux profondeurs abyssales (390 m), où votre bateau s'amarrera, s'étale sur l'emplacement de terres volatilisées. Théra, Thérasia et les autres îlots qui la délimitent

ne sont que des rescapés de ce cataclysme, car ce fantastique archipel de scories, de laves, de soufre, de falaises rousses ou blanches surmontées par les traînées immaculées des villages, ne formait, à l'origine, qu'une seule île ou plutôt un volcan de marbre et de schistes, dont le cratère s'élevait à peu près au centre de la rade actuelle.
Vue de la rade, Théra présente l'image inoubliable d'une longue falaise à pic de 60 à 120 m de haut, véritable coupe géologique où se superposent les assises de scories, de cendres noires ou rouges, de lave, de ponce, avec des cheminées verticales ; en bas, l'ancien port, et au sommet, le bourg, que l'on atteint à pied ou à dos de mulet.

Les colères de la terre. — *Nous manquons, bien entendu, de références écrites sur la catastrophe qui disloqua cette île désignée dans la légende sous le nom de Kallisté ((la Très Belle) ou de Strongylé (la Ronde), mais non de références archéologiques, aussi bien à Théra même qu'en Crète où les palais minoens de Cnossos, Mallia, Zakros, etc., subirent le contrecoup de ce cataclysme. Vers la fin du XVIe s. av. J.-C., le volcan qui formait l'île unique éclata en provoquant un gigantesque affaissement circulaire d'une dizaine de kilomètres de diamètre où la mer s'engouffra au S.-O. De ce côté, l'îlot Aspronissi constitue un fragment de l'ancien littoral. En 236 av. J.-C., un autre séisme fractura la partie N. de l'île en formant Thérasia, que les bateaux venant du N. laissent à dr. en entrant dans la rade. En 196 av. J.-C. surgit l'îlot Hiéra puis, en 46 apr. J.-C., apparut Thia qui s'effondra ensuite. En 1570, le rivage S. de la grande île (Théra) disparut avec le port d'Eleusis. Trois ans plus tard surgit Mikra Kaïmèni, puis, en 1711-1712, la Nouvelle ou Grande Kaïmèni. En janvier 1866 commença une nouvelle éruption, étudiée sur place par le géologue Fouqué, qui dura deux ans ; elle fit naître de nouveaux cratères (volcan Georges) et l'îlot Aphroessa, bientôt soudé à la Grande Kaïmèni. De nouvelles éruptions se produisirent en 1925-1926, puis en 1928 tandis qu'un tremblement de terre ravageait les îles en 1956.*

Une terre des hommes. — *L'existence de l'homme sur une île aussi instable paraît relever d'une succession de miracles, ou d'un défi permanent. On ignore à peu près tout sur les populations qui occupèrent l'île vers le début du IIe millénaire av. J.-C. On suppose qu'ils reçurent la visite des marins phéniciens, mais les liens avec la Crète minoenne durent être assez étroits, si l'on en juge d'après les fresques et tout le matériel archéologique exhumé près d'Akrotiri.*
Peut-être complètement abandonnée lorsque le volcan se mit à cracher d'énormes quantités de cendres, en prélude à l'éclatement final, Théra reçut des populations doriennes vers la fin du IIe millénaire av. J.-C. A l'époque historique, l'île prit le parti de Sparte mais elle devint un moment tributaire d'Athènes. Les Ptolémées en firent une base navale dans la mer Egée. La période byzantine s'acheva en 1204, date à laquelle l'île fut attribuée aux Vénitiens, qui la rattachèrent aux possessions des ducs de Naxos. Elle fut prise par les Turcs en 1537.

Indicatif téléphonique : 0286.
Hôtels :
¶¶¶ *Atlantis* (✆ 22-232) 25 ch. ✂ ▥ ⌂ ☎ 🅿 ouv. avril-oct.
¶¶ *Panorama* (✆ 22-481) 20 ch. ✂ ▥ ⌂ ☎
¶ *Kamari* (✆ 31-243 ; à Athènes ✆ 937-259) 55 ch. ✂ ▥ ⌂ ☎ ouv. avril-oct.

Auberge de jeunesse : à Kontochori (3,5 km de Théra ; ✆ 21-267).

Compagnie aérienne : *Olympic Airways* (☎ 21-473) ; au moins une liaison par jour avec Athènes en été.

Bateaux : depuis Le Pirée, 18 serv. hebdo. dont 4 desservant Ia, en 10 h 40 à 13 h, certains par car-ferries.

***Une journée à Théra.** — On ne devrait pas quitter les Cyclades, et même la Grèce, sans avoir visité cette île qui offre un type de paysage et une ambiance peut-être uniques au monde, même si elle est dépourvue de plage agréable (vous vous baignerez de préférence à la plage de Périssa ou celle de Kamari, sur la côte E.) et si sa parure végétale (vigne, plants de tomates et de fèves surtout) est très réduite. Au cours de la matinée, vous visiterez le chef-lieu Théra (ou Phira) et son musée archéologique, puis le site d'Akrotiri. L'après-midi, effectuez une excursion aux îles Kaïmenes ou, si vous vous intéressez à l'archéologie, jusqu'aux ruines de l'ancienne Théra.*
Ne manquez pas de goûter le vin de Santorin, que vous préférerez sec ; dans le meilleur des cas il vous rappellera le vin de Xérès.

Les bateaux s'ammarraient il y a peu à une centaine de mètres du port, étroit mais très abrité, avec quelques maisons, des cafés, une chapelle blottis entre la mer et le pied de la falaise. Par un chemin vertigineux, on montait jusqu'au village, ligne de maisons blanches posées comme au bord d'un gouffre. Mais l'arrivée par les bateaux réguliers est aujourd'hui moins pittoresque : ils abordent à un port nouvellement aménagé à quelques kilomètres au S., d'où l'on gagne par taxi ou autobus le village principal.

Théra, ou Phira, le chef-lieu de l'île, est une petite bourgade de 1 500 habitants environ, aux ruelles très pittoresques coupées d'arcades et d'escaliers ménageant parfois des percées sur la rade et la mer (la ****vue** est très belle depuis la terrasse de l'hôtel Atlantis).

Vous visiterez le **musée archéologique** qui renferme de la céramique préhistorique recueillie à Akrotiri, de la céramique mycénienne, géométrique et archaïque provenant de divers points de l'île, et plus particulièrement de l'ancienne Théra et de la nécropole de Sellada, des sculptures depuis l'époque archaïque jusqu'à l'époque romaine.

Visite : de 8 h 30 à 12 h 30 et de 16 h à 18 h ; le dim. de 9 h à 15 h ; en hiver, de 9 h à 13 h 30 et de 16 h à 18 h, le dim. de 10 h à 16 h 30 ; fermé le mardi ; accès payant.

Un second musée est prévu pour accueillir les découvertes d'Akrotiri, pour la plupart présentées actuellement à Athènes (Musée National).
Dans le **Métropolitikon Mégaron**, à côté de la cathédrale moderne, se trouve une petite collection d'art religieux (icônes, orfèvrerie, croix en bois sculpté).
Datant du XVIIIe s. et récemment restauré, le **palais Ghyzi**, près de la cathédrale catholique, abrite la **collection Dimitri Tsitouras** (gravures du XVe au XIXe s. représentant Santorin vue par des voyageurs européens ; fermé le vendredi).

Environs de Théra. — 1 — Pyrgos (6 km). — Vous y verrez quelques vieilles demeures des XVIIIe et XIXe s. et le **monastère du Prophète Élie** (à 45 mn de marche), fondé en 1711 au sommet du point culminant de l'île (584 m), où la sacristie de l'église abrite un petit **musée** (icônes post-byzantines, croix sculptées, vêtements sacerdotaux, etc.).

2 — Fouilles d'Akrotiri (15,5 km). — A 8 km de Théra, vous laisserez à dr. une route qui descend vers le petit port d'Athinios.

14 km : Village d'Akrotiri, avec les ruines d'un fort vénitien. La ****vue** sur la côte S. de l'île et surtout sur la rade est fort impressionnante.

15,5 km : **Chantier de fouilles d'Akrotiri.** — Vous visiterez là une ville du XVIe s. av. J.-C., avec des maisons de 2 ou 3 étages, qui, après avoir été ébranlée et en majeure partie détruite par un tremblement de terre, fut ensevelie sous une épaisse couche de cendres volcaniques. La chaleur fut si intense que des pierres furent calcinées, mais la ville avait été désertée par ses habitants juste avant la catastrophe (certains édifices furent cependant réoccupés, pendant un laps de temps très court, quelques jours ou quelques semaines avant l'ensevelissement général).

Visite : t.l.j., en été de 8 h 30 à 12 h 30 et de 16 h à 18 h, le dim. de 9 h à 15 h; en hiver, de 9 h à 13 h 30 et de 16 h à 18 h, le dim. de 10 h à 16 h 30; accès payant.

Le site, dont l'existence était connue depuis plus d'un siècle, a été fouillé par *Sp. Marinatos* de 1967 à sa mort accidentelle sur les lieux, en 1974. La plus grande partie des trouvailles est laissée sur place, de manière à former un parc archéologique protégé par des toitures de plastique, assez peu esthétiques.
Des trouvailles surprenantes ont déjà été réalisées, notamment des peintures murales, pour la plupart exposées — temporairement — au Musée National d'Athènes (V. p. 348).
Des magasins ont été découverts, remplis de pithoï, ces grands récipients de terre cuite, maintenus en place, qui servaient à la conservation de denrées alimentaires (certains contenaient encore des aliments fossilisés). Si l'ensemble des édifices mis au jour reste confu pour le profane, vous y remarquerez cependant plusieurs pièces dont les encadrements de porte ou de fenêtre sont demeurés en place, certaines avec étage, ainsi que des tronçons de rue pavée. Bien que la visite puisse s'effectuer rapidement (une heure peut suffire), vous serez vivement impressionné, un peu comme vous pourriez l'être à Pompéi.

3 — Ancienne Théra (16 km jusqu'à la **plage de Périssa**, puis env. 40 mn de marche; compter env. 1 h 30 pour la visite du site que l'on peut atteindre aussi par le N. et la **plage de Kamari**).
Vous passerez à (12 km) la **chapelle Haghios Nicolaos Marmaritis**, édifiée avec des marbres de remploi d'un temple antique, puis longerez (13 km) le village d'**Emporion**, avec de rares vestiges d'une forteresse vénitienne.
16 km : **Périssa** (imposante église moderne de Stavros; plage).
Les restes de la cité militaire et religieuse de l'**ancienne Théra** s'étendent sur une longueur de 800 m env. et sur une largeur de 150 m, sur une croupe rocheuse, à une altitude variant entre 340 et 369 m.

Les tombes et les inscriptions archaïques de ce site attestent que la capitale des colons doriens était localisée en ce lieu dès le IXe s. av. J.-C. Les Ptolémées y installèrent une importante garnison chargée de surveiller l'archipel. Les ruines, pour la plupart d'époque ptolémaïque (300-145 av. J.-C.) et byzantine, ont été explorées de 1895 à 1903, par l'archéologue allemand **Hiller von Gärtringen.**

La rue principale, coupée par des rues latérales, parcourait la ville dans toute sa longueur. Elle commençait dans le voisinage de la **chapelle Haghios Stéphanos**, construite sur les vestiges d'une basilique dédiée au IVe s. ou au Ve s. à l'archange St Michel. En suivant le sentier à g., remarquez en premier lieu le **téménos d'Artémidoros de Pergé**, amiral des Ptolémées. Taillé dans le roc, il comportait un autel de la Concorde, l'aigle de Zeus, le lion d'Apollon Stéphanéphoros et le dauphin de Poséidon.
Un peu plus loin vous passerez devant les restes d'un **temple de Dionysos**, à dr., juste avant l'**agora** qui était bordée par le **portique royal** à colonnade intérieure et exèdres. Dans l'une des **maisons hellénistiques** derrière le portique se trouvent, sculptés dans un cartouche, des phallus et une inscription « aux amis ».
Au-delà de l'agora vous atteindrez une place bordée à g. par la **Voix Sacrée.** A dr., vous remarquerez les restes du **sanctuaire des dieux égyptiens**, taillé dans le roc. Il était consacré à Isis, Anubis et Sarapis.

A g., près de la place, se situe le **théâtre** (scène refaite à l'époque romaine). Un peu plus loin gisent les vestiges des thermes et, près de là, s'élève la **chapelle de l'Evanghélismos**, près des restes d'un **hérôon** et d'une rotonde antiques.
A dr. de l'ancienne Voie Sacrée se trouvait le petit **sanctuaire de Ptolémée III.** Non loin de là se dressaient la **colonne d'Artémis**, à moitié engagée dans le roc, et un *hérôon*, peut-être dédié à Théras, le fondateur de la colonie, dont il subsiste une fondation rectangulaire d'appareil très ancien.
A g. de la Voie Sacrée, avant la terrasse des fêtes, remarquez les ruines du **temple d'Apollon Karneios**, fondé au VIe s. av. J.-C.
La **terrasse des fêtes** fut aménagée à l'aide de murs de soutènement dont celui de l'E. date du VIe s. av. J.-C. Cette terrasse était le centre religieux des plus anciens cultes doriens de Théra. On y célébrait des fêtes, en particulier des Gymnopédies, danses de garçons nus, en l'honneur du dieu dorien Apollon Karneios. Sur les roches, les noms des dieux, gravés par les fidèles, se mêlent aux noms des beaux danseurs accompagnés d'épithètes amoureuses. Quelques-uns de ces graffiti remontent au VIIe s. av. J.-C.
Au-delà enfin s'élevait un **bain romain**, annexe du gymnase des Ephèbes, dont les ruines occupent l'extrémité S. du site. Le gymnase se composait d'une grande cour sur laquelle s'ouvrait une **grotte d'Hermès et d'Héraclès**, dieux des Ephèbes, une rotonde et une série de chambres.
En revenant vers la chapelle Haghios Stéphanos, à l'entrée du site, prenez à g. une trentaine de mètres après l'agora. Vous passerez ainsi devant le **palais du gouverneur** ou chefferie, près du **gymnase de la garnison** (à g.) et de la **grotte de Christos** (à dr.), petit caveau rupestre de 3 m de long converti en chapelle. A 30 m au-delà se trouve la niche votive de Déméter et Coré, avec un trône taillé dans le roc, à l'entrée d'une caverne.

4 — Ia (ou *Apanoméria ;* 11 km) **et île de Thérasia.** — Ia, gros village, très pittoresque, situé comme Phira sur le rebord de la falaise, a été gravement endommagé par le tremblement de terre de 1956. Au sommet du promontoire, les Byzantins ou les Vénitiens construisirent une forteresse.
De l'échelle d'Ia, près de l'écueil d'Haghios Nicolaos où se dresse une chapelle, l'**île de Thérasia**, qui mérite également une visite, est à 15 mn de bateau. De **Manolas**, le village principal de l'île, vous atteindrez (4 km env.) le **couvent de la Panaghia Kimissis** qui fut construit sur le promontoire de Trypiti. A env. 1,5 km de Manolas se trouve le hameau troglodytique de **Potamos**, véritable oasis ombragée de palmiers dans un décor minéral.

5 — Les Kaïmènes (excursion de 2 à 3 h, en bateau). — En louant une barque à moteur à l'échelle de Théra, vous atteindrez en 40 mn la pointe N. de la **Petite Kaïmèni**, île volcanique qui apparut en 1573 et à laquelle, depuis cette époque, s'est soudée la **Grande Kaïmèni**, surgie en 1711-1712. A env. 30 mn de marche de la pointe N. de la petite Kaïmèni (Mikra Kaïmèni), se trouve le rebord du cratère qui se forma en 1925. Des mofettes et des fumerolles s'y exhalent de la croûte soufrée et brûlante.
De la baie, vous pourrez également gagner en bateau la solfatare de la **pointe de l'Aphroessa** (émergée en 1966 au S.-E. de la Grande Kaïmèni) et les deux baies de la côte O. ; le tour complet de la Kaïmèni est également très recommandé, surtout au coucher du soleil.

6 — Anafi (à l'E. de Théra ; bateaux depuis Le Pirée 2 fois par sem.). — **Anafi** est une petite île de 38 km², la plus méridionale des Cyclades, qu'Apollon aurait fait surgir des flots pour recueillir les Argonautes surpris par la tempête. Le seul village de l'île, **Chora**, est à 15 mn de marche du mouillage d'**Haghios Nicolaos.** De très rares vestiges antiques subsistent sur l'île, notamment près du **monastère de Kalamiotissa** (restes d'un temple d'Apollon).

Thermopyles [Les]

Carte-itinéraire 3. — Athènes, 208 km. — Lamia, 18 km. — Thèbes, 113 km.
Nome de Phthiotide.

Ce passage resserré entre la mer et le mont Zastani, l'ancien Callidromos, considérablement élargi depuis l'Antiquité, est l'un des lieux héroïques de la Grèce. En 480 av. J.-C., le roi de Sparte Léonidas et ses soldats aux cheveux longs livrèrent un combat sans espoir contre l'avalanche perse. Un monument moderne a été élevé à la mémoire de ce roi qui, jaloux des lauriers récoltés dix ans plus tôt par les Athéniens à Marathon, fit délibérément le sacrifice de sa vie.

Indicatif téléphonique : 0231.

Hôtel :

Ægli (☎ 93-304) 45 ch. ouv. juin-oct.

En parcourant le défilé, d'une longueur de 5 km (le **monument de Léonidas** est à peu près au centre), vous reconnaîtrez les principales positions décrites avec précision par l'historien *Hérodote,* malgré les changements que les lieux ont subis depuis l'Antiquité. Du côté des montagnes, la route moderne n'a fait qu'entamer les collines avancées, mais du côté de la mer, le rivage a reculé de plusieurs kilomètres au N. Les alluvions du Spercheios et les dépôts minéraux ont élargi le passage et changé les lits des rivières : l'Asopos, le Dyras et le Mélas, affluents du Spercheios, se jetaient autrefois directement dans le golfe maliaque.
Hérodote distingue trois passages ou Portes ; les entrées O. (vers Lamia) et E. (vers Athènes), réduites à une chaussée praticable à une seule voiture et commandées par les forteresses disparues d'Anthéla (à 2 km du monument de Léonidas vers Lamia) et d'Alpénoi (à 3,5 km du monument de Léonidas vers Athènes), et, au milieu le passage des Thermopyles proprement dit, situé près de sources d'eau chaude (aujourd'hui **Loutra**, station thermale) ; il était barré par un mur très ancien, pourvu d'une porte, que les Phocidiens avaient élevé au VIe s. pour arrêter les incursions des Thessaliens. Ce mur, situé à la hauteur du monument de Léonidas, fut retrouvé en 1939 par *Sp. Marinatos.*

Un gigantesque troupeau d'hommes. — *Ayant résolu de venger l'affront subi par son père à la bataille de Marathon, en 490 av. J.-C., Xerxès, maître d'un empire qui s'étendait des rives de l'Asie Mineure (l'actuelle Turquie) et de l'Egypte jusqu'au cœur de l'Asie, envahit en 480 la Grèce à la tête d'une imposante armée renforcée par une flotte de plusieurs centaines de vaisseaux. Cette armée franchit l'Hellespont (les Dardanelles) sur un pont de bateaux et, escortée par la flotte, longea la côte égéenne, passant par la Thrace, la Chalcidique, la Macédoine et la vallée de Tempé qui, à l'époque, marquait l'entrée de la Grèce proprement dite. Au terme de cette longue marche, l'armée perse vint camper près de l'entrée O. des Thermopyles, devant la forteresse d'Anthéla. Une troupe de 7300 Grecs, sous les ordres de Léonidas, campée au milieu du défilé, derrière une ligne de fortifications, lui barrait la route.*

Ici contre 300 myriades ont combattu 4000 hommes du Péloponnèse. — *Après plusieurs attaques infructueuses contre le rempart tenu par les forces de Léonidas, Xerxès désespérait de forcer le passage quand le Malien Ephialtès lui proposa de tourner la position par un sentier connu de lui, l'Anopæa, qui passait par les hauteurs boisées du mont Phrikion. Léonidas avait appris, en arrivant, l'existence de ce chemin; il y avait posté 1000 Phocidiens pour le garder. Hydarnès, chef de la garde royale, partit le soir sous la conduite d'Ephialtès avec 2000 hommes environ, rencontra et dispersa les Phocidiens, et déboucha le lendemain matin à l'E. du défilé pour prendre ses défenseurs à revers. C'était l'heure convenue où Xerxès devait attaquer aussi la position par l'O. Informé du mouvement d'Hydarnès et prévoyant qu'il serait écrasé entre les deux attaques, Léonidas, selon Hérodote, congédia dès le matin la plupart des Grecs; il ne garda auprès de lui, pour le sacrifice héroïque de leur vie, que ses 300 Spartiates et 700 Thespiens, plus 300 Thébains retenus comme otages.*

La mort héroïque d'un roi de Sparte. — *Xerxès, le premier, fit attaquer vers 10 h du matin. Le combat s'engagea à l'O. en avant du rempart, à l'endroit où le passage s'élargissait. « Maintenant que la mêlée s'engage sur un vaste espace, les Barbares tombent en foule; derrière eux, les officiers, le fouet à la main, les poussent en avant à force de coups. Un grand nombre roula dans la mer et se noya; d'autres, plus nombreux, furent foulés vivants aux pieds de ceux qui survenaient. Les Grecs, sachant qu'ils allaient périr sous le fer de ceux qui tournaient la montagne, déployaient contre les Barbares la plus extrême vigueur, méprisant le péril et prodiguant leur vie. La plupart eurent bientôt leurs javelines brisées et frappèrent avec le glaive. Léonidas tomba dans cette mêlée... » Deux frères de Xerxès tombent en combattant sur le corps de Léonidas que Perses et Lacédémoniens se disputèrent avec acharnement; les Grecs l'enlevèrent quatre fois en repoussant les ennemis.*

O étranger, va dire aux Lacédémoniens qu'ici nous gisons, ayant obéi à leurs ordres. — *La lutte pour le corps de Léonidas dura jusqu'à l'arrivée de la troupe conduite par Ephialtès (entre 11 h et midi). Quand les Grecs en eurent connaissance, le combat changea de face. Ils se replièrent au plus étroit de la route, repassèrent le mur et prirent position, sur la butte, tous serrés en masse, moins les Thébains, faisant un rempart de leurs torses couverts de tuniques qui étaient rouges « afin que le sang n'y parût pas ». Ils se défendirent avec leurs épées, leurs mains, leurs dents. Cependant, les Barbares les accablèrent sous les traits, les uns les attaquant de front, les autres les enveloppant de tous les côtés à la fois.*

Le temps des épitaphes. — *L'échec des Perses à Salamine (480) et à Platées (479) et leur reflux vers l'Asie permit aux Grecs de donner une sépulture décente à leurs héros. Sur ceux qui périrent dès le début de la bataille, avant que Léonidas eut congédié les alliés, on grava cette épigramme, à l'intention de l'ensemble de Grecs : « Ici contre 300 myriades ont combattu 4000 hommes du Péloponnèse », tandis que l'inscription spéciale aux Spartiates fut ainsi conçue ; « O étranger, va dire aux Lacédémoniens qu'ici nous gisons, ayant obéi à leurs ordres » (Hérodote, VII, 223-228).*

D'autres batailles des Thermopyles. — *La tactique de Xerxès fut toujours renouvelée par ceux qui voulurent forcer les Thermopyles. En 279, Brennus, avec une bande gauloise, arrêté par les troupes de Callippos, tourna la position par l'Anopæa, mais les Grecs eurent le temps de s'enfuir sur leurs navires. En 191, le roi de Syrie Antiochos III,*

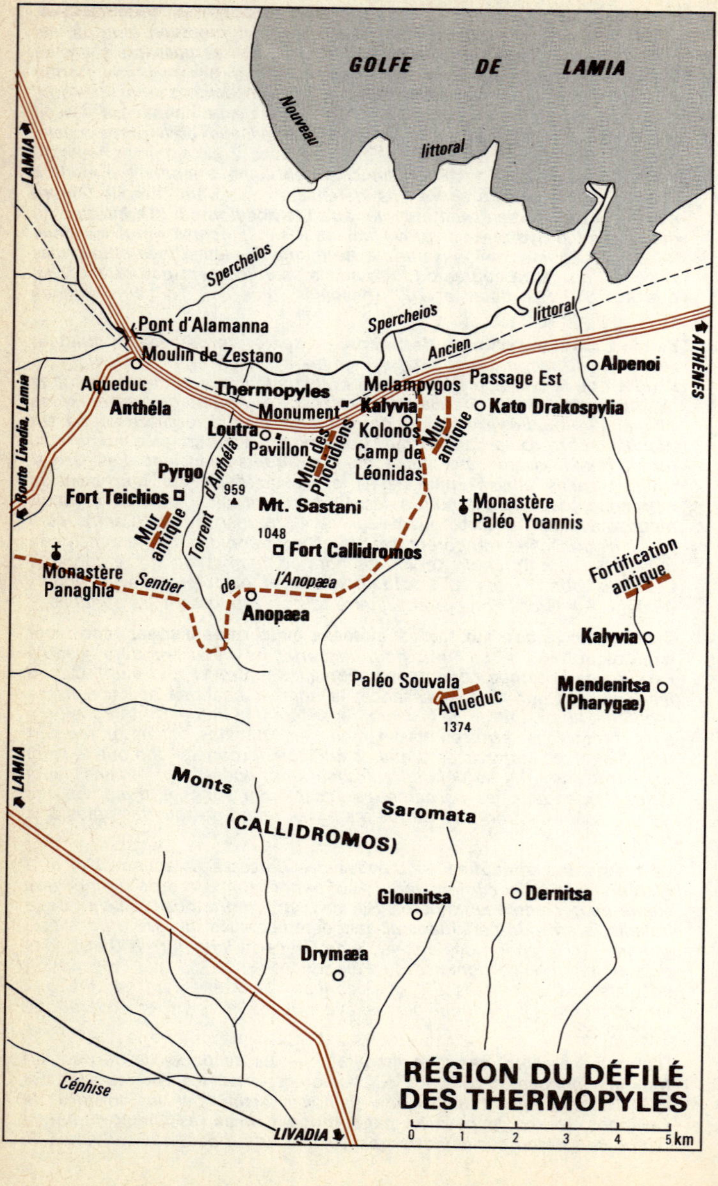
GOLFE DE LAMIA
Nouveau
littoral
LAMIA
Spercheios
Pont d'Alamanna
Moulin de Zestano
Aqueduc
Anthéla
Thermopyles
Monument
Loutra
Pavillon
Spercheios
Ancien
littoral
Melampygos
Passage Est
Kalyvia
Kolonos
Camp de Léonidas
Mur des Phocidiens
Mur antique
Kato Drakospylia
Alpenoi
ATHÈNES
Route Livadia, Lamia
Pyrgo
Fort Teichios
Mur antique
Torrent d'Anthéla
959
Mt. Sastani
1048
Fort Callidromos
Monastère Paléo Yoannis
Monastère Panaghia
Sentier de l'Anopæa
Anopæa
Fortification antique
Kalyvia
Paléo Souvala
Aqueduc
1374
Mendenitsa (Pharygæ)
LAMIA
Monts (CALLIDROMOS)
Saromata
Glounitsa
Dernitsa
Drymæa
Céphise
LIVADIA
RÉGION DU DÉFILÉ DES THERMOPYLES
0 1 2 3 4 5 km

avec 10 000 hommes, voulut barrer le défilé aux 40 000 légionnaires du consul M. Acilius Glabrio et de son légat M. Porcius Cato. Il avait élevé un double mur avec fossés en travers du passage et construit des fortins sur les chemins du Callidromos. Cato réussit à forcer ceux-ci et à prendre le camp à revers tandis que Glabrio l'attaquait de front. Le roi put se sauver avec 500 hommes. Enfin, en 395, Alaric entra en Grèce par les Thermopyles. Au VIe s. Justinien en fit relever les fortifications.

Après l'écoulement des siècles, la découverte (en 1 h environ) des lieux où se déroula la tragédie héroïque de Léonidas et de ses guerriers ne pourra pas laisser indifférents ceux qui aiment partir à la recherche du temps perdu. Les forteresses qui défendaient les deux issues des **Thermopyles** ne sont plus qu'un souvenir et le mur des Phocidiens, devant lequel on se battit avec tant d'acharnement pour la possession du corps de Léonidas, est simplement réduit à quelques vestiges, mais le site ne manque pas d'impressionner, sans doute parce qu'il fut le théâtre d'un **drame élevé au rang de symbole.**

Mur des Phocidiens. — Près du monument de Léonidas, on a retrouvé, sur une colline, quelques restes du mur derrière lequel les Spartiates soutinrent les premiers assauts des Perses. Il était construit en zigzag avec une tour carrée à son extrémité O., séparée du mur par une porte.
A l'origine (VIe s.), le mur fut érigé à l'aide de gros blocs qui lui donnaient un aspect cyclopéen. Il fut réparé plusieurs fois par la suite, notamment en 480 av. J.-C. et au moins une fois après.

Kolonos. — Cette colline, haute de 10 m environ, où périrent les derniers Spartiates et où se dressait le lion consacré à la mémoire du héros du combat de 480 av. J.-C., est située à 1 km du monument de Léonidas, à dr. de la route en direction d'Athènes. Des fouilles ont permis de retrouver de nombreuses pointes de flèches en fer et en bronze, de types variés mais courants au Ve s. av. J.-C. si on les compare avec ceux trouvés à Marathon et sur l'Acropole d'Athènes dans les couches du Ve s.

Mur d'Antiochos et sentier de l'Anopæa. — A 1,8 km du monument de Léonidas, en direction d'Athènes, subsistent quelques **tronçons d'un mur antique**, long de 1 800 m env. qui dut être érigé à l'époque où fut livrée la bataille de 191 av. J.-C. entre Antiochos et les Romains. Il fut rebâti par *Justinien* au VIe s.
Ce mur barrait le ravin par où descendait le sentier de l'Anopæa. Celui-ci partait à l'O. de la gorge de l'Asopos, passait au-dessous du couvent de la Panaghia, suivait un ravin (barré par des restes de murs, au lieu-dit *Pyrgos*) puis remontait entre les deux cimes du **Lithidza** (anc. mont Anopæa) et du **Zastani** (1 048 m), et débouchait à l'E., près de l'endroit le plus resserré du défilé entre Alpénoi et la roche Mélampygos (la Fesse noire), où l'on plaçait les sièges des Cercopes, démons malins tués par Hercule.

Forteresse d'Anthéla. — A 2 km du monument de Léonidas par la route de Lamia, env. 1 500 m au-delà des sources chaudes citées par *Hérodote* et *Pausanias*, se trouvait, à g. sur une hauteur, la forteresse d'Anthéla, qui gardait le passage O. des Thermopyles. La route moderne suit le tracé de la voie antique. Au Ve s. av. J.-C., la mer s'étendait presque au pied des collines, ne laissant, sur une longueur de 700 m env., qu'un étroit passage, tout juste suffisant pour une chaussée.
A la sortie O. du défilé, env. 500 m plus loin, se situait le **sanctuaire de Déméter Amphictyonis** et du héros Amphictyon, où se tenaient les assemblées amphictyoniques d'Anthéla, au printemps et à l'automne.

Thessalie [La]

Cartes-itinéraires 1, 2, 10, 11 et 12.

Située aux avant-postes de la civilisation grecque jusqu'à l'époque classique, la Thessalie fut une région qui vécut un peu en marge de l'histoire des Hellènes, bien qu'elle ait été, avec Iôlkos, près de l'actuelle Volo, un foyer de civilisation à l'époque mycénienne. Ses sites archéologiques n'ont donc pas l'intérêt de ceux du Péloponnèse et, bien entendu, de l'Attique, mais, en revanche, elle possède ce fameux ensemble de monastères des Météores et, outre l'Olympe, les fabuleux paysages du Pélion.

Une plaine entre des massifs anciens. — La Thessalie dessine dans son ensemble une plaine, échancrée au S.-E. par le **golfe Pagasétique** et encadrée de montagnes : à l'E., l'**Ossa** (1 978 m) et le **Pélion** en bordure de la mer Egée ; au N., l'**Olympe** (2 917 m), le plus haut sommet de la Grèce ; à l'O., le **Pinde**, ligne de démarcation avec l'Epire ; au S., l'**Othrys** (1 726 m), dernier témoin du socle ancien qui constitue le soubassement de toute la Thessalie. Cette plaine est une vaste zone d'affaissement ; à perte de vue s'étendent les menus vallonnements des collines creusées par deux grandes cuvettes, celles de Trikala et de Larissa, drainées par le **Pénée** ; dans le bassin supérieur de ce fleuve, l'érosion, mordant dans d'épaisses couches de grès et de conglomérats, a façonné les **hardis piliers noirâtres**, parfois surmontés d'ermitages, appelées **les Météores**.

Des massifs anciens limités par des failles. — L'Olympe, la montagne sacrée où siégeait l'aréopage des dieux présidé par Zeus, est une large coupole voilée de brumes jusqu'au cœur de l'été ; les sommets sont creusés de cirques glaciaires ; le versant S. est entaillé par la **vallée de Tempé**, longue coulée de verdure entre de raides parois calcaires. L'**Ossa** se dresse comme une pyramide au-dessus d'un piédestal de plateaux. Le **Pélion** tombe en falaise sur la mer, mais présente à l'O. des pentes profilées comparables aux Vosges. L'**Othrys**, dont les lourdes croupes sont parfois coupées d'escarpements, forme une limite climatique : aux forêts du versant N. s'oppose le maquis méditerranéen des pentes méridionales.

Un climat continental. — Le climat est caractérisé par des écarts marqués entre l'été et l'hiver. Les étés sont brûlants, étouffants même dans les cuvettes intérieures qui deviennent alors des steppes desséchées et poussiéreuses. Mais l'humidité est partout suffisante pour le système de culture qui repose surtout sur le blé. Les montagnes, plus arrosées, sont enneigées tout l'hiver.

Une économie orientée vers l'agriculture. — Dans la plaine, la population habite de tristes bourgades, sans vergers ni jardins, dans des maisons de briques crues. Les villes, qui localisent quelques industries textiles, sont avant tout des marchés ruraux, telle **Trikala**, avec ses grandes foires à bétail, et **Larissa**, important carrefour routier au milieu de campagnes fertiles et bien cultivées. **Volo**, le seul port de Thessalie, exporte des fruits, du blé et du tabac.

T

Thessalonique (Thessaloniki)**

Cartes-itinéraires 2, 12, 13 et 14. — Athènes, 532 km. — Edessa, 89 km. — Florina, 175 km. — Igouménitsa, 469 km. — Istanbul, 633 km. — Kastoria, 214 km. — Kavalla, 164 km. — Larissa (par l'autoroute), 172 km. — Skopje, 239 km. — Verria, 78 km.

345 800 habitants (560 000 dans l'agglomération) ; chef-lieu de nome ; archevêché ; Université.

Deuxième agglomération de Grèce et deuxième port après Le Pirée, siège du gouvernement de la Grèce du Nord, Thessalonique est à la fois une grande cité industrielle et commerçante (importante foire annuelle) et une ville d'art qui n'est pas loin de pouvoir rivaliser avec Constantinople et Ravenne pour la beauté et l'intérêt de ses églises byzantines.
La ville basse, d'aspect typiquement méditerranéen, s'étend de part et d'autre de la via Egnatia, l'artère principale, vers la mer et le mont Chortiatis, couronné par d'imposantes fortifications. La rue Cassandrou est une frontière entre l'agglomération moderne et la vieille ville turque dont les maisons s'étagent sur l'ancienne acropole, mais la transition est nuancée par un quartier, formant la ville moyenne, qui a conservé en partie son lacis de rues étroites, à la manière turque. La ville haute, qui présentait il y a peu d'années encore l'aspect d'une cité orientale avec son labyrinthe de ruelles tortueuses, étranglées entre de croulantes maisons de bois, tend de plus en plus à se banaliser. Thessalonique étend de longs tentacules le long des routes d'Athènes et de Kavalla, mais aussi vers les plages du golfe Thermaïque et de la presqu'île de Chalcidique, la dernière implantation du tourisme en Grèce.

La ville dans l'histoire

Une ville au nom de femme. — *Thessalonique se trouve à proximité de l'ancienne* Thermé, *fondée en 316-315 par Cassandre, qui lui donna le nom de son épouse,* Thessaloniké, *sœur, dit-on, d'Alexandre le Grand. Sa situation maritime et la* via Egnatia, *l'artère maîtresse reliant l'Italie à Constantinople, lui assurèrent une grande prospérité.*

Une Eglise de St Paul. — *Une fois la Macédoine conquise par les Romains, en 168 av. J.-C., Thessalonique devint la capitale de l'une des quatre provinces formées par Rome avec les possessions de Persée. Quelques années plus tard, en 146, elle fut promue au rang de métropole d'une province sensiblement agrandie. Ce fut aussi un centre intellectuel, et* Cicéron *y vécut en exil (58 av. J.-C.). Pendant l'hiver 49-50,* St Paul *y prêcha. Il y fonda une Eglise pour laquelle il eut une prédilection très marquée* (Epîtres aux Thessaloniciens) *et y revint en 56.*

Une ville impériale. — *L'empereur* Galère *s'y installa vers 300.* Théodose *y publia en 380 le fameux édit qui donnait au symbole de Nicée un caractère officiel, mais il se rendit tristement célèbre par le massacre de 392, où périrent 7000 habitants. Au cours des siècles suivants, Thessalonique, devenue, grâce à* Justinien, *une ville importante, souffrit des attaques des Goths, des Avars et des Slaves (VIe et VIIe s.). Après eux, les Sarrasins, en 904, et les Normands, en 1185, la saccagèrent.*

Capitale d'un Etat latin. — *Après la quatrième croisade, elle devint de 1205 à 1223 la capitale d'un royaume latin fondé par le marquis Boniface de Montferrat, mais elle fut rattachée au despotat d'Epire (1224-1246).*

Le retour à Byzance. — *Récupérée par Byzance en 1246, elle subit aux XIIIe et XIVe s. l'influence des Génois, puis des Vénitiens auxquels Michel VIII Paléologue conféra d'importants privilèges. Le XIVe s. est marqué par une violente lutte religieuse (querelle des* hésychastes : *moines contemplateurs) et par la* révolution des zélotes *(amis du peuple), en 1342-1349, marquée par le massacre des nobles en 1345.*

Grâce aux rois catholiques. — *Une période d'anarchie suivit, puis les Turcs s'y installèrent pour plusieurs siècles, à partir de 1430. La population, alors très réduite, s'accrut soudainement, à la fin du XV*e *s., avec l'immigration de 20 000 israélites que l'édit de* l'Alhambra *chassait d'Espagne. Leur communauté forma la majeure partie de la population et un petit Etat autonome; elle assura la prospérité de la ville et quelques-uns de ses membres s'illustrèrent comme savants, tels Benjamin Halévy Eskénazi, Moïse Almohino, etc. Les Grecs s'étaient ressaisis vers la fin du XV*e *s. et eurent leur part dans la résurrection économique. A cette aisance succéda la gêne lors du déclin de Venise à la fin du XVII*e *s.*

La fin d'un bastion turc. — *Au début du XX*e *s., les atrocités du* Sultan rouge *en Macédoine se firent sentir à Thessalonique qui devint un centre de complots; c'est de là, qu'à l'instigation du comité central d'*Union et Progrès, *partit le soulèvement du 23 juillet 1908 qui aboutit à la déposition d'*Abdulhamid II. *Pendant la première guerre balkanique, l'armée grecque y fit une entrée triomphale le 8 novembre 1912 et la ville fut acquise au royaume de Grèce en vertu du traité de Bucarest.*

Les deux guerres mondiales. — *Pendant la Grande Guerre, un corps expéditionnaire français débarque à «Salonique» (15 octobre 1915) et* Vénizélos, *fidèle à l'entente, y constitue un Gouvernement de la Défense nationale opposé au roi. Occupée pendant 4 ans lors de la Seconde Guerre mondiale, elle a perdu la presque totalité de sa population israélite, victime de la barbarie nazie.*

Renseignements pratiques

Indicatif téléphonique : 031.

Police touristique : 10, rue Egnatia (✆ 522-587).

O.N.H.T. : 8, pl. Aristotélous (Pl. *b*, C-3; ✆ 271-888).

Automobile et Touring Club de Grèce (ELPA) : 4, rue Kapetan Vangeli (✆ 426-391).

American Express, 10, rue Venizelou (✆ 225-302).

Hôtels :

¶¶¶¶ *Makédonia Palace,* av. Alexandre-le-Grand (à 2 km du centre par la route de Polyghyros; Pl. E-4; ✆ 837-520) 287 ch. ✂

¶¶¶ *Capitol* (Pl. a, B-1), 16, rue Monastiriou (✆ 516-221) 194 ch. ✂

¶¶¶ *Electra* (Pl. p, C-3), 5, pl. Aristotélous (✆ 232-221) 131 ch. ✂

¶¶ *Ariston* (Pl. g, B-1), 5, rue Diikitiriou (✆ 519-630) 35 ch.

¶¶ *Astor,* 20, av. Tsimitski (✆ 527-121) 88 ch. ✂

¶¶ *Capsis* (Pl. f, A-1), 28, pl. Monastiriou (✆ 521-321) 428 ch. ✂ night-club, sauna.

¶¶ *City* (Pl. b, C-3), 11, rue Komninon (✆ 269-421) 104 ch. ✂

¶¶ *Egnatia* (Pl. q, B-2), 11, rue Léontos Sofou (✆ 536-321) 145 ch. ✂

¶¶ *El Greco* (Pl. o, B-2), 23, Egnatia Odhos (✆ 520-620) 90 ch. ✂

¶¶ *Olympic* (Pl. c, B-2), 25, Egnatia Odhos (✆ 522-131) 52 ch.

¶¶ *Palace,* 12, rue Tsimitski (✆ 270-505) 58 ch.

¶¶ *Philippion,* à Asvestochorion (5 km du centre; ✆ 203-320) 96 ch. ✂

¶¶ *Queen Olga,* 44, léoforos Vas. Olga (à 2,5 km du centre par la route de Polyghyros; Pl. E-4; ✆ 824-621) 148 ch. ✂

¶¶ *Rotonda,* 91, rue Monastiriou (✆ 517-121) 79 ch. ✂

¶¶ *Victoria,* 13, rue Langada (✆ 522-421) 68 ch. ✂

¶ *A.B.C.* (Pl. t, E-3), pl. Agellaki (☎ 265-421) 112 ch. ✂ ▦ ⇅ ⊐ ☏

¶ *Amalia* (Pl. **u**, C-2), 33, rue Ermou (☎ 268-321) 66 ch. ▦ ■ ⇅ ⊐ ☏

¶ *Emborikon* (Pl. **i**, C-2), 14, rue Syngrou (☎ 525-560) 39 ch. ▦ ⊐ ☏

¶ *Espéria* (Pl. **v**, C-2), 58, rue Olympou (☎ 269-321) 70 ch. ✂ ▦ ■ ⇅ ⊐ ☏

¶ *Park* (Pl. **w**, C-1), 81, rue Ionos Dragoumi (☎ 524-121) 56 ch. ✂ ▦ ■ ⇅ ⊐ ☏

¶ *Pella* (Pl. **d**, C-2), 65, rue Ionos Dragoumi (☎ 524-221) 79 ch. ▦ ■ ⇅ ⊐ ☏

¶ *Thessalikon* (Pl. **j**, C-2), 60, Egnatia Odhos (☎ 277-722) 29 ch. ▦ ⊐ ☏

A Panorama (9 km) :

¶¶¶ *Nephélé* (☎ 942-002) 70 ch. ✂ ▦ ⇅ ⊐ ☏ ⊛ Ⓟ night-club.

¶¶¶ *Panorama* (☎ 941-129) 50 ch. ✂ ▦ ⊐ ☏ ⊛ Ⓟ

Y.M.C.A., place Y.M.C.A. (☎ 274-000).

Y.W.C.A., 11, rue Haghias Sofias (☎ 276-144).

Auberge de jeunesse : 42, rue Prinkipos Nikolaou (☎ 225-946).

Restaurants et tavernes :

¶¶ *Electra* (Pl. **p**, C-3), 5, pl. Aristotélous (☎ 516-121) ■

¶¶ *Kaïron*, 54, léoforos Mégalou Alexandrou.

¶¶ *Kritélas*, 284, léof. Vas. Olga (☎ 411-289).

¶¶ *Olympus Naoussa* (Pl. B-3), 5, léof. Constantinou ; une institution ; bonne cuisine.

¶¶ *Krikelas*, 284, Vas. Olga (☎ 411-289). Merveilleux hors-d'œuvre, kokoretsi et agneau rôti.

¶¶ *Remvi*, Nea Krini (☎ 411-233) ; un des meilleurs restaurants de la ville ; spec. de poissons et fruits de mer ; jardin.

¶ *Psarotavernes*, 5, rue Votsis ; taverne populaire.

¶ *Ragotis*, 8, rue Vénizélou (☎ 277-694).

¶ *Tottis*, place Aristotélous et léof. Constantinou, pour d'agréables pauses à la terrasse.

Banques : *Banque Commerciale de Grèce*, 21, rue I. Dragoumi (☎ 532-221) ; *Banque Nationale de Grèce*, angle des rues Mitropoleos et Dragoumi (☎ 538-621), 160, rue Egnatia (☎ 232-937) ; *Chase Manhattan Bank*, 20, rue Komninon (☎ 236-221).

⊠ **Poste :** *bureau central* (poste restante ; Pl. C-3), 28, léoforos Tsimitski ; *télégraphe et téléphone* (Pl. C-3), 55, rue Vas. Héracleiou.

Aéroport : à Mikra (15,5 km par la route de Polyghyros ; Pl. E-4) ; nombreux vols quot. pour Athènes et Limnos.

Compagnies aériennes : *Olympic Airways*, 2, rue Komninon (☎ 260-121) ; *Air France*, 6, rue Gounari (☎ 263-444).

Bateaux : 1 liaison hebdo. directe avec Le Pirée en 7 h (du Pirée, via Chio et Mytilène) ; 1 service hebdo. pour Skiathos, Skopélos, Limnos, Mytilène, Chio, Samos, Patmos, Léros, Kalymnos, Kos, Rhodes.

Chemin de fer : *gare* (Pl. A-1), rue Monastiriou ; réservation : 49, rue Egnatia (☎ 275-412).

Autocars : *S.E.K.*, 1, rue Vénizélou (pour Athènes) ; 3, rue Platonos (pour Hiérissos ; vers le mont Athos) ; 1, rue Enotikon (pour Ioannina) ; 23, rue Antigonidon (pour Kastoria) ; 61, rue Ionos Dragoumi (pour Kavalla) ; 5, rue Odysséos (pour Pella).

Location de voitures : *Avis*, 3, léoforos Constantinou (☎ 227-126) ; *Hertz*, 4, rue Vénizélou (☎ 224-906).

Consulats : *Belgique*, 15, rue Héracléiou ; *France*, 40, léoforos Vasiléos Géorgiou A.

Vos achats : vous trouverez le plus grand choix de souvenirs, d'antiquités, etc., dans le quadrilatère formé par la place Aristotélous, les avenues Vasiléos Constantinou et Mégalou Alexandrou et la rue Pavlou Méla.

Artisanat : exposition 90, rue Tsamadi (☎ 26-36-80).

Manifestations : outre les fêtes religieuses et civiles célébrées dans toute la Grèce, la *foire internationale de Thessalonique*, en septembre, est l'occasion d'un *festival de cinéma et de chanson* et surtout des *Dimitria*, qui se prolongent en octobre (théâtre, danse, opéras, concerts).

Plages : les plus proches sont situées sur la côte du golfe Thermaïque (V. env. de Thessalonique, 2).

Lieux, sites et monuments

Visite de la ville

Une journée à Thessalonique. *— Le matin, vous visiterez (en 3 h 30 env.) la plupart des églises intéressantes ; elles témoignent de la richesse de la ville basse à l'époque byzantine. Avant de vous rendre à l'église des Saints-Apôtres (Haghii Apostoli), vous parcourrez le pittoresque marché central. Pour déjeuner, recherchez la fraîcheur du front de mer, par exemple du côté de la tour Blanche (Pl. D-4). Vous serez ainsi à pied d'œuvre pour entreprendre votre programme de l'après-midi en commençant par la visite du musée archéologique. Vous visiterez ensuite la ville haute où vous verrez quelques églises byzantines, surtout Hosios David, où vous admirerez une splendide mosaïque, les remparts et la citadelle de l'ancienne Thessalonique, en traversant des quartiers au caractère oriental très prononcé.*
En fin de soirée à la belle saison, prenez le frais, comme beaucoup de Thessaloniciens, sur le front de mer, entre la place Aristotélous et la tour Blanche.

Une demi-journée à Thessalonique. *— Commencez par la visite de l'église Saint-Georges, après être passé devant l'arc de Galère, puis gagnez à pied l'église Sainte-Sophie et, de là, en taxi, les églises Saint-Démètre et Hosios David. Faites-vous enfin conduire au musée archéologique.*

Où vous garer ? *— Sur la voie publique, la chose ne sera pas facile en semaine dans les quartiers du centre, mais par contre très aisée aux alentours de la tour Blanche et du musée archéologique. Les parkings sont encore assez rares ; celui situé près de l'Egnatia Odhos, derrière la Panaghia Chalkéon (Pl. C-2), résoudra peut-être vos problèmes.*

A pied dans la ville. *— Thessalonique est assez vaste, c'est pourquoi nous vous suggérerons parfois de prendre votre voiture ou, mieux encore, un taxi (bon marché) afin de vous épargner des ennuis de parking.*
Pour la visite de la ville basse, partez de la plage Haghia Sophia (Pl. C/D-3), puis, du chevet de l'église Sainte-Sophie, suivez à pied la rue Patriarchou Ioakim et l'Egnatia Odhos jusqu'à l'arc de Galère (Pl. D-3). Après l'église Saint-Georges (Pl. E-3), revenez à l'Egnatia Odhos (où vous tournerez à dr.) en passant par l'église Haghios Pantéléïmon (Pl. D-3). Par les rues Platonos (Pl. D-2) et Philippou, vous parviendrez à l'agora (Pl. C-2), près de l'église Saint-Démètre. Revenez ensuite sur vos pas pour gagner l'église de la Panaghia Chalkéon (Pl. C-2), en bordure de l'Egnatia Odhos. Traversez cette artère, très animée en ces parages, surtout en direction de la place Axiou (Pl. B-1), où des restaurants populaires attirent les chalands avec leur fameux doner kébab (le rôti tournant, en turc). Par la rue Komninon, en face de la Panaghia Chalkéon, vous traverserez le pittoresque marché central, où le négoce est encore organisé selon l'ancien schéma du bazar oriental.
Revenez le cas échéant chercher votre voiture sur la place Haghia Sophia en suivant la rue Ermou (Pl. C-2/3), puis rendez-vous à l'église des Saints-Apôtres (Haghii Apostoli, Pl. B-1) par l'Egnatia Odhos et la rue Paparigopoulou.
Pour la visite de la ville haute, faites-vous conduire en taxi (la meilleure solution) jusqu'à l'église Hosios David (Pl. D/E-1), puis continuez à pied le long des remparts (rue Eptapyrghiou) et revenez dans la ville basse par la rue Anapafséos (Pl. E-2), où vous trouverez plus facilement un taxi.

Si vous aimez...
Les mosaïques byzantines : *vous serez séduit par la splendeur impériale de celles qui revêtent en partie l'intérieur de l'église Saint-Georges, mais vous ne négligerez pas non plus celles des églises Saint-Sophie, Saint-Démètre et Hosios David.*
La peinture byzantine : *les églises de la Panaghia Chalkéon et des Saints-Apôtres retiendront tout particulièrement votre attention avec leurs fresques du XIVe s.*

1 — La ville basse

***Eglise Sainte-Sophie** (*Haghia Sophia;* Pl. D-3). — Construite au VIIIe s., cette église, l'une des plus intéressantes de Thessalonique, est consacrée à la Sagesse Divine (Haghia Sophia).

Elle résulte de la combinaison du plan basilical à trois nefs et du plan en croix grecque à coupole. A la première, elle emprunte les ailes latérales et les galeries au-dessus des collatéraux (la galerie au-dessus de l'entrée date de la fin de l'époque byzantine). Au plan en croix grecque elle doit sa disposition d'ensemble carrée, sa coupole à pendentifs et enfin la voûte en berceau au-dessus du chœur.
A l'intérieur, vous remarquerez les **chapiteaux à feuilles d'acanthe retournées**, comme par un coup de vent, **ornement architectural assez rare** qui doit provenir d'un édifice plus ancien, du Ve s. probablement.
Les ***mosaïques de la coupole** (fin du IXe s.) représentent l'*Ascension du Christ.* La Vierge en robe violette, les apôtres, en draperies grisâtres, sont d'une belle facture et forment un ensemble harmonieux. Du pantocrator, vous remarquerez le « visage arrondi, maigre et triste, les cheveux plats et de couleur sombre, la barbe courte et sombre » *(Ch. Diehl).* Dans l'abside, notez

THESSALONIQUE
KAVALLA
ATHÈNES
Gare
Vachou
Yannitson
Monastiriou
Damonos
Prométhéos
Odysséos
Langada
Irihis
Paparigopoulou
Arcadioupoléos
H. Nestoros
Klavdianou
Stournara
Capitan
Haghii Apostoli
Olymbou
Météoron
Papadopo
H. Ekatérini
Olympiados
Cassandrou
Doumbiotou
Haghiou
PLATIA AXIOU (METAXA)
Diikitiriou
Doudécanisiou
Andigonidon
Ptolémeon
Syngrou
Dragoumi
Vénizelou
Tossitsa
Philippou
Egnatia
Politekhniou
Sofou
Eglise catholique
Panagh
Chalkéo
Bain t
MARCHÉ
Odhos
Ermou
Ionos
Koundourriotou
Tsimitski
Catouni
Vénizelou
Vasiléos
Aristotélous
Ermou
Héracléiou
Tél.
Poste
PLATIA ELEFTHERIAS
Komninon
Leoforos
PLATIA ARISTOTÉLOU
Mitropoléos
Carolou Dille
Sophias
Haghias
Vasiléos
Catapotaki
Constandin
Bateaux ve les plage
0 100 200 300 m
A B C
1 2 3 4

D
E
F
1
2
3
4
Tour de Manuel Paléologue
Heptapyrgion
ACROPOLE
Tour de Paléologue
Tour d'Andronic II
Monastère des Vlattades
Hosios David
Porte d'Anne Paléologue
Prophitis Ilias
Djinghirli Koule
Acropoléos
Egl. des Taxiarques
Athinas
Haghiou Nicolaou
Vlattadon
Théotokopoulou
Kaliopis
Amfitrionos
Haghios Dimitrios
Sophocléous
Cassandrou
Haghios Nicolaos
Dimitriou
Olymbou
Athinas
Tour d'Hormisdas
Anapafséos
Platonos
Haghias Sophias
Christopoulou
Philippou
Haghia Paraskévi
Egnatia
Haghios Pentéléïmon
Rotonde de St-Georges
Pat. Ioakim
Odhos
Lissicratous
Arc de Galère
Patron
Egl. Transf. du Sauveur
Université
Pringhipos Nicolaou
Pavlou
Octogone
Palais de Galère
Sophias
Kaftantzoglou
Tsimitski
Méla
Vasilisis
Aggelaki
FOIRE
Leoforos
Tour
PLATIA LEFKOU PYRGOU
Nicolaou Ghermanou
Léof. Vasiléos Géorgiou
Parc de la Tour Blanche
Léof.
Musée Archéologique
Stratou
Haghia Triada
D
POLYGHYROS
E
F

enfin une *Vierge à l'Enfant* qui trône sur fond or. Cette mosaïque a remplacé une figure plus ancienne (une croix de l'époque iconoclaste?) qui a laissé quelques traces; le remaniement semble dater de l'époque des mosaïques de la coupole.
Près du côté S. de Sainte-Sophie (à dr. face à l'église), il subsiste quelques vestiges d'un nymphée, peut-être utilisé comme baptistère.

□ **Arc de Galère** (Pl. D-3). — Construit en 303 apr. J.-C., il commémore les succès remportés par l'empereur *Galère* sur les Perses, en Mésopotamie et en Arménie. Cet imposant monument, orné de **reliefs** illustrant les exploits de cet empereur, se dressait au croisement d'une importante voie tracée selon la même orientation que l'actuelle Egnatia Odhos et d'une autre voie qui menait à l'édifice en rotonde qui forme aujourd'hui l'église Saint-Georges. En fait, un second arc semblable se dressait, parallèlement, un peu plus à l'E. Une coupole prenant appui sur les quatre piliers centraux recouvrait le carrefour sur lequel débouchait également, de l'autre côté de l'Egnatia Odhos, le vestibule monumental conduisant à la **zone du palais et de l'hippodrome.**

Sur le pilier le plus près de la chaussée, remarquez, au registre inférieur, des bas-reliefs représentant une scène de guerre devant une ville (notez les éléphants). Plus haut, scène de sacrifice au-dessus d'un autel (Zeus est à g., Héraclès à dr.) ; Dioclétien, qui régnait encore sur les provinces orientales de l'Empire avec le titre d'Auguste, est à g., son beau-fils Galère, qui portait le titre de César, est à dr. Le troisième registre nous montre le triomphe de Galère devant des guerriers orientaux agenouillés, tandis que sur le quatrième, Galère harangue ses soldats.
Les autres reliefs nous content également les succès de Galère : la Mésopotamie et l'Arménie, personnifiées par deux femmes, offrent leur soumission. Sur le troisième registre, Galère est au combat et le même personnage, en char sur le quatrième registre, reçoit une délégation d'une ville qui lui ouvre ses portes.

Le **palais de Galère,** situé le long de l'**hippodrome,** se trouvait de l'autre côté de la via Egnatia, qui ne traversait pas alors la ville, dans l'axe de la rue qui descend aujourd'hui vers la mer.

A l'entrée de cette rue, vous remarquerez l'**église de la Transfiguration du Sauveur** (Pl. D-3), qui date peut-être du XIVe s. Plus loin vers le S., vous verrez les restes d'un portique puis d'un bâtiment circulaire avant de parvenir, ∴ **place Navarinou,** à l'emplacement du palais lui-même. L'édifice principal est établi autour d'une **cour rectangulaire bordée de portiques.** Au S.-E., un large corridor a conservé son **pavement de mosaïque** à décor géométrique. Dans l'angle S.-O. subsistent les vestiges d'un **vaste bâtiment octogonal,** peut-être la salle du trône ou un mausolée, désigné sous le nom d'**Octogone,** qui fut peut-être transformé ensuite en église (adjonction d'un baptistère).

▣ **Eglise Saint-Georges** (*Haghios Géorgios*; Pl. E-3). — Elle occupe une vaste construction en rotonde qui, semble-t-il, fut construite pour servir de mausolée à l'empereur Galère. Au début du Ve ou du VIe s., elle fut consacrée au culte chrétien et subit de grands remaniements. Le minaret que vous verrez à dr. de l'entrée vous montre qu'elle fut un moment transformée en mosquée (dans le courant du XVIe s.). C'est aujourd'hui un musée.

Visite : A la suite du tremblement de terre subi par la ville et sa région en juin 1978, l'église, légèrement endommagée (écroulement du minaret), est encore (fin 1980) fermée au public.

Le principal remaniement exécuté vers l'an 400 ou 500 consista à agrandir la rotonde d'une profonde abside et à élever un mur enveloppant la construction originale, tandis que le mur de fond de chacune des huit niches du mausolée fut abattu, de manière à former un édifice de plan circulaire à trois nefs, de plus de 54 m de diamètre. Quant à l'entrée principale, elle fut laissée au S., c'est-à-dire en relation avec la voie à portiques qui menait au palais, mais une seconde entrée fut créée à l'O., celle par laquelle vous entrerez.

Lors de la transformation en église, les niches et la coupole furent ornées de ****mosaïques à fond d'or.** Sur la coupole, vous verrez un ensemble de huit panneaux où, sur un fond d'architectures compliquées, empruntées à l'architecture hellénistique, se détachent, au premier plan, des **saints orants** traités dans un esprit et avec un réalisme tout orientaux. Au-dessus, il subsiste quelques vestiges d'un second registre comportant une douzaine de personnages (les apôtres) dont il ne reste que les pieds, et, sous la clé de la coupole, ceux d'une grande figure du Christ, mais vous ne verrez plus que l'auréole, les doigts de la main g. et la croix d'un sceptre, sans compter les visages de trois des quatre anges qui complétaient la composition, probablement en supportant la mandorle où le Christ se tenait debout.

Trois des huit niches ont conservé en partie leur décor de **mosaïque à motifs végétaux et géométriques.** Vers le Xe s., l'abside fut ornée de **fresques** dont il reste quelques traces (Christ entre deux anges, Vierge flanquée de deux anges et les douze apôtres). Cette église remplit sa nouvelle fonction de musée en abritant des sculptures et fragments d'architecture d'églises de la région ; à g. de l'abside, un panneau de **mosaïque à fond d'or** (St André) provient de la métropole de **Serrès.**

Eglise Haghios Pantéléïmon (Pl. D-3). — Construite probablement au XIIIe s., elle intéressera les amateurs de détails pour ses **fresques** du XIVe s. (dans les réduits de part et d'autre de l'abside).

Eglise d'Acheiropoiétos (Haghia Paraskévi) (Pl. D-2). — Après avoir subi de multiples restaurations, cette basilique du Ve s., peut-être construite en l'honneur de la Vierge, vers la fin du Ve s., ne présente plus qu'un intérêt limité. Vous remarquerez cependant les **mosaïques** (Ve s.) qui subsistent sous les arcades des tribunes et du rez-de-chaussée, ainsi que les beaux chapiteaux. Cette église s'élève sur l'emplacement d'une villa romaine dont un fragment de mosaïque, d'un pavement, est visible à l'extrémité du collatéral g. (sous un panneau de bois). Son nom *Acheiropoiétos* (c.-à-d. « qui n'est pas fait de main d'homme ») vient d'une icône miraculeuse qui y était conservée.

Agora (Pl. C-2). — C'est une découverte récente, en plein cœur de la ville. Vous verrez là des vestiges de la place publique hellénistique et surtout romaine et, notamment, d'un **double portique** dont l'un, du côté de la rue Philippou, était aménagé au-dessus d'une galerie souterraine. Depuis la rue qui monte à dr. le long du champ de fouilles vous découvrirez les restes un peu mieux conservés d'un petit **odéon.** Toutes ces constructions datent du Ier s. de notre ère.

*****Eglise Saint-Démètre** (*Haghios Dimitrios* ; Pl. D-2). — Bien que récemment reconstruite à la suite d'un incendie, cette église est, grâce à ses fresques et surtout à ses mosaïques, un monument d'un intérêt exceptionnel.

D'après la légende, l'église s'élève sur le lieu même du martyre de St Démètre, le saint patron de la ville. A l'origine, on trouve un petit sanctuaire et un martyrion consacrés à St Démètre, mis à mort en 303, sous Dioclétien et Galère, dans un bain romain. Ces constructions furent détruites vers le milieu du Ve s. pour faire place à une vaste basilique à cinq nefs et transept dont on retrouve encore le plan dans l'église d'aujourd'hui, en dépit de deux reconstructions, la première dans la deuxième moitié du VIIe s., la seconde après l'incendie qui la détruisit en 1917. On utilisa en cette occasion le maximum d'éléments d'origine et c'est ainsi que l'on remploya certains placages de marbres polychromes, les anciens chapiteaux et la plupart des colonnes de marbre blanc, vert ou rouge de la basilique du VIIe s. L'inégale hauteur de ces colonnes atteste qu'elles proviennent d'édifices antiques.

A l'intérieur, vous remarquerez surtout les ****mosaïques à fond d'or** visibles sur les piliers, de part et d'autre de l'entrée de l'abside. Elles datent, pour la plupart, du VIIe s. Sur le pilier de dr. vous reconnaîtrez, sur trois panneaux, St Démètre et un évêque (Pl. 4), St Serge (Pl. 5) et, enfin St Démètre entre deux personnages (Pl. 6) ; celui de dr. serait le préfet *Léontius* qui bâtit l'église au Ve s. et celui de g. l'évêque qui la fit rebâtir au VIIe s. La mosaïque de St Serge, martyrisé à Rome en 296, est admirable ; le personnage est « somptueusement vêtu d'une tunique blanche brodée d'or et de vert aux poignets et au col ; sa chlamyde blanche à cercles rouges, où des fleurs sont

SAINT DÉMÈTRE

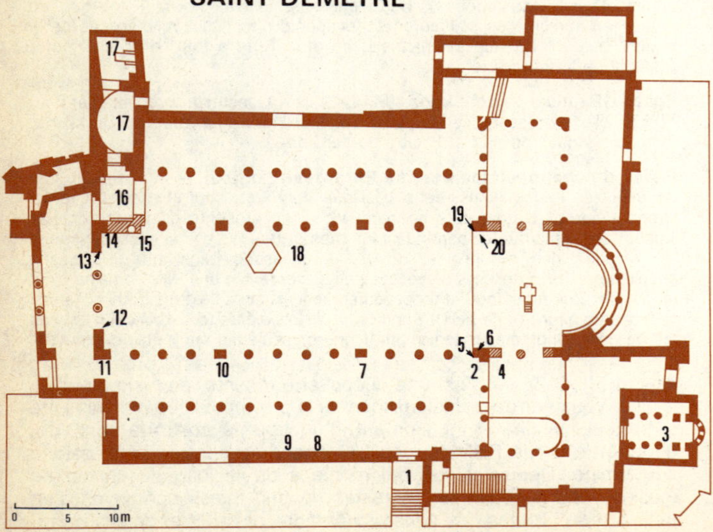

inscrites, possède un large clavus rouge ; il porte au cou un collier d'or et sa tête, très finement modelée, est couronnée de cheveux blonds frisés » *(Ch. Diehl)*. Sur le pilier de g., la mosaïque de St Démètre accompagné de deux enfants (Pl. **19**) date elle aussi du VIIe s., mais celle de la Vierge (et d'un saint ; Pl. **20**) ne serait pas antérieure au XIe ou XIIe s.

Vous verrez encore diverses **peintures murales** dans le double collatéral g., un curieux **calendrier** peint pour les années 1474 à 1493 (Pl. **13** ; il indique la date des fêtes mobiles) sur un piédroit de la porte du narthex et, à côté sur la g. de la nef centrale (Pl. 15), un **sarcophage** florentin de la fin du XVe s. Avant de pénétrer dans une petite chapelle s'ouvrant sur le premier collatéral g., remarquez un **fragment de mosaïque** (Pl. **16** ; St Démètre et des anges) ; la chapelle (Pl. **17**), ornée de **fresques**, aurait abrité la tombe de St Démètre. Par un escalier (Pl. **2**) vous descendrez à la **crypte** qui, à l'origine, n'était pas souterraine, mais se trouvait au contraire de plain-pied avec une rue. Dans la niche médiane, vous verrez l'extrémité d'un tuyau par lequel s'écoulait, dans un bassin et une grande vasque circulaire, l'huile sainte déversée depuis le chœur de la basilique ; on sait que du tombeau de St Démètre coulait une huile sacrée qui était considérée comme un remède souverain contre les maladies et comme talisman. Aujourd'hui, cette crypte est transformée en **musée** (éléments d'architecture, céramique, fragments de mosaïque).
De retour dans la basilique, voyez enfin, dans la chapelle au fond du collatéral dr. (Pl. **3**), des **fresques** exécutées en 1303, par-dessus des peintures du XIIe s.

Eglise du Prophitis Ilias (Pl. D-1). — Cette église appartint à un monastère fondé au XIVe s. peut-être sur l'emplacement d'un palais byzantin. Par son plan triconque, elle s'apparente aux églises du mont Athos. Extérieurement, les trois absides sont ornées de deux rangées d'arcades aveugles d'une grande élégance. Dans le narthex, des **peintures** furent découvertes sous un badigeon appliqué lorsque les Turcs transformèrent l'église en mosquée.

***Eglise de la Panaghia Chalkéon** (Pl. C-2). — Ce sanctuaire consacré à Notre-Dame des Chaudronniers, qu'une inscription permet de dater de 1028, constitue un excellent spécimen du type d'église en croix grecque parvenu à sa perfection (au Xe s.) et qui devait, pour des centaines d'années, devenir le modèle des sanctuaires byzantins. Vous y verrez, dans le narthex et le sanctuaire, de belles **fresques** contemporaines du monument, à l'exception des peintures au-dessus de la porte principale et en dessous du bandeau, qui datent du XIVe s.

***Eglise des Saints-Apôtres** (*Haghii Apostoli* ; Pl. B-1). — Cette très jolie petite église en croix grecque fut construite, entièrement en brique, au début du XIVe s. (1312-1315) par le patriarche de Constantinople *Niphon Ier*. Les murs, et plus particulièrement le chevet à trois absides, offrent, à l'extérieur, **un remarquable décor de briques** disposées en combinaisons très variées (quadrillages, grecques, arcs de cercles, etc.). A l'intérieur, la coupole et les quatre voûtes de la croisée sont ornées de **mosaïques** et les parties basses de **fresques** du XIVe s. Sous l'enduit qui recouvrait la coupole on découvrit une autre **mosaïque** du XIVe s. représentant un buste du *pantocrator*, dont la tête a disparu, et les figures de dix prophètes. Les chapiteaux des quatre colonnes supportant la coupole proviennent sans doute d'une église plus ancienne.

Eglise Haghia Ekatérini (Pl. C-1). — Cette charmante petite église rappelle, par son plan, l'église des Saints-Apôtres ; il semble qu'elle date du XIIIe s. Intérieurement, elle est ornée de **fresques** représentant des scènes de l'Evangile et des figures de saints, tandis que les deux coupoles de l'aile g. sont décorées de **mosaïques** du XIIIe s. (Christ assis dans la mandorle soutenue par des anges et Jésus-Emmanuel qui remplit toute la calotte de la coupole).

2 — La ville haute

Eglise Hosios David (Pl. D/E-1). — Fondée vers la fin du Ve ou au début du VIe s., elle faisait partie d'un monastère et renferme une ***mosaïque de la Vision du prophète Ezéchiel,** contemporaine de la construction de l'édifice. Le Christ, imberbe, siège au sein d'un nuage lumineux entouré des quatre symboles des Evangélistes. On reconnaît les prophètes Ezéchiel, à sa dr., et Habacuc à sa g. A ses pieds s'écoulent les Quatre Fleuves du Paradis, auxquels vient se superposer le Jourdain.

Monastère des Vlattades (Pl. E-1). — Situé presque au pied du rempart, il comprend la petite **église de la Transfiguration du Sauveur**, datée du XIVe s. A dr. du chœur, restes de **fresques** du XIVe s.

Les remparts. — La partie la plus ancienne de l'enceinte de Thessalonique date du milieu du Ve s. de notre ère, mais elle fut établie par endroits sur des fortifications du IIIe s., avec quelques vestiges d'époque hellénistique. Cette enceinte fut remaniée à l'époque byzantine, puis par les Turcs. Elle est renforcée par des tours saillantes, à intervalles irréguliers, et était percée de portes qui ont été détruites peu à peu pour faciliter la circulation (plusieurs d'entre elles, sur le front N., ont été conservées).

En longeant le rempart en direction de l'O., les amateurs de détails pourraient encore voir quelques assises en blocs remployés du **mur romain** entre la **porte d'Eski Délik** (Ve s.) et la **tour de Manuel Paléologue** (Pl. D-1), du XIVe s., où une inscription, en vers, indique le nom des deux fondateurs.

En suivant le pied du rempart, vous passerez devant la **tour de Paléologue** (Pl. E-1), puis devant la **tour d'Andronic II** (Pl. E-1), du XIVe s., avant d'arriver à la **porte d'Anne Paléologue** (Pl. F-1), datée de 1355, qui donne accès à l'acropole.

La tour dite Djinghirli Koulé (Pl. F-1), c'est-à-dire de la Chaîne, est un véritable donjon construit par les Turcs peu après la conquête de la ville (1430) ou encore par les Vénitiens qui avaient occupé Thessalonique de 1423 à 1430.
A peu près à mi-chemin entre cette tour et l'Egnatia Odhos s'élève la **tour d'Hormisdas** (Pl. E-2), construite au milieu du Ve s. par un Perse du nom d'*Hormisdas,* ainsi que l'atteste une inscription de 9 m de long faite en brique.

De là, les amateurs d'art byzantin pourront aller visiter la belle **église Haghios Nicolaos Orphanos** (Pl. E-2 ; expositions temporaires ; ☎ 27-15-55), érigée au XIVe s., qui est entièrement ornée de **fresques** contemporaines de la construction, et l'**église des Taxiarques** (Pl. E-1/2), élevée sans doute au XIVe s. au-dessus d'une crypte à trois nefs utilisée pour l'inhumation des moines du monastère dont ce petit sanctuaire faisait partie. A l'intérieur, les espaces triangulaires à la base du toit étaient décorés de **peintures** représentant la Crucifixion du côté du narthex et l'Ascension du Christ du côté du chœur.

3 — La tour Blanche et le musée archéologique

Tour Blanche (Pl. D-4). — Construite par des Vénitiens au service des Turcs au début du XVe s., elle servit de prison pour les janissaires au XVIIIe s. Après le massacre des janissaires, sur l'ordre du sultan *Mahmut*, elle fut un moment surnommée la tour du Sang. Elle renforçait les défenses du mur maritime démoli en 1866.

Musée archéologique (Pl. E-4). — Situé près du parc de la Foire de Thessalonique, il renferme des antiquités provenant de la Macédoine.

Par suite de la concurrence d'autres musées de la province, l'exposition permanente risquait, jusqu'à un passé récent, de ne pas répondre à l'attente des visiteurs quant à la quantité des œuvres exposées, eu égard à l'importance de la ville (pour acquérir une vision plus complète de l'art ancien en Macédoine, il reste nécessaire de visiter les musées de Pella et de Verria, surtout). Mais depuis août 1978, le musée s'est enrichi des prestigieuses trouvailles de la grande tombe (de Philippe II ?) de Verghina, qui ont fait l'objet de deux expositions successives (1978-1979 et 1980). En outre, un somptueux mobilier funéraire (vases, bijoux en métal précieux) est entré au musée au cours de l'été 1980, provenant de tombes découvertes fortuitement à quelques kilomètres à l'O. de la ville, dans la nécropole de Sindos. Ces dernières trouvailles (en cours de restauration à la fin de 1980) pourraient être exposées, au moins partiellement, dès 1981.

Visite : t.l.j. sauf le mardi, en été de 9 h à 15 h, le dim. de 10 h à 16 h ; en hiver de 9 h à 15 h 30, le dim. de 10 h à 16 h 30 ; accès payant (☎ 83-05-38).

Actuellement, le musée est donc en voie de réorganisation. Deux nouvelles salles superposées, ouvertes en 1980 dans la partie S. du musée pour abriter l'exposition consacrée à Alexandre le Grand, qui reprenait la majeure partie du riche matériel présenté dès 1978 (en particulier les trouvailles de Verghina), ont toutes chances de continuer à abriter ces trésors de la Macédoine classique et hellénistique ; il est malheureusement impossible de dire actuellement quel sera l'ordre de présentation définitif. Les salles situées au rez-de-chaussée du musée, autour de la cour centrale, étaient fermées en 1980 (après avoir abrité l'exposition de 1978-1979). Il est probable qu'on y exposera à nouveau, comme avant 1978, des céramiques et des objets d'art mineur de diverses époques (en particulier les vases trouvés à Olynthe). Peut-être aussi présentera-t-on là les découvertes de Sindos. Étant donné toutes ces incertitudes, il n'est pas possible de décrire systématiquement tout le musée à l'heure actuelle (fin 1980). Il est cependant probable que certaines salles ne seront pas modifiées ; nous commencerons donc par elles.

Salles normalement ouvertes en 1980. — L'exposition commence dès le hall d'entrée où vous verrez, à g., des **fragments d'architecture** (dont trois beaux chapiteaux) d'un temple ionique de Thessalonique datant primitivement de la fin du VIe s. av. J.-C. et reconstruit vers la fin de l'époque hellénistique ; à dr., une belle **arche de marbre** au décor très finement sculpté provient de la zone du palais de Galère (début du IVe s. apr. J.-C.).

Vous monterez quelques marches à g. pour accéder aux cinq salles réservées à la sculpture ; vous y verrez des œuvres classées dans l'ordre chronologique depuis la période archaïque jusqu'au IVe s. de notre ère. Dans la première salle, vous remarquerez, outre un **couros** et une **coré** acéphales de la fin de l'archaïsme et quelques **reliefs funéraires** d'époque classique, une copie romaine (832) d'une statue de *Phidias* dite *Artémis Aricia*, des fragments d'une statue colossale d'Athéna, du type Médicis (travail romain du IIe s. apr. J.-C. d'après un original attribué à Phidias), une gracieuse copie romaine (831) de l'Aphrodite du type dit « de Fréjus », dont le prototype remonte à la fin du Ve s. av. J.-C., ainsi qu'une tête de Sarapis (897), copie romaine d'une œuvre fameuse de *Bryaxis* (IVe s. av. J.-C.). Dans la deuxième salle, un relief funéraire de la première moitié du Ier s. av. J.-C. porte la signature du sculpteur *Evandros*, fils d'Evandros, de Verria. Dans la troisième salle sont exposées plusieurs jolies ***mosaïques d'époque romaine**, dont un ensemble provenant d'une maison de Thessalonique et comprenant trois panneaux à représentation mythologique : Dionysos découvrant Ariane, Zeus (sous forme d'aigle) enlevant Ganymède, Apollon poursuivant Daphné (?) (1re moitié du IIIe s. apr. J.-C.).

La quatrième et la cinquième salles contiennent surtout des **statues-portraits** d'époque romaine dont une, en marbre, de l'empereur Auguste (27 av.-14 apr. J.-C.) et une belle tête en bronze de l'empereur Alexandre Sévère (222-235 apr. J.-C.).

Les « ***trésors de la Macédoine ancienne ». — Dans l'état actuel des choses (fin 1980), il est impossible de dire comment et où exactement sera exposé le magnifique **ensemble**, maintenant conservé au musée, **d'offrandes découvertes dans des tombes macédoniennes** datant pour la plupart du IVe s. av. J.-C. ou de l'époque hellénistique, en particulier le riche matériel trouvé en 1977 dans les « tombes royales » de Verghina (V. p. 842) et celui trouvé, il y a un peu plus longtemps, à Dervéni.

En attendant de pouvoir présenter les objets conformément à leur ordre d'exposition définitif, on se contentera de proposer une description rapide des pièces les plus remarquables.

Du **tumulus de Verghina**, fouillé par le professeur *M. Andronikos*, vous verrez avant tout les éblouissantes trouvailles de la « **tombe royale** » et de son antichambre : ****larnax (coffre) en or** (poids : 8,240 kg) orné sur le dessus d'une étoile à douze branches et sur les parois latérales de rosettes, qui contenait les os du personnage inhumé dans le sarcophage de l'antichambre de la tombe ; **diadème en or** qui l'accompagnait ; magnifiques *****plaques d'or** décorées en relief (principalement scènes de batailles, sans doute le sac de la ville de Troie) sur deux registres et qui servaient de revêtement à un *goryte* (carquois) ; **collier en or** et **paire de cnémides en bronze doré** ; ***couronne de feuilles et de fleurs de myrte** et ornements divers (dont trois frappés de l'étoile, emblème des souverains de Macédoine), découverts eux aussi dans le vestibule de la tombe ; le matériel de la chambre funéraire proprement dite : **cuirasse en lames de fer articulées**, avec ornements d'applique en or décorés de palmettes et de lotus ; **épée** en fer à manche incrusté d'or et d'ivoire, et collier de la cuirasse ; ensemble exceptionnel de ****vases en argent** et curieux vase en céramique polychrome ; somptueux ***larnax en or massif** (poids 10,800 kg) orné sur le dessus d'une étoile à seize branches et, sur les parois latérales, de rosettes et d'un riche décor floral ; ce coffre contenait des ossements calcinés et colorés de pourpre, ainsi qu'une ***couronne d'or** faite de feuilles de chêne et de glands d'une finesse exceptionnelle ; vases, armes et trépied en bronze ; vases en céramique précieux pour la datation de la tombe ; **diadème en argent doré** et cinq petites **têtes portraits en ivoire**, sculptées avec une extrême minutie et dans lesquelles M. Andronikos suggère de reconnaître des membres de la famille royale macédonienne dont Philippe II, barbu, son fils Alexandre et son épouse Olympias.

Le matériel de la tombe III de Verghina, découverte en 1978, est un peu moins riche. Il comprend cependant deux **couronnes en or**, plusieurs **vases en argent**, une paire de cnémides, des strigiles et des pointes de lances en bronze. Des tombes de Verghina proviennent enfin plusieurs **stèles funéraires peintes** du IVe s. av. J.-C.

Vous pourrez aussi admirer la splendide collection d'offrandes qui constituait jusqu'en 1978 le joyau du musée : **vases en bronze et en argent, bijoux en or, terres cuites** découverts à Dervéni, au N. de Thessalonique, dans des tombes de la deuxième moitié du IVe s. av. J.-C. Vous remarquerez surtout un grand ****cratère en bronze doré avec incrustations d'argent**, orné et même surchargé de motifs travaillés au repoussé auxquels s'ajoutent des figures d'applique sur l'épaule.

Autres objets (en particulier, céramique). — Il est probable que seront exposés à nouveau les nombreux **vases** préhistoriques, archaïques et classiques qui, avant l'exposition de 1978, étaient présentés dans les salles entourant, au rez-de-chaussée, la cour centrale du musée.

Depuis la tour Blanche, vous réaliserez, en fin de soirée, une agréable promenade sur le front de mer en suivant la **léoforos Vasiléos Constantinou** jusqu'à la **place Elefthérias** (Pl. B-3) qui a livré les restes d'un petit **odéon romain** probablement élevé au temps de la Tétrarchie (l'Empire romain était alors gouverné par deux Augustes et deux Césars), c'est-à-dire à la fin du IIIe ou au début du IVe s.

Dans le quartier moderne de l'E. de la ville, à l'angle de l'avenue Vas. Olgas (no 68) et de la rue Anaktoron (hors-plan), vous pourriez visiter un intéressant ***musée folklorique**, avec une très séduisante collection de costumes et de bijoux macédoniens.

Visite : t.l.j. sauf mardi, de 9 h 30 à 14 h ; entrée gratuite (☎ 83-05-91).

Environs de Thessalonique

1 — Panorama (9 km). — Sortez par la route de Polyghyros (Pl. E-4).
4 km : Tournez à g. dans la rue 25 (Ikossipendé) Martiou. — 5 km : Bifurquez à dr. dans la rue Anatolikis Thrakis, puis à g. (en face d'une station Shell).
9 km : **Panorama**, banlieue résidentielle de Thessalonique, au flanc du **mont Chortiatis** (1 201 m) ; de Panorama (alt. 350 m), l'ascension exige env. 2 h.

2 — Circuit en Chalcidique ♦ (289 km).
Cette promenade d'une journée qui vous permettra surtout d'effectuer le tour de la **presqu'île de Cassandra** vous conduira vers des plages et des stations balnéaires qui sont l'une des dernières conquêtes du tourisme en Grèce. A l'exception des ruines d'Olynthe, qui susciteront surtout l'intérêt des amateurs d'archéologie, ce circuit ne vous offrira que les paysages de la presqu'île de Cassandra, une terre vierge, ou presque, il y a quelques années, mais aujourd'hui un peu gâtée par quelques petites cités-dortoirs pour touristes. Les côtes sont assez belles et la campagne de la presqu'île de Cassandra est

formée de vallonnements couverts de champs de blé, d'oliviers et, vers l'extrémité, de véritables forêts de pins.

Sortez de Thessalonique par la route de Polyghyros (Pl. E-4).
12 km ; Laissez à g. la route de Polyghyros et de l'Haghion Oros (mont Athos).

17,5 km ; Prenez à g. vers Cassandra.

Tout droit, la route conduit à **Epanomi** et à (7 km) la plage d'**Haghia Trias,** à l'entrée du golfe Thermaïque (pour la plage, n'oubliez pas de quitter la route d'Epanomi pour prendre à dr. peu après la bifurcation du km 17,5).

Hôtels :
¶¶ *Sun Beach* (☎ 51-221) 105 ch. ouv. mai-oct.
¶ *Galaxy* (☎ 22-291) 80 ch. night-club.

Campings :
Akti Thermaïkou (☎ 51-360) 1 800 pers., 540 voit., 60 caravanes ; sur la plage.
Epanomi (☎ 41-378) 3 000 pers., 300 voit., 250 caravanes sur la plage ; ouv. juil. oct.

69 km : A dr., **Néa Moudania,** une plage très populaire, dans un site assez peu flatteur (police touristique ☎ 21-370).

70 km : Laissez à g. la route de Polyghyros, sauf si vous voulez gagner directement le site d'Olynthe ou les plages de Ghérakini et d'Ormylia (V. ci-après au km 193).

76 km : Pont sur le **canal de Potidée** percé à travers l'isthme de la **presqu'île de Cassandra** (ancienne *presqu'île de Pallène) ;* le village de **Néa Potidéa** occupe en partie le site de l'antique *Potidée,* ville fondée vers la fin du VIe s. par Corinthe, dont il ne subsiste que quelques tronçons de remparts.

Durant les guerres Médiques, Potidée fut ravagée par Xerxès, puis devint tributaire d'Athènes, contre laquelle elle se souleva durant la guerre du Péloponnèse. Un long siège, de 432 à 429, vint à bout de la résistance de ses habitants qui furent remplacés par des colons athéniens. Ce fut à l'origine de nombreux démêlés avec la ville voisine d'Olynthe, qui l'occupa en 382, en fut chassée par Athènes en 364 et enfin attribuée à nouveau à Olynthe par Philippe II de Macédoine en 356. Mais la ville était détruite et fut rebâtie par Cassandre qui lui donna le nom de Cassandreia. *Elle devint alors une ville très prospère et put repousser une flotte romaine lors de la guerre avec Persée. Elle fut entièrement détruite par les Huns.*

85,5 km : A dr. à 9 km, plage de Sani.

Hôtel :
¶¶¶ *Kassandra Sani Beach* (☎ 31-221) 250 ch. night-club ; ouv. mai-oct.

Camping :
Sani (☎ 31-223) 1 000 pers., 300 voit., 100 caravanes sur la plage ; ouv. mai-sept.

94 km : **Kallithéa,** station balnéaire, assez étendue, entre une plage et des pinèdes.

Hôtels :
¶¶¶ *Athos Palace* (☎ 22-100) 600 ch.
¶¶¶ *Pallini Beach* à 2,5 km vers Paliouri (☎ 22-480 ; 216-669 à Athènes) 495 ch. et bungalows night-club, port de yachting ; ouv. avril-oct.
¶¶ *Ammon Zeus* (☎ 22-356) 112 ch. ouv. avril-oct.

A Kallithéa, vous laisserez une route à dr. pour Cassandra et Possidion, où vous passerez après avoir bouclé la boucle de la presqu'île de Cassandra, à moins que vous ne vouliez gagner directement Kalandra (V. ci-après en sens inverse à partir du km 169).

99 km : **Kryopigi.**

Camping :
Kryopigi (✆ 21-321) 450 pers., 90 voit., 18 caravanes ✂ sur la plage ; ouv. avril-oct.

109 km : **Hamiotis.**

Hôtel :
¶¶ *Albatros* (✆ 51-235) 179 ch. ✂ P ouv. avril-oct.

112 km : Kapsochora, près du site de l'ancienne *Aigai.*
123 km : **Paliouri,** l'un des rares villages de la presqu'île de Cassandra.

Hôtel :

¶¶¶ *Xénia,* à 2,5 km vers Kallithéa (✆ 92-277) 72 ch. ✂ P dans un site très agréable, isolé près d'une baie sablonneuse, à la lisière d'une pinède ; ouv. mai-sept.

Camping :
Paliouri (✆ 922-06) 650 pers., 400 voit., 80 caravanes ; sur la plage ; ouv. avril-oct.

129 km : **Haghia Paraskévi.**

Hôtel :
¶¶ *Aphrodite,* à 4 km vers Haghios Nicolaos (✆ 71-228) 24 ch. ✂ P sur une hauteur dominant la mer ; ouv. avril-sept.

138 km : Néa Skioni, près du site de l'antique *Skioni.*
150 km : **Kalandra,** station balnéaire, encore bien modeste, près du site de l'antique *Mendé.*

Hôtel :
¶¶¶ *Mendi* (✆ 41-323) 174 ch. ✂ G P night-club ; ouv. mai-sept.

Camping :
Possidi (à 2 km ; ✆ 41-345) 500 pers., 90 voit., 32 caravanes ✂ sur la plage ; ouv. avril-oct.

154 km : Plage de Fourka.
164 km : Cassandra.
169 km : Retour à Kallithéa (km 94, ci-dessus).
193 km : Retour à la bifurcation du km 70 ; prenez vers Polyghyros.
198,5 km : A g., à 3 km, **Néa Olynthos,** près du site de l'antique *Olynthe,* où une mission archéologique américaine mit au jour quelques vestiges d'un mur d'enceinte et de plusieurs quartiers de la ville antique située sur un long éperon dominant la plaine.

Olynthe était une ville qui appartint d'abord aux Béotiens, mais au cours des guerres Médiques elle fut ravagée par les Perses et abandonnée aux Chalcidiens. Elle fut peuplée en 423 de colons athéniens de Chalcidique avec l'autorisation du roi de Macédoine, Perdiccas II. Elle se brouilla avec Athènes, fut assiégée par les Spartiates en 383-379, puis Démosthène la réconcilia avec Athènes qui lui envoya des troupes pour qu'elle se défende contre Philippe II de Macédoine, mais celui-ci la détruisit en 348. Elle ne fut plus jamais reconstruite. Le principal intérêt des fouilles exécutées en 1928-1938 fut de nous renseigner sur l'architecture domestique grecque à une époque plus ancienne qu'à Délos, mais aujourd'hui c'est à peine si l'on reconnaît le tracé des rues.

Au-delà de la plage de Ghérakini, la route dessert (8 km) la **plage d'Ormylia** puis parcourt la **presqu'île de Sithonia**, où d'importants aménagements touristiques sont en cours, notamment à **Néos Marmaras** et **Porto Caras** (43 km de Ghérakini).
A une dizaine de kilomètres au S. de Néos Marmaras, les amateurs d'archéologie pourront parcourir le site de l'ancienne *Toroné*, remarquablement situé sur une éminence dominant la mer et entouré d'un rempart mentionné plusieurs fois par *Thucydide*. Des fouilles entreprises en 1975 ont déjà permis d'établir que le site, partiellement occupé dès le IIIe millénaire av. J.-C., avait été fortifié par les colons chalcidiens au VIIIe ou au VIIe s. av. J.-C., cette première enceinte ayant été étendue vers l'E. et le S. à l'époque classique.

Hôtel :
¶¶ *Village Inn*, sur la plage de Néos Marmaras (☎ 71-380) 89 ch.

221 km : **Polyghyros**, chef-lieu du nome de Chalcidique et bourgade assez modeste, mais qui a du caractère ; petit **musée** archéologique.
213 km : Route à dr. pour Hiérissos (V. env. de Thessalonique, 3, au km 58).
277 km : Retour à la bifurcation du km 12.
289 km : **Thessalonique.**

3 — De Thessalonique à Ouranopolis (vers le **mont Athos, 157 km**). — Sortez par la route de Polyghyros.
12 km : Laissez à dr. la route de Cassandra (V. env. de Thessalonique, 2, au km 12). Par une route très sinueuse mais pittoresque qui passe par le **mont Cholomon,** vous parcourrez la Chalcidique.
58 km : Route à dr. pour Polyghyros (V. env. de Thessalonique, 2, en sens inverse à partir du km 231). Vous traverserez ensuite les jolis villages d'**Arnea** (vins et fruits) et de **Stagira**, patrie du philosophe *Aristote* (petit monument moderne à dr. de la route).
115 km : **Stratonion** (route à g. pour Stavros, à **33** km, près de la route de Thessalonique à Kavalla).
142 km : **Hiérissos,** l'ancienne *Acanthos,* petit port où subsistent encore quelques restes des murailles de la ville antique et des blocs de remploi dans la petite **chapelle byzantine du kastro médiéval.**

Hôtel :
¶¶ *Mount Athos* (☎ 22-225) 45 ch. ouv. juin-sept.

157 km : **Ouranopolis,** port d'où l'on s'embarque généralement à destination de Daphni, point d'accès au ***mont Athos ♦.

Hôtels :
¶¶¶ *Eagles Palace,* à Ouranopolis (☎ 71-250 ; à Athènes, 3, rue Alckimachou, ☎ 21-92-16) 160 ch. et 15 bungalows ouv. avril-oct.
¶¶ *Xénia* (☎ 71-202) 42 ch. et bungalows ouv. mai-sept.

4 — Langadas (21 km ; sortir par la route de Serrès), grosse bourgade située près d'une source thermale où vous pourrez assister, le 21 mai (fête des saints Constantin et Hélène), à une cérémonie extraordinaire : des gens du village, selon un très vieux rite, dansent pieds nus sur des charbons ardents en présentant de très anciennes icônes. Au cours de la même fête, un bœuf est sacrifié. L'origine de cette coutume remonte à 1250, lorsque l'église du village de Kosti (auj. en Bulgarie et d'où viennent de nombreux habitants de Langadas) fut détruite par un incendie et les icônes sauvées par les villageois se lançant dans les flammes.

Thrace [La]

Carte-itinéraire 14.

Partagée entre la Grèce et la Turquie, la Thrace (360 000 hab.) s'étend sur les flancs S.-E. du Rhodope et sur une région de collines arides, entrecoupée de plaines, parfois marécageuses (env. de Porto Lago), et forme les nomes du Rhodope, de Xanthi et d'Evros. Au large de ses côtes, Thasos et Samothrace, la plus élevée des îles de l'Egée (1 586 m), sont deux fragments insulaires du socle continental. Les steppes thraces, longtemps parcourues en hiver par des troupeaux transhumants, tendent à trouver une vocation agricole grâce aux travaux persévérants des réfugiés d'Asie Mineure et de Thrace orientale. Thasos ♦, réputée dans l'Antiquité pour ses mines d'or, son marbre et son vin, passe pour être la plus fertile des îles de la mer Egée avec ses olivettes, ses jardins et ses grandes forêts, en particulier de pins, qui fournissent à profusion bois de chauffage et de construction.

L'occupation humaine est attestée en Thrace depuis l'époque paléolithique (traces dans la région de l'Hèbre ou Evros, fleuve qui sépare actuellement la Grèce de la Turquie) et surtout depuis la période néolithique (4500-3000 av. J.-C.), où l'homme commença à vivre dans des localités permanentes, à cultiver la terre et à domestiquer les bêtes : plusieurs trouvailles explicitent le mode de vie, l'habitat, les outils et les ustensiles qu'utilisaient les Thraces d'alors (tumulus de Paradimi et de Lafrouda, cavernes de Maronïa, Strymi, Makri et de Haghii Théodori). Avec le passage à l'âge du bronze (3000-1000 av. J.-C.), puis à l'âge du fer, la Thrace entre dans un stade culturel nouveau, en liaison étroite avec la péninsule des Balkans et l'Asie Mineure ; des vestiges du XIIIe s. av. J.-C. montrent qu'il y avait à cette époque-là des ensembles de maisons, circulaires ou rectangulaires, entourés de fortifications ; et dès le début du Ier millénaire, la Thrace joue un rôle important dans l'élaboration de la mythologie grecque, en particulier dans le domaine de la tradition poétique et musicale : *Eumolpe* et *Orphée* sont originaires de Thrace.

Au VIIe s. av. J.-C., des colons venus de Grèce centrale et des îles de l'Egée fondèrent à Thasos et le long du littoral de la Thrace plusieurs villes qui devinrent vite des Etats indépendants et puissants, en relations commerciales et culturelles étroites avec les indigènes, mais souvent aux prises avec eux. Ces relations se maintinrent jusqu'au temps où la conquête romaine supprima les Etats indépendants et aboutit à faire enraciner la civilisation grecque sur le territoire tout entier.

Durant la période paléochrétienne (IVe-VIe s. apr. J.-C.), la Thrace fut une région géographiquement et historiquement uniforme. En raison de sa place entre la capitale, Constantinople, et la seconde ville, Thessalonique, de l'Empire byzantin, elle joua un rôle très important dans le développement de celui-ci. Une série de villes byzantines situées soit le long du littoral, soit sur l'artère centrale de cette époque, la *via Egnatia* qui reliait la mer Adriatique à Constantinople, furent les centres administratifs, financiers et culturels de la région, capables de faire rayonner la civilisation byzantine jusqu'au cœur même de la péninsule balkanique ; et la région de l'Hèbre, en particulier, sous l'influence immédiate de Constantinople, est la seule partie du territoire grec qui possède des monuments d'art constantinopolitain pur.

Tilos [Ile de]

59 km²; 1 000 habitants.

La rareté des bateaux qui touchent cette île du Dodécanèse sera pour vous un gage de tranquillité si toutefois vous êtes prêt à accepter l'inconfort (relatif) du logement chez l'habitant.

Vous débarquerez à **Livadia**, le chef-lieu, d'où vous partirez à la découverte du château vénitien de (11 km) **Mégalochoria**, aujourd'hui en ruine, et de l'église de ce village édifié sur le site de l'ancienne *Télos*. L'île de Tilos renferme de nombreuses églises byzantines.

Bateaux : 2 fois par sem. sur la ligne Le Pirée-Rhodes par Patmos, Léros, Kalimnos, Cos et Nisyros.

Tinos [Ile de]★

195 km²; 10 000 habitants.

Ile sainte de l'orthodoxie grecque en même temps que la plus catholique des Cyclades, Tinos attire les foules lors des innombrables fêtes de la Vierge que l'on y célèbre. A ces moments comme lors des week-ends, elle n'est qu'un grand centre de pèlerinage où se loger devient problématique. Assez injustement, Tinos est par ailleurs un peu délaissée par les étrangers, alors que la beauté paisible de ses campagnes et de ses côtes mérite davantage qu'un simple coup d'œil depuis le pont des bateaux filant vers Mikonos, sa voisine.

La plus catholique des Cyclades. — *Cette île colonisée par les Ioniens dès le Xe s. av. J.-C. possédait un sanctuaire fameux consacré à Poséidon et à Amphitrite. Conquise en 1207 par Andrea Ghizzi, elle resta au pouvoir de Venise pendant plus de cinq siècles. Cette longue domination en fit la plus catholique des Cyclades. Les Turcs l'occupèrent en 1714, jusqu'à l'insurrection de 1821. Les catholiques, qui ne prirent pas part à la guerre d'Indépendance, se retirèrent à Xynara, où ils conservent leurs églises, des couvents et des écoles. En 1822, la découverte d'une icône de la Vierge fit de Tinos un lieu de pèlerinage orthodoxe très fameux en Grèce.*

Indicatif téléphonique : 0283.

Police touristique : en été, place Elefthérias (☎ 22-255).

Hôtels :

¶¶¶ *P. L. M. Tinos Beach* (☎ 226-26) 180 ch. night-club, sauna; ouv. avril-oct.

¶¶ *Théoxénia* (☎ 222-74) 31 ch. ouv. mars-oct.

¶¶ *Tinion* (☎ 222-61) 25 ch. ouv. avril-oct.

¶ *Delfinia* (☎ 222-89) 38 ch.

¶ *Meltemi* (☎ 228-81) 43 ch.

Bateaux : plusieurs fois par jour au départ du Pirée en 4 h 30 à 7 h 30.

Le chef-lieu, **Tinos**, est une jolie bourgade, aux rues dallées de marbre, aux maisons d'une blancheur étincelante, dominée par l'**église de la Panaghia Evanghélistria** *(de l'Annonciation)*, centre de pèlerinage les 25 mars et 15 août. A l'intérieur, elle offre l'aspect traditionnel des sanctuaires orthodoxes avec une profusion de dorures, d'ornements, d'ex-voto, etc., qui lui donnent beaucoup de charme. En ville, vous visiterez encore un petit **musée d'antiquités**, enrichi par des trouvailles effectuées dans l'île lors des fouilles du sanctuaire de Poséidon et d'Amphitrite et de l'ancienne Tinos.

L'*Ecole française d'Athènes* a repris en 1973 les fouilles du **sanctuaire de Poséidon et d'Amphitrite**, au lieu-dit **Kiona**, à 2,5 km du port actuel, en bord de mer. Dans ce sanctuaire fondé à la fin du IVe s. av. J.-C., on peut voir les vestiges d'un **temple**, d'un **autel monumental** et d'une **exèdre-fontaine**; le long du rivage, un **portique double** de 170 m de long servait de refuge aux pèlerins. En avant du portique, au N., avait été aménagée une salle de restaurant et des cuisines. Ces bâtiments se répartissent entre deux grands programmes de construction, le premier au IIIe s. av. J.-C., le second au milieu du IIe s. Ruiné par les pirates, comme Délos, au milieu du Ier s. av. J.-C., le sanctuaire fut réoccupé par les Romains qui y construisirent des thermes au IIe s. apr. J.-C.

Tinos compte près de 60 villages, pour la plupart situés à l'intérieur de l'île, sur les montagnes. Vous visiterez les villages de **Xynara**, résidence de l'archevêque catholique, près d'une **forteresse** bâtie par les Vénitiens pour défendre la capitale de l'île sous leur domination, et de (17 km) **Komi**, près de la capitale antique, dont quelques vestiges (enceinte, sanctuaire du VIIIe s. av. J.-C.) ont été exhumés sur les flancs de la colline de **Xombourgo**, mais vous irez voir surtout la (34 km) ***plage de Panormos** par une route d'où vous découvrirez de nombreux pigeonniers, dont certains ont dû être construits au temps des Vénitiens. Chemin faisant, vous passerez par (25 km) **Ysternia**, où une église a ses coupoles revêtues de faïence.

T Tirynthe**

Cartes-itinéraires 6 et 7. — Argos, 7 km. — Mycènes, 20 km. — Nauplie, 5 km.

Sans doute parce que le visiteur ne les découvre qu'en arrivant à leur pied, les murailles de Tirynthe, bien que dans un cadre moins exceptionnel, étonnent encore plus que celles de Mycènes; et Pausanias, ce géographe grec du IIe s. de notre ère, en attribuait la construction aux Cyclopes eux-mêmes, entérinant ainsi la légende. Murailles cyclopéennes, donc, pour cet imposant chef-d'œuvre de l'architecture militaire dont les fouilles se poursuivent encore.

Un travail de Cyclopes. — *Un tel amoncellement de blocs énormes ne pouvait tenir que du prodige, aussi la légende devait-elle intervenir pour l'expliquer. C'est ainsi que Tirynthe aurait été fondée par Prœtos, un frère d'un roi d'Argos, Acrisios, avec l'aide de Cyclopes lyciens qui, s'ils étaient borgnes, n'en étaient pas moins très forts.*

Encore des travaux d'Hercule. — *Prœtos eut pour successeurs Persée, Amphitryon et un certain Eurysthée qui fut à l'origine d'autres travaux de force : ... ceux d'Héraclès (Hercule). On sait comment ce héros, après avoir fait périr les enfants qu'il avait eus de Mégara, dut, pour se purifier, se mettre au service d'Eurysthée pendant douze ans. Dans l'espoir de se débarrasser de ce trop valeureux serviteur, Eurysthée imagina de lui*

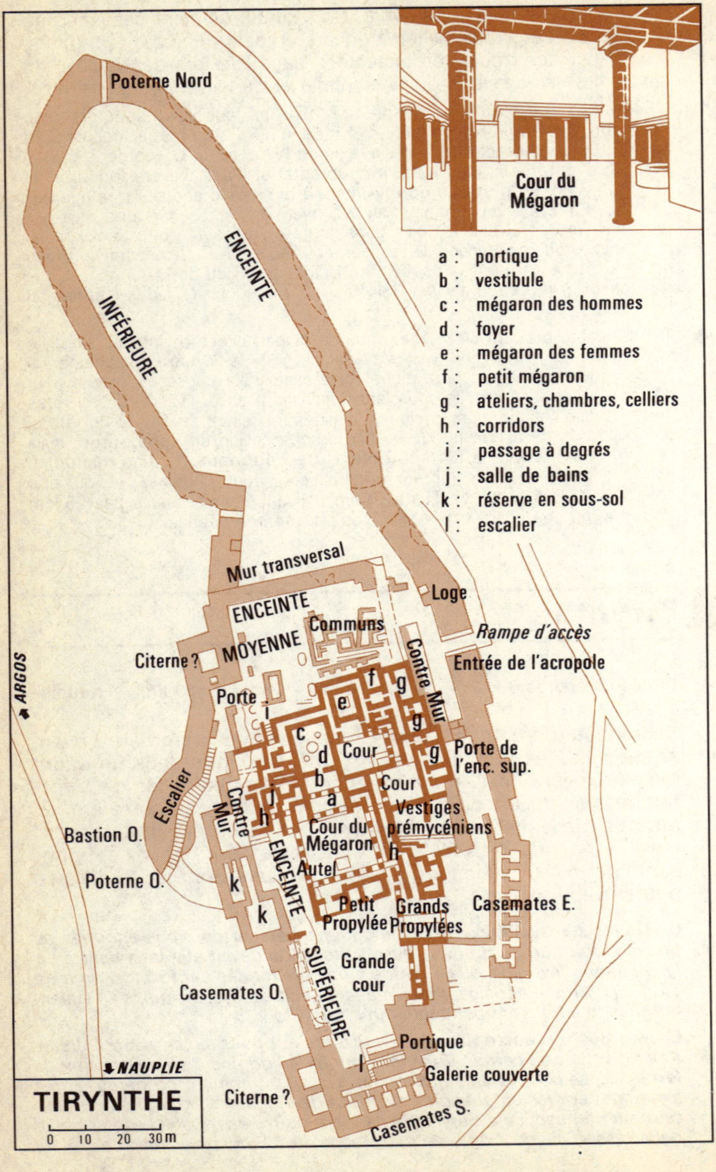
Cour du Mégaron
a : portique
b : vestibule
c : mégaron des hommes
d : foyer
e : mégaron des femmes
f : petit mégaron
g : ateliers, chambres, celliers
h : corridors
i : passage à degrés
j : salle de bains
k : réserve en sous-sol
l : escalier
Poterne Nord
ENCEINTE
INFÉRIEURE
Mur transversal
Loge
ENCEINTE
MOYENNE
Communs
Rampe d'accès
Contre Mur
Entrée de l'acropole
Citerne ?
ARGOS
Porte
Cour
Porte de l'enc. sup.
Cour
Vestiges prémycéniens
Escalier
Contre Mur
Cour du Mégaron
Bastion O.
Autel
Poterne O.
ENCEINTE
Petit Propylée
Grands Propylées
Casemates E.
SUPÉRIEURE
Grande cour
Casemates O.
Portique
NAUPLIE
Galerie couverte
TIRYNTHE
Citerne ?
Casemates S.
0 10 20 30 m

confier l'exécution de douze travaux, qu'il jugeait probablement impossibles. Pourtant, le héros acquit une réputation de redresseur de torts en triomphant de toutes ces épreuves.

Une autre invention de Schliemann. — *Sans être aussi prolixe, l'archéologie apporte elle aussi sa contribution à la connaissance du site. Schliemann, tout auréolé de sa prodigieuse découverte de cette Mycènes qu'on avait pu croire mythique ou née de l'imagination d'Homère, y effectua en 1884 les premières fouilles, en compagnie de Dorpfeld. Reprises en 1926-1927 et plus récemment, elles ont permis de fixer la chronologie du site. Il fut habité dès l'helladique ancien (IIIe millénaire av. J.-C.) et comportait déjà un palais, de plan circulaire, qui mesurait 28 m de diamètre. Le pourtour de la butte fut fortifié durant l'helladique moyen (2000-1600 av. J.-C.) et le quartier de maisons débordait sur la plaine, au S. Au XVIe s., les fortifications furent remaniées. Il y eut sans doute un palais, mais les aménagements ultérieurs le firent disparaître, sauf quelques restes de stuc.*

Les Cyclopes à l'œuvre. — *Enfin, vers 1400 av. J.-C., les remparts que vous voyez aujourd'hui furent construits, sinon par des Cyclopes lyciens de légende, du moins par d'anonymes tâcherons, sans doute esclaves ou sujets des rois de Tirynthe. Ce fut certainement un travail de longue haleine et des remaniements furent entrepris, notamment sur les fronts E. et S., entre 1350 et 1250. C'est de cette époque que datent ces extraordinaires casemates, nichées au sein de la muraille, ainsi que l'enceinte inférieure et la grande porte. Le palais ne fut pas négligé et, vers 1200, donc peu avant l'invasion dorienne qui fit disparaître la civilisation mycénienne, il fut rebâti ou remanié tel que vous en verrez le plan aujourd'hui.*
Après la destruction du palais, Tirynthe eut encore une histoire, bien modeste, celle de sa rivalité avec Argos. Elle participa à la bataille de Platées, en 479, malgré l'hostilité de sa voisine qui finit par la vaincre en 468 av. J.-C.

Visite : t.l.j., en été de 8 h 30 à 12 h 30 et de 16 h à 18 h, le dim. de 9 h à 15 h ; en hiver, de 9 h à 13 h 30 et de 16 h à 18 h, le dim. de 10 h à 16 h 30 ; accès payant.

Entrée de l'acropole. — Une rampe large de 4,60 m, par conséquent praticable aux chars, y donne accès. En haut, vous arriverez à l'entrée principale, dominée par deux renforcements du rempart qui, en cet endroit, n'atteint pas moins de 7,50 m d'épaisseur.

****Enceinte.** — Elle repose sur la crête d'un mamelon rocheux qui s'abaisse du S. (où se trouve le palais) vers le N. Les murs sont bâtis en **appareil cyclopéen** à l'aide de blocs irréguliers **(les plus gros pèsent environ 13 t)**, à peine dégrossis et façonnés au marteau. D'autres parties, à l'O., présentent un appareil plus soigné, avec des assises plus régulières, des joints plus serrés et un parement extérieur. L'épaisseur du mur varie entre 7 et 10 m. Il forme des saillants, des demi-lunes, des bastions à casemates dont l'épaisseur, au S., atteint 17,50 m. La crête, sans doute crénelée, était en brique crue.

Porte de l'enceinte supérieure. — Dans le passage compris, à g., entre le rempart extérieur et l'enceinte du palais, s'ouvre une porte, sans doute semblable à la porte des Lions de Mycènes, dont elle a les dimensions.

Remarquez, dans le seuil monolithique, les trous des gonds des vantaux et, dans les pieds-droits en brèche, les trous où s'enfonçait la barre de fermeture logée dans le mur à g.

Grands propylées. — Vous traverserez une terrasse autrefois bordée d'une sorte de *loggia*, en bois, au-dessus de **casemates** qui servaient de magasins en temps de paix et d'abris en temps de guerre. Le parement extérieur du rempart s'est effondré, laissant béantes les six casemates, mais elles étaient enfermées dans la masse du mur. Les **grands propylées**, dont le seuil est formé par une dalle bleue, formaient l'entrée d'honneur du palais. Un couloir, à dr., menait au **gynécée**.

Grande cour. — Elle était entourée par le rempart, sur trois côtés, et par le palais, à dr. A g., à l'extrémité S., cinq **casemates** sont comprises dans l'épaisseur de la muraille ; elles étaient desservies par une galerie dont le sol est à 7 m en dessous de la cour.

Palais. — Il n'en reste plus guère que les fondations. Il s'ouvrait par un **petit propylée** qui menait à une petite cour intérieure, dont le sol est encore revêtu de ciment. A dr. de l'entrée, un massif carré de maçonnerie représente l'**autel royal** avec sa fosse à sacrifices. A dr. et à g. de la cour s'alignaient deux portiques et des salles sans doute réservées aux visiteurs et aux serviteurs. En face s'ouvrait le palais proprement dit ; sa pièce principale, ou **mégaron**, était précédée d'un petit portique et d'un vestibule ; au centre se trouvait le **foyer**, massif rond de 3,30 m de diamètre, entre quatre colonnes de bois sur base de pierre qui soutenaient le plafond. Le palais comprenait également une **salle de bains** (Pl. j).
Le quartier des femmes ou **gynécée** comportait lui aussi un mégaron (Pl. e) s'ouvrant sur une cour intérieure.

Poterne O. — Un **passage secret**, l'une des constructions les plus saisissantes de l'acropole, lui donnait accès grâce à un escalier, bien conservé, aménagé dans l'épaisseur de la muraille. Remarquez la voûte en encorbellement de la poterne.

Près de l'angle N.-O. de l'acropole, on a découvert **deux galeries** qui, après avoir traversé le mur d'enceinte, s'enfoncent jusqu'à une cavité artificielle formant réservoir où jaillissaient deux *sources* qui servaient évidemment à l'alimentation de l'acropole en cas de siège. Là encore, les deux galeries sont construites en appareil cyclopéen et voûtées en encorbellement ; le sol est revêtu de grandes dalles, sauf en quelques points où il devait y avoir des escaliers en bois. Ces galeries sont peut-être les « tombes » des deux filles de Proitos, Lysippè et Iphianassa, signalées par *Pausanias* (II, 25, 8-9).
Sur la terrasse au-delà du palais s'élevaient divers bâtiments isolés de l'**enceinte inférieure** par un mur transversal. Des fouilles menées ces dernières années par l'*Institut archéologique allemand* ont déjà montré que cette partie inférieure de l'enceinte fut successivement, au IIe millénaire av. J.-C., une nécropole, puis une zone d'habitation ; plusieurs **maisons mycéniennes** y ont été dégagées. Les fouilles se poursuivent.

Trikala

Carte-itinéraire 11. — Kalambaka, 21 km. — Karditsa, 26 km. — Larissa, 61 km.
34 794 habitants.

Au cœur de la plaine thessalienne dont les chevaux étaient autrefois renommés dans toute la Grèce, Trikala pourrait être, comme le sanctuaire de Cos, un lieu de pèlerinage pour médecins. La récente reprise des fouilles dans la ville a en effet relancé l'intérêt que l'on portait à l'Asclépieion le plus ancien et le plus fameux du monde antique ; il se trouvait précisément dans cette cité de *Trikké* qui, selon la légende, aurait eu pour roi le dieu-médecin, Asclépios.

Indicatif téléphonique : 0431.

Hôtels :

¶¶ *Achillion,* 1, pl. Vasiléos Géorgiou (☎ 28-291) 73 ch.

¶¶ *Divani,* 11, rue Kitrilaki (☎ 27-286) 66 ch.

¶ *Rex,* 1, rue Apollonos (☎ 28-375) 58 ch.

Trikala, au caractère oriental dénaturé par un simili modernisme récemment introduit, ne vous offrira pas grand-chose d'attrayant. Tout juste peut-on signaler le **chantier de fouilles** de ce qui fut probablement ce fameux **Asclépieion**, entre la place principale et l'église Haghios Nicolaos, à dr. de la route vers Kalambaka. Avec les yeux de la foi, vous imaginerez la splendeur évanouie de ce grand bâtiment romain du IIe s. apr. J.-C., mais fondé au moins dès l'époque hellénistique, qui comportait des pavements en mosaïque, tel ce panneau de la légende de Lycurgue et Ambrosia, du IIe s. apr. J.-C. Face à l'église Phaneroméni, petite collection archéologique.

Environs de Trikala. — Eglise de Porta Panaghia (21 km au S.-O.). — A l'entrée du **défilé de Portæs,** cette basilique fut fondée en 1283 et conserve des mosaïques du XIIIe s., et des fresques de la première moitié du XVe s.

Tripolis

Cartes-itinéraires 6, 7 et 8. — Andritséna, 80 km. — Argos, 59 km. — Kalamata, 93 km. — Nauplie, 71 km. — Olympie, 130 km. — Pylos (Navarin), 137 km.

18500 habitants; chef-lieu du nome d'Arcadie.

Tripolis est un carrefour routier important, au centre d'une haute plaine, où un bazar très animé entretiendra l'illusion que vous vous trouvez en Orient.

Indicatif téléphonique : 071.

Police touristique ; 7, pl. Géorgiou B (☎ 22-30-39).

Automobile et Touring club de Grèce (ELPA) : 16, rue Vas. Constantinou (☎ 226-714).

Hôtels :

¶¶¶ *Ménalon,* pl. Aréos (☎ 22-24-50) 40 ch.

¶¶ *Arcadia,* pl. Kolokotroni (☎ 22-55-51) 45 ch.

¶¶ *Sémiramis,* place Kolokotroni (☎ 22-22-44) 34 ch.

¶ *Artémis,* 1, rue Dimitracopoulou (☎ 22-52-21) 60 ch.

Camping :

Milia Camping, à Milia (☎ 224-24) 300 pers., 100 voit., 80 caravanes

Artisanat : 2, rue Mag. Constantinou (☎ 22-66-24).

Environs de Tripolis. — 1 — Tégée (9 km ; par la route de Sparte et à g. à 4 km). — 7 km : **Paléa Episkopi** ; dans le parc devant une basilique moderne, une **mosaïque** (auj. sous abri de béton) d'une église paléochrétienne de la 1re moitié du Ve s., représente des animaux marins, des personnages en buste, les quatre fleuves du Paradis aux angles (Géon, Phison, Tigre et Euphrate) séparés par des allégories des mois, groupées deux par deux. La basilique moderne se trouve sur le site d'un théâtre érigé à Tégée par Antiochos IV Epiphane (175-164).

9 km : **Téghéa,** village moderne près des ruines du plus fameux sanctuaire de **Tégée,** le **temple d'Athéna Aléa,** dont le culte avait été introduit au IXe s.

av J.-C., par le roi Aléos et qui fut un lieu d'asile renommé (Oreste et le roi de Sparte Pausanias y trouvèrent refuge).

Ville très ancienne formée par la réunion de neuf dèmes ruraux, Tégée lutta pour l'indépendance de l'Arcadie contre Sparte, dont elle accepta l'hégémonie vers 550 av. J.-C. Thèbes, après sa victoire de Leuctres lui restitua son autonomie. Sous la domination franque, elle fut l'une des cités les plus puissantes de la Morée, siège d'une baronnie jusqu'en 1296.

Le temple archaïque, incendié en 395-394 av. J.-C., fut reconstruit et décoré par le sculpteur *Scopas,* probablement vers 360, pour abriter la vieille statue d'Athéna, en ivoire, œuvre d'Endoios, et la dépouille du sanglier de Calydon, souvenir de l'héroïque chasse d'Atalante et de Méléagre, chasse qui fournit le thème du décor plastique du principal fronton. Du temple et de l'autel, vous ne verrez plus que les fondations et les assises inférieures.
A 200 m avant le temple, vous visiterez un petit **musée** qui contient quelques fragments architectoniques sculptés du temple et quelques originaux et moulages des sculptures scopasiques (notamment le torse de la nymphe Hagnô), de l'autel fédéral de Tégée, des bronzes, de la céramique, etc.

Visite : en été, de 9 h à 13 h et de 16 h à 18 h ; en hiver, de 10 h à 16 h 30 ; le dim. de 10 h 30 à 14 h 30 ; fermé le mardi ; accès payant.

2 — Mantinée et Orchomène (14 et 33 km ; par la route directe d'Olympie, en prenant à dr. à 8,5 km pour le premier site, à 25 km pour le second). — Ces deux sites, qu'il convient de signaler pour mémoire, tant ils sont aujourd'hui dépourvus d'intérêt, furent **deux importantes villes arcadiennes.** La première était défendue par une enceinte ovale de 3 942 m de développement, bâtie en 370 av. J.-C., où gisent les restes confus d'un théâtre, de l'agora et de plusieurs temples. La deuxième comprenait un sanctuaire d'Artémis Mésopolitis, fouillé par l'*Ecole française d'Athènes* et, dans la cité supérieure, un temple dorique du VIe s. consacré à Apollon ou Aphrodite.

3 — Pallantion et Aséa (9 et 17 km par la route de Kalamata ; le premier site est à g. à 9 km, le second à dr., près de la route). — Voici deux autres sites également mentionnés pour mémoire. Le premier, fouillé par une mission italienne, a livré les restes d'un mégaron, d'un temple du Ve s. av. J.-C., et, à 1,5 km au S. de l'acropole, d'un temple archaïque consacré à Poséidon et Athéna Soteira. Le second site, une acropole fouillée par des archéologues suédois, a révélé une occupation continue de l'époque néolithique jusqu'à l'helladique moyen (2000-1600 av. J.-C.), ainsi que des restes de fortifications d'époque hellénistique.

4 — Karyé (43 km ; par la route de Sparte et à g. à 34 km). — Dans le **monastère de Karyé** vous verrez une peinture murale datée de 1638.

V

Verria

Carte-itinéraire 12. — Edessa, 49 km. — Kozani, 61 km. — Thessalonique, 78 km.
30 425 habitants ; chef-lieu du nome d'Ematheia.

Ville animée, typiquement balkanique, Verria retiendra l'attention des amateurs de peinture byzantine avec ses églises, disséminées dans un labyrinthe de ruelles où flottent des relents d'Orient. Mais ses environs ne seront pas à négliger : les fouilles récentes de Verghina, à une quinzaine de kilomètres, ont livré des trésors (exposés au musée de Thessalonique) et constituent une étape indispensable de tout périple archéologique grec.

Dans les pas de St Paul. — *Verria, l'antique* Berroia, *apparaît dans l'histoire vers la fin du Ve s. ou le début du IVe s. av. J.-C. Cette cité macédonienne fut la première qui se rendit, en 168 av. J.-C., aux Romains qui en firent la capitale d'une « République ». Pompée y passa l'hiver de 49 à 48 av. J.-C. avant de se faire battre par César à Pharsale (Farsala). Vers 54, St Paul y prêcha la foi nouvelle devant l'importante communauté juive de la ville. Lors de la réorganisation administrative de l'Empire, Dioclétien en fit l'une des capitales de la Macédoine. Elle fut occupée par les Serbes au XIVe s., puis les Turcs y établirent une colonie militaire.*

Indicatif téléphonique : 0331.

Hôtels :

¶ *Polytimi,* 35, rue Mégalou Alexandrou (☎ 230-07) 32 ch.

¶ *Villa Elia,* 16, rue Elias (☎ 268-00) 37 ch.

Près de la bifurcation des routes de Thessalonique et d'Edessa vous pourrez encore voir quelques restes du **rempart** qui entourait la cité antique, avec, notamment, une **porte de ville** et deux **tours**, l'une d'époque hellénistique, l'autre, de plan carré, du IIIe s. de notre ère. Dans la ville basse, vous visiterez plusieurs églises, souvent difficiles à trouver. Selon une pratique destinée à tromper la surveillance des Turcs, elles furent bâties au fond des cours et il est fréquent qu'aucun signe extérieur ne les désigne ; plutôt que de perdre du temps en de vaines recherches, nous vous recommandons de vous faire accompagner par un guide. Faites-vous montrer l'**église Haghios Ioannis Théologos**, ornée de peintures murales, l'**église Haghios Christos** (clé au musée archéologique), l'une des plus intéressantes avec sa décoration peinte vers 1315, l'**église Haghia**

Photini, également ornée de fresques, ainsi que les **églises Haghios Géorgios, Haghios Nicolaos**, etc.
Sur le rebord du plateau où s'étend la ville vous visiterez un **musée archéologique** enrichi par les trouvailles d'une nécropole et de thermes romains, d'un cimetière de l'âge du fer à Verghina (armes et bijoux) et de divers sites de la province (sculptures, fragments d'architecture) ; collection d'icônes byzantines. Vous y verrez également des **panneaux peints** provenant de maisons de l'époque turque.

Environs de Verria. — 1 — **Verghina (peu avant Palatitsia ; 15 km).
On connaissait depuis longtemps à Verghina une tombe macédonienne et un palais d'époque hellénistique, ainsi qu'une vaste nécropole plus ancienne, faite de petits tumulus. On connaissait aussi l'existence, au milieu du village, d'un immense tumulus artificiel d'env. 120 m de diamètre et 10 m de hauteur, dit *grande toumba*, que des fouilles modestes n'avaient pour ainsi dire qu'égratigné, jusqu'au moment où le professeur *M. Andronikos*, de l'Université de Thessalonique, entreprit de le fouiller systématiquement avec des moyens mécaniques importants. Durant l'été 1977, les patientes recherches de M. Andronikos étaient magnifiquement couronnées de succès : à un niveau situé par endroits à plus de 10 m sous celui de la surface primitive du tumulus étaient découverts trois monuments juxtaposés.
Le premier, réduit à ses fondations (9,60 × 8 m) et à quelques blocs effondrés des assises supérieures, était construit en élévation au-dessus du sol antique ; sa destination n'est pas claire, mais il pourrait s'agir d'un hérôon plutôt que d'une tombe ; la construction semble dater de la 2e moitié du IVe s. av. J.-C. Les deux autres monuments, qui étaient recouverts par un tumulus en terre rouge d'environ 30 m de diamètre et 4 m de hauteur, sont des tombes. La première, du type à « ciste », est un parallélépipède dont les dimensions intérieures sont de 3,50 × 2,09 × 3 m ; entièrement pillée, elle ne contenait plus aucun matériel ; mais ses parois intérieures sont décorées de magnifiques **fresques**. La deuxième, de type monumental à façade composite mi-dorique mi-ionique, comprend une chambre carrée de 4,46 m de côté et de 5,30 m de haut et une antichambre ou vestibule de 3,66 × 4,46 m communiquant avec la chambre principale par une porte en marbre à deux vantaux qui ne mesure pas moins de 3,15 m de haut. Les deux pièces ont été retrouvées intactes. Elles contenaient un matériel d'une richesse exceptionnelle (exposé temporairement au musée de Thessalonique). La **façade** porte encore, assez bien conservée, une **frise peinte** de 5,56 m de long sur 1,16 m de haut. En 1978, *M. Andronikos* découvrait une autre **tombe** comparable à la précédente. La façade peinte est malheureusement très endommagée, mais le **mobilier intérieur**, qui comprenait de nombreux vases en argent, deux couronnes en or et divers objets en bronze (poire de cnémides, strigiles, pointes de lances, etc.) est intact.

Le caractère monumental de ces deux tombes, ainsi que la richesse du mobilier funéraire et la qualité de la décoration, indiquent clairement que les défunts étaient d'un rang social élevé. La présence, dans la tombe à deux chambres, de deux coffres en or massif contenant des ossements teintés de pourpre ou enveloppés d'un tissu de pourpre et d'or, ainsi que d'un diadème, et de deux portraits en ivoire de Philippe II et d'Alexandre, suggère même que l'on a affaire à **une tombe royale** — peut-être celle de Philippe II, le père d'Alexandre, mort en 336 av. J.-C., si le matériel date bien, comme il semble, du 3e quart du IVe s. av. J.-C. Le site de Verghina serait alors sans aucun doute celui d'*Aigai*, l'ancienne capitale de Macédoine où se trouvait, selon les témoignages anciens, la nécropole royale, et que la plupart des savants localisaient jusqu'à maintenant à Edessa. D'après *Plutarque*, cette nécropole avait été pillée par les Galates au IIIe s. av. J.-C., mais il n'est pas impossible que ce pillage n'ait été que partiel et que certaines tombes — dont les plus monumentales, plus difficiles à violer — y aient échappé.

En 1979, l'enlèvement des couches supérieures du tumulus, dans les secteurs N. et N.-E., a amené la découverte de deux **tombes en briques** dont le mobilier était assez banal et qui n'ont rien à voir avec les tombes royales. Au cours des travaux de déblaiement, on a recueilli plus de 70 **stèles funéraires**, datables entre 400 et 280 av. J.-C., dont la plupart sont peintes et inscrites ; les noms des défunts sont purement grecs (par exemple *Alkétas, Hermon, Théocritos, Théodocos, Théophanès, Xénokratès*, etc), ce qui est du plus grand intérêt pour l'étude des populations de la Macédoine au IVe s. av. J.-C. La campagne de 1980 a entraîné la découverte d'une nouvelle tombe, à l'O. des précédentes ; malheureusement très ruinée et complètement pillée, elle présentait, semble-t-il, la particularité, unique à ce jour dans le cas des tombes macédoniennes, d'être précédée d'un *prostoon* comprenant 4 colonnes doriques placées en avant de la façade, sans être plaquées contre elle.

En venant de Verria, vous atteindrez Verghina en quittant sur la dr. la route directe de Palatitsia, route qui permettrait de rejoindre, env. 20 km après Verghina, le grand axe Evzoni-Katérini en passant par les villages de (2 km) **Palatitsia**, (8 km) **Méliti**, (13 km) **Haghia Triada**, (16 km) **Trilophia**, (17 km) **Angathia** et (20 km) **Kypséli** ; on arrive ainsi à env. 6 km au N. de la petite ville d'**Aighinion** et à 2 km au N. du hameau de **Haghia Géphira**.
A 1,5 km du carrefour, prenez une route à dr. après avoir traversé la majeure partie du village. A 500 m de la bifurcation, à env. 50 m à g. de la route, vous verrez un très beau ***tombeau macédonien** du milieu du IIIe s. av. J.-C., à façade ionique (quatre demi-colonnes engagées). Vous remarquerez les vantaux de la **porte de marbre** et, dans la chambre funéraire, un **trône de marbre** (traces de peinture à l'encaustique) ainsi qu'une table ou un lit de banquet.
A 1 km de la bifurcation, vous parviendrez, par la même route, à l'entrée du site du **palais de Palatitsia** (heures d'ouverture, l'été : 9 h à 18 h 30 en sem. ; 10 h 30 à 16 h le dim. et les jours fériés), construit à l'époque hellénistique, probablement sous le règne d'*Antigone Gonatas* (278-240), et agrandi à la fin du IIIe ou au début du IIe s. av. J.-C. Le palais, aujourd'hui réduit aux fondations, comportait une vaste cour centrale, entourée de portiques à colonnes doriques. Certaines salles étaient ornées de **pavements en mosaïque** dont l'un, très vaste, a été remis en place. Dans une salle à laquelle on accède par un beau seuil de marbre : autour d'une rosace centrale, riche décor floral dans un cercle lui-même inscrit dans un carré ; aux angles du carré, figures féminines. Le site du palais est très agréable ; par temps clair, la vue s'étend vers l'E. jusqu'à la mer.
Revenant à la bifurcation, vous prendrez à dr. la route qui descend vers la route directe de Palatitsia. A env. 100 m, sur la g., vous apercecrez l'emplacement d'un grand tumulus fouillé par le professeur *M. Andronikos*.

Etant donné les nécessités de la fouille et les nombreux problèmes de conservation et d'aménagement qui se posent, la visite ne sera sans doute pas autorisée avant plusieurs années. Voici cependant une présentation sommaire des monuments qui étaient dégagés à la fin de l'été 1980.

En contrebas de l'édifice très ruiné qui était peut-être un hérôon (V. ci-dessus) se trouve la **tombe « à ciste »**, dont l'intérieur est décoré de ****fresques** qui sont de véritables chefs-d'œuvre de « grande peinture », aux couleurs délicates et variées (principalement bleu, violet, ocre, jaune). Sur le grand côté N. est représenté Hermès, courant devant un char sur lequel Pluton est en train d'enlever Perséphone ; derrière le char prend place un personnage féminin qui doit sans doute être identifié comme Cyanè, l'amie de Perséphone qui vient en vain de tenter de s'opposer à l'enlèvement. Sur le petit côté E., un seul personnage : une figure féminine assise indéterminée — peut-être la défunte, s'il s'agissait d'une tombe féminine, ou la déesse Déméter. Sur le grand côté S., la peinture est moins bien conservée, mais on reconnaît trois silhouettes féminines, peut-être les Moires. La paroi O. ne porte pas de décor figuré, mais sous les scènes principales des trois autres côtés court un bandeau orné de griffons affrontés alternant avec des palmettes. L'ensemble de cette décoration, qui rappelle celle des lécythes à fond blanc de la 2e moitié du Ve s., doit dater du IVe s. av. J.-C. Selon *M. Andronikos*, elle pourrait être l'œuvre d'un des grands peintres du milieu de ce siècle, Nikomachos.

A une faible distance vers le N.-O., à peu près au centre du tumulus primitif, apparaît la **grande tombe double**, dont la ****façade** est un pur chef-d'œuvre d'architecture et de peinture. La partie inférieure, entièrement dégagée, laisse voir une grande **porte à deux vantaux** (haute d'env. 3,5 m ; en marbre gris bleu) flanquée de deux demi-colonnes doriques engagées. Au-dessus prend place un **entablement dorique** dont la polychromie (bleu, blanc et rouge) est bien conservée. Cet entablement, avec son architrave et sa frise à métopes et triglyphes, était protégé par une corniche (en partie mutilée) au-dessus de laquelle se développe, selon une composition très soignée et très symétrique, la grande ****frise « ionique » peinte** qui représente une extraordinaire scène de chasse, à laquelle prennent part dix personnages (sept à pied, trois à cheval), ainsi que des chiens, affrontés à des animaux sauvages (chevreuil, sanglier, lion), dans le cadre d'une forêt proche d'une montagne. Bien que les couleurs soient un peu effacées, on distingue encore nettement les jaunes, les violets, les roses, les brun café. Le document, qui doit dater du 3e quart du IVe s., est d'une importance majeure pour l'étude de la grande peinture grecque classique. Au-dessus de cette frise prend place une autre corniche décorée de moulures polychromes.

A quelques mètres au N.-E. de la tombe monumentale apparaît maintenant la façade d'une autre tombe de même type, quoique moins grande (celle qui a été découverte en 1978). Il y avait ici aussi une frise peinte, mais elle était malheureusement appliquée sur un support périssable (bois ou cuir) plaqué contre la pierre ; aussi est-elle irrémédiablement perdue. La façade ne comporte pas de colonnade appliquée, mais elle est ornée de deux gros boucliers en relief (l'un à g., l'autre à dr. de la porte). L'intérieur de la tombe a conservé une **décoration peinte** : il s'agit d'une course de biges (chars tirés par 2 chevaux) qui se développe en une étroite frise le long des murs de l'antichambre ; les chevaux se détachent en blanc sur un fond bleu foncé ; chaque char apparaît sous un angle légèrement différent.

Quant à la tombe découverte en 1980, elle se situe à l'O. des précédentes, mais est extrêmement ruinée.

2 — *Lefcadia Naoussis (18 km par la route d'Edessa). — A 12 km de Verria, vous laisserez à g. la route de **Naoussa**, centre d'une région productrice d'un vin rouge réputé, puis de **Séli**, station de sports d'hiver (1 420 m d'alt. sur les pentes boisées du **mont Vermion**). A 3,5 km après cette bifurcation, à env. 600 m à dr. de la route (prenez un chemin juste avant un pont sur une rivière et franchissez une voie ferrée), vous visiterez un splendide ***hypogée macédonien** du début du IIIe s. av. J.-C., à façade dorique (en bas) et ionique (en haut), ornée de **peintures** bien conservées. Vous remarquerez surtout celles du registre inférieur représentant, de g. à dr., un guerrier portant une lance et une épée (il s'agit probablement du défunt), le dieu Hermès en qualité de psychopompe, c'est-à-dire de conducteur des

âmes, puis, après la porte, deux des trois juges du tribunal des Enfers, Eaque et Rhadamanthe.
Au-dessus du premier ordre, vous distinguerez une rangée de triglyphes et de métopes ornées de **peintures** figurant des centauromachies (combat des Grecs contre les Centaures) et, encore plus haut, au-dessus d'une petite corniche peinte, une frise en stuc peint avec des combats de fantassins et de cavaliers grecs contre des Barbares, probablement des Perses. 150 m plus loin, à g. du même chemin, on atteindrait une autre grande tombe, accessible par un *dromos* d'env. 10 m de large (on ne visite pas actuellement). Deux autres **tombes** sont encore visibles ; l'une est accessible par un chemin à dr., avant le pont ; l'autre se trouve dans un verger, de l'autre côté de la route, juste avant le pont ; il s'agit, comme pour la précédente, d'une tombe macédonienne, mais celle-ci, dite de Lyson Kalliklès, est décorée de **peintures** en bon état (se faire accompagner par un gardien de la grande tombe).

V

Volo (Volos)

Cartes-itinéraires 2 et 11. — Athènes, 325 km. — Kalambaka (Météores), 137 km. — Lamia, 111 km. — Larissa, 55 km. — Thessalonique, 227 km. 51 290 habitants ; chef-lieu du nome de Magnésie ; archevêché.

Troisième port de la Grèce, Volo est située en bordure du golfe Pagasétique et au pied du massif du Pélion. Pas moins de cinq villes importantes ont précédé Volo depuis l'époque néolithique. Ce furent d'abord les cités néolithiques de Sesklo et de Dimini, dont les restes gisent dans les environs, puis Iôlkos, la capitale de la Thessalie mycénienne. Bien avant la guerre de Troie, un roi d'Iôlkos, Pélias, incita Jason à se lancer à la conquête de la Toison d'or, sur sa fameuse nef, Argo. A l'époque historique, les ports de Pagasæ et de Démétrias, dont Volo est l'héritière, attestent la vitalité de cette région et la nécessité pour la Thessalie de posséder un grand port sur le golfe Pagasétique. De Volo, ville moderne dont l'intérêt est limité, vous partirez à la découverte de tous ces sites et surtout du vert massif du Pélion, légendaire lui aussi puisque le fameux Centaure Chiron, qui enseigna d'illustres élèves, tels Jason et Achille, y vivait dans une grotte. Si, en été, vous voulez éviter de séjourner dans Volo la caniculaire, il ne sera pas nécessaire que vous soyez troglodyte à votre tour : depuis le temps de Chiron, la construction a réalisé beaucoup de progrès dans le Pélion, maintenant doté de quelques excellents hôtels.

Indicatif téléphonique : 0421.

Police touristique : 27, rue Hatziargyri (✆ 27-094).

O.N.H.T. : place Riga Féréou (✆ 23-500).

Automobile et Touring Club de Grèce (ELPA) : place Riga Féréou (✆ 25-001).

Hôtels :

¶¶¶ *Pallas,* 14, rue Iassonos (✆ 23-510) 50 ch.

¶¶ *Alexandros,* 3, rue Topali (✆ 31-221) 78 ch.

¶¶ *Argo,* 135, rue Vasiléos Constantinou (Dimitriados ; ✆ 25-372) 21 ch.

¶¶ *Ægli,* 17, rue Argonafton (✆ 24-471) 40 ch.

¶¶ *Nefeli,* 6, rue Koumoundourou (✆ 30-211) 53 ch.

¶¶ *Park,* 2, rue Deligiorgi (✆ 36-511) 119 ch.

¶¶ *Xénia*, 2, rue Plastira (☎ 24-825)

¶ *Galaxy*, 3, rue Haghiou Nicolaou (☎ 20-750) 54 ch.

Restaurants et tavernes : Plusieurs petites tavernes sur le front de mer (rue Argonafton).

Bateaux : serv. quot. pour Skiathos, Skopélos, Alonissos; hebdo. pour Kymi et Skyros. Toutes les agences sont situées rue Argonafton, au port.

Chemin de fer : *gare centrale*, rue Papadiamanti (trains pour Athènes, Lamia, Larissa, Thessalonique, etc.).

Autobus : pour Larissa, Lamia, Athènes, Thessalonique, Kalambaka, etc. ; *gare routière* près de la place Riga Féréou.

Location de voitures : *Auto-Club*, 137, rue Iason (☎ 32-360).

Artisanat : 12, rue Dimitriados (☎ 23-788).

Manifestations : fin juin et début juillet, semaine nautique; du 1er au 6 août, grande foire régionale.

La ville se compose d'une partie littorale, moderne (promenade où vous prendrez le frais en fin de soirée, rue Argonafton), et de **vieux quartiers** dont les maisons s'étagent sur des pentes abruptes, jusqu'à une altitude de 800 m. Entre les deux, mais très proche du port, se trouve le **bazar**, dont l'axe est formé par la rue Ermou, où vous ferez d'étonnantes découvertes comme ces magasins de chaussures qui ressemblent à des grottes couvertes de concrétions dorées et chatoyantes, avec leurs murs et leur plafond entièrement couverts de pantoufles et de chaussures.

Le site de l'ancienne **Iôlkos**, marqué par un tumulus, se trouve à la sortie de la ville par la route de Larissa, à dr. entre des voies de chemin de fer et une rivière, souvent à sec, qui est peut-être l'*Anavros*.
Des fouilles exécutées en cet endroit ont permis la découverte de vestiges de deux **palais mycéniens** dont le plus ancien fut bâti vers 1425 av. J.-C. Il s'agit peut-être du palais de Pélias, oncle de Jason, qui avait usurpé le trône de son frère, Æson. On sait comment la mère de Jason, craignant pour son fils, le fit conduire auprès du Centaure Chiron, sur le Pélion. Pendant ce séjour, un oracle révéla à Pélias qu'un homme arriverait dans son palais, chaussé d'une seule sandale, et lui ravirait son trône. A son retour à Iôlkos, Jason perdit une chaussure dans l'Anavros. Pour se débarrasser de cet importun, Pélias l'envoya dans la lointaine Colchide, à la recherche de la Toison d'or. Grâce à la magicienne Médée, Jason et les Argonautes purent déjouer toutes les embûches qu'ils trouvèrent sur leur chemin. Au retour, Médée fit périr Pélias et s'enfuit avec Jason à Corinthe.
Le second palais, un peu plus récent et qui fut détruit par un incendie vers 1200 av. J.-C., était peut-être celui d'Eumélos.

Le **musée archéologique** (à 2 km du centre, près de la mer, à dr. de la route de Tsangarada) renferme **la plus importante collection de peinture grecque** (plus de deux cents stèles peintes d'époque hellénistique, provenant de Démétrias), des collections de stèles d'époque archaïque provenant de Phalanna (au N. de Larissa) et de stèles découvertes à Phères (IIIe s. av. J.-C., jusqu'à l'époque romaine), ainsi que des sculptures, des trouvailles provenant des sites néolithiques de Sesklo, Dimini, Pyrassos, etc., d'Iôlkos, des objets mycéniens de Thessalie, des bronzes et des vases des époques géométrique et archaïque trouvés à Phères, etc. Deux grandes salles sont présentées d'une façon à la fois didactique et attrayante : la salle 3 est entièrement consacrée à la Thessalie néolithique et la salle du fond, à g., aux sépultures de toutes les époques, avec reconstitution de tombes.

Visite : t.l.j., en été de 8 h 30 à 12 h 30 et de 16 h à 18 h, le dim. de 9 h à 15 h ; en hiver, de 9 h à 13 h 30 et de 16 h à 18 h, le dim. de 10 h à 16 h 30 ; accès payant.

Dans le faubourg médiéval, d'**Ano Volos**, à 2 km du centre ville, une maison d'Anakassia, décorée de fresque par *Théophilos*, est devenue **musée** consacré à ce peintre naïf du début du siècle (visites de 10 h à 13 h et de 17 h à 20 h).

☛ **Environs de Volo. — 1 — Goritsa** (1,5 km au-delà du musée). — La route est tracée entre la mer et un tertre rocheux, *Goritsa*, sur lequel on a longtemps situé l'acropole de Démétrias. En fait, des fouilles récentes ont montré que l'enceinte abritait un vaste **camp militaire** aux baraquements alignés géométriquement et pouvant abriter 20 000 hommes, sans doute établi lors de la fondation de Démétrias.

2 — Démétrias et Pagasæ (4 et 5 km ; ruines surtout intéressantes pour les passionnés d'archéologie). — Sortez par la route de Lamia et d'Athènes.
3 km : Vous passez au pied d'une colline où se dressait le rempart N. de **Démétrias** ; il se prolongeait sur la crête jusqu'à l'acropole. Dans ces parages se trouvait un temple consacré à Héra. Prendre, à g., une route pour (1 km) Pefkakia.

Pagasæ *fut le port d'Iôlkos (3,5 km), puis de Phères (14 km). C'est là que suivant une version de la légende de Jason, le chef des Argonautes avait construit le navire Argo et s'était embarqué pour la Colchide. Cette ville a donné son nom au golfe Pagasétique ; elle était le siège d'un oracle fameux. Florissante au IV*e *s. sous la domination de Phères, elle fut prise au IV*e *s. par Philippe II de Macédoine qui l'annexa à la Magnésie. Après la fondation de Démétrias, elle passa sous la domination de cette cité qui incorpora, dans son enceinte, une partie de Pagasæ.*

Démétrias *fut, avec Pella, la cité favorite des Antigonides et surtout leur principal port. Flamininus s'en empara en 196 av. J.-C. et ses fortifications furent partiellement démantelées en 167 sur l'ordre du Sénat romain.*

L'enceinte de **Démétrias** mesure 7,8 km de périmètre et comprenait 87 tours sans compter celles de l'acropole. C'est dans les énormes tours des saillants S.-E. et S.-E., agrandies hâtivement vers 50 av. J.-C., que furent mises au jour les stèles peintes aujourd'hui exposées au musée de Volo. Seuls les restes des remparts élevés sur la colline à dr. de la route sont encore visibles. Les autres, entre la route et la mer, sont à peine discernables.
De nombreux vestiges de la ville, qui fut très importante, ont été ou sont encore actuellement dégagés, notamment les restes d'un **palais** ordonné autour d'une cour à péristyle, au-dessus de l'**agora** où se trouvait un temple d'Artémis.
On peut accéder à ce palais depuis la route de Pefkakia. A 750 m de la bifurcation depuis la grande route, prendre à dr. un chemin médiocre qui monte jusqu'à (env. 400 m) un plateau où se trouve un terrain de football ; de là, on grimpera à pied vers le S.-O. et l'on atteindra en quelques minutes la colline du palais.
A une centaine de mètres en contrebas du palais, près du rivage, gisent les ruines de la **basilique A**, des IVe et Ve s., ornée de mosaïques bien conservées, mais recouvertes. A 200 m à l'O. de la basilique, un grand bâtiment de trois pièces et d'une abside est également décoré de **somp-**

tueuses mosaïques à décor géométrique (sans doute du IVe s., elles aussi recouvertes).
Les fouilles menées au lieu-dit *Pefkakia* ont montré que le site fut occupé dès le début de l'âge du bronze (2500 av. J.-C. env.) et durant l'époque mycénienne.

4 km : A dr. se trouve le **théâtre de Démétrias** qui, avant la fondation de cette ville par *Démétrios Poliorcète*, en 294 av. J.-C., fut celui de Pagasæ. Il est creusé à une extrémité d'un tertre rocheux où s'élevait le palais royal de Démétrios, peut-être sur l'emplacement de l'ancienne demeure des tyrans de Phères.
Peu après le théâtre, la route coupe un **aqueduc** ruiné, construit à l'époque romaine pour approvisionner Démétrias.
4,6 km : La route serpente entre deux collines par où passait le rempart de Démétrias. Le mur d'enceinte de Pagasæ était tracé, lui aussi, sur les flancs de la colline à g.
5 km : A dr., une haute colline avec quelques restes de remparts correspond au site de l'ancienne **Pagasæ**. Le rempart fut sans doute construit au IVe s. av. J.-C., car en 353, Philippe II de Macédoine dut assiéger la ville pour s'en emparer.

3 — Dimini (6,5 km ; par la route de Larissa et à g., à 3 km du centre, c.-à-d. à 800 m du carrefour des routes Larissa-Lamia). — Ce site, surtout intéressant pour les amateurs d'archéologie, a révélé l'existence d'une cité néolithique du IVe millénaire av. J.-C. (ruines d'un palais, de maisons et d'une enceinte dont seules les fondations sont conservées), ainsi que des **tombes mycéniennes à tholos**. Pour y accéder, prendre deux fois à dr. (panneaux) dans le village de Dimini (visite en été de 9 h à 16 h sauf le vendr.).

4 — Sesklo (15 km ; par la route de Larissa et à g. à 10,5 km). — Les passionnés d'archéologie y verront, sur une acropole préhistorique (époque néolithique) et dans un cadre magnifique, les restes d'un grand palais et d'un paléokastro qui répond peut-être à *Æsonia*, ville d'Æson, père de Jason (visite en été de 9 h à 13 h et de 16 h à 18 h, sauf le jeudi).
De récentes campagnes de fouilles (en particulier dans le secteur situé à dr. de la route, à env. 200 m avant le périmètre archéologique aménagé) ont établi l'existence autour de l'acropole d'un habitat néolithique fondé pendant la période pré-céramique et qui connut son apogée au Néolithique moyen avant d'être détruit (après incendie ?) et abandonné vers 4300 av. J.-C.

5 — Phères (21 km par la route de Larissa). — Le village moderne de **Vélestinon** occupe le site de l'ancienne *Phères*, résidence légendaire du roi Admète, époux d'Alceste, dont le sacrifice inspira l'une des plus fameuses tragédies d'Euripide et un opéra à Gluck. Au IVe s. av. J.-C., sous les tyrans Jason et Alexandros, Phères fut une ville particulièrement florissante, mais il n'en reste plus aujourd'hui que de très rares vestiges, notamment d'un **rempart** du début du IVe s. av. J.-C. et du **temple de Zeus Thaulios**, fondé au VIe s. av. J.-C., puis rebâti au IVe s. Des recherches récentes ont permis de localiser au S.-O. de l'église de la Panaghia l'acropole de la ville ; on a commencé d'en dégager les murailles, qui sont assez bien conservées.
A 19 km de Vélestinon, en direction de Larissa (tourner à dr. à 13 km), **Pétra**, l'ancienne *Kerkinion* (?), est un site antique s'étendant sur trois collines dominant la rive O. du **lac Viviis** (anc. *Boibéis*), avec des restes d'une **enceinte cyclopéenne** de 8 km de circuit, ce qui en fait probablement la plus vaste forteresse mycénienne de la Grèce.

6 — Néa Anchialos (18 km par la route de Lamia). — Ce village occupe le site de l'ancienne *Thèbes de Thessalie (Thèbes Phthiotides)*, au pied de l'acropole de l'antique *Pyrasos*. Vous y verrez les ruines, présentées dans un parc archéologique qui ne manque pas de charme, de quatre églises paléochrétiennes mises au jour par la *Société archéologique*.

Visite : t.l.j., en été de 8 h 30 à 12 h 30 et de 16 h à 18 h, le dim. de 9 h à 15 h ; en hiver de 9 h à 13 h 30 et de 16 h à 18 h, le dim. de 10 h à 16 h 30 ; accès payant.

En commençant la visite à la lisière du village en venant de Volo, vous verrez les ruines de la **basilique** A *(Saint-Démètre)*, du Ve s., à trois nefs, près de laquelle furent dégagés une maison à cour dallée et un bain. Plus loin se trouvent les restes d'une vaste **cour à portiques**, aménagée sur le site d'un bâtiment plus ancien au IIIe ou au IVe s. apr. J.-C., puis les ruines de la **basilique B**, du Ve s., où vous remarquerez le *synthronon*, série de gradins où prenait place le clergé, de part et d'autre du siège de l'évêque. Enfin, au pied d'une colline qui était l'acropole de l'antique Pyrasos, un bâtiment paléochrétien a été repéré ; dans ses fondations il y a de nombreux éléments d'architecture plus anciens. Le très vieux **sanctuaire de Déméter et Coré**, cité dans les poèmes homériques, pourrait se situer dans ces parages.
La **basilique C** *(de l'évêque Pierre)*, de la fin du IVe s. ou du début du Ve s., découverte sur le terrain Zorba, était précédée d'un atrium avec fontaine à portique réservé, dès l'origine, à un usage scolaire ; il fut remanié à l'époque de Justinien, peut-être pour servir d'école religieuse.
A la sortie de Néa Anchialos par la route de Lamia, à env. 300 m à dr. par la rue Evloghiménou, une quatrième basilique, du milieu du VIIe s. (**basilique D**), a été mise au jour ; ses trois nefs étaient décorées de mosaïques assez simples, à décor géométrique et d'oiseaux.
Les fouilles récentes ont porté à **sept** le nombre des **basiliques** découvertes à ce jour à Néa Anchialos. Le nom du donateur de la dernière d'entre elles, découverte en 1978, est donné par une inscription gravée sur un bloc de chancel ; il s'agit d'un certain *Martyrios*.

A Néa Anchialos vous pourrez visiter un petit **musée** où se trouvent rassemblés divers vestiges architectoniques, inscriptions, mosaïques, etc., de l'antique Pyrasos et surtout de la Thèbes chrétienne.

7 — Le ***Pélion (circuit de 202 km).

Le Pélion est un massif montagneux formé de roches archéennes et de schistes, où le climat est assez humide pour que s'épanouisse une végétation dont la densité est exceptionnelle en Grèce. Le charme de ses vieilles demeures (à Tsangarada et Zagora surtout) et de ses églises, d'un type assez particulier, augmente encore l'intérêt de cette région qui, pendant les heures sombres de la domination turque, fut un refuge de la culture hellénique. Toutes les routes à travers ce jardin d'éden, tantôt domestiqué, tantôt à l'état sauvage, sont sinueuses (vous roulerez rarement à plus de 25 ou 30 km de moyenne) mais toujours sympathiques, entre les genêts, les fougères, les bruyères et les stridences des cigales. Tous les villages sont entourés de vergers à la folle végétation. Vous passerez tantôt sur le versant égéen, domaine du châtaignier, parfois monumental, du noyer, du noisetier ou, en bas, de l'olivier, tantôt sur le versant pagasétique, domaine du maquis à l'exquise odeur, avec des pins, des mélèzes et des bruyères sur les hauteurs, ou de la forêt d'oliviers, parsemée de fermes isolées, près de la côte.
Sur le versant égéen aux profondes vallées, avec de discrètes touches méditerranéennes, vous emprunterez une route étonnante, taillée en corniche au flanc de falaises qui dominent la mer d'une hauteur vertigineuse ; parfois, elle s'insinue au fond de gorges béantes du côté de la mer, au-dessus de criques d'émeraude, touffues et mystérieuses du

côté de la montagne. Pour terminer, ce sera, pendant la descente vers Volo, comme une apothéose ouvrant des horizons d'une incroyable ampleur, entre ciel et terre.

Sortez de Volo par la route de Tsangarada.
3,5 km : Acropole de *Goritsa* (V. env. de Volo, 1).
7 km : **Agria,** au bord du golfe Pagasétique, avec quelques sympathiques petites tavernes à poisson.

Hôtel :
Barbara (☎ 92-367) 9 ch.

20,5 km : **Kato Gazéa,** où vous laissez à g. une route pour Miliès.

Campings :
Hellas (☎ 22-267) 800 pers., 180 voit., 80 caravanes ✂ sur la plage.
Marina (☎ 22-277) 600 pers., 200 voit., 40 caravanes ✂ sur la plage ; ouv. juin-sept.
Sykia (☎ 22-279) 300 pers., 100 voit., 40 caravanes ✂ sur la plage.

27 km : **Afété,** village aux maisons cubiques, étagées sur des terrasses.
31 km : Laissez à g. la route de Tsangarada, que vous suivrez un peu plus tard (V. ci-après au km 93).
39 km : **Argalasti,** avec un agréable petit restaurant sous de frais ombrages.

42 km : Laissez à dr. une route pour Chorton et Milina. Peu après, vous traverserez **Métochi,** l'un des villages du Pélion qui a le mieux conservé la rusticité des bourgs de ce massif, dans un site admirable.
48,5 km : Autre route à dr. pour Milina (V. ci-après au km 69).
52,5 km : La route de Promiri continue tout droit, mais prenez plutôt la petite route de Platania, à dr.

58,5 km : **Platania,** hameau du bout du monde, anachronique mais bien réel, plein de charme avec ses deux grandes plages, bien paisibles.

Restaurant :
Villa des Roses, où vous pourrez déjeuner dans un agréable jardinet.

69 km : Retour à la bifurcation de Milina (V. ci-dessus au km 48,5), une plage que vous atteindrez par une route en lacet qui dispense des ***vues** superbes sur le golfe Pagasétique.**
75 km : **Milina,** station balnéaire bien modeste mais très agréablement située sur le golfe Pagasétique ; vous vous baignerez plutôt à **Chorton,** une petite plage aux eaux calmes et tièdes, 3 km plus loin.

Camping :
Olizon (☎ 25-236), à Milina, 100 pers. ✂ sur la plage.

82 km : Retour à la bifurcation du km 42, près de Métochi, où vous tournerez à g. pour revenir à (93 km) la bifurcation de la route de Tsangarada, que vous suivrez (V. ci-dessus au km 31).
100,5 km ; Prenez à g. vers (6 km) **Miliès,** petit village où vous visiterez l'**église Haghios Athanasios** et sa bibliothèque, ainsi que l'**église des Taxiarques** (iconostase en bois sculpté). Revenez ensuite jusqu'à la route de Tsangarada.

128 km : **Tsangarada,** village accroché au flanc d'une montagne abrupte, plongeant vers la mer qu'une route permet d'atteindre à (7,5 km) **Mylopotamos,** une crique aux eaux claires, avec un petit restaurant.

Hôtels :
A Tsangarada :
¶¶ *Kentavros* (☎ 49-233) 24 ch. ✂ ▥ ⛾ ☎ P

¶¶ *Xénia* (☎ 49-205) 46 ch. ▦ ✂ ⛾ ☎ P ouv. avril-sept.
¶ *San Stefano* (☎ 49-213) 47 ch. ✂ ▥ ⛾ ☎ P

140 km :
→ A dr., à 6 km, **Haghios Ioannis** est une petite station balnéaire recluse au fond d'une crique.

Hôtels :
¶¶ *Aloe* (☎ 31-241) 45 ch. ✂ ▥ ⛾ ☎ ⛱ P

¶ *Ægeon* (☎ 31-240) 22 ch. ✂ ▥ ⛾ ☎ ⛱ P ouv. avril-oct.

150 km : Prenez à dr. vers (6 km) **Zaogra**, très joli village au climat très doux, entouré d'olivaies et de châtaigneraies, où vous visiterez les **églises Haghia Kyriaki** et **Haghios Géorgios.**
162 km : Au retour à la bifurcation du km **150**, continuez tout droit vers Volo sur une route qui s'élève sur les flancs du mont Pélion pour franchir le (175 km) **col de Chania** (station de ski) à 1 200 m d'altitude, d'où vous descendrez sur le versant pagasétique.
188 km : **Portaria,** village à 600 m d'altitude, havre de fraîcheur en plein cœur de l'été, où vous verrez de vieilles maisons hautes et étroites à balcons de fer forgé et fleuris, la **chapelle Haghii Anargyri** et le **monastère de la Théotokos Portarès** (XIIIe s.).

Hôtel :
¶¶ *Xénia* (☎ 25-922) 76 ch. ✂ ▥ ⛾ ☎ P night-club.

→ A 3 km, **Markrinitsa** est un joli village accroché sur une arête rocheuse couverte de ciprès et d'oliviers. Vous y visiterez l'**église de la Panaghia,** datée de **1272**; vieilles demeures de style local. De la place centrale pavée de marbre, belle vue sur le golfe Pagasétique.

Hôtel :
¶¶¶ *Archontikon Mousli* (☎ 91-228) 7 ch. ▥ ⛾ ☎ ❀ P

202 km : Volo.

■ Vytina

Carte-itinéraire 7. — Olympie, 85 km. — Tripolis, 45 km.

Village de montagne à 1 030 m d'alt., entouré de forêts de sapins.

Indicatif téléphonique : 0795.
Hôtels :
¶¶ *Villa Valos* (☎ 21-210) 40 ch. ✂ ▥ ⛾ ☎ ❀ G P

¶¶ *Xénia* (☎ 21-218) 20 ch. ✂ ▥ ⛾ ☎ ❀ P ouv. avril-oct.

X

Xanthi

Carte-itinéraire 14. — Alexandroupolis, 118 km. — Kavalla, 56 km. — Thessalonique, 220 km.
24 867 habitants ; chef-lieu de nome.

Petite ville, mais gros marché agricole, sur l'emplacement de l'antique et médiévale Xantheia, dont on peut voir encore les fortifications de la citadelle byzantine (XIIIe s.) avec ses tours, carrées ou rondes, et ses grands murs, sur les hauteurs proches du monastère des Taxiarques.

Indicatif téléphonique : 0541.

Hôtels :

¶¶ *Xénia* (☎ 24-135) 24 ch.

¶ *Sissi* (☎ 22-996) 17 ch.

Environs de Xanthi. — 1 — Toxotès (anciennement *Topeiros-Poroi ;* 12 km, sur la route de Kavala). — Au débouché des gorges du Nestos (qui forme la frontière actuelle entre Macédoine et Thrace), après le pont, sur la rive macédonienne du fleuve, on aperçoit les vestiges d'une ville identifiée à l'antique *Topeiros* et à la ville byzantine de *Poroi :* ruines des **fortifications** romaines et byzantines de la ville ; ruines d'**édifices paléochrétiens** (Ve-VIe s.) hors de l'enceinte, près du village de **Paradissos,** et sur le sommet de la colline rocheuse voisine ; sur la pente de cette colline, on distingue des inscriptions gravées sur le rocher et des tombeaux romains.

2 — Abdère (28 km ; par la route d'Alexandroupolis et à dr. à 8 km). — Au-delà de (21 km) **Abdira,** vous prendrez à dr. une route asphaltée qui mène aux ruines de l'ancienne *Abdère,* d'un intérêt très limité, où l'on mit au jour deux enceintes hellénistiques et les restes de plusieurs bâtiments : ateliers de fabrication de terres cuites et magasins du IIIe s. av. J.-C., thermes romains, vestiges d'un sanctuaire consacré à Cybèle, d'une villa qui était ornée d'une mosaïque avec des dauphins, etc. Près de l'entrée du site, vaste **nécropole** byzantine (IXe-XIe s.).

Abdère fut une importante colonie ionienne, célèbre dans l'histoire de la philosophie pour la grande école qu'y fonda Leucippe *vers le milieu du Ve s. av. J.-C. et qu'illustra* Démocrite, *considéré comme le père de la théorie des atomes. Le sophiste* Protagoras, *raillé par Platon, était également originaire d'Abdère.*

3 — Porto Lago (24 km par la route d'Alexandroupolis). — Vous verrez là un pays à fleur d'eau entre mer et lac, une sorte de Hollande avec ses étangs et ses marécages, mais aussi les ruines d'une église byzantine et, sur un îlot, un petit monastère, dédié à saint Nicolas.

A 2 km env. au S.-E., au bord de la mer, vestiges de l'antique *Dikaia*, fondée au début du VIe s. av. J.-C. (restes du rempart du IVe s. av. J.-C., de maisons hellénistiques et de la nécropole).

4 — Anastasioupolis — Périthéorion (env. 20 km à l'E., au lieu-dit **Kalédès**, au S. du village d'**Amaxadès**, par la vieille route de Komotini qui passe au N. de la lagune de Porto Lago, et à dr. à 8 km). — La ville d'*Anastasioupolis*, rebaptisée plus tard *Périthéorion*, fut, aux époques romaine et byzantine, une station importante de la via Egnatia, au centre d'une région fertile et agréable où, selon la tradition homérique, pâturaient les chevaux de Diomède. Vous y verrez surtout les ruines imposantes de **murailles byzantines**, avec tours carrées et rondes, dont le périmètre a une forme polygonale. Du côté S. se trouvent les restes d'une haute porte voûtée qui conduisait vers le port de la ville ; une plaque encastrée à cet endroit porte gravé le monogramme des *Paléologue*. D'autres monogrammes étaient formés par des briques sur certaines tours de la fortification. La réparation des murs de la ville et la construction de la longue muraille qui servait à la fois d'aqueduc et de fortification, est attribuée à l'empereur *Justinien* (527-565).
En continuant la vieille route de Komotini, env. 10 km plus loin, on atteint le fleuve **Kompsatos** ; à 2 km en amont du pont moderne subsiste un très beau **pont médiéval** à arches rondes.

■ Xylokastron

Carte-itinéraire 5. — Corinthe, 40 km. — Kastania, 50 km. — Patras, 92 km.
4 900 habitants.

Localisée près de l'ancien port *Aristonautæ* et de la forteresse Olouros, cette station balnéaire s'étend le long du rivage S. du golfe de Corinthe, dans un écrin de verdure formé par des olivettes et de plantureux vergers.

Indicatif téléphonique : 0743.
Police touristique : 1, rue Fratzi (☎ 22-331).

Hôtels :

¶¶¶ *Apollo* (☎ 222-39) 13 ch. ✂ (■) ▥ ⊟ ☎ ⛵ Ⓟ

¶¶¶ *Arion* (☎ 222-30) 64 ch. ✂ ▥ ⊟ ☎ ⛵ Ⓟ

¶¶ *Miramare* (☎ 223-75) 24 ch. ✂ ▥ ⊟ ☎ ⛵ Ⓟ

¶¶ *Rallis* (☎ 222-19) 74 ch. ✂ ▥ ⊟ ☎ ⛵ Ⓟ

¶¶ *Sykion Beach* (☎ 232-29) 42 ch. et 30 bungalows ✂ ▥ ⊟ ☎ ⊡ Ⓟ

¶ *Xylokastro Beach* (☎ 231-90) 84 ch. ✂ ■ ⊟ ☎ ⚘ ⛵ Ⓟ

Z

■ Zante [Ile de] (Zakinthos)★

401 km²; 30 000 habitants, dont 9 000 dans la capitale; chef-lieu de nome.

Les Vénitiens appelaient « fior di Levante » cette île de la mer Ionienne qui rivalise avec Corfou pour l'agrément de son climat, la fécondité de ses vignobles et la beauté de ses oliviers. Zante la verte, encore peu fréquentée par les touristes étrangers, possède pourtant tout ce qu'il faut pour plaire à ceux qui rêvent davantage de soleil, de plages et de bains de mer que d'archéologie ou d'histoire. Cette île a certes un passé, mais il fut quelque peu effacé, notamment les souvenirs vénitiens, par un séisme en 1953.

L'émeraude du royaume maritime d'Ulysse. — *Zante, qui fut à l'origine peuplée par des Achéens, fit partie du royaume d'Ulysse et constitua la première étape de la navigation grecque sur la route maritime de l'Ouest. Ce fut donc une station navale, très importante pour la surveillance des côtes du Péloponnèse, qui suscita bien des convoitises : celles d'Athènes, qui lui imposa son alliance (455), celles de Sparte qui échoua en voulant l'envahir (430). Au Moyen Age, ravagée par les Vandales, les Sarrasins et les Normands, conquise par les comtes de Tocchi (XIVe s.), dépeuplée par les Turcs (1479), elle appartint à Venise de 1485 à 1797, en partageant ainsi le sort de l'île de Corfou jusqu'à son rattachement à la Grèce en 1864.*

Ils sont nés à Zante. — *Zante a été, à la fin du XVIIIe s. et au début du XIXe s., un foyer littéraire et musical très effervescent, ce qui favorisa peut-être l'éclosion du talent de trois poètes qui y naquirent :* Ugo Foscolo *(1778-1827), qui par son engagement politique en Italie fut, en quelque sorte, le Gabriele d'Annunzio de son époque et exerça une influence sur l'éclosion de la littérature romantique italienne;* Dionysis Solomos *(1798-1857), auteur de l'hymne national grec, qui écrivit en italien et en grec surtout et fut le premier poète de la Grèce moderne;* Andréas Calvos *(1792-1867), auteur de deux recueils poétiques exaltant le patriotisme grec à la veille de l'Indépendance.*

Indicatif téléphonique : 0695.

Police touristique : rue Vénizélou (✆ 22-550).

Hôtels :

En ville :

¶¶ *Strada Marina*, 14, rue Lomvardou (✆ 22-761) 56 ch. ✂ ☎ P

¶¶ *Xénia*, 66, rue D. Roma (✆ 22-232) 39 ch. ✂ ☎ P

¶ *Phœnix*, 2, pl. Solomou (✆ 22-419) 38 ch. P

A la plage d'Argassion (3 km) :
¶¶ *Mimosa Beach* (☎ 22-588) 32 ch. ouv. avril-oct.
¶ *Chryssi Akti* (☎ 28-278) 61 ch.
A la plage de Lagana (8 km) :
¶¶ *Galaxy* (☎ 72-271) 85 ch.
¶¶ *Zante Beach* (☎ 72-230) 160 ch.

Aéroport : à 5,5 km par la route de Lagana ; d'Athènes, 4 vols par sem. en 1 h.

Compagnie aérienne : *Olympic Airways,* 3, rue Vasiléos Géorgiou B (☎ 28-611).

Bateaux : au départ de Loutra Kyllini, 3 serv. (ferry-boat) par jour, en 2 h env. Pour les voitures, retenir sa place aussi longtemps que possible à l'avance au départ de Zante.

Plages : à (3 km) **Argalassi** et à (8 km) **Lagana**, vous trouverez deux plages de sable fin, la seconde, très étendue, étant la plus agréable (petits restaurants où vous vous ferez servir du poisson frais).

Zante, le chef-lieu, est une coquette petite ville au pied d'une haute colline verte, couronnée par une **citadelle vénitienne** qui est, hélas, le seul témoignage actuellement visible de l'activité architecturale de la Sérénissime République dans l'île de Zante, après le tremblement de terre de 1953. A deux pas de la principale jetée du port, au fond de la place Solomou, un bâtiment à arcades abrite le **musée** de Zante qui renferme des **peintures murales** post-byzantines des XVIIe et XVIIIe s. surtout, et des **icônes**, du XVIe au XIXe s., dont quelques-unes de petits maîtres tels que *Damaskinos, Tzanès, Kallerghis, Doxaras,* etc., ainsi que de superbes sculptures sur bois provenant d'églises de l'île. Quelques sculptures hellénistiques et byzantines.

Visite : en sem. sauf le mardi de 8 h à 13 h et de 16 h à 19 h ; le dim. et les jours fériés de 10 h à 13 h et de 16 h à 19 h ; accès payant.

Quant aux églises, pour la plupart détruites en 1953, elles ont été reconstruites, mais ne présentent pas grand intérêt, y compris l'**église Haghios Dionysos**, de style néo-byzantin, à l'extrémité de la promenade le long du port en direction de la plage d'Argassi.

Le **tour de l'île** (66 km), d'un intérêt limité, vous fera passer, si vous commencez en prenant en direction de Lagana, par (13,5 km) **Machéradi** (icône et belle iconostase sculptée dans l'église Haghia Mavra), (27 km) **Haghios Nicolaos**, près de la côte O., où vous découvrirez des paysages de hauts plateaux couverts de maquis, puis par (38 km) **Anafonitria** et par la côte E., la plus belle grâce aux ***vues** qu'elle dispense sur l'île de Céphalonie.
L'île possède deux grottes curieuses, l'une au-delà d'Anafonitria, sur la côte O., la **grotte Xyngia**, où jaillit une source sulfureuse qui colore la mer ; l'autre, à l'extrémité septentrionale de l'île, la **grotte Bleue**, accessible en bateau.

Index des noms de lieux

Les noms anciens sont indiqués en caractères italiques.

N

O

R

S

Imprimé en France. Imprimerie Hérissey - Evreux.
Dépôt légal n° 2775 - 2e trimestre 1981 - Collection N° 01 - Édition N° 01.
ISBN 2.01.007766.0 81-IV 24-0890/4.

HACHETTE

les guides bleus

encyclopédie vivante
de géographie touristique

répertoire monumental
et artistique
des principaux pays
du monde

instrument de voyage
pratique et moderne

plus de 200 titres

au service du tourisme

un immense bagage
sous un faible volume

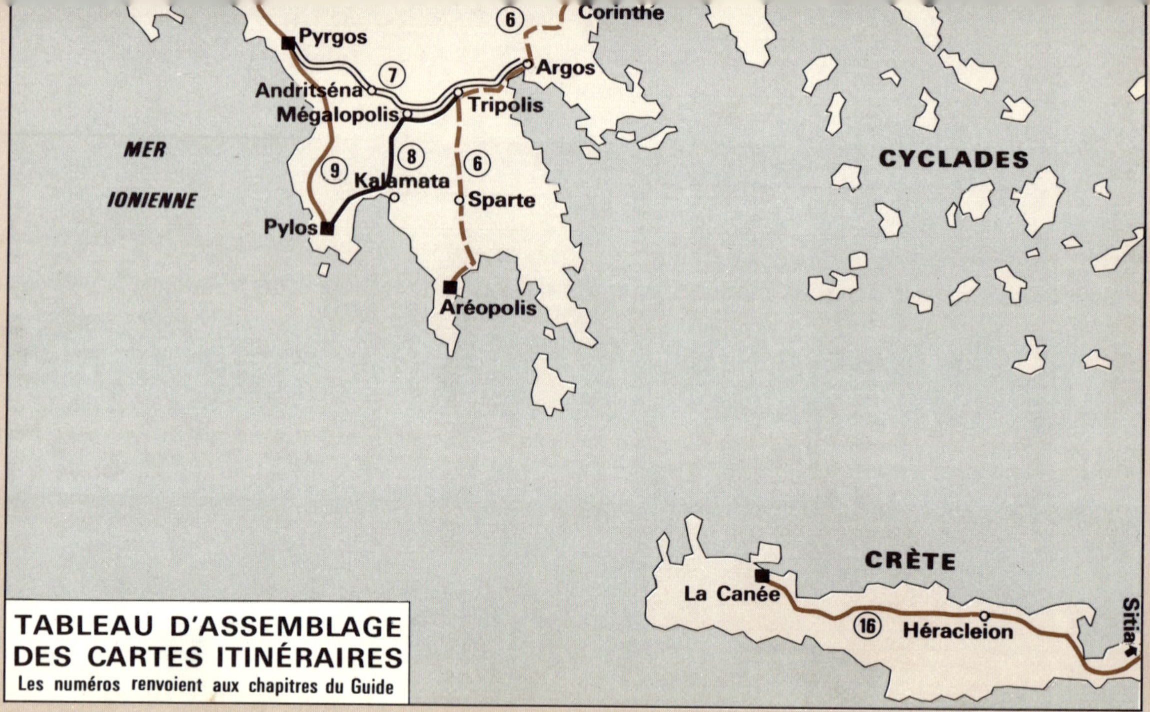

TABLEAU D'ASSEMBLAGE DES CARTES ITINÉRAIRES

Les numéros renvoient aux chapitres du Guide